北京朝阳年鉴
2015

北京市朝阳区地方志编纂委员会　编

中　华　书　局

图书在版编目（CIP）数据

北京朝阳年鉴. 2015/北京市朝阳区地方志编纂委员会编.
– 北京：中华书局，2016.1
ISBN 978 – 7 – 101 – 11418 – 8

Ⅰ. 北… Ⅱ. 北… Ⅲ. 朝阳区 – 2015 – 年鉴
Ⅳ. Z521.3

中国版本图书馆 CIP 数据核字（2015）第 294857 号

责任编辑：朱 慧

北京朝阳年鉴 2015
北京市朝阳区地方志编纂委员会编
*
中 华 书 局 出 版
（北京市丰台区太平桥西里 38 号 100073）
http://www.zhbc.com.cn
E-mail:zhbc@zhbc.com.cn
廊坊飞腾印刷包装有限公司
*
889×1194 1/16 31 印张 42 插页 1 019 千字
2015 年 12 月 1 版 2015 年 12 月第 1 次印刷
印数：1–2600 册 定价：200.00 元

ISBN 978 – 7 – 101 – 11418 – 8

北京市朝阳区地方志编纂委员会

《北京朝阳年鉴》编辑部

编 辑 说 明

一、《北京朝阳年鉴》是一部综合性资料工具书。在中共北京市朝阳区委和朝阳区人民政府领导下，由朝阳区地方志编纂委员会《北京朝阳年鉴》编辑部组织编纂。版权属朝阳区地方志编纂委员会和《北京朝阳年鉴》编辑部。

二、本年鉴以马克思列宁主义、毛泽东思想、邓小平理论、“三个代表”重要思想和科学发展观为指导，遵循实事求是的原则，科学、客观地反映实际情况。

三、本年鉴从2005年开始逐年编纂。当年出版的年鉴，记述上一年度朝阳区政治、经济、文化、社会各领域发展变化的基本情况和重大事件，为领导决策提供可资参考的依据，为各行各业提供有价值的资料，为各方面人士了解朝阳、研究朝阳提供信息。

四、本年鉴以记述朝阳区属各系统、各单位情况为主，适当记述辖域内中央、市属单位情况，突出主体又兼顾全貌。

五、本年鉴文字内容设特载、专文、大事记、政党团体、政权政协、政法军事、产业商贸旅游、农业水务气象、功能区建设、综合经济管理、财政税务金融、城乡建设、城乡管理、科技教育、文化体育卫生、社会生活、地域、人物、统计资料、附录等20个一级栏目，一级栏目下设二级栏目，二级栏目下设分目，分目下设条目。除大事记、特载、专文、人物、统计资料、附录外，其余均为条目体。

六、本年鉴所用文章和条目，均由区属各部门、各单位和驻区有关单位专人撰写或提供，并经主要负责人审核。统计数字由朝阳区统计局提供。图片由各有关单位提供。

七、本年鉴反映2014年1月1日至12月31日期间的情况，文内一般直书月、日、年内，不再书写年份。

八、为方便读者使用，本年鉴一级栏目“地域”内容，依据各街道、地区（乡）名称第一个字汉语拼音的英文字母顺序排列，第一个字相同的，按第二个字排列，以此类推。

九、本年鉴在编纂过程中，得到全区各单位的大力支持，在此一并表示感谢。年鉴中存在的不足和疏漏之处，恳请读者批评指正。

《北京朝阳年鉴》编辑部联系电话：010-65094147　010-65094347

地址：北京市朝阳区日坛北街33号朝阳区档案馆5层

邮编：100020　　　　邮箱：cyqzb@bjchy.gov.cn

6 月 20 日，市委书记郭金龙（左四）到朝阳区调研公租房项目

12 月 15 日，市长王安顺（右）为国家文化产业创新实验区揭牌

2 月 20 日，市人大常委会主任杜德印（前排居中）到朝阳区调研代表联系群众工作

4 月 1 日，市政协主席吉林（右侧前排居中）到朝阳区调研政协工作

3月25日，区委书记程连元（右三）现场调研亮马河河道规划情况

8月28日，区长吴桂英（前排左二，女）到十八里店乡调研低次产业疏解工作

9月25日，区人大常委会主任佟克克（左一）带队调研城乡结合部环境综合整治议案办理情况

9月17日，区政协主席辛燕琴（右三，女）到垡头管委会调研提案办理情况

中共北京市朝阳区委十一届九次全体（扩大）会议

北京市朝阳区第十五届人民代表大会第四次会议

政协北京市朝阳区第十二届委员会第三次会议

区人大代表调研朝阳区养老机构情况

区人大代表视察平房乡集体土地公租房项目

区政协、区委统战部推进城乡一体化发展专题议政会

常营回族乡第十六届人民代表大会第七次会议

区政协到贵阳市开展对口帮扶活动

中国北京出版创意产业基地先导区开园

朝阳区参加第九届中国北京国际文化创意产业博览会

京津冀战略协同发展研讨会暨朝阳投促局与中国宏泰战略合作签约仪式

北京国家广告产业园参加第43届世界广告大会中国广告产业园区建设成就展

北京CBD核心区Z2b三星项目开工

朝阳区与华能国际电力股份有限公司签署战略合作框架协议

2014 北京 CBD 商务节圆桌会议

中国社会科学院民营经济研究中心崔各庄调研基地成立

京交会分销服务板块推介活动

朝阳区 ACG 动漫联盟成立

第十一届世界葡萄大会崔各庄分会场

定福庄管委会与大业传媒签署战略合作协议

朝阳区与贵阳市共同举办大数据产业发展推介会

区种养中心参加2014农业信息化专题展暨高峰论坛

经济普查员入户开展经济调查

朝阳区与吉林省延边州招商引资北京项目对接会

区国税局人员到北京国家广告产业园开展税收宣传

朝阳区参加2014科博会

朝阳区举办2014朝阳科技创新汇活动

北京市第八十中学代表队在西班牙FLL机器人挑战赛欧洲公开赛中获奖

市知识产权局到朝阳区检查商品流通领域知识产权保护工作

朝阳区参赛选手在第34届北京青少年科技创新大赛上为观众介绍发明作品

区种养中心在南磨房乡开展科普之夏活动

中国政法大学与朝阳区联合举办法学专业研修班

美国耶鲁大学商学院在北京商务中心区成立全球唯一的美国境外实体办学机构

朝阳社区学院参加第二届国际老年教育论坛

民族学校获市级民族团结教育示范校

来广营地区 2014 年度庆祝教师节暨“百名优秀教师”表彰大会

由市台办、市教委组成的考核组实地考察朝阳区市级涉台教育基地呼家楼中心校

法国国民议会议长克洛德•巴尔托洛一行参观 798 艺术区

中华民族博物院建院 20 周年庆典

朝阳区侨界人士参观中国华侨历史博物馆

区志办编发的《北京朝阳年鉴（2013）》获北京市首届年鉴综合质量评比特等奖

区档案馆举办以“走近档案 感受历史”为主题的第二届“国际档案日”暨朝阳区第六届“档案馆日”展览

朝阳区曲艺家协会成立

朝阳区油画家协会成立

东风地区开展京剧进课堂活动

在东坝乡举办朝阳区农村地区“美丽朝阳·乡村行”书画摄影作品联展

朝阳区民间文艺家协会举办“社区民间文化艺术展”

澳门妇女事务代表团一行到亚运村街道参观访问

朝阳区开展道德模范、"身边好人"巡演活动

十八里店地区寻找"最美家庭"表彰暨先进事迹报告会

来广营地区开展"争当好居民"演讲活动

区地税局与首都经济贸易大学财政税务学院联合举办第六届"朝阳地税杯"税收风采展示大赛

在潘家园旧货市场举办第六届春节交易会

朝阳区残疾人艺术团成立10周年汇报演出

北京青年政治学院附中获联合国教科文组织协会非物质文化遗产传承教育博物馆称号

流动图书车送书进校园

区妇联举办第十届健康宝宝大赛

在红领巾公园举办第十一届北京双胞胎文化节

建外街道北郎东社区公益空间开展暑期亲子能量——趣味阅读活动

第九届北京公园节在奥林匹克森林公园启动

朝阳区国庆 65 周年游园活动

东湖街道“七彩中国梦 · 浓浓东湖情”群众文艺演出活动

太阳宫地区庆祝中国共产党建党 93 周年文艺演出

垡头街道“红歌献给党，唱响中国梦”合唱比赛

朝阳区 2014 年“童心向党”歌咏比赛

东坝地区纪念中国共产党建党 93 周年暨“坝河之春”合唱比赛

朝阳区举办“乡村大舞台”百姓汇演暨“十佳道德模范”颁奖大会

呼家楼“十大榜样”颁奖典礼暨第三届金台文化艺术节闭幕式

常营地区第三届群众文化节开幕

小关街道关爱文化节开幕

东坝地区第三届民俗文化节

崔各庄地区第二届文化艺术节暨奶子房第二十三届民间花会

中国邮政体育文化主题邮局成立。首任局长张路将首枚“助力冬奥·寄出我的中国梦”明信片投入邮筒

在朝阳公园举办2014国际马联场地障碍世界杯中国联赛

朝阳区青联在奥林匹克森林公园举办定向越野活动

区体育局在奥林匹克森林公园举办“庆祝全民健身日”活动

朝阳区校园足球联盟成立

三里屯街道柔力球表演

金盏地区获区健身操展示大赛第一名

黑庄户地区参加区健身气功交流展示活动

来广营地区第十四届全民运动会

朝阳区排球项目进入小学课程。著名排球运动员冯坤为学生授课

东坝地区召开党的群众路线教育实践活动动员部署会

王四营地区开展党的群众路线教育实践活动集中学习

区委党校党的群众路线教育实践活动专题组织生活会准备会

区委组织部召开朝阳区党的群众路线教育实践活动总结大会

东湖街道办事处成立

朝阳区党建研究会孙河地区分会成立

东风地区泛海国际南社区商街联合党支部成立

朝外地区社会组织服务基地党支部成立

通惠河畔文化创意产业园党建服务工作站授牌

来广营乡补选乡党代表

垡头街道社区党代表“四诊工作室”接待群众来访

呼家楼街道“四百计划”启动仪式

酒仙桥街道纪念中国共产党建党93周年表彰大会

团结湖街道召开迎七一表彰会

区委社会工委举办社会领域服务型党组织建设事迹报告会

将台地区贯彻落实党风廉政建设责任制汇报会

区财政局参加朝阳区党风廉政建设民意状况调查

大屯街道组织参观廉政警示教育展

蓝岛大厦团委举办青年职工综合知识竞赛活动

全区纪检监察干部业务培训

区委党校周末大讲堂开班

《中共北京市朝阳区历史》发行座谈会

区直机关工委召开党建工作会暨基层党组织负责人培训会

朝阳区优秀青年干部到信访办挂职总结会

朝阳区组织军休党员参观抗日战争纪念馆

小红门地区党员干部参观焦裕禄雕像

全区开展道德讲堂活动

团结湖街道 80 岁老八路孙春德为小学生讲述抗战故事

朝建公司组织全体党员到国子监参观

民革朝阳区委参政议政总结会暨中山书画研究会成立大会

民进十六中学支部成立

民盟朝阳区委举办中共党史专题讲座

农工党朝阳区委到密云县开展义诊活动

民建朝阳区委举办新中国成立65周年、人民政协成立65周年、民建北京市委组建65周年庆祝活动

致公天露乡村医疗工程启动

九三学社朝阳区委青年社员参观抗日战争纪念馆

北京 CBD 核心区 Z15 中国尊项目完成 5.6 万方底板混凝土一次性连续浇筑

台盟朝阳区工委相关人员到朝阳图书馆调研

建设中的北京市朝阳生活垃圾综合处理厂焚烧中心项目。图为焚烧炉钢架

和平街街道煤炭科技苑社区侨联成立

在孙河地区建成的康营组团定向安置房

北京 CBD 金融商会开展共建“CBD 国际金融林”义务植树活动

左家庄街道志愿者参加外立墙美化活动

区城管系统举行 APEC 环境保障誓师动员大会暨军事队列训练会操决赛

CBD 区域化石营旧城区改建项目通过意愿征询

和平街街道 2014 年城市管理建设工作推进会

世界地球日宣传活动

中小河道治理工程——曹各庄沟治理前后

区环保局开展《北京市大气污染防治条例》宣传活动

中小河道治理工程——西干沟治理前后

区农业综合执法大队在东郊市场开展“3 · 15”宣传活动

呼家楼街道召开党政群共商共治问政大会

团结湖街道召开党政群共商共治问政会

双井街道党政群共商共治居民代表商讨议题

麦子店街道“问政 2013”年度评议大会

亚运村街道党员服务一卡通发放仪式

双井街道共商共治总结会

工商朝阳分局消费者权益日活动——组织消费者参观纺织品检测中心

蓝岛大厦第十二届舞动金秋购物节

区农业综合执法大队开展春耕联检

环卫职工早餐工程

管庄地区开设便民菜站和便民菜车

朝阳副食品公司在春节期间开展“送温暖”活动

朝阳区 2014 年第一批经济适用房选房现场

北花园定向安置房建成

常营回族乡转居转工工作动员会

田华集团平乐园小区工程

小红门地区万余居民正式入住回迁房

高碑店村东区新村 B、C 板块入住

北京第二外国语学院附属中学采用光伏发电

东坝乡金泽家园实景

广渠路二期（朝阳段）四环至五环段建成通车

麦子店枣北孝亲敬老园建成

精细化绿化养护的高安屯垃圾卫生填埋场景观

小关街道党政群共商共治项目——休闲座椅

六里屯街道开展“新消法、新责任”宣传

东风地区泛海国际南社区居民低碳日活动签字

中国银行北京朝阳支行开展“现金服务周，反假币宣传月”活动

望京街道举办远离群租房宣传活动

中国农业银行北京朝阳支行开展打击非法集资与反假币宣传

团结湖街道辖区公安民警开展社情民意“大调查、大走访”活动

区老龄办调研老龄工作

朝阳区 2014 年度人口抽样调查入户登记

潘家园老年公寓启用

朝阳供电公司在 APEC 会议期间，开展供电保障服务

太阳宫地区 2014 年度“敬老月”暨“孝星”表彰大会

区农村集体经济合同纠纷调解仲裁委员会开庭仲裁小红门乡牌坊村农村土地承包经营纠纷案

亚运村街道开展用人单位劳动保障书面审查

文化创意产业校园人才招聘会

朝阳区劳动监察大队开展劳动保障宣传日活动

朝阳社区学院举办校园招聘双选会

区总工会举办“计算机操作员”职业技能竞赛

平房地区举办春风行动专场招聘会

麦子店国际社区服务中心投入使用

崔各庄乡建乡30周年文化惠民工程巡礼汇报演出

豆各庄富力又一城新社区服务站正式营运

高碑店地区水南庄社区第一届居委会换届选举大会

首都机场街道办事处接受国际安全社区专家认证座谈会

三间房地区举办第三届社区工作者技能大赛

北京市朝阳区卫生和计划生育委员会成立

朝阳区第二医院更名为北京市第一中西医结合医院

朝阳区与首都儿研所建立医联体签约仪式

朝阳区垂杨柳医院被北京市卫计委确定为三级综合医院

朝阳区医保专家评议委员会成立

朝阳区召开中捷卫生领域对接会

中日友好医院“医联体专家社区行”活动启动

金盏地区社区卫生服务中心自动挂号机启用

豆各庄社区卫生服务中心成立

区红十字会为全区社区（村）配备红十字急救药箱

朝阳慈善协会靓宝宝冠名慈善捐助金签约仪式

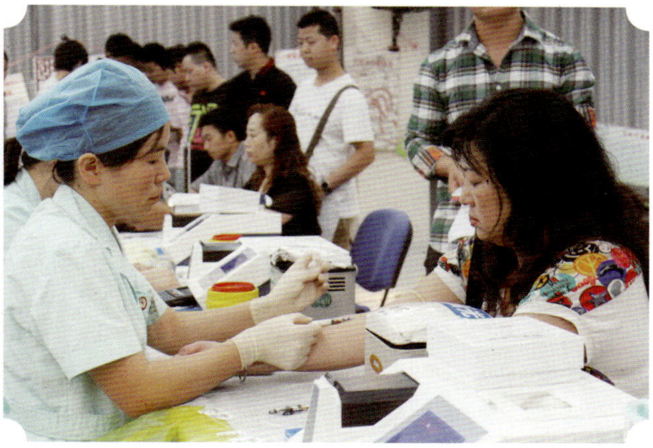

小关街道组织地区居民义务献血

奥运村街道成立企业公益联盟

瑞而士健康屋向朝阳公园捐赠电动轮椅车

安贞街道“你提需求我服务”活动启动

区民防应急志愿者参加“走进千家、服务百姓”安全宣传公益活动

中国人寿北京市分公司向首都平安志愿者赠送团体意外伤害保险

朝阳国税志愿者到太阳村看望小朋友

中国农业银行朝阳东区支行挂牌“学雷锋银行”并进行宣誓

社区青年汇开展“温暖衣冬”捐衣活动

中国工商银行商务中心区支行参加“传递温暖，爱心助学”公益慈善活动

区工商联慰问北京朝阳光彩小学

食品药品安全宣传周启动

区武装部开展防汛演练

工商朝阳分局查扣侵权白酒

朝阳区第 24 届 119 消防宣传月活动

区质监局执法人员检查超市商品条型码

区地震局在幼儿园开展地震安全防范知识教育

八里庄街道开展“我承诺，不闯红灯”公益实践活动

区政协与武警特警学院开展优抚公益项目

奥运村街道召开APEC峰会服务保障誓师大会暨应急桌面推演培训会

驻区武警战士参加地区植树活动

朝阳消防支队在APEC会议期间保障消防安全

左家庄街道开展“社区母亲进军营”活动

目 录

特 载

专 文

大事记

政党 团体

政权 政协

政法　军事

产业　商贸　旅游

农业　水务　气象

功能区建设

综合经济管理

财政 税务 金融

城乡建设

城 乡 管 理

科技　教育

文化　体育　卫生

地 域

人 物

统计资料

附 录

索　引

勘　误

BEIJING CHAOYANG YEARBOOK CONTENTS

SPECIAL ISSUE

FEATURES

CHRONICLE

POLITICAL PARTIES ORGANIZATIONS

AUTHORITIES POLITICAL CONSULTATION

POLITICS AND LAW MILITARY AFFAIRS

INDUSTRY TRADE TOURISM

AGRICULTURE WATER AFFAIRS METEOROLOGY

CONSTRUCTION OF FUNCTIONAL DISTRICTS

COMPREHENSIVE ECONOMIC MANAGEMENT

FISCAL TAXATION FINANCE

URBAN AND RURAL CONSTRUCTION

URBAN AND RURAL MANAGEMENT

SCIENCE AND TECHNOLOGY EDUCATION

CULTURE SPORTS HEALTH CARE

SOCIAL LIFE

REGION

PEOPLE

STATISTICAL DATA

APPENDIX

INDEX

ERRATUM

特　载

在区委十一届九次全体（扩大）会议上的报告

中共朝阳区委书记　程连元

（2015年1月6日）

各位委员、同志们：

下面，我受区委常委会委托，向全委会报告工作。

2014年工作回顾

一年来，在市委的正确领导下，区委总揽全局、协调各方，团结带领全区各级党组织和广大党员干部群众，深入学习贯彻习近平总书记系列重要讲话特别是视察北京重要讲话精神，紧抓机遇、乘势而上、主动作为，圆满完成了全年各项目标任务。

一、认真开展党的群众路线教育实践活动，加强党的建设。常委会把开展教育实践活动作为首要政治任务，在市委第三督导组的严格督促指导下，紧扣主题主线，突出问题导向，以上率下带动全区各级党组织和党员干部深化认识、积极参与、有序推进，实现了规定动作做到位、自选动作有特色。

常委会制定并落实《关于加强自身建设的意见》和《工作规则》，完善向全委会和区党代表报告工作制度，推进谋大事、议大事、抓大事常态化、制度化。支持区人大围绕“深化代表工作年”主题，以促进代表依法履职为重点，提升工作实效。支持区政府专业化建设，创新工作思路，落实工作职责，转变政府职能。支持区政协发挥自身优势，聚焦中心工作，认真履行政治协商、民主监督、参政议政职能。实施社会组织统战试点，做好党外优秀人才的发现、培养、使用和管理工作。落实《〈区委关于加强人民政协政治协商制度建设的意见〉的实施办法》，系统推进与各民主党派和各界代表人士的政治协商，制定并组织实施政治协商年度议题计划，发挥人民团体凝聚人心、组织社会、开展服务、化解矛盾的重要作用，巩固了团结和谐、共谋发展的良好局面。

常委会坚持把思想建设放在首位，加强党委理论中心组建设，出版《中共北京市朝阳区历史》，构建宣传思想工作整体格局，出台区委《关于进一步加强干部教育培训工作的实施意见》，改进和完善干部教育培训体系。带领全区深入学习贯彻习近平总书记系列重要讲话精神，加强对区域发展重大问题的战略谋划，形成“三个率先作为”、争当“六个示范区”的共识。抓好党性教育这个核心，教育引导全区党员干部牢固树立正确的政绩观、事业观和群众观。牢牢把握组织建设这一基础，深化处级班子整体建设试点，合理使用各年龄段干部，加强干部分类培养和年轻干部储备，统筹优化班子干部队伍结构，促进了处级班子整体上能力提升、专业互补、气质相容、经历复合。加强基层组织建设，研究制定《关于强化党建工作引领进一步深化农村基层基础工作的意见》“1+10”文件和《加强基层党组织负责人队伍建设的意见》，62个软弱涣散党组织实现了整顿提升。实施13个区域化党建统领枢纽型社会组织建设试点，61个市、区两级试点带动形成基层服务型党组织示范群，1.3万名在职党员到社区（村）“双报到、双服务、双评议”。健全干部综合监督体系，强化干部日常考核监督，建立加强农村基层干部监督管理“1+4”机制，对5名处级干部进行了问责调整。启动全区政务内网基础网络建设，推进党委系统信息化工作。

常委会坚持边查边改，大力整治“四风”顽疾。与中央八项规定出台前相比，全区性大会减少6.4%，区委、区政府文件减少33%，区级议事协调机构和临时机构精简53%，区级层面自主开展的评比表彰项目已全部取消，“一票否决”事项由7项减少到2项，“三公”经费同比减少12%，完成并巩固了超标配备公车、公车私用、多占办公用房整治成果，查处违反中央八项规定的问题16起，处理21人。全区各单位共解决立行立改问题17.9万件，解决基层群众关心关注的各类问题12万余件，1768件为民实事基本办结。制定《改进作风制度建设计划》，清理党内规范性文件718件，确定新制定或修改制度69项，目前已完成40项，为深化作风建设提供了制度保障。加强对基层工作的统筹支持，巩固作风建设成果，出台《关于建立发现问题与解决问题统筹联动工作机制暂行办法》，建立了稳定的基层组织运转和基本公共服务职责保障制度。

常委会主动担负起党风廉政建设主体责任，研究制定《关于落实党风廉政建设党委主体责任纪委监督责任的意见》《建立健全惩治和预防腐败体系2013—2017年实施意见》，明确任务、落实责任、强化追究。推进纪律检查体制改革，支持纪检监察组织转职能、转方式、转作风，强化监督执纪问责。发挥反腐败协调小组作用，建立设施完备的办案场所，对重点领域、关键环节易发多发腐败问题进行专项整治，狠抓农村地区党员干部、村“两委一社”主要负责人“两公开一承诺”和“六条禁令”的执行，严肃查处党员干部违纪违法问题，下大力气治理“小官巨腐”。全年纪检监察组织立案79件，结案75件，给予党政纪处分73人（其中处级干部13人），同比分别上升102.6%、127.3%、128.1%，彰显了区委从严治党和以“零容忍”态度惩治腐败的决心。

二、全面深化改革，增强区域发展动力。成立区委全面深化改革领导小组，把握改革的时序、节奏、突破口，深化总体方案设计，明确了全区改革的总体框架、重点任务和相关要求。结合区情实际、突出问题导向，设立12个专项小组，着力提高改革的针对性和实效性。积极开展试点，加强督促指导，经济体制、区域协同发展、社会治理、社会事业、纪律检查体制等各领域的改革工作按期落实、稳步推进。

三、落实首都城市战略定位，加速转变发展方式。加强政策聚焦、机制创新、服务联动，扎实做好稳增长、调结构、惠民生、防风险工作，坚决疏解非首都核心功能，主动做好“舍”与“得”的大文章。率先探索化解人口资源环境矛盾，严格控制人口规模，加强数据监管和违法群租房治理，共调减流动人口35.6万人，常住人口增速放缓。严格执行北京市新增产业禁止和限制目录，制定《朝阳区农村地区产业准入标准指导意见》，以街乡为单位系统清理区域性批发市场，拆除清退有形市场35家，淘汰高污染工业企业28家，拆除再生资源回收场站11个。继续优化产业结构，推动现代服务、金融、文化创意、高新技术等重点产业加快发展，重点产业实现区级财政收入占总收入50%以上。“十大发展基地”建设取得实质性进展，全国首个国家文化产业创新实验区正式揭牌，在促进首都全国文化中心建设的同时，增强了引领区域产业升级的动力。构建全区行政服务体系，试行并联审批流程，出台《促进中小企业发展实施意见》，优化了政务环境。搭建京津冀人才一体化协作平台，推进CBD国际高端商务人才发展区建设。深化国企改革和国资监管，区属国有经济平稳发展。预计全年实现地区生产总值4261亿元，增长7.5%；完成区级财政收入416.4亿元，增长9.6%；城乡居民收入分别增长8.6%和9.6%。万元GDP能耗下降4%，完成市下达任务。

四、推进农村城市化试点，系统破解城市化难题。在“一乡一策”规划调整基础上，坚持“六位一体”，全面启动“一绿”地区6个城市化试点乡建设，统筹建立“1+7+6”工作体系，试点方案获市政府审批通过。推动农村城市化路径创新、政策创新、管理创新，探索形成土地增值收益优先平衡本乡城市化成本的实施原则，加快突破农村产业转型升级的政策瓶颈，综合解决功能疏解、环境整治、拆违控违、人口调控等关键问题。推进21个城乡结合部重点区域棚户区改造项目，东南三乡重点村安置房基本竣工，2.9万名农民实现转居。完善农村集体“三资”在线监管平台，严格合同联预审和项目联审联责，开展村干部经济责任审计整改验收，规范村级财务管理，来广营、黑庄户乡20个村的产权制度改革基本完成。

五、全力服务保障APEC会议，推进一流宜居城市建设。常委会带领全区“动起来、统起来、严起来”，坚持首善标准、传承奥运经验、落实属地责任，实现了指挥协调顺畅、安保坚强有力、环境整洁靓丽、社会氛围良好、运行安全有序、应急处置得当，圆满完成建国65周年群众游园活动和APEC会议服务保障任务。围绕“一区九线四周边”，实施环境景观提升等“十大行动”，全面落实清洁空气行动计划，推进燃煤压减、清洁能源建设，基本完成“9942N”水务工程，城乡环境持续改善。建立“协作规划”机制，立案查处违法用地案件83件，拆除违法建设355万平方米，基本实现“零增长”。全面排查整治生产安全、公共安全隐患，有效防止了重特大事故发生。

六、深化党政群共商共治工程，加强和创新社会治理。常委会深入探索基层政府治理、社会调节和居民自治良性互动的有效路径，总结推广基层实践成果，出台《关于统筹推进党政群共商共治工作的指导意见（试行）》，形成党委、政府、群众共同协商、共同参与、共同治理的工作机制，被评为“2013年度中国社区治理十大创新成果”和“首届中国治理创新100佳经验”。探索建设全模式网格化社会服务管理二级闭环系统，健全城市常态化管理机制。深化全国社区治理和服务创新实验区创建工作，建设社会组织服务管理体系，探索社区分类治理，老旧小区准物业管理、村庄社区化管理实现全覆盖。通过完善就业政策体系、实施义务教育学区化综合改革、实现区域医联体服务全覆盖、推进公共文化多元主体管理、建设养老服务社会化示范区等方式，拓展了社会事业创新路径。以培育和践行社会主义核心价值观为主线，选树了一批榜样人物、先进典型和优秀志愿者服务项目。健全长效机制，强化日常督导，提升常态管理水平，圆满完成全国文明城区迎检任务。完成民兵应急、支援、储备队伍编组工作，推动国防教育进学校、进机关、进社区、进农村。构建新型社会面立体化防控体系，实施社会面防控六大专项行动，深化民警驻区制，全面开展重大决策项目社会稳定风险评估，建设反恐防恐和科学应急体系，稳妥推进审判委员会工作机制、检察官办案责任制改革试点。全区初信初访、重信重访化解率和重点矛盾结案率均达到90%以上，可防性案件同比下降7.1%，群众安全感提升到91.1%，社会治安形势达到近年来最好水平。

各位委员、同志们，回首过去的一年，区委常委会同心同德、深入一线，充分发挥了示范引领作用；各街乡、各部门讲政治、顾大局，主动担当、敢打硬仗，展示了扎实的作风和过硬的本领；各民主党派、工商联、各人民团体、驻区单位和各界人士积极支持、热情参与，为朝阳的发展进步做出了重要贡献。在此，我代表区委向大家表示衷心的感谢！

当前面临的形势

2015年是全面完成“十二五”规划的收官之年，是全面深化改革的关键之年，也是全面推进依法治国的开局之年。党的十八届四中全会审议通过了《关于全面推进依法治国若干重大问题的决定》，向全党发出了依法治国的总动员。中央经济工作会议强调要把转方式调结构放到更加重要位置，促进经济平稳健康发展和社会和谐稳定。市委十一届六次全会审议通过了《关于贯彻落实党的十八届四中全会精神全面推进法治建设的意见》，要求我们以习近平总书记系列重要讲话特别是视察北京重要讲话精神为指引，推进京津冀协同发展，把转方式调结构放到更加重要位置，狠抓改革攻坚，突出创新驱动，加强民生保障，保持首都经济持续健康发展和社会和谐稳定。当前，我国经济正处于增长速度换挡期、结构调整阵痛期、前期刺激政策消化期“三期”叠加阶段，经济发展进入新常态，增长速度变化、经济结构优化、发展动力转换，这一点在首都北京表现得更为突出和明显。新常态下，朝阳发展的阶段性特征继续凸显和深化。**在生态文明建设方面，**人口调控取得实效，但人口资源环境之间的矛盾依然尖锐，城市环境治理还处于较浅层次的治标阶段，资源节约型、环境友好型、人口均衡型社会建设任重道远。**在经济发展方面，**“瘦身健体”共识形成，转型升级成效显现，创新驱动逐步代替要素驱动、投资驱动成为经济增长的主要推动力，但功能疏解、产业升级遇到多重制约和阻力，政府与企业的合力尚未形成，实现高效率、低成本、高端化、可持续的目标任务艰巨。**在农村城市化方面**，城市化建设纳入全市战略布局，动力和路径探索取得积极进展，但规划引导、利益协调、矛盾化解等瓶颈问题亟需突破，政策创新和政策落实的有效机制还未形成，城乡在产业升级、人口调控、公共服务、公共管理、财政保障等方面统筹发展的体制机制仍需调整。**在城市建设管理方面**，城区精细化、农村规范化建设管理全面推进，更加注重生态功能、生活品质、文化品位，更加注重全区联动、全民参与、国际接轨，但城乡差距依然明显，区域统筹、建管衔接的体制机制不健全，“城市病”治理还需要向纵深推进。**在文化建设方面**，文化引领作用日益显现，公共文化服务更加突出政府主导、公益均等、服务便利，文明建设更加突出问题导向、常态长效、共治共享，文化创意产业更加突出高端集聚、创新融合、专业集约，但文化资源缺乏系统整合，文化引领社会价值、凝聚人心、推动经济转型发展的作用没有充分发挥，文化发展的社会效益和经济效益还未充分显现。**在社会治理方面**，党政群共商共治工程得到广泛认可，但“区级规划、部门共治、属地统筹”的组织运行机制不够完善，统筹改善民生的系统性不强，还没有完全形成与朝阳经济地位、发展实力和群众期待相匹配的民生保障体系和基层治理体系。

与此同时，我们还要清醒地认识到自身存在的不足和问题，主要表现在：**思维理念上不适应**，对中央、市委精神的理解把握与朝阳实际结合得还不深入，用法治思维和法治方式治区理政的能力不足，从严理念、规则意识和制度观念比较薄弱，对“聚”与“疏”、“舍”与“得”的认识有待深化。**执行落实上不适应**，面对新变化、新问题，被动执行、按部就班多，主动谋划、创新推进少，敢打敢拼、连续作战的精气神有所减弱，适应新常态的动力和能力还需提升。**制度建设上不适应**，想问题、抓落实、找规律、建制度的自觉性、主动性不强，制度建设体系化、科学化水平不高，特别是在制度的执行监督上亟待加强。**方式方法上不适应**，工作方法的科学性、合理性、实效性不够，面对新问题、新课题、新难点，解放思想、更新观念、创新有为不够自觉，依靠改革创新破解难题的办法不多。与此同时，通过开展教育实践活动，群众反映强烈的“四风”问题虽然得到有效遏制，但总体上还不稳固、还不彻底，并出现了一些新的“四风”问题苗头，个别党员干部违纪违法影响恶劣，全区党风廉政建设形势还很严峻。常委会在抓统筹谋划、改革推动、服务基层、从严治党等方面的工作也需要进一步加强。

立足新常态、对接新要求、解决新问题，我们必须加快实施“全域 CBD”战略，形成以产业升级、方式转型、结构优化为龙头，以城乡统筹、产城融合、协调发展为内容，以梯度布局、有序衔接、优势互补为途径，以城市规划、建设、服务、管理统筹联动为手段，以经济、政治、文化、社会和生态文明建设协调发展为目标的城市综合发展体系，正确处理好改革发展稳定关系，推动各项事业不断跃上新水平。**一要把握功能定位。**坚持发展思路和政策执行的稳定性、连续性，始终站在落实首都城市战略定位和朝阳城市功能定位的高度谋划工作，遵循好规划引导发展、环境促进发展、管理规范发展、文化引领发展、治理共赢发展的工作路径，坚定不移转方式、调结构、抓改革、强法治、惠民生。**二要坚持首善标准。**把首善的理念、举措和要求融入各项工作，以踏石留印、抓铁有痕的精神，把各项责任和使命扛在肩上、抓在手上，既要率先、也要务实、更要成效，既要有先声夺人的开始，也要有扎实推进的过程和群众满意的结果。特别是对于功能疏解、人口调控、拆违控违、农村城市化和“城市病”治理，尤其需要一鼓作气、持续用劲、狠抓到底。**三要持续深化改革。**坚持向改革要动力、以改革破难题、用改革促发展，既不抢跑、不越位、不蛮干，又不等、不拖、主动作为，突出问题导向，注重真抓实干，强化正向激励、倒逼压力和责任约束，确保改有所进、改有所成，把中央和市委的部署要求转化为朝阳的生动实践。**四要走好群众路线。**坚持密切联系群众、一切依靠群众，把群众满意作为最终目的，谋划工作站在群众立场、推进工作牢记群众观点、落实工作考虑群众利益、评价工作依据群众满意，切实做到为民务实清廉，努力提高“四个服务”水平，实现“三个率先作为”，创造一流的工作业绩。

2015 年工作重点

2015 年**全区工作的总体要求是：**深入学习贯彻党的十八届四中全会、习近平总书记系列重要讲话和市委十一届六次全会精神，主动把握和积极适应经济发展新常态，坚持稳中求进工作总基调，坚持首都城市战略定位，转方式、明法治、促宜居、强党建、抓廉政，改革攻坚、创新有为，全面完成“十二五”各项任务，为“十三五”发展打好基础、创造条件。

重点做好五方面工作：

一、围绕首都战略定位，谋划和推动长远发展

坚持以提高经济发展质量和效益为中心，把疏解功能、转方式、调结构放在更加重要的位置，切实加大深化改革、创新驱动、破解难题力度，科学谋划“十三五”发展思路，实现新常态下更为稳健的增长。

一是谋篇布局“十三五”发展。紧紧围绕首都“四个中心”战略定位和建设国际一流和谐宜居之都目标，主动融入京津冀协同发展战略，结合实际找准区域定位，强化核心功能，科学编制“十三五”发展规划。要坚持转型升级、“瘦身健体”的发展方向，强化文化引领、创新驱动，强化由人口布局倒推发展布局，推动发展模式深刻转变。要创新规划编制理念，坚持首善标准，突出问题导向、市场导向，树立开放思维、底线思维、改革思维，统筹推进功能疏解、人口调控、用地减量、空间优化、环境改善等重点任务。充分利用北京市城市总体规划修改成果，积极探索“五规合一”有效实现路径。

二是全面推进改革任务。制定落实我区全面深化改革工作的实施意见，加强统筹协调，把握节奏、分类实施、明确责任、抓好落实，尽快取得实质性突破。全区各单位要结合实际细化改革实施方案，制定改革行动计划，做细做实保障措施。特别是要把改革事项项目化，明确推进时间表和路线图，加强思想引导和工作督办，形成全区步调一致抓改革的浓厚氛围。

三是促进发展提质增效升级。坚持速度、质量、效益相统一，做好“退”的文章，下足“进”的功夫，加快形成“高精尖”经济结构。加强统筹调度、加快项目落地，发挥消费的基础作用和投资的关键作用，全面完成稳增长指标任务。敢于先“舍”后“得”，以“舍”促升级，守住新增产业禁止和限制底线，坚决舍弃不符合首都战略定位的城市功能，减少区域性物流基地、区域性专业市场、再生资源回收场站等流动人口聚集多、资源消耗多的低级次产业，调整改造升级批发零售、一般性房地产等传统支柱产业，提升新兴产业和重点优势产业。加大对金融业、总部经济的扶持力度，促进互联网金融、电子商务等新兴产业融合发展，构建现代服务经济体系。创新区域、城乡产业空间开发建设路径，加快构建各功能区合理布局、梯次衔接的格局，推动基础设施互联互通、产业发展互补互促、公共服务共建共享。推进 CBD 核心区项目建设，制定光华国际金融城规划方案，建设文化 CBD、智慧 CBD。强化电子城功能区的科技创新优势，促进科技与文化融合。提升奥运功能区的国际会议、高端文体和会展活动品牌，推动国家体育产业示范基地、国家级文化产业示范园区持续发展。扎实做好垡头科技商务区、东坝国际商贸中心区、金盏金融服务园区、温榆河绿色生态休闲区规划编制、土地开发、招商推介、重大功能性项目引入等工作。抓好区属国有企业分类监管和改革，提高国有资本服务保障全区发展战略的水平。完善综合服务平台和社会化服务系统，重视解决中小微企业经营难题，支持非公经济健康发展。

*四是实施文化强区战略。*贯彻《北京市深化文化体制改革加强全国文化中心建设的实施意见》，全面推进文化体制改革。在文化产业发展的体制机制、政策环境、市场体系、金融服务、人才培养、发展模式等方面先行先试，打牢国家文化产业创新实验区建设基础，建设文化产业改革探索区、文化经济政策先行区和产业融合发展示范区。构建“大文化”发展格局，加快现代公共文化服务体系建设，促进公共文化服务标准化、均等化、社会化和数字化发展。探索文化事业单位法人治理结构，发挥“文化居委会”示范作用，扩大文化交流合作，打造全国一流的文化市场中心和文化事业中心。推进群众性精神文明创建工作规范化和志愿服务、诚信体系制度化建设，加强未成年人思想道德建设，提升文明城区常态长效建设水平。

*五是加速农村城市化进程。*坚持取舍有度突出舍、发展有序突出管，以体制机制建设为抓手，全面推进“一绿”城市化建设试点，分区域、分模式探索农村城市化新路径，促进治理“城市病”与改善农村环境、规划实现与调动乡村两级积极性、功能疏解与农村产业升级、朝阳转型发展与农村高端高效发展相结合。建立健全利益协调机制，完善土地增值收益分配机制和对被征地农民合理、规范、多元保障机制，注重在空间规划调整、土地开发利用、资产经营管理、资金筹措和社会保障提升等方面发挥农村集体经济组织和农民的主体作用，让农民成为新一轮城市化的直接参与者和主要受益者。建立健全农村地区产业促进机制，细化各区域产业功能定位，严格执行产业项目准入标准，加大“一乡一市场”产业升级改造和低级次产业清理拆除力度，充分利用释放出的空间发展“高精尖”产业、增加城市绿地。建立健全资源统筹机制，发挥规划引领作用，探索以乡为单位、属地统筹全部规划用地指标的开发方式，一揽子带动解决公共安全、人口调控、拆违控违、环境建设等问题，实现城乡联动、协同发展。建立健全政策倾斜机制，加快公共财政向农村倾斜，基础设施向农村延伸，公共服务和部门职能业务向农村覆盖，城市管理力量和规制向农村拓展。加强社区分类治理，以社区化管理为基础、以综治维稳中心和民警驻区制为保障，强化政府支持，拓展自治功能，规范自治行为，推动农村地区公共管理规范化。

二、贯彻落实依法治国精神，推动区域治理体系现代化

深入落实中央《决定》和市委《意见》精神，坚定不移地走中国特色社会主义法治道路，依法维护人民权益、维护社会公平正义和安全稳定，促进法治中国首善之区建设，提高区域治理水平。

*一是推进依法治区。*强化依宪执政意识，加强对法治建设的统一领导、统一部署、统筹协调，完善党委依法决策机制，组织党政机关开展法律适应性评估，使其知晓自身法定职责。通过充分发挥人大常委会、政府、政协党组的核心作用，实现区委进一步加强对人大、政府、政协工作的领导。支持区人大围绕“议案建议落实年”主题，以法治思维和改革精神，密切人大代表与群众的联系，依法、有效行使重大事项决定、监督、人事任免职权，为全区深化改革、转型发展提供民主法治保障。推进区政府依法行政、高效理政、从严治政，推行政府权力清单制度，创新政府服务管理，健全依法决策机制，推进行政问责制度化、规范化，支持政府加快建设职能科学、权责法定、执法严明、公开公正、廉洁高效、守法诚信的法治政府。注重发挥区政协作为协商民主重要渠道作用，推进政治协商、民主监督、参政议政制度建设，增强履职成效，更好地协调关系、汇聚力量、建言献策、服务大局。坚持把协商民主纳入议事程序，在重大决策制定前、制定中，重点加强政党协商、政府协商、政协协商，积极开展基层协商、人民团体协商，逐步探索社会组织协商，认真听取意见和建议。构筑“大统战”工作格局，完善“一网三库”，开展好社会组织统战试点，加强与民主党派的团结协作。扎实做好北京市法院审判委员会工作机制改革和检察官办案责任制试点工作，支持司法机关依法独立公正行使职权。

*二是深化基层治理。*进一步规范区、街乡、社区（村）议事规则，深化党政群共商共治工程，探索“自治、共治、法治”的社会治理模式和治理体系，促进分层实施、条块联动、政社结合、协商共治。改革街道和社区管理体制，开展社区减负增效试点，全面清理部门延伸到村、社区的公共事务，完成基层牌子多、检查评比多等问题的整改。高标准做好社区（村）“两委”换届工作，形成社区分类治理的制度机制，加快社区信息化服务建设，建设职业化、专业化的社工人才队伍，提高基层自我服务能力。开发利用城市服务管理大数据，构建交互共享、一体化的公共服务和社会管理模式，在控制违法建设、安全生产、流动人口管理等重要领域基本建成二级闭环系统。完善社会组织体系架构，支持行业协会商会类社会组织发挥行业自律和专业服务功能，发挥社会组织对其成员的行动引导、规则约束、权利维护作用。加强国防、法治、科普教育，实现双拥模范城“六连冠”目标。

*三是加强依法维稳。*强化底线思维、法治理念，深入推进科学维稳建设、平安朝阳建设和过硬队伍建设。完善立体化社会治安防控体系，搞好平安建设六项工程，落实“六项工作机制”，做实两级综治维稳工作平台，织密科技创安和群防群治网络，提升群众安全感。坚持以群众工作统揽、以法治方式改进信访工作，建立依法维权体系，探索诉访分离、教育稳控、帮扶救助、整体联动的工作机制，有效化解矛盾纠纷，增进社会和谐。

三、立足常态长效，提升宜居建设水平

坚持源头严防、过程严管、后果严惩、多管齐下，巩固 APEC

会议服务保障工作成果，实现常态管理，保障改善民生，建设文明有序的城市环境和整洁优美的生态环境。

*一是促进人口资源环境协调发展。*坚持把人口调控作为重要工作目标，各部门全力协同配合，各街乡严格落实责任，把流动人口总量控制在市政府规定之内，为全市统筹人口资源环境工作做贡献。加强人口信息化建设，落实以房管人、以证管人、以业控人、以税控人等措施。把流动人口纳入本地社会管理之中，探索依托暂住证加强公共服务、公共管理、信用管理的途径，引导居住满一定期限的流动人口参加小区（社区）治理活动，骨干人员纳入基层队伍。针对暂时未撤销的市场，探索成立相关社会组织，提高流动人口组织化程度，使流动人口进体系、有管理、有协作、有发展。打好治理“城市病”攻坚战，统筹破解人口超载、空气污染、环境秩序、交通拥堵、绿化美化、节能减排、老旧小区综合整治和棚户区改造等问题。守住违法建设“零增长”底线，持续降低大气主要污染物浓度，落实好节水治污要求，改善区域交通出行环境，打造绿化建设、养护管理精品。

*二是保障城市高效运行。*把城市建设管理作为一门科学，经常抓、反复抓、用心抓。坚持网格化管理、社会化服务方向，探索超大城市城区城管体制改革路径，细化工作标准、运行机制及工作内容。完善分区域管理工作实施方案、指标框架体系，细化环境建设、管理、维护、投入、监督、考评等标准。高水平完成全国安全发展示范城市创建，严控安全生产风险，全面落实企业主体责任和政府监管责任，保障生产安全和食品、药品、消防安全。积极协同配合，扎实做好申办冬奥会的各项服务保障工作。

*三是着力保障改善民生。*健全民生工作体系，保质保量完成“十大民生工程”。推动农村劳动力组织化就业，提高城乡就业服务精细化水平。深化义务教育学区化综合改革，探索学区资源统筹共享和共商共治机制，进一步扩充优质资源，均衡配置城乡义务教育资源。加快优质医疗资源的引入和布局，完善医疗卫生服务体系，提高基层医疗卫生机构基本医疗服务能力，推动中医文化建设。抓好养老服务社会化示范区建设，培育发展养老服务产业，推进居家养老工作，探索“医养结合”发展模式。全面完成保障性住房建设筹集任务。严格资格审核、加快配租配售，完成产权型保障性住房配售工作任务。

四、注重从严从实，加强和改进党的建设

坚持党要管党、从严治党，把抓好党建作为最大的政绩，围绕顾全大局讲政治、敢于担当重执行、组织基础广覆盖、班子队伍强活力、凝聚群众当核心，进一步夯实党建工作基础，提升党的建设科学化水平。

*一是抓整改，深化活动成果。*继续严格执行中央八项规定和市委、区委实施意见，深入贯彻中央《关于深化“四风”整治巩固和拓展党的群众路线教育实践活动成果的指导意见》精神，保持反“四风”高压态势，把集中反“四风”、改作风及时转化为经常性的作风建设。建立各级班子整改任务公开销案制度，实施整改任务落实情况分层分类督查考核，对整改落实工作以及成果情况进行专项检查。加强以领导班子和领导干部为重点的思想政治建设，探索纪律教育经常化、制度化的途径。研究制定健全基层组织党内组织生活的制度文件，严督“三会一课”、双重组织生活等制度落实。建强联系群众的组织体系、服务体系、监督体系、保障体系，全面推行机关联系基层、干部联系群众“双联系”制度，落实党员干部直接联系群众制度，开展好“双报到、双服务、双评议”工作。建立领导班子领导干部作风状况定期分析机制，制定实施领导班子领导干部作风建设考核办法，把作风状况作为年度考核和干部考察重要内容，建立区、乡两级约谈村书记机制。坚决查处公款吃喝、公款旅游、公款送礼等问题，加大对厉行节约、干部住房、公车配备、职务消费等规定执行情况的监督检查，坚决防止“四风”反弹。

*二是抓统筹，增强整体功能。*坚持党委管党建、书记抓党建，严格落实党建工作责任制，把重点党建工作列入区委工作重点任务书，加大督办力度，落实管党治党责任考核。探索培育和践行社会主义核心价值观的有效载体和方法，拓展“四学”学习品牌，突出理论宣传的专题性、通俗化，用积极、健康、向上的主流思想引领舆论。推进区域化党建四级联动，加强区级统筹和顶层设计，建立网络化、全覆盖、便于功能发挥的组织体系，有统筹、有分工、有协同的工作体系，统筹整合各类组织和社会力量的服务体系，责权利统一、向基层倾斜、向区域聚集的基本保障体系。健全非公有制经济党建工作体系，推进非公党员教育管理信息化和开放式党组织活动，探索非公党建发挥作用的有效途径。坚持朝阳好干部标准，重基层、重实绩、重作风，统筹比选干部经历、学历、能力和状态，选拔使用好各年龄段、各系统间干部，从严管理、真心关爱干部。培养选拔街乡主任（乡长）助理，组织实施优秀年轻干部到基层挂职锻炼，加强后备干部动态调整和分类培养，增强各级干部工作专业化能力。提高人才工作的统筹水平，推动人才工作社会化发展。

*三是强基础，激发组织活力。*树立服务基层、重视基础的导向，把党建工作重心和组织资源倾斜到一线、投放到基层。建立基层党组织目标管理机制，明晰基层党组织职责任务，加强基层党组织工作规范化建设，实施党建工作项目化管理。制定社区（村）基层组织向群众报告工作制度，完善农村基层干部报告个人事项制度。完善基层党建考核评价机制，健全基层党组织书记向上级党组织和党员（代表）大会专项述职制度，把书记抓党建情况纳入领导班子考评体系之中，实现“三级联述联评联考”。探索不同领域基层服务型党组织建设的模式路径，在年内把 50%基层党组织建成服务型党组织。加强党员分类管理，着力破解机关国企事业单位离退休党员属地化管理、人户分离党员组织关系管理等问题。每年按照不低于 10%的比例倒排确定一批软弱涣散基层党组织，建立常态化的整顿机制。探索建立不合格党员认定、处置机制，妥善有序处置不合格党员。出台基层党建工作和活动经费保障办法，落实社区（村）党组织服务群众工作专项经费。建立基层党组织书记轮岗选任机制，扩大基层干部轮岗交流，试点推进优秀村党组织书记考录乡公务员工作，分领域、分系统研究制定专兼职党务工作者的配备标准、管理规范和保障方式，落实基层党建奖励专项经费，激发基层干部活力。通过加强支持、打牢基础，使基层党组织推进工作有目标、有资源、有成效，真正成为与党同心、凝聚群众、领导发展的核心力量，成为全方位覆盖、服务型主导、精细化运行的城市管理基础，成为共商共治、协调利益、增进和谐的社会治理主导力量。

五、狠抓党风廉政建设和反腐败斗争，营造风清气正氛围

新形势下党风廉政建设和反腐败斗争更为重要和紧迫，只能加强、不能削弱。各级党委要自觉担负起政治责任，严格执行区委关于落实“两个责任”的意见，种好“责任田”、站好“一班岗”，定期向区委和区纪委报告责任落实情况。坚持一级抓一级、层层抓落实，坚决把主体责任延伸到基层、落实到末端。完善一把手任职前廉政谈话制度，实施领导干部任职前廉政法规知识测试，强化对党风廉政建设责任制检查考核及结果运用，落实“一案双查”制度，对严重顶风违纪搞“四风”、出现区域性系统性严重腐败案件、党风廉政建设不力、发生问题不报告、压案不查等问题，同步追究党委主体责任和纪委监督责任。把违反中央八项规定精神作为纪律审查重点，重点查处十八大后、中央八项规定和市委、区委实施意见出台后、开展教育实践活动后的顶风违纪行为。各级党委要加强对反腐败工作的领导，各级纪检监察组织要持续加大办案力度，重点查办发生在领导机关和重要岗位领导干部中的插手工程建设、土地出让、侵吞国有资产、买官卖官、腐化堕落等案件；重点查处十八大后不收敛不收手，问题线索反映集中、群众反映强烈，现在重要岗位且可能还要提拔使用的领导干部。巩固拓展“两个行动、一个加大”工作成果，在更广范围内严肃查处损害群众利益的不正之风和发生在群众身边的腐败问题。各级党委要按照全面推进依法治国的要求，支持推进纪检监察组织转职能、转方式、转作风，保证纪委书记、纪检组长不分管其他工作，把更多的精力放到监督执纪问责上来。各级纪检监察组织要切实加强自身建设，以更高的标准、更严的纪律，建设一支忠诚、干净、担当的纪检监察干部队伍。

各位委员、同志们，在新的一年里，我们要保持奋发有为、开拓进取、锐意创新的精神状态，凝心聚力、攻坚克难，履职尽责、不辱使命，确保“十二五”各项发展目标顺利完成，更好地推进朝阳科学发展、民生幸福！

名词解释

1. “三个率先作为”：在服务首都“四个中心”建设上率先作为，在治理“城市病”上率先作为，在京津冀协同发展上率先作为。

2. “六个示范区”：争当首都功能疏解、人口调控、生态环境建设、产业升级、农村城市化和社会治理的示范区。

3. “双报到、双服务、双评议”：区属单位党组织和在职党员到社区（村）进行报到，区属单位党组织和在职党员与社区（村）开展双向服务，社区（村）党组织和上级党组织双方对区属单位党组织和在职党员进行评议。

4. 农村基层干部监督管理“1+4”机制：“1”即《朝阳区关于健全完善农村基层干部监督管理机制的工作意见》；“4”即《朝阳区农村基层党员干部个人有关事项报告制度》《朝阳区农村基层干部廉政勤政约谈制度》《朝阳区农村基层干部廉政档案管理制度》《朝阳区关于发挥乡纪委委员基层工作作用的意见》。

5. 农村地区党员干部、村“两委一社”主要负责人“两公开一承诺”和“六条禁令”：“两公开一承诺”即公开个人拥有宅基地情况，公开本人、配偶及共同生活的子女承租集体土地情况，并向组织做出郑重承诺，严格遵守《北京市城乡规划条例》《北京市禁止违法建设若干规定》等有关规定，对已有的违规承租集体土地、已有的违法建设听从组织处理，今后不再新建违法建设。“六条禁令”即严禁利用职务之便侵占和违规承租农村集体土地；严禁进行违法建设或利用违法建设非法获利；严禁在征地拆迁中为本人及亲属谋取不正当利益；严禁以各种名义违规使用、挥霍浪费集体资金；严禁在换届选举中违反规定拉票贿选；严禁违反权力运行公开透明要求，弄虚作假、逃避监督。

6. “1+7+6”工作体系：为了统筹推进“一绿”城市化建设试点工作，成立区委书记和区长任组长的工作领导小组及其办公室，下设政策研究、拆迁绿化、项目建设、转居改制、资金筹措、安全稳定和监察督办7个工作组，6个试点乡相应成立领导小组和工作组。

7. “一区九线四周边”：“一区”是指奥林匹克中心区及周边区域；“九线”是指长安街及其延长线、二环路、三环路、四环路、五环路、京承高速、京密路、京藏高速、机场高速路（含机场高速、机场南线）9条道路沿线；“四周边”是指代表和记者驻地（使馆、五星级饭店）、进京第一印象区域（机场）、会场、旅游景区4类区域周边。

8. 环境景观提升等“十大行动”：环境景观提升行动，奥园环境整治行动，环境秩序规范行动，非法小广告治理行动，建筑垃圾规范管理行动，拆违控违行动，铁路沿线环境整治行动，环卫保洁质量提升行动，重点区域环境整治行动，环境保障应急处置行动。

9. “9942N”水务工程：在全区范围内开展的整治河道、兴修水利系列工程。“9”即曹各庄排水沟、沈家坟干渠、西干沟、东南郊干渠、半壁店沟、通惠排干、北甸沟、沈干七支、孙河干沟等9条河道治理工程；“9”即来广营西、石佛营、大望路、北中轴、高热、百子湾、红军营、四元桥1号泵站、2号泵站等9处下凹式立交桥积水治理工程；“4”即定福庄、高安屯、北苑、清河第二等4座再生水厂建设；“2”即雷桥水库二期和都市农汇园区2处雨洪利用工程；“N”即治理萧太后河污水、治理清河入河口污水、实施29项防汛工程等N项水务工程。

10. 社会面防控六大专项行动：打击防范暴恐活动和重大刑事犯罪专项行动；社会治安重点地区集中整治专项行动；出租房屋秩序治理专项行动；社会矛盾排查化解专项行动；特殊人群服务管理专项行动；社会面联防联控专项行动。

11. “一网三库”：“一网”即社会组织统战工作网，“三库”即信息库、人才库、服务库。

12. 平安建设六项工程：政治稳定工程，社会治安防控工程，矛盾预防化解工程，人口服务管理工程，社会治理创新工程，基层基础建设工程。

13. “六项工作机制”：群众安全感季度调查机制，区、街乡、社区（村）三级会商机制，群众安全感偏低街乡重点帮扶机制，群众反映突出问题专项督办机制，提升群众安全感工作常态宣传机制，群众安全感考核激励机制。

14. “三级联述联评联考”：区—街（乡）—社区（村）三级党组织书记，围绕抓党建工作第一责任人的职责，同步开展抓基层党建工作述职评议考核。

15. “一案双查”制度：既要追究当事人责任，又要倒查追究相关领导责任，包括党委和纪委的责任。

16. “两个行动、一个加大”：严肃查处农村基层党员干部不正之风和违法违纪行为专项行动、严肃查处培训中心腐败浪费行为专项行动，加大力度打击违法用地、违法建设。

朝阳区政府工作报告

——2015年1月13日在朝阳区第十五届人民代表大会第五次会议上

朝阳区人民政府区长　吴桂英

各位代表：

我代表朝阳区人民政府向大会报告工作，请予审议，并请各位政协委员提出意见。

一、2014年工作回顾

2014年，在市委、市政府和区委的坚强领导下，在区人大、区政协的监督支持下，我们深入学习贯彻习近平总书记的重要讲话精神，深入落实首都“四个中心”战略定位，深入开展党的群众路线教育实践活动，积极转变发展理念，着力创新工作思路，勇于担当，务实进取，保持了经济社会持续健康发展的良好局面。预计实现地区生产总值4261亿元，增长7.5%。完成区级财政收入416.4亿元，增长9.6%。预计城乡居民人均收入增长8.6%和9.6%。城镇登记失业率控制在1%以内。万元GDP能耗下降4%左右。一年来，主要做了以下工作：

（一）推进重点领域改革，区域发展活力进一步增强。认真落实中央、北京市和区委关于全面深化改革的各项部署。实行“先照后证”、“一口受理、多证联办”审批服务，取消47个区级行政审批事项，压缩125个事项审批时限，公布投资项目审批事项清单，新设企业增长34.4%，其中新增亿元以上企业619家，增长155%。创新投融资体制，发行10亿元定向票据支持基础设施和重点功能区建设，采取BT模式推进道路和市政基础设施建设。对国有企业实行分类监管、分类考核。制定促进中小企业发展实施意见，成立中小企业服务中心，创新中小企业集合信托等融资方式，加大对中小企业的支持力度。积极争取扩大跨国公司外汇管理改革试点范围，8家企业纳入第三批试点。深化国家级文化和科技融合示范基地建设，朝阳区成为北京市首个国家知识产权示范城区。实施义务教育学区化综合改革，根据实际划分15个学区和40个片区，调整优化教育布局，全面推进免试就近入学。率先在全市实现医疗联合体服务全覆盖，探索建立专科医联体，满足群众多元就医需求。以区文化馆为试点探索文化事业单位法人治理模式，推进垡头等地区“文化居委会”建设，推行基层公共文化自我管理。启动全国养老服务业综合改革试点区建设，在恭和苑等44家养老机构推行“医养结合”。

（二）着力推进结构调整和功能疏解，提质增效升级迈出坚实步伐。坚持控增量与调存量并重，制定《优化城市功能、加快产业转型升级工作方案》，严格执行北京市新增产业禁止和限制目录，严把新增产业准入关，鼓励和促进各类低级次产业调整退出。拆除清退四元桥汽配城等有形市场35家，清退废品回收场站11个，拆除出租大院62个，退出高污染企业28家。着力构建“高精尖”经济结构，总部经济优势凸显，主导产业贡献进一步提升。新引进总部企业20家，跨国公司总部达到107家。现代服务业实现区级收入占总量的60%。商务服务业稳步发展，实现营业收入增长10%。金融业对全区财政收入增长的贡献达到18.4%。文化创意产业规模进一步扩大，实现营业收入占全市22%。立足区域文化优势，积极争取政策支持，我区成为全国首个“国家文化产业创新实验区”，发展优势进一步凸显。融资租赁、信用评级、文化产权交易等新兴服务行业成长迅速。实际利用外资和进出口总额增长14%和7%。专利申请量、技术合同成交额增长12%和15%。CBD、奥运、电子城等高端产业功能区的联动、带动作用不断增强，产业融合发展趋势更加明显。东坝、温榆河、金盏、垡头等区域的规划编制、土地开发、产业项目和基础设施建设正在积极推进。

（三）积极破解城市化难题，城乡一体化发展取得新成效。加大对农村地区的投入倾斜力度，健全城乡一体化协调发展机制，推动农村地区转型发展。财政投向农村地区的资金同比增长19.6%。争取市级支持，第一道绿化隔离地区建设取得突破，6个乡成为全市城市化试点，完成拆迁腾退119万平方米。创新政策，农民转居工作取得历史性突破，2.9万名农民实现转居，多年反映的常营、豆各庄、太阳宫乡转居问题得以解决。重点村回迁安置房建设基本完成，1.5万名农民搬迁上楼。深化农村“三资”管理，加大土地资源管理和土地出租合同清理力度，来广营、黑庄户乡20个村的产权制度改革基本完成。大力整治“三合一”、“多合一”场所，以有形市场、废品回收场站、出租大院为重点，出台专项办法，整合专项资金，加快低级次产业清退，规范流动人口无序聚集，农村地区产业升级改造步伐不断加快，13个重点项目建成、开业。

（四）坚决治理“城市病”，城市服务管理水平稳步提升。以服务保障APEC峰会为契机，以控制人口规模、治理大气污染、环境综合整治为重点，全面加强城市精细化管理，全力加快生态环境建设，取得了新的成效。常住人口增速进一步放缓，流动人口总量减少35.6万人。坚决落实大气污染治理各项措施，改造燃煤锅炉292.5蒸吨，$PM_{2.5}$年均浓度同比下降3.3%。着力推进垃圾污水治理，完成曹各庄沟等6条河道治理，高安屯等3座再生水厂开工，生活垃圾综合处理厂焚烧中心项目正在加紧建设。出台区属道路移交接管实施办法，加强对代征代建道路的规范管理。道路建设、养护、微循环系统改造力度进一步加大。构建“大城管”模式，实施环境建设分区域管理，推进难点问题解决，重点区域和道路沿线环境明显改善。全区共拆除违法建设925处、355万平方米，治理群租房6800余户，查处违法施工、无照经营、露天烧烤等各类违法行为22万起，消除环境脏乱点5000余处，新增和改造绿化面积280公顷，平原造林 6868 亩。

（五）持续改善民生，和谐稳定的社会局面进一步巩固。积极改善居民居住条件，完成 290 万平方米老旧小区综合整治、685 户农宅节能改造，开工建设各类保障性住房 2.1 万套、竣工 1.6 万套，配租配售 5013 套。棚户区改造取得实质性突破，完成了六公主坟、北湖渠、通惠河边角地、太阳宫桥东北角等项目拆迁整治，多年的历史遗留问题得到彻底解决，西直河、重兴寺、郎辛庄等项目正在加快推进。历时十年之久的和平一、二、三村拆迁工作全面完成。垂杨柳医院改扩建工程房屋征收完成 95%。继续扩大优质教育资源覆盖面，新开办学校 5 所、幼儿园 12 所，新增学位 1 万余个，公办小学和初中就近入学比例分别达到 95%和 92%以上。东坝、常营、望京、垡头地区引进大医院建设前期手续和资金安排取得实质进展。率先在全市实现急救社区化。推进养老服务社会化示范区创建工作，建成街乡养老照料中心 22 家，新增养老床位 1400 余张，为 5000 户 70 岁以上空巢老人家庭安装了紧急医疗呼叫器，区第二福利中心建设完工。深化公共文化服务体系建设，新建三里屯等 3 处综合文化中心，新建 135 套全民健身设施。朝阳区体育代表团首次获得市运会金牌榜第一名。健全文明城区建设长效机制，深入开展精神文明创建活动，全国文明城区综合测评迎检工作扎实推进。积极创建全国社区治理和服务创新实验区，完善社区分类治理模式，老旧小区准物业管理、村庄社区化管理基本实现全覆盖。推行党政群共商共治，创新群众工作方法，加大实事办理力度，加大矛盾纠纷化解力度，市区信访重点矛盾结案率达到 91%，为群众解决了停车难、出行难等近 1800 个实际问题。以城乡结合部为重点，深入开展安全生产专项整治，加大食品药品监管力度，安全生产死亡事故数、死亡人数分别下降 7.1%和 10.1%，食品药品安全综合指数达到 94.5。健全社会面防控体系和治安防控网络，平安社区（村）、平安单位比例分别达到 93%和 96%，全区可防性刑事案件下降 7.1%，群众安全感不断提升。

（六）认真开展群众路线教育实践活动，全面加强政府自身建设。严格按照中央和市委的要求，紧紧围绕“为民务实清廉”的主题，突出问题导向、需求导向，扎实开展了群众路线教育实践活动。出台了区政府党组关于进一步加强自身建设意见等 10 余项工作制度，完善了部门和街乡统筹联动工作机制，重点难点问题的整改工作正在加快推进。坚持依法行政，认真执行区人大及其常委会决议和决定，认真听取政协、民主党派和人民团体的意见，认真办理人大议案和政协建议案，全年办复全国、市、区人大代表建议、政协委员提案 628 件。行政复议案件、行政诉讼案件、行政投诉受理量分别下降20%、54%和57.6%。加强财政预算管理，强化重大项目资金的风险防控，严控政府运行成本，“三公”经费下降 12%。完善政府绩效管理考评体系，实行差别化绩效和全过程管理，加强对重大决策部署落实情况的监督检查，有力推动了重点工作落实。严格执行党风廉政建设责任制，强化领导干部“一岗双责”，强化权力运行制约和监督。认真落实中央“八项规定”，深入推进专项整治，全区性大会减少 6.4%，区级下发的文件精简 33%，区级议事协调机构和临时机构精简 53%，区级层面自主开展的评比表彰项目全部取消，完成超标配备公车、公车私用、办公用房整治并巩固成果，“四风”问题得到有效遏制。

各位代表，过去一年，我们高质量高水平完成了新中国成立 65 周年庆典活动和 APEC 峰会服务保障任务，展示了朝阳区开放包容的国际化形象和积极向上的良好风貌。我们抢抓机遇，攻坚克难，疏解功能，调整结构，全力实现了经济平稳增长，在首都经济社会发展中发挥了重要支撑作用。我们争取支持，主动担当，迎难而上，在解决重点难点问题和历史遗留问题上取得了重大突破，有力促进了全区各项工作开展，更加坚定了做好朝阳区各项工作的信心和决心。

一年来，我们深感成绩来之不易，这是市委、市政府和区委坚强领导的结果，是区人大、区政协监督支持的结果，凝聚了全区干部群众的辛劳与汗水，凝聚了社会各界的关心与帮助。在此，我代表区政府，向奋战在各条战线上的全区人民，向人大代表、政协委员、各民主党派、人民团体、社会各界人士，向大力支持我们工作的驻区中央、市属单位和解放军、武警部队、公安干警，表示崇高的敬意和衷心的感谢！

我们也清醒地看到，朝阳经济社会发展中还有不少矛盾和问题，政府工作还有不足和差距。主要是：结构调整任务依然十分艰巨，传统产业正在加快转型，新兴产业规模支撑还不足，保持稳增长与调结构的平衡难度大；人口资源环境矛盾凸显，市政、道路等基础设施配套不足，大气污染和环境治理需要持续深化；城乡一体化统筹发展的体制机制尚未健全，利益协调、矛盾化解等瓶颈问题亟需突破，城乡结合部治理任务艰巨，违法建设屡禁不止，安全隐患难以根除，环境脏乱现象仍然突出；教育、医疗、养老等公共服务资源配置不够均衡，保障改善民生还有大量工作要做；政府自身建设还需要进一步加强，一些政府部门及工作人员，作风不实、效率不高、不作为、乱作为等现象还不同程度存在，违反党纪政纪问题、腐败问题还时有发生，改进作风和勤政廉政建设需要常抓不懈。

二、2015 年工作任务

2015 年，是全面深化改革的关键之年，是全面推进依法治国的开局之年，也是全面完成“十二五”规划、谋划“十三五”发展的重要一年。国家全面深化改革的加快推进，将从体制机制上释放发展活力，在新常态下调低经济增速预期，为发展转型、防范风险留出了空间。北京市“四个中心”战略定位的深入落实，有利于我区进一步发挥国际化、市场化优势，加快“瘦身健体”，提升区域核心功能和竞争力。我区近年来经济社会持续稳定发展，为调整转型奠定了坚实基础，当前又迎来了国家文化产业创新实验区建设、第一道绿化隔离地区 6 个乡城市化试点等契机，将有利于我们发挥区位优势和政策优势，实现更高层次发展。我们要深入贯彻落实习近平总书记系列重要讲话特别是视察北京时的重要讲话精神，主动把握和积极适应经济发展新常态，牢牢把握首都“四个中心”的战略定位，紧密结合朝阳实际，抓住新一轮调整转型的机遇，始终坚持首善标准，顺势而为，乘势而上，努力把朝阳建设好、发展好、管理好。

2015 年政府工作的总体要求是：全面贯彻党的十八大和十八届三中、四中全会和中央经济工作会议精神，以习近平总书记视察北京重要讲话为指引，主动适应经济发展新常态，坚持稳中求进工作总基调，坚持首都城市战略定位，狠抓改革攻坚，力促调整转型，力治生态环境，加强民生保障，实现朝阳经济持续健康发展、社会和谐稳定。主要预期目标是：地区生产总值增长 7%左右，城乡居民人均收入增长 7%左右，城镇登记失业率控制在 1.5%以内，一般公共预算收入增长 7%。

（一）深入推进改革创新

处理好政府与市场的关系，协调推进重点领域改革，提高针对性和实效性，进一步激发市场活力和发展动力。

进一步简政放权。深入推进行政审批制度改革，再精简一批审批事项，对非行政许可审批事项进行清理，减少政府对市场的干预。进一步优化投资审批流程，健全并联审批、联合咨询和会商工作机制，完善投资项目审批服务体系。深化工商登记制度改革，加强事中事后管理。加快区投资服务大厅信息化建设，提高服务质量。深化街道和社区体制改革，科学界定和调整街道办事处和社区职能，强化街乡统筹协调和监督评价职能。

稳步推进财税和投融资改革。深化预算管理制度改革，实行政府全口径预算编制，加大政府性基金预算、国有资本经营预算与一般公共预算的统筹力度，实施全过程预算绩效管理。继续扩大“营改增”范围。进一步规范政府债务管理，建立政府债务风险预警机制，切实防范债务风险。积极推进市场化项目试点，引导社会资本参与重点领域、公共领域建设。探索建立城乡结合部产业发展引导基金，多渠道破解城乡结合部产业发展资金难题。继续深化CBD外汇管理改革，积极搭建金融与科技、文化等多产业融合发展平台，更好地发挥金融对实体经济的支持作用。

进一步促进市场化和开放协作。出台国资国企改革指导意见，优化国有资本布局和结构，提高国有企业的活力与竞争力。完善企业服务机制，探索设立中小企业发展引导基金，减轻企业特别是小微企业负担。强化企业技术创新主体地位，支持企业自建或与高校院所共建研发机构，深化朝阳区—高校发展合作联盟建设，推动产学研用协同创新。加强知识产权转化运用，加大知识产权维权执法力度。积极融入京津冀协同发展大局，加强区域合作。借力“一带一路”战略，坚持引进来和走出去并重，积极吸引国际组织、跨国公司总部落户，提高外资利用质量。加强与国际友城的合作，拓宽贸易、文化交流渠道。

（二）深入推进经济提质增效升级

按照高端化、服务化、集聚化、融合化、低碳化要求，下足“进”的功夫，做好“退”的文章，积极构建“高精尖”经济结构，提高经济发展质量和效益。

努力保持经济稳定增长。把握新常态下消费需求、投资需求的趋势性变化，优化需求结构，促进经济更加均衡地增长。针对居民消费特点的新变化，着力营造良好的消费环境，推动传统商业业态转型升级，挖掘新兴消费潜力，发展教育文化体育、养老健康等服务消费，扩大节能环保等绿色消费，满足群众多层次、多样化消费需求，打造多点支撑的消费增长格局。进一步优化投资结构，重点投向城乡结合部、棚户区改造、生态环境和重大基础设施建设等领域，推动重大项目建设，发挥好政府投资的带动作用，提高投资效率。

进一步推进“瘦身健体”。严控增量和优化存量并举，加快产业疏解和优化升级。严格把关产业准入，在招商、注册、审批等环节，严格执行新增产业禁止和限制目录。清退一批低级次市场和废品回收场站，关停高污染企业。培育高端产业发展新优势。提升总部经济和商务服务业层级，吸引研发、结算型总部入驻。促进金融业态多元化，吸引融资租赁、资产管理、第三方支付、小额贷款等新兴业态聚集发展。加快推进国家文化产业创新实验区建设，在文化产业发展的体制机制、政策环境、市场体系、金融服务、人才培养、发展模式等方面争取先行先试政策，聚集一批有影响力的文化创新企业，促进文化与科技、金融、商务融合发展，建设文化产业改革探索区、文化经济政策先行区和产业融合发展示范区。大力发展战略性新兴产业，支持生物医药、新材料创新发展。加快互联网金融、大数据、移动互联网等新兴行业发展，支持电子商务与各产业的融合创新发展。

提升功能区辐射带动作用。强化功能区的联动发展和对周边区域的带动作用，健全重大产业项目统筹协调机制，推动优势互补、错位发展。进一步完善各功能区产业、金融、生活配套等支撑体系，提升CBD、奥运、电子城功能区发展水平，走内涵集约发展道路。加快大望京、电子城北扩区建设发展，推动土地上市，尽快积聚实力、形成规模。推进垡头、东坝、金盏、温榆河等区域的基础设施和重大项目建设，加快土地开发和上市，力争园区建设、产业项目引入取得新的实质进展。

加速农村城市化进程。坚持农村城市化方向，强化改革创新，取舍有度突出舍，发展有序突出管，深入破解城乡结合部发展难题，加快推动农村地区经济社会发展转型。建立健全政策倾斜机制，加快公共财政向农村倾斜、基础设施向农村延伸、公共服务和部门职能业务向农村覆盖、城市管理力量和规制向农村拓展，促进治理“城市病”与改善农村环境、规划实现与调动乡村两级积极性、功能疏解与农村产业升级、朝阳转型发展与农村高端高效发展相结合。以体制机制建设为抓手，全力推进一绿6个试点乡城市化建设，坚持“六位一体”，加快实施拆迁腾退、绿化美化工作，推动回迁房和产业项目建设，加快农民转工转居和产权制度改革。分区域、分模式探索剩余13个乡的城市化路径，推动政策创新、管理创新，综合施策，努力破解功能疏解、人口调控、拆违控违、安全稳定、环境整治等关键问题。以棚户区改造和环境整治为重点，加大城乡结合部改造和建设力度。基本完成9个重点村的拆迁和绿化任务，加快解决转居转工、产业发展等问题。完善集体经济监管平台，加强农村“三资”管理。建立健全农村地区产业发展机制，严格执行产业项目准入标准，加大“一乡一市场”产业升级改造和低级次产业清理拆除力度，充分利用释放出的空间发展“高精尖”产业、增加城市绿地。建立健全资源统筹机制，强化产业功能区对农村地区产业发展的带动作用，促进城乡联动、协同发展。加强社区分类治理，推动农村地区公共管理规范化。

（三）深入推进“城市病”治理

坚持源头严防、过程严管、后果严惩，夯实基层基础，综合施策，多管齐下，坚决打好“城市病”治理攻坚战，努力破解城市发展难题，提升区域生态环境，推动区域可持续发展。

持续做好人口调控工作。综合运用经济、法律、行政等多种手段，发挥功能疏解、产业疏解对人口疏解的带动作用。继续保持“拆违控违”高压态势，对新增违法建设做到“零容忍、零增长”，对存量违法建设加大整治拆除力度，全年拆除违法建设不少于300万平方米。依法治理群租房和地下空间，利用信息化手段，加强流动人口的服务和管理。严格落实责任，不退缩，不打折扣，坚决把常住人口总量控制在市级下达的398.1万人以内。

全力抓好大气雾霾治理。坚持依法治理、铁腕治污，严格执行环境保护法和大气污染防治条例，深入落实清洁空气五年行动计划，努力完成$PM_{2.5}$年度治理目标。全面实施压减燃煤、控车减油、治污减排、清洁降尘措施，具备条件的燃煤锅炉全部实现改造，四环内40%用煤户完成煤改电或煤改气工作。严格管理施工现场和渣土运输，严厉查处施工扬尘、渣土车遗撒等行为。提高绿化建设和养护水平，加快城市地区微型公园和农村地区休闲公园建设，加大沿路、沿水绿化力度，新增和改造绿化200公顷，完成市下达的平原造林任务。

提高城市精细化管理水平。深化环境建设分区域管理，聚焦“两区、两环、四线、多点”，加大环境建设和综合整治力度。在CBD和奥林匹克公园两个区域，开展“市容、交通、绿化、秩序”四位一体综合整治，打造环境建设示范区。提高三环、四环景观建设水平。提升朝阳路、朝阳北路、京哈铁路、京津城际沿线环境，重点针对黑车、占道停车、无照游商、广告牌匾、违法建设、暴露垃圾等问题，依法加大治理力度，力争在环境和秩序上取得明显改善。抓好痼疾顽症的专项整治与日常治理，开展以群众身边环境为重点的环境达标建设，集中治理地铁和公交站点周边、购物商圈周边、背街小巷等重点地区的环境脏乱、秩序混乱、非法经营等现象，持续改善市容环境。深入推进垃圾分类处理，加快农村地区生活垃圾中转站升级改造，扩大餐厨垃圾规范收运试点，力争生活垃圾综合处理厂焚烧中心项目建成并投入试运行。加强水资源管理，做好南水北调通水和用水保障工作。集中精力推进高安屯等3座再生水厂配套管线的拆迁，推进萧太后河、清河、亮马河等河道治理。

加强道路基础设施建设。坚持设施建设与交通管理并重，落实各项综合缓堵措施。协调推动东坝南二街、化工路等主次干路建设，推进续建道路、断堵头路建设。加快社会道路的移交。加强道路微循环建设，挖掘次干路和支路的交通潜力。配合做好轨道交通拆迁工作。加大对人口密集地区、重要交通节点的交通组织和管理，采取单行单停、限时停车、潮汐交通组织、调整公交专用道等措施，缓解早晚高峰局部点位的交通压力。协调推动区内公交场站的整合和布局，增开微循环公交，整治交通秩序，加强公共租赁自行车服务站点、无障碍设施的建设和维护，协调推进公交与地铁换乘接驳，方便群众出行。加强居住区及周边停车位建设与管理。

（四）深入推进社会建设和民生改善

健全民生工作体系，强化资源统筹和均衡配置，保障基本，创新机制，促进社会和谐有序。

更好满足群众基本公共服务需求。健全就业服务机制，加大职业培训力度，做好转居农民就业帮扶工作，提高就业组织化程度，多渠道开发就业岗位10万个，城乡登记失业人员实现就业2万人。深化义务教育学区化综合改革，推进教育资源布局与结构优化，对农村地区的学校给予重点支持，加快八十中南校区、北京二中朝阳学校建设，推动教育优质均衡发展。深化教育教学方式变革和课程改革，深入实施素质教育，提高教育水平和质量。优化医疗资源布局，协调推进大医院建设，垂杨柳医院改扩建工程实现动工。做深、做实医疗联合体服务，推动肿瘤、中医等专科医疗联合体建设。全面推进养老服务业综合改革，扩大街乡养老照料中心覆盖面。深化现代公共文化服务体系建设，加快电子阅览室、地区和街乡级文化设施、全民健身设施建设，新建53个体育生活化社区，大力开展群众性文体活动，丰富群众文体生活。加大保障性住房的建设和筹集力度，严格资格审查，加快配租配售步伐。加大老旧小区综合整治力度。全力推进酒仙桥、永安里等棚户区改造，确保完成5000余户改造任务。

强化社会服务管理。积极创建全国社区治理和服务创新实验区，完善老旧小区、保障房小区、商品房小区三类社区治理模式，促进政府管理与居民自治的良性互动。以街乡、社区（村）自我发现问题、解决问题的二级闭环系统为重点，深化全模式社会服务管理系统建设。加强社区标准化、规范化建设，开展村级社会服务管理试点，夯实管理基础。完善社会组织服务管理体系，加大政策引导和扶持力度，重点培育枢纽型、服务型社会组织。深化六型社区、智慧社区、环境优美小区和“三无”小区创建，提升社区宜居环境。争创全国双拥模范城“六连冠”。推进妇女儿童、民族宗教、侨务对台等各项事业发展。

全力维护社会和谐稳定。深化平安朝阳建设，完善社会治安防控体系，整合群防群治力量，专群结合，加大对治安重点地区的整治力度，深入开展打黑除恶、打击互联网犯罪和电信诈骗等专项整治行动，提升群众安全感。加强城市安全运行监测和应急管理，加大安全隐患排查和专项整治力度，深入推进安全发展示范城市和安全生产标准化示范区建设。切实加强食品药品、安全生产、公共卫生等关系群众切身利益领域的执法力度，依法查处各类违法行为，维护群众合法权益。完善信访工作机制，健全多元调解平台，化解矛盾纠纷和信访积案。大力弘扬社会主义核心价值观，深入开展普法教育和群众性法治文化活动，积极倡导尊老爱幼、邻里互助、勤俭节约等传统美德，促进社会文明和谐。

（五）科学谋划“十三五”时期发展

科学规划是统揽区域建设发展的前提和基础。强化规划的严肃性、权威性，全面完成“十二五”规划各项任务，高标准编制“十三五”规划纲要。准确把握新阶段朝阳发展的新形势和新任务，深入研究经济社会发展面临的重大问题，立足区域优势和功能定位，创新规划理念，以人口资源环境承载力为底线，统筹功能疏解、人口减少、用地减量等任务，促进空间优化、环境改善、质量提升，在更高层次上谋划区域发展。坚持开门编规划，集思广益，提高规划编制的透明度和社会参与度，提升规划研究和编制水平。坚持产业、人口、空间、土地利用和生态规划“五规合一”，切实发挥规划对经济社会发展的龙头作用。

（六）深入推进政府自身建设

认真贯彻落实《中共中央关于全面推进依法治国若干重大问题的决定》和市委市政府关于法治建设的要求，强化法治思维和法治理念，自觉在法治轨道上开展工作，全力推进依法行政、从严治政、高效理政。

依法履行政府职能。坚持法定职责必须为、法无授权不可为。坚决贯彻执行区人大及其常委会的决议、决定，认真听取区政协、民主党派、工商联、无党派人士和人民团体的意见，自觉接受人大工作监督、法律监督和人民政协民主监督，自觉接受群众和新闻舆论监督。推行权力清单制度，实施区级行政审批事项、投资项目审批事项、行政权力处罚清单，规范行政权力运行。在政府部门和各街乡普遍建立重大行政决策合法性审查机制、风险评估机制和法律顾问制度，进一步规范行政决策程序。进一步强化政府各部门、各街乡及工作人员的规则意识和程序意识，提高依法办事能力和行政服务水平。

切实加强廉政建设。始终严格执行中央“八项规定”，深化“四风”整治，厉行勤俭节约，营造风清气正、干事创业的良好氛围。严格执行区委关于落实“两个责任”的意见，严格落实党风廉政建设责任制。健全层级监督工作机制，对权力集中的部门和岗位，强化制度约束和流程控制，防止权力滥用。加强对重大决策、重大资金、重大建设项目的审计监督。进一步加大政府信息公开工作力度，提高规范化水平。严格规范公正文明执法，针对不作为、乱作为、选择性执法等突出问题，发现一起，查处一起，决不姑息。

着力提高行政效能。坚持需求导向、问题导向，强化担当精神和责任意识，办实事、求实效，言必行、行必果。针对群众关心的入学就医、就业保障、环境秩序等热点难点，办好一批为民实事，解决一批突出问题。对直接面向群众的工作单位和服务窗口，开展专项整治，集中治理推诿扯皮、办事拖沓现象，提高行政效率和服务质量。强化效能监察，严格首问负责，强化督查督办，严格绩效考核，真正把各项工作落到实处，以良好的作风、实实在在的工作成效，赢得群众的支持和信任。

各位代表，时代赋予重托，奋斗铸就辉煌。让我们在市委市政府和区委的坚强领导下，团结一心，乘势而上，主动适应新常态，奋力开创新局面，推动朝阳经济社会持续健康发展，为首都建设国际一流的和谐宜居之都，做出更大贡献！

名词解释

1. 一口受理、多证联办：内资企业的设立登记，通过建立"一次告知、一表填报、一窗受理、内部流转、多证联办、一次发放"的企业准入登记制度，实现营业执照、组织机构代码证、税务登记证、统计登记证和企业公章的联合办理、同步发放。

2. 投资项目审批事项清单：是指在固定资产投资项目审批过程中，由各相关政府部门实施的行政审批事项的总和。每个事项的详细信息包括事项名称、事项类别、设定依据、审批对象、实施机关、收费依据及标准、受理方式、受理地点、办理时限等内容。

3. 定向票据：全称为非公开定向债务融资工具，是指具有法人资格的非金融企业，向银行间市场特定机构投资人发行债务融资工具，并在特定机构投资人范围内流通转让的行为。在银行间市场以非公开定向发行方式发行的债务融资工具称为非公开定向债务融资工具。

4. BT 模式：即"建设--移交"，是政府利用非政府资金来进行基础非经营性设施建设项目的一种融资模式。BT 模式是 BOT 模式的一种变换形式，指一个项目的运作通过项目公司总承包，融资、建设验收合格后移交给政府，政府向投资方支付项目总投资加上合理回报的过程。

5. 中小企业集合信托：是指多家中小企业联合起来，作为一个整体，通过信托公司统一发行信托计划募集资金，并把募集到的资金分配到各家企业。在集合信托中，企业各自确定资金需求额度，各自承担债务，互相之间没有债务担保关系，而是共同委托一家担保公司为所有企业承担担保责任。

6. 跨国公司外汇管理试点：为了促进金融支持实体经济、服务总部经济发展，我区以企业需求为导向，以外汇管理改革试点为突破口，针对驻区跨国公司集中的特点，在全国率先提出跨国公司总部外汇资金集中运营管理试点，并于 2012 年 9 月正式获得国家外汇管理局批准。试点政策最大程度满足了企业外汇资金集约化、便利化管理的需求，基本消除了跨国公司在京设立外汇资金结算中心以及其它外汇收支业务的主要障碍，切实实现了金融服务实体经济的目的，在促进我区的投资、贸易便利化，加快经济发展转型升级方面具有示范引领作用。

7. 国家知识产权示范城市：由国家知识产权局进行评定。依据《国家知识产权试点、示范城市（城区）评定和管理办法》（国知发管字〔2014〕34 号），对符合条件并已获得"国家知识产权试点城市"称号的计划单列市、副省级城市、地级城市（州、盟）、直辖市所辖的区及县级市，从城市知识产权战略制定实施、知识产权管理和服务能力建设、知识产权政策体系建设、知识产权运用经济效益、知识产权执法保护效果、知识产权服务业发展水平等方面进行的综合评定。朝阳区是唯一一家获得"国家知识产权示范城区"称号的直辖市所辖区。

8. 医疗联合体：简称"医联体"，又称"医疗服务联盟"和"医疗服务共同体"，是指在卫生行政部门统一规划片区内，由三级、二级医院和社区卫生服务机构组成的跨行政隶属关系、跨资产所属关系的医疗机构联合体，实行常规转诊、分级医疗、远程会诊影像传输等的运行机制，构建区域内分级医疗、急慢分治、双向转诊的诊疗模式。

9. 文化居委会：是朝阳区文化馆探索以政府为主导与基层协商民主相结合的创新模式。文化居委会由地区居民推选的代表组成，拟着力探索文化民主的服务方式，尝试对罗伯特议事规则的实践，探索"自下而上"的反映百姓文化权益和文化愿望的途径，逐步引导形成贴近百姓需求的文化服务项目，让居民通过文艺形式和文化方式获得民主的意识，实现在文化领域的自治和发展。

10. 全国养老服务业综合改革试点区：为贯彻落实国务院《关于加快发展养老服务业的若干意见》（国发〔2013〕35 号）要求，民政部办公厅、发展改革委办公厅联合下发《关于开展养老服务业综合改革试点工作的通知》（民办发〔2013〕23 号），鼓励和支持地方政府在事权范围内，开展养老服务业综合改革试点。经北京市民政局推荐，我区制订《朝阳区开展养老服务业综合改革试点方案》（经 2014 年第 5 次区长办公会讨论通过），积极申报改革试点。2014 年 7 月 30 日，民政部办公厅、国家发展改革委办公厅《关于做好养老服务业综合改革试点工作的通知》（民办发〔2014〕24 号），批准我区为全国养老服务业综合改革试点地区，2016 年底前在健全新型养老服务体系、引导社会力量参与养老服务、优化养老服务发展环境、统筹城乡养老服务设施布局、创新养老服务供给方式、培育养老服务产业集群、加强养老服务队伍建设、强化养老服务市场监管等 8 个方面选择重点突破内容进行试点，主要任务共 8 类 32 项。

11. 医养结合：是指促进医疗卫生资源进入养老机构、社区和居民家庭，为老年人提供多种形式的医疗服务。医养结合既体现在为社区居家老人提供健康查体、慢病防治、康复护理、保健咨询等医疗服务，也包括养老机构与医疗机构的紧密合作，充分利用机构周边医疗服务资源，采用配套设置、独立设置、协议合作等多种方式开展医疗合作，推动医养融合发展。

12. 国家文化产业创新实验区：2014 年 7 月 31 日，文化部正式批复同意北京市以朝阳区"北京商务中心区（CBD）—定福庄"一带为核心承载区，规划建设全国首个国家文化产业创新实验区，纳入文化部和北京市签署的首都文化建设战略合作框架协议，作为部市战略合作的重要举措共同推动建设。实验区将推动国家层面的各项文化产业政策在实验区内率先落地，先行先试，重点发展创意设计、动漫游戏、演艺娱乐、文化传媒、广告会展、艺术品交易、数字文化、文化贸易等高端产业，规划建设文化产业协同创新中心、文化产业金融服务中心、文化产业人才培训中心、文化创意及设计产品会展中心、云计算及数字文化产业发展中心、文化企业总部基地等一批功能项目，在文化产业发展的体制机制、政策环境、市场体系、金融服务、人才培养、发展模式等方面探索改革创新，努力建设成为全国文化产业改革的探索区、文化经济政策的先行区和产业融合发展的示范区。

13. *第一道绿化隔离地区6个试点乡建设*：2013年初，市委、市政府针对城乡结合部建设作出了新的重大决策部署，郭金龙书记、王安顺市长并作出了“一绿建成、二绿建好”的重要指示,确定了我区常营、南磨房、太阳宫、豆各庄、来广营和将台 6 个乡作为北京市第一道绿化隔离地区城市化建设试点，明确了三至五年内“三个全部”的重点任务（拆迁建设全部完成、农民身份全部转变、规划绿地全部实现）。

14. *农村“三资”管理*：是指对农村集体资金、资产、资源的管理，通过健全制度、规范管理、强化监督、加强服务，逐步形成产权明晰、权责明确、经营高效、管理民主、监督到位的管理体制和运行机制，促进集体经济发展壮大，促进农民收入增加，促进农村经济社会又好又快发展。

15. *垃圾分级动态管理*：对垃圾分类达标小区作业体系和管理体系进行日常运行检查考评，按照考评成绩，分A（优秀）、B（良好）、C（合格）、D（不合格）等级实行动态日常运行管理。

16. *急救社区化*：将急救站建立在辖区每个街乡的卫生服务机构，将社区院前急救和紧急医疗救援职能纳入公共卫生服务项目，在结构和功能上弥补了社区卫生服务机构急救体系发展的短板，把急救服务带到百姓身边。通过将政府经费投入、人员编制划拨、绩效考核评价等一并纳入基本公共服务项目中,给予全面的体制机制保障。达到缩短急救反映时间、缩小急救反映半径、降低医疗费用、节约医疗资源、提高救治效率的建设目标。

17. *养老服务社会化示范区*：按照2013年北京市民政工作会议部署要求，推进“一区一品”建设，打造区县民政工作品牌，2013年10月30日，北京市民政局、朝阳区政府共同签署了《共建养老服务社会化示范区合作框架协议》。协议从加强规划引导和政策扶持、创新服务模式和工作机制、加快养老服务设施建设、强化养老服务队伍建设和落实养老服务保障措施等五个方面，明确了朝阳区发展的28项工作任务。2014年7月3日下发《关于印发共建养老服务社会化示范区合作框架协议任务分解表的通知》（朝政办函〔2014〕15号）。到2015年底，全区养老服务业将实现“养老服务投资主体多元化、运营模式多样化、服务对象公众化、管理服务标准化、服务队伍专业化”目标。

18. *全国文明城区综合测评*：对于已经成功创建全国文明城市（区）的城区，中央文明委每年依据当年颁布的《全国城市文明程度指数测评体系》进行一次城市文明程度指数测评。《全国城市文明程度指数测评体系》的内容，包括当年中央文明委部署的重点工作和部分重点指标项目（指标项目数量较《全国文明城市（区）测评体系》少50–60%）。每三年依据当年颁布的《全国文明城市（区）测评体系》进行一次综合测评。《全国文明城市（区）测评体系》是一个综合体系，涉及政治、经济、文化、社会、生态和党建方方面面。其内容，除包括近三年中央文明委部署的重点工作外，全面覆盖廉洁高效的政务环境、民主公正的法治环境、公平诚信的市场环境、健康向上的人文环境、安全稳定的社会环境、可持续发展的生态环境、舒适便利的生活环境和有利于青少年健康成长的社会文化环境“八大环境”及扎实有效的创建活动，故称“全国文明城区综合测评”。

19. *全国社区治理和服务创新实验区*：是2013年民政部推进全国基层政权和社区建设、城市基层社会管理创新实践的一项重点工作。实验区探索创新的重点内容包括：提高社区治理水平、增强社区自治功能、提升社区服务能力、创新社区党建工作等四个方面。实验周期一般不超过3年。2014年1月，朝阳区被民政部确认为“全国社区治理和服务创新实验区”，实验主题为“加强共商共治、构建协作式社区”，实验内容是以协商民主为切入点，实验探索老旧小区、商品房小区、保障房小区三类社区治理服务问题的解决方案，形成社区分类治理的制度机制。

20. *老旧小区准物业管理*：围绕解决上世纪90年代以前建成的老旧小区在基础设施老化、物业管理缺失、产权主体多元失管弃管严重等方面的问题，以政府主导的小区基础设施改造和环境美化为契机，动员居民参与小区管理，激发居民的家园意识和参与意识，引导居民广泛开展自治管理和服务活动，从而实现老旧小区管理的“四有”标准（有治安防范、有维护维修、有绿化保洁、有停车管理）和“五好”目标（治组织建设好、自我管理机制好、自我服务效果好、驻区单位协同好、突出问题解决好）。

21. *村庄社区化管理*：通过建设“三站两室”（巡防工作站、流动人口服务管理工作站、警务工作站、民调室、监控室），治安岗亭、围墙、五项便民服务，安装监控探头、智能化出入管理系统等措施对原有开放的自然村落，实行相对独立的封闭管理，同时把城市社区管理经验移植到农村，进一步提升农村文明程度，促进农村社会管理创新，统筹城乡发展、加快城乡一体化建设的有力举措。

22. *“四风”问题*：是指形式主义、官僚主义、享乐主义和奢靡之风。由习近平总书记2013年6月18日在北京召开的党的群众路线教育实践活动工作会议上提出。四风问题是违背中国共产党的性质和宗旨的，是当前群众深恶痛绝、反映最强烈的问题，也是损害党群干群关系的重要根源。

23. *一般公共预算*：对以税收为主体的财政收入，安排用于保障和改善民生、推动经济社会发展、维护国家安全、维持国家机构正常运转等方面的收支预算。2014 年新修订《中华人民共和国预算法》中，将传统的一般预算、公共财政预算等概念统一为一般公共预算。

24. *政府全口径预算*：是指把政府所有收支全部纳入统一管理，其目标定位于构建一个覆盖所有收支，不存在游离于预算外的政府收支，是将所有类型的财政资金收支都纳入统一管理体系的制度框架。2014 年新修订《中华人民共和国预算法》规定，政府预算包括一般公共预算、政府性基金预算、国有资本经营预算、社会保险基金预算。

25. *营改增*：即营业税改征增值税，就是将目前征收营业税的行业改为征收增值税，通过纳入增值税抵扣链条，消除重复征税，降低经营成本和企业税负。截止目前，已纳入营改增范围的行业为交通运输业、部分现代服务业、铁路运输业、邮政业、广播影视服务业和电信业。营业税改征增值税是继 2009 年全面实施增值税转型之后，我国货物和劳务税收制度的又一次重大改革，也是一项重要的结构性减税措施。改革对优化税制结构和减轻税收负担具有重大意义，为深化产业分工，促进第二、第三产业融合发展提供良好的制度保障。

26. *朝阳区一高校发展合作联盟*：是由区政府、北京工业大学、中国传媒大学、北京联合大学共同发起、2013 年成立的由区政府与驻区高校、科研院所共同组成的促进区域协同创新的开放性平台组织，联盟成员单位2014年发展到25家。联盟秘书处由区科委和轮值高校共同组成。联盟通过定期的区校合作共建委员会、区校科技合作联席会议等会议制度，搭建沟通交流与对接合作平台，推动高校资源与区域发展需求结合的协同创新和区域创新体系建设。联盟设立朝阳区协同创新专项，支持引导高校、科研院所与区域内不同实体间合作开展的科技研发、成果转化及示范应用、决策咨询、共建联合研发中心、毕业生就业实习基地建设等项目。

27. 清洁空气五年行动计划：2013年国务院和北京市相继发布了《大气污染防治行动计划》和《北京市2013-2017年清洁空气行动计划》，北京市要求各区县编制实施相应计划，并与各区签订了清洁空气行动计划目标责任书。《朝阳区落实北京市2013-2017年清洁空气行动计划实施方案》（即清洁空气五年行动计划）是关于未来五年全区大气污染防治工作的综合性工作方案。主要包括完成8个方面的大气治理工作任务，落实三大保障体系，辖区空气质量明显改善，重污染天数大幅减少。到2017年，区域空气中$PM_{2.5}$年均浓度比2012年下降30%以上，达到60微克／立方米左右。

28. 二级闭环系统：是全模式社会服务管理系统的重要组成部分，以促进法律法规、政策的落实和逐步提高市民、单位、政府决策水平为目标，社区（村）依法自治为基础，并与政府管理有机结合，以在社会管理领域建立“四类”责任主体（即落实各项法律法规的责任主体、管理主体、执法主体和监督主体）“包产到户”、责任到人的责任制及相应激励机制为前提，依托计算机系统和智能手机为主要终端的移动互联网系统，从发现问题（确定任务）、解决问题（完成任务）、复查核查、到考核评价及其结果运用各个环节有机联系的标准化的社区（村）—街乡运行系统。

29. 全模式社会服务管理系统：是传统模式、东城网格化模式与朝阳合作型模式有机结合基础上建立起来的全新的社会服务管理模式，涵盖了应急管理、城市管理、综治维稳、安全生产、社会事业、社会保障、社会服务、经济动态、法律司法、党建工作、网络社会等11大业务模块。它是建立在“大管理小执法”和“大社会小政府”制度基础之上的，即在政府内部实现监督、管理、执法相分离，在社会层面充分发挥管理主体在社会管理中的主要作用，执法主体的保障作用，充分发挥市民和单位的主体作用，社区（行政村）的自治和协助政府管理的作用，政府的管理、执法作用，核心是建立科学有效的社会治理结构。

30. 智慧社区：2013年北京市启动的社区创建工作。是利用物联网、云计算、移动互联网、信息智能终端等新一代信息技术，通过对各类与居民生活密切相关信息的自动感知、及时传送、及时发布和信息资源的整合共享，实现社区居民“吃、住、行、游、购、娱、健”生活七大要素的数字化、网络化、智能化、互动化和协同化，让“五化”成为居民工作、生活的主要方式，为居民提供更加安全、便利、舒适、愉悦的生活环境，让居民生活更智慧、更幸福、更安全、更和谐、更文明。

31. “三无”小区：以“无暴露垃圾、无堆物堆料、无乱涂乱贴”为标准，针对小区公共部分实行有效管理的居民住宅小区。

32. 全国安全发展示范城市：根据《国务院安委会办公室关于开展安全发展示范城市创建工作的指导意见》（安委办〔2013〕4号）精神，我区被确定为首批10个创建全国安全发展示范城市试点单位之一。要求首批安全发展示范城市力争于2015年底基本形成健全的城市安全生产责任体系和制度保障体系，有力的安全生产科技支撑体系，有效的城市安全生产与职业病危害防控体系，完善的城市公共安全基础防控体系，可靠的城市应急处置与事故救援体系，完善的安全生产与职业卫生监管监察体系，符合安全发展需要的经济结构和产业布局，以及科学的安全发展城市标准和目标考核体系，率先实现安全生产形势根本好转，具备安全保障型社会的雏形。

33. 非紧急救助综合服务平台：依托区政府热线呼叫中心，整合全区各部门热线资源，按照功能优化、管理规范、运转高效、协调有力、多方联动原则，通过全模式社会服务管理系统，实现统一接听、按责转办、限时办结、复查核查、考核评价的闭环运行，不断提升为市民服务的能力和水平。

朝阳区人民代表大会常务委员会工作报告

——2015年1月14日在朝阳区第十五届人民代表大会第五次会议上

朝阳区人大常委会主任　佟克克

各位代表：

我受朝阳区第十五届人民代表大会常务委员会的委托，向大会报告工作，请予审议。

2014年主要工作

2014年是全国人民代表大会成立60周年，是全区全面落实“十二五”规划的关键之年，也是区人大常委会确定的“深化代表工作年”。一年来，常委会深入贯彻落实区委十一届七次全会的工作部署和本届人大第四次会议决议，在中共朝阳区委的领导下，按照“四个坚持、四个服务”的总体要求，以促进代表依法履职为重点，有效行使宪法和法律赋予的各项职权，为推进朝阳科学发展和民生幸福提供民主法治保障。

全年共召开常委会会议6次、主任会议6次；共审议议题

64项，听取审议“一府两院”专项工作报告22项，计划、预算、决算、审计等报告6项，作出决议、决定15项，依法任免国家机关工作人员81人次。圆满完成了本届人大第四次会议确定的各项任务。

一、坚持发挥代表主体作用，推进人民代表大会制度在我区的实践

把发挥代表主体作用作为推进基层民主政治建设、实现人大工作与时俱进的重要抓手，围绕“深化代表工作年”主题，全面落实加强代表工作22条措施，通过代表工作的新成效，增强人大工作的生机和活力。

（一）密切代表与群众的联系。代表联系群众是代表了解民意诉求、依法履行职责的重要基础，也是保障人民群众的意见和要求依法有序进入国家机关决策和工作的必然要求。常委会以代表工作室为平台，拓宽渠道，创新方式，推进代表密切联系群众的常态化、制度化、规范化。开展“摸实情、听民声、访民意”代表联系选民主题活动，广大代表深入选民、深入基层，广泛听取民声、反映民意。健全代表接待选民工作机制和工作程序，完善选民意见处理制度，保障选民意见有登记、有落实、有反馈。各人大街道工委、地区代表小组结合自身实际，发挥工作室平台作用，认真组织代表联系选民活动。去年以来，共有363名代表走进代表工作室接待选民9950人次，比上年分别增加6%和22%，收集各类问题1368件，其中1063件得到有效解决。代表工作室的作用得到了人民群众和代表的肯定。根据街乡申请增设22个代表工作室，全区代表工作室总数达到201个，代表接待选民更加便捷。代表工作室建设两年来，在密切联系群众、回应群众关切等方面发挥了积极作用。广大代表通过密切联系群众，把自己的工作植根于群众当中，体现了代表性与人民性的有机统一，为依法有效履职奠定了坚实基础。

（二）切实发挥代表在人民代表大会期间作用。常委会围绕会前、会中、会后三个环节积极改进会议形式，支持人大代表依法有效履职。改进代表会前集中视察方式，根据代表意愿分专题、多批次组织视察，提高代表视察的针对性，保障代表全面真实了解区情政情。充实代表会前活动内容，安排区政府就大会议案、代表建议办理情况及计划、预算编制情况向全体代表通报，主任会议听取各代表团讨论情况，并将意见建议集中反馈给“一府两院”，使代表意见提前进入各项工作报告的修改过程。增加大会发言环节，安排代表围绕区域经济社会发展的热点、难点问题，结合审议工作报告，在全体会议上发表意见和建议，拓展审议发言平台，提高审议发言质量。改进代表大会表决方式，本次会议首次实行电子表决，保障代表真实表达意愿。改变大会询问活动方式，根据代表要求，提前预约相关政府部门参加询问活动，并提前沟通询问内容，使政府准备更充分，答复代表更完善。建立代表审议发言汇集整理反馈机制，促进“一府两院”改进工作。通过机制创新，切实发挥人民代表大会功能，保证人民通过人民代表大会行使国家权力，更加充分体现党的领导、人民当家作主和依法治区的有机统一。

（三）提高代表建议督办实效。完善常委会主任副主任重点督办、各工作委员会分类督办、代表联络室统筹督办工作机制，切实加强代表建议督办工作。探索建立全程督办模式，年初听取承办方案，年中检查办理进度，年底审议办理情况，实现各环节紧密对接。加强建议督办与委员会工作的统筹，将代表建议督办与议题调研、代表视察、执法检查相结合，充分发挥各委员会的作用，实现建议督办常态化。通过朝阳报、人大网站等平台，对309件代表建议办理情况进行公开，主动接受社会监督。截至去年底，本届人大第四次会议期间代表提出的316件建议中，区属权限、交区有关部门办理的240件建议全部办复。闭会期间代表提出的23件建议，已办复15件，其他正在办理中。79件超出本区权限的建议由朝阳团市代表向市有关部门反映。区政府把办理代表建议作为改进工作、为民办实事的重要途径，加大统筹力度，解决了垡头街道平房院电力增容改造、百子湾路附近居民出行难、奥林匹克森林公园车辆管理、扩大三里屯街道中纺里社区卫生服务站面积等群众反映强烈或呼吁多年的一批难点问题。同时，积极探索代表建议以更加制度化的方式有机融入政府年度计划和预算安排的渠道，在第三季度提前征集代表建议，督促政府将具备条件的建议纳入下一年度计划、拟办实事项目中，并安排相应的预算，使代表建议落实更有保障。去年累计提前征集代表建议104件。目前，63件区属权限的代表建议已全部办复，10件建议纳入2015年预算统筹财力保障解决。

（四）完善服务保障体系。常委会充分尊重代表主体地位，丰富闭会期间代表活动内容和履职渠道，深化人大代表对全区科学发展和民生改善工作的参与。创新代表闭会期间活动组织形式，组建财经、司法、城建城管、教育、农村等八个专业代表小组，参加代表达167人，提高代表履职专业化水平。坚持代表履职培训制度，拓宽代表履职渠道，邀请1069人次代表参加常委会专题视察、调研和执法检查活动，1248人次代表参加区政府半年工作通报会、代表会前集中视察和会前活动，56人次代表列席常委会会议、主任会议，推荐86人次代表参加我区党政群共商共治、群众路线教育实践活动等工作，激发代表履职热情。健全代表履职激励监督机制，做好代表履职情况登记，并由人大街道工委、地区代表小组向代表反馈；推进代表述职工作，在坚持每年书面述职的基础上，积极倡导当面述职，增强代表履职意识和责任意识，调动代表履职积极性和主动性。完善市、区、乡三级代表联系机制，将朝阳团100名市代表划分小组，分别联系全区16个区人大代表团，并组织部分市代表在会前活动时向全体区人大代表述职。通过三级代表联动，整合了代表资源优势，推动解决了制约本区域发展的难题。

二、坚持对人民代表大会负责，加强大会议案督办工作

本届人大第四次会议确定了“加强城乡结合部环境综合整治，加大控违拆违力度，提升我区城市管理水平”议案。为确保议案办理实效，常委会成立了由主管主任牵头、相关委室参加的督办工作组，制定了议案督办方案和折子工程，认真做好督办工作。一是突出监督重点。把群众反映强烈、代表关心关注的拆违控违、长效机制建设等问题作为督办的着力点，争取重点突破。二是坚持问题导向。采取明查与暗访相结合的方式，组织代表有针对性地围绕渣土消纳、废气处理、违建控制等问题进行视察调研，不隐藏矛盾、不回避问题，看“窗口”、更看“角落”，让代表看到最真实情况。三是强化协同合作。开展委室联合监督，建立定期与政府部门沟通等机制，保障议案督办工作有序推进。

在区政府及各部门共同努力下，议案办理工作取得了一定成效：建成了一批市政道路和环卫设施，棚户区改造进展顺利，城乡结合部环境建设难点问题取得新突破；结合APEC会议和国庆六十五周年的筹备工作开展环境整治，城乡结合部整体环境面貌明显改善，环境秩序长效管理机制初步形成。

与此同时，常委会狠抓以往年度议案未结任务后续跟踪督办工作，力争每项议案任务事事有着落、件件有回音。将本届人大三次会议确立的农村地区产业发展议案作为本届常委会跨年度议案，进行持续督办。区政府坚持“议案任务不变、工作劲头不减、质量标准不降”，议案办理取得新进展：低级次产业发展空间进一步压缩，“一绿”城市化建设试点工作已经启动，经济薄弱地区发展探索出新的途径，农村产业发展环境进一步得到优化。

此外，继续跟踪督办本届人大一次会议医疗卫生事业发展议案，推动医联体服务实现区内全覆盖，备受代表关注的垂杨柳医院改扩建工程取得实质性进展。

三、坚持围绕中心服务大局，促进经济社会科学发展

常委会紧紧围绕区委中心工作以及关系全区科学发展和民生幸福的热点难点问题，准确把握职责定位，依法履行监督职责，为全区经济社会又好又快发展贡献力量。

（一）深化计划和预算监督

常委会依法听取审议计划、预算和审计工作报告，审查批准了2013年度财政决算,初步审查了2015年预算草案的主要内容，促进年度计划有序落实，推进财政资金依法、高效使用。听取审议区政府文化创意产业发展引导专项资金管理和使用情况的报告，并首次开展专题询问，针对专项资金政策覆盖率低、绩效评价体系不完善、对中小微企业支持力度不够等问题，提出意见建议，督促政府创新产业支持方式、完善资金绩效管理。

创新预算监督方式。组织相关委室、财经专业代表小组参与预算初审，广泛听取多方意见建议，提高预算审查质量。针对农村文化广场建设首次开展了支出事前绩效评估监督，将预算监督前移到项目决策、预算编制环节，增强财政资金使用的绩效约束，促进政府提高预算安排的科学性和合理性。

（二）推进热点难点问题的解决

农村和农民问题一直备受常委会关注。根据广大代表意愿，常委会对区政府“财政投入向农村地区倾斜，基础设施向农村地区延伸，公共服务向农村地区覆盖”情况进行监督，听取审议专项工作报告，督促政府加大农村地区财政投入，加快基础设施建设，统筹推动城乡基本公共服务均等化。转居转工事关农民切身利益和农村安全稳定。常委会将议题督办与重点建议督办相结合，督促政府完善配套政策，拓宽筹资渠道，完成了2.9万名农民转居任务。发挥市、区、乡三级代表联动作用，围绕重点村和新农村建设存在困难和问题开展专题调研，提出相关建议，推动农村地区发展。

高度关注社会事业发展。听取审议区政府加强食品药品安全监管专项工作报告，区政府认真落实北京市有关精神和常委会审议意见，组建区、街乡两级食品药品安全监管机构，初步建立了集中统一、覆盖基层的监管体制。对绿化建设和管理工作进行专项调研，督促政府规范绿化管理，加大资金投入，推进绿化美化事业良性发展。

大气污染是代表和群众关注的焦点问题。《北京市大气污染防治条例》于去年3月1日正式实施。为保证该项法规在我区的贯彻实施，常委会采取听取汇报与实地视察、全面检查与专项检查、明查与暗查相结合的方式，深入开展执法检查，并提出意见建议。区政府加大联合执法力度，强化削减燃煤、治污减排、清洁降尘等措施，防治工作取得初步成效。

（三）促进“一府两院”依法行政、公正司法

听取审议区政府行政复议工作情况的报告，提出规范行政执法行为、探索建立新机制等建议，督促政府充分发挥行政复议化解行政争议的主渠道作用，推进法治政府建设。听取审议区法院行政案件审判工作情况的报告，提出提高行政审判工作的质量和效率、健全司法与行政良性互动机制等建议。区法院围绕“公正与效率”的工作主题，充分发挥行政审判职能作用，为我区经济社会发展和法治政府建设提供司法保障。听取审议区检察院保障诉讼参与人合法权益工作情况的报告，区检察院健全工作机制，把“尊重和保障人权”落实在检察环节，提升执法规范化水平。

认真做好人大信访工作。把信访工作作为督促“一府两院”依法行政、公正司法的重要方式，服务人大常委会依法履职。一年来，共受理人民群众来信来访416件次，办结率达到98%，小营东路世纪村段道路施工扰民等问题得到有效化解。

四、坚持强化自身建设，提高履职能力和水平

常委会以深入开展党的群众路线教育实践活动为契机，大力推进思想政治建设，着力改进工作作风，准确把握新时期人大工作规律，不断推动人大工作迈上新台阶。

（一）加强思想政治建设，坚定制度自信

坚持常委会组成人员读书班等制度，认真学习贯彻党的十八大、十八届三中、四中全会和习近平总书记系列重要讲话，以及市委、区委全会精神，结合群众路线教育实践活动，深化对人大制度与群众路线关系的认识，进一步增强坚持和完善人民代表大会制度的坚定性和自觉性。结合纪念人民代表大会制度建立60周年，参加了全国县乡人大工作研讨会、纪念北京市人民代表大会成立60周年座谈会，并作了交流发言，通过学习交流，深刻认识和准确把握做好人大工作的时代要求，始终坚持党的领导、人民当家作主、依法治国有机统一的正确方向，继续扎实做好人大各项工作，进一步把人民代表大会制度在我区坚持好、发展好、完善好。

（二）切实改进工作作风，提高服务保障能力

常委会将开展教育实践活动与做好人大工作相结合，推动机关工作和作风改进，把活动成果体现在提高人大工作质量和实效上。着力解决工作中重程序和形式、轻质量和实效的问题，改进会风、文风，加强调查研究，审议发言和调研意见做到问题明确、建议具体；坚持将询问环节嵌入常委会会议、主任会议程序中，使审议更加充分，监督更加深入；以机关文化建设为统领，完善视察调研、学习交流等18项工作制度和管理制度，提高工作规范化水平和服务保障能力，努力建设高素质的干部队伍和为民、务实、清廉的人大机关。

（三）加强基层联系指导，提高人大工作整体水平

建立常委会主任、副主任和委员联系人大街道工委、地区代表小组制度，推进常委会与街乡人大工作联系、业务指导的常态化。修订《区人大常委会关于人大街道工委、地区代表小组工作考核办法》，规范街乡代表工作。各人大街道工委、地区代表小组积极发挥作用，为代表依法履职提供有力的服务保障。

落实《关于加强对乡人大工作指导的若干措施》，促进乡人大规范工作程序和内容，依法讨论重大事项，提高乡域发展的科学化、民主化、法治化水平。

常委会还组织完成了12名区人大代表补选工作。配合市人大完成了北京市居家养老服务条例、控制吸烟条例立法征求意

见工作和市容环境卫生条例等执法检查工作。

各位代表，一年来，常委会按照“深化代表工作年”的工作主题，锐意进取，探索创新，圆满完成了本届人大四次会议确定的各项任务，“四个坚持、四个服务”的总体工作目标取得了新的进展和成效。去年5月，《中国人大》杂志系统宣传了本届人大常委会的总体工作思路、深化监督工作和代表工作的措施。我区人大工作的探索和创新得到了全国人大领导和北京市人大的肯定。这既是鼓舞，更是鞭策，我们也更有压力。我们深知，这些成绩的取得，是区委正确领导，全体常委会组成人员和人大代表共同努力的结果；是区政府、区法院、区检察院积极配合，各人大街道工委、地区代表小组辛勤工作，广大人民群众关心、帮助、支持、监督的结果。在此，我代表区人大常委会，向各位代表，向所有关心、支持人大工作的同志们、朋友们，表示衷心的感谢！

在总结工作的同时，我们也清醒地认识到，面对新形势、新任务，全区人大工作还存在一些薄弱环节：人民代表大会和常委会的法定职权行使还不够充分，保证宪法和法律实施的工作有待加强，工作实效需要进一步提高；在监督政府依法行政、提高社会治理水平上，需要加大力度，不断丰富和完善监督形式；密切常委会与代表、代表与人民群众联系的方式和机制，需要进一步完善，代表主体作用需要得到更好地体现；常委会履职能力、工作机制和专业化水平，距离代表和人民群众的要求还有不小差距。对此，我们将认真研究改进。

2015年主要任务

2015年是我区深入落实党的十八届四中全会精神、全面推进依法治区的开局之年，也是本届人大常委会确定的“代表议案建议落实年”。区人大常委会要在中共朝阳区委的领导下，深入贯彻党的十八大、十八届三中、四中全会和市委人大工作会议、区委十一届九次全会精神，深刻认识朝阳发展的新常态，以法治思维和改革精神，认真履行职责，做好人大工作，为推进我区科学发展民生幸福做出新的贡献。今年，常委会将重点做好以下工作。

一是以贯彻落实市委人大工作会议精神为契机，推进我区人大工作与时俱进。去年年底召开的市委人大工作会议，对做好新形势下的人大工作做出了具体部署，提出了明确的要求。要按照区委要求，坚持总结、继承、完善、提高的原则，筹备好区委人大工作会议，认真落实市委人大工作会议精神，系统总结人民代表大会制度在朝阳区实践和发展经验，紧密结合当前人大工作的时代特征，以保证人民当家作主为根本，坚定不移的按照“四个坚持、四个服务”的目标要求，推进人大工作与时俱进，推进人民代表大会制度理论和实践创新，以实实在在的成果坚持好、实践好人民代表大会制度，以脚踏实地的工作推动我区人大工作迈向更高水平。

二是以计划和预算监督为着力点，推进我区转型发展。今年是“十二五”规划收官之年，要进一步做好“十二五”规划落实和“十三五”规划编制的监督工作，推动政府适应和引领新常态，加强年度计划与“十二五”规划的衔接，保证规划任务的顺利完成。坚决疏解非首都核心功能，督促政府加快实施“全域CBD”战略，调整退出不符合朝阳区功能定位的产业，积极培育新的增长点，优化产业结构，提升发展质量，缓解人口、资源、环境压力。继续聚焦农村地区发展。跟踪督办农村产业发展议案，推进审批手续缓慢、部分乡村发展困难等难点问题的解决，推动农村可持续发展。加强对农村重点项目规划审批、农村社区建设情况的监督，督促政府加快职能转变，促进城乡一体化发展。

贯彻新《预算法》，推进全口径预算管理，督促政府细化预算草案内容，提高预算监督水平。以计划和预算决算监督为重点，推进重点工作、重点任务的落实。加大重点领域资金监督力度，开展为民办实事资金使用情况专项监督，跟踪监督文化创意产业专项资金使用情况，提高财政资金分配和使用的科学性和透明度。继续推进预算和审计信息的公开，主动接受社会监督。

三是以督促解决人民群众关心的热点难点问题为重点，推进民生改善。立足于保障群众身体健康和生命安全，继续加强食品药品安全监督，提高我区食品药品安全水平。跟踪督办医疗卫生事业发展议案，努力解决就医难问题，提高人民健康生活水平。跟踪督办城乡结合部环境综合整治议案，推进环境面貌进一步改善。监督推进市政道路规划建设情况，提高城乡结合部基础设施承载能力，推动解决出行难、交通拥堵等问题。督促加快保障房建设，保证建设品质，使建设成果惠及更多住房困难群众。围绕物业管理、公园建设和管理、老年人权益保护等工作开展视察调研，提高城市建设和管理水平，提升群众生活品质。

四是以依法行政、公正司法为目标，推进依法治区。充分发挥人大及其常委会在全面推进依法治区中的作用，加强对法律实施情况的监督，加强对权力运行的监督，推进政府依法行政严格执法、建设法治政府，推进司法机关公正司法、提高司法公信力。

加大对依法行政的监督力度。探索建立区政府工作部门向人大常委会报告贯彻实施法律法规情况制度，并根据工作实际，开展执法检查、工作评议。监督推进法治政府建设，结合“六五”普法工作，增强全民法治意识，提高依法治理水平。加强区法院执行情况、区检察院查办和预防职务犯罪情况等专项工作监督，增强司法监督的针对性和实效性。开展土地法实施情况执法检查，落实土地管理目标责任，依法管好、用好土地资源。

加强乡人大建设。研究充实工作力量，完善工作制度，督促各乡依法履行好乡人代会职能，使乡人大在促进科学民主决策、推进地区经济社会建设、维护群众切身利益等方面发挥更加积极的作用。

五是以落实代表议案建议为切入点，更好地发挥代表主体作用。强化代表建议督办。制定《朝阳区人大常委会代表建议、批评和意见办理办法》，规范代表建议提出、交办、办理、监督等各个环节工作。加强对本届以来代表建议的综合分析和重点督办，促进代表集中关注问题的解决。综合运用统筹督办、分类督办、跟踪督办、复查补办等方式，提高代表建议办理实效。坚持与政府安排年度工作、编制计划预算相结合，继续做好代表建议提前征集工作。公开代表建议及办理情况，接受社会监督。

做好代表履职的服务保障工作。深入开展代表履职专题培训，提高代表依法履职能力和水平。继续深化代表工作室建设，密切代表与人民群众的联系。认真开展闭会期间代表活动，充分发挥代表在党政群共商共治工作中的监督评议、民意表达等作用，拓展代表履职平台。

系统研究解决人大街道工委、地区代表小组工作中的实际问题，加强市、区、乡三级代表联动，推动解决我区发展的难题。

六是以提高专业化水平为方向，切实加强常委会自身建设。不断优化区人大常委会组成人员结构，增加法治、农村、城市管理、审计等专业领域委员的数量。探索设立预算审查的专门工作机构，配齐配强人员力量，做好对区政府财政预算的审查工作。探索使用工作评议等监督方式，加大监督力度，提高监督水平。加强理论研究，探索成立区人大制度理论研究会，整合常委会各工作委员会、专业代表小组和街乡人大工作力量，吸收专家学者参与，研究基层人大工作实践中的问题，推进人大工作实践创新和制度创新。巩固群众路线教育实践活动成果，进一步改进机关文风、会风，大力倡导学习之风、调研之风、实干之风，提高服务保障能力。

各位代表，今年是常委会确定的“代表议案建议落实年”。常委会将深入贯彻落实代表法、代表法实施办法等法律法规，不断改进工作方式方法，切实增强议案和建议办理实效，更好地发挥代表主体作用，推动解决群众关心的热点难点问题，确保全年各项任务顺利完成，为推进我区科学发展、民生幸福作出新的更大贡献。

名词解释

1. “四个坚持、四个服务”：区十五届人大常委会的总体工作目标要求，即：坚持正确的政治方向，坚持依法有效履行职责，坚持充分发挥代表的主体作用，坚持民主务实的工作作风；更好地为推进科学发展服务，更好地为推进民生幸福服务，更好地为推进民主法治建设服务，更好地为代表依法履职服务。

2. 加强代表工作 22 条措施：常委会围绕“深化代表工作年”主题制定的一系列措施，包括密切代表与人民群众的联系、深化代表建议督办工作、加强代表履职服务保障、完善代表履职激励机制、加强对基层人大工作指导等五个方面内容。

3. 医联体建设：全区按照医疗资源和行政区划，将朝阳区分为北部、中部、东部、南部 4 个片区，每个片区内建议由三级、二级医院和社区卫生服务机构组成的跨行政隶属关系、跨资产所属关系的医疗机构联合体，实行常规转诊、分级医疗、远程会诊影像传输等的运行机制，构建区域内分级医疗、急慢分治、双向转诊的诊疗模式。

中国人民政治协商会议
北京市朝阳区第十二届委员会常务委员会工作报告

——2015 年 1 月 12 日在政协北京市朝阳区
第十二届委员会第四次会议上

朝阳区政协主席　辛燕琴

各位委员：

我受政协北京市朝阳区第十二届委员会常务委员会委托，向大会报告工作，请予审议。

2014 年工作回顾

一年来，区政协常委会按照中共朝阳区委总体部署，牢牢把握团结和民主两大主题，广泛凝聚改革共识，切实改进工作作风，认真履行政治协商、民主监督、参政议政职能，为我区全面深化改革、实现经济社会持续健康发展做出了积极贡献。

一、加大政治协商力度，协商民主得到不断推进

常委会深入学习贯彻中共十八大、十八届三中、四中全会精神和习近平总书记在庆祝人民政协成立 65 周年大会上的重要讲话精神，注重拓展协商形式，丰富协商内容，积极推进协商民主发展。

落实区委协商年度计划。贯彻中共十八届三中全会关于“各级党委和政府、政协制定并组织实施协商年度工作计划”的要求，落实《中共北京市朝阳区委<关于加强人民政协政治协商制度建设的意见>的实施办法》，首次与区委制定年度协商计划，确定六大协商议题，拟定实施方案，认真组织协商活动开展。区政协十二届三次全体会议期间，委员们围绕“十二五”规划实施情况、政府工作报告、区人民法院和人民检察院工作报告，以及事关全区经济社会发展全局的重大问题进行全面协商，与区委、区政府领导和相关部门负责同志坦诚交换意见。十三次常委会议就我区城乡一体化发展问题进行专题协商，常委们围绕超前谋划农村地区区域规划，尽快解决农村城市化进程中历史遗留问题，推动农村地区产业升级等方面提出意见和建议。十四次常委会议以优化发展环境为主题开展专题协商，常委们就营造中小企业融资环境，推进基础设施互联互通，优化行政服务工作等方面提出建议。同时，结合听取区政府办理政协常委会建议案情况答复，就突出科技创新、规范小额贷款公司准入和管理、加强流动人口信息管理平台建设提出跟踪建议。去年还组织区党派团体、政协委员，围绕区委党的群众路线教育实践活动，以及区委十一届九次全会报告进行了专题协商，广泛征求了意见。

建立月协商恳谈会制度。充分发挥人民政协作为协商民主重要渠道作用，建立月协商恳谈会制度，使之成为新形势下人民政协沟通思想、增进共识、协调关系、凝聚力量的有效协商平台。一年来，主席会议围绕科技创新与发展、弘扬“五四”精神、人才队伍建设、文化创意产业发展、基层协商民主推进等主题，召开协商恳谈会12次，参加部门28个，参与委员482人次，提出意见和建议 260 条。其中，关于拓展融资渠道，促进中小企业成长；布局大科技格局，推进科技创新合作机制建设；提升绿化景观水平、有效改善乡村环境；注重文化产业的历史传承和从业资质审核，防止低级次业态占用公共社会资源；拓展协商民主形式，动员社会力量参与党政群共商共治等建议，得到了相关部门的采纳，推动了民主决策、科学决策。

有序开展多形式协商活动。专委会围绕商务引领和产业融合、金融驱动文化创意产业发展、农村城市化实现路径、公共文化建设管理与创新、弘扬社会主义核心价值、社区养老服务发展等课题，与区相关职能部门和街乡开展专题协商和对口协商，深入开展调研工作，形成 6 份调研报告。充分利用界别专业优势，围绕京津冀一体化发展战略、非首都核心功能疏解、人口资源环境矛盾破解开展界别协商，就合力做好堡头功能区的规划、政策、资金保障工作，完善低级次产业改造升级政策等方面提出建议。对十二届三次会议提交的 361 件提案进行分析，分类做好提案办理协商工作。与区政府一道，就21件委员提案从办理进度、落实成效和存在的问题进行专题协商。就民主党派和多位委员提出的区域发展环境改善类提案和郊野公园建设类提案进行集中协商办理。由主席班子带队，对垡头功能区发展、政府建立购买法律服务机制、创建国家安全发展示范城区、推进我区金融产业发展等 4 件重点提案进行协商督办。与会委员与相关部门开展了深入探讨，增强了提案办理协商的实效。全年围绕提案办理协商召开专题会议19次，参加提案活动的委员达196人次。

二、紧扣改革发展出力，议政监督成效更为显著

常委会聚焦我区经济社会发展、城乡一体化推进和涉及群众切身利益的问题，协调并组织区政协各参加单位和政协委员开展多形式的民主监督、参政议政工作。

为推进区域经济发展出谋划策。常委会重视对国家经济体制改革的密切关注和跟踪，邀请全国政协常委、民建中央副主席周汉民为区委理论学习中心组和区政协委员作“建设中国（上海）自由贸易试验区，以更大的开放促进更深入的改革”专题报告，深入了解上海自贸区的样板示范效应和国际国内经济发展趋势。与首都经济贸易大学、致公党朝阳区委以“开放、融合、协调、发展”为主题，联合举办“宏观经济形势与经济转型发展”论坛，邀请国内知名专家学者作大会发言，就深化经济结构调整、转变发展方式、提高区域综合竞争力提出前瞻性的意见和建议。召开区经济转型与发展座谈会，听取区 7 个部门和功能区管委会相关情况通报，围绕服务首都战略定位和区域功能定位进行研讨，委员们就我区对接京津冀一体化协同发展总体规划，疏解一般性产业功能；发挥功能区辐射带动作用，建立街乡和功能区联动发展机制等方面提出建议。与区发改委、区工商联一道，联合驻区 11 家银行机构代表、2 家担保公司，共同举办企业融资政策培训暨银企对接会，积极寻求政策与企业健康发展的有效对接，诠释和解读融资产品及各项扶持政策。特别是48件委员提案，对城乡产业空间融合、民营经济发展、产业结构优化升级、战略性新兴产业发展等多方面提出真知灼见，相关部门在承办中给予了高度重视和采纳。

聚焦城乡一体化发展议政建言。与区委统战部联合召开“聚焦国际化，推进城乡一体化发展”议政会。主席会议形成《关于加快推进城乡一体化，全面建设全域CBD若干问题的建议》主旨报告，提出14条意见和建议。区政协各专委会、区各民主党派、工商联形成45个专题报告。其中9个大会发言和15个推荐书面发言报告，围绕产业融合发展和城乡一体化实现路径等多方面提出 126 条意见和建议，得到区委主要领导充分肯定。认为主席会议主报告站位高，从机制、空间、产业、功能和路径，阐明了全域CBD战略及其主要任务；从城乡一体化的体制机制改革创新，提出了加快城乡“六个一体化”发展，研究了朝阳区发展至关重要的问题，对推进城乡一体化发展具有启发引领作用；分报告与主报告相互呼应，提出了可行性建议，要求区相关部门在规划编制及工作实施中注重吸纳和借鉴。会后，相关调研报告已形成建议案报送区委、区政府决策参考。

多形式推进议政监督工作开展。主席班子坚持“双周调研”制度，围绕城乡一体化推进、科技创新与发展、APEC会议环境保障、社会组织培育开展视察调研32次，协助区委、区政府推进相关工作的开展。各专委会持续以视察和提案追踪问效等方式，关注教文卫体事业发展、水务工程建设等民生课题。组织委员视察高碑店污水处理厂、拆迁工作及环境改造工程，就农村地区基础设施建设、城市运行综合管理体系构建，以及城乡结合部地区改造、空间资源利用等方面提出建议。围绕预防职务犯罪、职业教育发展、文物保护等方面开展视察监督。经济科技委、教文卫体委、城建环保委与区相关部门联合，成立财经、文化、环境综合治理监督咨议小组，积极与区相关部门进行工作对接，发挥政协委员智力和专业优势，开展座谈交流活动，增强民主监督的针对性和实效性。召开特约监督员座谈会，关心支持特约监督员工作；组织特约监督员视察区行政服务中心，协同相关部门对重点工作、重点行业开展民主评议。创新提案督办形式，注重组织相关民主党派和界别全程参与提案办理协商，推动专委会参与相关提案督办，增加现场视察督办环节，着力增强提案办理实效。召开社情民意信息工作会议，加强特邀信息员学习培训工作，对28个信息先进单位和个人进行表彰。全年报送社情民意信息400余件。其中，《关于提升仓储物流使用功能、疏解城市中心压力的建议》等6件信息被市委、市政府采用。区政协同年被市政协评选为信息工作先进单位。

三、做好凝心聚力工作，团结民主氛围日益浓厚

常委会注重把握人民政协的性质定位，围绕团结和民主两大主题，做好协调关系、汇集力量、服务大局的工作。

切实促进党派合作共事。重视召开党派联席会议，邀请区委、区政府领导作区情通报，明确全区年度工作重点，找准工作定位，确保履行职能务实有效；重视利用月协商恳谈会、议政会、理论研讨会等履职载体，尊重和保障区各民主党派、工商联履行职责。一年来，各党派团体共提交提案29件，社情民意信息300多件，调研报告42份，理论研讨文章30余篇。注重搭建各党派团体和社会各界的活动平台，联合开展促进社会和谐的各类活动。去年 7 月份，为协助保障武警学院特警学员重大伤病康复，和区工商联一道，组织经济界别民营企业家委员募集基金150.2万元，设立武警特警优抚专项基金，去年年底正式启动，以实际行动拥军，支持国防建设。去年 8 月份，区政协组织区各民主党派、工商联、企业家代表筹集资金和物资334.67万元，到贵阳市花溪区进行专题对口帮扶活动，资助花溪区农村基础设施建设、卫生院建设和医疗教育法律培训工作，得到了中共贵阳市委的高度重视和新闻媒体的广泛关注，产生了较好的社会反响。之后，区政协继续发挥多党合作重要机构作用，协调区各民主党派、工商联和企业家代表，充分挖掘各自优势，持续为该地区的教育扶贫、科技兴农、医疗条件改善、新农村建设等方面带去切实帮助。

不断拓展联谊交流渠道。以开展庆祝新中国和人民政协成立65周年为契机，召开专题座谈会和研讨会，认真学习习近平总书记在庆祝人民政协成立65周年大会上的重要讲话精神，进一步加深对人民政协工作的理解和把握，强化协商民主意识。举办“抒发激情歌颂祖国”主题摄影作品展、传统文化讲座、乒乓球比赛等系列特色活动，营造了团结祥和氛围。与区妇联举办“凝聚行业力量、展示女性风采”庆三八女委员联谊活动，与区教委举办教师节视察座谈活动，凝聚了女政协委员和教育界别委员的智慧和力量。与各党派团体开展植树造林、纪念“五一口号”发布66周年健身长走等系列活动，促进了党派团结融合。专题视察少数民族地区经济社会发展和宗教场所建设与管理，参加穆斯林群众开斋节，举办道教文化讲座，积极促进民族和谐与宗教和睦。与区台盟一道组织港澳台侨界委员与台资企业家和台湾学生举办元宵节、中秋节联谊座谈，增进了两岸三地交流合作。与全国政协、市政协和18个外省市区政协的相关专委会开展工作交流，承办北京市政协东八区提案工作经验交流会，促进经济社会协同发展和政协工作创新开展。

积极参与基层共商共治。贯彻落实区委《关于统筹推进党政群共商共治工作的指导意见（试行）》，加强与街乡的沟通与联系，丰富委员进社区工作的内容和形式，组织委员将自身的智力优势和资源优势与街乡实际需求有效对接，积极参与街乡、社区党政群共商共治工作。召开委员进社区工作组组长会议和联络员工作会议，进行区情通报，建立网络联系平台，加强委员活动组与街乡工作的对接和联系。各委员工作组积极参与街乡党的群众路线教育实践活动的意见征集、民主评议等重点环节；参与街乡为民办实事意见征集和实事办理工作。注重深入社区，发现提案线索，反映社情民意信息；充分利用自身资源和专长，开展送文化、送医疗进社区活动，深受基层和群众的欢迎。

四、加强工作作风改进，政协自身建设全面提升

常委会适应全面深化改革的要求，以群众路线主题教育实践活动为契机，抓好工作作风改进，以改革思维、创新理念、务实举措，大力推进政协自身建设。

扎实开展教育实践活动，切实改进工作作风。把开展党的群众路线教育实践活动作为推进政协自身建设的首要政治任务抓好抓实。在市委、区委督导组的督导下，区政协领导班子坚持把学习贯穿于教育实践活动始终，开展学习教育活动49次，进一步强化了政治意识、宗旨意识、首善意识、责任意识，增强了聚焦整治“四风”、切实改进工作作风的紧迫感、自觉性。坚持开门搞活动，召开各党派团体、政协委员、基层联系点、机关干部群众征求意见座谈会21次，征求意见建议240条。坚持问题导向，聚焦“四风”梳理问题18个方面，提出整改措施25项。注重建章立制，抓好废、改、立工作。共废止制度规则13个，修订中共朝阳区政协党组《议事规则》《关于加强自身建设的意见》《关于建设“四型”机关的意见》3个文件，新制定政协北京市朝阳区委员会《关于月协商恳谈会工作办法》《关于议政会工作实施办法》《关于委员视察工作办法》《关于加强人民政协民主监督工作的实施意见》《关于加强和改进调查研究工作的意见》《关于进一步发挥界别作用的意见》等6个文件，以更加有力的工作机制、更加完善的制度规范，推动“四风”问题的解决，使区政协工作作风进一步转变，同政协委员、各界群众的联系进一步密切，履行职能水平进一步提升，政协委员和机关干部两支队伍建设进一步加强。

突出政协界别特色，充分发挥委员主体作用。重视把界别活动纳入专委会年度计划，召开专委会主任、界别组长工作交流研讨会，加强与党政有关部门联系，重视开展界别调研、界别视察和界别协商，提出界别提案，增强了政协工作活力。抓好委员队伍建设和管理办法及实施细则的落实，做好委员履职考评工作，激发了委员履职动力。举办第三期委员读书班，组织参加朝阳法院人民陪审员培训班，举办4期委员报告厅，开拓了委员视野，提升了履职能力。完善委员联络制度，抓好“委员之家”建设，组建适合委员活动的小组，采取走访、座谈和建立微信群等形式，增大了委员间的交流密度。坚持用事业凝聚委员，全年共召开常委会议、主席会议、党派联席会议、秘书长会议和协商恳谈会、议政会，以及视察调研等各类履职活动149次，参与委员4330人次，委员出勤率达63%；提出提案417件，委员参与率达69%，充分体现了政协委员的履职热情和工作活力。

加强政协机关建设，做好履职宣传工作。以开展党的群众路线教育实践活动为契机，以反“四风”为重点，组织机关干部参观市反腐倡廉法制教育基地、区廉政教育展，开展“军事日”活动，制定整改落实措施，着力改进工作作风，持续推进“学习型、服务型、创新型、和谐型”机关建设。加强政协信息化建设，充分运用政协官网、微信平台和“移动政协”手机终端宣传政协工作。刊发《朝阳政协》，编印《学习文选》，印发《政协简报》，加强与《中国政协》《人民政协报》《北京观察》的交流合作，报道履职成果，展示委员形象。加强朝阳区人民政协理论与实践研究会建设，注重完善组织机构，创办《理论研究》会刊，召开研究会会员大会暨推进协商民主广泛多层制度化发展研讨会，征集论文46篇，12名会员作大会发言，在政协理论与实践研究探索上迈出了扎实一步。积极配合市政协文史委员会文史资料征编工作，完成《首都文史集萃》朝阳卷《忆古道今说朝阳》和抗日史料征集，做好《朝阳文史》第14辑编辑出版工作，充分发挥了政协文史资料存史、资政、育人作用。

各位委员，过去一年成绩的取得，是市政协有力指导、中共朝阳区委坚强领导，区人大、区政府以及各部门和社会各界大力支持的结果，也是人民政协各参加单位和广大政协委员团结奋斗的结果。在此，我代表区政协常委会向各级党政机关、人大机关、司法机关，向区各民主党派、各人民团体和全体政协委员，向一切关心和支持朝阳区人民政协事业发展的各族各界人士，表示崇高的敬意和衷心的感谢！

与此同时，我们也清醒地认识到，与新形势新任务要求和广大政协委员、人民群众期望相比，一些工作还存在不足，需要切实加以改进。比如，协商民主重要渠道作用的发挥有待进一步加强；民主监督的工作机制有待进一步完善；政协界别特色有待进一步体现；政协机关政务性服务能力有待进一步提升等。这些都需要我们在今后的工作中认真加以改进，不断总结提高。

2015年工作任务

2015年，区政协要按照中共朝阳区委的总体部署，主动服务首都战略定位和区域功能定位，更加关注经济体制改革，更加关注民生改善，更加关注协商民主推进，更加关注自身建设，同心协力搞好政治协商，积极稳妥推进民主监督，活跃有序开展参政议政，为朝阳区改革、发展和稳定作出应有的贡献。

一、加强理论学习与研究，着力推进履职能力建设

重视把提升履职能力摆在重要位置。坚持和完善学习制度，继续举办常委会议专题报告会、委员报告厅，办好第四期委员读书班，学习贯彻中共十八大和十八届三中、四中全会和经济工作会议精神，以及习近平总书记在庆祝人民政协成立65周年大会上的重要讲话精神；学习贯彻全国“两会”精神和市委、区委全会精神，着力提高政治把握能力，提升运用科学理论分析判断形势、研究解决问题的素质和水平。按照中共中央关于推进协商民主广泛多层制度化发展的制度安排，做好中共中央和北京市委相关文件和会议精神的学习传达和贯彻落实工作。围绕人民政协理论创新、制度创新、工作创新的要求，抓好相关工作制度的学习研讨，着力提高调查研究能力、联系群众能力和合作共事能力，增强履职工作实效。发挥朝阳区人民政协理论与实践研究会平台作用，深入探讨政治协商的新领域、民主监督的新机制、参政议政的新途径，推进履行职能的制度化、规范化、程序化。

二、服务改革发展大局，扎实有效履行政协职能

发挥人民政协作为协商民主重要渠道作用，协助区委制定并实施好协商年度计划，安排并组织好月协商恳谈会，更为经常有序地开展专题协商、对口协商、界别协商、提案办理协商。关注经济体制改革，举办经济主题论坛和专题座谈会，组织委员并邀请区内外专家学者，重视对经济新常态的密切跟踪和动态研究，加强对区域经济结构调整、产业转型升级、非核心功能疏解、科技进步和全面创新的思考，提出全局性、综合性、前瞻性建议。围绕“十三五”规划编制，充分利用议政会调研成果，发挥专委会专业优势，加强与相关部门的对口联系，积极为专项规划编制出谋划策。关注城乡一体化发展，持续为破解农村城市化过程中的重点、难点问题建睿智之言、献务实之策。关注依法治区，建立监督咨议小组，围绕财税体制改革、文化体制改革、司法体制改革开展议政监督；发挥特约监督员作用，开展对行政审批、公共服务、政风行风等的民主监督。关注城市建设管理和社会事业改革，充分利用视察调研等形式，围绕环境治理、社会治理体系建设，以及综合改革领域，开展调查研究和专题座谈活动，协助推进相关工作开展。重视提高提案工作质量，加强和完善重点提案办理和督办机制，切实发挥提案的议政监督作用。加大社情民意信息报送工作，积极反映社会各界的利益诉求。

三、牢牢把握工作主题，不断凝聚改革发展合力

切实把握团结和民主两大主题，坚持与民主党派、工商联联席会议制度，联合开展好视察调研、协商议政和提案督办、反映社情民意信息工作。贯彻好党和国家民族宗教政策，注重发挥民族宗教界委员的独特作用，协助党政部门做好民族和宗教工作，促进民族团结、宗教和睦。加强与港澳台侨界委员的联系，积极开展联谊活动，增进同港澳台侨同胞的大团结大联合。继续开展庆“三八”妇女节和教师节活动，推进委员进社区工作，全面拓展协商渠道，关注不同阶层利益诉求，扩大公民有序政治参与，协助党和政府妥善处理好各方面的利益关系。搭建好多形式的联谊交流平台，加强内外联谊，凝聚各方力量，营造团结民主的和谐氛围。继续做好人民政协文史资料征集工作，发挥其存史、资政、团结、育人的重要作用。

四、加强政协自身建设，努力夯实履行职能基础

发挥区政协常委会集体领导作用，坚定不移贯彻落实中共中央和市委、区委关于改进工作作风、密切联系群众的一系列决策部署，以饱满的精神状态、严明的政治纪律、良好的工作作风，组织好区政协各项履职活动。切实发挥政协界别作为扩大社会各界有序政治参与的重要渠道作用，积极探索开展界别协商的新方法新途径，充分调动各界别协商议政积极性。落实委员队伍建设和管理办法及履职考评细则，丰富和创新委员管理服务方式。完善委员联络制度，积极搭建多种形式的交流平台。充分运用现代网络，加大委员提案、大会发言、社情民意信息报送力度，为委员履职提供更加便捷高效的载体。切实发挥好政协专门委员会作用，积极探索专门委员会工作新思路新方式，增强工作活力和成效。坚持以党的群众路线教育实践活动为动力，进一步抓好整改措施的落实，着力提高政协机关全局观念、服务意识，增强政协机关干部的政务性服务能力和统筹协调能力，为人民政协有效履行职能、顺利开展工作提供有力保障。重视与新闻媒体的合作，继续办好《朝阳政协》、《学习文选》、《理论研究》等期刊，广泛宣传政协文化、履职活动，全面展示委员风采，为我区人民政协事业发展营造良好的舆论氛围。

各位委员，全面建成小康社会、全面深化改革、全面推进依法治国的伟大实践，激发我们的智慧和力量；建设国际一流和谐宜居之都，服务首都战略定位和区域功能定位，政协工作大有可为。新的一年，让我们紧密团结在以习近平同志为总书记的中共中央周围，在中共朝阳区委的坚强领导下，同心同德，群策群力，开拓进取，扎实工作，为共同完成“十二五”各项任务，推进朝阳科学发展、民生幸福作出新的更大贡献！

朝阳区人民检察院工作报告

——2015年1月14日在朝阳区第十五届人民代表大会第五次会议上

朝阳区人民检察院检察长 王向明

各位代表：

我代表朝阳区人民检察院，向大会报告工作，请予审议。

2014年工作回顾

在区委和市检察院领导下，在区人大及其常委会监督下，我院深入学习贯彻十八大和十八届三中、四中全会精神，以“开展教育，推进改革，提振精神，协同发展”为工作主题，紧密结合朝阳区位特点，深入履行宪法和法律赋予的各项检察职责。

一、依法惩治犯罪，服务保障大局

自觉把检察工作摆到首都和朝阳区经济社会发展全局中谋划和推进，努力为朝阳改革发展稳定、人民幸福安康创造良好环境。

积极投入平安朝阳建设。充分发挥追诉犯罪职能，努力维护平安稳定的社会环境。开展国庆65周年、APEC会议期间安保维稳工作，维护首都社会安宁。认真履行审查逮捕、审查起诉职能，全年受理审查逮捕案件3234件4283人，批准逮捕各类刑事犯罪案件2455件3058人，受理审查起诉案件3914件4722人，提起公诉3623件4237人，收案数、人均办案数均居全市基层检察院之首。严惩危害公共安全的暴力恐怖犯罪，积极参与打黑除恶、反恐防暴等专项整治行动，审查起诉危害公共安全犯罪嫌疑人424人，努力增强人民群众安全感。积极参与重点敏感地区街头扰序案件整治行动，对在使馆区以极端方式非正常上访的滋事扰序案件，依法起诉16人，维护正常公共秩序。依法审查起诉杀人、绑架、强奸等严重暴力犯罪109人，审查起诉“两抢一盗”等多发性侵财犯罪嫌疑人977人。依法惩治利用网络实施诽谤、敲诈勒索、非法经营等犯罪，审查起诉“立二拆四”案等网络犯罪嫌疑人24人，净化网络环境。

大力服务经济转型发展。适应经济体制改革发展新情况，努力营造公平有序的市场环境。依法惩治各类经济犯罪，积极参与整顿和规范市场经济秩序，审查起诉合同诈骗、非法经营、金融诈骗等破坏市场经济秩序犯罪嫌疑人742人。立足商务核心功能，服务产业转型升级，重点惩治涉众型经济犯罪，依法起诉非法吸收公众存款犯罪嫌疑人78人。围绕国家文化产业创新实验区建设，加大对文创产业重点区域的保护力度，起诉制假售假、侵犯商业秘密等侵犯知识产权犯罪嫌疑人31人，被国家版权局授予“查处侵权盗版案件有功单位”荣誉称号。查办商业贿赂犯罪嫌疑人35人，维护市场竞争秩序。密切关注非公企业特别是小微企业的司法需求，起诉职务侵占、挪用公司资金等犯罪嫌疑人81人，办理涉企民事监督案件8件，维护企业合法权益。

着力服务保障民生。维护群众切身利益，下大力气打造安居乐业的生活环境。协同公安机关开展专项行动，严厉打击严重危害食品药品安全犯罪，审查起诉生产销售有毒有害食品犯罪嫌疑人151人、生产销售假药犯罪嫌疑人23人，保护人民生命健康和财产安全。积极维护妇女儿童权益，加强对涉罪未成年人的教育、感化和挽救，全年依法作出不起诉38人，对11人作出附条件不起诉决定并开展帮教。开设未成年人法律课堂，走进辖区多所中小学校，帮助未成年人预防侵害、远离违法犯罪。充分发挥“妇女犯罪审控组”维权“绿色通道”作用，运用女性办案人员特长和专业优势，结合女性犯罪嫌疑人特点，加强教育、保护和普法宣传，收到良好社会效果。

推进社会治理创新。充分发挥打击、预防、监督、教育、保护等职能作用，促进提高辖区社会治理法治化水平。积极参与社会治安综合治理，针对执法办案中发现的突出问题，及时向有关部门、单位发出检察建议60余份，促进社会治安防控体系建设。探索刑事和解“一二三四”工作法，依法审查办理当事人达成和解的案件85件，其中对犯罪嫌疑人不起诉处理28件，在保护当事人合法权益的同时，从根本上化解矛盾纠纷，促进社会和谐稳定。做好特殊人群管理工作，对依法不负刑事责任的精神病人，提出强制医疗申请6人。

二、惩防职务犯罪，促进反腐倡廉

坚决贯彻中央反腐败总体部署，坚持有案必办、有腐必惩、惩防并举、注重预防，努力营造清明廉洁的政务环境。

严肃查处各类职务犯罪。全年共立案侦查贪污贿赂犯罪案件34件39人、渎职犯罪案件3件3人，立案人数创近年来新高，其中百万元以上案件13件16人，占立案总数的45%。共办理副处级以上要案18人，占立案总人数的46%，其中局级以上4人。通过办案为国家挽回经济损失1302万余元。积极参与最高检、市检察院交办案件的办理，参与查办国家发改委能源局“2·10”专案等多起重大案件。严肃查办“小官巨贪”犯罪，加大土储拆迁领域职务犯罪办案力度，参与查办市纪委牵头的“7·21”专案，立案8人，对土储拆迁过程中违规办理户口迁移手续的窦某等三人立案侦查。

深化职务犯罪预防工作。注重预防调查工作，针对职务犯罪易发高发的重点行业和领域开展专项调研，分析查找犯罪发生的原因和规律，向有关部门提出防控风险、完善制度的建议，撰写四份调查报告获区委区政府高度重视。促进廉政制度建设，开展预防共建，与多家单位签署共建协议，积极探索在国有企业人事管理、物资采购及工程建设领域推行廉洁准入制度。畅通行贿犯罪档案查询渠道，为招投标单位、企业办理查询11209份7099人，同比增长281%和216%，促进社会诚信体系构建。推动廉政文化建设，拍摄反贪题材微电影，加强预防宣传，开展警示教育150余次，会同区纪委、区预防腐败局开展“警示教育巡展”。选取职务犯罪真实案例，编排舞台情景剧，面向农村系统党员干部演出，反响良好。

三、加强诉讼监督，维护公平正义

加大诉讼监督力度，规范执法司法活动，努力让人民群众在每一起案件中感受到公平正义。

深化刑事立案、侦查活动监督。针对刑事专项行动存在的问题，与朝阳公安分局会签相关工作意见，前移法律监督关口，完善法律监督活动。依法监督侦查机关立案、撤案66件，追捕、追诉犯罪嫌疑人126人。开展同步录音录像专项审查等活动，发现、纠正侦查过程中的违法、不规范情形，提出书面纠正意见46份，进一步提升侦查活动的合法性和规范性。

深化刑事审判活动监督。落实检察长列席法院审判委员会会议制度。运用刑事抗诉、纠正违法等手段，加强对刑事审判活动的监督，提请抗诉获上级院支持8件，注重审查发现审判程序中的违法情形并予以纠正，切实保证法律正确实施。

深化刑罚执行、监管活动监督。组织开展朝阳区看守所安全防范大检查，形成《看守所安全检察专项报告》，针对监管活动提出书面意见8件，协助看守所处理“牢头狱霸”，维护监管场所安全稳定。全年开展羁押必要性审查工作62件，建议被办案机关采纳54件。加大对减刑、假释和暂予监外执行的监督力度，针对暂予监外执行发出收监建议、法院采纳1件。针对社区矫正相关问题发放纠正意见29份，制发检察建议6份，促进社区矫正依法规范运行。

深化民事诉讼活动监督。坚持依法监督、规范监督，审结民事申诉案件142件，提请上级院向法院提出抗诉5件，发出再审检察建议1件，法院再审后改变原裁判2件，有效维护当事人合法权益。坚持抗诉与息诉并重，对作出不予监督决定的申诉案件，加强释法说理，做好息诉化解工作，维护司法权威。

四、强化科学管理，严格规范司法

遵循检察工作规律，围绕严格规范司法，不断完善检察权力运行机制和管理体制。

严格法律适用标准。严格把握审查逮捕、审查起诉标准，确保案件质量。开展深化规范执法研究、加强检察业务建设的专项活动，深入剖析、全面梳理制约规范执法的制度性、机制性环节和法律适用、证据运用等问题，研究问题成因和解决方案，制定相应执法规范，包括羁押必要性审查规则、公诉人出庭规范等，共计30余项。严格证据审查，加强对非法证据的排除适用，严守防止冤假错案底线。

加强自身监督力度。出台《加强内部执法监督防止说情等干扰的若干规定》，严肃办案纪律，保障检察人员依法履行职责。建立案件季度评查制度。强化检务督察，对内加强对执法执纪的日常督察，对提讯、出庭、接待来访群众行为是否规范进行不定期抽查，督促不断提升执法规范化水平；对外向来访人员发放规范执法行为监督卡，了解群众对检察工作的满意度，促进提高执法办案水平。

完善检察权力运行机制。作为最高检确定的全国十七家改革试点院之一，我院在区委的领导和支持下，稳步推进检察官办案责任制改革。紧扣突出检察官办案主体地位这一核心，围绕权力配置、岗位职责和职业保障等，深入调研、探索，制定《检察官办案责任制改革实施方案》和《主任检察官职权细则》等文件，成立58个主任检察官办案组，赋予主任检察官53项权力，切实做到“谁办理、谁决定、谁负责”。加强对主任检察官权力的监督制约，出台《执法办案风险评估预警工作办法》等规范性文件，确保主任检察官严格规范公正司法。以增强大局意识、责任意识和协作意识为目标，制定出台《内部协同发展制度》和《检察工作目标评价体系》，建立部门间沟通协作机制，强化履职意识和执行力，提升法律监督、自身监督和科学管理水平，打造全院工作一盘棋格局。

五、加强队伍建设，提升履职能力

始终高度重视自身建设，提升队伍思想政治素质和业务工作能力，为执法为民提供有力的组织和人才保障。

增强群众工作意识。深入开展党的群众路线教育实践活动，打造“为民务实清廉”的检察队伍。围绕“三聚焦、三着力、三提高”要求，认真开展学习，开门征求意见，立行立改并予以公示。在谈心谈话、深入剖析对照检查的基础上，召开民主生活会和组织生活会。开展改进作风专项整治，完成作风制度的废改立，以制度建设带动各项检察工作水平的提高。坚持为民执法，完善律师预约接待、权利义务告知，建立行贿犯罪查询“四合一”便民模式，出台涉法涉诉信访工作改革实施意见，引导群众依法信访。注重对涉众型经济犯罪被害人的情绪安抚和释法说理，加强追赃减损工作。完善司法救助制度，对因犯罪致困，又得不到赔偿的刑事被害人，依法开展救助，帮助解决生活困难。不断改进基层检察联络室工作，促进联系、服务群众制度化、常态化。

提高业务工作能力。加强队伍专业化建设，制定《激励高层次人才成长的意见》，修订《人才发展团队培养管理实施办法》，引领人才队伍可持续发展，我院16名干警入选全市检察机关职务犯罪侦查人才库，1名同志受聘为国家检察官学院培训班导师，1名同志的课件被评为全国检察机关精品课程，人才培养取得初步成效。全面提升检察业务能力，积极参加全市第五届检察业务竞赛，共有18名参赛选手获得“业务标兵”称号，整体成绩位列全市各级院第一。

六、自觉接受监督，提升检察公信力

牢固树立监督者更要主动接受监督的意识，自觉把检察工作置于各种监督之下，依法规范公正文明司法。

主动接受人大监督。积极向人大报告工作、接受监督，向区人大常委会专项报告保障诉讼参与人合法权益情况，认真落实审议意见。积极配合区人大常委会开展专项调研活动，不断拓宽代表联系渠道，进一步加强与人大代表的经常性联系，邀请人大代表视察和评议检察工作、观摩公诉案件庭审，努力为代表履行职责、了解检察工作提供便利。高度重视代表意见建议办理，主动联系代表上门约谈，对代表提出的加强与基层群众联系等意见建议，认真加以落实。开展领导班子成员走访街乡活动，了解社情民意和司法需求，制定《联系街乡工作制度》，形成联系服务基层的长效机制，切实将代表监督转化为加强和改进检察工作的推动力。

深化检务公开工作。自觉接受政协民主监督和社会各界监督。邀请政协委员来院视察座谈，办理政协委员议案1件。健全与辖区各委办局及社会各界的联系机制，组织“检察开放日”、“举报宣传周”等活动，主动回应社会关切。开通官方微博、微信，建立手机报信息推送平台，充分利用新媒体，及时发布案件消息，通报工作动态。主动走访区律师协会，听取意见建议，共建良性互动的检律关系。积极部署案件信息公开工作，通过互联网、检察服务窗口等方式，向相关人员提供案件程序性信息查询服务，向社会公开重要案件信息和法律文书，把群众的意见和要求作为改进工作、检察决策的重要依据。对 6 件拟作不起诉、撤案决定的职务犯罪案件报请人民监督员评议监督，增强检察工作透明度。

各位代表，过去的一年，经过全院上下的共同努力，我院检察工作取得了新进步，荣获“全国检察机关文明接待室”、“青少年维权岗”、“全国检察宣传先进单位”等集体荣誉 12 项，荣获“全国三八红旗奖章”、“首都五一劳动奖章”等个人荣誉 24 项，市检察院党组作出开展向我院法警大队学习活动的决定。我院上述工作成绩的取得，离不开区委、市检察院的正确领导，离不开区人大及其常委会的有力监督，离不开区政府、政协及社会各界的关心帮助。在此，我谨代表全院同志向关心、支持检察事业的各位代表及社会各界人士表示崇高的敬意和衷心的感谢！

面对全面推进依法治国对司法工作提出的新要求，我院的检察工作还存在一些问题和困难：一是一些检察人员执法理念、办案方式仍不适应履行新职能的要求，落实保障人权、规范执法仍不够严格。二是我院检察人员整体学历和素质较高，但部分检察官群众工作方法相对欠缺、法律监督意识还不强，影响了办案质量和效果，与人民群众对司法工作的期待还有差距。三是因案件量大且数量持续增长，我院检察官工作强度高、精神压力大，而保障相对不足，导致青年人才流失现象比较严重。四是司法改革已给检察人员造成强烈的心理冲击，对检察人员的职业规划和思想引导等工作增多，难度加大。对此，我院将高度重视，在今后工作中认真研究改进措施，也恳请各位代表能高度关注并提出好的意见建议，一如既往地给予我们监督、支持和帮助。

2015 年工作思路

各位代表，2015 年是深入贯彻落实党的十八届四中全会精神的第一年，也是全面深化改革的关键一年。面对经济发展新常态对检察职能提出的新要求，面对人民群众日益增长的司法需求对法律监督工作提出的新期望，面对司法体制改革对执法队伍提出的新标准，我院将在区委和市检察院的领导下，以执法办案为中心，以检察改革为动力，以过硬队伍建设为保障，以迎接挑战为全年工作主题，严格执法公正司法，从五方面推动朝阳检察工作再上新台阶。

一是进一步发挥检察工作在深化改革、依法治区中的职能作用。依法惩治刑事犯罪，积极参与治安综合治理，认真研究新类型案件法律适用，为产业升级、功能疏解、人口调控、生态环境建设等全区中心工作提供良好法治环境，促进提升区域发展质量、城市综合品质。

二是进一步加强对执法司法活动的监督。加强对刑事诉讼、民事诉讼活动法律监督，开展规范司法行为专项整治，严把批捕、起诉等关口，依法排除非法证据，有效防范冤假错案，探索加强民事执行监督的途径和方式，完善行政执法与刑事司法衔接工作，更好地发挥维护执法司法公正的职能作用。

三是进一步推进反腐倡廉建设。加大惩治职务犯罪力度，坚决查处民生领域群众反映强烈的权力寻租、索贿受贿案件，促进依法行政。加大追赃、追逃工作力度。积极探索符合朝阳实际情况和职务犯罪特点的犯罪查办及预防机制，完善与纪委等部门的协作配合机制，增强反腐工作合力。

四是进一步推进检察改革。继续推进检察官办案责任制改革，进一步深化检务公开，推进案件信息公开工作，保障人民群众参与司法，构建开放、动态、透明、便民的阳光检察机制。做好司法体制改革的应对准备工作，推动形成符合检察工作规律和职业特点的工作新机制。

五是进一步加强过硬检察队伍建设。巩固党的群众路线教育实践活动成果，强化宗旨意识，改进执法作风，加强和改进党建工作，严格落实“两个责任”。推进检察队伍正规化、专业化、职业化建设，筑牢检察事业发展基础。

各位代表，党的十八届四中全会对全面推进依法治国作出全面部署，习近平总书记一系列重要讲话为下一步检察工作指明了方向。在新的一年里，我院将抓住机遇、直面挑战，以更加奋发有为的精神状态和更加求真务实的工作作风，坚守法治，秉公司法，脚踏实地，敢于担当，为推进朝阳科学发展、民生幸福做出新的更大的贡献！

名 词 解 释

1. “伪基站”：指未取得电信设备进网许可证和无线电发射设备型号核准的非法无线电通信设备，具有搜取手机用户信息，强行向不特定用户手机发送短信息等功能，使用过程中会非法占有公众移动通信频率，局部阻断公众移动通信网络信号。非法生产、销售、使用“伪基站”设备，不仅破坏正常电信秩序，影响电信商正常运营活动，危害公共安全，扰乱市场秩序，而且严重影响用户手机使用，损害公民财产权益，侵犯公民隐私，社会危害性严重。

2. “立二拆四”：原名杨秀宇，男，吉林省人，网络推手。杨秀宇 1997 年毕业于东北大学材料与冶金学院，2006 年 9 月成立北京尔玛互动营销策划有限公司，杨秀宇曾策划炒作“和尚船震门”“干爹带我游奥运”等虚假事件，杨秀宇及其公司在幕后大发其财。2014 年 8 月，我院对杨秀宇以涉嫌非法经营罪提起公诉，11 月朝阳法院一审宣判认定其构成非法经营罪，判处有期徒刑四年，罚金人民币 15 万元。

3. 涉众型经济犯罪：指涉及众多受害人，特别是涉及众多不特定受害群体的经济犯罪。主要包括非法吸收公众存款、集资诈骗、传销、非法销售未上市公司股票等经济犯罪活动，该类犯罪涉案金额巨大、犯罪类型集中、涉案人数众多、案件隐蔽性强，潜伏期长，社会危害性大，极易酿成恶性群体事件，严重影响社会治安稳定。

4. 附条件不起诉：指对于未成年人涉嫌刑法分则第四章、第五章、第六章规定的犯罪，可能判处一年有期徒刑以下刑罚，符合起诉条件，但有悔罪表现的，人民检察院可以作出附条件不起诉的决定，并附加 6 个月到 1 年的考验期，对其监督考察，最终根据考验状况做出起诉或者不起诉决定的制度。

5. 附条件不起诉监督考察：在附条件不起诉的考验期内，由人民检察院对被附条件不起诉的未成年犯罪嫌疑人进行监督考察。被附条件不起诉的未成年犯罪嫌疑人，应当遵守下列规定：遵守法律法规，服从监督；按照考察机关的规定报告自己的活动情况；离开所居住的市、县或者迁居，应当报经考察机关批准；按照考察机关的要求接受矫治和教育。

6. “妇女犯罪审控组”：我院于2002年5月20日在审查批捕和公诉部门设立了由女检察官组成“妇女犯罪审控组”，这是北京首家以保护女性犯罪嫌疑人、被告人、被害人为对象的专业化办案组。十四年来，该办案组在办理案件过程中秉承了“结合妇女特点，灵活运用法律，教育预防为主，惩戒保护并用”的工作原则，体现了刑罚个别化以及保护弱势群体的现代执法理念，为维护家庭稳定、社会和谐做出了积极的贡献。

7. 刑事和解制度：新刑事诉讼法明确规定了当事人和解的公诉案件的诉讼程序，通过立法确立了“刑事和解”制度，即符合法定条件的公诉案件中，犯罪嫌疑人、被告人真诚悔罪，通过向被害人赔偿损失、赔礼道歉等方式获得被害人谅解，被害人自愿和解的，双方当事人可以和解，达成和解的案件，司法机关可以对犯罪嫌疑人、被告人从宽处理。

我院是北京市、乃至全国最早开展刑事和解探索的检察机关。2002年，我院出台了全国第一个关于刑事和解的规范性文件《轻伤害案件处理程序实施细则（试行）》，在全国率先开展了刑事和解的实践。

8. “一二三四”工作法：坚持一个宗旨。把“维护当事人合法权益、促进社会和谐”作为开展刑事和解工作的宗旨。贯彻执行两个办法。我院结合工作实际，一是制定《公诉案件刑事和解工作办法》，明确规定刑事和解专门机构、适用刑事和解的案件范围和条件、开展刑事和解的程序以及达成和解以后的法律后果等，二是与朝阳区司法局签订《关于联合开展刑事和解工作的实施办法》，明确法律援助律师参与刑事和解的条件和途径。开展三项监督。一是确保和解协议的自愿性、合法性。二是严格依照三级审批制度提请检委会讨论研究决定。三是案件督察部门加大对不起诉案件的复查力度，确保案件公正性。坚持四个步骤。一是充分告权，在告知诉讼权利时一并告知双方当事人可以和解的权利，并详细告知和解方式、法律后果等。二是开展和解，双方当事人有和解意愿的可以自行和解，也可以经有关组织、个人调解后达成和解，或者向我院刑事和解办公室申请法律援助律师参与调解。三是严格审查，对于双方达成和解协议的，通过听取当事人及其他有关人员的意见，对双方当事人的自愿性、合法性进行审查，并告知案件可能从宽处理的法律后果以及双方的权利义务。四是依法处理，经审查后符合法律规定的，分不同情况作出相应处理：对于确属犯罪情节轻微，不需要判处刑罚的，经层级审批后可以作出不起诉处理；对于需要追究刑事责任的，应当依法提起公诉，但同时应当在量刑建议中表明因达成和解可以从宽处理，对于被羁押的被告人，可以提出判处缓刑的建议。

9. 强制医疗：修改后刑诉法第二百八十四条规定：实施暴力行为，危害公共安全或者严重危害公民人身安全，经法定程序鉴定依法不负刑事责任的精神病人，有继续危害社会可能的，可以予以强制医疗。第二百八十五条：对精神病人强制医疗，由人民法院决定。公安机关发现精神病人符合强制医疗条件的，应当写出强制医疗意见书，移送人民检察院。对于公安机关移送的或者在审查起诉过程中发现的精神病人符合强制医疗条件的，人民检察院应当向人民法院提出强制医疗的申请。人民法院在审理案件过程中发现被告人符合强制医疗条件的，可以作出强制医疗的决定。

10. 行贿犯罪档案查询：该系统以所有北京市查办审结的1997年以来行贿犯罪案件及2006年以来的受贿犯罪案件和行贿行为案件为基础，为社会单位和个人提供信息查询服务，在行政审批、招标投标、资金拨付、组织人事、行政执法、司法处罚等环节均可为相关单位和部门提供翔实可靠的实证，以加大贿赂犯罪成本，发挥更强的警示和震慑犯罪的作用，进一步促进市场经济秩序规范有序和社会信用体系建设。

11. 法律监督：我国宪法和法律赋予检察机关的一种专门的权力，是检察机关依照法定程序，采用诉讼手段及其他监督手段，对执法、司法、守法活动实施检察以及督促纠正违法的专门性国家活动，包括：刑事案件侦查权、批准和决定逮捕权、公诉权、立案监督和侦查监督权、刑事审判监督权、裁定的执行和监管机关的活动是否合法的监督权、民事审判监督权、行政诉讼监督权等。

12. 再审检察建议：检察机关在案件审查过程中，发现符合《中华人民共和国民事诉讼法》规定抗诉条件的案件，或发现存在虚假调解、恶意调解、双方串通损害国家或者第三方利益的调解以及违反自愿、合法原则的调解案件，可以向法院书面发出再审检察建议。

13. 检务督察：检务督察职能部门及其工作人员依照法律和规定对督察对象履行职责、行使职权、遵章守纪、检风检容等方面进行的督促检查和督促落实。检务督察制度是检察机关内部的一种监督模式，是完善对检察权行使的监督制约的一项重要举措。检务督察制度的最大特点是突出事前和事中监督，具有动态性，旨在达到从源头上防止检察人员违法违纪目的。

14. 检察官办案责任制改革：2013年12月26日，最高人民检察院召开检察官办案责任制改革试点工作部署会，决定在全国7个省份的17个检察院，试点开展检察官办案责任制改革。我院是全国17家、北京市3家试点单位之一，今年以来开展了检察官办案责任制改革试点工作。改革以保障检察机关依法独立公正行使检察权为目标，以突出检察官办案主体地位为核心，以建立权责明确、协作紧密、制约有力、运行高效的办案组织模式为基础，以落实和强化检察官执法责任为重点，科学划分检察机关内部执法办案权限，建立健全检察机关执法办案组织，改革完善检察机关执法办案责任体系，优化人力资源配置，形成符合检察工作规律、检察职业特点、检察队伍管理和法律监督运行要求的组织结构、责任体制和运行机制，提高办案质量、效率和执法公信力。

15. 人才发展团队：团队下设包括高层次人才、骨干人才和专项人才三类人才库，以及一个青年检察官训练班，旨在通过对各类人才的分类管理和动态考核，打造一支高素质、可持续发展的检察专业化人才队伍。

16. 人民监督员制度：北京市检察机关办理的直接受理立案侦查案件，实行人民监督员制度，接受社会监督。人民监督员对北京市检察机关办理直接受理立案侦查案件的如下情形实施监督：（1）应当立案而不立案或者不应当立案而立案的；（2）超期羁押或者检察机关延长羁押期限决定不正确的；（3）违法搜查、扣押、冻结或者违法处理扣押、冻结款物的；（4）拟撤销案件的；（5）拟不起诉的；（6）应当给予刑事赔偿而不依法予以赔偿的；（7）检察人员在办案中有徇私舞弊、贪赃枉法、刑讯逼供、暴力取证等违法违纪情况的。

朝阳区人民法院工作报告

——2015年1月14日在朝阳区第十五届人民代表大会第五次会议上

朝阳区人民法院院长　李瑞翔

各位代表：

我代表朝阳区人民法院向大会报告工作，请予审议。

2014年，是我国法治建设进程中具有里程碑意义的一年。一年来，在区委的领导，区人大的监督，区政府、区政协的支持和上级法院的指导下，我院坚持以邓小平理论、“三个代表”重要思想、科学发展观为指导，认真贯彻落实习近平总书记系列重要讲话精神，深入开展党的群众路线教育实践活动，不断强化审判职能作用、着力整治“六难三案”问题、持续提升队伍司法能力，努力为深化朝阳区“四个必须”工作定位、推动朝阳区科学发展民生幸福提供司法保障。

一、坚持服务大局，为辖区科学发展提供司法保障

2014年，我院收、结案数量再创首都法院历史新高，全年受理案件70371件、同比上升12.1%，办结案件65844件、同比上升8.3%，收案数、结案数、法官人均结案数、全员人均结案数四项数据均居全市基层法院之首，以占全市法院7.8%的法官数量完成了全市法院14.7%的审判任务。在执法办案过程中，我院始终站在服务党和政府中心工作的高度，不断拓展审判工作保障辖区经济社会发展的广度和深度。

着力打击严重犯罪，服务保障“平安建设”。发挥司法的惩戒和威慑功能，审结危害公共安全、抢劫、故意伤害等严重犯罪案件1183件，判处五年以上有期徒刑犯罪分子429人；保持对涉毒犯罪的高压态势，依法审结此类案件491件，并对歌手李代沫等涉毒案件庭审过程进行网络直播，引导公众远离毒品；积极回应群众关切，依法审结危害食品安全类犯罪案件243件，有力维护群众的生命健康权益；加大对贪污贿赂等犯罪的打击力度，妥善审结北京市公安局公安交通管理局车辆管理所副所长受贿案、中国石化集团公司监察局纪检监察三处副处长挪用公款案等职务犯罪案件20件，判处犯罪分子28人，促进反腐败斗争深入开展。

依法规范网络秩序，服务保障网络建设。依法审结“秦火火”诽谤、寻衅滋事，“立二拆四”非法经营等具有较大影响的典型案件，着力打击日益泛滥的网络造谣、炒作、有偿删除信息等违法犯罪行为，传递网络时代正能量；妥善处理涉及公众人物的网络侵权案件，确立网民行为准则，营造文明、有序的互联网秩序；依法规制涉淘宝、京东、亚马逊等大型电商的单方撤单、不正当竞争等行为，促进网络市场交易规则的建立，保障网络交易的安全和便捷。

密切关注资本市场，服务保障金融发展。以有利于促进资本的合法、有效融通为目标，稳妥审理北京市首批涉众私募融资案件以及我区首例证券托管纠纷案件，全年审结涉及电子银行、委托理财、民间借贷等金融诉讼案件4205件，结案标的额达27.8亿元，同比上升35.5%；依法打击破坏金融秩序的犯罪行为，全年审结非法吸收公众存款等犯罪案件15件，共为5448名被害人追回经济损失9411万元；不断强化对经济新常态下金融形势和问题的研判，发布《金融机构商事诉讼白皮书》，积极预警、提前化解潜在的金融风险，依法促进区域金融体系持续稳健运行。

紧密围绕重点工作，服务保障区域建设。顺利完成涉及军队保障的和平村重点拆迁项目以及涉及我区环境整治重点区域的大黄庄苗圃腾退工作，积极推进涉垂杨柳医院扩建工程拆迁执行，得到了市、区领导的高度评价。加强知识产权审判工作，3起知识产权案件分别入选中国知识产权司法保护50大典型案例和北京市知识产权司法保护十大典型案例，树立了我区知识产权司法保护的良好形象。紧密结合朝阳区国际化程度高的特点，突出平等保护理念，妥善处理涉外案件192件，促进外向型经济发展，沙特阿拉伯王国驻华大使馆给予我院“公平公正公明，用心用法用情”的高度评价。

认真落实司法政策，服务保障社会和谐。贯彻宽严相济的刑事政策，依法对1208名犯罪情节轻微、主观恶性不大的犯罪分子适用缓刑，对134件刑事案件适用和解程序，以精神抚慰与经济补偿相结合的方式，最大限度维护被害人权益，同时为被告人回归社会创造有利条件；落实“教育、感化、挽救”的方针，首次发布针对未成年人的禁止令，禁止因沉迷网络而犯罪的被告人在缓刑期内进入网吧，帮助未成年人养成良好的生活习惯。加强对人民调解工作的指导和支持，指派专人办理人民调解协议的司法确认工作，全年办理司法确认案件80件，同比上升280%。以构建和谐政民关系为目标，协调解决行政纠纷154件，既纠正了行政机关的执法问题，又切实维护了当事人的合法权益；持续推进司法与行政的良性互动，建立法院通报行政机关涉诉情况的长效机制，《行政案件司法审判年度报告》受到区主要领导的批示肯定，促进了法治政府建设。

二、坚持司法为民，切实践行党的群众路线

扎实推进党的群众路线教育实践活动，紧紧围绕群众反映突出的问题进行整改，切实将党的群众路线落实到法院工作的全过程和各方面。

紧抓诉讼服务不放松，畅通司法的入口。实行民事、执行案件网上预约立案，全年共受理网上预约立案申请4150件，经审核后一次性现场受理率为100%；克服多处办公的实际困难，打破内部管辖限制，首次实现民事纠纷在6个人民法庭均可就近立案，全年人民法庭立案点立案17855件，占全院立案总量的

25.4%；深入推进诉前调查函工作，76名当事人凭借调查函成功调取到证据，帮助当事人扫清了立案障碍、减少了诉累。开通12368人工语音服务平台，提供诉讼咨询、联系法官、查询案件、举报投诉等服务；充分利用“给大法官留言”平台加强民意沟通，及时解决当事人的各种诉求，得到当事人的好评，受到市高院领导批示肯定。由于诉讼服务工作成绩突出，我院在全市法院立案工作会上做了经验介绍，1名干警被评为“诉讼服务先进个人”。

紧抓民生问题不放松，传递司法的温暖。提高涉民生案件的审执效率，出台《关于加强涉民生案件审判工作的若干意见》，对15类涉民生案件建立了快审、快调、快执的绿色通道，全年共办结涉民生案件17023件，涉及标的额28.4亿元，其中近50%的案件在45天内审结；与朝阳区总工会联合建立劳动争议调解中心工作室，累计调解案件50件，调解成功率为84%，进一步完善了劳动关系协调机制；与区有关部门共同搭建医疗纠纷案件的联动调解机制，适用该机制审理的20件医疗纠纷案件全部实现当天立案、一周内审结。注重发现案件背后的政府管理和社会治理问题，全年发送司法建议75份，根据我院司法建议，北京经纪人协会进一步规范房产中介机构从业人员的行为，使房屋交易更加安全、快捷；国家食品药品监督管理总局对卡马西平药品的说明书进行修订，国家卫生和计划生育委员会对病历管理制度进行了完善，为群众安全用药和患者依法维权提供了有力保障。

紧抓执行效果不放松，展现司法的力量。进一步提高执行效率。明确当事人自动履行案件操作规程，提升裁判文书的自动履行效果，当事人自动履行率达65.5%；在淘宝网开通司法网络拍卖账户，通过竞价等方式逐步提升司法拍卖的社会参与度和即时成交率；自主开发“执行业务辅助软件系统”，以更加透明、规范的工作流程，促进案件执结率的进一步提升，该办公系统被市高院在全市范围内推广。进一步丰富执行手段。在全国法院系统中首次对“余额宝”认购的天弘基金进行查询、冻结，积极探索对投资理财类财产的执行新方式；完成全国首例利用网络执行查控系统回馈信息对异地银行账户予以划扣的强制措施，取得了良好的执行效果，受到最高法院领导的高度评价。进一步加大反规避执行力度。发布失信被执行人信息2608条并对“老赖”发出限制高消费令，依法对846名拒不执行判决、裁定人员采取罚款、拘留、限制出境等强制措施，督促被执行人及时履行义务。

紧抓普法宣传不放松，弘扬法治的精神。坚持开展“送法下基层”活动，组织法官到街乡、学校举办讲座、指导模拟法庭152次，让群众更加直观地了解法律、学会维权。强化法制宣传工作，召开专题新闻通报会5次，在中央和市级以上报刊上刊发法制宣传文章4582篇，充分发挥司法裁判规范、指导、评价、引领社会价值的重要作用；加大新媒体平台建设，开通法院官方微博和职务微博，开展“微直播”和“微访谈”活动，及时向社会发布、公开审判执行信息，阅读量已超过6000万人次；运用网络语言和漫画形式开辟普法专栏，在新浪网播出20期网络公开课，用群众喜闻乐见的形式普及法律知识，传播法治精神。

三、坚持从严治院，努力打造一支过硬法院队伍

按照习近平总书记提出的“建设一支德才兼备的高素质法治队伍”的工作要求，推进法官队伍的正规化、专业化、职业化建设，不断提升队伍的思想政治素质、业务工作能力和规范执法意识。

大力加强思想政治建设。发挥党建工作的引领作用。在党的群众路线教育实践活动中，突出群众观念、理想信念和职业良知教育，每个党支部都认真查找了党建工作的薄弱环节，每名党员干警特别是党员领导干部都经受了一次深刻的思想教育，使党支部的战斗堡垒作用和党员的先锋模范作用进一步体现。发挥先进典型的示范作用。在区委和市高院的有力推动下，培养选树了新时期全国优秀法官的代表——我院奥运村法庭法官刘黎，被中宣部、最高人民法院、全国总工会授予“最美基层法官”、“全国模范法官”、“五一劳动奖章”等荣誉，并受到习近平总书记接见。发挥文化建设的涵养作用。举办“法官讲坛”等学术研讨活动、“五四青年月”系列文化活动、“彩虹杯”系列体育比赛，打造一支有理想、有朝气、有思想的法院队伍。我院“星火剧社”利用业余时间编排了话剧《法官刘黎》，表达了青年干警坚定司法为民公正司法的理想信念和决心，在全院干警中引起了强烈反响。

大力加强司法能力建设。不断提升法官的群众工作能力。深入推进法官片区工作站制度，使青年干警走入基层、贴近群众；通过指定带教法官、举办“青年法官成长课堂”、加强窗口部门实践等形式，帮助青年法官熟悉群众工作方法，努力成为做群众工作的行家里手。不断提升法官的实务能力。深化庭审及裁判文书两评查工作，全年共评查案件3500余件、庭审1755次、裁判文书2678份，对发现的问题实名曝光、督促整改；编辑出版《人民法庭民事审判实务问答》一书，系统梳理30类案件的处理思路和实务技巧，提高法官的审判水平；积极推进裁判文书上网公开工作，用压力倒逼法官提升司法能力，全年上网公布生效裁判文书6837篇，数量居全市基层法院之首。不断提高法官的调研能力。注重培养法官的理论素养，鼓励和支持法官开展审判调研，全年在省级以上学术刊物上发表文章45篇，35篇案例被最高法院采用，并作为全市唯一一家法院中标最高法院审判理论课题。

大力加强监督机制建设。不断强化内部监督。以整治“六难三案”为目标，开展审务督查活动，加大巡回检查和庭审视频抽查力度，对审判纪律作风进行全方位的监督，共通报批评23人次；以领导干部和关键岗位为重点，共梳理廉政风险点36个，通过更为周密、严格的防范和监督，坚决杜绝权力寻租。主动接受外部监督。向区人大常委会报告行政审判工作，认真做好代表意见、建议的办理工作；广泛征求人大代表、政协委员、特邀监督员对法院工作的意见，积极进行整改；自觉、依法接受检察机关的诉讼监督，建立常态化的邀请检察长列席审委会制度，全年对检察机关提出的4件检察建议均予以积极回馈和妥善办理；加强与区律师协会的沟通交流，加强业务研讨，促进相互理解，推进法律职业共同体建设；畅通人民群众参与、监督审判工作渠道，增加选任人民陪审员120人，全年参与审判工作10905人次，同比上升36%。

各位代表，过去的一年里，我院全体干警顶住了愈发繁重的审判压力，经受了复杂环境的严峻考验，始终秉持维护宪法法律尊严、保障辖区和谐发展、维护群众切身利益的司法理念，努力让人民群众在每一件司法案件中切实感受到法治的进步，感受到司法的温暖，感受到法律的公平与公正。2014年，我院被授予首届“北京市模范法院”荣誉称号。我们深知，这些荣誉和成绩的取得，离不开区委的坚强领导，离不开区政府及有关部门在各项建设方面的大力保障，离不开区政协及社会各界的大力支持，更离不开区人大及其常委会特别是各位人大代表，多年来一直为法院改善工作条件、解决实际困难而做出的积极呼吁和不懈努力。在此，我代表区法院，向一直以来关心、爱护、理解、支持法院工作的人大代表和各级领导表示衷心的感谢！

各位代表，党的十八届四中全会作出全面推进依法治国的重大战略部署，人民法院的任务光荣而艰巨。当前，与人民群众不断增长的司法需求相比，法院工作还存在着一些不足：一是在司法作风方面，在审判压力逐年加大的情况下，个别法官的宗旨意识淡化，对待当事人缺乏耐心、情绪急躁、态度生硬，对法院整体形象造成了一定影响。二是在司法能力方面，随着审判队伍的日趋年轻化，一些法官在知识储备特别是经验阅历方面的不足逐步显现，群众工作能力不强，审判质量有待提高，司法规范化建设需要进一步加强。三是“执行难”问题并未从根本上得到解决，在加大执行力度、提高执行效率方面还需我们更加主动地作为。同时，随着形势的发展变化，法院工作还面临着一些新的挑战：一是案件数量的逐年增长，特别是即将推出的立案登记制度，将使案多人少的矛盾愈发突出，严重制约审判质量、效率和效果的进一步提升；二是在长期超负荷工作、晋升空间有限、保障机制缺乏等因素共同作用下，特别是在司法改革具体措施尚不完全明朗的情况下，部分年轻法官出现思想波动，人员流失现象较为严重，已成为影响队伍稳定、制约法院发展的突出问题。对于以上问题和困难，我们一直在努力寻求更有效的解决方法，也诚恳希望各位代表对我们的工作继续予以监督、指导和帮助。

2015年，是全面深化改革的关键之年，是全面推进依法治国的开局之年。我院将认真贯彻十八届四中全会精神，充分发挥司法公正对社会公正的重要引领作用，严格依法办案，服务辖区发展，维护群众权益。一是增强服务发展的保障力。牢牢把握“四个必须”工作定位和朝阳发展的六个阶段性特征，不断强化司法的保障作用，在“平安朝阳”建设、城乡一体化建设、非首都核心功能疏解、经济转型发展和促进依法行政方面有新作为，推动辖区经济社会在法治轨道上持续健康发展。二是增强为民司法的亲和力。不断巩固和扩大党的群众路线教育实践活动成果，把维护人民群众的切身利益放在法院工作的重要位置，以诉讼服务中心建设为重点，全面推进司法便民利民工作，不断加强司法作风建设，充分尊重、依法维护群众的合理诉求。三是增强司法裁判的公信力。深入开展“六难三案”问题整治，以解决影响司法公正的深层次问题为着力点，完善司法公开三大平台建设，推进审判流程、庭审行为、裁判文书和法官释明四个规范化建设，增强裁判过程的社会监督和裁判结果的社会认同，让人民群众在每一个司法案件中都感受到公平正义。四是增强攻坚克难的战斗力。加强队伍的思想政治建设、司法能力建设和廉政建设，坚定干警的理想信念和职业选择，加强专家型、复合型法官的培养，按照司法改革的总体要求，推进法官队伍的正规化、专业化、职业化建设，打造一支忠于党、忠于国家、忠于人民、忠于法律的法院队伍。

各位代表，十八届四中全会描绘了美好的法治蓝图，需要司法工作者用司法为民公正司法的实际行动去实现。在新的一年里，我们将在区委的坚强领导下，更加自觉地接受区人大及其常委会的监督，更加紧密地依靠广大人民群众的支持，更加积极稳妥地推进司法改革，更加公正高效地办好每一个案件，切实履行宪法和法律赋予的职责，努力为朝阳区科学发展、民生幸福作出应有的贡献！

名词解释

1. “六难三案”：2014年6月，最高人民法院下发《关于深入整治“六难三案”问题加强司法为民公正司法的通知》（以下简称《通知》)。《通知》强调，从党的群众路线教育实践活动开展情况看，人民群众对司法作风反映强烈的问题，主要是“门难进、脸难看、事难办”问题、“立案难、诉讼难、执行难”问题和“人情案、关系案、金钱案”问题。因此，为进一步扎实推进全国法院系统教育实践活动，大力加强司法为民、公正司法，进一步提高诉讼服务水平，努力实现让人民群众在每一个司法案件中都感受到公平正义的目标，根据中央有关部署要求，最高人民法院开展深入整治“六难三案”问题活动。

2. 全年共受理各类案件70371件，审结案件65844件：刑事案件收案3672件，结案3607件；民事案件收案34728件，结案32451件；商事案件收案11814件，结案9947件；行政案件收案588件，结案647件；知识产权案件收案2211件，结案2214件；执行案件收案17026件，结案16641件；申诉再审案件收案95件，结案101件；其他案件收案237件，结案236件。区法院全年结案数同比提高8.3%，审限内结案率为99.99%。

3. “秦火火”诽谤、寻衅滋事案：被告人秦志晖（网名“秦火火”）于2013年2月25日使用新浪微博账户捏造“罗援之兄罗抗在德国西门子公司任职”的事实，并在信息网络上散布；于2013年7月15日使用新浪微博账户散布“杨澜向希望工程虚假捐赠”的虚假信息；于2013年7月至8月间使用新浪微博账户捏造“兰和被老女人周某某包养”的信息并散布；于2012年11月至12月使用新浪微博账户捏造“张海迪具有德国国籍”的事实并散布；于2011年8月20日使用新浪微博账户编造并散布虚假信息，称铁道部向7·23甬温线动车事故中外籍遇难旅客支付3000万欧元高额赔偿金。2014年4月17日，朝阳法院依法公开宣判被告人秦志晖诽谤、寻衅滋事一案，以犯诽谤罪判处其有期徒刑二年，犯寻衅滋事罪判处其有期徒刑一年六个月，决定执行有期徒刑三年。

4. “立二拆四”等非法经营案：被告单位北京尔玛天仙文化传播有限责任公司自2008年至2013年间，多次通过信息网络先后为武汉某卫生用品有限公司、江苏某建筑集团有限公司、北京某国际旅行社有限责任公司等有偿提供删除信息服务和发布虚假信息服务，并策划了“和尚船震”、“干爹888万带我包机看伦敦奥运”等虚假事件，非法经营数额共计人民币531200元。被告单位北京尔玛互动营销策划有限公司自2012年5月至2013年间，通过信息网络有偿提供删除信息服务，非法经营数额人民币22万余元。被告人杨秀宇（网名“立二拆四”）于2012年12月，代表被告单位北京尔玛互动营销策划有限公司接受委托有偿为某药业股份有限公司进行网络舆情监测及危机公关合作意向。被告人杨秀宇提出以删帖及发布正面稿件稀释方式淡化负面影响的方案，并指派被告人卢梅等人负责此事。被告人卢梅通过他人联系相关网站人员，为某药业公司有偿提供删除互联网的负面信息服务。2014年11月18日，朝阳法院依法公开宣判被告人杨秀宇等非法经营一案，以非法经营罪分别判处被告单位北京尔玛天仙文化传播有限责任公司、北京尔玛互动营销策划有限公司罚金五十万元和二十万元。被告人杨秀宇作为上述二单位的直接主管人员，犯非法经营罪，被分别判处有期徒刑三年、二年，决定执行有期徒刑四年，罚金十五万元；被告人卢梅犯非法经营罪，被判处有期徒刑一年六个月，罚金三万元。

5. 北京市首批涉众私募融资案件：2014 年 3 月，朝阳法院依法受理北京市首批涉众私募融资类案件，共计 80 余件。该批案件中的原告均为普通投资人，被告为北京中铭源投资管理有限公司及相关企业。因案件涉及对是否存在规避《证券投资基金法》等融资行为的认定以及 4 亿人民币的投资标的额而备受关注。

6. 首例证券托管纠纷案件：原告雷海强诉被告中信建投证券股份有限公司证券托管纠纷一案，这是朝阳法院受理的首例证券托管纠纷案件。因案件涉及中国公募债券史上第一例实质违约事件，打破了此前公募债“刚性兑付”的神话，而受到社会尤其是金融界的广泛关注。

7.《金融机构商事诉讼白皮书》：该白皮书共分为“朝阳区金融机构商事诉讼整体情况分析”、“朝阳区银行商事诉讼情况分析”、“保险公司商事诉讼情况分析”、“汽车金融公司商事诉讼情况分析”、“其他案件审理情况”和“结语”六个部分，全文共计 2.3 万余字；该白皮书对朝阳区的整体金融案件审理情况及银行、保险机构、汽车金融公司的整体涉诉情况、涉诉原因、存在问题、对策建议及典型案例等进行了详尽分析并同时向朝阳区金融办、中国银行业协会、北京银行业协会、大众、丰田、奔驰、雪铁龙、宝马、沃尔沃、现代、一汽八家汽车金融公司及中行、农行、建行、工行、广发、招商、渣打、奥地利奥合国际银行等十六家银行机构进行了发布。

8.《行政案件司法审判年度报告》：该报告共分为“2013 年度行政案件基本情况”、“2013 年度行政机关涉诉情况”、“涉诉行政机关在行政执法中存在的问题”以及“行政审判工作面临的新形势和新要求”四个部分。该报告得到了区委书记程连元和区委政法委书记陈宏志的批示肯定。

9. 网上预约立案：按照市高院的统一部署，朝阳法院作为网络预约立案工作的四家试点法院之一，于 2014 年 1 月 1 日启动网络预约立案工作。截至 8 月 22 日（网上预约立案的登录权限向全社会正式全面开放）为止，朝阳法院接收的预约申请数量占全市预约申请总量的 75.59%，居于第一位。

10. 诉前调查函：诉前调查函是指当事人在立案审查阶段因客观原因无法取得诉讼所需要的证据，经申请并获法院批准，由法院签发给当事人的诉讼代理律师，由其向有关单位和个人收集所需证据的格式性法律文书。诉前调查工作的开展，有利于方便当事人依法行使收集证据的权利，有利于人民法院在立案之前明确案件的被告、涉诉标的以及其他必须明确的信息。鉴于相关成效突出，朝阳法院被北京市高级人民法院确定为该项工作的唯一一家基层法院试点单位。

11. 12368 人工语音服务平台：12368 人工语音服务平台是以人工语音方式为社会公众和诉讼当事人提供各项诉讼服务的综合性服务管理平台。平台为当事人及社会公众提供诉讼咨询、联系法官、查询案件、举报投诉、意见建议收集等五个方面的语音服务。平台由高院总平台和各中基层法院分平台组成，各级法院诉服办负责平台的日常运行管理工作。经过一段时间的试运行，北京法院 12368 人工语音诉讼服务平台于 12 月 2 日正式面向社会开通。

12. “给大法官留言”平台：最高人民法院在中国法院网和最高法院网站开通“给大法官留言”栏目，为全国各高级人民法院院长设置专门帐号，便于院长直观掌握辖区内人民群众对法院审判工作和队伍建设反映的情况，促进网上民意沟通工作逐步走向公开化、规范化、制度化，提高网上司法公信力。今年，朝阳法院共承办留言 74 条，公开回复 39 条，承办留言数和公开回复数两项指标在全市中、基层法院办理总数中分别占 19.8%和 22.9%，均排在中、基层法院首位。在全市法院收到的 35 条感谢类留言中，朝阳法院占了 22.9%。慕平院长在市高院新闻办报送的第 14 期《“给大法官留言”工作通报》中作出专门批示，对朝阳法院“给大法官留言”办理工作给予肯定，并表示相关经验“可予推广”。

13. 15 类涉民生案件：2014 年 4 月，朝阳法院将 15 类案件纳入到涉民生重点案件范围，健全完善保障司法为民的长效机制。该类案件包括：追索抚养费、扶养费、赡养费等婚姻家庭类纠纷案件；涉家庭暴力案件；一方或双方为个人的房屋买卖合同及房屋租赁合同纠纷案件；机动车交通事故责任类纠纷案件；医疗损害责任、医疗服务合同类纠纷案件；消费者权益保护类纠纷案件；食品、药品安全类纠纷案件；追讨劳务报酬的合同纠纷、追索劳动报酬及工伤等相关社会保险待遇的劳动争议纠纷案件；相邻关系纠纷案件；环境污染类案件；民间借贷纠纷案件；储蓄存款合同纠纷、银行卡纠纷、金融理财纠纷案件；涉及企业破产、强制清算、改制类纠纷案件；涉及工伤认定、社会保险缴纳的行政诉讼案件；其他因情况紧急，如果不尽快处理，将会严重影响当事人的生活和生产经营的案件。

14. “最美基层法官”：2014 年 2 月，最高人民法院联手人民日报、中央电视台、中央人民广播电台、法制日报等四大媒体和人民网、新浪网、腾讯网、百度网等十二大网站，正式启动“谁是最美基层法官”活动。活动举办方将从全国 15 万多名基层法院一线办案法官中寻找出符合为民之美、公正之美、清廉之美和奉献之美等“四美”标准的 10 名优秀法官，海选比例达 15000：1。2014 年 6 月，最高人民法院隆重召开“最美基层法官”颁奖大会，朝阳法院奥运村人民法庭副庭长刘黎作为北京法院唯一代表当选“最美基层法官”；10 月，中宣部和最高人民法院举行“最美人物”发布仪式，向全社会公开发布刘黎等 10 位“最美基层法官”的先进事迹，并在发布仪式上公布了《中共中央宣传部、最高人民法院关于刘黎等 10 位“最美基层法官”的表彰决定》。

15. 全国首例利用执行网络查控系统扣划被执行人异地存款案：全国人民法院网络执行查控系统于今年 11 月 25 日 11 时 15 分起试运行，朝阳法院提前三日将试运行通知告知所属法官和书记员并于运行当日试报（2014）朝执字第 14605 号北京挖宝工程机械有限公司诉周海波、刘向勇执行案件被执行人银行查询。11 月 27 日上午 10 时 50 分，中国工商银行反馈查询结果显示，被执行人周海波在河北省秦皇岛市西岭支行、黄河支行有开户，两账户内余额共计 5969.03 元。10 时 55 分，朝阳法院通过微信将银行反馈结果以图片形式告知正在秦皇岛市出差的法官对两个银行账户进行扣划，且扣划信息于 14 时 15 分以微信图片形式反馈回院。此次查扣行动从银行报查到划扣共用时 47 小时，从知晓银行回馈信息到成功异地扣划两银行账户存款共用时 3 小时 25 分。

16. 著名画家石鲁代表画作《山区修梯田》返还案：该案中，朝阳法院执行法官根据判决确定的义务，认定被执行人北京歌德拍卖有限公司和张振宇有共同向申请人石丹归还涉案画作的义务；依法冻结了北京歌德拍卖有限公司的账户，并对北京歌德拍卖有限公司法定代表人及张振宇采取了限制出境、限制高消费、公布失信名单、禁止其乘坐飞机、动车等执行措施。在强大的执行力度震慑之下，被执行人依法履行了判决确定的义务；2014年8月8日，三方当事人于国家博物馆现场勘验并交接了涉案画作《山区修梯田》。执行完毕后，申请人石丹将《山区修梯田》画作赠与国家博物馆。

关于朝阳区2014年国民经济和社会发展计划执行情况与2015年国民经济和社会发展计划草案的报告

——2015年1月13日在朝阳区第十五届人民代表大会第五次会议上

朝阳区发展和改革委员会主任　常树奇

各位代表：

受朝阳区人民政府委托，向大会提交朝阳区2014年国民经济和社会发展计划执行情况与2015年国民经济和社会发展计划草案的报告，请予审议。

一、2014年国民经济和社会发展计划执行情况

年初以来，全区在市委、市政府和区委的坚强领导下，在区人大、区政协的监督支持下，以习近平总书记视察北京时的重要讲话精神为指引，坚决贯彻十八届三中、四中全会精神和中央经济工作会议部署，紧紧围绕北京市“四个中心”定位和建设国际一流和谐宜居之都的总要求，深入落实“稳增长、促改革、调结构、惠民生”工作，确保“十二五”规划顺利实施。主要经济社会指标达到年初计划。预计全年GDP完成4261亿元，同比增长7.5%；区级财政收入完成416.4亿元，同比增长9.6%；全社会固定资产投资完成1230亿元，同比增长1.1%，超额完成市级下达任务；社会消费品零售总额继续保持全市首位，同比增长6%左右；城镇居民人均可支配收入同比增长8.6%，农民人均纯收入同比增长9.6%；万元GDP能耗下降率在4%左右，达到市级下达目标。

2014年计划任务执行的主要特点是：

（一）加大改革创新力度，区域发展动力不断释放

认真落实中央、北京市和区委关于深化改革的要求，巩固群众路线教育实践活动成果，围绕简政放权、优化环境、服务民生，有序推进19项改革任务，市场活力得到激发，发展动力进一步增强。

审批制度改革取得成效。继续精简审批事项，进一步取消行政审批事项47项，压缩125个事项审批时限。优化投资项目审批流程，落实北京市投资项目审批改革“转、减、调、并”的总体要求，完成优化投资项目审批流程试点工作，推进了14个试点项目，探索了“一表受理—同步告知—并联审批”的工作机制。开展商事登记制度改革，落实“先照后证”制度，率先将核发营业执照时限缩减为4个工作日，将多证联办受理范围逐步扩大至全部内资企业，外资企业审批时限从20个工作日压缩至5个工作日。加强行政审批工作效能考核，整合精简考评体系，审批工作效率得到提高。

财税金融改革创新不断深入。转变政府债务管理模式。出台《朝阳区政府性债务管理办法》，完善监管机制，主动防控政府债务风险。深入落实财税体制改革。提高预算执行率，预算公开范围内的50家单位已全部实现部门预算和“三公经费”预算公开。扩大“营改增”试点范围，落实国家对小微企业的减免税政策，减轻企业负担。推进投融资模式创新。拓宽融资渠道，发行10亿元定向票据支持基础设施和重点功能区建设，为永安里等4个棚户区改造项目争取国开行政策性融资支持。发行“朝阳区中小企业贷款集合资金信托计划”，募集资金7700万元支持中小企业发展。积极引导民间资本进入基础设施、医疗、养老等领域，孙河土地储备区域市政基础设施BT项目已开工，单店养老院等已批复立项，重点推进的4个项目吸引社会总投资16.7亿元。

社会重点领域改革稳步实施。开展义务教育学区化综合改革，划分15个学区和40个片区，全面推进免试就近入学。完善医联体建设，启动北部、南部医联体，建立儿童医联体，率先在全市实现辖区医联体服务全覆盖。鼓励社会资本办医，民营医疗卫生机构占全区总数的62%，较去年提高7个百分点。多元参与文化建设工作初见成效，以图书馆CBD创意资料分馆为试点，引入社会力量参与运营管理。推进政府购买社会服务，安排3633万元资金将295个项目纳入购买范围。社会治理创新力度不断加大。22个街道、2个乡完成社会组织服务基地建设，建成47处社区公益空间，认定了165家“枢纽型”社会组织。

市场主体活力得到激发。深化国有企业改革改制，实行国有资本预算管理，探索国有企业分类监管，研究混合所有制发展模式及实施途径，推进CBD公司和昆泰集团开展上市准备工作。着力营造宽松的发展环境，积极吸引民营企业总部，出台《朝阳区促进中小企业发展指导意见》，成立中小企业服务中心，

完善集中办公区设立政策，激发中小企业发展活力。创新服务手段，全面实施促进产业转型升级六项工作机制，落实“楼宇经济联系人、规范纳税负责人、项目落地协调人”联系制度，固化部门、街乡对企业的服务机制，在项目注册、选址等环节改进服务模式，实现空间资源与产业项目的常态化对接，协调功能区产业的梯次转移。切实优化投资服务环境，充分发挥“绿色通道”作用，探索企业注册“包办制”、“代办制”等新型模式，加快项目落地。持续推进外商投资和对外贸易便利化，新增8家跨国公司获批进入第三批外汇管理改革试点，累计占全市总量的50%以上。

（二）调整优化城市功能，经济发展方式加快转变

按照北京市构建高精尖经济结构和加快非首都核心功能疏解的总体要求，加强统筹协调和工作落实，着力稳增长、调结构、转方式，主动“瘦身健体”，实现全年经济平稳增长、稳中提质。

非首都核心功能疏解初见成效。研究出台《优化城市功能、加快产业转型升级工作方案》，明确了疏解的四大重点领域和任务安排。积极落实《北京市新增产业的禁止和限制目录（2014版）》，严格产业和项目准入。加强政策资金保障，整合资金4.3亿元用于功能疏解。针对吸附流动人口较多、经济效益低下、安全隐患严重的区域性专业市场、农村市场集群、高污染工业企业等，加大清理疏解力度。全年共拆除有形市场35家，累计腾退建筑面积116.5万平方米，清退废品回收场站11个，退出高污染工业企业28家。主动融入京津冀协同发展大局，搭建与津冀对接平台，促进部分企业项目外迁或投资合作。组织召开区域协同发展座谈会，邀请天津、河北等省市10余个地区共同探讨区域协作模式。

经济转型升级步伐加快。投资结构更加优化。加大对基础设施、公共服务和农村地区投资倾斜力度，基础设施领域投资占比达33.8%，同比提高5.6个百分点，农村地区投资达到全区投资总量的80%左右。引导房地产投资向商业地产和保障房领域转移，自住型和保障性住房投资占房地产投资比重达到32.6%，同比提高23.6个百分点。加强投资服务和资金保障，推进再生水厂、农民安置房等重点项目进度，新增38个重点项目纳入市级绿色审批通道，为中小河道治理等19个项目争取市级补助资金24.1亿元。消费贡献保持稳定。积极发展电子商务，研究出台电子商务行业促进政策，引进迪信通等8家电商企业，鼓励传统商业企业开发线上商业模式。巩固高端消费特色，吸引特斯拉等高端、新兴品牌入驻，不断挖掘潘家园古玩城、三里屯等特色商圈消费潜力。外资外贸优势显著。服务贸易持续发展，圆满完成了第三届京交会分销服务板块的运营筹备工作，实现签约额1208亿元，比上届增长了15.3%。对外经贸交流活跃，开展了东盟中心等经贸洽谈会、捷克等国家专场对接会。外资外贸稳定增长，实际利用外资39亿美元，增长14%，占全市总量的42%。进出口总额达1885亿美元，增长7%，占全市的44%。经济发展质量提升。节能降耗工作成效突出，修订完善节能发展引导资金管理办法，加强用能监测，完成5家单位的三产节能试点项目建设，第三产业万元GDP能耗下降6.7%，全区能源消费总量为1140万吨标准煤，超额完成全年节能任务。技术创新能力持续增强，出台《朝阳区促进技术市场发展暂行办法》等鼓励政策，加大对创新主体、技术转移服务机构的支持，发明专利申请量累计达到1.28万件，增长12%，技术市场成交额完成470亿元，增长15%。

产业结构调整不断深化。产业促进机制更加完善。出台总部经济及服务业专项支持办法，完善推动企业上市工作手段，落实新三板上市补贴政策，发挥产业发展资金引导作用，支持项目（企业）152个。主导产业贡献进一步提升。现代服务业实现区级收入占总量的60%，同比提高了1.4个百分点，商务服务业稳定发展，营业收入同比增长10%。金融业经济效益更加显著，引进中煤财务等50家金融机构，实现利润同比增长21.9%，占现代服务业的70.6%。文化产业高端化发展，引进注册资本5000万元以上企业63家，文化传媒行业实现收入占比达60%。高技术产业进一步聚集，围绕三新产业，引入中兴能源等注册资本亿元以上企业24家，营业收入同比增长8.3%。总部经济优势凸显。引导企业向总部化、规模化发展，新引进京奥港能源等20家总部企业。全区跨国公司总部达到107家，占全市的70%。新兴产业加快培育，融资租赁、信用评级等新兴服务行业成长迅速，小额贷款、汽车金融、资产管理等创新金融业态快速发展，移动多媒体、文化产权交易等新兴融合产业营业收入平均增速超过30%。

（三）推进十大基地建设，空间布局进一步优化

以十大发展基地为抓手，加快项目建设进度，拓展产业承载空间，围绕功能区特色做好招商引资工作，功能区高端产业不断集聚，经济贡献持续提升。

重点区域规划建设有序开展。CBD核心区10个项目取得立项批复，清华大学光华路校区、中国尊两个项目地下施工全部完成。东扩区智能电网项目正开展地下部分建设，一热能源替代方案已启动实施。电子城东区国际电子总部4号地已启动基础结构施工，西区默沙东、时代凌宇完成主体结构建设，北区征地方案获得市政府批复，大望京科技商务创新区完成总建筑面积的70%。奥运功能区中国国学中心主体结构施工基本完成，开元国际广场3号、5号地块项目正在进行内部装修，奥运塔项目主体建设完成，国家全民健身示范基地二期已全部投入使用。CBD—定福庄国际传媒走廊懋隆文创园等重点项目加快规划建设。金盏金融服务园区中信、民航等项目取得相关前期手续。垡头科技商务区焦化厂工业旧址园已完成概念性规划设计方案。东坝国际商贸中心区已完成第四使馆区住宅拆迁。温榆河绿色生态休闲区孙河国际商务园项目完成控规编制与城市设计方案。

功能特色和经济贡献更加突出。CBD功能区高端商务功能持续增强，中心区新增注册资本过亿元企业153家，同比增长1.7倍，税收过亿楼宇45座，地均产出率达到826亿元/平方公里。电子城功能区以高技术产业为引领，新增注册资本过亿元企业33家，朝阳园规模以上高新技术企业实现总收入3494.3亿元，同比增长27.1%，劳均产出率达到162.8万元/人。奥运功能区文化、旅游和高端会展活动进一步聚集，举行各类活动924项，接待游客超过5500万人次。三大功能区对区级收入增长贡献率达到105.8%。文化聚集态势更加凸显，CBD-定福庄国际传媒产业走廊被确定为全国首个国家文化产业创新实验区，大山子等13个重点文化创意产业片区纳入全市整体规划，占全市文创功能区总面积的32.3%，全区文创产业空间布局基本形成。

（四）主动攻坚克难，农村城市化取得新突破

认真办理“财政投入向农村地区倾斜、基础设施向农村地区延伸、公共服务向农村地区覆盖”的人大议题，加大农村地

区重点难点问题研究突破力度，加快推进城乡结合部规划建设、产业结构升级和公共服务完善。

城市化路径探索取得积极进展。深化"一乡一策"规划调整思路，推进第一道绿化隔离地区6个乡城市化建设试点，区级"1+7+6"工作机制统筹建立，将台等5个试点乡规划调整方案进入报送审批阶段。6个试点乡共完成拆迁腾退119万平方米，实施绿化1581亩。东南三乡重点村已开工安置房项目基本完工，1.5万人搬迁入住。继续加大公共财政对农村的投入力度，统筹财力聚焦农村城市化各项任务，农村地区财政预算支出安排同比增长19.6%。以道路、水、电和环境建设为重点，着力改善城乡结合部基础设施条件，驹子房等7个安置房周边的28条市政道路随项目同步建设，龙爪树路等4条主干路启动拆迁；落实市级新"三起来"工程要求，来广营等4个乡5处光伏电站建设完成。加大农村地区公共服务覆盖面。新增农村地区社区卫生服务机构面积1.8万平方米，崔各庄等6个乡12所乡（村）中心幼儿园建设加快推进。

城市化难点问题加快破解。坚决退出低级次产业，积极整治低级次市场、废品回收场站，拆除出租大院62个，为农村地区产业升级和落实绿化腾退了空间。重点项目加快建设，三间房动漫大厦等13个项目基本建成，来广营乡朝来科技园二期等3个项目建设加快推进，南磨房乡中国出版创意基地等9个项目加快办理相关手续。三资管理更加规范，实现集体资源监管全覆盖，加大农村地区经济合同规范调整力度，收回集体土地6999亩，增加收益1.27亿元。黑庄户、来广营2个乡20个村级产权制度改革基本完成。整建制转居取得历史性突破，太阳宫、常营、豆各庄等7个乡2.9万名农民完成身份转变。

（五）聚焦"城市病"治理，城市运行与环境面貌明显改善

围绕城市运行管理工作中的重点、难点，加强组织联动和任务监督，统筹做好环境整治和运行保障工作，城市环境和精细化管理水平得到进一步提升。

环境建设取得新成效。以APEC会议"一区九线四周边"的环境建设为主线，统筹实施拆迁、整治、绿化、维护等服务保障工作。完成六公主坟等地区132万平方米拆迁工作，对拆迁腾退区域实施综合整治，高标准建成望和公园。整修沟渠3.7万平方米，硬化铺装路面6.7万平方米，完成240万平方米建筑外立面粉饰，城市服务设施面貌明显改善。城乡绿化美化成效显著。实施了奥林匹克中心区及其周边、京承等7条道路绿化改造提升工程，努力打造"进出京第一印象"通道。完成平原造林建设6868亩，新增、改造绿化面积280公顷。环境达标建设全面开展，完成6个首都花园式社区、10个首都花园式单位、15条优美大街、30条街巷胡同创建工作。市容秩序有效提升。对奥林匹克公园等56个重点地区实施无证游商、小广告等环境顽症综合治理工作，查处无照经营、露天烧烤等各类违法行为22万起，305处市级环境脏乱挂账点全部整治达标。违法建设得到有效遏制。坚决控制新增违法建设，加大对存量违法建设的拆除力度，全年累计拆除违法建设355万平方米。棚户区改造和保障性住房建设稳步推进。来广营北湖渠村等4个项目完成征收（拆迁）工作，十八里店乡西直河等20个项目征收（拆迁）工作已启动。新开工保障性住房21427套，竣工各类保障性住房15635套，完成全年建设任务。老旧小区综合整治力度不断加大，完成290万平方米抗震加固和节能改造任务。

城市运行保障能力不断提升。人口规模得到有效控制。常住人口和常住外来人口完成市级调控目标，流动人口同比减少35.6万人。实施人口管理目标责任制，制定了《朝阳区2014年人口调控工作方案》。推进"以业控人"，将人口因素纳入新增产业项目准入考量因素，从源头上控制人口无序聚集。加强"以房管人"，加大居住性违法建设拆除力度，规范房屋中介机构出租行为，治理违法群租和地下空间。探索"以资源控人"，严查私自接电、接水、打井等不法行为。全面落实清洁空气行动计划。全年削减二氧化硫等三类污染物2070.3吨，淘汰更新老旧机动车7.5万辆，改造燃煤锅炉292.5蒸吨，对平房乡石各庄等6个村实施"煤改电"，完成热计量改造2385.2万平方米。严格控制在建工地、道路扬尘，$PM_{2.5}$年均浓度同比下降3.3%。"9942N"生态文明水务工程顺利开展。曹各庄沟等6条河道防洪能力和水环境明显改善，完成9处下凹式立交桥雨水泵站升级改造配合工作，定福庄等3座再生水厂全部开工建设，黑庄户都市农汇园区雨洪利用工程已完成，清河入河口3处临时污水处理设施投入运行，截流、封堵萧太后河沿线污水口7个。城市安全管理更加深入。建立健全食品药品监管制度，组建区、街乡两级食品药品安全委员会，成立了区食品药品安全监控中心，全年完成食品抽检7914件，药品抽样899件，查处各类案件2354件。着力做好安全生产工作，以"零容忍"态度及时排查和消除安全隐患10.9万项，检查企业28万家次，整改火灾安全隐患1.3万余处，有效防止了重特大安全生产事故。做好城市应急管理工作，及时处置城市公用设施等突发事件203起。城市出行条件进一步改善。黄楼路建成通车，完成15公里微循环道路改造工程，新增停车位10586个。改进垃圾处理方式，在劲松等8个街道试点餐厨垃圾规范收运，完成20个垃圾分类达标小区创建工作，完成9处非正规垃圾填埋场治理工作，焚烧中心建筑安装工程完成17%。

（六）加强服务保障，民生事业取得新进展

坚持发展成果惠及民生，加大对民生事业的投入力度，在努力做好公共服务基本供给和社会保障兜底的同时，推进服务优质化发展，民生保障进一步加强。

公共服务质量不断提高。加强国家公共文化服务体系示范区后续建设，公共文化服务水平不断提升。图书馆新馆开馆运行，劲松等地区文化中心改造进展顺利，新建三里屯街道文化中心等3个街乡文化中心，四级公共文化设施服务网络进一步完善。加强基层文化供给，加快推进"公共电子阅览室建设计划"，开展各类惠民演出活动3947场，受益人群近200万人次。教育优质均衡发展不断深化。新开办学校5所、幼儿园12所，新增学位1万余个，转型升级28所学校为优质资源校。中考综合优秀率进入教育先进区县行列，高考本科以上上线率91.3%，高出全市31.7个百分点。医疗资源配置进一步优化。着力推进重点项目建设，助推安贞等4家三甲医院入驻医疗资源薄弱地区，垂杨柳医院改扩建工程房屋征收完成95%。社区卫生服务能力不断提升，新建成和平街等4家社区卫生服务中心和5个社区卫生服务站，率先在全市实现急救社区化，完成第三批中医药专家下基层工作。群众性体育设施投入加大，建成体育生活化社区55个、全民健身设施135套。

就业服务水平进一步提升。城乡登记失业人员实现就业2.37万人，城镇登记失业率控制在1%以内。加强岗位开发力度，组织各类招聘洽谈会121场，开发就业岗位11.7万个。推动就业技能培训，制定《朝阳区高技能人才培养基地认定管理办法》，

7家职工培训试点企业享受职工培训补贴224万元。加大对农村地区劳动力就业支持力度，出台农村劳动力就业奖励办法实施细则，对农村地区劳动力实施订单式培训服务。

社会服务保障持续加强。社会保险不断提标扩面。五项保险累计征缴460.9亿元，同比增收15.6%，新农合人均筹资标准由1140元提高至1205元，新农合参合率达到99.78%。养老服务保障能力不断提升。全国养老服务业综合改革试点区和北京市养老服务社会化示范区建设有序开展，区第二福利中心建设完工，建成养老照料中心22家，新增养老服务管理中心（站）8个，实现街乡级养老服务管理中心全覆盖，集“信息、评估、培育、服务”为一体的区级养老服务指导中心基本建成，新培育养老服务商200余家，恭和苑、英智等医养结合服务模式得到进一步推广。

社区建设水平稳步提升。强化社区自治能力，探索实行“社区营造计划”、“小区家园计划”，全区326个小区实现家园化管理，151个老旧小区实现准物业管理，城区老旧小区自我服务管理实现基本覆盖。提升社区规范化建设和管理水平，创建六型社区53个、智慧社区57个。实施“一刻钟社区服务圈拓展计划”，扎实推进社区服务管理平台建设，24个街道和233个社区的数据实现连通，城市社区服务基本实现一网查询、一线联通、一口受理和一站办理。

在看到成绩的同时，我们也清醒地认识到，发展中还存在一些复杂的矛盾和问题，面临的宏观形势和发展环境也在发生新的变化，需要在工作中给予高度关注：一是新常态下统筹稳增长和调结构的任务更加艰巨。当前国内经济下行压力加大、结构调整阵痛显现，我区经济也面临增速换档与动力转变，传统行业竞争优势减弱，需更替升级，而新兴产业规模支撑不足，挖潜仍需时日，如何准确认识经济发展新常态特征，在结构优化的同时保持经济平稳增长，需要付出更多努力。二是城乡一体化进程推进还需加大攻坚力度。当前农村地区发展面临产业层级低、规划实现难、政策体制约束多等问题，需要加快突破规划、融资、高端产业引入等困难，争取市级层面更大支持，创新城市化实现路径。三是城市运行管理工作难度加大。人口规模与城市承载能力的矛盾更加突出，迫切需要建立长效机制，促进人口流动与区域发展良性互动。同时，城市管理中环境整治、大气治理、交通疏堵等任务更加繁重，需要进一步完善机制、严格依法管理。

二、2015年经济社会发展计划总体考虑和初步安排

2015年是全面深化改革的关键之年，是全面推进依法治国的开局之年，也是“十二五”规划收官之年和“十三五”时期发展的谋划之年，做好全年各项经济社会发展工作意义重大。

2015年全区发展面临良好的宏观机遇。一是国家全面深化改革的加快推进，将从体制机制上释放发展活力，为高度开放的区域经济转型发展带来新的机遇。同时，国家在新常态下主动调低经济增速预期，为区域经济转方式调结构防风险留出了空间。二是北京市按照新的战略定位统筹发展，有利于我区进一步发挥国际化特色的基础优势，加快瘦身健体，提升区域核心功能和核心竞争力。三是我区近几年经济社会保持了稳定发展，为调整转型提供了坚实基础，当前又迎来了国家文化产业创新实验区建设、第一道绿化隔离地区城市化建设试点等契机，将有利于我们进一步争取国家、市级政策倾斜，实现更高层次发展。

综合当前形势，2015年经济社会发展的工作重点是，坚持稳中求进工作总基调，把改革创新贯穿于经济社会发展各个领域和环节，着力稳增长、促改革、调结构、惠民生。在改革创新上，注重营造良好的发展环境，激发市场活力，提升行政效能。在经济发展上，注重深化结构调整和培育新的增长点，进退并举，保持稳增长和调结构之间的平衡。在发展布局上，注重功能区带动、城乡统筹，努力破解城乡结合部发展难题，探索农村城市化和功能区建设新路径。在城市运行中，注重建管结合、精细管理，保障城市安全稳定运行。在民生工作中，注重基本保障、均衡配置，不断满足人民群众多样化需求。

2015年的主要预期发展目标是：地区生产总值同比增长7%左右；一般公共预算收入同比增长7%；全社会固定资产投资完成市级下达任务；社会消费品零售额同比增长5%左右；万元GDP能耗指标达到市级要求，完成“十二五”时期目标；城镇登记失业率控制在1.5%以内；城镇居民人均可支配收入和农村居民人均纯收入均同比增长7%左右。

（一）推进重点领域改革

推进行政体制改革。强化依法行政。加强重点领域综合执法和联动执法，落实城管执法体制改革，执行重大执法决定法制审核制度。推进政务公开，公布政府部门行政审批事项清单，公开权力运行流程，提高权力运行的透明度。加快简政放权，落实北京市关于取消和下放行政审批事项的部署，做好审批事项下放的承接工作，继续取消部分审批事项，对非行政许可审批事项进行清理。进一步优化投资审批流程，健全并联审批、联合咨询和会商工作机制，完善投资项目审批服务体系。加快推进网上审批系统建设，提高审批效率。

探索投融资体制机制改革。加快完成政府融资模式转型，做好政府融资项目的后续跟踪。深化基础设施等领域投资体制改革，积极引导社会资本进入公用事业、非基本公共服务等领域，围绕棚户区改造、城市道路、污水处理等重点工程建设，探索PPP等新型投融资模式。创新农村产业项目融资体制机制，探索农村城市化基金等融资手段，引导社会资本投资农村地区产业发展。

落实财税体制改革。继续落实国家“营改增”、小微企业减免税等政策。贯彻北京市推动完善财税体制改革的相关部署，提高区级财政管理水平。完善预算管理制度，进一步推动预决算信息公开。落实中央和北京市规范地方政府性债务管理的要求，防范债务风险。完善公用事业补贴机制，严格审核流程，加强专项保障资金使用管理。制定政府向社会购买服务的实施意见，编制政府购买服务指导性目录。

深化国有企业改革。研究制定深化国有企业改革指导意见，优化区属国有资本布局和结构。积极发展混合所有制经济，鼓励国有资本、集体资本、非公有资本等交叉持股、相互融合，加快企业改制上市步伐。研究建立以管资本为主的国有资产管理体制，探索分类监管、分类考核。完善国有资本经营预算制度。

推进社会领域改革。深化医联体改革，加快建立肿瘤、中医等专科医联体，完善基层首诊、双向转诊、急慢分治、上下联动的分级诊疗模式。深入实施义务教育学区化综合改革，加大对28所已整合学校的支持力度，通过名校办分校等形式，继续整合11所相对薄弱学校，实施优质化规模办学。实施文化领域改革，推进区文化馆等事业单位建立法人治理结构。加大政策扶持力度，培育民间文化团体和文化组织，引导和鼓励社会力量参与文化服务，实现文化发展的共建共享。

创新经济发展服务机制。完善产业促进机制。创新政府引导产业发展的相关措施，提高产业引导资金使用效率，探索设立产业发展基金。加大对公共服务平台、技术平台的支持力度，对新兴产业和成熟产业实行差别化政策，形成多元化的服务支持体系。创新企业服务机制。在深入落实促进经济发展六项工作机制的基础上，全面实施企业服务“三总师”制度，完善土地空间、商务楼宇与引进产业项目的统筹对接机制，强化跟踪服务，增强企业发展的根植性。提高中小企业服务能力，探索设立中小企业发展引导基金，整合金融企业、专业机构等社会服务资源，构建全方位服务体系。提高科技创新能力。强化企业的创新主体地位，完善科技企业孵化体系，提升产业孵育能力。深化高校发展合作联盟建设，形成区内高等学校、科研院所、企业的创新合力。

（二）构建高精尖经济结构

保持经济稳定增长。发挥投资带动效应。着眼于发挥政府投资效能和激发社会投资动力，进一步加强投资服务和资金政策保障，稳定投资规模。重视项目策划储备，围绕重点区域开发和农村城市化建设，加快 CBD、电子城、奥林匹克等功能区项目建设，统筹推进第一道绿隔地区城市化试点项目、基础设施及公共服务类项目建设，引导社会资金投向结构调整的产业领域。发挥政府投资引导作用，积极争取市级城投债对我区基础设施建设的倾斜，加大政府资金对基础设施薄弱地区的支持，完善城市功能。着力提升投资效率，把握时序，加快电子城北扩区、金盏金融园区、东坝等成熟地块的上市转化进度，积极协调解决土地、规划、建设等各环节问题，确保投资尽早见效。稳定消费贡献。把握个性化、多样化消费趋势，推动商品和服务消费环节升级，引导消费结构调整。提高网络消费贡献，依托电子商务发展政策，吸引规模电商企业、跨境电商企业等入驻，鼓励存量电子商务企业加快发展，推广社区商业电商平台模式。挖掘新兴消费潜力，争取市级政策，促进信息消费、新能源消费、服务消费等新兴消费，探索发展体验消费、主题概念店等具有市场潜力的新型业态模式。加大实体消费引进力度，研究朝阳区商业发展总体规划，整合已腾退的商业空间资源，吸引新兴商业企业、知名品牌总部入驻。以规范提升和补缺建设为重点，不断完善城乡便民商业体系建设。

疏解不符合功能定位的产业。紧密对接京津冀协同发展规划，主动参与区域协作，搭建与承接地之间的对接平台，探索区域间利益共享机制，促进产业项目的合作转移。深入落实《优化城市功能、加快产业转型升级工作方案》，加大“两多三高”产业转移疏解力度。严格产业准入，在招商、注册、审批等环节严格执行北京市新增产业的禁止和限制目录相关要求。积极引导存量退出，深入研究有形市场发展规划布局，探索有形市场、污染工业企业退出机制，研究符合市场规律和首都发展要求的引导政策，创新行业协会引导、高端产业替代等手段，再清退一批低级次市场，重点研究推进 1–2 家区域性专业市场搬迁，关停高能耗、高污染企业 41 家。

巩固国际化发展特色。立足丰富的国际资源优势，打造国际资源配置枢纽，提高区域国际化程度。提升对外经贸服务水平。加强与中美商会、非洲投资信息中心等机构的合作，筹备举办系列经贸洽谈会。加大与中国民营经济国际合作商会等机构的沟通协作，积极搭建国内企业走出去平台。加快功能性项目建设。推进中非国际采购中心、进口商品展示交易中心项目建设，完善“服务贸易网”功能，增强京交会平台带动作用。进一步优化国际交往服务环境。全面推进 CBD 高端商务人才发展区建设，发挥“凤凰计划”等海外高层次人才引进机制作用，加大引才引智力度。

深化产业内部结构调整。提升总部经济层级，进一步完善服务总部经济的工作机制，积极引入研发、结算型总部，促进总部企业实体化，全年力争新增总部企业 10 家。加快金融业创新发展速度，推进外汇管理改革先行先试，促进金融创新和多元化发展，鼓励金融信息与金融服务、私募股权等业态，积极引进投资银行、资产管理公司等金融机构，全年新增各领域金融机构 50 家，丰富我区金融行业门类。推动文化创意产业升级发展，扎实开展国家文化产业创新实验区规划及政策研究，争取国家和北京市文化支持政策先行落地，引进 10 家以上龙头企业，重点提升文化创意产业的投资、交易、消费、传播功能。引导高技术产业加快聚集，吸引有国际影响力的技术转移枢纽，鼓励知名企业设立研发中心和地区研发总部，完善科技孵化服务体系，促进新能源、新生物医药、大数据、4G 网络等行业发展，全年引进 10 家以上注册资本过亿的战略性新兴企业。

培育新兴产业增长点。深入研究推进现代服务业内部结构调整，巩固和培育优势明显的新兴行业和传统行业的新兴领域。加大对节能环保、新一代 IT 产业、金融物流等新兴生产性服务业的引进和培育力度，积极促进健康养老、教育培训、文化娱乐等生活性服务业高品质、国际化发展。关注产业融合的新兴领域。提升科技商务、科技金融服务水平，健全科技保险、技术经纪等服务体系，扶持科技企业融资创新。推进国家级文化科技融合示范基地建设，借助新媒体、云计算、大数据等新技术实施文化科技跨界融合，培育移动互联网、社交媒体、数字出版等业态。

（三）增强区域空间承载能力

加大在建区域建设和招商力度。CBD 全力推进核心区建设，完成交通大厅北段项目建设，文化设施项目开工建设，推进中国尊等二级地块项目。协调推进光华里等社会项目建设。加快东扩区第一热电厂等项目实施。中心区全年吸引 40 家以上注册资本过亿企业，税收过亿元的商务楼宇保持在 40 个以上。电子城东区加快国际电子总部 5 号地等在建项目进度。北扩区力争启动部分地块上市程序。西区完成默沙东、爱立信二期、时代凌宇等项目建设并交付，力争启动 E5 三期项目建设。大望京科技商务创新区完成总建筑面积的 75%。奥林匹克公园核心区协调推进中国国学中心等国家级文化设施建设，奥运塔实现对外开放，开展智慧旅游景区建设，加快南区产业项目进度，促进产业空间与引进项目有效衔接，举办第 15 届世界田径锦标赛、第 2 届国际汽联电动方程式锦标赛等活动。

加快筹建区域规划研究和土地供给。CBD–定福庄国际传媒走廊深化定福庄城市文化综合区、管庄滨水文化综合区控规研究，力争北京齿轮总厂一期改造等项目开工建设。金盏金融服务园区力争先期上市地块入市交易，实现中信、民航项目开工建设。垡头科技商务区启动焦化厂工业旧址园用地开发建设，加快国家环保低碳产业服务园项目进度。东坝国际商贸中心区推进重点项目规划审批及土地一级开发工作，力争完成第四使馆区征地及供地工作。温榆河绿色生态休闲区启动生态系统规划编制，开展孙河国际商务园项目周边景观建设。

（四）加快农村城市化步伐

推进农村城市化试点建设。坚持“六位一体”，严格落实“632”

工作体制，加快第一道绿化隔离地区6个乡城市化试点任务攻坚。将台、南磨房等5个乡启动安置房和产业用地拆迁腾退，同步实施绿化建设。太阳宫、豆各庄等4个乡启动回迁安置房建设。6个试点乡全部启动集体产业项目建设，力争启动中国创意出版传媒基地等10个产业项目。完成常营乡农民回迁安置房产权证办理，协调加快东坝、平房等4个乡产权证办理工作。

促进农村地区产业转型升级。落实城市功能疏解任务，加大对区域性市场、出租大院以及废品回收场站的清理拆除力度，加快低级次产业退出。促进农村产业升级。发挥产业联席会引导作用，严格执行农村地区产业项目准入标准，依托招商引资平台，统筹利用腾退产业空间，引入一批符合区域功能定位和农村产业发展实际的功能性项目。探索集体土地使用权抵押贷款，拓宽产业项目建设投融资渠道。加强农村三资管理。严格落实合同联预审制度，加快合同规范清理。推进平房乡农村土地承包经营权确权颁证登记试点工作。研究启动常营、太阳宫、三间房3个乡产权制度改革工作，力争完成豆各庄、东坝2个乡20个村级改革。

加大环境整治和公共服务倾斜力度。深入推进环境整治和基础设施建设，加大重点区域和主要道路两侧环境脏乱点治理力度，加快完善安置房及重点项目周边配套设施。完成“三起来”工程建设任务，推进黑庄户乡定辛庄等新型农村社区试点。强化农村地区公共服务，推进以“十二个一”为主要内容的文明创建工程，加快在东坝、常营等地区引入优质医疗资源，积极推进乡村中心幼儿园建设。

（五）破解城市建设管理难题

强化人口调控和服务管理。强化区级统筹，坚持人口管理目标责任制，保证各项措施落实。努力完成人口调控目标，常住人口和常住外来人口数量控制在398.1万人和184.3万人以内。坚持“以业控人”思路，持续加强城乡结合部拆违控违、环境整治等工作力度，坚决淘汰聚集流动人口多的低级次产业。落实“以房控人”措施，加强出租房屋组织化、规范化管理，继续开展地下空间、群租房整治工作。探索实施“以税控人”、“以资源控人”等手段，综合施策，完成市级人口规模调控任务。

加强生态环境建设和保护。落实清洁空气行动计划。继续开展燃煤锅炉改造，力争淘汰老旧机动车44347辆，加大对施工扬尘、渣土运输等问题的执法力度，削减污染物排放总量和 $PM_{2.5}$ 年均浓度下降率达到市级要求。实施“7332N”水务工程。开展亮马河等7条河道防洪治理，推进定福庄等3座再生水厂及配套管线建设工程，建设千亩湖（二期）等3处郊野公园雨洪利用工程，加大萧太后河、清河朝阳段污水治理力度，配合做好第三批下凹式立交桥雨水泵站升级改造。严格落实《朝阳区水资源节约利用保护三年行动方案》，加强排污检查执法力度，推进农村地区居民用水阶梯收费，落实对高尔夫球场等特殊行业的水价调整政策。不断提升绿化美化水平。加快城乡生态廊道建设，创建一批花园式社区、单位，新增、改造城市绿地200公顷，完成平原造林任务2464亩。进一步做好节能减排工作。加大节能执法检查力度，持续加强重点单位用能监测，督促企业落实节能措施，实施三产节能降耗工作，宣传引导居民增强节能意识，提高清洁能源供应比例。提高城市垃圾处理水平。扩大垃圾分类小区数量规模，加速垃圾处理项目建设进度，完成垃圾焚烧中心项目建设，力争投入使用，生物处理中心力争年内开工。

加快基础设施等重大项目建设。推进道路基础设施建设。启动化工路、茶家东路等重点道路建设，加快广渠路二期、东坝南二街等主干路拆迁进度，按照回迁需求统筹实施农民安置房周边道路建设。继续做好断堵头路、微循环道路等建设工作，持续推进排堵保畅示范街区工程，启动2处道路慢行系统改造工程，新增居住区停车位1000个。积极协调开通社区巴士、商务班车，新增公租自行车服务站点100个。着力加快39个棚户区改造项目进度，全力实施酒仙桥等项目征收，启动化石营、小关等项目征收。全力保障老旧小区综合整治任务收官，完成356万平方米改造任务。启动松榆里等安置房项目征收，加快东坝福园等一批保障房项目建设，加大对保障性住房的质量监督，完成市政府下达的保障房配租配售任务。

抓好城市精细化管理。优化全模式社会服务管理体系。完善“双向循环”机制，进一步完善区级指挥平台，建立试点街乡分中心，推动政府部门管理服务下沉，完善群众网格基础力量，提升网格处理问题能力。坚决控制和拆除违法建设。实现违法建设动态“零增长”，完成不少于300万平方米的违法建设拆除任务。加大对城市顽疾治理力度。继续实施重点地区、重点大街的环境综合整治，对违法广告、违章停车和渣土乱堆放等问题严格执法。完善分区域管理工作机制，开展和平街街道、孙河地区等区域环境提升工程。完成全国安全发展示范城市创建，加强重点领域隐患排查治理，对重点领域安全隐患实施“零容忍”整治，努力实现“三个确保”目标。提升食品药品安全监管水平，推进食品药品监管信息化建设，加快食品药品监测中心建设工作。完善城市应急体系，固化重大突发事件“1+1+N”应急联动指挥模式，提高突发事件的预警、防范和处置能力。深入开展群众防震减灾宣传教育活动，做好地震安全示范社区和应急避难场所建设。

（六）提高民生服务保障水平

提高公共服务质量。提高医疗卫生服务水平。垂杨柳医院改扩建工程力争实现动工，完善社区卫生服务网点建设，实现社区卫生服务中心全覆盖。支持社会办医，发展多渠道引资、多层次办医、多元化发展的医疗服务供给模式。加快构建现代公共文化服务体系。完善“3+1”四级设施服务网络，推进街乡和社区（村）级文化设施达标工程，加快香河园街道、常营地区文化中心建设，加大农村地区综合性文化服务中心建设力度。深入推进教育优质均衡发展。启动农村学校优质化提升工程，重点支持二外附中等14所农村学校，加快八十中学南校区、北京二中朝阳学校建设。深入实施“三名工程”，打造高素质教师队伍。深化基层社会管理和服务体系建设。扎实推进全国社区治理和服务创新实验区创建工作，继续深化“社区营造计划”和“小区家园计划”，实现政府行政管理与居民自治良性互动。继续深化党政群共商共治工程，推广社区、小区、楼院（楼宇）议事厅建设。深入开展“一刻钟社区服务圈”拓展和服务创新，规范完善社区公益便民服务设施，试点开展社区减负增效工作。

完善城乡社会保障。落实社会保险政策，进一步扩大社会保障覆盖面。以建筑施工行业和餐饮、住宿等服务行业为重点，促进企业做好农民工参保工作。做好城镇居民、学生儿童参加大病医疗保险工作。扩大社会保险网上项目办理范围，力争将采用银行缴费的单位扩大到70%。加快促进养老服务业发展。推进全国养老服务业综合改革试点区建设，完善社会养老服务体系，全面落实北京市养老服务社会化示范区建设任务，力争街乡养老照料中心覆盖率达70%，社会投资建设养老床位比例不低于80%，建立养老服务标准体系，实现全区养老服务“五化”目标。

加强城乡就业服务。推动各项就业优惠政策向困难群体、农村地区覆盖，发挥社会公益性岗位托底安置作用，带动 1 万名城乡就业困难人员实现就业，探索农村城市化进程中农转工人员的就业途径并加快政策研究和落实。积极落实创业鼓励政策，加强小额担保贷款联动机制，以创业带动就业。稳步推进就业技能培训，开展各类职业培训 6 万人次。多渠道开发就业岗位 10 万个，城乡登记失业人员实现就业 2 万人。

（七）做好“十三五”规划编制工作

认真做好“十二五”规划完成情况总结。系统梳理“十二五”规划实施的亮点、特点和问题，分析总结规划实施经验，为“十三五”规划编制提供借鉴。创新规划编制理念。适应新形势、新要求，突出问题导向和市场导向，找准关键环节和矛盾所在，破解热点难点问题。坚持底线思维，以资源承载力倒推发展边界，探索经济社会发展、城乡建设、土地利用、人口调控、生态环境保护等“多规合一”。加强战略思路研究。顺应新常态，落实首都新的城市战略定位，结合北京城市总体规划修改成果，深入分析“十三五”时期面临的形势，深刻把握我区发展的阶段性特征，找准自身定位。针对全面深化改革、功能优化调整、人口调控、城乡一体化等关键问题完成 39 项专题研究。加强规划工作组织保障。强化区内统筹，做好“十三五”规划纲要与北京市“十三五”规划纲要、各区级专项规划的衔接，按照规划研究编制工作方案确定的时间节点完成各项任务。坚持开门编规划，组织专业咨询机构和专家深入研究论证，广泛听取人大代表、政协委员和不同领域基层群众代表的意见和建议，提高规划编制的透明度和社会参与度，科学编制规划纲要和专项规划，提出“十三五”发展目标、重点任务和措施保障。

各位代表，2015 年的任务依然艰巨，各项工作充满挑战，但我们满怀信心，将在市委、市政府和区委的正确领导下，在区人大、区政协的监督指导和支持下，巩固优势，改革创新，完成“十二五”，谋划“十三五”，为朝阳在更高水平实现更好发展而努力奋斗！

附件 1

名词解释

1. 首都“四个中心”战略定位：习近平总书记在 2014 年 2 月 25 日视察北京时，明确了北京市的城市战略定位，即全国政治中心、文化中心、国际交往中心、科技创新中心。

2. “转、减、调、并”：北京市对 5 个投资项目审批流程试点工作提出的工作要求。转，就是转变政府职能，真正拿出“自我革命”的精神和勇气，从首都发展全局出发，在转理念、转职能和转方式上实现大的突破。减，就是减少审批事项，大幅度缩短审批办理时限，实实在在地减轻企业和个人负担。调，就是调整办理环节，从方便企业和强化服务的角度，对不合理的办理环节进行优化，理顺关系，提高效率。并，就是完善并联审批，通过形成一个部门牵头、相关部门并联办理，以及市区两级联动的工作机制，解决工作中容易出现的层级职责不清、部门相互推诿等问题。

3. 先照后证：根据国务院的规定，公民在注册公司或者企业时，原有的一部分前置许可项目转变为后置许可项目，即先申办工商营业执照后申办许可证资质。

4. 定向票据：全称为非公开定向债务融资工具，是指具有法人资格的非金融企业，向银行间市场特定机构投资人发行债务融资工具，并在特定机构投资人范围内流通转让的行为。在银行间市场以非公开定向发行方式发行的债务融资工具称为非公开定向债务融资工具。

5. 孙河土地储备区域市政基础设施 BT 项目：BT 模式即“建设—移交”，是政府利用非政府资金来进行基础非经营性设施建设项目的一种融资模式。BT 模式是 BOT 模式的一种变换形式，指一个项目的运作通过项目公司总承包，融资、建设验收合格后移交给政府，政府向投资方支付项目总投资加上合理回报的过程。孙河乡土地储备区域道路及市政管线（BT）工程采用 BT 模式建设。

6. 医联体：即医疗联合体，指将区域内的医疗资源整合在一起，由一所三级医院，联合若干所二级医院和社区卫生服务中心组成，目的是引导患者分层次就医。

7. 枢纽型社会组织：是由负责社会建设的有关部门认定，在对同类别、同性质、同领域社会组织的发展、服务、管理工作中，在政治上发挥桥梁纽带作用，在业务上处于龙头地位，在管理上承担业务主管职能的联合性社会组织。

8. “三总师”制度：“三总师”原指公司的管理和技术核心，即总工程师、总会计师和总经济师。在税源建设专题调度会中，程连元书记提出要在税源建设中运用“三总师”工作理念，具体是指在商务楼宇工作中设置总联系人，掌握楼宇信息，促进楼宇招商；在重大项目引进过程中设置总协调人，全程跟踪服务，促进项目落地；在规范异地纳税企业工作中设置总负责人，协调相关部门，加速企业回迁。

9. 智慧社区：是利用物联网、云计算、移动互联网、信息智能终端等新一代信息技术，通过对各类与居民生活密切相关信息的自动感知、及时传送、及时发布和信息资源的整合共享，实现对社区居民“吃、住、行、游、购、娱、健”生活七大要素的数字化、网络化、智能化、互动化和协同化，让“五化”成为居民工作、生活的主要方式，为居民提供更加安全、便利、舒适、愉悦的生活环境，让居民生活更智慧、更幸福、更安全、更和谐、更文明。

10. 新三板：也称为“代办股份转让系统”，其股票来源有三个：主板退市股票、原法人股市场关闭后转来的股票、一些直接上该板的科技公司股票。

11. 三新产业：新移动通讯产业：指移动通信领域关键技术的研发、网络测试设备、芯片、智能卡、集成电路、电子元件的制造和运营支撑。新生物医药产业：指新生物技术和制药、生物医学工程的科研、实验、推广、应用及其生产、经营活动。新能源产业：指新能源技术和产品的科研、实验、推广、应用及其生产、经营活动，它是将太阳能、地热能、风能、海洋能等非传统能源实现产业化的一种高新技术产业。

12. 一道绿隔试点：为改善北京市的生态环境，在城市中心区和 10 个边缘集团之间规划了 240 平方公里绿化隔离地区，140 平方公里的绿地，简称为“一道绿隔”。涉及朝阳区 17 个乡。南磨房、常营、来广营、豆各庄、将台和太阳宫 6 个乡列为北京市一道绿隔地区城市化建设试点乡，先行先试，为全市推进一道绿隔地区城市化探索路径和模式。

13. 新三起来：指“处理好农民与资源的关系，推动土地流转起来；处理好农民与积累的关系，推动资产经营起来；处理好农民与市场的关系，推动农民组织起来”。

14. 一区九线四周边：为保障APEC峰会的顺利举行，加强环境整治的区域，即：奥林匹克中心区及周边区域长安街及其延长线、二环路、三环路、四环路、五环路、京承高速、京密路、京藏高速、机场高速路（含机场高速、机场南线）9条道路沿线，代表和记者驻地（使馆、五星级饭店）、进京第一印象区域（机场）、会场、旅游景区4类区域周边。

15. APEC：即亚太经济合作组织，是亚太地区最高级别的政府间经济合作机制，成立于1989年，共有21个成员。其宗旨是保持经济的增长和发展，促进成员间经济的相互依存，加强开放的多边贸易体制，减少区域贸易和投资壁垒，维护本地区人民的共同利益。

16. 六型社区：干净、规范、服务、安全、健康、文化"六型"和谐社区。

17. 新常态：2014年中央经济工作会议对"新常态"诠释的含义为"经济增长速度从高速增长转向中高速增长，经济发展方式从规模速度型粗放增长转向质量效率型集约增长，经济结构从增量扩能为主转向调整存量、做优增量并存的深度调整，经济发展动力从传统增长点转向新的增长点"。

18. 以业控人：以产业结构调整、升级减少不复合功能定位的产业对流动人口需求，从源头上引导人口规模优化。

19. 城投债：一般相对于产业债而言，主要是用于城市基础设施等投资目的发行，又称"准市政债"，是地方投融资平台作为发行主体，公开发行企业债和中期票据，其主业多为地方基础设施建设或公益性项目。从承销商到投资者，参与债券发行环节的人，都将其视为是当地政府发债。

20. 京交会：即中国（北京）国际服务贸易交易会（简称京交会CIFTIS），是由商务部和北京市人民政府共同主办的，全球唯一一个国家级、国际性、综合型的服务贸易平台，是目前全球唯一涵盖服务贸易12大领域的综合型服务贸易交易会。朝阳作为京交会的主会场和承载区，在做好企业服务的同时，重点加大了对我区"十大发展基地"及整体投资环境的宣传力度，加强了潜力企业和优质资源的引入力度，有效提升了区域服务业的对外开放水平。

21. 一刻钟社区服务圈：指由辖区中心点由外辐射，让社区居民从居住地出发步行一刻钟之内可办理日常政务服务，享受到快捷的公益服务和基本的商业、生活、文体娱乐等便民服务。

22. PPP融资模式：英文为Public-Private-Partnership。指政府与私人组织之间，为了合作建设城市基础设施项目，或是为了提供某种公共物品和服务，以特许权协议为基础，彼此之间形成一种伙伴式的合作关系，并通过签署合同来明确双方的权利和义务，以确保合作的顺利完成，最终使合作各方达到比预期单独行动更为有利的结果。PPP模式将部分政府责任以特许经营权方式转移给社会主体（企业），政府与社会主体建立起"利益共享、风险共担、全程合作"的共同体关系。

23. 4G：第四代移动通信技术，外语缩写为4G，它是比我们现在用的3G网络有着更大带宽、更高速率的新一代移动通信网络。

24. 学区化综合改革：即以中心城的空间结构、城市重点功能区等因素为划分依据，将全区划分为10个功能集团，以此为依据划分了15个学区、40个片区。改革方案整体设计了2014至2020年三个阶段的学区化改革目标，以实现优质教育资源在各街乡的均衡分布。

25. "十二个一"文明创建工程：每个行政村有一名文明宣传员、一个精神文明建设宣传栏（网络宣传视屏）、一所市民文明学校、一个综合文化活动中心和广场（有一个大戏台）、一个乡情村史陈列室、一个标配公共电子阅览室、一套居家健身工程、一个电影放映室、一个标准篮球场、一支特色文体队伍、一支志愿服务队和一个农村居民信息服务站。

26. "绿色通道"服务机制：为营造良好的经济发展环境，对贡献突出的企业颁发"绿色通道"服务证书，持证企业可以在我区享受工商、税务等行政审批、许可事项的便捷服务。

27. 外汇管理改革试点：2012年12月1日，北京地区正式启动该项试点政策。该项政策在跨国公司资金统一运营、跨境往来、外汇资金池资金融通等多方面均有较大突破。将进一步优化我区投资、贸易环境，提升区域金融资本集合能力，促进跨国公司全球及亚太资金结算中心和财务管理中心在我区聚集，加大跨国公司对我区经济发展的贡献。

28. 微型公交：借助于现有公交车调度管理，采取流水发车，循环运行的方式，将部分城区主干道公交站点与居民小区串接起来，便于居民出行换乘公交。

29. 农村集体"三资"：是指农村集体资金、农村集体资产和农村集体资源。

30. 文化事业单位法人治理结构：指公共图书馆、文化馆、博物馆等提供公益服务的文化事业单位，以实现服务宗旨为目标，由利益相关方共同参与治理的组织架构和运行机制。其组织架构一般由决策层和管理层构成，强调管理和运营实现"章程化"。

31. 三个确保：确保事故总量死亡人数继续下降、确保不发生较大以上安全生产事故、确保亿元GDP安全生产死亡率继续下降。

32. 1+1+N应急联动指挥模式：由区应急委（应急办）指挥调度，主责部门针对重点工作、突发事件如火灾等在技术上提供协调安排，相关部门及街乡予以配合的模式。

33. 两多三高："两多"，即吸附流动人口多、土地资源占用多；"三高"即高污染、高耗能、高耗水企业。

34. 双向循环：区—街乡，街乡—社区（村）两个层面"自下而上、自上而下"流转案件。

35. 三名工程：将历时十年的"双名工程"（名校长工程、名教师工程）升级为"三名工程"（名校工程、名校长工程、名教师工程），以打造教育强区为目标，以名校建设为引领，通过培养、塑造、引进等方式，扩大区域名校、名校长和名教师的规模与质量，提升朝阳教育核心竞争力。

36. "六位一体"：指朝阳区推进一道绿隔6个乡试点的建设目标，即要用3—5年时间在试点乡内实现完成搬迁上楼、发展产业项目、实现农民转居、全面建成绿化、完成产权制度改革、加强社会管理6个具体工作目标。

37. 632工作体制：6是指拆迁安置、产业发展、绿化美化、转工转居、产权改革和社会管理任务六位一体，3是指市、区、乡三个层面联动，2是指手续办理和资金保障两个工作前提。

38. 养老服务"五化"目标：投资主体多元化、运营模式多样化、服务对象公众化、管理服务标准化、服务队伍专业化。

39. 瘦身健体：北京市委书记郭金龙在2014年上半年经济形势分析会上提出：一方面，要克服"舍不得"的思想，下大力气调整和疏解非首都核心功能，对不符合城市战略定位的产业要坚决地舍，自觉"瘦身"。另一方面，要在加快构建"高精尖"的经济结构上积极作为，努力"健体"。

附件 2

朝阳区 2014 年主要指标完成情况

序号	主要指标	2014 年初人代会制定全年计划目标	预计完成情况	备注
1	地区生产总值	完成 4260.9 亿元，增长 7.5%	预计完成 4261 亿元，增长 7.5%	预计完成市级任务
2	区级财政收入	完成 414.2 亿元，增长 9%	预计完成 416.8 亿元，增长 9.6%	高于任务增速
3	全社会固定资产投资	完成市级任务	预计完成 1230 亿元，增长 1.1%	市级下达任务为 1222.2 亿元，增长 0.4%。预计超额完成市级任务
4	社会消费品零售额	完成 2080.1 亿元，增长 6%	预计完成 2080.1 亿元，同比增长 6%	预计完成进度与近两年同期情况基本相符
5	单位地区生产总值能耗	完成市级任务	预计下降 4%	市级下达控制目标为 3%，预计完成情况优于市级控制目标
6	城镇登记失业率	低于 1.5%	预计控制在 1%以内	预计优于控制目标
7	城镇居民人均可支配收入	增长 7.5%	预计增长 8.6%	预计高于任务增速
8	农村居民人均现金收入	增长 7.5%	预计增长 9.6%	预计高于任务增速

附件 3

双十工程 2014 年重点任务进展情况

十大发展基地	2014 年重点任务完成情况
CBD 核心区	10 个项目（Z2a 阳光、Z1b 清华、Z2b 三星、Z3 万通、Z6 远洋、Z12 泰康、Z13 国寿、Z14 正大、Z15 中信、Z4 民生）取得立项批复，其中 Z1b 清华、Z2b 三星、Z14 正大、Z15 中信等 4 个项目正式开工。Z1b 清华、Z15 中信项目实现地下结构完工。
CBD 东扩区	重点项目取得实质性进展，报刊综合业务楼外立面装修工程已完工，智能电网中心项目地下施工加紧推进，一热能源替代方案已制定完毕正在加紧落实中。
奥林匹克公园核心区	中国国学中心预计年内完成主体结构施工。国家全民健身示范基地二期已全部投入使用。奥运塔项目正在进行内部精装修。奥体文化商务园地下公共空间已结构封顶。开元国际广场项目 3 号、5 号地块正在进行精装修。
电子城北扩区	一期部分地块征地手续已通过市政府相关会议审议。节能评估、地震安全性评价、水资源论证和交通影响评价等专项工作已取得相关部门批复。沈干渠改造项目现已开工。
垡头科技商务区	焦化厂工业旧址园规划方案编制已完成，综合开发区一体化规划方案正在加紧编制。环保产业园项目达成初步合作意向。
温榆河生态绿色休闲区	黄楼路已基本实现通车，金盏小店变电站主体结构工程已完工。孙河国际商务园项目控规方案已编制完成。
CBD—定福庄国际传媒走廊	国家文化产业创新实验区已正式挂牌。凤凰国际传媒中心、惠通时代广场新址等重点项目投入使用。北京齿轮总厂项目改造工作顺利推进。
金盏金融服务园区	先期上市地块的规划指标调整方案已制定完成并上报市政府，相关地块文物勘探工作全部完成。金盏国际金融中心二期规划调整方案已制定完毕并上报市规划委。
大望京科技商务创新区	完成建筑结构约 130 万平方米，约占总建筑规模的 70%。配套教育用地和卫生用地已完成移交，各项前期手续正在抓紧办理。
东坝国际商贸中心区	第四使馆区拆迁工作住宅类全部完成，非住宅类完成 61%，已开始办理征地手续。市政专项综合编制工作和地下空间一体化设计工作正式启动。

十大民生工程	2014 年重点任务完成情况
教育质量提升工程	大力提高幼儿园的供给能力，新开办 12 所幼儿园，学前三年入园率达到 95%以上。劲松职高、电气工程学校顺利通过市教委第二批国家级示范校建设终期验收，求实职业学校第三批国家级示范校建设稳步推进。

十大民生工程	2014 年重点任务完成情况
健康服务便捷工程	垂杨柳医院改扩建工程房屋征收工作进入收尾阶段。区妇儿医院北院区（来广营地区）正在进行装修改造方案设计。朝阳区北部、南部医疗联合体正式启动，实现区域医疗联合体服务全覆盖。麦子店社区卫生服务中心完成标准化建设，正在进行开诊前准备工作。新建高杨树等 5 个社区卫生服务站。顺利完成国家第四次体质监测 3000 人次的测试样本任务，同时完成全区 12500 人次的测试总体任务。
公共文化惠民工程	加快实施 3 个地区文化中心装修改造工程，劲松地区文化中心改造工程已完工，香河园地区文化中心完成施工和监理的招投标工作，常营地区文化中心建设进入项目设计阶段。大力推进街乡文化中心建设，三里屯街道文化中心已竣工；来广营地区文化中心进入工程验收阶段；大屯街道文化中心装修工程竣工，正在安装相关设备；团结湖街道文化中心、三间房地区文化中心于 2015 年投入使用。
交通出行优化工程	东坝南二街东西延、高碑店路南北延均已完成拆迁招投标工作。新增停车位 10586 个。来广营北苑地区、劲松和双井地区 2 个交通管理示范区建设有序推进。
宜居环境塑造工程	淘汰更新 75806 万辆老旧机动车。完成红军营沟防洪治理工程和青年路沟、大羊坊沟防洪治理主体工程，大柳树沟、黄山木店沟防洪治理工程平稳推进。曹各庄沟等 6 条河道防洪治理工程水下主体已完工。定福庄、清河第二、高安屯 3 座再生水厂全部开工建设。9 座下凹式立交桥雨水泵站升级改造工程配合工作完成。都市农汇园区雨洪利用工程建成投入使用。
智能城市服务工程	信息化基础设施建设目标任务基本完成，累计增加 500 余个 20 兆宽带小区、千家百兆企业。政务物联数据专网信号已基本覆盖四环路以内和部分五环路内重点区域。
就业服务创新工程	全区共开发就业岗位 11.7 万个、促进城镇登记失业人员实现就业 2.37 万人，城镇登记失业率控制在 1%以内。
社会保障提升工程	五项社会保险基金累计收缴 460.9 亿元，同比增长 15.6%。新开工保障性住房 21427 套，累计竣工保障性住房 15635 套，完成全年建设任务。
平安朝阳建设工程	深入开展基层平安创建活动，24 个“平安示范”小区创建等任务均已经全部完成。排查和消除安全隐患 10.9 万项。
社区服务拓展工程	完成社区服务应用系统建设，全区 24 个社区服务管理平台全部上线，实现 233 个社区数据联通。完成 30 个星级服务站建设。批准成立新社区 8 个。建成 8 个社区“邻里之家”。

附件 4

2015 年经济社会主要预期发展目标

序号	主要指标	2014 年完成情况	2015 年预期
1	地区生产总值	预计完成 4260.9 亿元，增长 7.5%	预期增长 7%左右
2	一般公共预算收入	完成 411.8 亿元，增长 9.4%	增长 7%
3	全社会固定资产投资	预计完成 1230 亿元	完成市级任务
4	社会消费品零售额	预计完成 2080.1 亿元，增长 6%	增长 5%左右
5	单位地区生产总值能耗	下降 4%左右，完成市级任务	完成市级任务
6	城镇登记失业率	低于 1%	低于 1.5%
7	城镇居民人均可支配收入	预计增长 8.6%	增长 7%左右
8	农村居民人均现金收入	预计增长 9.6%	增长 7%左右
9	$PM_{2.5}$年均浓度下降率	完成市级任务	完成市级任务

附件 5

2015 年纳入征收计划的项目列表

启动征收项目		完成征收项目	
序号	项目名称	序号	项目名称
1	酒仙桥旧城区改建项目	1	永安里旧城区改建
2	化石营旧城区改建项目	2	十八里店乡白墙子
3	松榆里安置房项目		
4	亮马 J 地块公益项目		
5	小关北里 43 号项目		
总计	7 个项目		

关于朝阳区2014年财政预算执行情况和2015年财政预算草案的报告

——2015年1月13日在朝阳区第十五届人民代表大会第五次会议上

朝阳区财政局局长　欧晓勋

各位代表：

受朝阳区人民政府委托，向大会提交朝阳区2014年财政预算执行情况和2015年财政预算草案的报告，请予审议。

2014年财政预算执行情况

2014年是深入贯彻党的十八大、十八届三中全会精神，全面落实党的群众路线教育实践活动，加快完成“十二五”规划任务的重要一年。在市委、市政府和区委的坚强领导下，在区人大、区政协的监督支持下，全区上下深入学习贯彻习近平总书记对首都“四个中心”的战略定位，不断开拓创新，努力增收节支，强化预算管理，稳步推进财政改革，圆满完成全年财政预算任务。（以下数据为预计情况）

一、依据新预算法全口径要求编制2014年预算执行情况

（一）2014年一般公共预算执行情况

2014年我区一般公共预算收入4118280万元，同比增长9.4%，完成预算的100.4%。在经济总体平稳的带动下，我区财政收入增幅稳定。从收入结构看，营业税、企业所得税、增值税、土地增值税、房产税五大主体税种占财政收入的比重达83.5%；从区域贡献看，CBD、电子城、奥运等三大功能区对我区收入贡献率达到91.5%（其中CBD功能区贡献率为60%）；从增长动力看，房地产业、批发和零售业、租赁和商务服务业、金融业四大行业发挥了主要增收作用，合计增收贡献率76.9%。主要收入科目完成情况是：营业税1010582万元，完成预算的88.7%（未完成预算的主要原因是：营改增试点改革范围逐步扩大，缴纳营业税税源户大幅减少）；企业所得税979584万元，完成预算的119.5%；增值税722539万元，完成预算的93.3%（未完成预算的主要原因是：营改增试点改革范围逐步扩大，企业间进项税抵扣项目增多，减税效应明显）；土地增值税366782万元，完成预算的126.5%；房产税357510万元，完成预算的105.5%。

一般公共预算财力3930872万元，同比增长14.3%，财力来源于：一般公共预算收入4118280万元，减去对市的体制上解1328271万元，加上市体制补助54183万元，市定额及结算补助130170万元，市追加专项469413万元，动用上年专项结余487096万元。

一般公共预算支出3807541万元，同比增长20.2%，完成预算的120.4%。主要支出科目完成情况是：一般公共服务支出187483万元，完成预算的108.6%；国防支出9173万元，完成预算的152.5%；公共安全支出455664万元，完成预算的122.3%；教育支出766825万元，完成预算的112.7%；科学技术支出80249万元，完成预算的120.8%；文化体育与传媒支出94923万元，完成预算的120.4%；社会保障和就业支出779555万元，完成预算的126.5%；医疗卫生与计划生育支出345305万元，完成预算的122%；节能环保支出156181万元，完成预算的166.6%；城乡社区支出475287万元，完成预算的122.6%；农林水支出318860万元，完成预算的122.4%；资源勘探信息等支出34025万元，完成预算的117.7%；商业服务业等支出27594万元，完成预算的133.8%；金融支出33423万元，完成预算的126.6%；国土海洋气象等支出1232万元，完成预算的443.2%；粮油物资储备支出2668万元，完成预算的100%；其他支出39094万元，完成预算的60.3%。

2014年一般公共预算财力3930872万元，支出3807541万元，收支相抵，结转下年使用123331万元。

2014年“三公经费”为10496万元，比2013年下降12.3%。

（二）2014年政府性基金预算执行情况

我区政府性基金预算收入2542591万元，完成预算的2896.1%，超预算幅度较大的主要原因是将国有土地使用权出让收入纳入此口径，其中：残疾人就业保障金收入38658万元，完成预算的110.5%；国有土地使用权出让收入2240697万元（土地出让成本1633265万元，其中CBD土地出让成本378603万元；土地出让收益607432万元，其中CBD土地出让收益240000万元），政府性基金市追加专项88553万元，动用上年专项结余174683万元。

我区政府性基金预算支出2118375万元，完成预算的2412.9%，超预算幅度较大的主要原因是将国有土地使用权出让支出纳入此口径。主要用于：土地出让成本支出1673595万元，城市基础设施建设42603万元，环境整治及绿化美化工程22679万元，旧城区改造240000万元，教育、社会保障等民生支出117205万元。

主要支出科目完成情况是：教育支出59424万元；文化体育与传媒支出1141万元；社会保障和就业支出39476万元；城乡社区支出2001170万元（其中土地出让成本支出1673595万元）；农林水支出323万元；商业服务业等支出100万元；其他支出16741万元。

2014年政府性基金收入2542591万元，支出2118375万元，收支相抵，结转下年使用424216万元。

（三）2014年国有资本经营预算执行情况

目前，我区国有资本经营预算以区国资委直接监管的20家企业为编报单位。2014年国有资本经营预算收入7342万元，完成预算的102.3%，主要来源是：利润收入5342万元；股利、股息收入2000万元。

2014年国有资本经营预算支出7342万元，完成预算的102.3%，主要用于：向国有企业资本性注入、产业升级发展等资本性支出6322万元，解决历史遗留问题等费用性支出425万元，对国有企业监管等其他支出595万元。

主要支出科目完成情况是：城乡社区支出800万元；商业服务业等支出5947万元；其他支出595万元。

国有资本经营预算收支平衡。

需要说明的是，2014年我区未编制社会保险基金预算，因此不做执行情况说明,从2015年起正式编制社会保险基金预算。

以上数字是按照预算执行的情况初步汇总的，在决算编成后，还会有所变化。

二、2014年预算执行效果

按照区第十五届人民代表大会第四次会议以及常务委员会第十九次会议的有关决议，财政及相关部门坚持依法理财，不断创新财政工作机制，完善财政政策措施，在促进经济稳定增长、加强城市管理、环境建设、推动城乡一体化发展、改善百姓民生以及深化财政管理改革方面取得了新的成效。

（一）优化产业结构，增强区域经济发展效益

推进非首都核心功能疏解，促进我区产业转型升级，投入资金189599万元，同比增长9%，增强我区经济发展内生动力。一是加快疏解非首都核心功能，整合棚户区改造、农村出租大院拆除、产业发展等资金35000万元。聚焦区域性专业市场、高污染高耗能工业、仓储物流基地、再生资源回收场站，推动存量产业调整疏解。二是着力构建“高精尖”经济结构，投入资金125271万元。充分发挥财政资金的引导作用，促进现代服务业主体地位不断提升，推动商务服务、金融业、文化创意产业发展活力持续增强，提升企业科技创新能力，新能源、电子信息、先进制造业等战略性新兴行业蓬勃发展。三是提高对企业的服务水平，投入资金29328万元。全面梳理关于优化经济发展环境的各项政策，提升CBD、电子城等功能区对企业的服务能力，加快高层次人才引进，为驻区企业排忧解困，营造良好的市场经营秩序。

（二）聚焦环境治理，积极推进区域可持续发展

以APEC会议环境保障为契机，强化城市运行管理，投入资金549962万元，同比增长11.3%，打造城乡环境新面貌。一是大力保障生态建设投入，投入资金180521万元。坚决落实大气污染治理各项措施，努力改善空气质量；加快水环境改造，保障完成曹各庄沟等6条河道防洪工程，推进3座再生水厂建设；支持城市绿地建设、平原万亩造林，提高绿化覆盖率。二是不断改善市容市貌，投入资金303594万元。圆满完成APEC环境整治工作，落实“一区、九线、四周边”的整治工程，打造区域靓丽景观线；支持老旧小区节能和抗震改造；加快街面秩序整治，清除各类脏乱点；改善群众出行环境，支持道路微循环、断堵头路改造、道路渠化改造、慢行系统改造、重点村周边道路建设等工程，有效缓解交通拥堵问题；支持生活垃圾无害化处理，推进垃圾分类管理工作。三是保障城市安全平稳运转，投入资金65847万元。大力支持全国安全发展示范城市和北京市安全生产标准化示范区创建工作，完善食品药品安全监管体系，提升防灾减灾和应急处置能力，保障城市安全、高效运行。

（三）加大农村投入，全面加快农村城市化进程

财政投入向农村地区倾斜，促进农村城市化取得新突破，投入资金1225816万元，同比增长19.6%，全面加快城乡一体化进程。一是推动农村产业转型升级，投入资金78011万元。支持清理“三高、两多”，加快腾笼换鸟，支持重点项目落地开业。二是推进公共服务向农村地区覆盖，投入资金295862万元。完善农民就业保障体系，促进农民本土化就业；加快教育卫生文化城乡均等化发展，推进三间房等10个乡12个乡村幼儿园建设，加快东坝、常营、来广营等地区优质医疗资源的引进，保障常营等地区文化中心改造，提升农村地区生活水平。三是推进基础设施向农村地区延伸，投入资金851943万元。扎实推进新农村建设，重点保障高碑店等7个乡10个村的基础设施工程建设，改善农民生活条件；加强对孙河等9个乡11个村环境治理，着力解决村内排水不畅、出行难、环境脏乱等影响百姓生活的问题，提升农村宜居程度；保障村庄社区化建设，强化农村地区流动人口源头管控，加强治安防范管理。

（四）努力改善民生，不断提高民生保障能力

持续加大民生投入，保障各项事业均衡发展，投入资金2039736万元，同比增长13.4%，提供更加均衡的基本公共服务。一是优化医疗资源配置，投入资金345304万元。加快优质医疗资源聚集，推进垂杨柳医院改扩建工程，支持社区卫生服务中心建设，提高药品零差率补贴水平，增强医疗卫生服务能力。二是推进教育均衡化发展，投入资金826249万元。大力引入优质教育资源，新开办5所学校、12所幼儿园，新增学位1万余个，有效缓解入学难问题；保障实施义务教育学区化综合改革，全面推进免试就近入学，促进优质教育资源均衡配置。三是健全促进就业和社会保障体系，投入资金819031万元。促进就业服务创新，加强职业技能培训，扩大就业再就业规模，支持开发就业岗位11万个；落实各项社会保障政策，强化对特殊群体的救助；加大政府购买公益性服务力度，向居民提供优质公共服务；落实各类养老政策，支持22家街乡养老照料中心建设，新增养老床位1400余张,推进养老服务社会化示范区创建工作。四是完善公共文化服务体系，投入资金49152万元。促进国家公共文化服务体系示范区创建成果转化，加快劲松等地区的文化中心建设，建成全民健身居家工程135套，支持探索“文化居委会”居民文化自治模式，推动我区文化事业的丰富与繁荣。

（五）推进财税改革，提升财政资金使用效益和管理水平

全面加强预算规范化管理，深化各项改革，增强财政资金使用效益。一是落实营改增试点改革扩围工作，减税效应明显；落实营改增财政扶持政策，优化企业发展的财税环境。二是落实积极的财政政策，大力盘活存量、消化结余、控制结转，结合财政业务流程优化工作，加快支出进度。三是落实中央“八项规定”精神，厉行节约，精简会议，压缩政府运行成本，科学统筹财政资金，集中财力保障民生支出需求。四是加强各项财政管理工作，修订《政府采购协议供货和定点服务采购管理办法》、《政府采购代理机构管理办法》，加大对政府采购的监督管理力度；继续贯彻绩效预算管理理念，邀请人大代表参与事前绩效评估，积极配合人大代表大额资金绩效专题询问工作，主动接受人大代表监督；深化公务卡改革，范围扩大至我区各

部门及街乡；出台《朝阳区政府性债务管理办法》，不断完善政府融资偿债体系。五是强化预算监督，在公开区级预算和50家单位部门预算的基础上，首次进行区级汇总“三公经费”及50家单位“三公经费”预算信息公开，加大重大项目投资评审力度，深化廉政风险防控管理。

各位代表，2014年财政部门严格按照《北京市朝阳区预算监督办法》的要求和程序上报决算报告、预算上半年执行情况，积极落实人大决议，认真办理人大常委会各项审议意见，高度重视区十五届人大四次会议计划预算审查委员会对财政预算的审查意见，并将研究处理方案落实在预算执行和编制工作当中；积极加强与区人大常委会的沟通，了解人民代表对政府工作提出的要求和建议，主动接受人大监督，圆满完成了全年财政工作任务。同时我们也看到，目前财政运行中也面临一些突出矛盾和问题：一是财政收入稳增长压力较大，2014年我区一般公共预算收入突破400亿元，在我区经济结构调整、营改增扩围等因素的影响下，财政保持稳定增收的难度更高；二是建设发展及当前重点工作带来的收支矛盾进一步加剧，我区经济、社会、生态等方面建设不断深化，同时我区作为首都人口迁入区以及重点工作承载区，刚性支出规模日益扩大。三是部门预算编制的科学性、准确性需继续加强，项目编制不细、申报论证不充分等问题仍然存在，预算绩效评价结果与预算安排的有机衔接尚显不足，财政资金使用效益有待提高。针对上述问题，我们将深入研究、认真改进，恳请各位代表在审议过程中提出宝贵意见和建议。

2015年财政预算草案和主要工作

2015年是“十二五”规划收官之年，也是全面贯彻党的十八大和十八届三中、四中全会精神，加快区域转型发展的重要一年。为全面深化财政预算改革，增强预算编制的完整性，按照新修订的预算法要求，我区试编全口径预算，将一般公共预算、政府性基金预算、国有资本经营预算、社会保险基金预算全口径预算提交本次代表大会审议。

一、2015年预算安排的基本思路

2015年预算编制的指导思想是：全面贯彻党的十八大和十八届三中、四中全会精神，以习近平总书记视察首都重要讲话为指引，以实施新预算法为契机，坚持稳中求进、改革创新的工作总基调，落实好积极财政政策的各项措施。适应经济发展新常态，科学理财、依法理财，加大资金统筹力度，调整优化支出结构，严格控制行政成本，提高财政资金使用绩效。以构建全口径预算体系为突破口，深化财政改革，为推动朝阳区发展取得新业绩提供坚实的物质基础和保障。

按照上述指导思想，在充分听取人大代表关于预算口径、支出重点、绩效预算等意见的基础上，按照朝阳区经济社会发展的需要，区政府编制2015年财政收支预算草案。

二、2015年预算安排具体情况

（一）2015年一般公共预算安排情况

从当前经济运行看，国内外经济形势错综复杂，新常态下经济增幅有所回落。2015年我区将继续加大经济结构调整的力度，继续加大新经济增长点的培育力度。此外，从财税政策改革看，营改增试点改革将进一步扩围至我区部分重点行业，如房地产业、商务服务业、金融业等，减税影响突出。试点改革在减轻企业税负的同时，也促进了产业分工细化，增强了企业活力，为财政收入持续增长奠定了基础。

在此背景和因素影响下，我区一般公共预算收入预期4406000万元左右，同比增长7%（不含残疾人就业保障金及从地方土地出让收益计提教育资金）。

一般公共预算财力3643000万元，同比增长13.9%（含残疾人就业保障金及从地方土地出让收益计提教育资金）。财力来源于：一般公共预算收入4406000万元，加上从基金转列一般公共预算的残疾人就业保障金40000万元、从地方土地出让收益计提教育资金8600万元，减去对市的体制上解1431312万元，加上市体制补助52304万元，市定额及结算补助90698万元，市追加专项476710万元。

一般公共预算支出安排3643000万元，同比增长13.9%。

2015年一般公共预算支出的经济分类是：工资福利支出736934万元，商品和服务支出2440947万元，对个人和家庭的补助274014万元，基本建设支出156998万元，其他资本性支出33310万元，其他支出797万元。

功能分类是：一般公共服务支出190228万元；国防支出7684万元；公共安全支出429409万元；教育支出773233万元；科学技术支出76530万元；文化体育与传媒支出90847万元；社会保障和就业支出710304万元；医疗卫生与计划生育支出326178万元；节能环保支出136263万元；城乡社区支出441180万元；农林水支出299858万元；资源勘探信息等支出33086万元；商业服务业等支出23638万元；金融支出30400万元；国土海洋气象等支出264万元；粮油物资储备支出2668万元；其他支出71230万元。

一般公共预算实现收支平衡。

（二）2015年政府性基金预算安排情况

政府性基金预算收入预期1071414万元，同口径下降57.8%。按财政部要求将残疾人就业保障金、从地方土地出让收益计提教育资金等基金项目收支转列一般公共预算；北京市要求将污水处理费纳入政府性基金管理。按照新口径，政府性基金预算收入预期1023992万元，同比下降59.7%，其中：新型墙体材料专项基金收入3000万元，国有土地使用权出让收入1020900万元（土地出让成本943400万元，土地出让收益77500万元，上述数据为土地储备中心编制的预算，主要是考虑2015年土地供应、土地市场情况及市预返土地出让收益等不确定因素），城市公用事业附加收入1178万元，减去区县农田水利建设资金上解8600万元，加上政府性基金市追加专项7514万元。

政府性基金预算支出安排1023992万元，主要用于：土地出让成本支出943400万元，基本建设30000万元，绿化美化工程7527万元，道路大中修17657万元。

主要支出科目安排情况是：城乡社区支出1014071万元（其中土地出让成本支出943400万元）；资源勘探信息等支出3000万元；其他支出6921万元。

政府性基金预算实现收支平衡。

（三）2015年国有资本经营预算安排情况

2015年，国有资本经营预算收入预期14659万元，主要来源是：利润收入5159万元，股利、股息收入9500万元。

国有资本经营预算支出安排14659万元，主要用于对国有企业转型升级、功能区建设、安全生产等项目给予重点支持的资本性支出10500万元，解决历史遗留问题等费用性支出3514万元，对国有企业监管等其他支出645万元。

主要支出科目安排情况是：城乡社区支出3748万元，商业服务业等支出10266万元，其他支出645万元。

国有资本经营预算实现收支平衡。

（四）2015年社会保险基金预算安排情况

根据社保基金的统筹层级分配，我区社保基金预算只涉及城乡居民基本养老保险基金、居民基本医疗保险基金两项，其他保险基金均由北京市统筹安排。

2015年，社会保险基金预算收入预期49297万元，主要来源是：保险费收入7157万元，利息收入1663万元，财政补贴收入39640万元，其他收入62万元，转移收入775万元。

社会保险基金预算支出安排44080万元，当年结余5217万元。主要用于：社会保险待遇支出44080万元。

三、强化统筹、突出重点，保障我区2015年中心工作

（一）加快经济结构转型升级，促进财政收入可持续增长

安排资金236631万元，同比增长26%。一是落实非首都核心功能调整和疏解，安排资金50000万元，调整退出人口聚集多、资源消耗大的低级次产业，大力优化区域发展空间，提高经济发展质量和效益。二是优化区域产业结构布局，安排资金158800万元，按照首都“四个中心”要求，积极壮大金融、商务服务、文化创意和高新技术产业，加快融资租赁、消费金融、互联网金融等新兴业态聚集，提升区域经济竞争优势。三是培育更加成熟的市场环境，安排资金27831万元，加强财政政策的引导作用，支持招商引资工作，强化科技创新驱动，倡导节能降耗，形成市场良性竞争。

（二）坚持建设与管理并重，提升城市管理水平

安排资金571475万元，同比增长13.3%。一是大力推进生态环境建设，安排资金115674万元。全面保障清洁空气蓝天行动，促进节能减排；支持水务工程建设，改善我区河湖水环境；推进绿化养护工作，保障城市绿地建设，提升生态环境质量。二是强化市容环境薄弱地区整治，安排资金390182万元。保障城市美化工程实施，推进重点地区、重点大街、重要场所的环境综合整治工作，加大老旧小区综合整治，提升区域环境面貌；支持老旧小区节能和抗震改造；改善区域交通出行环境，加快东坝南二街等市政道路建设，维护、增设公租自行车服务站点，倡导绿色低碳出行。三是加强城市运行管理，安排资金65619万元。完善安全生产事故隐患排查治理体系，支持安全发展示范城市和安全生产标准化示范区建设；加大食品药品监管力度，推进社会治安防控体系建设，提升群众安全感。

（三）优化农村地区财政投入结构，统筹城乡公共资源配置

安排资金1405831万元，同比增长14.7%。一是提升农村地区发展质量，安排资金81303万元。结合非首都核心功能疏解，推进农村地区的功能更新和完善，加快推进一绿6个乡城市化试点建设，引进培养高端企业，促进农村产业向高端化、园区化转型发展。二是持续提升农村地区民生水平，安排资金332128万元。强化农民就业培训，支持农民本土化就业；加快农村地区优质医疗、教育、文化等资源引进，努力解决公共资源分配不均问题。三是推动农村居住环境建设，安排资金992400万元。加大农村地区基础设施投入，大力推进人口调控、环境集中整治等重点工作，加强治安防范管理，改善农村地区居住生活条件，提升农村地区生态文明水平。

（四）强化基本公共服务体系建设，巩固完善大民生工作格局

安排资金1995818万元，同比增长12.7%。一是稳步提高公共卫生事业水平，安排资金326178万元。优化医疗资源布局，加速推进垂杨柳医院改扩建工程，支持区域卫生信息平台建设，完善医养结合运行机制，不断提升我区医疗服务能力。二是促进教育优质均衡发展，安排资金906710万元。深入实施“三名工程”，扩大优质教育资源聚集，支持义务教育学区化综合改革，促进义务教育均衡化发展，进一步加大学前教育投入力度，解决适龄儿童入园难问题。三是深化城乡统筹的社会保障体系建设，安排资金710304万元。落实就业扶持政策，加大职业培训力度，多渠道开发就业岗位；完善社会救助体系，扩大城镇社会保险覆盖面，努力帮扶困难群体；促进养老服务业改革，大力保障养老服务社会化示范区建设；增强政府购买公益性服务力度，扩大服务对象范围，提高我区公共服务水平。四是支持文化事业大发展，安排资金52626万元，保障现代公共文化服务体系建设，推进常营等街乡文化中心改造工程，促进公共电子阅览室社区（村）全覆盖，丰富群众精神文化生活，促进文化产业与文化事业的融合与发展。

四、深化财税改革、推进依法理财，提升财政管理科学水平

2015年是深化财税体制改革、贯彻落实新预算法的重要一年。财政工作将强化监管与提高效益相结合，打造规范透明高效的资金运行体系。一是做好中央及北京市各项财税改革对接落地工作，进一步推进营改增试点改革扩围，继续落实营改增财政扶持政策。二是贯彻落实新预算法要求，推进全口径预算管理，规范政府财政收支行为；进一步规范政府债务管理机制，在完成政府债务清理甄别工作的基础上，逐步将政府债务分门别类纳入全口径预算管理，建立政府债务风险预警机制，做好风险评估，切实防范和有效化解财政风险；积极稳妥推进预决算公开。三是贯彻厉行节约的理念，坚持节约型政府建设，强化预算约束力度，精简各类会议数量，严格控制政府运行成本，“三公”经费预算安排8967万元，比上年下降14.9%；大力盘活存量资金，集中财力向民生领域倾斜；充分考虑人大代表会前有关文明合法养犬、拆除违章建筑、加强社区居民信报箱维护等10项建议，按照公共财政理念，明晰属于区级政府的事权，在2015年预算中统筹财力保障解决。四是深化财税管理改革创新，继续推进国库集中支付改革，将43个街乡全部纳入国库集中支付范围，完善公务卡结算目录，提高公务卡使用率，深化国库集中支付改革内涵；完善绩效预算管理机制，继续邀请人大代表参与，强化事前绩效评估工作；邀请人大代表全程跟踪为百姓办实事工作开展情况，提高财政资金使用效益；促进政府采购制度化、专业化发展；推进非税改革，完善非税收入征管工作机制；发挥财政资金的引导作用，撬动社会力量参与城乡建设与管理的活跃度，积极打造产业引导基金平台，推动社会资本参与市区重点项目建设，支持城乡结合部产业疏解、转型升级，不断提升区域发展水平。五是夯实基础工作，强化重大资金项目廉政风险防控，结合内控管理加大财政资金的监管力度。

各位代表，2015年朝阳区的发展机遇与挑战并存，预算任务光荣而艰巨。我们将在区委的正确领导下，在区人大、政协的监督和指导下，扎实工作、不断改革、稳中求进，全力以赴完成“十二五”规划各项财政工作任务，为朝阳区“十三五”规划发展奠定坚实的基础！

相关问题的说明

一、全口径预算说明

按 2014 年新修订《中华人民共和国预算法》规定，政府的全部收入和支出都应当纳入预算，包括一般公共预算、政府性基金预算、国有资本经营预算、社会保险基金预算。全口径预算比我区原区级财政预算涵盖范围更广，存在同期不可比因素。

（一）一般公共预算

一般公共预算是对以税收为主体的财政收入，安排用于保障和改善民生、推动经济社会发展、维护国家安全、维持国家机构正常运转等方面的收支预算。一般公共预算相当于原区级财政预算中的一般公共预算减去污水处理费收支部分，再加上原属于基金的残疾人就业保障金、从地方土地出让收益计提的教育资金。【举例说明：以 2014 年为例，原口径区级财政收入包含一般公共预算收入、政府性基金预算收入、国有资本经营收入三部分，其中一般公共预算收入 411.8 亿元；按新口径计算，原属于一般公共预算收入的污水处理费 0.1 亿元转列政府性基金预算收入，原属于政府性基金预算收入的残疾人就业保障金 3.9 亿元列入一般公共预算收入，原不属于区级财政收入的从地方土地出让收益计提教育资金 2.5 亿元列入一般公共预算收入，则按新口径 2014 年一般公共预算收入为 418.1 亿元。】

（二）政府性基金预算

政府性基金预算是对依照法律、行政法规的规定在一定期限内向特定对象征收、收取或者以其他方式筹集的资金，专项用于特定公共事业发展的收支预算。2015 年我区首次将国有土地使用权出让收入（包含土地出让成本和收益）纳入基金预算管理，同时财政部要求将残疾人就业保障金、从地方土地出让收益计提教育资金等项目收支转列一般公共预算；北京市要求将污水处理费纳入政府性基金管理。【举例说明：以 2014 年为例，按原口径政府性基金收入包含新型墙体材料专项基金收入、残疾人就业保障金收入、政府性基金市追加专项、动用上年专项结余；新口径政府性基金收入包含新型墙体材料专项基金收入、国有土地使用权出让收入、城市公用事业附加收入（污水处理费）、政府性基金市追加专项、动用上年专项结余。原口径 2014 年政府性基金收入 15.5 亿元，剔除残疾人就业保障金 3.9 亿元，加上国有土地使用权出让收入 224.1 亿元、污水处理费 0.1 亿元、市追加专项中的土地批租 1.1 亿元，动用上年专项结余中的国有土地使用权出让收入 13.6 亿元，新口径政府性基金收入为 250.5 亿元。】

（三）国有资本经营预算

国有资本经营预算是对国有资本收益作出支出安排的收支预算。2014 年我区开始试编国有资本经营预算，年初暂列一般公共预算的国有资本经营收支之中，执行中按全市统一要求将国有资本经营收支单列国有资本经营预算。2015 年正式编制国有资本经营预算。【举例说明：以 2014 年为例，国有资本经营收入 0.7 亿元原包含在区级收入的一般公共预算收入中，后转列国有资本经营预算收入。】

（四）社会保险基金预算

社会保险基金预算是对社会保险缴款、一般公共预算安排和其他方式筹集的资金，专项用于社会保险的收支预算。目前社保基金共有 7 项，根据社保基金的统筹层级分配，我区社保基金预算只涉及城乡居民基本养老保险基金、居民基本医疗保险基金两项，其他保险基金均由北京市统筹安排。详细情况请见下表：

1	市级安排	企业职工基本养老保险基金
2		城镇职工基本医疗保险基金
3		工伤保险基金
4		失业保险基金
5		生育保险基金
6	区级安排	城乡居民基本养老保险基金
7		居民基本医疗保险基金

2015 年社保基金预算结余 5217 万元，全部为城乡居民基本养老保险基金个人账户结余，政府对基础养老金补贴部分收支相抵，没有余额。城乡居民养老保险基金在区财政社会保障专户归集管理，账户内分列个人账户资金和政府补助基础养老金两部分，个人账户核算个人缴费、集体补助及其他收入及利息。按照《北京市城乡居民养老保险办法》（京政发〔2008〕49 号）文件要求，参保人员男性年满 60 周岁、女性年满 55 周岁且按相关规定累计缴费满 15 年的，方可在次月起按月享受城乡居民养老保险待遇，即领取相应个人账户资金和政府补助基础养老金。目前我区此项保险缴费人数 4.2 万人，符合规定条件享受待遇人数 1.99 万人。由于正处于缴费期人数高于享受待遇人数，故个人账户资金存在结余。

二、关于结余资金情况的说明

我区按照中央及北京市统一要求，大力盘活存量、积极消化结余资金。2014 年，预计一般公共预算产生结余资金 12.3 亿元，主要是在 12 月底，北京市下达我区约 12.3 亿元的市追加专项资金，结转下年使用。

专　　文

朝阳区2014年国民经济和社会发展统计公报

北京市朝阳区统计局
国家统计局朝阳调查队
北京市朝阳区经济社会调查队
（2015年5月27日）

2014年，是贯彻落实党的十八届三中全会精神的深化改革之年，也是实现“十二五”发展目标的攻坚之年。面对复杂多变的国际国内环境，区委、区政府牢牢把握发展大势，坚持稳中求进、发展转型的总基调，沉着应对发展过程中的挑战，以加快转变发展方式为主线，着力深化产业结构调整和优化空间布局，国民经济在新常态下保持平稳运行，结构调整出现积极变化，发展质量不断提高，民生事业持续改善。

一、综合经济

◇ 经济增长

据初步核算数据显示：朝阳区全年实现地区生产总值（GDP）4337.3亿元，按现行价格计算，比上年增长7.6%。其中，第一产业增加值1.4亿元，比上年增长0.6%；第二产业增加值346.6亿元，比上年增长2.1%；第三产业增加值3989.3亿元，比上年增长8.1%。三次产业结构为0.03：7.99：91.98。

按年平均常住人口计算，全区人均GDP达到111744元；按年平均汇率折合为18191美元。

2001-2014年地区生产总值

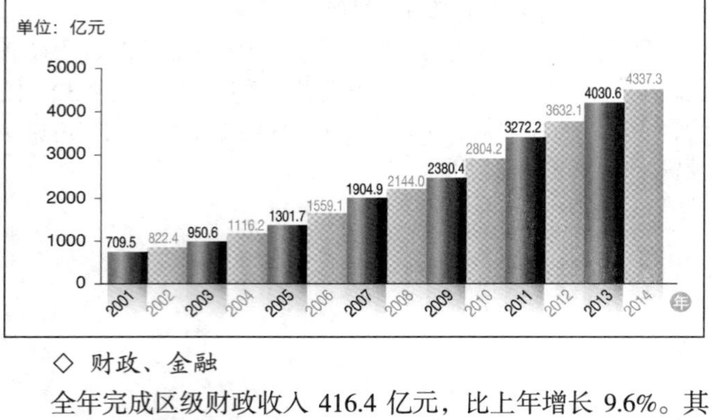

◇ 财政、金融

全年完成区级财政收入416.4亿元，比上年增长9.6%。其中，公共财政预算收入411.8亿元，比上年增长9.4%。全年完成区级税收399.0亿元，比上年增长10.3%。分税种看：营业税101.1亿元，比上年下降2.9%；企业所得税98.0亿元，比上年增长30.1%；增值税72.3亿元，比上年增长2.3%；土地增值税36.7亿元，比上年增长34.9%。四大税种共完成308.1亿元，占区级财政收入的74.0%。

2005-2014年区级财政收入

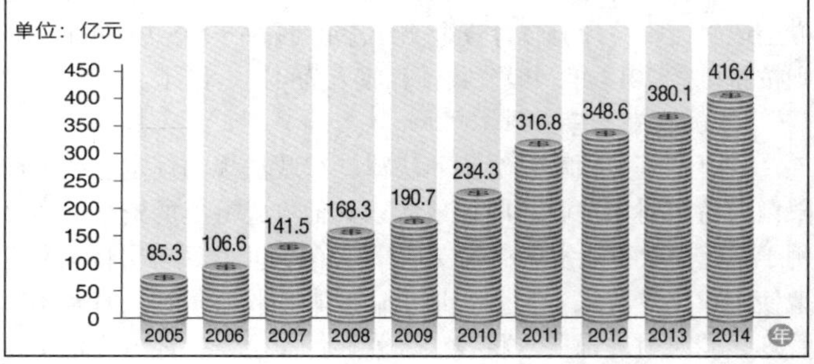

全年地方财政支出593.4亿元。其中，公共财政预算支出380.8亿元，比上年增长20.2%。用于社会保障和就业、教育、城乡社区事务、医疗卫生与计划生育、一般公共服务的支出分别为77.7亿元、76.7亿元、47.5亿元、34.5亿元和18.7亿元，增速依次为26.9%、15.0%、23.7%、22.2%和5.1%。上述五项支出合计占财政支出的43.0%。

年末全区中资银行人民币存款余额14185.2亿元，比上年增长2.9%。其中，企业存款余额8186.6亿元，比上年增长1.9%；储蓄存款余额4882.8亿元，比上年增长3.3%。全区中资银行人民币贷款余额6471.6亿元，比上年增长11.2%。其中，中长期贷款4341.5亿元，比上年增长9.5%；短期贷款2066.4亿元，比上年增长13.6%。

◇ 消费

全年实现社会消费品零售额2079.8亿元，比上年增长6.0%。

2005-2014年社会消费品零售额

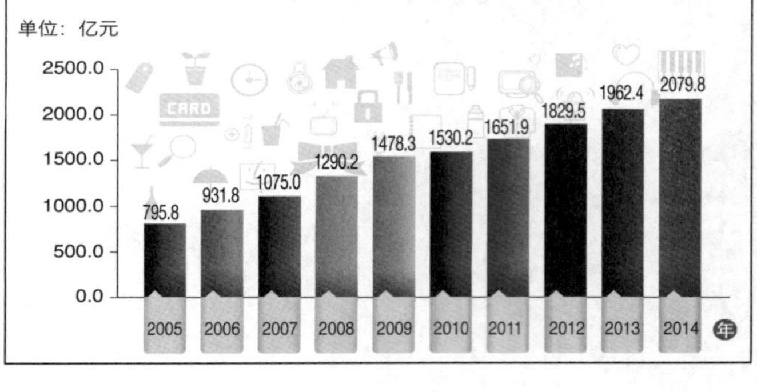

限额以上企业中，汽车及配件销售企业实现零售额 639.0 亿元，比上年下降 5.2%；综合零售企业实现零售额 368.5 亿元，比上年下降 5.4%；石油及制品销售企业实现零售额 119.6 亿元，比上年下降 9.2%；餐饮业实现零售额 126.7 亿元，比上年下降 4.3%；医药及医疗器材企业实现零售额 103.3 亿元，比上年增长 9.9%；家用电器、计算机及电子产品销售企业实现零售额 103.3 亿元，比上年下降 0.4%；互联网零售实现零售额 38.6 亿元，比上年下降 25.3%。

◇ 固定资产投资

全年完成全社会固定资产投资 1235.4 亿元，比上年增长 1.5%。

按投资领域划分，城镇固定资产投资 492.3 亿元，比上年下降 9.0%；房地产开发投资 706.3 亿元，比上年增长 7.5%；农村固定资产投资 36.8 亿元，比上年增长 91.7%。

城镇固定资产投资中，基础设施投资为 373.7 亿元，比上年增长 8.5%，占城镇固定资产投资的 75.9%。其中，交通运输领域完成投资 210.5 亿元，比上年下降 17.0%；能源领域完成投资 132.9 亿元，比上年增长 134.8%；公共服务业完成投资 51.5 亿元，比上年增长 33.4%。

房地产开发投资中，住宅投资 358.7 亿元，比上年增长 58.2%；办公楼投资 126.2 亿元，比上年下降 35.5%；商业营业用房投资 50.6 亿元，比上年下降 8.2%。住宅投资中，自住型商品房投资为 123.5 亿元，占住宅投资的 34.4%。

从产业投资看，第一产业投资 4.3 亿元，比上年增长 48.3%；第二产业投资 137.3 亿元，比上年增长 131.1%；第三产业投资 716.2 亿元，比上年下降 14.0%。

◇ 对外经济

全年实现进出口总额 1868.7 亿美元，比上年增长 6.1%。其中，出口 168.1 亿美元，增长 12.7%；进口 1700.6 亿美元，增长 5.5%。

全年新批三资企业 555 家，其中世界 500 强企业 9 家；新增跨国公司总部 6 家。全年批准合同外资额 267.5 亿美元，比上年增长 569.6%；实际利用外资 39.0 亿美元，比上年增长 14.0%。

2005-2014年实际利用外资

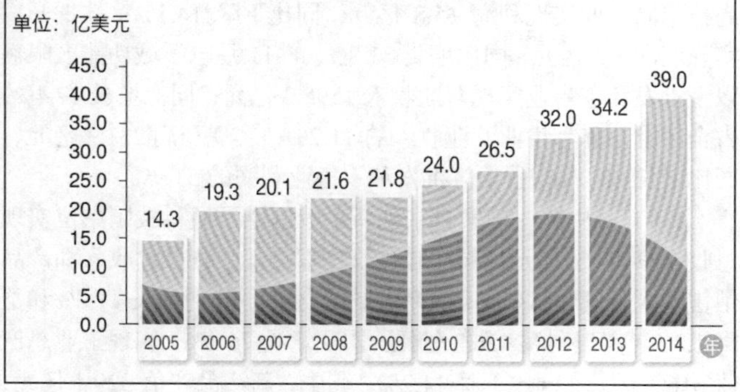

二、行业及重点产业发展

◇ 农业

农林牧渔业全年实现增加值 1.5 亿元，比上年增长 0.8%，占全区 GDP 的 0.03%。

全年完成农林牧渔业总产值 42816.1 万元，比上年增长 0.8%。其中，农业产值 8128.5 万元，比上年增长 4.7%；林业产值 21154.7 万元，比上年下降 1.4%；畜牧业产值 6250.5 万元，比上年增长 23.7%；渔业产值 4343.3 万元，比上年下降 19.5%。

全区共有农业观光园 11 个，接待旅游人数 143.9 万人次，观光园总收入 3.7 亿元。民俗旅游接待户 30 户，接待旅游人数 1200 人次，民俗旅游总收入 9.0 万元。设施农业实现收入 4227.8 万元，比上年增长 7.4%；已利用设施农业占地面积 1291 亩，比上年下降 26.9%。

◇ 工业

工业全年实现增加值 306.0 亿元，比上年增长 1.6%，占全区 GDP 的 7.05%。

全年规模以上工业企业实现现价工业总产值 1003.6 亿元，比上年下降 4.7%；实现销售产值 991.6 亿元，比上年下降 4.3%；实现出口 46.4 亿元，比上年增长 5.2%。从内部结构看，煤炭开采和洗选业实现现价工业总产值 229.3 亿元，比上年下降 18.2%；开采辅助活动实现现价工业总产值 152.9 亿元，比上年增长 0.02%；电力、热力生产和供应业实现现价工业总产值 147.3 亿元，比上年增长 16.9%；计算机、通信和其他电子设备制造业实现现价工业总产值 73.2 亿元，同比增长 6.9%；医药制造业实现现价工业总产值 72.7 亿元，比上年增长 3.7%；电气机械和器材制造业实现现价工业总产值 71.0 亿元，比上年下降 2.9%。上述六大行业共完成现价工业总产值 746.4 亿元，占全区规模以上工业企业总产值的 74.4%。

1–11 月，规模以上工业企业实现主营业务收入 927.1 亿元，同比下降 5.3%；实现利润 66.6 亿元，同比增长 12.1%。

◇ 建筑业

建筑业全年实现增加值 102.5 亿元，比上年增长 3.7%，占全区 GDP 的 2.36%。

具有资质等级的总承包和专业承包建筑业企业完成总产值 1066.7 亿元，比上年增长 5.4%。其中，在京内完成产值 560.6 亿元，比上年增长 1.4%；在京外完成产值 506.1 亿元，比上年增长 10.3%。全年累计签订合同额 2177.7 亿元，比上年增长 19.1%；房屋建筑施工面积 6348.6 万平方米，比上年增长 17.1%。

◇ 批发和零售业

批发和零售业全年实现增加值 1000.8 亿元，比上年增长 3.8%，占全区 GDP 的 23.07%。

1–11 月限额以上批发和零售业企业实现营业收入 14282.7 亿元，同比下降 1.6%；实现利润 445.4 亿元，同比增长 1.5%。

◇ 房地产业

房地产业全年实现增加值 408.3 亿元，比上年下降 0.7%，占全区 GDP 的 9.41%。

全年房屋施工面积 2543.0 万平方米，比上年下降 3.4%，其中政策性住宅 558.1 万平方米；房屋竣工面积 778.9 万平方米，比上年增长 57.7%，其中政策性住宅 335.3 万平方米。

全年商品房销售面积 285.2 万平方米，比上年下降 23.3%，其中住宅销售面积 205.9 万平方米，比上年下降 11.9%；商品房销售额 648.3 亿元，比上年下降 24.3%，其中住宅销售额 524.2 亿元，比上年下降 9.6%。

◇ 高技术产业

1–11 月全区规模以上高技术产业单位实现营业收入 384.6 亿元，同比增长 8.3%。其中，高技术制造业实现营业收入 169.4 亿元，同比增长 5.2%；软件开发实现营业收入 215.2 亿元，同比增长 11.0%。1–11 月全区高技术产业实现利润 39.7 亿元，同比下降 13.9%。其中，高技术制造业实现利润 25.5 亿元，同比下降 13.3%；软件开发实现利润 14.2 亿元，同比下降 15.5%。

全年，全区规模以上高技术制造业企业实现现价工业总产值182.1亿元，比上年增长5.3%，占全区工业总产值的18.1%。其中，产值排名前三位的是医药制造业、电子及通信设备制造业和医疗设备及仪器仪表制造业，分别实现现价工业总产值72.7亿元、58.5亿元和33.7亿元，增速分别为3.7%、6.6%和4.3%。

◇ 现代服务业

1-11月全区规模以上现代服务业单位资产总计79707.1亿元，同比增长17.1%；实现收入8386.7亿元，同比增长10.6%。其中，租赁和商务服务业实现收入3008.9亿元，同比增长9.4%；科学研究和技术服务业实现收入858.8亿元，同比增长4.7%；信息传输、软件和信息技术服务业收入合计496.5亿元，同比增长8.7%。

1-11月全区规模以上现代服务业单位实现利润2518.8亿元，同比增长10.6%。其中，租赁和商务服务业实现利润573.6亿元，同比下降1.2%；科学研究和技术服务业实现利润55.1亿元，同比下降5.9%；信息传输、软件和信息技术服务业实现利润21.0亿元，同比下降38.2%。

◇ 文化创意产业

1-11月全区规模以上文化创意产业单位资产总计2803.8亿元，同比增长10.1%；实现收入2039.1亿元，同比增长3.1%。其中，广告会展，软件、网络及计算机服务，旅游、休闲娱乐分别实现收入504.6亿元、467.3亿元和405.9亿元，增速分别为-2.7%、8.7%和9.3%。

1-11月全区规模以上文化创意产业单位实现利润64.4亿元，同比下降29.8%。其中，软件、网络及计算机服务，广告会展，广播、电视、电影分别实现利润17.6亿元、15.4亿元和9.3亿元，增速分别为-45.5%、-28.8%和23.5%。

◇ 金融业

金融业全年实现增加值477.2亿元，比上年增长7.6%，占全区GDP的11.00%。

1-11月全区金融业单位实现收入2847.3亿元，同比增长22.8%。其中，保险业、货币金融服务和资本市场服务分别实现收入1966.2亿元、362.3亿元和70.6亿元，增速分别为22.0%、27.4%和36.2%。1-11月全区金融业单位实现利润1778.1亿元，同比增长21.9%。其中，保险业、货币金融服务和资本市场服务分别实现利润1179.6亿元、194.4亿元和29.1亿元，增速分别为19.5%、27.0%和119.5%。

◇ 生产性服务业

1-11月全区规模以上生产性服务业单位资产总计85745.2亿元，同比增长19.4%；实现收入20361.5亿元，同比增长3.2%；实现利润2933.1亿元，同比增长10.9%。分领域看，流通服务实现收入13114.6亿元，同比下降1.5%；商务服务实现收入3044.2亿元，同比增长9.6%；金融服务实现收入2847.3亿元，同比增长22.8%；信息服务实现收入496.5亿元，同比增长8.7%；科技服务实现收入858.8亿元，同比增长4.7%。五大领域收入所占比重分别为64.4%、15.0%、14.0%、2.4%和4.2%。

◇ 旅游业

全年实现旅游综合总收入883.3亿元，比上年增长10.0%。其中，旅游商业收入255.6亿元，比上年增长6.0%；旅行社收入364.5亿元，比上年增长21.3%；住宿业收入151.9亿元，比上年下降1.9%。全年接待国内外游客5602万人次，比上年增长9.3%。其中，旅游景区接待游客4081万人次，比上年增长10.5%；住宿业接待游客1235万人次，比上年增长7.1%；旅行社接待游客142万人次，比上年下降12.6%；乡村旅游接待游客144万人次，比上年增长22.4%。

三、功能区发展

◇ CBD功能区

CBD功能区全年完成投资457.9亿元，比上年下降14.6%，占全区投资总量的37.1%。1-11月CBD功能区规模以上现代服务业单位实现收入6225.0亿元，同比增长18.0%，占全区现代服务业收入的74.2%。其中，租赁和商务服务业实现收入2534.0亿元，同比增长9.3%，占全区租赁和商务服务业收入的84.2%；金融业实现收入2700.8亿元，同比增长35.9%，占全区金融业收入的94.9%。1-11月CBD功能区限额以上批发和零售业企业实现营业收入9455.9亿元，同比下降2.3%，占全区批发和零售业主营业务收入的66.2%；实现利润175.7亿元，同比下降37.0%，占全区批发和零售业利润的39.4%。

按北京商务中心区（CBD）6.99平方公里的范围统计，CBD全年完成投资149.7亿元，比上年下降29.8%；实现社会消费品零售额354.8亿元，比上年增长8.3%。1-11月CBD规模以上现代服务业单位实现收入2400.0亿元，同比增长17.7%，占全区现代服务业收入的28.6%；规模以上文化创意产业单位实现收742.4亿元，同比增长3.3%，占全区文化创意产业收入的36.4%；限额以上批发和零售业企业实现主营业务收入2945.9亿元，同比下降9.2%，占全区批发和零售业主营业务收入的20.6%。

◇ 电子城功能区

电子城功能区全年完成投资238.8亿元，比上年增长33.3%，占全区投资总量的19.3%；功能区内规模以上工业企业实现工业总产值222.3亿元，比上年增长1.0%，占全区工业总产值的22.2%。

1-11月电子城功能区规模以上高技术产业单位实现营业收入175.2亿元，同比增长15.8%，占全区高技术产业营业收入的45.6%。其中，高技术制造业实现营业收入106.8亿元，同比增长8.1%；软件开发实现营业收入68.4亿元，同比增长30.3%。1-11月电子城功能区规模以上高技术产业单位实现利润24.3亿元，同比增长1.3%，占全区高技术产业利润的61.3%。其中，高技术制造业实现利润15.8亿元，同比下降14.1%；软件开发实现利润8.5亿元，同比增长51.8%。1-11月电子城功能区限额以上批发和零售业实现营业收入1595.3亿元，同比增长17.4%，占全区批发和零售业营业收入的11.2%；实现利润231.3亿元，同比增长88.0%，占全区批发和零售业利润的51.9%。

1-11月中关村国家自主创新示范区电子城科技园单位实现总收入3494.3亿元，同比增长27.1%。其中，技术收入和产品销售收入分别为536.4亿元和719.6亿元，分别增长11.0%和下降1.8%。实现利润426.3亿元，同比增长76.2%。实现工业总产值616.1亿元，同比下降11.2%。其中，新产品产值329.1亿元，同比下降15.5%。

◇ 奥运功能区

奥运功能区全年完成投资117.6亿元，比上年下降8.8%，占全区投资总量的9.5%。1-11月奥运功能区规模以上现代服务业单位实现收入1221.7亿元，同比增长0.1%，占全区现代服务业收入的14.6%；实现利润142.8亿元，同比增长1.1%，占全区现代服务业利润的5.7%。1-11月奥运功能区限额以上批发和零售业企业实现营业收入2771.4亿元，同比下降7.5%，占全区批发和零售业营业收入的 19.4%；实现利润 36.3 亿元，同比增长 2.7%，占全区批发和零售业利润的 8.1%。

四、人口、就业和人民生活

◇ 人口

年末全区常住人口 392.2 万人，比上年末增加 8.1 万人，比上年增长 2.1%。其中，常住外来人口 179.8 万人，比上年末增加 3.7 万人，比上年增长 2.1%，占常住人口的 45.8%。从性别构成看，男性人口 201.0 万人，占常住人口的 51.2%；女性人口 191.2 万人，占常住人口的 48.8%。从年龄构成看，0–14 岁人口为 36.7 万人，占常住人口的 9.4%；15–64 岁人口 317.3 万人，占常住人口的 80.9%；65 岁及以上人口为 38.2 万人，占常住人口的 9.7%。常住人口中：全年出生人数 34099 人，出生率为 8.78‰；死亡人数 14370 人，死亡率 3.70‰；自然增长率为 5.08‰。

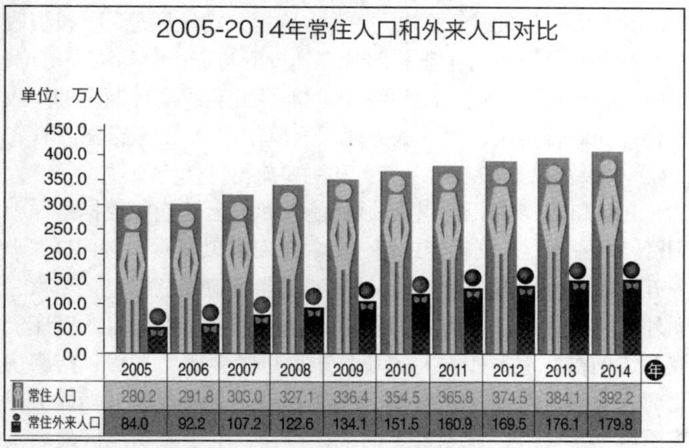

年末全区户籍人口 204.5 万人，比上年末增加 3.0 万人，增长 1.5%。全区计划生育率为 97.3%。

◇ 就业和社会保障

年末全区城镇登记失业率为 0.82%，较上年末提高 0.07 个百分点。全年开发就业岗位 10.3 万个，比上年下降 15.8%。城乡登记失业人员现就业人数 2.7 万人，比上年下降 2.6%。

年末全区参加基本养老、基本医疗、失业、工伤和生育保险的人数分别为 294.5 万人、307.3 万人、226.4 万人、197.5 万人和 193.5 万人，比上年分别增长 8.2%、11.5%、3.5%、4.3%和 4.1%。城镇社会保险各项基金征缴额达 505.4 亿元，比上年增长 15.6%；各项基金收缴率均达到 98.0%以上。全区农民参加城乡居民养老保险的人数为 8.5 万人，比上年增长 2.4%。参加农村新型合作医疗的人数为 9.9 万人，新型农村合作医疗参合率达 99.8%。全区最低生活保障救济人数为 13756 人，比上年下降 11.4%；最低生活保障金发放总金额为 10982.3 万元，比上年增长 8.6%。

◇ 居民生活

全年城镇居民人均可支配收入达到 44646 元，比上年增长 8.8%；农村居民人均纯收入达到 26808 元，比上年增长 9.8%。

全年城镇居民人均消费性支出达到 30467 元，比上年增长 7.6%。其中，其他商品和服务支出、交通和通信支出增长最快，增速分别为 40.1%和 15.9%。农村居民人均生活消费现金支出达到 20313 元，比上年增长 9.3%。其中，医疗保健支出、家庭设备用品支出增长最快，增速分别为 27.4%和 25.6%。城乡居民恩格尔系数分别为 30.6%和 34.5%。截至年末，城镇居民每百户家庭拥有家用汽车 45 辆，家用电脑 110 台，空调 174 台，手机 210 部。农村居民每百户家庭拥有家用汽车 50 辆，家用电脑 96 台，空调 159 台，手机 253 部。

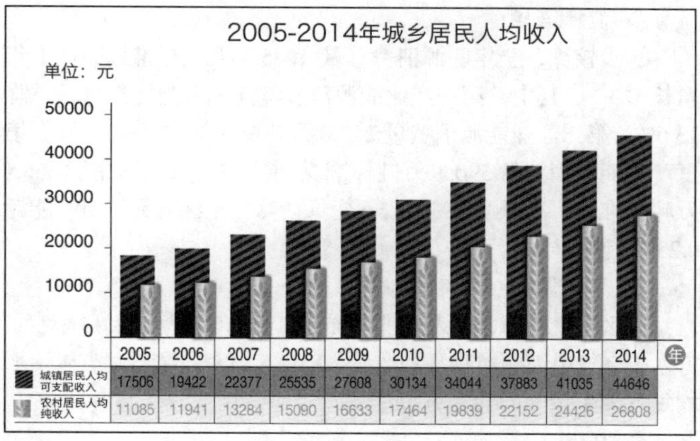

五、社会事业

◇ 科技

全年专利申请量和授权量分别为 23327 件和 12615 件，分别比上年增长 1.8%和下降 0.7%。其中，发明专利申请量和授权量分别为 14335 件和 5249 件，分别比上年增长 12.2%和 19.6%。全年技术市场成交量 5392 项，比上年下降 15.4%；技术合同成交额 496.9 亿元，比上年增长 16.6%。全年科普投入 1278.0 万元，人均科普经费 6.2 元。

◇ 教育

年末全区共有幼儿园 203 所，在园幼儿 62329 人，示范幼儿园比例为 26.1%，一级（优质）幼儿园比例为 68.3%，学前三年入园率为 93.8%。

全区共有普通小学 122 所，当年招生 25745 人，在校生 129414 人，毕业生 15309 人；小学入学率 100%，小学规范建设硬件达标率 100%；拥有教职工 8331 人，其中专任教师 7680 人。

全区共有普通中学 89 所，当年招生 18260 人，在校生 55168 人，毕业生 14593 人；初中入学率 100%，初中毕业率 99.9%，初中校硬件办学标准达标率 100%；高中录取率 95.9%，高中毕业率 96.0%；拥有教职工 10905 人，其中专任教师 8816 人。

全区共有职业高中 5 所，当年招生 2524 人，在校生 10235 人，毕业生 3769 人；拥有教职工 1008 人，其中专任教师 756 人。

◇ 文化

年末全区共有公共图书馆 3 个，社区图书馆 44 个，图书馆馆藏图书达 284.9 万册。全区共有博物馆 33 个，剧场、影剧院 62 个，街乡级文化服务中心 43 个，社区（村）文化活动室覆盖率 100%。广泛开展基层文化演出，公益性演出 3947 场次；基层数字电影放映 1610 场次；文化广场达到 194 个。

◇ 卫生

年末全区共有卫生机构 1341 个。其中，医院 155 个，社区卫生服务中心 46 个，社区卫生服务站 220 个。医院共有床位 19053 张，卫生技术人员 42838 人，其中，执业（助理）医师 16571 人，注册护士 18188 人。婴儿死亡率 2.3‰；每十万人甲乙类传染病发病率 160.0 例；人均期望寿命 82.1 岁。

◇ 体育

年末全区共有体育场地 1642 个；各项体育活动参与人数 28 万人；全民健身工程 1290 个，比上年增加 135 个；全民健身工程面积 142.4 万平方米，比上年增加 6.7 万平方米。全区共有专业体育运动员 4234 人，获得市级以上奖牌 784 枚，其中，金牌 323 枚，银牌 270 枚，铜牌 191 枚。

六、资源、环境与城市管理

◇ 能源消耗

初步核算，全年能源消费总量 1085.3 万吨标准煤，比上年增长 0.3%。其中，第一产业能源消费量 1.3 万吨标准煤，下降 13.6%；第二产业能源消费量 227.0 万吨标准煤，下降 8.7%；第三产业能源消费量 590. 9 万吨标准煤，增长 3.6%；生活用能 266.1 万吨标准煤，增长 1.8%。按不变价计算，全区万元 GDP 能耗 0.2502 吨标准煤，下降 6.4%。

◇ 环境保护

全区空气中悬浮颗粒物平均浓度（PM10）为 124.0 微克/立方米，空气中细颗粒物平均浓度（PM2.5）88.5 微克/立方米。平均每月降尘量 6.9 吨/平方公里。

◇ 环卫

年末全区共有密闭压缩式垃圾转运站 240 个；生活垃圾无害化处理率为 100%。全区共有公共卫生间 932 个，公共卫生间达标率为 100%。

◇ 道路

年末全区城市道路总长度 1874 公里，比上年增加 12.1 公里。其中高速公路 225.5 公里。新改扩道路长度 49.5 公里。其中，新建、改建和大中修道路分别为 12.0 公里、10.0 公里和 27.5 公里。路网密度达到每平方公里 4.0 公里。

◇ 安全生产

全年共发生非正常死亡事故 169 起，非正常事故死亡人数 183 人。其中，生产安全事故 19 起，死亡 20 人；公共安全事故 150 起，死亡 163 人。亿元 GDP 安全生产事故死亡率为 0.0422。

公 报 注 释

1. 2014 年地区生产总值及各产业增加值、能源消费量和万元 GDP 能耗数据为北京市统计局反馈的初步核算数据，正式数据以《2015 年朝阳区统计年鉴》为准；

2. 本公报中的地区生产总值及各产业、行业增加值均按现价计算；GDP 产业划分执行国家统计局 2012 年制定的《三次产业划分规定》，行业划分执行《国民经济行业分类》（GB/T4754-2011）；根据全国第三次经济普查结果，北京市对各区县 2013 年 GDP 数据进行了修订，朝阳区 GDP 由 2013 年 1-4 季度初步核算数据 3963.6 亿元调整为 4030.6 亿元；

3. 除特殊说明外，本公报中所有增长速度指标均未扣除物价上涨因素；

4. 本公报中如无特殊注明均为区域口径；

5. 自 2011 年起，社会消费品零售额由“法人经营地”统计原则变更为“产业经营地”原则；2010 年数据按“产业经营地”口径进行了调整，以前年份仍为“法人经营地”口径数据；

6. 本公报中现价工业总产值指标为快报数据，正式数据以《2015 年朝阳区统计年鉴》为准；

7. 本公报中农村固定资产投资包括农村非农户固定资产投资和农村农户固定资产投资；

8. 本公报中产业投资是指全社会固定资产投资扣除住宅投资之后的投资；

9. 规模以上工业划分标准：年主营业务收入 2000 万元及以上的工业法人单位；限额以上批发业划分标准：年主营业务收入 2000 万元及以上的批发业法人单位，年经营性单位收入 2000 万元及以上的批发业产业活动单位，年营业收入 2000 万元及以上的批发业个体经营户；限额以上零售业划分标准：年主营业务收入 500 万元及以上的零售业法人单位，年经营性单位收入 500 万元及以上的零售业产业活动单位，年营业收入 500 万元及以上的零售业个体经营户；限额以上住宿业划分标准：星级饭店和星级饭店以外年主营业务收入 200 万元及以上的住宿业法人单位，年经营性单位收入 200 万元及以上的住宿业产业活动单位，年营业收入 200 万元及以上的住宿业个体经营户；限额以上餐饮业划分标准：年主营业务收入 200 万元及以上餐饮业法人单位，年经营性单位收入 200 万元及以上的餐饮业产业活动单位，年营业收入 200 万元及以上的餐饮业个体经营户；规模以上服务业划分标准：（1）执行企业会计制度的年营业收入 500 万元及以上的服务业法人单位，跨国公司地区总部，投资收益 500 万元及以上的企业总部管理、投资与资产管理法人单位；（2）执行行政事业会计制度或民间非营利组织会计制度的年收入合计 500 万元及以上的服务业法人单位；（3）全部旅行社；（4）A 级及以上旅游区（点）和主要旅游区（点）；

10. CBD 功能区、电子城功能区和奥运功能区数据按照朝阳区“十一五”规划确定的范围计算。CBD 功能区：按照区“十一五”规划确定的统计口径，CBD 功能区地域范围包括望京、朝外、呼家楼、三里屯、六里屯、麦子店、团结湖、八里庄、双井、劲松、潘家园、左家庄、东风、高碑店、平房、南磨房北部、太阳宫南部等 17 个街道和地区办事处；电子城功能区：按照区“十一五”规划确定的统计口径，电子城功能区地域范围包括望京、来广营东部、酒仙桥、将台、东坝、崔各庄西部等 6 个街道和地区办事处及望京高新技术产业区；奥运功能区：按照区“十一五”规划确定的统计口径，奥运功能区地域范围包括奥运村、大屯、亚运村、来广营西部、安贞、和平街、小关、香河园、太阳宫北部等 9 个街道和地区办事处；北京商务中心区（CBD）地域范围涉及建外、呼家楼、六里屯、八里庄、高碑店五个街乡，包括南郎家园社区、北郎家园社区、永安里社区、光华里社区、建国里社区、秀水社区、北郎东社区、永安里东社区、金台里社区、小庄社区、关东店北街社区、核桃园社区、呼家楼北社区、呼家楼南社区、人民日报社社区、东大桥社区、关东店社区、新街社区、道家园社区、甜水园社区、红庙社区、红庙北里社区、延静里社区、华贸中心社区、八里庄社区等 25 个社区；

11. 人口数据中，常住人口、常住外来人口、常住人口性别构成和年龄构成、常住人口出生人数、出生率、死亡人数、死亡率、自然增长率为北京市统计局反馈数据；户籍人口取自北京市公安局朝阳分局；计划生育率取自朝阳区人口和计划生育委员会；

12. 本公报部分指标数据取自朝阳区教育委员会、科学技术委员会、市政市容管理委员会、商务委员会、文化委员会、人口和计划生育委员会、人力资源和社会保障局、财政局、安全生产监督管理局、卫生局、体育局、环境保护局、水务局、民政局、北京市公安局朝阳分局和科学技术协会提供的相关数据；

13. 根据国家统计制度，目前北京市统计局尚未反馈各行业全年财务指标数据，因此公报中涉及收入、利润等相关指标为 1-11 月数据，全年数据请查阅《2015 年朝阳区统计年鉴》。

大 事 记

2014年朝阳区大事记

1 月

1日 启动第三次全国经济普查入户登记工作。区5000名普查员对全区25万家普查对象进行入户登记。登记工作3月底结束。

△ 广渠路二期（朝阳段）四环至五环段建成通车。

2日 中共中央政治局委员、国务院副总理刘延东到区考察计划生育工作，看望慰问基层计划生育工作者并致以新年祝福。她强调，要认真贯彻落实党的十八届三中全会精神和全国人大常委会关于调整完善生育政策的决议，坚持计划生育基本国策，深入细致地做好生育政策调整工作。

6日至8日 政协北京市朝阳区第十二届委员会第三次会议在北京会议中心召开。市政协副主席沈宝昌，区四套班子领导程连元、吴桂英、佟克克、辛燕琴等出席会议。

7日至10日 区十五届人民代表大会第四次会议在北京会议中心召开。程连元、吴桂英、佟克克、辛燕琴等区四套班子领导出席会议。

14日 区海外学人中心公布第四批“凤凰计划”人才名单。再次认定20名高层次人才。“凤凰计划”实施4年来，认定海外高层次人才94名。

15日 区承办全国道德模范与身边好人交流活动。中央文明办秘书局局长蒋希伟，市文明办主任滕盛萍，区领导谢莹、朱春霞、张立新、郑煌出席活动。

29日至2月7日 朝阳区兵马俑灯笼受邀赴英国爱丁堡大学展出。

2 月

12日 区召开2014年环境建设和城市管理工作会。四套班子领导，区二级班子正职、各人民团体主要负责人、区人大、区政协各委处室主要负责人、各街乡主管副职等1000余人参加会议。

14日 区召开“党的群众路线教育实践活动”动员部署会。市第三督导组第一副组长刘江平、副组长祝文燕以及其他督导组成员，区四套班子领导出席会议。会后，区四套班子和全区147家单位陆续启动教育实践活动。

20日 区召开2014年社会建设和农村城市化工作会议。四套班子领导出席会议。

△ 市人大常委会主任杜德印带队到区调研人大代表联系群众工作。市人大常委会副主任唐龙、秘书长赵义，区人大常委会主任佟克克、副主任李国、朱春霞等陪同调研。

3 月

2日 区首支社区善客基金在太阳宫社区成立。

3日 区发出首张新版二维码营业执照。北京万盛信达房地产经纪有限公司朝阳分公司负责人刘德刚领到区首张新版营业执照，该公司也成为区享受工商登记制度新政策的首家企业。

4日 区委书记程连元带领区四套班子领导到北京反腐倡廉法制教育基地参观。此次活动是全区党的群众路线教育实践活动启动后，区领导首次反腐倡廉专题参观学习活动。

△ 希腊克里特岛戈蒂纳市副市长安东尼奥·普利尼亚纳基斯率领经贸代表团到区访问。与区7个部门负责人交流座谈。副区长张立新会见代表团一行。

5日 中国老龄事业发展基金会朝阳区敬老志愿服务分部暨朝阳区老年志愿者培训基地在区社区学院揭牌。此为区在全市建立的首个老年志愿者培训基地，将全方位建设区敬老志愿服务“百花园”。

19日 捷克共和国布拉格市一区区长奥德里奇·拉莫奇（Oldrich Lomecky）率访问团到区访问。签署《中华人民共和国北京市朝阳区人民政府与捷克共和国布拉格市一区政府友好交流合作意向书》。区长吴桂英，副区长张立新、苑文新一同会见。

20日 全国总工会副主席陈豪一行到区调研基层工会建设工作。

27日 国家卫生计生委主任李斌到区调研卫生信息化建设和医疗联合体建设等工作。

是月 韩国企业银行北京分行落户朝阳区。

4 月

2日 朝阳区青少年活动基地在北京民俗博物馆成立。此为区教委“社区青少年传统美德项目”设立的首个传统文化教育实践基地。

3日 垂杨柳医院被北京市卫生计生委核定为三级医院，是首个升级为三级医院的区属医院。

11日 持续20余年的地坛书市移师朝阳公园，更名北京书市。

14日 区党政群共商共治工程获“2013年度中国社区治理十大创新成果”。

15日 区制发并实施《朝阳区纪委廉政提醒谈话制度（试行）》。

16日 区领导程连元、吴桂英、甘靖中、刘军胜会见西门子大中华区首席执行官洛塔尔•赫尔曼一行。就为企业提供属地服务支持、加强节能减排等未来合作领域交换意见。

23日 区启动“书香朝阳”全民阅读活动。活动突出公共文化服务均等化。

是月 区校园足球联盟成立。

是月 区教委与中国传媒大学签署合作协议，将定福庄二小更名中国传媒大学附属小学。

是月 焦裕禄雕像在小红门乡郊野公

园落成。雕像高2.4米，采用优质花岗岩，由中央美术学院教授设计、河北省曲阳县雕塑大师雕刻。正面由著名书法家张瑞龄手书焦裕禄生平简介。

5 月

9日 区开展“双报到 双服务 双评议”工作。1700余家区属单位党组织近2.6万名在职党员参加活动。

△ 以首都儿科研究所为核心，与中日友好医院等11家医疗机构组成朝阳区儿童（首都儿科研究所）医疗联合体。此为区首个专科医联体，也是北京市第一个儿童专科医联体。

12日 全国政协副主席、台盟中央主席林文漪带领台盟中央调研组一行到区调研城市精细化管理工作。

18日 区开通全市首家残疾人服务呼叫中心。服务热线电话为53207000。每日9:00时至18:00时提供全年365天无休息日服务。

28日 区长吴桂英会见美国纽约布鲁克林区区长埃里克·亚当斯一行。签署《中华人民共和国北京市朝阳区与美利坚合众国纽约市布鲁克林区友好交流合作协议书》，并就朝阳区向布鲁克林区赠送牌楼项目事宜进行沟通。

是月 非洲投资信息交流中心落户朝阳区。此为北京市当时唯一的全方位服务于亚非经贸合作发展的大型多功能商务交流合作中心，也是非洲驻华50个国家的综合经济贸易投资政策指导平台。

6 月

13日 区委书记程连元、副区长张立新会见波兰小波兰省副省长沃伊切赫·科扎克、波兰克拉科夫市副市长塔德乌什·玛图斯一行。双方探讨在高新技术和教育领域开展交流合作事宜。

13日至18日 区外办牵头区商务委、区卫生局、区投促局等部门，邀请捷克工贸部长杨·穆拉德克和卫生部副部长约瑟夫·维马扎尔分别率企业家及专业机构代表团来华，举办中捷经贸洽谈会和中捷卫生领域对接会活动，为双方商贸及卫生领域企业、机构开展投资贸易和交流合作搭建平台。

20日 市委书记郭金龙到将台乡调研腾退低级次产业和出租大院、疏解流动人口、环境整治等工作。

26日 《中共北京市朝阳区历史》出版发行。

7 月

1日 市委常委、常务副市长李士祥到区调研挂账重点地区改造工作。区领导程连元、吴桂英、陈宏志陪同调研。

8日 确定红庙路口到青年路中口，全长3.5公里路段为北京首条“零”闯红灯示范路。

16日至8月19日 区体育代表团815名运动员参加市第十四届运动会，首次获金牌榜第一名。

24日 区成立首家“非公”党建研究团体——朝阳区党的建设研究会非公经济组织分会。

29日 新加坡社会和家庭发展部部长陈振声率领新加坡考察团一行，到亚运村街道安慧里社区调研社区基层组织建设和党的群众路线教育实践活动开展情况。

是月底 24个街道社区服务管理平台全部上线。

8 月

4日 区委召开十一届八次全体（扩大）会议。总结上半年工作，部署下半年任务。程连元、吴桂英、佟克克、辛燕琴等区四套班子领导出席会议。

7日 市委常委、市委教工委书记苟仲文到十八里店地区调研来京务工人员随迁子女在京接受义务教育工作。区领导程连元、刘军胜、张立新陪同调研。

21日 区人民调解员协会成立。

26日 中央第二巡回督导组副组长王庭大带领调研组一行到区调研党的群众路线教育实践活动开展情况。市第三督导组第一副组长刘江平，区领导程连元、吴桂英、张革、刘军胜陪同调研。

是月 区入选国家养老服务综合改革试点地区。

9 月

10日 CBD与美国耶鲁大学等国际知名大学合作，建设CBD国际商学院。这是美国耶鲁大学商学院在全球唯一一个在美国境外的实体办学机构。

11日 全国首个脊柱康复家园落户朝阳年轮康复中心。

15日 区长吴桂英、副区长张维刚会见前来参加2014北京CBD商务节的澳大利亚塔姆沃斯市市长科尔·默里一行。

16日 在朝阳规划艺术馆举行2014年北京CBD国际金融圆桌会议。中国社会科学院学部委员、副院长、北京CBD国际金融研究院院长李杨主持会议，7名国内外专家学者围绕新形势下金融如何支持经济转型升级发表主题演讲。区领导程连元、吴桂英、陈宏志、甘靖中出席会议。北京CBD金融商会、北京各金融商协会、国外友好城市、CBD联盟城市和区域协同发展活动代表200余人参加活动。

17日 区委书记程连元，区委常委、组织部部长张革会见前来参加2014北京CBD商务节的老挝万象市占塔布里县县委副书记占通·拉塔占一行。

19日 区召开庆祝国庆和APEC会议期间服务保障暨迎接全国文明城区测评工作会议。

是月 区成立残联志愿者服务中心。

是月 区设立47个环卫免费餐车点，可为6000名环卫工人提供早餐。

是月 制发《关于北京CBD建设国际高端商务人才发展区的实施意见》。出台10项支持政策，引进6方面高端人才。

10 月

10日 市委书记郭金龙、市长王安顺到区调研绿化隔离地区和城乡结合部建设工作。

13日 区启动第五批“凤凰计划”申报工作。2014年重点关注文化创意、科技创新与服务领域人才。

20日 区人大常委会主任佟克克会见区友好城市韩国首尔松坡区议长林春大一行。双方就旅游、文化和青少年教育进行交流。

21日 区召开党的群众路线教育实践活动总结大会。市委常委、组织部部长、市委第三督导组组长姜志刚出席会议并讲话。市委第三督导组第一副组长刘江平、副组长祝文燕以及其他督导组成员，区四套班子领导出席会议。

22日至23日 在区规划艺术馆举办朝阳•贵阳深化合作系列活动开幕式。朝阳区与贵阳市签订教育合作协议，并在总部经济、大数据产业等方面开展协作。

28日 柬埔寨金边市七玛卡拉区区长利姆·索非亚（Lim Sophea）一行到区访问。区领导吴桂英、张革会见。双方就朝阳区对外投资需求、在柬埔寨投资政策以及青少年交流等进行交流。

是月　电子城科技园区内15家重点功能产业园入驻企业达到1080家，同比增长16.1%。

11 月

3日　梅赛德斯—奔驰乘用车中国研发中心落户电子城西区。

15日　美国密歇根州兰辛市市长维格·伯内罗一行到区访问。双方探讨中美地区政府和城市间合作发展事宜。副区长张维刚会见。

17日　区友城奥地利萨尔茨堡市市长海因茨·沙登一行到区访问。双方就加强两区经贸、文化领域交流与合作进行交流。区长吴桂英会见。

21日　到华参加2014中美清洁技术对接会的美国洛杉矶市市长贾希提、中美商会主席杜骁勇一行到区访问。双方探讨加强交流合作、密切两地关系事宜。区长吴桂英、副区长张维刚会见。

△　区委印发《朝阳区建立健全惩治和预防腐败体系2013—2017年实施意见》。

21日　太古集团（中国）投资有限公司行政总裁白德利（Guy Bradley）一行到区访问。双方探讨加强对该集团在朝阳区三里屯太古里及将台颐堤港两个商业体综合开发项目的属地支持与服务。区长吴桂英、副区长张维刚会见。

26日　区成立北京市首个油画家协会。

27日　区召开领导干部警示教育大会。区委书记程连元强调，要深刻吸取教训，常怀戒惧之心；坚守主体责任，强化责任担当，切实将“两个责任”落实到具体行动上，坚定不移地抓好党风廉政建设和反腐败工作。市委第二巡视组副巡视员李军、区四套班子领导出席会议。

28日　全国首个侨务干部培训基地落户望京街道阜荣街社区。

是月　区获2014年“中国城市管理进步奖”和“中国社会治理创新范例50佳”。

是月　区获第三届“中国法治政府奖”。

是月　区超额完成保障房建设任务。全年开工建设各类保障性住房214.5万平方米、21427套，完成全年建设收购任务的100.6%；竣工138.2万平方米、15653套，完成全年竣工任务的104.1%。

是月　区被民政部认定为“全国和谐社区建设示范城区”。

12 月

1日　市调研组一行到区调研区委中心组暨学习型党组织建设情况。

3日　朝阳区曲艺家协会成立。协会吸收了区域内68位实力派老中青曲艺家，刘兰芳等4名著名艺术家任名誉主席，笑林任协会主席。

△　朝阳农村地区建成20个社区邻里之家。

9日　北京出版创意产业基地落户朝阳。

15日　宾夕法尼亚大学副教务长伊曼纽尔、宾大中国中心主任彭士杰一行到区访问。双方探讨为宾大中国中心落户朝阳筹备工作提供服务和支持相关事宜。区长吴桂英、常务副区长甘靖中会见。

19日　区首家慈善超市崔各庄店在京旺家园开业。

20日　华夏古玩城落户“潘家园”。位于华威南路弘善家园113号，建筑面积4万平方米，是以古董、白玉为主的交易中心。

是月　区3户家庭获2014年“首都最美家庭”。全市获此殊荣的家庭有50户。

是月　华腾世纪总部公园·爱工场第五文创园区落户“传媒走廊”。

是月　国家文化产业创新实验区落户朝阳。

是月　奥林匹克公园成为全国首批“城市中央休闲区”。

政党　团体

中国共产党北京市朝阳区委员会

概　述

2014年，在市委的正确领导下，中共朝阳区委深入学习贯彻党的十八届三中、四中全会和习近平总书记一系列重要讲话精神，按照市委十一届四次、五次、六次全会和区委十一届七次、八次全会部署，团结带领全区各级党组织和广大党员干部群众，紧抓机遇、乘势而上、主动作为，完成全年各项目标任务。

认真开展党的群众路线教育实践活动，加强党的建设。把开展教育实践活动作为首要政治任务，在市委第三督导组的严格督促指导下，明确“三聚焦、三着力、三提高”活动主线，带领全区各级党组织和党员干部深化认识、积极参与、有序推进，牢固树立正确的政绩观、事业观和群众观，加强和改进作风建设。制定实施关于加强区委常委会自身建设的意见和区委工作规则，支持区人大提升工作实效，支持区政府专业化建设，支持区政协认真履行职能。实施社会组织统战试点，做好党外优秀人才的发现、培养、使用和管理工作。系统推进与各民主党派和各界代表人士的政治协商，制定并组织实施政治协商年度议题计划，发挥人民团体的重要作用。加强党委理论中心组建设，出版《中共北京市朝阳区历史》，构建宣传思想工作整体格局，出台区委《关于进一步加强干部教育培训工作的实施意见》，改进和完善干部教育培训体系。深化处级班子整体建设试点，合理使用各年龄段干部，加强干部分类培养和年轻干部储备，统筹优化班子干部队伍结构。加强基层组织建设，研究制定《关于强化党建工作引领进一步深化农村基层基础工作的意见》“1+10”文件和《加强基层党组织负责人队伍建设的意见》，62个软弱涣散党组织实现整顿提升。实施13个区域化党建统领枢纽型社会组织建设试点，61个市、区两级试点带动形成基层服务型党组织示范群，1.3万名在职党员到社区（村）“双报到、双服务、双评议”。健全干部综合监督体系，建立加强农村基层干部监督管理“1+4”机制，问责调整5名处级干部。启动全区政务内网基础网络建设，推进党委系统信息化工作。大力整治“四风”顽疾，与中央八项规定出台前相比，全区性大会减少6.4%，区委、区政府文件减少33%，区级议事协调机构和临时机构精简53%，区级层面自主开展的评比达标表彰项目已全部取消，“一票否决”事项由7项减少到2项，“三公”经费同比减少12%，完成并巩固超标配备公车、公车私用、多占办公用房整治工作。集中清理718件党内规范性文件，制定《改进作风制度建设计划》，确定新制定或修改制度69项，2014年完成40项。加强对基层工作的统筹支持，出台《关于建立发现问题与解决问题统筹联动工作机制暂行办法》，建立稳定的基层组织运转和基本公共服务职责保障制度。主动担负起党风廉政建设主体责任，研究制定《关于落实党风廉政建设党委主体责任纪委监督责任的意见》《建立健全惩治和预防腐败体系2013－2017年实施意见》，推进纪律检查体制改革，支持纪检监察组织转职能、转方式、转作风，强化监督执纪问责。建立设施完备的办案场所，对重点领域、关键环节易发多发腐败问题进行专项整治，严肃查处党员干部违纪违法问题，下大力气治理“小官巨腐”。全年纪检监察组织立案79件，结案75件，给予党政纪处分73人（其中处级干部13人），同比分别上升102.6%、127.3%、128.1%。

全面深化改革，增强区域发展动力。成立区委全面深化改革领导小组，明确全区改革的总体框架、重点任务和相关要求。设立12个专项小组，着力提高改革的针对性和实效性。积极开展试点，加强督促指导，按期落实、稳步推进经济体制、区域协同发展、社会治理、社会事业、纪律检查体制等各领域的改革工作。

落实首都城市战略定位，加速转变发展方式。认真贯彻学习习近平总书记2014年2月视察北京重要讲话精神，加强对区域发展重大问题的战略谋划，引导全区形成推进“三个率先作为”和争当“六个示范区”的共识。“三个率先作为”，即在服务首都“四个中心”建设上率先作为、在治理“城市病”上率先作为和在京津冀协同发展上率先作为。争当“六个示范区”，即争当首都功能疏解、人口调控、生态环境建设、产业升级、农村城市化和社会治理的示范区。严格控制人口规模，加强数据监管和违法群租房治理，全年调减流动人口35.6万人。严格执行北京市新增产业禁止和限制目录，制定《朝阳区农村地区产业准入标准指导意见》，以街乡为单位系统清理区域性批发市场，拆除清退有形市场35家，淘汰高污染工业企业28家，拆除再生资源回收场站11个。推动现代服务、金融、文化创意、高新技术等重点产业加快发展，全国首个国家文化产业创新实验区正式揭牌。构建全区行政服务体系，试行并联审批流程，出台《促进中小企业发展实施意见》。搭建京津冀人才一体化协作平台，推进CBD国际高端商务人才发展区建设。深化国企改革和国资监管，区属国有经济平稳发展。全年实现地区生产总值4337.3亿元，增长7.6%；完成区级财政收入416.4亿元，增长9.6%；城乡居民收入分别增长8.6%和9.6%。万元GDP能耗下降6.44%，完成市下达任务。

推进农村城市化试点，系统破解城市化难题。全面启动“一绿”地区6个城市化试点乡建设，统筹建立“1+7+6”工作体系，试点方案获市政府审批通过。推动农村城市化路径创新、政策创新、管理创新，探索形成土地增值收益优先平衡本乡城市化成本的实施原则，加快突破农村产业转型升级的政策瓶颈，综合解决功能疏解、环境整治、拆违控违、人口调控等关键问题。推进21个城乡结合部重点区域棚户区改造项目，东南三乡重点村安置房基本竣工，2.9万名农民实现转居。完善农村集体“三资”在线监管平台，严格合同联预审和项目联审联责，开展村干部经济责任审计整改验收，规范村级财务管理，来广营、黑庄户乡20个村的产权制度改革基本完成。

全力服务保障APEC会议，推进一流宜居城市建设。带领全区“动起来、统起来、严起来”，实现指挥协调顺畅、安保坚强有力、环境整洁靓丽、社会氛围良好、运行安全有序、应急处置得当，完成建国65周年群众游园活动和APEC会议服务保障任务。围绕“一区九线四周边”，实施环境景观提升等十大行动，全面落实清洁空气行动计划，推进燃煤压减、清洁能源建设，基本完成“9942N”水务工程。建立“协作规划”机制，立案查处违法用地案件83件，拆除违法建设355万平方米，基本实现“零增长”目标。全面排查整治生产安全、公共安全隐患，有效防止了重特大事故发生。

深化党政群共商共治工程，加强和创新社会治理。深入探索基层政府治理、社会调节和居民自治良性互动的有效路径，总结推广基层实践成果，出台《关于统筹推进党政群共商共治工作的指导意见（试行）》，形成党委、政府、群众共同协商、共同参与、共同治理的工作机制，被评为“2013年度中国社区治理十大创新成果”和“首届中国治理创新100佳经验”。探索建设全模式网格化社会服务管理二级闭环系统，健全城市常态化管理机制。深化全国社区治理和服务创新实验区创建工作，建设社会组织服务管理体系，探索社区分类治理，老旧小区准物业管理、村庄社区化管理实现全覆盖。通过完善就业政策体系、实施义务教育学区化综合改革、实现区域医联体服务全覆盖、推进公共文化多元主体管理、建设养老服务社会化示范区等方式，拓展社会事业创新路径。以培育和践行社会主义核心价值观为主线，树立一批榜样人物、先进典型和优秀志愿者服务项目。健全长效机制，强化日常督导，提升常态管理水平，圆满完成全国文明城区迎检任务。完成民兵应急、支援、储备队伍编组工作，推动国防教育进学校、进机关、进社区、进农村。构建新型社会面立体化防控体系，实施社会面防控六大专项行动，深化民警驻区制，全面开展重大决策项目社会稳定风险评估，建设反恐防恐和科学应急体系，稳妥推进审判委员会工作机制、检察官办案责任制改革试点。全区初信初访、重信重访化解率和重点矛盾结案率均达到90%以上，可防性案件同比下降7.1%，群众安全感提升到91.1%，社会治安形势为近年来最好水平。

2014年存在的不足和问题，主要表现在：思维理念上不适应。对中央、市委精神的理解把握与朝阳实际结合得还不深入，用法治思维和法治方式治区理政的能力不足，从严理念、规则意识和制度观念比较薄弱，对“聚”与“疏”“舍”与“得”的认识有待深化。执行落实上不适应。面对新变化、新问题，被动执行、按部就班多，主动谋划、创新推进少，敢打敢拼、连续作战的精气神有所减弱，适应新常态的动力和能力还需提升。制度建设上不适应。想问题、抓落实、找规律、建制度的自觉性、主动性不强，制度建设体系化、科学化水平不高，特别是在制度的执行监督上亟待加强。方式方法上不适应。工作方法的科学性、合理性、实效性不够，面对新问题、新课题、新难点，解放思想、更新观念、创新有为不够自觉，依靠改革创新破解难题的办法不多。与此同时，通过开展教育实践活动，群众反映强烈的“四风”问题虽然得到有效遏制，但总体上还不稳固、还不彻底，并出现了一些新的“四风”问题苗头，个别党员干部违纪违法影响恶劣，全区党风廉政建设形势还很严峻。常委会在抓统筹谋划、改革推动、服务基层、从严治党等方面的工作也需要进一步加强。

地址：日坛北街33号
电话：65094217
邮编：100020

（杨　树）

主要工作和重大活动

【区政协十二届三次会议闭幕】 1月8日，区政协第十二届委员会第三次会议闭幕。区委书记程连元代表区委对大会的成功召开表示祝贺，肯定2013年区政协和全体委员所做的工作、取得的成绩，并对进一步做好政协工作提出3点要求：一是在发挥协商民主重要渠道作用上有新成效；二是在推进区域转型发展上有新贡献；三是在提升政协组织履职水平上有新进步。

（韩　旭）

【区十五届人大四次会议闭幕】 1月10日，区十五届人大四次会议闭幕。区委书记程连元代表区委对大会成功召开表示祝贺，肯定区人大及其常委会工作成绩和突出特点，并对进一步做好人大工作提出4点要求：一要深入贯彻落实党的十八届三中全会精神，实现学习转化到位；二要强化人大监督职能，实现问题解决到位；三要充分发挥代表主体作用，实现服务选民到位；四要加强党对人大工作的领导，实现支持保障到位。

（韩　旭）

【党建工作汇报会】 1月13日，召开基层党组织书记抓党建工作汇报会。区领导程连元、陈宏志、刘小宁、谢莹、张革、刘军胜出席会议。区委书记程连元要求，在发挥党建统领保障作用方面，基层书记要增强抓党建的责任意识，在党建的理念上有所提升，在制度和机制建设上有新的突破。在做好党建工作方面，要注重抓思想、抓队伍、抓作风、抓整合。

（韩　旭）

【老干部工作会】 1月23日，召开区老干部工作会。区领导程连元、佟克克、辛燕琴、甘靖中、刘军胜出席，区长吴桂英主持会议。区委常委、区委办主任、区直机关工委书记刘军胜传达市老干部工作会精神；区委常委、常务副区长甘靖中作工作报告。区委书记程连元通报区2013年经济社会发展情况和2014年工作思路，并要求：要准确把握老干部工作面临的新形势，更加重视老干部作用发挥，高水平做好老干部服务保障工作。

（韩　旭）

【党风廉政建设工作电视电话会】 1月29日，召开区党风廉政建设工作电视电话会议。市纪委副书记、市预防腐败局局长李振奇，区四套班子领导出席会议，区长吴桂英主持会议。区纪委常务副书记、区监察局局长刘丽平传达中纪委、市纪委全会精神；区委常委、纪委书记宋铁健作工作报告；李振奇对区纪检监察工作提要求。程连元要求，在落实责任上，各级党组织要担负起党风廉政建设的主体责任，各级纪检监察组织要履行好监督责任，要严格责任追究。在改进作风上，要继续严格落实中央、市委、区委关于改进作风的各项规定，持之以恒纠正“四风”；要扎实组织开展好党的群众路线教育实践活动，把作风建设的要求贯穿到教育实践活动中；要强化纪律建设，严格执行党的政治纪律、组织纪律、工作纪律、财经纪律和生活纪律等纪律，特别是要严明组织纪律、增强组织纪律性。在加大监督上，要围绕中心，主动作为；要加快实现监督全覆盖，循序渐进、统筹推动，逐步实现对所有公权力有效制约和监督；要加大案件查办力度；要进一步强化对权力运行的制约和监督，让权力始终在阳光下运行。

（韩　旭）

【环境建设和城市管理工作会】 2月12日，召开区环境建设和城市管理工作会。区四套班子领导出席会议，区长吴桂英主持会议。副区长王春总结2013年环境建设和城市管理工作；副区长汪洋总结2013年安全管理工作，部署2014年重点任务；区市政市容委、区安监局、八里庄街道、来广营乡分别作典型发言。区委书记程连元强调，中央、北京市已经把环境建设和城市管理放在突出的重要位置，要求越来越高；全社会对环境建设和城市管理越来越关切；区环境建设和城市管理面临严峻形势。要落实责任、提高标准、强化统筹、注重长效，坚决打赢环境建设和城市管理攻坚战。

（韩　旭）

【党的群众路线教育实践活动动员部署】 2月14日，召开区党的群众路线教育实践活动动员部署大会。市委党的群众路线教育实践活动第三督导组常务副组长刘江平、区四套班子领导出席，区长吴桂英主持会议。刘江平对区党的群众路线教育实践活动提出工作要求。区委书记程连元强调：开展党的群众路线教育实践活动是强化宗旨意识、密切血肉联系的必然要求；是夯实基层基础、凝聚发展合力的现实需要；是全面深化改革、推进科学发展的有力保障。要把握好总体要求、把握好关键环节、把握好方式方法，切实提高教育实践活动的针对性和实效性。要抓责任，确保组织实施到位；抓统筹，确保融合互促到位；抓宣传，确保氛围营造到位，推动党的群众路线教育实践活动各项任务落到实处。全区委办局、街乡主要领导参加会议。

（韩　旭）

【社会建设和农村城市化工作电视电话会】 2月20日，召开区社会建设和农村城市化工作电视电话会。区四套班子领导出席会议，区长吴桂英主持会议。副区长苑文新作《创新社会治理 坚持务实惠民 推动朝阳社会建设实现新提升》工作报告；区委常委、副区长陈涛作《抢抓机遇 转型发展 努力开创农村城市化建设新局面》工作报告。区委书记程连元强调，朝阳已经进入到改革发展、转型发展、攻坚发展的关键时期，对社会建设和农村城市化工作提出新的课题和新的要求，做好2014年工作需要大家下更大力气去探索创新、攻坚突破、再创佳绩。要坚持顾全大局，坚持发展为重，坚持宗旨为上，完成好优化环境、防控风险、夯实基础、提升服务四方面重点任务。要健全完善党建引领、三级统筹、社会组织动员、以城带乡城乡互促四个机制，推动城乡协同互促、一体发展。

（韩　旭）

【政法工作电视电话会】 2月24日，召开区委政法工作电视电话会。区四套班子领导出席，区委副书记、区委政法委书记陈宏志主持会议。副区长王春传达习近平总书记重要讲话精神及中央政法工作会议、市委政法工作会议精神；陈宏志作区委政法工作报告。区委书记程连元强调，当前社会环境更加复杂，维稳任务更加艰巨，群众期盼也更高。与复杂严峻的形势同时存在的，还有自身亟待解决的问题。要下好先手棋，打好整体仗，提升满意度，全力以赴做好全年安全稳定工作。

（韩　旭）

【区领导干部大会召开】 3月5日，召开区领导干部大会。区四套班子领导出席会议，区长吴桂英主持会议。区委书记程连元传达习近平总书记在北京视察时的重要讲话精神和市委十一届五次全会精神。程连元要求，全区领导干部必须迅速把思想统一到总书记重要讲话和市委全会精神上来，在服务首都“四个中心”（即全国政治中心、文化中心、国际交往中心和科技创新中心）建设上率先作为，在治理“城市病”上率先作为，在京津冀协同发展上率先作为。必须始终保持抢抓机遇、敢于担当的闯劲；必须始终保持求真务实、攻坚克难的韧劲；必须始终保持踏石留印、抓铁有痕的干劲。要提高学习谋划的能力、统筹全局的能力、改革创新的能力，加快解决发展中的问题、破解前进中的瓶颈，努力开创全区发展新局面。

（韩　旭）

【经济工作电视电话会】 3月5日，召开区经济工作电视电话会。区四套班子领导出席会议，区长吴桂英主持会议。副区长张维刚作《稳中求进 改革创新 推动朝阳经济持续健康发展》工作报告；区委常委、常务副区长甘靖中宣读区委、区政府关于表彰2013年度区经济贡献突出企业和优秀企业的决定；电子城管委会、建外街道、南磨房乡作典型发言。区委书记程连元要求，要准确把握当前经济工作面临形势，辩证看待“变”与“不变”的关系，坚定发展方向；辩证看待“稳”与“进”的关系，坚持稳中求进；辩证看待“挑战”与“机遇”的关系，抢占发展先机。要把握好“稳”“转”“控”三个字，把“保稳”作为当前经济工作的首要任务，加快转变经济发展方式，加强风险控制，确保2014年经济社会平稳运行。

（韩　旭）

【区级层面为民拟办实事民主协商会】 4月17日，召开区级层面为民拟办实事民主协商会议。区领导程连元、吴桂英、甘靖中、刘军胜出席。区委书记程连元主持会议。程连元强调，朝阳区是首都面积最大、人口最多的城区，是首都的经济强区。2000年以来，区委、区政府把民生工作放在更加突出的重要位置。同时，朝阳区也是首都的民生工作强区，在服务和改善民生问题上始终走在全市前列。2011年，以麦子店街道为典型，推出了问政于民、问计于民、问需于民“三问”工作法，形成“麦子店经验”，经过2年实践，到2013年再进行深化提升，形成比较成熟的“党政群共商共治模式”，并在全区街道系统全面推广。目前正在研究建立区级层面的架构和运行机制问题，征求各方面意见建议。此次协商会有3个特点，一是当面议事、当场评分；二是依事定人、事变人变；三是以人为本、为民务实。希望大家敞开心扉、畅所欲言，真正议出水平、议出实效，为深化为民办实事、搞好党政群共商共治工程在区级层面开个好头。

（韩　旭）

【纪念建党93周年座谈会】 6月27日，召开区纪念建党93周年座谈会。区四套班子领导出席会议，区长吴桂英主持会议。区委书记程连元要求，要坚定理想、严明纪律，坚持宗旨、秉公用权，爱党忧党、兴党护党。要敢于担当、奋发有为，努力在发展中成为首都功能疏解、生态环境建设、产业升级、农村城市化和社会治理的示范。要夯实基层、打牢基础，着力提高基层党建体系化、区域化、差异化和服务型“三化一型”建设水平。

（韩　旭）

【区委十一届八次全体（扩大）会议】 8月4日，召开区委第十一届委员会第八次全体（扩大）会议。总结2014年上半年工作，研究部署下半年重点任务。区委书记程连元代表区委常委会作工作报告，区长吴桂英作区上半年经济社会发展情况和下半年重点工作的专题报告。审议通过《中共北京市朝阳区委十一届八次全体（扩大）会议决议》。程连元指出，从会议讨论情况看，各级领导对区委意图把握准确、思考深入。做好下半年工作要强化敢于担当，保持良好精神状态；要聚焦重点难题，找准工作突破口；要密切联系群众，坚持不懈改进作风。

（韩　旭）

【深化文明城区建设工作部署会】 8月7日，召开区文明委全委（扩大）会议暨深化文明城区建设工作部署电视电话会。首都文明办主任滕盛萍及区四套班子领导出席会议，区长吴桂英主持会议。副区长张立新部署精神文明建设重点工作；区委常委、宣传部部长、统战部部长谢莹传达全国深化文明城市创建专题培训班领导讲话精神，部署文明城区复查工作；区委副书记陈宏志作《区委、区政府关于完善长效机制进一步深化文明城区建设的指导意见》说明；滕盛萍提要求。区委书记程连元要求，要在思想认识、机制建设、责任落实、社会动员方面树立问题导向。要深入践行社会主义核心价值观，完善公共文化服务体系，培育城市人文精神。要把文明城区长效建设工作与党的群众路线教育实践活动紧密结合，与服务保障APEC会议紧密结合，与创建全国社区治理和服务创新实验区紧密结合，与推进城市化攻坚紧密结合，抓好统筹落实。

（韩　旭）

【国庆和APEC会议期间服务保障暨迎接全国文明城区测评工作会】 9月19日，召开区国庆和APEC会议期间服务保障迎接全国文明城区测评工作会。区四套班子领导出席会议，区长吴桂英主持会议。副区长苑文新部署国庆、APEC会议和全国文明城区测评期间环境整治工作；区委常委、宣传部部长、统战部部长谢莹部署迎接全国文明城区测评工作；区委副书记陈宏志部署国庆、APEC会议和全国文明城区测评期间开展社会面防控专项行动工作。区委书记程连元要求，稳定是第一责任，要保安全，不出事。要在环境建设、文化文明建设、改善民生上出亮点、树形象。要加强统筹调度，严格落实责任，加强社会动员，开展实战演练，提高防范风险和应急处理能力。要做到“三个切忌”“四个心中有数”和“五个到位”（“三个切忌”即：切忌掉以轻心、切忌心存侥幸、切忌相互推诿。“四个心中有数”即：工作要求心中有数、岗位职责心中有数、指标任务心中有数、完成时限心中有数。“五个到位”即：思想认识到位、组织领导到位、责任落实到位、督促检查到位和问题解决到位）。

（韩　旭）

【落实“两个责任”工作推进会】 9月29日，召开区落实“两个责任”工作推进会。区四套班子领导出席会议，区长吴桂英主持会议。区纪委书记宋铁健解读区委《关于落实党风廉政建设党委主体责任纪委监督责任的意见》精神；亚运村街道、太阳宫乡、区房管局分别作表态发言。区委书记程连元强调，履行“两个责任”是新时期加强反腐倡廉建设的创新举措，是各级党委和领导干部要坚决执行的一项重大政治任务。但是，从全区情况看，滋生腐败的土壤仍然存在，主要原因是思想认识有偏差，落实责任不担当，责任追究不到位。抓好“两个责任”的落实，要强化责任意识，加强对干部的监督管理，严肃追究责任，关心支持纪委工作，以反腐倡廉的成效保障发展、取信于民。

（韩　旭）

【党的群众路线教育实践活动总结会】 10月21日，召开区党的群众路线教育实践活动总结大会。市委常委、组织部部长，市委第三督导组组长姜志刚、区四套班子领导出席会议，区长吴桂英主持会议。姜志刚对区党的群众路线教育实践活动取得成果给予肯定。区委书记程连元强调，区扎实有序推进活动各项任务，实现规定动作做到位、自选动作有特色，突出体现在6个方面：即深入学习贯彻习近平总书记系列重要讲话特别是视察北京重要讲话精神，增强服务首都的思想自觉和行动自觉；坚持领导带头、层层落实责任，全区各级党组织和广大党员干部以高度的政治责任感、使命感，经受住考验和检验；坚持开门搞活动，维护群众利益、密切血肉联系；高质量开好专题民主（组织）生活会，探索出新形势下严肃基层党内政治生活的有效途径；抓好整改落实、建章立制，形成改进作风、解决问题的长效机制；聚焦基层基础建设，党组织的核心作用和服务水平有效提升。程连元要求，要深入贯彻落实好中央、市委关于党要管党、从严治党的部署要求，巩固和拓展教育实践活动成果。重点把握好5个方面工作：即增强自觉，注重思想引领；持续用劲，推进从严治党；动真碰硬，提高整改成效；固本强基，深化基层党建；善始善终，抓好总结收官。

（韩　旭）

【市委第二巡视组巡视朝阳区工作动员会】 10月21日，召开市委第二巡视组巡视朝阳区工作动员会。市委第二巡视组组长雷显武、区四套班子领导出席，区委书记程连元主持会议。雷显武对巡视工作提出要求。程连元强调，要提高认识，自觉把思想统一到中央和市委要求上来；要全力配合，确保巡视取得良好效果；要紧抓机遇，深化全区党风廉政建设。

（韩　旭）

【APEC会议服务保障工作部署电视电话会】 10月30日，召开区APEC会议服务保障工作部署电视电话会。区四套班子领导出席会议，区长吴桂英主持会议并作工作部署。区委书记程连元要求，做好APEC会议服务保障工作，必须高度重视、勇于担当，把握好5个原则：即主动对接、积极作为、统筹补台、无缝衔接、应急保底。要提振精神，誓夺决胜，确保指挥统筹有力、确保区域安全稳定、确保会议期间城市运行有序、确保应急值守到位、确保营造良好氛围。

（韩　旭）

【领导干部警示教育大会】 11月27日，召开区领导干部警示教育大会。市委第二巡视组副巡视员李军、区四套班子领导出席会议，区长吴桂英主持会议。会上，播放警示教育片《贪欲的代价——纪海义腐败案警示录》，区纪委书记宋铁健作纪海义案件剖析报告。区委书记程连元要求，要深刻吸取教训，常怀戒惧之心。履行主体责任要做到主动担责、带头尽责、有效履责；规范权力运行要做到完善制度、健全机制；支持纪委履职要真正领导纪委加大监督、执纪、问责力度；严格责任追究要做到权责对等、实事求是、有责必问。要把握时间节点，突出重点工作。用好责任制检查这个载体，全面总结分析。抓好作风建设这个重点，确保“两节”安全，让市委放心、让人民满意。

（韩　旭）

【区委常委会】 年内，召开区委常委会25次，研究议题143个。议题涉及经济发展、社会建设、城市管理、环境整治、党的建设等内容。

（韩　旭）

区委办公室工作

【概况】 中共北京市朝阳区委办公室，是负责协助区委领导处理日常工作，对区委各工作部门进行协调、组织和服务的综合办事机构。内设机构7个，其中，副处级机构1个（区委机要局、区密码管理局一个机构，两块牌子）；正科级机构6个（综合科、信息科、文书科、秘书科、研究室、督查室）。下设事业单位1个（朝阳区党委数据管理中心）。年内，起草文稿357篇，164.8万余字。制发文件147份，向市委备案党内规范性文件24件，处理公文和领导批示件967件，处理各类信息、简报等9800余件。

地址：日坛北街33号

电话：65094217

邮编：100020

（陈 璇）

【制度建设】 年内，印发《区委办公室接入北京市电子政务内网涉密信息系统及终端管理暂行规定》《区委办公室复印室、复印机使用管理办法》等文件。

（陈 璇）

【综合协调】 年内，接待中央、市领导调研52次，组织安排全区性大型会议活动41次，组织有关区领导出席的会议活动129次，安排区委主要领导调研30次、会见25次，安排区领导公务外出活动1次，接待外省市区到区考察3次；组织召开2014年党委系统办公室主任会议。组织召开四办主任联席会4次，安排召开区委办公室主任办公会、全体干部会等内部会议26次；制发《区领导一周重要会议活动安排》47期，办理日常值班来电来文401件。

（陈 璇）

【信息编发】 年内，编发《朝阳信息》“专刊”149期、“调研与参阅”58期、“特刊”26期、“专报”589期、“业务通讯”13期，处理文字100万余字。被《北京信息》采编746条（篇），在全市十六区县中排名第一，在所有局级单位中排名第一。领导对各类信息批示42条，其中市领导批示8条。

（陈 璇）

【督查督办】 年内，办理决策类督办事项220项，办理市区领导专项批示件109件，分别围绕农村地区违法建设存续问题和中央八项规定精神落实情况开展了2次督查调研，全年办理政协党派、委员提案共57件；完成中央、北京市领导朝阳调研环境保障服务8次；组织安排区委书记程连元，区委常委、区委办公室主任刘军胜等区领导调研、调度会、走访慰问活动等28次；上报市委督查室《督查专报》7期，上报区委各类督查报告63份，刊发《督促检查工作》19期；完成会议纪要10期。

（陈 璇）

【党的群众路线教育实践活动】 2月至10月，组织领导班子和党员干部，深入开展党的群众路线教育实践活动。在区委的领导和区委第一督导组的帮助指导下，全办围绕“为民、务实、清廉”主题，按照“照镜子、正衣冠、洗洗澡、治治病”总要求，贯彻整风精神，以严的思想、严的要求和严的作风，深入调研，超前谋划，精心组织，狠抓落实，教育实践活动达到预期目的。期间，完成“学习教育、听取意见”“查摆问题、开展批评”“整改落实、建章立制”三个环节的工作。同时，牵头组织完成全区突出问题专项治理任务。期间，处级领导干部完成学习时间13天，其他党员完成学习时间9天，全办以不同形式组织4次学习大讨论活动。发放征求意见表、调查问卷286份，征得各方面意见建议365条，其中“四风”方面的意见建议归纳为45条。确定修改或新制定全区性制度69项，区委办制度20项。与八项规定出台前比较，以区委、区政府名义下发的文件数量同比减少35.7%，全区性大型会议同比减少27.3%，全区“三公”经费同比减少12.4%，其中公务接待费、会议费减少18%。整理归档文书档案32件。

（陈 璇）

组织工作

【概况】 中共朝阳区委组织部是区委主管组织建设、干部队伍建设和人才队伍建设的职能部门。设办公室、组织科、干部科、干部监督科、人才工作科、党员教育管理科、干部教育培训科、朝阳区党代表大会代表联络工作办公室和调研室9个科室。年内，围绕开展党的群众路线教育实践活动这一重大政治任务，认真履行职责，推动全区教育实践活动扎实深入开展，强化教育培训，深化区域化党建，统筹推进班子干部队伍建设，强化干部监督工作，从严教育管理党员队伍，优化人才发展环境，推动全区组织工作整体提升。完成处级班子干部调整工作。常委会研究干部10批525人次，其中提拔251人次，平职交流改任112人次，免职退二线（退休）30人次，挂职、兼职等其他任命132人次。接收安置团职军转干部32名。严格干部作风标准，将作风标准运用于干部教育培养、提拔任用和管理监督中，突出“德”的优先地位，在综合考核等工作中实施“德”的反向测评。开展“双报到、双服务、双评议”工作。全区有145个党组织和13525名党员到社区（村）报到，并与社区（村）建立双向联系、双向服务机制和平台。同时，全区455个社区和村承接市173个单位党组织和43323名在职党员报到工作。全区确定“差”评党员73名，对13名不合格党员作限期改正处理，除名处理不合格党员6名。建立166名定居、留学或务工国外党员台账和1093名失联状态党员台账，为36名定居国外党员办理停止党籍手续。

地址：日坛北街33号

电话：65094313

邮编：100020

网址：http://www.chyzg.gov.cn

（孔 珅）

【处级领导班子综合考核】 年初，公布和反馈2013年综合考核结果，兑现对优秀班子奖励，对考核结果处于中间和靠后的班子，采取书面、谈话谈心等进行深度反馈。紧扣全区中心工作梳理思路、确定指标，综合采用实绩分析、民主测评、民意调查、上级评价等方式，实施处级班子综合考核，特别突出“德”的反向测评。强化对考核结果的分析运用，深度挖掘对比近年考核数据，发挥考核评价对干部工作印证和监督作用，发挥考核刚性约束作用，为区委提供决策参考。

（韩珊珊）

【慰问专家人才】 “两节”期间，落实领导干部联系专家人才制度。由区四套班子领导分别带队到企业、高校、医院、基层单位和生产一线，走访慰问区享受政府特殊津贴人员、“凤凰计划”海外高层次人才等10名专家人才代表，并送上新春慰问和祝福，同时，了解专家人才工作生活等情况，听取专家人才对区域经济社会发展的意见和建议。

（陶 智）

【慰问党组织和党员】 1月8日，联合区委老干部局下发《关于转发中央组织部<关于在元旦春节期间开展走访慰问党员、老党员和老干部活动的通知>的通知》。启动2014年“两节”走访慰问活动。“七一”和国庆前夕，普遍开展走访慰问老党员、老干部、优秀共产党员、优秀党务工作者、先进基层党组织负责人和困难党员活动，通过座谈、走访看望等形式，了解党员的所思、所想，掌握生活状况，解决实际困难，在区级层面走访慰问党员17名，基层党组织8个，慰问资金达7.4万元。

（杨　帆）

【党建工作汇报会】 1月13日，区委党建工作领导小组召开基层党组织书记抓党建工作汇报会。区委书记程连元及区委党建工作领导小组全体成员，各街乡党（工）委书记，部分机关、企业党组织负责人参加会议，部分区党代表、人大代表、政协委员列席会议。听取东坝乡、呼家楼街道、蓝岛大厦、区民防局、南磨房乡、团结湖街道等单位2013年党建工作汇报。区委主管工委书记分别对6个单位汇报进行点评。程连元对发挥党建统领和保障作用以及基层党组织书记如何做好党建工作提出要求。

（李　锋）

【党代表参加干部考核民主测评会议】 1月24日，推荐5名区基层党代表参加区级领导班子和领导干部年度考核民主测评暨干部选拔任用工作民主评议会。9月19日，组织推荐来自机关、街道、农村系统5名区基层党代表参加区领导干部大会。11月13日，组织部分区第十一次党代会基层代表参加全区领导干部大会。12月5日，组织5名区基层党代表参与市委第二巡视组谈话。

（李　锋）

【谋划党的群众路线教育实践活动】 2月，在活动筹备期间提前对接、超前谋划，就全区领导班子和党员干部状况开展调查研究，摸清底数，找准问题。活动正式启动后，准确把握总体要求、重点任务和区实际，确定“三聚焦、三着力、三提高”（即：聚焦“四风”突出问题，着力转变作风，提高宗旨意识；聚焦关系群众切身利益问题，着力保障改善民生，提高服务群众能力；聚焦基层基础薄弱问题，着力完善体制机制，提高区域发展水平）活动主线和“四个一”（集中开展一次“四风”问题大扫除、重点解决一批“老大难”问题、扎扎实实为群众办一批实事、建立健全一套长期管用的制度机制）工作目标，确保全区活动不跑题、不散光、不走神。

（杨　帆）

【征求基层党代表意见座谈会】 3月27日，组织来自机关、街道、农村、教育、政法等系统15名市、区基层党代表参加座谈。围绕区委区政府“四风”方面问题、关系群众切身利益问题、解决基层基础薄弱问题、进一步加强作风建设的建议和深入开展教育实践活动5类建议开展座谈。征集意见建议48条，汇总后上报区委。

（李　锋）

【区委党建工作领导小组会议】 4月14日，区委党建工作领导小组召开会议，部署2014年党建工作任务。区领导陈宏志、刘小宁、张革、宋铁健、刘军胜出席会议。区委党建工作领导小组各成员单位负责人、各主管工委副书记参加会议，区委副书记刘小宁主持会议。区委常委、党建工作领导小组副组长、区委组织部部长张革作区委党建工作领导小组2014年工作要点说明；讨论通过区委党建工作领导小组2014年工作要点；区委党建工作领导小组组长、区委副书记陈宏志讲话。会后，按照领导小组会议意见，形成2014年党建工作要点印发区各单位。

（李　锋）

【基层党代表培训会】 5月7日至8日，区委组织部召开2014年基层党代表培训会。区第十一次党代会全体基层党代表、区委各工委党代表工作具体负责人、街乡组织科科长参加会议。邀请北京社科院副院长赵弘作以“贯彻习近平总书记讲话精神　推进北京‘城市病’治理及京津冀协同发展”为题的专题讲座；观看影片《吴仁宝》；学习习近平总书记系列讲话；围绕党的群众路线教育活动进行分组讨论；参观调研亚运村街道党建综合服务中心和廉洁奥运主题文化园。

（李　锋）

【承办现场教学活动】 5月8日，中组部街道社区党组织书记培训班在区开展现场教学活动。培训班到建外街道永安里东社区和八里庄街道华贸中心社区参观，学习现代化社区建设工作开展情况。5月24日，中组部人事部门领导干部任职培训班在区开展现场教学工作。到朝外街道社管中心、望京留学人员创业园学习考察基层组织建设和人才工作。

（陈　冰）

【党代表读书月活动】 6月5日至9月下旬，区委组织部在区党代表中组织开展以“保持优良作风　密切联系群众——阅读·进步·履责”为主题的读书月活动。活动分为代表自学、交流研讨、系统总结3个阶段。387名党代表参考区委组织部推荐书目，结合工作和自身实际，选读有关书籍。区委各工委按照系统党代表分布情况，结合区委中心工作和本系统实际确定主题，组织代表交流研讨。各系统党代表结合前期自学及研讨交流情况，撰写读书心得。区委组织部对代表撰写读书心得进行评比，评选出优秀读书心得29篇，其中一等奖5篇、二等奖9篇、三等奖15篇，并将优秀作品结集出版下发。

（李　锋）

【人才工作者培训会】 6月9日，组织召开2014年人才工作领导小组会议暨人才工作者培训会。市委组织部人才处处长于森，区委常委、副区长陈涛，区委常委、组织部部长张革出席会议。区人才工作领导小组成员单位主要领导、主管副职、科长等120人参加会议。审议通过2014年区人才工作要点和人才工作项目管理暂行办法，通报年度人才认定整体安排和CBD国际高端商务人才发展区建设有关情况。会后，进行人才工作者培训；动员部署2014年人才工作项目及全区人才认定工作。

（陶　智）

【基层党组织整顿提升工作】 7月，开展软弱涣散基层党组织整顿提升工作。全区确定软弱涣散基层党组织62个。通过选优配强班子、深化领导联系制度、建立长效工作机制等措施，解决软弱涣散党组织班子配备不齐、无固定办公活动场所及便民服务设施、社会治安问题和信访矛盾纠纷集中、服务意识差、服务能力弱、群众意见大等问题。60个基层党组织实现基本转化，2个基层党组织提升明显。

（陈　冰）

【现代远程教育站点建设】 7月，制发《关于开展党员干部现代远程教育终端站点学用情况调查的通知》，面向全区基层教育站点管理员开展需求调查活动。回收《调查问卷》500余份，为提升远程教育针对性和实效性奠定基础。配合全市开展优秀站点管理员评比交流活动，区3名远程站点管理员获优秀称号。

（杨　帆）

【严肃党内组织生活】 7月，按照中央和市委关于召开基层组织生活会和开展民主评议党员工作的有关要求，研究制定区“1+8”（即1个全区方案，8个系统的方案）工作方案，聚焦查找解决基层实际问题，坚持问题导向，将专题组织生活会、民主评议党员与解决基层党组织发挥作用不到位、党员先锋模范作用不充分等问题结合起来，并与整顿软弱涣散党组织、加强服务型基层党组织建设等专项工作结合起来。先期选取20个支部开展试点工作，并跟踪指导工作。在总结20个试点支部工作经验基础上，指导全区5626个基层党组织110419名党员召开组织生活会并开展民主评议党员工作，通过开展批评和自我批评、谈心谈话、查摆问题等主要环节，提高党员的宗旨意识和党员意识，密切党群、干群关系。

（杨　帆）

【第九届“博士进朝阳”活动】 7月，启动2014年首都高校博士生（后）和辅导员到区挂职锻炼活动。8所高校9名挂职人员到区6家单位挂职锻炼。通过实践锻炼、参观调研、分类研讨等活动，了解朝阳发展的整体规划和前沿领域，结合专业特长开展专题调研工作，从不同角度为朝阳发展献计献策。

（陶　智）

【基层党代表列席区委全会】 8月4日，区委召开十一届八次全体（扩大）会议。根据《中国共产党北京市朝阳区代表大会代表任期制实施细则（试行）》规定，推荐18名区第十一次党代表大会基层代表列席会议，听取区委书记程连元代表区委常委会所做工作报告。基层党代表参加区委全会，成为基层党代表参与区委议事决策活动的常态化工作，扩大代表知情和参与范围，也使党代会闭会期间代表作用得到发挥。

（李　锋）

【2014北京朝阳海外学人创业大会】 8月11日至16日，在朝阳规划艺术馆召开2014北京朝阳海外学人创业大会。来自美国、英国、韩国等19个国家和地区的嘉宾和创业者5000余人参加大会。大会内容集合TechCrunch国际创新峰会北京站、第九届中国留学人员创新创业论坛、OTEC创业大赛等3大板块，包括加速培训、项目展示、高层论坛、创业对话、“今日朝阳”参观等环节。

（陶　智）

【建设商务人才发展区新闻发布会】 9月10日，区委组织部召开新闻发布会，正式发布《关于北京商务中心区建设国际高端商务人才发展区实施意见》并通报商务人才发展区建设有关情况。区将通过出台高端商务人才发展和服务10项政策、建设北京CBD国际商学院等措施助推商务人才发展。《北京日报》、北京电视台等40余家媒体参加发布会。

（陶　智）

【党代表移动工作室上线运行】 10月28日，区党代表移动工作室微信公众号（微信号：bjcyddb）正式上线。党代表通过个人微信订阅区党代表移动工作室公众服务号后，可接受微信平台推送的各类图文信息，也可以使用功能菜单来查询查看工作动态、制度文件和通知公告，浏览党代表风采、理论观点、他山之石和党史撷英等特色栏目。

（李　锋）

【党刊集中征订】 11月底，开展2015年度党刊及党员电教光盘集中订阅工作。全区订阅《北京支部生活》《党建》《党建研究》《党课一小时》等7类党刊17415套，比2013年增加192套。

（杨　帆）

【区人才政策新闻发布会】 12月14日，在第九届中国北京国际文化创意产业博览会朝阳区分会场，召开区人才政策新闻发布会。区委组织部副部长高敬茹向参会媒体通报区人才工作情况、人才政策体系和海外高层次人才“凤凰计划”实施情况及取得的初步成就，重点介绍CBD国际高端商务人才发展区有关情况和相关人才政策。

（陶　智）

【区委党建工作领导小组会议】 12月16日，召开区委党建工作领导小组会议，专题研究区基层党建工作。区领导陈宏志、张革、宋铁健、刘军胜出席会议，区委党建工作领导小组各成员单位负责人参加会议，区委常委、区委办主任刘军胜主持会议。区委组织部常务副部长唐行安汇报全区基层党建工作情况；区委农工委书记胡良森汇报农村系统基层党建工作情况；讨论通过《关于进一步健全区委党建工作领导小组工作机制的意见》。区委党建工作领导小组组长、区委副书记陈宏志讲话。

（李　锋）

【市工作组检查调研“三级联创”】 12月21日至23日，市委组织部、活动办、农工委、社会工委等部门组成检查组到区检查调研“三级联创”工作。按照“五个好”（即领导班子好、党员干部队伍好、工作机制好、工作业绩好、群众反映好）及“非五个好”标准，抽签确定2个街道、2个乡、3个社区、3个村、2个商务楼宇作为检查单位。检查组分两组到八里庄街道华贸社区、高碑店乡高井村、团结湖街道、劲松街道、太阳宫乡、高碑店乡、大屯街道新新家园社区、东坝地区十六局社区、黑庄户乡郎各庄村、王四营乡观音堂村、建外SOHO商务楼宇服务站、景龙国际商务楼宇服务站等12家单位进行检查。就基层党组织党的群众路线教育实践活动开展情况、基层服务型党组织建设情况、区域化党建工作情况等与街道班子成员、社区村“两委”班子成员、普通党员和群众进行访谈交流。检查组对区“三级联创”工作给予肯定。

（陈　冰）

【服务型党组织建设试点工作】 12月，区按照“先行先试、重点指导、培育典型、分类推进”工作思路，确定区级服务型试点59个和市级服务型试点2个，通过完善组织体系、搭建服务平台、健全服务机制、丰富服务载体，打造了“一试点一品牌”，初步形成符合“六有”（即有坚强有力的领导班子；有本领过硬的骨干队伍；有功能实用的服务场所；有形式多样的服务载体；有健全完善的制度机制；有群众满意的服务业绩）标准的基层服务型党组织建设示范群。

（陈　冰）

【CBD国际高端商务人才发展区建设工作启动】 年内，为加快实施人才优先发展战略，促进人才工作体制机制改革和政策创新，按照全市人才工作领导小组会议精神要求，启动CBD国际高端商务人才发展区建设工作。在前期调研及多次征求意见的基础上，研究制定《关于北京商务中心区建设国际高端商务人才发展区的实施意见》，于12月26日印发，启动商务人才发展区建设。根据《实施意见》研究制定《朝阳区国际高端商务人才服务支持工作暂行办法》和《朝阳区商务人才培训工作暂行办法》配套办法，于12月31日印发。

（陶　智）

【年度人才工作项目】 年内，以工作项目方式统筹推进全区各项人才工作落实，根据新修订《朝阳区人才工作项目管理暂行办法》，认定资助人才项目39个，其中重大项目4个、重点项目9个、一般项目26个，拨付首批资助经费197万元。

（陶　智）

【公司、社区成立中共党组织】 年内，经区委组织部批复成立中共宜信汇才商务顾问（北京）有限公司委员会、中共北京市朝阳区孙河地区康营家园一社区委员会、中共北京市朝阳区孙河地区康营家园二社区委员会、中共北京市朝阳区孙河地区康营家园三社区委员会、中共北京市朝阳区孙河地区康营家园四社区委员会、中共北京市朝阳区孙河地区下辛堡社区委员会、中共中国艺术家协会委员会、中共北京龙文环球教育科技有限公司委员会、北京影响力企业管理有限公司党委、北京汇晨养老机构管理有限公司党委、北京市朝阳区第二医院党委、中共北京市朝阳区大屯街道欧陆经典社区委员会、中共三弦国际投资集团有限公司委员会、中共北京市木业商会委员会、中共北京市朝阳区崔各庄地区京旺家园联合委员会、中共北京市朝阳区崔各庄地区大望京社区委员会，中国安捷伦科技有限公司党委更名为中国是德科技有限公司党委。

（陈 冰）

【党建研究课题成果】 年内，区党建研究会承担中组部“城镇化进程中社区党建问题研究”课题调研任务，《城镇化进程中朝阳区涉农社区党建问题研究报告》获中组部党建研究所2014年度课题调研成果二等奖；承担市党建研究会“朝阳区基层党支部‘三会一课’情况调研”课题调研任务，《朝阳区基层党支部‘三会一课’落实情况调研报告》获市党建研究所2014年度课题调研成果一等奖，获全国党建研究会2014年度自选课题成果二等奖。区党建研究会立项课题42项，其中重点课题19项、指导性课题23项。经过专家评审，评出一等奖5项，二等奖10项，三等奖13项。成立朝阳区孙河地区党建研究分会和朝阳区非公经济组织党建研究分会2家分会，年内分会总数达到8家。

（陈 冰）

【党员教育培训】 年内，贯彻党员“六大培训工程”（即基层党支部书记素质提升工程、新党员培训工程、大学生“村官”党员培训工程、大学生“社区工作者”党员培训工程、党员创业就业技能培训工程和流动党员培训工程），举办各类示范培训班5期，培训1216人次。其中52人赴新加坡参加境外培训。实行“基层党员教育培训支持计划”，拨付支持资金140万元，在课程设计、师资等方面给予支持，开展跟踪评估。专题研究高知识群体流动党员教育培训现状，分析成因，找准良方，起草《CBD高知识群体流动党员教育培训方式研究报告》。

（杨 帆）

【党员信息服务平台发挥作用】 年内，利用党员信息服务平台开展教育活动，以手机短信的方式，传达区委有关精神、传递党组织关心关爱。向全区党员发送教育、管理类短信12次，接收19万人次。

（杨 帆）

【党员电化教育】 年内，以项目制形式开展年度党员电教资源开发制作和教育。在区广电中心支持下，完成《伏虎》《兰国槐》《做百姓的贴心人》《共商共治解民忧》《集结号》《以几何的思想做好党的工作》6部电教片前期制作和后期剪辑工作。完成305分钟拍摄任务，全部通过市委组织部验收。

（杨 帆）

【党员关心关爱活动】 年内，完成全区68名新中国成立前入党的农村老党员和未享受离退休待遇的城镇老党员一次性补助发放工作。完成市、区困难党员帮扶资金申报、审批和发放工作，有2338名生活困难党员受到“朝阳区生活困难党员专项资金”帮扶，帮扶资金额为297.2万元。联合区慈善协会、区委各主管工委开展共产党员献爱心活动。区92826名党员、17265名群众参与献爱心活动，募集善款4865120.95元，全部用于助老、助学、助困和助残活动。

（杨 帆）

【发展党员】 年内，发展党员1483名，其中35岁以下青年党员858名，占发展党员总数的58.61%，大专以上学历党员1200人，占发展党员总数的81.97%，发展生产、工作第一线的党员1143名，占发展党员总数的77.07%，发展非公有制经济组织和社会组织的党员227名，占发展党员总数的15.31%。各项指标占比不断优化，符合“总量调控、优化结构、提高质量、发挥作用”总体要求。

（杨 帆）

【党费使用管理】 年内，检查2013年度全区有党费留成单位党组织党费收缴、管理、使用和上缴情况。集中返还2013年度“两新”党组织上缴党费，返还金额为649186.94元。通过朝阳政务内网、组工专网及各单位、各地区局域网等内部网络平台，向全区基层党组织和党员公示中管、市管、区管党费使用情况。

（杨 帆）

【落实党的群众路线教育实践活动工作责任】 年内，借鉴第一批活动经验以及区历次开展党内重大政治活动的有效做法，建立健全组织体系、工作体系和责任体系，压茬推进活动各环节工作。突出全区统筹、重点带动，成立区委教育实践活动领导小组，设置活动办、督导组和专项工作组。构建具有朝阳特色的“1+3+N”（“1”即领导小组；“3”即领导小组下设办公室、专项工作组和督导组；“N”即二级班子组织架构）活动组织架构，有效把控工作全局。在此基础上，对不同层级、不同领域、不同对象“四风”问题表现形式不同、负面效应不同的实际，在全区制定活动方案的同时，要求区级四套班子、区委主管工委分别制定针对性活动方案，提出差异化、具体化的工作目标和任务要求。

（杨 帆）

【督促开展党的群众路线教育实践活动】 年内，活动正式启动后，针对活动学习教育、听取意见、查摆问题、开展批评、整改落实、建章立制等不同环节的重点任务，制定全区活动工作计划、操作手册、流程图，做好各环节工作的督办，确保活动有章可循、有序有效。工作中，注重在各个环节积极融入、创新符合朝阳实际的工作举措。创办《永远的传家宝——党的群众路线历史展》网上展览，编写《党的群众路线领导讲话汇编》《党的群众路线教育实践活动理论实践参考》《朝阳区“新时期党的群众之我见”主题征文集萃》等辅导材料，帮助党员领导干部全面了解学习重点，领会理论内涵，系统把握党的群众路线实践路径。

（杨 帆）

【政工职称评定】 年内，完成常年政工职称评审工作。5人获政工师资格，1人获助理政工师资格。

（曾 智）

【干部培训】 年内，举办培训班20期，培训2121人次。其中处级干部1750人次。举办清华大学领导力提升高级研修班、处级干部进修班、新任副处级干部培训班、中青年干部培训一班、青年政治理论读书班等主体班5期，培训221人次。举办党的群众路线教育实践活动党政正职培训班、周末大讲堂、处级女领导干部培训班等专题班15期，培训1900人次。

（曾 智）

【干部在线学习】 年内，完成全年在线学习任务。参加在线学习局级干部32人、处级干部1203人、科级干部6366人，全部达到市委组织部规定的考核目标。其中处级及以上领导干部平均学习为68学时，科级及以下干部平均学习为83学时。

（曾 智）

【处级干部读书活动】 年内，继续采取下发推荐图书目录、干部自主选读的方式开展处级干部读书活动。要求全区处级干部结合工作实际和自身需要，选择图书进行阅读，并撰写心得体会，收到读书体会1162篇。

（曾 智）

【干部管理监督】 年内，围绕中央巡视组延伸开展全区选人用人专项检查，对干部选拔任用工作情况进行系统梳理，总结经验，查找不足，有针对性地制定和落实整改措施。强化对干部选拔任用全程纪实制度的落实，完善包括考察方案、民主推荐、谈话记录、考察材料等内容纪实档案，明确各个环节的选任责任。将从严管理贯穿班子干部队伍建设各环节，着力规范二级班子选人用人，加大检查力度，严格落实离任检查制度，继续开展“一报告两评议”工作，综合分析，深挖问题，及时约谈提醒、限期整改。加强干部信息审核，制定区管干部任前档案审核制度，注重运用“12380”渠道，加大核查力度。抓好重点监督任务的落实，开展超职数配备清理、兼职清理、“裸官”清查等监督重点工作，逐一核查，全面梳理，客观反映干部情况。严格日常监督管理，坚持“两个从严”标准，推进综合监督体系试点运行，拓展信息来源，深化综合分析，强化综合应用。探索研究干部考勤制度，加大问责追责力度，结合日常掌握，对于党的群众路线教育实践活动中发现的落实工作不力、团结氛围不佳等问题的班子干部，进行谈话诫勉、交流调整、免职处理，强化行为约束，推动履职尽责。

（韩珊珊）

【干部挂职】 年内，选派2名干部赴新疆开展对口援建；选派2名干部参与全市“三个一百”（“三个一百”即全市选拔后备干部和优秀年轻干部，以任职、挂职或轮岗3种方式各约100人进行交流锻炼）挂职；4名干部到河南省、贵州省对口协作。接收中央国家机关和金融机构挂职干部3名，市级机关和科研院所挂职干部15名，天津市、新疆维吾尔自治区、贵州省贵阳市、内蒙古自治区、江苏省、福建省、河南省、河北省等省市自治区挂职干部37名。在尊重派出单位及挂职人员意向基础上，按照“专业对口”原则拟定安置方案，将挂职干部分别安置在相关委办局及部分街乡等单位。

（韩珊珊）

【关爱干部】 年内，加大谈心谈话力度，在与街乡主要领导全面谈心谈话的基础上，部领导班子到31个委办局与170名干部“一对一”谈话谈心，征求对组织部门和组织工作的意见建议。关注干部身体健康，组织全区480名局处级干部进行健康体检，帮助干部及时发现重大健康隐患。注重开展各类节前慰问工作，特别是围绕“八一”组织全区开展内容丰富的军转干部慰问活动，传递区委的关爱。

（韩珊珊）

宣传与精神文明建设

【概况】 中共北京市朝阳区委宣传部（简称区委宣传部）是主管全区意识形态、对外宣传的区委工作部门。朝阳区精神文明建设委员会办公室（简称区文明办）是区委、区政府精神文明建设工作的综合协调部门，也是区精神文明建设委员会的办事机构，设在区委宣传部。区委宣传部代行宣传系统工委职能，并负责区文化创意产业领导小组办公室日常工作。区委宣传部（文明办）设办公室、宣传科、理论科、综合科、创建科（志愿者工作科）、研究室、区委对外宣传领导小组办公室（区政府新闻办公室）、文化创意产业发展科、基层工作科、未成年人工作科，内设公共文明引导行动协调指导小组办公室（简称公共文明协调办），所属全额拨款事业单位：朝阳区文化创意产业发展中心。2013年8月，经区编制委员会办公室批准，将朝阳规划艺术馆划入区委宣传部管理，作为区委宣传部所属事业单位，其经费形式、机构规格和人员编制不变。朝阳规划艺术馆于2009年经区编委会批准成立，为朝阳公园管理处所属事业单位，经费形式为差额拨款，机构规格相当正科级。年内，组织区领导集中学习活动37次，征集调研课题24项，获市“丹柯杯”优秀调研成果一等奖2项、三等奖1项。开展理论宣讲活动46场，开展百姓宣讲1800场，受众近12000人次。布置社会主义核心价值观和中国梦公益广告15.8万平方米，文明单位结对154个，开展共建活动1141次，302个站岗被首都文明委命名为“首都学雷锋志愿服务站（岗）”。全区有6人入选“中国好人榜”、4人入选中宣部“最美人物”系列评选，3人入选2014年度十大“北京榜样”，1人获2014年度“北京榜样”特别奖，30人入选2014年度“朝阳身边好人”，10人当选2014年度“朝阳榜样”。策划系列新闻宣传活动146场次，中央、市属媒体党的群众路线专题报道974篇次，全年正面宣传报道3万余篇次。

地址：日坛北街33号

电话：65099322

邮编：100020

邮箱：xcbwmb@bjchy.gov.cn

（孙　翀）

【区“两会”宣传】 1月6日至10日，在区“两会”召开期间，组织策划1场区领导专访和8场新闻发布会，集中宣传区2013年经济社会发展成果和2014年重点工作。邀请《人民日报》、中央电视台、《北京日报》、北京电视台等近30家媒体采访，新闻报道及重要网络转载1200余篇/次。

（姜丽钧）

【“争当‘社区文明小使者’”主题实践活动】 1月6日，区文明办联合区委教工委、区教委、团区委、区妇联启动区2014年寒假期间“我的中国梦·践行传统美德——争当‘社区文明小使者’”主题实践活动。向首都文明办推荐“社区文明小使者”3140名。

（李　娟）

【道德模范、“身边好人”巡演巡讲活动】 1月15日，在清华附小商务中心区实验小学礼堂举办2014年全国道德模范与“身边好人”现场交流活动。展现区道德模范和“身边好人”感人事迹和可贵精神。6月14日，2014年区首场道德模范、“身边好人”基层巡演进村镇活动在将台乡驼房营村举办。标志着区道德模范、“身边好人”基层巡演巡讲系列活动启动。6月至9月，在全区范围以巡演、巡讲、现场交流等形式，在社区、学校、机关、企业、军营等场所组织开展活动18场，宣传道德模范和“身边好人”事迹，弘扬社会公德、职业道德、家庭美德、个人品德，推动公民道德建设。

（刘　莹）

【“三下乡”活动】 1月28日至30日，在垡头地区文化中心开展以“共筑中国梦·行动在基层” 为主题的2014年区春节文化、科技、卫生“三下乡”活动。活动现场通过送文化活动、科普宣讲、医疗义诊、法律咨询、计生政策宣传等形式，发放各类图书1000余册、宣传手册2000余份；健康检查400余人次；编写春联、剪窗花500余份；提供各类咨询服务300余人次。

（徐志浩）

【新建改扩建纪念设施普查】 2月至3月，在全区范围集中开展各类纪念设施管理及普查工作。重点普查马骏烈士墓、双桥无名烈士纪念碑、北京和平解放五里桥谈判纪念碑等3家重点纪念设施，未发现擅自修建、未批先建、边报边建等问题。

（董　梅）

【公共文明引导员雷锋事迹进校园活动】 2月28日，区文明办组织开展“公共文明引导员雷锋事迹进校园活动”。用引导员鲜活事例，教育广大未成年人学习、弘扬、践行雷锋精神。针织路小学200余名学生参与活动。

（李　娟）

【志愿服务】 3月4日，在左家庄街道三源里社区夏园广场举办“邻里守望”志愿服务暨2014年学雷锋活动启动仪式。中国志愿服务联合会副会长兼秘书长赵津芳、中央文明办志愿服务工作组副组长崔海教、首都文明办副主任韩龙彬，区委常委、宣传部部长、统战部部长谢莹出席仪式。全国“邻里守望”志愿服务座谈会观摩团全程观摩启动仪式。年内，组织街乡、部门、单位开展党团员志愿服务活动，围绕以“邻里守望”“为明天一起善行”“我承诺不闯红灯”“清洁空气 守护蓝天 美丽朝阳”等主题组织开展志愿服务活动。制发《关于推进朝阳区志愿服务制度化的实施意见》《关于在“3·5学雷锋日”期间广泛开展“邻里守望”志愿服务活动的通知》《朝阳区开展“邻里守望”志愿服务活动实施方案》《关于在“国际志愿者日”期间广泛开展志愿服务活动的通知》等。在每期《朝阳报》开设“美丽朝阳志愿行”专栏，在重要节点开设专版加强宣传报道。

（李孟阳）

【童心共筑中国梦活动】 3月15日，区文明办联合区妇联、区科协等单位在蟹岛国际会展中心6号馆历险恐龙岛组织开展“童心共筑中国梦暨朝阳区少年科普教育实践活动启动仪式”。区打工子弟学校——安民学校200余名师生参与活动。

（李 娟）

【宣传思想和精神文明建设工作培训会】 3月19日，召开2014年区宣传思想文化和精神文明建设工作视频培训会。部署2014年宣传思想文化工作和精神文明建设以及全国文明城区复查工作。区委常委、宣传部部长、统战部部长谢莹出席会议并讲话。

（董 梅）

【志愿服务站、岗命名】 3月，首都文明委命名区11个示范站，14个示范岗，112个服务站，165个服务岗。区文明委命名表彰350个志愿服务站岗（含示范站岗）。8月25日、11月28日，召开2014年区志愿服务项目培训交流会。年底，24个志愿服务项目入选“首都学雷锋志愿服务站岗”金银牌项目。全年区收到10个部门、39个街乡336份申请，最终确定区30个志愿服务项目名单。下发《关于2014年朝阳区志愿服务项目立项及评估指导工作的通知》。

（李孟阳）

【社会主义核心价值观进校园活动】 4月8日，区文明办、区委教工委、区教委联合制发《朝阳区深入推进社会主义核心价值观进校园活动的实施方案》。在全区中小学开展“我的中国梦”“网上祭英烈”、文明美德成果展示等主题教育实践活动，引导师生树立正确的人生观、价值观，提升广大师生文明素养。

（李 娟）

【未成年人思想道德建设工作会】 4月15日，区文明办组织召开区未成年人思想道德建设工作会。区委常委、宣传部部长、统战部长谢莹参加会议并讲话。区46家成员单位、43个街乡主管领导、主责科室负责人参加会议。下发区2014年未成年人思想道德建设工作要点和任务分解书，明确各成员单位在未成年人工作中承担职责任务；调整完善区未成年人思想道德建设协调委员会组织机构，全区46个成员单位、43个街乡纳入未成年人思想道德建设协调委员会，通过联席会等工作机制，统筹推进全区未成年人思想道德建设工作。

（李 娟）

【基层服务型党组织建设试点】 4月15日，召开宣传系统基层服务型党组织试点工作部署会。选取区图书馆和区卫生监督所为试点单位，以点带面推进基层服务型党组织建设。

（杨 阳）

【未成年人清明“网上祭英烈”活动】 4月，区文明办联合区委教工委、区教委开展2014年区未成年人“网上祭英烈”活动。区青少年通过制作节日小报、走进烈士陵园等形式缅怀革命先烈。全区300余所中小学开展各类主题活动320余次，在朝阳文明网、朝阳未成年人思想道德建设网向烈士们献鲜花、鞠躬、留言，投票和留言达64862票。

（李 娟）

【宣传系统“三双”工作启动】 5月13日，启动宣传系统基层党组织和在职党员到社区“双报到、双服务、双评议”活动。系统5个处级单位和64个基层党组织与所在社区、村党组织建立联系，以集体报到形式完成报到工作，并围绕各自职能开展文化配送、健康义诊、志愿帮扶、技能培训、亮点挖掘等服务。

（杨 阳）

【市民文明旅游素质提升】 5月21日，制发《关于做好文明旅游宣传掀起文明出游热潮的方案》。联合区旅游委、区委教工委、公安朝阳分局、区广电中心等部门强化新闻、网络和社会宣传。向公园景区、区出入境大厅等窗口单位发放各种文明旅游宣传品和海报、折页等宣传材料3000余套。依托《朝阳报》、朝阳有线电视台、电子显示屏、楼宇电视、宣传橱窗等媒介进行宣传。年内，区文明委制发《关于落实任务分工进一步提升朝阳区公民旅游文明素质的通知》，明确相关部门职责分工。联合区旅游委制发《文明旅游》口袋书，通过微博、微信、网站等新媒体平台发布《将文明装进行囊 携朝阳风尚出游》文明旅游倡议书，引导市民文明出游。

（李孟阳）

【第三届京交会宣传】 5月28日至6月1日，在第三届中国（北京）国际服务贸易交易会期间，策划组织召开3场新闻发布会和3场集中采访活动，邀请中央电视台、《人民日报》、新华社、《北京晚报》、北京电视台、《京华时报》等近50家媒体到场采访，新闻报道及重要网络转载500余篇/次。

（冯 烨）

【文明城区长效机制建设】 5月28日，经第10次区长办公会、第68次区委常委会会议审议，以区委、区政府名义印发《关于完善长效机制进一步深化文明城区建设的指导意见》。制发《朝阳区完善长效机制进一步深化文明城区建设任务分解书》《朝阳区深化文明城区建设任务分解书》。每季度下发工作提示，依托区委区政府督查，将文明城区建设考核标准内化于全区各部门、街乡、单位的日常工作任务中。

（李孟阳）

【诚信建设】 5月，与工商朝阳分局联合开展首都诚信示范市场推荐工作，研究在全区开展诚信市场评定的相关标准及制度办法。10月22日，联合区发改委启动“诚实做人、守信做事”主题活动。

（李 蕊）

【六一国际儿童节系列活动】 六一国际儿童节前夕，区未成年人思想道德建设协调委员会指导成员单位和街乡组织全区未成年人开展红领巾畅想中国梦、欢乐亲子嘉年华暨第十届健康宝宝大赛等庆祝活动。

（李 娟）

【“童心向党”歌咏活动】 6月27日，区文明办、区委教工委、区教委在清华附小联合举办“朝阳区2014年中小学生‘童心向党’歌咏展演活动”。区12所学校合唱节目入选参加集中展演，以此向党的生日献礼。

（李 娟）

【精彩课堂展播启动活动】 7月3日，由区委宣传部、区委教工委、区教委在北京市朝阳区陈经纶学校联合举办“我们的价值观 我们的中国梦——精彩课堂”网上展播活动启动仪式。

（李 娟）

【“铭记历史 赞绘和平”主题活动】 7月7日，在纪念“七七事变”77周年之际，区委宣传部、区文化委、区图书馆主办以“铭记历史 赞绘和平”为主题的系列活动。开展《铭记历史》展览、图书推荐、“赞和平”抗日战争诗歌朗诵会、“绘和平”儿童原创绘画比赛等活动。

（徐志浩）

【服务APEC文明倡议】 7月9日，区文明办通过微博、微信、网站等形式发布《朝阳区服务APEC文明行动倡议书》。号召全区市民当好东道主，开展志愿服务、参与公益行动，展示区良好市民素质和城市文明形象。

（李孟阳）

【推荐首都精神文明创建工作先进】 7月中旬，区文明办下发《关于做好2012—2014年度首都精神文明创建工作先进单位推荐工作的通知》等文件，启动2014年新一届首都级群众性精神文明创建先进推荐工作。7月13日至14日，区文明办召开申报工作培训会，区各系统、各相关单位参加培训。推荐232个首都级精神文明创建先进候选单位，推荐平房乡参评第四届全国文明村镇，推荐区人民法院、国网北京朝阳供电公司、六里屯街道十里堡北里社区、区图书馆参评第四届全国文明单位，复查南磨房乡、高碑店乡高碑店村、亚运村街道办事处、区文化馆、北京市陈经纶中学、北京蓝岛大厦有限责任公司、香河园街道西坝河西里社区7家现有全国文明村镇、单位情况。区文明委制定《朝阳区群众性精神文明创建工作规范化建设管理办法（试行）》，推行区级规范化建设达标单位的基础创建工作。

（李　蕊）

【“学雷锋争当‘社区文明小使者’”主题活动】 7月至8月，区文明办、区委教工委、区教委、团区委、区妇联联合开展“自觉践行社会主义核心价值观——学雷锋争当‘社区文明小使者’”主题教育实践活动。区200余所中小学15万中小学生全员参加活动，评选出四星级社区文明小使者3266名。

（李　娟）

【迎接全国城市文明程度指数测评部署会】 8月7日，召开2014年朝阳区文明委全委（扩大）会议暨迎接全国城市文明程度指数测评部署电视电话会议。区四套班子领导出席大会，区二级班子主要领导参加会议。区长、区文明委主任吴桂英主持会议。副区长、区文明委常务副主任张立新部署2014年精神文明建设重点工作。区委常委、宣传部部长、统战部部长、区文明委常务副主任谢莹传达全国深化文明城市创建专题培训班领导讲话精神，并部署文明城区复查工作。区委副书记、区文明委副主任陈宏志作《区委、区政府关于完善长效机制进一步深化文明城区建设的指导意见》说明。首都文明办主任滕盛萍和区委书记、区文明委主任程连元分别讲话。

（李孟阳）

【“朝阳微讯”微信平台开通】 9月3日，开通“朝阳微讯”微信平台。以专题报道、动态报道等形式，搜集推送重点媒体对区的相关报道，全面展示区域经济发展、民生工作、环境建设、农村城市化建设等方面发展成就。“朝阳微讯”微信平台每周二、五发布信息。全年策划发布35期，专题报道20期，动态报道15期。

（李　树）

【百姓宣讲活动考评】 9月8日至9月20日，参加市委宣传部和市委讲师团联合开展“最美北京人”百姓宣讲工作调研。9月11日，组织区级宣讲团参加“最美北京人”汇讲活动；9月16日，组织“美德少年”“邻里情”“我奉献 我快乐”3支特色宣讲团参加“最美北京人”调讲活动。“美德少年”宣讲团获市优秀宣讲团称号，4人获优秀宣讲员和优秀网络宣讲员称号。

（徐志浩）

【CBD圆桌会议系列宣传】 9月10日至16日，组织策划区人才建设、社会经济发展、APEC环境保障、国际金融发展、北京CBD建设5场媒体见面会，开设新华网、凤凰网2类网络专题直播会议全程。邀请中央电视台、新华社、中新社、《北京日报》、北京电视台等近40家媒体到场采访，新闻报道及网络转载800余篇/次。

（康　艺）

【全国文明城区复查】 9月中旬，区文明办按照中央文明办下发《全国文明城区测评体系》《全国未成年人思想道德建设工作测评体系》指标任务，对照《关于完善长效机制进一步深化文明城区建设的指导意见》和迎检工作需要，制发《朝阳区迎接全国文明城区复查工作任务分解书》。9月16日，区文明办召开迎接全国文明城区复查工作培训会，43个街乡、74个相关单位主管领导、主责科室负责人和档案员参加会议。组织各部门、街乡落实整改中央文明办反馈北京文明城市创建工作调研意见。10月27日至31日、12月22日至26日，委托第三方机构对区深化全国文明城区建设与未成年人思想道德建设情况进行模拟测评，对问题督促整改。12月11日，区文明委向首都文明办提交区深化文明城区建设自查报告，认真梳理3年文明城区建设成果，同时上报《现有全国文明城市（区）复查申报表》，提出继续保留全国文明城区荣誉称号的申请。

（李　蕊）

【“向国旗敬礼”活动】 9月22日至10月11日，区文明办联合区委教工委、区教委面向未成年人开展“向国旗敬礼”活动。区300余所中小学开展各类主题活动350余次，在朝阳文明网、朝阳未成年人思想道德建设网上向国旗敬礼、寄语，投票和留言总数达33505票。

（李　娟）

【首个烈士纪念日活动】 9月30日，在全国首个烈士纪念日之际，区委、区政府、市民政局联合在日坛公园爱国主义教育基地革命烈士马骏墓前举行区烈士纪念日公祭仪式。区四套班子领导出席仪式。

（董　梅）

【国庆65周年系列庆祝活动】 9月30日至10月7日，在国庆65周年之际，组织区各单位加强公益广告宣传，开展迎国庆主题活动。通过花卉、旗帜、照明、灯笼等环境布置，营造节日氛围。在国庆65周年群众游园活动中，调动辖区单位、居民参与环境布置工作，游园活动现场主要道路两侧插彩旗1200面，悬挂灯笼500个，设计安装核心价值观宣传展示牌。10月1日，区举办庆祝中华人民共和国成立65周年群众游园活动期间，组织策划8个采访线路，邀请中央电视台、北京电视台、《北京晚报》《北京青年报》等40余家媒体到场采访。配合北京电视台做好国庆节当日游园活动直播工作，北京电视台对“我为祖国歌唱”、万人交谊舞、十三档花会等演出内容直播报道。在人民微博、人民网北京频道和北京朝阳政务微博的新浪网、腾讯网、人民网等8个平台进行微博发布，媒体报道200余篇/次。

（徐志浩　冯　烨）

【美丽乡村建设】 10月21日，联合区委农工委下发《关于加强美丽乡村建设有关工作的通知》。围绕环境、风尚、人文、秩序和创业5个“美”，以民风建设为重点，深化农村地区精神文明建设。

（李孟阳）

【APEC会议宣传与环境布置】 10月27日至11月12日，在APEC会议召开期间，全区张贴宣传APEC会议会标和会议主题公益广告150条，文明主题公益宣传海报5000张，悬挂“迎接APEC　做文明有礼的北京人”宣传横幅32条。区委常委、宣传部部长、统战部部长谢莹3次带领检查组检查全区社会宣传环境布置工作。

（徐志浩）

【全国爱国主义教育示范基地排查】 10月31日，对辖区全国爱国主义教育示范基地中国科技馆基本情况、展陈情况、维修保护情况、资金投入情况、发挥教育功能情况、存在的困难和问题、意见和建议等方面进行排查并形成排查报告。

（董　梅）

【学习中共十八届四中全会精神报告会】 11月3日，举办宣传系统学习中共十八届四中全会精神专题报告会。邀请中国人民大学法学院教授冯玉军作题为“中国走进法治新时代”的辅导报告。宣传系统各单位班子成员、科级干部、基层单位党政正职参加报告会。

（蓝万荣）

【调研乡情村史陈列室】 11月18日，由首都文明办创建处副处长武忠池带领首都农村精神文明建设工作调研组一行到区南磨房乡、高碑店乡高碑店村、高碑店乡高井村、金盏乡曹各庄村、崔各庄乡何各庄村5个乡情村史陈列室调研，到高碑店乡高碑店村了解精神文明宣传视屏建设工作。

（李孟阳）

【获欢乐足球优秀组织奖】 11月22日，区文明办获2014年度市“欢乐足球优秀组织奖”。

（李　娟）

【志愿服务展示活动】 12月4日，区文明办、区委教工委、区教委共同举办“志愿服务　文明同行”志愿服务展示活动。为“学雷锋社区文明小使者”颁发证书，为首都志愿服务示范站（岗）获奖单位颁发奖牌。

（李　娟）

【第九届北京文博会宣传】 12月8日至14日，第9届北京国际文化创意产业博览会宣传在国际展览中心举行。期间，组织策划新闻发布会18场，集中宣传报道区文创项目参展情况及区域文化创意产业发展成就。邀请《人民日报》、新华社、中新社、中央电视台、《北京日报》、北京电视台等近60家媒体现场采访，新闻报道1500余篇/次。

（蒋忆南）

【国家级文化产业创新实验区宣传】 12月15日，全国首家国家级文化产业创新实验区落户辖区并在朝阳规划艺术馆举行揭牌仪式。邀请中央电视台、新华社、北京电视台等近40家媒体到场采访。新闻报道及网络转载200余篇/次。

（蒋忆南）

【“微行动”践行社会主义核心价值观活动】 12月19日，在朝阳区酒仙桥第二小学，区文明办、区委教工委、区教委共同举办“微行动”践行社会主义核心价值观活动。展播《消失的可乐》《我是阳光小达人》等作品。

（李　娟）

【党的群众路线教育实践活动宣传】 年内，围绕党的群众路线教育实践活动“学习教育、听取意见，查摆问题、开展批评，整改落实、建章立制”三个阶段重点内容，组织策划50余场次系列新闻宣传活动，集中宣传区教育实践活动开展情况及取得的成果。邀请中央电视台、《人民日报》、北京电视台、《北京日报》等近20家重点媒体进行采访，新闻报道500余篇/次。建立北京朝阳党的群众路线教育微平台，策划发布信息100期，在《朝阳报》设立“党的群众路线践行录”专栏，刊发专题文章963篇，党的群众路线专题网页刊发信息2402篇，编辑出版《文化的力量：宣传思想文化工作的朝阳实践》《党的群众路线践行录》等书籍。

（陈　婧）

【党的群众路线教育实践活动】 年内，建立双督导机制，组织指导宣传系统各单位按照各环节任务目标开展工作。开展学习教育，组织处级干部集中学习，组织“双党课”活动。征求意见建议93条，指导各单位综合民主评议、征求意见建议、谈心谈话情况，查摆存在问题。开展专项治理行动，全系统精简会议116次，同比减少24.8%，精简文件简报92份，同比减少27.4%；修改完善制度532项。指导5个处级班子撰写对照检查材料，通过民主生活会开展批评与自我批评，制定整改措施161项。169个基层党组织，2067名党员参加专题组织生活会和民主评议工作，党员参与率达96.5%。形成问题清单、制度建设、为民服务、亮点经验4方面成果。

（蓝万荣）

【“认领”为民服务项目】 年内，宣传系统64个法人单位党组织认领为民办实事项目112项，项目涉及文化配送、社区卫生服务中心建设、窗口单位服务质量提升、社会体育指导员驻区制等方面。基层党组织发挥政策优势、资源优势，解决一批群众反映强烈的热点难点问题。

（杨　阳）

【周末社区大讲堂】 年内，采取“公益讲座，百姓点题”模式，开展“植根社区”“把主动权交给群众”“专家基层都受益”等活动。组织专家学者到街乡、社区举办讲座33场，讲座内容涉及政治理论、历史文化、心理健康、家庭教育、工作和生活技能等方面，直接受众近7000人次。

（董　梅）

【群众性文化活动】 年内，组织开展“社区一家亲”“书香朝阳全民阅读活动”“潮流音乐节”“北京民俗文化节”“我们的节日”“东岳书院”等品牌文化活动。对外来务工人员群体，开展民工影院、民工露天电影节、外来务工歌手大赛、农民工讲习所、流动文化馆、打工青年艺术团、工友图书馆等各类农民工文化服务项目。全年开展各类惠民演出3947场，受益人群200余万人次。

（吴丁佳宝）

【社会主义核心价值观培育】 年内，制发《朝阳区培育和践行社会主义核心价值观社会宣传环境布置实施方案》。围绕“我们的价值观”宣传主题，运用宣传标语、音视频公益广告、宣传画等形式，开展主题街道（建外街道）、主题社区（建外永安东里社区）、主题公园（日坛公园）、主题广场（望京体育广场、小关奥林匹克文化广场、亚运村健身园、大屯飘亮广场、安贞文化广场）活动。印制安装大型广告牌3处、硬质横幅436块、宣传展板2858块，设计区特色公益广告宣传画8类38幅，制发宣传海报27.2万张、宣传光盘1000张。协调全区各单位制作安装建筑围挡214处、电子显示屏2674块、灯箱72个、宣传栏2144个，营造培育和践行社会主义核心价值观社会氛围。

（徐志浩）

【公共文化服务体系建设】 年内，继续推进“3+1”四级公共文化服务网络（“3”即区级、街乡级、社区（村）级三级传统的服务体系；“1”即地区级，介于区级和街乡级之间）建设，各级公共文化设施建设取得新进展。区图书馆新馆接待读者近28万人次，借还书量约40万册次，举办各类文化活动330余场次，各类展览20余次，直接参与活动近8.5万人次。区级三个配送中心作用得到加强，通过基层文化辅导中心、图书配送服务中心、传统文化配送中心建设，实现供需对接，提供文化配送服务605场（次）。

（吴丁佳宝）

【百姓宣讲活动】 年内，在全区开展“最美朝阳人”百姓宣讲活动。成立区级宣讲团，参加市“最美北京人”主题巡讲10场，举办北京市百姓宣讲团朝阳区报告会。组建区百姓宣讲“小教员”队伍和“网军”队伍，发挥手机、微信、微博等网络新兴媒体作用。组建“美德少年”“邻里情”“我奉献 我快乐”等特色宣讲团，构建区级、工委级、街乡、社区（村）4级宣讲体系，组建505支宣讲队伍，百姓宣讲员人数达2726人，到基层宣讲近1800场，实现百姓宣讲全覆盖。

（徐志浩）

【对外文化交流】 年内，区对外文化交流协会邀请希腊克里特岛戈蒂纳市文化商务代表团到区访问，双方就旅游、文化、贸易发展进行交流。应墨西哥驻华使馆邀请，区对外文化交流协会参与墨西哥使馆主办的“墨西哥面面观”大型展览筹备和现场管理工作，作为北京APEC会议期间一项重要活动，墨西哥大使馆驻华大使、文化参赞等相关官员出席。组织越南媒体代表团参观采访鸟巢、水立方及798艺术区，了解区文化创意产业发展情况及奥运场馆使用情况。

（吴丁佳宝　李文轩）

【区委中心组学习】 年内，围绕中共十八届三中全会精神、习近平总书记系列重要讲话、党的群众路线、社会主义核心价值观等主题，制定实施《2014年区委中心组学习计划》《中共北京市朝阳区委常委会学习教育计划》。组织区领导集中学习活动37次，其中区委中心组集中学习11次、市区两级中心组联学7次，集中参观4次，区委中心组（扩大）学习11次。坚持区委中心组成员联系基层制度，每名区领导结合分管工作，固定联系3至4个基层单位。完成调研报告24篇，其中《关于朝阳区实施文化强区战略的研究》《新形势下基层党组织群众工作方式方法研究报告》调研报告获市“丹柯杯”优秀调研成果一等奖。7月2日，在市党委（党组）中心组学习贯彻习近平总书记系列重要讲话精神座谈会上，区委副书记、政法委书记陈宏志作题为“深入学习贯彻习近平总书记系列重要讲话精神　在服务首都‘四个中心’建设上率先作为”典型发言。

（权英淑　张秋佳）

【学习型党组织建设】 年内，指导亚运村街道、来广营地区绣菊园社区，完成市建设学习型党组织工作示范点、品牌活动申报工作，迎接市调研组检查考核工作。12月1日，市调研组组长、前线杂志社社长陈志昌一行实地察看亚运村党员综合服务中心、相关档案资料，听取区委宣传部、亚运村街道、绣菊园社区关于区委中心组学习、学习型党组织建设工作情况汇报。经评定，亚运村街道工委获市建设学习型党组织工作示范点称号。

（张秋佳　梁奥博）

【理论宣讲活动】 年内，与市委讲师团合作，在全区开展“理论家走基层”宣讲活动。为区委政法委、区国资委、CBD管委会、安贞街道、三里屯街道等单位送去专家宣讲报告会46场，内容涵盖学习贯彻十八届三中、四中全会精神、市功能区定位、宏观经济形势等10余个主题，受众达12000人次。为区各单位提供党的群众路线教育活动相关学习材料、学习光盘及学习咨询等服务150余人次。组织基层单位参加2014年“宣讲家杯”优秀报告征集活动，申报参评视频报告33件，其中《践行党的群众路线　努力开创“四个三里屯”新局面》《努力做到“六讲六重”（即：讲历史、重危机，讲责任、重大局，讲学习、重方法，讲感情、重换位，讲作风、重能力，讲奉献、重心态”）提升群众工作水平》等2件被评为基层组优秀作品;《认清形势　找准方向——2014年政府工作报告精神解读》《把“让群众满意”当成干部用权最高标准》等5件作品被评为优秀。

（权英淑　梁奥博）

【理论宣讲典型挖掘推荐】 年内，完成在区开展市第十二届思想政治工作“双优”推荐工作。梳理区社保中心、区卫生局卫生监督所、北京叶氏企业集团、平房地区工委及宝月凤、孙莉婷、东海霞、李宝辛典型事迹材料，申报市“双优”评选办公室。挖掘全区理论宣讲典型，做好市理论宣讲工作先进集体、先进个人推荐工作。刘黎获市理论宣讲先进个人称号。参加市第十三届哲学社会科学优秀成果评选工作，挖掘推荐《毛泽东邓小平比较研究——龚育之的视野》《朝阳区区域化党建的实践》《礼与中国文化》《朝阳门外》等4本书籍参加评选。

（权英淑　张秋佳）

【“百姓讲故事”征集活动】 年内，通过《美言美文》杂志副刊，发起“百姓讲故事”征集活动，引领读者书写身边好故事、分享优秀作品、传递文明和谐、互助友爱、积极向上的正能量。收到征文故事近100篇，刊登25篇。编发《让爱伴随孩子成长——朝阳区家庭教育故事集》《智慧今生》副刊，通过家庭教育故事、人生智慧散文，弘扬中华传统美德和向上向善的正能量。

（张秋佳　梁奥博）

【学习服务】 年内，为全区局处级领导干部订阅《大讲堂》《网络舆情》《党建》《思想政治工作研究》《时事报告》等杂志1300套。编发理论学习手机报49期，实现全区4070名科级以上党员干部全覆盖。围绕中央、市委最新精神和区委中心组学习选题，向全区局处级领导编发《中心组学习参阅》22期、特刊5期；编发习近平总书记系列讲话、十八届四中全会精神等专题的学习导读5期，40余万字、7500余册。编发《宣传文化学习咨询》49期23520册、《美言美文》12期及副刊2期84000册。为区四套班子领导配送《习近平总书记重要讲话选编》《习近平总书记系列重要讲话读本》《改革热点面对面》等学习书籍55类2万余册。向区党员干部发放理论学习书籍《改革热点面对面》8000册，及时做好《中心组学习园地》信息更新工作。

（权英淑　梁奥博）

【模范人物推荐评选活动】 年内，在“我推荐、我评议身边好人”活动中，区屈正、张超、自蓉、郑丹娜、田凤银、苏士龙等6人入选“中国好人榜”。区评选出30名2014年度“朝阳身边好人”及30名2014年度“朝阳身边好人”提名奖。在中宣部“最美人物”系列评选活动中，金九皋获评“节约之星”，刘爱英获评“最美社区人”，刘黎获评“最美基层法官”，叶如陵获评“最美志愿者”。按照市关于开展“2014北京榜样”大型主题活动工作部署和要求，4月至10月在推选工作期间，区推荐上报候选人226名。其中，郑丹娜、韩冰、金九皋3人入选2014年度十大“北京榜样”，苏士龙获2014年度“北京榜样”特别奖，刘爱英、周良震、曹中希、高庆仙、屈正、自蓉、周荣、王克荣等8人获2014年度“北京榜样”提名奖。区评选出10名2014年度“朝阳榜样”，12名“朝阳榜样”特别奖；及36名“朝阳榜样”提名奖。

（刘　莹）

【网络文明传播】 年内，在中国文明网“北京朝阳”发布信息4812条，策划制作综合专题29个，推荐原创评论56篇，承担总站宣传任务48项。原创策划专题《看各地如何把志愿服务做到百姓心坎上》获中国文明网第20期“好稿奖”。区在中国文明网联盟网站考评中位列90分以上第一梯队。2月27日，开通区文明办新闻发言人官方微博“传导能量”，发布活动动态，展示工作成果，宣传文明礼仪，传播优秀文化，全年发布微博信息912条，网友11551人关注。

（徐祯卿）

【道德讲堂】 年内，组织编写“道德讲堂”系列指导教材，分批次开展培训区696家“道德讲堂”713名骨干成员，通过理论培训、示范体验、档案示例“一条龙”式服务，帮助基层单位了解“道德讲堂”软硬件建设、基本流程、活动组织分工及档案建设工作。全年各级各类道德讲堂共开展活动3096场，受益人群10万余人次。

（徐祯卿）

【"城乡统筹、文明先行"主题教育实践活动】 年内，77个文明单位结对154个，与农村开展共建活动1141次。

（李孟阳）

【军警民共建】 年内，联合区双拥办、区武装部下发《2014年军（警）民共建工作要点》。突出项目引导，强化资金支持，培育打造一批军（警）民共建工作品牌。

（李孟阳）

【网络宣传引导】 年内，制发《2014年朝阳区网络文明传播工作方案》。围绕"美丽朝阳　我的家"主题，开展"我的春节""年味朝阳""那年端午""文明祭扫"等系列微活动。发起"好人好梦""美丽朝阳志愿行""朝阳印象"等微话题讨论，开展重大活动网络微直播活动。

（李孟阳）

【社会主义核心价值观宣传】 年内，在全区机关、日坛公园等公共场所开展4场"图说我们的价值观"主题漫画作品展览。制发《价值观笔记》笔记本手册3万册。每周在《朝阳报》专版、朝阳有线电视台开展"讲文明树新风""我们的价值观"公益广告宣传。

（李孟阳）

【"美德少年标兵"推荐评选活动】 年内，完成由区未成年人思想道德建设协调委员会、区关心下一代工作委员会主办，区文明办、区委教工委、区教委、团区委、区妇联在全区中小学开展区2014年"美德少年标兵"推荐评选活动。在区教育系统前期评选"十佳中小学生""百名道德之星""千名文明礼仪标兵""万名美德少年"基础上，从"助人为乐、自强自立、诚实守信、尽责奉献、尊老爱亲"5方面，评出区"美德少年标兵"20名、"美德少年标兵"提名奖30名。5月30日，区文明办、区委教工委、区教委、团区委、区妇联、区关工委在首都图书馆联合举办"奔向明天　托起我的中国梦——朝阳区2014年'美德少年标兵'事迹报告会"。首都文明办、市教委、团市委、市妇联等相关部门领导，区四套班子领导、区未成年人思想道德建设协调委员会成员单位、各中小学校德育工作主管领导，学生及家长代表参加活动。

（李　娟）

【"未成年人思想道德建设创新案例"评选】 年内，区文明办启动征集评选2014年度区未成年人思想道德建设创新案例工作。评选出优秀创新案例10个，优秀创新案例提名10个。区文明办向首都文明办推荐上报创新案例9个。区委宣传部、区文明办、区教委共同推行选的《精彩课堂》被评为市级创新案例奖，《安贞国学课堂》被评为市级创新案例提名奖。

（李　娟）

【"新童谣唱响社会主义核心价值观"活动】 年内，区文明办、区委教工委、区教委面向全区各中小学校开展"新童谣唱响社会主义核心价值观"童谣征集传唱评选活动，引导广大未成年人提高思想道德素质，培养文化文明新风尚。

（李　娟）

【制发社会主义核心价值观学习宣传品】 年内，区文明办面向未成年人制作发放社会主义核心价值观学习宣传品书签、直尺、圆珠笔、削笔刀、手环优盘、卡片优盘6类3万余套。

（李　娟）

【"中外记者看朝阳"活动】 年内，接待来自美国、法国、加拿大、俄罗斯等10余个国家地区，美联社、俄罗斯全国广播电视公司、半岛电视台、香港宽频电视台等10余家媒体近60名记者，采访拍摄朝阳奥运场馆应用情况、中小学教育工作及民生养老服务等题材，报道朝阳文化发展、教育、养老等方面的内容。参与协助市"外国摄影师拍北京"系列活动，协调组织来自法国、美国、加拿大等国共5批外国摄影师到区奥林匹克中心区、潘家园、元大都遗址公园等地拍摄。

（王金凤）

【"北京朝阳"政务微博】 年内，组织开展"文明朝阳·呵护绿色""文化传承·幸福一家"等主题线下微活动，通过线上招募组织网友参与线下义务植树、亲子互动体验等微活动，近300名网友参与线上互动与线下植树活动，60余个家庭140余名网友参与亲子互动体验活动。全年推出"聚焦京交会""聚焦朝阳'两会'""践行党的群众路线"等主题微博，新浪微博粉丝90.6万名，发布微博9323条，腾讯微博粉丝6.7万名，发布信息3833条，人民网粉丝20万名，发布信息3661条。

（李文轩）

【网络舆情监测】 年内，完善网络舆情监测制度和区网络舆情监测平台系统。结合区域重大事件做好舆情监测与舆论引导，完成新闻报道和网络舆情的收集处理，编发《朝阳区网络舆情分析报告》系列报告，形成日报241期，月报11期，专报2期，年报1期。

（王金凤）

【网络社会建设】 年内，在人民网开设"北京·朝阳"频道，全年发稿218篇，视频报道4个，图片报道400余幅，微博35条。开通区商务委、区文明办、团区委新浪微博新闻发言人官方微博，并纳入"北京微博发布厅"，截至年底发言人微博有粉丝3万余名，发布微博2100余条。全区各街乡召开网络宣传工作片区会，通过座谈交流方式摸清全区网络宣传工作现状。截至年底，全区委办局、街乡有各类网络宣传平台910个。

（王金凤）

【网络队伍建设】 年内，结合APEC会议服务保障工作，专题培训全区重点部门及街乡网络宣传工作者。邀请市外宣办和高等院校专家结合实际案例开展授课。统计全区网络宣传工作者队伍情况，更新完善网络宣传干部队伍信息库。

（李文轩）

【APEC环境整治系列宣传】 年内，围绕朝阳区APEC峰会服务保障工作，结合区域"一区九线四周边"环境整治重点，围绕重点区域拆迁腾退、道路环境整治、广告牌匾整治、河湖生态环境综合治理等方面策划系列宣传，组织1次媒体见面会、4次集中采访，邀请中央电视台、《人民日报》、北京电视台、《北京日报》等30余家重点媒体进行采访，新闻报道及重要网络转载400余篇/次。

（李　树）

【为民办实事工程宣传】 年内，围绕区重要民生实事工作，组织策划系列宣传活动。邀请《北京日报》、北京电视台等近20家媒体，对全区气象服务站全覆盖、老旧居民楼实施"煤改气"工程、老旧小区准物业管理基本覆盖、建20个街乡养老中心等重点内容集中采访，新闻报道200余篇/次。

（陈　婧）

纪检监察

【概况】 中共北京市朝阳区纪律检查委员会机关（简称区纪委）是主管朝阳区党的纪律检查工作的区委工作部门。北京市朝阳区监察局（简称区监察局）是主管朝阳区行政监察工作的区政府组成部门。北京朝阳区预防腐败局（简称区预防腐败局）列入区政府工作部门序列，不计入政府机构个数。区纪委与区监察局、区预防腐败局合署办公。区纪委、区监察局、区预防腐败局在区委区政府和市纪委、市监察局、市预防腐败局双重领导下开展工作。2014年6月机构调整，设办公室、组织部、宣传部、研究室、党风政风监督室、信访室、案件管理室、案件审理室、预防腐败室，第一、二、三纪检监察室，单列联合派驻组。年内，区纪委监察局聚焦党风廉政建设和反腐败中心任务，突出主责主业，把维护党的政治纪律放在首位，强化对“两个从严”“四个坚决不允许”执行情况的监督检查，确保区委、区政府的重大决策部署落到实处。以落实“两个责任”为龙头，制定《朝阳区委关于落实党风廉政建设党委主体责任纪委监督责任的意见》，组织召开全区党风廉政建设大会，确保“两个责任”落实。强化正风肃纪，加大“四风”整治力度，从具体问题抓起，一个节点一个节点地抓，狠刹公款送礼、公款吃喝、公款旅游和铺张浪费等不正之风。年内，查处违反中央八项规定精神问题16起，处理21人。接受信访举报1198件次，立案79件，给予党政纪处分及处理75人，其中处级干部12人，移送司法机关8人，为国家和集体挽回经济损失近3000万元。制发《区纪委廉政提醒谈话制度》。全年实施廉政提醒谈话973人次，其中处级干部88人次。出台《关于推进全区纪检监察组织转职能转方式转作风工作的意见》。调整委局内设机构，办案部门和人员分别占到总数的69%、70%。组建两个联合派驻组，联系和监督45家单位，实现纪检监察组织对全区党政机关的全覆盖。全面清理议事协调机构。区纪委连续三届获“北京市优秀纪检监察组织”称号；区纪委副书记高大中，区委农工委副书记、纪工委书记王立新，区检察院副检察长、区纪委委员孙长柱，公安朝阳分局纪委书记宋彦志被评为“北京市优秀纪检监察干部”。

地址：日坛北街33号
电话：65099369
邮编：100020
网址：http://www.chyjw.gov.cn

（姚新宇）

【六公主坟项目监督检查】 1月20日，会同区审计局成立六公主坟棚户区改造和环境整治监察审计工作组，制发《朝阳区六公主坟地区棚户区改造与环境整治监督检查工作方案》，启动专项监督检查。2月至5月，与区审计局开展联合检查4次；8月至9月，对审计发现个别被拆迁人临时迁入户口骗取拆迁款问题开展调查，督促有关部门追回被骗补偿款，为国家挽回经济损失648万元。

（陈　征）

【区纪委十一届五次全会】 1月29日，召开区第十一届纪律检查委员会第五次全体会议暨全区党风廉政建设工作电视电话会议。学习贯彻中央纪委、市纪委全会精神，总结2013年区党风廉政建设和反腐败工作，部署2014年任务。区委书记程连元、市纪委副书记李振奇出席会议。程连元讲话指出，2013年区党风廉政建设工作取得显著成效，主要体现在3个方面：一是服务大局保障有力；二是构建格局创新有为；三是转变作风扎实有效。对做好2014年党风廉政建设提出3点要求，一要落实责任；二要改进作风；三要加大监督。区四套班子领导、区二级班子党政正职、纪（工）委书记（纪检组长）以及部分基层单位负责人400余人参加会议。

（卢建军）

【落实党风廉政建设责任制】 1月29日，在全区党风廉政建设大会上，区委、区政府部分领导与分管单位、部门主要负责人签订党风廉政建设责任书。2月10日，下发《关于逐级签订党风廉政建设责任制的通知》，全年签订责任书23613份，其中处级干部1547份。7月25日至9月19日，区委常委、区纪委书记宋铁健主持召开座谈会10次，听取二级班子主要领导、纪（工）委书记、纪检组长落实“两个责任”（党委主体责任、纪委监督责任）汇报，征求相关意见建议。9月29日召开区落实“两个责任”工作推进会。宋铁健解读“两个责任”意见。10月14日，以区委名义下发《朝阳区关于落实党风廉政建设党委主体责任纪委监督责任的意见（试行）》。10月至12月，邀请14家单位党委书记或纪委书记接受朝阳有线电视访谈，围绕落实“两个责任”谈思路、谈做法。11月，在区126家单位抽取近5000名干部群众开展党风廉政建设情况民意调查，收回有效问卷4472份。12月10日，制发《关于开展2014全区党风廉政建设责任制专项检查的通知》。在区126家单位开展党风廉政建设责任制专项检查，区委、区政府、区纪委主要领导带队重点抽查部分单位贯彻执行党风廉政建设责任制、落实“两个责任”、加强惩防体系建设情况。12月17日、31日，市反腐倡廉建设领导小组对区落实党风廉政建设责任制进行专项检查。年内，区在全市党风廉政建设责任制检查考核中得85.94分，区县排名第7位。

（那珊珊）

【土储资金监管】 1月至5月，组织召开现场会4次，牵头召开联席会2次，研究安置房建设资金拨付、项目资金预算方案、特殊企业补偿等问题。7月，报请区委、区政府调整区土储资金监管小组牵头部门。9月，区政府办组织区财政局、区监察局、区发改委、区农委、区审计局、国土朝阳分局等部门研究修订《朝阳区土地储备资金管理办法》，确定由区财政局牵头继续开展土地储备资金监管工作。

（郝克敏　陈　征）

【参与领导干部接访月活动】 2月26日至3月21日，接待来信来访75件次，其中初信初访61件次。在受理的信访举报件中，转基层查处55件次，信访直查1件次，转区纪委有关部室查处8件次。

（于全党）

【党的群众路线教育实践活动】 2月至12月，完成以“为民、务实、清廉”为主要内容的党的群众路线教育实践活动。贯彻“照镜子、正衣冠、洗洗澡、治治病”总要求，以严的标准、严的措施、严的纪律坚决反对“四风”，推动思想认识进一步提高、作风进一步转变、党群干群关系进一步密切、为民务实清廉形象进一步树立、基层基础进一步夯实，完成“学习教育、听取意见”“查摆问题、开展批评”和“整改落实、建章立制”三个环节的各项工作。期间，组织集中学习24次、外出参观学习4次、中心组学习1次、专题辅导报告和先进人物经验交流会各1场。组织党员干部观看市委书记郭金龙、区委书记程连元党课录像，《苏联亡党亡国20年祭》《四风之害》等影片，80余人次参加征集“一句话感言”活动。向市纪委机关、13名区纪委老领导、全区各处级单位、基层88位纪（工）委书记（纪检组长）、34名特约监察员、区委巡视组、劲松街道等8个层次征求意见建议213条，对照检查群众反映强烈的突出问题，总结分析常委会班子存在14类“四风”方面突出问题。完成7项制度建设任务。与活动前相比，会议培训费用支出同比减少73%，办公用品、办公设备采购费用同比下降15%，完成并巩固超标配备公车、公车私用、多占办公用房，查处违反中央八项规定精神问题16起，处理21人。完成8项立行立改任务和5项近期整改任务，5项需要长期坚持整改任务取得阶段成果。

（姚新宇）

【“树文明家风、颂廉政和谐”座谈会】 3月6日，与区妇联在亚运村街道举办“树文明家风、颂廉政和谐”座谈会。区基层纪委书记代表、妇联干部代表、社区、村干部代表、“最美家庭”代表等50余人参加座谈会。发出《树文明家风，颂廉政文化，创和谐家庭》一封信，号召全区各级单位开展家庭助廉活动。

（李啸寅）

【党纪条规知识测试】 3月24日至4月5日，在全区纪检监察干部中开展党纪条规知识测试活动。区300余名纪检监察干部参加测试，全部通过。

（李啸寅）

【“三转”及查办案件工作会】 3月28日，举办区纪检监察系统转职能、转方式、转作风及查办案件工作会。传达中央纪委、市纪委“三转”工作精神，与会人员讨论“三转”工作。6月底，完成区纪委监察局内设机构调整，内设机构由14个减少到12个，调整后直接从事主业的机构占内设机构总数的69%、一线人员占编制总数的70%。清理议事协调机构，由99个减为16个。7月11日，召开区纪委监察局内设机构改革调整工作会。通报区纪委监察局内设机构改革调整情况，区委常委、纪委书记宋铁健主持会议并讲话。宋铁健要求，要深刻领会机构调整的意义，在机构改革和职责调整过程中要处理好3个关系。即：处理好机构设置和转变职能的关系；处理好正确履职和转变方式的关系；处理好自身监督与转变作风的关系。10月14日，以区委名义制发《关于推进全区纪检监察组织转职能转方式转作风工作的意见（试行）》，明确纪检监察组织的职能定位和职责分工，突出查信办案、监督检查、教育预防3项工作，完善议事协调机构参与、反腐败协调、派驻机构管理3种机制，严格提名任免、日常管理、考核评价、内部监督4个环节。11月至12月，摸底调查全区纪检监察干部分管工作情况。按照“纪（工）委书记、纪检组组长不分管其他业务工作”要求，集中清理规范其他业务分工，规范后，全区所有专职纪（工）委书记、纪检组组长均不再分管其他工作。

（刘 毅）

【与新任纪检监察干部集体谈话】 3月28日，组织26名新任处级纪检监察干部集体谈话。区委常委、区纪委书记宋铁健出席会议，并从做好助手、抓好宣传、务好主业等方面与新任纪检监察干部集体谈话。

（刘 毅）

【特约监察员管理】 4月3日至4日，召开2014年度特约监察员工作会。邀请市纪委党风政风监督室副主任侯瑾，区委常委、区纪委书记宋铁健以及区人大、区政协、区委统战部相关领导就特约监察员如何找准工作定位、改进监督方式、提高监督效率进行专项培训。5月，按照《朝阳区监察局特约监察员工作办法》，印发《2014年度朝阳区监察局特约监察员工作手册》，明确工作任务、目标要求，增强特约监察员履职意识。12月，区纪委常务副书记、区监察局局长刘丽平带队到特约监察员所在党派、推荐单位等有关部门通报特约监察员履职情况。

（袁 莹）

【纪检监察干部培训】 4月15日，举办全区纪检监察系统业务工作培训会。中央纪委信访室副主任范敏、市纪委案管室主任金涛、党风政风监督室副主任李正斌分别就信访接待、案件查办、作风建设等方面内容对区180余名纪检监察干部进行专题培训。10月30日，举办查信办案专题培训班。市纪委研究室主任倪紫剑，区检察院反贪局副局长李小丽，区纪委常委、信访室主任汪冬梅，区纪委第三纪检监察室主任燕海涛作纪检监察调研业务和查信办案工作实务培训。区近300名纪检监察干部参加培训。

（刘 毅）

【效能监察立项】 4月21日，下发《关于2014年度效能监察立项工作的通知》。将“打击违法用地、违法建设”“推进清洁空气行动计划”“安全生产隐患整治”“人口调控”四项工作作为统一立项监察内容，以“区政府重点工作任务”“强化环境整治建设”及“重要民生实事”等7项工作为自主立项内容。全区60个委办局立项161项，43个街乡办事处立项256项，总计417项。8月和12月，采取重点抽查与暗访检查相结合的方式，以发现问题、查处问题为重点，对重点行政监管部门、行业主管部门的履职情况进行监督检查。年底，按照区政府绩效考核实施细则，配合区绩效办对各单位立项任务完成情况进行考核评价。

（王雪飞）

【重走“廉之路”活动】 4月29日，与团区委在北京科举匾额博物馆组织开展“走好廉之路，传递正能量——朝阳青年再走‘廉之路’主题教育活动”。区60余名优秀青年代表参加活动。

（李啸寅）

【规范性文件清理】 4月至9月，梳理1978年以来涉及区纪委牵头起草以区委或区委办、区政府名义下发的71项规范性文件。根据文件制定依据、内容、适用时间、调整对象等，按照宣布废止、宣布失效、予以修改、继续有效等标准进行清理。经清理，31项文件被宣布废止，23项文件被宣布失效，3项文件予以修改，14项文件继续有效。

（卢建军）

【“两规范一提高”工作开展】 5月14日，制定《关于在全区开展“两规范一提高”工作的实施方案》。“两规范一提高”即：规范执法行为、规范政务服务、提高执法能力和服务水平。以全区72个直接面向群众科队站所、便民服务大厅及受理窗口为重点，重点整治“门难进、脸难看、事难办”的问题，完善和推行“四个统一”（统一服务流程、统一标识标志、统一管理制度、统一服务行为）规范化服务标准，组织特约监察员对窗口单位进行明察暗访。建立以区行政服务中心为主体，各专业服务大厅为依托，街乡公共服务大厅为纽带，社区服务站为基础的“1+3”行政服务体系。全年，窗口单位投诉量同比下降75%。

（袁 莹）

【重大资金项目监督】 6月，开展2014年度重大资金重点项目筛选工作。确定重点项目19个，总投资58.04亿元，区3年累计筛选确定重点项目96个。年内，通过电子监察系统实现对96个重点项目的跟踪监督。系统预警督办34项次，开展“突发事件”网上联审22项次。

（陈 征）

【警示教育展】 7月3日至9月5日，在全区开展“党的群众路线教育实践活动警示教育展”。梳理区近年来45个典型案例，制作警示教育展板在全区展览，并建立全区首批廉政教育志愿者队伍，担任展览讲解工作。展览分为贪污受贿案例、徇私枉法案例、土地一级开发案例、挪用公款案例、失职渎职案例、妨害社会管理秩序案例和“四风”专项整治案例7个部分，全区干部参观达15000人次。10月24日，召开党的群众路线教育实践活动警示教育展总结会，系统总结警示展经验和成效，表彰优秀廉政教育志愿者，并对加强志愿者队伍建设等工作提出要求。

（李啸寅 高 华）

【廉政教育月活动】 7月至9月，在全区开展廉政教育月活动。组织二级班子“一把手”开展讲“树立群众意识，担好主体责任”廉政党课活动。在区各单位开展“北京廉政故事”和“廉政微短剧”征集活动，选拔优秀作品上报市纪委参加评比。安贞街道派出所选送的《血》和双井街道选送《送礼》作品分获“北京廉政故事”三等奖和“廉政微短剧”三等奖。

（高 华）

【联合派驻组与驻在部门见面会】 8月6日，召开联合派驻组与驻在部门见面会。将实施联合派驻的部门由8家扩展到45家，实现纪检监察组织对全区党政机关的全覆盖。总结前期工作情况，部署联合派驻工作。区委常委、组织部部长张革，区委常委、纪委书记宋铁健，区政协副主席陈合庄出席会议。各驻在部门党政正职领导及联系人参加会议。宋铁健讲话并强调，信任不能代替监督，监督不能代替管理。制发《关于联合纪检监察组工作的实施意见（试行）》等材料。

（赵诚强）

【朝阳纪检监察网改版升级】 8月22日，朝阳纪检监察网改版升级上线。开设要闻动态、业务工作、廉政教育、专题专栏等7大板块，设置廉政要闻、清风朝阳、曝光台、教育视频等20余个一级栏目。年内，发布、转载文字信息、图片新闻、教育视频等近1000余条内容。

（李　聿）

【街乡中小项目监督】 8月26日，会同区财政局、区社会办、区农委制发《关于对使用财政专项资金的街乡中小工程项目加强监督管理的通知》。对未达到政府采购招标限额标准的街乡工程项目，提出明确监管职责、完善内控制度、加强采购管理、严控变更洽商、强化监督检查等工作要求。全年，协调区财政局等部门在街道系统、农村系统开展政府采购、招标投标等专业培训3次、专项调研2次，全区街乡政府采购招标数量增长38倍（2013年立项2个，2014年立项77个）。

（陈　征）

【惩防体系建设实施意见印发】 10月17日，经区委常委会议讨论通过，印发《朝阳区建立健全惩治和预防腐败体系2013—2017年实施意见》。要求区各单位、各部门贯彻执行。《实施意见》根据中央《建立健全惩治和预防腐败体系2013—2017年工作规划》和市委实施意见，结合朝阳实际，在总结近年来区党风廉政建设和反腐败工作经验成效的基础上，提出今后一个时期惩治和预防腐败体系建设的指导思想、工作部署和具体任务。

（石　杨）

【协助市委巡视组完成接待群众来访】 10月20日至12月31日，会同区委区政府有关部门共同完成市委第二巡视组在巡视期间接待群众来访工作。主要完成疏导来访群众、维护信访秩序，引导理性表达、劝阻偏激行为，搜集分析情况、提供问题线索等工作。期间，参与接待群众来访215批760人次，其中集体访23批324人次。

（于全党）

【办案工作区投入使用】 10月，完成区纪委办案工作区改造工程，并投入使用。办案工作区面积775.5平方米，包括3间目标房、1间谈话室、1间指挥室，可同时对4个目标进行谈话和看护工作。

（王　飞）

【协助区委制定“三重一大”决策制度】 10月，协助区委制定《中共北京市朝阳区委常委会落实“三重一大”决策制度实施办法》，明确“三重一大”（即：重大问题决策、重要干部任免、重大项目投资决策、大额资金使用）决策事项20项，适用范围延伸至决策监督管理、责任追究等环节，实现事项内容、决策程序、执行监管等全覆盖。

（石　杨）

【区领导干部警示教育大会】 11月27日，召开全区领导干部警示教育大会。播放警示教育片《贪欲的代价——纪海义腐败案警示录》。区委书记程连元讲话并强调，召开全区领导干部警示教育大会，目的是以案说纪、以案严纪，推动各级党委切实把“两个责任”放在心上、扛在肩上、抓在手上、落实到具体行动上，坚定不移地抓好党风廉政建设和反腐败工作。要吸取教训，常怀戒惧之心；要坚守主体责任，强化责任担当；要把握时间节点，突出重点工作。区委常委、纪委书记宋铁健剖析纪海义案，告诫全区党员干部不要低估区委区政府反腐败的决心，不能心存侥幸，要汲取纪海义案教训，明白身处要职风险；区委、区政府将进一步强化教育、完善制度、加大监督查处力度，从源头上巩固反腐防线，做到警钟长鸣。区四套班子领导，区检、法“两长”，全区处级班子党政正职及班子成员，各单位中层干部、社区（村）两委负责人1000余人参加会议。

（李啸寅）

【“三项制度”自查和问卷调查】 12月4日至30日，对90余家区属党政机关和事业单位开展“三项制度”（即：“三重一大”决策制度、一把手“三不直接分管”制度和廉政提醒谈话制度）自查工作，并向科级以上干部发放问卷3000余份，同步进行调查摸底。调查结果显示，全区“三项制度”基本落实，科级以上干部对制度执行情况知晓率和关注度明显提升。

（石　杨）

【投诉受理】 年内，接收群众信访举报1264件次，比上年同期（589件次）增长114.6%。其中纪检监察业务范围内1179件次（占93.3%），纪检监察业务范围外85件次（占6.7%）。其中自收信400件次，市纪委交办3件次，市纪委转办859件次，其他部门转办2件次。在业务范围内1179件次中，初次来信来访举报463件，重复来信来访举报716件。区行政投诉中心受理投诉108件，同比下降57.6%。署名98件，初信初访96件。直查26件，直查率为24.1%，已全部办结。下发工作建议书2份，责令作出书面检查3人。

（于全党）

【交办和直查案件受理】 年内，加大案件交办和直查力度，交办要结果218件次，办结203件次，15件次正在办理中；信访直查20件次，其中信访室直查12件次，信访监督8件次，已全部办结。交办和直查案件均按市纪委要求进入初核程序，确保审结质量。

（于全党）

【违法用地违法建设监管】 年内，督促拆除各类违法建设925处355.5万平方米，全区违法占用耕地、基本农田的问责比例从98.89%降为2.58%。约谈10个乡10名主管领导。查处金盏乡皮村高尔夫球场、常营乡千亩银杏养生休闲中心违法占地案件，对2个单位下发监察建议书，党政纪处分5人，组织处理4人。

（郝克敏）

【作风建设】 年内，开展以正风肃纪为主题的5个专项整治。重点整治“会所中的歪风”，清理出公园中原消费水平较高的场所7个，完成整改。开展31个“四风”方面突出问题专项整治。围绕重要节点，对全区各单位贯彻执行中央八项规定精神、市委、区委实施意见的情况进行专项检查。全年查处违反中央八项规定精神问题16起，处理21人，给予党政纪处分4人，通报曝光4起典型问题。利用政民互动平台、96160、区纪委网站等渠道，收集群众反映，实时动态监督中央八项规定精神执行情况。元旦前夕，组织全区科级以上党员干部签订《朝阳区党员干部元旦、春节廉洁自律承诺书》9432份，其中局级领导31份、处级干部1526份、科级干部7875份。

（那珊珊）

【便民服务热线（平台）监管】 年内，依据《关于进一步转变作风切实解决群众热线反映问题的意见》，对办理速度慢、回复质量低、群众不满意的单位，及时采取日常提醒、重点协调、季度通报、业务培训等形式进行督办。将热线受理和办理情况纳入区政府绩效考核及党风廉政建设责任制考核中。接到市政风行风热线平台转来信件1446件，其中优秀16件，合格1376件，不合格54件，合格率为96%。

（袁　莹）

【案件查办】 年内，初核案件线索351件，立案79件。其中，区纪委直查案件36件，指导基层查办案件43件。结案75件，处分73人，涉及处级干部12人，科级干部24人，一般干部16人，其他党员21人。

（王　飞）

【案件审理】 年内，受理违纪案件66件，审结案件75件，处分73人，其中处级干部12人，科级干部24人，一般党员32人，一般工作人员5人，免于处分1人，组织处理1人。给予党纪处分64人，给予政纪处分31人，给予党纪、政纪双重处分22人。其中给予开除党籍处分37人，给予留党察看处分4人、给予撤销党内职务处分3人，给予党内严重警告处分13人，给予党内警告处分7人；给予行政开除、开除公职处分11人，给予行政撤职处分4人，给予行政降级、降低岗位等级处分10人，行政记大过、记过处分5人，给予行政警告处分1人。另外，解除行政记大过处分1人。

（陶　沙）

统战工作

【概况】 中共朝阳区委统战部，中共朝阳区委台湾工作办公室、朝阳区人民政府台湾事务办公室，朝阳区人民政府侨务办公室3个机构合署办公。设部长1名，由区委常委、宣传部部长兼任；常务副部长1人；副部长、台办主任1人（在编），副部长、侨办主任1人（在编），副部长、工商联党组书记1人（不在编），负责区会员企业和非公经济领域的统战工作。设办公室、对台联络科、侨务办公室、党派工作科、综合科5个科室。年内，完成民主党派届中述职评议工作、社会组织统战工作试点工作、走访慰问以及交流活动等。

地址：团结湖北五条5号

电话：65099438

邮编：100026

邮箱：chytzb@126.com

（姚德文）

【走访慰问】 元旦、春节期间，区委统战部、区台办、区侨办分别对所联系的党外代表人士、困难家庭、长期帮扶对象、民族宗教和部分活动场所教职人员、黄埔同学、抗战老兵、台胞台属、归侨侨眷和重点台资、侨资企业以及部内离退休人员进行走访慰问，共计160余人，慰问金额87350元。

（姚德文）

【4位非公经济人士获建设者称号】 1月7日，在市召开的非公有制经济人士理想信念报告会暨优秀中国特色社会主义事业建设者表彰会上，区张荣明、郭和通、田明、韩小红、周长琰获市第四届优秀中国特色社会主义事业建设者荣誉称号。

（姚德文）

【侨界代表人士迎新春座谈会】 1月15日，区侨办召开区侨界代表人士迎新春座谈会。座谈了解侨界需求，为其提供服务。会议要求：侨界要在扩大对外交流合作、传播中华优秀文化等方面发挥独特作用。区侨办主任石延刚主持会议，30余名侨界代表参加会议。

（姚德文）

【看望海外侨界领导在京亲属】 1月20日，区侨办主任石延刚看望美国亚特兰大中国商会会长倪健在京父母，并向两位老人致以新年的问候和祝福。两位老人表示继续以实际行动促进中美文化交流交往，传播中国优秀文化。

（姚德文）

【党外人士迎新春座谈会】 1月29日，区委召开党外人士迎新春座谈会。区领导程连元、辛燕琴、谢莹、刘军胜等出席会议。区领导与15名区各民主党派、工商联负责人和无党派代表人士共迎新春。

（姚德文）

【中国国民党副主席参访】 2月18日，中国国民党副主席蒋孝严一行到亚运村安慧里社区和高碑店新村参观访问。副市长戴均良，副区长苑文新，区台办主任李靓等陪同参观。

（姚德文）

【区知联会第二次常务理事会召开】 3月18日，区党外知识分子联谊会（简称区知联会）第一届理事会常务理事第二次会议召开。区知联会常务理事、各小组组长、副组长近40人参加会议，区委统战部常务副部长、知联会常务副会长胡杰华主持会议并讲话。区知联会副会长张中华传达中共中央总书记习近平在视察北京工作时的重要讲话及市、区有关会议精神；区知联会会长连玉明总结2013年知联会工作，部署2014年工作。

（姚德文）

【交流社会领域统战工作】 3月24日，贵阳市委常委、统战部部长帅文一行17人到区考察交流开展社会领域统战工作情况。考察团先后参观SOHO商务楼宇服务站、叶青大厦、朝阳规划艺术馆和798艺术园区。区委常委、宣传部部长、统战部部长谢莹会见考察团，并与帅文座谈。双方表示，将进一步加强两地部门之间的业务交流。

（姚德文）

【走访调研台资企业】 4月4日，区台办主任李靓与区流动人口管理办公室、劲松街道办事处负责人一行5人到党的群众路线教育实践活动联系点——宝岛眼镜公司旗舰店走访调研。了解企业运营情况，解决企业面临的外地员工管理、税务、业务咨询等问题。

（姚德文）

【台盟中央主席调研城市精细化管理】 5月12日，全国政协副主席、台盟中央主席林文漪一行到区调研城市精细化管理工作。林文漪一行实地走访建外街道SOHO商务楼宇服务站，了解街道、社区以及商务楼宇方面社会服务管理情况。观看城市管理模式大屏，听取区全模式社会服务管理监督系统运行情况汇报。调研组一致认为，朝阳区城市精细化管理在一定程度上代表着首都城市管理水平，是首都发展的缩影。市委常委、统战部部长牛有成，区领导程连元、谢莹、刘军胜等陪同调研。

（姚德文）

【市台办领导调研】 5月13日上午，市台办副主任马振生一行到区调研。听取区台办主任李靓关于涉台宣传教育工作汇报；参观高碑店乡半壁店村国粹苑；高碑店乡乡长郭光辉介绍地区综合性文化产业现状及发展趋势。

（姚德文）

【台大师生参观访问社区】 5月29日，台湾大学副教授张登及率台湾大学和中山大学政治系学生参访团一行16人到麦子店街道枣营北里社区参观访问。区台办主任李靓、麦子店街道办事处主任李艳梅等陪同参观。

（姚德文）

【涉台教育基地建设座谈会】 6月25日，区青少年涉台教育工作座谈会在三里屯小学召开。区台办主任李靓，区委教工委、区教育督导室等领导出席会议并讲话。望京实验学校、九十四中学、和平街一中、白家庄小学、呼家楼中心小学、三里屯小学、安慧里中心小学等7所学校负责人参加会议。

（姚德文）

【市侨办领导调研】 7月11日，市侨办主任刘春锋等一行到区侨办调研贯彻落实侨务政策、整合资源、为侨服务、创新机制形成大侨务工作格局，以及海外资源的需求情况。察看CBD世界华商中心项目建设进展情况。副区长苑文新、区侨办主任石延刚、CBD管委会及项目责任人陪同调研。

（姚德文）

【台湾同胞参观访问】 7月24日，台湾中南部县市乡里长大陆探访之旅活动参访团到亚运村街道安慧里社区参观，并与社区干部围绕社区工作座谈并交流心得。市台办综合协调处等领导陪同参观。

（姚德文）

【民主党派届中述职评议】 8月13日，召开区民主党派届中述职评议工作动员部署会。区委常委、宣传部部长、统战部部长谢莹作动员讲话；区委统战部党派科就《关于协助民主党派开展届中评议办法》作说明；区委统战部常务副部长胡杰华就届中述职评议工作提出要求；各党派主要负责人就后备干部队伍建设情况、民主评议工作存在的困难和问题、下半年重点工作等座谈交流。按照整体工作部署，八个民主党派于9月29日前完成届中述职测评工作。10月27日，向区委书记程连元汇报组织开展民主党派届中述职评议工作情况，区领导对进一步加强民主党派领导班子建设等工作提出要求。

（姚德文）

【回国创业研习班学员参观学习】 8月18日，来自24个国家和地区的“第十四期华侨华人专业人士回国创业研习班”学员46人到电子城科技园、大望京科技商务创新区和留学人员创业园参观学习。

（姚德文）

【区社会组织联合会成立】 8月20日，举办区社会组织联合会成立大会暨2014金秋嘉年华公益活动。市社会团体管理办公室主任温庆云致辞，区社会组织联合会理事长王小毛作工作报告。区视光眼镜行业协会等22家副理事长及理事单位、个人理事获领导授牌。中央统战部六局局长王永庆等领导，区委常委、宣传部部长、统战部部长谢莹出席活动。

（姚德文）

【海外华裔交流】 9月5日，区侨办接待华裔杰出青年访华团一行30人，参观798艺术区并座谈，了解中国经济社会发展状况和文化内涵。

（姚德文）

【交流社会领域统战工作】 9月17日，南京市鼓楼区委统战部一行3人在区侨办、区台办副主任笪远甦陪同下到区参观访问。重点考察区楼宇统战工作开展情况。听取区商务楼宇统战工作开展情况介绍后，双方就楼宇统战工作重点难点问题及经验做法座谈交流。

（姚德文）

【市台办实地考察涉台基地校建设】 9月24日，市台办宣传处处长金秀清带领由市台办、市教委、涉台教育专家组成的青少年涉台教育基地考核组一行，对区创建市级青少年涉台教育基地——呼家楼中心小学进行实地测评。考核组参观学校文化建设和涉台教育成果展示，听取校长专题工作汇报。经考察，授予呼家楼中心小学“北京市青少年涉台教育基地”称号。

（姚德文）

【驻区台资企业政策说明会】 10月11日，由北京台资企业协会、区台办联合举办的台资企业专题政策说明会在朝阳宾馆召开。市台办经济处处长刘清及台资企业协会代表出席会议，驻区台资企业代表30余人参加会议。

（姚德文）

【交流活动】 10月20日至24日，区承办由中国统一联盟主席王津平一行20人到京开展以“黄埔情缘　相约北京”为主题的第五届台湾眷村与北京社区交流节活动。台湾眷村同胞参观亚运村社区活动中心、中国抗日战争纪念馆等地，并到高碑店新村了解北京新农村建设情况。

（姚德文）

【市领导调研区台资企业】 10月21日，副市长戴均良一行调研区部分台资企业，了解企业生产经营情况。市台办主任汪明浩、副区长苑文新、区台办主任李靓等陪同调研。

（姚德文）

【与区政协共同召开专题议政会】 10月29日，与区政协共同召开“聚焦国际化，推进城乡一体化发展”专题议政会。各民主党派、工商联和无党派人士围绕国际化和城乡一体化发展，就产业融合发展和城乡一体化实现路径等议政建言。区委书记程连元出席议政会并讲话。

（姚德文）

【党外人士座谈会】 11月20日，区委举行党外人士座谈会。就如何推进依法治区、创新社会治理、加强基层民主政治建设等听取各民主党派、区工商联及无党派代表人士意见和建议。区委书记程连元主持会议并讲话。区领导辛燕琴、谢莹、甘靖中、郑煌、张树安、陈合庄出席会议。

（姚德文）

【党外处级干部培训班】 11月27日，与区委组织部联合举办2014年全区党外处级干部培训班。培训班为期6天。区30余名党外干部到河南省信阳市大别山干部学院、焦裕禄纪念馆进行培训。区统战部常务副部长胡杰华出席开班动员会。

（姚德文）

【建立全国侨务干部培训现场教学点】 11月28日，国侨办侨务干部学校“侨务干部培训现场教学点”在望京揭牌。全国150余名侨务工作者参观望京街道和阜荣街社区“侨之家”并座谈交流。区侨办探索社区侨务工作，拓展为侨服务领域，创新“双向服务”新途径做法通过全国侨务干部培训现场教学点平台在全国侨务工作中推广。

（姚德文）

【侨法宣传角】 12月4日，区侨办协助市侨办在安贞街道举办“侨界法律大讲堂”报告会。标志着年度侨法宣传月活动启动。安贞街道获“全国侨法宣传角”并授牌。同时，在全区开展“学习宣传侨法，维权凝聚侨心”为主题的宣传活动。发放侨法宣传海报、涉侨政策法规宣传手册和服务指南等1万余册。

（姚德文）

【区委召开民主协商会】 12月29日，区委召开区各民主党派、无党派代表人士和各人民团体民主协商会。各民主党派、无党派代表人士和各人民团体就区补选人大常委会副主任、委员，区政协主席、副主席候选人建议人选名单，增补区十二届政协委员建议人选协商讨论，共同签署联合建议书。区委副书记陈宏志主持会议，区委书记程连元出席会议并讲话。

（姚德文）

【社会组织统战工作试点工作完成】 年内，区被中央统战部确定为6个“社会组织统战工作试点”之一，并作为唯一的市辖区试点。受领试点任务后，制定《朝阳区社会组织统战工作试点实施方案》，确定试点研究课题，成立领导小组并设办公室，区委统战部常务副部长胡杰华任办公室主任。9月30日，区委统战部撰写的《朝阳区推进社会组织统战工作的研究报告》上报中央统战部，得到中央统战部六局局长王永庆和市委常委、市委统战部部长牛有成批示。王永庆批示：“朝阳区的社会组织统战工作自列入试点以来，摸情况、拓基础、搭平台，取得了好的成效。特别是通过社会组织联合会这个平台抓手的建立，很好地实现了统战工作的广覆盖，扩大了影响。这对今后社会组织统战工作的创新发展很富借鉴意义。向同志们致敬!”。牛有成批示：“朝阳区的试点很有意义，实质上是探索治理能力现代化的路径。需要注意的是统战工作中要处理好一根头发与一把头发的关系，并要控制治理成本”。

（姚德文）

区直机关工委工作

【概况】 中共北京市朝阳区委区直属机关工作委员会是区委派出机构，主管区直属机关系统党的建设和思想政治工作，领导区直属机关纪律检查工作委员会。设常务书记、副书记各1 名。内设办公室、组织科、宣教科、监察科（群团办）4个科室。年内，召开直属党组织负责人定期向机关工委汇报党建工作会。召开党建工作调研座谈会。召集系统内5家单位，调研机关事业单位基层党建工作有关情况，并形成调研报告报送区委组织部。召开“千名干部下基层”活动领导小组会。制发《关于在党的群众路线教育实践活动中继续深化“千名干部下基层”活动的实施方案》。培训入党积极分子100余名。

地址：日坛北街33号

电话：65094320

邮编：100020

网址：http://jggw.chy.egov.cn

（谭小昆）

【党纪条规知识测试】 1月2日至10日，组织开展区机关系统各单位二级班子成员“廉洁过好春节”党纪条规知识测试。70家单位416人参加测试，平均成绩为97.7分，其中36家单位平均分数为100分。

（谭小昆）

【“四风”突出问题检查】 1月22日至30日，区直机关工委分3个组集中检查区机关“四风”突出问题。重点检查执法部门、服务窗口、基层站所等公共事业单位12家。

（谭小昆）

【工会二届委员会三次会议】 3月21日，召开区直机关工会第二届委员会第三次会议。通报2012年度、2013年度机关工会工作情况；审议并通过调整、增补区直机关工会第二届工会委员会委员的报告，增补区直机关工委常务副书记刘勇为区直机关工会委员会委员；经过投票表决，推选刘勇为区直机关工会第二届委员会主席。

（谭小昆）

【区直机关系统党建工作会】 5月16日，召开区直机关系统2014年党建工作会暨基层党组织负责人培训会。总结2013年区直机关系统党建工作，部署2014年工作任务。区委常委、区委办主任、区直机关工委书记刘军胜以“如何加强思想政治工作，做好机关党建工作”为题作培训动员。邀请中央党校马克思主义理论教研部思想政治研究室主任李俊伟，就基层党支部如何开展好党的群众路线教育实践活动作专题辅导讲座。区直机关系统70名基层党支部书记参加会议。

（谭小昆）

【慈善捐款】 6月18日，举行第十次“共产党员献爱心”捐款活动启动仪式。标志着2014年度“党员献爱心”活动启动。区四套班子主要领导参加活动并捐款，区机关1000余名党员捐款51.4万元。

（谭小昆）

【困难党员帮扶】 6月，推荐区直机关系统优秀党员3名、新中国成立前入党的老党员1名和生活困难党员2名作为区委领导七一期间走访慰问对象。为区直机关系统29名困难党员申请困难党员帮扶资金，其中2名党员获市级帮扶资金。

（谭小昆）

【参观警示教育展览】 7月7日至15日，组织区直机关系统1600余名党员干部到朝阳规划艺术馆参观党的群众路线教育实践活动警示教育展览。

（谭小昆）

【烈士纪念日活动】 9月30日，区直机关工委、团区委组织130人的群众代表方阵，参加在天安门广场举行的向人民英雄纪念碑敬献花篮仪式。

（谭小昆）

【国庆游园活动】 10月1日，组织区直机关系统工商、国税等8家单位440人作为现场观众及安保志愿者，参加朝阳公园庆十一国庆群众游园活动。

（谭小昆）

【APEC会议焰火燃放活动社会面防控】 11月10日，完成APEC会议焰火燃放活动社会面防控任务。区直机关工委组织区发改委、规划朝阳分局、区环卫中心、区园林绿化局、区档案局、区人社局、区市政市容委等7家单位派出治安志愿者115人，参加相关点位社会面防控工作。

（谭小昆）

【条例实施情况自查】 11月至12月，根据区委组织部要求，组织机关系统各单位对贯彻落实《中国共产党党和国家机关基层组织工作条例》及市实施办法落实情况进行自查，并组织14家单位进行座谈和档案抽查。

（谭小昆）

【应急救护知识培训】 12月25日，区直机关工会、区红十字会在区卫生局一层多功能厅举办区直机关系统红十字应急救护知识培训会，讲解急救箱使用方法，并为区直机关系统各单位配发红十字急救箱。70人参加培训会。

（谭小昆）

【“千名干部下基层”活动】 11月，总结“千名干部下基层”活动。服务组下基层1000余次5000余人次，提供便民服务200余项，为基层解决包括老旧小区改造、环境整治、劳动就业、卫生服务等方面350余个问题。

（谭小昆）

【党的群众路线教育实践活动】 2月至12月，区直机关工委完成以“为民、务实、清廉”为主要内容的党的群众路线教育实践活动。2月11日，下发《关于做好区直机关系统党的群众路线教育实践活动有关工作的通知》。3月21日，下发《关于在党的群众路线教育实践活动中加强区直机关系统基层党组织建设的实施方案》，通过多种形式指导机关系统各级党组织开展教育实践活动及专题组织生活会、民主评议党员工作。区直机关工委自身完成学习教育、听取意见，查摆问题、开展批评，整改落实、建章立制三个环节各项工作。期间，召开学习交流会4次，谈心谈话12人次，征求意见建议42条，开展书记讲党课活动2次，新修订、制定制度10项。与活动前相比，会议减少50%，文件减少80%，“三公”经费支出减少40%。

（谭小昆）

【党组织基本情况】 年内，区直机关工委所辖72个处级单位，设6个直属党委、6个直属机关党委、26个直属党总支、32个直属党支部（重点办党的关系并入政府办党总支、区委区政府研究室于2013年12月30日划归机关工委，党组织正在筹备中），有在岗党员5573人（其中党政机关党员3453名，事业单位管理人员、专技人员党员1822名，工人298人），离退休党员1174名。年内，机关系统发展党员135人，转正145人。32个直属党总支、支部完成换届改选工作。

（谭小昆）

老干部工作

【概况】 中共北京市朝阳区委老干部局隶属区委组织部领导，负责落实党的老干部政策，为全区离休和副处级以上退休干部开展服务管理工作。设办公室、政治待遇科、生活待遇科、老干部活动中心4个科室。截至2014年底，全区有离休干部575人，副处级以上退休干部1457人。年内，加强离退休干部思想政治建设和党组织建设，落实离退休干部政治待遇和生活待遇，发挥老干部作用，举办培训班、组织离退休干部体检、走访慰问离退休干部及去世离休干部配偶等，继续抓好为离退休干部办实事工作。

地址：团结湖南里甲1号

邮编：100026

电话：85975641

网址：http://lgb.bjchy.gov.cn

（吴晓东）

【区老干部工作会召开】 1月23日，召开区2014年老干部工作会。区委书记程连元出席会议并讲话，区长吴桂英主持会议。区领导佟克克、辛燕琴、甘靖中、刘军胜，离退休干部代表、离退休干部党支部书记280余人参加会议。区委常委、区委办主任、区直机关工委书记刘军胜传达市老干部工作会精神。区委常委、常务副区长、老干部工作领导小组副组长甘靖中作题为"锐意进取、务实创新　努力开创朝阳区老干部工作新局面"报告，程连元通报2013年区经济社会发展情况和2014年工作思路，对年度区老干部工作提出要求。

（吴晓东）

【党的群众路线教育实践活动】 2月至12月，开展以"为民、务实、清廉"为主要内容的党的群众路线教育实践活动。按照学习教育、听取意见，查摆问题、开展批评，整改落实、建章立制三个环节开展活动。局领导班子成员完成16天学习任务，其他党员干部完成10天学习任务，开展讲党课活动2次，开展局领导班子成员学习交流会、党员干部座谈会。邀请教授、退休干部、社区党委书记作专题讲座3次；组织参观反腐倡廉教育基地和展览等6次。征求意见207条，经归纳梳理和公示，"四风"方面问题共6类57条。班子查摆问题24个，班子成员查摆问题35个，确定14项整改事项，落实整改12项。年内，结合离退休党员干部特点，制发《关于做好朝阳区离退休党员参加党的群众路线教育实践活动工作的通知》。举办老干部学习班14期、报告会16场，近3600人次参加学习。分批集中培训全区80岁以下离退休党员干部，离退休干部党支部以开好动员部署会、专题组织生活会、支部总结会为重点，加强组织建设，规范组织生活，离退休党员普遍受教育。

（吴晓东）

【离退休干部作用发挥】 年内，按照区委关于开发老干部人才资源的要求，继续做好老干部宣讲团、非公经济组织党建工作指导员队伍、老干部网络监督员队伍、老党员先锋队建设，引领离退休干部立足社区发挥作用。退休干部叶如陵被评为全国离退休干部先进个人，区委教工委等7个离退休干部党支部评为市离退休干部先进集体，张万鹏等11名离退休干部评为市离退休干部先进个人。

（吴晓东）

【探索离休干部高龄养老服务】 年内，落实离休干部生活待遇政策，为1967人次体检；走访慰问离休干部及去世离休干部配偶239人次。落实市、区为离休干部解决实际问题，为536名区属离休干部提高护理费标准；为患慢性疾病需要长期服药离休干部在定点医院适当延长处方用药量；对未享受医疗照顾的解放战争时期参加革命工作的408名离休干部办理优诊医疗；完善老干部解困救急帮扶机制，为40名离退休干部进行帮扶；探索社会化养老服务模式，开展3类19项居家养老体验、建立医疗专家服务团队和助老员试点，为离休干部提供居家养老、医疗服务、精神慰藉、送学上门等服务。八里庄十里堡社区等15个社区被评为利用社区资源做好离退休干部服务工作区级示范社区。

（吴晓东）

【文化养老】 年内，搭建文化养老平台，连续3年举办区离退休干部文化节。开展新年慰问离退休干部京剧专场演出、以"与党同心，与祖国同行——同心共筑中国梦"为主题的"七一"文艺汇演、元宵节猜灯谜玩游戏、老年节赏民俗大步走等活动，丰富离退休干部的精神文化生活。老同志在服务社会、服务群众中，展示老有所学、老有所为、老有所乐的精神风貌。选送的芭蕾舞《追梦天鹅湖》和旗袍秀《灵动的微笑》参加市离退休干部庆祝新中国成立65周年文艺汇演，受到好评。

（吴晓东）

保密工作

【概况】 中共朝阳区委保密委员会办公室和区国家保密局是一个机构，两块牌子，既是区委保密委员会的办事机构，又是区政府管理保密工作的职能部门。内设综合科和检查技术科。7月，完成全区保密普查工作。将全部信息准确录入系统并上报北京市国家保密局。对辖区8家武器装备科研生产单位进行保密管理审查，初审全部合格。11月，制发《筑牢立体保密防线》宣传片并在全区推广好领导、好干部、好经验典型。编发《朝阳区保密干部宣传教育辅导材料》。购置4台屏蔽3G、4G、wifi等信号功能移动通信干扰器。年内，63家单位主动送销秘密级文件482份，内部文件约15吨。

地址：日坛北街33号

电话：65094302

邮编：100020

邮箱：bmj@bjchy.gov.cn

（郎春颖）

【检查指导与学习交流】 2月18日，市保密局副局长刘建华一行5人到区检查指导工作。区保密局汇报2013年工作，介绍2014年重点工作。刘建华对区保密工作开展情况给予肯定。3月31日，东城区保密局局长及工作人员一行5人到区学习交流，区保密局介绍防泄密监控报警中心的筹备、建设过程以及各项功能。

（郎春颖）

【保密培训】 3月7日，对180名军转干部进行保密培训。培训内容围绕近期发生的泄、窃密事件，介绍保密工作面临的形势与任务、保密工作的法律法规及保密工作内容和方法。重点培训了高科技条件下泄密事件发生原因，窃密的手段及防护措施，保密监督检查和计算机网络保密等业务知识。3月25日，对区政府办50名工作人员开展保密培训。培训内容为定密工作、涉密计算机和非涉密计算机使用管理规范、会议保密管理、信息公开与保密关系等内容，在业务培训的同时开展警示教育。4月23日，对区委办40余名工作人员进行保密培训。从增强保密意识、提高保密防范能力等方面进行培训。5月9日，为确保区机关重要部门国家秘密安全，对区委、区人大、区政府、区政协、工程设备管理、文件交换站、印刷厂等部门60余名工作人员进行保密培训。6月26日，为区机关后勤服务中心20余名新上岗服务人员开展保密知识培训。12月1日，举办2014年区保密工作培训会。区委常委、区委办主任、区委保密委员会主任刘军胜作题为"坚定理想信念　提振精气神　千方百计做好新形势下的保密工作"专题讲座，国家保密学院专家进行保密业务培训。区各单位和辖区军工印刷企业310名主管领导及保密干部参加培训会。

（郎春颖）

【区委保密委员会全体会议召开】 3月18日，区委保密委员会召开全体会议。区委常委、区委保密委主任刘军胜，副区长苑文新及28个保密委员会成员单位领导参加会议。会议传达市委常委、市委保密委主任赵凤桐讲话精神，总结2013年保密工作，研究部署2014年工作并讨论通过工作要点。刘军胜讲话并对年度保密工作提要求。

（郎春颖）

【保密服务】 4月15日至5月底，开展保密服务工作。对全区173家党政机关、企事业单位涉密单机进行维护维修；组织专业技术人员到7家涉密网络管理单位提供技术服务和指导；升级并制作发放1000套非涉密计算机检查消除软件；印制发放6万个密级标识；发放保密理论书籍561套、教育光盘522套、保密宣传挂图741套。

（郎春颖）

【高考保密工作检查】 6月3日至4日，开展2014年高考保密检查工作。分3个督导组对区10个考点和区考试中心试卷保密室进行拉网式检查。同时，制定保密工作应急处置程序，对高考试卷失、泄密，备用试卷丢失等情况制定处置程序，以应对突发泄密事件。2014年高考未发生泄密事件。

（郎春颖）

【涉密信息系统集成资质专项检查】 9月，成立专项检查小组，对辖区6家相关企业开展涉密信息系统集成资质专项检查工作。检查各单位对《保密法》《资质管理办法》落实情况以及日常保密管理、涉密项目管理、资质证书使用管理、资质单位上市剥离等方面是否符合保密规定。经检查，6家单位全部合格。

（郎春颖）

党校工作

【概况】 中共北京市朝阳区委党校是区委直接领导，培养领导干部、理论宣传干部和国家公务员的学校，兼有区行政学院、区社会主义学院职能，三块牌子一支队伍。设校办公室、党群办公室、财务室、行政科、培训一科、培训二科、综合教研室、党建教研室、教学保障科、学员工作科10个科室。在职教职工50人，其中专职教师8人。年内，完成党的群众路线教育实践活动；完成主体班、专题班培训29期，加强党校分校工作和网上党校建设；制定《区委党校推进案例教学工作方案》。获市委党校系统优秀科研成果一等奖1个、优秀科研成果二等奖2个、优秀科研工作组织奖1个、优秀科研管理工作者奖1个。

地址：静安庄一区四号

电话：64651199

邮编：100028

网址：chydangxiao@163.com

（杜晓丽）

【党的群众路线教育实践活动】 2月至12月，区委党校完成以“为民、务实、清廉”为主题的党的群众路线教育活动。按照“照镜子、正衣冠、洗洗澡、治治病”总要求，突出作风建设，贯彻整风精神，体现从严标准，扎实完成了学习教育、听取意见，查摆问题、开展批评，整改落实、建章立制三个环节的各项工作。11月6日，完成12类22项文书档案，15类51幅照片、录像档案归档工作。期间，处级干部集中学习17天，撰写学习心得体会5篇，其他党员干部集中学习7.5天。召开学习交流会2次。开展党委书记讲党课1次。参观党风廉政教育基地2个；观看《正道沧桑——社会主义五百年》《周恩来的四个昼夜》《杨善洲》等专题片及电影10部。制定征求意见方案1个，召开征求意见座谈会9次，征求意见437条，谈话谈心129人次。落实整改任务，专项治理公车和办公用房，严格履行公务用车派车单手续，杜绝公车私用，按人均面积标准配备办公用房，腾空办公用房56.19平方米，增加业务用房使用面积98.81平方米；重新调整领导班子成员工作分工，健全主要领导不直接分管人事、财务、工程项目等事项制度，共修订、新制订制度8项。

（杜晓丽）

【校长参加主体班教学】 2月25日，区委常委、组织部部长、党校校长张革出席2013年度军转干部培训班开班仪式。介绍区发展面临的机遇和挑战，并就调整心态、改善知识结构和理论联系实际等方面提要求。8月30日，张革主持周末大讲堂开班式并做动员讲话。9月12日，张革出席区新任副处级干部培训班座谈会。结合区发展实际，系统说明在区发展中干部需要具备的能力素质。11月27日，张革出席区处级干部进修班座谈会。分析党的十八大以来总体宏观形势，特别是当前区政治、经济、社会、党的建设和干部队伍建设面临的“新常态”等内容，并提出适应形势、提高素质、坚守底线要求。

（杜晓丽）

【区领导授课】 3月11日、5月21日，区委常委、区委办主任、区直机关工委书记刘军胜分别为2013年度军转干部培训班和第45、46期正副科级任职培训班学员做以“努力做到‘六讲六重’（即讲历史、重危机，讲责任、重大局，讲学习、重方法，讲感情、重换位，讲作风、重能力，讲奉献、重心态），提升群众工作水平”为题的专题讲座，讲授做好群众工作重要性和工作方法。6月9日，区政协副主席、北京国际城市发展研究院院长、贵阳市市长助理连玉明教授，到区委党校为贵阳市云岩区领导干部经济发展能力培训班学员做《大数据时代和大数据贵阳》专题报告。10月15日，刘军胜为区中青年干部培训一班学员作以“坚定理想信念，从打造精气神做起”为题的专题讲座。要求学员坚持三项原则（知行合一、自强不息、持之以恒）、内修6个素质（政治素质、文化素质、能力素质、心理素质、感性素质、创新素质）、外塑3种形象（党员干部的标杆，基层群众的贴心人，打造精、气、神的先行者），坚定理想信念。

（杜晓丽）

【主体班培训】 年内，举办主体班13期。其中青年干部政治理论读书班、处级干部进修班、新任副处级领导干部培训班、中青年干部培训一班各1期，军转干部培训班、正科级干部培训班、副科级干部培训班各3期。603人次参加培训。教学设置“理论武装、党性教育、能力培养和区情研究”四大模块，结合形势教育和党的群众路线教育实践活动，增加学习十八届三中、四中全会精神系列课程，学习习近平总书记系列讲话精神辅导报告和党的群众路线教育系列课程。开发《健全解决群众合理合法利益诉求的常态化工作机制——以朝阳区解决场乡体制改革问题的做法为例》《基层党组织建设模式创新——“红芍社”党员服务中心运行与活动方式》等7项案例教学课题，内容涉及基层党组织建设、社会管理、环境保护、群众利益诉求等方面。

（杜晓丽）

【专题班培训】 年内，举办专题培训班16期。其中区园林绿化局中青年干部培训班、提升城建管理精细化水平专题培训班、法治思维建设专题培训班、周末大讲堂政治经济热点专题培训班、党的群众路线教育实践活动处级党政正职集中培训班、党的群众路线督导组集中培训班、广电中心中层干部培训班、机关工委系统积极分子培训班、机关系统基层党支部书记培训班、机关工委党组织负责人培训班、处级女领导干部妇联执委培训班、人文国学培训班、国资委社区书记培训班、南昌市委党校春季学期县级干部进修班、贵阳市云岩区领导干部经济发展能力培训班、贵阳市委党校社区领导干部培训班各1期。培训学员1197人次。

（杜晓丽）

【学历教育】 年内，完成中央党校2014级在职研究生34人的招生报名及考务、2011级在职研究生班的毕业论文答辩及2012

级和2013级在职研究生的日常教学管理等工作。

（杜晓丽）

【党校分校工作】 年内，分别向潘家园、酒仙桥、东湖、亚运村等22个分校以及区卫生局、区国资委等12家单位讲授“党史”“社区党务工作务实”等专题20余个。全年在分校授课132次1050课时，培训基层党员干部2.8万余人次。制定年度分校工作要点，形成《朝阳区委党校分校工作分片联系制实施方案》，明确“两教育、两研究、两示范、两建设”（即党的群众路线教育实践活动主题教育和习近平总书记系列重要讲话主题教育，基层党员干部的理论素养研究和基层党员干部的综合能力研究，基层党员干部的理论素养提升专题示范培训班和基层党员干部的综合能力提升专题示范培训班，基层培训内容体系建设和基层师资队伍建设）工作重点，加强分校工作联系和指导。

（杜晓丽）

【网上党校】 年内，完善区级网络教育平台，实现区委党校与各分校网上党校的互联互通，开辟在线学习和网络课堂。录制主体班次经典课程，保存教学资料，全年录制主体班课程64讲，编辑课程48讲。网上党校学习平台设置政治理论、党性教育、政策法规、公共管理、经济建设、领导能力建设、城市管理、业务技能、文化修养、时事热点、专题培训、社会建设、综合课程等单元，完成上线课程21门，满足网络培训班和主体班学员同时在线学习。

（杜晓丽）

【调研成果】 年内，完成2013年度与市委党校系统协作的调研课题《朝阳农村地区特色文化产业发展研究——以高碑店、三间房、何各庄为例》和《大力发展循环经济，提高城市承载力》结项鉴定工作，评为良好等级；《自媒体环境下朝阳区基层党组织党的群众路线实践方式创新研究》和《“大党建”理念下朝阳区网络虚拟社会党建联动机制研究》分别获批为重点课题和指导课题；《新型城市化背景下朝阳区违法建设成因与治理研究》和《区县党校贯彻党风廉政建设责任制配套制度建设研究——以朝阳区委党校为例》课题通过2014年度市党校系统科研协作课题立项评审。完成撰写《关于军转干部再次择业问题的调研报告》《北京市朝阳循环经济产业园发展模式的探索与启示》《探索党政群共商共治的社区管理模式——北京市朝阳区麦子店街道“问政于民”的实践与启示》《城市社会管理和服务体系建设的新探索——北京市朝阳区构建全模式社会服务管理体系实践》《廉洁奥运——构建预防和监督腐败体系的创新实践》《智慧城市建设的实践与探索——以北京市朝阳区团结湖街道为例》《北京市朝阳区青年就业创业工作案例》6个典型案例，并参加浦东干部学院全国案例征集活动。出版《建国初期工商团体的重组与改造——武汉市个案研究》专著1册，编写并出版《朝阳区情研究成果选》1册，在《科教文汇》《现代企业职业教育》《发展》《全国商情》《山西省委党校学报》《北京信息<综合快报>》等公开刊物上发表论文26篇。

（杜晓丽）

党史工作

【概况】 中国共产党北京市朝阳区委员会党史工作办公室（简称区委党史办）为参照公务员管理的区直属事业单位，归口区委组织部管理，机构规格为正处级，经费形式全额拨款。设主任、副主任各1名。2月，在朝阳党史网站增设“党的群众路线历史回顾”栏目。在官方微博开辟《北京市革命遗址通览》话题，以微博的形式供大家学习阅读。年内，开展党的群众路线教育活动、党史宣传教育月活动、党史研究课题评审等工作。完成出版发行《中共北京市朝阳区历史（1944–2011）》；完成《中共北京市朝阳区历史大事记（2001—2013）》征求意见稿（2015年7月底出版发行），收集整理资料40万余字。撰写的《北京798艺术区的“三个第一”》被《北京党史》采用，刊登在2014年第1期上。全年上报信息43条，被《北京党史工作》采用11篇。被评为2011—2014年度北京市党史部门先进集体。

地址：朝外日坛北街33号
电话：65099228　65094493（传真）
邮编：100020
网址：http://chydsb.bjchy.gov.cn

（钱素君）

【党员活动】 1月23日，区委党史办召开北平和平解放65周年座谈会。在职党员和退休党员会议参加会议。3月12日，区委党史办主任、党支部书记张前作以“学习实践党的群众路线的收获体会”为题的专题党课讲座。5月28日，组织退休党小组全体党员到北京市廉政教育基地——孔庙和国子监博物馆，参观“中国古代官德文化展”。7月10日，全体在职党员参观在朝阳规划艺术馆举办的“朝阳区党的群众路线教育实践活动警示教育展”。8月27日，在职党员召开党的群众路线教育实践活动专题组织生活会并开展民主评议党员工作。9月5日，组织在职党员参观中国人民抗日战争纪念馆举办的《伟大胜利——纪念中国人民抗日战争暨世界反法西斯战争胜利大型主题展览》。9月26日，张前为在职党员讲授以“树立群众意识，担好主任责任”为题的廉政党课。9月30日，在职党员参观马骏烈士纪念馆。

（钱素君）

【编著地方党史】 2月，完成撰写《中共北京市朝阳区历史（1944–2011）》送审稿，经广泛征求意见及反复修改后于6月初付梓，6月26日召开发行座谈会。全书30万字，图表76张，印刷1万册。7月初，与区图书馆合作，投放到90余个“书香朝阳·24小时自助图书馆”。

（钱素君）

【党的群众路线教育实践活动】 2月至12月，区委党史办以“三聚焦、三着力、三提高”为主线，坚持把学习教育、反对“四风”、整风精神、领导带头、开门搞活动和问题导向贯穿始终的原则，完成学习教育、听取意见建议，查摆问题、开展批评，整改落实、建章立制等环节工作。处级领导班子完成集中学习29次，24天，每位班子成员记录学习笔记2万余字，撰写学习体会2篇，其他党员干部完成集中学习20天，每人记录学习笔记1.6万余字，撰写学习体会4篇。召开处级干部学习心得交流会1次，谈心谈话14人次，开展支部书记讲党课2次，参观党风廉政教育基地3个，观看《焦裕禄》《四风警示录》等影片、录像片32部。制定不同层面的征求意见方案4个，征求意见93条，分类合并为5大类16项。完成整改15项，1项在整改中。

（钱素君）

【领导调研】 3月4日，市委党史研究室主任谢荫明、副主任陈志楣带领市委党史研究室业务处3名处长到区委党史办调研《中共北京市朝阳区历史（1944—2011年）》编写工作。区委常委、组织部部长张革及区委党史办全体人员参加调研。区委党史办主任张前汇报区委党史办党的群众路线教育实践活动开展情况、党的群众路线历史回顾和《中共北京市朝阳区历史大事记（2001—2013）》编写工作。征求市委党史研究室对区委党史办工作开展情况的意见和建议。谢荫明对开展党的群众路线教育实践活动提出建议。6月17日，谢荫明、市委党史研究室副巡视员范登生、温卫东，办公室主任梁红一行到区委党史办调研党史工作。了解区委党史办近期开展党的群众路线教育实践活动情况和《中共北京市朝阳区历史》以及党史大事记的编写情况，调研纪念2015年抗战胜利70周年相关工作。

（钱素君）

【党史宣传教育月活动】 5月26日，区委组织部、区委党史办联合制发《关于开展党史宣传教育月活动的通知》，要求全区各级党组织利用党史书籍、《朝阳党史》期刊和朝阳政务网“永远的传家宝——党的群众路线历史展”等资源，开展党史学习宣传教育活动。与区委党校、区老干部局等单位合作组建党史宣讲团，到机关、街乡、企业、学校和社区开展党史宣讲教育活动。全年宣讲16次，受众1375人。在全区开展“邓小平与朝阳”主题征文活动。收到征文4篇，征集邓小平同志视察朝阳珍贵历史照片2张。开展党史教育影片展播活动。区统计局、区国资委、区环卫中心、朝外街道等21个单位2187人次在紫光影城观看电影；区委党史办、区文化委、朝阳管理处、公交集团等6个单位2480人次在朝阳剧场观看党的群众路线教育实践活动规定观看的党史影片8部。

（钱素君）

【编辑出版期刊】 6月初，制发2014年第1期《朝阳党史》，设12个栏目。12月中旬，制发2014年第2期《朝阳党史》，设9个栏目。

（钱素君）

【朝阳剧场授牌】 6月13日，确定朝阳剧场为区“党史教育影片播放点”，并授予牌匾。是继紫光影城之后区第二家党史教育影片播放点。

（钱素君）

【工作交流】 7月4日，房山区史志办主任李桂清、副主任孟友龙一行3人到区委党史办交流地方史编著工作。

（钱素君）

【赠送党史书籍活动】 7月15日，区委党史办启动新一轮赠送党史书籍及阅读机活动。向机场街道、双井街道、安贞街道、和平街道、左家庄街道、东湖街道、东风乡、豆各庄乡、南磨房乡、小红门乡、孙河乡、平房乡、金盏乡和求实职业中学等26个街乡、社区、社会单位、学校赠送《中共北京市朝阳历史》等党史书籍169类、5000余册，光盘2类40套，媒体阅读机5台。

（钱素君）

【党史研究课题评审】 8月12日，区委党史办、区党史研究会与北京双高朝阳人力资源开发中心共同召开党史研究课题评审会议。评审2013-2014年度26个立项的党史研究课题。区委党史办主任、区党史研究会会长张前主持会议。邀请市委党校、北京联合大学和区委党校等3名学者专家为评审。评选出著作著书类一等奖2个；学术研究类一等奖2个，二等奖4个，三等奖3个；专项调研总结类一等奖3个，二等奖8个，三等奖4个。9月26日，召开2013-2014年党史课题研究工作通报会，通报研究成果评定等次，并布置课题结项事宜，张前为参与课题研究会员颁发荣誉证书。

（钱素君）

民 主 党 派

民革朝阳区委

【概况】 中国国民党革命委员会北京市朝阳区委员会（简称民革朝阳区委）设有参政议政、祖国统一、社会服务、信息、青年、宣传、老龄、妇女、教科文卫体等专门工作委员会和《潮流》编辑部。有基层支部19个，党员848人。党员中，有全国人大常委委员1人，市人大代表1人，区人大代表2人（常委1人）；全国政协委员1人，市政协委员5人（常委1人），区政协委员24人（常委5人），区级特约工作人员9人。全年召开主委会议3次，全委会议4次，学习全国“两会”精神专题会、学习中共十八届四中全会精神座谈会、参政议政调研工作会、扶贫交流会、理论学习会、双向恳谈会等30余次。年内，成立中山书画研究会，相继开展赴贵州扶贫、向昌平区打工子弟学校及内蒙古自治区喀喇沁旗图书馆捐赠图书，参观贵州省独山县抗日战争纪念馆等活动。向区政协、区委统战部提交的党派提案以及专项调研报告均获奖项。

地址：团结湖北五条8号楼

电话：65094936

邮编：100026

邮箱：chymg4936@126.com

（秦　阳）

【学习全国“两会”精神】 3月22日，举办“民革朝阳区委传达贯彻全国‘两会’精神”会议。邀请民革北京市委副主委汤维建传达全国“两会”精神。民革朝阳区委委员、支部委员及党员代表参加会议。

（秦　阳）

【捐赠图书】 5月14日，民革朝阳区委副主委王健、社会服务专委会主任冯静一行6人到昌平区京瑞打工子弟学校捐助爱心图书1000余册。至2014年，捐助活动已连续举办3年，捐助物品包括体育健身器材、图书等。10月，向内蒙古自治区喀喇沁旗图书馆捐赠图书价值10万余元。

（秦　阳）

【纪念抗战胜利】 6月28日，朝阳民革第一支部与民革西城第十八支部参观卢沟桥抗日战争纪念馆。朝阳民革党员、北京工业大学艺术设计学院教授邹锋主持设计的“独立自由勋章”雕塑在纪念馆展出。7月7日，在北京抗战名将纪念馆举办“气壮山河”——民革纪念七七抗战77周年抗战名将剪纸展暨剪纸捐赠活动期间，朝阳民革党员尹浩向纪念馆捐赠35幅抗战题材剪纸。9月18日，朝阳民革区委一行11人到贵州省独山县抗日战争纪念馆参观深河桥抗战遗址和“黔南人民抗日纪念碑”。

（秦　阳）

【贵州扶贫】 9月19日，民革朝阳区委一行11人到贵州省贵阳市花溪区燕楼乡旧盘村开展扶贫实地考察。考察团走访3家贫困户，并举行3个仪式：两地高端农业种植项目签约、为当地小学提供硬笔书法字帖捐助、为贫困母亲提供价值100万元内衣捐赠等仪式。

（秦　阳）

【届中评议】 9月28日，召开第三届委员会届中民主评议会议。主委张兴凯代表区委班子成员做述职报告，区委委员分别述职。与会人员对领导班子和区委委员进行民主测评。

（秦　阳）

【参加议政会】 10月29日，参加区政协和区委统战部联合举办的议政会。会上，做

《立足本区发展优势 积极促进科技成果转化——关于朝阳区科技创新工作调研报告》和《朝阳区农村地区公共服务配套设施管理工作调研报告》专题发言。提交调研报告9篇，均获区政协调研经费奖励。

（秦 阳）

【慰问在京培训贵阳学生】 10月29日，民革中央社会服务部部长边旭光、经济处处长魏国良、民革北京市委经社处处长常桂云、民革朝阳区委副主委王健等慰问5名贵阳到京参加农业技术培训人员，并送去食品和衣物。此活动是民革朝阳区委与贵阳智力扶贫项目，由民革朝阳区委党员李德龙任董事长的“普济草”北京生物科技有限公司与当地贫困户签订协议，为其免费提供反季节蔬菜、中药保健盆景栽培技术培训。

（秦 阳）

【中山书画研究会成立】 12月13日，召开参政议政工作总结暨中山书画研究会成立大会。传达中共十八届四中全会精神；举行民革朝阳区委中山书画研究会成立仪式，确立领导机构成员名单，会长刘榈洪，副会长邹峰、聂承兴、曹凯、邢晓林、黄娜、孙勤三；表彰参政议政先进集体10个、参政议政和信息工作先进个人45名；相关人员汇报贵阳扶贫工作，为贵阳来京参加农业技术培训的5名学员颁发结业证书和奖杯；部署区委2015年参政议政工作。

（秦 阳）

【调研报告和提案获奖】 年内，向区政协提交党派提案4件，其中《关于朝阳区应协助北京市申办金砖开发银行总部的建议》获评优秀提案；向区委统战部提交4篇调研报告，均获区委统战部民主党派专项调研成果评比奖项。其中，《地下储罐渗漏对环境的潜在影响研究报告及相关对策建议》获三等奖，《关于朝阳区既有无电梯住宅加装电梯的调研报告》《聚焦优势，优化资源，建设国际性文化传媒科技创新集成中心》《朝阳区国际化发展下的环保生态建设》获优秀奖。

（秦 阳）

【信息报送】 年内，信息专委会向民革市委报送信息69条，被采纳25条，采用率36%，得654分，列全市第三名。

（秦 阳）

民盟朝阳区委

【概况】 中国民主同盟北京市朝阳区委员会（简称民盟朝阳区委）有基层委员会3个（各辖3个支部），基层支部36个（支部总数为45个），盟员1501人。下设参政议政、文化教育、经济、科技、社会法制、社会服务、青年、妇女、老龄等9个专门工作委员会和统战理论研究会。全年发展盟员78人。盟员中，有市人大代表4人，区人大代表9人（常委2人），全国政协委员4人（常委2人），市政协委员8人（常委4人），区政协委员22人（常委3人）。有部级特邀监察员2人，市级特约工作人员2人，区级特约工作人员9人。全年召开主委会8次，全委会5次。年内，被民盟中央评为社会服务工作先进集体，获民盟北京市委人才建设奖。

地址：团结湖北五条8号楼

电话：65094938

邮编：100026

邮箱：cymm@bjchy.gov.cn

（衣 雪）

【家视通电话捐赠】 1月23日，与青牛科技公司合作在安贞社区举行“智慧生活·关爱到家”家视通赠送仪式。为辖区居民和居委会、社区医院、便民服务站等机构免费安装家视通电话100余台。

（衣 雪）

【获国家技术发明二等奖】 1月，民盟朝阳区盟员、市政协委员、北京出入境检验检疫局动检分中心主任、博士、研究员赖平安研究项目“基于生物敏感膜的便携式传感器关键技术及应用”获2013年国家技术发明二等奖。

（衣 雪）

【“关爱女性健康生活”讲座】 3月7日，举办“关爱女性　健康生活”中医养生讲座。30余位女盟员参加讲座。民盟朝阳区委副主委、北京中医药大学教授闫永红做“中药的辨识与应用”专题讲座；北京广济中医医院主任医师、副教授贺海军做“怎样正确认识中医与养生”专题讲座。

（衣 雪）

【民盟中央社会服务部领导到区调研】 3月7日，民盟中央社会服务部副部长段海溪到安贞街道调研社区建设工作。调研组与街道办事处及相关企业负责人座谈“智慧社区”建设工作，观看街道网络服务中心“8590”电话服务热线运作流程，并到安贞西里社区服务站和居民家中实地调研。

（衣 雪）

【社会服务基层行启动】 4月23日，在安贞西里社区公园举办与安贞街道结对子暨民盟朝阳区委社会服务基层行启动仪式。结对子即组织盟员中专家学者定期或不定期到基层社区举办各类讲座、法律咨询、义诊等社会服务活动，并对接街道、社区、居民需求，提供服务。启动仪式上，盟员中医学、法律专家为社区居民解答医疗及法律相关问题。

（衣 雪）

【义诊】 4月28日，联合民盟中央社会服务工作委员会，组织医务专家为景泰小学46名教师义诊。5月29日，组织医务专家到左家庄第二小学，为幸福村学区退休教师义诊。

（衣 雪）

【参加国际长走活动】 5月10日，民盟朝阳区15名盟员参加“青春北京 生态房山”第六届北京国际长走活动。行程16.5公里，15人走完全程，2人走完21公里最远路程。

（衣 雪）

【全委（扩大）会暨暑期学习班】 8月27日至28日，在蓝调庄园召开四届十三次全委（扩大）会议暨2014年暑期学习班。民盟朝阳区委委员、基层组织负责人、专委会主任、统战理论研究会成员以及部分青年盟员60余人参加会议。会上，学习《习近平总书记系列重要讲话读本》；民盟中央参政议政部巡视员张冠生做《盟史》和《参政议政》专题讲座；民盟北京市委参政议政部部长徐荧主讲“盟员如何做好参政议政工作”；民盟朝阳区委主委曾原纪总结民盟朝阳区委2014年上半年工作；与会人员交流组织、参政议政、社会服务、统战理论研究等工作经验及下一步设想。

（衣 雪）

【妇工委成立】 9月12日，召开妇女工作委员会成立会议暨女性职业形象设计讲座。王越任妇工委主任，王志华任副主任，委员7名。国家高级化妆师、专业形象设计师、礼仪形象设计师刘子婳做女性职业形象设计讲座。

（衣 雪）

【届中评议】 9月24日，召开届中评议暨四届十五次全委会。民盟朝阳区委主委曾原纪代表民盟朝阳区委班子做述职报告，主副委、区委委员分别述职。与会人员对领导班子和委员进行民主测评；增补张鸿声、穆军升、王铮为区委委员，任命王铮为秘书长。

（衣 雪）

【信息工作获区政协表彰】 10月24日，在区政协社情民意信息工作会上，民盟朝阳区委获信息工作先进单位，民盟朝阳区委主委曾原纪，常务副主委周道珍，区委委员乔红、何小莉及盟员范子奇获信息工作先进个人。

（衣 雪）

【议政会发言】 10月29日，区政协、区委统战部联合召开“聚焦国际化，推进城乡一体化发展”专题议政会。民盟朝阳区委常务副主委周道珍、副主委阚存一及课题组相关人员参加会议。区政协委员、民盟朝阳区委委员张学军代表民盟朝阳区委做《关于进一步推进我区农村城市化地区义务教育发展的建议》发言，区政协委员、民盟朝阳区委委员巩云华做《关于金融驱动朝阳区文化创意产业发展的建议》发言。民盟朝阳区委《关于以北京城市总体规划修改为契机优化朝阳空间布局的研究》调研报告被收入议政会材料汇编。

（衣　雪）

【交流慰问】 11月14日至17日，民盟朝阳区委主委曾原纪带领盟内农业专家、医务专家一行到贵州省贵阳市交流慰问。与民盟贵阳市委座谈，并到贵阳市花溪区高坡乡杉坪村开展义诊及捐助活动。

（衣　雪）

【获盟市委表彰】 11月29日至30日，民盟北京市委在怀柔区雁栖山庄召开基层组织建设年活动总结表彰大会。民盟朝阳区委获民盟北京市委人才建设奖；民盟农业部委员会获民盟中央先进基层组织称号；北京工业大学委员会、对外经济贸易大学支部、中日友好医院支部、朝阳区医务支部、石化支部、朝阳区第一支部、朝阳区七支部等7个支部被民盟北京市委评为先进基层组织；王越等14位盟员被民盟北京市委评为先进盟务工作者，王越作为先进个人代表，做“夯实基础，发挥优势，稳步推进支部建设”发言。

（衣　雪）

【获盟市委社会服务先进集体】 12月19日至20日，民盟北京市委在顺义区召开社会服务工作总结表彰会。会上，民盟朝阳区委获民盟中央社会服务工作先进集体称号，区委委员、民盟朝阳区社会服务工作专委会主任谢宝顺代表民盟朝阳区委发言。民盟朝阳区委副主委李刚、朝阳七支部主委吕铮获民盟中央社会服务工作先进个人。朝阳七支部、北京中医药大学委员会被评为民盟市委社会服务工作先进集体，盟员、著名相声演员丁广泉被评为民盟市委社会服务优秀工作者，民盟朝阳区委副主委王姮隽等15位盟员被评为民盟市委社会服务工作先进个人。

（衣　雪）

【听取中共党史专题讲座】 12月26日，举办中共党史专题讲座。区委统战部常务副部长胡杰华做中共党史专题讲座。民盟朝阳区委委员、基层组织负责人、青年骨干盟员50余人参加讲座。

（衣　雪）

【调研报告获奖】 年内，向区委统战部提交的5篇调研报告，均获区委统战部民主党派专项调研成果评比奖项。其中：《金融驱动朝阳区文化创意产业发展的调研报告》获一等奖，《关于进一步推进朝阳区农村城市化地区义务教育发展的建议》和《关于进一步推动朝阳区屋顶绿化工作的建议》获二等奖，《关于以北京城市总体规划修改为契机优化朝阳空间布局的研究》获三等奖，《加大推广针灸在临床的应用》获优秀奖。

（衣　雪）

民建朝阳区委

【概况】 中国民主建国会北京市朝阳区委员会（简称民建朝阳区委）有会员1512人，33个支部，设11个专业委员会（分别为：参政议政专委会、组织专委会、法制专委会、经济专委会、社会服务专委会、妇女老龄专委会、科技教育专委会、文化宣传专委会、信息专委会、理论研究专委会和企业专委会），2个委员会（分别为：青年工作委员会和监督委员会）。全年发展会员59人。会员中，有全国政协委员4名（其中常委1名）、北京市政协委员5名（其中副主席1名、常委1名）、区政协委员32名（其中常委3名）、全国人大代表1名、北京市人大代表5名、区人大代表5名（其中副主任1名、常委1名）。年内，建立双向联系人制度，承办“思源工程——巾帼关爱”活动，开展“民建北京市朝阳区丰宁春华助学金”第二季捐款及川藏公益行活动，联合天津、河北友好支部和民建朝阳区委经济专委会举办“京津冀协同发展论坛”，并与重庆市渝中区委暨缔结友好区委；3篇调研报告获区统战系统优秀调研成果奖。

地址：团结湖北五条 8 号楼

电话：65094054　65094934

邮编：100026

邮箱：chaoyangminjian@126.com

（李佳君）

【双向联系人制度建立】 年初，参政议政专委会建立双向联系人制度。即由参政议政专委会委员负责联系区政府相关委办局、区政协研究室和民建北京市委研究室，进一步了解区政府各部门对相关议题反应和需求；对内实行人盯人的定向联系制度，要求参政议政专委会每位委员，定向分工联系各个调研课题项目组，实现分工明确，责任到人。

（李佳君）

【帮扶石景山黄庄学校】 2月21日，民建朝阳区委社会服务专委会走访石景山黄庄学校，为帮扶助学基地揭牌，帮助正式开通学校网站并向学校捐赠书籍。4月22日，社会服务专委会邀请北京市心之露心理咨询与康复中心心理专家到黄庄学校，开展“亮心关爱行动”。举办《学生心理安全与学习动力》专题讲座。6月18日，社会服务专委会和中科院MBA中心学生再到黄庄学校，与学校负责人座谈帮扶事宜。

（李佳君）

【服务老年支部模式试点】 2月，社会服务专委会（简称社服委）针对老年支部服务工作制订计划，采取4项措施开展服务试点：一是密切联系，专人服务，保证每月至少1次以见面、微信、电话等方式沟通联系；二是顺畅沟通，翔实规划，主要报告社服委最新活动动态，并帮助老年支部策划相关活动；三是信息收集，整理提交，社服委每月收集一次老龄会员手写信息，转换电子版并修改提交民建朝阳区委；四是互帮互助，共同成长。了解老年支部遇到的难点问题并协调解决。

（李佳君）

【“思源工程——巾帼关爱”活动】 3月初，科技教育专委会和叶青大厦支部承办“思源工程——巾帼关爱”活动。在北京五洲妇儿医院为近100名基层贫困妇女和民建老会员免费体检，并开展爱心义诊活动，组织北京10余所医院和科教专委会专家、教授为贫困妇女及民建老会员义诊。

（李佳君）

【绍兴文化之旅学习实践活动】 4月18日至20日，民建朝阳区委青年工作委员会到浙江省绍兴市开展“文化之旅·走进绍兴”学习实践活动。民建朝阳区中纺支部与绍兴市柯桥区建兴支部正式结为“友好支部”。

（李佳君）

【社区服务】 5月7日，科六支部“建设和谐社区公益行”到朝外街道天福园社区举办“写好中国字、共建中国梦”书法专题讲座。7月10日，科二支部与安贞街道开展服务需求对接活动。在安贞西里社区公园举办“民建走进社区”社会服务活动，为社区居民提供法律、节能环保等咨询服务。7月24日，科六支部“建设和谐社区公益行”到丰台区方庄地区职康站，联合丰台区方庄街道芳群园三区举办“服务民生、助残指导、心理服务”助残公益活动。

（李佳君）

【京津冀协同发展论坛】 5月11日，科四支部发起，联合天津、河北友好支部和民建朝阳区委经济专委会举办“京津冀协同发展论坛”。朝阳区、海淀区，山东省德州市，天津市蓟县、河北省廊坊市安次区等15名民建会员分别发言。

（李佳君）

【“人民币国际化”主题研讨会】 5月23日，民建朝阳区委中信支部在京城大厦举办“人民币国际化”主题研讨会。研讨内容包括上海自贸区外投项目开展情况、区内跨境证券投资业务、个人境外直投发展情况，以及人民币国际化推动金融企业进一步专业化分工等议题。

（李佳君）

【丰宁春华助学基金捐款】 5月26日，开展“民建北京市朝阳区丰宁春华助学金”第二季捐款活动。21个支部72位会员捐款16万元。9月13日，丰宁春华助学金第二期捐赠仪式在北京叶青大厦举行。活动邀请丰宁一中高三年级12名品学兼优贫困学生代表来京参观天安门升旗仪式和中国科技馆，并举办备战高考心理讲座。

（李佳君）

【缔结“友好区委”】 6月6日，在北京举行民建北京市朝阳区委和重庆市渝中区委暨缔结友好区委签约仪式。

（李佳君）

【四届八次全委（扩大）会议】 6月6日，召开民建朝阳区委四届八次全委（扩大）会议，听取“作风建设年”活动领导小组总结报告；宣传、贯彻、解读新修订的11项规章制度；确定将2014年定为“制度落实年”，建立以制度保障为核心的基层组织建设长效机制。

（李佳君）

【京津冀一体化协调发展研讨会】 6月7日至8日，民建北京市朝阳区联合一支部、天津市和平区六支部、秦皇岛市科教支部、河北省企业家委员会等民建会员在秦皇岛龙腾大酒店举办京津冀一体化协调发展研讨会。会议号召民建会员在推动京津冀协同发展上有新认识，自觉打破自家“一亩三分地”思维定式，着力推动三地走出一条科学、持续的协同发展道路。

（李佳君）

【走访调研】 6月18日，科一支部走访会员企业美博文化（北京）有限公司。7月27日，社会服务专委会到北京岳成律师事务所参观交流。9月18日，科技教育专委会参访中国导航高科技领导企业北京合众思壮股份有限公司。11月14日，科一支部到北京信达泰利科技有限公司调研中小企业转型升级工作。12月13日，叶青大厦支部、科六支部、二支部等30余名会员参观考察北京粮食集团有限责任公司所属北京古船食品有限公司潞河分部、北京古船面包食品有限公司。

（李佳君）

【“行走川藏公益行”活动】 7月，民建朝阳区委青年工作委员会与重庆渝中区委青年工作委员会开展“挑战自我、放飞梦想”行走川藏公益行活动。走进藏民居住区与藏民交流，并到八宿县然乌镇中心小学开展助学慰问。

（李佳君）

【社会主义核心价值观报告会】 7月20日，民建朝阳区委联合一支部、科五支部和市属支部在民建中央会议室，召开学习社会主义核心价值观会议。邀请中央社会主义学院教授赵丰做“树立和践行社会主义核心价值观”报告。

（李佳君）

【参政议政能力建设座谈会】 8月30日，民建中央办公厅与民建朝阳区联合三支部、中直支部联合举办基层组织参政议政能力建设座谈会。40余名会员参加活动。中直支部会员、民建朝阳区委副主委黄鹰做“充分发挥专业优势，为民建朝阳参政议政锦上添花”专题讲座；中直支部会友、上投摩根基金会袁阳洋应邀做“璀璨人生、科学理财”专题讲座。

（李佳君）

【届中评议】 9月27日，召开民建朝阳区委四届十次全委（扩大）会议。对领导班子、班子成员及领导机构成员进行届中民主评议。区委主委徐艳梅代表四届领导班子向大会述职，各位区委领导班子成员和其他领导机构成员进行届中述职。

（李佳君）

【新中国成立65周年庆典】 9月28日，由民建朝阳区委主办，妇女老龄专委会、青年工作委员会和文化宣传专委会承办的“庆祝建国65周年政协成立65周年和民建北京市委组建65周年庆典”在北京西区剧场举行，民建朝阳区委各支部会员100余人参加活动。

（李佳君）

【“民建青年会员发展与成长”讨论会】 10月10日，民建北京市朝阳区中纺支部、西城区综四支部、东城区永外支部和山西省直属七支部40余位会员在民建中央举办“民建青年会员的发展与成长讨论会”。相关与会人员分别以《中国经济形势分析》《青年会员成长与发展》《基层会员组织建设的思考》《深化国企改革　完善企业法人治理结构》为题演讲。

（李佳君）

【参政议政】 10月29日，区政协、区委统战部联合举办“聚焦国际化，推进城乡一体化发展”专题议政会。民建朝阳区委做《国际化与城市化背景下的北京农村住房与宅基地问题研究》主题发言；《关于加快公共安全管理的国际化进程　全面推动人的“行为安全”养成》等3篇报告获推荐发言，《关于在奥林匹克公园区域进行离境免退税综合试点工作的建议》等11篇调研报告收录议政会论文汇编。

（李佳君）

【调研报告获奖】 11月，在区委统战部民主党派专项调研成果评比中，民建朝阳区委《北京电子城科技园区现况分析及发展研究》和《国际化与城市化背景下的北京农村住房与宅基地问题研究》调研报告获一等奖，《关于在奥林匹克公园区域进行离境免退税综合试点工作的建议》获三等奖。

（李佳君）

民进朝阳区委

【概况】 中国民主促进会北京市朝阳区委员会（简称民进朝阳区委）有会员690人，支部28个。年内新增会员32人，其中研究生以上学历5人，中级以上职称10人，占新发展会员的31.2%。会员中有全国政协委员3人、市人大代表2人、市政协委员3人（其中常委1人）、区人大代表5人（其中常委1人）、区政协委员23人（其中常委4人），昌平区政协委员1人、区政府特约工作人员7人。年内，召开主委会5次、全委会1次、全委（扩大）会2次、支部主任例会2次。经济二支部获“民进中央创先争优先进基层组织”、经济二支部主任曹燕荣获“民进中央创先争优先进基层组织负责人”；东方德才支部、北片联合支部获“民进北京市优秀支部综合优秀奖”，教育学院朝阳分院支部获“民进北京市优秀支部突出进步奖”；会员卫杰、左朝辉获“民进北京市优秀会务工作者”。

地址：团结湖北五条8号

电话：65094935

邮编：100026

邮箱：chyminjin@126.com

（张　纯）

【“寒冬送暖心”捐赠】 1月16日，联合朝阳区饮食服务旅店行业协会，在建国门外外交部公寓施工工地开展“寒冬送暖心”捐赠活动。民进朝阳区委向外交部工地，双桥住宅工地，房山区保障朝阳农餐、农社对接项目蔬菜种植基地，北京民天综合市场，以及太熟悉、将太无二、雅玛铁板烧等餐饮企业捐赠棉服600件。

（张 纯）

【先进表彰】 1月25日，经民进朝阳区委全委会决定，对会员发展、信息报送、组织活动较为突出的9个先进支部、2个特殊贡献支部和23名优秀信息员分别予以表彰。

（张 纯）

【全委（扩大）会议】 3月14日至15日，召开民进朝阳区委四届十次全委(扩大)会议。民进北京市委常务副主委李焕喜、中共朝阳区委统战部常务副部长胡杰华、民进北京市委组织处处长鲁剑，以及民进朝阳区委委员、支部主任、支部委员、专委会主任等58人出席会议。会议传达习近平总书记视察北京工作重要讲话、中共北京市委十一届五次全会精神和中共朝阳区委书记程连元在全区领导干部大会上讲话精神。区委副主委于欣代表民进朝阳区委总结2013年工作，区委主委张耘通报2014年工作要点。民进朝阳区委各专委会和支部分别总结工作。

（张 纯）

【民进市委领导到区调研】 5月18日，民进北京市委有关领导到区委调研基层组织建设工作。民进北京市委常务副主委李焕喜、中共朝阳区委统战部常务副部长胡杰华、民进朝阳区委主委张耘等出席。民进朝阳区委委员、支部主委、支部委员30人参加会议。民进朝阳区委主委张耘汇报朝阳区组织建设总体情况，东方德才支部主任左朝辉、经济二支部组织委员封峰分别介绍朝阳区优秀支部工作经验，朝阳区各支部结合组织发展、后备干部队伍建设以及老龄会员活动开展情况展开交流。

（张 纯）

【“同心圆梦 爱心助学”】 8月28日，在团结湖街道一二条社区开展“同心圆梦 爱心助学”活动。民进会员捐资12300元设立助学基金，4户困难家庭子女接受捐助。

（张 纯）

【对口帮扶】 8月，与贵阳市花溪区开展对口帮扶活动。民进朝阳区委主委张耘到贵阳市花溪区，代表民进朝阳区委捐赠现金2万元、棉服400件。

（张 纯）

【届中评议】 9月29日，召开届中述职民主评议会议。民进北京市委副主委姚树坤、中共朝阳区委统战部常务副部长胡杰华、民进市委组织处处长鲁剑、中共朝阳区委统战部党派科负责人及民进朝阳区委领导班子和领导机构成员、专委会和支部负责人30余人参加会议。民进朝阳区委主委张耘代表区委领导班子做民进朝阳区第四届委员会届中述职报告，14名区委委员分别述职。参会会员对民进区委领导班子和委员现场打分。

（张 纯）

【法律大讲堂】 10月29日，在团结湖街道一二条社区举办朝阳民进法律大讲堂。为辖区用工企业、社区居民讲解《中华人民共和国劳动合同法》。

（张 纯）

【十六中支部成立】 11月28日，民进朝阳区委在北京市第十六中学召开民进十六中支部成立大会。十六中支部有会员6人，全部为在校教师。王利如担任支部主任。

（张 纯）

【骨干会员培训班】 12月5日至6日，举办民进朝阳区委培训班。民进朝阳区委委员、支部主任、骨干会员40余人参加培训。民进北京市委副主委、著名消化内科专家、中日友好医院副院长姚树坤作“中华传统文化与健康”专题讲座，民进朝阳区委主委张耘作“关于首都城市功能核心区的解读”专题讲座。

（张 纯）

【参政议政】 年内，参政议政专委会上报社情民意信息104篇，工作信息21篇，撰写调研报告7篇，提交党派提案3篇。其中《关于应对技术经营国际化趋势的区域对策建议》被区政协评为年度优秀提案。调研报告获区委统战部民主党派专项调研成果评比二等奖1篇、三等奖2篇、优秀奖1篇；其中《完善基层意见领袖的决策参与机制》《798艺术区旅游发展存在的问题及建议》《关于朝阳区城市化新区发展路径的建议》被朝阳信息采用。会员姜继为以《落实协商民主 推进朝阳城乡一体化发展》为题在政协议政会上作党派发言；会员刘敬疆以《学习十八届四中全会法治精神扎实推进我区依法行政工作》为题在朝阳区民主党派、工商联、无党派人士座谈会上代表党派发言。

（张 纯）

农工党朝阳区委

【概况】 中国农工民主党北京市朝阳区委员会（简称农工党朝阳区委）有支部23个，党员791名。内设设参政议政、社会服务、宣传工作、青年工作和老龄工作委员会等5个专门工作委员会。党员中，享受政府特殊津贴2人，全国政协委员2人，北京市政协委员5人，区人大代表5人（常委1人），区政协委员22人（副主席1人，常委3人），市级特邀监督员3人，区级特约员7人，农工党中央委员2人，农工党北京市委委员5人（副主任委员1人，常委2人）。年内，多次举办义诊及咨询活动，赴贵州省开展社会服务，组织医学专家为当地先天性心脏病儿童进行免费筛查。年内，获2013年度区政协社情民意信息工作先进单位，5名党员获社情民意信息工作先进个人。

地址：团结湖北五条8号楼
电话：65094937
邮编：100026
邮箱：chyngd@163.com

（管文东）

【提案获奖】 1月，向区政协十二届三次会议提交的《关于尽快设立中药研发孵化器助推中药产业健康发展的建议》提案获区政协十二届四次会议优秀党派提案奖。农工党界别政协委员提交的《关于加快政府信息数据库建设 推进政府信息公开工作的建议》和《关于深化教育体制改革 探索朝阳区职业教育集团办学模式的建议》提案获优秀委员提案奖。

（管文东）

【捐赠电脑和图书活动】 4月23日，联合团结湖支部和文教支部举办向中国滋根乡村教育发展促进会捐赠电脑和图书活动。捐赠电脑6台，图书1400余册。

（管文东）

【赴大兴区少数民族村义诊】 4月24日，在大兴区少数民族村——礼贤二村举办“跨党派、跨地区——帮扶少数民族村”大型义诊咨询。10名医疗专家为当地村民义诊，诊治400余人次。

（管文东）

【党员学习班】 5月28日，举办第十一期党员学习班。邀请农业部科技发展中心基因安全管理处副处长付仲文做“关于转基因生物安全管理”专题报告，山东省艺术学院教授、人文地理摄影研究生导师、农工党党员吴思强讲授摄影基础知识。

（管文东）

【“情系百姓健康”系列义诊活动】 6月7日，在密云县渔阳口腔医院启动2014年“情系百姓健康”系列义诊活动。截至10月，区委带领党内医学专家分别到密云县冯家峪镇、大城子镇等地开展义诊咨询，诊治600余人次。

（管文东）

【理论研究】 7月，区委所报课题《民主党派在公益慈善中的作用》被农工党北京市委选为2014年度重点支持课题。在市、区政协举办的纪念人民政协成立65周年征文活动中，区委所投稿件《对人民政协在中国协商民主制度体系中定位的思考》和《大力发扬社会主义协商民主　为民主党派履行民主监督职能创设更为适宜的条件》被收录朝阳区人民政协理论与实践研究会会刊；在朝阳区人民政协理论与实践研究会2014年会员大会暨理论研讨会上,《对人民政协在中国协商民主制度体系中定位的思考》作者王鑫代表区委发言。

（管文东）

【赴贵州省帮扶救助】 8月，到贵州省开展社会服务活动。农工党朝阳区委委员、北京闽龙世纪建材市场有限公司董事长陈进林代表农工党朝阳区委向农工党贵阳市委定点帮扶村——高坡乡硐口村和高坡乡龙云村捐赠人民币10万元。9月下旬，组织医学专家到贵州省为当地先天性心脏病儿童进行免费筛查。119名患儿接受筛查，37名符合手术条件的患儿于10月底分批到北京治疗。

（管文东）

【届中评议】 9月26日，召开届中民主评议会。全体区委委员做述职报告，参会人员对区委班子和委员进行民主测评。

（管文东）

【调研报告获奖】 9月底，向区委统战部、区政协议政会和农工党北京市委提交调研报告4篇。分别为：《关于朝阳区信访工作法治化改革的建议》《关于进一步加强我区出租房整治工作的建议》《关于加快推进朝阳区东北部地区综合医疗机构建设的建议》和《抓住新机遇，加快朝阳区互联网产业升级》。在区委统战部民主党派专项调研成果评比中，前2篇获三等奖，后1篇获优秀奖。

（管文东）

【专题议政会】 10月29日，参加区政协、区委统战部联合举办的“聚焦国际化，推进城乡一体化发展”专题议政会。农工党朝阳区委与区政协教文卫体委员会文化界别、区文化委、区农委联合提交的《农村城市化进程中公共文化建设的管理与创新》调研报告作为大会主题发言，提交的《关于加快推进朝阳区东北部地区综合医疗机构建设的建议》《关于进一步加强我区出租房整治工作的建议》和《抓住新机遇，加快朝阳区互联网产业升级》调研报告作为书面发言，被编入《朝阳区政协、区委统战部议政会相关调研报告汇编》。

（管文东）

【学习中共十八届四中全会精神】 11月6日，举办学习中共十八届四中全会精神报告会。邀请中央党史研究室宣传教育局副局长薛庆超做传达学习中共十八届四中全会精神辅导报告。农工党朝阳区委各支部以及区委机关干部55人参加学习。

（管文东）

【国际科学与和平周义诊咨询】 11月15日，组织中医科、眼科、西医内科和儿科等8名党内医学专家，在大兴区旧宫新苑社区卫生服务中心举办第二十六届国际科学与和平周义诊咨询。

（管文东）

【参加民主协商会】 11月20日，区委主委邢念增、专职副主委鲁建玲参加中共朝阳区委召开的民主协商会，代表区委就中共朝阳区委、朝阳区政府2015年工作提出若干建议：落实精神卫生法，加强朝阳区精神卫生队伍建设；增加朝阳区疾控中心外聘人员编制，并提高工资待遇；进一步加大政务公开强度，依法行政，提升政府服务质量。

（管文东）

【获农工党北京市委先进】 11月，区委和所属医卫一支部、中医药大学支部、八里庄支部获农工党北京市委先进集体；所属党员中，73人获优秀党员，11人获参政议政先进个人，4人获理论宣传工作先进个人，8人获社会服务工作先进个人，1人获组织工作先进个人。

（管文东）

【信息报送】 年内，向各级相关组织上报各类信息167条，其中社情民意类信息109条，占上报信息总量的三分之二以上。

（管文东）

致公党朝阳区委

【概况】 中国致公党北京市朝阳区委员会（简称致公党朝阳区委）有党员522人，支部17个。全年发展党员24人。党员中有全国政协委员2人，北京市人大代表1人、北京市政协委员1人，区人大常委1人、区政协委员17人（其中副主席1人、常委3人、副秘书长1人、专委会副主任2人），致公党中央委员2人（其中常委1人），致公党北京市委委员8人（其中常委2人），国土资源部特约监察专员1人、市级特约工作人员6人、区级特约工作人员7人。年内，赴天津开展京津冀一体化发展考察，启动“致公天露乡村医疗工程”，举办以“开放、融合、协调、发展”为主题的“宏观经济形势与经济转型发展”论坛以及汉藏一家亲文艺演出等活动。年内，区委第十三支部被评为致公党北京市委先进基层支部；高吉喜被评为致公中央优秀党员，并被中宣部、科技部、人社部联合授予第五届全国杰出专业技术人才；高向宇、高吉喜被评为致公党北京市委优秀党员；陈丽娟获北京市侨联、市人社局授予的侨联工作先进工作者称号。

地址：团结湖北五条8号
电话：65094933
邮编：100026
邮箱：zgdcyqw@126.com

（李　旭）

【参加区政协会议】 1月6日至8日，致公党朝阳区委17名区政协委员出席区政协十二届三次会议，并向会议提交本党派提案2件、委员提案17件。

（李　旭）

【救助藏族同胞】 1月22日至28日，开展“救助致公天露助学工程受助学生白玛卓嘎母亲巴桑来京治病”活动。致公天露助学工程启动于2011年，受助对象为北京西藏中学贫困学生。致公党朝阳区委获知白玛卓嘎同学母亲巴桑罹患甲状腺肿瘤消息，发动党员捐款捐物，并帮助其到京施行肿瘤切除手术。

（李　旭）

【汉藏一家亲文艺演出】 1月23日，联合小关街道在北京西藏中学举办“汉藏一家亲”文艺演出，致公党党员表演萨克斯独奏和爵士乐弹奏。

（李　旭）

【四届七次全委（扩大）会】 3月23日，召开四届七次全委（扩大）会。部署开展中国特色社会主义学习实践活动。区委领导班子、区委委员、各支部主委、各专委会主任近30人参加会议。

（李　旭）

【致泸致西合作】 5月中旬，响应致公党中央扶持西部地区号召，区委专职副主委刘伟和有关专家到四川泸州和重庆酉阳开展致泸、致西合作，并在当地开展扶贫调研。

（李　旭）

【经济形势与经济转型发展论坛】 5月23日，联合区政协、首都经济贸易大学在北京国际会议中心举办以“开放、融合、协调、发展”为主题的“宏观经济形势与经济转型发展”论坛。邀请国内知名专家学者就加快区产业融合发展，深化经济结构调整等问题，为区经济社会发展建言献策。近150人参加论坛。

（李 旭）

【“致公天露乡村医疗工程”启动】 7月28日，在拉萨市城关区纳金乡卫生院举行“致公天露乡村医疗工程”挂牌启动仪式。工程旨在帮助西藏地区建设首家标准化乡村卫生院。派驻的医生和护士进驻拉萨市城关区纳金乡卫生院，指导培训当地藏族医护人员，制定系列标准化制度。西藏地区首家标准化乡村卫生院诞生。

（李 旭）

【贵阳扶贫】 8月中下旬，到贵阳市花溪区开展对口帮扶活动。致公党朝阳区委组织专家、企业家到帮扶对象——贵阳市花溪区久安乡吴山村和打通村调研，与帮扶村签订《久安乡吴山村人畜饮水管线维修项目脱贫帮扶协议》《久安乡吴山村道路改建项目脱贫帮扶协议》《久安乡打通村道路亮化项目脱贫帮扶协议》《久安乡打通村沟渠维修项目脱贫帮扶协议》和《蔬菜收购订单合同》等协议。年内，两地致公党组织落实扶贫项目资金200万余元。

（李 旭）

【届中评议】 9月21日，召开第四届委员会届中民主评议工作会。区委主委高向宇代表区委班子述职，区委班子成员、区委委员分别述职，与会人员填写《区委领导班子民主测评表》和《区委委员民主测评表》。

（李 旭）

【致公党中央领导到区调研】 10月24日，致公党中央副主席闫小培一行到区调研社区养老工作。参观八里庄街道无限社区、延静里社区爱晚桑榆养老院，考察区社区养老服务工作开展情况。

（李 旭）

【参加清华大学援藏20周年主题活动】 10月26日，致公党朝阳区委，清华大学党委统战部、校研究生团委、校热能系主办的“行健新百年，共筑中国梦”暨援藏工作20周年主题活动在清华大学举行。25名致公天露助学工程援助的北京西藏中学藏族学生参加活动。藏族学生分别参观清华大学校史馆、新清华学堂、二校门、图书馆等标志性建筑及热能系、水利系实验室，并与师生座谈交流。

（李 旭）

【社会服务培训班】 11月2日，举办首期社会服务培训班。致公党北京市委社会服务与联络处处长刘全信、致公党朝阳区委专职副主委刘伟及30余名党员参加培训。刘全信介绍致公市委2014年开展社会服务工作情况和党派开展社会服务的意义，并代表市委接受区委捐赠新书400册。刘伟汇报区委近几年开展社会服务工作情况并介绍中国公益慈善事业发展现状与趋势。邀请中央国家机关心理咨询督导、北京林业大学心理学博士李明做“社会服务工作者如何树立健康、良好的心态，更好地开展社会服务”专题讲座。

（李 旭）

【京津冀一体化发展考察】 12月12日至13日，组织20名参政议政骨干党员到天津考察京津冀一体化发展。活动由区委副主委、首都经济贸易大学继续教育学院院长田新民带队。考察人员分别与天津市武清区发改委相关人员和致公党天津市河东区委党员座谈交流，听取南开大学经济学院教授陈宗胜、首都经济贸易大学教授王少国所做的《关于京津冀一体化发展思考》报告，并参观考察武清区2015年中国绿博会会址——南湖开发区、天津博物馆和天津规划馆。

（李 旭）

【调研报告获奖】 年内，向区委统战部提交调研报告4篇，分获区委统战部民主党派专项调研成果一、二、三等奖和优秀奖。4篇调研报告分别为：《朝阳区碳减排路径与战略选择研究》《以金融、科技、文化为支撑，强化商务引领，在产业融合中提升朝阳区域竞争力》《加速低级次产业清理改造，提升朝阳区城市安全运行水平的建议》和《关于进一步促进朝阳区城乡统筹公共服务均衡发展的建议》。

（李 旭）

九三学社朝阳区委

【概况】 九三学社北京市朝阳区委员会（简称九三学社朝阳区委）下设组织部、宣传部、参政议政第一委员会、参政议政第二委员会、社会工作委员会、老龄工作委员会、青年工作委员会、妇女工作委员会、办公室。截至年底，有支社23个，支社筹备组1个。有社员1047人，平均年龄57.2岁。其中女社员508人，占48.5%。具有高级职称的社员755人，占72.1%，硕士以上学历的社员406人，占38.8%，博士163人。科技界40.6%，高教界29.2%，医药卫生界16.6%，其他界别13.6%。社员中有全国人大常委1人，全国政协委员2人，北京市人大代表1人，北京市政协委员3人，朝阳区人大代表5人（常委1人），朝阳区政协委员20人（常委4人），区青联委员6人，朝阳区政府特约员10人，九三学社中央委员6人，九三学社北京市委委员12人（副主任委员1人、常委1人），九三学社北京市委监督委员会委员2人（副主任1人）。全年发展社员46人。年内，成立妇女工作委员会，成立九三学社北京朝阳医院支社，向区政协提交的《加强金融服务园区建设，推动朝阳区金融业发展》提案，被列为主席督办提案。年内，区委被九三学社中央评为“组织建设先进集体”，1人被九三学社中央评为“先进组织工作干部”，1人被九三学社中央颁发信息工作贡献奖；2个支社被九三学社北京市委评为社会服务工作先进集体，16人被九三学社北京市委评为社会服务工作先进个人。

地址：团结湖北五条8号

电话：65094932、65094059

邮编：100026

信箱：jiusanchaoyang@sina.com

（刘 军）

【获区政协优秀提案】 1月6日，在区政协十二届三次会议上，提交的《加强金融服务园区建设，推动朝阳区金融业发展》提案被评为优秀提案，并被列为主席督办提案。10月23日，提案调研组成员参加区政协组织的该提案督办现场办公会，就提案办理落实情况提出意见。

（刘 军）

【全国“两会”精神报告会】 4月9日，联合北京工业大学党委统战部在北京工业大学举办“九三讲坛——传达习近平总书记视察北京重要讲话及全国‘两会’精神报告会”。邀请全国人大常委、九三学社北京市委副主委、教授侯义斌和全国政协委员、九三学社朝阳区委主委、中国石化北京化工研究院副总工程师张明森做相关报告。

（刘 军）

【参观抗战纪念馆】 5月16日，区委青年工作委员会举办青年节主题教育活动。组织青年社员及青年入社积极分子参观中国人民抗日战争纪念馆和七七事变爆发地卢沟桥。

（刘 军）

【捐赠药品】 8月18日至22日，九三学社朝阳区委专职副主委兼秘书长茅为中与朝阳经济支社副主委、达因药业总经理杨杰到贵阳，参加区政协组织的“7+2同心扶贫工程”，为贵阳当地贫困儿童捐赠价值约9万元药品。

（刘　军）

【妇女工作委员会成立】 8月26日，召开妇工委成立大会。选举产生妇女工作委员会委员。妇委会主任肖瑞玲，副主任袁红、杨丰梅，委员钟光珍、徐远、冯淑娟、兰英。

（刘　军）

【社员学习班】 9月18日至19日，举办九三学社朝阳区委2014年社员学习班，区委统战部常务副部长胡杰华，九三学社朝阳区委主委张明森，副主委卢清国、何深思，专职副主委兼秘书长茅为中出席开班仪式，区各支社干部、最近2年入社社员以及入社积极分子70余人参加学习班。学习班重点作4个辅导报告，分别是九三学社中央社史研究中心研究员、思想建设研究中心研究员、清华大学筑境规划建筑设计研究院副院长许进的《我对九三学社的几点认识》报告；北京化工大学经济管理学院教授姚飞的《首都发展现状及趋势》报告；九三学社中央参政党理论研究中心研究员、北京化工研究院教授级高级工程师朱良的《协商民主在中国特色社会主义中的重要作用》报告；区委统战部常务副部长胡杰华的《统一战线理论与统一战线文化》报告。

（刘　军）

【届中评议】 9月19日，召开民主测评会。区委主委张明森代表区委班子述职，主委会成员及全体区委委员结合分管工作分别述职。社区委委员、各支社代表、社各部委负责人34人参加会议并对主委班子和成员进行民主测评。

（刘　军）

【北京朝阳医院支社成立】 10月23日，在北京朝阳医院成立九三学社北京朝阳医院支社。钟光珍、戈晓东、刘正新为第一届支社委员，钟光珍任支社主委。

（刘　军）

【出席民主协商会】 11月20日，中共朝阳区委召开民主协商会，征求各民主党派对朝阳区2015年工作的意见。专职副主委兼秘书长茅为中、参政议政委员会主任朱良代表社区委出席会议，并做“贯彻习近平总书记视察北京市重要讲话，在京津冀一体化发展中发挥朝阳区的作用”专题发言。

（刘　军）

【出席区政协理论与实践研究会研讨会】 12月11日，在区政协理论与实践研究会举办的“推进协商民主广泛多层制度化发展”研讨会上，九三学社朝阳区委委员、参政议政第一委员会主任朱良代表九三学社朝阳区委做《在地方重大决策过程中应进一步加强人民政协的作用》专题发言。

（刘　军）

【先进表彰】 12月15日，表彰吴振绮等18名2014年度信息工作先进个人。

（刘　军）

【党派调研】 年内，完成《加快推进京津冀一体化进程，打造京津冀国际交往重要窗口》《完善朝阳区劳务派遣员工职业安全卫生保障制度的建议》和《关于朝阳区率先开展阿尔兹海默氏症防控试点工作的建议》3篇调研报告。首次申报九三学社北京市委两项调研课题，并撰写《推进北京市国有企业改革的建议》和《推进北京市事业单位改革的建议》调研报告。社区委部分社员参与九三学社中央参政议政调研工作。首都经贸大学（东区）支社主委柳学信撰写《深化改革，推进城市公用事业发展》调研报告。

（刘　军）

台盟朝阳区工委

【概况】 台湾民主自治同盟北京市委员会朝阳区工作委员会（简称台盟朝阳区工委）。成立于1998年10月12日，是台盟北京市委派出机构，工作人员由台盟北京市委派出。台盟朝阳区工委下设3个支部（分别为经济科技支部、文教医卫支部、离退休支部），有盟员76人。盟员中有市人大代表、政协委员3人，朝阳区人大代表、政协委员7人，丰台区政协委员1人。年内，举办2014年度中青年骨干盟员培训班，开展“医心益行同胞情”义诊及“助梦起航爱心捐助”等活动，接待台湾少数民族代表参访，组织台商走访慰问黑庄户乡贫困、残障人员家庭。年内，台盟朝阳区工委获台盟中央2014年市级组织参政议政突出进步奖。

地址：团结湖北五条8号楼
电话：65094943
邮编：100026
邮箱：tmcygw@126.com

（李　力）

【台盟中央领导走基层】 1月10日，台盟中央副主席黄志贤、秘书长张宁率中央机关干部近20人到高碑店村参观学习新农村建设。

（李　力）

【社会服务】 1月，组织部分在区台商走访慰问黑庄户乡15户贫困、残障人员家庭。3月，开展“助梦起航爱心捐助”活动，组织朝阳盟员为门头沟区雁翅镇付家台小学捐资助学，盟员32人次参加。4月，组织20名盟员到怀柔开展公益植树活动。8月，工委主任高峰参加区政协赴贵阳市花溪区对口扶贫活动。

（李　力）

【“温暖一家亲”活动】 2月10日，开展“温暖一家亲”活动。走访慰问朝阳区老盟员20户。

（李　力）

【“医心益行同胞情”义诊】 4月11日，台盟朝阳区工委组织“医心益行同胞情，爱在两岸间传递”义诊活动。在年内开展的多次义诊活动中，台湾医师、台湾学生走进社区公益义诊，义诊人员分赴团结湖、潘家园、黑庄户等地区5个社区为居民义诊。台盟朝阳区工委获“2013年北京市民主党派基层典型经验”称号。

（李　力）

【中青年骨干盟员培训班】 7月18日至20日，举办2014年度中青年骨干盟员培训班。区委统战部常务副部长胡杰华做“新形势下的朝阳区统战工作”专题讲座。台盟中央台情研究委员会委员、《台声》杂志社顾问何标做“中共地下党在台湾”专题讲座。培训班结合学习内容到张家口革命烈士陵园，向革命烈士、爱国台胞李子秀墓敬献花圈并举行祭奠活动。

（李　力）

【调研报告获奖】 7月至9月，完成调研报告3篇并分获区委统战部民主党派专项调研成果奖项。其中《充分整合社会资源，推进我区医养结合居家养老服务发展》获二等奖、《推进公共图书馆服务体系精细化发展，服务朝阳区“城乡一体化”建设》获三等奖、《关于朝阳区发展互联网金融产业的建议》获优秀奖。

（李　力）

【届中评议】 9月20日，区工委召开第四届工委领导班子届中民主评议工作会。台盟北京市委秘书长彭京玉、中共朝阳区委统战部常务副部长胡杰华出席会议。副主任李秋玲主持会议。会上，主任高峰代表第四届区工委班子述职，班子成员分别述职。各支部负责人及盟员代表等参加评议会。

（李　力）

【台湾少数民族代表参访】 12月10日，邀请到京参加“京台少数民族代表人士座谈会”的台湾少数民族代表17人到区参观交流，并到鸟巢、水立方、东岳庙、漕运河码头、高碑店新村等地参观。

（李　力）

【信息调研获盟市委奖项】 年内，报送社情民意信息75篇，台盟市委采用14篇。《关于朝阳区发展互联网金融产业的建议》获台盟北京市委2014年度优秀调研报告二等奖。

（李 力）

【组织建设】 年内，调整基层支部盟员3名。发展盟员6名。2名盟员当选区青联第五届委员会委员。

（李 力）

【“两会”建议提案】 年内，在市“两会”和区“两会”上，共提交人大代表建议5件；政协委员提案10件。在区政协十二届三次会议上，提交《关于推进我区生态文明建设的建议》《关于促进我区城乡一体化健康发展的建议》《关于推进我区公共文化优质化发展的建议》党派提案3件，其中《关于推进我区生态文明建设的建议》被区政协评为优秀党派提案。

（李 力）

团 体

朝阳区总工会

【概况】 朝阳区总工会是朝阳区工会组织的领导机关。1952年9月12日，正式成立东郊区工会，1958年东郊区工会改称朝阳区工会，2004年1月朝阳区工会改称朝阳区总工会。内设办公室（财务部）、组织部（经审办）、宣传教育部、经济技术部、权益保障部、职工服务（帮扶）中心，职工服务中心（工人文化宫）和服务业工会、制造业工会。全区有建会单位20443家，会员430507人。年内，38家工会服务站全部达标并通过市总验收；125家区级“职工之家”通过达标验收并挂牌；申报全国职工书屋1个，市级职工书屋9个，市级职工体育示范基地1个；培训职工43000余人；组织139名优秀农民工参加首都农民工大学生助推计划；242名职工申报“首都在职职工职业发展助推计划”；36名职工通过职业技能等级证书资格考试；组织3万名职工参加“安康杯”竞赛；举办招聘会5次，676人实现再就业；投入220万元专项资金用于暑期慰问一线职工，1000万元用于各类会员服务活动；开展单身职工交友联谊活动6场；职工互助保险、职工医疗互助保障和职工大病互助理赔729.5万元。全区企业法人建会率和企业职工入会率均实现90%以上目标，累计建会2万余家，发展会员40.3万余人。截至2014年底，全区有符合工资集体协商标准的企业17896家、覆盖职工392081人，签订工资集体协商专项合同的企业15698家，覆盖职工325298人，建制率87.7%。中华全国总工会授予区总工会“全国工会贯彻落实工资集体协商三年规划先进集体”和“全国工会落实建会三年规划先进集体”称号。

地址：日坛北街33号
电话：65094612
邮编：100020
邮箱：cyqzghbgs@126.com

（王慧珏）

【春节优惠大放送】 1月，开展“新春狂欢季，惊喜送不停”区工会会员春节优惠大放送活动。大放送包括10个免费优惠服务项目，覆盖全区25万持京卡·互助服务卡的工会会员，4万余人次参与活动。

（王慧珏）

【劳模慰问金发放】 1月，为全区525名在册全国劳模、市级劳模发放市级“两节”慰问金54.7万元；为20名市级离退休劳模申请低收入补贴6万余元；为55名市级劳模申请特殊困难劳模帮扶补贴51万余元。经市总工会按比例核定，2项实际发放28.7万余元。

（王慧珏）

【会员平安返乡服务日活动】 1月下旬，开展工会会员平安返乡服务日活动。为外埠务工人员春节返乡预订、集中现场售火车票2486张，涉及36个街道、地区及行业工会，服务企业近180家，提供免费咨询预订6393人次。

（王慧珏）

【“两节”送温暖】 “两节”期间，投入资金44.79万元，走访慰问企业8家，慰问困难职工、困难劳模、老干部447人次。

（王慧珏）

【党的群众路线教育实践活动】 2月21日至10月底，开展党的群众路线教育实践活动。期间，组织全体党员干部集中学习14天，进行专题考试1次，抽查学习笔记3次，召开中层干部专题学习讨论会3次，全体党员干部座谈交流2次；废除旧规章制度4项，修订制度14项、新建规章制度3项；征集各方面意见和建议101项288条，经研究分析，明确16项整改任务。减发通知类文件7个，停发《朝阳工会信息》等业务交流性文件3个，增加以职工需求为导向的服务项目11个。

（王慧珏）

【总工会主席选举】 2月25日，召开区总工会第十三届六次委员会会议，选举区政协副主席陈合庄为区总工会主席。

（王慧珏）

【专职工会社会工作者招聘】 3月15日至4月30日，面向社会公开招录专职工会社会工作者34人。分配至各街道、地区和商务中心区总工会及各行业工会工作。

（王慧珏）

【全总领导到区调研】 3月20日，中华全国总工会党组书记、副主席、书记处第一书记陈豪一行到区调研工会工作。调研组参观南磨房地区工会服务站、建外街道工会服务站、商务中心区工会服务站，看望一线工会干部，听取各服务站工作汇报，在北京叶氏企业集团有限公司召开座谈会。

（王慧珏）

【裁员调解】 3月24日，福人德国际（北京）红珊瑚珠宝有限公司裁员、减薪，涉及员工50余人、金额150万元。区总工会介入调解。经调解，21人与企业签订解除劳动合同协议，其余员工继续留在企业工作。

（王慧珏）

【就业援助月】 3月，开展“春风行动”就业援助月专场招聘3次，58家用人单位提供岗位1517个，免费提供服务790人次，270人次达成初步就业意向。

（王慧珏）

【先进个人和先进集体推荐】 3月，推荐全国“五一劳动奖章”3名（刘黎、陈海斌、胡国庆）；全国“五一劳动奖状”1个（北京国际城市发展研究院）；全国工人先锋号3个（北京市朝阳区三环肿瘤医院、北京市康辉出租汽车有限责任公司、北京市忠德学校）；首都劳动奖章25名（李泓、靳维民等）；

首都劳动奖状6个（北京宝嘉恒基础设施投资有限公司等）；北京市工人先锋号12个（北京腾翔物业管理有限责任公司等）。

（王慧珏）

【工会服务站（部）长推荐】 3月至5月，开展各街道、地区和商务中心区总工会及各行业工会服务站副站长、部长民主推荐工作。经过单位推荐、资格审查、组织考察、任职谈话等流程，任命副站长8名，部长26名。

（王慧珏）

【劳动争议调解联动机制会议】 4月17日，区召开2014年劳动争议调解联动机制工作会。通报全市及区2013年劳动争议联动机制工作情况及2014年工作安排，就加强调解队伍建设、健全街乡联动机制等工作展开研讨并提出建议。区总工会、区人力社保局、区司法局、区法院、区信访办及企联主管领导出席会议。

（王慧珏）

【五一节庆祝活动】 4月29日，区领导程连元、佟克克、吴桂英、辛燕琴、陈宏志、刘军胜、李国、张树安、陈合庄等参加区庆祝“五一”国际劳动节暨先进事迹报告会，会前区领导接见2014年获全国及首都劳动奖状、奖章和工人先锋号的50名代表并合影留念。

（王慧珏）

【全国“安康杯”竞赛获奖】 4月，中华全国总工会和国家安全生产监督管理总局授予区总工会2013年度“全国‘安康杯’竞赛组织工作优秀单位”称号。这是区总工会连续第3年获此称号，也是年度全市唯一获此称号的区县总工会。

（王慧珏）

【北部地区大型招聘会】 5月29日，在大屯文化广场举行区总工会第二届北部地区大型招聘会。60家企业提供1300余个就业岗位。1200余人参会求职，403人达成初步就业意向。

（王慧珏）

【高技能人才职业发展助推活动】 5月，开展2014年高技能人才职业发展助推活动。活动首次把高级工培训纳入补贴范围。全区10家单位申报培训，242人报名，其中高级技师47人、技师56人、高级工139人。

（王慧珏）

【北京榜样候选人推荐】 5月至10月，向区文明办推荐16名“2014年北京榜样”候选人。其中，7人被推荐为“朝阳月榜样”、3人被推荐为“北京周榜样”；郑丹娜、曹中希、刘爱英被确定为“北京月榜样”，参加2014年度北京榜样最终评选活动。

（王慧珏）

【劳动争议调解中心工作室挂牌】 6月5日，区劳动争议调解中心工作室正式挂牌成立。工作室由区总工会、区法院联合建立，设在区法院。区总工会、区法院签署《关于联合建立劳动争议联动机制调解中心工作室的协议》。工会进驻法院参与劳动纠纷调解，在市法院系统尚属首次。中心工作室自1月至5月试运行，接受法院委托调解案件18件，调解成功14件。

（王慧珏）

【夏季送清凉慰问】 6月，开展夏季“送清凉”慰问活动。为区内建设工地、企业、公安、卫生、城管、环卫、保安等15家单位5000余名职工送去总价100万元夏季防暑降温用品。

（王慧珏）

【“一键通”配备】 7月，为272名离退休劳模免费配备“一键通”应急呼叫电话。开通医疗紧急救助服务，并组织相关服务机构讲解使用要领和操作方法。

（王慧珏）

【拖欠农民工工资情况调查】 8月，在全区范围调查农民工工资拖欠情况。涉及企业3334家，覆盖职工7.84万人，未发现拖欠行为。

（王慧珏）

【金秋助学专项帮扶】 8月，开展2014年“金秋助学”专项帮扶活动。帮扶对象为2014年度在册困难职工子女，在学前教育、义务教育、高中（含职业）教育和高等教育阶段就学的困难职工家庭。全区27名单亲困难女职工子女、83名非单亲困难职工子女受助，补助总额146600元。

（王慧珏）

【集体婚礼】 9月6日，在蓝调庄园为17对新人举办“爱在朝阳　缘定今生”集体婚礼。婚礼包括前期婚纱照，到婚礼当天婚纱、化妆、摄影摄像、场地布置等均为区总工会免费提供。

（王慧珏）

【走访慰问劳模】 9月23日至30日，走访慰问辖区在册劳模。慰问28名困难劳模，送去米、面、油等生活物品；走访正在住院治疗的劳模，送去慰问金并转达工会组织的问候；区四套班子领导分别带队走访全区4名全国及市级劳模；组织部分劳模以座谈会的形式庆祝新中国成立65周年。

（王慧珏）

【计算机操作员职业技能竞赛】 9月30日，举办朝阳区2014年“计算机操作员职业技能竞赛”决赛。全区29家单位137名职工参加比赛，53人获不同等级“计算机操作员”国家职业资格证书。

（王慧珏）

【国庆游园活动】 10月1日，在朝阳公园举行区庆祝新中国成立65周年群众游园活动，接待游客4万余名。

（王慧珏）

【秋季职工系列文体活动】 10月15日至30日，举办秋季职工系列文体活动。期间，投入40万余元，组织3000余名一线职工到顺义鲜花港、昌平蟒山森林公园和怀柔红螺寺举办登山及摄影比赛。摄影比赛收到作品2471幅，其中20幅作品分获一、二、三等奖。

（王慧珏）

【劳模免费体检】 11月2日至3日，开展为劳模“送健康、送知识”免费健康体检活动。组织247名在册全国及市级劳模在慈铭体检中心体检，并向其发放电子图书阅览卡。

（王慧珏）

【基层工会业务培训】 11月3日至5日，在市教工疗养院举办基层工会主席和工会干事骨干业务培训班。培训内容为解读《关于进一步做好工会工作的意见》及市总十三大报告、三级服务体系，分析新形势下群众工作与工会参与社会建设和管理、劳动关系热点问题等。140人参加培训。

（王慧珏）

【劳模“两节”慰问金发放】 11月28日，向全区525名在册劳模发放“两节”慰问金。以“京卡·互助服务卡”形式发放金额总计69.45万元。

（王慧珏）

【职工健身操展示大赛】 12月5日，举办2014年职工健身操展示大赛。健身操由北京体育大学专家团队为区职工量身订制。全区43支代表队608名职工参加比赛。

（王慧珏）

【蓝色港湾母婴关爱室揭牌】 12月16日，市总工会、市妇儿工委联合在蓝色港湾举行“公共场所‘母婴关爱室’建设推进会”。标志着北京市的“妈咪屋”建设工作已由企业内部发展到受益范围更广阔的公共场所。市总工会党组副书记、副主席、女职工委员会主任王玉英主持会议，区总工会主席陈合庄为蓝色港湾“母婴关爱室”揭牌。

（王慧珏）

【区总工会十三届八次全会】 12月23日，区总工会第十三届委员会第八次全体会议召开。选举王文军为区总工会主席，区委常委、组织部部长张革宣读《关于区总工会领导班子人事调整的说明》。

（王慧珏）

共青团朝阳区委

【概况】 共青团北京市朝阳区委员会（简称团区委），内设办公室、组宣工作部、基层工作部、社会工作部，下辖青少年指导服务中心（事业单位）和青年志愿者协会（社会组织）。年内，新建“两新”团组织285家，位居全市首位。朝外、南磨房等8个街乡开展区域化团建试点工作，通过“五破五促”（破层级体系、促融合联通，破基础薄弱、促队伍建设，破资源缺乏、促联建共享，破机制僵化、促统一联动，破活动单一、促内容多样。）探索朝阳区区域化团建特色工作模式，被团中央纳入区域化团建工作案例集在全国推广。率先成立区级社区青年汇运营支持中心，全年新建社区青年汇30家，累计建汇90家，居全市首位，其中建设10家旗舰店，全年开展活动4399次，服务青年10万余人次，在全市社区青年汇工作考核中成绩位居前列。增设现代服务、文化创意、金融服务等新兴产业基地9家，全年提供见习岗位1416个，661名见习人员与见习基地签订劳动合同，举办招聘会、创就业技能培训等活动7次，服务青年2000余人次。开展共青团与人大代表、政协委员“面对面”活动，推进“青少年星光自护教育”活动。加强志愿服务机制建设和管理，二级组织注册374家，运行项目394个，服务时长36605小时，位居16区县首位，成立区“阳光伙伴”公益联盟，凝聚76家公益团体，开展12期志愿主题活动。截至年底，全区区属团员5.7万人，二级团组织163个，其中，街道系统24个，农村系统19个，青工系统52个，非公经济及民办高校团组织68个。年内，被中华全国总工会评为全国工会经审工作先进集体；被北京市档案局评为北京市区县机关档案工作测评市级优秀单位；被首都绿化委员会评为首都全民义务植树先进单位。

地址：日坛北街33号
电话：65094369
邮编：100020
邮箱：cytqwzxb@163.com

（陈 浩 于玉丽）

【团中央领导到区调研】 1月2日，团中央书记处书记罗梅到区调研区域化团建工作。罗梅在北京外企人力资源服务公司（FESCO）听取区青年就业创业见习基地情况汇报，实地察看见习基地工作环境，重点了解公司团建活动开展情况。在朝外街道潮外社区青年汇，察看社区青年汇活动场地，了解社区青年汇工作模式和成果。

（陈 浩 于玉丽）

【区领导调研】 1月2日，区委副书记陈宏志到朝外街道潮外社区青年汇调研指导共青团工作。陈宏志参观社区青年汇各功能区，听取社区青年汇信息发布、活动组织等情况介绍，了解社区青年汇服务和培育青少年社会组织相关情况。并肯定共青团在社会组织管理与服务工作中发挥的积极作用，要求团区委进一步发挥枢纽型组织作用，统筹联系属地资源，创新组织格局和活动载体，覆盖和惠及广大青年，并进一步发挥见习基地平台作用，服务区域中心工作。

（陈 浩 于玉丽）

【动漫交流展暨ACG动漫联盟成立】 1月5日，由团区委指导的“囧囧有神”动漫交流展暨朝阳ACG动漫联盟成立仪式在国家会议中心举办。现场播放社区青年汇宣传片，团市委社区部部长林宇、团区委书记王洪涛共同为朝阳ACG动漫联盟揭牌，相关与会领导为ACG动漫联盟单位代表颁发聘书。

（陈 浩 于玉丽）

【网络春晚】 1月18日，在区718传媒文化创意园壹空间举办以“2014，我想……”为主题的北京首届社区邻里节暨社区青年汇网络春晚。春晚现场演出28个节目。团区委发动地区60家社区青年汇、2个社区网站参与，录制节目70余个，区9个节目入选实体舞台演出。活动由团市委主办，北京青少年网络文化发展中心、团区委、视讯中国共同承办。

（陈 浩 于玉丽）

【“两节”送温暖】 1月23日至2月14日，开展“两节送温暖”活动。慰问贫困团干部、团员、贫困失业人员子女、残疾人员子女、单亲家庭子女、未成年孤儿、重点青少年、孤寡老人、农民工及其子女等10类人员1893户，送去米、面、油等慰问物资，价值13.94万元。

（陈 浩 于玉丽）

【“邻里守望”活动】 3月4日，团区委、区青年志愿者协会组织全区青年志愿者、社会公益组织参加“传承雷锋精神 邻里守望互助”志愿服务活动。全区300余名青年志愿者参加活动。

（陈 浩 于玉丽）

【“区校共建”工作会】 3月14日，在朝阳规划艺术馆召开朝阳区2014年“区校共建”工作会。总结区2013年“区校共建”工作开展情况，介绍2014年高校对接社区青年汇、高校志愿服务组织联盟等重点项目；推介科技朝阳青年创新项目、应急救援培训项目及大型文体赛会活动志愿服务项目。高校团委书记就加强“区校共建”建言献策，团区委书记王洪涛总结讲话。团区委书记班子、区科协、区红十字会、区体育局领导及21所区内外高校团委书记出席会议。

（陈 浩 于玉丽）

【十一届六次全委会议】 3月21日，朝阳共青团召开十一届六次全委会议。团区委书记王洪涛为卸职委员代表颁发纪念牌。全会审议通过《关于团区委委员、候补委员卸职递补和团区委常委增选确认案》和《增选常委选举办法》等。递补4人为第十一届委员会委员，增选公安朝阳分局团委书记车英伟为第十一届委员会常委，委员会成员33名，常委会成员9名。

（陈 浩 于玉丽）

【共青团工作视频会】 3月21日，召开2014年全区共青团工作视频会议。传达2014年全市共青团工作会、中共朝阳区委十一届七次全会及区领导重要批示精神，回顾2013年各项工作，明确2014年工作任务，即以思想引领为主线，传递青春正能量；以区域化党建为统领，提高区域化团建水平；以社区青年汇为重点，筑牢青年活动阵地；以青年需求为导向，提升服务青年水平；以服务民生为目标，全面推进志愿服务活动；以党的群众路线教育实践活动为契机，提高团的工作水平。表彰2013年度朝阳共青团系统信息工作先进单位9家、区优秀社区青年汇20家、社区青年汇优秀工作者16名、社区青年汇优秀总干事19名、社区青年汇优秀社工20名、社区青年汇个案服务优秀奖10名、社区青年汇商业资源开发优秀奖10名、青年汇社会组织培育优秀奖10名、社区青年汇工作特别贡献奖7家。

（陈 浩 于玉丽）

【“廉之路”主题教育活动】 4月29日，区纪委、团区委在北京匾额博物馆联合举办“走好廉之路，传递正能量——朝阳青年再走‘廉之路’主题教育活动”。活动内容为组织青年代表参观北京匾额博物馆实物展厅，了解儒家官德文化；向优秀青年代表颁发廉政文化建设志愿者聘书，引领青年团员进行廉洁诚信集体宣誓。区法院等10家单位60名青年代表参加活动。

（陈　浩　于玉丽）

【社区青年汇主题团日】 5月4日，会同十八里店地区党委在老君堂新居民之家社区青年汇旗舰店举办“流彩青春，汇梦朝阳”社区青年汇主题团日活动。团中央权益部部长刘涛、权益部协调督导处处长梅峰、团区委副书记阚宝奎、十八里店地区党委副书记李万军出席，部分街乡团（工）委书记、60家社区青年汇专职社工参加活动。相关领导为新成立的社区青年汇团支部授牌，与团员代表重温入团誓词，共唱共青团歌，并座谈交流，团员青年代表围绕青年汇团支部建设作典型发言。

（陈　浩　于玉丽）

【“蓝立方”北航站点启动】 5月4日，组织北京航空航天大学蓝天志愿者协会志愿者正式加入“蓝立方”项目并开展首次志愿服务，标志着蓝立方北航站点正式启动。北航志愿者为前来咨询游客提供参观购票、乘车路线等服务。蓝立方北航站点在周六和周日组织3–4名志愿者前往雷锋小站参与志愿服务；组织志愿者到雷锋小站进行素质拓展；每周末参与中国科技馆志愿者活动；将雷锋小站变成志愿者之家；带领打工子弟小学学生参观水立方、鸟巢；在森林公园组织公益健走大赛。

（陈　浩　于玉丽）

【社区青年汇大型交友派对】 5月10日，在国家体育场（鸟巢）举行由团区委、北京国际旅游汇、珍爱网联合举办的“510鸟巢，我要你”8090生活方式秀兼社区青年汇大型交友派对活动。朝阳区60家社区青年汇1200余名青年会员参加活动。

（陈　浩　于玉丽）

【创就业技能培训】 5月16日至9月15日，分别在高碑店地区办事处、东风社区服务中心·社区青年汇、来广营地区黄金苑·社区青年汇、劲松职业高中举办“2014年朝阳区流动大学毕业生创就业技能培训班”。300余名流动待就业大学毕业生参加培训。培训内容包括：移动互联网创业技能、朝阳区毕业大学生登记及创业补贴相关政策、传媒推广行业创业技能、青年人职业规划及对职业选择规划的认识等。

（陈　浩　于玉丽）

【“京津冀”一体化共建协议签署】 6月10日，天津市河北区团委班子及团员青年代表到区调研。双方互相介绍共青团工作整体情况，交流加强两地团组织合作问题，达成“京津冀”一体化发展共识。团区委副书记杨栋与河北区团委副书记李鋆签署“京津冀”一体化共建协议。天津市河北区团委一行参观CBD管委会、潮外社区青年汇及798艺术区。

（陈　浩　于玉丽）

【区域化团建驻点工作】 6月18日，开展为期3个月的机关干部区域化团建驻点工作。团区委机关干部每周5个半天在基层，与街乡团干部一起推动区域化团建工作，驻点2000余小时，试点街乡团（工）委委员由不足50人提升至116人，全部建立区域团组织工作会机制，对接单位220余家。全年推优入党31人，其中重点发展流动团员8人。创新自下而上组织动员模式，引导社区团员青年自主建团、自我管理、自发活动。开展街乡联合活动及“一社一品”活动470余次，服务青年2.1万余人次。

（陈　浩　于玉丽）

【“阳光公益行”系列活动】 6月至7月，在纪念建党93周年之际，团区委开展“阳光公益行”系列活动。分批组织区域团组织青年党团员骨干走进优秀“阳光伙伴”公益组织，调研了解“阳光伙伴”公益组织公益理念、发展历程以及开展公益活动的经验方法，加强团组织与社会组织的联动，增强团的工作对青年的吸引力和凝聚力，服务青年成长成才。

（陈　浩　于玉丽）

【区域化团建工作对接】 7月9日，在朝阳规划艺术馆召开朝阳区区域化团建工作对接会。团市委、团区委、试点街乡团（工）委与各驻区单位100余人对接，研讨整合资源、形成联动，推进区域化团建等工作。

（陈　浩　于玉丽）

【合适成年人队伍业务培训】 8月7日，区预防青少年违法犯罪专项组办公室在蟹岛三点钟会议室召开区合适成年人队伍业务培训会。100名合适成年人参加培训。国振律师事务所律师何树利介绍合适成年人到场制度发展及工作背景，普及未成年人保护的相关法律法规。

（陈　浩　于玉丽）

【免费培训】 9月12日至15日，组织社区青年汇专职社工60余人分批次在区招生考试中心，为新青年学堂秋季班暨成人高考考前免费辅导班宣传。根据实际需求，全区90家社区青年汇中有33家开设“新青年学堂”，为区1100余名有成人高考需求青年进行考前免费辅导服务，辅导为期15周。服务17000余人次，培训青年2970课时。

（陈　浩　于玉丽）

【西部温暖计划】 9月15日至10月15日，组织90家社区青年汇实施“西部温暖”计划，为西部贫困青少年募集物资34万件。

（陈　浩　于玉丽）

【推优入党】 9月16日至23日，联合区委组织部开展推优入党工作，组织全区街乡、青工、非公系统团组织推荐发展对象，26人上交入党申请书，经团区委和区委组织部筛选，确定15人为推优入党发展对象。

（陈　浩　于玉丽）

【“朝青牵手GO”主题系列活动】 9月18日至31日，开展以区域化团建为主线，由90家社区青年汇共同举办的“朝青牵手GO”主题系列活动。活动中每家社区青年汇至少联系1家机关事业单位、1家企业、1家公益组织。全年举办区域化团建活动92场，4684名青年参与活动。

（陈　浩　于玉丽）

【朝阳公园国庆游园】 10月1日，在朝阳公园举办国庆65周年游园活动。团区委组织300余名青年志愿者在朝阳公园安检口、重要路段及演出场地周边提供游客引导、秩序维护、疑问解答及语言翻译等志愿服务。服务时长约12小时。

（陈　浩　于玉丽）

【中央领导到区调研】 10月11日，在中国少年先锋队建队65周年之际，中共中央政治局委员、国家副主席李源潮到区调研少先队工作。先后到呼家楼中心小学了解学校少先队工作开展情况，在陈经纶中学观看“以花之名”“拾贝公司”及机器人社团等学生社团纳新活动，与少先队员、少先队辅导员交流探讨。

（陈　浩　于玉丽）

【APEC会议服务】 10月25日至11月25日，开展服务APEC会议活动。组织全区43支青年志愿者服务队和卫生、环保、应急、社区青年汇等专项青年志愿服务队，开展“峰会英语”新青年学堂外语培训、“绿色峰会”青年环保公益志愿活动、“守望峰会”志愿关爱社会志愿活动、“模拟峰会”青年沙龙活动、“峰会畅行”文明驾驶推广活动、“保障峰会”重点青少年关护活动。组织区网络宣传员在网上引导群众合理出行、绿色出行，营造迎接峰会良好氛围。

（陈　浩　于玉丽）

【党群共建示范培训】 10月28日至29日，区委组织部、团区委联合举办“2014年朝阳区党群共建示范培训班”。培训主题为“深化党建带团建工作，推进区域化团建工作”。全区街乡、青工、非公系统团干部及区骨干网络宣传员近300人参加培训，区委组织部常务副部长唐行安出席活动并讲话。

（陈 浩 于玉丽）

【“温暖衣冬”送温暖主题活动】 11月13日至12月31日，组织全区社区青年汇开展“温暖衣冬”为最需要的人送温暖主题活动，70家社区青年汇参加活动。接收御寒外套6700件，捐赠人数1000余人。受赠冬衣由团市委安排在京大学生以志愿服务的形式利用假期返乡转赠北京或外地贫困人员。

（陈 浩 于玉丽）

【社会主义核心价值观漫画宣传】 12月初，设计社会主义核心价值观宣传四格漫画，在青春朝阳网设置专栏展示。制作海报并下发90家社区青年汇张贴宣传，定期通过微信、微博等新媒体渠道传播。

（陈 浩 于玉丽）

【社区青年汇工作总结推进会】 12月11日，召开2014年度区社区青年汇工作总结推进会。区委副书记陈宏志、团市委社区部部长林宇、北京社区青年汇运营支持中心主任钱蓉晖出席会议并讲话，300人参加会议。会议总结社区青年汇上阶段工作，部署下阶段任务：以增强主体责任为切入点，不断完善社区青年汇运行机制；以社工成长成才为着力点，不断加强人才队伍建设；以建设、活跃基层团组织为关键点，不断推进区域化团建工作；以吸引凝聚青年为落脚点，不断服务区域发展大局。通报2014年度市社区青年汇终期考核成绩。区社区青年汇获优秀奖20家、社区青年汇（旗舰店）优秀奖4家、社区青年汇优秀工作者22名、社区青年汇优秀总干事24名、社区青年汇优秀社工20名、社区青年汇优秀组织工作者3名；社区青年汇工作特别贡献奖3家，分别是北京市厚德社会工作事务所、北京市朝阳区望京李楠社会工作事务所、北京市朝阳区智耘弘善社会工作事务所。

（陈 浩 于玉丽）

【“共青团与人大代表、政协委员面对面”座谈会】 12月17日，举行“2015年共青团与人大代表、政协委员面对面”座谈会。区内人大代表、政协委员与望京、平房等街道和地区的20名青少年团员代表就“健全青少年社会化服务体系，发展青少年事务社工”主题展开交流并实地调研。

（陈 浩 于玉丽）

【公益组织工作会】 12月18日至19日，在朝阳宾馆召开2014年度“阳光伙伴”公益组织工作会，53个青年公益组织的59名代表参加会议。介绍2014年度“阳光伙伴”项目开展情况，并为新增“阳光伙伴”公益组织代表颁发资质铜牌。

（陈 浩 于玉丽）

【星光自护教育】 年内，团区委利用寒暑假期动员全区社区青年汇、社区（村）开展星光自护活动。寒假期间，组织培训215场，参训学生1.3万余人；暑假期间，依托社区青年汇宣传阵地，组织开展培训69场，参训学生1.7万余人。走进崔各庄乡奶西村，为农民工子弟小学举办未成年人自我保护安全教育知识讲座，从家庭、学校、社会三个层面进行安全教育。

（陈 浩 于玉丽）

【网络宣传员队伍建设】 年内，撰写《北京市朝阳区共青团系统网络宣传管理工作办法》；成立区网络宣传员队伍及朝阳区骨干网络宣传员队伍，建立QQ群网络阵地。开展新媒体宣传，官方微博工作日每天发声，腾讯、新浪团区委官方微博粉丝3.3万人，建立并试运行团区委微信公众账号（cytqw1），“青春朝阳人”微博作为团区委新闻发言人有粉丝2万余人。

（陈 浩 于玉丽）

朝阳区妇女联合会

【概况】 北京市朝阳区妇女联合会（简称区妇联）机关设5个部室1个中心，即办公室、组联部、事业发展部、维权部、妇女儿童工作委员会办公室（内设科室）、朝阳区妇女发展服务中心。年内，成立首批和谐家庭社工后备队伍。成立朝阳区金玫瑰志愿者协会。该协会为全区首个女性志愿者协会，主要职责为规范管理金玫瑰志愿者，开展关爱空巢老人、整治社区环境、疏导交通秩序、家庭环保实践、儿童成长服务等志愿活动。年内，北京市朝阳区社会团体管理办公室、北京市朝阳区图书馆、北京市朝阳区新源西里小学等单位获得北京市“三八”红旗集体称号。

地址：日坛北街33号

电话：65099410

邮编：100020

邮箱：chaoyang@bjwomen.gov.cn

（付剑梅）

【恒爱行动启动】 1月，在43个街乡启动“恒爱行动——为孤残儿童编织毛衣”活动。全区100余名巧娘利用1个月时间编织毛衣200件，由各街乡妇联送到地区孤残儿童手中。

（付剑梅）

【“两节”送温暖】 元旦、春节期间，开展“营造温暖之家、共享美好生活”送温暖工作。为1073户单亲特困母亲发放慰问金218600元，为1991名城市老年无业妇女发放医疗救助金796400元。通过市儿基会资助，为11名老妇救会主任和105名特困单亲家庭发放救助金95000元。争取全国妇联和市妇儿基金会支持，慰问6户困难家庭，金额6万元；慰问10户两癌患者困难家庭，金额7.8万元。

（付剑梅）

【“女性素质提升工程”启动】 2月28日，启动“朝阳区女性素质提升工程”。活动旨在通过征集基层妇联组织和妇女群众需求，举办100场“订单”式培训，涵盖创业就业、素质提升、家庭教育、心理健康、绿色环保、文化艺术等6大类别30项。首场健康养生培训课在三里屯中纺里社区举办，50余名女性参加培训。

（付剑梅）

【常委会与执委会召开】 2月，以网上征求意见方式分别召开区妇联十二届五次常委会和十二届六次执委会。审议通过区妇联2014年工作报告，会议决定推荐马继红等37人作为妇女代表出席市第十三次妇女代表大会，推荐市第十三次妇女代表大会执委候选人2名。9月，分别以网上征求意见方式举行区妇联十二届六次常委会及十二届七次执委会，审议通过朝阳区妇联十二届七次执委会工作报告。

（付剑梅）

【金玫瑰志愿者协会成立】 3月4日，召开朝阳区金玫瑰志愿者协会成立大会。审议通过协会筹备工作报告和协会章程，选举产生第一届理事会（5人）、监事会（1人）。

（付剑梅）

【庆三八家风之魂分享故事会】 3月6日，区纪委、区妇联、亚运村街道办事处联合举办“树文明家风 颂廉政和谐 庆‘三八’家风之魂分享故事会”活动。部分街乡纪委书记、妇联主席、社区干部、五好文明家庭代表等50人参加活动。观看《传承家庭美德 树立良好家风》采访片，欣赏“一品清莲”廉政剪纸艺术作品。区纪委、区妇联发出“树文明家风 颂廉政文化 创和谐家庭”倡议书。

（付剑梅）

【女性专场招聘会】 3月6日，联合区人力社保局及酒仙桥、将台、望京、孙河4家社保所，在区人力资源市场举办“关爱女性、关注就业”女性专场招聘会。北京公交集团、丽都饭店、第一太平戴维斯等33家企业提供650余个招聘岗位，其中公交乘务员、营业员、收银员、会计、前台接待等岗位450余个，占总量的69%。活动现场设妇联法律咨询、女性面试求职技巧指导、专家“一对一”指导服务窗口。342人参加求职，其中女性260余名；129人达成初步就业意向，其中女性93名。

（付剑梅）

【纪念三八妇女节】 3月6日，区妇联、区京剧艺术中心联合举办区各界妇女纪念三八国际劳动妇女节活动，100余名各界妇女代表参加活动。活动包括2项内容，表彰先进和京剧鉴赏。表彰2013年全国三八红旗手、北京市三八红旗集体、三八红旗奖章、首都巾帼志愿服务“圆梦”行动之星、首都和谐家庭标兵、首都示范平安家庭等先进集体和个人。

（付剑梅）

【青少年科普教育实践活动启动】 3月15日，在北京蟹岛国际会展中心6号馆“历险恐龙岛”科普嘉年华举行区青少年科普教育实践活动启动仪式。200名打工子弟、贫困家庭青少年及家长参加。活动由中国关心下一代工作委员会教育发展中心青少年与早期教育培训办公室、朝阳区关心下一代工作委员会、区文明办、区妇联、区科协联合主办，中国少年儿童新闻出版总社《我们爱科学》杂志社支持，北京历险恐龙岛文化发展有限公司承办。

（付剑梅）

【妇女维权周启动】 3月28日，在太阳宫地区办事处举行区三八妇女维权周启动仪式。街乡妇联主席、妇女群众、基层妇女儿童维权工作者代表约100人参加活动。市妇联权益部部长李静、区妇联主席李洁、区委政法委专职副书记兼政治部主任邢伟出席活动。区女律师联合会、太阳宫地区妇联、潘家园南里社区普法志愿者服务站分别介绍妇女儿童维权工作经验与体会，参会女律师结合案例讲授法律知识。

（付剑梅）

【妇女和家庭阅读日】 4月23日，与全国妇联宣传部、婚姻家庭杂志社、市妇联联合举办妇女和家庭阅读日。邀请社会知名人士示范朗读有关家庭美德、中华优秀传统文化名篇，5户家庭现场分享各自喜爱的书籍和名言，并向全国家庭发出读书倡议。全国妇联宣传部副巡视员朱晓征现场推荐一批弘扬家庭美德、传播优秀文化的书籍。

（付剑梅）

【应届毕业生校园专场招聘会】 4月29日，与区人力社保局职业介绍服务中心在中华女子学院联合举办应届毕业生校园专场招聘会。中关村国家自主创新示范区展示交易中心、北京嘉里大酒店及北京华夏儒商教育咨询等69家单位参加招聘会。为应届毕业女大学生提供财会、人力资源、学前教育、电子商务及培训咨询等就业岗位1100余个，197人达成初步就业意向。

（付剑梅）

【澳门妇委会访问团考察】 5月12日，中央人民政府驻澳门特别行政区联络办公室协调部副部长张深居与全国妇联执委、澳门妇女联合总会会长贺定一率澳门妇女事务委员会访问团一行32人，到区参观考察妇女工作。访问团一行到亚运村街道文化体育活动中心，参观妇女之家的文化体育功能区及和谐家庭教育服务基地的家庭教育功能区，观看高娃舞蹈艺术团现场排练，体验现代化图书借阅和网购服务，与社区书画名人面对面交流。

（付剑梅）

【家庭文化节】 5月17日，在南磨房地区成人教育中心举办“弘扬家庭美德 树立良好家风”——第三届朝阳区家庭文化节开幕式暨“最美家庭秀”活动。全国妇联宣传部部长王卫国，市妇联副主席陈玲，区委副书记陈宏志等领导，43个街乡妇联主席及家庭代表200人参加活动。活动包括表彰“最美家庭”“最美家庭秀”展示、寻找“最美家庭”倡议等环节。表彰首批43户“最美家庭”。

（付剑梅）

【第十届健康宝宝大赛】 5月25日，与AM927北京爱家广播宝贝计划节目组、区文明办、区家庭教育研究会、Baby Power国际儿童早期发展中心联合主办区庆六一欢乐亲子嘉年华暨第十届健康宝宝大赛。50余名1岁半至4岁年龄段宝宝按年龄分组参加活动。活动包含艺术、音乐及比赛3个部分。崔各庄乡、孙河乡设立分会场，北京小汉纯幼儿园及北京近邻社会服务中心组织地区流动人口及农转居家庭在分会场参加活动。

（付剑梅）

【女性社区矫正人员培训】 6月16日至17日，联合区司法局在区阳光中途之家举办区女性社区矫正人员第三期培训班。20余名女性社区矫正人员参加培训。相关专业人士分别讲授绢花制作、求职技巧，并邀请专业心理咨询师举办阳光心态讲座。

（付剑梅）

【市妇联领导调研】 7月3日，市妇联党组书记、主席马兰霞，市妇联党组副书记、副主席陈玲率队到区调研妇女工作。马兰霞重点调研朝阳循环经济产业园妇委会建设情况、太阳宫乡芍药居二社区妇女之家发挥作用情况、叶青大厦妇女联合会及大厦姐妹驿站建设情况，参观朝阳循环经济产业园科普展厅、妈咪屋、妇女之家和芍药居二社区妇女之家，实地查看叶青大厦姐妹驿站，与基层妇女干部交谈；并在叶青大厦召开座谈会，亚运村街道妇联、CBD妇工委、中关村科技园电子城科技园管委会机关妇委会、叶青大厦妇联作为基层妇联组织代表参加座谈。

（付剑梅）

【新任社区妇联主席培训】 7月8日，联合市妇女干部学校举办朝阳区新任社区妇联主席、村妇代会主任培训班。市妇联权益部部长李静讲授“如何做好妇女维权和信访接待工作”，国家心理咨询师荀焱讲授“阳光心态在妇女工作中的塑造”。280名妇女工作者参加培训。

（付剑梅）

【美国妇女代表团参访】 7月11日，美国白宫妇女和女童事务委员会执行主任、美国总统助理、第一夫人幕僚长陈远美率美国妇女代表团一行到区参观访问。代表团一行参观王四营妇女维权合议庭少年审判庭、妇女维权展室及法律阳光工作室，区人民法院王四营妇女维权合议庭庭长罗丽介绍妇女儿童维权工作相关情况，区人民法院王四营法庭少年审判庭庭长刘鹏介绍未成年犯罪人及未成年被害人实施法律咨询和心理抚慰工作情况，区律师协会妇委会主任、女律师联合会会长郝惠珍介绍女律师爱心工作室、法律阳光工作室等情况。此次访问是美国妇女代表团参加“第五轮高层磋商及磋商机制下的中美妇女对话”活动之一，活动于7月7日至12日在京举办。

（付剑梅）

【市领导到区调研】 7月14日，副市长、全国妇联副主席程红到区调研基层妇女工作。程红一行实地考察南磨房百子湾东社区妇女之家推出的“四点半”（中、小学生课后管理班）课堂、数字网络教学等项目，了解地区寻找“最美家庭”活动开展情况，并参观南磨房“两新”组织姐妹驿站。

（付剑梅）

【女性社会组织展示活动】 7月31日，联合区女政协委员沙龙、区女律师联合会、区海外女性人才联谊会以及区港澳台侨联谊会举办以“智慧　美丽　她时代”为主题的女性社会组织展示活动，会员代表200余人参加活动。与会社会组织代表在论坛环节发言，并进行T台走秀和服装展示活动。

（付剑梅）

【九三学社妇女工作委员会成立】 8月26日，九三学社朝阳区委召开妇女工作委员会成立大会。经民主推荐，九三学社朝阳区委研究决定，任命肖瑞玲、杨丰梅、袁红、钟光珍、徐远、杨帆、兰英为妇女工作委员会委员，肖瑞玲为妇女工作委员会主任。

（付剑梅）

【民盟区委妇女工作委员会成立】 9月12日，民盟朝阳区委召开妇女工作委员会成立大会。经民主推荐，民盟朝阳区委研究决定，任命王越、王志华、安辉、黄剑、戴仙兰、李陆恒、熊桂梅为妇女工作委员会委员，王越为妇女工作委员会主任。

（付剑梅）

【女性服刑人员帮教】 9月23日，区妇联、区司法局主要领导到北京市女子监狱，面对面帮教朝阳籍女性服刑人员，并给每人送上一份生活日用品。

（付剑梅）

【和谐家庭教育指导专题培训】 9月28日，联合区教委、区家庭教育指导中心举办2014年区和谐家庭教育指导服务项目专题培训班。43个街乡妇联主席、100名幼儿园园长及家庭教育志愿者参加培训。

（付剑梅）

【“两癌”免费检查宣传】 10月26日，在奥林匹克森林公园举行由全国妇联妇女发展部、北京市妇联联合主办的“健康与美丽同行”长跑暨农村妇女“两癌”免费检查项目宣传活动。全国、市、区妇联相关领导，区各界妇女组织及巾帼志愿者等600余人参加活动。农村妇女“两癌”免费检查防治宣传形象大使、著名青年演员金铭向全国妇女发出健康倡议，中国女医师协会专家提供现场咨询，巾帼志愿者发放“两癌”防治宣传手册。

（付剑梅）

【12338热线开通】 10月，开通区12338妇女维权公益服务热线。服务热线接听时间为：工作日9时至11时30分，13时30分至17时。

（付剑梅）

【和谐家庭指导员CPE师资培训】 11月3日至5日，北京市家庭教育研究会、北京市妇女干部学校及朝阳区妇联联合举办和谐家庭指导员CPE师资班。52名中小学优秀家长、德育校长、幼儿园园长及和谐家庭指导站负责人参加培训。北大公学教育研究院院长，中国家长教育研究所所长，北京市家庭教育研究会副会长，美国MUM大学教授，北京大学、清华大学客座教授齐大辉作专题讲座。

（付剑梅）

【处级女领导干部及妇联执委培训】 11月17日，区委组织部、区妇联与区委党校联合举办2014年度区处级女领导干部、妇联执委培训班。130余名处级女领导干部、妇联执委和基层妇联主席、妇工委（妇委会）干部参加培训。市妇联党组书记、主席马兰霞讲授第一课“贯彻男女平等基本国策，推动新形势下妇女发展”。培训班为期5天，内容涵盖国际形势与国家安全、男女平等基本国策、女性领导干部能力素质提升等课程，并组织学员赴怀柔文化产业区及APEC会址现场教学。

（付剑梅）

【评选活动】 12月，完成年度区级示范妇女之家、姐妹驿站和优秀活动项目评选，评选出区示范“妇女之家”32个，示范“姐妹驿站”9个，优秀活动项目20个。

（付剑梅）

朝阳区青年联合会

【概况】 北京市朝阳区青年联合会（简称区青联）是朝阳区各族各界优秀青年的爱国统一战线组织，内设秘书处作为日常办公机构。按照委员代表性及其职业，划分为社团劳模、科教卫、经济、金融、现代服务、公共管理、政法、文化体育、新闻传媒、港澳台侨民族宗教10个界别，其中经济界别下设经济1组和经济2组。有委员384名，其中，主席团成员15人，常委49人。“青年之友”联谊会是区青联的外围组织，会员主要由超龄、卸职的青联委员组成，除在青联组织中不具有选举权和被选举权外，会员与其他青联委员一样，同样参加青联组织的各项活动，共同为朝阳发展贡献力量。“青年之友”联谊会现设会长1人，副会长8人，秘书长1人，会员156人。年内，举办朝西慈善拍卖音乐会，召开“朝阳青联助力兰州新区发展”座谈会，组织增绿减霾共同行动募款活动，率中日青少年友好交流访问团赴日访问等。

地址：日坛北街33号

电话：65099178

邮编：100020

邮箱：cyqinglian2013@163.com

（郭学渊 武 爽）

【对外交流】 2月17日，韩国首尔市江南区青少年交流访问团到朝阳区进行友好交流。访问团专程到陈经纶中学开展联谊活动，双方围绕两国经济、科技、文化以及教育事业等共同关心的问题展开交流。8月22日至25日，区2014年中日青少年友好交流访问团完成赴日访问任务，访问团11人，由区青联带队，团员来自北京求实职业学校日语专业学生。

（郭学渊 武 爽）

【招商引资北京项目对接会】 4月27日，组织全区30 余名优秀青年企业家参与由延边州共青团、延边州商务局、朝阳青联共同主办的吉林省延边州招商引资北京项目对接会。

（郭学渊 武 爽）

【区青联五届二次常委会】 5月15日，召开朝阳区青年联合会五届二次常委会议。讨论朝阳区青联2014年重点工作，审议通过3项建议：杨栋担任朝阳区青联常务副主席；增补于良佐等50人为区“青年之友”联谊会会员；增补于江等15人为区青联委员。大会发出倡议，号召大家自觉践行社会主义核心价值观，积极传递青春正能量。

（郭学渊 武 爽）

【助力兰州新区发展座谈会】 5月21日，组织召开“朝阳青联助力兰州新区发展”座谈会。发挥青联服务党政中心工作，推动在京陇籍优秀青年人才返乡创业。

（郭学渊 武 爽）

【青联委员参观】 5月24日，举办“青联委员参观新农村建设走进怀柔区渤海镇北沟村”活动。各界别组30余名委员参加活动。

（郭学渊 武 爽）

【专场观影活动】 6月28日，在人艺实验话剧场举办都市爱情话剧《何事惊慌》专场观影活动，区青联各界别组100余名委员参加。该剧聚焦“亚健康”及“过劳死”等社会现象，以都市精英的精神压力、健康状况、婚姻情感等现实问题为切入点，讲述关于都市年轻人生活和爱情的“惊慌”趣事。

（郭学渊 武 爽）

【增绿减霾共同行动】 7月2日，按照共青团中央、全国青联关于开展京津冀晋蒙青少年增绿减霾共同行动部署，开展善款募集工作，14名青联委员参与捐款，募款6400元。

（郭学渊 武 爽）

【朝西慈善拍卖音乐会】 8月31日，朝阳青联携手西城青联举办2014年朝西慈善拍卖音乐会。活动成功拍卖10件藏品，拍得善款110500元，其中朝阳青联拍品拍得74500

元、西城青联拍品拍得36000元。所有拍卖善款用于帮扶朝阳、西城两区重点青少年群体。

（郭学渊　武　爽）

【区青联五届三次常委会】 9月12日，召开朝阳区青年联合会五届三次常委会议。区青联五届主席团成员、常委、拟增补委员出席。大会审议通过《关于增补马立民等21名同志为朝阳区青联委员的建议》及《关于2014朝西慈善拍卖音乐会经费使用情况的说明》。向全体委员发出倡议，号召大家助力区"全国文明城区"复检工作。

（郭学渊　武　爽）

【走进外交部走近中国外交】 12月16日，组织青联委员，与外交部团委联合举办"走进外交部走近中国外交"活动。外交部团委书记李平一、新闻司新闻发布处处长王晓峰分别介绍中国当代外交政策、方针及有关情况，分析当代中国外交工作面临的新形势，并与委员交流搭建公共外交平台、发挥青年力量参与公共外交等问题。

（郭学渊　武　爽）

朝阳区工商业联合会

【概况】 北京市朝阳区工商业联合会（简称区工商联）与中共朝阳区委非公经济工作委员会（简称区委非公经济工委）合署办公。机关内设办公室、会员科、组织科和宣传科。4月22日，区委十一届常委会第68次会议决定，扩大非公经济工委职能范围。区委非公经济工委负责全区非国资委监管企业、工商联会员企业、商会（企业协会）类组织党建工作的统筹协调、政策制定和检查指导。年内，加强非公领域人才工作，成立以非公经济工委、区工商联领导和部分民营企业负责人组成的人才领导小组，建立非公经济人才资料数据库。与双高人才联合成立人力资源管理俱乐部，定期开展活动。实施北京海外人才聚集工程，引进海外高层次人才。年内，叶青（北京叶氏企业集团有限公司董事长）、刘红宇（北京金诚同达律师事务所创始合伙人）获"朝阳区突出贡献人才"奖，武越（北京阳光金力科技发展有限公司董事长、高级工程师）获"朝阳区创新人才"奖，大业传媒集团获"朝阳区人才工作先进单位"。北京蟹岛集团苏士龙被评为2014"北京榜样"特别奖。北京京朝出租汽车有限公司岳海清获2013-2014年度"首都精神文明建设奖"。

地址：团结湖北五条8号楼

电话：65094397

邮编：100026

邮箱：chygsl@bjchy.gov.cn

（杨婷婷）

【非公企业家受市表彰】 1月7日，市委统战部、市工商联召开非公有制经济人士理想信念报告会暨优秀中国特色社会主义事业建设者表彰大会。朝阳区工商联系统的北京安正物流有限公司董事长田明，北京爱慕内衣有限公司董事长、总裁、党委书记张荣明，北京福润达化工有限责任公司董事长周长琰，北京联拓机电集团有限公司董事长郭和通，慈铭健康体检管理集团总裁韩小红等5位非公企业家获市"优秀中国特色社会主义事业建设者"荣誉称号。

（杨婷婷）

【党的群众路线教育实践活动】 2月21日至10月29日，工商联机关开展党的群众路线教育实践活动。期间，集中三天时间，组织机关全体党员干部职工进行专题学习。先后组织机关全体党员干部参观国子监官德教育馆、奥林匹克森林公园反腐倡廉警示教育基地等，观看《焦裕禄》《生死牛玉儒》《杨善洲》等先进模范人物事迹电影。在工商联网站设立教育实践活动专栏，开展企业"大走访"活动，并成立巡回指导组。7月29日，领导班子召开专题民主生活会，3名班子成员互提批评意见20条。8月27日，机关党支部召开专题组织生活会，6名党员干部提出批评意见30条。制定教育实践活动整改方案，明确26项任务82条措施。专项整治16项突出问题，细化53项整治措施。废止规章制度3项，修订完善70项，新建6项。期间，区委非公经济工委指导直属90家基层党组织参加活动。活动中确立"三结合"原则，即教育实践活动与企业发展相结合、与创建服务型党组织相结合、与区域化党建相结合。活动着重解决了三方面问题：①党员党性观念不够强，先进模范作用不突出问题；②党组织凝聚力、战斗力不够强，政治核心和政治引领作用不突出问题；③非公党建基础薄弱问题。整个活动突出三个特点：①既准确把握教育主题，又注重问题导向、促进企业发展；②既把握规定动作不走样，又突出自选动作；③既有序全面推进，又注重因企制宜、分类指导。

（杨婷婷）

【银企对接会】 2月26日，联合区政协经济处、区发改委、驻区11家银行机构代表、2家担保公司以及76家会员企业代表130余人，在区政协委员之家联合举办企业融资政策培训暨银企对接会。中国农业银行、中国邮储银行代表招商银行、广发银行、中信银行、大连银行、浦发银行、南京银行、北京银行解读融资产品及各项扶持政策。

（杨婷婷）

【确定非公党建试点】 3月21日，区委非公经济工委召开2014年非公党建试点工作动员会，确定叶青大厦党委、汉能控股集团党委、慈铭集团党委、北京福建企业总商会党委、眉州东坡集团党总支、石材商会党支部等10家单位作为试点，开展非公党建工作。以期通过试点，取得经验，推动全区非公党建工作。

（杨婷婷）

【民营企业体育比赛】 6月7日至28日，区工商联、商会、企联会、制造业工会举办朝阳区民营企业职工体育比赛。43家民营企业、商会组织76支代表队583名运动员参赛。比赛包括"闽龙"杯乒乓球、"福润达"杯羽毛球、"联拓"杯篮球、"易事达"杯足球4个项目。乒乓球比赛前3名分别为达美集团、朝阳区食品分会、慈铭体检集团；羽毛球比赛前3名分别为福润达集团、中复电讯集团、朝阳区环保协会；篮球比赛前3名分别为眉州东坡集团、北京福建企业总商会水产农特产商会、金福德公司；足球比赛前3名分别为福润达集团、旺泰集团、中复电讯集团。

（杨婷婷）

【法务专题讲座】 6月29日，区工商联（商会）举办企业法务专题讲座。邀请美国律师理查·俄尔刚讲授美国责任主体、如何降低产品责任风险等法律知识；北京富程律师事务所律师李吉伟解读企业常见贷款融资、民间借贷融资、股权融资等法律风险，并提出风险防范建议。

（杨婷婷）

【北京市思想政治研究会调研】 7月4日，北京市思想政治工作研究会常务副会长周欣一行4人到区调研非公有制经济人士理想信念教育实践活动开展情况。调研组实地调研慈铭体检集团，了解企业发展情况，参观企业文化展示陈列。召开座谈会，听取区贯彻落实全市非公有制经济人士理想信念教育实践活动专题部署会情况和企业文化建设"诚信经营"工作汇报。

（杨婷婷）

【政策解读会】 7月4日，非公经济工委、区工商联联合召开《紧贴企业需求，搭建政策服务平台》政策解读会，向参会企业介绍朝阳区京籍免试就近入学政策、外籍员工子女入学转学政策、海外学人政策、高端商务人才政策、相关人事和教育政策。

（杨婷婷）

【京津冀协同发展考察】 7月17日，区工商联党组书记、常务副主席梅诗曙率领26位会员企业家代表赴天津市宁河县进行商贸考察，并与宁河县人民政府合作交流办公室、宁河县工商联签署战略合作协议。8月14日，应承德市工商联邀请，朝阳区工商联组织20余名区工商联会员企业家到承德市实地考察并举行友好商会签约仪式。至年底，区工商联分别与天津市北辰区、西青区、宁河县，河北省承德市、京唐港开发区、大厂回族自治县签署友好商会及合作协议。考察6个地区36家企业，对接洽谈22个项目，有关投资项目在深度考察中。

（杨婷婷）

【党建研究分会成立】 7月24日，朝阳区党建研究会非公经济组织党建研究分会正式成立。

（杨婷婷）

【对口支援】 8月18日，区政协率领区各民主党派、区工商联到贵阳市花溪区开展为期5天的扶贫帮困活动。区委统战部副部长、区工商联党组书记、常务副主席梅诗曙，区工商联会员企业慈铭体检集团董事长、党委书记胡波，北京五洲妇儿医院院长吴丽敏及北京叶氏企业集团有限公司总裁助理张知谦随行考察。期间，北京五洲妇儿医院、慈铭体检集团、贵阳爱尔眼科医院向贵阳市捐助医疗器械并提供业务培训支持。

（杨婷婷）

【缔结友好商会】 9月3日，朝阳区工商联率会员企业到河南省信阳市实地考察“中国光彩事业信阳行”活动重点招商产业和推进项目，并与信阳市工商联（总商会）签订“友好商会协议”。

（杨婷婷）

【赴江西慰问北京朝阳光彩小学】 9月18日，全国工商联副主席、副市长、市工商联主席程红，最高人民检察院副检察长孙谦，河南省委常委、纪委书记尹晋华，河南省政协副主席、工商联主席梁静，市工商联党组成员、副主席郑勇男，中共朝阳区委统战部副部长、朝阳区工商联党组书记、常务副主席梅诗曙等一行到江西省井冈山市下七乡北京朝阳光彩小学慰问师生。

（杨婷婷）

【武警特警伤残优抚项目】 9月23日，召开区工商联第十届执委会第七次主席会暨区商会第七次会长会议。36名区工商联副主席、区商会副会长出席会议。会议决议：由区政协发起，依托区工商联光彩公益项目，设立《北京光彩公益基金——武警特警伤残优抚项目》，项目所需资金由区政协经济界别委员企业自愿出资，区工商联其他会员单位自愿参与，首期拟募款100万元。12月31日，武警特警优抚公益项目启动仪式在武警特警学院礼堂正式启动。专项资金自12月1日起接受捐赠。截至年底，筹款150.2万元。

（杨婷婷）

【《非公有制企业党建工作指南》出版】 10月，区委非公经济工委编纂的《非公有制企业党建工作指南》出版。《非公有制企业党建工作指南》由领导讲话、相关文件、工作规程、问题解答及基层经验5部分组成，共260页14万余字。

（杨婷婷）

【搭建会员企业管理平台】 10月，与北京微通时代网络科技发展有限责任公司合作，通过“微道云商”搭建会员企业管理平台。免费帮助100个会员企业搭建企业自身手机微网站，并逐步涵盖全部会员企业。

（杨婷婷）

【百强民营企业认定】 12月1日起，由区工商联牵头在全区及工商联系统开展2014年度“百强民营企业”认定。成立区“百强民营企业”认定委员会，成员单位为北京国际城市发展研究院、清华大学经管学院、中华工商时报、中国民营经济研究会等。区工商联负责制定认定规则、评分标准等，委托第三方机构组织专家评测。第三方机构按照认定委员会制定的评分标准，由专家集中评分，根据总分排序，选取100家企业为年度区百强民营企业，区工商联、区商会发布认定结果，颁发证书和牌匾，并通过新闻媒体和政府网站向社会公布“2014年度朝阳民营企业100强”榜单。

（杨婷婷）

【非公经济组织党建课题研究成果】 年内，区党建研究会非公经济组织党建研究分会确立26个研究项目。其中，区委党建课题项目1个、区委教育实践活动办公室专项调研课题1个、区党建研究会课题项目2个、非公经济工委党建试点课题项目10个、基层党组织党建调研自选课题项目5个、基层党组织党建创新项目7个。重点围绕服务型党组织创建、非公企业流动党员管理与服务、非公党建工作保障机制等内容展开调研。区委非公经济工委主持撰写的研究课题《非公经济系统党建信息化建设调研报告》获全国党建研究会非公有制企业党建主题征文二等奖、朝阳区党建研究会2014年度研究课题一等奖，《朝阳区女企业家协会党建工作主要做法和启示》获朝阳区党建研究会2014年度研究课题三等奖。

（杨婷婷）

【精神文明建设】 年内，推荐首都文明标兵1家，为北京京朝出租汽车有限公司；首都文明单位8家，分别为：洛娃科技实业集团公司、北京市朝阳商业大楼有限责任公司、北京体之杰体育用品有限公司、北京佐特陶瓷技术中心、眉州东坡餐饮管理（北京）有限公司、北京市必鹤鹏物业管理有限公司、北京易事达投资有限公司、汉能控股集团。通过市工商联推荐首都文明标兵1家，为叶氏企业集团；首都文明单位8家，分别为：慈铭健康体检管理集团股份有限公司、北京京奥港集团有限公司、爱家投资控股集团有限公司、中腾时代集团、北京市闽龙世纪建材市场有限公司、北京蓝调庄园、北京握奇数据系统有限公司、北京联拓机电集团有限公司。

（杨婷婷）

朝阳区归国华侨联合会

【概况】 年内，北京市朝阳区归国华侨联合会（简称区侨联）围绕深化为侨服务，深入开展党的群众路线教育实践活动，履行群众工作、参政议政、海外联谊、维护侨益等职能。在市人大十四届三次会议、市政协十二届三次会议及区政协十二届四次会议期间，提交个人议案、提案27件；新成立社区侨联组织1个。11月24日，在市第十四次归侨侨眷代表大会上，区侨联、北京叶青大厦侨联、朝阳海外学人中心、亚运村街道侨联、朝外街道侨联获市侨联工作先进集体；蔡克瑾等11人获市侨联工作先进个人；白涛等9人获市归侨侨眷先进个人。在北京市侨联召开的第十四次归侨侨眷代表大会上，朝阳区侨联获市人力社保局和市侨联联合颁发的先进集体称号。

地址：团结湖北五条8号

电话：65094371

邮编：100026

邮箱：chyqlyx@163.com

（谢　宾）

【《侨之梦·中国梦》话剧公演】 1月15日，在叶青大厦举办话剧《侨之梦 · 中国梦》签约仪式。话剧以“海外侨胞中国梦”为主题，是1987年在北京公演的话剧《中国梦》姊妹篇。《侨之梦• 中国梦》由区侨联、区朝阳海外学人中心和叶青大厦党委共同发起，并由叶青大厦侨联和上海戏剧学院主办推出。5月7日至11日，话剧《侨之梦·中国梦》在朝阳区文化馆上演。在北京上演5场后，11月至12月在上海、广东等侨乡巡演。

（谢　宾）

【党的群众路线教育实践活动】 2月21日至10月15日，开展党的群众路线教育实践活动。期间，组织全体党员干部集中学习、召开多层面座谈会等征求意见，征集意见建议116条，其中有关“四风”问题57条。区侨联边学边查边改，把制度建设作为治本之策，建立健全工作制度、管理制度、考核制度和检查制度等24项。

（谢　宾）

【微信订阅号“朝阳侨界”创建】 3月10日，创建微信订阅号“朝阳侨界”（chaoyangqiaojie）。定期向社会提供侨界信息、涉侨政策、老侨服务、侨界人物、侨资企业、海外侨讯等内容。

（谢　宾）

【煤炭科技苑社区侨联成立】 3月28日，和平街街道煤炭科技苑社区侨联成立。侨联设主席、秘书长、委员各1名。煤炭科技苑社区现有归侨侨眷48名。至此，区有基层侨联组织43个。

（谢　宾）

【心理减压讲座】 4月20日，区侨联、区归国留学人员联合会特邀台湾幸福教育咨询专家黄秋蓉在麦子店街道办事处多功能厅举办心理减压讲座。120名归国留学人员参加。

（谢　宾）

【叶青大厦人才服务研讨会】 6月18日，在叶青大厦召开叶青大厦人才服务工作研讨会。区侨联党组书记、主席曾旭，叶青大厦党委副书记于峰，南洋理工大学讲席教授陈嘉庚、人文与社会科学学院院长、中华语言文化中心代主任、国务院侨办专家咨询委员刘宏，南洋公共管理研究生院高级培训部主任王航等参加研讨会。刘宏和王航分别介绍新加坡人才策略、南洋理工大学发展历程以及人才培训课程，与会人员围绕人才发展与合作问题，展开探讨并交换意见。

（谢　宾）

【考察交流】 9月3日至4日，区侨联党组书记、主席曾旭一行14人到唐山交流考察。双方结合各自区域特点和优势，就重点产业、发展方向、曹妃甸工业区产业项目合作等展开交流，在把握京津冀协同发展机遇、实现侨务资源共享、共同做大做强侨联事业等方面达成共识，并签订友好合作协议。10月30日，扬州市侨联党组书记、主席杨为民一行11人到区参观交流。参观798艺术园区、侨网文化数字传媒中心、叶青大厦楼宇侨务活动室。12月23日，上海市杨浦区侨联主席王裕丰到区学习交流。参观望京街道阜荣街社区、北京可视化节能科技股份有限公司和侨网文化传媒（北京）有限公司等侨资企业。

（谢　宾）

【第二次归国留学人员代表会】 10月31日，召开朝阳区第二次归国留学人员会员代表大会。会议选举产生第二届委员会班子和委员，主席：阚冬；副主席：高维嘉、张培峰、张擎；秘书长：张璐；副秘书长：高歌；委员：布克、刘获、孙聪、张浩、张晔。

（谢　宾）

【瑞尔士捐赠电动代步车】 12月18日，在朝阳公园举行“侨界健康爱心行动走基层”系列活动暨瑞尔士健康屋赠车仪式。侨企瑞尔士公司向朝阳公园捐赠电动代步车4辆。

（谢　宾）

朝阳区科学技术协会

【概况】 北京市朝阳区科学技术协会（简称区科协）是朝阳区科技工作者的群众组织，是党和政府联系科学技术工作者的桥梁和纽带，由区级学会、协会、研究会，街乡科协、企事业单位科协组成。主要职能为“三服务一加强”（服务区域经济社会发展、服务提高全民科学素质、服务科技工作者、加强自身建设）。内设综合科和科普部。所属事业单位：北京市朝阳区科技协作中心。年内，举办“2014朝阳科技创新汇”活动；围绕科技周、科普之夏、全国科普日三大重要节点，发动街乡组织大规模主题科普宣传体验互动活动，实现全年科普活动不间断；组织各街乡参与北京百万家庭数字生活技能大赛，网上答题人数连年保持全市第一名；组织中小学生参加全国和北京市青少年科技创新大赛、青少年机器人竞赛等赛事，并取得优异成绩；积极推进企业成立科协组织，建立朝阳区青年工程师俱乐部并组织8场主题系列活动。获得2012–2014年度首都文明单位和2014年度北京市科协系统文明单位。

地址：日坛北街33号
电话：65099961
邮编：100020
邮箱：cyqkxjsxh@126.com

（玉　红）

【第14届北京青少年机器人竞赛】 1月24日，区承办的以“诚信伴我成长，科技创造未来”为主题的第14届北京青少年机器人竞赛在北京市第八十中学举行。全市183支参赛队伍近500名学生参赛。区6支代表队（八十中学、陈经纶中学、陈经纶中学分校、和平街一中、陈经纶中学嘉铭分校、北京青年政治学院附属中学和垂杨柳教育辅助中心）参赛并获12个一等奖。

（玉　红）

【科技“三下乡”活动】 1月28日，在垡头文化中心举办以“共筑中国梦，行动在基层”为主题的年度区春节文化、科技、卫生“三下乡”活动。发放《北京市科普基地畅游手册》《朝阳区科普场馆巡游指南》等科普书籍，现场设置科普咨询展台，邀请专家解答居民提出的问题；同时，社区居民在交流互动中体验科普知识。

（玉　红）

【“世界野生动植物日”宣传】 2月20日，联合中国动物保护协会在劲松街道和谐雅园社区，组织开展“世界野生动植物日”公益宣传活动。区科协主席杨绍磊为现场观众讲述并演示动物标本制作方法。

（玉　红）

【党的群众路线教育实践活动】 2月21日至10月24日，开展党的群众路线教育实践活动。期间，组织处级领导班子成员和机关党员干部集中学习12天，重点学习党的十八大、十八届三中全会和习近平总书记一系列重要讲话精神，学习市委书记郭金龙和区委书记程连元党课辅导报告，观看《永远的传家宝——党的群众路线历史展》《周恩来的四个昼夜》《永远的焦裕禄》和《苏联亡党亡国20年祭》等专题片，参观反腐倡廉警示教育基地。在朝阳科普网设立“党的群众路线教育实践活动”专栏，建立网上公共邮箱，设置教育实践活动热线电话。征集各街乡科协、企业科协等工作对象和服务对象意见建议142条；聚焦“四风”，查摆班子成员问题13条。修订、完善规章制度26个，其中新制订《建立基层联系点制度》和《关于党政主要领导不直接分管人事、财政、工程项目的暂行办法（试行）》等制度15个。与呼家楼街道核桃园社区党委完成“双报到、双服务、双评议”工作。

（玉　红）

【科技创新大赛举行】 3月27日至30日，在北京工商大学良乡校区举行以“终章·绽梦”为主题的第34届北京青少年科技创新大赛。区代表队37名师生参赛，获一等奖7个、二等奖26个、三等奖35个、专项奖5个。

（玉　红）

【青年工程师俱乐部建立】 3月，与北京挚爱永和科技有限公司合作建立“朝阳区青年工程师俱乐部”。与西门子、超图软件、中科院微电子所和北京光华纺织集团等一批区域内大型科技企业签订协议，搭建青年科技工作者沟通、交流平台，提升能力素质，服务区域科技创新。至年底，举办“我与专家面对面”健康讲座，“关注环保、关爱动物”专题讲座，“感受身边科技魅力”参观体验，“我所从事行业的现在与未来”主题演讲，“科学健身、健康伴我同行”奥林匹克森林公园健康大步走比赛，“走进科技创新产业园”等系列活动8场。

（玉　红）

【科技创新网站建设项目招标】 4月22日，完成区科协科普云平台和科技创新网站建设项目招标。招标由区财政局委托代理机构奇泰桥咨询公司运作，4家公司参与竞标，经评审，北京千松科技发展有限公司中标。

（玉　红）

【生活技能大赛网上答题】 5月15日至9月30日，区183503人参加第十一届北京市百万家庭数字生活技能大赛网上答题，占全市答题总人数的57.83%。

（玉　红）

【“2014朝阳科技创新汇”活动】 5月16日至18日，2014年北京科技周朝阳主场活动——“2014朝阳科技创新汇”在奥林匹克公园国家体育馆东广场和中国科技馆两地同时举行。区科协主席杨绍磊主持开幕式，北京工业大学学生张心苑、北京指点通运营服务中心总经理孙建宏和北京大学信息与科学技术学院教授曲天书分别代表参展高校大学生、企业和专家致辞，区委常委、组织部部长张革宣布“2014朝阳科技创新汇”活动开幕。国家科技部人才中心人才开发部部长曹凯、中国科学院科学传播志愿者协会秘书长尚长宏，以及市区相关部门领导出席开幕式并参观“我的多彩梦”科技创新成果项目展览展示。北京大学、清华大学、北京航空航天大学、北京工业大学等20所高校的科技作品参展，涉及能源、信息、医药、航空航天、智能家居等领域。展会汇集了中国科学院等科研院所的国家级科研成果、20余家企业前沿科技产品、陈经纶中学创新作品及相关民间发明创造。参展作品经活动组委会评选，北京航空航天大学的六旋翼潜水飞行器、北京大学的智能家居机器人、北京林业大学的室内微景观获“2014朝阳科技创新特别奖”；北京航空航天大学的多旋翼空中平台、北京建筑大学的采暖通风系统、北京工商大学的高楼逃生器、北京工业大学的重力应急灯、北京第二外国语大学的胡同精品酒店获“2014朝阳科技创新优秀奖”。组委会向参展单位和组织者颁发“2014朝阳科技创新奖”和“2014朝阳科技创新汇组织奖”。

（玉　红）

【青年创新创业人才集训营】 5月17日，“2014朝阳科技创新汇”期间，区科协和科技部人才中心在中国科技馆举办“创新人才梦想之路”青年创新创业人才集训营（朝阳站）系列活动。20余所高校近40个创业团队参加人才集训营（朝阳站）项目及团队展示初赛，对外经济贸易大学、北京中医药大学、北京工业大学、首都经济贸易大学、北京化工大学、中国地质大学等10个创业团队入围总决赛。中国地质大学“四万公里”项目获最具投资价值奖，对外经济贸易大学“IHIM网站”项目获最具发展潜力奖，北京工业大学“工业控制系统异常检测”项目获最具创新魅力奖。北京各高校200余名学生参加活动。

（玉　红）

【2014年北京科技周】 5月17日至24日，北京科技周期间，区科协组织24个街乡举办讲座咨询、展览展示、互动体验等活动159场（个），涉及创新圆梦、食品安全、防灾减灾、环境保护、节能减排、健康生活、科学健身等领域。

（玉　红）

【技术市场交流座谈暨培训会】 7月2日，区科协技术合同登记处与中国科学技术咨询服务中心技术合同登记处在北京远望楼宾馆神舟厅举办技术市场30周年工作交流座谈暨培训会。与会人员回顾技术市场发展历程，相关人员介绍技术市场新形势；解读北京技术市场政策，讲解技术合同认定规则和合同登记程序；座谈交流科技政策在企业创新和成果转化中的作用和影响，“营改增”对科技企业税负结构的影响；听取企业对技术合同认定登记工作的意见和建议。近40家企业负责人参加座谈和培训。

（玉　红）

【百姓提素行动】 7月4日，在全国农业博物馆4号馆多功能厅举办“百姓提素行动”。邀请区急救中心副主任医师李艳讲解医疗应急知识，介绍心肺复苏术医疗施救措施，并现场教授急救手法。北京《科技报》社相关负责人解析2013年“全民科学素质抽样调查问卷”。全区43个街乡100余名科普工作者参加活动。

（玉　红）

【中国青少年机器人大赛】 7月16日至19日，第十四届中国青少年机器人大赛在乌鲁木齐举行。区科协率区4个代表队14名师生参赛。北京市第八十中学两支代表队分获创意项目和FLL项目高中组第一名；垂杨柳教辅中心代表队获综合技能项目小学组第一名；和平街一中代表队获足球项目初中组第二名；区科协获优秀组织奖。

（玉　红）

【全国政协委员调研】 8月19日，全国政协科协界委员就编制“十三五”规划中关于提高公民科学素养问题到奥运村街道调研。区科协主席杨绍磊做专题汇报并陪同调研。

（玉　红）

【签订战略合作协议】 8月28日，与河北省唐山市曹妃甸区科协签订战略合作协议。协议约定：遵循“科学发展、优势互补、资源共享、合作共赢”原则，发挥各自资源优势，在整合科技资源、加快创新创业发展、服务科技企业、普及科学知识等领域建立长期、稳定的友好合作关系，着力推动京津冀协同发展。

（玉　红）

【“健康生活科普宣传月”活动】 9月4日，区科协与朝阳区营养协会在南磨房地区办事处社区服务中心共同举办“健康生活科普宣传月”启动仪式。月内，朝阳区营养协会理事长、会长、国家高级营养师姚庆筱带领公益讲师团队到南磨房、八里庄等街乡举办9场科普讲座，涉及饮食营养、中医保健、心理调适等方面知识。

（玉　红）

【第十一届生活技能大赛家庭赛】 9月10日，在北京航空航天大学举办以“创建智慧家园乐享数字生活”为主题的北京百万家庭数字生活技能大赛家庭赛决赛。赛事包含秀我家庭、眼疾手快、勇闯难关、巅峰对决等4个环节才艺展示和知识竞赛综合评分。经初赛选拔，6支区县家庭代表队进入决赛，朝阳区选派的家庭队获二等奖。

（玉　红）

【协办第四届北京科学嘉年华】 9月18日至22日，在奥林匹克公园广场举行由市科协主办，区科协承办的以“欢乐嘉年华 放飞科学梦”为主题的北京全国科普日活动暨第四届北京科学嘉年华。来自12个国家、2个地区、21个国际科普组织及130余家国内科普机构，带来能源环境、航天探月、创意构想等相关主题的351个互动科普项目供公众参与体验。期间，进行多场国际科学秀表演，以及北京国际科学节圆桌会议、北京科学传播创新与发展论坛暨2014北京科学嘉年华国际论坛、中关村论坛——科技改变生活分论坛等活动。

（玉 红）

【科普场馆资源展】 9月20日，在左家庄街道夏园文化广场举行以“创新发展，全民行动”为主题的“全国科普日暨朝阳区科普场馆资源展”。国家动物博物馆、中国农业展览馆、北京航空航天博物馆等19家“朝阳区科普场馆联席会”成员单位以及企业科协等，受邀为社区居民进行科普展示，内容涵盖家庭急救、养生保健、公共安全、节能环保、动物标本展览以及电影、陶艺展示。

（玉 红）

【优秀科普社区评比】 9月，全区20个社区获区级优秀科普社区。分别是平房地区定福家园南社区、将台地区芳园里社区、安贞街道裕民路社区、八里庄街道西里社区、来广营地区红军营社区、高碑店地区半壁店社区、六里屯街道十里堡北里社区、左家庄街道三源里社区、三里屯街道幸福一村社区、东湖街道望京西园社区、潘家园街道华威西里社区、管庄地区京通苑社区、大屯街道育慧里社区、机场街道西平街社区、双井街道垂杨柳西里社区、常营地区鑫兆佳园社区、望京街道西园三区社区、奥运村街道国奥村社区、香河园街道光熙门北里北社区和建外街道永安里社区。以上社区优先获得2015年市科普益民计划“优秀科普社区”推荐资格。

（玉 红）

【科普进校园试点】 9月，开展“2014年朝阳区科普进校园活动”。安贞里二小、白家庄小学、芳草地国际学校远洋分校作为试点校参与活动。

（玉 红）

【青少年科幻画现场创作展示】 10月19日，与区教委在安贞里二小联合举办以“科学幻想，成就未来”为题的“2014年朝阳区青少年科学幻想画现场创作展示”活动。全区近500名中小学生自带绘画工具参赛，进行3小时现场作画。优秀作品全部参加市青少年科技创新大赛。

（玉 红）

【小学生观看科普剧】 11月14日，组织十八里店中心小学、芳草地国际学校远洋分校和垂杨柳中心小学1000余名学生观看科普儿童舞台剧《校园三剑客之白鲸传奇》。

（玉 红）

【第五届“中鸣杯”机器人联赛】 11月16日，与东城区、西城区科协联合主办的“第五届‘中鸣杯’北京区际青少年机器人联赛”在北京市第171中学开赛。朝阳、东城、西城、昌平、通州等区县60余支青少年代表队近150名学生参赛。竞赛设机器人足球和机器人超级轨迹2个项目。陈经伦中学、陈经纶嘉铭分校和垡头二小获大赛奖杯，并获中鸣机器人公司赞助的整套机器人设备。

（玉 红）

【北京青少年“动手做”科技竞赛】 11月29日，由区承办的2014年北京青少年“动手做”科技竞赛在芳草地国际学校教育辅助中心举行。16个区县400余名学生参与“我有一双灵巧手”科技制作、快乐搭建和青少年多媒体作品设计等竞赛项目。

（玉 红）

【第33届学生科技节】 12月6日，在北京青年政治学院附属中学举行由区教委、区科协、区科委、区体育局联合主办，朝阳区学生活动管理中心和青少年活动中心承办的以“分享创意与智慧”为主题的第33届朝阳区学生科技节大会暨特色项目展示与体验活动。设坦克大战、航母世界、创客空间、电子·物联·生活、疯狂过山车、生命之美、无线电应急通讯与野外搜救、三维创意设计和“优秀科普剧展演”9大特色项目体验互动区。朝阳区中小学200余名科技教育主管领导、科技教师及1000余名学生代表参加活动。

（玉 红）

【中学生走进科研院所】 12月11日，组织北京市望京实验学校100名师生走进中国工程院，观看中国工程院专题片《天命》。聆听中国工程院院士吴孔明“昆虫与农业”主题报告，参观中国工程科技成就展馆、联合国教科文组织国际工程科技知识中心、院士展馆、院士书画展室及节能科技楼，亲身感受科技成果的非凡魅力。

（玉 红）

【获“北京市科技创新市长奖”】 12月12日，北京市第八十中学学生沈文琦获第十三届“北京青少年科技创新市长奖”。“北京市科技创新市长奖”旨在表彰在科技创新活动中取得突出成绩的青少年学生，全市每年评选10名同学。

（玉 红）

【青少年微型机床创意大赛】 12月20日，区科协与区教委联合在垂杨柳教育辅助中心举行“动手实践·创意校园”——朝阳区第七届青少年微型机床创意大赛。全区中小学95支代表队300余名中小学生分别参加小学、初中、高中3个组别比赛。选手在规定时间内现场策划设计，利用现场材料，使用微型锯床、车床、钻床、磨床完成作品主体零部件加工，并结合自备辅助性材料，制造实用、新颖、有创意的课桌椅模型。7所小学、10所初中、2所高中共19所学校代表队的创意作品分获各组别优秀作品一等奖。

（玉 红）

【论文获奖】 12月，区科协选送的朝阳区青少年活动中心老师苗秀杰、北京教育科学研究院附属实验中学老师龚玉红的论文《在生物木型设计与制作活动中提升学生的综合素养》和《构建生物模型，开启智慧之门》，均获第22届全国青少年科技辅导员论文征集活动一等奖。

（玉 红）

【科普幼儿园建成】 年内，在全市率先建成区直机关科普幼儿园和劲松、机场、奥运村、安贞、将台等6个街乡科普幼儿园。

（玉 红）

【主题科普活动】 年内，继续举办“走进科技殿堂，共享文明生活”主题科普活动。组织43个街乡近3000名居民走进中国科技馆、国家动物馆、中国铁道博物馆和中国电影博物馆等科普教育基地参观体验。

（玉 红）

【基层科普建设】 年内，核拨86万元用于街乡科普宣传和建设。建设来广营清苑路第一社区心理科普馆、垡头中医药科普教育基地、豆各庄数字科普展厅、香河园光熙北里北社区数字化科普社区等科普阵地。为左家庄街道、将台乡分别配送价值1万元科普图书，为机场、将台、王四营、左家庄等街乡新装65寸全媒体数字科普视窗。

（玉 红）

朝阳区残疾人联合会

【概况】 朝阳区残疾人联合会（简称区残联）归口区委政法委员会管理，业务上接受市残联指导。内设康复部、教就部、组联部、宣文部、办公室和财务室6个科室，下辖北京市朝阳区残疾人综合活动中心、北京朝阳区残疾人劳动就业服务所、北京市朝阳区就业保障金征缴审核中心3个事业单位。辖区43个街道办事处、地区办事处（乡政府）均设立残联，390个社区（村）成立残疾人协会，形成三级组织工作网络。年内，成立残疾人服务呼叫中心、残疾人文学之友联谊会及“中途之家”“云朵家园”等机构，举办“爱耳日”“爱眼日”和脊柱裂与脑积水日宣传等活动，完成残疾人证件办理、无障碍家庭改造等工作，申报朝阳区挚爱培训学校为区残疾人扫盲培训基地，并通过市残联审批。

地址：建国路29号高碑店兴隆家园5号楼102室

电话：84552317

邮编：100123

邮箱：cyclbgs@bjchy.gov.cn

（葛安凤）

【“爱耳日”活动】 3月3日，是第14次全国“爱耳日”。区残联、区卫生局、中国聋儿康复中心、高碑店街道残联在朝阳大悦城广场联合举办“爱耳护耳，健康听力——预防从初级耳科保健做起”大型宣传和、咨询、义诊活动。

（葛安凤）

【盲人按摩工作会】 3月17日，在区残疾人职业康复中心召开2014年盲人按摩工作大会。辖区70余家盲人保健按摩机构企业法人代表参会。会议总结2013年朝阳区盲人按摩工作，部署盲人保健师社会保险补贴、盲人按摩机构扶持金发放、医疗按摩师资格考试等重点工作。

（葛安凤）

【社区康复协调员业务培训】 4月16日至25日，举办2014年朝阳区残疾人社区康复协调员业务培训班，分三批对全区43个街道、地区（乡）残联的954名残联理事长、康复专干，社区（村）福利主任、康复协调员进行30学时培训，内容涉及残疾儿童少年康复政策、示范性康复站业务工作开展、残疾人社区康复工作要点、残疾人辅助器具服务工作知识、残疾人心理康复等。

（葛安凤）

【残疾人工作会议】 4月21日，召开2014年朝阳区残疾人工作会议，部署2014年工作。43个街乡主管主任、残联理事长及专门协会主席、副主席参加会议。相关人员部署残疾人康复、教育就业和社会保障、组织联络和维权、宣传文化体育等业务。大屯街道、亚运村街道和东风地区围绕温馨家园规范化建设、购买社会组织服务、残疾人职业康复劳动项目运转等工作分别介绍经验。

（葛安凤）

【残健共融交流笔会】 5月13日，举办“笔墨抒美丽、色彩绘朝阳”残健共融交流笔会，10名健全人画家和10名残疾人画家参加，展示65幅书画作品。

（葛安凤）

【残疾人服务呼叫中心成立】 5月18日，成立残疾人服务呼叫中心，开通朝阳区残疾人服务热线53207000，为残疾人提供政策咨询、求职就业登记、职业技能培训、法律维权咨询、康复及辅助器具服务、应急援助等信息和服务，同时为听力、言语残疾人开通“15901537000”短信咨询服务。

（葛安凤）

【心理疏导培训班】 5月28日，举办残疾人职康站职业指导与心理疏导培训班，“阳光路教育潜能发展中心”心理培训师、北大应用心理学博士李安平教授为56家职康站管理人员培训。

（葛安凤）

【脑瘫儿童康复爱心义诊】 5月30日，与中国残疾人福利基金会联合举办“集善阳光鹿童基金”脑瘫儿童义诊活动。中国残疾人福利基金副秘书长兼集善阳光鹿童基金管委会主任张雁华、区残联党组书记段伟、儿童脑瘫康复专家、集善阳光鹿童基金发起人，朝阳区、东城区各街乡和康复机构的脑瘫儿童及家长100余人参加活动。活动选取朝阳区10个贫困家庭作为义诊对象，帮助脑瘫儿童康复。

（葛安凤）

【残疾人职业技能竞赛】 5月至7月，组织263名残疾人参加北京市第七届残疾人职业技能竞赛，涉及动画绘制员、计算机操作员、插花、美甲等25个项目。胡雪琪获剪纸项目第一名，刘卫东获保健按摩第二名、韩莹获美甲师第二名、吴繁获美甲师第三名、恒晶获插花第三名、黄铁军获摄影第三名、徐昕获印前制作第三名，另有14名选手获计算机网络管理、按摩师、美甲、无线电、剪纸等项目的前十名。

（葛安凤）

【民族舞比赛】 6月5日，区残疾人艺术团舞蹈队参加“旋舞朝阳”朝阳区第七届民族舞比赛，参赛作品舞蹈《花语飞虹》被选送参加第七届华北五省区市舞蹈比赛。

（葛安凤）

【“爱眼日”活动】 6月6日，是第19个全国“爱眼日”。区残联与华德眼科医院共同举办“爱眼日”眼疾病预防讲座义诊，40余名残疾人参加活动。

（葛安凤）

【按比例安置残疾人就业审核】 7月1日至9月30日，完成按比例安置残疾人就业审核工作。审核用人单位110248个（其中网上审核用人单位48040个），审核金额6.4亿元，录入按比例安置残疾人就业单位2226家、按比例安置残疾人职工6424人。

（葛安凤）

【国际论坛及就业辅导员培训班】 8月19日至23日，在区残疾人职业康复中心举办第四届心智障碍者支持性就业国际论坛及支持性就业辅导员培训班。中国、德国、日本等国内外专家学者参加论坛，全国各地88名学员参加支持性就业辅导员国际通行课程培训。活动由中国智力残疾人及亲友协会、国际劳工组织、德国国际合作机构GIZ公司、中国残联就业指导中心等单位联合主办。

（葛安凤）

【残疾人文学之友联谊会成立】 9月5日，在区残疾人职业康复中心举办七彩梦残疾人文学之友联谊会成立大会暨“秋之韵”诗歌朗诵会。50余名残疾人文学爱好者参加活动，70余名残疾人入会。

（葛安凤）

【“中途之家”及“云朵家园”成立】 9月11日，朝阳区脊髓损伤者“中途之家”和全国首家脊柱裂、脑积水者“云朵家园”成立仪式在朝阳区年轮康复中心成立。中、市残联领导为“中途之家”和“云朵家园”揭牌。中残联肢残人协会为脊髓损伤者捐赠纸尿裤，为脊柱裂、脑积水者捐赠康复器材。区残联为“中途之家”“云朵家园”分别给予5万元资金支持。

（葛安凤）

【志愿服务中心成立】 9月19日，朝阳区残疾人联合会志愿服务中心在区残疾人职业康复中心成立。启动仪式以“心手相连、共享阳光”为主题，为优秀助残志愿者代表、爱心团队颁发聘书。第五次全国助残先进集体——首都图书馆、安利（中国）日用品有限公司北京分公司，第四次北京市助残先进集体——首汽（集团）代表分享各自团队扶残助残爱心故事。

（葛安凤）

【合唱比赛】 9月23日，联合区文化馆举办2014年朝阳区残疾人“我和我的祖国”合唱比赛，全区街道、地区（乡）残联选送的39支队伍1600余人参赛，产生一等奖2名、二等奖4名、三等奖6名、优秀表演奖8

名、组织奖6名。

（葛安凤）

【残疾人运动会】 9月至12月，组织残疾人运动员参加北京市第九届残疾人运动会，比赛项目有田径、游泳、飞镖、乒乓球等。朝阳区参赛队员分别获奖。其中，飞镖比赛取得4项第五名；乒乓球比赛取得肢体站姿女单、肢体坐姿男单、肢体站姿团体、肢体坐姿团体等4项冠军、1个季军、1个第四名、3个第五名、3个第六名，区残联获优秀组织奖。

（葛安凤）

【自闭症儿童康复指导中心成立】 10月17日，在区残疾人职业康复中心举行“朝阳区自闭症儿童康复研究指导中心揭牌仪式暨朝阳区首届自闭症教育康复国际学术研讨会启动仪式”。区残联理事长赵玲与党组书记段伟为中心揭牌，五彩鹿儿童行为矫正中心、彩虹村庄康复中心法人代表以及高碑店地区残联代表发言。43个街道、地区（乡）残联理事长、19家民办康复机构的法人代表，美国纽约市立大学皇后学院教育学院、美国乔治敦大学、中国台湾等地区的学者以及全国各地自闭症机构康复师、北京大学等高校研究人员200余人参加研讨会。

（葛安凤）

【脊柱裂与脑积水日宣传活动】 10月24日，区残联在北京市年轮康复中心举办“爱与你同在”——北京脊柱裂与脑积水日宣传活动。中国肢残人协会、市残联、区残联相关领导，30余名“中途之家”脊髓损伤者和“云朵家园”脊柱裂、脑积水者出席活动。活动现场，发放宣传手册1000份，义诊122人，接受咨询254人。

（葛安凤）

【残疾人免费体检】 10月23日至28日，组织17个街乡240名残疾人在朝阳区天华脑病康复中心免费体检。

（葛安凤）

【社区文艺汇演】 11月20日，组织残疾人参加“我梦最美”北京市第七届残疾人社区文艺汇演，区残联选送的舞蹈《欢庆》、混声合唱《化蝶》获一等奖，快板《瞎嘞嘞》获二等奖，小品《圆梦》、手风琴齐奏《我们的生活充满阳光》获优秀奖，区残联获优秀组织奖。

（葛安凤）

【残疾人艺术团汇报演出】 12月2日，在中国传媒大学举办“圆梦路上，你我同行”暨朝阳区残疾人艺术团成立十周年汇报演出，全区43个街道（地区）的1000余名残疾人及残疾人工作者观看演出。

（葛安凤）

【书画作品公益拍卖会】 12月3日，在首都图书馆举办“中国梦——有我”朝阳区残疾人书画家作品专场公益拍卖会，展出180幅作品，拍卖成交60幅作品，成交额6万元。

（葛安凤）

【智力残疾人趣味运动会】 12月3日，举办“牵手残疾人走进社会，辅助残疾人增强能力”——第一届智力残疾人趣味运动会，80余名智力残疾人及亲友参赛。

（葛安凤）

【六届主席团二次全会】 12月10日，区残联召开第六届主席团第二次全体会议，区残联主席团委员125人参加会议。会议听取并审议通过区残联《解放思想 紧抓机遇 突破创新 再创朝阳科学发展民生幸福新佳绩》工作报告，审议通过新调整的第六届主席团委员名单。

（葛安凤）

【心理康复研究指导中心成立】 12月12日，在区残疾人职业康复中心举办“朝阳区残疾人心理康复研究指导中心”揭牌仪式。区残联理事长赵玲、党组书记段伟为中心揭牌，心理学家、上海华东师范大学心理与科学学院教授耿文秀就如何减轻心理压力为残疾人工作者授课。

（葛安凤）

【职业指导大讲堂】 12月25日，在区残疾人职业康复中心举办残疾人职业指导大讲堂活动，北京商务礼仪专业讲师王珊为43个街乡的100余名残疾人授课。

（葛安凤）

【残疾人证件办理】 年内，办理残疾人证20605件，完成43个街乡44161名残疾人的残疾人服务一卡通申报、审批。年底，全区累计持证残疾人47736人。

（葛安凤）

【维权信访】 年内，受理残疾人来信13封，接待残疾人来访135人，接听信访来电418件。区残联法援工作站接待、处置残疾人来电、来访100余人，受理残疾人权益法律援助案件7件，结案3件。新建基层温馨家园法律服务工作站13个，总创建数50个。基层温馨家园法律服务工作站接待残疾人法律咨询来电、来访882人，承办残疾人法律援助案件1件。开展消法问答卷、观看法制电影、征文、举办法律宣传日及法律知识讲座、残疾人机动轮椅车交通安全“净化行动”宣传及问卷等宣传普法活动，1.5万余名残疾人参加活动。

（葛安凤）

【无障碍家庭改造】 年内，完成1900户残疾人家庭无障碍改造。对500户肢体、视力及听力残疾人进行无障碍家庭改造情况需求调查。完成6000余户残疾人家庭无障碍改造基本数据输机。

（葛安凤）

【无障碍监督】 年内，对学校、银行、地铁、加油站、公共卫生间、道路等开展无障碍体验活动43次。配合规划朝阳分局、区商务委开展无障碍环境检查6次。开展无障碍理念进社区培训4场，培训800余人。

（葛安凤）

【走访慰问】 年内，走访慰问和临时救助残疾人18536人、基层单位149家，送慰问款（物）865万余元。

（葛安凤）

【残疾人康复】 年内，开展家庭康复培训系列知识讲座302期，培训18120人次。为145名残疾人实施白内障复明手术，为6名听力残疾儿童办理人工耳蜗植入升级。为13名残疾人实施股骨头置换手术救助，为884名申请辅助器具的残疾人进行评估适配。审核发放贫困残疾人康复训练卡820张，审核363名精神残疾人入住康复机构，审核65名智力残疾人入住福利机构。为253名年龄不满16周岁残疾儿童少年审批办理机构康复训练补助手续。调整享受《关于调整对贫困精神残疾人、智力残疾人入住康复机构服务补贴标准的通知》的残疾人年龄范围，由原来的18周岁以上，调整为16周岁以上。

（葛安凤）

【辅助器具服务】 年内，为112名成人、24名儿童提供个性化辅具辅助器具服务需求，为43名残疾人申请纸尿裤和纸尿垫、尿套。完成2064件盲人生活辅具包发放工作。为街道和地区符合条件的残疾人申请北京市残联福利基金会捐赠的电动轮椅15辆。发放辅具宣传页2万册。为街道地区辅具站配发辅具用品396件，为符合条件的55家三星级宾馆发放并安装165件闪光门铃。在朝阳有线播放辅具宣传片。街道和地区级辅具站开展辅助器具服务1021人次，提供辅具租借业务198件。

（葛安凤）

【教育培训】 年内，为43名有学习能力的残疾学生提供“送教上门”服务，为50名学生建立学籍档案。8家机构的50名残疾儿童享受中国残疾人事业专项彩票公益金助学项目。为121名残疾儿童申报长江商学院资助金项目。150名学生享受助学补助政策，24名学生享受中、高等院校新生奖励。11名残疾人考人普通高等院校。六一儿童节慰问1965名残疾儿童，教师节慰问1600名特教老师。组织30余个班次的各类技能培训，参与学员600人。完成各类残疾人职业技能培训1183人次。继续落实“全国残疾人就业指导员远程培训教育”项目，31名基层残疾人工作者参加培训。

（葛安凤）

【残疾人就业】 年内，安置残疾人就业371人。其中，按比例安置158人，集中安置16人，公益性岗位就业18人，自主创业6人，辅助性就业28人，其它形式就业145人。13名应届毕业残疾人大学生实现100%就业。

（葛安凤）

【残疾人专场招聘会】 年内，举办4场残疾人专场招聘会，参会企业66家，提供500余个适合残疾人的就业岗位。累计500余名残疾人到场应聘，125人达成初步就业意向，66人建立求职档案。

（葛安凤）

【残疾人社会保障】 年内，将重残无业人员的生活补助从580元调整到650元，发放补助金2626万元。4691名残疾人参加城乡居民养老保险，参保率98%。为1915名残疾人办理社会保险补贴，补贴金额1081万余元。为8200余名残疾人办理助残服务券补贴，结算金额707.26万元。为10名残疾人申请者发放电子小帮手。729名残疾人享受“阳光家园计划”补贴政策，补贴资金43.74万元。为393名残疾人入住福利机构发放补贴68.26万元。为8家社会福利机构发放运营补贴20.51万元。

（葛安凤）

【调查研究】 年内，开展《朝阳区智力残疾人及家庭需求的调研报告》《残疾儿童少年康复相关问题的调研》《更高质量的职业指导》和《如何促进朝阳区残疾人职业技能培训》等4项重点调研，并形成报告。

（葛安凤）

朝阳区红十字会

【概况】 北京市朝阳区红十字会（简称区红十字会）是区政府直接领导联系的社会救助团体。机关内设办公室和业务科。年内，接收全区各街乡、机关单位和社会各界人士捐款577.4万余元。其中，鲁甸地震专项捐款63 .8万元、募捐箱捐款157元、博爱捐款513.6万元，博爱捐款比上年同期减少54.89%。超额完成市红会下达指标（80万元）的541.96%。小红门、十八里店、管庄、南磨房和来广营地区位居募捐收入居前五位。年内，发放博爱救助款414.15万元，救助1143户，善款使用率为86%。其中，博爱基层救助236.3万元、博爱医疗救助1万元、博爱助困63.7万元、博爱助老8.25万元、对外救助50万元、少儿大病救助32人（28.25万元）、非典后遗症患者救助16.65万元、突发应急支出10万元。为六里屯老年病医院、东方博爱儿童福利院以及重点街乡等困难群体和单位下发价值1.5万元的大米等生活物资。区红十字会获2010—2014年度北京市红十字会先进集体；“关爱生命与健康温暖工程”项目被北京市红十字会授予首都红十字人道公益项目；摄影作品“普及急救知识”获中国红十字总会“身边的急救”摄影作品优秀奖。小红门乡等6家单位获2010—2014年度北京市红十字系统先进集体，叶如陵等8人获北京市红十字系统先进个人。

地址：团结湖北五条8号楼

电话：65094673

邮编：100026

邮箱：chaoyanghonghui@163.com

（孙宏娟）

【党的群众路线教育实践活动】 2月20日至10月24日，开展党的群众路线教育实践活动。期间，组织全体党员干部集中学习18天，召开座谈会6次，研究制定整改措施9项，征集意见建议258条。区红会将边学边查边改贯穿始终，制定“朝阳区红十字会机关干部下基层工作制度”；修订机关干部休假制度，保留《区红会党风廉政建设责任制制度》等27项制度，修订完善《区红会领导干部密切联系群众制度》和《区红会关于开展厉行节约工作方案》等5项规章制度，新建《区红十字系统干部教育培训制度》等3项规章制度。

（孙宏娟）

【宣传活动】 3月27日，注册使用“博爱朝阳”微信公众号，普及红十字博爱理念和急救健康知识。5月6日，在奥林匹克森林公园举行“朝阳区纪念‘5·8’世界红十字日‘关爱生命健康行’”大型宣传活动，600余人参加环湖5公里健步走。9月12日，在安贞西里公园举办“身边的急救 十分重要”大型主题宣传活动，社区居民通过参与逃生避险、心肺复苏抢救、头部创伤包扎、骨折搬运等应急救护模拟演练，掌握应急知识与技能。11月28日，在闽龙广场茶城开展“行动起来，向‘零’艾滋迈进”宣传活动。年内，确定“十分重要”系列主题宣传口号，组织开展各类主题宣传活动60余次，发放博爱募捐、急救培训、捐献造血干细胞宣传画等各类宣传资料 3万余份。

（孙宏娟）

【志愿服务】 4月10日，在对外经贸大学采集造血干细胞血样58例。年内，261名造血干细胞血样捐献志愿者成功采样入库。5月5日，在奥林匹克森林公园成立区“红十字应急救护志愿服务站”，配发急救箱、急救知识展板和急救知识手册，定期派红十字志愿者为游客提供免费咨询服务。年内，建立关爱志愿者长效机制，春节、国庆等节日走访慰问优秀红十字志愿者。红十字应急救护教育讲师团项目被评为朝阳区志愿服务优秀项目。

（孙宏娟）

【应急救护教育培训】 4月24日，在华膳园举办“人人学急救、急救为人人”应急救护知识大赛。年内，应急救护教育取证培训30035人，完成全年指标的100.01%；应急救护教育普及16万人，完成全年指标的106.67%。拓宽重点行业培训范围，启动应急救护知识进公园、进CBD、进重点行业活动，采取模块式培训模式，对奥林匹克森林公园工作人员、北京商务中心区白领、环卫工人以及在校师生进行应对突发事件应急知识和技能培训；利用寒暑假在社区面向家长和孩子普及急救知识。为43个街乡、558个社区（村）及区直机关各单位统一配发红十字急救药箱。

（孙宏娟）

【交流合作】 7月8日，接待贵阳市红十字会考察团一行4人交流考察枢纽型社会组织建设工作。9月23日，接待加拿大多伦多红十字会考察团一行7人考察红十字社区志愿服务工作。11月19日，与南阳市淅川县红十字会签订友好合作框架协议，并捐赠50万元用于南水北调困难移民的生活救助。年内，援助四川省什邡市马井中心小学改建硅PU篮球场。

（孙宏娟）

【红十字青少年】 年内，18所学校参加区级健康促进校验收，16所学校通过验收。在全区征集北京市十佳百优活动和小会员，上报市红十字会12项活动和18名优秀个人。朝阳区首都师范大学附属实验学校、润丰学校、北京市劲松职业高中和北京市同仁中学等4所学校承接市红十字会探索“人道法”实施项目，并在劲松职业高中进行试点验收活动。

（孙宏娟）

【关爱生命与健康温暖工程】 年内，继续在区34个街乡实施关爱生命与健康温暖工程。制发《关爱生命与健康温暖工程巡礼》典型经验传播手册1000册；举办项目运作培训班，聘请专家对基层红十字会干部进行“公益组织项目管理和推进模式”培训。34个街乡红十字会依托社区，向居民提供应急救护培训、健康普及、卫生保健、志愿服务、心理咨询、献血动员、接受捐赠、募捐救助等综合服务。全年组织开展各类社区大讲堂活动410场次。

（孙宏娟）

朝阳区慈善协会

【概况】 北京市朝阳区慈善协会（简称区慈善协会）成立于2005年，是非营利性社会团体。机关内设办公室、捐助科和宣传科。5月12日，出台《北京市朝阳区冠名慈善捐助金管理办法（试行）》。8月1日，出台《北京市朝阳区慈善协会募捐箱管理办法（暂行）》。8月13日，出台《北京市朝阳区慈善协会分会捐赠资金管理意见（修订稿）》。10月24日，出台《北京市朝阳区慈善协会捐赠资金管理办法（试行）》。12月19日，区慈善协会微信公众平台正式上线。微信号bjcycs。年内，募集善款3498.4万元，使用善款3966.13万元，实施救助项目279个，惠及困难家庭15659户。

地址：朝阳公园南路19号
电话：65920669
邮编：100125
邮箱：cycs@bjchy.gov.cn

（岳晨晨）

【生育关怀行动】 1月3日，实施“情暖万家生育关怀行动”项目，使用善款29.65万元，惠及计生困难家庭593户。

（岳晨晨）

【困难党员帮扶】 1月10日，举行第12次“朝阳区生活困难党员帮扶资金”发放仪式，使用善款137.4万元，惠及困难党员1029人。6月24日，举行第13次“朝阳区生活困难党员帮扶资金”发放仪式，为全区1027名困难党员按照困难程度每人发放1000—3000元专项帮扶资金，使用善款128.9万元。12月29日，举行第14次“朝阳区生活困难党员帮扶资金”发放仪式，使用善款167.3万元，帮扶困难党员1311名。

（岳晨晨）

【“两节”送温暖】 1月15日，开展2014年“两节送温暖”走访慰问重大疾病家庭活动。至春节前夕，43家街乡慈善分会中有415户低保、低收入且患有重大疾病家庭接受救助，使用善款62.25万元。1月20日，市慈善协会领导进行大病救助入户慰问。“两节”期间，市慈善协会向区慈善协会拨付30万元“春雨”大病救助金，惠及32家分会的34名患有重大疾病的困难群众。

（岳晨晨）

【新春联欢活动】 1月28日，举行第八届“朝阳慈善情——百姓新春大联欢”活动。41个街乡设立分会场，4230名贫困群众参加活动，使用善款122.81万元。

（岳晨晨）

【党的群众路线教育实践活动】 2月21日至10月27日，开展党的群众路线教育实践活动。期间，组织全体党员干部集中学习21天，召开座谈会4次，征集意见建议22条，研究制定整改措施10项，修订了相关制度。

（岳晨晨）

【“书香六一快乐成长”赠书活动】 5月28日，举办“书香六一快乐成长”赠书活动。向低保家庭1478名儿童赠送图书2万册，价值19.64万元。

（岳晨晨）

【慰问陶行知实验班学生】 5月30日，会同区教委到北京市第十七中学慰问陶行知实验班学生，送去T恤衫180件。

（岳晨晨）

【设立“靓宝宝冠名慈善捐助金”】 5月31日，与北京靓宝宝教育科技有限公司在常营民族家园举行“靓宝宝冠名慈善捐助金”签约仪式。北京靓宝宝教育科技有限公司正式设立“靓宝宝冠名慈善捐助金”，一次性无偿向区慈善协会捐赠资金17126.5元，定向用于助学、助老、助残、助医、助困以及扶贫赈灾、宣传慈善文化等慈善公益活动。

（岳晨晨）

【贫困大学生回家过年项目善款发放】 6月13日，举行“阳光温暖回家路”送500名贫困大学生回家过年项目善款发放仪式。使用善款11.32万元，帮助13所高校481名困难大学生回家过年。

（岳晨晨）

【共产党员献爱心】 6月18日，会同区委组织部、区委宣传部在区政府大院开展第十次“共产党员献爱心”捐献活动启动仪式。740名党员干部捐款98020元。

（岳晨晨）

【云南鲁甸抗震救灾捐款】 8月3日，云南省昭通市鲁甸县发生6.5级地震。区慈善协会向全区发出捐款倡议。截至9月18日，收到捐款37.04万元，并捐至市慈善基金会用于抗震救灾。

（岳晨晨）

【“彩虹重阳慈善助老”活动】 9月26日，举办“彩虹重阳慈善助老”活动。惠及1041位老人，包括区属敬老院老人、60岁以上低保低收入困难老人、贫困失能老人以及为社会公益事业奉献爱心的老人。活动使用共产党员献爱心善款162525元、苏宁易购定向捐款2万元，市慈善基金会提供的20台助行器，修实基金提供的30台老年生活微课程学习机。

（岳晨晨）

【关爱失独家庭活动】 12月1日，开展“旗帜天使伴行心灵之旅”关爱失独家庭活动，使用“北京市朝阳区旗帜天使冠名的慈善捐助金”5万元，惠及9户失独家庭。

（岳晨晨）

【朝阳慈善公益周】 12月1日至5日，开展“携手慈善凝聚爱心”暨2014年朝阳慈善公益周活动。43个街乡慈善分会分别开展慈善活动，募集善款33.91万元。

（岳晨晨）

【“衣恋圣秀”助学项目实施】 12月10日，实施“衣恋圣秀”助学项目。为50名朝阳区籍、家庭贫困且品学兼优的贫困高中学生提供助学帮扶，使用善款15万元；为150名学生发放励志类图书。

（岳晨晨）

【第三次会员代表大会召开】 12月19日，召开第三次会员代表大会。审议通过协会第二届理事会工作报告、财务报告、监事报告，选举产生协会第三届理事会、监事会。邀请协会会员单位代表、理事会成员、监事会成员等126人参会。

（岳晨晨）

政权　政协

北京市朝阳区人民代表大会常务委员会

【概况】 北京市朝阳区人民代表大会常务委员会是朝阳区人民代表大会常设机构。内设办公室、内务司法工作委员会、财政经济工作委员会、城建环保工作委员会、教科文卫工作委员会、农村工作委员会、代表联络室、研究室、信访办9个机构。年内，召开常委会会议6次，主任会议6次，审议议题64项，听取审议“一府两院”专项工作报告22项，计划、预算、决算、审计等报告6项，作出决议、决定15项，依法任免国家机关工作人员81人次。组织召开朝阳区第十五届人民代表大会第四次会议。选举刘显威和阚宝奎为区人大常委会委员、王向明为区检察院检察长。年内，常委会决定：接受王亚贵、李国、曾原纪辞去区第十五届人大常委会副主任职务的请求，接受王春、苑文新、汪洋辞去区政府副区长职务的请求，接受叶青、张建顺辞去区第十五届人大常委会委员职务。决定任命王志勉、杨树旗为区政府副区长。报朝阳区第十五届人民代表大会备案。指导街乡完成12名人大代表的补选工作。

地址：安立路0号

电话：65094479

邮编：100107

邮箱：rd4479@163.com

（邢浩铭）

【区十五届人大四次会议】 1月7日至10日，举行朝阳区第十五届人民代表大会第四次会议。大会听取并审议《朝阳区人民政府工作报告》，审查《朝阳区2013年国民经济和社会发展计划执行情况的报告及2014年国民经济和社会发展计划》《朝阳区2013年财政预算执行情况的报告和2014年财政预算》；听取并审议《朝阳区人民代表大会常务委员会工作报告》《朝阳区人民法院工作报告》《朝阳区人民检察院工作报告》，并通过上述报告的各项决议。会议补选刘显威和阚宝奎为区人大常委会委员、王向明为区检察院检察长。期间，组织召开城市建设管理、经济建设工作、农村城市化建设和社会事业发展工作4个专题座谈会。区委、区人大领导及114名代表参加座谈，区政府、区法院、区检察院领导以及政府有关部门负责人到会听取代表意见。会议确立“加强城乡结合部环境综合整治，加大控违拆违力度，提升我区城市管理水平”作为大会议案。未列入大会议案的其他6件议案作为建议、批评和意见，交区相关部门研究办理并答复代表。大会首次设立发言议程。贺彩龙、王志华、贺秋刚、李亚君、刘峰、赵曾海、支芬7名代表围绕相关主题作大会发言。

（邢浩铭）

【第十六次主任会议】 2月19日，召开区十五届人大常委会第十六次主任会议。初审区人大常委会第十六次会议建议议题并决定有关事项。讨论通过《北京市朝阳区人民代表大会常务委员会代表工作考核办法（修订草案）》《北京市朝阳区第十五届人民代表大会常务委员会个别地区代表小组组长名单》。会议决定：任命米振华为十八里店地区代表小组组长，陈杰为豆各庄地区代表小组组长，高永荣为管庄地区代表小组组长，张树宝为孙河地区代表小组组长。

（邢浩铭）

【市人大常委会领导到区调研】 2月20日，市人大常委会主任杜德印带队到区调研人大代表联系群众工作。杜德印等听取区人大常委会主任佟克克关于区人大代表联系群众工作的汇报，并与部分市人大朝阳团代表、区人大代表、街乡负责人、居民代表座谈。市人大常委会副主任唐龙、秘书长赵义，区人大常委会副主任李国、朱春霞等陪同调研。

（邢浩铭）

【第十六次常委会会议】 2月25日，举行区第十五届人大常委会第十六次会议。审议通过《朝阳区人大常委会2014年工作要点（草案）》《北京市朝阳区人民代表大会常务委员会关于进一步加强人大代表工作的若干措施（草案）》。区人大常委会专职委员张建顺作《关于管庄乡补选乡人民代表大会代表有关情况的说明》，并以举手表决方式，同意管庄乡补选乡第十六届人民代表大会代表2名。根据副区长张维刚受区长吴桂英委托的提请，以举手表决方式免去吴凤岐区住建委主任职务，闫宾区民防局局长职务。以投票方式任命闫宾为区住建委主任，王军为区民防局局长。书面审议区人大常委会第十五次会议被任命人员王向明的就职报告。

（邢浩铭）

【人大代表培训】 3月26日，举办2014年人大代表培训会。区人大常委会主任佟克克主持会议并讲话，240余名区人大代表参加培训。邀请市检察院副检察长李新生做“依法行政和社会主义法治理念”专题讲座。市人大常委会法制办主任李小娟对新修订的代表法实施办法及代表建议办理条例作专题辅导讲座。

（邢浩铭）

【第十七次主任会议】 4月10日，召开区十五届人大常委会第十七次主任会议。初审区人大常委会第十七次会议建议议题并决定有关事项。

（邢浩铭）

【第十七次常委会会议】 4月24日，举行区第十五届人大常委会第十七次会议。代表联络室主任孙立作《朝阳区人大常委会关于2014年代表建议批评和意见办理工作的意见》报告；区委常委、常务副区长甘靖中作《关于承办朝阳区十五届人大四次会议代表建议、批评和意见方案的报告》。听取并审议区法院院长李瑞翔作的《朝阳区人民法院关于行政审判工作的报告》。根据区法院院长李瑞翔的请示，表决通过《北京市朝阳区第十五届人民代表大会常务委员会关于批准北京市朝阳区人民法院开展换届选任人民陪审员工作的决定》。会议决定：同意区人民法院开展换届选任人民陪审员工作，人民陪审员名额为350名（含为北京市第三中级人民法院代选陪审员50名）。区人大常委会代表资格审查委员会主任委员李国作《朝阳区第十五届人民代表大会常务委员会代表资格审查委员会关于提请接受刘北阳等8名代表辞职请求的报告》《朝阳区第十五届人民代表大会常务委员会代表资格审查委员会关于代表资格的审查报告》，会议决定接受刘北阳等8名代表辞职请求，区第十五届人大代表数量由439名减至431名。表决通过《朝阳区人民代表大会常务委员会关于补选朝阳区第十五届人民代表大会代表的决定》，决定补选区第十五届人民代表大会代表8名，其中八里庄地区补选2名，呼家楼、麦子店、安贞、十八里店、三间房、常营等6个地区各补选1名。通过《朝阳区人民代表大会常务委员会关于同意部分乡补选乡第十六届人民代表大会代表的决定》，决定补选乡第十六届人民代表大会代表6名，其中常营乡补选1名、王四营乡补选2名、十八里店乡补选3名。表决通过《区人大常委会各工作委员会组成人员调整名单》和《朝阳区第十五届人民代表大会常务委员会关于接受王亚贵辞职请求》决定。根据区人民检察院检察长王向明的提请，决定免去刘雪虹、白黎明区人民检察院检察员职务；决定任命方鹏为区人民检察院副检察长、检察委员会委员、检察员，任命高悦等12人为区人民检察院检察员。会议要求方鹏于5月24日前向区人大常委会递交就职报告。表决通过《朝阳区第十五届人民代表大会常务委员会关于调整朝阳区人大常委会代表资格审查委员会主任委员的决定》。决定由区人大常委会副主任朱春霞担任代表资格审查委员会主任委员，区人大常委会副主任李国不再担任代表资格审查委员会主任委员职务。书面审议《朝阳区第十五届人大常委会第十次会议对〈朝阳区人民检察院关于未成年人案件检察工作的报告〉审议意见的办理报告》。书面审议常委会第十六次会议被任命人员就职报告。

（邢浩铭）

【八个专业代表小组成立】 4月25日，区人大常委会召开专业代表小组成立会议。成立司法、财经、城建城管、教育、卫生、科技、文体、农村等八个专业代表小组。区人大常委会主任佟克克，副主任李国、张富生、朱春霞、曾原纪和常委会委员及各专业代表小组成员、各乡人大主席（副主席）参加会议。

（邢浩铭）

【议案督办工作会】 4月29日，区人大常委会召开议案督办工作会。听取关于“加强城乡结合部综合整治，加大控违拆违力度，提升我区城市管理水平”议案办理实施方案及督办方案汇报。区人大常委会副主任李国，副区长苑文新出席会议，部分区人大代表，区人大常委会有关委室、区政府议案办理部门负责人参加会议。

（邢浩铭）

【第十八次主任会议】 6月5日，召开区十五届人大常委会第十八次主任会议。初审区人大常委会第十八次会议建议议题并决定有关事项。区绿化局局长荣学强受区政府委托作《关于朝阳区绿化建设和管理工作的报告》，区农委主任赵红伟受区政府委托作《关于加快推进重点村整治和新农村建设情况的报告》。通过《朝阳区人大常委会代表建议公开工作方案》。

（邢浩铭）

【第十八次常委会会议】 6月26日，区第十五届人大常委会第十八次会议举行。听取并审议区审计局局长刘野受区政府委托所做的《关于朝阳区2013年预算执行和其他财政收支的审计工作报告》、区财政局局长欧晓勋受区政府委托所做的《关于朝阳区2013年财政决算的报告》。审查和批准区2013年财政决算。听取并审议区政府副区长苑文新代表区政府做的《关于朝阳区食品药品安全监管情况的报告》。听取区人大常委会代表联络室主任孙立做的《朝阳区人大常委会代表联络室关于补选朝阳区第十五届人民代表大会代表的情况报告》；代表资格审查委员会主任委员朱春霞作《朝阳区第十五届人民代表大会常务委员会代表资格审查委员会关于代表资格的审查报告》。经区第十五届人民代表大会常务委员会第十八次会议确认，王向明、刘海涛、王春清、聂宏伟、董会生、张克斌、张小锋、刘大庆的代表资格全部有效。区第十五届人大代表数量由431名增至439名。听取并审议区检察院检察长王向明做的《保障诉讼参与人合法权益工作情况的报告》。根据区人大常委会主任佟克克提请，决定任命：董会生、刘海涛、聂宏伟、王春清分别为区人大常委会安贞街道工作委员会主任、八里庄街道工作委员会主任、麦子店街道工作委员会主任、呼家楼街道工作委员会主任。根据区人民法院院长李瑞翔的提请，决定任命：彭珂、王金贵等350人为区人民法院第十五届人民陪审员。书面审议常委会第十七次会议被任命人员就职报告。

（邢浩铭）

【环境污染执法检查】 7月3日，区人大执法检查组组织部分区人大代表到酒仙桥中关村电子城科研总部工地、来广营北太极公司科研楼工地、北京世辉长安汽车4S店等地暗查施工工地渣土消纳、覆盖，运输车辆达标，汽修、餐饮企业油烟、异味和废气处理设施运行等情况。

（邢浩铭）

【乡人大工作研讨会】 7月3日，区人大常委会召开乡人大工作交流研讨会。研讨会以来广营乡人大工作为例，围绕如何开好乡人代会、履行监督职能、发挥代表作用、提高代表履职能力4个专题进行研讨。区人大常委会主任佟克克、副主任张富生，部分常委会委员，农村专业代表小组成员，各乡人大专职主席（副主席）参加会议。

（邢浩铭）

【常委会读书班】 7月22日至25日，区人大常委会举办常委会组成人员读书班。市人大常委会主任杜德印以市人大代表联系原选举单位方式出席开班式，并作“人民代表大会制度在区县的实践”专题报告。区委书记程连元参加开班式并讲话。区人大常委会领导佟克克、李国、张富生、朱春霞和常委会委员等23人参加读书班。

（邢浩铭）

【政府工作半年通报会】 8月6日，区人大常委会举行2014年政府工作半年通报会。区长吴桂英代表区政府向人大代表、政协委员通报上半年区经济社会发展情况。

（邢浩铭）

【第十九次主任会议】 8月8日，召开区十五届人大常委会第十九次主任会议。初审区人大常委会第十九次会议建议议题并决定有关事项。区政府办公室主任杨建海、区卫生局局长师伟、区农委主任赵红伟受区政府委托分别作《关于朝阳区十五届人大三次会议跨年度代表建议、批评和意见办理情况的报告》《关于朝阳区十五届人大四次会议代表建议批评和意见办理工作情况的汇报》《关于朝阳区农民转居转工情况的汇报》。通过《朝阳区第十五届人民代表大会常务委员会个别地区代表小组组长名单》。会议决定：任命张克斌为十八里店地区代表小组组长、张小锋为三间房地区代表小组组长、刘大庆为常营地区代表小组组长。

（邢浩铭）

【第十九次常委会会议】 8月28日，举行区第十五届人大常委会第十九次会议。听取并审议区政府副区长苑文新代表区政府所做的《朝阳区政府实施〈北京市大气污染防治条例〉情况报告》执法检查情况的报告。区人大执法检查组副组长张永贵作《关于〈北京市大气污染防治条例〉执法检查情况的报告》。听取并审议区政府副区长汪洋代表区政府所做的《朝阳区人民政府关于行政复议工作情况的报告》。听取并审议区政府副区长陈涛代表区政府所做的《朝阳区政府关于“财政投入向农村地区倾斜，基础设施向农村地区延伸，公共服务向农村地区覆盖”情况的报告》。分别听取并审议区发展和改革委员会主任常树奇、区财政局局长欧晓勋受区政府委托所做的《关于朝阳区2014年国民经济、社会发展计划上半年执行情况的报告》《关于朝阳区2014年财政预算上半年执行情况的报告》。书面审议区人大常委会第十三次会议对区政府《关于农村集体资金资产资源管理工作情况的报告》《关于推进我区文化事业发展情况的报告》的审议意见办理报告。

（邢浩铭）

【第二十次主任会议】 10月10日，召开区十五届人大常委会第二十次主任会议。初审区人大常委会第二十次会议建议议题并决定有关事项。

（邢浩铭）

【第二十次常委会会议】 10月30日，举行区第十五届人大常委会第二十次会议。分别听取并审议区政府副区长陈涛、张维刚、苑文新代表区政府作的《关于继续办理“关于转方式、调结构，提升农村地区产业发展层级”议案情况的报告》《关于继续办理“推进我区医疗卫生事业发展，提高人民健康生活水平”议案办理情况的报告》和《朝阳区文化创意产业发展引导专项资金管理和使用情况的报告》《关于办理“加强城乡结合部环境综合整治，加大控违拆违力度，提升我区城市管理水平”议案情况的报告》。根据区人民检察院副检察长陈旭（受检察长王向明委托）的提请，决定免去郗琳区检察院副检察长、检察委员会委员、检察员职务。根据区法院院长李瑞翔的提请，决定免去林军区法院审判委员会委员、审判员职务，徐娟区法院民事审判第一庭副庭长职务，张华区法院民事审判第二庭副庭长职务，王玲区法院民事审判第二庭副庭长职务，沈岩区法院酒仙桥人民法庭副庭长职务，陈霞区法院温榆河人民法庭副庭长职务，夏劲松区法院立案庭庭长、审判员职务，尚莉莉区法院亚运村人民法庭副庭长、审判员职务，李永一区法院王四营人民法庭副庭长、审判员职务，刘超等6人区法院审判员职务。根据区法院院长李瑞翔的提请，决定任命韩毅钢为区法院立案庭庭长，徐娟为区法院立案庭副庭长，王丽英为区法院民事审判第二庭副庭长，张济坤为区法院望京人民法庭副庭长，李晓为区法院刑事审判第一庭副庭长、审判员，崔立斌为区法院民事审判第二庭副庭长、审判员，苏志甫为区法院民事审判第三庭副庭长，李自柱为区法院民事审判第三庭副庭长，阮健为区法院民事审判第四庭副庭长，王喆为区法院南磨房人民法庭副庭长、审判员，张逢春为区法院王四营人民法庭副庭长、审判员，赵佳为区法院王四营人民法庭副庭长、审判员，李刚为区法院双桥人民法庭副庭长、审判员，蔡峰为区法院温榆河人民法庭副庭长，凌巍为区法院亚运村人民法庭副庭长、审判员，欧阳华为区法院奥运村人民法庭副庭长、审判员，刘砺兵等16人为区法院审判员。听取区人大常委会代表资格审查委员会主任委员朱春霞作的《朝阳区第十五届人民代表大会常务委员会代表资格审查委员会关于确认个别代表的代表资格的报告》，表决通过《朝阳区人民代表大会常务委员会关于补选朝阳区第十五届人民代表大会代表的决定》。会议决定在建外、安贞、大屯、奥运村、太阳宫5个地区各补选区第十五届人民代表大会代表1名，共5名。会议决定，因会议期间区委人事调整正在进行，此次常委会后，如果涉及个别代表名额和选区的调整变化，常委会授权主任会研究决定，如果涉及较多代表名额及选区的调整变化，加开常委会审议决定。书面审议区政府关于落实区人大常委会对《第十二个五年规划纲要实施情况中期评估报告》审议意见的报告。书面审议区第十五届人大常委会第十四次会议对《关于“加强水系整治，营造优美生态环境”议案办理工作情况的报告》的审议意见的办理报告。书面审议区十五届人大常委会第十四次会议对区政府《关于朝阳区养老服务设施建设情况的报告》的审议意见办理报告。

（邢浩铭）

【常委会首设专题询问】 10月30日，在区十五届人大常委会第二十次会议上，会议听取并审议区政府《关于文化创意产业发展专项资金管理和使用情况的报告》，并首次开展专题询问。常委和代表就专项资金对中小微企业支持力度不够、覆盖率低、绩效评价体系不完善等问题进行询问。政府负责人对所提问题一一作答。

（邢浩铭）

【第二十一次主任会议】 12月11日，召开区十五届人大常委会第二十一次主任会议。初审区人大常委会第二十一次会议建议议题并决定有关事项。

（邢浩铭）

【第二十一次常委会会议】 12月30日，举行区第十五届人大常委会第二十一次会议。听取并初步审查区财政局局长欧晓勋作的《关于朝阳区2015年财政预算草案主要内容的报告》。会议决定，由区政府对报告进行修改完善后，提交区十五届人大五次会议审议。表决通过《关于召开区十五届人大五次会议的决定》，会议决定：区第十五届人民代表大会第五次会议于2015年1月13日至16日召开，并表决通过区第十五届人民代表大会第五次会议建议议程（草案），各代表团召集人名单（草案），主席团、秘书长建议名单（草案），国民经济、社会发展计划和财政预算审查委员会主任委员、副主任委员、委员建议名单（草案），议案审查委员会主任委员、副主任委员、委员建议名单（草案）。表决通过会议列席人员的决定。讨论《朝阳区人大常委会工作报告》，区人大常委会研究室主任杨立亭说明报告起草情况。会议决定授权主任会议对报告进行修改完善，提交区十五届人大五次会议审议通过。听取区人大常委会代表资格审查委员会主任朱春霞作的《朝阳区第十五届人民代表大会常务委员会代表资格审查委员会关于暂时停止樊献勇执行代表职务的报告》。听取代表联络室主任孙立作的《朝阳区人大常委会代表联络室关于补选朝阳区第十五届人民代表大会代表的情况报告》；代表资格审查委员会主任朱春霞作《朝阳区第十五届人民代表大会常务委员会代表资格审查委员会关于代表资格的审查报告》。经常委会第二十一次会议确认，苑文新、高岩、常树奇、史连雪的代表资格有效。根据王春、苑文新、汪洋请求，决定接受王春、苑文新、汪洋辞去区政府副区长职务的请求，并报区第十五届人民代表大会备案。根据区政府区长吴桂英的提请，决定免去常树奇区发展和改革委员会主任职务、吕明杰区人力资源与社会保障局局长职务。决定任命：王志勉、杨树旗为区政府副区长。师伟为区卫生和计划生育委员会主任；牟燕东为区人力资源和社会保障局局长。区人大常委会主任佟克克向被任命人员颁发任命书。根据李国、曾原纪的请求，决定接受李国、曾原纪辞去区第十五届人民代表大会常务委员会副主任职务。根据叶青、张建顺的请求，决定接受叶青、张建顺辞去区第十五届人民代表大会常务委员会委员职务。调整后，区第十五届人大代表数量为439名。并报区第十五届人民代表大会备案。书面审议《区政府关于办理朝阳区十五届人大四次会议代表建议、批评和意见工作情况的报告》《区政府落实区十五届人大四次会议计划预算审查委员会关于国民经济、社会发展计划审查意见及第十九次常委会议关于国民经济、社会发展计划上半年执行情况报告审议意见的报告》《区政府落实区十五届人大四次会议计划预算审查委员会关于财政预算审查意见及区人大常委会关于财政决算、财政预算上半年执行情况报告审议意见的报告》《区政府关于落实区人大常委会对〈区政府关于2013年预算执行和其他财政收支审计工作报告〉审议意见的报告》。

（邢浩铭）

【自身建设】 年内，建立常委会主任、副主任和委员联系人大街道工委、地区代表小组制度，推进常委会与街乡人大工作联系、业务指导常态化。修订《区人大常委会关于人大街道工委、地区代表小组工作考核办法》，规范街乡代表工作。落实《关于加强对乡人大工作指导的若干措施》，促进乡人大规范工作程序和内容，依法讨论重大事项，提高乡域发展的科学化、民主化、法治化水平。

（邢浩铭）

【调研工作】 年内，依法调研区法院行政诉讼案件审判、区检察院保障诉讼参与人合法权益、区政府行政复议工作情况。组织调研《北京市法律援助条例》《北京市实施〈中华人民共和国工会法〉办法》《北京市老年人权益保障条例》实施情况。完成《加强和改进人大监督工作的实践与思考》课题撰写。首次在《朝阳报》公开代表建议内容及办理情况，并跟踪报道跨年度代表建议和卫生类代表建议的办理情况。完成电子表决器建设。研究制定《区第十五届人大常委会主任、副主任、常委联系人大街道工委、地区代表小组方案》。

（邢浩铭）

【资金专题询问和监管】 年内，完成与计划、预算监督相关议题13项。作为牵头单位，统筹组织首次专项资金专题询问。联合农村工委首次开展项目支出事前监督工作。组织代表参与农村文化广场项目支出的事前绩效评估。跟踪督办区十五届人大四次会议12条代表建议。

（邢浩铭）

【城建环保工作督办】 年内，开展常委会审议议题即区十五届人大四次会议确定的“加强城乡结合部环境综合整治，加大控违拆违力度，提升我区城市管理水平”议案的督办工作。协助市人大常委会完成《市容环境卫生条例》《大气污染防治条例》执法检查。开展相关专项调研和代表建议督办工作。

（邢浩铭）

【教科文卫工作调研】 年内，调研区食品药品监管工作情况、区政府继续办理“推进我区医疗卫生事业发展，提高人民健康生活水平”议案情况。办结区十五届人大四次会议代表建议、批评和意见37件。组织调研、视察、培训等活动12次。配合市人大完成《公共文化服务保障法草案（稿）》《北京市控制吸烟条例（草案）》在区意见建议征求工作。

（邢浩铭）

【代表联络室建设】 年内，在大屯等9个地区增设代表工作室22个。对区十五届人大四次会议期间代表提出的316件建议进行分类，其中A类建议99件、B类建议88件、C类建议53件、D类建议76件。对年内区人大常委会收到并办结的325件建议逐一审核，在征求代表意见的基础上，将309件建议在《朝阳报》、朝阳人大网站上公开，接受社会监督。组织各人大街道工委、地区代表小组开展“摸实情、听民声、访民意”代表联系选民活动。重新修订《区人大常委会关于人大街道工委、地区代表小组工作考核办法》。指导街乡完成7个地区8名代表补选。组织市人大朝阳团代表参加代表集中培训、年中活动、会前视察等活动。按照市人大要求，将市人大朝阳团100名代表划分为16个代表联系组，分别固定联系区16个代表团，明确各组召集人并协助组织开展活动。

（邢浩铭）

【农村工作委员会议案督办与调研】 年内，完成议题、议案督办工作。开展乡人大专题调研，梳理出人大工作面临的10个方面30个问题。举办乡人大工作研讨班。

（邢浩铭）

【信访受理】 年内，受理各类信访382件次，同比增长24.4%。其中来访194批次492人次，同比增长4.9%；来信188件，同比增长54.1%。集体访11批次247人，同比增长10%。重复访55件次173人，同比增长22.2%。市、区人大交办的信访件29件，同比增长70.6%。

（邢浩铭）

北京市朝阳区人民政府

概　　述

2014年，在市委、市政府和区委的坚强领导下，在区人大、区政协的监督支持下，深入学习贯彻党的十八大、十八届三中、四中全会、习近平总书记系列重要讲话，深入落实首都“四个中心”战略定位，深入开展党的群众路线教育实践活动，积极转变发展理念，着力创新工作思路，勇于担当，务实进取，保持经济社会持续健康发展的良好局面。全年实现地区生产总值4337.3亿元，增长7.6%；完成区级财政收入416.4亿元，增长9.6%；城乡居民收入分别增长8.8%和9.8%。万元GDP能耗下降6.44%，完成市下达任务。

推进重点领域改革，区域发展活力进一步增强。认真落实中央、北京市和区委关于全面深化改革的各项部署。实行“先照后证”“一口受理、多证联办”审批服务，取消47个区级行政审批事项，压缩125个事项审批时限，公布投资项目审批事项清单，新设企业增长34.4%，其中新增亿元以上企业619家，增长155%。创新投融资体制，发行10亿元定向票据支持基础设施和重点功能区建设，采取BT模式推进道路和市政基础设施建设。对国有企业实行分类监管、分类考核。制定促进中小企业发展实施意见，成立中小企业服务中心，创新中小企业集合信托等融资方式，加大对中小企业的支持力度。积极争取扩大跨国公司外汇管理改革试点范围，8家企业纳入第三批试点。深化国家级文化和科技融合示范基地建设，朝阳区成为北京市首个国家知识产权示范城区。实施义务教育学区化综合改革，根据实际划分15个学区和40个片区，调整优化教育布局，全面推进免试就近入学。率先在全市实现医疗联合体服务全覆盖，探索建立专科医联体，满足群众多元就医需求。以区文化馆为试点探索文化事业单位法人治理模式，推进垡头等地区"文化居委会"建设，推行基层公共文化自我管理。启动全国养老服务业综合改革试点区建设，在恭和苑等44家养老机构推行"医养结合"。

着力推进结构调整和功能疏解，提质增效升级迈出坚实步伐。坚持控增量与调存量并重，制定《优化城市功能、加快产业转型升级工作方案》，严格执行北京市新增产业禁止和限制目录，严把新增产业准入关，鼓励和促进各类低级次产业调整退出。拆除清退四元桥汽配城等有形市场35家，清退废品回收场站11个，拆除出租大院62个，退出高污染企业28家。着力构建"高精尖"经济结构，总部经济优势凸显，主导产业贡献进一步提升。新引进总部企业20家，跨国公司总部达到107家。现代服务业实现区级收入占总量的60%。商务服务业稳步发展，实现营业收入增长10%。金融业对全区财政收入增长的贡献达到18.4%。文化创意产业规模进一步扩大，实现营业收入占全市22%。立足区域文化优势，积极争取政策支持，朝阳区成为全国首个"国家文化产业创新实验区"，发展优势进一步凸显。融资租赁、信用评级、文化产权交易等新兴服务行业成长迅速。实际利用外资和进出口总额增长14%和7%。专利申请量、技术合同成交额增长12%和15%。CBD、奥运、电子城等高端产业功能区的联动、带动作用不断增强，产业融合发展趋势更加明显。东坝、温榆河、金盏、垡头等区域的规划编制、土地开发、产业项目和基础设施建设正在积极推进。

积极破解城市化难题，城乡一体化发展取得新成效。加大对农村地区的投入倾斜力度，健全城乡一体化协调发展机制，推动农村地区转型发展。财政投向农村地区的资金同比增长19.6%。争取市级支持，第一道绿化隔离地区建设取得突破，6个乡成为全市城市化试点，完成拆迁腾退119万平方米。创新政策，农民转居工作取得历史性突破，2.9万名农民实现转居，多年反映的常营、豆各庄、太阳宫乡转居问题得以解决。重点村回迁安置房建设基本完成，1.5万名农民搬迁上楼。深化农村"三资"管理，加大土地资源管理和土地出租合同清理力度，来广营、黑庄户乡20个村的产权制度改革基本完成。大力整治"三合一""多合一"场所，以有形市场、废品回收场站、出租大院为重点，出台专项办法，整合专项资金，加快低级次产业清退，规范流动人口无序聚集，农村地区产业升级改造步伐不断加快，13个重点项目建成、开业。

坚决治理"城市病"，城市服务管理水平稳步提升。以服务保障APEC峰会为契机，以控制人口规模、治理大气污染、环境综合整治为重点，全面加强城市精细化管理，全力加快生态环境建设，取得了新的成效。常住人口增速进一步放缓，流动人口总量减少35.6万人。坚决落实大气污染治理各项措施，改造燃煤锅炉292.5蒸吨，PM2.5年均浓度同比下降3.3%。着力推进垃圾污水治理，完成曹各庄沟等6条河道治理，高安屯等3座再生水厂开工，生活垃圾综合处理厂焚烧中心项目正在加紧建设。出台区属道路移交接管实施办法，加强对代征代建道路的规范管理。道路建设、养护、微循环系统改造力度进一步加大。构建"大城管"模式，实施环境建设分区域管理，推进难点问题解决，重点区域和道路沿线环境明显改善。全区共拆除违法建设925处、355万平方米，治理群租房6800余户，查处违法施工、无照经营、露天烧烤等各类违法行为22万起，消除环境脏乱点5000余处，新增和改造绿化面积280公顷，平原造林457.87公顷。

持续改善民生，和谐稳定的社会局面进一步巩固。积极改善居民居住条件，完成290万平方米老旧小区综合整治、685户农宅节能改造，开工建设各类保障性住房2.1万套、竣工1.6万套，配租配售5013套。棚户区改造取得实质性突破，完成了六公主坟、北湖渠、通惠河边角地、太阳宫桥东北角等项目拆迁整治，多年的历史遗留问题得到彻底解决，西直河、重兴寺、郎辛庄等项目正在加快推进。历时十年之久的和平一、二、三村拆迁工作全面完成。垂杨柳医院改扩建工程房屋征收完成95%。继续扩大优质教育资源覆盖面，新开办学校5所、幼儿园12所，新增学位1万余个，公办小学和初中就近入学比例分别达到95%和92%以上。东坝、常营、望京、垡头地区引进大医院建设前期手续和资金安排取得实质进展。率先在全市实现急救社区化。推进养老服务社会化示范区创建工作，建成街乡养老照料中心22家，新增养老床位1400余张，为5000户70岁以上空巢老人家庭安装了紧急医疗呼叫器，区第二福利中心建设完工。深化公共文化服务体系建设，新建三里屯等3处综合文化中心，新建135套全民健身设施。朝阳区体育代表团首次获得市运会金牌榜第一名。健全文明城区建设长效机制，深入开展精神文明创建活动，全国文明城区综合测评迎检工作扎实推进。积极创建全国社区治理和服务创新实验区，完善社区分类治理模式，老旧小区准物业管理、村庄社区化管理基本实现全覆盖。推行党政群共商共治，创新群众工作方法，加大实事办理力度，加大矛盾纠纷化解力度，市区信访重点矛盾结案率达到91%，为群众解决了停车难、出行难等近1800个实际问题。以城乡结合部为重点，深入开展安全生产专项整治，加大食品药品监管力度，安全生产死亡事故数、死亡人数分别下降7.1%和10.1%，食品药品安全综合指数达到94.5。健全社会面防控体系和治安防控网络，平安社区（村）、平安单位比例分别达到93%和96%，全区可防性刑事案件下降7.1%，群众安全感不断提升。

认真开展群众路线教育实践活动，全面加强政府自身建设。严格按照中央和市委的要求，紧紧围绕"为民务实清廉"的主题，突出问题导向、需求导向，扎实开展群众路线教育实践活动。出台了区政府党组关于进一步加强自身建设意见等10余项工作制度，完善部门和街乡统筹联动工作机制，重点难点问题的整改工作正在加快推进。坚持依法行政，认真执行区人大及其常委会决议和决定，认真听取政协、民主党派和人民团体的意见，认真办理人大议案和政协建议案，全年办复全国、市、区人大代表建议、政协委员提案628件。行政复议案件、行政诉讼案件、行政投诉受理量分别下降20%、54%和57.6%。加强财政预算管理，强化重大项目资金的风险防控，严控政府运行成本，"三公"经费下降12%。完善政府绩效管理考评体系，实行差别化绩效和全过程管理，加强对重大决策部署落实情况的监督检查，有力推动了重点工作落实。严格执行党风廉政建设责任制，强化领导干部“一岗双责”，强化权力运行制约和监督。认真落实中央“八项规定”，深入推进专项整治，全区性大会减少6.4%，区级下发的文件精简33%，区级议事协调机构和临时机构精简53%，区级层面自主开展的评比表彰项目全部取消，完成超标配备公车、公车私用、办公用房整治并巩固成果，“四风”问题得到有效遏制。

2014年，区在经济社会发展中存在的矛盾和问题主要是：结构调整任务依然十分艰巨，传统产业正在加快转型，新兴产业规模支撑还不足，保持稳增长与调结构的平衡难度大；人口资源环境矛盾凸显，市政、道路等基础设施配套不足，大气污染和环境治理需要持续深化；城乡一体化统筹发展的体制机制尚未健全，利益协调、矛盾化解等瓶颈问题亟需突破，城乡结合部治理任务艰巨，违法建设屡禁不止，安全隐患难以根除，环境脏乱现象仍然突出；教育、医疗、养老等公共服务资源配置不够均衡，保障改善民生还有大量工作要做；政府自身建设还需要进一步加强，一些政府部门及工作人员，作风不实、效率不高、不作为、乱作为等现象还不同程度存在，违反党纪政纪问题、腐败问题还时有发生，改进作风和勤政廉政建设需要常抓不懈。

主要工作和重大活动

【刘延东考察计划生育工作】 1月2日，中共中央政治局委员、国务院副总理刘延东到区考察基层计划生育工作。看望慰问基层计划生育工作者并致以新年祝福。刘延东要求：要认真贯彻落实党的十八届三中全会精神和全国人大常委会关于调整完善生育政策的决议，坚持计划生育基本国策，深入细致地做好生育政策调整各项工作。中央领导江小涓、李斌，市长王安顺等陪同考察。

（王北辰）

【大气污染防治媒体通报会】 1月3日，区召开贯彻落实《北京市2013—2017年清洁空气行动计划》媒体通报会。区长吴桂英及区环保局、区市政市容委等相关部门负责人接受人民网、《北京晚报》《新京报》、北京电视台等媒体采访。

（王北辰）

【区环境建设和城市管理工作会】 2月12日，区召开2014年环境建设和城市管理工作会。安排部署环境、绿化、安全和人口工作。区四套班子领导出席会议。

（王北辰）

【区领导调研北湖渠地区环境整治工作】 2月12日，区领导吴桂英、甘靖中、陈涛、王春到北湖渠地区调研环境整治工作。吴桂英要求：要按照市政府提出的加快农村城市化试点和“以奥运标准全面做好APEC会议环境保障工作”，全力推进北湖渠村环境整治工作。

（王北辰）

【元宵节烟花爆竹安全管理工作会】 2月13日，区召开2014年元宵节烟花爆竹安全管理工作部署会。会议要求：在总结春节期间安全燃放工作基础上，对正月十五最后一个燃放高峰日工作提出要求。副区长王春、汪洋出席会议。

（王北辰）

【区领导调研APEC会议沿线环境整治】 3月3日，区长吴桂英带队到京承高速沿线重点区域调研拆迁整治工作，并检查APEC会议沿线道路周边环境情况。

（王北辰）

【区领导调研再生水厂建设】 3月5日，区领导吴桂英、陈涛、王春到清河第二再生水厂、高安屯再生水厂和定福庄再生水厂，调研再生水厂拆迁和建设情况。

（王北辰）

【经济工作电视电话会】 3月5日，区召开2014年经济工作电视电话会，总结2013年经济工作，部署2014年经济工作重点任务。区四套班子领导出席会议。

（王北辰）

【区应急委第八次全体（扩大）会】 3月5日，召开区突发事件应急委员会第八次全体（扩大）会议。会议要求：要建立健全重大突发事件、重要会议活动及重点城市运行保障任务下的区应急委联勤指挥机制，确保处理重大事件时信息快速传递、指令快速落实、结果快速反馈。区领导吴桂英、陈涛、谢莹、甘靖中、贾彦翎、刘军胜、王春、张立新、苑文新、汪洋、张维刚出席会议。

（王北辰）

【区领导调研区行政服务大厅】 3月20日，区领导吴桂英、苑文新到区行政服务大厅调研。察看各窗口单位的工作情况。吴桂英要求，窗口单位要尽可能简化办事流程，提高工作效率，为企业和市民提供最大方便。

（王北辰）

【区领导到区市政市容委调研】 3月26日，区领导吴桂英、苑文新到区市政市容委调研市容环境综合治理工作。吴桂英要求：市容环境事关百姓切身利益，事关朝阳形象，要攻坚克难，以更高标准开展综合治理；要明确工作目标和重点，以APEC峰会为契机，在市容环境、大气污染治理、垃圾分类、违法建设拆除等重点工作上加大力度，确保完成各项指标；各部门要认识到位，依法依规履职，明确职责；要提升执法队伍的履职水平和能力，强化岗位职责到人，履职到位；要完善工作制度，建长效机制，创新工作方法；要对违建“零”容忍，打好环境攻坚战，共同建设美丽朝阳。

（王北辰）

【国家卫生计生委领导调研】 3月27日，国家卫生计生委主任李斌到区调研医改工作。重点考察卫生信息化建设和医疗联合体建设等情况。副市长杨晓超，市卫生计生委主任方来英，区委书记程连元、区长吴桂英陪同调研。

（王北辰）

【区绿化委员会全体会议召开】 4月17日，召开区绿化委员会全体会议。区领导吴桂英、陈涛、贾彦翎、苑文新出席会议并参加义务植树活动。会议要求：2014年全区绿化美化工作要按照“建设精品化、管理精细化、运行安全化、发展和谐化”工作目标全面推进，完成平原造林489.05公顷，新增改造城市绿地280公顷，城市绿化覆盖率达到46.9%，人均公共绿地面积达到26.88平方米。

（王北辰）

【区领导调研农村地区产业发展】 4月18日，区领导吴桂英、陈涛到太阳宫乡、将台乡、来广营乡调研农村产业项目发展情况，并对APEC会议沿线环境整治工作提出要求。

（王北辰）

【区长参加联系点学习交流会】 4月23日，区长吴桂英到党的群众路线教育实践活动联系点高碑店乡，参加地区工委组织的教育实践活动学习交流座谈会。吴桂英要求：要坚持学习不放松，深挖问题，立行立改，在解决事关群众切身利益的问题上力求实效。

（王北辰）

【市领导蹲点调研】 5月22日，市领导郭金龙、牛有成、赵凤桐、林克庆到区蹲点调研防汛工作。市有关部门领导王力丁、严力强、赵根武、张建东、黄艳、金树东、聂玉藻，区领导程连元、吴桂英、陈涛、刘军胜陪同调研。

（王北辰）

【友城交流】 5月28日，区长吴桂英会见美国纽约布鲁克林区区长埃里克·亚当斯，就如何加强在体育、文化、城市管理等方面的合作进行座谈交流。10月28日，吴桂英会见柬埔寨金边市七玛卡拉区代表团一行，就两区在各领域开展务实合作进行交流。七玛卡拉区区长利姆·索非亚，朝阳区委常委、组织部部长张革参加会见。11月17日，吴桂英会见奥地利萨尔茨堡市代表团，就推动朝阳区与萨尔茨堡市开展各领域的合作进行互动交流。萨尔茨堡市市长海因茨·沙登、萨尔茨堡州州政府中国特使沃尔夫冈·艾斯尔参加会见。

（王北辰）

【区领导调研街道系统环境建设】 5月29日，区长吴桂英调研街道系统环境建设工作。吴桂英要求：街道系统各单位要在推进社会治理、治理“城市病”、城市精细化管理等方面积极探索，研究总结新方法、新途径，确保取得工作实效。

（王北辰）

【区领导参加“档案馆日”活动】 6月13日，区长吴桂英到区档案馆参加“档案馆日”活动。吴桂英要求：档案代表着朝阳历史发展，档案馆要深挖历史，认真做好档案的收集整理等工作，并加大宣传力度，让更多的百姓了解朝阳的发展变迁。

（王北辰）

【区长慰问老党员】 6月18日，区长吴桂英到高碑店乡甘露园南里一社区，慰问新中国成立前老党员胡玉增（85岁），并送去慰问金。吴桂英指出：这些老党员以身作则，发挥光热，为社会发展做出很多贡献，年轻党员们要向老党员学习，多听取他们的意见建议，做好本职工作。高碑店地区是新农村建设的试点，在快速发展的同时，要做好群众服务工作，要多关心老党员，让其晚年有保障、生活更幸福。

（王北辰）

【市领导调研】 6月20日，市委书记郭金龙到区调研产业升级、环境整治等工作。郭金龙要求：朝阳要以习近平总书记在京考察时重要讲话精神为统领，围绕首都城市战略定位，坚决控制人口规模，深入调整产业结构，全力抓好环境建设，全面提高城市建设管理水平，为首都可持续发展多担当、多尽责、做示范。市领导李士祥、赵凤桐、陈刚一同调研，区四套班子领导程连元、吴桂英、佟克克、辛燕琴等陪同调研。

（王北辰）

【民主生活会情况通报会】 6月27日，区政府党组召开会议，通报区政府党组专题民主生活会情况，部署下一步区政府党组整改落实措施。区长吴桂英主持会议。市委第三督导组第一副组长刘江平、督导组成员、区政府班子成员参加会议。

（王北辰）

【市领导调研挂账重点地区改造】 7月1日，市委常委、常务副市长李士祥到区调研挂账重点地区改造工作。李士祥在查看双井街道拆迁改造推进情况后要求：拆迁改造工作要以民生为先，发挥好基层党组织作用，朝阳区要认真总结工作经验，做好示范推广。区领导程连元、吴桂英、陈宏志陪同调研。

（王北辰）

【区领导参加联系点民主生活会】 7月16日，区长吴桂英参加并指导高碑店地区班子党的群众路线教育实践活动专题民主生活会。吴桂英要求：要深化区域发展意识，高标准、严要求，聚焦难点问题，敢担当、敢碰硬，切实抓好整改落实。区委常委、组织部部长张革，区委第十七督导组组长王小毛参加会议。

（王北辰）

【区领导检查拆违及环境整治工作】 7月17日，区领导吴桂英、陈涛、苑文新带队到来广营乡、崔各庄乡、将台乡、小红门乡、十八里店乡等拉练式检查拆除违法建设及环境整治工作情况。

（王北辰）

【区领导调研流动人口服务管理】 7月22日，区长吴桂英到王四营乡和潘家园街道调研流动人口服务管理工作。副区长张立新、张维刚陪同调研。

（王北辰）

【区领导调研APEC会议保障】 8月7日，区领导吴桂英、王春到奥林匹克公园管委会调研园区环境秩序整治和APEC会议保障工作。吴桂英要求：管委会要以高标准做好APEC会议环境保障工作，固化整治成果，抓好机遇，完善各项管理体制机制。

（王北辰）

【安全生产和环境秩序集中检查】 8月1日至8月8日，区领导甘靖中、陈涛、王春、张立新、苑文新、汪洋、张维刚分别带队，检查全区安全生产和环境秩序工作。检查组要求：各单位要认真开展消防安全和环境秩序自检自查，建立健全各项安全制度和操作规程。相关单位要集中排查家居建材销售行业的消防安全，对发现的隐患问题要及时整改。

（王北辰）

【区领导调研APEC会议环境整治】 8月20日，区领导吴桂英、陈涛到六公主坟、青龙河循环经济产业园调研APEC会议环境整治点整治工作，并听取第一道绿隔试点乡建设工作汇报。

（王北辰）

【区领导到国资系统调研】 8月28日，区领导吴桂英、甘靖中到区国资系统调研。吴桂英要求：区属国有企业要提升紧迫感，增强改革转型的自觉性，立足挖掘自身资源，借势借机发展。

（王北辰）

【区领导到农村地区调研】 8月29日，区领导吴桂英、陈涛到南磨房乡、十八里店乡调研农村工作。吴桂英要求：各乡要主动作为，以高度的责任感、紧迫感，严控低级次产业增量，做好农村地区城市功能疏解、产业升级工作。

（王北辰）

【欢送新兵入伍】 9月3日，区召开2014年度新兵入伍欢送大会。区领导吴桂英、贾彦翎、汪洋、陈合庄出席会议。

（王北辰）

【区领导调研中关村朝阳园发展】 9月11日，区领导吴桂英、汪洋到中关村科技园区朝阳园管委会，调研朝阳园建设、运行和发展情况。吴桂英要求：对于新入驻的项目要严格把关，向“高精尖”倾斜，要多吸引大项目入驻园区。

（王北辰）

【区领导值守12345热线】 9月12日，区长吴桂英带领副区长苑文新及区属相关部门负责人到市政府便民服务热线12345接线大厅，接听便民热线，倾听群众声音，解答居民疑问，2个小时接听电话93个。

（王北辰）

【北京CBD国际金融圆桌会】 9月16日，以“金融支持经济转型升级”为主题的2014北京CBD国际金融圆桌会在朝阳规划艺术馆举行。国内外城市与区域发展领域的权威专家，就CBD在京津冀一体化发展背景下，如何做好科学定位、优化城市功能、提升城市建设水平、健全城市管理体制、改善城市环境等方面进行系统研讨。区委书记程连元、区长吴桂英参加会议。

（王北辰）

【区领导检查国庆游园活动筹备情况】 9月22日，区长吴桂英到朝阳公园检查国庆游园准备工作。了解公园的环境布置、安全保障以及应急方案制定等情况。吴桂英要求：为营造和谐喜庆的国庆氛围，各部门一定要树立责任意识，积极配合，细化工作方案，做到责任落实到位，克服麻痹大意思想，杜绝一切不安全因素，确保游园活动安全有序。

（王北辰）

【区领导调研重点村整治情况】 9月30日，区领导吴桂英、陈涛到崔各庄乡调研重点村整治情况。吴桂英要求：各相关单位要高度重视重点村的治安、消防工作，每个村都要有专人负责消防工作，要加强演练，实现“一村一预案”，交通、消防等部门要加强联动，确保消防通道畅通。

（王北辰）

【市领导调研城市化建设】 10月10日，市领导郭金龙、王安顺、李士祥、牛有成、陈刚、林克庆围绕“深入贯彻落实习总书记到京视察重要讲话精神，加快第一道绿化隔离地区城市化建设”主题到来广营乡北湖渠村调研。市有关部门领导李伟、崔述强、赵玉金、赵根武、王孝东、黄艳、杨斌、舒小峰，区领导程连元、吴桂英、陈宏志、陈涛、甘靖中、刘军胜一同调研。

（王北辰）

【区领导到农村调研】 10月22日，区领导吴桂英、甘靖中、陈涛到常营乡、管庄乡、三间房乡、豆各庄乡调研。吴桂英要求：各乡党委、乡政府要继续抓好农村地区的城市功能疏解、人口调控、环境整治三项重点工作，制定长、短期计划，在区相关部门支持配合下，持续推进农村工作的开展。

（王北辰）

【朝阳·贵阳深化合作系列活动】 10月23日，朝阳·贵阳深化合作系列活动在朝阳规划艺术馆开幕。朝阳区与贵阳市签订教育合作协议，并在总部经济、大数据产业等方面展开协作。贵阳市领导刘文新、于燕、毛有碧、高卫东，朝阳区领导吴桂英、汪洋、张维刚出席活动。

（王北辰）

【APEC会议服务保障电视电话会】 10月30日，区召开APEC会议服务保障电视电话会。区委书记程连元、区长吴桂英等区领导参加会议。会议强调：全区上下要按照“动起来、统起来、严起来”要求，做好主动对接、积极作为、统筹补台、无缝衔接、应急保底等方面工作，确保统筹指挥有力、区域安全稳定、城市运行有序、应急值守到位，营造良好氛围。要整合全区力量，高标准做好服务保障工作。

（王北辰）

【区领导会见国外代表团】 12月15日，区领导吴桂英、甘靖中会见宾夕法尼亚大学副教务长伊曼纽尔、宾大中国中心主任彭士杰等一行。吴桂英表示：愿为宾大中心落户朝阳的筹备工作提供优质服务和支持。12月21日，区领导吴桂英、张维刚会见前来参加2014中美清洁技术对接会的美国洛杉矶市市长贾希提、中美商会主席杜骁勇等。

（王北辰）

【区政府常务会和区长办公会】 年内，召开区政府常务会10次、区长办公会39次，研究综合经济、城乡建设、城市管理、民生发展、安全生产、信访、社会治安、食品安全、便民热线、市容环境和违法建设等方面工作。

（王北辰）

区政府办公室工作

【概况】 区政府办公室是政府部门的综合办事机构，承担着参与政务、处理事务、协调服务的重要职责，发挥着承上启下、联系左右、协调各方的枢纽作用。区政府办（应急办）下设12个科室，其中应急办3个科室。年内，组织区政府常务会10次、区长办公会39次、电视电话会42次，接待中央和市领导调研11次、外省市领导考察14次。实现全区69个被考评部门“一部门一任务”，43个街乡“一街乡一保障”格局。办理全国、市、区人大代表议案和建议、政协委员提案628件。开展政府决策支撑、城市运行管理、社会治理体制等方面11个课题的研究工作。其中《新型城镇化战略下朝阳区城乡结合部管理创新研究》获市调查研究系统关注课题二等奖，《对区域分级诊疗分工协作机制的建议——以朝阳区医联体为例》《“文化兴村”的高碑店村级治理经验》在市委研究室《决策参考》上发表。研究制定《关于做好政府绩效管理工作的意见》《2014年度朝阳区政府绩效管理考评体系》等文件。提拔正科级非领导干部2名，选拔1名优秀科级干部作为援疆干部到新疆和田指挥部办公室工作，交流1名正科级领导干部到奥林匹克公园管委会工作。2014年，区应急办获市政府授予“首都环境保护先进集体”称号。

地址：日坛北街33号
电话：65094221
邮编：100020
邮箱：zfbmsk@bjchy.gov.cn

（王北辰）

【值班值守】 年内，处理各类会议（活动）通知1796件。执行24小时值班制度，规范请销假、值班管理、钥匙使用等工作流程，完善各项值班值守工作制度。

（王北辰）

【文秘工作】 年内，制发公文680件，登记流转各类公文6283件，处理中央、国务院，市委、市政府机要文件466件，收集整理归档文件2000余件。起草区政府工作报告、区政府领导讲话及汇报材料等文稿近300篇，约100万字。

（王北辰）

【信息编发】 年内，编发各种信息刊物946期（特刊227期、普刊151期、朝阳情况416期、朝阳动态152期）。其中市、区领导批示147条；采编基层信息5743条。向市政府报送各类信息416期，被采用242条，获市委市政府主要领导领导批示信息76条。

（王北辰）

【督查督办】 年内，督查室办理市领导批示55件，区领导批示61件；督办市、区各类折子、实事任务353件，其中市政府折子主办40件、市政府实事主办9件，区政府折子77件、区政府实事30件；督办市、区两级责任书工作18项，其中市级责任书9项、区级责任书9项；跟踪督查10次区政府常务会、39次区长办公会议定的605个事项；督办党的群众路线教育实践活动市、区任务172项，其中市级10项，区级162项；督办区政府党组整改工作任务136项，其中领导班子整改工作48项，专项整改工作88项；完成区领导批示督办1059期，完成媒体曝光问题督办39期，下发各类督查通知1315个。

（王北辰）

【应急管理】 年内，接报各类突发事件2013起，比上年减少84起。其中社会安全类事件1540起，占总件数的6.5%；事故灾难类事件430起，占总件数的21.4%；公共卫生类事件31起，占总件数的1.5%；自然灾害类事件12起，占总件数的0.6%。

（王北辰）

【应急宣传演练】 年内，印发《朝阳区突发事件典型案例警示教育宣传册》等宣传海报。深入社区、楼门开展宣传，提高公众避险救护能力。开展“5·12”防灾减灾等系列社会宣教活动，组织以人员密集场所紧急疏散为重点的演练近400次，参演人员20万余人，392所中小学校参加演练。

（王北辰）

【外联服务】 年内，做好中央单位、驻区部队、外省市驻京办及区属相关单位综合协调和服务工作。帮助属地单位解决实际困难，协调解决市陆军预备役某部军属安排、宝钢大厦设置户外广告标识等事宜9项。落实南水北调对口协作工作，协调淅川农副产品进朝阳活动。

（王北辰）

政府信息公开

【概述】 朝阳政府信息公开办公室是朝阳区政府办公室内设机构，负责推进、指导、协调全区政府信息公开工作和区政府、区政府办的政府信息公开具体工作。年内，公开信息19938条（件），比上年增加4715条（件）。区将政府信息公开工作纳入区政府绩效管理考评体系，对街乡和各部门进行考核，每月逐项通报各项基础工作开展情况。更新编制《北京市朝阳区政府信息公开指南（2014版）》，并在区域内各级各类信息公开窗口免费向公众发放。同时，在政府信息公开专栏中同步更新。拓展信息公开场所，推进信息公开进社区、进乡村，在街乡社区设立信息公开宣传查阅场所，完善区的政府信息公开窗口服务功能。被市政府评为2014年度信息公开优秀单位。

地址：日坛北街33号

电话：65090089

邮编：100020

邮箱：xxgk@bjchy.gov.cn

（叶易棠）

【主动公开】 年内，全区各公开机构主动公开政府信息17996条，全文电子化率为100%。其中机构职能类信息156条，占总数的0.87%；法规文件类信息253条，占总数的1.41%；规划计划类信息62条，占总数的0.34%；行政职责类信息50条，占总数的0.28%；业务动态类信息17475条，占总数的97.1%。

（叶易棠）

【依申请公开】 年内，全区各政府信息公开工作机构受理申请总数为1942件。其中区政府和区政府办406件，区级机关、区属机构、街道办事处和地区办事处1536件。在全区1942件申请中，“同意公开”659件，占总数的33.93%；“同意部分公开”28件，占总数的1.44%；“不予公开”23件，占总数的1.18%；“信息不存在”831件，占总数的42.79%；“非本机关掌握”108件，占总数的5.56%；“申请内容不明确”50件，占总数的2.57%；“非政府信息”170件，占总数的8.75%；“已移送档案馆”的3件，占总数的0.15%；“已主动公开”70件，占总数的3.60%。申请内容主要涉及房屋拆迁、房屋登记、建筑施工许可、竣工验收备案、绿化隔离地区建设征地拆迁、土地腾退等。

（叶易棠）

【行政复议】 年内，办结区政府信息公开的行政复议申请321件，办结率为100%。其中市法制办收到111件，全部维持；区法制办收到210件，维持行政机关具体行政行为117件，不予受理78件，确认行政机关违法、责令重新答复11件，中止2件，申请人主动撤回2件。

（叶易棠）

【行政诉讼】 年内，收到对区政府信息公开的行政诉讼案95件，办结率为98%。其中区法院受理95件，裁定驳回原告起诉22件，裁定移送1件，原告撤诉8件，判决被告败诉、要求履行职责23件，判决驳回原告诉讼请求9件，仍在审理中2件。

（叶易棠）

【年度报告】 年内，按照《中华人民共和国政府信息公开条例》规定，全区各政府信息公开工作机构统一向社会公布2013年度政府信息公开工作年度报告。报告包含概述，主动公开政府信息情况，依申请公开政府信息情况，因政府信息公开申请导致行政复议、提起行政诉讼的情况，政府信息公开工作存在不足及改进措施等内容。

（叶易棠）

人事管理

【概况】 朝阳区人力社保局是负责全区人力资源和社会保障工作的区政府工作部门。区编办是北京市朝阳区机构编制委员会的常设办事机构，负责全区行政管理体制和机构改革以及机构编制日常管理工作，既是区委的工作机构，也是区政府的工作机构，与区人力社保局合署办公。设11个科室，分别为综合科、公务员管理科、专业技术人员管理科、事业单位人员管理科、流动调配科、村官办、工资福利科、教育培训科、机构编制管理一科、机构编制管理二科、监督检查科。年内，研究机关事业单位合同制工人养老保险缴纳工作。摸清底数，掌握情况。全年招录公务员319人，规范管理事业单位招录人员210人。实现招录工作“零投诉”。完成320名计划分配军转干部安置工作。局被评为全国军转安置工作先进单位，并在市召开的全国军转先进单位代表大会上交流经验。

地址：日坛北街33号

电话：65099937

邮编：100020

（王　静）

【党的群众路线教育活动】 2月至12月，完成以“为民、务实、清廉”为主要内容的党的群众路线教育实践活动。班子成员带头深入学习中共十八大、习近平总书记系列讲话精神等。完成集中学习时间28天，学习讨论8次，开展主题学习3次，围绕群众路线的时代内涵、结合实际工作开展专题学习交流研讨活动。组织党员干部观看《周恩来的四个昼夜》等8部影片，参观奥林匹克森林公园反腐倡廉基地，组织流动党委、党支部书记到天津东疆港、滨海新区参观学习。集中听取全区147家单位及局党员干部的意见，深入基层听取18个社区和村群众及人才服务中心存档的50家服务单位、100余名服务对象和服务代表的意见建议。收集意见建议62条，意见表500余份。集中召开5次会诊会，班子成员谈话89次，检查材料普遍修改10轮以上，批评意见43条。与活动前相比，会议减少80%，文件减少90%，“三公”经费同比减少22%。完成确定新修订、制定制度21项，解决立行立改问题26件，解决群众关心关注的各类问题67件。

（王　静）

【公务员招录宣传推介】 3月，到对外经济贸易大学、西安交通大学等高校开展公务员招录宣传推介活动。拓展公务员招录报名方式，变被动为主动，走进学生中，以请考生报名的方式报名。近400余名学生参加活动。

（王　静）

【毕业生充分就业】 3月，制发《朝阳区促进普通高等学校毕业生就业补贴资金实施细则（试行）》和《朝阳区未就业高校毕业生实名制登记管理细则》。与相关部门、用人单位、高等院校合作，搭建就业平台，举办高校毕业生专场招聘会26场，提供8375个就业岗位，实现就业率98.4%。

（王　静）

【试点工作推动】 3月，首次开展事业单位分类考核工作试点，促进考核工作精细化和科学化。11月，498家事业单位纳入七、八级职员岗位设置试点范围，设置七级职员岗位282个、八级职员岗位391个。

（王　静）

【公务员提前退休机制】 4月，进一步细化、改进和完善提前退休办法，为224名公务员办理提前退休手续。

（王　静）

【规范管理】 5月，加大对城管执法队伍和窗口单位规范管理，制发《朝阳区关于进一步加强城管执法队科级及以下干部管理工作有关规定》《朝阳区城管执法队公务员转任交流办法》等文件。在APEC会议场馆周边加强执法检查，会同区城管执法监察局抽调城管执法监察局直属队及5个街乡城管执法队29名队员，临时组建奥林匹克公园第五执法队。

（王　静）

【农村实用型人才建设】 6月，制发《朝阳区大学生村官选聘工作实施细则》。规范工作程序，录用大学生村官44人；拓宽村官就业渠道，探索村官就业新途径，主动协调区教委提供部分岗位，面向期满村官公选教师。全年61名合同期满村官实现就业，就业率为98.4%。

（王　静）

【落实教师绩效奖励激励机制】 8月，为教育系统核增绩效工资总额7574万元；完成落实街道所属社区服务中心155名在职和退休人员，纳入全额事业单位后工资待遇工作。

（王　静）

【组建卫生计生委】 9月，组建区卫生和计划生育委员会。整合职责和机构，调整理顺人口规划 、职业卫生监督管理等职责，优化妇幼保健和计划生育技术服务资源。

（王　静）

【推进事业单位分类改革】 年内，按照政事分开、事企分开和管办分离的要求，按照分类指导、分业推进、分级组织、分步实施的原则，推进事业单位分类改革工作。调整事业单位经费形式表述方式，收回社区经济管理办公室及其各社区经济管理中心等610余个空余编制。

（王　静）

【行政审批制度改革】 年内，完成区级部门取消行政审批事项整理汇总工作。取消行政审批事项47项；收集26个部门承担的行政审批事项393项；不同程度压缩147个事项的审批时限。

（王　静）

【审批流程改革】 年内，通过构建“1+4+1”组群工作模式（区审改办负责统筹协调和督促指导，把握工作整体进度；区发改委、市规划委朝阳分局、市国土局朝阳分局、区住建委4家单位作为牵头部门，分阶段组织实施并联审批），建立“一表受理—同步告知—并联审批”联程工作机制和重大项目建设方案设计咨询辅导机制。研究制定审批流程，推进项目试点，编制完成区6类投资项目的审批流程图和投资项目审批目录。涉及11个部门87个审批事项。

（王　静）

【功能区体制机制完善】 年内，完成独立设置区行政服务中心、组建中关村科技园区朝阳园管理委员会、为东坝国际商贸中心区管理机构补充人员编制、成立区中小企业服务中心等工作，提升服务水平、优化投资环境。

（王　静）

【人才引进】 年内，制发《朝阳区引进高层次人才工作暂行办法》、修订完善《进一步开展引进国内外智力工作的若干意见》，拟定《朝阳区引进国内外智力工作实施办法》。建立区域内统一的博士后、青年英才扶持机制，确定招收资助项目22个，科研资助项目20个，资助资金78万元；联合首都经贸大学开展区2015年人才需求调研工作，制定《朝阳区2015年度紧缺人才需求目录》。重点做好高新技术、文化创意、金融、卫生、教育等领域的高层次人才引进工作。全年引进高层次人才195人。

（王　静）

民族　宗教

【概况】 朝阳区民族宗教办公室是主管全区民族宗教事务的政府职能部门。设综合科、民族科和宗教科3个科室。区有汉、回、满、蒙、朝、藏等56个民族，少数民族人口约20万人（含流动人口）。有民族工作重点街道、民族乡各1个，民族村11个；民族中、小学校7所；经批准生产、经营清真食品的单位180余家。有伊斯兰教、基督教、天主教、道教等4个传统宗教，爱国宗教团体3个、庙管会1个；有伊斯兰教清真寺9座，基督教、天主教教堂各1座，道教东岳庙1座；依法批准的基督教聚会点6个、涉外宗教临时活动场所2处；宗教教职人员47人，宗教信徒约6万余人；外国信徒约7000余人。年内，确保区民族宗教领域安全稳定工作。

地址：团结湖北五条8号
电话：65094755
邮编：100026
邮箱：mzb@bjchy.gov.cn

（宋　娜）

【市民委领导调研考察】 1月22日，市民委副主任、市宗教局副局长范宝在民族二处副处长杨林、宗教四处处长丁希松陪同下，到区考察调研民族宗教工作。副区长苑文新、区民宗办主任王爱录等领导参加调研活动。苑文新汇报全区民族经济发展、促进民族团结、维护社会稳定等工作，王爱录汇报在推进民族经济发展、加强清真食品管理等方面的情况。范宝对区民族宗教工作给予肯定。

（宋　娜）

【走访慰问】 春节前，区民宗办领导带领机关工作人员走访慰问部分街乡少数民族困难群众和在京少数民族务工人员。为区32个街乡有清真饮食习惯的381名少数民族低保群众每人发放300元补助金。协调北京月盛斋清真食品有限公司开展清真食品社区展卖活动，活动持续18天，展卖商品主要以牛羊肉熟食和生鲜以及清真调料等为主，展卖销售额达9.4万余元，惠及群众4000余人。

（宋　娜）

【落实区委紧急维稳工作会精神】 3月2日，区委紧急维稳工作会议召开后，区民宗办召开贯彻落实会议精神专题会。向区伊斯兰教协会通报相关情况。会议要求，严密掌控各清真寺动态，每天统计上报各清真寺参加礼拜人员数量，特别注意关注各寺新疆维族穆斯林进寺参加礼拜情况。

（宋　娜）

【市政协领导到区调研】 4月29日，市政协民宗委主任佟根柱在市民委政法处处长司永成陪同下，带领市政协委员一行12人到望京街道办事处调研《北京市少数民族权益保障条例》贯彻实施及少数民族流动人口服务管理情况。区民宗办汇报区贯彻落实条例情况。望京街道汇报辖区少数民族服务与管理工作情况。区民宗办主任王爱录围就如何更好地保障条例贯彻实施提出4点建议：创新理念，解决好认识缺位的问题；创新服务，解决好轻服务、重管理的问题；创新机制，解决好“两张皮”的问题；创新方法，解决好脱敏的问题。委员们围绕条例的贯彻与落实情况展开讨论。佟根柱肯定区维护少数民族群众权益工作。

（宋　娜）

【部署参加市九届民族传统体育运动会工作】 5月8日，区召开市第九届民族传统体育运动会朝阳区代表团工作部署会。区民宗办、区体育局、区教委领导和相关承担比赛项目单位主管领导参加会议。会上宣读《朝阳区参加北京市第九届民族传统体育运动会组团方案》。区教委副主任姜继为和区体育局副局长韩红结合工作实际，对训练比赛中相关注意事项提出要求。区民宗办主任王爰录阐述参加市九届民族传统体育运动会的意义。

（宋 娜）

【市民委领导调研】 5月15日，市民委主任、市宗教局局长池维生和市民委副主任、市宗教局副局长牛颂一行4人到区调研民族工作网格化社会化服务管理工作。区民宗办主任王爰录汇报区民族工作三级网络建设运行情况和区在民族工作中实行网格化管理中所面临的困难和问题及意见和建议。池维生对区近年来的民族工作给予肯定。

（宋 娜）

【副市长到区检查】 6月17日，副市长戴均良带领市民委、市园林绿化局、市旅游委、市安监局等有关部门及专业执法人员到区基督教朝阳堂检查安全生产和消防安全工作。基督教朝阳堂汇报有关消防安全及各项安全保障措施落实情况，并介绍朝阳堂落实各项安全措施、制定应急预案、应急演练及紧急状况处置情况、坚持安全教育培训等方面工作。副区长苑文新和区有关单位领导陪同检查。戴均良对区基督教朝阳堂安全保障措施落实和消防安全设施准备工作给予肯定。

（宋 娜）

【“开斋节”庆祝活动】 7月29日，区5443名中外穆斯林群众（其中外宾 280 人）分别在常营、八里庄等8所清真寺开展庆祝开斋（尔代）节活动。区委常委、宣传部部长、统战部部长谢莹，区政协副主席张树安以及区委统战部、区民宗办和公安朝阳分局等有关领导分别到各清真寺向穆斯林群众祝贺节日，并送去慰问金。各清真寺所在街乡领导分别到辖区清真寺向穆斯林群众祝贺节日。

（宋 娜）

【参加市九届民运会】 8月18日至24日，市第九届民族传统体育运动会（以下简称市九届民运会）在西城区举办。区成立以副区长苑文新为团长，区民宗办主任王爰录、区体育局局长马海鹰、区教委主任孙其军为副团长，朝外街道、常营乡等11个单位为成员的代表团。区代表团260余名运动员参加珍珠球、绫球、空竹、陀螺、推铁环、夹包、棋类、蹴球、柔力球等9个竞赛项目和太极拳、健身秧歌、健身操舞等3个表演项目比赛任务。获一等奖2个、二等奖19个、三等奖16个、体育道德风尚奖8个。区代表团获“优秀组织奖”和“体育道德风尚奖”。

（宋 娜）

【APEC会议期间安全稳定工作】 11月5日至11日，完成APEC会议期间民族宗教领域安全稳定工作。成立落实安全维稳领导小组，“一把手”任组长，副主任为副组长，在综合科设立办公室，负责APEC会议期间民族宗教领域安全稳定工作。组织全区各宗教团体负责人召开专项部署工作会议，学习宣传相关文件精神，提高思想认识，落实各项工作责任和安全防范措施。全面排查，消除不稳定因素。要求区伊斯兰教协会 、区基督教爱国会、区天主教爱国会，道教东岳庙庙管会等宗教团体和清真寺、基督教聚会点等宗教场所落实安全责任，排查煤、水、电、气等使用情况，杜绝安全隐患。公安朝阳分局国保支队组织区70余名宗教教职人员进行反恐防暴专题培训。加强值班报告，保持信息畅通，落实各项值班制度和报告制度，执行24小时值班和“零报告”制度，完定应急处置预案，随时掌握民族宗教信息动态。

（宋 娜）

【区天主教基督教界欢度圣诞节】 12月24日至25日，全区 5200余名信徒分别在基督教朝阳教堂、天主教平房堂欢度圣诞节。12月25日，4000余名信教群众在基督教朝阳堂参加教堂举行的圣诞礼拜仪式；平房天主教堂举行弥撒2场，1200余名信徒参加宗教活动。市人大常委会副主任孙康林，副市长戴均良，市政协副主席赵文芝，市委统战部副部长张洋，市宗教局局长池维生，区领导程连元、吴桂英、谢莹、刘军胜、张富生、苑文新、张树安等分别到教堂看望慰问宗教界代表人士，并向信教群众表示节日祝贺，宗教界代表人士和信教群众对党和政府的关心表示感谢。节日期间，区委统战部、区民宗办、公安朝阳分局、东风乡、平房乡等领导以及有关部门到各宗教活动场所检查指导圣诞节安全保障工作。圣诞节期间，基督教朝阳教堂、平房天主教堂的宗教活动开展正常，秩序良好。

（宋 娜）

外事工作

【概况】 朝阳区人民政府外事办公室（简称区外办），是负责朝阳区对外国际交往和处理涉外及港澳事务的区政府工作部门，又是区委外事工作领导小组的办事机构。内设综合科、因公出入境管理科、国际交流科和涉外管理科4个科。年内，全区实际完成出访团组102批次，337人次。其中自组团58批次，260人次，含教育系统团组40批次。办理党政干部团组37批次，使用党政干部出访指标75人次，占区党政干部出访指标额度的54.7%。接待来自美国、捷克、奥地利、澳大利亚、希腊等国友好访问团组17批200余人次，安排外事会见、座谈、参观、洽谈会50余场次，区级领导直接参与20余场次。交流涉及党建、经济、文化、卫生、环保、青少年等领域。刊发《朝阳外事通讯》42期；向市外办《外事和港澳通讯》刊物投稿42篇，刊登35篇；公开政务信息50条。

地址：日坛北街33号

电话：65099237

邮编：100020

网址：http://wsb.bjchy.gov.cn

（蔡 萌）

【规范外语标识】 1月至6月，协助区法院、区行政服务中心等单位完成专业外语标识审查工作。3月19日，区外办、区委宣传部、区文明办、区市政市容委联合发布《关于进一步加强朝阳区公共场所外文宣传标语口号规范工作的通知》。规范并完善全区公共场所外文宣传标语口号审核协作机制。6月至9月，围绕区APEC会议服务保障“一区九线四周边”（一区：奥林匹克中心区一个区域；九线：长安街及其延长线、二环、三环、四环、五环，以及京承高速及其沿线、京密路等九条道路沿线；四周边：代表和记者驻地、进京第一印象区域——机场、会场、旅游景区等四类区域）工作部署，由区外办主管领导带队，组织外语专家、学生、语言服务机构到奥林匹克公园中心区、重点涉外街道、文博院馆、旅游景区等36家涉外单位开展外语标识巡查工作。采集标识5000余条，纠错近3000条，全部反馈各单位并督促整改，为会议提供规范化国际语言环境保障。期间，发放《APEC实用英语手册》300册、《市民日常英语宝典》2000册，发动居民参与市、区外语公益讲座，提高居民外语学习积极性，创造外语环境氛围。

（蔡 萌）

【区领导会见来访外宾】 2月19日，区长吴桂英、副区长张立新会见捷克驻华大使利博尔·塞奇卡（Libor Secka）一行。双方探讨朝阳区与捷克的经贸、文化、教育等领域交流合作及朝阳区与布拉格一区建立友城关系。3月4日，副区长张立新会见希腊克里特岛戈蒂纳市副市长安东尼奥·普利尼亚纳基斯（Antonios Prinianakis）、欧洲战略规划组织（EOSP）文化秘书长乌拉尼亚·科波罗佐（Ourania Komporozou）及希腊特色产品和旅游项目推广负责人组成的经贸代表团。双方探讨开展进出口贸易、旅游推广等合作，建立互利共赢的可持续发展模式。3月14日，区长吴桂英会见联合国友好协会副主席啜涛静一行，就联合国友好协会在朝阳区建立联合国友好中心事宜交换意见。3月19日，在中国与捷克建交65周年之际，区领导吴桂英、张立新、苑文新会见访京的捷克布拉格一区区长奥德里奇·拉莫奇（Oldrich Lomecky）一行。签署《中华人民共和国北京市朝阳区人民政府与捷克共和国布拉格市一区政府友好交流合作意向书》。捷克工贸部副部长吉里·哈维里塞克（Jiri Havlicek）、捷中友好协会执行副主席彼得·穆哈尔克（Petr Mrhalek）出席并见证签约仪式。4月16日，区领导程连元、吴桂英、甘靖中、刘军胜会见西门子大中华区首席执行官洛塔尔·赫尔曼（Lothar Herrmann）一行。就为企业提供属地服务支持、加强节能减排等未来合作领域交换意见。4月16日，副区长苑文新会见法国戴高乐基金会成员俊马（Francois de la Chevalerie）一行。探讨为推进朝阳区环保事业、搭建合作平台相关事宜。5月15日，张立新会见捷克总理中国事务全权顾问、捷中友协监事会主席雅罗斯拉夫·德沃吉克（Jaroslav Tvrd í k）一行。沟通朝阳区与捷方交流合作项目事宜。5月28日，区长吴桂英会见美国纽约布鲁克林区区长埃里克·亚当斯（Eric Adams）一行。签署《中华人民共和国北京市朝阳区与美利坚合众国纽约市布鲁克林区友好交流合作协议书》，并就朝阳区向布鲁克林区赠送牌楼项目进行沟通。6月13日，区领导程连元、张立新会见波兰小波兰省副省长沃伊切赫·科扎克、波兰克拉科夫市副市长塔德乌什·玛图斯一行。探讨双方在高新技术和教育领域如何开展交流合作。6月18日，副区长张立新会见应邀参加中捷卫生领域对接会活动的捷克卫生部部长涅麦切克（Svatopluk Němeček）、捷克参议院卫生委员会主席维祖拉（Rostislav Vyzula）、捷克总理中国事务全权顾问兼捷中友协监事会主席雅罗斯拉夫·德沃吉克（Jaroslav Tvrdík）、捷克驻华大使利博尔·塞奇卡（Libor Sečka）等政府官员及卫生、医疗领域企业家代表一行35人。探讨两区在中医药、癌症治疗等领域开展务实合作事宜。9月15日，区长吴桂英、副区长张维刚会见参加2014北京CBD商务节的澳大利亚塔姆沃斯市市长科尔·默里一行。9月17日，区委书记程连元，区委常委、组织部部长张革会见参加2014北京CBD商务节的老挝万象市占塔布里县县委副书记占通·拉塔占一行。10月20日，区人大常委会主任佟克克会见朝阳区友城韩国首尔松坡区议长林春大一行。就人大和议会在推进两区友好交往中如何发挥重要作用进行交流。10月28日，区领导吴桂英、张革会见柬埔寨金边市七玛卡拉区区长利姆·索非亚（Lim Sophea）一行。沟通朝阳区对外投资需求、在柬埔寨投资政策以及青少年交流等问题。11月15日，副区长张维刚会见美国密歇根州兰辛市市长维格·伯内罗（Virg Bernero）一行。探讨中美地区政府和城市间合作发展相关事宜。11月17日，区长吴桂英会见区友城奥地利萨尔茨堡市市长海因茨·沙登（Heinz Schaden）一行。就两区加强经贸、文化领域的交流与合作进行交流。11月21日，区领导吴桂英、张维刚会见参加2014中美清洁技术对接会的美国洛杉矶市市长贾希提（Eric Garcetti）、中美商会主席杜骁勇（Mark Duva）一行。探讨加强交流合作、密切两地关系事宜。11月21日，吴桂英、张维刚会见太古集团（中国）投资有限公司行政总裁白德利（Guy Bradley）一行。探讨如何进一步加强对该集团在朝阳区三里屯太古里及将台颐堤港两个商业体综合开发项目的属地支持与服务。12月15日，区领导吴桂英、甘靖中会见宾夕法尼亚大学副教务长伊曼纽尔（Ezekiel J.Emanuel）、宾大中国中心主任彭士杰（Jeffrey Bernstein）一行。探讨为宾大中国中心落户朝阳筹备工作提供服务和支持事宜。

（蔡　萌）

【友城交往与对外交流】 2月24日，区外办主任谭林坤会见欧亚商业教育基金会主席卡里克·格莱格里（Calik Gregory），探讨朝阳区与波兰在教育、文化、科技等方面合作事宜。3月7日，区外办主任谭林坤会见蒙古驻华使馆布木策恩德·关布。就朝阳区与蒙古乌兰巴托市汗乌拉区发展友城关系交换意见。5月27日，区国际友城美国纽约布鲁克林区区长埃里克·亚当斯一行9人到区访问。访问北京市陈经纶中学，并与师生开展交流座谈。6月13日至18日，区外办牵头区商务委、区卫生局、区投促局等部门与捷中友好协会共同举办中捷经贸洽谈会和中捷卫生领域对接会活动，捷克工贸部部长杨·穆拉德克和卫生部副部长约瑟夫·维马扎尔分别率企业家及专业机构代表团参加，为双方商贸及卫生领域企业、机构开展投资贸易和交流合作搭建平台。8月22日，副区长张立新率团访问俄罗斯莫斯科市西北区，恢复朝阳区与西北区联系，并访问莫斯科市第十五中学。8月25日，副区长张立新率团访问俄罗斯圣彼得堡市，与圣彼得堡市外办建立联系，就双方深入开展交往交换意见。8月27日，副区长张立新率团访问波兰克拉科夫市，并签订友好合作意向书，初步确定两区友城关系。8月28日，副区长张立新出席中国—中东欧国家地方领导人会议暨2014中国投资论坛活动。参加“贸易和双边投资”分论坛，并以“加强友城交往，促进贸易和双边投资”为主题发表演讲。介绍朝阳区与布拉格一区友好交往情况，推介朝阳区国际化投资环境。9月17日，安排欧亚商业教育基金会主席卡里克·格莱格里（Calik Gregory）访问北京市第八十中学，与校长田树林就该校与波兰学校开展交流合作事项进行会谈。10月3日至7日，区外办组团访问韩国首尔市与釜山市，组织区青年设计师何海燕团队参加区友城首尔江南区举办的江南时装节，展示中国传统服装魅力，巩固朝阳区与江南区友好关系；推动望京街道与江南区三成洞建立友好街道关系；访问釜山市政府，为区在釜山建立友城进行初步沟通。10月26日，为配合捷克总统米洛什·泽曼访华，组织芳草地国际学校合唱团师生参与捷克驻华使馆举办招待会活动。现场演唱中捷两国国歌，促进中捷友好。12月2日，区长吴桂英率团访问印度，与大孟买地区开发署署长马丹举行会谈。着重就孟买和朝阳区中央商务区及城市改造建设中遇到的挑战和难题进行交流，并就两地开展经贸合作及友好往来达成一致。12月4日，区长吴桂英率团访问印度德里邦政府，并与邦政府首席秘书库马尔及邦政府环保、金融、绿化、市政、住房管理、交通等各部门负责官员举行座谈，就城市建设和管理、污染治理、环保交通、保障房管理等问题进行交流，并就与德里市城区建立友好往来关系达成初步共识。12月5日，区长吴桂英率团访问朝阳区友好城区日本东京都大田区，与大田区区长松原忠义举行会谈。重点就友好城区间政府高层交往、民间友好交流、旅游观光、市政管理、社区服务管理及保障性住房管理等方面进行经验交流。12月8日，区长吴桂英率团访问日本神户市政府。会见神户市政府外事部门负责人松田高明，就朝阳区与神户市开展友好往来和经贸合作进行沟通，并达成初步合作意向。12月11日至12

日，区委书记程连元率团访问老挝万象市。分别会见万象市市委书记兼市长、博士辛拉丰·库派屯（Sinhlavong Khoutphaythoune）和占塔布里县县委书记兼县长布隆，探讨加强中老合作、向占塔布里县赠送清洁车辆、提升两区县友好合作水平等事宜，同时达成适时签署合作备忘录共识。12月16日，区委书记程连元率团访问柬埔寨金边市。会见金边市七玛卡拉区区委书记宋索文、区长林索非，双方回顾中柬两国深厚友谊，就发展经验和发展中遇到的问题和教训进行探讨，达成适时签署友好合作备忘录共识。12月18日，区委书记程连元率团访问新加坡。会见新加坡中国友好协会会长潘国驹。新中友协邀请新加坡国立大学专家王才强教授专题就新加坡规划与建设、发展历史和经验作介绍，双方还就朝阳区与新加坡友好合作进行探讨。12月29日，副区长张维刚率团访问南非，会见豪登省爱库鲁莱尼市副市长尼卡尼，就两地之间经贸往来、文化交流等问题进行探讨，并达成初步合作意向。

（蔡　萌）

【外事人才培养】 2月，完成2014年区机关及事业单位外语人才统计，更新外语人才库工作。其中区机关及企事业单位英语人才1271人，比上年增长81人。除英语外，其他7个语种人才67人，比上年减少4人。5月至11月，分别与区卫生局、区法院、麦子店街道等业务主管部门合作，对区属各行业、委办局及街乡210名学员，开展为期3至5个月，4种类型（区司法英语培训班、外事干部高级英语翻译培训班、外事干部英语口语培训班、卫生系统一线及窗口外事人才英语培训班）8个班次，261课时的培训。8月至9月，与区委组织部合作，邀请外交部相关司局、知名研究机构、重点院校专家学者，开展4期“政经热点”系列讲座，内容涉及国际形势、经济合作等，区200余名处级干部听取讲座。10月，首次安排区委党校干部培训班50余人观摩外交部新闻发布会，开阔年轻干部视野，学习应对媒体技巧和方法。全年开展培训300余课时，400余人次参训。

（蔡　萌）

【地球1小时熄灯仪式】 3月29日，在世贸天阶举行由北京市民间组织国际交流协会与世界自然基金会（WWF）联合主办，市环保局、市外办、市市政市容委及区共同支持的“2014地球1小时”熄灯仪式活动。由区外办牵头，协调公安、交通、消防、城管、安监、市政、CBD管委会、呼家楼街道等单位，配合主办方开展安保交通协调、环境卫生整治、协调关闭照明设施等各项属地保障工作。

（蔡　萌）

【系列外国人京剧体验活动】 4月24日，在朝阳京剧文化艺术中心举行由区政府与市外事办共同举办的“老北京　新朝阳”外国友人京剧体验专场活动。以市政府“长城友谊奖”获奖专家格伐·博拉赞、马克·力文等为代表，来自50余个国家约150名驻华使馆、跨国企业、国际机构的外国友人参加活动。10月17日，在加拿大国际学校举办“老北京　新朝阳”京剧进学校体验专场活动，约500名师生参加活动。12月19日，在国家游泳中心（水立方）举行由市外事办、市人民对外友好协会和区政府联合主办，北京京剧院、北京国家游泳中心有限责任公司承办的“相聚北京——2014中外朋友迎新年专场演出”京剧体验活动。市、区领导及来自近100个国家和国际组织驻华使馆外交官、“长城友谊奖”获奖专家代表和在京工作的外国专家代表、驻京外企代表、驻京境外记者、外国留学生代表等约1000名驻京中外友人出席活动。

（蔡　萌）

【外语游园会】 5月17日至18日，在朝阳公园举行由市外办及区政府共同举办的2014年北京外语游园会。区作为联合主办单位之一，由区外办牵头区各相关部门，配合做好应急医疗保障、安保交通协调、场地服务及游园节目组织等属地服务保障工作，并选送由区团结湖外语交流协会组织的5场节目，参加中心舞台活动区演出。

（蔡　萌）

【国际义卖活动】 10月19日，在朝阳公园礼花广场和下沉广场举行由外交部、中华慈善协会主办，市外办及区政府协办的第六届“大爱无国界”国际义卖活动。92家驻华使馆和国际组织驻华机构代表及14家国内企事业单位及数千名社会各界人士参加活动。筹得善款约200余万元，用于贵州贫困山区的先天性心脏病患儿手术医药费。区外办协助外交部落实活动安保、交通、消防、卫生救护、应急等各项服务保障工作，并协调企业做好善款募集工作。朝阳公园无偿为活动提供场地，施耐德电气、太古集团、北京现代、华为等企业为活动捐款52万元人民币（或等价物）。

（蔡　萌）

【亚洲文化美术展】 11月10日至17日，由中国公共外交协会与区政府在朝阳区北京时代美术馆联合举办“多彩亚洲　文化中国”美术展。展出180余件来自中国、朝鲜、印度尼西亚、日本、印度、尼泊尔、格鲁吉亚、韩国等国艺术家创作的作品，中方参展名家有舒乙、刘大为、吴为山、马振声、郭怡宗、王成喜等以及国画大师齐白石93岁作品《洞庭孤帆》、黄宾虹1952年作品《山水》。

（蔡　萌）

【拓展国际友城渠道】 年内，加强与东欧国家友城交往，与捷克布拉格一区、波兰克拉科夫市建立友好城市关系，区签约友城数量达到21个国家27个城市，位居市各区县之首。进一步巩固与周边国家友城关系，恢复与俄罗斯莫斯科市西北区联系，拓展与俄罗斯圣彼得堡市，蒙古乌兰巴托市，日本神户市，印度德里市，孟买市以及新加坡交往渠道。加强与老挝万象占塔布里县、柬埔寨金边七玛卡拉区的高层互访，为下一步签约奠定基础。建立与国外非政府组织的友好合作关系，接待捷中友好协会、欧亚商业教育基金会主席、法国戴高乐基金会代表等来访。

（蔡　萌）

【党宾国宾接待任务】 年内，完成外交部、中联部、市外办等上级外事部门交予的党宾、国宾接待任务42团组700余人次。1月24日，接待法国国民议会议长巴托洛纳代表团参观798艺术区。4月15日，安排巴西众议长代表团阿尔维斯一行参观秀水市场。4月21日，安排非洲法语国家公共突发应急管理研修班赴元大都城垣遗址公园参观考察。4月29日，安排缅甸民盟干部考察团参观大屯街道“温馨家园”服务培训中心。5月12日，安排澳门妇女事务委员会访问团参观朝阳区亚运村街道妇女之家。5月18日，接待萨摩亚议长代表团参观秀水市场。5月21日，安排美国“百人会”高级新闻访华团参观日坛中学，与该校学生座谈交流。5月27日，安排来自12个英语国家的“2014年非洲英语国家政府官员实用汉语研修班”司处级政府官员参观来广营地区绣菊园社区。6月12日，接待拉美智库学者媒体人士考察团，并到麦子店街道参观。6月13日，接待2014年中韩公共外交论坛韩方代表团，并到798艺术园区参观。7月11日，安排马耳他总理穆斯卡特夫人米歇尔一行参观日坛公园。7月11日，接待美国白宫妇女及女童委员会代表团，并到王四营妇女儿童维权合议庭参观。7月22日，安排韩国青年代表团参观望京地区外籍人员管理服务站，并在望京三区开展捡拾垃圾活动。7月22日，安排越南河内市市委常委、市委内政部部长阮越苏率考察团到CBD管委会参观考察。7月29日，安排新加坡社会和家庭发展部部长陈振声、新加坡驻华大使罗家良等一行8人到亚运村街道安慧里社区考察。9月1日，安排丹麦哥本哈根商学院亚洲研究中心主任柏思德为团长的代表团参观高碑店乡高碑店村，了解中国户籍制度和城镇化进程相关情况。9月24日，安排孟加拉国市长访京代表团参观朝外街道。9月28日，安排蒙古民主妇女联盟代表团参观亚运村街道妇女之家。10月14日，安排韩国釜山市前市长许植南代表团参观潘家园文化公司。10月19日，安排奥地利农业部长Andra Rupprechter率商业代表团参观京客隆甜水园店。10月28日，安排日本生态系协会池谷会长代表团一行参观奥林匹克公园，了解公园概况及生态保护措施。10月28日 安排北京国际汉语学院“2014年委内瑞拉中国语言与文化研修班”司处级政府官员参观来广营地区绣菊园及茉莉园社区。11月8日，接待出席APEC会议的柬埔寨首相夫人参观三里屯太古里。11月8日，接待出席APEC会议的巴基斯坦总理夫人参观女人街。11月10日至11日，安排出席APEC会议的新西兰总理夫人赴朝阳剧场观看演出，并参观侨福芳草地、三里屯雅秀服装市场。11月21日，安排委内瑞拉党干部访华团赴高碑店地区高碑店村参观考察。11月25日，安排以越南西原地区指导委员会副主任赵春和为团长的越南党政干部考察团赴高碑店乡高碑店村及798艺术园区参观考察。11月30日，安排以色列特拉维夫-雅法市代市长罗恩·胡尔代表团参观798艺术区。12月1日，安排由中联部中国和平发展基金会主办、对外经济贸易大学承办的“柬埔寨新媒体发展高级研修团”参观麦子店街道社区服务中心，并与相关负责人就街道社区管理、社区便民服务及国际化发展等方面工作座谈交流。

（蔡　萌）

【涉外应急及领事保护工作】 年内，完成马航失联事件有关工作。到丽都饭店及马来西亚使馆值守，完成涉外应急及领事保护有关工作；做好媒体就失联客机事采访涉外机构相关工作。面向近100家驻区企业和从业人员发放境外领事保护宣传材料并公布科室电话，开展预防性领事保护。

（蔡　萌）

【为使馆及涉外机构提供服务】 年内，协调区多家单位，为墨西哥使馆在朝阳公园搭建文化馆、丹麦使馆举办“开放日”、哈萨克斯坦使馆举办国家主题文化周以及组织求实职业学校师生参加捷克大使馆举行的捷克摇滚音乐会演出等近20件外国驻华使馆和驻区跨国企业事宜提供外事支持及属地服务保障。

（蔡　萌）

【利用外事资源服务区域内企业】 年内，主动上门为办理APEC商务旅行卡需求量超过10张的企业提供服务，全年受理52家企业APEC办卡申请153张，办结145张。筛选出区在APEC经济体国家开展业务的17家企业邮寄申办指南；集中走访一批中小型企业开展年检，研究APEC商务旅行卡管理办法；调研区内汉能控股集团、太古地产有限公司、玫瑰坊时尚文化发展中心等龙头企业，对接企业需求，在开拓海外市场、企业及员工境外领事保护方面提供协助；与全国工商联、市工商联、东城区外办、石景山外办等部门交流区外事为民、利用APEC商务旅行卡企业俱乐部平台助推企业“走出去”的经验和做法。4月11日，在中共中央对外联络部和市外办支持下，区外办联合区商务委、区工商联、区侨联、区金融办、区投促局、798管委会和区女企业家协会等单位，在798艺术区朝鲜万寿台创作社美术馆举办越南、老挝、柬埔寨等3国投资推介会。普华永道北京分所、握奇数据、中国电气进出口有限公司等单位分享其在海外投资的知识、经验和教训，区APEC商务旅行卡企业俱乐部以及在越南、老挝、柬埔寨有投资意向的37家企业47人参加活动。

（蔡　萌）

法制工作

【概况】 朝阳区人民政府法制办公室是区政府负责法制工作事务的工作部门。对区政府法制工作负有统筹规划、指导、协调、组织和监督职责。内设综合调研科、行政执法监督指导科、行政复议科、行政应诉指导科、信访事项复查科和规范性文件审查科等6个科。年内，完成行政复议工作。区政府收到行政复议申请601件，审结案件602件（含上年结转101件）。其中维持235件，不予受理7件，终止58件（申请人主动撤回），驳回26件，撤销27件，责令履责15件，发告知书184件，确认违法11件，逾期未补正视为放弃复议30件，案前化解9件。纠错率为8.64%。主要涉及政府信息公开、行政不作为、房屋拆迁许可、工商食药投诉举报、养老保险待遇核准、公安和交通行政处罚、物业纠纷等。完成行政应诉工作。以区政府为被告和被复议的案件为253件，同比下降54%，其中行政诉讼41件，被复议212件，无败诉案件。案件类型主要涉及不服信息公开告知、不服房屋征收及征收补偿决定、不服核发集体土地建设用地使用证等。区法制办主任马龙在北京市法学会行政法学研究会2013年年会上作题为“创新依法行政教育培训，实施依法行政基础工程”典型发言。《创新依法行政教育培训夯实法治政府建设基础》论文获2013年北京市法学会行政法学研究会法治政府论坛一等奖；再次被评为北京市政府法制工作先进单位；丰霜等4名复议工作人员被评为市政府法制工作先进个人。“建立依法行政教育培训中心，创新体制机制，不断提升依法行政工作质量和水平”项目获第三届“中国法治政府奖”。

地址：日坛北街33号

电话：65094421

邮编：100020

网址：http://fzb.bjchy.gov.cn

（丁国乐）

【依法行政工作会】 3月18日，区法制办召开区2014年依法行政工作会议。部署区2014年依法行政工作，邀请国务院法制办复议司处长宋继红解读《行政复议及案例分析》。副区长王春出席会议，全区各行政执法单位、各街乡法制工作主管领导及法制科室负责人100余人参加会议。

（丁国乐）

【行政执法工作调研】 3月18日，区法制办主任马龙带领班子成员及各科科长到区食品药品监督管理局调研行政执法工作。与区食药局局长刘立新及相关人员座谈区食药局成立以来工作开展情况及行政执法工作中遇到的难点、热点问题。解答如何面对职业打假人投诉举报、无证经营行为的治理取缔、专项执法业务培训等相关问题。

（丁国乐）

【区政府常务会开展学法活动】 4月14日，区政府常务会组织2014年度集体学法活动。集中学习市大气污染防治条例相关内容。区政府及各委办局、街乡行政正职150余人参加学习。邀请市环保局副局长庄志东介绍《北京市大气污染防治条例》立法过程和条例落实执行情况，并解读《北京市2013—2017年清洁空气行动计划》实施细则。区长吴桂英要求：全区上下要重视对大气污染环境保护工作，进一步提升对大气环境工作重要性认识，倡导环境优先，加大PM2.5的治理力度，全面落实《北京市大气污染防治条例》的组织、学习、培训工作；落实责任，严格执法，加大执法力度，做好审批、处罚工作；加强部门联动，落实各项责任，努力完成大气污染防治任务，各监察部门定期开展联合督察，强化问责机制，调动各方面资源把环保工作落实好。

（丁国乐）

【区委理论中心组法制专题学习会】 4月16日，区委理论学习中心组组织法制工作专题学习会。邀请中国政法大学副校长马怀德作“运用法治思维化解社会矛盾”的专题讲座。区长吴桂英主持专题学习会并强调，进一步强调培养领导干部和公务员队伍法治思维是推进依法治区和解决现实问题的迫切需要，是转变干部作风和提升法治素养的内在要求，要牢固树立法治观念，认真学习法律知识，提升法治意识，严格依法办事，规范履职行为，努力创造更好的法治环境，紧抓教育实践活动这次契机，更好地坚持群众路线，提升领导水平，加强法治保障。区四套班子领导及各主管工委、行政执法单位领导90余人参加会议。

（丁国乐）

【旁听行政诉讼案件审理】 5月7日，区法制办组织区委党校科级培训班学员50余人到区人民法院第三法庭旁听诉区房管局收缴综合地价款案件庭审活动。

（丁国乐）

【法制教育培训】 5月15日，由区委组织部、区委农工委、区法制办联合主办，朝阳社区学院承办2014年朝阳区村级后备干部教育培训班。邀请北京市人民检察院第三分院党组成员、反贪局局长刘壮作预防职务犯罪专题讲座。村级后备干部120余人参加培训。

（丁国乐）

【区人大代表旁听行政复议案审会】 5月29日，根据区人大对区政府行政复议工作开展情况进行检查监督的要求，区人大内司委及相关人大代表集体旁听区法制办组织的工伤认定案件行政复议案审会，并对案件焦点问题进行座谈交流。

（丁国乐）

【依法行政教育培训工作发展研究论证会】 6月4日，区法制办举办依法行政教育培训工作发展研究论证会。区法制办主任马龙主持会议。会议邀请国务院法制办协调司司长青锋，市法制办副巡视员张国强，北京国际城市发展研究院副院长朱颖慧，中国政法大学法治政府研究院副院长王敬波，市委党校、北京行政学院法学部教授金国坤，市法制办信息中心副主任韩景峰等11位专家学者，论证研讨区依法行政教育培训工作发展情况。青锋对深化教育培训工作提出“突出创新点、注重专业化，拓宽视野、课程精博”4个方面的建议。与会专家学者就培训中心发展问题分别从找准定位、深化培训、综合配置、体系教学等方面进行讨论。

（丁国乐）

【法治思维建设专题培训班】 6月11日至12日，区举办法治思维建设专题培训班。培训分为“建设法治政府”“运用法治思维化解社会矛盾”“行政执法评议考核及信访复查工作”“行政诉讼案例”和“职务犯罪预防”5个专题，从构建法治思维，运用法治方法，解决法治问题，提升政府公信力方面理论与实践相结合进行培训。邀请国务院法制办协调司司长青锋以“建设法治政府”为题作专题讲座。区委常委、组织部部长、区依法行政教育培训中心主任张革，区法制办主任马龙，区委党校常务副校长董伟，区委组织部副部长高敬茹出席开班仪式。张革作动员讲话并提要求。全区行政执法单位主管法制工作的领导、法制科科长及街乡依法行政领导小组办公室主任等150余人参加培训。

（丁国乐）

【依法行政百题问答】 6月，区法制办与中国政法大学联合出版《依法行政百题问答》。百题问答从实践问题、理论分析、制法体系、典型案例4个方面，围绕公务员依法行政工作中面临的重点、难点、热点问题，紧扣行政执法实践，精选典型案例，辅以相关制度规定对涉及的104个问题作解释说明。

（丁国乐）

【区人大代表旁听行政复议听证会】 7月16日，区法制办举行行政复议案件审理听证会。区人大内司委主任候湘君与15名来自各行各业的区人大代表旁听审理过程。

（丁国乐）

【旁听行政诉讼案件审理】 8月5日，区法制办组织区41个行政执法单位的法制科室人员和行政执法人员、43个街乡依法行政领导小组办公室人员和区委党校科级干部培训班学员等258人，到市第三中级人民法院旁听工伤认定行政诉讼案件审理。庭审结束后，主审法官对庭审案件从事实认定、证据制作、程序履行、适用法律等方面作分析点评，旁听人员与法官互动交流。

（丁国乐）

【行政复议检查】 8月8日，区人大常委会开展行政复议工作情况检查。区法制办主任马龙向区人大常委会主任办公会汇报《2011—2013年朝阳区行政复议工作情况》。

（丁国乐）

【文审工作调研】 8月12日，区人大常委、民建朝阳区副主委黄鹰率民建调研课题组到区法制办就规范性文件审查、重大决策合法性审查等问题座谈。

（丁国乐）

【行政诉讼庭审观摩】 10月16日，区法制办依托依法行政教育培训中心平台，组织区委党校科级培训班50余名学员参加朝阳法院审理某单位不服市民政局对其做出的行政处罚决定提起行政诉讼案的庭审观摩学习活动。

（丁国乐）

【行政执法人员培训班】 10月，区法制办和区人力社保局在朝阳社区学院联合举办为期5天的“2014年朝阳区科级以下行政执法人员培训班（一期）”。区属11个行政执法机构及承担行政执法职能的有关事业单位61名行政执法人员参加培训。11月，区法制办和区人力社保局在朝阳社区学院联合举办“2014年朝阳区科级以下行政执法人员培训班（二期）”，区属行政执法机构及承担行政执法职能有关事业单位90余名行政执法人员参加培训。

（丁国乐）

【区政府法制研究会专题研讨会】 11月6日，区政府法制研究会召开学习贯彻十八届四中全会精神专题研讨会。市委党校、北京行政学院法学部教授金国坤，中国人民大学院法学院副教授王旭、北京农学院文法学院副教授李蕊、市三中院行政庭庭长蔡英伟、区司法局副局长胡胜利等理事和专家20余人参加会议，与会专家学者围绕“全面加强制度建设、健全法制教育培训机制、深化行政执法体制改革、强化法治工作监督考核、加强法治工作队伍建设、推动社会树立法治意识”等进行讨论，并对区贯彻落实十八届四中全会精神，推进依法行政提出意见建议。

（丁国乐）

【区政府常务会开展会前学法】 11月24日，区政府常务会组织开展会前学法。区政府邀请国务院法制办公室行政复议司副司长田昕，就“贯彻十八届四中全会精神，全面推进依法行政”做专题辅导授课。区长吴桂英主持会议并就贯彻深化和推进区依法行政工作提出要求：区政府各部门、街乡要结合部门和地区实际，采取多种形式对十八届四中全会精神进行再学习、再深化；各部门和街乡要结合十八届四中全会精神，对依法行政相关工作内容进行梳理和完善，并与开展的各项工作结合起来，要进一步落实执法责任、法律顾问和法律监督等制度机制，各级要均衡安排依法行政工作力量；要进一步深化2015年重点工作安排，加强对十八届四中全会精神的贯彻落实，认真总结年度依法行政工作，进一步谋划部署好新年度各项工作。

（丁国乐）

【推进依法行政建设法治政府座谈会】 11月26日，区政府邀请区政府决策咨询专家委员会依法行政小组成员，清华大学公共管理学院教授于安、北京大学法学院副院长王锡锌、中国政法大学教授刘莘、中国人民大学法学院副教授王旭、北京市康达律师事务所律师高子程等首都高校、行业协会的法律专家学者召开“推进依法行政、建设法治政府”座谈会。区长吴桂英主持会议。区法制办汇报近几年区依法行政工作开展情况，并结合区实际就区县如何贯彻落实十八届四中全会精神，推进依法行政、建设法治政府的工作思考向与会专家学者作说明。与会人员座谈并提出推进依法行政的意见和建议。

（丁国乐）

【行政许可案卷评查】 12月1日至5日，区法制办组织2014年行政许可案卷评查工作。集中评查区属28个行政执法单位的56本行政许可案卷。

（丁国乐）

【新《行政诉讼法》培训班】 12月2日，区法制办举办“贯彻学习十八届四中全会精神”、新《行政诉讼法》培训班。北京市第三中级人民法院庭长蔡英伟解读新修订的《行政诉讼法》相关内容，中国人民大学副教授王旭解读依法治国发展历程和十八届四中全会精神。全区行政执法单位法制工作主管领导、法制机构负责人和街乡依法行政领导小组办公室主任130余人参加培训。

（丁国乐）

【在职人员攻读硕士研究生学位班开班】 12月18日，区政府与中国政法大学法学院联合在区委党校组织开办党政机关、事业单位在职人员攻读硕士研究生学位班开班仪式。区委常委、组织部部长、区依法行政教育培训中心主任张革出席开班仪式。中国政法大学副校长马怀德授课。区各委办局、街乡88名学员参加仪式。

（丁国乐）

【信访事项复查】 年内，接待群众来电来访256批次468人。受理信访复查案件97件，其中涉及拆迁问题32件，具体行政行为33件，农村问题29件，退休待遇问题2件，物业问题1件。已办结复查案件97件，其中维持被申请人答复意见28件，责令被申请人重新答复62件，撤销被申请人答复意见3件，纠错率达67%，不予复查3件，申请人主动撤回1件。

（丁国乐）

【党的群众路线教育实践活动】 年内，开展党的群众路线教育实践活动。教育实践活动围绕“为民务实清廉”主题，按照“照镜子、正衣冠、洗洗澡、治治病”总要求，查找“四风”问题。成立实践活动领导小组，召开11次小组会，制定教育实践活动工作方案和三个环节（学习教育、听取意见；查摆问题、开展批评；整改落实、建章立制）分方案；邀请北京师范大学政府管理学院副院长、博士生导师施雪华，中央党校党史部教授祝彦，分别以“当前中国改革开放的主要问题与未来走向——中共十八届三中全会精神解读”和“群众路线是共产党人的传家宝”为主题作专题讲座。组织党员干部观看“苏联亡党亡国20周年祭”“四风”警示录专题教育片及区“永远的传家宝——党的群众路线历史展”网上展览，瞻仰毛主席遗容。观看《全心全意为人民》等群众路线教育宣讲节目。领导班子成员完成60学时学习任务，其他党员完成52学时学习任务。开展“基层走访月”活动，班子成员和科室负责人走访座谈区41家行政执法单位征求意见，向市法制办发征求意见函，经汇总梳理形成意见建议6大方面22条；对照检查，自我剖析互评互谏，查摆出领导班子“四风”方面的意见和问题48条，经综合梳理形成16条。修订内部制度8项，新制定6项。期间，接待群众来访1000余人次，组织案审会20次，审理行政复议案件590件，代理诉讼案件192件，办理信访复查案件86件，组织41个行政执法单位开展行政执法案卷评查，编辑教育实践活动简报3期、法制工作动态5期、党员干部学习心得体会19篇。

（丁国乐）

信息化工作

【概况】 朝阳区信息化工作办公室（简称区信息办）是全区信息化主管部门，负责指导、组织和实施辖区内信息化建设。设电子政务与社会信息化科、软件与信息服务业科、综合管理科和信息网络中心（正科级纳入工资规范管理事业单位）。年内，主要完成促进信息服务业加快发展，为全区经济稳增长调结构发挥积极作用；推进“智慧朝阳”建设，提升信息化与各领域深度融合；推进“信息惠民”，利用新技术打造民生服务新模式；提升区域信息化基础设施，完成信息安全和通信保障任务；发挥党建引领作用，党政统筹形成合力，为信息化事业发展提供组织保证；完成行政服务大厅信息化顶层设计，以建立政务服务信息化标准体系、行政审批服务标准体系和智慧政务支撑平台为目标，建立覆盖行政服务大厅无线网络；完成信息服务业前沿课题研究，撰写《上海自贸区对北京市电子商务发展的影响》《京津冀一体化带来的机遇与挑战》等专题研究报告。区信息办获“2014年中国政府网站新媒体传播力北京市区县政府网站第一名”和“2014年党风廉政建设宣传教育活动优秀奖”。

地址：日坛北街33号

电话：65094288

邮编：100020

网址：http://xxb.bjchy.gov.cn

（胡媛媛）

【促进信息服务业产业发展】 5月，组织信息服务业企业参加科博会、京交会等商务交流活动。10月23日，与贵阳市工信委合作在朝阳规划艺术馆举办大数据产业发展推介会。朝阳区、贵阳市有关单位及51家企业参加推介会。支持企业申报工信部、中关村、市经信委等部门设立的产业专项资金。指导爱立信、世纪互联等耗能大户企业完成年度节能减排任务。

（胡媛媛）

【产业资金管理】 年内，完成产业引导专项资金支持项目评审。支持18家企业18个项目1335.2万元。完成2013年专项资金支持17个项目验收和2012年支持22个项目的绩效审计工作，支持企业完成新增收入、新增利税、新增就业人数等经济指标均超出协议额1倍以上。

（胡媛媛）

【“智慧朝阳”顶层设计】 年内，完成“智慧朝阳”顶层设计方案，包括调研分析报告、总体设计方案和9大专项设计方案（分别为：智慧网络专项顶层设计、智慧基础设施专项顶层设计、云享朝阳专项顶层设计、智慧公共服务专项顶层设计、智慧城市治理专项顶层设计、智慧社会管理专项顶层设计、智慧社区专项顶层设计、智慧园区专项顶层设计和智慧政务专项顶层设计方案）。以“智慧朝阳”为目标，以北京市新功能定位为出发点，确定业务、数据、技术3大架构体系；设计城市治理、科学决策、公共服务3大领域。明确“智慧水务”“智慧CBD”等29项重大工程和“数据朝阳”“朝阳服务”等一批创新型任务。规划区信息产业发展方向和策略、管理体系、标准规范、实施路径、评价体系等。区完成创建三星级社区57个，申报 69个升星社区。经评审，其中43个社区达到四星级标准，团结湖、安贞、奥运村等街道26个社区达到五星级标准。全区8个街道（安贞、大屯、机场、亚运村、东湖、团结湖、奥运村、麦子店）实现“智慧社区”全覆盖。

（胡媛媛）

【物联网应用】 年内，会同区安监局研究安全生产监督考核信息化架构，指导开展安全生产风险隐患排查系统改造工作。会同国土朝阳分局利用移动公司通信基站开展国土资源违法综合管理系统建设，启动国土违法监控体系建设。在环保、气象、水务等工作领域利用物联网技术开展雾霾监测、气象分析、河道污染监测等业务，推动提高消防安全、应急处置、城市综合执法等领域信息化水平。

（胡媛媛）

【公共信息平台建设】 年内，拓展移动电子政务平台的功能和内容，新增汛情预警、天气预报功能，整合人口、环保、图像、汛情等重点应用APK，提升政务资源利用率，在防汛、应急处突等保障工作中发挥重要作用。开展统一GIS平台四期建设，完成GIS应用对接服务运维任务；完成更新空间地理信息基础数据、专题数据整合等工作；整合教育、卫生、企业、农村土地专题数据，扩展水务、医疗卫生、社保等领域GIS专项应用。

（胡媛媛）

【虚拟社会管理探索研究】 年内，开展虚拟社会、网络舆情趋势等课题研究，形成《网络社会舆情趋势分析与对策研判研究报告》。对200余家网络媒体进行舆情监测。全年编发《网上舆情监测》刊物177期，重点搜集区民生、公共服务等领域网民关注热点、敏感事件，为区纪委、区农委、区社会办及大屯街道等部门和单位的管理和服务提供决策参考。

（胡媛媛）

【“智慧服务”工作体系创建】 年内，完成“朝阳服务”网站搭建工作。制定全文搜索、服务资源梳理及服务总线开发等工作方案，完善网站相关功能。开发“朝阳服务”移动应用APP，利用移动终端的定位优势，对接“一刻钟便民服务圈”提供基于位置服务，梳理导入服务事项6186项，开发地图、“猜您喜欢”、建议投诉功能；完善“朝阳服务”微信平台，梳理区计生委、区环保局48项服务资源及办事事项，纳入微信平台，认证微信公众号。

（胡媛媛）

【完善政府网上门户】 年内，完成“北京·朝阳”政府门户网站年度改版工作。增强政府信息公开和网上办事功能。截至2014年12月底，网站更新信息31835条；政民互动平台电话受理信件65248件，办结率95%。

（胡媛媛）

【一氧化碳中毒预警防控】 年内，为13个乡117个村部署联网式报警器15万余支，覆盖区域未发生人员中毒伤亡事故。完成一氧化碳报警器综合管理平台建设，并培训乡村使用管理人员，提高报警器不插电上线督办力度。按照“以房管人、以服务控人”思路，完成5万户40万间出租平房基础信息采集工作，并将信息录入RFID智能电子门牌。

（胡媛媛）

【政务网络带宽升级】 年内，完成区政务专网核心网络升级扩容，优化网络拓扑结构，将核心设备从千兆级别升级到万兆级别。完成政务专网带宽升级扩容，实现接入各委办局、街乡专线带宽从4M—10M提升至50M—100M。完成卫生专网升速工作，为垂杨柳医院等74家医院进行专线升速，为朝阳中医医院等45家医院开通专线。完成教育城域网升级改造招投标并启动实施。启动电子政务内外网升级改造工作，并完成区机关院内局域网建设、院外线路设计和集成设计等分项目。完成全区视频会议系统高清升级、朝阳宾馆等主会场和区89个分会场视频系统改造工程；完成区图像信息管理系统、移动政务平台系统和800M无线指挥系统等信息化系统升级改造工程。

（胡媛媛）

【重大活动和突发事件应急保障】 年内，依托全区图像信息系统、视频会议系统、移动政务平台和800M无线电台等通信保障体系，制定区级应急通信保障预案、区级视频会议系统会场环境技术规范和管理制度。全年出动技术保障人员300余人次，参与组织燕莎奥特莱斯消防应急演练、黄冈安监一对一事故应急处置演练等多次演练；组织歌华、联通、移动等通信企业，完成APEC峰会、国庆游园活动、区“两会”保障、烟花爆竹监控工作保障、孙河乡煤气中毒事件保障、太阳宫人大附中教学楼起火事件保障、左家庄燃气爆燃事件保障、防汛工作保障、马航事件丽都酒店保障、日本大使馆应急保障等重大活动和突发事件的信息化应急保障及相关演练任务，为区领导和各部门现场指挥决策提供可靠技术支撑。

（胡媛媛）

【信息安全保障】 年内，组织对区20余家委办局、街乡开展信息安全专项检查。重点检查无线接入设备安全、公务员邮箱安全、网站安全及局域网、终端计算机安全防护等问题。完成全区80余个政府网站及信息系统备案。会同公安朝阳分局对区74家单位开展信息安全现场检查，并填写《政府网站现场检查表》，要求不合格单位自行整改落实。加强区网络与信息系统的安全防范工作。全年处置一般性信息安全事件12起，转发市级蓝色信息安全预警3起，协助完成对区人事考试网远程渗透测试工作。做好节假日、重要敏感时间节点信息安全值守，全年未发生较大信息安全事故。

（胡媛媛）

信访工作

【概况】 朝阳区委、朝阳区人民政府信访办公室挂北京市朝阳区社会矛盾调处中心牌子。设综合办公室、来信受理科（朝阳区人民政府人民建议征集办公室）、来访接待科、排查科、矛盾调处室（重大矛盾研究室）、联席会议办公室和督查督办科。2月26日至3月21日，开展区党政领导干部“接访月”活动。区委、区政府领导带头，各单位领导班子推动落实，每日接待来访群众，畅通群众诉求表达渠道，集中解决信访突出问题。期间，区领导接待、研究、调度信访问题37件次，街乡、部门领导班子接待群众来访1169批次2940人次。年内，召开第22期优秀青年干部到区信访办锻炼总结座谈会。组织开展两节期间信访排查调处工作。

地址：日坛北街33号

电话：65099121

邮编：100020

网址：http://xfb.bjchy.gov.cn/

（刘福森 牛雨辰）

【区领导走访市信访办】 2月7日，区委书记程连元，区长吴桂英带队，到市信访办走访座谈。市政府副秘书长、市信访办主任薄钢，市信访办巡视员刘树年，市信访办副主任刘志洪、张良，市信访办党组成员、纪检组长侯志光，市信访办督查专员孙贵芳、邓正佳、郅海杰等领导出席座谈会。区领导陈宏志、陈涛、刘军胜等及区信访办领导班子成员一同走访。程连元对2014年市信访办关心和支持区化解信访矛盾工作表示感谢，并就近期区突出信访问题与市信访办领导深入交换意见。薄钢介绍节日期间全市信访形势及中央群众路线教育实践活动督导组接待工作前期准备情况，剖析信访工作中存在的问题并指出，信访工作是依靠群众、解决群众的问题，要注意处理好深化改革进程中的三种关系，即政府和市场、政府和群众、上级和下级的关系，借助第二批党的群众路线教育实践活动的开展，切实解决一批群众反映强烈、具有普遍性的信访问题，确保朝阳乃至首都和谐稳定。

（刘福森　牛雨辰）

【区领导专题研究部署信访工作】 2月10日，区委副书记、区委政法委书记陈宏志主持召开信访工作座谈会。专题研究2014年信访工作，部署全年信访工作。会议要求：借助深化信访工作改革和开展党的群众路线教育实践活动契机，由区信访办牵头，梳理影响区社会和谐稳定的重点矛盾纠纷。包括信访历史积案、突出集体访问题、突出个体访问题等，按照问题性质分类研究，明确责任，对于具备条件的，积极推动矛盾化解，对于暂时不具备条件的，创新工作方式方法，有针对性地推动个案化解。进一步健全完善信访工作机制制度，梳理固化原有的信访工作五大机制（即重大决策信访风险评估工作、矛盾纠纷排查梳理工作、逐级信访及矛盾化解工作、信访及矛盾化解督查督办工作、群体性事件苗头预警及快速处置工作机制），劳动纠纷化解六方联动机制（区劳动局、区司法局、区住建委，涉事涉访属地、区法院、公安朝阳分局六方联动处理农民工讨薪问题）等，重点明确信访工作责任制和领导责任制，建立健全物业纠纷多元调处化解联动、群体性上访和群体性聚集行为化解疏导分级响应等工作机制，发挥好矛盾化解工作在维护社会稳定工作中前端作用、基础作用和根本作用，构建适应新形势需要的信访工作格局。统筹谋划全年信访工作思路，认识信访工作改革、党的群众路线教育实践活动以及中央、市、区重大活动和重点工程对区信访工作的新要求和新标准，查找当前信访工作中存在的问题和难题，创造性地开展畅通和扩宽诉求表达渠道、落实信访工作责任、推动依法就地解决信访问题、发挥基层组织作用、依法规范信访秩序和加强信访干部队伍建设6项工作，确保完成全年信访工作目标。区联席办、区信访办领导班子及各科室长参加会议。

（刘福森　牛雨辰）

【市信访办主任约谈区委书记】 5月20日，市政府副秘书长、市信访办主任薄钢约谈区委书记程连元，通报全市信访工作。薄钢传达市委、市政府就信访工作对各区县提出的指示要求。对朝阳区2014年开展信访工作提出要求：全面实现逐级走访；全面实行网上信访；在区和街乡层面开展联合接访工作；切实维护好正常的信访秩序；设立重大疑难信访问题专项资金。区领导陈宏志、陈涛、刘军胜，区信访办领导胡铁闽、宋少伟、张振海、张昕等陪同约谈。

（刘福森　牛雨辰）

【区联席会议召开全体会议】 5月23日，区处理信访突出问题及群体性事件联席会议召开第一次全体会议。区信访办主任、联席办主任宋少伟传达市联席会议有关精神；分析区1月至4月信访形势；通报信访重点矛盾和重点缠访人化解进度及需关注的重点案件情况；部署联席会议制度建设和功能发挥、健全完善联席会议例会制度、进一步促进信访突出问题处理、矛盾纠纷化解能力和水平提升等相关工作。区综治办汇报非正常上访突出问题专项治理工作；公安朝阳分局汇报信访秩序维护及非正常上访处置相关工作。8月21日，区处理信访突出问题及群体性事件联席会议召开第二次全体会议。学习区委、区政府关于信访工作文件精神，研究讨论区联席办牵头起草的相关配套机制文件，部署APEC会议期间的信访矛盾排查化解工作。区委副书记、政法委书记陈宏志出席会议并讲话，区委常委、副区长陈涛主持会议，联席会议40个成员单位主要领导，43个街乡的主要领导、主管领导、信访办主任参加会议。

（刘福森　牛雨辰）

【区信访系统分组片会】 5月29日至5月30日、6月5日至6月6日，分两期召开全区信访系统分组片会。区信访办领导班子成员、科长，街乡信访办主任，部分委办局信访工作负责人参加片会。会议邀请市青少年法律和心理咨询服务中心心理咨询部部长孟卫国作心理减压调适和心理疏导培训，邀请市信访矛盾分析研究中心主任郑广淼作信访制度改革和信访立法研究培训。

（刘福森　牛雨辰）

【市信访办主任调研】 7月11日，市政府副秘书长、市信访办主任薄钢到区调研。区信访办汇报近期信访工作，重点就区内存在的突出信访问题交换意见。区委书记程连元，区委常委、副区长陈涛陪同调研。

（刘福森　牛雨辰）

【督导检查区非正常上访突出问题治理工作】 7月14日，首都综治办、市联席办、市维稳办到区督导检查非正常上访突出问题治理工作。区委副书记、区委政法委书记陈宏志主持召开督查工作会，区委办、区综治办、区联席办（区信访办）、区维稳办、公安朝阳分局主要领导或主管领导参加会议。陈宏志重点介绍上半年区委、区政府对落实非正常上访总体考虑和安排，主要是进一步抓好矛盾排查化解的前端工作，减少和防止非访的发生；进一步抓好社会综合治理工作，妥善应对非访；进一步抓好信访秩序维护，及时疏导非访。市督导组对朝阳区非正常访现场处置规范、突出问题应对措施得当和非正常上访突出问题治理工作成效和总体局面给予肯定。

（刘福森　牛雨辰）

【区信访工作培训会】 9月4日至5日，区信访办组织召开全区信访工作培训会。街乡、相关委办局信访工作主管领导和信访办主任近200人参加培训。区信访办主任宋少伟介绍近期全区信访总体情况和下半年工作安排；解读区委、区政府制定《关于创新群众工作方法进一步加强信访排查调处工作的意见》和《朝阳区信访及排查调处工作考核办法》重点内容。参会人员对贯彻落实《意见》和《考核办法》以及日常工作开展过程中存在问题等提出意见建议140条，区信访办梳理研究后，进行现场解答。邀请心理咨询专家对全体参会人员进行压力测试和心理减压疏导。

（刘福森　牛雨辰）

【信访主题宣传日活动】 9月19日，全区集中开展以“深入开展群众工作，依法推进信访改革”为主题的信访主题宣传日活动。全区设立宣传站点183个，悬挂横幅332条，张贴宣传画295套，发放宣传折页7500套，发放《北京市信访条例》11578册、《信访知识漫画》9789份。226名街道、地区办事处领导干部、2783名社区（村）干部参加宣传活动，接受群众咨询229人次，15896名群众参与宣传活动。区委社会工委、区委农工委、区住建委、区市政市容委、区房管局、区人力社保局（劳动）、公安朝阳分局、区城管执法局、区司法局等单位信访工作主管领导参加朝阳公园主宣传站点活动。

（刘福森 牛雨辰）

【信访矛盾专项调研成果】 年内，区信访办对排查、信访代理、产权证办理、停车管理等内容开展矛盾纠纷专项调研。形成《朝阳区基层党组织发挥引领维护群众合法权益案例的思考和启示》《对来访群众从说事到说人现象的思考》《关于朝阳区居民小区停车管理私装地锁问题的研究及对策建议》《关于朝阳区信访矛盾与化解机制探索的调研报告》《关于我区部分街乡居民办理产权证困难的调研报告》《人民建议征集如何在党政群共商共治过程中发挥应有的作用》《如何更好地发挥联席会议在化解矛盾中的统筹协调作用》《如何使排查预警信息从被动获得向主动获取转变》等8篇调研报告。

（金 浩 牛雨辰）

档案工作

【概况】 朝阳区档案局与朝阳区档案馆合署办公，为区政府直属的参照公务员法管理事业单位。区档案局为区政府负责本区档案事业行政管理的主管部门，履行区档案事业的行政管理职能；档案馆负责区档案和有关资料的收集、保管和开发利用等工作。设办公室、业务科、法规科、收集科、保管科、利用科、整理科和信息化科8个科室。年内，接收19家单位纸质档案19909卷（件）。主动拍摄照片2240张。向社会征集各种图书资料60余册。馆藏档案数字化完成248787卷，41892件，1562万页，占馆藏档案的83%，提前完成“十二五”时期数字化加工任务。

地址：日坛北街33号

电话：65094976

邮编：100020

网址：http://dangan.bjchy.gov.cn/Indexx.ycs

（杨馨珠）

【档案培训】 3月17日至21日，举办全区档案人员岗位培训班。培训分为面授和网上两部分，面授培训内容为公文管理，档案法制与职业素养，档案与档案工作概述，档案保护技术，档案资源开发与利用工作，文书、基建、设备、会计、照片、电子等门类档案的管理，档案管理软件使用等；网上培训内容为市档案工作者教育培训网学习使用。完成面授、网上培训全部课程学员获区档案局颁发档案专业知识培训证书。区属机关、企事业单位近1年内新上岗专（兼）职档案人员93人参加培训。

（杨馨珠）

【档案馆日活动】 6月9日至13日，组织“档案馆日”活动学生专场。与区教工委、区文明办联合举办学生参观专场，组织北京市陈经伦中学、北京芳草地国际学校200余名师生参加“档案馆日”活动，向社会开放《记忆——朝阳区区史暨珍贵档案展》。活动期间，接待参观2000余人次。

（杨馨珠）

【执法检查】 7月至8月，对区72家单位进行档案行政执法检查，执法检查结果合格率为100%。对8家获原“北京市区县机关档案工作目标管理”市一级证书有效期满单位按《北京市区县机关档案工作测评办法》进行测评。抽查6家乡（地区）综合档案室及其下属6个行政村村级档案室的新农村建设档案工作情况。

（杨馨珠）

【档案鉴定开放审查】 年内，对馆藏1984年108个全宗满30年，94700件档案实施开放审查。经审查，向社会开放使用34147件，控制使用60553件。对馆藏1964年50个全宗2964卷原长期档案进行鉴定，自鉴定之日起保管期限变更为永久2954卷，自鉴定之日起满保管期限应销毁设置10年搁置期10卷。对馆藏1999年11个全宗388卷2556件原短期文书档案进行鉴定，自鉴定之日起保管期限变更为永久729件，自鉴定之日起延长保存至2029年（30年）保管期限117件，自鉴定之日起满保管期限应销毁设置10年搁置期1710件。对馆藏1999年11个全宗734卷原保管期限15年期会计档案进行鉴定，自鉴定之日起满保管期限设置10年搁置期734卷。

（杨馨珠）

【政府信息公开】 年内，接收96家单位移送的主动公开政府信息目录正式文本173份，电子目录11426条。

（杨馨珠）

【档案利用】 年内，接待利用者11187人次。其中公民个人利用档案占总人次的94.04%，查阅档案1992卷、304件，出具证明8627份，受理电话咨询17500余次。

（杨馨珠）

地方志工作

【概况】 朝阳区地方志编纂委员会办公室（简称区志办），是区政府主管朝阳区域的地方志工作机构，为参照公务员管理的区政府直属事业单位。主要职责是：组织、指导、督促和检查全区地方志工作；拟订区地方志工作规划和编纂方案；组织编纂地方志书和地方综合年鉴；收集、整理、保存地方志文献和资料，组织整理旧志；组织开发利用地方志资源；推动方志理论研究和学术交流，组织开展业务培训等。8月，内设综合科和业务科，任命科长、副科长、副主任科员各1名。年内，坚持依法修志、依法治志 依法用志，继续落实《朝阳区地方志工作发展规划（2011—2020年）》，引领推动全区地方志事业均衡发展，有效推进朝阳志鉴建设。深度挖掘资料，精雕细琢全区二轮志书初稿。积极争取，为修志试点单位申请修志经费补贴325万元。编纂完成《北京朝阳年鉴（2014年卷）》。完成2013年度《朝阳大事汇编（季刊）》编纂及电子书制作，区内发行600册；完成2014年度《朝阳大事汇编（季刊）》前三个季度的资料搜集、编写工作。制发《北京市年鉴编纂参考手册（朝阳分册）》1000册。编发《朝阳方志》报12期。

地址：日坛北街33号

电话：65094347

邮编：100020

网址：http://qzb.bjchy.gov.cn

（王 源）

【参观市方志馆】 2月11日，区志办组织区教委、南磨房地区办事处、十八里店地区办事处、劲松街道办事处、潘家园街道办事处等相关领导参观市方志馆，并与市地方志办副主任、馆长侯宏兴和副馆长韩旭等座谈。侯宏兴介绍方志馆总体情况，重点介绍了“三个中心一个基地”（开展地方志、地情资料的收藏展示中心，市情、地情的研究咨询中心，地方文化的交流活动中心，爱国家、爱家乡、爱岗位的教育基地）。参观人员对方志馆资源建设提出建议。

（王 源）

【党的群众路线教育实践活动】 2月至12月，区志办领导班子在区委第九督导组的督导帮助下，带领全办党员群众完成以“为民、务实、清廉”为主题的党的群众路线教育实践活动。按照“三结合”（实践活动与查找“四风”转作风，强化党建工作相结合；与持续积极稳妥推进朝阳志鉴体系建设相结合；与培养修志人才队伍、宣传地方志工作相结合）指导思想，完成“学习教育、听取意见”“查摆问题、开展批评”和“整改落实、建章立制”三个环节工作。2月19日召开动员大会，7月25日召开领导班子专题民主生活会，8月27日召开党支部组织生活会和民主评议党员活动，11月27日召开总结大会，12月6日完成教育实践活动文书档案、照片录像档案归档工作。期间，处级干部完成集中学习34天，每人记录学习笔记2.6万字以上，撰写学习体会及理论文章2篇。其他党员完成集中学习28天，每人记录笔记2万余字、撰写学习体会文章1篇。召开学习交流会6次，谈心谈话18人次。开展党支部书记讲党课活动2次。参观党风廉政教育基地17个，观看教育影片8部、《“四风”警示录》等录像21部。制定6个征求意见方案，征集意见建议163条。通过开展教育实践活动，区志办精简会议60%以上、精简文件50%以上，减少“三公”经费支出20%以上，制订、完善内部制度21项。

（王　源）

【完成《北京年鉴》供稿】 3月至4月，收集整理“朝阳概况”栏目相关资料及照片并报送至北京年鉴社，刊登于《北京年鉴（2014年卷）》，其中朝阳概况全文1万余字，客观反映2013年朝阳区政治、经济、文化和社会各方面发展变化，北京商务中心区概况2000余字。在“区县风采”栏目刊登朝阳区照片16张，文字说明约1100字。

（李　静）

【接待广西考察团】 7月10日，广西壮族自治区地方志办公室副主任、广西方志馆馆长邓敏杰等一行6人，到区志办考察交流街乡修志、大事记编写等工作。区志办副主任王维成介绍落实《朝阳区地方志工作发展规划（2011—2020年）》，推进朝阳志鉴体系建设情况，重点汇报开展街乡修志工作、《朝阳大事记汇编（季刊）》编写情况以及利用《朝阳方志》报、网站加强地方志工作宣传的主要做法，回答了广西同仁提出的问题。邓敏杰介绍广西志鉴编纂以及开展地方志馆、库、网建设情况。与会人员座谈交流开展修志编鉴等工作情况。市地方志办公室、区委社会工委及《豆各庄乡志》《崔各庄乡志》编辑部负责人和区志办相关人员等20余人参加座谈会。

（王　源）

【培训学习】 8月至10月，派出4人参加中国地方志学会城市区志专业委员会学术年会和全国年鉴编纂研讨班等学习。年内，在原有2名干部参加中国人民大学在职研究生班地方志编纂专业进修学习基础上，又增派1名干部参加学习。

（王　源）

【市志办领导到区执法检查】 12月18日，市地方志办公室副主任谭烈飞率区县指导处、年鉴指导处处长崔震，研究室主任赵鹏及相关人员一行6人到区志办，就区落实国务院《地方志工作条例》《北京市实施〈地方志工作条例〉办法》情况和地方志工作法制建设情况进行执法检查专题调研。区地方志编委会副主任、志书执行主编关三多，区志办主任邓献云及全体在职人员参加座谈。邓献云汇报区贯彻落实《条例》和《实施办法》工作情况。着重汇报区近年来开展的规划编制、二轮修志、年鉴编纂、大事记汇编、方志实践和理论研究、资料搜集、队伍建设、二级单位修志编鉴、宣传推广、方志成果开发利用等10个方面工作做法和取得的成效。与会人员就相关内容进行交流，一致认为：区县层面存在着二级单位缺乏专职地方志工作人员、依法修志的监督考核机制不够完善等问题，建议对区县志办提供相应的法律支持和制度保障。关三多就市地方志办公室组织的执法检查和地方志工作法制建设调研的及时性、迫切性、必要性谈了感受。谭烈飞对朝阳区地方志工作给予肯定，并对区志办今后工作提出要求。

（王　源）

【区二轮志书送审稿基本完成】 年内，区志编辑部加紧完成《北京市朝阳区志（1996—2010）》初稿汇总修改、定稿工作。截至年底，全区二轮志书包括概述、大事记、35编志文、3篇专记在内40篇主体稿件中，定稿或基本定稿的有35篇，对已定稿内容，书面征求了相关承编单位意见。

（王　源）

【《北京朝阳年鉴》编印完成】 年内，编纂出版《北京朝阳年鉴（2014年卷）》。年鉴系统地反映了2014年全区政治、经济、文化、社会各个领域，各项事业发展变化的新成就、新进展。全书刊载条目3852条，文字167.4万字；刊登彩页44面，图片239张。截至2014年底，《北京朝阳年鉴》已连续出版10卷。

（王　源）

【地方志宣传】 年内，加强地方志宣传推广工作。完成12期《朝阳方志》报编印发行，并由原来每期印刷1000份增至2000份。向市、区有关部门报送工作信息26条，其中市志办《区县修志动态》采用23条。《浅谈年鉴“概况”条目撰写的心得》《以服务为导向　注重调查研究　强化志书开发利用建立健全朝阳志鉴体系》2篇理论文章刊登在第4期《北京地方志》上。

（王　源）

【获得荣誉】 年内，《北京朝阳年鉴（2013年卷）》获中国版协第五届年鉴编纂出版质量综合评比三等奖。区志办获“2014年《北京年鉴》编纂工作先进集体”“北京市地方志资料年报工作先进单位”“2013年朝阳区目标管理双百考核政府部门单项先进单位”称号；《北京朝阳年鉴（2013）》获市首届年鉴综合质量评比区县综合年鉴特等奖，《北京市朝阳区统计年鉴（2013）》《朝阳园林绿化年鉴（2013）》分获专业年鉴特等奖、二等奖；“朝阳区地方志工作机构与业务演变”调研课题报告获区委党史办、区委党史研究会2013—2014年朝阳区中共党史课题研究成果专项调研总结类二等奖；《关于朝阳志鉴体系建设的调查与思考》和《豆各庄乡志编纂实证研究》2个市级地方志重点研究课题结题，提交市地方志办公室，并刊登在《北京市地方志第一批课题成果集》中；区志办编辑李静、北京商务中心区管委会年鉴主笔人胡志芳获“2014年《北京年鉴》编纂工作先进个人”称号，区志办主任邓献云获年度区党代表读书心得体会一等奖。

（王　源）

机关后勤管理服务

【概况】 朝阳区机关后勤服务中心组建于2002年3月，是区政府所属正处级全额拨款事业单位。设党委办公室、行政办公室、监察科、财务科、生活科、管理科、接待服务科、资产管理科、经营科、车管科、安全保卫科和交换站11个科室1个站。下属单位有：区住房中心、区政府幼儿园、北京朝政汽车检测场、北京朝政汽车修理厂、北京京朝花园农业发展中心、北京朝政物业管理中心、天天好厨（北京）餐饮管理有限公司、北京欧陆风韵会议中心、北京市朝阳京城印刷厂，其中幼儿园为差额拨款事业单位。财务科为区委区政府33个部门代理记账。年内，制定《空气重污染预警一级（红色）期间区机关系统公务车辆停驶方案》。幼儿园小班招生60人。安排节日期间值班车辆，管控公车私用，设立24小时监督举报电话。交换站交换员张春生获国务院交换站颁发的优秀交换员奖励。

地址：日坛北街33号

电话：65099896

邮编：100020

网址：http://10.164.191.55/wygl/index.aspx

（王晓蕾）

【党的群众路线教育实践活动】 年内，开展党的群众路线教育实践活动。领导班子和中层干部完成集中学习15次120学时，其他党员完成集中学习8次64学时。发放和回收征求意见表80份，收集意见建议136条，梳理班子整改意见建议11个方面26项内容。完成领导班子立行立改和整改任务24项、班子成员个人整改任务67项。成立作风制度建设工作指导组，修改完善制度37项，新制定制度6项。成立专项整治工作领导小组，专项整治机关铺张浪费问题。与活动前相比，会议减少25%，文件减少10%。对区委、区政府、区人大、区政协和区属各委办局81家单位党政机关进行办公用房清理整改工作，达标66家，超标15家，超标使用面积4076.56平方米，整改450.22平方米。制定腾退办公用房调配方案和《朝阳区行政事业单位办公用房管理办法》。

（王晓蕾）

【后勤保障】 年内，收发全区编号文件21825件、无编号文件43万余件、外发文件5476件，转发中央、市委市政府文件14578件，收发市机要局档案995件、机要件3582件，转发市委内刊4万余册，发放报刊杂志800余种11万余件，收发各种信件8万余封。完成会议服务4252次，服务71744人次。其中区级重要会议427次、外出会议服务162次、礼仪服务15次。完成区政府机关冬季供暖系统改造，全年维修办公设备及家具267件，组织区政府机关大院在职员工体检770余人次。定期召开安全生产隐患大检查，张贴安全标语765张、宣传图画196副，悬挂横幅27条，更新电子安全警示牌内容16块160张，发放消防安全宣传手册1640余份。担负机关各类会议人员及车辆疏导1948次、服务8676人，担负文艺活动执勤52次、服务9654人，配合疏导处置机关门口群访、个访876次12673人。处置机关大院火情隐患4次。

（王晓蕾）

中国人民政治协商会议北京市朝阳区委员会

【概况】 中国人民政治协商会议北京市朝阳区委员会（简称区政协）是朝阳区地方政协组织。主要职能是政治协商、民主监督、参政议政。区政协第十二届委员会设提案委员会、学习委员会、文史委员会、经济科技委员会、教文卫体委员会、城建环保委员会、社会法制与民族宗教委员会、港澳台侨委员会等8个专门委员会。机关设办公室、研究室、专委会工作一室、专委会工作二室、专委会工作三室、专委会工作四室、专委会工作五室等7个处室。年内，围绕“十二五”规划实施情况、政府工作报告、区人民法院和人民检察院工作报告，以及事关全区经济社会发展全局的重大问题进行全面协商，常委会议就朝阳区城乡一体化发展和营造中小企业融资环境，推进基础设施互联互通，优化行政服务工作等方面提出建议。建立月协商恳谈会制度。召开协商恳谈会12次，28个政府相关部门参加，参与政协委员482人次，提出意见和建议260条。全年完成6个调研报告。利用界别专业优势，围绕京津冀一体化发展战略、非首都核心功能疏解等方面提出建议。对十二届三次会议提交的361件提案分析，就21件委员提案从办理进度、落实成效和存在的问题进行专题协商。联合举办“宏观经济形势与经济转型发展”论坛；召开区经济转型与发展座谈会；与区委统战部联合举行议政会。区政协各专委会，区各民主党派、工商联形成45个专题报告。围绕产业融合发展和城乡一体化实现路径等多方面提出意见和建议126条，主席班子坚持“双周调研”制度，开展视察调研32次。与全国政协、市政协和18个外省、市、区政协的相关专委会开展工作交流。全年召开常委会议、主席会议、党派联席会议、秘书长会议和协商恳谈会、议政会，以及视察调研等各类会议和活动149次，参与委员4330人次，委员出勤率63%；提出提案417件，委员参与率69%。

地址：安立路0号

电话：65094484

邮编：100107

邮箱：cyzx@bjchy.gov.cn

（许 治）

【区政协十二届三次会议】 1月6日至8日，在北京会议中心举行政协北京市朝阳区第十二届委员会第三次会议。426名委员出席会议。会议听取并审议区政协主席辛燕琴所做的常委会工作报告和副主席邢念增所做的关于十二届二次会议以来提案工作情况的报告；列席区人大十五届四次会议开幕式，听取并讨论区长吴桂英所做的政府工作报告；审议通过十二届三次会议决议。会议表彰十二届二次会议以来的提案工作先进集体和个人。市政协副主席沈宝昌，区委、区人大、区政府领导应邀参加开、闭幕式，区委书记程连元在闭幕式上讲话。区委、区政府领导和有关部门负责人在讨论政府工作报告时到会听取委员意见和建议。区属委办局、街乡领导，各民主党派、工商联负责人，部分社区负责人，老政协委员联谊会部分会员列席大会开、闭幕式。期间，邀请全国政协理论与实践研究会秘书长原冬平就学习贯彻中共十八届三中全会精神，切实发挥人民政协协商民主主要渠道作用作专题报告。

（许 治）

【常委会第十一次（扩大）会议】 1月8日，召开区政协常委会第十一次（扩大）会议。会议审议通过区政协常委会2014年工作要点（草案），书面汇报各专委会2014年工作计划。

（许 治）

【党派联席会议召开】 3月13日，召开党派联席会议。区长吴桂英到会通报区情。区政协主席辛燕琴传达相关会议精神。

（许 治）

【委员报告厅活动】 3月22日，在北京国际会议中心举办2014年政协委员报告厅活动。邀请全国政协常委、民建中央副主席、上海市政协副主席周汉民作“建设中国（上海）自由贸易试验区，以更大的开放促进更深入的改革”专题报告。区委书记程连元，区委常委、组织部部长张革出席活动。区政协委员、区有关部门和单位负责人260余人参加活动。

（许 治）

【常委会第十二次会议】 3月25日，召开区政协常委会第十二次会议。区政协副主席张树安传达中共中央总书记习近平视察北京工作时的重要讲话精神；全国人大代表、区政协常委张兴凯传达全国人大十二届二次会议精神；全国政协委员、区政协常委张其成传达全国政协十二届二次会议精神，并就委员聚焦的热点问题与常委们交流。会议听取区政协机关开展党的群众路线教育实践活动工作情况通报。

（许　治）

【市政协主席调研】 4月1日，市政协主席吉林到区调研政协工作。区政协主席辛燕琴汇报区政协工作，吉林就做好政协工作提出要求。市政协秘书长周毓秋、副秘书长陈煦，区领导程连元、吴桂英、刘军胜等陪同调研。

（许　治）

【委员植树活动】 4月4日，组织部分委员，区各民主党派、工商联，区政协机关150余人到豆各庄乡水牛房村开展义务植树活动。

（许　治）

【文化创意产业发展情况视察】 6月18日，区政协主席班子视察区文化创意产业发展情况，并和委员们进行专题协商恳谈。区政协主席班子参观中国传媒大学动画与数字艺术学院并观看学生们自制的优秀动漫短片，到懋隆文化产业创意园，参观园区内的佳美丽家陶瓷展、山东硅元国瓷展等。座谈会上，区委宣传部副部长、区文创发展中心主任丰春秋向委员们汇报区文化创意产业发展情况。委员们结合自身专业建言献策。

（许　治）

【常委会第十三次（扩大）会议】 7月8日，召开区政协常委会第十三次（扩大）会议。市委第三督导组副组长祝文燕参加会议。会议听取区政协副主席郑煌通报区政协党组专题民主生活会情况；听取副区长陈涛就朝阳区城乡一体化发展情况作的通报；常委们就此通报进行协商，提出意见和建议。

（许　治）

【委员读书班】 7月10日至11日，举办第三期委员读书班。读书班以分析当前国家战略安全形势为主题，邀请国防大学教授王宝付作“当前国际战略形势与国家安全环境”报告，并组织委员交流等活动。区政协领导和委员120余人参加读书班举。

（许　治）

【贵阳对口帮扶】 8月18日至22日，区政协主席班子与各民主党派、工商联负责人、企业家代表一行22人到贵阳市花溪区开展对口帮扶活动。为贵阳市花溪区筹集现金和价值334万元的物资，用于医疗教育法律培训、农村基础设施建设，包括为花溪区高坡乡卫生院捐助资金、药品、医用器材等。主席班子一行到花溪区贫困乡村实地考察扶贫工作，并走访慰问贫困农户。

（许　治）

【常委读书班】 8月26日至27日，举办常委读书班活动。邀请全国政协文史和学习委员会副主任卞晋平作以“人民政协与协商民主”为主题的专题报告；参观考察北京燕京啤酒集团公司、现代汽车公司和雅昌艺术中心。40余名常委参加学习交流。

（许　治）

【重点提案督办】 9月17日，由区政协主席辛燕琴带队，对委员齐建宗提出的《关于加快垡头功能区发展，破解人口资源环境协调发展难题的建议》提案进行重点督办。副区长苑文新在听取委员建议后表示，感谢区政协、各民主党派、工商联、各位政协委员对政府工作关注和支持，下一步将做好基础设施建设等工作，将功能区基础打牢，对委员们提出的建议将会同有关部门继续研究。

（许　治）

【庆祝政协成立65周年专题座谈会】 9月24日，召开庆祝中国人民政协成立65周年专题座谈会。与会人员学习中共中央总书记习近平在庆祝人民政协成立65周年大会上的讲话精神并畅谈感想。区各民主党派、工商联负责人，部分特邀政协委员参加会议。

（许　治）

【常委会第十四次会议】 10月16日，召开区政协常委会第十四次会议。会议听取区委常委、常务副区长甘靖中就区政协十二届三次会议以来提案办理工作情况通报和副区长张维刚就区政协2013年度3份建议案办理情况通报。委员们围绕优化区域发展环境进行专题议政。区有关部门负责人与委员交流。

（许　治）

【社情民意信息工作会】 10月24日，召开社情民意信息工作会议。传达市政协信息工作会议精神，总结区政协反映社情民意信息工作，表彰信息工作先进单位和个人，各民主党派、工商联和部分委员就如何推进信息工作进行交流。

（许　治）

【专题议政会】 10月29日，区政协、区委统战部联合召开“聚焦国际化，推进城乡一体化发展”专题议政会。区政协副主席连玉明代表主席会议作主旨发言，重点就“十三五”期间，全面建设全域CBD必须加快推进城乡一体化提出14条意见和建议；9名委员分别代表不同专委会、党派课题组发言，就商务引领和产业融合、金融驱动文化创意产业发展、推动科技创新等提出意见和建议。区委书记程连元出席会议并讲话，区领导陈宏志、谢莹、张革、甘靖中、刘军胜、张维刚参加会议。

（许　治）

【委员集中视察】 11月14日至18日，组织全体委员分别就城乡一体化环境治理、经济结构调整及产业发展、社会事业发展3个专题视察。集中视察活动为政协委员参加区政协十二届四次会议进行协商议政提供有力支撑。区政协主席辛燕琴参加视察，区领导陈涛、甘靖中、张维刚及区有关部门负责人陪同视察，并与委员交流，听取意见建议。

（许　治）

【理论与实践研究会会员大会】 12月11日，召开朝阳区人民政协理论与实践研究会会员大会暨推进协商民主广泛多层制度化发展研讨会。会议听取区政协副主席陈合庄代表研究会理事会所做的工作报告；审议通过《关于增补北京市朝阳区人民政协理论与实践研究会第一届理事会理事的决定（草案）》。学习习近平在庆祝人民政协成立65周年大会上的讲话精神，围绕推进协商民主广泛多层制度化发展进行专题研讨。12名会员做大会发言，从不同角度就发挥人民政协作为协商民主重要渠道作用、推进协商民主广泛多层制度化发展进行深入探讨。市政协副秘书长、市人民政协理论与实践研究会副会长陈煦应邀到会。区各民主党派、人民团体以及驻区大专院校、科研院所的负责人和研究会会员、区政协机关干部120人参加会议。

（许　治）

【常委会第十五次（扩大）会议】 12月29日，召开区政协常委会第十五次（扩大）会议。会议听取区纪委书记宋铁健就区党风廉政建设情况所做的通报。会议审议通过《关于朝阳区农村城市化实现路径的建议案》《关于金融驱动朝阳区文化创意产业发展的建议案》及相关调研报告（草案），同意提交区委、区政府参考。审议通过区政协第十二届四次会议相关文件和辞去委员、增补委员的决定（草案），审议通过《关于加强人民政协民主监督工作的实施意见（草案）》等相关制度，通报2014年委员履职情况。

（许　治）

【提案办理】 年内，收到提案417件，经审查立案392件，未立案6件，超出朝阳区事权范围转交市有关部门19件。立案的提案中，民主党派、工商联提案23件，委员提案362件，界别提案5件，专委会提案1件，党派、团体、专委会联合提案1件。提出提案的委员占全体委员的69%。截至年底，提案全部办理完毕。其中已经落实和正在落实的181件；工作有一定进展，需跨年度落实的112件；因政策和现实条件等因素限制，短期内不能解决或需要协调市有关职能部门解决的92件；作为领导参阅的7件。提案工作的主要作为是：围绕委员主体，以改革思维提高提案质量；围绕办理协商，以创新理念增强办理实效；围绕自身建设，以务实举措提升服务水平。

（许　治）

【学习委员会工作】 年内，组织委员读书班、委员报告厅和专题学习等活动。召开《关于培育和践行社会主义核心价值观的意见》座谈会，并以“关于践行社会主义核心价值观提升我区城乡一体化发展软实力的建议”为题，开展专题调研并形成报告。召开加强基层民主建设专题协商恳谈会，围绕太阳宫地区推进农村城市化进程进行交流。

（许　治）

【文史委员会工作】 年内，组织委员视察朝阳区职业教育发展情况。听取求实职业学校介绍学校民航服务专业集群现状及发展思路的汇报，参观学生实训基地。组织部分委员视察八里桥文物保护情况。配合市政协文史委员会完成《首都文史集萃（朝阳卷）》《忆古道今说朝阳》最后校稿。编辑出版《朝阳文史》第十四辑。

（许　治）

【经济科技委员会工作】 年内，以“开放、融合、协调、发展”为主题举办“宏观经济形势与经济转型发展”论坛。邀请国内知名专家学者，就加快区产业融合发展，深化经济结构调整，为区经济社会发展建言献策。围绕“强化商务引领和产业融合，提升朝阳区域竞争力”“金融驱动朝阳区文化创意产业发展”课题调研，其中“金融驱动朝阳区文化创意产业发展”课题形成常委会建议案。联合区工商联、区发改委，驻区银行机构代表、担保公司等十余家金融机构，共同举办企业融资政策培训暨银企对接会。

（许　治）

【教文卫体委员会工作】 年内，围绕现代公共文化服务体系构建，开展“农村城市化进程中公共文化建设的管理与创新”调研并形成报告。听取有关区文化创意产业发展情况通报。组织委员对“基层医院与大医院分工协作机制工作”建议案跟踪视察。

（许　治）

【城建环保委员会工作】 年内，召开朝阳区APEC会议环境保障工作恳谈会，为朝阳区APEC会议环境保障工作建言献策。共同举办市总体规划修编情况通报会，为市总体规划修编，特别是为《朝阳区城市空间发展战略研究》建言献策。完成《朝阳区农村城市化实现路径的探索与研究》调研报告。与区政府相关部门举办专题协商会并形成《关于社会力量参与大气污染防治工作》调研报告。

（许　治）

【社会法制与民族宗教委员会工作】 年内，组织开展有关养老服务体系建设调研。视察团结湖街道、亚运村街道养老服务体系建设，参观北京市第一社会福利院，完成《关于推进朝阳区社区养老服务发展》调研报告。应市政协民族宗教委员会要求，和区民宗办共同就“加强农村宗教事务管理”专题进行调研。召开社会治理“共商共治”工作恳谈会。视察APEC环境绿化保障工作、崔各庄和孙河等部分重点地区拆迁绿化工作以及高碑店地区新农村建设等。向区法院推荐10名委员担任人民陪审员。

（许　治）

【港澳台侨委员会工作】 年内，与经济科技委员会共同完成2个调研课题。加强与港澳台侨界别委员沟通和联系，在传统节日期间，组织港澳台侨界委员参观首都博物馆、雍和宫、孔庙等，并围绕进一步做好专委会工作探讨交流。

（许　治）

政法 军事

政 法

政法委员会工作

【概况】 中共北京市朝阳区委政法委员会（简称区委政法委）是区委领导和管理全区政法工作的职能部门，在区委领导下开展工作。年内，区委政法委深入贯彻中央政法工作会议，市委政法工作会议和区委十一届七次、八次全会精神，以党的群众路线教育实践活动为统领，深化科学维稳、平安朝阳和过硬队伍三项建设。完成全国"两会"、市"两会"、中共十八届四中全会、建国65周年庆祝活动、APEC峰会等安保任务。区委政法委专职副书记兼政治部主任邢伟获2014年度北京市"三八"红旗奖章。

地址：日坛北街33号
电话：65099200
邮编：100020
网址：http//zfw.bjchy.gov.cn

（赵　江）

【政法委员会第一次全体会议】 2月11日，区委政法委员会第一次全体会议召开。区委副书记、政法委书记陈宏志，区委政法委员会全体成员参加会议。区委政法委常务副书记、维稳办主任杨树旗主持会议。杨树旗通报2014年区政法、信访、维稳工作大会筹备情况及主报告起草情况，委员们对工作报告进行讨论并提出修改意见和建议；公安朝阳分局、区检察院、区法院、区司法局等单位汇报2014年工作思路。

（赵　江）

【区委政法工作会议】 2月24日，区委政法工作会议召开。区四套班子领导，区二级班子党政正职领导，街乡主管领导，派出所所长，司法所所长，社区（村）书记等1200人参加会议。区委副书记、政法委书记陈宏志作区委政法工作报告。陈宏志强调，2014年全区政法工作要牢牢把握中央和市委对新时期政法工作提出的新要求、作出的新部署，以党的群众路线教育实践活动为统领，全面深化科学维稳建设、平安朝阳建设和过硬队伍建设，创新社会治理方式，完善制度机制，夯实基层基础，破解工作难题，为区经济社会发展创造安全稳定的社会环境、公平正义的法治环境和优质高效的服务环境。区委书记程连元要求，面对复杂严峻的形势，要着力增强政治意识、大局意识、责任意识、忧患意识，转变观念，把握规律，加强创新，提升满意度。

（赵　江）

【党的群众路线教育实践活动】 2月至10月，按照区委的统一部署，区委政法委开展党的群众路线教育实践活动。活动以"为民务实清廉"为主题，以"反对'四风'、服务群众"为重点，10名处级领导带领20余名干部30余次到40多个基层联系点和征求意见单位听取意见建议。征集各类意见建议329条，合并梳理为39条。其中涉及领导班子"四风"问题的16条，涉及群众切身利益的8条，涉及基层基础薄弱环节的8条，进一步加强作风建设的3条，做好教育实践活动的4条。针对上述意见和建议，制定整改措施。区委政法委对1978年至2014年8月期间以区委区政府名义发布的55件党内规范性文件进行清理，废止2件，宣布失效21件，修改1件；精简、压缩、合并会议，尽可能利用视频会议系统召开远程会议；开展公车、办公用房、"三公"经费问题专项整治，修订《财务管理制度》，严格财务管理工作流程，修订《车辆使用规定》，通过内部办公系统加强对公车使用的管理；完善办公用品领取登记制度，办公设备多部门集中使用。推进无纸化办公，建设节约型机关；制定《领导干部"八带头"工作制度》和《日常管理"八不准"工作制度》。印发《朝阳区委政法委制度建设汇编》。

（王　洋）

【安保任务】 10月1日，完成国庆游园安保任务。10月20日至23日，完成中共十八届四中全会安保任务。为保障游园活动和四中全会期间安全，成立区安保工作领导小组。区委政法委、区委宣传部、区委社工委等30个单位为成员单位。下设外围警戒、交通指挥、社会面防控、情报信息、环境秩序保障、信息设备保障和应急处突、反恐防暴、后勤保障等9个工作组和办公室，制定安全保卫方案，完成组织协调各部门、街乡做好安保工作。成立区安保专项指挥部。区委书记程连元任总指挥，下设7个分指挥部，152万余人在全区2600余处重点防控点位防控，未发生安全事故，完成安保任务。11月3日至12日，APEC会议期间，朝阳区承担奥林匹克公园中心区外围安保和部分路线、住地及社会面的防控等任务。期间，成立区APEC峰会保障领导小组，区委书记程连元任组长、区长吴桂英任总指挥；成立安保工作领导小组，区委副书记、政法委书记陈宏志任组长；成立奥林匹克公园中心区外围安保分指挥部、路线分指挥部和8个驻地分指挥部，负责组织协调各部门、街乡做好APEC峰会安全警卫、交通指挥、社会面防控、信访接待、应急处突、督导检查等工作。组织100名区机关干部和2800余名属地及支援街乡的治安志愿者，以防大人流、防火灾、防不稳定因素为重点任务，参与警戒区59个制高点、18个重要路口和控制区25个重要路口及北土城至安华桥道路沿线的警戒、控制、劝导、封锁等工作。确定2600余个重点点位，组织群防群治骨干力量值守，实行定岗、定人、定责。未发生安全事故，完成安保任务。

（赵　江）

综合治理

【概况】 朝阳区社会治安综合治理委员会办公室（简称区综治办）是朝阳区综合治理委员会的常设办事机构，与区委政法委合署办公。年内，全区综合治理工作紧密结合党的群众路线教育实践活动，以群众最关心的问题为重点，抓住深化平安建设这一工作主线，坚持"源头治理、系统治理、综合治理、依法治理"工作理念，以"精细化、本地化、集约化、科技化、项目化、成果化"为着力点，进一步建立健全综治工作组织领导体系，找准工作薄弱环节，创新工作方式方法，狠抓工作重点难点，加大工作推进力度，打牢基层基础，固化长效机制，扎实推进综治各项重点工作落实。

地址：日坛北街33号

电话：65099395

邮编：100020

网址：http//zfw.bjchy.gov.cn

（宛　煜）

【铁路护路联防】 7月15日，召开全区铁路护路联防工作会。制发《涉路安全隐患排查表》，建立全区涉路安全隐患台账，向17个街乡通报区域内发生的3起涉路事故情况，下发加强铁路护路工作紧急通知。8月25日，区综治办到王四营乡、高碑店乡、管庄乡调研有突出涉路安全隐患地点，研究解决方案。

（宛　煜）

【社会治理高层论坛代表团考察】 7月29日，中央综治办副主任徐显明带领第二届中国、新加坡社会治理高层论坛双方代表团到区考察。先后到麦子店街道枣营北里社区和798艺术园区参观考察，听取麦子店街道及社区加强服务辖区居民专题介绍，实地了解社区服务中心为民工作情况。

（宛　煜）

【重大活动综合治理】 年内，全区启动社会面等级防控11次，出动各类群防群治力量420余万人次，特别是国庆游园活动和APEC会议期间，发动6200余名专职巡防队员、12万多名治安志愿者参与，25633名治安志愿者，分布在全区2600个重点点位定岗定人值守，启动区领导包片查、委办局帮扶查、相关部门联合查、街乡自我查的"四级督查机制"，完成重大政治活动期间全区社会面维稳工作。

（宛　煜）

【排查整治重点地区】 年内，黑桥村和老君堂村2个直属派出所和11个中心警务站建成并运行，组织相关部门和相关街乡每周定期开展联合整治。成立由公安、城管、工商、食药、消防5个部门100人组成的联合执法队。集中整治三里屯同里地区、十八里店弘善家园、朝外地区等重点区域，对无照经营、串街游商、黑车扰序、涉疆涉藏人员进行查处。

（宛　煜）

【社区民警驻区制】 年内，制定工作例会机制、台账管理机制、签到监督机制、民警调整机制、财政保障机制等，规定驻区民警是党员的，全部增选为社区党委委员、村党总支委员；非党员驻区民警，全部在社区、村服务站任副主任或副站长。制定出台警务工作站绩效补助办法。固化"三不参与"（即驻区民警不参与派出所后夜值班、不参与与社区无关的警务、不参与所内打击破案工作）规定。全年破获各类刑事案件11507起，同比上升8.4%，命案破案率100%。抓获各类犯罪嫌疑人13604人，打掉犯罪团伙1499个。发生可防性案件3707起，同比下降7.1%。

（宛　煜）

【基层平安创建】 年内，重点开展创建平安街乡、平安社区（村），同步开展平安家庭、平安学校、平安医院、平安商（市）场、平安社会单位、平安旅游景区等"六创建"活动。固化群众安全感"八项机制"，即：举全区之力提升群众安全感工作机制，群众安全感专项行动工作机制，群众安全感季度调查机制，区、街乡、社区（村）三级会商机制，群众安全感偏低街乡重点帮扶机制，群众反映突出问题专项督办机制，提升群众安全感工作常态宣传机制和群众安全感考核激励机制。修订完善创建标准和考核办法。年内，平安社区（村）为93%，平安单位为96%，"零发案"社区为26个，群众安全感为92.2%，同比提高4%。

（宛　煜）

【综治信息化平台建设】 年内，依托区综治维稳指挥中心、街乡综治维稳工作中心和社区（村）综治维稳工作站，建立集矛盾调处、维护稳定、平安建设和城市管理为一体的三级工作平台。加强街乡综治维稳工作中心、社区（村）综治维稳工作站、综治维稳工作小组、楼户门长四级管理网络建设。强化平台信息化建设，服务管理事项在平台上即时上传、统一管理、分流交办、跟踪督办、结果反馈。

（宛　煜）

【重点民生实事工程】 年内，完成第四批村庄社区化管理。涉及8个乡21个社区（村），全部建成并通过验收，全区102个村实现村庄社区化管理；第三批24个平安小区创建工作通过验收，全区平安小区已有72个；完成2500套老旧楼房门禁系统更换维保，全区更换老旧门禁系统7000套；完成第一批22个街乡城市综合管理指挥中心升级改造、监控系统升级增容和增加监控探头工作。

（宛　煜）

【北京"朝阳群众"】 年内，"朝阳群众"作为网络热词广为流传。自2013年8月微博红人薛蛮子被警方抓获后，"平安北京"发布消息称："2013年8月23日，根据群众举报，朝阳警方在安慧北里一小区将进行卖淫嫖娼的薛某（男、60岁）、张某（女、22岁）查获。"此后，"朝阳群众"的出镜频率直线飙升。2014年，李代沫、张元、宁财神、张耀扬、高虎、尹相杰、张博、黄海波和王全安等，均因北京朝阳群众举报被警方查处。自2014年3月公布实施《群众举报涉恐涉暴线索奖励办法》后，北京警方发放涉恐涉暴线索举报奖金，以鼓励市民争当"朝阳群众"。北京警方官方微博"平安北京"对朝阳群众的评价："朝阳群众很神秘，因为警方会保护举报人的隐私，因此就不要刨根问底了；朝阳群众很可爱，因为他们嫉恶如仇，耳聪目明；警方工作离不开大家的支持和配合，不论是案件线索收集还是交通、消防、治安隐患排查，大家都可以来做朝阳群众。"

（年鉴编辑部）

维护稳定

【概况】 朝阳区维护稳定工作领导小组办公室（简称区维稳办）为朝阳区维护稳定工作领导小组常设办事机构。年内，区维稳办以中共十八大和十八届三中、四中全会精神为指导，加大工作力度、加强工作创新，扎实推进各项重点工作，着力破解影响社会和谐稳定的重点难点问题。完成国庆、APEC峰会等敏感节点、重大节日、重大活动维稳安保工作，妥善处置公园1872小区业主维权、都会华庭停车纠纷、马航MH370客机失联、"老虎团"非法集资建房等矛盾纠纷和敏感事件，实现"五个坚决防止"工作目标。年内，区维护稳定工作领导小组办公室被市总工会、市人力资源和社会保障局联合授予"工人先锋号"称号。

地址：日坛北街33号
电话：65099300
邮编：100020
网址：http//zfw.bjchy.gov.cn

（李渊峰）

【全国“两会”安保维稳】 3月3日至12日，全国“两会”期间，朝阳区接待代表、委员住地及行车路线共涉及潘家园、建外、来广营、望京、麦子店、朝外等18个街乡。区维稳办研究制定《朝阳区2014年全国“两会”安保维稳工作方案》。成立由区委书记程连元、区长吴桂英任总指挥，区委副书记、政法委书记陈宏志为常务副指挥的区级指挥部。启动全国“两会”维稳情报信息战时会商机制，掌握全区维稳形势，协调解决突出问题，研究部署重点工作。完成了全国“两会”期间的安保维稳任务。

（李渊峰）

【马航MH370客机失联维稳】 3月8日，发生马来西亚航空公司MH370客机失去联系事件。客机上239人中有中国大陆乘客153人，其中有朝阳区14人。马航在丽都饭店成立工作小组后，区维稳办协调区社工委、区农工委和12个相关街乡及派出所，入户调查摸底涉及失联人员社会关系。5月4日，设在望京方恒国际B座207室的马航北京失联人员家属服务保障联合办公室启动工作，并确定“一家属一团队”“一家属一方案”“一家庭一方案”的工作方案，落实14名朝阳籍乘客家属服务保障工作。街乡“一对一工作组”坚持每日通过电话、入户联系失联人员家属，专人陪同家属到各相关部门办理各项证明及材料，随时掌握家属思想动态和诉求。同时，对失联人员家属进行等级分类，掌握重点家属的动态情况，完成家属情报信息的收集研判和维稳调控工作。

（李渊峰）

【调研政治维稳】 3月28日，中央维稳办副主任于复苓一行5人在市维稳办副主任刘志伟等陪同下，到朝阳调研政治维稳工作。于复苓等观看朝阳科学维稳应急体系宣传片，观摩涉稳事件研判预警、科学决策和应急处置工作流程演示；听取区委政法委常务副书记、区维稳办主任杨树旗关于全区政治维稳工作汇报；公安朝阳分局党委副书记、副局长李阳，安全朝阳分局局长李炳宽分别汇报关于重点人管控、重点地区防控和互联网维稳工作。。

（李渊峰）

【六公主坟棚户区改造维稳工作会】 5月5日至18日，望京地区六公主坟村棚户区改造与环境整治工程进入征收腾退阶段。区长吴桂英，区委副书记、政法委书记陈宏志主持召开专题会部署维稳信访工作。确保项目按时开工，按时完工。

（李渊峰）

【“三河灵泉”群体访维稳】 5月16日，组织街乡维稳办、区信访办会同各属地派出所干警，连夜对辖区内“三河灵泉”上访人员进行入户法制宣传教育，确保上访人员不参加群体访活动。年内，“三河灵泉”上访人员涉及全区39个街乡254人。其中骨干人员14人，涉及11个街乡。

（李渊峰）

【网络舆情引导培训】 6月18日，举办全区网络舆情引导培训会。各街乡维稳工作主管领导和负责网络舆情工作人员参加培训。人民网舆情监测室秘书长祝华新作专题辅导并讨论实战演练。

（李渊峰）

【群体性事件应急处置培训】 9月23日，召开群体性事件应急处置工作培训会。区各委办局和各街乡主管领导、维稳办主任150人参加培训。会议部署国庆游园活动、APEC会议及中共十八届四中全会期间相关维稳工作，解读《朝阳区反恐维稳情报信息奖励实施细则》。

（李渊峰）

【制发维稳考评工作方案】 年内，区维稳办制发《朝阳区2014年度维护稳定考评工作方案》。《方案》按照日常考评和年终考评相结合、自查自评和检查抽查相结合的方式，采取百分制计分。综合考评各维稳成员单位维稳基层基础建设工作、维稳情报信息工作、重点人群帮教管理工作、互联网维稳工作、社会稳定风险评估工作、重大社会矛盾排查化解工作、群体性事件应急处置工作。

（李渊峰）

流动人口服务管理

【概况】 朝阳区流动人口和出租房屋管理委员会办公室（简称区流管办）是朝阳区流动人口和出租房屋管理委员会常设办事机构，与区综治办合署办公。年内，区流管系统贯彻落实中共十八大会议精神和党的群众路线教育实践活动要求，按照中央和北京市关于加强实有人口服务管理工作要求，坚持“民生为本、服务为先、融合为要”工作理念，以加强和创新社会管理为主线，以深化流动人口服务管理、违法群租房治理、人口规模调控为重点，进一步理顺流管工作体制，推进流动人口管理服务各项工作。2月底，将区流管站、流管员队伍及市流管信息平台移交公安朝阳分局管理。年内，成立区人口工作领导小组，加强对全区流动人口和出租房屋的数据监测和分析。截至12月20日，全区减少流动人口356227人。
地址：日坛北街33号
电话：65099543
邮编：100020
网址：http//zfw.bjchy.gov.cn

（倪　辉）

【全国“两会”期间流动人口管理】 2月28日至3月13日，全国“两会”期间，全区出动流动人口管理员41905人次，检查流动人口560178人，排查发现并报告外地上访106人，检查出租房屋173290户，排查发现并整改出租房屋隐患3508处。

（倪　辉）

【补录基础信息】 3月20日至4月30日，全区开展流动人口和出租房屋基础信息采集补录登记工作。增加录入流动人口491288人、出租房屋7406户。

（倪　辉）

【流动人口培训】 3月至12月19日，区流管办在朝阳社区学院组织106场流动人口培训。培训流动人口实用技能、文明礼仪、法律法规、卫生防疫、家庭教育等方面知识。43个街乡1.1万人次参加培训。

（倪　辉）

【违法群租房治理】 4月14日、22日，区流管办分别向区政府常务会议、区委常委会议，汇报违法群租房专项治理工作。区委区政府研究制订《关于在全区集中开展违法群租房治理工作的实施方案》，成立以区长吴桂英为组长、副区长汪洋为办公室主任的朝阳区违法群租房治理工作领导小组及办公室。4月18日，召开全区违法群租房治理工作部署会。5月15日，组织开展“真爱家园，拒绝黑中介，远离群租房”违法群租房治理集中宣传活动。设立LED电子公告屏3个，发放宣传材料48387份，91246人受教育。摸排全区违法群租房，治理违法群租房6823户，拆除隔断18301间，劝退租住人46458人。完成治理9个市级挂账社区1234户违法群租房和32个区级挂账社区1349户违法群租房。八里庄街道探索出政府主导，发挥业主委员会、物业等社会力量作用，通过组织居民制定房屋租赁管理公约等形式，对房屋租赁实行自治管理的新机制。

（倪　辉）

【流动人口组织化建设】 5月19日，召开全区流动人口组织化管理工作会议。研究推进流动人口组织化管理工作，对流动人口组织化管理在体系建设、责任主体、社会协同共治理念、流动人口党建、保障方面存在的问题，建立“两纵三横”流动人口组织化管理体系，即：两纵是区现有的两级政府三级管理流动人口综合服务管理体系，流动人口党（团）组织及队伍体系；三横是区级枢纽型社会组织及其所属各类社会组织，各相关行业主管部门及其所管辖的各行业协会、商会、企（事）业单位（民营企业）等，建立完善基层社区（村）流动人口“居民化”组织管理工作机制。建立全区社会组织信息库。

（倪　辉）

公　安

【概况】 北京市公安局朝阳分局（简称公安朝阳分局），是区委、区政府和市公安局领导下的职能部门，担负全区社会治安、人口、公共娱乐场所安全、消防、危险物品及特殊行业管理；承担打击各种违法犯罪和各类违法犯罪人员看押看守任务；负责指导党政机关、学校、人民团体、企事业单位内部安全防范工作；负责驻华使（领）馆安全警卫，社会面巡逻防控，突发事件处置，各类大型活动保卫等。分局内设 22个单位，其中正处级单位8个、副处级单位12个、正科级单位2个，现役建制单位2个（不属于分局内设机构）。全区有 49个派出所，其中户籍派出所47个、治安派出所 2个。年内，完成全国“两会”、中共十八届四中全会、APEC会议等多项重大安保任务，实现辖区政治和治安稳定。对203个自然村进行社区化建设，落实“三站两室”（即巡防工作站、流动人口管理服务站、社区警务工作站，民调室、监控室）警务驻区管理。按照“勤务、执法、服务、内务”规范标准，劲松派出所综合警区被市局命名为“内务类形象示范岗”，刑侦支队民警张超被市局命名为“形象标兵”。APEC会议安保工作中表现突出的9个集体和9名个人被授予战时二等功以上奖励，分局局长高岩被授予个人一等功。

地址：道家园1号

电话：85953400

邮编：100025

电子邮箱：chaoyangfenju@sina.com

（王　晖）

【“110”宣传日活动】 1月10日，分局在六里屯批发市场门前设主站点，各派出所在社区出入口、街心花园、大型商场、流动人口聚居区等人员密集场所设立分站点，通过悬挂横幅标语、张贴宣传海报、召开宣传会、制作宣传展板、发放宣传材料等形式开展宣传活动。邀请区人大代表、政协委员，物业公司及社区居民代表，走进社区警务工作室，征求对“110”接处警、驻区制建设工作的意见建议。

（张　月）

【结伙运输毒品案破获】 4月10日，破获一起结伙运输毒品案。在西客站南广场抓获嫌疑人陆某某（男，1989年6月出生，湖南人），在首都机场2号航站楼抓获另一嫌疑人谢某某（男，1987年12月出生，湖南人），当场收缴冰毒1890克。陆某某、谢某某被刑事拘留。

（韩翠英）

【“5·11”系列放火案破获】 5月15日，破获“5·11”系列放火案。在甘露园某小区抓获嫌疑人张某（女，1989年4月出生，山西省长治市人）。经审查，张某对其先后在东城、朝阳等老旧小区堆放杂物楼道内纵火10起犯罪事实供认不讳。

（隋新宇）

【销售假冒汽车配件案破获】 5月27日，破获一起销售假冒汽车配件案。在区五方天雅汽配城内抓获涉嫌销售假冒知名品牌汽车配件的北京爱迪摩斯进口汽车配件公司法人代表陶某某（女，1977年12月出生，河南省潢川县人）、公司总经理宋某某（男，1974年11月出生，河南省潢川县人）、公司业务主管宋某（男，1989年12月出生，河南省潢川县人）等9名犯罪嫌疑人，现场起获假冒奔驰等知名品牌汽车配件180余种5000余件，涉案价值500余万元。经审查，犯罪嫌疑人均对通过真假货混销形式向大量周边个体商户、修理厂及个人销售各品牌汽车配件的犯罪事实供认不讳。其中6人被刑拘。

（孟　茜）

【铲除生产销售假冒桶装水窝点】 6月2日，查获一非法制造假桶装水窝点。与市食品药品监督管理局、市桶装水协会等单位联合行动，在小红门乡三台山村铲除了生产销售假冒桶装水窝点，端掉销售该窝点假冒桶装水“水站”3处，抓获涉案嫌疑人12人，起获假冒“雀巢”等知名商标瓶盖7700余枚、条形码商标数十扎、塑封机1台、净化水设备1套、运输车辆2台、伪劣桶装水400余桶等物品，对6人以涉嫌销售假冒注册商标商品罪予以刑事拘留。

（张　雪）

【系列杀人案破获】 7月27日，破获一起系列杀人案。在朝阳区褡裢坡地铁站附近抓获犯罪嫌疑人徐某某（男，1962年1月出生，安徽省涡阳县人），在管庄地区抓获其同伙宋某某（男，1972年5月出生，河南省人）。经审查，2人对杀害马某并诈骗马家亲属2万元，杀害陈某分尸并抛尸的犯罪事实供认不讳。

（隋新宇）

【特大系列驾车抢劫案破获】 7月至8月，破获特大系列驾车抢劫案。抓获团伙成员尤某某（男，1980年4月出生，河北省承德市人）、石某某（男，1974年4月出生，河北省唐山市人）等4人。其对在平房、麦子店、八里庄等地袭击抢劫单身女事主的犯罪事实供认不讳。核破案件8起，涉案金额40余万元。

（隋新宇）

【特大生产销售假药案破获】 8月20日，破获一起特大生产、销售假“肉毒素”案。刑事拘留犯罪嫌疑人李某某（女，1989年1月出生，河北省广平县人）、王某某（女，1991年9月出生，河南省郸城县人）等8人，捣毁窝点1处，起获保妥适肉毒素4475支、兰州衡力肉毒素157盒，总价值1000余万元。

（孟　茜）

【跳楼讨薪事件处置】 9月19日，亚运村派出所辖区奥体南区3号工地，发生19名（17名男性、2名女性）工人以悬挂横幅、扬言跳楼方式向江河公司索要劳务费事件。其中18名工人乘坐电梯到达施工大楼顶层（第38层）。治安支队、亚运村派出所和劳动部门经过7个小时劝说，18名讨薪人员被劝下。公安朝阳分局以涉嫌扰乱单位秩序治安拘留5天。

（王　晖）

【团伙系列盗窃保险柜案破获】 11月18日至25日，破获张某某团伙系列盗窃保险柜案。分别在金盏乡、平房乡和四川省等地，将嫌疑人张某某（男，1972年11月出生，四川省达县人）、马某某（男，1972年12月出生，四川省达县人）等4人抓获。起获被盗物品及银行卡等，涉案价值547余万元。核破案件2起。

（隋新宇）

【打击整治管控工作方案制定】 年内，制定《朝阳分局治安系统打击整治管控工作方案》。方案以奥林匹克公园、使馆区等为重点整治地区，以黄赌、盗销自行车、黑开场所取缔等专项治理为牵动，坚持“日通报，周点评，月总结”的推进方式，开展打击整治工作。

（毕志刚）

【特种行业反销赃专项行动】　年内，以旧货业、典当业、金银饰品收购置换业和废旧金属收购业等四类特种行业为重点，组织开展反销赃专项行动。对涉及特种行业收销赃案件逐一核查，发现和弥补阵地控制漏洞，督促属地派出所落实日常管理责任。

（郭咲琳）

【治爆缉枪工作专项行动】　年内，开展治爆缉枪专项行动。张贴通告4万份，发放各类宣传材料8万份。强化重点地区、部位检查控制及巡逻盘查，组织单位开展自查自纠，集中收缴流散在社会上枪支弹药和爆炸物品，并加强对携带、贩卖管制刀具打击力度。

（贾雪超）

【养犬管理】　年内，组织工商、城管、疫控等相关部门及各街乡、派出所开展养犬集中年检宣传执法活动。印制横幅1000条、宣传材料3万张，发放捕犬工具120套，查处群众举报176起，收容救置无主犬663只。

（陈云芳）

【金银珠宝经营场所专项整治】　年内，集中开展金银珠宝经营场所“强基础、除隐患、保平安”专项排查整治行动。制定实施和推行“必须进行报备，必须明确主责民警，必须进行从业人员政审，必须配备足够的保安员，必须使用防砸玻璃、防爆玻璃或粘贴防爆膜，必须固定保险柜，必须安装视频监控装置，必须安装紧急报警装置”等“八个必须”超常规防范措施。下发21份《工作督办单》，解决整改安全隐患50余处。

（聂建平）

【社区民警在社区固化】　年内，采取网上监测、电台点名、电话查勤、实地检查等方法，48个派出所384个社区646名社区民警沉入社区，开展社区安全防范宣传、矛盾化解等工作。

（徐肖鹤）

【新增出入境接待大厅】　年内，启用位于南磨房路甲5号的出入境接待大厅新增办公地点，原出入境接待大厅继续使用。新大厅面积871平方米，有20个办公窗口，实现出入境证件办理“一体化”办公、“一站式”服务。接待群众56.2万余人，办理公民出入境证件37.5万余件，发放证件20.6万余件。

（沈依依）

【未成年人刑事案件办理规范】　年内，依照新《刑诉法》及《关于进一步规范办理未成年人刑事案件的意见》等文件精神，分局正式实行未成年犯罪嫌疑人社会调查制度和合适成年人参与讯（询）问制度。

（周　霞）

检　察

【概况】　朝阳检察院依法惩治各类经济犯罪及利用网络实施的犯罪。加大对文化创意产业重点区域的保护力度。年内，受理审查逮捕案件3234件4283人，批准逮捕各类刑事犯罪案件2455件3058人，受理审查起诉案件3914件4722人，提起公诉3623件4237人，收案数、人均办案数均居全市基层检察院之首。开展警示教育150余次。制定相应执法规范30余项。开通官方微博、微信，建立手机报信息推送平台。被国家版权局授予“查处侵权盗版案件有功单位”称号。获“全国检察机关文明接待室”“青少年维权岗”“全国检察宣传先进单位”等集体荣誉12项，获“全国三八红旗奖章”“首都五一劳动奖章”等个人荣誉24项。16名干警入选全市检察机关职务犯罪侦查人才库，1人受聘为国家检察官学院培训班导师，1人课件被评为全国检察机关精品课程。

地址：道家园17号

电话：59553208

邮编：100025

网址：http://www.bjjc.gov.cn

（白富强）

【获全国最佳事例】　1月2日，朝阳检察院“社会调查员出庭制度”在中国法学会、中央综治办、共青团中央联合举办的“未成年人健康成长法治保障大型主题征文和创新事例征集活动”中被评为最佳事例；朝阳检察院未成年人刑事案件检察处申报的《未成年人刑事司法中社会调查材料的法律性质》一文，被评为征文活动二等奖。

（白富强）

【检察联络室临时党支部成立】　3月4日，朝阳检察院在小红门乡联络室等8个检察联络室成立临时党支部，并任命党支部书记。

（白富强）

【“防止性侵害快速维权热线”开通】　3月5日，朝阳检察院开通“防止性侵害快速维权热线”（电话：59553319），并通过区未成年人刑事案件检察处官方微博向社会公布。

（白富强）

【现场教学】　3月6日，国家检察官学院举办的第五期全国青年检察官专题研修班84名学员到朝阳检察院现场教学。双方交流“青训班”课程设置与教学方法、处长助手制度实施与实效、助理检察员选任及见习制度的实施及经验、检察文化建设与青年检察官培养等内容。

（白富强）

【首例未成年人禁止令发出】　3月12日，朝阳检察院在审查起诉1起贩卖毒品案中，首次依法对2名未成年犯罪嫌疑人发出禁止进入酒吧、迪厅等娱乐场所的禁止令决定。

（白富强）

【帮教首例非京籍附条件不起诉教育对象】　3月19日，朝阳检察院将首例非京籍附条件不起诉的考察教育对象向某送至北京市附条件不起诉未成年人“新起点扬帆观护基地”——北京无名居美食有限公司进行考察帮教。并与北京无名居美食有限公司、北京心声社会工作事务所、考察教育对象及监护人共同签订考察教育协议书。

（白富强）

【与公安朝阳分局会签法律监督办法】　4月24日，与公安朝阳分局会签《关于刑事（经济犯罪）专项行动法律监督工作办法》。建立刑事专项行动检察监督沟通协调机制，规范执法标准和信息通报事项，确立两法衔接机制、源头参与机制、效果评估机制和质量动态监督机制等。

（白富强）

【“四合一”行贿犯罪档案查询平台建立】　4月，行贿犯罪档案查询工作受理平台升级。开通24小时自助语音服务电话、全天候网络预约邮箱、智能网络预约传真、官方咨询服务微博，建立“四合一”立体式绿色便民咨查模式。

（白富强）

【涉农惠民廉政警示教育舞台剧演出】　7月3日，以涉农惠民领域职务犯罪易发高发点（违法建设、惠农补贴、土储拆迁、三资管理）作为故事背景的涉农惠民廉政警示教育舞台剧在朝阳剧场公开演出。市委、市检察院和区委有关领导，区相关委办局、农村系统党员干部700余人观看演出。

（白富强）

【执法记录仪视频数字化管理平台建立】　8月，在市检察系统建立执法记录仪视频数字化管理平台。平台主要由执法记录仪、视频自动采集终端、视频管理服务和磁盘阵列组成，实现对所有视频定期上传、存储备份、名词检索和下载刻录等功能。

（白富强）

【非法经营案公诉】 9月2日，朝阳检察院以被告人胡长青（男，1972年9月3日生，山西省岢岚县人）涉嫌非法经营罪向区人民法院提起公诉。起诉书指控胡长青在崔各庄乡黑桥村其自住出租房内通过从淘宝网购买零配件，自行制作“伪基站”，其中3套工作频点位于中国移动北京分公司GSM基站下行工作频段，属于擅自设置使用无线电台。9月18日，区法院做出判决，认定胡长青行为构成非法经营罪，判处有期徒刑10个月，罚金人民币1万元。被告人未提出上诉。

（白富强）

【涉农惠农警示教育活动启动】 9月15日，与区委农工委共同启动涉农惠民领域职务犯罪警示教育系列活动。区18个乡纪委书记、监察科长及8个农口直属单位纪检工作负责人参加启动仪式。

（白富强）

【驻所检察室监控联网改造工程竣工】 9月18日，朝阳检察院驻所检察室监控联网改造工程竣工会议在区看守所举行。与会领导实地验收武警机房、预审大队机房、看守所机房及驻所检察室新建机房监控联网改造工程。

（白富强）

【预防职务犯罪共建协议签订】 9月26日、12月8日，朝阳检察院分别与中国远洋物流有限责任公司、北京妇产医院签订预防职务犯罪工作机制共建协议。

（白富强）

【“朝阳家园”观护基地建立】 9月28日，朝阳检察院与北京政法职业学院、朝阳区心声社会工作事务所合作建立北京市新起点扬帆青少年观护基地，基地命名为“朝阳家园”，并举行合作签约及基地揭牌仪式。“朝阳家园”观护基地以北京政法职业学院图书馆为依托，为涉罪未成年人提供监督考察岗位，以朝阳区心声社会工作事务所司法社工为主体，为涉罪未成年人制定个性化帮教方案，开展跟踪考察和法制教育等工作。

（白富强）

【编造散布网络谣言定性研讨会召开】 11月24日，会同《人民检察》杂志社举办“编造、散布网谣行为如何定性”研讨会。中国政法大学教授、博士生导师洪道德，中国人民大学教授、博士生导师田宏杰参加研讨会。与会专家研讨“网络虚假信息的界定”“公共场所秩序严重混乱的认定标准”“行为人主观方面的确定”“行为人客观方面的认定”等问题。

（白富强）

【“博友行基层行”活动】 年内，与正义网法律博客联合举办“博友行基层行”活动。20余名学者、律师和大学生博友参观朝阳检察院和朝阳区看守所，并与院领导及部分检察官代表座谈。

（白富强）

【执法规范化建设】 年内，制发《关于开展深化规范执法研究加强检察业务建设活动的工作意见》《主任检察官案件管理实施办法（试行）》《检察工作目标评价体系》等规范性文件。

（白富强）

【《检校合作协议》签署】 年内，与中国人民公安大学侦查学院签署《检校合作协议》。

（白富强）

审　判

【概况】 朝阳区法院全年受理案件70371件，同比上升12.1%；办结案件65844件，同比上升8.3%。其中刑事案件收案3672件，结案3607件；民事案件收案34728件，结案32451件；商事案件收案11814件，结案9947件；行政案件收案588件，结案647件；知识产权案件收案2211件，结案2214件；执行案件收案17026件，结案16641件；申诉再审案件收案95件，结案101件；其他案件收案237件，结案236件。全年结案数同比提高8.3%，审限内结案率99.99%。全年收案数、结案数、法官人均结案数、全员人均结案数均居全市基层法院之首。区法院获市模范法院、市先进法院、市工人先锋号、市“三八“红旗集体等区级以上荣誉77项。区法院法官刘黎被中宣部、最高人民法院、全国总工会授予“最美基层法官”“全国模范法官”“全国五一劳动奖章”等称号。

地址：朝阳公园南路甲2号

电话：65021021

邮编：100026

电子邮箱：bjcyqfy_mygt@chinacourt.org

（李默菡）

【优化诉讼服务】 1月1日，实行民事、执行案件网上预约立案。全年受理网上预约立案申请4150件，经审核后一次性现场受理率100%；5月，首次实现民事纠纷在6个人民法庭均可就近立案。全年人民法庭立案点立案17855件，占全院立案总量25.4%；76名当事人凭借法院出具的调查函调取到证据；开通12368人工语音服务平台，提供诉讼咨询、联系法官、查询案件、举报投诉等服务；利用“给大法官留言”平台加强民意沟通。1名干警被评为“北京市法院系统诉讼服务先进个人”。

（李默菡）

【党的群众路线教育实践活动】 2月至10月，开展以“为民、务实、清廉”为主要内容的党的群众路线教育实践活动。31个在职人员党支部及3个退休干部党支部600余名党员参加活动。发放调查问卷、信函等227份，召开座谈会22次，征求院内外12类群体意见，共收到意见416条次。制定、修改规章制度19项。与活动前相比，院级层面召开会议数量同比下降24%，院网刊登信息数量同比下降近30%，简报下降50%，各部门调研信息任务指标压缩47%，调整清退超标办公用房140平方米，“三公经费”下降20.6%。

（李默菡）

【“秦火火”诽谤寻衅滋事案】 4月11日，公开开庭审理秦志晖（网名“秦火火”）诽谤、寻衅滋事一案。经审理查明，2012年11月至2013年8月间，被告人秦志晖分别使用“淮上秦火火”“东土秦火火”“江淮秦火火”“炎黄秦火火”的新浪微博账户诽谤4名公民；在“7·23”甬温线动车事故善后处理期间，秦志晖于2011年8月20日使用“中国秦火火—f92”的新浪微博账户编造并散布虚假信息。4月18日，对秦志晖诽谤、寻衅滋事一案公开宣判，以诽谤罪判处秦志晖有期徒刑2年，以寻衅滋事罪判处秦志晖有期徒刑1年6个月，决定执行有期徒刑3年。宣判后，被告人秦志晖当庭表示不上诉。

（李默菡）

【涉民生案件办理质效提升】 4月16日，出台《关于加强涉民生案件审判工作的若干意见》。对15类涉民生案件建立快审、快调、快执绿色通道。全年办结涉民生案件17023件，涉及标的额28.4亿元，其中近50%案件在45天内审结。与区总工会联合建立劳动争议调解中心工作室，调解案件50件，调解成功率84%，进一步完善劳动关系协调机制。与区有关部门共同搭建医疗纠纷案件联动调解机制，适用该机制审理的20件医疗纠纷案件全部实现当天立案，一周内审结。

（李默菡）

【“立二拆四”非法经营案审理】 8月14日，公开开庭审理被告单位北京尔玛天仙文化传播有限责任公司（以下简称尔玛天仙公司）、北京尔玛互动营销策划有限公司（以下简称尔玛互动公司），被告人杨秀宇（网名：立二拆四）、卢梅非法经营一案。被告单位尔玛天仙公司自2008年至2013年，多次通过信息网络有偿提供删除信息服务和发布虚假信息服务，非法经营数额共人民币531200元。包括为杰士邦公司在“3·15”期间，进行网络舆情监测和危机公关活动，为其在合同期内删除至少10个负面链接；为江苏盐城二建集团有限公司旗下红星美凯龙家居集团股份有限公司进行互联网舆情监测和危机公关服务，为其删除负面信息等；策划在北京车展期间以女学生假扮清洁工事件炒作长丰汽车；策划“和尚船震”视频炒作续风堂旗下画家安云霁。被告单位尔玛互动公司自2012年5月至2013年，通过信息网络有偿提供删除信息服务，非法经营数额人民币22万多元，主要是有偿为康美药业股份有限公司进行网络舆情监测及危机公关。11月18日，以非法经营罪判处杨秀宇有期徒刑4年，罚金15万元，判处卢梅有期徒刑1年6个月，罚金3万元，判处尔玛天仙公司罚金50万元，判处尔玛互动公司罚金20万元。宣判后，被告人杨秀宇、卢梅当庭表示不上诉。

（李默菡）

【破解执行难题】 年内，在淘宝网开通司法网络拍卖账户，通过竞价等方式逐步提升司法拍卖的社会参与度和即时成交率；自主开发“执行业务辅助软件系统”。该办公系统被市高级法院在全市法院系统推广；在全国法院系统中首次对“余额宝”认购的天弘基金进行查询；完成全国首例利用网络执行查控系统回馈信息，对异地银行账户予以划扣的强制措施；发布失信被执行人信息2608条，并对“老赖”发出限制高消费令；依法对846名拒不执行判决、裁定人员采取罚款、拘留、限制出境等强制措施。

（李默菡）

【司法能力建设】 年内，继续推进法官片区工作站制度，使青年干警走入基层；通过指定带教法官，举办“青年法官成长课堂”，加强窗口部门实践等形式，帮助青年法官熟悉群众工作方法；评查案件3500余件，庭审1755次，裁判文书2678份，对发现的问题实名曝光，督促整改；编辑出版《人民法庭民事审判实务问答》，系统梳理30类案件处理思路和实务技巧；上网公布生效裁判文书6837篇。朝阳法院两名法官被授予第一届“北京市审判业务专家”称号。45篇文章在省级以上学术刊物发表，35篇案例被最高法院采用。《基层法院审判监督庭职能转换问题研究》为全市唯一的法院中标最高法院审判理论课题。

（李默菡）

【监督机制】 年内，开展审务督查活动。通报批评23人次；以领导干部和关键岗位为重点，梳理廉政风险点36个；向区人大常委会报告行政审判工作，办理代表意见、建议；征求人大代表、政协委员、特邀监督员对法院工作的意见，进行整改；建立常态化邀请检察长列席审委会制度，回馈和办理检察机关提出的4件检察建议；推进法律职业共同体建设；增加选任人民陪审员120人，参与审判工作10905人次，同比上升36%。

（李默菡）

【司法宣传】 年内，开展“送法下基层”活动。组织法官到街乡、学校举办讲座，指导模拟法庭152次；召开专题新闻通报会5次；在中央和市级以上报刊上刊发法制宣传文章4582篇；开通法院官方微博和职务微博，开展“微直播”和“微访谈”活动，及时向社会发布、公开审判执行信息，阅读量超过6000万人次；运用网络语言和漫画形式开辟普法专栏，在新浪网播出20期网络公开课。

（李默菡）

司法行政

【概况】 朝阳区司法局内设11个科室，下设朝阳区法律援助中心、朝阳区阳光矫正管理培训中心和北京市正阳公证处3个科级事业单位。年内，为潘家园、八里庄、左家庄、常营和南磨房司法所分别增加政法专项编制1个。调整后，以上5个街道和地区司法所的政法专项编制核定为4个，科级领导职数为正、副各1个。年内，开展党的群众路线教育实践活动，完成第二届区律师协会换届和司法行政基层建设三年行动计划；开展法律援助工作规范化建设及公证质量建设年活动。全年受理法律援助案件932件，其中民事案件508件、刑事案件424件。接待群众来访来电咨询38000余人次。被全国普及法律常识办公室评为全国“六五”普法中期先进普法办，被市人力资源和社会保障局、市司法局评为市司法行政系统先进集体和市人民调解工作先进集体，被市司法局评为全市司法行政系统社区矫正和律师公证管理人员岗位练兵先进集体。

地址：六里屯西里5号
电话：65025495
邮编：100026
电子邮箱：sfjbgs@bjchy.gov.cn

（吴若南）

【第四届司法行政开放日活动】 4月11日，开展“司法行政暖民心”暨第四届司法行政开放日活动。活动以“司法行政暖民心”为主题，在区法律服务大厅设立主开放点，开展法治宣传和法律服务活动，集中宣传、展示司法行政整体职能和为民服务措施。在阳光中途之家设立分开放点，宣传社区矫正工作特别是阳光中途之家工作职能和成果。各司法所结合地区实际组织开放日活动。

（张　静）

【“法治电影放映月”活动】 5月26日至6月30日，区依法治区领导小组办公室、区委宣传部、区文化委、区司法局在全区开展第八届“法治电影放映月”活动。期间，放映法治电影近300场，观影人次1.5万。

（张　静）

【区第二届律师代表大会代表选举】 8月5日，开展选举区第二届律师代表大会代表工作。经过选举人登记、代表自荐、候选人资格审查确定公示等环节，在全区22个选区统一组织选举投票，选举出区第二届律师代表大会代表171名（其中公职律师2名）。此次选举有6949名律师进行选举登记，5031名律师参加投票。

（王子辉）

【区人民调解员协会成立】 8月22日至23日，朝阳区召开第一届人民调解员代表大会，成立朝阳区人民调解员协会。市司法局、朝阳区相关领导及120名调解员代表参加会议。

（刘　忠）

【区第二届律师代表大会召开】 9月12日至13日，朝阳区第二届律师代表大会召开。市司法局副局长、律师协会党委书记李公田，市律师协会会长张学兵，副区长汪洋出席会议。区司法局、区律师协会有关领导及律师代表、特邀代表近200人参加会议。会议选举产生第二届北京市朝阳区律师协会理事51名、监事11名。选举王清友为会长，刘延岭、杨光、张峥、杨晓虹、刘玉明、马江涛、刘光超、邓冬梅、赵曾海、庞标为副会长，柴志伟为监事长，聘任王子辉为协会秘书长。

（王子辉）

【区司法行政系统受市级表彰】 9月15日，在北京市司法行政系统表彰大会上，区司法局、区阳光矫正管理培训中心和3个司法所、7个律师事务所共12个单位被评为市司法行政系统先进集体，6人被评为全市司法行政系统先进个人；区司法局、区东湖街道人民调解委员会等8个单位被评为人民调解工作先进集体，曹丽敏等7人获市级调解能手，其中曹丽敏被评为首都“和谐之星”。

（吴若南）

【区法援中心驻看守所工作站成立】 11月18日，区法律援助中心驻看守所工作站成立。工作站主要职责：负责接收在押人员的法律援助申请，并转交区法律援助中心；根据看守所安排，对在押人员进行法制教育；组织法律援助人员为在押人员及其近亲属提供法律咨询，提出法律建议。

（鲍春明）

【基层普法宣传员法律知识大赛】 12月2日，举办“美丽朝阳　法治先行”基层普法宣传员法律知识大赛决赛。司法部法宣司副司长刘汉银，市司法局副局长邓建生，副区长汪洋等出席。金盏地区代表队获一等奖，东湖、奥运村街道代表队获二等奖，团结湖、八里庄、左家庄街道代表队获三等奖。

（张　静）

【国家宪法日法治宣传活动】 12月4日，举办“弘扬宪法精神，建设法治中国”国家宪法日暨法制宣传日主题法治宣传咨询活动。区司法局、公安朝阳分局、区法院、区妇联等部门的工作人员和法律援助中心人员及劲松、双井街道社区群众200余人参加活动。发放宣传材料和物品30余种1万余份，解答法律咨询100余人次。

（张　静）

【司法行政基层建设计划提前完成】 年内，全区43家司法所功能性用房全部达到30平方米以上，其中办公及业务用房面积达到120平方米的司法所15家。全区6个司法所申报AAA级司法所（望京、三里屯、左家庄、垡头、高碑店、崔各庄），AA级司法所19家，A级司法所13家。

（刘　忠）

【人民调解】 年内，全区规范化调解委员会340个，其中43个街乡级人民调解委员会全部为规范化调解委员会，规范化率100%。加强社会矛盾多元调解体系建设。北京电视台第三调解室栏目组与朝阳法院达成协议，开通调解协议确认绿色通道。区综治委社会矛盾多元调解专项组召开专项组办公室工作会，听取各街乡多元调解专项组成立三年来工作汇报。通过总结，发现典型经验，如小关街道“五联六统一”工作机制、香河园街道以“两个支点、一个基点”为支撑的工作体系、三里屯街道通过居民代表会议机制化解纠纷、东坝乡“123”工作机制等。全年，全区各级各类调解组织调处纠纷38635件，调解成功37244件，成功率96.4%。全区防止矛盾纠纷激化112件，其中防止群体性上访事件89件。

（刘　忠）

【市社区矫正宣告室试点完成】 年内，在30个司法所完成宣告室建设工作。实行统一室内装修和设施配备；开展社区服刑人员报到、接收和解除宣告170人次。

（张　艳）

【特殊人群安保任务完成】 年内，完成全国“两会”和APEC峰会期间特殊人群安保任务。区特殊人群专项组开展摸底排查，加强重点人管控；强化排查整治，加强法制教育，加大帮扶救助力度；强化应急机制，加强督导检查。以高于2008年奥运安保标准开展维稳工作，实现“四个不发生”（不发生重大暴力恐怖事件、不发生危害国家安全和社会稳定的重大政治事件、不发生大规模群体性事件和重大个人极端事件、不发生重大公共安全事件）工作目标。全国“两会”和APEC会议期间，全区特殊人群未发生影响社会治安稳定的事件。

（张　艳）

【矫正帮教】 年内，制定社区矫正专项执法检查工作方案。通过自查、互查、集中检查等方式，规范所辖43个街乡司法所假释和暂予监外执行执法。开展社区矫正岗位技能培训练兵活动。继续与区民政局开通民生救助绿色通道，完善对两类人员一次性救助方案；继续与区红十字会开展阳光工程救助；各街乡安置无缝衔接重点人65名。中途之家加强与监所的衔接及街乡的协调配合，安置三无人员和无缝衔接人员。对不同性别、年龄、罪行、危险程度的社区矫正人员开展分类教育，对临近解除社区矫正人员开展解矫前专项培训。

（张　艳）

【律师管理和服务】 年内，原律师工作管理科分立为律师证照和综合科、律师业务指导和执业监管科。建立处理律师类投诉中，区司法局与区律师协会纪处委会商机制、重大敏感案件沟通机制、案件流转机制、联席会议机制和平行处理机制。全年受理当事人对律师事务所和律师信访、投诉118件，协调解决98件，涉案金额63万多元。对律师事务所巡查检查305次，协调处理重大敏感案件29件。组织顾问律师参与区领导信访接待65次，涉及798批次、10248人，其中集体访286批次、3551人。律师通过法律服务村居行活动，参与调解民间纠纷612件，解答法律咨询4489人次，开展法治宣传58场，举办法律讲座241场次，接待法律援助案件202件，为476个社区、村委会担任法律顾问。

（牛　旭）

【公证质量建设年活动】 年内，开展公证质量建设年活动。为80岁以上老人免费办理遗嘱公证，接待老人及子女咨询1000余人次，登记老人办理遗嘱申请365人，完成办理80人。为豆各庄、东坝、三间房、常营、崔各庄等乡办理农转非劳动力自谋职业协议公证11300件。公证处办理国内民事公证17687件，同比增长50.3%；国内经济公证441件；涉外民事公证10521件，同比增长8.1%；涉外经济公证488件，同比增长5.9%；涉港澳公证140件。

（智　娟）

交通管理

【概况】 北京市公安局公安交通管理局朝阳交通支队（简称朝阳交通支队），是对管界道路交通依法实施管理的政府机构。内设7个科室，下属呼家楼大队、高速路大队、东外大队、亚运村大队、劲松大队、双桥大队、机场大队、奥运村大队和机动队。年内，接警964651起，同比增长11.7%；回访303809起，同比增加253.3%。群众满意率99%。利用电视监控系统直接发现问题8216起，其中交通事故4224起、车辆故障2390起、交通拥堵434起、其他1168起。开展夜查“酒后”等专项行动266次，查获酒后驾车违法行为1910起。处罚“涉牌”违法4500起。扣留老年代步车、电动燃油车、摩托车、人力三轮车共5274辆。处罚货车违法行为157859起。执法总量155.4万起，其中非现场执法处罚110万起。管界发生交通事故74857次，伤11761人，亡155人。同比事故次数下降7.0%，受伤人数下降1.2%，死亡人数上升0.6%。组织开展各类交通安全宣教和培训活动815场次，印发宣传材料39万份，发放宣传品7.5万份，摆放宣传展板2560余块，发放宣传光盘4.3万张。制定设施改造和道路优化方案116个，安装路口信号灯15处，安装隔离护栏11035米。施划路侧停车泊位3487个。安装各类交通标志401套。办理危化品运输证157张、外埠通行证1600张，办证车辆未发生重大交通事故和严重交通违法行为。年内，获2个集体二等功、3个集体三等功，2名民警获个人二等功、72名民警获个人三等功，171名民警被评为优秀公务员。

地址：百子湾西里303号

电话：68399501

邮编：100124

电子邮箱：21870997@qq.com

（吴晓萌）

【抓获交通肇事逃逸人员】 4月30日16时20分，在老君堂村金地实验小学东侧52号灯杆处，齐某某驾驶京P8VR92号夏利牌小型汽车将骑自行车的史某某撞倒致死，齐某某驾车逃逸。事故发生后，支队事故科、劲松大队办案民警采取多种措施追捕，在四道口附近某公寓将犯罪嫌疑人齐某某抓获。

（吴晓萌）

【“12·19”伤逃逸案侦破】 12月19日6时18分，在东大桥路东大桥甲门号院门前，一辆由南向北行驶的小客车追撞在同方向王某某骑行的自行车后部，又撞在路边胡某驾驶后停放着的京Q65R92号宝马小客车上，造成王某某受伤和胡某车辆损坏，肇事小客车驾驶员驾车逃逸。事故发生后，办案民警通过调取现场周边监控录像进行对比、分析、排查，确定嫌疑车辆。通过与多家保险公司联系，查看监控录像，对1000余户登记居民排查，于12月24日侦破案件，抓获犯罪嫌疑人张某某及女友。

（吴晓萌）

【反恐维稳】 年内，采取关注敏感地区，强化防控网络建设，加强外围防控，精细核查录入，视频巡检，预先发现异常警情，挖掘警力，提高路面见警率等措施，完成全国“两会”、中共十八届四中全会、APEC峰会以及“七五”等系列反恐维稳工作。

（吴晓萌）

【特勤警卫任务】 年内，完成全国“两会”、中共十八届四中全会、北京市“两会”、2014年北京环京公路自行车赛、2014北京马拉松比赛、亚冠中超联赛，APEC峰会安保任务及中央领导、外宾国事访问和在京活动等交通特勤警卫。接收和布置勤务2851次，其中一级勤务441次、一级疏导勤务49次、二级勤务233次、二级疏导勤务201次、三级勤务968次、三级疏导勤务959次，出动警力51459人次。

（吴晓萌）

【规范净化道路环境】 年内，依托“一号行动”“二号行动”“三号行动”“四号行动”，联合治安、城管、巡警、交通委等部门开展联合整治，打击路面扰序行为，开展专期专项整治。重大安保活动期间，分任务、分时段、分区域实行交通秩序大整治；围绕交通营运单位、环京护城河、敏感区域周边、考场周边等开展交通秩序整治；掌握网络、报刊、微博、微信等舆论动态，围绕全区32处市、区、街乡三级挂账乱点，整治电动（燃油）三轮车、货车、渣土运输车违法行为，及机动车违法停车、占用公交车道和应急车道、驾驶员不系安全带等违法行为。现场执法完成417644笔，同比上升18%。其中酒后驾车1804笔，外埠客车、货车129934笔，分别上升22%、16%。

（吴晓萌）

【交通安全宣传教育】 年内，到市场、学校、单位、社区（村）等各类场所995处，开展交通安全宣传教育和检查。悬挂宣传横幅标语1900条，张贴海报12万张，发放提示卡9万张，粘贴车贴4.5万张。在重点区域、路口、路段设置站点开展宣传活动153场，发放各类宣传品11种2.3万份，同时发放致市民的一封信。

（吴晓萌）

【疏堵治堵机制】 年内，继续深化拥堵动态排查机制。通过每日播报警情，定期进行月警情研判分析，为基层执勤大队指挥疏导提供依据；确定平高峰管控新模式，高峰时段重点加强建外大街、三环路等主要道路管控，将执法小分队由平峰执法，夜间查酒，改为高峰疏堵，增加高峰警力投入；在三环路双井桥区、京广桥区、安贞桥区增加10处重点岗位，在四环路桥区、桥下增加14处重点岗位，增加四环内两轮巡逻车比例；在保留四环路（含）以内清障车巡逻基础上，增加两轮巡逻岗位，由23处岗增加至36处；以执勤大队为单位，打破现有执勤大队警区，以环路主干道为条，以区域街巷为块，划分网格，创建以岗组为单位的网格化勤务模式，每个岗位根据区域需要设定人数，定岗定责，设定以季节、假日、“4和9”限行日等为依据的弹性上岗时间，执勤大队干部承包岗组，自主上岗；对拥堵点段的交通事故，支队指挥大厅利用单兵定位系统，直接用属地执勤大队电台信道呼叫就近民警，一对一部署事故，一对一回复信息；加强视频巡检，发现拥堵迹象或故障车、事故等情况，调派就近警力处置。

（吴晓萌）

【执法整顿】 年内，开展“执法不公、群众不满”问题整顿活动。建立排查问题整顿底账，排查梳理各类问题185件；整改结案145件；制定《办理醉驾案件流程图》《查处涉酒涉牌涉证交通违法行为“六个必须”工作规范》；开展法制培训；召开“三号行动”法制保障专项培训会，制作《朝阳支队“三号行动”法制保障手册》；召开法制员工作例会，组织法制警长参与案卷审核，并逐案制作《案卷审核报告》。接待群众行政复议425起，正式立案16起。行政诉讼案件出庭应诉6次。审理行政拘留案卷451宗、危险驾驶刑事案卷251宗、一般程序行政处罚案卷498宗、重大事故案卷161宗、一般事故案卷183宗。

（吴晓萌）

军　事

人民武装

【概况】 中国人民解放军北京市朝阳区人民武装部（简称区武装部），负责朝阳区军事工作，受北京卫戍区和朝阳区委、区政府双重领导，是朝阳区委的军事部门和朝阳区政府的兵役机关。年内，围绕建设“特别忠诚、特别过硬、特别稳定”卫戍警卫部队的总体目标，加强党委班子和干部队伍建设，提高民兵队伍应急、应战能力，完成上级赋予的各项工作任务。学习贯彻习近平主席系列讲话和中共十八届四中全会精神，参加卫戍区四个专题理论学习和团以上领导干部理论集训，按照“五步法”要求落实理论学习制度，开展“牢记强军目标，献身强军实践”主题教育，深化“警卫战士忠于党”系统教育，开展“依据强军目标兴部育人”工作。开展形势政策、反腐倡廉、支持拥护改革和严守政治纪律教育。组织学习、检查反思，彻底肃清徐才厚案件影响，组织3次集中学习教育，清理“涉徐才厚”资料1000余份，封存362份。完成378名军队转业干部和562名退伍士兵的预备役登记工作。利用“区校联盟”和微信平台发布征兵工作信息，解答问题。完成490名男兵和72名女兵征集任务。投入1960万元为驻区11支部队绿化营区、道路翻修和营区改建等。

地址：亮马桥路34号

电话：53201300

邮编：100125

（赵云华　李玉国）

【党的群众路线教育实践活动】 2月至12月，开展党的群众路线教育实践活动。3月至6月，通过内部互评、对上征求、对下听取、同向交流5个层面听取意见建议。分组到43个街乡开展调查研究、听取意见建议，收集化建议90余条。组织驻区14所高校专武干部集中座谈。制定部机关《日常办公与生活制度规定》。结合征兵工作，制订《朝阳区征兵工作廉政建设措施》。在集体交心和查摆问题基础上，形成《党委班子会前解决问题情况报告》《部党委改进作风情况报告》。期间，形成党委专题报告6份，制定管理规定5项，整改问题9个，清理不合理住房2套，上交超标公务用车2辆，为9名官兵职工解决安置房。公务接待支出和行政消耗性开支，同比压缩90%和60%。

（赵云华　李玉国）

【民兵军事训练】 4月9日至11日　在区国防后备力量训练基地开展专武干部业务培训。43个街乡武装部部长、干事78人参加。邀请北京卫戍区司令部动员处处长李成祥、参谋田俊，北京航空航天大学教授李杰做“系统掌握基层民兵工作特点规律，学会抓好民兵工作方法”“结合征兵时间调整，研究夏秋季征兵新特点，增强工作针对性，提高兵员征集质量”“了解我国周边安全形势，强化国防意识，促进国防后备力量建设水平”专题辅导讲座。学习专职人民武装干部相关规定；传达北京军区关于民兵工作文件精神；观看天津市民兵应急分队建设录像片；交流民兵整组、军事训练和征兵工作。针对维稳处突任务，开展多项专业训练演练。采取集中与分散相结合的方法，组织民兵应急分队抢险救灾行动课目训练。在卫戍区组织的两次人武部机关基础训练考核中，区武装部副部长黄丙起总评成绩位居人武系统第三名。

（赵云华　李玉国）

【战备工作】 7月8日，北京卫戍区对朝阳区民兵应急分队进行检验性实兵、实装拉动。由高碑店乡、东风乡、平房乡和八里庄街道100名民兵组成应急分队，携带防暴器材在规定时间内到达集结地域。年内，完成“两节”、全国“两会”、“6·4”、国庆、APEC会议等敏感期战备值班和保障任务。

（赵云华　李玉国）

【防汛演练】 7月，组织民兵200人在坝河进行两次防汛实地演练。年内，调整民兵和驻区部队防汛指挥部领导成员、召开防汛工作部署会，组织防汛演练。

（赵云华　李玉国）

【国防教育】 8月31日　组织全区处级以上干部近200人参加国防教育实践活动，开展“军事日”活动。全年，10余家企业、100余所大中小学校与驻区部队开展国防教育实践活动。全年组织全区各级领导干部开展国防教育活动130次；举办国防教育讲座152场次。

（赵云华　李玉国）

【民兵整组】 年内，完成应急、支援、储备“三种队伍”编组工作。民兵队伍专业对口率76%，退伍军人比例83%，民兵高中以上文化占89%，高科技人才占20%。

（赵云华　李玉国）

【民兵应急分队建设】 年内，以“整合区域资源，编实建强队伍，趟开民兵应急队伍建设新路子”为目标，在4个街乡试点建立50人“常态化民兵应急分队”。应急分队的教育管理和训练由基层人武部专职副部长负责，构建数量规模适度、组织结构合理、人员稳定可靠、装备器材配套、通联畅通高效、活动开展经常、适应任务需求的常态化应急队伍。在新入队基干民兵、女民兵高炮分队、民兵应急分队等不同岗位开展个性化军事技能训练，增加集训频次。

（赵云华　李玉国）

【武器装备管理】 年内，加强装备器材维护管理，完成武器弹药清理清查。完成装备换季保养，清整应急分队配发的装备器材，建立出入库登记制度。

（赵云华　李玉国）

【重要时期民兵执勤】 年内，完成全国“两会”、“七五”、国庆及APEC会议期间重要时期民兵执勤工作。期间，实行全时督导，组织民兵全时段、全天候上岗值勤，加强与公安、武警等系统的协同。

（赵云华　李玉国）

【办公环境安全保密】 年内，重新修订完善各项安全保密规章制度，层层签订安全管理责任书。在集中文印室安装室内视频监控、红外报警系统、手机信号干扰系统、指纹门禁系统、网络集中打印系统、网络打印机、网络复印机、保密粉碎机、“三铁一器”（铁门、铁窗、铁锁、报警器）。制发工作人员唯一打印卡号，实行刷卡打印及电子登记，刷卡复印及电子登记。在文电传输中心安装“三铁一器”、指纹门禁系统、室内视频监控红外报警系统、文电传输打印系统、指纹登录打印系统。在保密室安装视频监控红外报警系统、手机信号干扰系统、文件档案集中存储系统。

（赵云华　李玉国）

【民兵政治思想教育】 年内，下发民兵政治思想教育教材和民兵之歌。开展学刊、用刊活动，进行职能任务、形势政策、爱国主义、遵纪守法及相信科学、破除迷信等教育。全区订阅《中国民兵》《华北民兵》《国防》《环球军事》《中国国防报》等报刊1200份。订阅至所有民兵连。在报纸、杂志、电台、电视台刊稿50余篇。

（赵云华　李玉国）

【政策落实】 年内，继续落实对区入伍义务兵家属每年享受不低于2.5万元优抚金待遇，并鼓励有能力街乡上不封顶，全区义务兵优待金落实率100%。退役士兵安置不允许任何单位以任何理由拒绝接收，向事业单位安置进藏退役士兵22人，安置上年度退役士兵100人。全区接收安置驻区部队随军家属85人，为111人发放一次性自谋职业补助金333万元；接收安置军转干部320人，其中团职干部85人；接收安置军队离退休干部206人。处理涉军涉法问题9起。

（赵云华　李玉国）

人民防空

【概况】 北京市朝阳区民防局（简称区民防局），是区政府所属正处级行政机关、区国防动员委员会常设机构。机关设4个科室，下设3个规范管理事业单位（人防工程管理所、人防工程综合服务中心和防空防灾通信指挥中心）。年内，区民防局落实市、区工作部署，开展党的群众路线教育实践活动、“京盾——2014”人民防空袭演习和人防工程清理整治工作。全年规划设计人防工程109处、建筑面积56万平方米。上半年，新建认可工程57处，建筑面积约22万平方米，使用面积16万平方米。下半年，取消人防竣工认可，增设区县民防局人防工程竣工验收备案行政许可事项，区民防局竣工备案52处，建筑面积约24万平方米，使用面积约18万平方米，其中竣工备案汽车库工程45处，建筑面积37.8万平方米，设10817个车位。在民防网站上传文字信息280条、图片353张、知识信息150条，增加链接56个。区民防局被国家人民防空办公室评为2014年度《中国人民防空》通讯报道先进单位。

地址：甜水园东街7号院
电话：65851275
邮编：100026
电子邮箱：mfj306@126.com

（邱云波）

【民防宣传】 2月28日，在朝阳区公园南门结合"国际民防日" 开展以"民防与社会的安全文化"为主题的防空防灾公共安全知识宣传活动。3月31日，市民防局结合第19个"全国中小学安全教育日"，在区红领巾公园组织北池子小学、雍和宫小学数百名师生，开展"绘出五彩安全心"主题活动。5月12日，在全国第六个"防灾减灾日"之际，在甘露园社区开展防灾减灾公共安全知识 "进社区"宣传活动。全年发放防灾知识扑克牌等宣传品1万余份，1200余人接受防灾减灾安全知识教育。免费向社会开放各街乡民防应急指挥宣教中心，接待参观3.36万人次，培训3260人次。

（邱云波）

【党的群众路线教育实践活动】 2月至12月，区民防局以"为民 务实 清廉"为主要内容开展党的群众路线教育实践活动。按照"深、准、严、实"的要求，完成"学习教育、听取意见""查摆问题、开展批评""整改落实、建章立制"三个环节各项工作。期间，观看《杨善洲》《"四风"警示录》等影片和录像，开展上党课和廉政教育活动。开展谈心谈话76人次，完成"一岗双责"季度报告61份。征求意见建议141条，确定各类问题113条。梳理规章制度45项。与活动前相比，会议经费减少96.5%，出国经费下降100%，公文减少37%。

（邱云波）

【党组织建设】 5月30日，成立民防局（地震局）党总支。下设6个支部，成立8个党小组。制定完善党支部换届选举、基层党组织生活、基层党务公开、党员思想状况分析等8项制度。

（邱云波）

【人防工程清理整治】 7月8日，会同八里庄街道办事处，对甘露西园1、2号楼人防工程违法使用进行联合执法。7月14日，联合来广营地区办事处武装部、派出所、巡防队等150余人，整治汤立路201号人防汽车库。10月27日，联合东风地区办事处、派出所等部门60余人，对南十里居17号、18号楼2处违法使用人防工程进行联合执法。全年关停人防工程127处，清空居住人员9062人，拆除房间1540间。

（邱云波）

【领导调研】 8月6日，市民防局到区专题调研《北京市民防局宣传教育基地发展规划研究》课题撰写情况，实地察看位于八里庄和望京的人防宣教中心。12月11日，市民防局工程管理处领导到区检查人防工程维护维修工作。对区民防局通过公开招标方式选择专业队伍、采用"两会两审四步验"（两会是一审、结算审各上一次会；两审是一审和结算审；四步验是施工单位直验、监理单位预验、三方合验和审计抽验）工作机制，确保工程质量和规范使用市局下拨专项资金等工作给予肯定。

（邱云波）

【人民防空袭演习】 9月20日，北京市组织实施"京盾—2014"人民防空袭演习。朝阳区承担指挥所开设、筹划人民防空袭行动和自救互救组织与实施3个科目的相关工作。

（邱云波）

【人防工程安全管理】 年内，发挥各管理分所、街乡人防协管员和人防志愿服务者作用，开展经常性安全检查。采用"一卡式"控电措施，从技术上防止人防工程擅自使用、违法使用等行为。制订《人防工程防汛预案》《区民防局亚太经合组织领导人非正式会议安全保障方案》等应急预案。全区发现人防工程安全隐患1987处，现场改正882处，责令限期改正1105处。

（邱云波）

【公益服务】 年内，审批人防汽车库工程53处，新增停车位11141个。在甘露园南里建成1处文化娱乐活动中心。

（邱云波）

【防灾减灾演练及应急救援】 年内，在将台地区丽都社区组织民防应急救援队及200余名社区居民开展应急救援演练。参加市民防局组织的指挥通信车跨区拉动演练，重点演练不同地区和环境下的通信组织、集结开进、枢纽开设等科目。参与广渠路大郊亭桥东200米主路路面塌陷应急保障任务，完成现场视频画面同步传输。组织应急救援科目分项训练，局机关、区民防志愿者队伍、民众永安技术中心等部门90人参加训练。

（邱云波）

【早期人防工程维护维修】 年内，完成上年第四季度启动的81处维护维修工程收尾工作，包括战时设备设施维修51处、防水堵漏施工30处。完成朝外、大屯街道基层指挥所工程渗漏修护。完成2008年竣工的117处人防工程战时设备设施维护维修、11处人防工程防水堵漏施工验收及审计结算。

（邱云波）

【教育培训】 年内，联合市民防局"平安生活讲师团"，到望京、八里庄、常营、高碑店等街道（地区）开展巡讲活动，讲解"现代空袭与人民防空""反恐应急措施""紧急救援与紧急救护"等基础知识，700人参加了活动。在区委党校举办"灾害与应急管理"培训班，区青年管理干部学员班和区委党校60余人参加培训。

（邱云波）

【民防行政执法】 年内，检查人防工程24578处（次），下发各类检查和整改通知书14000余份，立案处罚151起，收缴罚金91.26万元。办理行政许可手续445件，其中延期许可190件、不予许可55件。在市民防局组织的全市民防系统行政处罚案卷评查中，区民防局3本行政处罚案卷被评为优秀。

（邱云波）

产业　商贸　旅游

工　业

【概况】 年内，全区实现地区生产总值4337.3亿元。其中第一产业实现增加值1.4亿元，同比增长0.6%；第二产业实现增加值346.6亿元，同比增长2.1%，其中工业实现增加值306亿元；第三产业实现增加值3989.3亿元，同比增长8.1%。三次产业结构为0.03∶7.99∶91.98。在生产线外迁、节能降耗等限制因素的影响下，全区工业增速持续回落。294家规模以上工业企业实现工业总产值1006.8亿元，同比下降4.5%。6大支柱行业实现工业总产值742.5亿元，占全区规模以上工业总产值的73.7%。产值排名前三位的分别为煤炭开采和洗选业，开采辅助活动，电力、热力生产和供应业。86家高技术制造业企业实现工业总产值180.5亿元，同比增长4.3%，占全区工业总产值的17.9%。

（陈　珊）

【产业发展】 年内，地区工业涉及31个行业。6大支柱行业实现工业总产值742.5亿元，占全区规模以上工业总产值的73.7%。其中煤炭开采和洗选业，开采辅助活动，电力热力生产和供应业，计算机、通信和其他电子设备制造业，医药制造业，电气机械和器材制造业，分别实现工业总产值227.8亿元、152.9亿元、147.9亿元、73.2亿元、72.7亿元、68亿元。

（陈　珊）

【产业结构调整】 年内，制定《优化城市功能、加快产业转型升级工作方案》，执行市新增产业禁止和限制目录，严把新增产业准入关，调整各类低级次产业退出。拆除清退四元桥汽配城等有形市场35家，清退废品回收场站11个，拆除出租大院62个，退出高污染企业28家。构建“高精尖”经济结构。新引进总部企业20家，跨国公司总部达到107家。实现现代服务业占区级收入总量的60%。商务服务业稳步发展，实现营业收入增长10%。金融业对全区财政收入增长的贡献达到18.4%。文化创意产业实现营业收入占全市22%。推进重点领域改革，实行“先照后证”“一口受理、多证联办”审批服务，取消47个区级行政审批事项，压缩125个事项审批时限，公布投资项目审批事项清单，制定促进中小企业发展指导意见，成立中小企业服务中心，创新中小企业集合信托等融资方式，加大对中小企业的支持力度。

（陈　珊）

【企业固定资产投资】 年内，核准、备案工业及软件类企业固定资产投资项目71个，项目涉及电子信息、通信设备、医药、电力热力、非金属制造等行业；建设内容涉及企业生产线技术改造、企业信息化服务平台开发建设、企业技术中心创新能力建设、小企业创业基地建设等方面，总投资额为52.98 亿元。

（陈　珊）

【企业节能减排】 年内，开展区域内工业企业节能减排工作。成立空气重污染应急工作领导协调小组，加大工业企业污染控制力度。在空气重污染日，启动区空气重污染应急预案，对大气污染物排放重点工业企业实施停限产措施。对区域内重点燃煤工业企业采取关停、清洁能源改造、整体搬迁等方式，削减燃煤约1.29万吨，完成市级以上开发区外工业企业压减燃煤指标。梳理重点工业污染企业，建立工业污染企业退出工作体系，定期入户跟踪重点工业污染企业，开展退出工作。年内，完成28家工业污染企业淘汰退出任务。

（陈　珊）

【企业减负】 年内，全区落实各项惠企政策。享受小型微利企业税收优惠政策企业36140户，直接减免税款5126.7万元。落实中小企业专项支持金额1904.54万元，惠及企业78家；落实促进企业上市引导资金1250万元，惠及企业20家。精简办税流程，简化个体工商户注销税务登记、增值税专用发票审批、审核审批出口退税等办理流程。加快服务网点建设方便参保单位，新开设双井、三间房等6个劳动保障服务中心，办理社保业务13.8万件，占社保中心业务总量的四分之一。

（陈　珊）

高新技术产业

【产业促进工作专题会】 1月27日，朝阳区产业促进领导小组召开产业促进工作专题会。明确2014年工作重点：一是完善产业促进领导小组工作机制和管理流程，加强区级层面产业促进工作的统筹调度，简化项目申报、决策流程。二是完善产业促进政策及专项资金管理工作，加紧调整出台产业促进相关政策，明确各环节时间节点，提高资金安排效率，提高贷款贴息在产业资金安排结构的比重。三是围绕重点产业发展三年行动计划各项任务目标，梳理重点引进的企业（项目）名单，认真做好重点企业走访工作，加大力度谋划产业发展。

（王秀程）

【重点产业发展专项资金分配】 年内，安排金融产业、总部经济及服务业、高新技术产业（信息服务业方向）、农村地区产业、中小企业等5大类专项资金1.48亿元，支持项目（企业）153个。

（王秀程）

【区产业转型升级领导小组调整】 年内，“北京市朝阳区产业促进领导小组与北京市朝阳区促进产业转型升级领导小组”调整为“北京市朝阳区产业转型升级领导小组”。承担统筹全区产业发展促进工作和产业转型升级工作及政策落实任务。

（王秀程）

商务 现代服务业

【概况】 朝阳区商务委是负责全区内外贸易、对外经济合作和现代服务业发展的区政府工作部门，挂北京市朝阳区人民政府口岸办公室（简称区口岸办）牌子。年内，区商务委积极适应经济发展“新常态”，进一步发挥和强化国际化优势，促进国际交往和区域合作，统筹推进消费市场、开放型经济、服务业发展，推动商务经济提质增效。年内，实际利用外资39亿美元，同比增长14.0%，占全市总量的43.1%；合同外资金额267.5亿美元，同比增长569.6%；全区新批千万美元以上项目27个，累计合同外资金额232.98亿美元；存量企业增资势头不减，合同外资增资千万美元以上的企业48家，合同外资增资金额28.70亿美元。完成进出口总额1868.7亿美元，同比上升6.1%，占全市总量的44.95%；其中进口完成1700.6亿美元，同比上升5.5%，占全市总量的48.12%；出口完成168.1亿美元，同比增长12.7%，占全市总量的26.96%。三项指标均居全市第一。

地址：日坛北街33号

电话：65099185

邮编：100020

网址：http://sww.bjchy.gov.cn

（张维民）

【市重点总部企业入选】 2月26日，《北京市重点总部企业名录》发布，朝阳区入选总量居首。经企业自主申报、市总部经济联席会议办公室审核，市首批重点总部企业名录正式确认，首批有356家各类型总部企业（中央及国有133家，外资139家，民营81家，其他3家）入选。其中朝阳区80家企业入选，占全市22.5%，居全市首位。按入选企业的所有权划分，区拥有外资企业62家，占全市的44.6%，居全市首位。

（张维民）

【2014朝阳时尚消费节】 4月17日，由区商务委主办的2014朝阳时尚消费节在爱琴海购物中心开幕。4月17日至4月25日为消费节活动启动周，消费节持续到年底。期间，除在爱琴海购物中心等商业企业、商圈举办启动周活动外，还陆续开展“凤凰汇台湾生活用品展销会”“华贸中心精彩五月”“北辰购物中心五一欢乐购”“华膳园明媚五月，浪漫满园”“德万隆北京中汽南方路虎发现之旅”“蓝色港湾餐桌上的复活节”等系列活动。旨在丰富市场供应，促进区域消费。

（张维民）

【京交会分销服务板块筹备运营】 5月28日至6月1日，第三届中国（北京）国际服务贸易交易会（简称京交会）在国家会议中心举办。朝阳区负责京交会分销服务板块具体筹备运营工作。期间，组织34场推介和46项签约活动。板块内有200余家企业与来自40余个国家的企业、国际组织以及商协会开展项目对接与洽谈活动，实现签约额1208亿元，比上届增长15.3%，占京交会签约总额的23.5%；集中展示朝阳区重点功能区、总部经济、服务业和服务贸易等优势资源，加快区域服务业开放发展步伐；举办3场新闻发布会和2次集中采访活动。邀请中央、市、区各层面媒体40余家，媒体报道及重要网络转载超300篇次，提升朝阳区服务贸易、服务业发展在全国和国际上影响力。

（张维民）

【朝阳国际美食文化节】 6月20日，2014朝阳国际美食文化节在“爱琴海”购物中心广场开幕。促销活动持续到10月。期间，在爱琴海购物中心、蓝色港湾、凤凰汇、悠唐等重点商区设立分会场，开展足球之夜、啤酒节等不同形式、不同内容的促销活动和主题活动。朝阳国际美食文化节现为第九届。

（张维民）

【经贸合作交流】 年内，与国际组织和国际商会建立长效合作机制，深化经贸交流合作。开展捷克、罗马尼亚等国家专场对接会等交流活动；组织企业参与“中加贸易洽谈会”，促进两国企业双向投资；召开中美绿色技术专场对接会，由洛杉矶绿色科技孵化园相关企业与区绿色环保科技类企业开展专业项目洽谈对接。加强区域交流合作，与江西等12家各省驻京办加强联系，共享资源形成优势互补。组织区内总部企业参加朝阳与贵阳深化合作恳谈会，创新探索“总部在朝阳，基地在贵阳”发展模式，强化区域在产业分工上的主导作用。

（张维民）

【引进国际高端展会】 年内，区域国际高端会展资源加速聚集，全区有国际展览联盟（UFI）会员20家，占全市的74%；国际大会及会议协会（ICCA）会员9家，占全市的81%；年内引进包括第26届国际医疗仪器设备展览会、2014中国国际云计算技术和应用展览会等在内的国际高端展会55个。区商务委帮助会展企业申报市区各项鼓励政策，协助区16个国际展会申报入围2014年引导支持品牌展会目录，占全市的43%；组织多家主办方申报北京市商业会展业发展项目；支持区内重点会展场馆企业升级改造，促进朝阳区会展产业发展环境持续优化。京交会期间，区政府领导牵头并协调相关部门，从场地保障、搭建施工、招商招展、媒体宣传等环节提供支持，确保会议顺利举办。

（张维民）

【总部经济发展引导】 年内，引导鼓励总部企业提升能级。根据企业意愿和条件成熟度，有针对性地鼓励和引导符合条件的公司认定为地区总部。为驻区总部企业，特别是跨国公司地区总部做好相关服务保障工作，引导企业落户并逐步形成规模化和实体化的发展。新引进北京京奥港能源股份有限公司、中科海联环保产业有限公司等20家总部企业；在既有总部经济集聚优势基础上，提升总部能级，协助凤凰新媒体、利洁时、乐天超市、浦项建设等6家总部企业提升成为跨国公司地区总部。全年朝阳区认定跨国公司地区总部107家，占全市总量的70%。

（张维民）

【市场功能疏解】 年内，完成18个有形市场疏解工作。涉及11个街道，占地面积20万平方米，5319个摊位，1.5万从业人员。完成全年任务目标。

（张维民）

【促进消费】 年内，在消费增长整体放缓的大背景下，通过完善工作机制，实施促消费政策，鼓励支持网络购物等新型业态发展，搭建促消费活动平台，发挥商业设施对时尚消费的承载作用，促进区域消费增长。全区年内实现社会消费品零售额2079.8亿元，同比增长6.0%，占全市的比重为22.9%，总量居全市首位。

（张维民）

【扶持电子商务企业】 年内，加大对电子商务的政策引导，制定出台《朝阳区促进电子商务发展的若干意见》。加快电商企业引入，引进迪信通电子商务、挖酒网、和信电子商务等8家电商企业。为电商企业搭建服务平台，组织辖区企业参加2014第五届中国电子商务博览会，促进电商企业交流沟通，在博览会评选活动中，亚马逊中国第三方平台被评为2013—2014年度最佳中国电商创新成长奖，致力于电商培训的北京网商动力教育科技有限公司被评为2013-2014年度最佳电子商务培训企业。

（张维民）

【蔬菜流通模式改进】 年内，推广以直营直供为主的蔬菜流通新模式。引导企业深化“农超对接”“农餐对接”“农社对接”等蔬菜流通新模式。年内，新建、改造各类蔬菜零售终端47家，其中建设直营直供蔬菜零售终端19家，进一步满足百姓日常生活需求。

（张维民）

朝阳副食品总公司

【概况】 北京市朝阳副食品总公司是朝阳区国资委直接监管的国有企业。主要承担国有资产保值增值、离退休人员及内部退休、待岗人员的管理工作，负责北京市中良实业总公司（区粮食局）的全面委托管理工作。持有北京京客隆商业集团股份有限公司股份1.67亿股，占其总股本的40.61%；对北京市腾远兴业汽车服务有限公司投资3280万元，占其总资本的82%；对北京富安小额贷款有限公司投资5960万元，占其总资本的18.01%。年内，全年实现收入3.07亿元，同比增长15%；资产总额8.53亿元，同比增长17%；净资产总额5.19亿元，上缴税费1775万元，上缴国有资本收益328万元。发展党员4名，5名预备党员按期转正。

地址：姚家园路石佛营101号

电话：65867726

邮编：100025

邮箱：cfbgsh@126.com

（张文星）

【领导调整】 2月18日，区国资委任命赵燕川为公司党委书记、副经理，试用期1年。3月7日，免去顾汉林北京京客隆商业集团股份有限公司董事职务，委派公司总经理、党委副书记王伟林为北京京客隆商业集团股份有限公司董事。5月22日，区国资委批复同意公司副经理康钧兼任北京富安小额贷款有限公司董事长，党委副书记周肆萍兼任该公司监事会主席；公司党委任命财审部主任邓爱青兼任该公司董事。5月22日，区国资委批复同意公司副经理胡超英兼任北京市腾远兴业汽车服务有限公司董事长，党委副书记周肆萍兼任北京市腾远兴业汽车服务有限公司董事。11月19日，区国资委党委决定续聘康钧为公司副经理，聘期3年。

（张文星）

【支持小额贷款公司发展】 年内，作为北京富安小额贷款有限公司大股东和董事长单位，发挥主导作用，规范公司运营，严控贷款风险，提高效益。小贷公司全年实现小额贷款利息收入8931万元，实现利润总额6598万元。

（张文星）

【支持腾远公司发展】 年内，支持投资企业北京市腾远兴业汽车服务有限公司发展，开发外埠汽车市场，成立河北高碑店分公司。全年实现营业收入2.71亿元，实现利润总额1065万元。

（张文星）

【酒仙桥52号院危房合作改造】 年内，完成酒仙桥路52号院房屋危房改造主体建筑施工。

（张文星）

【商业网点出租管理】 年内，修订公司《房屋出租管理若干规定（试行）》《房屋租赁合同范本》。规范出租行为，增强经营风险防范能力，保证国有资产安全运营。

（张文星）

【办理企业补充医疗保险】 年内，出资158万元为职工办理企业补充医疗保险报销。

（张文星）

【帮扶困难职工】 年内，为待岗、内退职工每人每月上调工资160元。开展节日走访、专项帮扶、医疗救助、互助保障等各项帮扶工作，慰问职工641人次，发放慰问金29.1万元。

（张文星）

蓝岛大厦

【概况】 北京蓝岛大厦有限责任公司（简称蓝岛大厦）位于朝阳区朝外大街东大桥路口，毗邻CBD，分为东、西区，总建筑面积4.5万平方米，营业面积2.6万平方米。东、西经营区域由2、3、4层连廊贯通，东区地下1层至6层经营食品、滋补品、药品、日用品、化妆品、珠宝首饰、钟表、男女服装、运动服装、运动器材、家居用品、家用电器、典当行、裘皮羽绒类服装和美食街；西区1层至4层经营鞋帽、箱包、儿童用品、办公用品、休闲服装、内衣、针织服饰类商品。公司下辖北京通州蓝岛大厦有限公司，参股北京金隅蓝岛商业运营管理有限公司。3月7日，成立市场营销部。年内，被国家商务部授予“商贸流通业统计典型企业先进单位”荣誉称号；被北京市妇女联合会、市总工会、市人力资源和社会保障局评为“北京市‘三八’红旗集体”，化妆首饰卖场吴晓燕被授予“北京市‘三八’红旗奖章”荣誉称号；被市工商行政管理局评为“北京市著名商标”和“绿色通道示范单位”。

地址：朝外大街8号

电话：85634422

邮编：100020

网址：http://www.ldds.com.cn

（龚立卓）

【迎新春消费者联谊会】 1月8日，举办“2014年迎新春消费者联谊会”。团结湖工商所所长孙鹏、消费者代表及芳草地社区代表30余人参加活动，副总经理冯亦娜主持联谊会。

（龚立卓）

【区领导慰问】 1月27日，区委书记程连元带队到公司慰问高技能人才张桂红。

（龚立卓）

【职工代表大会召开】 2月21日，召开第四届第十三次职工（第五次会员）代表大会暨2014年工作会。董事长黄豪作《公司2014年工作报告》，党委书记王东海作《公司2014年党委工作报告》，副总经理冯亦娜通报公司2013年度财务决算和2014年财务预算报告。

（龚立卓）

【消防安全培训】 2月27日，举办新版《消费者权益保护法》培训班。邀请团结湖工商所消保科负责人周亚萍解读新版《消费者权益保护法》主要内容。6月27日，举办安全生产培训班，邀请市公安消防教育中心教员曹世斌作消防安全知识辅导培训。

（龚立卓）

【安全检查】 3月7日，由市商务委副巡视员赵立宗、安监处处长宋军、执法大队队长郭明学，以及区商务委有关工作人员组成的检查组检查公司全国“两会”期间安全维稳工作。8月1日，区委常委、常务副区长甘靖中带队检查公司安全生产工作。区安监局、区环境办、区社会办、区商务委、区总工会、区质监局、公安朝阳分局、消防支队、区城管执法局、区食药局主管领导参加检查，区国资委副主任高孟龙、朝外街道主管领导、公司领导班子成员和相关部门主任陪同检查。

（龚立卓）

【领导调整】 4月8日，聘任藏满奎为公司副总经理。7月15日，聘任冯亦娜为公司总经理。9月24日，聘任汪斌为公司副总经理。10月16日，北京通州蓝岛大厦有限公司法人代表变更为藏满奎。

（龚立卓）

【质量管理体系监督审核通过】 4月23日至24日，通过北京联合智业认证有限公司审核组对公司ISO9001质量管理体系运行情况监督审核，公司获保持认证注册资格。

（龚立卓）

【创建职工之家验收通过】 5月27日，通过区总工会对公司工会“创建职工之家”工作验收。

（龚立卓）

【便民服务】 6月19日，开展以“服务群众树形象　携手共建展风采”为主题的党员服务进社区活动。9月18日，开展以“小商品　大情义”为主题的便民服务进社区活动，服务队为社区居民提供商品咨询、血压测量、义务理发、眼镜清洗、球类打气、羊绒衫去球、皮革保养等10余项便民服务。

（龚立卓）

【职代会团组长联席会】 7月10日，召开职代会团组长联席会。讨论通过《2014年蓝岛大厦工资分配调整办法（讨论稿）》和《关于规范职工病假的管理规定（讨论稿）》。

（龚立卓）

【经营调整】 7月15日至7月31日，超市在新品引进洽商、设备采购更新、现场装修、商品落位等方面进行经营调整。引进稻香村熟食，成为稻香村熟食首家进驻的百货店，新增生鲜寿司、现磨五谷食材、安井海鲜鱼丸、圣草虫草胶囊以及500余种进口食品。10月1日，引进鼎成典当行，并在东区五层开业。

（龚立卓）

【廉政警示教育】 12月9日，区纪委组织公司领导班子成员、中层管理人员、党风廉政监督员及重点部门、重点岗位党员等100余人观看《贪欲的代价—纪海义腐败案警示录》警示教育片。

（龚立卓）

【营销活动】 年内，开展“店庆连环惠　狂欢大酬宾”“元宵佳节有奖猜谜”“美丽女人花”“蓝色聚‘惠’‘五’动人生”“幸福相约　快乐老妈”“双节总动员　乐享购不停”“感恩老爸　父爱如山”“会员年中庆超低狂欢价”“浓情七夕　低价来袭”“礼遇中秋　实惠到家”“激情国庆　超值回馈”“秋装钜献　倾情乐购”“双十一名品盛宴　积分冲刺送礼金”“神秘圣诞　礼颂平安”等系列主题促销活动。举办内购会营销活动9场。举办“新春杯”开门红促销竞赛和第十二届“舞动金秋”购物节暨“金秋杯”促销竞赛系列营销活动。

（龚立卓）

【董事会召开】 年内，召开董事会4次，审议并通过《公司2014年经理班子工作报告》《2013年度公司财务决算报告（审议稿）》《2014年公司财务预算方案（审议稿）》和《公司董事会2013年工作总结及2014年工作计划（讨论稿）》。

（龚立卓）

【工会慰问】 年内，蓝岛大厦工会组织慰问病困职工109人次，发放慰问金59502元。

（龚立卓）

京客隆集团

【概况】 北京京客隆商业集团股份有限公司（简称京客隆集团）是一家国有控股的以经营日用消费品零售及批发业务为主的香港联交所主板上市公司（股份代号：HK0814）。“京客隆”品牌创立于1994年，京客隆集团集社区购物中心、大卖场、综合超市、便利店四种零售经营业态为一体，拥有285家零售网点，营业面积32万平方米，店铺网络覆盖至北京市除房山外的15个区县及河北廊坊地区。下辖朝批商贸有限公司、欣阳通力商业设备有限公司、京客隆（廊坊）有限公司等5个控股子公司。以经营日用消费品批发业务为主的朝批商贸有限公司已形成以北京市场为核心，以饮料、油脂、调味品、酒业、日化、餐饮6个子公司为基础，以天津、青岛、石家庄、太原、唐山、济南6个外埠子公司为辐射基地，与零售业务互为依托、协同发展的格局。京客隆集团自建有常温和生鲜两个现代化配送中心，支撑零售业务的拓展。年内，引进大型商品拆零分拣线，改变传统人工作业模式，提升物流自动化作业水平和机械化程度。营业收入109亿元，实现利润1.33亿元。年底，拥有会员270万。

地址：新源街45号楼

电话：64688233

邮编：100027

网址：www.jkl.com.cn

微信号：jklfwh

（魏新颖）

【职工之家建成】 5月21日，区总工会副主席李杨、组织部部长朱京豫、职工服务中心经理陈切斌、服务业工会主席宋慧青等验收京客隆职工之家，并给予肯定。京客隆职工之家于2014年初落成，坐落于京客隆红庙北里培训中心2层，总面积100平方米，集职工娱乐、心理疏导、劳动争议调解及图书阅览等多项功能于一体，基本能够满足职工文化、娱乐活动的需要，同时也作为集团基层工会文体活动、会议和座谈活动的场所。

（魏新颖）

【微信平台开通】 6月10日，开通微信公众平台（微信号：jklfwh）。推出超市促销信息及优惠活动，拓宽便民利民的服务渠道，

（魏新颖）

【市场营销】 6月18日，举办京客隆集团二十周年司庆日。集团公司开展以“京彩二十年，感谢有你”为主题的促销活动，5日实现销售1.2亿元。年内，首次利用楼宇、卖场分众传媒等社会资源宣传京客隆品牌。

（魏新颖）

【物流配送改进】 11月6日，配送中心直配拆零商品自动分拣机正式上线，改变拆整配零传统人工作业模式，提升物流中心自动化作业水平和机械化程度。

（魏新颖）

【APEC会议期间商品供应】 11月5日至11日，在APEC会议期间，京客隆集团从安

保、商品供应、商品安全等方面准备，保证每日商品配送到各店铺，满足百姓生活需要，完成APEC会议期间的商品供应工作。

（魏新颖）

【获得荣誉】 11月23日，在参加“第四届全国商业服务业优秀店长选拔大赛”上，回龙观店店长张严、花城店店长牛莉获“优秀店长”称号，枣营路店店长刘欢被评为“零售业全国十佳店长”并代表零售业在颁奖典礼上发言，京客隆集团获“全国十佳店长获奖单位”称号。11月28日，张严和怀柔店店长吴凤和获中国连锁经营协会2014年度“CCFA金牌店长”荣誉称号。

（魏新颖）

【客户服务】 年内，引进中欣卡和得仕卡等卡类增值业务。新增北京银行满额立减活动，承接政府“老年助残卡”项目，消费金额4770万元。一卡通、拉卡拉、缴费易等便民项目交易次数超过239万笔。

（魏新颖）

【招用农村劳动力】 年内，京客隆集团招用区农村劳动力230余人，成为区唯一一家受到政策奖励的企业并被评为农村劳动力就业示范基地。

（魏新颖）

【党的群众路线教育实践活动】 年内，京客隆集团在区委第十九督导组指导下开展党的群众路线教育实践活动，认真完成学习教育听取意见、查摆问题开展批评、整改落实建章立制3个环节。期间，集团领导班子6名成员和所属3个党总支、52个党支部的832名党员全部参加教育实践活动，学习教育参与覆盖面100%。召开各类座谈会20次，征求意见建议232条；明确15项任务目标，梳理63项整改任务；制订改进作风制度工作清单，列出调整、新建制度35个。区委常委、常务副区长甘靖中作为京客隆集团党的群众路线教育实践活动上级联络人，多次到集团调研、指导工作。

（魏新颖）

【送温暖活动】 年内，开展送温暖活动。慰问一线职工、劳动模范，送去慰问金46.92万元；慰问困难职工，送去慰问金及慰问品20万元；为6766名员工健康体检，使用经费149.2万元。

（魏新颖）

弘朝伟业公司

【概况】 弘朝伟业国有资产经营有限责任公司是朝阳区政府授权的资产运营机构，对原社区办、工业局和物资局3家单位及所属企业的国有资产行使监督、运营和管理职责，并管理授权范围内的城镇集体资产。公司注册资本1000万元人民币。截至年底，资产总额25.46亿元，比上年增长25.6%；净资产8.54亿元，比上年增长27.46%；实现营业收入5.2亿元，比上年增长30.65%；利润总额877万元，比上年增长20.63%；上交税费3482万元，比上年增长92.48%。

地址：芍药居北里208、209楼底商

电话：84645512

邮编：100029

（崔庆菊）

【年度工作会召开】 1月16日，召开2014年工作会。总结2013年工作，部署2014年主要工作任务，下发《北京弘朝伟业公司2014年安全生产及安全稳定工作的意见》《信访排查调处工作考核结果》。公司机关及全系统35家单位领导班子成员100余人参加会议。

（崔庆菊）

【慰问离休干部】 1月23日，区国资委主任王春平带队走访慰问公司离休干部、新中国成立前老党员李家训，并送去慰问金和慰问品。

（崔庆菊）

【安全生产大检查】 1月28日，公司领导班子成员分别带队，对所属各单位出租房屋、餐饮、网吧、地下人防空间等人员密集场所开展安全生产大检查。检查按照“不通知被查单位、不告知具体行程安排、不听一般性工作汇报、不安排层层陪同，直奔基层、直插现场”的“四不两直”方式开展，并与基层一线安保干部组成联合检查组。检查涉及32个点位，发现安全隐患及时整改。

（崔庆菊）

【彩钢板改造和地下人防空间清退】 1月至10月，完成彩钢板改造面积22107.49平方米，地下人防空间清退23处。

（崔庆菊）

【党的群众路线教育实践活动】 2月至11月，开展党的群众路线教育实践活动。2月20日，召开党的群众路线教育实践活动动员部署大会。贯彻落实区委关于开展党的群众路线教育实践活动的要求，动员部署公司全系统深入开展党的群众路线教育实践活动。区委第二十督导组成员参加动员部署大会。弘朝伟业公司领导班子成员、监事会主席、所属36家企业党政正职领导、4家改制企业党支部书记及公司本部全体工作人员参加会议。6月5日，邀请区纪委宣教室主任王建华作题为“认清形势 廉洁从业”的专题党课讲座。9月26日，公司党委书记杨士山作题为“切实落实主体责任 筑牢反对腐败防线”的廉政党课讲座。10月23日，公司召开党的群众路线教育实践活动总结大会。区委第二十督导组全体成员、公司所属各单位党政正职、改制企业党支部书记、公司全体人员及公司督导组成员出席会议。

（崔庆菊）

【“十三五”规划部署会】 10月23日，公司召开“十三五”规划部署会。安排部署“十三五”规划编制前期准备工作。

（崔庆菊）

【党总支、党支部调整】 11月13日，经公司党委会讨论，决定调整公司所属部分党总支、党支部。经过一个多月调整，公司党委所属基层组织由7个党总支、40个党支部，调整为2个党总支、31个党支部。

（崔庆菊）

招商引资

【概况】 朝阳区投资促进局（简称区投促局）是区政府直属事业单位，机构规格相当于正处级，负责全区招商引资和投资服务工作，承担区招商引资工作领导小组办公室的日常工作；协调落实对驻区重点企业的各项服务制度；负责宣传推介本区投资发展环境和招商引资政策，承担大型招商引资和投资促进活动的组织、协调工作；负责引进重点企业及产业化项目，并对重大项目进行全程跟踪；负责本区投资促进官方网站建设，统一发布招商信息；负责区“一站式”服务工作领导小组办公室的日常工作，做好招商引资“绿色通道”管理、“全程代办”和“集中办公区”的组织协调工作。年内，引进注册资本金亿元以上，并在全区完成税务登记的重大功能性项目32家，包括中国能源建设股份有限公司（注册资本金216亿元）、中石化油品销售有限公司（注册资本金17亿元）、北京开阳东方实业有限公司（注册资本金5亿元）、华信（北京）投资基金有限公司（注册资本金5亿元）、美国爱科（中国）投资有限公司（注册资本金3000万美元）、北京南山基业航空科技发展有限公司（注册资本金1亿元，签订落户朝阳区的170亿元投资项目）。

地址：霄云路霄云里1号3层

电话：84681251

邮编：100026

网址：http://www.investchaoyang.gov.cn

（岳佳佳）

【投资促进活动】 5月，推荐5家驻区高新技术企业参加第17届中国北京国际科技产业博览会，并签约，占全市签约项目总数的50%，获最佳展示奖。8月，在中国捷克建交65周年庆典活动之际，在“中国—中东欧国家领导人会晤背景下的中捷区域合作和旅游发展”主题研讨会上，推介朝阳区的主题。9月，参加第18届中国国际投资贸易洽谈会，并举办“北京市朝阳区与闽南企业家9.8投洽会交流座谈活动”专场论坛6场，对接企业27家，达成意向性项目8个，一对一洽谈项目17个，对外发布招商引资项目10项，搜集投资项目线索17条。11月，参加第18届京港洽谈会，签下香港伟东集团和联合能源集团2个重点港资项目，吸纳投资总额56亿元人民币。12月，参加第6届投资北京洽谈会，签约南山集团北京航空科技总部基地项目、北京开阳东方实业有限公司总部项目、北京仟亿达总部建设项目及华信（北京）投资基金有限公司项目，签约项目金额200亿元，占全市总签约金额的65%。

（岳佳佳）

【服务企业】 年内，协助东亚银行（中国）有限公司、中国石油天然气集团、施耐德电气（中国）有限公司、安东石油技术（集团）有限公司、嘉隆控股集团有限公司、中俄直升机公司新设宜通（北京）投资基金管理有限公司、北京菲德尔技术有限公司、葛洲坝集团等企业解决高管子女入学、工作居住证办理、停车难、企业名称核准、选址等相关事宜，达到服务、涵养、培育税源目的。

（岳佳佳）

【走访调研】 年内，走访中能建国际工程公司、中石化集团、中石油北京天然气管道有限公司、戴姆勒集团、施耐德（中国）、宝马（中国）、西门子工厂自动化工程公司、望京SOHO、国家广告园管委会、英中贸易协会、中国韩国商会、中国瑞士商会等重点企业和商协会组织，形成联动机制，搭建信息互动平台，及时掌握企业发展动向及困难。

（岳佳佳）

【修订企业集中办公区规范管理办法】 年内，与工商朝阳分局修订《朝阳区企业集中办公区规范管理办法》。新审批4家集中办公区，在为科技创新类、文化创意类等符合北京市及朝阳区经济发展规划创业企业提供集中办公住所的同时，提供工商、税务、财务等代理服务以及创业咨询、投融资等方面增值服务。

（岳佳佳）

【宣传推介新载体建设】 年内，开通“投资朝阳”微信新公众平台，利用点对点互动交流功能，发展扩大关注粉丝数量和质量，有针对性地定制高端专业服务。8月11日，正式关停原有“投资朝阳”旧网站，新网站10月份上线启用，为投资者提供资讯信息服务平台和协作交流平台。

（岳佳佳）

文化创意产业

【概况】 朝阳区文化创意产业领导小组办公室（简称区文创办）设在区委宣传部，是朝阳区文化创意产业领导小组的下设机构，负责统筹、协调全区文化创意产业发展，日常工作由区委宣传部所属全额拨款事业单位朝阳区文化创意产业发展中心（副处级）和文化创意产业发展科具体负责。年内，区有工商注册文化创意企业53461家，其中规模以上企业2103家。全年，规模以上文化创意企业实现收入2541.1亿元，实现利润113.7亿元。实现区级收入95.1亿元，占全区比重的22.86%。文化传媒业实现收入占全区文化创意产业总收入的61.5%。

地址：日坛北街33号

电话：65099650

邮编：100020

（李　强）

【领导调研】 3月21日，市委常委、宣传部部长李伟到区调研“文化定福庄”规划发展工作。3月25日，时任副市长杨晓超到区调研“文化定福庄”工作。3月28日，时任文化部文化产业司司长刘玉珠到区调研“文化定福庄”专题工作。4月2日，中央第二巡回督导组组长、全国政协常委、港澳台侨委员会副主任杨衍银和副组长王庭大一行到北京798艺术区调研。4月4日，文化部部长蔡武到区调研“国家文化产业创新实验区”相关工作。4月8日，文化部副部长项兆伦到区调研“国家文化产业创新实验区”相关工作。5月13日，中央第二巡视组组长徐光春、副组长李五四带队到区考察调研，参观莱锦文化创意产业园。6月20日，政治局委员、市委书记郭金龙到北京懋隆文化产业创意园调研产业转型升级工作。11月18日，市委书记郭金龙围绕“深入贯彻落实习近平总书记视察北京重要讲话精神，加快推进首都经济创新发展”主题到洛可可设计集团调研。12月9日，北京市第二巡视组组长雷显武、副组长周秀惠带队到区调研，参观莱锦文化创意产业园、北京懋隆文化产业创意园。

（武　雯）

【文化创意产业人才校园专场招聘会】 3月26日，区文化创意产业人才校园专场招聘会在中国传媒大学举办。110家知名文化创意企业参加招聘会，提供新闻传播、广告创意、电视电影、编辑出版等专业人才岗位1500余个。

（刘蒙蒙）

【国家文化产业创新实验区建设】 7月31日，文化部正式批复同意北京市以朝阳区“北京商务中心区（CBD）—定福庄”一带为核心区建设全国首个国家级文化产业创新实验区，作为部市战略合作重要举措推动建设。推动国家层面文化产业政策在实验区内率先落地，在文化产业发展的体制机制、政策环境、市场体系、金融服务、人才培养、发展模式等方面探索改革创新，建设成为全国文化产业改革探索区、文化经济政策先行区和产业融合发展的示范区，进一步服务北京经济社会转型升级，服务京津冀区域协同发展，服务首都“全国文化中心”建设，为全国文化产业创新发展探索路径、做出示范。12月15日，国家文化产业创新实验区揭牌暨建设发展研讨会在朝阳规划艺术馆举办。时任文化部党组书记、部长蔡武，市长王安顺，文化部党组成员、部长助理刘玉珠，市委常委、宣传部部长李伟，市政府秘书长李伟等200余人出席活动，并在朝阳规划艺术馆水云间召开实验区建设发展研讨会。代表就行业指导、产业发展、政策保障、多方参与等内容座谈研讨。

（冯伟林　兰　坤）

【北京798艺术节】 9月20日至10月30日，以“艺象•时空”为主题的2014北京798艺术节在北京798艺术区举办。100余家艺术机构参展，游客100万余人次。

（丛军刚）

【区人大专题询问答复】 10月30日，区人大常委会召开第二十次会议。副区长张维刚代表区政府作《朝阳区文化创意产业发展引导专项资金管理和使用情况的报告》。完成区人大常委会关于区文创发展引导资金管理和使用情况专题询问相关工作。

（郭　琪）

【参加中国北京国际文化创意产业博览会】 12月11日至14日，第九届中国北京国际文化创意产业博览会在中国国际展览中心举办。朝阳区在主会场设立636平方米展区及15个分会场。期间，举办20场新闻发布会，组织100余个文化创意产业精品园区项目和品牌企业参展，接待社会各界群众参观30万余人次。新华社、《人民日报》、中央电视台、《北京日报》、北京电视台等媒体报道超过1500篇次。文博会组委会授予朝阳区最佳组织奖和最佳展示奖。

（李穆明）

【CBD—定福庄国际传媒产业走廊重点项目投入使用】 年内，北京CBD—定福庄国际传媒产业走廊的凤凰国际传媒中心、惠通时代广场新址一期、传媒精英总部、华腾世纪总部公园一期、二期等重点文化创意产业项目投入使用。

（杨　光）

【奥林匹克公园项目建设】 年内，奥林匹克公园项目建设取得进展。中国国学中心项目主体结构封顶，完成鸟巢文化中心项目主体施工。

（冯　芳）

【获市文化创新发展专项资金支持】 年内，区54个重点文创项目获市文化创新发展专项资金支持，支持资金总额7159万元。其中奖励类项目47个，支持资金6349万元；贷款贴息类项目6个，支持资金651万元；补助类项目1个，支持资金159万元。

（赵建杰）

【文化创意产业人才建设】 年内，区文化创意产业领域22家单位、个人获“凤凰计划”认定和资助。其中狮凰文化总经理陈志恒等3人获“朝阳区海外高层次人才（创业类）”称号；怡丰联合副总裁李亚获“朝阳区海外高层次人才（工作类）”称号；英普文化传媒获“初创企业资助”；蓝色光标等4家单位15人获“引进海外人才单位资助”；新比士康董事、总经理陈炯铿等2人获“中介机构引进人才资助”。经评选，怡丰联合副总裁李亚、信诺传播董事长曹秀华获“朝阳区商务人才”称号；洛可可设计公司董事长贾伟、掌中浩阅科技有限公司总裁张凌云获“朝阳区创新人才”称号；四分律（北京）文化传播有限公司总裁张琳获“朝阳区青年人才”称号。协调解决航美传媒集团等19家文化创意企业38个优秀应届硕士毕业生落户北京问题。

（贝斯斯）

【引进文化企业】 年内，引进凤凰飞扬（北京）新媒体信息技术有限公司、央视创造传媒有限公司等63家注册资金5000万以上的文化企业落户朝阳区。

（何金翰）

798艺术区

【概况】 北京798艺术区管理委员会为朝阳区政府派出机构，负责798艺术区综合协调、监督管理、产业促进和接待服务等工作；对艺术区实行统一规划、统一管理、统一服务和统一推介，优化周边交通环境和园区内公共服务设施，建立长效统一管理和统一联动机制。内设综合协调办公室、警务工作站、文化执法分队、安全生产和城市管理办公室、服务保障办公室。年内，联合各部门，充分调动园区艺术机构、艺术家的积极性，以打造“798品牌”系列活动的思路和构想，为园区艺术家、艺术机构搭建多元化交流平台。通过参加中国（北京）国际服务贸易交易会、在境外举办艺术展等措施，促进园区文化创意产业发展，扩大国际影响力。全年园区艺术机构交易量增长20%，接待中外政要、商务、社团代表团1638批次。

地址：酒仙桥路2号院A04楼

电话：57626177

邮编：100015

网址：http://798.bjchy.gov.cn

（李　昕）

【参观调研】 1月24日，法国国民议会议长克洛德• 巴尔托洛一行到798艺术区参观访问，代表团一行参观由法籍华人程昕东创办的程昕东国际当代艺术空间、尤伦斯当代艺术中心、法国HDM画廊。3月19日，爱尔兰公共支出与改革部部长布兰登 •郝林、爱尔兰驻华大使康宝乐一行到访798艺术区，参观尤伦斯当代艺术中心、亚洲艺术中心等园区代表性艺术机构，重点参观在三匚创意汇展出的“2014爱尔兰文化节艺术展”，并与798艺术区管委会常务副主任张国华及三匚创意汇负责人交流。4月2日，中央相关部门领导在市委副秘书长傅华、区领导程连元、谢莹、张革、刘军胜等陪同下到798艺术区调研，区委常委、宣传部部长、统战部部长谢莹介绍朝阳区文创产业的发展情况，重点介绍798艺术区的成长与发展，傅华一行参观尤伦斯当代艺术中心、桥空间、798老工厂、朝鲜万寿台创作社美术馆等园区机构，并与园区艺术家互动和交流。5月14日，市文资办主任周茂非带领文资办投融资处、产业处及综合处等相关人员到798艺术区调研园区文化创意产业发展情况。5月21日，市科委委员张虹一行到798艺术区调研园区科技文化融合情况，区科委主任冯守华陪同调研。6月28日，中国国民党副主席、台北市市长郝龙斌一行到访798艺术区。座谈参观后，郝龙斌接受798艺术区管委会赠送的“2012年北京798印象赴台艺术展”纪念照片。7月18日，重庆市委常委、宣传部部长燕平一行参观考察北京798艺术区，市委宣传部副部长张森陪同考察。7月24日，国家知识产权局副局长杨铁军一行到798艺术区调研园区文创产品研发和知识产权保护情况。市知识产权局局长汪洪，副区长汪洋、区知识产权局局长冯守华等陪同调研。7月29日，第二届中新社会治理高层论坛20余名新加坡代表和专家学者到798艺术区参观考察。中央综治办副主任徐显明，区委副书记、政法委书记陈宏志陪同参观。7月30日，朝阳区人大专题询问组到798艺术区视察2012年至2013年朝阳区文创产业发展引导资金支持重点项目情况。798艺术区管委会常务副主任张国华介绍798艺术节及园区尤伦斯等艺术机构获园区文创产业发展引导资金支持情况，并陪同实地视察尤伦斯当代艺术中心、AAW画廊等园区机构。12月8日，爱尔兰总统希金斯携夫人及总统团队到访798艺术区。798艺术区管委会常务副主任张国华及尤伦斯美术馆负责人等陪同参观。张国华介绍798艺术区整体情况，并陪同参观尤伦斯年末大展“随遇而安”及爱尔兰工艺品展《天成》。希金斯在尤伦斯报告厅发表演讲，并引用了习近平总书记的话：“在国与国的交流中‘艺术往往走得更快’，希望中国与爱尔兰之间能够有更多的文化艺术交流，把更多爱尔兰的文化和艺术介绍到中国来。”

（李　昕）

【全国“两会”期间安全及防恐工作保障会】 3月4日，798艺术区管委会常务副主任张国华主持召开798艺术区全国“两会”期间安全及防恐工作保障会。相关文化、安监、城管、公安、国保、物业、798文化公司等部门及单位负责人参加会议。传达区委、区政府关于“3·01”事件反恐紧急会议指示和精神，部署798艺术区安全保卫及全国“两会”期间安保工作。

（季　昕）

【政策及服务宣讲会】 4月3日，798管委会面向园区艺术及设计类机构举办系列政策及服务宣讲会。邀请区科协、区外办及歌华集团相关人员讲解政策，内容为《APEC商务旅行卡的介绍、办理流程》《邀请外国人来华交流考察流程》《文化保税的核心优势与服务体系》《知识产权的介绍》及《知识产权的快速确权、维权》等，并增加了互动环节。

（季　昕）

【第二届艺术委员会会议】 4月25日，召开第二届798艺术区艺术委员会第一次会议。总结和回顾第一届委员任期内工作情况；通报798公共信息服务中心运营情况；研究讨论“798印象”当代艺术展•英国伦敦活动、2014北京798艺术节暨双年展活动方案；征求对798的大型活动、园区未来规划、存在问题等方面的意见和建议；为新一届委员颁发聘书。798艺术委员会是园区咨询智囊机构，也是园区行业自律的代表，通过园区艺术机构、艺术家推荐和园区民主选举程序产生，每两年改选一次。

（季　昕）

【参加第三届京交会】 5月28日，798艺术区受邀参加在北京国际会议中心举办的第三届中国（北京）国际服务贸易交易会文化创意版块。在300平方米798艺术区专属展区，三厂创意汇、尤伦斯当代艺术中心、白盒子艺术馆、+86创意店、朱炳仁铜雕艺术馆、798文化公司等6家798园区有代表性文创企业展出各自创意产品。

（季　昕）

【国际儿童艺术周启动】 5月31日，2014年北京798艺术区国际儿童艺术周在798艺术区艺术工厂启动。来自多家国际儿童学校、教育机构、北大第六医院孤独症康复中心的中外儿童，区教委、团区委、区妇联、区残联等部门领导和嘉宾150余人参加开幕活动。活动包括《马勺脸谱及泥泥狗学习制作》《动物家园》《版画体验创作》儿童手工创作活动、尤伦斯当代艺术中心《创意探索地带儿童节庆祝活动》、白玛梅朵艺术中心《2014“天下艺家”首都国际家庭艺术周活动》、悦美术馆《“生命的痕迹”悦.童年儿童绘画》等。白雪、新七小福成员和孙婉茹、三强等艺术家、演艺明星、模特及歌手在启动仪式上表演节目。

（季　昕）

【798文化创意产业联盟筹备会】 6月20日，798艺术区管委会组织召开798文化创意产业联盟筹备会议。文创产业联盟发起单位之一三厂公司向参会企业介绍拟成立“798文创产业联盟”原因、作用和优势，以及今后组织方式、发展方向。园区20余家文创机构负责人及代表参加会议。“798文化创意产业联盟”是经园区众多文化创意产业企业和机构倡议，为促进798艺术区文化创意产业整体繁荣和发展，发挥行业协会积极作用，经798艺术区管理委员会研究，决定搭建的平台，旨在为园区各文创企业资源共享、优势互补创造条件，促进园区产业发展。

（季　昕）

【北京798艺术节】 9月20日至10月19日，北京798艺术区举办“2014北京798艺术节”。在开幕仪式上，798艺术区管委会常务副主任张国华作为2014北京798艺术节组委会主任，介绍活动整体情况，798艺术区艺委会委员代表孙永增致辞，北京市文资办副主任龙晓雯宣布2014北京798艺术节开幕。19家园区艺术机构获2014北京798艺术节主题系列展优秀奖；园区22家艺术机构获同盟展优秀奖。5家园区艺术机构或展演团体获展演项目优秀奖，4名艺术家、专业策展人获展演项目策展人优秀奖。蜂巢当代艺术中心负责人夏季风获“北京798艺术区2014年艺术展年度贡献奖”。艺术节是第二届北京惠民文化消费季活动项目之一，历时1个月，包括19个主题展、59个同盟展、4个特别展，以及特色活动、戏剧演出、学术讲座及夜场活动等。期间，展出1万余件艺术品，吸引100万余游客，园区交易额突破10亿，比上年同期增长40%。

（季　昕）

【北京798印象中国当代艺术展开幕】 10月23日，“北京798印象中国当代艺术展”在法国波尔多法国国家海关博物馆开幕。展期为1个月。此次艺术展，是受法国波尔多市政府邀请，由北京市文资办支持，由中国国际贸易促进委员会北京市分会、北京798艺术区管理委员会联合主办。当地时间10月23日下午3时，举办题为“从中国当代艺术家视觉中看中国社会的变化北京拟给798的现状和未来”论坛。中国艺术家、相关政府部门领导和当地艺术家、艺术爱好者进行座谈交流。波尔多市4位副市长出席开幕活动。期间，法国前总理、波尔多市市长阿兰·朱佩到展览现场观看展览，并表示今后将拓宽渠道加强中法双方的文化交流。北京相关政府部门领导、798艺术区代表和波尔多市政界、艺术界及当地华侨代表200余人出席开幕活动。

（季　昕）

【798艺术区文博会分会场活动】 12月6日，以“艺尚•活力•798”为主题，在798艺术区三厂创意汇举办798艺术区文博会分会场活动。活动分三大板块，展出近万件艺术展品。这是798艺术区首次作为分会场亮相文博会。市贸促会副会长林彬宣布开幕，朝阳区委宣传部常务副部长高春利、798艺术区管委会常务副主任张国华及园区艺术机构代表出席开幕式。

（季　昕）

【赴贵阳考察交流】 12月11日至12日，应贵州省贵阳市委邀请，798艺术区相关管理部门及艺术家到贵阳市开展考察和交流活动。贵州省委常委、贵阳市委书记陈刚，贵阳市委常委、宣传部部长兰义彤，贵阳市委常委、副市长李作勋等领导接见代表团一行，并与贵阳市文创产业相关人士、艺术家代表座谈交流。实地走访“左藏三库”泛艺术区、1958文化创意产业园、中国阳明文化园等当地特色文化创意产业园区及聚集地。

（季　昕）

【参加第九届文博会扬州分会场活动】 12月12日至14日，第九届中国北京国家文化创意产业博览会扬州分会场活动在江苏省扬州市国展中心举办，北京798艺术区受邀参展。798艺术区以“北京798走进扬州”为主题，通过图文和视频形式展示园区近几年的发展情况。活动中吸引全国各地文化创意产业公司、社会团体及社会各界人士咨询和商务洽谈。市委宣传部副部长张淼、副区长王春到场指导。

（季　昕）

国有资产监督管理

【概况】 朝阳区人民政府国有资产监督管理委员会（简称区国资委）代表国家履行国有资产出资人职责。年内，监管企业资产总额638.7亿元，同比增长3.5%；净资产225.5亿元，同比增长4.2%；监管企业实现营业收入183.2亿元，与上年持平；累计实现利润5.5亿元，同比增长5.5%。

地址：日坛北街33号
电话：65099193
邮编：100020
邮箱：gzwanquan@126.com

（林春照）

【慰问困难党员、职工】 1月23日，完成困难党员、职工帮扶慰问工作。与区委组织部和慈善协会协调筹集资金23.8万元，慰问帮扶国资委系统困难党员和职工364人。6月26日，与区委组织部、区慈善协会协调，筹集资金9.6万元，慰问系统内82名优秀、困难和新中国成立前老党员。

（林春照）

【年度考核】 1月，采取书面述职述廉、民主测评、个别谈话、实地检查等方式，对系统19家企业的95名领导人员开展年度综合考核工作。对考核评定为优秀的28名企业领导人员予以奖励。

（林春照）

【国企用能统计】 1月，统计京客隆集团、朝阳公园、蓝岛大厦、机关后勤服务中心、世奥公司、朝批商贸等6家重点用能单位2013年能源消耗量工作。经统计均超额完成区发改委下达的年度节能指标。

（林春照）

【重点工作梳理】 1月，梳理系统企业2014年重点工作任务。其中涉及重点功能区项目建设、棚户区改造、市政建设、商贸流通业社区服务建设、菜篮子工程等31项、61款重点工作。

（林春照）

【专题调研】 1月，确定涉及国有企业发展规律、上市融资、分类考核、国资监管模式、党风廉政建设等9个重点调研课题，随重点工作任务分解表一并下发各科室和系统各单位。8月，与首都经济贸易大学合作开展企业人才队伍状况调研。了解和掌握企业人才队伍结构、人才工作存在问题、需求等情况，结合监管企业实际，提出加强和改进人才工作的措施建议。8月，开展区属企业领导班子及领导人员队伍建设调研分析工作。梳理企业领导班子及领导人员基本情况，分析存在的问题，提出加强企业领导班子队伍建设的措施。9月，上报区政府监管企业分类的研究报告。11月21日，上报区委《朝阳区国资委系统落实中央八项规定调研报告》。11月28日，《关于区属国有企业党组织作用发挥问题的研究与思考》调研课题获区党史课题研究二等奖，《朝阳区区属国有企业推进民主管理状况调研报告》获区党建课题二等奖，并被推荐市参评；完成分类监管调研报告《朝阳区国资委关于加强安全生产分类监管的思考》。

（林春照）

【党的群众路线教育实践活动启动】 2月20日，印发《关于做好朝阳区国资委系统党的群众路线教育实践活动的通知》。部署系统各单位群众路线教育实践活动。2月24日，召开委机关党的群众路线教育实践活动动员部署大会，全面启动党的群众路线教育实践活动。

（林春照）

【签订党风廉政建设责任书】 3月4日，签订 2014年度系统党风廉政建设责任书。监管企业签订党风廉政建设责任书2465份，机关签订党风廉政建设责任书36份。

（林春照）

【审计整改】 3月12日，在2012年度区国资委监管企业国有资产出租收益管理、使用情况专项审计调查工作的基础上，完成金朝阳公司和副食公司审计整改工作。

（林春照）

【安全生产】 4月7日，全系统安全生产标准化达标企业103家，其中市二级1家，区县三级102家。7月，区国资委组织“安全生产月”活动被市安委会评为“安全生产月”优秀组织奖。年内，国资委系统清理地下空间21处，面积2万余平方米，涉及1300余人。

（林春照）

【交流研讨】 4月15日，邀请直方律师事务所座谈交流。就信访、产权、改制、历史遗留问题等工作听取律师意见和建议。11月4日，组织昆泰集团、京客隆集团、CBD公司等8家企业负责人就“十三五”企业规划、核心竞争力、发展中存在的问题以及未来战略规划的构想、路径等与中介咨询机构研讨，梳理企业未来发展的思路。12月5日，联合研究机构，邀请上海绿地商业集团、菜市口百货及有关投资机构自由投资人，与京客隆集团、蓝岛大厦、昆泰集团等6家监管企业座谈，交流公司上市、企业改革、股权结构等热点问题，就混合所有制、电子商务等进行问答互动。

（林春照）

【企业兼职人员清理】 4月至6月，分类梳理党政领导干部在企业兼职和企业领导人员在企业兼（任）职情况，推进规范兼职工作，清理、规范不符合意见要求的7名党政机关干部、39名企业领导人员、32名企业中层管理人员的兼职情况。

（林春照）

【专题培训】 5月9日，举办“我国宏观经济形势与京津冀一体化七年展望”专题培训会。邀请北京大学经济学院教授曹和平专题授课，区属国有企业领导人员、区国资委机关干部162人参加培训。6月27日，召开监管企业国资预算项目库工作会。对国资预算管理系统中涉及项目申报、筛选等环节的操作开展培训。8月5日至7日，组织系统安全生产管理人员培训班。170人通过考试并取得北京安委会颁发的培训合格证。10月15日至16日，组织企业法律顾问制度建设培训会。邀请律师事务所、企业法律顾问围绕《民商事诉讼案件的破解与探讨》《加强企业法律风险防范促进企业健康发展》等作授课辅导和经验交流。10月20日至21日，举办系统监事会业务培训班。重点就监事会在公司治理中的地位和作用、国有企业监事会在公司治理中的职责与职权、监事会监督检查成果以及监事会制度与队伍建设等内容开展学习交流。11月18日至19日，召开系统国企改革暨产权管理工作培训会。邀请国务院国资委产权局监管处副处长王靓、市国资委产权管理处处长张利民作国企改革、国有资产评估、产权转让、产权管理制度创新及实践等内容辅导。12月8日至12日，举办系统副职后备人员及优秀中青年培训班。培训内容为营销实战、宏观经济、阳光心态塑造等。12月22日，召开系统2014年财务审计培训会。20家一级监管单位主管财务审计工作的领导和财务、审计部门经理及二级企业财务主管87人参加培训。12月24日，召开系统企业2014年度财务决算培训工作会。部署2014年度企业财务决算、2015年度财务预算及财务月报工作。

（林春照）

【警示教育】 5月23日，组织国有企业党组织书记和机关干部到区法院参加市属某国企工作人员涉嫌贪污的庭审旁听活动。以“前车之鉴敲警钟”为主题，开展反面案例警示教育。6月4日，邀请区委常委、区纪委书记宋铁建为系统党员干部作廉政专题党课讲座。20家企事业单位领导班子成员、国资委机关干部148人参加讲座。8月4日至7日，组织系统单位党员干部参观党的群众路线警示教育展览。12月19日，组织机关及系统各单位开展廉政警示教育。

（林春照）

【投资项目评估】 6月13日，区国资委项目后评价工作正式启动。委托第三方中介机构对京客隆酒仙桥固定资产投资项目、华阳安派能源股权投资项目开展后评价工作。10月，完成华阳安派能源、京客隆酒仙桥项目后评价工作。启动朝阳公园经费补贴、望京综开E8-1研发中心三期项目前咨询工作。

（林春照）

【决策制度推进会】 6月17日，召开系统贯彻落实“三重一大”决策制度推进会，20家企事业单位汇报贯彻执行“三重一大”决策制度情况；区国资委党委书记王文远就进一步贯彻落实“三重一大”决策制度提出强化责任机制、强化防控重点、强化对企业领导人员的监督管理要求。

（林春照）

【印发预算项目库管理办法】 6月23日，印发《朝阳区国资委国有资本经营预算项目库管理暂行办法》。《办法》明确企业项目申报、调整、预算支出项目的监督管理等工作内容，完善国有资本经营预算管理制度，规范预算项目管理和预算支出程序，提高预算资金的使用效益。

（林春照）

【“最美国资人”主题宣讲会】 7月1日，召开国资系统以“汇聚榜样力量 锻造国资精神”为主题的“最美国资人”先进事迹主题宣讲会。系统内各单位领导、职工代表230余人参加活动。

（林春照）

【化石营旧城区改建项目启动】 7月3日，研究并报请区政府批准，同意北京国际商务中心区开发建设有限公司与北京世纪城市房地产开发有限公司就化石营旧城区改建项目合作开发事项签订合作开发协议书。

（林春照）

【股权投资专家评审会召开】 7月25日，召开华阳安派能源股权投资专家评审会。由区国资委委托的第三方中介机构聘请行业及财务等领域专家评议华阳安派能源投资项目。

（林春照）

【土地评估核准】 8月19日，完成北京首联商业集团有限公司大兴区西红门路6号房屋及土地资产的评估核准批复工作。

（林春照）

【审计整改】 8月底，完成市审计局审计意见和建议整改工作。将国有资本经营收益和国有资本经营支出全部纳入政府国有资本经营预算，实施预算化管理。

（林春照）

【董事会成员调整】 8月，完成朝万公司、嘉事堂董事会成员调整工作。采取委托授权方式，委派周建为北京朝阳万科房地产开发有限公司董事、副董事长，王向波为北京朝阳万科房地产开发有限公司董事。建议张亮为嘉事堂药业股份有限公司董事候选人。

（林春照）

【北京京赢科技发展有限公司成立】 10月13日，同意国资中心投资成立北京京赢科技发展有限公司。该公司注册资本5000万元人民币，国资中心持股40%。

（林春照）

【股权转让核准】 11月15日，报请区政府同意，核准北京昆泰嘉业房地产开发有限公司5.03%股权转让资产评估项目。

（林春照）

【股权资产评估】 11月19日，核准金朝阳公司所属北京国朝国有资产运营有限公司所持有的北京陆港国际物流有限公司4.96%国有股权资产评估项目。

（林春照）

【股利股息代收】 12月25日，完成朝阳万科2015年国有股股利股息的代收工作。

（林春照）

【董事会工作报告制度实施办法出台】 12月，出台《朝阳区国资委建立企业董事会工作报告制度实施办法（试行）》。掌握监管企业董事会运行情况，履行监管职责。

（林春照）

【监事会监督检查报告编报制度出台】 12月，出台《朝阳区国资委监管企业监事会监督检查报告编报办法》。就年度报告、专项报告等提出要求，为监事会有效发挥监督作用、规范报送检查报告提供基本依据。

（林春照）

【财务审计】 12月，完成副食品公司小额贷项目后评价工作。依据《朝阳区关于进一步加强经济责任任中审计的意见》，完成朝阳宾馆法定代表人马德山任中经济责任审计工作。完成金朝阳公司本部审计及下属三家二级企业延伸审计。完成朝建公司及其下属乾元公司财务状况专项审计工作，为解决该公司诉讼问题、摸清资金情况、规范企业经营管理提供依据。

（林春照）

【企业人事调整】 12月，完成系统各单位领导人员及董监事调整工作。其中调整充实13个企业领导班子，调整考察企业领导人员29人，调整董事、监事成员10人。

（林春照）

旅　　游

【概况】 朝阳区旅游发展委员会（简称区旅游委）是负责全区旅游业管理的区政府工作部门。设办公室、产业促进科、行业管理科、安全生产管理科和北京旅游咨询服务中心朝阳服务站。年内，实现旅游综合收入883.3亿元，同比增长10.0%，占全市16区县的28.3%，居16区县之首。旅游接待5602万人次，占全市接待总量的14.5%。全区旅游三大核心行业——旅行社业、住宿业和旅游商业运行状况良好，旅行社业实现综合收入364.5亿元，同比增长21.3%；旅游商业实现综合收入255.6亿元，同比增长6.0%；住宿业实现综合收入151.9亿元，同比下降1.9%。年末，纳入统计住宿业单位779家，其中星级饭店109家。旅行社427家。旅游区点35家，其中A级景区18家。北京市旅游咨询服务中心朝阳服务站被评为北京市十家金牌咨询服务站之一。
地址：团结湖北五条5号
电话：65099077
邮编：100026
网址：http://chy.bjtravel.gov.cn

（李 黎）

【旅游景区导游证识别系统试用】 1月1日，市旅游委正式启动“旅游景区导游证识别系统”，区5家单位参与系统试用，分别为区旅游委、奥林匹克公园管委会和国家体育场、国家游泳中心、中国科技馆等3个景区。全年验检导游证件396张，总体使用情况良好，另外不明原因无法识别证件5张，过期证件22张，登记年审中证件32张，造假导游证件2张，对持无效证件人员第一时间提醒、警示，告知不得再次使用。

（马雪飞）

【旅游黄金周】 1月31日至2月6日，全区17家主要旅游景区（点）接待游客62.8841万人，同比下降19.62%；营业收入1891.16万元，同比下降16.86%。10月1日至10月7日，全区纳统15家旅游景区接待游客126.93万人，同比增长7.94%；实现旅游综合收入4103.69万元，同比下降15.93%。

（李宽宏）

【旅游安全生产工作培训会】 2月4日，召开“2014年朝阳区旅游安全生产工作培训会”。北京市旅游执法大队副队长王希梁、区旅游委主任兰学军、公安朝阳分局治安支队大型活动处队长、区发改委物价所副所长及全区星级饭店、A级旅游景区等旅游行业安全工作负责人等近300人参加培训会。

（秦 蕊）

【旅游投诉处理】 3月，改进12301旅游投诉热线工作体系，新线上工单处理系统正式投入使用。全年处理各类旅游投诉案件约243件。《旅游法》颁布实施后，游客维权意识逐渐增强，较上年旅游投诉量明显上升，因游客对旅游业服务标准认知程度不同，有效投诉占四分之一，投诉问题全部解决。

（刘紫东）

【咨询站等级评分】 4月初，依据《北京旅游咨询站等级划分标准》对朝阳区5家咨询站实施等级评分。此次旅游咨询站评定分数总分为450分，3A级为最高水平，需达到300分。朝阳区5家咨询站评分结果均在400分以上，等级均为3A级。

（李宽宏）

【艾滋病防治与预防宣传】 5月15日，联合区卫生局在区疾病预防控制中心举办预防艾滋病知识宣传培训会。辖区内1—5星级饭店、社会旅馆、旅行社和旅游景区负责人等200余人参加会议。区疾控中心相关科室负责人分别开展专项工作培训，区旅游委主管科室对如何落实培训工作内容提出要求，并向全区旅游企业下发7000余册《预防控制艾滋病读本》。

（孟红卫）

【旅游行业安全技能大赛】 6月，组织全区旅游企业参加市旅游委组织的2014年旅游行业第二届安全技能大赛报名及比赛。7月上旬，区代表队70人进入决赛，并获团体第一名，蝉联2014年市旅游行业第二届安全技能大赛冠军。

（秦 蕊）

【参加“北京礼物”旅游商品赛】 7月29日至9月22日，第十一届“北京礼物”旅游商品大赛征集评选工作展开。区内北京菁启元科技文化有限公司、北京鸟巢风采文化有限公司、北京大唐创想传媒文化有限公司、北京握拉菲首饰有限公司、北京安德文化发展有限公司、易成众工装饰设计有限公司等11家单位报名参赛。报送可穿戴支付手表、《鸟巢吸引》系列产品、北京灯彩之故宫主题创意宫灯、《京华梦——东奥情》印象系列旅游产品、北京风光系列——真丝拉绒围巾、景区DIY纸插灯笼、喜洋洋冰箱贴、“那会儿”——童年回忆主题钥匙扣、老北京玩具套装等产品。朝阳区获金奖1项（全市3项、其中1项空缺，占获奖总数的33.3%）、银奖3项（全市21项，占获奖总数的14.3%）、铜奖4项（全市39项，占获奖总数的10.3%）、优秀奖63项（全市261项，占获奖总数的24.1%），同时获科技主题赛区评出的文化创意奖1项（全市5项，占获奖总数的20%），区旅游委获“优秀组织奖”。

（韩力力）

【旅行社行业培训会】 9月17日，召开2014年旅行社行业培训会。邀请市旅游委质监所所长朱毅、朝阳法院法官程屹解读《中华人民共和国旅游法》《团队境内旅游合同》《团队出境旅游合同》等文明旅游规范性文件。区旅游委从旅行社设立、管理、权利义务、合同规范、旅游监督、法律责任、导游问题、旅游安全等旅行社在实际操作上经常遇到的问题着手，结合典型案例讲解《中华人民共和国旅游法》中有关旅行社条文内容。

（景翠婷）

【旅游宣传】 年内，加大与主流媒体合作宣传力度，开拓旅游市场，宣传朝阳形象。在京沪高铁每日71列、屏幕总数6896屏高铁列车上播放“北京朝阳”旅游宣传片，时长30秒，每日播出348屏次。首次利用地标性大屏幕宣传重点景区，将朝阳区最具代表性的景区、景点、景观在三里屯、潘家园古玩城、世茂工三、京信大厦、蓝岛大厦等区属地标性大屏幕上播出宣传。首次通过影院院线宣传，与区文化委合作，在其下属影院院线、放映队播放北京朝阳旅游宣传片。首次通过旅行社、文化旅游示范单位平台宣传推介朝阳城市形象。与北京电视台合作拍摄“北京朝阳”旅游形象片，选取朝阳区知名酒店、特色街区、大型商场、会议会展中心作为拍摄地点，展示区商务旅游、奥运旅游、都市休闲游。在巩固原有友好地区合作的基础上，联合重庆市云阳县、青海省海东市、山东省烟台市、河南省淅川县、美国密歇根州打造宣传共同体，继续通过各省市旅游博览会平台宣传朝阳，展示朝阳。继续提高旅游与文化、旅游与中医药养生有机融合。评选第二批2家文化旅游示范单位，开展第三批“北京中医药养生文化旅游示范基地”建设工作，与各旅行总社协调沟通，开辟中医药养生旅游产品，拓展朝阳区旅游新业态。

（韩力力）

【A级旅游景区评定】 年内，区旅游委把城市公园和郊野公园的A级旅游景区化工作纳入全年重点工作，并作为2014年改革创新工作。年初，区旅游委会同区园林绿化局、区绿指办对全区城市公园、郊野公园的整体情况进行实地踏勘、走访摸底，召开创建A级旅游景区工作会，加大对试点公园的指导力度，通过实地踏勘、专家初评、学习交流、现场指导等方式，指导各公园全面升级改造软硬件设施。8月，区旅游景区质量等级评定委员会对大望京公园、北小河公园、庆丰公园、将府公园、兴隆公园、古塔公园等6家公园，开展A级旅游景区评定验收，各公园均通过评定，并于9月28日向全市公示。

（郑雪珊 刘紫东 马雪飞）

【星级饭店复核和饭店星级评定】 年内，区旅游星级饭店评定委员会组织星级复核和评定检查组对区内碧水云天宾馆、大郊亭商务酒店、巴渝宾馆、建通鸿雁宾馆、大北宾馆、芙蓉宾馆、欣燕都建国门店等7家星级饭店开展星级复核工作，对金泰聚隆宾馆开展星级评定。在整个星级复核和评定过程中，各星评员按照《旅游饭店星级的划分与评定（GB/T14308-2010）》，检查受检饭店前厅、客房、餐饮、安保等关键部位。经检查，通过星级复核单位为巴渝宾馆、碧水云天宾馆、大郊亭国际酒店、芙蓉宾馆、欣燕都建国门店、建通鸿雁宾馆等6家；大北宾馆因企业自身原因，申请取消星级；金泰聚隆宾馆通过二星级饭店的评定。

（郑雪珊　刘紫东）

【节能服务管理】 年内，加强与重点用能单位联系，建立会商制度，突出对重点用能单位的节能服务管理。年初，向各单位征询2014年度节能指标意见，并与区发改委沟通，结合企业实际和往年指标，调整北京燕莎中心有限公司、北京亮马河大厦有限公司、名人国际大酒店有限公司、东方艺术大厦有限公司等4家单位节能指标。定期向企业了解节能工作进展情况，协助企业解决难题，确保指标任务完成。按照《朝阳区节能发展专项资金管理办法》，北京昆仑饭店有限公司、北京华贸素拉潘酒店发展有限公司节能减排项目经专家和部门评审，最终验收合格，获相应资金奖励。

（刘紫东　张昕圆）

【旅行社管理】 年内，完成旅行社服务网点备案80家，变更地址、名称或负责人25家，注销71家；完成旅行社分社备案24家，变更地址、名称或负责人6家、注销7家。发放国内游合同7000份、出境游合同15000份。

（景翠婷）

【旅游公共服务设施改造提升】 年内，完成7个旅游景区的11座旅游厕所改造升级任务，总投资298.96万元，市旅游委补助资金65万元。升级改造1372.8平方米旅游景区导览标识、景观标识、服务标识，总投资226.83万元，市旅游委补助资金116.7万元。

（马雪飞）

【旅游环境秩序整治】 年内，依据市旅游委规范整顿A级旅游景区及周边环境秩序工作方案，制定《朝阳区规范整顿A级旅游景区及周边环境秩序工作方案》。由区旅游委牵头召开旅游景区及周边环境整治专项工作会，建立环境整治基本数据台账。以欢乐谷主题公园为试点，开展景区旅游环境秩序综合治理机制研究，编制《北京欢乐谷旅游景区节假日暨大型活动旅游环境秩序综合治理工作机制》。

（秦　蕊）

【安全管理】 年内，完成各项日常安全检查任务及重大节庆活动安全生产保障任务。完成春节、国庆65周年、全国“两会”和APEC峰会等重大节假日和重大活动期间安全保障工作。参加城乡结合部地区安全生产专项整治、火灾集中排查整治行动、“一日游”市场整治、APEC会议安全生产监管等7项专项检查活动。开展“安全生产月”活动和地下空间旅馆整治行动。制定《朝阳区旅游行业火灾隐患集中排查整治行动工作方案》。对火灾隐患开展集中排查整治，检查宾馆饭店550家。制定《北京市朝阳区旅游行业安全生产风险评估标准化策划（一、二、三）》《朝阳区旅游行业应急预案标准化手册》《朝阳区旅游行业气象灾害预警信号与指南》《朝阳区旅游行业突发事件应急预案》和《朝阳区旅游行业2014年防汛工作方案》。

（秦　蕊）

农业 水务 气象

农村城市化

【概况】 北京市朝阳区农村工作委员会（简称区农委），挂北京市朝阳区动物卫生监督管理局（简称区动物卫生监管局）牌子，与中共北京市朝阳区委农村工作委员会（简称区委农工委）合署办公。区委农工委是负责朝阳区农村工作的区委派出机构，区农委是负责朝阳区农村发展和农村经济工作的区政府部门。区委农工委主要职责是贯彻执行党在农村的路线、方针、政策，市委、区委的决议、决定，研究朝阳区新农村建设、城乡一体化和农村改革发展过程中的重大问题，向区委提出报告和建议。区农委主要职责是贯彻执行国家和北京市关于新农村建设、城乡一体化、农村经济管理的方针、政策、法律、法规、规章，结合朝阳区农村实际，进行综合性调研，向区政府提出报告和建议。协调、指导和推进朝阳区农村的改革，指导农村集体经济产权制度改革，研究制定农村经济发展规划和年度计划并组织实施，组织拟订财政支农资金计划并协调相关政策的落实；协调、督促城乡一体化建设的行业（专项）规划和产业发展规划的落实；参与乡域规划调整方案的制定，协调指导农村土地开发建设工作。参与农村基础设施和公共服务设施等农村基本建设和重大项目建设的规划方案制定工作并协调督促落实。研究提出农村产业发展功能定位并指导产业结构优化升级，负责农村经济发展主导产业的培育和重点项目的引进工作。年内，农村地区实现经济收入1269亿元，同比增长7.2%；形成区级财政收入74.6亿元；农民人均纯收入26808元，同比增长9.8%。

地址：日坛北街33号
电话：65099260
邮编：100020
邮箱：cyngw（内网）

（曹　义）

【农村城市化工作会召开】 2月20日，召开2014年区社会建设和农村城市化工作会，区四套班子领导出席。区委常委、副区长陈涛作题为“抢抓机遇 转型发展 努力开创农村城市化建设新局面”的工作报告。回顾2013年工作，提出2014年工作要求与目标。区委、区政府相关部、委、办、局党政正职，各地区机关科级以上干部、村、社区书记、主任参加大会。

（曹　义）

【“三资”管理】 年内，清理规范存量合同，收回集体土地466.6公顷，增加收益1.27亿元；完成集体土地信息采集和系统标注，实现农村资源监管全覆盖；村干部经济责任审计整改完成，153个村推行预算管理；来广营、黑庄户2个乡、20个村级产权制度改革和东风乡原鬼王庵村集体资产处置基本完成。

（曹　义）

【产业结构调整】 年内，落实非首都核心功能疏解要求，整合财政资金4.3亿元，出台《促进农村地区产业结构调整升级专项资金管理办法》，关停清退武基祥和等有形市场17家，拆除废品回收场站11处、出租大院62个。

（曹　义）

【一绿地区城市化试点】 年内，来广营等6个乡成为全市城市化试点，总体方案获市政府审批通过，各乡规划调整和实施方案报送审批，项目审批工作意见和流程基本确定。腾退119万平方米，落实绿化105.4公顷，太阳宫、常营、豆各庄3个乡农民身份全部转变，拆转绿工作分别完成总任务的52%、62%和22%。

（曹　义）

【重点区域棚户区改造与环境整治】 年内，黑庄户郎辛庄等7个项目完成腾退291万平方米。定福庄等3座水厂、南水北调工程及东北热电中心区域内腾退完毕，东坝第四使馆区腾退完成。

（曹　义）

【新农村建设】 年内，东南三乡重点村安置房竣工，1.5万农民回迁入住。黄楼路通车，唐新村中路等13条道路建成。6处“三起来”工程（“三起来”即让农村“亮起来”、让农民“暖起来”、让农业资源“循环起来”）和10个村新农村基础设施建设完工，高碑店乡685户农宅完成抗震节能改造。

（曹　义）

【APEC会议环境保障】 年内，完成APEC会议期间重点区域环境保障任务。包括来广营北湖渠、崔各庄乡奶东村等节点整治任务和11个环境建设项目，治理挂账点位50处。推动73个村优质煤替代、5处“煤改电”和2个村“煤改气”试点，完成减煤换煤14万吨。

（曹　义）

【公共服务】 年内，7个乡40个村2.9万人实现转居。新办北京市第八十中学管庄分校等5所学校，道口村中心园等8所幼儿园建成开园。东坝、常营医院建设获市级批复，农村医联体服务实现全覆盖。

（曹　义）

【农村社区建设】 年内，加快提升社区服务功能。成立11个社区，建设完成7个邻里之家、30个星级服务站和23个六型社区。探索社会治理创新模式，8个村级服务站按期建成，35个社区三社一体化治理模式得到民政部肯定。

（曹　义）

【文化文明建设】 年内，建成9个文化广场和5个宣传大屏，乡级文化中心、社区文化活动室覆盖率100%。举办国庆65周年游园传统花会等群众文化活动，38个学雷锋志愿服务站和188个道德讲堂扎根乡村基层。

（曹　义）

【安全稳定】 年内，落实“以房管人、以业控人、以拆减人”综合举措，拆除违法建设342万平方米，调减流动人口28万人。开展安全生产专项治理，完成25个村庄沟渠改造和7个消防水池建设。完成11个城市管理指挥中心改造和20个村庄社区化项目建设，落实民警驻区制，可防性案件同比下降13.4%。

（曹　义）

农村经济管理

【概况】 朝阳区农村集体经济办公室是区政府农村经济管理部门，是参照公务员管理的正处级事业单位。主要负责开展朝阳区农村集体经济产权制度改革并组织实施；负责农村集体企业和集体经济组织改制的资产评估和资产归属确认；负责农村经济统计工作并对农村经济运行状况进行监测和分析；负责农村集体经济合同纠纷调解仲裁委员会办公室和农村负担监督管理领导小组办公室的日常工作；负责农村土地承包经营权流转工作并对农村土地承包合同和农村经济合同进行监督管理；负责监督、指导农村财务管理、财务公开工作，指导农村集体经济组织开展日常审计工作。年内，农村地区围绕加快农村城市化进程的中心任务，推进农村三资管理、农村产权制度改革、农经统计、政策调研等工作，农村经济管理取得积极进展，农村经济健康发展。

地址：团结湖北里9号楼

电话：85960514

邮编：100026

邮箱：chyhtk@163.com

（方学清）

【集体资产管理】 年内，推进东坝、来广营、黑庄户、豆各庄等4个乡所属41个村集体经济产权制度改革工作，其中13个村完成劳龄统计、清产核资、审计评估工作，16个村启动劳龄统计、清产核资、审计评估工作；东坝、黑庄户2个乡完成组建乡资源资产股份合作联社的前期准备工作；东风乡原鬼王菴村集体资产处置工作完成社员登记、代表选举、劳动年限统计、清产核资，集体资产分配方案经社员代表大会表决通过。完成19个乡154个村级集体经济组织集体资产产权登记年检工作。截至年底，全区农村集体资产总额704.17亿元，负债总额514.24亿元，所有者权益189.93亿元，集体净资产总额87.12亿元，土地面积23852公顷。对全区乡村所属集体企业调查摸底，调查统计表明，全区农村集体企业251家，其中乡级集体企业179家，村级集体企业72家。完成北京市为民福利金属材料厂、北京九阳实业公司等2家集体企业改制工作。

（方学清）

【集体资金管理】 年内，完成全区18个乡153个村年度预算的编审工作，2014年村级预算总额44.61亿元，预算总支出金额43.09亿元。对全区18个乡154个村的整改情况进行现场验收，检查核实金额60.38亿元，认定已整改金额39.57亿元，占65.54%。开展常规审计工作，对2013年度村级组织正常运转专项补助资金进行审计，审计表明，全区19个乡154个村专项补助资金拨付到位，未发现截留、滞留等问题。对新型集体经济组织进行审计，审计结果表明，北京华汇亚辰投资有限公司、世纪奥辰科工贸开发经济总公司、来广营乡红军营村等3家新型集体经济组织共审计资产51.36亿元，核实收入2.89亿元、利润4.09亿元。

（方学清）

【农村经济政策研究】 年内，围绕农村三资（即集体资金、集体资产和集体资源）管理重点工作，推进“1+7”政策（农村集体三资“1+7”政策体系：“1”即区政府〈关于加强农村集体资金资产资源管理的工作意见〉，“7”即集体土地和合同管理。合同联预审，在线平台建设，组建集体资产监督管理委员会，健全乡村集体经济组织，规范中介机构代理服务，三资管理考核 7个配套文件）贯彻落实，对农村三资管理、农村集体经济组织民主管理、农经队伍建设等政策进行调查研究，《关于加强管理创新提升农村集体三资管理水平的研究》课题获市农村优秀调研成果一等奖；完成《农村集体经济组织民主管理对策的研究》《农经队伍建设情况专题调研》《电子印章管理专题调研》《加强农经队伍作风建设理论研究》等政策研究。

（方学清）

【农村经济合同管理】 年内，按照联预审制度要求对合同签订进行专项检查，全区19个乡均建立合同联预审工作机构，并结合乡域实际，制定相应工作制度和方案。2014年农村地区新签、续签合同316份，其中履行联预审程序的192份，占60.8%，比上年提高28.5个百分点。通过联预审，集体收益提高，对142份履行联预审程序签订的合同统计表明，年租金10286万元，年亩均收益7.4万元，是全区农村土地平均收益的3.4倍。开展各乡合同清理规范工作，王四营、平房等9个乡清理规范调整合同325份，年租金总额由5211万元调增到12851万元，增加1.5倍。

（方学清）

【合同纠纷调解与仲裁】 年内，发挥与法院合同纠纷调解联动机制的作用，依法开展调解仲裁工作，化解信访案事件。接待涉及农村经济合同纠纷来信来访200余人次，做好政策解释和宣传工作，化解矛盾。协调区法院，处理黑庄户、崔各庄、十八里店等乡涉及土地承包纠纷11个诉讼案件，依法维护双方当事人的合法权益。依据《农村土地承包经营纠纷调解仲裁法》规定，依法受理小红门乡牌坊村和孙河乡沙子营村的农村土地承包经营纠纷仲裁案件，受理44件，终止仲裁程序1件，开庭审理43件，裁决41件，裁决结果均已发生法律效力。配合区农委、区纪委对大屯华汇信访事件开展化解调处工作。

（方学清）

【土地确权与流转】 年内，全区13个乡121个村农用地实行确权确利，落实农民土地承包经营权，签订确权确利协议书52983份，涉及农民116840人，土地面积8745公顷，确权确利收益5928.7万元。十八里店、孙河、崔各庄等10个乡通过拆违、协商解除、合同期满终止等方式解除合同262份，向集体经济组织流转土地345.5公顷。

（方学清）

【信息化建设】 年内，完成农村人口信息、农村劳动力信息、农民家庭详细资料、农经统计资料等15个数据库的数据更新和上传任务；完成各乡农经平台新服务器配发、验收、调试等工作，完成北京市农业农村信息化示范基地的申报工作；完成乡村两级203名农村信息化管理人员培训工作；对159台村管电脑、22台乡农经平台服务器及52台触摸屏、184台扫描仪进行系统维护。

（方学清）

种植养殖服务

【概况】 朝阳区种植业养殖业服务中心是负责朝阳区畜牧兽医、农业、农机、水产管理服务工作的区政府直属部门，归口区农委管理，为全额拨款正处级事业单位。内设科室10个，下设朝阳区动物疫病预防控制中心、植物保护检疫站、鱼种场3个事业单位。主要职能是贯彻执行国家和北京市有关畜牧兽医、农业、农机、水产发展的法律、法规和方针、政策，实施朝阳区动物防疫、农作物检疫工作，贯彻落实中央和市、区政府重大动物、农作物疫病的防疫、检测和强制免疫工作，负责人畜共患重大动物、农作物疫病的诊断、疫病监测、疫病净化，动物疫情预报、预测和强制免疫用药供应，应急防疫物资和技术储备及重大动物疫病的扑灭工作，负责动物源性食品的安全以及农作物种子及产品产地检疫、水产品的产地检疫，负责农情信息调查、农作物病虫、草及鼠害的预报和防治工作。年内，全区存栏牛2663头，其中农场局下属两个规模场存栏2430头，散养户存栏233头；散养羊30户2787只；特禽8户1115只；马属动物16户508匹，注册犬 49992条；鸽子2358户117243只。动物诊疗机构75家，兽药生产、经营单位12家。经营肉类产品的超市153家，经营肉类产品的市场97家，肉类半成品加工单位21家。全区总水面151.01公顷，其中养殖面积116.25公顷（包括观赏鱼养殖67.94公顷，食用鱼养殖面积37.52公顷，垂钓面积10.79公顷），设施渔业面积18.25公顷（其中观赏鱼11.79公顷，食用鱼5.53公顷，垂钓0.93公顷）。全区农业用地面积1503.79公顷，其中蔬菜189.61公顷，粮食78.39公顷，果树276.37公顷，苗木800.42公顷，花卉103.05公顷，草皮55.95公顷。年内，落实国家惠农政策，全区玉米直补发放补贴资金6090元。落实市级农机补贴工作资金2.86万元，购置大中型拖拉机2台。区种养中心被认定为2013年度北京市农业农村信息化示范基地（整体推进型）；由区种养中心承担的“都市农业配套关键技术集成与示范”项目获北京市金桥工程项目奖二等奖；区疫控中心王雅琴获全国动物防疫职业技能竞赛三等奖。

地址：东坝红松园14号

电话：65495193

邮编：100018

邮箱：zyzx@chy.egov.cn（内网）

（罗建华）

【党的群众路线教育实践活动】 年内，区种养中心党委组织160名党员开展党的群众路线教育实践活动。期间，组织集中学习56次，开展学习交流活动7次；参观廉政警示教育基地、朝阳区警示教育展览、官德文化展。观看《周恩来的四个昼夜》《焦裕禄》《郭明义》等影片；组织“重温入党日子”座谈会和“读一本好书”活动；召开各类人员座谈会6次，发放征求意见表95份，设置征求意见箱3个，个别访谈41人次；针对“四风”方面查摆梳理出的19个问题，中心领导班子采取清理超标公车、压缩会议，精简文件、期刊，减少迎来送往活动等措施。群众测评满意度达到97.8%。

（马克江）

【检疫动物产品】 年内，官方兽医室检疫动物3.3万头（只、羽），外埠进京动物产品分别为：猪产品7745万公斤、牛产品1489万公斤、羊产品919万公斤、禽类产品469万公斤，使用各种检疫证明29440本，检疫标志1312万枚。

（罗建华）

【联合督导检查】 年内，由区农委、区种养中心、区疫控中心、区农业综合执法队组成4个联合检查组，对全区43个街乡及3个成员单位进行联合检查。检查集贸市场95家、商场超市145家、冷库半成品加工配送企业13家、饲养场（户）81家、诊疗及饲料兽药单位48家。与区公安分局治安支队联合对六里屯、安贞、潘家园等22个街道和地区办事处开展养犬宣传执法检查。

（罗建华）

【防疫宣传培训】 年内，组织对新修订的《北京市动物防疫条例》进行专题培训3次。开展3月培训月、4月宣传月和3·15主题宣传日活动，培训防疫人员1300余人次，发放宣传材料20万余份。

（罗建华）

【应急管理】 年内，疫情举报专线24小时应急值守，接到重大疫情处置举报5起并及时按程序进行处置。

（冯 岳）

【行政审批】 年内，审批《动物防疫条件合格证》1个、《动物诊疗许可证》5个、《生鲜乳准运证》2个、动物产品检疫标志使用单位5个、狂犬病定点注射单位2个，批复犬、马展3场次。

（冯 岳）

【签约兽医培训】 年内，组织辖区46名签约兽医进行集中培训。内容涉及签约兽医的职责、官方兽医工作制度、工作规范程序等方面内容。

（冯 岳）

【中国马文化节检疫监管】 年内，制定参赛马匹检疫监管工作方案，对马匹驯养中心和参赛区的马匹隔离饲养场进行动物防疫条件审核。对辖区11个马术俱乐部，545匹马属动物建立马匹电子档案数据库。

（冯 岳）

【秋季防疫】 年内，召开区2014年秋季动物防疫工作会。完成全区存栏奶牛及马属动物检疫净化工作，口蹄疫免疫注射1732头只；完成高致病性禽流感免疫注射1547羽份；完成狂犬疫苗免疫15401头份；完成布鲁氏杆菌病监测2933头只，无阳性病例发生；完成478匹马属动物检疫，马鼻疽及马传贫均无阳性病例；发放消毒药品7吨，入户巡查70余人次。

（冯 岳）

【阳台菜园有机栽培】 年内，引进观赏高产型蔬菜品种30余个，确定阳台菜园10户示范户，带动200户居民开展示范。

（于洪伟）

【农艺体验休闲园】 年内，为堡头社区公园引进种植30余个名特优蔬菜新品种和花卉，应用农业新科技12项。

（于洪伟）

【观赏蔬菜品种引进】 年内，引进耐寒观赏型羽衣甘蓝京冠红2号、京冠红5号、京莲红2号、京冠白1号、京莲白3号5个品种，育苗8000株，在蟹岛会议楼前、高碑店社区居民家、平房京城梨园进行示范种植。

（于洪伟）

【老北京蔬菜文化遗产】 年内，在蟹岛、农耕园、金天茂、中农春雨、缤纷四季、京城梨园5个园区进行“老北京心里美萝卜”“老北京小核桃纹白菜”2个品种的示范推广，种植3.35公顷，亩产量2750公斤以上。

（于洪伟）

【“三百”工程示范推广】 年内，引进既高产又适于休闲采摘的浙粉702番茄，中农26黄瓜等特色品种15个，在蟹岛、永顺华、中农国信3个园区进行种植示范。（“三百工程”即百名专家进菜园、百项技术到地头、百分竞赛选能手）

（于洪伟）

【水域增殖放流】 年内，在奥林匹克森林公园、大望京公园等5个景观水域开展增殖放流。放流7600公斤苗种、鲢鱼4000公斤、鳙鱼1600公斤、草鱼2000公斤，约8万尾。

（简　洁）

【观赏鱼创新团队】 年内，从江苏、福建、广州等地引进金鱼1385尾，锦鲤1000尾，红鹦鹉5000尾，金鱼、锦鲤饲料6.24吨。在黑庄户观赏鱼养殖发展中心、郁金香锦鲤养殖中心、京朝花园及部分养殖户中开展锦鲤工厂化养殖技术、金鱼小池精养、锦鲤分级挑选试验、纳豆改善水环境试验及观赏鱼增色试验。

（简　洁）

【三夏三秋及秸秆禁烧】 年内，三夏、三秋农机作业投入机具35台次，培训农机操作人员96人次。机播玉米78公顷，机收玉米68公顷。期间，技术人员到田间作业现场督导、检查秸秆禁烧工作执行情况。

（王　东）

【政策性农业保险】 年内，全区8家农业企业投保政策性农业保险101公顷，保费共38.2万元，其中市财政补贴19.1万元，区财政补贴11.46万元，企业自缴7.64万元。因受灾理赔案件14件，获赔金额40.84万元。

（王　东）

【农产品质量安全普法宣传】 年内，联合区农委、区食品办、区农业执法大队、区食药局等部门，开展提高农产品质量安全，保障消费者权益——“3·15”主题宣传、“农业宣法上门　送法下乡”宣传月以及北京科学嘉年华等宣传活动。发放《农产品质量安全100问》《三品一标简介》《农产品质量安全法律法规选编》等宣传手册、学习资料3万余份。

（李雅娟）

【农产品质量安全培训】 年内，对15个园区生产基地、加工配送企业、大型农贸市场负责人及基层农产品检测员等50余人，进行农产品质量安全法律法规、农残兽残检测技术等培训。发放学习材料1000余份。

（李雅娟）

【农产品质量安全追溯体系整合】 年内，完成追溯管理平台从数据、系统和应用三个层面的资源整合，在数据层面形成8大系统的农产品质量安全管理全业务基础数据库。对14个监控点进行设备更新、调试。检查基层检测点150人次，解决数据传输、登记书写、样品记录等情况100个次。

（李雅娟）

【标准化基地建设】 年内，对全区符合条件的3家“菜篮子”工程标准化生产基地按照《标准化生产基地等级划分与评定考核表》的10大项51条标准进行检查与评定，区农耕园、中农国信基地被评为“2014年北京市‘菜篮子’工程优秀级标准化生产基地”。

（李雅娟）

【“三品”认证管理】 年内，对森禾源、金天茂、京朝花园的6个品种进行网上申报、文书申报以及现场认定检查。对京客隆东坝店、家乐福姚家园店、大悦城永旺超市、华堂等大型商场超市进行无公害农产品标识、地理标志使用情况调查。举办“三品一标”（“三品”指无公害农产品、绿色食品、有机农产品；“一标”指农产品地理标志）工作会暨“三品一标”培训班，发放学习资料2000余份。推行“三品”备案规范管理制度，对9家园区基地的18个无公害、19个绿色、37个有机食品认证品种进行备案；对全区从事“三品”认证管理的20名检查员、31名内检员进行备案。

（李雅娟）

【农产品质量安全自检】 年内，全区12家生产、加工配送、销售单位全年自检农产品样品162605个，合格率99.5%。其中蔬菜样品130772个，合格率99.4%；水果样品13383个，合格率99.9%；畜禽样品18450个，合格率99.8%。自检样品总合格率比上年增加0.5%。

（李雅娟）

【“221信息平台”外网上线运行】 年内，新改版的北京市“221信息平台”外网——北京现代农业信息网正式上线运行，由区种养中心开发建设的朝阳区都市型现代农业创意展示系统和阳台农业多媒体展示互动系统，在该平台进行展示和示范推广。

（李　佳）

【“221”业务数据采集填报】 年内，完成“221信息平台”业务数据在线更新工作，包括14张业务数据表、4大类2400余个业务数据的收集、整理和录入工作。

（李　佳）

【专题片报道】 年内，朝阳有线播出专题电视片《严把农产品质量关　确保百姓吃得放心》对区种养中心以现代信息化技术与农产品安全管理相结合，在全市率先建立和完善区、乡、企业三级农产品质量安全监管追溯体系，实现农产品质量安全监管工作信息化进行专题报道。

（李　佳）

【科教进社区】 年内，联合三间房乡、呼家楼街道、酒仙桥街道、八里庄街道在三间房福怡苑社区、呼家楼核桃园社区、酒仙桥高家园社区、八里庄西里社区举办4场农业科普进社区系列活动，200余名社区居民参与活动。发放宣传和互动材料800余份。

（李　佳）

【科学嘉年华】 年内，与蟹岛、永顺华、格林万德等农业企业以及农业科技公司参加科学嘉年华系列活动。现场发放科普知识、阳台蔬菜、观赏鱼养殖、食品安全等内容的宣传材料、光盘和图书2万余份。

（李　佳）

【植物检疫】 年内，进行黄瓜绿斑驳病毒病、果斑病、番茄溃疡病、美国白蛾、扶桑绵粉蚧、红火蚁、桔小实蝇、苹果蠹蛾等危险性有害生物监测普查，未发现危险性有害生物。省间调运检疫47批次（878公斤蔬菜种子），省内调运检疫4批次（220公斤蔬菜种子），未发现危险性有害生物。

（新　为）

【农残检测】 年内，区植保站实验室检测农贸市场、基地及配送企业、超市的蔬菜水果样品20106个，合格率99.9%，定量检测357个蔬菜水果样品，合格率99.9%。完成市农业局“菜篮子”重点产品检测工作，其中“四重”快速检测蔬菜样品700个，定量检测样品40个；异地抽检，定量抽检丰台、大兴和密云等区县蔬菜样品202个。对格林万德、永顺华、蟹岛等园区位于福建、河北、内蒙古等外埠基地的51个蔬菜样品进行田间快速检测。

（新 为）

【春秋季灭鼠】 年内，完成6666.7公顷春季农区灭鼠工作；完成1333.3公顷秋季农区灭鼠工作；毒饵站使用面积2000公顷。

（新 为）

【植物疫情阻截带监测】 年内，在金盏、十八里店、黑庄户、崔各庄等4个乡，设置阻截带监测点，安装视频网络监控系统和语音通话系统，实时了解监测点人员仪器的工作情况，发现问题及时解决。

（新 为）

【淡水鱼供应】 年内，为北京"两会"、全国"两会"和APEC会议供应淡水鱼9451.75公斤。

（刘 明）

农业综合执法

【概况】 朝阳区农业综合执法大队是区农委直属行政执法机构，加挂区动物卫生监督所的牌子，机构规格副处级。内设办公室、组织科、法制科、执法一科、执法二科、执法三科、执法四科、执法五科、白鹿公路动物防疫监督检查站、动物收容站、应急处理科等11个科（站、室）。负责辖区动物卫生、兽药、饲料及饲料添加剂、农药、肥料、种子、转基因生物安全、农机、渔政等9项行政执法监督职能。年内，出动执法人员5070人次，执法车辆1791车次，检查各类管理相对人3932家次；查处各类涉农违法案件185件（其中简易案卷85件，一般案卷100件），罚没款总额73.5万元；检疫监督运输外埠动物及动物产品进京车辆2.7万车次，检查活体动物121.35万头只、动物产品20.85万吨，劝返不符合规定运输车辆51车次；签订责任书468份，发放动物防疫监督意见书及许可意见862份。受理相关部门转交热线和投诉、群众来电来信等82件。

地址：团结湖北三条甲8号院
电话：85979219 85979220（传真）
邮编：100026
网址：http://nyzf.bjchy.gov.cn
邮箱：cynyzfdd@bjchy.gov.cn

（王 磊）

【禽流感防控】 1月，全国多地出现人感染禽流感病例，防控形势严峻，区农业综合执法大队制定各项措施，做好禽流感防控工作。春节前对全区经营动物及动物产品的集贸市场、批发市场进行拉网式检查；将与市场主体相关的法律法规条文及法律责任明确告知市场管理方，并与市场管理方签订《动物防疫责任书》，明确市场管理方的责任；公路站严格履行执法检查程序，对禽流感疫区、市农业通报地区的相关动物和动物产品实施封堵，确保进入北京市的动物及动物产品无疫安全；严格值班应急制度，做好应急动员和相关物资储备。

（王 磊）

【肉产品抽样】 2月18日，农业部食品质量监督检验测试中心一行4人到区进行质量安全抽样工作，分别对区内大洋路批发市场、东郊市场的3个猪肉摊位，3个猪下货摊位，3个牛肉摊位，3个羊肉摊位，10个禽类摊位进行抽样。

（王 磊）

【党的群众路线教育实践活动】 2月21日，区农业综合执法大队召开党的群众路线教育实践活动动员部署大会，大队全体党员干部参加，区委第十七督导组一行5人参加动员大会。区农业综合执法大队贯彻落实"照镜子、正衣冠、洗洗澡、治治病"的总要求，并在区委第十七督导组的精心指导下，利用7个月的时间，开展以解决"四风"问题为主要内容的党的群众路线教育实践活动。期间，大队召开党的群众路线教育实践活动领导小组专题会16次，大队领导班子开展专题集中学习14天，22次，组织全体人员集中学习5.5天，11次。班子成员开展谈心谈话，征求意见400余人次。开展以"准确把握内涵，充分认清意义，用实际行动践行党的群众路线"和"牢固树立群众观点，强化党风廉政建设责任意识，努力开创农业执法新局面"为主题的党课2次。组织全体人员参观了"中国古代官德文化展"和北京市监狱等反腐倡廉警示教育基地。观看《"四风"警示录》《苏联亡党亡国20年祭》等影片、录像10部。与活动前相比，文件减少40%，废止制度19项，修订完善制度27项，新建制度28项；清理办公室用房54平方米。

（王 磊）

【兽药饲料专题培训】 2月27日，区农业综合执法大队组织全区兽药、饲料行业质量负责人开展兽药饲料专题培训，区内3家兽药生产企业，3家饲料生产企业及28家兽药经营企业的质量负责人和部分单位的法人40人参加培训。

（王 磊）

【"两会"水产品安全保障】 2月28日，区农业综合执法大队配合市渔政监督管理站对为全国"两会"提供水产品的北京市水科园水产养殖技术有限公司进行执法检查。

（王 磊）

【涉农法律宣传】 3月14日、15日，区农业综合执法大队、区种养中心、区疫控中心、区植保站等农业监督与服务职能部门分别在东郊市场（双桥）、京客隆甜水园开展农业法律知识、农资小常识、种子、转基因食品安全与食用、野生动物保护等内容的法律宣传与答疑咨询活动。现场通过悬挂条幅，摆放展板、野生动物标本样品和发放宣传彩页资料、环保购物袋等形式向过往市民宣传农资、农产品及动物产品的法律法规知识和常识性知识。发放各类宣传材料20余种，1.5万余份。

（王 磊）

【种子企业培训】 3月28日，区农业综合执法大队举办区种子企业培训会，26家种子企业的负责人参加培训。

（王 磊）

【问题食品查处】 4月1日，区农业综合执法大队配合市公安局经侦总队查处区某市场2家摊位涉嫌销售不符合安全标准的食品，查获问题肉品300余公斤，控制犯罪嫌疑人3人。

（王 磊）

【预防养殖场鼠患】 4月15日，执法人员向北京水科园水产养殖技术有限公司、北京京朝花园农业发展中心等5个养殖场及2个乡农服中心发放鼠药100包、鼠夹200个、毒饵站200个及警示旗200个，并就选择投放地点、投放方法以及注意事项等，对养殖场的工作人员进行现场指导。

（王 磊）

【水产品抽样】 4月16日，区农业综合执法大队与区种养中心联合对蟹岛度假村、黑庄户渔场等6家食用水产品养殖场抽样，共抽取鲟鱼、草鱼、鲤鱼、罗非47个样本，抽取的样本送至市水产技术推广站进行实验室检测。

（王　磊）

【春耕农机安全生产培训会召开】 4月17日，区农业综合执法大队与区种养中心联合召开春耕农机安全生产培训会。金盏、孙河、崔各庄、黑庄户等涉及春耕农机（设施农机）作业的6个乡21名农机监管人员、农机服务组织负责人和机手代表参加培训。

（王　磊）

【兽药及动物产品抽检】 4月17日，区农业综合执法大队配合市兽药监察所开展2014年第二季度兽药及动物产品的抽检工作。抽取朝阳区辛堡牛场、立时达药业有限公司、北京优普动物保健品有限公司兽药样品26份，抽取大洋路市场肉类产品27份、鸡蛋4份。

（王　磊）

【宣传培训】 4月，举办9期管理相对人培训班，培训管理相对人192家、278人次；开展集中宣传5次，发放宣传材料1.1万份，接受群众咨询462人次。

（王　磊）

【农机安全生产联合行动实施方案制定】 5月28日，大队配合区农委组织召开2014年农机安全生产联席工作会。区农委、朝阳工商分局、区质监局、区安监局、朝阳交通支队、区农业综合执法大队主管科室负责人参加会议，研讨制定《朝阳区2014—2016年农机安全生产联合行动实施方案》。

（王　磊）

【放生查获朱林氏原鲃】 6月11日，区渔政监督管理站执法人员到密云水库渔政监督管理站分站，与密云渔政人员一同将查获的4尾朱林氏原鲃放生大自然。放生的朱林氏原鲃是朝阳渔政4月14日在一家古玩市场查获的，为市发现的第一起出售朱林氏原鲃行为。

（王　磊）

【农产品生产经营单位检查】 6月25日，区农业综合执法大队与区农委法制科、区种养中心组成检查组对永顺华、蟹岛、京朝花园、朝来万通市场等5家农产品生产经营单位生产经营规范性等4部分19项进行监督检查。

（王　磊）

【动物诊疗行业专项整治工作部署会】 7月11日，根据农业部办公厅《关于开展2014年动物诊疗机构清理整顿工作的通知》及市动物卫生监督所《关于开展动物诊疗活动专项整治行动的通知》精神，召开区动物诊疗行业专项整治工作部署会。

（王　磊）

【兽药抽检采样】 7月22日，区农业综合执法大队配合北京市兽药监察所对2家兽药生产企业、2家兽药经营企业、1家兽药使用企业进行16批次的抽检采样。

（王　磊）

【卫生杀虫剂专项检查行动】 7月，区农业综合执法大队开展卫生杀虫剂专项检查行动。通过对51家商场超市和34家集贸市场102种卫生杀虫剂和杀鼠剂的检查，未发现乱用商品名称、擅自修改标签内容等违规行为。

（王　磊）

【动物医院诊疗执法检查】 8月15日，区农业综合执法大队与市动物卫生监督所一起对辖区的北京樱花园动物医院和北京绿房子动物医院进行联合检查。检查的重点为是否在核定的活动范围内开展诊疗活动、是否使用人用抗微生物药和人用抗寄生虫药、是否超出注册机关核定的执业范围从事动物诊疗活动和医疗废弃物是否依法处理等内容。检查未发现违法问题。对建立兽药使用记录不规范、未按规定悬挂执业兽医资格证等问题提出监督意见。

（王　磊）

【饲料采样】 8月18日至20日，区农业综合执法大队完成市农业局所布置的饲料采样任务。采集饲料产品22份，其中动物诊疗单位15份，饲料经营单位5份（上年农业部抽检产品质量不符合标准的企业），饲料使用单位（奶牛养殖场）2份。采集的样品分别送往市动物卫生监督所和市饲料监察所，主要对三聚氰胺、黄曲霉素、砷等违禁物质进行检测。

（王　磊）

【查获砗磲制品、玳瑁制品】 8月21日，区农业综合执法大队联合北京市渔政站和朝阳区公安分局，对农展馆珠宝展进行突击检查。查获4家商户非法出售的受国家保护的砗磲制品、玳瑁制品，执法人员现场登记保存，并下达调查通知书。

（王　磊）

【夜间联合检查】 9月4日晚，大队执法一科会同市动物卫生监督所对区内大洋路批发市场的猪肉批发大厅进行联合检查。检查的重点是厂场挂钩协议的签订、动物产品的来源、上市动物产品的持证率、证物是否相符等情况，并听取该市场负责人在日常管理方面的汇报。同时，随机抽取2家外埠企业的产品进行实验室检验，检验结果直接函告生产企业，以便从源头把好动物产品质量关。检查未发现问题。

（王　磊）

【肥料监督检查】 9月10日、11日，区农业综合执法大队执法人员与顺义区、平谷区、怀柔区、密云县肥料监督管理部门执法人员组成工作组，对5区县肥料生产经营单位进行监督检查。重点检查有机肥、复混肥料、水溶肥料、微生物肥料等肥料产品中有效成分不足、未经登记、一证多用、假冒伪造登记证、肥料产品标称具有农药功能等违法行为。检查肥料生产、经营单位12家，抽检肥料产品15个。

（王　磊）

【查获鲟鱼】 9月20日，区农业综合执法大队接到群众举报，北京正院大宅门甜水园投资管理有限公司有拍卖珊瑚的行为。执法人员与分安朝阳分局民警一同对该公司进行执法检查，检查未发现举报所称行为，发现该公司海鲜池内正在出售3尾鲟鱼，且不能出示《北京市水生野生动物经营利用许可证》，执法人员现场下发调查通知书。

（王　磊）

【新《北京市动物防疫条例》宣传】 9月28日，大队执法人员30余人分成3组，分别在大洋路市场、京客隆超市甜水园店、团结湖路十字路口开展以《北京市动物防疫条例》为主题的宣传活动。现场发放宣传袋3000余个，宣传材料13000余份，解答群众咨询200余人次。

（王　磊）

【新《北京市动物防疫条例》学习】 10月13日至15日，大队组织开展依法行政业务培训，学习新实施的《北京市动物防疫条例》。邀请农业部产经法规司法规处处长刘德萍、市农业局法规处和兽医处等业务骨干，培训农业执法、文书制作，并解读新实施的条例；邀请法律界专家学者结合行政败诉案件，进行依法行政教育培训。

（王　磊）

【APEC峰会水产品安全保障】 10月17日，区农业综合执法大队对为APEC峰会供应食用水产品的北京水科园水产养殖技术有限公司进行执法检查，执法人员对该单位提供的《水产养殖生产记录》《水产养殖用药记录》进行核查，并对养殖池内养殖的水产品和养殖过程中所用的药品进行检查，未发现异常情况。

（王　磊）

【保护水生野生动物宣传】 11月4日，区农业综合执法大队执法人员到区平乐园合众天成赏玩城，对经营水生野生动物及其制品的相关商户开展以保护水生野生动物为主题的培训会，培训人员150余人次。执法人员对《中华人民共和国水生野生动物保护法》《中华人民共和国水生野生动物保护实施条例》等相关法律法规进行详细讲解，并针对商户经营过程中经常发生的问题进行重点解释和答疑。

（王　磊）

【技能比武活动】 11月14日，区农业执法大队队员参加由市农业局主办，市渔政监督管理站承办的北京渔政系统执法技能比武活动。全市14支区县代表队参赛，各队3名选手分别参加“又快又准”“图文并茂”和“锦心绣口”3个技能比拼单项赛，并组队参加知识问答，全方位展示农产品质量速测、信息撰写和演讲等基本执法技能和大队团队的综合素质与执法能力。区农业执法大队队员马恺被评为最佳通讯员。

（王　磊）

【案卷评查获满分】 11月21日，区农业综合执法大队选送的3本渔政监督行政处罚案卷在北京市渔政监督管理站组织的案卷评查中获优异成绩，其中2本为优秀卷，得分分别为99分和98分；1本为满分卷，得分100分，是全市唯一一本满分卷。

（王　磊）

【农机事故应急处置联合演练活动】 11月27日，由区农委主办，区农业综合执法大队、金盏乡社会公共事务服务中心、三元绿荷农机服务队承办的农机事故应急处置联合演练活动，在金盏乡皮村环岛南1000米路西500米地块举行。市农机监理总站、区农委、区卫计委、区农业综合执法大队、金盏乡社会公共事务服务中心、三元绿荷农机服务队的15人参加现场演练；区安监局、朝阳交通支队、朝阳消防支队、区种养中心部门负责人及各乡社会公共事务服务中心农机监管人员30余人全程观摩演练。

（王　磊）

【进京动物及其产品检查】 11月，为保证APEC会议顺利召开和外埠进京动物及动物产品安全，区农业综合执法大队白鹿公路检查站加强宣传和执法检查，确保重大动物疫病防控和外埠进京动物及其产品安全。加强外埠进京生猪、活禽等活体动物车辆的检查，严把防疫关；对途经的所有运输动物及动物产品的车辆做到严格查证、严格验物、严格登记、严格消毒；严格执行外埠进京动物产品备案制度，对运送应在京备案而未备案的所有动物产品的车辆予以劝返；加强为民服务，除了为承运人及需要帮助的过路群众提供应急开水、日常问路等服务外，还向附近交警索要《北京市人民政府关于2014年亚太经济合作组织领导人非正式会议期间对外省市进京机动车采取临时交通管理措施的通告》提供给外埠进京动物及动物产品的承运人。

（王　磊）

【海狮保护】 12月16日，区农业综合执法大队接到市渔政监督管理站通知，将依法先行登记保存的2只海狮暂存在区内富国海底世界。依据属地监管原则，12月17日上午，区农业综合执法大队执法人员对北京工体富国海底世界娱乐有限公司进行执法检查，发现该单位对市渔政站暂存的2只海狮进行隔离饲养。执法人员现场要求该单位：严格按照相关养殖技术要求，尽快对2只海狮建立养殖记录和用药记录。同时，现场告知市水生野生动物保护名录变更信息，并对该单位提出及时对场馆内饲养的鲨鱼科相关品种办理水生野生动物驯养繁殖许可证或增项等相关事宜的监督意见。

（王　磊）

农村人才培训

【概况】 北京市朝阳区农村人才培训中心（北京中华会计函授学校朝阳区分校，北京市朝阳区农村劳动力教育培训服务中心）隶属于区农委，为正科级全额拨款事业单位。主要职责是配合区农委及各乡政府，开展朝阳区农村地区人员教育培训工作，为朝阳区农村地区发展提供智力支持和保障。有专、兼职教师23人，培训工种15个。年内，完成培训人数4401人次。

地址：东坝红松园13号

电话：65493070

邮编：100018

网址：http://ncpx.bjchy.gov.cn

（李　勇）

【培训调研】 年内，按照区农委关于培训工作的整体部署及培训中心主要职能，为做好培训工作，中心领导班子带队走访南磨房、孙河等乡社保所16家，召开座谈会2次，与社区工作人员和培训老师沟通，就各类培训开展调查及分析。

（李　勇）

【市民化培训】 年内，对高碑店、南磨房、管庄、来广营等4个地区农民进行市民化培训，培训1239人次。

（李　勇）

【职业技能培训】 年内，为豆各庄乡培训初级保洁员264人次。在培训中，坚持理论与实际并重，坚持以学员为本，突出小班教学并开展多方面服务。

（李　勇）

【农村地区社会工作协会】 年内，区农村地区社会工作协会开展社会工作者和社工骨干培训等工作。对农村地区171个社区的主任、书记开展4期（每期3天）的“社区正职”培训，263人参加培训；通过遴选，对48名全区农村地区社会工作骨干进行内容涵盖心理知识、社工专业理论和公文写作等方面的培训；应区农委委托承办由区农委和区社工委联合主办的朝阳区“社工万人培训计划”社会工作者培训班，对13个地区的689名社区工作者进行培训；受区农委委托，举办2期社区初任人员培训，248人参训；实施区教委“千课下基层进社区活动”项目，为东坝等4个地区送课14次（100学时），培训人员600人次。

（李　勇）

水 务

【概况】 朝阳区水务局是负责朝阳区水行政管理工作的区政府工作部门。内设机构10个，下属事业单位12个。主要职能是贯彻落实国家、北京市有关水务工作的法律、法规、条例和政策，研究制定朝阳区水务中长期发展规划和年度计划并组织实施；负责管理水资源（地表水、地下水、再生水）、组织实施水资源调查、评价、规划、综合开发利用和保护等工；负责再生水利用、水资源循环利用等工作、指导饮用水水源保护工作；负责节约用水工作，编制节约用水规划并监督实施；监督和指导排水、污水处理、水环境治理工作；组织编制污水排水、污水治理规划和年度计划并组织落实；负责区属河道排水许可管理工作；负责区属河道保护范围内的绿化、林木管理养护、森林防火和林政工作；负责河道、湖泊、坑塘、堤防的管理和保护工作；承担区防汛抗旱指挥部的具体工作责任，组织、监督、协调、指导朝阳区防汛抗旱工作；负责水政监察和行政执法工作，依法负责水务方面的行政许可工作；负责水利工程设施、防洪工程设施、排水设施、水土保持设施的安全管理工作，并承担相应的监管责任。年内，为消除区域防洪安全隐患，改善区域水环境，实施“9942N”水务工程建设（即9条河道治理工程，9处下凹式立交桥雨水泵站升级改造工程，4座再生水厂建设，2处雨洪利用工程，N项水务重点工程）。9月，朝阳区第一次水务普查成果获2014年度国家大禹水利科学技术奖三等奖。

地址：团结湖北路1号

电话：85970772

邮编：100026

邮箱：cyswj@bjchy.gov.cn

（刘　洋）

【中小河道治理工程勘察和设计招标】 1月26日、27日，经区发改委批准，达华工程管理（集团）有限公司作为招标代理机构，开展2014年今冬明春中小河道治理工程勘察和初步设计公开招标工作。经专家评审，确定中标单位。区2014年今冬明春中小河道治理工程包括曹各庄排水沟、沈家坟干渠、西干沟、东南郊干渠、半壁店沟和通惠排干等6条沟、25.24千米河道防洪治理，5月开工建设，年底完成河道主体工程。

（刘　洋）

【党的群众路线教育实践活动】 2月21日至10月底，按照区委统一部署，区水务局组织所属10个党支部、165名党员干部，集中开展以“为民、务实、清廉”为主题的党的群众路线教育实践活动。完成“学习教育、听取意见”“查摆问题、开展批评”和“整改落实、建章立制”3个环节的工作。期间，召开学习交流会6次，谈心谈话80人次，征求意见活动10余次，收集离退休老领导、党外人士、业务关联单位和服务对象、机关干部、基层干部职工意见建议56条。开展书记讲党课活动2次，参观党风廉政教育基地3个；观看《杨善洲》《“四风”警示录》等影片、录像片29部。与活动前相比，会议减少53%，文件减少17%，“三公”经费同比减少12.7%，清理腾退办公用房8间，计140余平方米；清理超标准公务用车4辆。废止规章制度3项，修订和新制定制度32项。解决立行立改问题6件，解决群众关心关注的各类问题8件。

（刘　洋）

【联合执法检查】 3月4日至6日，区水务局联合区环保局、工商朝阳分局、区质监局等单位对十八里店乡西直河村的石材市场违反水法规行为的单位开展执法检查，检查石材单位55家，下达询问通知8份。

（刘　洋）

【世界水日、中国水周纪念活动】 第二十二届“世界水日（3月22日）”和第二十七届“中国水周（3月22日至28日）期间，区水务局联合民间志愿团体“乐水行”组织在萧太后河流域以“加强河湖管理，建设水生态文明”为主题举行宣传活动，组织当地居民和志愿组织参与河湖保护、支持河湖建设。区水务局领导和工作人员现场解答市民提问，参与乐水行志愿者活动，并为过往行人发放宣传资料。乐水行志愿者和水政执法人员入户宣讲水法规，组织河道流域附近居民参观污水处理站，水政执法人员依法封堵违法排污口，河道排水口治理工程也同期开工。活动发放宣传材料2000份，悬挂宣传条幅6幅、展牌2块，入户宣讲200余户，组织群众参观200余人次，封堵排污口1处，为100余人次群众解答疑问。

（刘　洋）

【领导调研】 4月4日，区纪委副书记、区预防腐败局局长于良佐、风险防控室主任尹开烈到区水务局调研，水务局党委书记王慧峰等相关领导陪同。区水务局汇报近年水务廉政建设情况、重点领域和重点工作廉政管理工作开展情况，以及水政执法自由裁量权管理措施。4月15日，副市长林克庆调研中小河道治理工程进展情况，实地考察朝阳区曹各庄排水沟治理工程现场并听取汇报。林克庆对朝阳区中小河道治理工作给予肯定并指出：通过中小河道治理工程的实施，不仅增强了区域排水行洪能力，同时有效地改善了河道水环境；治理工程为区域发展带来的社会、经济、生态效益十分显著；朝阳区要进一步加快工程建设进度，为更好地推进全市中小河道治理工程建设奠定坚实的基础。5月22日，市委书记郭金龙调研朝阳区水务工程建设情况。郭金龙视察坝河千亩湖雨洪利用工程，并对朝阳区利用郊野公园和绿隔地区实施雨洪工程的模式给予肯定，认为该模式对全市水利与绿化资源统筹建设和生态文明建设起到示范作用。6月11日，区长吴桂英调研汛期水务工作，区委常委、副区长陈涛及区水务局、区农委、区发改委、区社会办、区财政局负责人陪同调研。吴桂英一行现场查看百子湾泵站积水点、半壁店沟治理工程、曹各庄排水沟治理工程进展情况及三岔河防汛物资库。吴桂英对水务工作给予肯定，并要求水务部门要转变工作做法，在“实”和“统”字上做好全区水务工作：在工程建设上，要做到工程底数清、情况明、数字准，确保工程达标；在防汛工作上，各部门要统筹力量，保证百姓生命财产安全；在节水工作上，要尽快出台“三年行动计划”，以城区为示范，农村地区为重点，推动节水工作开展；在水环境治理工作上，区水务局要同区环保局、发改委等部门加强联动，把水环境治理好。6月25日，区政协副主席张树安带领区政协委员一行11人，考察水务工程建设情况，区水务局局长宗永军、副局长李国臣陪同。政协委员实地参观高安屯再生水厂、曹各庄排水沟、坝河千亩湖雨洪利用工程建设现场，听取项目情况介绍，对项目建设给予肯定。张树安强调，水务建设任务重、困难多，却是民生和城市发展之必需，区水务局迎难而上主动作为，成效显著，工作取得市、区两级的认可。建议主动与市、区两级规划部门对接，强化源头治理，多宣传治水、节水和污水处理的新方法和新设施，造福子孙后代。8月15日，市人大常委会农村办公室主任安钢、市水务局副巡视员张世清一行到清河沙总排临时应急治理工程现场调研检查。区水务局副局长刘明辉向调研组成员汇报由朝阳区负责实施的雷桥排污口、沙子营排污口和沙总排排污口三处工程基本情况，就调研组关心的每个排污口的日处理污水能力、磁分离快速处理技术工艺、主要设施设备和出水排放指标等问题进行解答，并对全区再生水厂及配套管网建设进展情况作介绍。调研组对清河三处临时治污工程进展表示满意，对朝阳区污水治理工作给予肯定。12月26日，区纪委书记宋铁健带队，区纪委常务副书记、区监察局局长刘丽平，区纪委常委、区监察局副局长张颖辉等对区水务局党风廉政建设责任制工作进行专项检查。会上，区水务局党委书记王慧峰作落实“两个责任”的专题汇报，局纪委书记虞南燕补充汇报纪检监察工作，局长宗永军及班子其他成员汇报党风廉政责任“一岗双责”履行情况。宋铁健指出，区水务局在水务建设和廉政管理方面做到两手抓和同步推进，在围绕中心工作全力开展“9942N”水务工程建设的同时，切实加强工程建设、资金管理、干部选拔等重要事项的监管，在“三重一大”集体决策事项管理方面有思路、有措施，成效有体现。并就如何深入落实党风廉政建设“两个责任”提出意见。

（刘　洋）

【区自备井置换实施方案通过评审】 4月18日，《朝阳区自备井置换实施方案》专家评审会在北京市水科学技术研究院召开。水务、地质等领域的5名专家组成的专家组一致同意方案通过评审。《朝阳区自备井置换实施方案方案》计划于2015年至2017年间完成北部和部分中部地区的自备井置换工作，对完成置换的自备井进行封填，改善区内供水条件。

（刘　洋）

【贵阳市水利局交流考察】 5月14日，贵阳市水利局党委副书记、副局长黄亚平带队考察学习朝阳区水务一体化改革工作。局长宗永军、党委书记王慧峰等局领导及相关科室人员参加座谈。双方就水务一体化改革的必要性和存在的问题、水务工作的定位、水务融资平台建设及运行管理情况进行探讨和经验交流。

（刘　洋）

【地下水保护和污染防控工作实施方案制定】 5月26日，区水务局同区发改委、区财政局、区环保局、区市政市容委、区农委及区园林绿化局联合印发《北京市朝阳区地下水保护和污染防控工作实施方案》。该方案针对地下水保护和污染防控重点工作，围绕全面提升水环境监管能力、管理防范污染风险、保障水源地安全，从落实完善地下水保护政策、治理生活污水污染、清除非正规垃圾填埋场、控制工业污染、防控农业点面源污染、封填废弃机井和完善地下水监测网络等7个方面提出具体措施，明确责任主体和完成时限，并将各项任务指标逐年分解，确保工作目标的实现。

（刘　洋）

【清理非法洗车】 7月1日，区水务局会同来广营乡政府、区城管执法局对非法洗车店的临时性建筑、店牌、广告牌及地上毡子等进行清理，并持续开展联合执法活动。7月5日，封填违法取水的水源井，并实施断电，同时由来广营乡政府开展违规洗车商户的腾退工作。7月29日，来广营乡立水桥村清河北岸洗车一条街内的非法经营场所（包括无照经营的26家洗车店和4家经营洗车的汽车维修店），违法建设2万余平方米被全部拆除。

（刘　洋）

【拆除违法建设】 7月17日，区水务局执法清除横衔子排水沟吕家营段垃圾、违建。该段由于存在废品及建筑垃圾堆积、违章建筑等问题，造成环境脏乱，道路堵塞，严重影响周边环境。为维护水环境整洁，确保安全度汛，出动人员30余人，挖掘机1台、铲车2台、卡车3台，拆除违章建筑40余平方米，清理垃圾渣土20吨。8月27日，对黄杉木店沟（大黄庄苗圃段）违法建设实施一期拆除。区水务局、区园林绿化局、区城管监督局、公安朝阳分局、区消防支队、高碑店乡政府等部门参加。一期拆除的违法建设涉及7家租赁户，约3500平方米。9月5日，区水务局、区园林绿化局、区城管执法局、公安分局治安支队、区消防支队、高碑店乡政府等部门配合区法院对违建出租户进行腾退后，对黄杉木店沟（大黄庄苗圃段）违法建筑物实施第二期拆除工作。二期拆除的违法建设涉及14家租赁户，约2200平方米。

（刘　洋）

【节水大讲堂】 7月25日，区水利学会在三间房地区三南里社区开展节水大讲堂活动，辖区20余名小朋友参加讲座。旨在让孩子们了解水资源形势，自觉养成节约用水的好习惯。

（刘　洋）

【现场制售水机专项执法检查】 7月，区水务局组织相关部门对区内457台小区现场制售水机开展专项执法检查，宣传北京市水价新政并召开现场制售水业约谈会。要求各现场制售水企业在售水机上张贴相关通知，确保居民用卡权益；与供水单位签订供水合同，并对售水机安装计量水表；禁止使用国家明令淘汰的耗水量高的设备、产品以及不符合市节水标准用水器具；严格按照法规要求，安装尾水回收设施，且产水率不得低于原料水的70%；制售水机新增或迁移的，应及时申请或更改备案信息。

（刘　洋）

【青年路沟道治理工程通过验收】 8月29日，区2013年中小河道治理工程（青年路沟）合同工程验收会召开。工程的建设、设计、施工、监理、勘察、运行管理和质量监督等单位的主要领导及具体负责人参会。在听取参建各方汇报后，验收组认为工程总体质量达到设计要求，能充分发挥预期效益，建筑物安全稳定，整治效果明显，各建设阶段资料齐全，整理规范，同意朝阳区2013年今冬明春中小河道治理工程（青年路沟）合同工程验收。

（刘　洋）

【市相关部门检查供水设施】 9月5日，市水务局联合市卫生局检查朝阳区村镇供水设施。联合检查组听取朝阳区村镇供水设施情况汇报，现场检查豆各庄水厂及黑庄户乡大鲁店一村、大鲁店二村2处村级供水站的运行管理情况。认为朝阳区供水配套设施完备，监督管理到位，并对委托专业公司巡检、维护消毒设备的做法给予肯定。

（刘　洋）

【国庆65周年和APEC会议水环境保障】 9月17日，召开朝阳区国庆65周年和“APEC”会议水环境整治及保障工作动员会，区水务局副局长刘明辉主持会议。市河湖处、市东水西调管理处、市凉水河管理处、市北运河管理处、区环境办、区农委、区社会办、区环保局、区城管综合执法局、各街乡相关负责人参加会议。刘明辉就朝阳区国庆65周年及APEC会议期间水环境整治及保障工作进行动员和部署，区环境办副主任韩军、区农委副主任关得志、区社会办副主任李永纲分别讲话。会议要求各部门、各街乡高度重视、突出重点、明确责任、加强管理、加紧落实，形成市区乡三级联动机制，保障国庆65周年及APEC会议期间水环境。

（刘　洋）

【特殊行业用水联合执法】　10月17日，按照北京市特殊行业用水联合执法工作方案的统一部署，区水务局联合区发改委、公安朝阳分局、工商朝阳分局、区城管执法局等12个部门启动区特殊行业用水专项执法行动。成立由区委常委、副区长陈涛任组长、13家成员单位主管领导任副组长的工作领导小组，采取联合执法形式，针对洗车、高档洗浴场所、人造滑雪场、高尔夫球场、以水为原料的生产企业无照经营、违法取用水、不按用水分类计量缴费、未安装使用节水设施设备等问题开展执法检查及行政处罚。

（刘　洋）

【绿隔地区雨洪利用工程通过验收】　10月23日，区2013年绿隔地区雨洪利用工程通过竣工验收并被评定为优良工程。“清河营郊野公园—雷桥水库”“将府郊野公园—坝河千亩湖”“平房京城森林公园”和“古塔—杜仲郊野公园”等4处雨洪利用工程，于2013年3月启动，2014年5月20日全部完工并通过合同工程验收后移交管理单位试运行。该工程实施后，形成雨洪蓄滞湿地（水面）18.85万平方米，增加雨洪蓄滞能力50万立方米，可削减流域内20年一遇洪水洪峰流量15%、50年一遇洪水洪峰流量20%；缓解崔各庄、东坝、平房、王四营等地区的积水问题；涵养地下水源，大幅提升郊野公园生态品质和周边居民居住环境。此为探索利用郊野公园实施“雨洪利用”的新模式。

（刘　洋）

【中小河道治理工程质量检查】　10月29日，市水利基本建设工程质量中心站副站长王立军带领专家组对区2014年度中小河道治理工程中的通惠排干沟、西干沟和东南郊干渠进行质量大检查。区水务局总工程师张环山、区质监站站长马荣霞陪同检查。专家组认为总体检查情况良好，要求各参建单位在今后的工作中，严格遵守和规范实体质量和行为质量，确保工程建设的质量和安全。

（刘　洋）

【积水路段视频监控工程通过验收】　11月18日，25处重点积水路段视频监控建设工程通过验收。该项目6月底开工，安装摄像头25套，架空光缆敷设20952延米，管道光缆敷设88054延米，敷设电缆10370延米，新建管道3602延米，监控平台设备1套，可更准确、更清晰、更快捷回传重点路段积水情况。

（刘　洋）

【地铁14号线朝阳区河道配合工程竣工验收】　12月1日，市轨道交通建设管理有限公司第三项目管理中心、区水务局、区水务建设管理办公室、工程参建单位及河道管理单位参会。验收委员会认为该工程总体达到预期目标，符合验收规程，同意地铁14号线下穿朝阳区河道通过竣工验收。地铁14号线工程为北京市重点项目，其中东段（善各庄–九龙山）下穿朝阳区望京沟、北小河、西干沟等河道，轨道公司三中心委托区水务建设管理办公室负责相关水务配合工程建设。

（刘　洋）

【地下水管理工作会召开】　12月18日，召开2014年度地下水管理工作会。区水务局副局长彭庆彬出席会议，各地区办事处负责人参会。彭庆彬介绍区地下水管理考核工作和自备井置换的总体安排，并提要求。各地区办事处对区政府绩效考核中地下水用水总量控制和机井计量管理情况进行研讨，交流管理经验。会议部署地下水管理信息年度统计核查工作，并通报全区自备井置换的有关情况。

（刘　洋）

气象与服务

【概况】　朝阳区气象局是由朝阳区政府和北京市气象局双重领导，并以上级气象主管机构领导为主的管理机构。内设3个科室（综合办公室、业务管理科、社会管理与法制科）、2个直属事业单位（气象台、气象服务中心），承担辖区内气象数据收集整编、预报服务、科技服务、科研及行政管理职能。年内，区气象局被中国气象学会评为全国气象科普工作先进集体。

地址：酒仙桥东风南路6号

电话：64378628，64378211

邮编：100016

邮箱：Chyqxj@bjchy.gov.cn

（张子曰）

【异常天气及气候】　1月平均气温比历年同期平均值偏高3.1℃，为1959年以来历史同期第二高值；3月平均气温比历年同期平均值偏高3.5℃，为1959年以来历史同期最高值；4月平均气温比历年同期平均值偏高2.6℃，为1959年以来历史同期最高值；7月平均气温比历年同期平均值偏高2.0℃，为1959年建站以来历史同期第三高值。5月最高气温为41.1℃，为1959年以来历史同期最高值，7月日最高气温≥35℃高温日数为10天。1月降水量0.0毫米，历年平均降水量为2.6毫米，3月降水量为0.6毫米，比历年平均值偏少94%，9月降水量为111.2毫米，比历年平均值偏多1.2倍，11月降水量为0.5毫米，比历年平均值偏少94.6%，12月无降水，历年平均降水量为1.8毫米。年度最大雪深为40毫米，出现在2月8日，年度6月、7月、9月分别出现一次暴雨天气过程，年度共出现77天雨、4天雪、5天积雪、12天大风、37天大雾、2天浮尘、195天轻雾、151天霾天气现象。

（张子曰）

【气象现代化】　4月30日，区政府发文推进气象现代化工作，成立由区委常委、副区长陈涛任组长的区气象现代化工作推进领导小组，印发《关于推进气象事业发展率先实现气象现代化实施方案》。方案要求，加快建设朝阳区气象灾害防御体系，推进气象行政许可纳入区行政审批统一管理，加快推进综合气象观测和精细化预测预报系统建设，完善气象设施和探测环境保护制度，和加强城市气象科技创新和气象科普宣传工作。

（张子曰）

【气象灾害】　6月13日17时，区青年汇佳园北门通道东侧的砖房被大风吹倒，压倒旁边铁围栏，1名过路男孩被压身亡。11月30日受寒潮影响，区出现偏北风5、6级，阵风8级的大风降温天气，气象站14时42分瞬时极大风速为每秒19.4米，达8级大风。17时10分，平房地区大悦城西侧3至5层外幕墙铝扣板被大风刮落，砸中2名路过行人，1人死亡、1人重伤。

（张子曰）

【依法行政】 8月4日，区气象局行政许可工作入驻区行政服务大厅，提供施放升空气球、防雷装置设计审核和竣工验收3项行政许可事项受理，以及为遭受气象灾害的居民和单位开具气象证明等。年内，对全区进行气象执法检查81次，其中施放气球安全检查10次，气象设施和气象探测环境保护检查1次，防雷装置安全检查70次。执法检查中，立案调查3起，处罚金2000元。

（张子曰）

【APEC会议气象保障服务】 11月6日至12日APEC会议期间，启动气象服务应急保障机制，成立现场气象服务组，在朝阳区APEC会议现场指挥部值守服务，开发APEC会议气象服务系统，在奥林匹克公园管委会总指挥部安装气象信息显示终端，现场指挥部和区气象台内外合作，为APEC会议等相关活动提供及时、准确、全面、精细化的气象服务信息。会议期间，发布APEC气象信息专报44期。会议结束后，区气象局编写《APEC期间朝阳区雾霾天气影响及减排效果分析》。

（张子曰）

【城市气象防灾减灾基层调研】 12月15日，中国气象局副局长矫梅燕一行到区兴隆家园社区和区气象局调研城市气象防灾减灾体系建设。调研组视察朝阳区城市气象防灾减灾社区——高碑店兴隆家园红领巾气象站、气象科普教育基地、社区气象科普长廊和气象信息服务站情况，了解城市气象防灾减灾社区气象科普、气象信息传播和发布、社区气象灾害防御等情况，以及朝阳区智慧社区智能服务系统，听取朝阳区和北京市气象局城市气象防灾减灾的汇报。矫梅燕肯定了朝阳区气象局结合气象防灾减灾建设，将气象科普融进校园、气象知识送进社区、气象预警进入家校和社区平台、气象服务进入部门应急联动的做法，希望朝阳区进一步推广。

（张子曰）

【气候概况】 年内，平均气温为13.7℃，比历年平均值12.4℃偏高1.3℃。年度冬、春、夏、秋季平均气温分别为-0.3℃、16.2℃、26.3℃、13.2℃，与历年同期平均值-1.8℃、13.7℃、25.2℃、12.5℃相比，冬、春、夏、秋季分别偏高1.5℃、2.5℃、1.1℃、0.7℃。极端最高气温为41.1℃，出现在5月29日，极端最低气温为-11.8℃，出现在2月11日。年度降水量为474.6毫米，比历年同期平均值559.1毫米偏少15.1%。年度冬、春、夏、秋季降水量分别为6.8毫米、66.9毫米、274.3毫米、126.6毫米，与历年同期平均值8.3毫米、70.3毫米、397.3毫米、83.3毫米相比，秋季偏多52%，冬、春、夏季分别偏少18.1%、4.8%、31%，年度一日最大降水量为61.2毫米，出现在9月2日；最长连续降水日数为3天，降水量为87.3毫米，出现在8月31日至9月2日；最长连续无降水日数为97天，出现在2013年11月2日至2014年2月6日，为1959年建站以来第5位。注：历年平均值统计值采用新30年气候平均值（1981～2010年）。暴雨过程采用12小时30.0～69.9毫米，特大暴雨采用12小时大于140.0毫米，特大暴雪采用12小时大于15.0毫米标准。

（张子曰）

【气象科普】 年内，区气象局利用"3·23"世界气象日、"5·12"防灾减灾日、"12·4"法制宣传日等主题日，组织10余次科普宣传活动，将气象防灾减灾知识带入学校、带入社区、带入工地。其中3月21日兴隆家园小学气象学习小组和东风地区青年团员到区气象局参观，并邀请北京市气象服务中心张明英、张德山等专家为参观者讲述天气预报的由来和雾霾等灾害性天气的防范等知识，局长陈秀杰、副局长张本志向兴隆小学学生们赠送气象灾害避险书籍。3月23日，区气象局走进大屯街道，气象局专家面向街道和14个社区的社区信息员及居民开展气象防灾减灾知识讲座。

（张子曰）

【气象服务】 年内，发布气象灾害预警信号118期，天气情况及雨情分析200期，重要天气报告16期，假日旅游气象服务专报12期，气象信息专报32期，开展信息员培训工作2次；完成国庆65周年朝阳公园群众游园活动和APEC会议周期间气象保障服务；向区应急人员及气象信息员发送预警和重大天气过程短信息692条；开通"朝阳气象"官方微信，通过微博、微信、网站等向公众发布天气预报预警信息2000余条。

（张子曰）

【气象安全社区认证与气象信息员队伍建设】 年内，开展气象安全社区认证工作，150余个社区递交气象安全社区认证申报材料，30%以上社区通过认证。对全区气象信息员进行2次培训，表彰优秀气象信息员，其中2人获北京市优秀气象信息员、1人获全国优秀气象信息员称号。

（张子曰）

【防雷减灾管理】 年内，制发《朝阳区户外施工气象服务手册》，联合区住建委、区安监局组织召开2014年区重点工程汛期灾害防御培训及防雷安全工作部署会，向参加会议的全区100余家重点工程的项目承担和施工单位的负责人发放《朝阳区户外施工气象服务手册》，宣传防雷装置设计审核与竣工验收行政许可制度；印制防雷装置设计审核与竣工验收告知单并联合区住建委进行发放。与全区25个街乡签订区防雷安全监管协议。对全区1360余家单位进行防雷检测，对50余家单位提出整改意见。

（张子曰）

功能区建设

北京商务中心区

【概况】 北京商务中心区（CBD）管委会为北京市政府在商务中心区设立的行政机构，代表市政府统一行使北京商务中心区开发建设和管理职能，由朝阳区政府代管。内设机构11个。下设北京商务中心区土地资源发展中心、北京商务中心区投资和服务中心2个事业单位，分别为全额拨款事业单位和自收自支事业单位。年内，核心区Z4民生、Z12泰康2个项目获立项批复；8个项目获建设工程规划许可证，其中Z1b清华、Z2a阳光、Z2b三星、Z6远洋、Z15中信5个项目获整体工程规划许可证，Z3万通、Z13国寿、Z14正大3个项目获地下部分工程规划许可证；Z2b三星、Z14正大、Z1b清华3个项目正式开工；Z15中信项目实现地下结构封顶。公共配套设施工程主体北区、主体南区可施区域结构封顶后续预应力张拉、房心土回填基本完成。交通大厅北段K5、K4标段结构封顶。景辉街西管廊H5段结构封顶。全年中心区新增企业4097家，总注册资本716.2亿元，其中注册资本过亿元企业165家，总注册资本511.5亿元。中心区税收收入362.2亿元，同比增长12.8%，占全区的22.0%。税收过亿楼宇46座，其中8座超过10亿元，朝外SOHO实现税收最高，为44.1亿元。功能区税收收入897.8亿元，同比增长3.6%，占全区的54.6%。实现区级财政收入249.6亿元，同比增长10.1%，占全区的59.9%。

地址：东大桥路8号SOHO尚都北塔A座7层
电话：58780000
邮编：100020
邮箱：cbd@bjchy.gov.cn

（胡志芳）

【入驻机构】 1月2日，浙江大丰实业股份有限公司入驻SOHO现代城，注册资本1.53亿元；2月10日，中金基金管理有限公司入驻国贸中心，注册资本1亿元；3月7日，地利农产品投资控股有限公司入驻和乔大厦，注册资本10亿元；3月10日，《人民日报》媒体技术股份有限公司入驻人民日报社，注册资本1亿元；4月22日，西班牙桑坦德银行有限公司北京分行入驻嘉里中心，注册资本2亿元；5月21日，北京国安京津冀生态涵养产业投资基金、北京国安文化艺术产业投资基金入驻国安大厦，注册资本分别为100亿元、80亿元；8月6日，耶鲁引领（北京）教育咨询有限公司（耶鲁大学北京中心）入驻国际财源中心；8月21日，历峰控股有限公司入驻华贸中心，注册资本1亿元。8月28日，中信国安（北京）基金管理有限公司入驻国安大厦，注册资本5亿元；9月23日，恒天纤维集团入驻中服大厦，注册资本7.79亿元。年内，汇丰银行（中国）有限公司北京分行入驻北京财富中心，注册资本4亿元；中英人寿保险有限公司北京分公司朝阳区营销服务部入驻CBD国际大厦，注册资本5亿元。

（胡志芳）

【商协会活动】 1月16日，北京CBD传媒产业商会召开第八届会员代表大会。中国传媒大学、北京盛世大唐科技发展中心等8家单位分别获“最佳区域经济贡献奖”“最具成长潜力奖”和“优秀会员奖”。1月21日，CBD物业管理及地产开发企业协会召开会员大会。选举产生新一届理事会机构。

（胡志芳）

【CBD核心区建设】 2月13日，Z2b三星项目获地下部分施工许可证。2月25日，Z2b三星项目正式开工建设。4月10日，Z14正大项目获底板及以下部分施工许可证。4月18日，Z14正大项目正式开工。4月27日，Z15中信项目完成底板浇筑。5月29日，制发《北京CBD核心区塔式起重机管理导则》和《北京CBD核心区塔式起重机管理细则》。5月30日，Z1b清华项目获底板及以下部分工程施工许可证。6月1日，Z1b清华项目正式开工。6月9日，核心区深基坑安全监测数据信息平台启动试运行；6月17日，制发《CBD核心区建设期交通组织与管理细则》。7月22日，核心区建立施工安全文明互检制度。9月22日，Z1b清华项目完成主楼区域底板混凝土浇筑。9月28日，Z1b清华获地下二层至地下四层施工许可证；10月20日，Z1b清华项目完成裙楼区域底板浇筑。11月5日，Z14正大项目获底板以上至正负零工程施工许可证。11月30日，一工区完成地下连续墙浇筑，一体化支护体系形成。11月，制发《北京CBD核心区工程建设管理文件汇编》。《汇编》包括1个管理办法和6个配套细则。12月2日，景辉街西管廊H5流水段封顶，景辉街西管廊实现全部封顶。12月2日、4日，CBD核心区影像资料库和专家信息库通过专家评审；12月8日，Z15中信项目获地上部分施工许可证。12月14日，Z15中信项目完成地下部分施工。12月22日，Z2b三星项目完成底板浇筑。12月30日，Z1b清华项目主楼区域2个流水段（共4个）完成地下部分施工，2个流水段施工至B1层，裙楼区域施工至地下四层；Z14正大项目工程桩完成80%，深基坑地下连续墙完成66%；四工区一体化施工土方完成总量54%。年内，完成景辉街中段、东段及金和路总长度约540米道路建设。

（胡志芳）

【旧城改建项目】 5月20日，永安里旧城改造项目完成913户居民入户调查登记和实地查勘，入户总数占居民总户数的97.02%，符合相关规定，开始制定征收补偿方案。8月20日至9月10日，完成化石营旧城改造项目意愿征询。项目范围内居民总户数749户，其中631户参与投票，同意改建610户，占总户数81.44%，超过规定比例，可开展入户调查。

（胡志芳）

【商务活动】 5月29日至31日，与韩中地域经济协会联合举办2014济州论坛·中韩CBD分论坛。中国商务区联盟成员单位北京CBD、广州天河CBD及企业代表参加会议。6月1日至3日，应英国利物浦商务区邀请参加英国国际商务节。期间，召开世界商务区联盟工作会议，商讨联盟轮值主席换届及吸纳新会员等议题。12月17日，召开2014中国商务区联盟年会。商议联盟未来发展规划，郑州郑东新区中央商务区和南宁青秀商务区加入联盟，联盟会员增至22家。

（胡志芳）

【东北区域免费商务班车开通】 5月底，在原有西北区域两条线路15辆班车基础上，开通东北区域免费商务班车（接驳地铁6号线）。9月底，班车数量由试运行阶段的2辆增至5辆，10月1日正式运行。区域内免费商务班车数量达20辆，覆盖楼宇19座，辐射企业近2500家。

（胡志芳）

【朝阳路2号天桥完工】 6月25日，朝阳路2号天桥完工。7月底投入使用。朝阳路2号天桥位于京广桥东100米，北连首创禧瑞都，南接中央电视台新台址，桥宽4米，总长62米。

（胡志芳）

【西北区环境整治项目完工】 6月底，区域西北区环境改造项目完工。完成金桐东路、金桐西路11000平方米破损路面修复改造工程；修复城市绿廊及中心绿地破损立面近2000平方米，整理绿化用地25000余平方米。

（胡志芳）

【重点项目建设】 7月，完成国贸三期B阶段地下部分施工，实现正负零。9月，智能电网科技研发中心项目获地下部分规划许可证。12月，光华路SOHO2项目竣工并正式投入使用。12月底，国贸三期B阶段主楼结构施工至地上20层，裙楼完成结构施工；完成北京以太广场项目一期B座地上15层主体结构施工。

（胡志芳）

【届中审计】 8月18日至12月8日，区审计局派出审计组审计管委会常务副书记、常务副主任任中经济责任及管委会2013年和2014年1—7月预算执行及其他财政收支情况。审计结果：管委会预算执行基本到位；财务内控制度基本健全，执行基本有效。

（胡志芳）

【留学服务机构设立】 8月29日，教育部留学服务中心国（境）外学历学位认证北京CBD验证办公室在建外街道社会服务管理中心开始试运行。10月16日，正式挂牌并对外服务，为工作和居住在北京东部的留学回国人员提供就近学历学位认证服务。

（胡志芳）

【2014北京CBD商务节】 9月16日，举办以“转型升级、高端引领、协同发展”为主题的2014北京CBD商务节。期间，举办国际金融圆桌会、CBD圆桌会两场论坛及区域协同发展座谈会。国内外知名专家学者、国际友好城市代表、中国商务区联盟成员单位代表、CBD区域重点企业代表及天津市、河北省、河南省、内蒙古自治区等地区相关领导参加论坛。

（胡志芳）

【促进CBD区域企业发展政策解读会】 11月20日、27日，举办2场“促进CBD区域企业发展政策解读会”。园区重点企业、CBD传媒商会、地产商会、HR经理人俱乐部等企业代表参与会议。区商务委、区金融办、区工会、区文创办、国际高端商务人才发展中心和CBD工商所、税务所等部门解读总部政策、金融和文创产业发展政策及工商税务政策。

（胡志芳）

【CBD运行监测和决策支持系统建设】 12月2日，CBD运行监测和决策支持系统通过专家评审验收，开始试运行。该系统在原CBD综合资源系统基础上增加对7类重点企业、12类数据指标的动态监测；扩展经济管理、公共资源数据库；增加人才数据库；同步开发移动支持和项目资源管理系统，为区域精细化管理服务提供数据支撑。

（胡志芳）

【重点楼宇节能减排改造】 年内，投入资金6000万余元，完成CBD区域国贸中心、银泰中心、万通中心、SK大厦、华贸素拉潘酒店（万豪酒店、丽丝卡尔顿酒店）5个节能改造项目。改造内容为：中央空调水泵风机变频系统、新风热回收系统、客户IT机房空调系统、LED照明灯具、分项计量及能耗管理系统。改造后年节能量超过3000吨标准煤。

（胡志芳）

【CBD交通管理示范区建设】 年内，完成CBD交通管理示范区建设项目。CBD停车诱导系统新增华贸中心、中环世贸、万通中心等12家楼宇停车数据。区域部分道路新增机非护栏2000米，新增停车指示标牌25块，完成景华南街、景辉南街道路标志标线的渠划改造。

（胡志芳）

【HR经理人俱乐部】 年内，北京商务中心区HR经理人俱乐部完成章程制定和组织架构搭建工作。由中国国际技术智力合作有限公司、北京外企集团、普华永道中天会计师事务所、国贸中心等10家企业担任首届执委会成员单位，其中中国国际技术智力合作有限公司担任首届轮值执行主席单位，发展会员近80家，涉及商务服务、金融、地产、批发零售等行业。12月5日，召开俱乐部首次年会。年内，开展IECL企业教练认证及教练实践、创新人才管理与实践专题讲座等活动。

（胡志芳）

【CBD创新实践基地中期考核】 年内，CBD博士后（青年英才）创新实践基地完成对下设5个工作站6名在站青年英才中期考核工作。6名青年英才全部通过考核，其中4名考核等级为优秀。

（胡志芳）

【CBD人才公租房配租】 年内，完成CBD人才公租房第二、三批集中配租工作；完成制定日常配租工作流程。全年区域内36家企业251名人才入住CBD人才公租房。

（胡志芳）

【非公企业党组织建设】 年内，CBD区域新成立非公企业党组织3个，发展新党员23名。在区域非公企业党组织开展党的群众路线教育实践活动。开展庆祝建党93周年系列活动，宣传表彰先进基层党组织32个、优秀共产党员50名及优秀党务工作者26名。举办党史宣传教育、“共产党员献爱心”捐献活动等。

（胡志芳）

【工会建设】 年内，新建独立工会企业17家，联合工会企业30家，发展会员1000余人。6月7日至8日，举办2014北京CBD大企业桥牌赛，区域内20支企业参赛队伍的120余名桥牌选手参加比赛。8月9日，举办第六届北京CBD足球联谊赛，区域中外企业的24支足球队参赛。8月12日，总工会话剧社组织区域企业员工自编自演话剧《梦在CBD》，以中国梦为背景反映北京CBD发展历程和白领阶层真实生活状态。

（胡志芳）

【考察交流】 年内，接待各级领导视察、省级交流、国内外考察团60余场980余人次。

（胡志芳）

北京奥林匹克公园

【概况】 北京奥林匹克公园管理委员会为市政府派出机构，委托朝阳区政府代管。设综合处、安保交通处、综合治理处、大型活动处、发展处和市政管理处6个处室，下设1个城管分队和1个服务中心。主要职责：贯彻执行国家及北京市有关法律、法规和政策。研究提出奥林匹克公园发展规划和相关政策，并组织协调市、区有关部门及区域内企事业单位共同落实。参与拟定奥林匹克公园的建设规划工作。负责区域内大型活动的组织管理和服务保障。负责组织协调区属各单位开展社会秩序、市政基础设施、城市绿化、市容和环境卫生整治等工作，统筹园区及周边景观管理工作，实施标准化城市管理。按照功能区建设要求，组织、协调、统筹区域内产业发展和促进工作。负责统筹区域应急管理工作。负责组织协调有关部门及区域内的企事业单位，开展食品卫生、防火安全、生产安全、交通管理、社会治安、旅游市场管理等工作。年内，园区举办第三届京交会、第四届环北京职业公路自行车赛、北京马拉松赛等活动和会展924项。管委会召开大型活动协调会98次，向各职能部门行文40余份。园区完成固定资产投资38.81亿元。接待游客5500万人次，接待外宾及团体参观1756人次。功能区完成区级财政收入63.2亿元，同比增长8.4%。

地址：北辰东路15号

电话：84972647

邮编：100101

网址：www.bogac@sina.com

（余　红）

【国家级服务标准化试点项目入围】 2月，国家会议中心会展服务标准化试点项目入选2013年度国家级服务业标准化试点项目。是区首个入围该试点项目。

（颜文婷）

【党的群众路线教育实践活动】 2月至10月，组织开展党的群众路线教育实践活动。累计集中19天30次组织学习规定篇目，组织6次领导班子成员及处级领导干部学习交流研讨活动。征求意见建议84条，其中有关“四风”问题意见16条。5次召开对照材料“会诊”会，班子对照检查修改13稿。两个专题民主生活会提出批评意见105条。明确整改任务27项，其中立行立改任务16项、近期整改任务6项、中长期整改任务5项，开展5个专项整治活动，建立和完善15项制度。

（赵国胜）

【体育产业综合发展年度报告】 4月11日，召开体育产业综合发展年度报告课题专家研讨会。国家统计局北京调查总队、市体育局、奥运村街道、亚运村街道、大屯街道、国家体育场、世奥森林公园、中网公司及首都体育学院、北京体育大学等单位领导、业界专家参加会议。年内，组织完成2013年度奥林匹克公园体育产业综合发展年度报告编写。报告第一次完整地记载和分析北京奥林匹克公园体育产业发展现状，第一次尝试创新性地发布奥园体育产业发展繁荣指数和贡献指数，推出富有特色体育产业研究理性成果。

（颜文婷）

【第二届“才子朝阳”校企对接洽谈会】 5月22日，举办由奥林匹克公园管委会和区人力社保局联合主办，奥运功能区9个街乡和奥运功能区发展联盟协办、区人才服务中心、区大中专毕业生就业服务中心、凹凸人网联合承办的第二届“才子朝阳”校企对接洽谈会暨“北京奥运功能区第三届招聘交流活动”。全国各地70余家大中专院校、高职、中职技校和奥运功能区内近300家企业参加招聘活动。洽谈会上，多家院校和企业达成合作意向。北京盘古七星酒店与北京财贸职业学院等企业和高校现场签约。

（颜文婷）

【创建价格诚信园区】 5月29日，召开北京奥林匹克公园价格法规培训会暨创建价格诚信园区动员会。邀请区发改委人员作相关政策解读和工作部署。园区内国家体育场、国家游泳中心等业主方及相关经营单位和代表性商户40余家单位参加培训。9月2号，联合区发改委，召开奥园创建价格诚信园区工作部署会。组织奥园60余家主要经营单位签署“价格诚信承诺书”。

（颜文婷）

【市科委领导调研】 5月30日，市科委领导到管委会调研。研究在科技创新中心新的战略定位及京津冀一体化新形势下，如何使科技创新更好地驱动功能区发展。实地走访北京奥运博物馆。

（颜文婷）

【安全生产培训】 6月23日，管委会与新奥和元联合举办安全生产培训。管委会副主任杨平、北京新奥和元商业管理有限责任公司总经理曹峰出席开班仪式。园区12家主要单位相关部门负责人、从业人员参加培训。

（宋彦例）

【移除售卖服务设施】 8月8日至11日，开展奥林匹克公园售卖服务设施移除工作。移除临时布亭90个、照相亭28个、彩票亭4个、木质商亭2个、售票亭5个、献血车1辆。

（刘迎南）

【“和平号角—2014”军乐节开幕】 8月20日，“和平号角—2014”上海合作组织成员国首届军乐节开幕式暨军乐行进晚会在国家体育馆举行。中共中央政治局委员、中央军委副主席许其亮出席并宣布军乐节开幕。中国人民解放军军乐团，海军、空军、北京军区和武警军乐团，哈萨克斯坦、吉尔吉斯斯坦、俄罗斯、塔吉克斯坦等国9个军乐团660人参加晚会演出。8月22日，“和平号角—2014”上海合作组织成员国军乐游行和露天表演在奥林匹克公园中心区举行。

（秦　蕾）

【田径世锦赛倒计时1周年启动仪式】 8月22日，2015年北京国际田联世界田径锦标赛倒计时1周年启动仪式在北京奥林匹克公园庆典广场举行。揭晓本届世锦赛的吉祥物“燕儿”，开通田径世锦赛官方网站（www.iaafbeijing2015.com）。奥运冠军刘翔、北京短跑名将张培萌、全运会跳高冠军王宇等出席启动仪式。

（秦　蕾）

【APEC会议外围保障】 11月6日至11日，APEC会议周在园区举办。奥林匹克公园管委会成立APEC峰会奥园保障工作领导小组，设立环境、秩序和安全等专项保障小组。投资约8800万元用于园区设施改善、围栏更新、道路整修、绿化改造、花卉种植等。开展景区环境“三多、两差、一缺”（广告多、围栏多、亭子多；秩序差、设施差；绿化缺失）整治和市场秩序规范，拆除临时设施827处、违章建筑50处，暂停商户130家。对奥园及周边安全生产开展循环式密集检查，检查单位44家，发现问题76

处。对外围31个规定点位实行实名盯守，处置58名上访人员截返工作。加强与区安监局、区消防支队的执法合作，检查单位23家，发现并责令整改隐患15处。

（余　红）

【新年倒计时活动】 12月31日晚8时，在奥林匹克公园举办以“冰雪北京　诚邀五环”为主题新年倒计时活动。活动充满奥运元素，持续4个小时。主会场场地中央铺设近3000平方米冰雪场地，北京各族各界的群众、著名运动员代表、多国驻华使节、海内外游客5000余人参加活动。新年来临前最后1分钟，鸟巢13000平方米大屏幕播放《中轴闪光》炫动视频，祝愿2015年北京申办冬奥会成功。

（秦　蕾）

【节约经费】 年内，APEC会议环境整治工程、“春节”“五一”“十一”景观布置等29项大额资金项目全部实行招投标和竞争性谈判。节约资金705.66万元，节资率达6%。公车维护费用同比减少55.6%，公务接待经费同比减少100%。

（赵国胜）

【发展规划研究】 年内，完成体育产业综合发展年度报告课题研究工作。开展文化产业发展提升规划编制工作。启动《奥林匹克公园中心区科技文化资源整合提升的路径研究》课题研究和功能区“十三五”规划编制相关工作。

（颜文婷）

【税源建设】 年内，建立功能区2万平方米以上存量商务楼宇、在建重点楼宇和待开发地块3个方面台账，建立重点企业监测台账、规范企业经营纳税工作台账及引进企业和项目情况台账，奥运功能区楼宇及税源综合管理系统1期建成并投入使用。促成华油信通科技等企业回迁，建工海亚等企业成立分公司，群星科技等企业完成地税回迁，新引入中煤财务和北京国文琰园林古建筑工程等企业。

（颜文婷）

【产业扶持】 年内，为区域重点企业和项目申请2013年度市区两级体育、文创、节能专项资金2066万元。帮助汉能环球应用产品技术（北京）有限公司等26家新入驻园区企业办理工商注册等事项。

（颜文婷）

【重点工程项目建设】 年内，中国国学中心完成主体结构施工。国家美术馆、中国工艺美术馆准备可研究性报告。奥体文化商务园区项目，2号地块天圆置业写字楼项目主体结构封顶；开元国际广场项目3号、5号地块完成主体结构施工；4号地块进行土方开挖等工作，实现正负零；地下公共空间项目结构封顶，市政基础设施及配套建设办理前期手续；瞭望塔项目主体施工完成，国家全民健身示范基地二期全部建成投入使用。

（颜文婷）

【“北京市优秀青年人才”评选推荐】 年内，联合部分街乡开展“北京市优秀青年人才”评选推荐工作。推荐程天海（就职于中国科学院遥感与数字地球研究所）成为全区唯一入选该奖项人员。经推荐，国家会议中心获第四批“凤凰计划”引进海外优秀留学人员资助。

（颜文婷）

【旅游咨询站点规范整治】 年内，规范整治园区内22处旅游咨询站、点，完善11处咨询站的规章制度和操作程序，撤销7处咨询亭，拆除4处咨询点标识。

（秦　蕾）

【争取大型活动扶持资金】 年内，为2014国际泳联世界跳水系列赛、第二届“奥园杯”中国轮滑广场北京轮滑公开赛、第二届德国慕尼黑啤酒节北京之旅、2014国际汽联电动方程式赛车（北京站）争取扶持资金170万元。

（秦　蕾）

【5A景区魅力宣传】 年内，依托《北京旅游》杂志，以“全方位展现5A景区魅力”为主题内容，先后为鸟巢、水立方、国家会议中心、新奥集团、国奥集团、奥林匹克森林公园、中国科技馆提供44个版面，约25000字宣传报道。

（秦　蕾）

【“i在奥园”便民服务活动】 年内，开展“i在奥园”便民服务活动。在园区内游客较为集中区域设置流动咨询点，为游客提供义务咨询和讲解等为民便民服务。全年志愿者上岗2000余人次，记录游客提出问题约200种，服务游客超过10万人次。

（刘迎南）

【旅游服务接待】 年内，游客服务网点接待游客292万人次；发放园区地图及周边景区等资料38000余份；使用轮椅、拐杖、雨伞、婴儿车等便民服务设施3100余次；使用药品、针线盒等服务设施600余次；出租自动语音讲解器5000余台次；义务导游为21.5万人次提供讲解服务。

（刘迎南）

【整治园区市场秩序】 年内，查处取缔无照经营3万余起，罚没非法经营工具及经营商品143万余件，价值金额约50万元，行政处罚罚款金额10万余元。

（詹发尚）

【入园安检】 年内，安检游客1900万余人次、物品627万余件。查获禁限带物品18212件。其中管制刀具5684把、酒类6144瓶、剪刀854把、工具1474件、条幅740条、模型1815件、风筝1456个、弹簧刀9把、手铐36个。

（孙　鹏）

【规范交通秩序】 年内，查处假车证80余张，告知违法停车1500余辆，暂扣电动车、摩托车、自行车480辆，警告489人次。

（孙　鹏）

【园区安全检查】 年内，开展安全生产联合检查27次，专项检查35次，发现问题40余处，开具执法文书84份；日常检查146次，排除各类安全隐患110余起。协调安监、食药、消防等职能部门为园区企业开展各类培训6次，培训企业员工200余人。

（宋彦例）

电子城科技园

【概况】 中关村科技园区电子城科技园管理委员会是区政府派出机构，负责电子城科技园规划、建设和管理等。朝阳区副区长汪洋兼任管委会主任。下设办公室、大望京管理办公室、规划发展科、高新技术产业办公室、组宣科、招商投资促进办公室、财审科、电子城科技园服务中心。年内，电子城科技园有中关村高新技术企业1090家，从业人员20.4万人，电子信息、新能源、先进制造是电子城三大支柱产业。实现总收入4090.1亿元，同比增长15.2%，有过亿元企业236家，其中8家企业超百亿，47家企业过10亿；实缴税费475.9亿元，同比增长35.6%；实现利润总额490.4亿元，同比增长43.0%；完成工业总产值689.1亿元，同比下滑7.5%。在中关村“一区十六园”中，总收入第三，利税第二。

地址：酒仙桥路甲12号电子城科技大厦15层
电话：64311811 64317300（传真）
邮编：100015
邮箱：64317300@163.com

（苏　姗）

【消防安全督导】 1月14日，电子城管委会对园区重点项目所属企业开展消防安全督导工作。拟定《关于进一步加强园区建设项目消防安全的通知》及《电子城科技园区消防安全责任书》。向园区重点项目建设单位发送通知，并与部分重点项目责任单位签订《消防安全责任书》。从施工设计，消防安全管理，施工现场管理、易燃及危险物品使用、存放，用电管理，消防设施管理，临建管理，施工人员及生活区管理，火灾处置等方面进一步强化对项目建设单位的监督、约束，督促项目建设单位采取有效措施，加强消防管理，确保建设项目施工安全和人员生命、财产安全。

（赵　培）

【重点功能产业园党委书记工作会】 1月14日，召开重点功能产业园党委书记工作会。重点功能产业园党组织负责人参加会议，电子城管委会工委书记王文军主持会议并讲话。通报《重点功能产业园发展现况及潜力分析》课题情况、《区域党建创新和人才管理创新》课题情况及《党群共建实施方案（讨论稿）》；各重点功能产业园党组织负责人汇报各园区2013年在园区党建方面的进展情况、工作进展、存在困难和下一步安排。

（赵　培）

【发放重点楼宇调查问卷】 1月，电子城科技园服务中心对电子城东区、西区、健翔区等50余个重点楼宇发放调查问卷，更新以往的信息资源，掌握楼宇最新情况。

（司　维）

【电子城招商引资】 1月至11月，电子城科技园区新落户企业1244家。其中新成立企业954家、园区外迁入企业290家，注册资本金122.4亿元。从企业规模看，注册资金过千万元企业239家，过5000万元企业64家，过亿元企业30家，选商引资、总部招商初见成效。从纳税企业数量看，新落户企业中1182家企业实现属地纳税，占比超95%，税源建设工作成果显著。从所属产业类型看，高新技术和文化创意产业企业835家，占比67.1%，其他409家企业属于金融、商务服务等产业。从分布区域看，重点功能产业园新落户企业384家，占比近40%。

（张　晔）

【电子城专场招聘会】 3月3日，电子城科技园服务中心联合区人才服务中心举办2014年首场春季电子城专场招聘会。招聘会从宣传布展到活动结束为园区企业提供全程零成本的服务，吸引60家电子城园区高新企业参加。提供工作岗位310个，拟招聘人数700余名。

（司　维）

【组建朝阳园管委会】 3月25日　区编办印发《关于中关村科技园区朝阳园管理机构设置问题的通知》。《通知》决定在电子城管委会的基础上组建中关村科技园区朝阳园管理委员会。中关村科技园朝阳园管理委员会（简称朝阳园管委会），为区政府派出机构，负责朝阳园的规划设计、开发建设和协调服务等工作，主任由主管副区长兼任。保留电子城管委会，在朝阳园管委会加挂电子城管委会牌子，中共北京市朝阳区委电子城科技园工作委员会（简称电子城工委）与电子城管委会合署办公。朝阳园占地26.1平方公里，包括电子城东区、电子城西区、健翔园、电子城北区、望京地区和垡头中心区，重点发展新移动、新能源和新医药产业。

（苏　姗）

【13家企业获国际科技合作基地认定】 3月25日，市科学技术委员会公布“2014年北京市国际科技合作基地”名单。电子城13家企业获认定。分别是北海康成（北京）医药科技有限公司的肿瘤前沿诊治北京市国际科技合作基地、华润双鹤药业股份有限公司的慢性病药物研究与开发北京市国际科技合作基地、中日友好医院与爱科凯能科技（北京）股份有限公司的疼痛微创激光治疗北京市国际科技合作基地、北京七星华创电子股份有限公司的高效晶体硅电池及其产业化装备研究北京市国际科技合作基地、精进电动科技（北京）有限公司的新能源汽车电机驱动系统北京市国际科技合作基地、中科宇图天下科技有限公司的大气环境监测预警北京市国际科技合作基地、洛娃科技实业集团有限公司的高质量云母氧化铁材料开发与产业化北京市国际科技合作基地、北京中材人工晶体研究院有限公司的氮化物先进陶瓷技术研究与应用北京市国际科技合作基地、北京握奇智能科技有限公司的智能交通技术研究北京市国际科技合作基地、北京国遥新天地信息技术有限公司的通航应用技术北京市国际科技合作基地、安捷伦科技软件有限公司的先进无线通信测量北京市国际科技合作基地、北京华大九天软件有限公司的电子设计自动化北京市国际科技合作基地、北京星河亮点技术股份有限公司的无线测试测量国际创新北京市国际科技合作基地。

（黄雅卿）

【获市科学技术奖】 3月25日，市政府在北京会议中心召开全市科学技术奖励大会暨2014年北京市科技工作会议，表彰2013年全市科技成果获奖单位和个人。电子城5家企业6个项目获奖。获奖项目分别为中国建材检验认证集团股份有限公司的“既有玻璃幕墙安全评价方法及检测技术研究”、北京国遥新天地信息技术有限公司的“大型开放式三维空间信息平台EV-Globe”、中国石油集团长城钻探工程有限公司的“海内外一体化测井解释处理软件开发与应用”、京东方科技集团股份有限公司的“TFT-LCD非晶硅行驱动技术研发及产业化”和“基于FFS（ADSDS）技术的大尺寸全高清HDTV用TFT-LCD技术开发”、北京建都设计研究院有限责任公司的“水泥窑共处置垃圾焚烧飞灰工程化技术研究”。

（黄雅卿）

【创新基金申报工作培训会】 3月26日，电子城科技园服务中心协同北京高技术创业服务中心在创业大厦举办创新基金申报工作培训会。对2014年创新基金申报有新标准出台、有规定流程且周期较短特点，邀请市科委相关工作负责人讲解新规定及申报流程等方面问题。50余家企业相关负责人参加培训。

（司　维）

【高新技术成果转化项目入选】 4月3日，经市科委、市发展改革委、市财政局、市经济信息化委、中关村管委会专家评审，评选出市2014年度高新技术成果转化项目名单。电子城9家企业的项目入选。入选项目：中科宇图天下科技有限公司的基于二三维一体化GIS平台的环境监测综合管理产业化项目、安世亚太科技股份有限公司的精益研发平台转化项目、北京首信科技股份有限公司的CDMA网络AAA认证管理系统转化项目、北京华东森源电气有限责任公司的无重燃断路器转化项目、北京索为高科系统技术有限公司的基于统一业务模型的集成研发技术支撑平台转化项目、北京大邦实创节能技术服务有限公司的4-10t/h新型高效环保工业锅炉自动系统控制平台转化项目、安东石油技术（集团）有限公司的致密油气田多段压裂增产技术及产业化项目、北京中法派尔特医疗设备有限公司的具有自动保险装置的医用管型吻合器产业化项目、北京中纺海天染织技术有限公司的基于纳米的氨纶纺丝油剂产业化项目。

（黄雅卿）

【6家企业入围G20工程】 4月10日，由市科委、市经信委、中关村科技园区管委会、市投资促进局联合主办的“北京生物医药产业跨越发展工程（G20工程）二期工程G20企业发布会”召开。宣布由G20工作组评选出57家二期G20企业名单。电子城6家企业入围：北京嘉林药业股份有限公司、华润双鹤药业股份有限公司、华润赛科药业有限责任公司、华润紫竹药业有限公司、华润万东医疗装备股份有限公司、北京费森尤斯卡比医药有限公司。北京怡成生物电子技术有限公司被列为北京生物医药产业跨越发展工程G20后备企业。

（黄雅卿）

【电子城大学生专场招聘会】 4月16日，电子城科技园服务中心与北京高校毕业生就业指导中心合作，在大学生就业之家举办2014年首场面向应届大学毕业生的电子城专场免费人才招聘会。园区50余家企业参与，提供包括计算机、机械工程、电子通讯、金融财务等各类岗位330余个，计划招聘人数804人。

（司　维）

【获市发明专利奖】 5月15日，市政府召开第三届北京市发明专利奖颁奖大会。市长王安顺和国家知识产权局局长申长雨出席会议。区知识产权局推荐的北京经纬恒润科技有限公司“车灯转向驱动装置”和奇智软件（北京）有限公司“一种实时防护文件的监控方法及装置”2项专利获得三等奖。市发明专利奖是市政府为评选表彰在市行政区域具有重大经济社会效益发明专利而设立的专项奖励项目。

（苏　姗）

【高新技术企业认定、复审培训会】 5月23日，电子城管委在望京科技创业园为电子城科技园区企业免费举办国家高新技术企业认定、复审培训会。园区东方国信、松博科技、国遥新天地等150余家企业责任人参加培训会。

（司　维）

【技术合同登记培训会】 5月28日，电子城技术合同登记处为电子城科技园北京东坤科技有限公司、北京市神舟四达科技有限公司等40余家园区新注册登记企业举办技术合同登记培训会。解读新认定规则，帮助企业解决技术合同认定登记中常见问题。

（司　维）

【信用促进会政策宣讲会】 5月28日，朝阳高新技术企业协会联合中关村企业信用促进会秘书处，在望京科技创业园举办“2014年中关村企业信用促进会政策宣讲会”。对“中关村国家自主创新示范区技术创新能力建设专项资金”所涉及内容，给园区企业解读专利、技术标准、商标和购买科技中介服务专项支持资金的对象、标准、申报要求，并就相关申报流程、科技融资担保产品给予介绍和指导，园区30余家企业参加培训。

（李　哲）

【两家企业项目纳入节能低碳技术产品推荐目录】 6月9日，市发展改革委发布《北京市2014年节能低碳技术产品推荐目录》。电子城2家企业项目被纳入该目录，分别是：北京华大智宝电子系统有限公司的居住建筑供热收费调节系统和北京市同方瑞博数字技术有限公司的大数据分析预测、远端实时监测、智能化控制室内温度供暖系统。

（黄雅卿）

【两家企业获中小企业发展专项资金】 6月18日，财政部公布获“2014年中小企业发展专项资金”企业名单。电子城2家企业项目入选，其中北京华大九天软件有限公司的集成电路设计制造EDA及IP服务平台获科技服务项目专项资金，迈锐数据（北京）有限公司的智能化无线传感车辆检测云计算交通信息服务平台获科技创新项目专项资金。

（黄雅卿）

【“星级评定”业务开通】 6月，电子城管委会朝阳区高新技术企业协会作为中关村企业信用促进会电子城平台正式开通“星级评定”业务。业务指信用评级报告等级在BB级（含BB级）以上的中关村高新技术企业，在按期履行还本付息并经相关信贷机构确认后，可以申请1—5级信用星级评定。信用等级越高针对担保融资、信用贷款、信用保险及贸易融资、知识产权质押贷款和股权质押贷款中政府支持贴息比率就越高。

（李　哲）

【2名高管入选百名领军人才培养工程】 7月1日，市科学技术委员会公布“2014年科技北京百名领军人才培养工程”入选名单28人。电子城2家企业2名高管入选，为奇虎360科技有限公司总裁奇向东和北京超图软件股份有限公司总经理宋关福。

（黄雅卿）

【党建“一网三微”平台上线发布】 7月1日，电子城功能区党建“一网三微”平台上线发布。功能区党建“一网三微”平台包括“党建网、微QQ群、微信、微门户”4项内容，是在园区“聚焦电子城”电视专题、报刊专栏、手机报“三位一体”宣传平台基础上，拓展和延伸的信息化平台。通过该平台功能区党员群众只需1部智能手机就能及时、方便了解功能区党建的最新动态和园区政策。

（张　晔）

【社会保险业务培训】 7月9日，电子城服务中心与区社保中心联合举办社会保险业务系列培训班。100余家企业参加培训。区社保中心工作人员培训社保相关政策，并重点讲解企业职工缴费工资基数申报、生育保险两项业务流程。

（张　晔）

【重点功能产业园经济工作座谈会】 7月16日，电子城管委会召开上半年经济工作座谈会。兆维工业园、恒通商务园、望京科技园等11个重点功能产业园相关负责人参加会议。各产业园负责人对园区经济发展发表意见，对园区下半年工作提出建议。上半年，电子城功能区形成区级收入40.9亿元，完成全年任务的66%，同比增长54.25%。新增纳税企业2687家，形成区级收入1305.1万元。

（张　晔）

【华侨创业研习班参观交流】 8月18日，由国务院侨办经科司、市侨办主办的“第十四期华侨华人专业人士回国创业研习班”学员一行46人，到电子城科技园参观交流。研习班学员参观位于电子城科技园区内的大望京科技商务创新区和中国北京（望京）留学人员创业园及园区企业北京天睿空间科技有限公司，市侨办、区侨办、电子城管委会、CBD管委会、区投促局等有关单位与学员们交流座谈。研习班学员来自24个国家和地区，均为有影响力的海外华侨华人科技社团负责人及有到京发展意向和项目的重点华侨华人专业人士，专业领域涵盖生物医药、电子信息、先进制造、节能环保、金融投资、国际贸易、文化创意等首都重点培育和发展的产业。

（张　晔）

【电子城社会专场招聘会】 9月11日，电子城科技园服务中心在朝阳人才中心新址为园区高新企业举办“2014年电子城社会专场招聘会”。园区60余家企业参加招聘会。招聘会利用朝阳人才的招聘发布渠道、园区产业联盟商务楼宇发布信息以及实时交流平台发布等宣传措施，吸引求职者。招聘会提供研发工程师、Java工程师及管理、财务、行政等400余个岗位，拟招聘800余人。

（张　晔）

【重庆市正阳工业园区学习交流】 9月19日，重庆市正阳工业园区管委会副主任庞莉一行9人到朝阳园学习交流。庞莉一行实地考察华润双鹤北京工业园区生产车间和电子城西区的华润双鹤总部所在地，参观公司历史成就展。

（张　晔）

【个人所得税纳税及风险控制宣讲】 9月25日，区高新技术企业协会举办“电子城科技园个人所得税纳税操作实务及风险控制政策宣讲会”。园区75家企业100余人参加会议。邀请税务专家通过典型案例，剖析相关政策，使企业了解个人所得税各税目的应用及计算方法，学习纳税操作技巧，避免交错税、多缴税、合法节税等内容。

（张　晔）

【企业登记注册改革与年报政策宣讲会】 10月15日，区高新技术企业协会与工商朝阳分局联合在望京科技创业园，为朝阳园高新技术企业举办“企业登记注册改革与年报政策宣讲会”。介绍《企业信息公示暂行条例》政策，对企业在网上填报操作方法和填报过程中遇到问题予以讲解、咨询。220余家高新技术企业相关人员参加会议。

（李　哲）

【医疗保险政策宣讲会】 10月22日，区高新技术企业协会在蟹岛度假村多功能厅举办电子城科技园医疗保险政策宣讲会。区医保中心的两位专业人员解读北京市医疗保险的最新政策和网报中的关键问题及注意事项。园区近100名企业相关工作人员参加会议。

（李　哲）

【电子城校园巡回招聘会】 10月至12月，为满足电子城园区企业人才需求，促进园区企业发展，电子城科技园服务中心与朝阳人才合作，在19家具有全国影响力高校举办进校园巡回招聘会。以北京七星集团、瑞利分析、奥科瑞丰为代表的园区企业参加校园招聘会，提供工作岗位100余个。

（司　维）

【市委书记调研】 11月18日，市委书记郭金龙到电子城功能区围绕“深入贯彻落实习近平总书记视察北京重要讲话精神，加快推进首都经济创新发展”主题开展调研。考察电子城功能区产业结构调整情况，视察奇虎360科技有限公司、梅赛德斯-奔驰乘用车中国研发中心等企业。郭金龙对电子城功能区带动区域发展和创新驱动发展给予肯定。市领导李士祥、张工，区领导程连元、吴桂英、汪洋、张维刚陪同调研。

（张　晔）

【合同登记和税负变化座谈会】 11月19日，电子城技术合同登记处组织年登记量排在前10位的企业召开营业税改增值税之后在技术合同登记及企业税负变化等方面进行座谈会。为大型企业做好一对一服务，完善大额合同绿色通道建设，向企业逐一解答在大额合同登记、免税流程等存在的问题。

（司　维）

【电子城非公党员培训举办】 11月26日至27日，举办电子城功能区非公企业党员和党务工作者培训班。电子城功能区内的15个产业园、7个街乡以及直属7个非公支部100名党员和党务工作者代表参加培训。邀请市委党校和区委党校的专家、教授授课，重点解读十八届四中全会精神、如何做好新时期非公企业党支部工作、学习新《党章》、加强党性修养等内容。

（张　晔）

【市委组织部调研人才工作】 12月16日，市委组织部人才工作处副处长朱永利一行到电子城科技园调研人才工作。走访超图软件、奇虎360和天睿科技3家高新技术企业。在座谈会上，电子城科技园区北京可视化节能科技有限公司等5家高新技术企业分别就当前人才工作中存在的困难、需求和建议发言。调研组现场答复企业提出的问题。

（张　晔）

【创新融资及知识产权融资宣讲会】 12月23日，朝阳高企协会与中关村成长型科技企业互助促进会联合举办中关村财富快车系列活动之“朝阳园创新融资及知识产权融资宣讲会”。介绍创业贷和知识产权融资、天使融资、新三板上市后如何再融资等问题，现场解答企业疑惑，参会企业共同探索“新产业”下“新金融”体系建设。40家企业近60人参加会议。

（李　哲）

【获技术创新能力建设专项资金支持】 年内，朝阳园44家科研院所和企业获中关村技术创新能力建设专利部分专项资金支持。分别为：京东方科技集团股份有限公司、北京握奇数据系统有限公司、奇智软件（北京）有限公司、北京中电华大电子设计有限责任公司、中国建筑材料科学研究总院、北京经纬恒润科技有限公司、中国农业机械化科学研究院、中国食品发酵工业研究院、北京吉天仪器有限公司、华润双鹤药业有限责任公司、中国蓝星（集团）股份有限公司、中国皮革和制鞋工业研究院、北京有色金属与稀土应用研究所、北京时代凌宇科技股份有限公司、中煤矿山工程有限公司、海湾环境科技（北京）股份有限公司、华润双鹤药业股份有限公司、北京大豪科技股份有限公司、北京中材人工晶体研究院有限公司、中国建材检验认证集团股份有限公司、北京奥科瑞丰新能源股份有限公司、北京灿烂阳光科技发展有限公司、北京莱瑞森医药科技有限公司、北京市射线应用研究中心、北京兆维电子（集团）有限责任公司、北京超图软件股份有限公司、北京建研机械科技有限公司、北京欧宁航宇检测技术有限公司、北京世纪国瑞环境工程技术有限公司、北京握奇智能科技有限公司、北京中科新微特科技开发股份有限公司、德信互动科技（北京）有限公司、乐金电子（中国）研究开发中心有限公司、北京世能中晶能源科技有限公司、华建耐尔特（北京）低碳科技有限公司、北京红太阳药业有限公司、北京燕东微电子有限公司、北京北开电气股份有限公司、北京国遥新天地信息技术有限公司、北京嘉林药业股份有限公司、北京鉴衡认证中心有限公司、北京松下控制装置有限公司、北京有恒斯康通信技术有限公司、亿家联合环保设备（北京）有限公司。

（黄雅卿）

【获中关村国际化资金支持】 年内，朝阳园4家企业5个项目获中关村国际化资金支持。其中北京世纪互联宽带数据中心有限公司举办的《2013中国国际移动互联网大会》获举办国际会议资金支持；京东方科技集团股份有限公司的《摘星项目》获国际研发合作资金支持，北京掌上飞讯科技有限公司获扩大海外市场项目资金支持；北京映翰通网络技术股份有限公司的《罗克韦尔RAOTM2013》和《Inhand Networks，Inc.》项目分别获境外展会和境外设立机构资金支持。

（黄雅卿）

温榆河生态走廊

【概况】 北京市朝阳区温榆河生态走廊建设管理委员会为区政府派出机构，负责温榆河地区开发建设管理和协调服务工作。主要职责：负责研究编制温榆河地区总体规划、控制性详细规划和各专项规划，制定地区发展规划、相关政策和开发建设计划，并组织实施；负责统筹温榆河地区市政基础设施建设、产业发展和生态环境建设，制定地区土地开发建设计划，并组织实施；负责协调建设用地的征地、拆迁、转工、转居工作，制定征地拆迁安置计划和政策；负责温榆河地区开发建设项目的初审和报批工作，并协助相关部门开展对工程项目的财务管理和审计监督工作；负责研究温榆河地区的财政、金融运行态势，组织对外宣传和招商引资工作。北京市朝阳区温榆河生态走廊服务中心为下属事业单位，差额拨款事业编制10名，主要负责区域相关信息化建设和服务，政策咨询和信息发布、追踪及反馈，管委会的后勤保障及服务等工作。年内，完成固定资产投资约11亿元。同比增长1.6亿元。

地址：朝阳区金盏乡金盏东街9号

邮编：100018

电话：84334239

邮箱：wenyuriver@163.com

（金丽坤）

【东苇110千伏变电站建设】 1月，东苇110千伏变电站项目获市发展改革委项目立项，年内重点办理项目前期手续。该项目位于崔各庄乡草场地长建驾校院内，为半地下变电站，作为崔各庄乡南皋组团安置房配套供电项目，主要满足南皋组团及周边产业项目用电需求。

（金丽坤）

【党的群众路线教育实践活动】 2月至10月，温榆河管委会开展党的群众路线教育实践活动。期间，重点开展党支部书记讲党课、主题学习交流、参观廉政文化教育基地、召开专题民主生活会和专题组织生活会、民主评议党员等一系列活动，完成14项制度建设。8月25日，市委督导组第一副组长刘江平、副组长祝文燕带队调研温榆河功能区建设发展情况，听取功能区建设发展情况的汇报，实地踏勘东郊森林公园万亩造林地块（健康绿道），了解功能区生态建设情况。

（金丽坤）

【黄楼路建设】 3月25日，黄楼路（机场南线辅路）开工建设。道路西起京承高速，东至温榆河大道，全长6.5公里，宽80米，为城市主干路。建设单位为北京市首都公路发展集团有限公司。7月底，道路完工。

（金丽坤）

【领导调研】 5月13日，区发展改革委主任常树奇调研温榆河功能区。常树奇要求结合首都功能疏解、人口调控、十三五规划等重点工作，统筹研究功能区工作，进一步推动城乡一体化建设。6月4日，区人力社保局副局长徐宝荣到温榆河功能区调研。重点交流如何做好产业、岗位与培训、就业的衔接，更好利用现有就业、培训政策，解决功能区人员安置等问题。9月26日，区园林绿化局局长荣学强带队调研孙河国际商务园项目情况。重点研究项目绿化政策适用、区域绿色空间实施等内容。

（金丽坤）

【金盏小店110千伏变电站建设】 5月，金盏小店110千伏变电站主体结构工程完工。年内重点开展电站内、外装修及设备安装等工作。年底，工程基本完工。

（金丽坤）

【孙河国际商务园项目控规编制】 年内，重点围绕孙河国际商务园项目开展控制性详细规划编制工作。6月初，项目控规编制与城市设计方案初步形成。拟规划总用地面积约43公顷，其中建设用地约25公顷，总建筑面积约50万平方米；初步定位于构建“总部别苑”经济形态，即以环境为核心、以生态为目标，突出商务特色、突出生态理念，发展“高品质花园式生态商务综合体”，着力打造包括商务办公、商务会议、综合服务配套、生态休闲旅游等功能业态；优化路网结构和市政基础设施布局，满足地块交通需求，统筹考虑周边市政设施配套；在景观设计方面，围绕沿公共滨河休闲景观带、漫步休闲景观带、环绕园区的绿色休闲带、屋顶绿化及庭院景观等拟定初步景观系统方案。11月27日，区政府召开调度会研究孙河国际商务园项目控制性详规与城市设计方案有关工作。会议原则同意该项目控规方案关于功能定位和规划指标等内容，要求按程序上报市规划委审批。

（金丽坤）

【课题研究】 年内，围绕功能区发展实际，温榆河管委会组织开展功能区发展路径、土地利用创新模式、绿色空间实施路径及生态环境建设补助机制4个课题的研究工作。11月底，4个课题初步研究成果形成。

（金丽坤）

金盏金融服务园区

【概况】 金盏金融服务园区管委会，负责金盏金融服务园区规划、发展、建设、管理和综合协调工作的区政府派出机构。园区东至温榆河大道，南至坝河北滨河路，西临机场第二高速路，北至规划东坝路，占地面积约595公顷。金盏金融服务园区服务中心为管委会下属事业单位，中心下辖2个企业。主要职责：负责研究制定园区中长期发展规划、年度计划和相关政策，参与编制园区市政基础设施、配套服务设施等各类专项规划，负责园区对外宣传、产业促进、招商引资、项目建设和综合协调等工作，贯彻执行国家相关法律、法规、政策及区委、区政府决议和决定，协助区政府开展重大项目的引进研究和决策，负责园区开发建设项目管理，并监督管理园区规划落实、土地利用、项目建设情况，负责市、区相关专项资金的使用和监督管理，负责园区社会化服务管理、信息化建设和统计分析等工作。年内，完成固定资产投资约2.08亿元，同比增长1.9亿元。

地址：东坝大街（楼梓庄路）9号

电话：84398989
邮编：100018
邮箱：jzyqgwh@bjchy.gov.cn

（李昊雪）

【民航清算中心项目】 1月7日，推进民航清算中心项目工作。民航清算中心项目缴纳土地补偿款。4月29日，该项目取得《北京市规划委员会建设项目规划条件》。5月29日，取得《建设工程规划用地测量成果报告》。6月11日，取得《北京市交通委员会关于中国民用航空局清算中心业务用房工程交通影响评价审查意见的函》。9月29日，取得《国有建设用地使用权出让合同》。11月2日，取得《建设用地规划许可证》。11月28日，取得《土地权属来源说明函》。12月31日，取得《权属审核意见书》（2014—0104）。

（齐宏意）

【温榆河法庭及档案楼项目】 1月21日，温榆河法庭及档案楼项目取得建设项目选址意见书。4月14日，取得钉桩测量成果。5月中旬，土储朝阳分中心与区机关后勤服务中心办理该项目交地相关手续。

（齐宏意）

【党的群众路线教育实践活动】 2月24日，召开党的群众路线教育实践活动动员大会，区委第八督导组成员出席，全体党员干部参加。7月30日，园区管委会领导班子召开民主生活会，查摆具体问题8个方面20项，剖析了5个方面的根源，制定整改措施7项。班子成员之间相互提出批评意见17条。8月27日，召开党的群众路线教育实践活动全体党员组织生活会。10月27日，召开党的群众路线教育实践活动总结会，全面总结园区开展教育实践活动的基本情况、主要做法及特点、取得的成效等，对下一步工作提出要“切实加强组织领导，严格执行制度规定，树立攻坚克难精神”三项要求。

（李昊雪）

【宣传推介】 5月14日至18日，金盏金融服务园区参加第十七届中国北京科技产业博览会，重点推介园区发展优势及产业规划。9月8日至11日，金盏金融服务园区参加第十八届中国国际投资贸易洽谈会，展示园区金融服务发展优势。

（李昊雪）

【广发金融中心（北京）项目】 6月25日，金盏金融服务园区广发金融中心（北京）项目取得土地预审意见。7月2日，该项目取得区发改委项目备案通知书。

（齐宏意）

【消防宣传教育活动】 7月10日，开展“强化红线意识，促进安全发展”消防宣传活动。邀请消防教育专业咨询机构开展消防安全知识宣传培训；结合夏季天气特点，通过对重大火灾案例分析，从火灾预防、初期火灾扑救、火场防烟逃生等方面讲解消防知识；特别强调办公场所、家庭生活用电用气、车辆防火等注意事项；现场演示常见消防设备的配置及正确使用方法。

（李昊雪）

【领导调研】 9月4日，市委第三督导组到园区调研开发建设情况。区委副巡视员刘英男陪同调研。11月19日，市金融工作局副局长栗志纲带领首都金融服务商会、北京首金中小微企业金融服务有限公司相关人员，到金盏金融服务园区考察。就园区功能定位、融信投资中心项目发展等问题探讨交流。12月3日，副区长张维刚一行到园区调研金盏电力管道沟建设有关工作。召开专题会，听取有关方面意见，研究推进相关建设工作。张维刚对下一步工作提出3点要求：①园区管委会抓紧时间动员施工力量，尽快完成电力管道主体结构；②金盏电力管道沟建设要始终把工程质量和建设安全放在第一位；③水务、绿化、乡政府等相关单位要全力配合，简化程序，为金盏电力管道沟的建设争取时间。12月11日，规划朝阳分局副局长倪崇霞带队到金盏金融服务园区现场办公。对园区入驻的温榆河法庭、民航清算中心业务用房、中信金盏金融后台综合服务中心、金盏融信投资中心二期等项目提出设计方案、建筑风格及建筑色彩等提合理化建议。12月18日，市经济与社会发展研究所副所长王广宏等一行5人，到金盏金融服务园区就市金融产业布局以及“十三五”规划发展思路等进行考察调研。

（李昊雪）

【中信金盏金融后台综合服务中心项目】 9月17日，中信金盏金融后台综合服务中心项目取得28号地块建设用地规划许可证及29号地块建设用地规划许可证（2014规（朝）地字0031号）。10月21日签订28号、29号地块土地开发补偿协议。10月23日，取得市国土资源局28号地块土地证，29号地块土地证。

（齐宏意）

【区政协检查督办重点提案】 10月23日，区政协检查督办金盏金融服务园区发展专题重点提案《关于加强金盏金融服务园区建设，推进朝阳区金融业发展的建议》。区委常委、常务副区长甘靖中，区政协副主席陈合庄出席，区发改委、区金融办等相关部门领导及部分政协委员参加。检查督办会对园区目前面临问题和如何实现进一步发展，提出3点建议：①以抓重点项目为突破口，采取招标模式，在企业规模、税收贡献等方面严格限定，保障入驻企业符合园区产业定位；②充分发挥区位优势和政策优势，在引入成熟大企业的同时，培育、扶植一批具有创新性的中小企业入驻，聚集新的发展模式，凸显园区发展特色；③园区建设是系统发展的过程，要在产业定位、人才引进、配套设施等方面同步下功夫，细化园区服务内容，为企业发展创造更好的条件，吸引优质企业入驻。

（李昊雪）

垡头科技商务区

【概况】 垡头科技商务区是区规划建设的六个功能区之一，也是“十二五”时期重点建设的十大发展基地之一，规划面积15.6平方公里，东至通惠灌渠西路，西至垡头西路，南至大羊坊路、孔家井北路，北至京哈高速路。按照北京市城市总体规划（2004—2020年）修编规定，垡头科技商务区是衔接中心城与通州城市副中心和亦庄新城的门户地带，是京津冀区域规划确定的京津唐高新技术产业带起始点，是京津冀和环渤海区域重要进京通道。作为中关村政策区，具备辐射带动周边发展的地缘优势和政策优势。垡头管委会是区政府派出机构，机构级别正处级，下设综合科、规划科和产业科。主要职责是负责垡头产业区整体规划的统筹协调和组织推进工作；研究提出产业区发展规划和相关配套政策；协调推进产业区重大项目落实，优化项目布局，促进产业升级；组织协调产业区市政基本设施、配套服务设施建设以及环境整治、景观提升工作；负责产业区内重点企业和社会单位的信息联系和综合协调工作。

地址：欢乐谷社区楼西侧白楼

电话：65094663

邮编：100023

网址：http://ftgwh.bjchy.gov.cn

（孟庆龙）

【区域能源中心项目工作协调会召开】 1月3日，管委会副主任邹明华主持召开区域能源中心项目工作协调会。管委会拟与华能热电厂合作，在垡头核心区规划建设区域能源中心项目。区发改委、区市政市容委、区规划分局、区国土分局、华能北京热电厂等单位参加会议。区域规划总建设规模约645万平方米（不含工业旧址园）。

（孟庆龙）

【合作协议签订】 4月25日，与启客商务咨询（上海）有限公司举行北京焦化厂工业旧址园合作意向签约仪式。5月29日，在华能热电厂二层大会议室举行区政府与华能国际电力股份有限公司战略合作框架协议签约仪式。副区长苑文新，垡头管委会主任齐建宗、副主任邹明华，华能国际华北分公司总经理王力军、副经理李丹，华能热电厂厂长杜成章、书记刘宗富，副厂长吴峥、杨耀文、李海斌及区发改委、区市政市容委、规划朝阳分局、国土朝阳分局等单位相关领导参加签约仪式。

（孟庆龙）

【领导调研】 3月18日，区长吴桂英到焦化厂工业旧址园调研，并主持专题会。专题研究垡头管委会汇报焦化厂工业旧址园保护与利用相关工作。常务副区长甘靖中、副区长苑文新出席会议，区政府办，区发改委，区国资委，区文创办，国土朝阳分局，规划朝阳分局，垡头管委会，CBD公司相关领导参加会议。9月17日，区领导辛燕琴、苑文新到垡头调研。参观焦化厂七号线车辆段、北人产业园。在垡头管委会三层第一会议室召开会议，听取关于垡头功能区规划建设建设相关情况汇报。

（孟庆龙）

【焦化厂区域开发建设汇报会】 4月22日，在市规委1611会议室召开专题汇报会。管委会代表朝阳区向市规委相关领导汇报关于统筹推进焦化厂区域开发建设情况。市国土局相关领导及管委会主任齐建宗、副主任邹明华、林琳等参加会议。12月18日，在市政府1号楼1层会议室召开专题汇报会。管委会代表朝阳区向市有关领导汇报统筹推进焦化厂区域开发建设的总体思路和措施建议。市国土局、市规划委、市交通委、市环保局等有关单位有关人员围绕土地利用、规划编制、道路交通、污染土治理、工业旧址园开发建设等方面进行讨论。会议认为，焦化厂区域低端产业和流动人口聚集，基础设施薄弱、公共服务不足、环境污染严重，群众反应比较强烈，亟须科学统筹规划，推动区域协调发展。同时认为，目前规划的工业旧址园应定位于（文化创意）产业园，而非城市公园。

（孟庆龙）

定福庄传媒文化产业区

【概况】 定福庄传媒文化产业区管委会是区政府临时派出机构，行政级别正处级。主要职责：负责统筹推进定福庄产业区的规划建设工作；负责产业区市政基础设施和配套服务设施建设的组织协调工作；负责产业区产业促进和对外宣传工作，促进产业结构调整和优化升级。年内，进一步深化定福庄城市文化综合区和管庄滨水文化区控规调整工作，推进区域内重点项目建设。被文化部认定为国家文化产业创新实验区。

地址：建国路15号院甲1号（华文国际传媒大厦12层）

电话：65420802

邮编：100024

邮箱：dfzgwh@126.com

（徐隆祥）

【市领导专题调研】 3月25日，副市长杨晓超到中国传媒大学调研，并召开文化定福庄专题座谈会。管委会相关人员参加会议。听取中国传媒大学关于文化定福庄发展规划研究专题汇报。杨晓超就文化定福庄建设面临现实问题、发展路径进行询问，并提出争取国家部委支持建议。

（徐隆祥）

【CCD发展战略研究研讨会召开】 4月1日，管委会组织召开中央文化区（CCD）发展战略研究研讨会。国务院发展研究中心东方文化与城市发展研究所领导汇报研究成果。区文创办、三间房乡政府参加会议。

（徐隆祥）

【文化部领导调研“文化定福庄”建设】 4月4日，文化部部长蔡武到中国传媒大学调研“文化定福庄”建设情况。听取中国传媒大学关于《文化定福庄发展规划纲要》汇报。区领导程连元、谢莹、刘军胜、张立新参加调研。4月8日，文化部副部长项兆伦调研“文化定福庄”建设情况。区领导程连元、吴桂英、谢莹、刘军胜参加调研。

（徐隆祥）

【参加北齿新媒体基地规划研究座谈会】 9月24日，管委会领导班子到北京齿轮厂参加北齿新媒体基地规划研究座谈会。听取市规划院关于研究成果的汇报和北京齿轮厂新媒体基地的建设思路，并对企业的发展和园区建设提出指导意见。

（徐隆祥）

【发展战略合作协议签署】 12月16日，与国开中国新城镇发展有限公司签署《定福庄文化与金融融合发展战略合作协议》。并设立“定福庄文化产业基金”，拟定规模100亿，旨在借力国家开发银行、国开金融等机构优势，推动“文化定福庄”区域相关基础设施建设、文化产业项目和资产重组等方面开展合作与金融服务。

（徐隆祥）

【选举定福庄文化产业促进会第一届理事会及监事会】 11月18日，管委会召开定福庄文化产业促进会第一届理事会及监事会选举大会。选举《光明日报》副总编刘伟担任会长，同时，选举出促进会常务副会长、副会长及理事会和监事会成员单位。

（徐隆祥）

【东亿产业园入围国家文化产业示范基地推荐名单】 12月3日，经管委会推荐，东亿国际传媒产业园成功入围文化部第六批国家文化产业示范基地推荐名单。

（徐隆祥）

【懋隆文创园举办文博会分会场活动】 12月11日至14日，懋隆文创园在第九届北京文博会期间，举办以工艺品展示为主题分会场活动。

（徐隆祥）

【国家文化产业创新实验区揭牌】 12月15日，国家文化产业创新实验区揭牌暨建设发展研讨会在朝阳区规划艺术馆举行。管委会主任桑小为参加会议。

（徐隆祥）

【重点项目建设】 年内，东亿大厦、世通国际大厦、八里庄文创园和铭基国际创意公园竣工并启动招商工作；4个项目建筑面积分别为6.5万平方米、12万平方米、16.5万平方米和3万平方米。年内，金田影视基地、塞隆国际文创园启动建设，北京齿轮厂改造、E9区创新工场启动规划研究。

（徐隆祥）

东坝国际商贸中心区

【概况】 东坝国际商贸中心区，地处东坝边缘集团的东坝北区，西至东五环，东邻机场二通道（距首都机场约8公里），南侧以坝河为界与南区相邻，北至规划东坝路。规划范围约6.21平方公里，总建筑规模（地上）约800万平方米。2009年3月4日成立东坝航空商务区管理委员会，2013年2月更名为东坝国际商贸中心区管理委员会，代表区政府承担东坝国际商贸中心区的开发建设管理和协调服务工作，行政级别为正处级。主要职责：负责东坝国际商贸中心区各项规划的研究制订和报批工作；负责协调推进东坝国际商贸中心区内的建设用地拆迁、农民安置和劳动力就业等工作；负责市政基础设施、配套服务设施规划建设的组织协调工作；负责东坝国际商贸中心区内的社会化服务工作。年内，管委会深化研究东坝国际商贸中心区功能定位，推进规划编制报批工作，实施土地一级开发。

地址：东三环北路2号迪阳大厦18层
电话：65416800
邮编：100027
邮箱：dbgwh@bjchy.gov.cn

（霍 蕊）

【“四评”工作获审批】 2月24日，获《北京市水务局关于东坝国际商贸中心区控制性详细规划水资源论证报告的批复》。2月28日，获《北京市交通委员会关于朝阳区东坝国际商贸中心区项目交通影响评价审查意见的函》。至此，东坝国际商贸中心区“四评”（节能评估、地震安全性评价、水资源论证、交通影响评价）工作全部获上级部门评审意见，完成申报审批工作。

（霍 蕊）

【宣传推介】 5月29日，参加第三届中国（北京）国际服务贸易交易会分销服务板块展览。展示推介东坝国际商贸中心区总体规划及发展优势。

（霍 蕊）

【领导调研】 6月4日，外交部部长助理钱洪山、市政府副秘书长徐波调研第四使馆区项目进展情况。重点听取拆迁腾退工作进展情况，并现场勘查东坝乡三岔河村拆迁现场。区委常委、副区长陈涛陪同调研。

（霍 蕊）

【功能定位调整预研究】 年内，管委会开展东坝国际商贸中心区产业定位、功能定位升级等研究。形成《东坝国际商贸中心区产业促进政策措施研究报告》。该《报告》提出东坝国际商贸中心区“2+3+1”产业体系（“2”是指由高端商贸业和商务服务业双轮驱动构成的主导产业，“3”是指由总部经济、会展业、文化休闲业构成的支撑产业，“1”是指由国际化住宅、学校、医院等构成的外围高端配套）和“1+6”产业促进政策体系（“1”是指《关于促进东坝国际商贸中心区产业发展的若干意见》，“6”是指6个政策办法，包括促进市场环境支持、促进人才发展支持、促进要素聚集支持、基础设施建设配套、重点企业服务和引进及促进重点产业发展），完成《关于东坝国际商贸中心区功能定位升级的思考调研报告》。

（霍 蕊）

【编制市政基础设施专项规划】 年内，东坝国际商贸中心区河道、燃气、供热、有线、供电、供水、雨水、污水、再生水、电信、环卫等11项市政基础设施专项规划报告全部获审查意见。

（霍 蕊）

【启动地质沉降监测工作】 年内，东坝国际商贸中心区管理委员会委托市测绘院开展东坝国际商贸中心区地质沉降检测工作。安装调试基准点和监测点，完成第一次沉降监测。

（霍 蕊）

【第四使馆区项目用地拆迁工作完成】 年内，完成第四使馆区项目住宅部分拆迁工作。签订拆迁协议384份，完成总量100%；非住宅部分签订协议22份，完成总量61%。项目用地位于东坝乡三岔河村，占地83.617公顷，自2013年12月启动拆迁工作以来，管委会协调区土地储备中心、东坝乡等单位推进拆迁工作。

（霍 蕊）

北京国家广告产业园区

【概况】 北京国家广告产业园区是国家工商总局首批认证的9个国家级广告园区之一，由政策区和核心区构成，区域覆盖北京CBD 核心区、定福庄文化传媒走廊大部分区域，东邻通州区，西到东城区，北起朝阳北路，南到京秦铁路，面积40余平方公里，是一个独立完整、专门用于广告产业发展的园区。核心区位于北京电视台南侧，北临通惠河，南至京秦铁路，西临东三环庆丰公园，东至东四环路，占地面积约35万平方米。北京国家广告产业园区管理办公室是北京国家广告产业园区的行政管理部门，负责北京国家广告产业园区整体规划、产业发展、统筹协调等工作。年内，园区新增广告专营企业262户，同比增长95.5%；新增注册资本4.8亿元，同比增长72.8%。其中规模以上广告专营企业66户，占全区的51.2%，同比增长2.9倍。2014年引进京广互动、京广时代、京视卫星、京视体育等广告传媒企业，为园区注入新活力。截至年底，园区核心区一期有企业101户，其中新注册和新迁入企业69户。

地址：西大望路甲12号
电话：010-67730990
邮编：100124
邮箱：Adpark@126.com

（刘　鹏）

【园区建设运营评估】 3月27日，国家工商总局领导及专家到北京国家广告产业园区实地考察，就园区的建设运营情况进行评估验收。国家工商总局广告司副司长黄新民、市工商局副局长黄晓文、副区长苑文新等领导及相关部门负责人参加评估会。北京国家广告产业园区通过评估验收。

（刘　鹏）

【参加第43届世界广告大会】 5月9日至11日，以“创意点亮世界”为主题的第43届世界广告大会在北京国际会议中心举办。来自40余个国家和地区近2000名广告界代表参加会议。探讨媒体演变、广告模式创新等20余个课题。北京国家广告产业园区应邀在世界广告大会期间参加中国广告产业园区建设成就展，与其他广告园区一起集中进行形象展示与合作推广。开幕式当天，国务委员王勇，国家工商总局局长张茅，市长王安顺，副市长程红等领导到北京园区展台视察。

（刘　鹏）

【广告产业发展扶持】 5月16日，完成2013年度朝阳区广告产业发展扶持资金支持项目兑现工作。首批11家企业15个项目符合政策要求，拨付扶持资金200万余元。11月6日，启动2014年度朝阳区广告产业发展扶持资金支持项目征集工作。2014年度支持项目包括企业落户奖励、优秀广告作品奖励、房租补贴等。

（刘　鹏）

【集中办公区设立】 11月，帮扶有资质企业在核心区设立集中办公区，为广告等文化创意类中、小型企业提供统一集中办公场所。集中办公区建立后，可以覆盖不同类型的广告企业，使更多广告企业享受到国家、北京市、朝阳区实施的各类扶持政策。

（刘　鹏）

【广告产业孵化器建立】 年内，帮扶有资质的企业在外企大厦建立首个广告产业孵化器。通过在孵化器中建设若干广告创意空间，吸纳创意设计型小微广告企业入驻，为入园大型企业提供配套服务，完善广告园区全产业链发展基础。同时，通过建立入园企业储备库，吸纳部分入园需求较为迫切的中小型广告企业入驻，为广告园区二期发展储备企业资源。

（刘　鹏）

综合经济管理

发展和改革

【概况】 朝阳区发展和改革委员会（简称区发改委）是负责朝阳区国民经济和社会发展统筹协调、经济体制改革综合协调的区政府工作部门。年内，根据区编委会文件精神，从原区人口计生委划转3名行政编制至区发改委。根据《关于成立朝阳区中小企业服务中心的批复》，区成立中小企业服务中心，为区发改委所属事业单位。全年实现地区生产总值（GDP）4337.3亿元，按现行价格计算，同比增长7.6%，占全市比重的20.3%。实现区级财政收入411.8亿元，同比增长9.4%；社会消费品零售额2377.6亿元，同比增长6%，占全市比重的24.7%；全社会固定资产投资1235.4亿元，同比增长1.5%，占全市比重的16.3%；实际利用外资39亿美元，同比增长14%，占全市比重的43.1%。年内，启动“十三五”规划编制工作。

地址：百子湾西里303号

电话：65090600

邮编：100124

网址：http://fagaiwei.bjchy.gov.cn

（王海燕）

【固定资产投资】 年初，确定全年投资目标1222亿元，将指标分解落实到区13个职能部门。全年完成固定资产投资1235.4亿元，同比增长1.5%，占全市的16.3%，超额完成年初确定的目标任务。

（赵　琼）

【87个项目列入市重点项目】 年初，区域内51个项目被列为市重点建设项目，总投资约3370亿元；36个项目列为重点前期项目，总投资约620亿元。其中51个重点项目为：资源环境类项目20个，民生改善类项目12个，基础承载类项目9个，产业结构调整类项目10个；36个前期工作重点项目为：资源环境类项目3个，民生改善类项目5个，基础承载类项目14个，产业结构调整类项目14个。

（赵　琼）

【《朝阳区“双十工程”2014年度实施工作方案》印发】 3月19日，《朝阳区“双十工程”2014年度实施工作方案》以区委办、区政府办名义印发全区并实施。该方案提出的总体目标为：到2014年底，完成前期工作储备项目，力争实现全部启动建设，一批重点项目实现竣工，民生工程各项指标完成不低于总量的85%，城市功能和管理水平实现较大提升，社会事业和民生幸福迈上新台阶。

（李明慧）

【《朝阳区“十三五”规划研究编制工作方案》印发】 4月初，区发改委制定《朝阳区“十三五”规划研究编制工作方案》，提出“十三五”规划编制的指导思想、基本原则，明确编制工作重点任务、工作分工及进度安排，确定39个前期研究课题和31个专项规划编制任务，在8月5日区长办公会、8月14日区委常委会审议通过。9月26日，以区委、区政府名义印发全区并实施。

（李明慧）

【区投资管理系统投入使用】 4月15日，完成区投资管理系统项目验收，系统正式投入使用。该系统实现项目申报审批、政府投资项目管控、数据分析、项目评价、资金计划等功能，有利于区行政审批和项目投资工作顺利开展。

（康　楠）

【《朝阳区优化城市功能加快产业转型升级工作方案》制定实施】 6月中旬，区发改委研究制定《朝阳区优化城市功能加快产业转型升级工作方案》。该方案提出区城市功能优化调整总体思路，明确区疏解清理重点领域、阶段性目标，以及年度重点任务。

（李明慧）

【“煤改电”工程实施】 6月起，由区发改委牵头联合区农委、朝阳供电公司，对采用燃煤取暖的平房乡石各庄村、亮马厂村，三间房乡金家坟西里社区、北双桥南里社区，王四营乡官庄100号院和垡头街道三区三号院社区实施“煤改电”工程。年内，改造1629户，压减燃煤4887吨。

（吴清溶）

【《朝阳区政府投资建设项目管理暂行办法》实施】 7月1日，《朝阳区政府投资建设项目管理暂行办法》正式实施，从总则、项目确定、投资管理、监督管理、附则等方面规范全区履行基本建设程序的政府投资建设项目管理。

（逯楠楠）

【低碳社区试点建设】 7月31日，市发改委在东城区民安社区组织召开低碳社区试点建设启动会。东风地区泛海国际南社区被遴选为首批5个市级低碳社区试点之一，区发改委协助社区开展低碳社区建设。

（吴清溶）

【征集2015年区政府投资基本建设项目】 8月5日至29日，开展2015年区政府投资基本建设项目申报工作。征集项目140个，总投资72亿元，其中申请区政府投资基本建设专项资金27.9亿元。

（逯楠楠）

【“十三五”规划前期重点课题公开选聘研究机构评审会】 9月12日，根据区委、区政府印发的《朝阳区“十三五”规划研究编制工作方案》，区发改委在朝阳政务信息网和发改委网站发布《朝阳区公开选聘“十三五”规划前期重点课题研究机构的公告》，面向社会公开遴选“十三五”前期重点课题研究机构。10月10日，区发改委组织召开全区“十三五”规划前期重点课题公开选聘研究机构评审会。区财政局、区社会办、区商务委、区农委、区市政市容委、区人口计生委等部门参加会议。

（李明慧）

【2014北京CBD圆桌会区域协同发展座谈会】 9月16日，区发改委牵头组织召开2014北京CBD圆桌会区域协同发展座谈会。邀请天津市武清区常务副区长李建成，河北省唐山市发改委副主任杨文平、河南省南阳市淅川县县长赵鹏、内蒙古自治区乌兰察布市委常委史万钧等共同探讨推进产业对接协作、功能疏解转移等问题。

（李明慧）

【区主体经济分析决策系统投入使用】 10月16日，完成区主体经济分析决策系统项目验收，并正式投入使用。该系统提升信息资源集成、政府管理与决策水平。

（康 楠）

【《发展与改革》编发】 年内，出版《发展与改革》29期，其中普刊15期、特刊6期、宏观经济专刊8期。

（康 楠）

【政府信息依申请公开服务】 年内，办结政府信息公开申请127件，其中公开74件，补正6件，非本机关制作的12件，政府信息不存在的25件，因涉及第三方商业秘密不予告知的3件，不属于政府信息2件，申请人自愿撤销5件。

（康 楠）

【争取银行融资支持】 年内，与中信银行和北京银行签署战略合作协议，两家银行承诺分别提供不低于500亿元和200亿元融资支持，为区现代服务业、文化创意产业、高新技术产业等重点产业及重点领域项目建设提供资金保障。

（王海燕）

【投资项目审批新流程试点】 年内，完成投资项目审批流程试点工作，制定《朝阳区投资项目审批试点工作机制》。编制投资项目审批目录，压缩审批时限，分类选取14个项目重点开展新流程试点。

（赵 琼）

【投资项目审批】 年内，完善主干路拆迁立项手续，研究制定《关于完善道路拆迁工程立项审批程序的意见》，规范项目管理。区域内新批项目197个，总投资858亿元，其中审批项目37个、核准项目86个、备案项目74个。

（赵 琼）

【投融资体制改革创新】 年内，引入民间资本参与城市公共基础设施及公共服务设施建设。落实孙河组团市政基础设施BT融资方案，完成BT人招标并开工建设。批复CBD国际医院、双桥恭和养老院、单店养老院等社会投资项目立项。发行10亿元国资中心定向票据支持基础设施和重点功能区建设。梳理棚户区改造和环境整治项目融资需求，争取国开行政策性融资支持。

（赵 琼 魏 乐）

【争取市级资金支持】 年内，以绿化、环境整治和中小河道治理等基础设施为重点，争取市政府资金支持。18个项目获市政府补助资金240456万元。市政府投资安排三批资金使用计划，区获各项补助8.92亿元，涉及35个建设项目。

（赵 琼 逯楠楠）

【绿色审批通道工作机制落实】 年内，新增广发金融中心、六公主坟棚户区改造等38个项目纳入市政府扩大内需重大项目绿色审批通道。截至年底，区域内445个项目纳入市级绿色审批通道，总投资9466亿元。

（赵 琼）

【办理区人大城乡基础设施建设议题】 年内，完成“基础设施向农村地区延伸”人大分议题办理。批复十八里店周庄三期、王四营乡官庄新村、东坝七棵树等农民安置房周边道路17条，总投资37698.57万元；东坝中路、香江北路、北扩区规划一路等主干路列入市级投资计划，由宝嘉恒公司开展前期工作。批复曹各庄沟等第二阶段5条中小河道治理项目，总投资87841.39万元；批复东坝、金盏、孙河、十八里店、管庄等8个乡18项防汛工程，总投资4673.05万元，提升农村地区综合蓄洪、防洪、排涝能力。

（赵 琼）

【高尔夫球场清理整治】 年内，对区域内14个需要整改的高尔夫球场，制定清理整治工作方案，成立工作组，明确各部门按照职责分工，督促各球场按时限要求完成整改。

（赵 琼）

【56个房地产项目列入商品房投资计划】 年内，区域内56个房地产项目列入商品房投资计划，建设面积861万平方米，投资206亿元，分别占全市总量的17.9%和20.3%。

（赵 琼）

【提前一年完成节能目标】 年内，能源消费总量1085.30万吨标准煤，同比增长0.34%。万元GDP能耗0.2502（吨标准煤/万元），按可比价格计算，同比下降6.44%，超额完成2014年万元GDP能耗下降3.00%的年度目标，提前一年实现“十二五”万元GDP能耗下降目标。

（王春元）

【2013年度节能发展引导资金安排】 年内，安排节能专项资金2851.64万元，支持奖励55个项目。其中财政补助项目53个，安排资金2653.24万元；直接奖励项目2个，安排资金198.4万元。

（薛 蕾）

【2013年度节能考核】 年内，考核全区261家重点用能单位、13个行业主管部门、24个街道办事处、19个地区办事处（乡政府）2013年节能工作情况。全区261家重点用能单位中，41家考核结果为优秀（占总数的15.7%），99家考核结果为良好（占总数的37.9%），93家考核结果为基本完成（占总数的35.6%），28家考核结果为未完成（占总数的10.7%）。13个行业主管部门中，5个考核结果为优秀（占总数的38%），8个考核结果为良好（占总数的62%）。43个街道和地区办事处中，21个考核结果为优秀（占总数的49%），22个考核结果为良好（占总数的51%）。

（王春元）

【节能试点项目建设】 年内，在荷美尔食品有限公司、蓝岛大厦、昆仑饭店、中服大厦、二外附中开展节能试点项目建设。区节能发展引导资金支持1105.57万元，带动项目总投资2699.07万元，实现年节能量约1514吨标准煤。5个项目全部建设完工，并通过专业机构的节能量审核和示范效果评估。

（王春元）

【人口调控引导资金投入】 年内，研究制定区2014年人口调控引导资金使用方案。投入专项资金5000万元，按照鼓励创新、城乡统筹、以任务目标为导向的原则，设置人口调控工作创新奖、完成年度人口调控任务补贴、完成调控人数补贴3项奖励及补贴项目。

（张晓楠）

【人口调控目标任务完成】 年内，辖区常住人口为392.2万人，其中常住外来人口179.8万人，常住人口、常住外来人口的增量、增速均实现“双下降”，完成市政府下达的绩效任务。全区流动人口调减35.6万人，下降到175.5万人，完成年度任务的118.3%。

（张晓楠）

【基本建设专项计划执行】 年内，下达4批基本建设专项资金使用计划，涉及计划项目64个，下达计划金额15亿元。召开项目调度会7次，结合项目实施进度下达资金使用计划。与区财政、审计、监察等职能部门沟通，加强资金使用信息互通，确保政府资金使用高效安全。

（逯楠楠）

【政府投资项目决算审批】 年内，完成2个政府投资项目决算审批，涉及区政府投资基本建设专项资金2619.6万元。

（逯楠楠）

【政府投资“代建制”项目实施】 年内，区采取“代建制”组织实施的政府投资基本建设项目2个，用于区防病保健中心二期工程和和平医院扩建工程。组织召开项目专题会4次，协调解决相关问题，推进在施项目的工程进度及已完工项目结算审计工作。

（逯楠楠）

【压减燃煤量】 年内，新增民用采暖锅炉清洁能源改造257.5蒸吨，削减燃煤6.4375万吨；工业锅炉关停改造38蒸吨，削减燃煤1.0646万吨；通过民用散煤治理，减少15265户居民使用燃煤，削减燃煤4.5795万吨。全年完成压减燃煤12.081万吨。

（吴清溶）

统计管理

【概况】 北京市朝阳区统计局是朝阳区政府负责综合统计工作的职能部门，国家统计局朝阳调查队、北京市朝阳区经济社会调查队为国家统计局北京调查总队和北京市经济社会调查总队的派出机构，与区统计局合署办公。局机关设11个科室、派驻1个科室，下属5个事业单位，下设43个街乡统计所。年内，局队围绕区政府中心工作和折子工程，履行信息、咨询、监测职能，以数据质量为核心，以经济普查、人口抽样调查和统计分析服务为重点，以加强队伍建设、信息化建设和统计宣传为保障，完成各项工作任务。被市统计局、国家统计局北京调查总队评为北京市第三次全国经济普查先进集体、2013—2014年度中国信息报社统计宣传工作先进单位，《北京市朝阳区统计年鉴（2013）》被北京市统计局、国家统计局北京调查总队评为统计年鉴类特等奖，并获首届北京市年鉴综合质量评比统计年鉴类特等奖。区统计局被区志办评为2013年《北京朝阳年鉴》优秀撰稿单位。

地址：日坛北街33号区政府北院南楼四层

电话：65094641

邮编：100020

网址：http://www.chystats.gov.cn

（李海林）

【统计服务】 年内，出台《朝阳局队统计分析报告组织实施及考核管理办法》，调整完善统计分析工作的组织保障、发布流程、职责分工、任务标准。对原有统计刊物整合规范，改版形成《统计报告》，下设快报、专报、分析报告等，加大报送频率，突出实用性和时效性。围绕人口调控、功能疏解、重点产业发展等热点问题确定11篇重点研究课题，实行领导责任制。撰写完成22篇统计快报、18篇统计专报和229篇统计分析报告，其中《一季度朝阳区全社会固定资产投资运行分析》《一季度朝阳区商贸流通领域分析》《1–4月北京市、城六区主要经济指标完成情况对比》《1–5月朝阳区租赁和商务服务业驶入缓行道》《2013年朝阳区主要人口数据情况》等25篇分析报告被区委、区政府领导批示，《朝阳区居民收入问题研究》《朝阳区2001—2014年上半年主要经济指标变动趋势分析》《朝阳区农村居民收入与海淀区和丰台区对比分析》得到区委书记程连元肯定并批示。完成《统计经纬》编辑与发行。出版印刷《2014年统计年鉴》。

（李海林）

【统计监测】 年内，规范经济运行分析会的组织形式，制定《朝阳局队经济运行分析会组织实施办法》。落实《北京市全面深化统计改革实施方案》，对接首都综合发展监测体系，优化经济增长目标工作体系、区县差异化考核评价指标体系，完成数据分析整理和监测工作。围绕全市非首都核心功能疏解工作，从批发零售业、工业、服务业等行业入手，梳理重点行业和企业名单，开展分析监测。围绕居民收入、投资、能耗等指标，协调部门工作。在区政府经济工作专题会、调度会上汇报经济运行情况。在区人大财经委经济形势分析座谈会上汇报经济运行情况。

（李海林）

【第三次全国经济普查】 年内，建立登记工作方案和局队领导包片责任制，规范登记入户行为，发挥区国税、地税、工商等部门力量。1月1日开始入户登记，至3月31日登记法人及产业活动单位16.7万户，登记率为102.91%；登记个体经营户8.5万户，登记率为95.99%。制定全过程数据质量控制办法，分专业、分等级、分层次审核评估数据，全面审核16.7万户的调查数据。研究制定《第三次全国经济普查资料开发应用工作方案》，对接区领导及有关部门的需求及关注点，围绕结构调整、人口调控、产业疏解、税源建设等全区重点工作，通过公开招标、部门参与、联手专家、自主研究等组织开展课题研究。

（李海林）

【统计专项调查】 年内，受区综治委委托，按季度开展群众安全感民意调查，通过扩大调查样本容量、提高访员技能、完善系统软件等措施，提升调查的科学性和数据的稳定性，完成176篇调查分析报告。受区委组织部委托，开展2013年度处级领导班子和领导干部综合考核测评民意调查。按照市局总队统一部署，完成社会治安防控调查、老旧小区综合整治（改造）实施效果调查、居民互联网金融认知和使用情况调查、企业发展状况问卷调查、党风廉政建设和2014年央企高管薪酬改革民意调查、反腐倡廉建设民意调查等调查任务。

（李海林）

【人口抽样调查】 年内，人口调控形势严峻，局队5月至7月自主开展人口抽样调查，调查登记24547户58648人，以市人口抽样调查规范方法总体推算，与部门数据、历史数据开展对照评估，与市局人口处进行数据会商评估，调查数据为全区部署人口调控工作提供依据。建立《朝阳区人口变动监测台账》。固化人口监测工作机制，为全年人口抽样调查打基础。全市年度人口抽样调查样本数量由以往的2%扩大为3%，包括国家样本点和市样本；调查项目新增住房、饮用水、垃圾处理、生育意愿、人员流动等相关指标，问题敏感性有所提高；成立区、街乡、社区三级调查机构，建立区年度人口抽样调查工作联席会议制度，依次完成调查员选调、动员培训、清查摸底、登记复查、数据处理和资料开发等工作；区长吴桂英多次主持召开区长调度会研究人口抽样调查工作并提出要求，副区长张维刚到高碑店、六里屯、南磨房等街乡、社区一线调研人口抽样调查工作。依据调查资料推算区2014年末，常住人口392.2万人，其中男性201.0万人，女性191.2万人，0—14岁人口36.7万人，15—64岁人口317.3万人，65岁以上人口38.2万人，常住外来人口179.8万人；全年出生人数34099人，出生率8.78‰，死亡人数14370人，死亡率3.70‰。

（李海林）

【统计数据质量保障】 年内，强化基层基础，保障统计数据质量。按照数据质量控制“关口前移”的原则，细化统计年报工作措施，完成1.1万家单位、11.4万张报表的年报任务。完善基本单位管理，实现名录库、数据采集平台的无缝对接；与区工商局、质监局等相关部门协作，实行“一口受理、多证联办”审批服务新模式；通过电话语音和手机短信等形式，增加催报频率，敦促新增单位办理统计登记；开展“准规模”查找，查找到单位9744个，单位填表率88.1%。加强基层基础建设，副区长张维刚及区有关单位针对双重管理体制和工作机制、基层统计人员配备情况2次到统计所调研；制定《朝阳区加强农村基层统计基础工作若干问题的实施意见》等指导性文件，完成村级统计站挂牌工作。推广住户调查电子记账，制定住户收支与生活状况调查手持电子终端设备（PDA）配套管理办法，全部调查小区实现调查数据网络化，电子记账率100%，其中调查户使用网络、手机等直接进行电子记账占45.6%，由调查员代为实现的间接电子记账占54.4%。

（李海林）

【统计执法检查】 年内，指导各级经普办发出普查资料催领通知书1000余份、法律事务告知书30余份。建立案卷周评查制度，执行三级审理制度，规范执法程序和标准。加大执法力度，推进全员执法。检查企业566家，其中日常检查301家、专项检查78家、集中检查30家、督导检查146家、催报11家。立案112家，其中销案5家、行政警告28家、行政处罚79家，罚款金额50.4万元。

（李海林）

【统计宣传】 年内，加大普法宣传力度，编写普法教材2册，制作宣传材料110件；发放宣传教材1468册，发放普法宣传材料29950份；开展会前讲法91场13569人次；利用“12·4”法制宣传日集中开展统计普法宣传，在建外统计所和来广营统计所设立2个主会场，其他统计所与当地司法所等部门联合开展39场形式多样的普法宣传活动。组织完成年度统计从业资格考试，全区报考2104人，实考1537人，合格1112人；为1077人办理统计从业资格证书。制定《关于加强信息报送工作的管理办法》，被区委办、区政府办采登信息228篇，被市局内网采登信息、分析216篇。改版《统计经纬》杂志，由季刊调整为月刊，加强对统计数据的分析、统计方法制度解读和统计工作的宣传。与《朝阳报》、朝阳有线等媒体建立长效沟通机制，统筹策划宣传选题。

（李海林）

【统计信息化建设】 年内，研发建立并正式上线运行“朝阳区统计数据查询平台”，直观展现统计数据，支持移动终端查询。升级局队计算机操作系统，更新调换49台计算机设备。升级改造部分办公区网络，提高网速性能。

（李海林）

【党的群众路线教育实践活动】 年内，开展党的群众路线教育实践活动，征求对领导班子和处级领导干部个人的意见建议360条，梳理汇总后为84条，在此基础上制作领导班子征求意见事项及落实情况台账；班子明确26项整改任务，制定局队改进作风制度建设计划，提出废、改、立工作43项；把教育活动与干部队伍建设、统计年报工作、第三次全国经济普查等工作结合起来，突出统计实践特色和新成效。

（李海林）

【统计队伍建设】 年内，公开招考6名公务员到基层统计所工作；组织任命5名统计所副所长；制定局队《科级干部竞争上岗方案》，组织开展了24个正、副科（所）长职位的公开竞争、上岗。选派11名优秀青年业务骨干参加科所互换挂职。

（李海林）

劳动和社会保障

【概况】 朝阳区人力资源和社会保障局（简称区人力社保局），是综合管理区劳动和社会保障工作的职能部门。局机关设15个科室，下辖9个事业单位。其中副处级事业单位3个，分别为：社会保险基金管理中心、医疗保险事务管理中心、劳动人事争议仲裁院；正科级事业单位6个，分别为：职业技能培训管理中心、职业介绍服务中心（就业促进中心）、职业技能鉴定管理中心、劳动能力鉴定中心、劳动服务管理中心、劳动监察大队。年内，开发就业岗位11.9万个，城镇登记失业率0.82%，培训城乡劳动者16523人；社会保险征缴505.44亿元，同比增长15.59%，医保基金审核支付89.47亿元，同比增长21.7%；行政区域内企业劳动合同签订率97.71%，地方企业劳动合同续订率99.13%，集体合同及工资集体协商覆盖面100%。朝阳职介中心被市总工会授予“2014年北京市工人先锋号”称号。

地址：大柳树甲100号

电话：84512071

邮编：100023

网址：http://cyld.bjchy.gov.cn/

（姜中一）

【工伤保险启动持卡就医实时结算】 1月1日，区工伤定点医疗机构开通持卡实时结算业务。工伤定点医疗机构有朝阳医院、北京垂杨柳医院、煤炭总医院、华信医院、中日友好医院，工伤患者可持社保卡就诊。年内，持卡就医17081人次，基金支付2227.9万元，占工伤基金支付的51.46%。

（王祎楠）

【高技能人才队伍建设】 1月，新修订的《朝阳区高技能人才培训补贴管理办法》正式执行。全年为95家用人单位716人拨付高技能人才培训经费补贴94.44万元。3月，制发《朝阳区首席技师工作室认定管理办法》与《朝阳区高技能人才培养基地认定管理办法》。4月，召开全区“高技能人才队伍建设工作大会”。表彰高技能人才优秀个人与先进单位，发放区政府首席技师（员工）特殊津贴25.6万元。7月，制发《朝阳区技师研修培训管理办法》与《朝阳区百名优秀中青年高技能人才梯次培养资助管理办法》。8月，启动失业保险支持企业开展职工培训试点工作。审核通过试点企业7

家，拨付职业培训补贴224万元，惠及1.2万名职工。全年认定朝阳区高技能人才培养基地7家，培养高技能人才0.74万人；创建区首席技师工作室7家、市首席技师工作室4家；2人获区优秀青年称号，2人享受市政府首席技师特殊津贴。

（刘晓晨）

【定点医疗机构签署医保服务协议】 3月26日，区医保中心召开定点医疗机构服务协议签署会。区161个法人机构签署《北京市基本医疗保险服务协议》，354家定点医疗机构及8家定点零售药店签署《朝阳区基本医疗保险补充服务协议》，353家定点医疗机构签署《朝阳区基本医疗保险服务医师管理定点医疗机构服务协议》。

（王祎楠）

【就业管理制度实施】 3月，印发《朝阳区就业信息系统数字证书管理制度》，明确数字证书申请、注销、权限变更等制度。4月，制定《朝阳区就业工作信息系统报修管理制度（试行）》，规范报修工作部门职责、报修流程等内容。

（武　彬）

【表彰“和谐劳动关系单位”】 4月10日，区人力资源和社会保障局、区总工会、区企业联合会授予104家企业“2013年朝阳区和谐劳动关系单位”称号。

（李　雯）

【外籍人员社会保险】 4月17日，办结首例外籍参保人跨省转出业务。10月，根据《中华人民共和国政府和丹麦王国政府社会保障协定》规定，全市首例免缴养老保险丹麦籍人员在区成功参保。11月18日，完成首例澳大利亚外籍人员投诉稽核案件，补缴115004.35元。

（姜桂枝）

【工伤保险宣传日活动】 6月8日，开展“《工伤保险条例》实施十周年”集中宣传周活动。印发宣传材料13655份，现场咨询73次，涉及7000余人次。到企业宣传300余次，开展讲座（培训班）17次，978人接受培训。

（王珏祎）

【城镇职工一次性医疗救助】 6月，完成对参加城镇职工基本医疗保险的重症患者实施的一次性医疗救助工作，175人获救助金294万元。

（杨丽艳）

【小企业劳动关系状况调查】 7月1日至9月30日，开展全区30人以下小型企业劳动关系状况调查工作。走访1167家企业，涉及劳动者2.3万人，劳动合同签订率98.94%。

（李　雯）

【参加全国医保医生规范管理研究】 7月3日，人社部社保中心启动全国“医保医生规范管理研究”工作。区医保中心代表北京市参加课题研究，在课题组中承担“医疗保险医保医生管理国际研究”部分。该课题历时两年，2014年7月至2015年6月为专题研究阶段。

（王祎楠）

【社会保险沉淀基金清理】 7月，清理历年社会保险沉淀基金，清理需上缴封存沉淀基金50479.56元。

（张　帅）

【拖欠农民工工资问题专项整治】 8月，区人力社保局、区住建委、公安朝阳分局、区交通委、区国资委、区水务局、工商局朝阳分局和区总工会等8部门联合，在全区范围内集中开展拖欠农民工工资问题专项整治工作。出动各类执法人员280人，检查用人单位732家，涉及职工2.35万人，其中农民工1.93万人。责令109家存在违法行为用人单位限期改正，为140名农民工追回被拖欠工资56.01万元。

（韩运旗）

【“零就业家庭”管理】 10月，制发《朝阳区“零就业家庭”认定办法（试行）》，简化零就业家庭认定留存备案材料，明确办理时限，规范零就业家庭认定流程，加强零就业家庭就业服务力度。

（武　彬）

【《人力资源服务战略合作意向书》签订】 11月16日，区职介中心与北京外企人力资源服务有限公司签订《人力资源服务战略合作意向书》，就双方在信息共享、就业咨询、技能培训、政策宣传等领域合作内容和优先原则方面达成合作协议。

（杨双霞）

【基本医疗保险医疗专业评议委员会成立】 11月27日，区医保中心在西藏大厦成立基本医疗保险医疗专业评议委员会。由辖区医疗专家参与解决医保审核争议，保障医保基金客观公正支付。年内，8家成员单位包括朝阳医院、中日友好医院、安贞医院、地坛医院、儿研所儿童医院、朝阳妇儿医院、医科院肿瘤医院、望京医院参与评议工作，专家组成员295人，涉及医学专业60余个。

（王祎楠）

【城镇登记失业】 年内，区城镇登记失业率0.82%，登记失业人员就业率73.53%。城镇登记失业人员实现就业2.7万人，其中就业困难人员实现就业1.7万人。全年开发就业岗位10.3万个。

（任欢欢）

【充分就业创建】 年内，全区认定22个充分就业街（乡）、448个充分就业社区（村），充分就业社区（村）占比达80%。

（武　彬）

【就业专项经费投入】 年内，区财政投入促进就业专项经费1.29亿元，促进区劳动力2.95万人次实现稳定就业。

（李　婷）

【专项资金审计】 年内，完成2001—2013年间社区公益性专项资金全面清理审计工作。审计托底安置人员约1.64万人次，专项资金5.22亿元，未发现虚报冒领、挪用资金等重大违规问题。

（李　婷）

【鼓励农村劳动力转移就业】 年内，《朝阳区鼓励农村劳动力转移就业奖励办法》正式实施。出台《朝阳区鼓励农村劳动力转移就业奖励办法实施细则》，细化资金申请、审批以及拨付等内容。11月，自主研发“朝阳区鼓励农村劳动力就业优惠政策管理系统”上线，依托系统，对单位、人员和资金实施信息化管理。

（曾　孝）

【就业服务专项活动】 年内，开展“就业援助月”“春风行动”“民营企业招聘月”“毕业生就业服务月”、全国助残日、随军家属就业服务等一系列专项就业服务活动。活动举办招聘会129场，提供就业岗位50536个，17329人参会，6685人达成初步就业意向。

（杨双霞）

【流动人员档案接转】 年内，新增人事档案登记42560份，同比增长50%；档案转出登记42507份，同比增长25.2%；档案保有量151237份，同比增长11.7%；接转失业人员档案22339份，同比增长5.8%；核定失业待遇16209人，同比增长7.7%。

（杨双霞）

【就业援助】 年内，面向就业困难人员开展“送温暖”“残疾人专场招聘会”“就业援助月”等系列公共就业服务活动，就业困难人员实现就业17285人，就业比例90.37%。“就业援助月”活动期间，全区发放宣传折页、环保购物袋、援助政策手册等宣传材料9000余份。全区走访就业困难人员和零就业家庭3988户，通过摸底调查，登记认定未就业困难人员1010人，登记认定的零就业家庭6户数，帮助863名就业困难人员实现就业。“送温暖”活动期间，走访慰问就业困难人员699人，发放慰问金及慰问品折合人民币计27.96万元。2月11日，举办以“就业帮扶、真情相助”为主题的就业援助专场招聘会。26家单位参加招聘会，提供就业岗位615个，参会求职人员近120余人，达成初步就业意向89人。3月25日，区人力资源和社会保障局联合区残疾人联合会举办残疾人专场招聘会，提供380余个适合残疾人的就业岗位，200余名残疾人进场求职，其中64人与单位达成初步就业意向。

（杨双霞）

【职业技能考试现场督考】 年内，区职业技能鉴定管理中心根据《关于试行辖区职业技能鉴定考试现场督考的通知》规定，继续开展辖区内职业技能鉴定督考工作。派遣督考考试719场，涉及考生39682人次，派遣督考员432人次。

（胡卿鸿）

【职业技能鉴定】 年内，区职业技能鉴定全国统考报名考生资格审核人数18182人，审核通过10164人，组织8775名考生参加考试。2次全国统考设置9个考点、安排考场302个，派遣主考、副主考、监考员、考场巡视员、保安员、保密员、医务人员600余人次。

（胡卿鸿）

【职业技能培训】 年内，发布《区人力社保局关于做好朝阳区职业培训动态监测工作有关问题的通知》。制发《朝阳区定点培训机构职业技能培训工作流程》《朝阳区定点培训机构创业培训工作流程》。87972人次参加各类职业培训，其中在职职工培训53269人次，失业人员和农村劳动力培训16523人次，其他人员培训18180人次。6537人取得高级工及以上职业资格证书。

（刘晓晨）

【劳动能力鉴定】 年内，区劳动能力鉴定中心组织劳动能力鉴定81场，鉴定2308人次，比上年（1868人次）增长23.56%。其中工伤评残1599人次，比上年（1540人次）增长3.83%；因病鉴定709人次，比上年（328人次）增长116.1%，再次鉴定18例，未出现1例结论改变。

（董俞含）

【养老保险补缴审批】 年内，养老保险补缴审批单位2621家，同比减少9.4%，涉及职工7576人，同比较少15.08%，其中外埠补缴3341人，同比增加33.05%。转监察实地调查补缴1年以上养老保险外埠人员，涉及175人，其中补缴5年以上养老保险的涉及15人。未发现违法情况。

（王珏祎）

【工伤认定】 年内，受理工伤认定申请2923件，同比增长26%，其中单位申请2747件，同比增长27%，个人申请176件，同比增长6%。工伤康复271人，指标完成率270.1%。

（王珏祎）

【城镇职工基本医疗保险】 年内，区城镇职工参保人数307万人，其中在职职工参保259万人，退休职工参保49万人。

（杨丽艳）

【社会保险缴费专项审计】 年内，区社保中心委托会计师事务所对全区310家参保单位开展社会保险专项审计工作。收到市局转来专项审计报告214份，其中涉及整改单位155家。补缴到位金额4181.9万元，收取滞纳金626.1万元。

（张　帅）

【城镇居民基本医疗保险】 年内，城镇居民基本医疗保险参保人数265674人，其中无保障老年人23308人，市学生儿童236683人，无业居民5683人。

（杨丽艳）

【基本医疗保险视同缴费年限认定】 年内，医疗保险视同缴费年限认定人数10194人，其中企业退休1592人，事业退休2301人，安置占地农转工766人，涉农人员3181人，一般需补缴2311人，超龄补缴43人。

（杨丽艳）

【医疗保险审核】 年内，审核支付各险种基金89.47亿元，同比增长21.7%，绝对增长额15.47亿元。其中审核支付持卡结算门诊费用49.92亿元，同比增长26.3%，涉及交易4816.03万笔；审核支付持卡结算住院费用36.24亿元，同比增长18.3%，涉及42.72万人次；审核支付各类手工报销险种费用3.31亿元，同比下降7.4%，涉及12.99万人次。

（王祎楠）

【医疗保险总额控制】 年内，对25家二、三级和18家一级及以下定点医疗机构下达总额预付指标，占区定点医疗机构的12.14%，区总额预付指标70.7亿元。全年基金申报68.87亿元，指标使用率97.41%。对2家二级和294家一级及以下定点医疗机构下达总量控制指标，占全区医疗机构的83.61%，区总量控制指标14.19亿元。全年申报14.14亿元，指标使用率99.65%。

（王祎楠）

【医保服务医师管理】 年内，签约医保服务医师总数12677人，违规扣分医师1533人次，17名医师被黄牌警告，暂停医保服务医师资格6个月。表彰25家医师在管理方面做出突出贡献医疗机构。

（王祎楠）

【城镇居民大病保险】 年内，首次启动城镇居民大病保险审核结算工作。全区307人纳入2013年大病保险支付范围，大病保险支付基金326.47万元，最高报销金额23.99万元。

（王祎楠）

【城镇职工社会保险】 年内，城镇职工养老保险、失业保险、医疗保险、工伤保险、生育保险缴费人数分别为172.34万人、180.40万人、235.21万人、174.35万人、170.30万人，同比分别增长6.57%、6.51%、9.25%、6.52%、6.94%。其中农民工养老、医疗保险参保人数45.1万人、46.27万人。全区5项社会保险基金累计征缴额505.40亿元，同比增长15.59%；累计支出额307.94亿元，同比增长14.44%；结余额197.45亿元，同比增长17.43%。

（姜桂枝）

【城乡居民养老保险】 年内，区城乡居民养老保险累计参保人数9.61万人，缴费人数4.43万人。收缴保费6102.4万元。其中个人缴费1955万元、集体补助1645万元、财政补贴2502.4万元，累计收缴7.10亿元。领取城乡居民养老金待遇1.99万人，支出养老金10312.7万元，其中个人账户养老金1563.6万元、基础养老金8151.5万元、中央财政补贴558.2万元、继承金39.4万元，累计支出养老金1.03亿元。

（姜桂枝）

【社会保险网上申报】 年内，区社会保险网上申报开通数字证书且正常使用单位数7.6万家，办理各项经办业务545万笔，同比增长48.5%。

（姜桂枝）

【社会保险转移接续】 年内，申请养老保险关系外省转入7422人，养老财务到账8567人，到账金额26520万元，完成补填7912人；申请医疗保险关系外省转入4867人，完成补填4596人。接待受理申请养老保险关系转出10630人，养老财务转出10646人，转出金额26100万元，办结10709人；申请医疗保险关系转出5587人，办结5165人。养老保险、医疗保险转入、转出办结率同比分别增长10%、39%、28%、42%。退役军人转移总到账人数1036人次，到账金额2597.7万元。

（姜桂枝）

【社会保险稽核】 年内，接待举报投诉来访2362人次，立案949件，补缴人数2188人，补缴社会保险费1820.03万元，同比增长2%、6%、151%、40%；日常稽核单位2833家，稽核人数172万人，补缴金额2635万元；清理历年欠费247万元。

（姜桂枝）

【社会保险个人权益】 年内，区参保单位和个人通过业务前台、自助终端、网上服务平台查询下载或打印北京市社会保险个人权益记录分别为38763人次、64003人次、213374人次。

（姜桂枝）

【劳动合同制度推进】 年内，区落实劳动法律法规，推进劳动合同制度。截至12月底，行政区域内监控的各类企业劳动合同签订率97.71%，劳动合同续订率99.13%，新增备案集体劳动合同9820户，涉及职工248936人。

（李　雯）

【劳动人事争议仲裁】 年内，接收劳动争议案件17655件，其中立案受理13897件，同比增长5.22%，不予受理3758件，同比增长127.62%；集体案件765件，涉及劳动者4177人，占案件总人数的30.06%；农民工案件6136件，占案件总量的44.15%。审结劳动争议案件13302件，结案率95.72%；调解案件5777件，案件调解率43.43%。受理人事争议案件28件，审结26件，结案率92.86%。

（于　飞）

【基层调解组织建设】 年内，指导新建非公企业劳动争议调解委员会45家，建立事业单位调解委员会4家。完善与街乡调解组织的对接服务机制。11月，召开全区街乡劳动人事争议调解员培训工作会。对43个街乡近130名调解员开展培训。全年企业性调解组织置换调解书336件，同比增长1100%；街乡调解组织置换调解书236件，同比增长85.83%。

（于　飞）

【劳动监察执法】 年内，区劳动监察部门检查用人单位1. 86万家，立案7820件，其中巡查立案3089件；受理投诉举报5092件，为5044名劳动者追讨被拖欠工资7018.27万元，为208名劳动者追缴社会保险费470.9万元，责令用人单位为26名劳动者补签劳动合同。开展各类专项检查行动4次，内容涉及农民工工资支付、清理整顿人力资源市场秩序、用人单位劳动用工情况、农民工工资专项整治等方面，出动监察员800余人次，检查用人单位5118家，涉及职工12.98万人。

（韩运旗）

【劳动监察“两网化”建设】 年内，区劳动监察“两网化”（即网格化和网络化。网格化是以一个社区为一个网格单位，劳动保障监察机构将全部用人单位的用工和社保情况建立电子档案，劳动监察可以对用人单位采取动态管理；网络化是指建立网络信息平台，实行用人单位和职工情况网络化管理，建立信息平台，及时汇总分析企业用工信息及劳动者的状况）管理系统完成用人单位信息采集3843家，更新用人单位信息14342家。区监察大队对街乡一级监察小组下达指定巡查任务6287条，完成巡查6192条，完成率98.5%，发现违法行为709起，立案698件。下达指定用人单位信息采集任务66条，反馈完成采集61条，完成率92.4%。

（韩运旗）

【医保监察】 年内，区医保监察大队医疗骗保立案370起，同比增长51.6%。给予行政处罚定点医疗机构4家，行政处罚违规参保人4名，处罚金额81.63万元，同比增加130%。追回被骗取的医保基金14.84万元，同比增长91%。

（韩运旗）

【劳动用工规范一条街工程】 年内，各街乡劳动监察小组组织实施“劳动用工规范一条街工程”。将该工程从街道向劳动监察网格延伸，并与日常巡查、劳动用工书面审查相结合。责令32家企业为73名劳动者补缴社会保险112.72万元，为162家企业611名劳动者解决工资待遇415.71万元，为34家企业116名劳动者补办职业资格证书，规范用人单位3960家，劳动者劳动合同签订率、社会保险参保率和持证上岗率均达100%。

（韩运旗）

工商行政管理

【概况】 北京市工商行政管理局朝阳分局（简称工商朝阳分局），主要负责辖区内市场经济主体登记注册、商标广告监管、经济合同监管、市场竞争监管、打假维权以及规范市场经济秩序等工作。全局设36个部门，其中15个职能科室、15个工商所、1个执法检查队、5个事业单位。至12月底，全区市场主体323841户，其中内资企业221970户，外资企业15644户，个体工商户86227户。全年新增内资企业39379户，同比增长36.22%，新增外资企业1064户，同比降低10.74%，新增个体工商户9679户，同比降低12.37%。现场日均接待名称咨询、登记咨询800余人次，办理登记、备案600余户，发放营业执照400余份。核准发放名称112511份，登记核准122858户，发放营业执照120561份，网登数据通过198844条，双向寄递25381户，多证联办2229户，个转企345户。年内，工商朝阳分局立案1511件，结案2701件（其中一般程序1473件，成批吊销程序1228件），罚没款1602.2万元，入库1218.97万元。已结案件中罚没合计1万元以上10万元以下案件182件，同比减少50.81%；罚没合计10万元以上案件20件，同比增加11.11%。办理重点案件926起，占全部案件的62.86%，罚没款646.2万元，占全部罚没款额的40.33%。新发生行政复议案件97件，行政诉讼案件61件。举行听证22起，移送案件12件。

地址：霄云路霄云里1号

电话：51069009

邮编：100125

网址：www.hd315.gov.cn

（王　跃）

【“如新”传销案件查处】 1月15日至17日，根据《人民日报》第9版“视点栏目”连续3天刊发如新（中国）日用保健品有限公司涉嫌传销报道。工商朝阳分局专案组对如新北京分公司、如新北方分公司立案调查。经查如新公司顾寿轩等6名员工未取得直销员资格，违规违法从事直销活动，依据《直销条例》第45条规定，处罚顾寿轩等6名工作人员，罚没款149.826万元。

（王　跃）

【商标侵权典型案件查办】 3月17日，联合公安朝阳分局经侦大队在雅秀服装市场联合执法，现场查获存放、销售侵犯国际知名品牌注册商标专用权手表12000余块，拘留1名嫌疑人。4月22日，会同辖区食药监管部门，在辖内城乡结合部地区捣毁一个假酒制造窝点，现场查扣“牛栏山”商标标识18万个，侵犯“牛栏山”注册商标专用权白酒包装箱15460个，瓶盖91000个，涉案人员移交公安部门查处。5月21日，突击检查望京花园小区里某住宅楼，现场查获价值20余万元侵权商品，案件移送公安部门。

（王　跃）

【非法加工销售电动三轮车案件查处】 3月27日，工商朝阳分局执法检查队会同公安、交通等部门突击检查位于黑桥村内一非法加工销售电动三轮车的窝点，查扣电动三轮车52辆。在查处此案件中，经与有关部门沟通，解决了多年来，工商部门对无照经营行为不能没收物品，如没收物品须由有关部门出具证明的规定。市工商行政管理局将该做法向全市推广。

（王　跃）

【区私营个体经济协会活动】 4月1日，区私营个体经济协会党委召开党的群众路线教育实践活动动员部署及党建工作会。区私营个体经济协会党委委员7人、党支部及商户党员代表150余人参加动员大会。7月中旬，举办各分会及企业党支部书记培训班，17个基层党支部书记和党务工作者50余人参加培训。8月12日至18日，组织会员企业党员和积极分子到江西开展井冈山精神主题教育活动。协会党委、19个支部及主要企业党员代表46人参加活动。年内，与民生银行搭建融资贷款平台，推荐会员申请贷款1亿余元。组织东郊市场、朝来万通市场、大洋路批发市场、蟹岛度假村等会员企业到内蒙古自治区乌兰察布市参加马铃薯节，并订购马铃薯200吨。

（王　跃）

【商标管理】 4月9日，在秀水街市场举办新《商标法》实施“送法律、送服务”活动。向市场管理人员、商户代表100余人宣传新《商标法》，并解答商户提出的问题。年内，完成对驰名商标持有企业的服务和奖励工作，鼓励重点市场商户申请自有商标。指导秀水街市场为商户提供“四免一推”（免费商标查询、免费商标设计、免费商标手续填写、免费商标注册申请代理，生产自有商标商品商户提供推广扶持）扶持政策。

（王　跃）

【假冒伪劣专项整治】 4月14日，制发《保护知识产权打击假冒伪劣专项整治行动方案》。以批发市场、小商品市场、家居建材市场、汽配市场、大型电子电器商（市）场及投诉较多的购物网站等为重点整治场所，以虚假宣传、无照经营、销售假冒伪劣商品，通过互联网销售假冒知名品牌智能手机终端及窃听窃照商品、伪基站等违法行为为整治重点，开展集中整治。期间，上报工作专刊12期，检查办结相关案件480件，罚没款679.75万元。通过成品油抽样检测，办理全市唯一成品油案件，罚款71万元，没收违法所得6303.85元及不合格0号柴油27113升。

（王　跃）

【全国首例违法从事白银期货交易案查办】 4月，调查北京泰和至尚贵金属有限公司涉嫌非法炒白银案。该案类型新颖，涉及金融、电子商务等内容，交易涉及群众遍及全国，涉及5000余人，交易次数超过6万笔，涉嫌非法经营数额3.9亿元人民币。因此案涉嫌刑事犯罪，移送公安局朝阳分局经侦大队侦办。此案为全国首例违法从事白银期货交易案。

（王　跃）

【世界广告大会服务保障】 5月8日至11日，第43届世界广告大会及“北京日”活动在朝阳区举行。活动筹备期间，工商朝阳分局维护辖区市场秩序，并协助市局和区政府，完成场馆布置、安全保障和沟通联络工作。向区营业额及纳税额居前的广告企业、北京国家广告产业园区入驻企业和区内1600余家媒介单位宣传“北京日”活动。征集66个招商项目，占项目征集总数的82.5%（全市征集项目80个）。推荐北京国际广告传媒集团、《时尚》杂志社等5家企业在“北京日”活动上展示洽谈。8家企业初步达成合作意向，其中3家进入实质性谈判阶段。在“北京日”签约活动后，落户朝阳区奖励项目7个，房租补贴项目4个，优秀广告作品奖励项目4个。

（王　跃）

【工商管理信息化建设】 6月至9月，完成对区市场主体综合分析平台升级改造工作。新平台设《朝阳区街乡主体分析报告》模板，内容包括“综合分析”“街（乡）分析报告”“数据分析报告”等3个主要功能模块。提供街乡企业发展情况实时查询服务，整合全区各类经济主体关键指标发展监测图，提升市场主体数据利用能力，为辖区政府提供可靠数据。10月底，新系统在内网发布投入使用。完善数据库自主添加“所属街乡”字段的完整性和准确性。在前期工商数据挖掘性分析基础上，完成《北京市朝阳区企业生命周期研究报告》，并在《北京工商内参》《数字工商》发表。完成《朝阳CBD区域总部经济发展分析报告》，报送市工商局信息中心。

（王　跃）

【行政处罚程序规定施行细则出台】 7月，工商朝阳分局制发《行政处罚程序施行细则》，有12章142条，增加部分审批、答复程序和时限要求；对涉案证据取得、制作提出规范性要求；对实际工作中存在案件送审、核审意见落实、销案程序等方面问题提出规范性要求；明确规定采取、解除强制措施的程序、时限，申请法院强执程序、时限；进一步规定办案机构案件管理、监督、责任落实。

（王　跃）

【驰著名商标企业申报和复审】 8月14日，召开著名商标培训会。64户拟申请著名商标及23户复审企业负责人参加培训。9月底，完成年度北京市著名商标申报工作。向市局上报16户新申请企业和22户复审企业。年内，全区拥有“北京市著名商标”75件，“中国驰名商标”26件。

（王　跃）

【行政执法与司法衔接联席会议召开】 8月29日，区行政执法与司法衔接工作联席会议在工商朝阳分局召开，北京市三中院、市工商局、区人民法院等领导及相关人员近30人参加会议。会议主要围绕工商登记民事、行政纠纷交叉问题进行研讨。司法部门结合刑事案件特点与行政执法机关工作实际，就刑事立案标准、证据固定方式等对工商行政执法人员进行培训。

（王　跃）

【传销案件查处】 9月5日，BTV生活频道《生活2014》节目报道某公司涉嫌传销及夸大产品功效的违规行为。工商朝阳分局结合对直销企业日常监管资料，断定被曝光企业为三生（中国）健康产业有限公司北京分公司。经过调查，现场调取当事人产品名录、运营模式、公司资质等材料，约谈三生（中国）健康产业有限公司中国东区总监刘赢博，并对马保菊、赵菊、刘全保3名市场人员进行询问，经查证这3名员工未取得直销员资格违规从事直销活动，罚没款62万元。

（王　跃）

【有形市场规范管理】 年内，开展APEC会议沿线六公主坟地区四元桥汽配城、北四环灯具市场和望京广龙家具市场的清退工作。全区清退市场7个，总面积约16.08万平方米。涉及经营摊位2100余户，疏解人口6000余人。协调街乡和相关部门联合执法，完成无照市场拆除关停工作。清理无照市场8个，其中拆除6个、关停2个。对无照市场，暂时无法关停和拆除市场，工商朝阳分局执法人员开展调查取证和立案处罚工作。1月至11月，全区立案查处无照市场14件，处罚案件14件，罚没款12.38万元。

（王　跃）

【工商普法宣传】 年内，与相关部门开展法制宣传活动。对区内重点区域、重点行业、重点市场开展《商标法》《消费者权益保护法》《反不正当竞争法》宣传培训。普法干部进企业、社区、学校开展法制宣传并以普法微视频形式开展展映活动，营造消费者权益保护氛围。开展维护消费者合法权益宣传18次，直接受众4700余人，对经营者和消费者义务培训80次，直接受众约3700人。分局消费教育宣讲团与检测机构合作，为纺织行业经营者开展培训6次，2000余家经营者参加培训。向辖区居民宣传介绍传销活动的危害、识别方法和防范措施等内容，提供咨询208余次，发放宣传品13300余份。

（王　跃）

【市场主体登记】 年内，推进“一口受理、多证联办、全程代办”的市场主体登记模式。拓展多证联办受理企业类型范围，将多证联办受理范围从内资有限公司设立登记逐步扩大至全部内资企业及分支机构设立登记。调整登记材料提交途径，部分登记类型无须再通过电话预约或网上预约，可直接到注册大厅现场取号办理。克服商事登记改革后工作量激增压力，简化申报材料，在全市率先将核发营业执照时限缩减为4个工作日。免费寄送营业执照，完成邮寄登记申请审查25381户次。推行企业登记“零见面”“双向寄递”业务，代理机构通过网络申请的登记手续，全部通过免费双向寄递形式办理，费用支出超过65万元。筹备推行“全程代办”服务，通过数据信息现场录入与金网代入等方式，帮助申请人制作符合登记机关要求书式申请材料。

（王　跃）

【企业信用信息指标体系建立】 年内，成立分局企业信用建设工作领导小组，制定企业信用实施方案，明确各部门职责，将企业登记注册信息、日常监管情况信息、驰名著名商标信息、诚信市场情况等列为信用指标具体内容。明确规定信用指标标准、信息发布渠道等，并归集2370户住所查无经营主体数据记录，通过市局企业信用信息网对外公示，初步建立企业信用信息指标体系。

（王　跃）

【企业年报政策宣传】 年内，从三方面开展企业年报政策宣传工作。对大型商业设施和商务楼宇物业等单位开展专场指导；通过分局官方微博和工商所官方微博发布年报工作方案、年报操作流程、即时信息公示工作及最新政策解读；公示年报网站链接。

（王　跃）

【外资主体监管与服务】 年内，通过定期督促、指导、检查、考核等方式，巩固、促进外资主体认领、描点、初期检查等工作。完成外资主体初期检查1869户。有3500户外资企业完成2013年度报告公示。

（王　跃）

【外资类案件查办】 年内，查处外资企业、代表机构违反外资监督类法律法规的行为。办结外资监督类案件146件，罚没款214.71万元。重点调查香港陈黄钟蔡会计师事务所有限公司北京代表处违规从事营利性活动、卡塔尔石油化工有限公司违规开展经营活动的违法行为。

（王　跃）

【与税务部门建立数据共享机制】 年内，明确建立区级层面工商部门与税务部门数据共享机制，细化工商部门与税务部门共享数据的内容、共享接口、交换时间。与税务部门通过共享数据，形成监管部门间大数据应用的底层数据基础。

（王　跃）

【“诚信示范市场”建设】 年内，上报11家商品交易市场参选“北京市诚信示范市场”，其中10家商品交易市场被评为“2013年度北京市诚信示范市场”。

（王　跃）

【拍卖备案】 年内，拍卖会会前备案1091场，会后备案1102场。拍卖成交114569份，成交额1021685.24万元。新设立经济机构备案288户。

（王　跃）

【合同监管】 年内，成立合同文本制作调研小组，发布推广使用《自费出国留学中介服务委托合同》。推荐试用合同文本3份，合同名称分别为《广告代理合同》《酒店用品定制合同》《展会场地租赁合同》。与区私营个体协会组织辖区企业代表召开融资推介会，向参会企业代表作动产抵押、股权质押登记业务介绍，从动产抵押、股权质押概念、作用、范围、法律效力、登记手续、服务措施等方面作政策宣讲。办理动产抵押登记146份，帮助企业吸纳银行贷款926952.50万元，盘活企业资产1580382.94万元。

（王　跃）

【合同规范】 年内，开展房地产经纪行业专项整治工作。集中清理整治群租房严重，投诉集中，无照、擅自设立分支机构，超范围、违规设置房地产信息广告，虚假宣传，占用、挪用或拖延支付客户资金，利用合同格式条款侵害消费者合法权益违法违规行为。清理整治留学中介、家居装饰、快递、餐饮行业格式条款。结案101件，罚没款43.29万元。

（王　跃）

【设立综合调度指挥中心】 年内，成立综合调度指挥系统建设工作领导小组，设立综合调度指挥中心，在梳理已有工作系统的基础上，本着整合资源、完善优化、拓展功能原则，以“资源整合、管理优化、信息共享、效能提升”为核心目标，开发“综合调度指挥平台”，10月起投入运行。综合调度指挥中心完善任务管理模块，搭建业务指导模块和数据分析模块，成为综合评价考核系统、移动执法终端、视频会议系统、800兆通讯集群终端等系统间沟通的桥梁。

（王　跃）

【消保维权】 年内，受理消费者投诉12552件，办结10399件，办结率82.84%；为消费者挽回经济损失500余万元；接待来访、咨询9205人次；因欺诈行为得到加倍赔偿60件，赔偿额为19.43万元；收到消费者表扬信6封、锦旗6面。培训绿色通道企业90余次；发展绿色通道企业665家（其中直销企业12家，特色街区2家），798艺术园区、奥运村公园、蓝色港湾商业区、北京十里河商会、北京斯普瑞斯奥特莱斯商城及北京私营个体经济协会雅宝路服装行业分会成为绿色联盟。

（王　跃）

【数据监测】 年内，分局12315中心发布《月举报分析》《月投拆分析》各12篇，《季度投诉举报分析》4篇，《2014上半年朝阳分局投诉增长现状分析》《房地产经纪服务类投诉情况统计》《餐厅霸王条款合同问题情况统计》《互联网销售企业投诉情况统计》专项分析4篇；借助北京新闻广播媒体向社会发布《每周消费者投诉分析公示》《风险提示》《警示信息》54篇。

（王　跃）

行 政 服 务

【概况】 北京市朝阳区行政服务中心（简称区行政服务中心）为区政府派出机构，机构级别正处级。主要职责是作为全区行政服务窗口的主管部门，加强全区行政服务工作的统筹协调、监督管理和服务指导，负责全区行政服务窗口单位的标准化、规范化和信息化建设，负责为企业法人、社会组织办理行政许可事项、非行政许可事项、公共服务事项，负责在本部门职责范围内加强为驻区中央单位、市属单位、驻区部队和区域内企事业单位的服务和中心的综合管理工作。年内，区行政服务中心坚持抓队伍促管理，抓基础促规范，抓建设促运转，抓创新促争先，在优化服务环境、提升服务水平、提升服务效能上下功夫，以改革创新精神稳步向前推进中心的各项工作。梳理确立中心职能，完善行政服务内部管理机制，建立统筹服务协调机制，推进行政服务规范化建设；优化完善服务环境，推进信息化建设力度，提升服务效能；推进行政审批制度改革，优化完善“一口受理，多证联办”工作，推进优化投资项目审批流程，梳理规范审批办理流程，提高服务效率。

地址：霄云路霄云里1号
电话：84681178
邮编：100026

（郭　斌）

【工作机制和制度建设】 1月1日起，建立健全工作机制和制度措施。系统梳理和评估原有工作制度和规定，建立言行有约束、办事有程序、操作有原则、服务有标准、监督有依据、考核有效果的“六有”运行机制，完善和推行统一服务流程、统一标识标志、统一管理制度、统一服务行为“四统一”标准体系。形成“六个一”机制建设体系。即：一个领导小组，按照区委区政府工作要求，成立副区长范文新为组长的区行政服务工作协调小组，建立小组议事规则，同时保留“一站式”工作领导小组的工作机制；一套会议制度，建立全区行政服务工作主要领导，主管领导和窗口负责人3项联席会议制度，召开主要领导每年一次，主管领导半年一次，窗口负责人每月一次会议，统筹协调各项工作，会议时间不超过一个小时；一项工作机制，建立联络员工作机制，即窗口与中心、企业与中心、中央驻区部队与中心的联络机制，将人与服务对象明晰化，形成专门服务，加快促进一批大型央企与重点区域、重点项目对接，并定期督促检查联络服务情况；一套制度手册，编制行政服务中心制度汇编手册，建立人员管理制度，行为规范制度、文明用语、卫生评议、大厅巡察、投诉处理“三重一大”等制度，用以规范中心建设和服务大厅的管理工作，形成“有章可循、有案可查”管理机制；一套评价标准，修订和完善“服务之星”和增设“红旗窗口”评定规则，提升评定标准，使“星”的含金量有所提高，通过开展评星评议活动促进工作效能的提升；一套考核体系，建立全区行政服务窗口满意度考评服务绩效考核，从服务意识、工作作风，业务水平、服务效能，依法办事、廉洁公正，解决问题、回应期盼，服务环境、政务公开五个方面，借助第三方采取自查自评、民意调查、明察暗访的方式对全区行政服务窗口开展服务满意度测评。与区人力社保局研究制订《朝阳区行政服务窗口工作人员管理办法》，形成《朝阳区行政服务中心制度汇编》《朝阳区行政服务中心财务管理制度汇编》《朝阳行政服务大厅制度汇编》。

（郭　斌）

【党支部成立】 2月27日，成立区行政服务中心党支部。副主任李晓静为党支部书记、郭斌为组织委员兼纪检委员、李琼为宣传委员。

（郭　斌）

【党的群众路线教育实践活动】 2月至10月，成立教育实践活动领导小组和领导小组办公室，建立工作例会制度、活动协调保障机制、信息报送机制和宣传联动机制，组织班子成员和全体党员集中学习60次30天，讨论22次，开展主题学习9次，建立台账动态掌握学习进度和工作进展。通过“面对面”与“背靠背”相结合的形式和“进窗口、访企业、下社区”活动专题调研等形式，到联系点走访6次，召开座谈会4次，到群众中调研5次，面向174名群众征求意见和建议21条，形成汇总报告。对照“三严三实”“两个从严”和“四个坚决不允许”标准和领导点、群众提的突出问题，召开“会诊会”5次，撰写领导班子和班子成员对照检查材料。围绕理论学习、作风建设、服务改革等内容，制定整改落实方案和制度建设计划，明确整改任务19项，在全区党的群众路线总结会上做“强化需求导向、解决突出问题、提升服务水平”专题发言。

（郭　斌）

【服务理念形成】 年内，组织全区行政服务窗口专业培训4次，组织文化活动12次，形成“便民、依法、高效、廉洁”行政服务理念和“严谨、规范、高效、精细”工作标准。

（郭　斌）

【优化完善服务环境】 年内，完善行政服务大厅整体布局规划，增加绿植和便民服务设施，优化服务窗口，制定每月综合治理联席会议制度，协调属地派出所、城管执法队、交通队和属地街道综治办对黑中介、乱停车、无照经营和黑摩的开展联合治理7次；完善投诉管理办法和投诉工作流程，形成闭环投诉处理机制和定时巡视工作制度。区行政服务大厅收到投诉19件，有效投诉为零，总投诉量同比下降75%，驻厅窗口单位收到锦旗4面，感谢信2封。

（郭　斌）

【服务大厅信息化建设】 年内，推进中心信息化顶层设计，启动并实施行政服务内部管理平台和预约叫号系统。升级改造中心网络、电话集成系统、电子监控系统、窗口LED显示屏系统等硬件设施，更新服务大厅窗口电脑60台，在行政服务大厅开通免费WIFI。

（郭　斌）

【“一口受理、多证联办”启动】 年内，在全市率先启动“一口受理、多证联办”工作。优化完善“一口受理、多证联办”工作机制，统筹协调工商朝阳分局、区质监局、区统计局、区税务局、公安朝阳分局等单位，改串联为并联，加快审批速度。“一口受理、多证联办”因其简单快捷的申请方式和权威可信的官方一站式服务，帮助一些中小型企业快速完成市场准入工作，申请企业覆盖所有新设内资企业，所从事的行业涵盖科学技术、文化传媒、社会服务、教育培训、咨询管理、金融投资等类别。通过“一口受理”办理工商注册企业1800余家，审批提速45%以上。

（郭　斌）

【优化投资项目审批流程】 年内，构建完整投资审批服务体系，与区编办、区发改委、规划朝阳分局、国土朝阳分局、区住建委等相关部门一同推进区投资服务建设项目管理办法实施，公布投资项目审批事项清单，制订投资项目并联审批单及一次性告知单，完成优化投资项目审批流程试点工作，14个试点项目压缩审批时限50%左右，探索“一表受理—同步告知—并联审批”工作机制。

（郭　斌）

【规范行政审批办理流程】 年内，取消47个区级行政审批事项，压缩147个事项审批时限，建立全区行政服务事项管理平台，完成审批事项规范化管理，规范审批服务流程优化工作，梳理精简材料受理、现场查勘、审批核准到制证发证等环节。

（郭　斌）

【行政服务大厅审批受理】 年内，行政服务大厅接待咨询158万人次，与上年持平，受理615444件，审批612017件。大厅工商分局窗口新批内、外资主体40591家，其中500万元以上规模企业5965家。大厅商务委窗口新批外资企业599家，同比增长15%。

（郭　斌）

【行政服务宣传】 年内，编发《朝阳行政服务通讯》2期，向区级领导反映全国、市、区三级行政服务工作最新改革动向和发展形势，汇报行政服务工作最新进展、创新举措、取得实效等工作信息，为区级领导对全区行政服务工作科学决策提供参考依据。创建面向全区行政服务工作人员的简刊《零距离》9期。中心领导参加北京电视台走进直播间《朝阳区谈“提高行政服务水平”》专访和朝阳有线《问政2014——完善政务服务体系　提升区域服务水平》专访，北京电视台专题报道4次，朝阳有线专题报道8次，《人民日报》、中央电视台、《北京日报》等17家媒体对“一口受理、多证联办”工作进行专题报道。

（郭　斌）

物　价　管　理

【概况】 朝阳区发展改革委员会（简称区发改委）物价管理科负责全区物价管理工作;朝阳区物价检查所是区发改委所属全民所有制事业单位,负责全区价格监督检查行政执法工作。主要职责是依法进行物价监督检查、接待并处理群众来信来访等。区价格认证中心是区发改委所属全额拨款事业单位，编制10人。年内，检查朝阳区1744个单位价格执行情况，经济制裁金额107.79万元，其中没收29.06万元，退还3.81万元，罚款74.92万元。接到1395件价格举报投诉，结案570件。

地址：百子湾西里303号
电话：65090504
邮编：100124
邮箱：chaozhk66@sina.com

（何　珊）

【检测检查市场供应和价格执行情况】 年初，开展以粮油肉蛋菜为主要内容的市场监测检查工作。主要监测检查大洋路、盛华宏林粮油批发市场、家乐福、京客隆市场供应情况及价格执行情况，实施每周制度，向经营企业发出规范价格行为告诫函450余份，保证市场平稳。

（何　珊）

【教育收费专项检查】 1月至2月，联合区教委在完成各类学校、幼儿园自查工作的基础上，抽查北京市十七中学、朝阳区八里庄中心小学、朝阳区育人学校、朝阳区泛海幼儿园收费情况。

（何　珊）

【“3·15”法制宣传】 3月15日，根据区“3·15”法制宣传活动安排，组织检查人员到商场、超市等相关企业开展检查，并宣传价格法规政策。期间，派出22个检查宣传活动组，发放《关于商品和服务实行明码标价的规定》等法规宣传材料；向企业发放《提醒告诫函》，要求相关企业加强市场管理，确保市场价格秩序稳定。

（何　珊）

【收费许可证年审】 3月31日至5月20日，区发改委组织开展区2013年度《收费许可证》年审工作。全区参加年审单位285家，正本单位227个，副本单位58个，年审率100%，较上年增加2%。注销《收费许可证》12个单位。

（罗凤鸣）

【行政事业性收费年审】 3月31日至5月30日，对177个行政、事业单位（幼儿园61个，学校62个，行政机关及其他54个）2013年度收费票据开展年审。2013年度区行政事业性收费61543.45万元，其中行政性收费27798.38万元，事业性收费33745.07万元，较2012年减少700.55万元，减幅2%。

（何　珊）

【民办学历教育收费审核】 7月24日，审核并复函区教委北京市八十中国际学校学费和北京市朝阳区人大附中朝阳分校学费、住宿费标准。北京市八十中国际学校小学生学费标准（人民币）10万元/学年·生，初中生学费标准（人民币）11万元/学年·生，高中生学费标准（人民币）12万元/学年·生，高中生（非国际课程）学费标准（人民币）4.5万元/学年·生。北京市朝阳区人大附中朝阳分校初中生学费标准（人民币）4万元/学年·生，初中生住宿费标准（人民币）0.52万元/学年·生。7月24日至8月28日，审核并复函区教委北京市八十中国际学校、北京市朝阳区人大附中朝阳分校、北京市私立新亚中学、朝阳区陈经纶中学分校实验学校4所民办学历教育收费标准。8月5日，审核并复函区教委调整北京市私立新亚中学学费、住宿费标准。初中生学费标准（人民币）调整为1.6万元/学年·生，高中生学费标准（人民币）调整为1.8万元/学年·生，住宿费（四人间）标准（人民币）调整为0.48万元/学年·生。8月28日，审核并复函区教委北京市朝阳区陈经纶中学分校实验学校学费标准。小学生学费标准（人民币）7万元/学年·生，初中生学费标准(人民币)7万元/学年·生。以上批复和调整学费、住宿费均自2014年9月1日起执行。

（罗凤鸣）

【价格检查】 年内，完成“元旦”“春节”、全国“两会”“清明”“五一”“端午”“十一”“中秋”“APEC会议”等节日和重大活动期间市场价格监督检查和良好价格秩序保障工作。节假日和活动前，提醒告诫企业，发出价格诚信倡议书、告诫函，并在区委、区政府、区发改委外网，《朝阳报》、朝阳有线电视台等媒介倡议和对消费者开展节日期间消费价格提示。春节前组织区内工商、公安、安监等7个业务部门联合检查组开展联合检查。重点检查鞭炮销售点、超市及农贸市场，巡查35家大型商场超市和1处节日庙会现场（东岳庙）。出动23个检查组巡查和检查鞭炮经营企业，检查140余家经营单位并签订诚信经营的责任书，发放宣传材料260余份。全国“两会”期间派出检查组25个，巡查企业56家。“中秋节”期间，围绕节日特色食品和生活必需品等，检查商业零售、机动车停车场、特色商业街、旅游景点、交通客运、餐饮企业、宾馆饭店等重点行业和热点地区价格执行情况，重点检查粮油肉蛋菜奶、月饼等节日商品。APEC会议期间，围绕“一区九线四周边”，通过对重点区域和街区排查的方式，对奥林匹克森林公园周边区域的停车场、商场、旅游景点进行提醒告诫及价格监督检查。全年，提醒告诫3086家，重点检查区域旅游景点4处，商场超市13家，停车收费企业93家，其中针对燕莎商圈、蓝色港湾商圈、世贸天阶以及盘古七星酒店周边开展价格监督检查。

（何　珊）

【定向安置房成本价格测算】 年内，区发改委完成豆各庄定向安置房项目、金盏乡机场二通道搬迁定向安置房项目成本价格测算和福临家园定向安置房项目（二期）成本价格重新测算工作。5月20日，区发改委向区政府上报《关于朝阳区豆各庄定向安置房项目二期千人指标外商业成本价格测算工作的报告》和《关于朝阳区金盏乡机场二通道搬迁定向安置房项目成本价格测算工作的报告》。12月27日，区发改委向区政府上报《关于朝阳区福临家园定向安置房项目（二期）成本价格重新测算的报告》。

（罗凤鸣）

【价格诚信建设】 年内，开展价格诚信建设活动。对奥林匹克园区、蓝色港湾、世贸天街、泛海国际等价格诚信街区615家企业开展价格法律法规培训；与376家价格诚信企业签署承诺书；与奥运村、大屯、双井街道联合举办现场宣传日活动，宣传进社区42个，其中奥运村街道12个、大屯街道16个、双井街道12个、建外街道1个、东风地区办事处1个。对世贸天阶价格诚信街区及蓝色港湾价格诚信街区日常管理模式，通过世贸天阶物业管理公司及蓝色港湾管理公司对商户开展前期教育和进行培训，并向每个商户分发价格诚信街区宣传材料。开展创建奥林匹克公园价格诚信园区工作。对奥林匹克公园园区企业开展调查摸底和签订价格诚信承诺书，并联合奥林匹克公园管委会召开北京奥林匹克公园创建价格诚信园区工作部署会，部署创建价格诚信园区工作。

（何　珊）

【受理价格举报投诉】 年内，收到1395件价格举报投诉，其中机动车停车场699件，商场超市324件，其他服务67件，医药55件，餐饮业51件，零售36件，电子商业45件，电力23件，非机动车停车场20件，维修业8件，水价9件，物业管理15件，供热8件，燃气1件，房地产5件，宾馆饭店2件，教育27件。结案570件（其中1件退回市所，2件不予受理），占投诉案件的40.86%，其中机动车停车场306件，商场超市97件，其他服务29件，餐饮业18件，医药15件，教育13件，非机动车停车场7件，零售6件，维修业3件，电子商业2件，电力6件，水价2件。

（何　珊）

质量技术监督

【概况】 朝阳区质量技术监督局是北京市质量技术监督局设在朝阳区负责区域内质量技术监督管理工作的派出机构。局机关设6个职能科室，1个稽查队，全局下设直属事业单位4个。全年受理行政许可和服务类申请4342件，行政执法活动1225起，查处案件38起，罚没款25.92万元，受理投诉举报案件566件。检验特种设备49120台件；产品质量检验样品9048件；检测计量器具126383（台/件）。办理组织机构代码证书92422份。

地址：平房乡姚家园村8号
电话：85576988
邮编：100123
邮箱：cyj@bjtsb.gov.cn

（李　娟）

【特种设备重点监察单位整治】 年初，重新确定76家特种设备重点监察单位，包括人员密集场所、危险化学品等单位。完成涉氨企业整改治理，气瓶充装单位专项整治及城乡结合部整治等专项整治工作。

（李　娟）

【“防灾减灾日”活动】 5月14日，结合“防灾减灾日”活动，由市质监局主办，区质监局承办在朝阳区蟹岛绿色生态度假村开展大型游乐设施突发事件春季应急救援演练活动。市质监局特设处、市特检中心领导，区质监局、区旅游委、区消防支队、区安监局等部门相关人员参加应急救援演练。

（李　娟）

【“5·20”世界计量日活动】 5月20日，与东北师大附中朝阳学校联合开展“计量进校园”活动。活动主要以讲座形式开展，由区计量检测所资深技术人员联系中学数学、物理等课程知识与师生互动交流并作辅导讲座。讲座从什么是计量、计量发展和运用、生活中计量、计量器具工作原理、现代计量与环境等方面，结合历史故事、趣闻轶事、学科知识呈现计量概貌。活动设有发放宣传材料和组织学生有奖问答环节。

（李　娟）

【《质量发展纲要》实施】 年内，完成围绕加强重点领域质量安全监管、促进生态环境质量改善、建立以质量为导向的优胜劣汰市场机制、完善质量升级的配套措施、强化质量治理体系和能力建设等5方面起草《北京市朝阳区贯彻质量发展纲要实施意见2014年行动计划》。明确2014年区质量工作重点，将质量安全绩效考评工作纳入区政府绩效管理工作体系。

（李　娟）

【建立健全质量安全工作机制】 年内，结合《朝阳区贯彻质量发展纲要（2011–2020年）的实施意见》，建立健全市、区、街（乡）两级政府三级管理质量安全责任体系；结合街（乡）系统实际，各街乡建立质量安全工作机制，确定专门机构和人员负责质量安全工作，建立区质量安全管理联络沟通机制。

（李　娟）

【特种设备安全保障】 年内，按照“三落实、两有证、一检验、一预案”工作要求，督促各重点单位落实安全生产主体责任，组织开展安全监察和相关设备的检验，对监察和检验中发现不合格设备要求使用单位，立即停止使用并进行整改，直到最终检验合格方可投入使用。制定APEC会议保障方案、应急预案等，确定保障工作责任人，对区20家涉会单位提出保障工作要求，保障千余台设备安全正常运行。会议召开期间，实行局领导带班负责制，带领值守人员住局实行24小时应急值守，随时启动应急保障任务。

（李　娟）

【燃煤生产及使用监管】 年内，加强对区内燃煤生产、使用单位监管，加强燃煤质量监管，组织相关单位召开朝阳区农村地区“减煤换煤”供应企业工作会。要求企业严把进货关，建立健全进销台账、合同约束、公示等质量管理体系，强化内控、严格自律。参加由区农委、区环保局、区工商分局等多部门组成的劣质燃煤专项整治行动联合执法活动。开展煤炭生产、使用单位市级监督抽查工作。

（李　娟）

【高风险电梯评估】 年内，完成朝阳特种设备检测所承接市特种设备检验协会下达的全市816台高风险电梯的评估工作。

（李　娟）

【工业产品许可证管理】 年内，完成2014年生产许可证年度审查和实地核查工作。根据市质监局2014年工业生产许可证年审工作要求，结合区生产许可证管理工作实际，部署年度审查工作。根据企业产品质量安全风险程度、企业履行产品质量主体责任情况以及相应的监管模式，完成实地核查工作。

（李　娟）

【“打四黑　除四害”专项行动】 年内，开展排查“四黑四害”（老百姓反映强烈的制假售假、收赃销赃、涉黄涉赌涉毒等违法犯罪活动）线索并配合公安机关开展集中整治工作。排查生产企业241家（次）。

（李　娟）

【“质监利剑”专项行动】 年内，开展打击制售假冒伪劣农资、学生装等违法行为的“质监利剑”专项行动。对辖区3家农资生产企业、2家学生装生产企业开展专项检查，现场重点检查其生产车间、成品库房，未发现产品质量违法行为。

（李　娟）

【机动车检测机构监管】 年内，全区有机动车检测场8家，全部建立质量档案。加强对区内机动车检验机构监督管理，规范机动车安全技术检验工作，检查区内各安检机构“阳光车检”落实情况。

（李　娟）

【能源计量工作】 年内，组织重点用能单位召开专门会议。宣传能源计量管理相关法律法规，通报区能源计量工作开展情况，部署2014年重点用能单位能源计量审查评价工作。朝阳计量所和市计量院联合完成9家重点用能单位现场审查工作，9家单位均通过审查。

（李　娟）

【鼓励企业参与标准制（修）订】 年内，鼓励企业参与标准制（修）订，并申请补助资金。根据《北京市技术标准制（修）订专项补助资金管理办法》及《朝阳区技术标准制（修）订资助暂行办法》，17家单位获276万元市级补助资金，占市标准补助总额近四分之一，20家单位获167万元区级财政资金资助。

（李　娟）

【国家级服务业标准化试点】 年内，经国家标准委审查，国家会议中心被确定为国家级服务业标准化试点企业。

（李　娟）

【社会管理和公共服务综合标准化试点】 年内，社会管理和公共服务标准化工作联席会议办公室发布全国第一批社会管理和公共服务综合标准化试点项目，区全模式社会服务管理综合标准化试点项目入选。

（李　娟）

【中关村国家自主创新示范区标准创新试点】 年内，区质监局与电子城管委会联合完成区企业申报工作。北京控股磁悬浮等4家企业入选试点名单。朝阳区华润万东医疗装备股份有限公司和北京控股磁悬浮技术发展有限公司入选“2013中关村十大创新标准”榜单。

（李　娟）

【参与“一口受理，多证联办”工作】 年内，参与区投资服务大厅提升服务效能开展的“一口受理、多证联办”工作。整合服务资源，压缩办事时限，简化办事流程，提高工作效率，受理新设立内资企业登记1777户。

（李　娟）

审　计

【概况】 北京市朝阳区审计局是负责朝阳区审计监督工作的政府职能部门，实行双重领导，对区政府和北京市审计局负责并报告工作，审计业务受北京市审计局指导。内设9个科室，下设审计指导中心（全额拨款事业单位）。年内，完成审计（调查）项目61项，查处问题金额213387万元，其中违规金额13965万元、管理不规范金额199422万元（包括核减工程款6367万元）。促进增收节支41644万元。提交审计报告和各类信息、专报287篇，采用和领导批示238篇次，提出审计建议157条，促进完善制度11项。年内，被人力资源社会保障部、审计署评为全国审计机关先进集体。

地址：北三环东路甲26号

电话：84272008

邮编：100029

邮箱：cysj@bjchy.gov.cn

（贾晓博）

【预算执行审计】 年内，完成对区财政局组织2013年度本级预算执行和其他财政收支情况审计工作。重点关注财政体制改革措施的执行效果，掌握“全口径预算管理”落实情况，对非税收入、国有资产、国有资本经营预算、财政支出绩效评价等内容，查找存在普遍性、倾向性问题；完成对区教委、CBD管委会、工商联等16个单位部门预算执行审计工作，重点审查收支预算编制的真实性、完整性，分析预算安排与执行的差异性，国有资产管理、结存资金管理，以及部门财务管理和决算编报中存在的突出问题。将中央“八项规定”精神及市区实施意见的贯彻执行情况纳入审计内容，查找“三公”经费、会议活动费支出方面存在问题。

（贾晓博）

【政府投资建设项目审计】 年内，完成2010年农村雨洪利用、2010年道路和公园节水改造等12个项目决算审计工作。重点审查项目建设目标实现情况，检查项目审批、工程招投标、合同管理和资金拨付等关键环节，促进建设单位规范项目建设和资金使用；对垂杨柳医院改扩建、东坝乡三岔河村拆迁等4个项目实施全过程跟踪审计，重点审查建设程序履行、项目进度管理、资金使用等情况；对金盏金融服务园区、豆各庄乡、东坝边缘集团南区土地储备等5项目开展土地一级开发成本审计。

（贾晓博）

【经济责任审计】 年内，完成对13个单位19名领导干部的经济责任审计工作。重点强化领导干部履行经济职责促进地区经济或部门事业科学发展、重大经济事项决策执行、廉洁从政等方面内容。突出任中审计，加大党政同审、项目联审。其中任中审计比例为45%，党政领导同步审计项目占43%，预算执行审计同步实施项目占57%；扩大对重要部门、重点岗位的监督覆盖面，对7个单位10名主要领导干部开展党政领导干部同步审计和任中经济责任审计，占年度计划的50%。研究被审计对象应负经济责任的界定范围和界定标准，出台《朝阳区领导干部经济责任审计责任界定的工作意见》。

（贾晓博）

【绩效审计】 年内，完成对朝阳区养老服务机构运行情况的绩效审计调查工作。重点审查2011年至2013年度全区养老机构统筹规划情况、养老机构分布和运营情况、养老设施和服务制度健全情况、养老机构配套建设情况等内容，为区养老事业政策性引导、积极发挥社会力量参与解决养老问题提出可行性建议；完成对区北部水系水质改善工程的绩效审计工作。重点审查污水源的封堵效果、水质监测效率、水质改善效果、社会满意度4个方面内容。

（贾晓博）

【内部审计管理】 年内，围绕促进单位内部规范管理、审计问题整改等重点工作，走访重点单位23家，听取意见建议，研究解决方案，发挥内部审计指导服务作用；注重发挥内审交流平台作用，召开由27家单位主管内审领导和内审负责人等51人参加的内审重点工作恳谈会；组织部分行政和企事业单位278名内审人员参加市2014年内部审计岗位培训和考试。

（贾晓博）

【审计信息化建设】 年内，改进完善京OA系统7项功能，优化审计流程；推广运用研发的部门预算执行审计数据分析平台，并开发投资审计方法模型，提高一线工作效率；研究开发聘用社会中介机构管理的实用软件，对社会中介机构的管、用分离提供数据支持和服务，促进加强审计项目管理。

（贾晓博）

【审计基础管理】 年内，创新审计项目组织方式，在对昆泰、京客隆两个企业领导人员经济责任审计项目中，打破科室界限，在全局统筹调配专业人员，保证重点项目质量和效率；制定完善“项目时间和时限控制管理办法”“审计现场管理办法”“重大差错退回机制”“审计组长考评工作”4项业务管理制度；强化审计行为的标准化管理，完善政府投资建设项目审计、过程跟踪审计、企业审计、经济责任审计、部门预算执行审计5项审计操作规程。

（贾晓博）

【党的群众路线教育实践活动】 年内，在区委第四督导组的督导下，围绕“为民、务实、清廉”的主题，开展党的群众路线教育实践活动。完成“学习教育、听取意见”“查摆问题、开展批评”“整改落实、建章立制”三个环节工作。活动中，处级领导集中学习12天，普通党员集中学习2天；通过召开座谈会、重点谈话等方式征求局内外意见建议190余条；召开学习交流会5次，谈心谈话78人次；召开专题民主生活会，认真开展批评与自我批评。班子成员到审计一线调研指导工作人均5次以上，协调推动重点审计项目及难点工作；制定完善公务接待和公务外出、领导干部谈话谈心等有关制度7项。

（贾晓博）

安全生产

【概况】 朝阳区安全生产监督管理局是负责全区安全生产综合监督管理工作的职能部门。内设局办公室、监察科（3月25日设立）、法制培训科、安全生产综合管理科（区安全生产委员办公室、区地方铁路监护道口管理办公室）、事故调查科、事故处理科、工业企业管理科、危险化学品管理科、职业卫生监督检查科、职业卫生管理科（9月9日设立）、安全抢险协调科11个科室。下属安全生产综合执法一、二、三、四队。区安全生产委员办公室设在区安监局。全年发生安全生产事故169起、死亡183人，比上年分别增加1起，减少6人。其中生产安全事故19起、死亡20人，比上年分别增加4起、5人。

地址：百子湾西里303号楼
电话：87312475
邮编：100124
网址：http://aqscj.bjchy.gov.cn

（潘蔚然）

【城乡结合部安全生产专项整治】 2013年12月12日至2014年8月31日，开展城乡结合部地区安全生产专项整治。全区监督检查各类单位26万家，排查整改各类安全隐患10.6万项，停产停业1700家，关闭取缔2778家，行政罚款1716.635万元，处理人员915人，清退人员86819人。整改挂账的7438处隐患。

（潘蔚然）

【安全检查】 1月27日，区委常委贾彦翎、副区长汪洋带队，对劲松街道西大望路盛秋加油站和珠江帝景小区烟花爆竹零售点开展节前安全检查。区领导甘靖中、张维刚带队，对奥特莱斯人员密集型商场开展节前安全检查指导。1月29日，区领导吴桂英、汪洋带队，对三里屯街道工体北门烟花爆竹零售网点和太古里商场开展节前安全生产检查。1月30日，区委书记程连元带队，对大屯街道飘亮阳光广场二层亚奥之星服装城及广场外烟花爆竹销售点开展节前安全生产检查。2月4日，副区长汪洋带队，检查呼家楼街道东大桥社区烟花爆竹安全燃放、禁放工作。3月8日，市交通委路政局副局长李亚宁带队，检查将台乡科环道口、小红门乡牌坊道口全国“两会”期间安全保障工作。6月26日，副区长汪洋带队，现场检查太阳宫国际村、团结湖公寓人防工程。8月6日，副区长张维刚带队，对王四营乡、八里庄街道和麦子店街道开展安全生产和环境整治检查。8月8日，市安全监管局副局长阎军带队，对辖区天海工业有限公司开展职业卫生专项执法检查。8月1日，区委常委、常务副区长甘靖中带队，检查中国尊工地、建国路沃尔玛店、蓝岛和朝外地铁站等地安全生产工作。8月6日，区委常委、副区长陈涛带队，对平安聚源建材批发市场开展安全检查。副区长王春带队，检查国学馆工地、国家游泳中心水立方、CBD管委会及周边施工设施、消防器材和苫布遮盖情况。副区长张立新带队，对酒仙桥街道、太阳宫乡、亚运村街道等地市场开展安全检查。副区长苑文新带队，对北京昆泰静安综合市场、乐天玛特东湖店、旺顺阁北苑路店以及小营市场周边餐饮场所开展安全生产检查。副区长张维刚带队，对化工路、华能北京热电有限责任公司、家乐福慈云寺店、朝阳公园沙滩主题乐园开展消防安全检查。8月7日，副区长汪洋带队，对北辰五洲皇冠国际酒店、亿客隆北苑建材市场、新豹房建材商城、北苑中石油加油站开展安全生产检查。9月23日，副区长汪洋带队，对团结湖街道和王四营乡开展国庆节前安全检查。9月24日，甘靖中带队，对CBD地区开展国庆节前安全检查。9月26日，区委副书记、政法委书记陈宏志带队，对平房乡、高碑店乡的部分企业和市场开展安全检查。9月29日，区委常委、组织部部长张革带队，对北京城际彩虹上网服务中心、机场二幼及华谊兄弟影院（望京华彩中心店）开展安全检查。9月30日，区长吴桂英，区委常委、副区长陈涛带队，对崔各庄乡黑桥村、东辛店村开展节前安全检查。副区长苑文新带队，对北京玉林烤鸭店（华威桥店）、北京东方盛泽双龙顺超市（紫南店）、京沈高速（白鹿）收费站周边开展安全检查。11月5日，市安监局副巡视员钱山带队，检查APEC峰会安全生产保障工作并慰问一线执法人员。

（潘蔚然）

【环境建设与城市管理工作会召开】 2月12日，召开2014年度环境建设与城市管理工作大会。区四套班子领导、区部委办局正职、街乡和社区（村）党政正职及区属企业主要负责人1100余人参加会议。区长吴桂英主持会议。副区长汪洋总结2013年安全管理工作，部署2014年重点任务。区委书记程连元和吴桂英分别与各街乡签订《朝阳区加强安全生产禁止和查处违法建设工作责任书》。程连元提出两点要求：一要清醒认识当前环境建设和城市管理面临的形势；二要坚决打赢环境建设和城市管理攻坚战。

（潘蔚然）

【全国“两会”安全生产部署会召开】 2月25日，召开视频会议，部署全国“两会”期间安全服务保障工作。通报城乡结合部地区安全生产专项整治工作情况，并部署全国“两会”期间区安全生产工作。区安委会各成员单位主要领导、主管领导、主管科室负责人及街乡的行政正职，安全生产主管领导，安监科负责人参加会议。副区长汪洋出席会议并讲话。

（潘蔚然）

【重大安全隐患查处】 3月10日，区安监局与黑庄户乡政府配合，查处黑庄户乡郎各庄村一处废弃厂房内的非法储存剧毒化学品丙烯腈案件，消除重大安全隐患。8月8日，区安监局联合公安、工商、质监等执法部门及孙河乡政府查处一家非法生产充装危险化学品黑窝点，依法清理收缴氧气、乙炔等气瓶121个，自制乙炔发生器及充装设备1套，电石等生产原料约200公斤，将违法责任人移送公安机关处理。9月4日，区安监局、公安朝阳分局治安支队、区禁毒办及属地街道办事处、公安派出所联合执法，查处取缔3家非法储存买卖危险物品的五金建材商店。

（夏旭昀）

【领导调研】 3月13日，市安全监管局副局长阎军带队到区调研职业卫生工作。3月27日，区长吴桂英到区安全监督局调研全区安全生产工作。区安监局、朝阳消防支队、公安朝阳分局及区民防局等11个部门，分别汇报2014年安全生产等重点工作，探讨在命案难点问题解决办法。副区长汪洋一同调研。4月28日，市安全监管局副巡视员高士虎带队到区安监局调研区安全生产条件普查试点工作。5月9日，市安全监管局局长张树森、副巡视员高士虎到区安监局调研安全生产工作。7月16日，广州市安监局局长梁醒虾带队到区安全监督局调研生产安全监管相关工作情况。7月29日，市安监管局局长张树森带队到区安监局调研安全生产社会化管理工作。

（潘蔚然）

【安全生产综合督查】 4月9日，市国土局、市国资委、市安监局组成的市城乡结合部专项整治指挥部办公室第四督查组对区城乡结合部安全生产专项整治工作开展第二轮综合督查。区安监局、区国资委、区农委、国土朝阳分局等部门领导陪同检查。

（潘蔚然）

【依法行政工作会召开】 4月17日，召开安监系统依法行政工作会。总结2013年度依法行政工作，表彰安全生产先进集体和个人，部署2014年工作任务。区法制办、区社会办、区农委分管领导出席会议。全区安监系统220余人参加会议。

（姚 遥）

【管线占压安全隐患清理工作会】 5月8日，区安委会办公室组织召开相关部门、属地街乡、管线产权单位工作协调会。通报市安委会办公室下发朝阳区《管线占压侵占安全距离隐患台账》，研究全区《石油天然气危险化学品管线占压等安全隐患清理工作方案》，交流探讨推进隐患清理工作。

（夏旭昀）

【有限空间作业安全生产工作会召开】 4月25日，召开区2014年度有限空间安全生产工作部署会。区市政市容委、区房管局、区水务局等12家安委会成员单位和排水集团朝阳管网分公司等6家相关企业参加会议。区安监局副局长姜金平提出“六个到位”（组织统筹要到位、宣传培训要到位、隐患排查要到位、监督检查要到位、责任落实要到位和各类应急措施要到位）工作要求。

（蒋昌启）

【有限空间作业夜间巡查】 5月15日19时30分至16日凌晨，在望京、大屯、安贞、和平街、左家庄等街道开展有限空间作业夜间巡查工作。此次夜查主要采取不打招呼、不定时间、不确定单位和不定地域，直接到现场巡查的方式，检查有限空间作业现场3个。两家作业单位安全设备器材配备较为齐全，现场负责人和作业人员安全意识有所提升，能够按照作业程序开展作业；另外1家作业单位装备简陋，发现执法人员后迅速逃离，有意规避检查，执法人员随后对该作业现场开展两次复查，未发现作业情形。

（蒋昌启）

【应急管理工作专项检查】 5月下旬至年底，开展生产经营单位安全生产应急管理专项检查。按照“全覆盖、零容忍、严执法、重实效”的总体要求，重点检查生产经营单位应急预案的编制、评审论证、发布、培训教育、演练和备案情况。检查采取企业自查、街乡安全生产监管部门专项检查和区安监局督查相结合的方式分三个阶段开展。安监部门在企业开展自查的基础上，结合年度执法计划加强专项执法检查。检查中一旦发现问题立即通知其限期整改，对限改不到位的单位，责令停产整改。执法检查与经验推广同时开展，积累专项检查中发现的好经验，通过组织观摩、现场会等方式加强示范企业单位的建设。

（于　松）

【职业卫生监督检查】 5月至10月，对全区木质家具制造、危化、汽修、石材加工、电镀、电子6大行业210家单位部分行业开展工作场所职业卫生监督检查工作。出动检查人员1230人次，检查单位615家次，下达各类执法文书591份，对7家整改不力的单位给予行政处罚，处罚5.5万元。

（蒋昌启）

【6个乡安全隐患专项整治】 6月3日至12日，区安监局处级领导带队，由区农委、朝阳消防支队、公安朝阳分局、区文化委、区教委、区商务委、工商朝阳分局、区食药局组成专项整治工作组，分别进驻十八里店、黑庄户、豆各庄、常营、王四营、小红门6个乡，对农村出租大院、“三合一”“多合一”场所（住宿与生产、储存、经营等一种或几种用途混合设置在同一连通空间内的场所）、彩钢板建筑、危险化学品场所、人员密集场所（商市场、歌厅、网吧）、打工子弟学校（幼儿园）、出租公寓房开展安全隐患拉网式排查。检查单位878家，出动人员1931人次，发现隐患1352处，整改663处，停业整顿184家。

（潘蔚然）

【危险化学品安全培训会召开】 6月5日至6日，分两批举办危险化学品安全培训会。全区危险化学品企业主要负责人和安全管理人员420余人参加培训，区安监局局长刘炳起、副局长姜金平出席会议并作动员讲话。

（夏旭昀）

【市安全月宣传咨询日活动承办】 6月16日，安监总局局长杨栋梁、副局长徐绍川，市长王安顺、副市长张延昆及市安监局主要领导，区党政主要领导等出席在朝阳公园举行的安全月宣传咨询日活动。活动由区安监局承办。区43个街乡及相关部门、企业分别设置咨询台，1.2万人参加咨询。

（潘蔚然）

【安全生产知识竞赛决赛】 6月19日，在区电梯职业技能培训学校举办安全生产知识竞赛决赛。市安监局、市总工会、区总工会、区安监局有关领导出席。呼家楼街道代表队获一等奖，管庄乡、将台乡代表队获二等奖，安贞街道、大屯街道、麦子店街道代表队获三等奖。

（陈宣英）

【“一对一”应急救援演练】 6月26日，区生产安全事故应急指挥部在荷美尔公司组织开展危险化学品液氨储罐泄漏中毒事故“一对一”应急救援演练。副区长汪洋，市安监局、区政府办（应急办）、区安监局、公安朝阳分局、朝阳消防支队、区卫生计生委、区环保局、区气象局、朝阳交通支队等部门和相关属地政府有关负责人，及全区有关危险化学品经营使用单位主要负责人170余人现场观摩演练。

（于　松）

【“安全生产月”活动】 6月，以“强化红线意识，促进安全发展”为主题，以宣传贯彻落实习近平总书记重要讲话精神、大力实施安全发展战略为主线，以推进全国安全发展示范城市创建和城乡结合部地区专项整治为重点，开展“安全生产月”活动。期间，全区开展宣教活动4.4万场次，受教育人数131万人。

（潘蔚然）

【电气使用安全暨“双打”专项执法行动】 6月，在全区开展电气使用安全暨严厉打击特种作业、特种设备作业人员“持假证上岗、无证上岗”“双打”专项执法行动。全区出动执法人员2955人次，检查企业1725家，检查特种作业及特种设备作业人员2524人，发现隐患958项，下达执法文书1943份，查处持假证、无证人员38人，对存在违法行为的19家生产经营单位给予处罚，处罚13万元。

（刘　宁）

【消防隐患集中排查整治】 7月8日至15日，集中开展消防隐患排查整治行动。出动检查人员40人次，检查单位458家，发现火灾隐患271处，督促整改168处，下发责令改正通知书32份。

（潘蔚然）

【市安全生产条件普查工作动员会召开】 7月24日，北京市第一次安全生产条件普查工作动员部署会在大屯街道召开。市安监局局长张树森、副局长陈清、副巡视员高士虎，市安监局相关处室，各区县、北京经济技术开发区安全监管局局长、分管副局长和主管科室负责人，以及全市部分街道乡镇分管领导和相关负责人200余人参加会议。

（马海澎）

【安监系统执法检查培训】 7月29日，组织安监系统执法检查培训班。系统160名执法人员参加培训。培训采用对照检查标准和实地检查开展，授课老师到企业作业一线，现场拍摄安全隐患，并用实物图片逐条点评作业人员违章操作行为和设备安全隐患，剖析企业用电用焊中普遍隐患和典型问题。

（姚　遥）

【粉尘爆炸危险场所安全监管】 8月2日，举办粉尘爆炸危险场所安全生产管理工作培训班。街乡安监科人员和所属工业企业负责人100余人参加。8月3日起，区安监局各科室队及街乡执法分队对有限空间、危化企业和金属电镀厂、汽车修理厂、金属模具加工厂等工业企业开展全面检查，建立工作台账。

（陈　京）

【APEC会议安全保障工作部署会】 8月13日，区安委会组织召开安委会扩大会暨APEC会议安全保障工作部署会。160人参加会议。区安委会副主任、副区长汪洋就推进下半年安全生产工作及APEC会议期间的安全保障工作提出要求：切实增强安全生产工作的责任感和紧迫感。认真贯彻和落实好中央、北京市有关会议精神。认真谋划，提高做好安全生产工作的能力和水平。强化安全生产的组织领导和责任落实。

（潘蔚然）

【互联网营业场所执法检查】 9月25日，联合区文化委、相关街乡分3个检查组，对望京街道、东湖街道、八里店街道和高碑店乡15家上网服务营业场所开展执法检查，其余街乡结合辖区实际组织开展执法检查。全区出动检查人员194名、执法车辆46台次，检查互联网上网服务营业场所207家，发现安全隐患428项，消除安全隐患390项，下达执法文书292份，对存在较大隐患且违反相关法律法规的15家单位给予立案处罚。

（刘　宁）

【“六打六治”打非治违专项行动】 9月至12月底，在全区范围集中开展以非煤矿山和工业、危险化学品、油气管道、交通运输、建筑施工、消防为重点的“六打六治”（打击矿山企业无证开采、超越批准的矿区范围采矿行为，整治图纸造假、图实不符问题；打击破坏损害油气管道行为，整治管道周边乱建乱挖乱钻问题；打击危化品非法运输行为，整治无证经营、充装、运输，非法改装、认证，违法挂靠、外包，违规装载等问题；打击无资质施工行为，整治层层转包、违法分包问题；打击客车客船非法营运行为，整治无证经营、超范围经营、挂靠经营及超速、超员、疲劳驾驶和长途客车夜间违规行驶等问题；打击“三合一”“多合一”场所违法生产经营行为，整治违规住人、消防设施缺失损坏、安全出口疏散通道堵塞封闭等问题）打非治违专项行动。全区组织执法检查组673次，其中参加执法检查人员5026人次，参加执法检查专家105人次，检查企事业单位和场所6163家次，组织开展跨地区和部门联合执法115次，处罚816万元，对重点地区和单位实施暗查暗访75次。

（潘蔚然）

【危化企业安全人员培训】 9月，在北京预备役防化团训练基地对危化企业110名安全人员开展为期1周封闭式集中培训。主要对重大危险源辨识标准、危化事故处置、防化知识、常用防化器材使用等专业知识和重点科目进行讲解及训练。

（夏旭昀）

【安全生产大宣讲活动】 10月9日，区委理论中心组召开区委中心组安全生产专题学习（扩大）电视电话会暨安全生产大宣讲活动。区四套班子领导出席会议，全区二级班子通过视频会议系统参加学习。国家安全生产监督管理总局政策法规司副司长邬燕云以“树立红线意识，促进安全发展”为主题作专题讲座。

（潘蔚然）

【重点危险化学品单位安全工作部署会】 10月14日，会同公安治安支队、公安内保大队、区禁毒办、朝阳消防支队、工商朝阳分局等单位组织召开重点危险化学品单位安全工作部署会。全区加油站及剧毒、易制毒、易制爆危险化学品生产经营企业负责人260人参加会议。传达北京市关于十八届四中全会及APEC峰会期间市危险化学品安全生产管理措施的精神，部署加油站及剧毒、易制毒、易制爆危险化学品生产经营企业的重点工作。

（夏旭昀）

【大洋路商圈安全隐患整治行动】 10月21日至31日，对大洋路商圈开展为期10天的安全隐患排查治理专项行动。检查商市场32家、人员密集场所16家、六小门店258家、出租大院等29家，发现安全隐患504处，下发整改通知书316份，拆除违法建设800平方米，调控减少外来人口7239人，罚款3000元。

（王世会）

【APEC会议场所周边联合执法检查】 10月22日至24日，联合区食药局、区质监局、朝阳消防支队和区商务委5家职能部门，组织对APEC会议场所周边200米生产经营单位开展联合执法检查。出动执法人员15人、执法车辆5台，分别对场所周边加油站、餐饮企业、电影院、大型商场等15家生产经营单位开展联合执法检查。10月27日至29日，组织对会议场所周边200米生产经营单位开展联合执法检查。出动执法人员18人、执法车辆6台，对场所周边餐饮企业、电影院、物业、大型商场等12家生产经营单位开展联合执法检查。

（刘　宁）

【APEC峰会期间安全生产和消防安全保障工作会】 10月24日，区安委会办公室组织召开APEC峰会期间安全生产和消防安全保障工作会。就APEC峰会期间安全生产和消防安全相关工作进行再动员，再部署。副区长汪洋就APEC会议期间的安全工作提出三点要求：坚决认清全区形势，坚决落实各方责任，坚决盯住重点区域和领域。

（潘蔚然）

【有形市场及商城危险化学品专项整治部署会】 10月31日，区安委会办公室组织召开区有形市场及商城危险化学品专项整治部署会议。区安监局副局长姜金平主持会议，公安朝阳分局治安支队、区禁毒办、工商朝阳分局等相关部门主管领导出席会议，全区商城、市场等经营单位负责人300余人参加会议。

（夏旭昀）

【市安委会督查组检查指导】 11月24日，由市住建委副主任王钢为组长的市安委会第一督查组到区开展“六打六治”打非治违专项行动综合督查。副区长汪洋，区安监局局长刘炳起、副局长姜金平，区住建委、区社会办、朝阳消防支队、双井街道办事处等单位相关领导陪同督查。督查组对区“六打六治”打非治违专项行动工作给予肯定，并对下一步工作提出要求。

（潘蔚然）

【新《安全生产法》培训】 11月25日至26日，区安委会办公室举办新《安全生产法》培训班。区安委会各成员单位安全生产主管领导、科长，各街乡主管领导及区安监系统全体执法人员等350人参加培训。市安监局法制处处长李刚作专题讲座。

（姚　遥）

【防化连官兵培训】 11月27日、28日，在平房库房基地组织防化连官兵开展使用操作培训。使防化连人员熟练掌握应急装备操作，了解应急物资的性质功用和使用方法。

（于　松）

【安全生产培训模式改进】 年内，区安委会办公室在全区重点行业和地区中率先推行企业主要负责人、安全生产管理人员“集中培训、集中考试、持证上岗”培训模式。全区培训17.3万人次，同比增长6.8%。

（陈宣英）

【特种作业培训考核发证】 年内，区有特种作业培训机构9家，培训工种包括电工作业、焊工作业、建筑脚手架拆装、高处悬挂建筑物表面清洗、制冷与空调作业、地下有限空间作业。培训、考核特种作业人员16388人次，发放合格证12852人次。

（陈宣英）

【危险化学品应急救援】 年内，接警处置危化及相关安全生产应急救援事件12起，调查处理4起。

（于　松）

【安全生产举报投诉受理】 年内，受理安全生产投诉举报事项242件，其中受理“12350”举报196件、群众来电举报46件，每一件投诉均在规定期限内完成回复工作。

（刘　宁）

【有限空间作业检查】 年内，开展有限空间执法检查50余次，其中会同区市政市容委及发改委委开展有限空间作业联合检查4次，科室独立日夜巡查46次。检查作业单位及作业现场120家次。约谈7家有限空间作业单位责任人，对5家作业现场存在事故隐患单位负责人给予行政处罚。

（蒋昌启）

【职业病申报和职业卫生“三同时”审查】 年内，整理职业病申报数据库，通过查阅工商注册信息，结合日常检查和街乡摸底信息，对注销或搬迁到外区县的生产经营单位的申报给予注销。审核新申报单位116家。申报库中用人单位605家单位。完成2家单位建设项目职业卫生“三同时”（建设项目职业病防护设施必须与主体工程同时设计、同时施工、同时投入使用）审查备案工作。

（蒋昌启）

【职业卫生基础建设】 年内，制发《朝阳区用人单位职业卫生基础建设活动指导手册》。免费下发全区职业病危害项目申报单位，指导用人单位开展职业卫生基础建设。基础建设达标单位450家，达标率75%。督促用人单位开展劳动者职业健康监护档案建立工作。552家企业为接触职业病危害的从业人员建立职业健康监护“一人一档”，建档率92%。

（蒋昌启）

【安全生产标准化创建】 年内，在全区建筑、娱乐、旅游、商贸、文化、体育等行业开展安全生产标准化创建工作。截至12月31日，共有15659家企业实现达标，其中一级企业1家，二级企业49家，三级企业6104家，岗位达标企业9505家。

（陈 京）

烟草专卖

【概况】 朝阳区烟草专卖局（朝阳烟草公司）负责朝阳区行政辖区内的烟草专卖管理、卷烟市场供应和卷烟销售网络建设。年内，办理涉烟违法案件342起，同比下降14.87%。查获违法卷烟1993.44万支，同比下降5.76%，总案值870.27万元，同比下降0.82%。其中5万元以上案件50起，同比增长6.38%。办理涉烟网络案件4起。刑拘9人，同比提升12.5%。与工商朝阳分局等行政部门联合开展执法15次，同比提升25%。销售卷烟16.63万箱，同比增加0.80万箱，增长5.05%；实现利税合计9.62亿元，同比增长16.46%。获2014年北京烟草系统论文竞赛经济管理类二等奖，2014年北京烟草系统专卖技能竞赛团体第一名，代表北京烟草专卖QC小组发布的QC课题《提高案件结案率》获第八届“海洋王”杯全国QC小组成果发表赛一等奖。王向东获市专卖技能竞赛第一名。

地址：和平街十三区甲17号
电话：64207306
邮编：100013
邮箱：bjcyyc@163.com

（丁 鑫）

【销售假烟网络案破获】 1月4日，在市局专卖处指导下，经过与河北省保定市烟草专卖局、保定市公安局和公安朝阳分局历时半年侦察，在房山区烟草专卖局和公安房山分局配合下，破获京冀“1·04”销售假烟网络案。查获违法卷烟319.10万支，涉烟案价值147.0636万元，抓捕7人（保定3人，北京4人），刑拘5人（保定3人，北京2人），查获窝点5个（保定1个，北京4个），涉案车辆3台（保定2台，北京1台）。4月30日，联合顺义、密云烟草专卖局，在公安朝阳分局经侦大队、劲松派出所等公安部门配合下，破获以主犯山东籍夏津人谷某、浙江籍温岭人张某、河北籍沧州人齐某为首的销售真品卷烟网络案件。查获违法卷烟277.58万支，总案价值143.018万元，抓获涉案嫌疑人6人，刑拘3人，查获窝点3个，交易案地点4处，涉案车辆4台。6月12日，在公安朝阳分局经侦大队、劲松派出所、大兴区烟草专卖局、公安大兴分局配合下，破获以湖北籍公安人赵某、河北籍邢台人苏某、湖北籍宜城人张某为首的销售真品卷烟网络案件。查获违法卷烟304.68万支，涉烟案价值90.35755万元，抓捕涉案人员7人，刑拘3人，查获库房和车7个，涉案车辆4台。11月2日，联合通州区烟草专卖局，在公安朝阳分局经侦大队、劲松派出所的配合下，破获以河北籍衡水人王某、四川籍仪陇人陈某、山东籍夏津人钟某为团伙的运输销售真品卷烟团伙网络案件。查获违法卷烟142.12万支，涉烟案价值618356.4元，抓捕涉案人员6人，刑拘4人，查获窝点2个，涉案车辆3台。

（房 颖）

【内专销联席会议】 2月14日，召开第一季度内专销联席会议。派驻办依托市烟草局“零售终端业务集成平台”、经营管理决策系统和专卖内管信息系统，推进网格化、差异化、信息化“三化合一”市场监管模式，重点加强卷烟状态分析，探索订单异常客户清单管理，实现卷烟营销、市场监管、内部监管的协同并进格局。会上决定：每季度定期召开内专销联席会议制度。

（王漪虹）

【卷烟规范经营问卷调查】 9月中旬，内管派驻办抽取辖区内部分零售户开展问卷调查工作（问卷围绕卷烟规范经营设10道判断题）。活动旨在强化零售户守法经营意识，特别选取60个年度卷烟外流累积超过0.2万支的零售户和60个年度新增零售户参与。

（王漪虹）

【党的群众路线教育实践活动】 年内，开展党的群众路线教育实践活动，市烟草局第二批党的群众路线教育实践活动第一督导组对区烟草专卖局教育实践活动给予指导。期间，在朝阳烟草门户网站开辟群众路线教育实践活动专栏，发布活动相关信息。在组织党员自学的基础上邀请朝阳区委党校老师开展专题解读讲座，从党的宗旨和优良传统、群众路线、作风建设三个方面论述群众路线教育的重要性和时代性。组织观看《失德之害——领导干部从政道德警示录》《践行群众路线的好榜样》专题片和《焦裕禄》《天河》等电影。在听取意见环节分别组织召开工业企业代表、卷烟零售户代表和职工代表座谈会，广泛征求意见建议，征求到四风方面意见建议15条，均整改落实。

（王宜佳）

【卷烟市场调研】 年内，开展零售客户库存调研、零售客户满意度市场调研、零售客户库存调研等3次市场调研。制定具体销售措施：尊重市场化取向改革，宣传引导零售客户，指导客户按需提报，根据消费群体提报需求卷烟，建立合理的库存水平，从而提升获利水平；“一店一品”（结合片区特点，对每家烟草零售店在显著位置展示一个品牌，有针对性地上柜主销品牌）打造品牌培育阵地，发挥“商业企业搭台、工业企业唱戏”的原则，为烟草工业企业建设渠道，从而增加烟草工业企业和烟草商业企业互动，最终实现工业企业，商业企业，零售客户共同获利。

（臧佳音）

【品牌培育方式创新】 年内，选定11个工业企业15个规格作为自主培育品牌；筛选430位重点零售户作为目标客户，协同工业企业定期维护和评定。对15个自主培育规格以及2013年下半年新品和2014年上半年新品上柜率开展周统计月汇总、片区和总体的分层面测算，通报完成进度。并借助自主开发的程序软件，实现对重点品牌销量和新品上柜实时监测。

（臧佳音）

【改进案件查办模式】 年内，对传统案件查办模式实施技术改造。引入现代科技以提高案件查办效率，采取“人为主导，技术辅助”工作方式，建立起“两人三机”执法模式（由法律规定至少2名执法人员携带平板电脑、条烟码扫码枪和便携式打印机）。通过自动化操作提高工作效率，通过压缩现场执法时间降低执法风险，通过排除主观因素维护法制权威，提高案件查办质量。

（丁 鑫）

【市场监管信息化】 年内，为每名网格人员配备定位对讲手机及平板电脑，方便其与其他人员联系，管理人员可以及时便捷了解市场监管员的动态。为检查队配备现场执法装备，包括执法记录仪、笔记本电脑、扫码枪、便携式打印机。

（房　颖）

【法制监督】 年内，审查行政处罚案卷750卷次，发现一般要素问题2100处，基本要素问题近百处。监督行政执法行为，审查执法记录仪336条，发现执法程序履行不完备等普遍性问题15个，起草《执法规范流程》和《执法记录仪使用规范》。审查经济合同67份，提出修改意见46处。审核管理规范13份。

（刘　韬）

【法律法规宣传】 年内，根据“六五”普法工作要求，分别在“3·15”“5·15”“6·29”等重要节点组织开展宣传活动。在“12·4”宪法日参加区政府组织的法律宣传活动。根据工作实际，在零售客户领证前、经营中、违法后等不同时间节点组织普法宣传。全年印发宣传材料1500份。

（刘　韬）

【专业知识培训】 年内，组织专卖岗位技能竞赛培训、执法资格考试培训、案卷制作、新入职员工法律、经营管理人员法律以及零售户守法经营等培训40次，450人次参加。

（刘　韬）

【精益管理课题实施】 年内，确定“减少物价值流程”为年度精益管理课题。就区局企业管理现状以优化案件查办、案件审理、许可证新办、内管预警筛查、需求预测等15项业务流程作为改善方向。优化与改善主要业务流程，使流程工作周期达到226.39天，相比原来的286.57天，累计缩短60.18天。在案件审理、案件查办、需求预测及内管预警筛查等流程，通过使用现代化手段，自主研发桌面软件和移动设备客户端等方法，使自动化软件解放机械的人工操作。在第四季度课题发布时，朝阳局“减少无价值流程”精益课题入选年度北京烟草“精益十佳”课题。

（丁　鑫）

【职工之家建设】 年内，按照“五亮”“四化”“六有”（亮牌子、亮身份、亮制度、亮项目、亮程序；服务设施实体化、服务职责明晰化、管理制度规范化、运行机制科学化；有场地、有设施、有工作人员、有活动、有服务品牌、有对接）标准建设“职工之家”。作为第一批申报“职工之家”单位，9月底通过市总工会服务工会的验收。“职工之家”设有调解咨询室、阅览室、台球室、乒乓球室、健身房和用于瑜伽练习和音乐鉴赏多功能厅等。“职工之家”兴趣小组数量逐渐增加，由建家之初8个增加到11个，分别是羽毛球、乒乓球、台球、足球、游泳、瑜伽、摄影、计算机编程、真假烟鉴别、书画和烹饪兴趣小组。

（王宜佳）

财政 税务 金融

财 政 管 理

【概况】 北京市朝阳区财政局（简称区财政局）是区政府领导下的主管本区财政收支和财政监督工作的职能部门。内设办公室、综合科、预算科、资产管理科、国库科、街乡科、行政政法科、教科文科、政府采购办公室、基本建设科、市政管理科、社会保障科、农业科、产业资金科、会计科、财政监督科、法制监察科、人事科。下属单位有监督检查所、国库集中收付中心、预算编审中心、绩效考评中心4个事业单位。年内，区级财政一般公共预算财力393.08亿元，支出380.75亿元，收支相抵，结转下年使用12.33亿元；政府性基金收入254.26亿元，支出211.84亿元，收支相抵，结转下年使用42.42亿元；国有资本经营预算收支均为0.73亿元，完成预算的102.3%，国有资本经营预算收支平衡。

地址：日坛北路3号

电话：65090308

邮编：100020

网址：http://czj.bjchy.gov.cn

（蔡华东）

【产业转型升级资金投入】 年内，推进产业转型升级，投入资金18.96亿元。加快非首都核心功能疏解，聚焦区域性专业市场，推动存量产业调整疏解；加快构建"高精尖"经济结构，提升促进现代服务业主体地位，支持商务服务、金融业、文化创意等新兴产业发展提速，加快新能源、电子信息、先进制造业等战略性新兴行业发展速度，提升企业科技创新能力；加快高层次人才引进，优化CBD、电子城等功能区经济发展环境，提供智力支持和高水平服务。

（蔡华东）

【城市管理资金投入】 年内，城市运行管理建设投入资金54.99亿元。完成6条河道防洪工程，推进3座再生水厂、城市绿地和平原万亩造林建设；完成APEC环境整治，支持垃圾分类无害化处理、老旧小区节能抗震改造、道路优化改造和加快街面秩序整治；完成全国安全发展示范城市和北京市安全生产标准化示范区创建工作。

（蔡华东）

【农村城市化资金投入】 年内，农村城市化建设投入资金122.58亿元。推动农村产业转型升级，支持清理"三高、两多"（高投资、高污染、高耗能，负债多、对外担保多），支持重点项目建设；推进公共服务向农村地区覆盖，加快教育卫生文化城乡均等化发展，完善农民就业保障体系，实现农民本土化就业；推进基础设施向农村地区延伸，重点支持7个乡10个村基础设施和9个乡11个村环境治理新农村建设，强化流动人口管控和治安防范管理。

（蔡华东）

【公共医疗卫生服务投入】 年内，公共医疗卫生服务投入资金33.53亿元。推进垂杨柳医院改扩建，支持社区卫生服务中心建设，提高药品零差率补贴水平，加快优质医疗资源聚集，增强医疗卫生服务能力。

（蔡华东）

【教育资金投入】 年内，教育投入资金82.62亿元。推进优质教育资源引入和义务教育学区化综合改革，新办5所学校、12所幼儿园，新增学位1万余个，实行免试就近入学，促进优质教育资源均衡配置。

（蔡华东）

【就业和社会保障资金投入】 年内，就业和社会保障投入资金81.90亿元。推进就业和社会保障体系建设，强化对特殊群体救助和政府购买公益性服务，支持22家养老照料中心新增1400余张床位，推进养老服务社会化示范区创建工作。

（蔡华东）

【公共文化服务资金投入】 年内，公共文化服务投入资金4.91亿元。推进国家公共文化服务体系示范区创建成果转化，加快文化中心建设，探索"文化居委会"居民文化自治模式，推动区文化事业发展。

（蔡华东）

【产业引导资金投入】 年内，产业引导投入资金3.26亿元。修订《产业引导资金管理办法》，综合运用各类产业资金，加快培育新的经济增长点，支持上市、文创、金融、中小企业、现代服务业6个产业项目152个，促进重点产业健康发展。

（蔡华东）

【财政资金绩效管理】 年内，开展2014年度1000万元以上大额专项资金项目支出绩效目标填报工作。加强财政投资评审前期调研、项目管理和中介机构管理，完成101项财政重大支出项目财政投资评审，送审金额23.2亿元，审减金额4.74亿元，平均审减率20.44%。

（蔡华东）

【财税改革】 年内，深化公务卡和营改增改革，出台《朝阳区政府性债务管理办法》。完善政府融资偿债体系，优化财政业务流程盘活存量、消化结余、控制结转，加强政府采购监管和绩效管理。

（蔡华东）

【预决算信息公开】 年内，在已公开区级预算、50家预算单位2014年部门预算和所有预算单位"三公"经费基础上，首次公开区级汇总"三公"经费预算信息，完成全区2013年财政总决算及50家单位决算信息公开工作。

（蔡华东）

国 家 税 务

【概况】 朝阳区国家税务局是北京市国家税务局的派出机构，在朝阳区行政区域内行使国家税收征管职能。主要工作任务是在北京市国家税务局（以下简称市局）和北京市朝阳区人民政府的领导下，贯彻执行国家税收法律、法规和规章，组织中央税收收入和中央、地方共享税税收和部分地方税税收收入，维护和规范税收秩序，为促进市、区的改革开放、经济建设服务。局内有32个单位，内设13个科室，另设机关党委办公室和离退休干部科，直属机构及事业单位4个，基层派出机构13个，其中办税服务大厅4个（第一、二、三、十三税务所），管理所7个（第四、五、六、七、九、十、十二税务所），全职能所1个（第十一税务所，负责CBD地区的征收和管理工作），纳税评估所1个（第八税务所）。年内，税务登记户数349641户，正常开业230990户，其中企业户183905户，个体工商开业登记47085户。全年新增税源38320户，其中企业户32564户，个体户5756户。与上年相比，企业户新增3966户，增长13.87%，个体户减少3601户，下降38.48%。税收收入完成903.21亿元，同比增收54.62亿元，增长6.4%；组织区级税收161.04亿元，同比增收21.47亿元，增长15.4%。

地址：左家庄东里甲3号

邮编：100028

电话：64653418

网址：http://www.bjsat.gov.cn

（党若洁）

【新版税收票证启用】 1月1日起，全市国税系统开始统一启用新版税收票证及票证专用章。朝阳国税要求各税务所系统管理员及时调试打印机等设备参数，确保新版税票打印质量符合要求。同时，第一时间向纳税人开展新政策宣传，对使用纸质税收票证纳税人、扣缴义务人、代征单位2013年税收票证收回情况实施跟踪掌握，利用电话、短信等方式进行沟通提示。

（党若洁）

【所得税汇算清缴】 6月4日，完成上年度所得税汇算清缴工作。组织汇算清缴收入98.68亿元，同比增加4.96亿元；完成应退所得税4.47亿元，同比减少5.84亿元；汇算净入库94.22亿元，同比增加10.80亿元。

（党若洁）

【第十三税务所成立】 7月1日，成立朝阳国税第十三税务所，并正式对外办公。第十三税务所主要职能为朝阳区内新办税务登记、小规模发票初次审批及发票售卖工作等。

（党若洁）

【推行普通发票电子验旧】 7月1日起，推行普通发票电子验旧。简化和规范发票核定手续，规范代开普通发票工作流程，在外网和办税大厅同时宣传，制作《公告》和《纳税人办理涉税事项流程图》，单次申领发票办理时间缩短。

（党若洁）

【与区地税局建立长效配合机制】 8月27日，与区地税局联合成立协调税收工作领导小组，领导小组负责研究讨论协调税收工作方案，签署相互配合协助工作有关事项备忘录，明确“税务登记、营改增、稽查检查、收入分析、纳税评估、信用管理、纳税服务、培训宣传”等10大类牵头部门、具体内容、工作频度和需要解决的问题。

（党若洁）

【税警联动】 9月12日，区国家税务局与公安部门开展税警联动。以短信形式通知纳税人，提醒企业加强对电信诈骗的防范。通过短信平台对所辖开业并购买发票的76227户企业发送提醒短信，发送短信112368条。

（党若洁）

【纳税服务改进】 年内，推进“便民办税春风行动”。根据《全国县级税务机关纳税服务规范》梳理办税流程，明确23项119个服务事项办理程序和时限要求。新办税务登记、小规模企业代开增值税专用发票等业务，减少11项报送资料；普通发票票种初次核定和变更单次办理时间缩短60%；增值税专用发票审批时间由20个工作日缩短至5个工作日。

（党若洁）

【税务信息化建设】 年内，增添自助办税设备，应用信息化手段提高办事效率，推进网上办税服务厅，实现税务登记、发票审批等业务的网上办理，降低征纳成本。推行集贸市场代开发票系统，实现各类市场代开发票从领购到开具及发票验旧、税款审核的全程计算机管理；推行财税库银联网工作，实现税款资金快速划缴、高效对账，全程监控的目的，提高工作效能。

（党若洁）

【税务文化建设】 年内，开展“中国梦 我的税收梦”宣传教育活动。通过开展最美税务人评选和征文活动，将优秀稿件和人物事迹在局内、外网网站、信息、简报、专刊等渠道刊登。宣传各级各类先进集体和模范人物，正面弘扬宣传朝阳国税精神，营造“学习先进、争当先进、赶超先进”的工作氛围。通过文化墙、宣传栏、电子刊物等载体，展示和发挥税务文化引导、激励、教育、辐射功能。

（党若洁）

【“三清三查三审”工作】 年内，按照国税总局、北京市国税局“三清三察三审”（三清：即对办公用房、公务用车、基本建设的清理；三察：即察访“门难进、脸难看、事难办”的现象、察访不依法行政、办事效率低下的现象、察访“吃拿卡要报”的现象；三审：即对三公经费、会议经费、专项资金的审计）方案工作部署和相关要求，结合区实际，制定并采取整改举措，推进专项工作。调整腾退局机关办公用房472平方米；清理公务用车，所有车辆实行集中管理，确保公务用车依法、依规使用；厉行勤俭节约，压缩成本，开展“庸懒散”专项整治，更新指纹考勤设备，完善《指纹识别考勤系统管理办法》和《工作人员请休假管理办法》，严格上下班时间管理，每月通报考勤情况，对违反规定者依纪依规进行处理。

（党若洁）

【党的群众路线教育实践活动】 年内，按照党的群众路线教育实践活动要求，结合实际，创新举措，确保教育实践活动顺利完成。活动中，组织编撰《党的群众路线教育实践活动关键词解析》宣传册，制作《群众路线答卷》，以考促学提高学习质量，通过征求意见座谈会、发放《征求意见函》、下基层面对面谈心、走进企业调研等多渠道、多形式查找问题。召开座谈会28次，走访调研56次，面对面谈心500余人次，征求意见505条；完成整改任务40项，完成制度建设任务46项。活动结束后，邀请人大代表、政协委员、纳税人代表和税务干部代表100余人对局教育实践活动开展情况进行测评，结果显示，测评结果为“好”的达到97%，结果为“较好”的达到3%。

（党若洁）

【推行“一窗通办”】 年内，按照申报类、发票类、综合类窗口设定原则，调整办税服务厅，完善窗口设备配置和服务指引，确保“一窗通办”工作人员熟练掌握业务。

（党若洁）

【推行免填单业务】 年内，日常辅助管理系统开发出免填单系统。系统涉及4项业务5张表格：一般纳税人申请认定表、增值税专用发票最高开票限额申请表、税务行政许可申请表、注销税务登记申请审批表和税控收款机注销登记表。免填单服务方式有2种，纳税人既可以在导税台打印，也可以在办理涉税事项窗口要求工作人员打印。

（党若洁）

【出口退税网上申报服务平台推行】 年内，推行生产企业出口退税网上申报服务平台，使更多企业享受到网上申报服务。企业网上申报后，可以随时登陆平台，查询审核进度，了解申报情况。

（党若洁）

【“通办辅提”系统手机端推行】 年内，利用移动信息技术手段，研发“通办辅提”系统手机端，免费向纳税人实时提供办税指引，提升纳税服务水平。“通办辅提”系统采用现代化技术手段，实时采集各办税服务厅内办理各项业务的人员数量，通过科学的统计方法计算出办理各项业务等待时间。该系统手机端主要包括最近办税服务厅推荐、最快办税服务厅推荐、各办税服务厅目前办理业务人数查询等模块。办税人员通过手机登录后，结合自身所处地理位置及办理业务，查询各办税服务厅相关业务实时办理等候人数，可以自主选择最适合自己的办税服务厅，缓解高峰期业务办理拥堵现象，均衡各办税服务厅的业务负载。数据采集后，通过对数据分析和评估，可及时调配各办税服务厅征管资源，人力资源利用更加科学化、高效化。自10月该系统试运行以来，截至年底，5000人次左右登录查询，各办税服务大厅人员实现有序分流。

（党若洁）

【企业所得税重点政策宣讲会】 年内，组织召开“走出去”企业所得税重点政策宣传辅导会。境外所得税收业务纳税人及税务干部百余人参加培训。介绍境外所得税收抵免管理要求及报送资料、“境外所得税抵免计算明细表”填报说明，境外所得税日常管理中发现的问题及涉及的政策依据。

（党若洁）

【发票专题培训会召开】 年内，组织召开集中办公区发票专题培训会，辖区27家集中办公区企业负责人参加培训。宣传推广普通发票电子验旧工作，并就发票管理办法、审批流程、风险管理进行政策解读、专题辅导。听取企业意见和建议，规范发票使用，降低税收风险，解决集中办公区涉税需求。

（党若洁）

【重点企业政策辅导会召开】 年内，召开重点企业政策辅导会。结合2013年度企业所得税汇算清缴工作，组织召开汇算清缴重点企业政策辅导会，邀请全局150余户重点税源企业参加会议，就纳税人关注的所得税政策及政策执行中存在问题开展培训，做到政策解读和辅导工作先行。

（党若洁）

【营业税改征增值税】 年内，铁路、邮政和电信业正式纳入营业税改征增值税范围，全年有112578户企业纳入“营改增”试点范围，减税100.79亿元。

（党若洁）

【税收优惠】 年内，小型微利企业起征点上调后，近9万户企业享受税收优惠。同时，落实高新技术产业、现代服务业、文化产业、出口退税企业、小微企业等各项税收优惠政策。全年减免退税78.82亿元。

（党若洁）

【服务区域经济】 年内，区国税局管理所与基层政府建立长效沟通机制。为辖区乡镇人民政府、街道办事处报送税收收入报告、税源结构情况等；听取乡镇人民政府、街道办事处的工作建议，提升工作站位，提高服务区域经济社会发展能力。

（党若洁）

【获“无烟单位”称号】 年内，在北京市爱国卫生运动委员会召开“世界无烟日活动暨首批创建无烟单位总结会”上，区国家税务局获“无烟单位”称号。作为北京市创建无烟单位发起单位之一，朝阳区国家税务局在全市税务系统中率先获市“无烟单位”称号。

（党若洁）

地 方 税 务

【概况】 朝阳区地方税务局受北京市地方税务局和朝阳区人民政府双重领导，在朝阳区行政区域内行使地方税收管辖权。主要职责是负责本辖区内宣传、贯彻、实施有关地方税收工作的法律、法规及规章。根据市地税局和朝阳区政府确定的预算收入计划指标，负责编制辖区内地方税收计划，并组织实施。负责依法实施征管范围内各种税、费的征收和管理工作。监督检查辖区内各纳税义务人依法履行纳税义务的情况，并对各种涉税违法、违规行为进行行政处罚。实施辖区内税收政策咨询和纳税服务工作。研究税收理论和税收政策，分析税收信息，掌握税收动态。设16个科室（含后勤服务中心），15个税务所、1个稽查局（下设检查科5个，综合科1个）、1个税务学会。年内，组织各项税费收入742.1亿元，同比增收55.4亿元，增长8.06%，占全市各项税费收入的21.9%。其中地方公共财政预算收入544.5亿元，同比增收30.9亿元，增长6.01%，完成全年收入计划544亿元的100.09%；区级收入243.3亿元，同比增收12.6亿元，增长5.47%，完成区级计划243亿元的100.12%。年内，被国家税务总局授予全国税务系统先进集体称号。

地址：安苑东里3区1号
电话：64933333
邮编：100029
网址：http://chaoyang.tax861.gov.cn

（杨 超）

【税务登记】 年内，税务登记户数271500户，其中内资企业214910户（包括国有企业1693户、集体企业2354户、股份制企业2764户、联营企业70户、有限责任公司86197户、股份有限公司1409户、私营企业117290户；其他企业3133户），港澳台商投资企业4562户，外商投资企业7555户，个体工商户44473户。

（杨　超）

【重点税源管理】 年内，深化重点税源管理，确定市级重点税源户392户。构建所级重点税源监控体系，与覆盖面不低于全局收入规模60%的重点税源企业建立收入预测沟通机制，全年预测准确率保持在95%以上。

（杨　超）

【税务征管】 年内，新办税务登记53581户（补办税务登记1.3万户）。其中有税户9965户，形成税款5.51亿元，区级税款1.51亿元；注销税务登记3166户，解除非正常户16132户次，解除税务登记失效户4961户次。清理未登记户，送达《责令限改通知书》2.1万份，补办税务登记1.3万户；清理异常税务登记信息1.14万户次；以网上公告形式对9501户企业开展迟报催缴，迟报催缴率由56%上升到92.32%；核实清理无税申报企业805户，对594户注册资金5000万元以上无税申报企业核实工作，补缴386.82万元；清理欠税5066.28万元。探索零散税源多渠道社会化管理，委托街乡和房地产中介机构代征个人出租房屋税款7.7亿元，占全市54.53%；委托北京外交人员人事服务公司代征非居民个人税款3469万元。向市地税局争取跨区经营建筑安装企业属地征收政策，办理临时税务登记59户，代征税款1238万元。8月，在第八税务所试点引入中介机构注销税务登记外包模式，受理236户。推进个体工商户联网扣款2547.44万元。建立和完善《税源建设工作方案》等15个管理制度；修改征管质量通报事项11个通报表，强化基础数据维护。成立二手房应急团队，确定应急团队成员26人，分4批定期到第六税务所开展培训上岗。

（杨　超）

【纳税评估】 年内，完成建筑、房地产经纪、物业管理、酒店住宿、金融5个行业风险点梳理工作。建立税收风险模型指标库，构建风控模型 13个，配合制定模型操作手册，筛选疑点信息9500条，完成340户企业核实工作，补缴1055万元。加强大企业管理，配合总局完成部分集团大企业下属公司的税收风险防控工作，补缴税款235.04万元；以团队模式对8个集团下属的56户企业开展全流程审计，入库税款1167万元。对部分金融非银行业企业和旅行社、建筑等行业企业收取发票情况开展纳税评估辅导，补缴税款557.6万元。全年评估组织收入7.07亿元，同比增长5.21亿元，增幅280%。

（杨　超）

【国际税务管理】 年内，对47户企业的外籍个人开展纳税情况调查。补缴个人所得税及滞纳金3901万元；完成对外支付费用反避税调查工作。涉及84家企业781笔业务；开展10户企业关联申报调查。

（杨　超）

【信息化建设】 年内，上线运行机房动力环境监控系统，确保局机关主机房和7个税务所机房设备正常运行。开展信息化安全巡检，制发《朝阳区地税局计算机违规外联管理办法》，发布《信息安全网络专刊》。安装高清视频会议系统，研发发票自助授权设备，实现发票自助报数、税收事项告知和税务所地址自助打印功能。对第六、七、八税务所、呼家楼税务所、双井税务所、税务学会实施信息化改造。完成电子通讯录及数字认证证书信息采集工作及互联网税务局软件安装工作。

（杨　超）

【税政建设】 年内，梳理缴纳其他服务业营业税纳税企业4957户，对9家重点村安置房建设项目涉税情况进行调查。分析比对所得税预缴率较低企业申报信息，调整税款4.1亿元。扣缴限售股转让所得税款1.16亿元。审核股权转让变更，对4407人次扣缴个人所得税3.09亿元。加强土地增值税预征和清算环节的管理。在清算审核及核定环节引入第三方中介，受理清算项目21个，清算入库税款11.05亿元。在全市开展汽车销售4S店印花税核定工作，核定征收税款5700万元，同比增长8倍；追缴27家高尔夫企业土地使用税，补缴税款及滞纳金2100万元。分析比对2013年以前大额资金购买房屋企业的疑点数据，补缴税款3690万元。对已注销的异地房地产开发企业成功追缴耕地占用税1285万元。开展“两税比对”，核查893户次，补缴税款1455万元。深化财产行为税税源监控平台在日常征管工作中的运用，核实疑点户2005个，补缴税款及滞纳金910万元。代征残保金6.41亿元，代收工会经费11.81亿元，补缴3503万元。

（杨　超）

【税收优惠政策落实】 年内，落实小型微利企业税收优惠政策。8.14万户企业享受营业税税收优惠2678万元，4037户享受企业所得税优惠77万元。促进产业升级，继续做好中关村电子城科技园区创新创业税收新政实施工作。落实文化创意、现代服务、高新技术、节能环保等区域重点产业税收优惠政策，促进企业转型升级。

（杨　超）

【营业税改征增值税工作衔接】 年内，加强与国税、财政部门沟通，研究“营业税改征增值税”工作衔接等问题，确保政策平稳过渡。测算分析税负变化情况，完成税负提高企业财政专项资金返还工作。审理申请197户次。关注改革进度，对纳入“营改增”扩围的铁路运输、邮政和电信业做好税源调查和分析预测。

（杨　超）

【纳税服务】 年内，开展“便民办税春风行动”。推进办税服务厅标准化建设，规范全局4个办税服务厅的窗口配置、大厅环境；装修改造3个税务所，增设办税引导员。拓展自助办税服务领域，自主开发国标税控发票读卡授权自助设备，正式对外开放2个24小时自助办税厅，办理各类事项2.3万户次。升级改造64933333咨询服务平台，受理各类咨询电话9.48万个，占全市咨询电话50%以上。完善网站建设，健全网站服务功能，网站点击量519.29万人次。落实《全国县级税务机关纳税服务规范》。梳理流程141项，制定更新《一次性提醒告知单》136笔。组织召开专业化纳税辅导会130余场次，1.4万人次参加。发放办税人员证书5.5万个。

（杨　超）

【税法宣传】 年内，联合交通广播开展“便民办税春风行动”税法宣传，协助税务所开展“税法宣传进校园”活动。协调举办“税收伴您同行”“朝阳地税杯”税收知识展示等税收宣传活动。与北京新闻台《照亮新闻深处》栏目合作开展为期20天的税收知识有奖问答特别节目。2次改版朝阳有线电视台《地税你我他》栏目。

（杨　超）

【税务稽查】 年内，成立积案清理工作领导小组。首次商请公安机关协助调查，将68户纳税人欠税情况移送公安机关，全年清理未结案件90%。落实稽查绩效考核办法，人均办案3.2户。全年稽查入库2.43亿元。

（杨　超）

【法制建设】 年内，落实裁量权实施办法，执行行政处罚5380次，处罚金额375.9万元。完善破产清算税款追偿工作制度，细化破产企业登记台账的栏目设置。创新行政复议工作方式，制定《行政复议重大疑难案件会商会审工作暂行办法》，加强调解、和解在行政复议工作中的运用。

（杨　超）

【党建工作】 年内，开展党的群众路线教育实践活动，定期深入基层单位听取全局干部群众意见建议，征集意见建议36条。每季度组织理论中心组学习，编发基层建设专刊18期。全年发展党员8名，13名预备党员按期转正。开展“行政科室领导干部下基层学习”活动，累计学习实践97天。继续开展“道德讲堂”和争创文明单位活动，做好全国文明城区复检工作。

（杨　超）

【干部队伍建设】　年内，选拔任命正科级领导职务6人、副科级领职务12人；任命2013年选拔考察副科级领导干部10人；选拔任命科级非领导职务59人。制发《科级领导干部交流办法》和《干部交流轮岗办法》。轮岗交流87人。与首都经济贸易大学合作开办在职研究生班和注册税务师培训班。推动全员在线学习，每季度组织开展岗位更新知识培训，开展股权转让等专项业务培训及科级领导干部综合能力培训班。编制《业务岗位知识培训讲义》，统一执法检查标准。组织参加市地税局税收业务知识竞赛和考试，5名干部组队参赛并取得第三名，51名干部参加市地税局抽考。开展“北京榜样”推荐活动，表彰在税收征管改革工作中表现突出的工作人员9人。

（杨　超）

金　融

【概况】　朝阳区金融服务办公室（简称区金融办）是负责促进区金融发展、金融服务工作的区政府工作部门。内设综合科、金融发展科、金融服务科和金融市场科。年内，50家金融机构落户朝阳，注册资金总计252亿元。其中法人机构25家，外资机构8家。朝阳区金融机构总数1415家，占全市四分之一，法人机构占全市三分之一，外资机构占全市65%以上。

地址：呼家楼京广中心商务楼1009室
电话：65978750
邮编：100020
网址：http://finance.bjchy.gov.cn

（刘红伟）

【外汇改革研讨会】　1月18日，邀请商务部、中国人民银行、国家外汇管理局、中国证监会相关部门负责人，在区召开外汇管理政策先行先试研讨会。驻区相关跨国公司负责人参加会议。会议旨在根据企业实际需求争取先行先试政策。参会企业代表介绍企业的基本情况，并根据自身特点提出相关政策需求。

（刘红伟）

【外汇政策需求调研会】　1月21日，区金融办与北京商务中心区管委会联合召开外汇管理政策需求调研会。北京外汇管理部、区商务委，康明斯公司、中航技术公司以及中国工商银行、中国建设银行、中国银行、德意志银行、加拿大蒙特利尔银行等金融机构负责人参加会议。会议肯定外汇资金集中运营管理改革试点启动一年来试点企业成效，以及对朝阳区税收的增长贡献。参会跨国公司代表介绍公司的基本情况，根据公司经营中遇到的问题与困难提出政策需求；参会银行代表介绍银行在跨国公司外汇结算、跨境投资贸易等方面的做法，围绕减少审核手续提高便利化、资本项下放开、建立电子平台等问题提出建议。北京外管局工作人员针对企业和银行提出的问题和建议做解释和说明。此次调研会为改善朝阳区外汇管理政策环境、提高政策服务水平提供参考依据。

（刘红伟）

【韩国企业银行（中国）有限公司北京分行开业】　2月27日，韩国企业银行（中国）有限公司北京分行开业仪式在朝阳区嘉里大酒店举行。区金融办党组书记赵捷出席会议，北京CBD金融商会副会长、中国国际期货有限公司董事长姜新代表商会致辞。此前，韩国友利银行、新韩银行、韩国国民银行在华法人银行，韩国产业银行北京分行等落户朝阳区，朝阳区成为韩资银行聚集区。

（刘红伟）

【江苏银行北京分行迁入】　3月3日，江苏银行北京分行从西城区金融街整体迁入香河园地区。该行于2月份接受北京银监局验收，获迁址批复后迁入。

（刘红伟）

【8家企业获外汇试点资格】　3月5日，朝阳区8家企业——ABB、康明斯、爱立信、中信集团、中航技术、嘉里物流、京东方、冶金科工获国家外汇管理局正式批准，获跨国公司外汇资金集中运营管理改革第三批试点资格。此次北京有16家企业获试点资格，其中朝阳区获批企业数量占全市的50%。

（刘红伟）

【中煤财务公司开业】　3月26日，中煤财务有限责任公司在区中煤能源集团大厦举行开业仪式。中煤能源集团董事长吴耀文、党委书记王延江、总经理王安等出席仪式。财务公司注册资金30亿元人民币，在全国财务公司中排名前17位。其工商注册和税务登记均在朝阳区。

（刘红伟）

【投融资产品专场说明会】　3月27日，区金融办、区发改委和区文创办等部门在朝阳区国际金融博物馆联合举办“朝阳区金融机构文化创意产业及中小企业投融资产品专场说明会”。驻区金融机构和来自文化创意、高新技术等行业的40余家驻区企业参加会议。

（刘红伟）

【组织金融企业员工义务植树】　4月26日，北京CBD金融商会在崔各庄地区开展以“国际金融‘我先行’，绿色朝阳‘森呼吸’”为主题的义务植树活动。会员单位员德意志银行（中国）有限公司、宝马汽车金融（中国）有限公司、中国国际期货有限公司、汇丰银行北京分行等近20家驻区金融企业100余名员工参加植树，在仰山桥东北侧绿地栽植近400株树木，并在现场树立“北京CBD国际金融林”石碑。

（刘红伟）

【9家金融机构加入CBD金融商会】　5月15日，北京CBD金融商会第十次理事和会员代表大会暨北京CBD金融家摄影大赛在国际金融博物馆召开．中信集团财务有限公司、中国建设银行北京分行等9家金融机构正式加入商会。

（刘红伟）

【打击和防范非法集资宣传活动】　5月15日，以“防范打击非法集资和反假币”及“防范打击经济犯罪”为主题的打击和防范非法集资宣传活动在建外大街国际财源中心大厦举办。向群众发放《打击非法集资、共创和谐社会》《非法集资典型案例》宣传页300余份，发放宣传购物袋等纪念品200余份，接受现场群众咨询100余次。

（刘红伟）

【西班牙桑坦德银行北京分行开业】 5月23日，欧元区第二大银行——西班牙桑坦德银行北京分行开业仪式在国贸大酒店举办。该行于4月底获中国银监会开业批复，落户在嘉里中心，工商注册和税务登记关系均在朝阳区办理完毕。

（刘红伟）

【北京CBD国际金融圆桌会议】 9月16日，由区政府和中国社会科学院金融研究所联合举办的2014北京CBD国际金融圆桌会议在朝阳规划艺术馆召开。中国社会科学院党组成员、副院长、北京CBD国际金融研究院院长李扬主持会议，国务院发展研究中心副主任张军扩，中信集团党委委员、副总经理蒲坚与荷兰合作银行、美银美林公司、西班牙桑坦德银行等国际金融机构负责人参加会议并发表演讲。中国人民银行营业管理部副主任单强、北京银监局副局长曾颖、北京证监局副局长陆倩等金融监管部门领导出席会议。区长助理曹立壁主持区政府与北京银行战略合作协议签约仪式。区委常委、常务副区长甘靖中与北京银行副行长赵瑞安签署战略合作协议，区委书记程连元、区长吴桂英，区委副书记陈宏志，区金融办党组书记赵捷等见证签约。

（刘红伟）

【绿隔地区城市化建设政银合作协议签署】 9月20日，中国人民银行与北京市就推进京津冀协同发展提供金融支持在市政府举行座谈会。市委常委、常务副市长李士祥，中国人民银行副行长刘士余等出席座谈会。在座谈会现场，区长吴桂英代表区政府分别与中国农业银行北京分行、中信银行总行营业部、民生银行总行营业部和北京银行负责人签署《第一道绿化隔离地区城市化建设政银合作框架协议》。根据协议，4家银行每家为朝阳区提供100亿元授信，为6个试点乡探索绿隔建设经验提供金融支持。

（刘红伟）

【汇丰银行全球主席来访】 9月24日，区领导程连元、吴桂英、甘靖中、刘军胜等在区机关主楼会见汇丰集团行政总裁、汇丰银行全球主席欧智华（Stuart Gulliver），汇丰集团亚太区行政总裁王冬胜、汇丰银行（中国）有限公司行长黄碧娟、副行长丁国良一行。

（刘红伟）

【参展北京国际金博会】 10月31日，第十届北京国际金融博览会在北京展览馆开幕。此次金博会由北京市金融工作局等部门主办，北京CBD金融商会等单位协办。区金融办参加金博会活动，在金博会主会场举行朝阳区国际金融业发展主题展览。与往届相比，此次朝阳展区创新展览形式，通过特色沙盘模型展示北京CBD核心区地下公共空间建设规划。

（刘红伟）

【小贷公司现场检查】 12月8日至12日，市金融工作局、北市小额贷款协会、区金融办、相关律师事务所及会计师事务所共同组成检查组，根据《北京市小额贷款公司试点监督管理办法》相关规定，对朝阳区小额贷款公司开展2014年度现场检查。此次检查对经营1年以上小额贷款公司的运营情况开展重点检查，对2014年新成立的公司在风险防控和规范经营等方面检查指导。重点检查公司的风险管理制度建立及执行情况，着重关注贷款损失准备金计提情况以及风险防控制度的落实。

（刘红伟）

【非法集资题材话剧上演】 12月16日，国内首部以非法集资为题材的大型综合舞台喜剧专场《天空飘来五个字》在大隐剧场演出。该剧由区金融办依托北京CBD金融商会平台邀请知名团队编导，并与公安朝阳分局经侦大队多次召开座谈会，分析非法集资成因、总结行骗手段、筛选宣传内容，以喜剧的艺术形式揭露骗子行为。

（刘红伟）

【新加坡星展银行北京分行迁入朝阳】 12月23日，新加坡星展银行北京分行在朝阳区办理完成地税登记，正式迁入朝阳区。

（刘红伟）

中国银行北京朝阳支行

【概况】 中国银行北京朝阳支行下设9个部室，1个营业部和23家经营性网点支行。年内，实现拨备前利润 7.09 亿元，完成时间进度的100.56%。支行资产汇总折人民币总额466.46亿元。

地址：东三环北路霞光里18号

电话：59207155

邮编：100027

（曾　瑶）

【发行境内首笔非金融企业债务融资工具】 3月，为戴姆勒股份公司发行第一期中国境内首笔非金融企业债务融资工具（俗称“熊猫债券”）5亿元，这是境外非金融企业首次在境内发行人民币债券，是人民币国际化进程中的重要一步，提升了中国银行的品牌形象。

（曾　瑶）

【存贷款业务】 年内，人民币公司及个人客户存款余额308.48亿元。外币存款余额为9.27亿美元，同比增长2.96亿美元。人民币贷款余额为144.32亿元，同比增长43.57亿元。

（曾　瑶）

【中间业务】 年内，实现中间业务收入2.52亿元。支行利用朝阳区外企较多的区位特点，发挥中行国际结算业务的专业优势，实现国际结算、跨境人民币等业务的快速发展。全年实现国际结算量75.86亿美元，同比增长20%；实现跨境人民币总量206.79亿元，同比增长30.88%。

（曾　瑶）

中国银行北京商务区支行

【概况】 中国银行股份有限公司北京商务区支行下辖20家经营性物理网点，均可开办包括对私结售汇、外汇汇款、个人理财、银行卡业务以及对公结算、国际结算、跨境业务、金融机构业务。有离行式自助银行5家，离行式ATM机66台。年内，实现拨备前利润7.28亿元，本外币存款总额折合人民币485.53亿元。

地址：东三环北路乙19号

电话：85731825

邮编：100020

（杨雪巍）

【存贷款业务】 年内，人民币存款日均余额439.44亿元，其中人民币公司存款日均余额274.05亿元，人民币储蓄存款日均余额116.94亿元；外币存款日均余额7.12亿美元，其中外币公司日均存款3.17亿美元，外币储蓄日均存款2.29亿美元。

（杨雪巍）

【中间业务】 年内，实现中间业务收入2.41亿元。

（杨雪巍）

【服务提升】 年内，举办理财知识讲座、保险产品沙龙、贵金属展会、基金健诊活动、出国留学贷款推介等服务，满足客户多元化的金融服务需求。提供跟随集团客户走出境外、京外，跨境提供国际结算等业务支持。改善营业网点环境，完善增加便民服务设施，配置老花镜、手机加油站、雨伞、轮椅、婴儿推车等设施，提升客户体验。

（杨雪巍）

【公益活动】 年内，成立家庭金融安全志愿者服务队，参与市妇联“益家逐梦，携手成长”大型公益活动；为社区居民开展防电信诈骗、防假币、家庭理财等金融知识宣讲；开展“金融知识进万家”活动，通过电子滚动屏展示宣传标语，在网点内播放宣传片，发放金融知识宣传品等方式，为客户普及金融知识。

（杨雪巍）

【内控安保】 年内，堵截4起电信诈骗，2起冒用他人身份证开立账户案件。为客户挽回经济损失40.3万元，协助公安机关抓获犯罪嫌疑人1人。

（杨雪巍）

中国工商银行北京朝阳支行

【概况】 中国工商银行股份有限公司北京朝阳支行内设13个部室，下辖24家物理网点，7家离行式自助银行。拥有财富中心2家、贵宾理财中心16家、理财网点6家，财富中心和贵宾理财中心网点占比75%。辖内24家网点均可开办包括对私结售汇、外汇汇款业务在内的全部个人金融业务，其中24家网点可开办人民币对公业务、外汇对公存款及对公结售汇业务。年内，拨备前利润突破16亿元大关。被评为分行“经营绩效十佳支行”，获人民银行营业管理部2014年度精细化管理及“三严一争”专项活动优秀证书。

地址：朝外大街1号金麒大厦

电话：65991155

邮编：100020

（赵匀暄）

【存贷款业务】 年内，本外币各项存款余额941.58亿元，同比增加68.31亿元。其中人民币对公存款余额471.53亿元，同比增长57.23亿元。人民币储蓄存款余额453.24亿元，同比增长3.62亿元。

（赵匀暄）

【中间业务】 年内，实现中间业务收入4.95亿元，同比增长7900万元。

（赵匀暄）

【网点建设】 年内，扩建网点1个、原址改造网点1个。支行截至2014年底有网点24个。

（赵匀暄）

中国工商银行北京九龙山支行

【概况】 中国工商银行股份有限公司北京九龙山支行内设8个部室及3个直营团队，下辖15家物理网点，4家离行式自助银行。拥有财富中心2家，贵宾理财中心13家，财富中心和贵宾理财中心网点占比100%。辖内15家网点均可开办包括对私结售汇、外汇汇款业务在内的全部个人金融业务和人民币对公业务、外汇对公存款及对公结售汇业务。年内，实现拨备前利润5.49亿元，同比增长586万元。

地址：广渠路甲40号

邮编：100021

电话：67767437

（刘　楠）

【存贷款】 年内，本外币各项存款余额299.26亿元，同比增加14.14亿元。其中人民币对公存款余额79.07亿元，人民币储蓄存款余额216.54亿元。本外币各项贷款余额91.99亿元，同比增长10.28亿元。其中人民币公司贷款余额57.3亿元，个人贷款余额30.83亿元。

（刘　楠）

【中间业务】 年内，实现本外币中间业务收入1.72亿元，同比增长692.43万元。

（刘　楠）

【网点建设】 年内，迁建网点3个、新建离行式自助银行2个。

（刘　楠）

中国工商银行北京亚运村支行

【概况】 中国工商银行股份有限公司北京亚运村支行内设机构8个，直营团队1个，下辖15个网点、3家财富中心、11家理财中心。拥有附行式自助银行14家，离行式自助银行3家，网均自助机具10台。15家网点均可开办包括对私结售汇、外汇汇款业务在内的全部个人金融业务，其中有13家网点可开办人民币对公业务。

地址：慧忠北里407号

电话：64872228-5035

邮编：100012

（王玉丹）

【存贷款业务】 年内，支行本外币存款余额366.71亿元，较上年底增加11.7亿元，完成计划指标的78.52%。人民币存款余额360.13亿元（含保本理财，下同），较考核基数增加6.48亿元。其中人民币储蓄存款余额262.85亿元，较上年底增加1.29亿元；人民币对公存款（含同业、保本理财）时点余额97.28亿元，较考核基数增加5.19亿元。外币存款余额11545万美元，较上年底增加726万美元。支行本外币贷款余额105.41亿元，较上年底增加9.4亿元，完成规划指标的115.84%。人民币贷款余额93.78亿元，较上年底增加14.27亿元。其中法人贷款余额49.43亿元，较上年底增加7.04亿元，完成全年任务的100.59%；个人贷款余额44.04亿元，较年初增加6.92亿元，完成全年任务的276.86%；个人贷款累计投放15.48亿元，分行排名第1。不良贷款余额2264.3万元，较上年底减少515.52万元；不良贷款率0.21%，较上年底下降0.08个百分点（其中法人信贷不良为零）。

（王玉丹）

【利润实现】 年内，支行实现拨备前利润76808万元，完成全年计划的106.94%，任务完成率在分行排第6名。同比增长10107万元，同比增幅15.15%。净利润65741万元，同比增长7839万元，同比增幅13.54%。总资产实现370亿元。

（王玉丹）

【中间业务】 年内，实现中间业务收入25709.5万元，完成分行全年任务的94.52%，同比增长2279.63万元，中间业务收入人均和网均分别达到61.36万元和1713.97万元，人均、网均收入水平均达到近3年最高。

（王玉丹）

【网点建设】 年内，召开加快网点综合化启动会，成立专门的网点综合化推进工作领导小组，明确国奥村、双北桥、林萃路3家网点推进实施进度。下半年3家网点开立对公户27户，网点综合化占比由2季度的71%提升至年末的92%。充实优化销售类人员队伍，销售类人员比重提升至27.7%。提升网点服务规范度，支行聘请专业培训师到网点开展全日制、驻点式培训，指导、督促网点规范化服务，接受培训网点中有10家网点实现服务规范度的提高，支行整体服务规范度连续3个季度高于分行平均分。

（王玉丹）

中国工商银行北京望京支行

【概况】 中国工商银行股份有限公司北京望京支行内设11个部室、1个营业部，下辖24个网点支行、1个分理处、2个储蓄所及1个附属机构。财富中心和贵宾理财中心网点占比80%。辖内14家网点可开办包括对私结售汇、外汇汇款业务在内的全部个人金融业务和人民币对公业务、外汇对公存款及对公结售汇业务。年内，实现拨备前利润8.5亿元，同比增长0.7亿元。
地址：酒仙桥路甲10号星城国际大厦C座
电话：64368822
邮编：100015

（刘　媛）

【存贷款业务】 年内，本外币存款时点余额为519.94亿元，比上年增加60.38亿元。其中人民币对公存款余额117.77亿元，人民币储蓄存款余额336.68亿元。本外币各项贷款余额为165.9亿元，比上年增加16.98亿元。其中人民币公司贷款余额68.88亿元，个人贷款余额16.41亿元。

（刘　媛）

【中间业务】 年内，实现中间业务收入3.29亿元，同比增长4498万元。

（刘　媛）

【网点建设】 年内，新建坝河中里自助银行。支行截至2014年底有自助银行3家。

（刘　媛）

中国工商银行
北京商务中心区支行

【概况】 中国工商银行股份有限公司北京商务中心区支行设8个部室，1个营业部，设14个网点支行。拥有财富中心1家和贵宾理财中心11家，财富中心和贵宾理财中心网点占比85.7%。辖内14家网点均可开办包括对私结售汇和外汇汇款业务在内的全部个人金融业务，其中12家网点可开办人民币对公业务，外汇对公存款及对公结售汇业务。年内，实现分行口径本外币拨备前利润8.72亿，同比增长5600万元。被评为工商银行北京市分行“2014年度经营绩效十佳支行”。
地址：建国路108号
电话：85215933
邮编：100022

（王天天）

【反假币、反盗刷主题宣传教育活动】 3月15日，组织专业人员到秀水市场开展“保护金融消费者合法权益，建设人民满意银行”反假币、反盗刷主题宣传教育活动。实现受教育客户量43人次，折页分发168份。

（王天天）

【存贷款业务】 年内，本外币各项存款余额399.55亿元，同比增加34.4亿元。其中人民币对公存款余额182.41亿元，人民币储蓄存款197.47亿元。本外币各项贷款余额102.03亿元，同比增加9.22亿元。其中人民币公司贷款余额61.45亿元，个人贷款余额35.37亿元。

（王天天）

【中间业务】 年内，实现中间业务收入2.88亿元，同比增加3559万元。

（王天天）

【网点建设】 年内，新建成离行式自助银行3个，位于通惠家园惠生园13号楼、惠泽园13号楼、朝外大街18号中国人保寿险大厦。截至年底，有自助银行5个。

（王天天）

【职工之家建设】 年内，商务中心区支行工会重点推动职工之家建设。实现更新改造10家，其中1家被评为北京市分行先进职工小家。通过集中解决员工生活区域优化问题，实现对职工“五有”（即：有设施、有活动、有竞技、有心声、有回声）承诺。

（王天天）

【手语服务全覆盖】 年内，推动手语服务全覆盖。为提升残障人士服务质量，辖属网点配备盲文识币卡、盲文服务指南等助盲助残服务工具和设施，并定期组织手语技能培训。11月30日，在北京市分行参加市“安利杯”手语比赛，取得第二名。

（王天天）

中国建设银行
北京朝阳支行

【概况】 中国建设银行股份有限公司北京朝阳支行下设6个部室（含营业部），6个综合营业中心，11个个人金融中心。营业中心为呼家楼支行、东四十条支行、东直门支行、燕莎东支行、新源支行、霞光里支行。年内，新成立业务管理部，公司银行部更名为公司业务部，零售银行部更名为个人金融部，消费信贷中心更名为住房金融业务部。实现本外币利润10.86亿元，本外币全口径存款时点余额850.51亿元；本外币各项贷款时点余额258.49亿元；五级分类不良贷款余额0.2394亿元，不良率0.09%。朝阳支行被总行授予“平安建行”创建活动二级分行先进集体；获第四届中国建设银行文明单位称号、全行企业文化建设先进单位称号。在分行“能力提升年”活动评比中，朝阳支行被评为服务创新能力先进集体。在分行“全面荣誉激励机制”评比中，朝阳支行营业部被评为三星级团队。
地址：朝阳门外大街乙10号
电话：51995610
邮编：100020

（马晓婧）

【存款业务】 年内，本外币企业客户金融资产日均余额783.29亿元，较年初新增195.81亿元。其中，人民币企业存款日均368.93亿元，较年初新增7.70亿元；外币企业存款日均30.63亿元，较年初新增10.49亿元。个人客户金融资产日均余额173.78亿元，较年初新增11.55亿元。其中本外币个人存款日均余额133.20亿元，比年初新增6.14亿元。人民币企业客户存款时点余额390.42亿元。个人存款时点余额135.46亿元，比年初增4.15亿元。

（马晓婧）

【贷款业务】 年内，信贷业务余额折人民币258.49亿元，较年初新增5.40亿元，不良贷款率为零。其中对公表内信贷业务投放188笔，折人民币236.02亿元，办理表外业务1469笔，折人民币78.74亿元。发放个人贷款962笔13.14亿元。

（马晓婧）

【中间业务】 年内，中间业务收入合计3.25亿元，比上年新增666.06万元。其中对公中间业务收入为1.75亿元，对私中间业务收入为1.5亿元。

（马晓婧）

【客户发展】 朝阳支行公司机构全量客户9491户，较上年增加564户；公司机构加权有效客户19191户，较上年增加1841户；其中本外币日均存款在5000万元至2亿元的企业客户为41户，较上年增加4户，本外币日均存款在5000万元至2亿元的同业客户9户，较上年增加4户。个人全量客户48.27万户，较上年增加4.7万户，个人加权有效客户98.64万户，较上年增加8.98万户。

（马晓婧）

【业务突破】 年内，作为主承销商为华能国际电力股份有限公司发行短融、超短融、中票共计120亿元。首次与客户在债券发行方面取得合作：作为主承销商为供销集团发行短期融资券10亿元、为北车股份发行10亿元超短融、为中化股份发行20亿元超短融（其中朝阳支行承销10亿元）。为中建一局发放支行首笔建单通及境外筹资转贷款组合产品，获取中间业务收入500万元。梅赛德斯—奔驰（中国）汽车销售有限公司办理分行系统内首笔无账户7天通知存款人民币5000万元整，全年该客户累计在朝阳支行办理11笔通知存款，累计金额26.5亿元。

（马晓婧）

【个人金融业务】 年内，开展阶段性存款竞赛活动，针对基金、保险、信用卡等高中收产品开展专项竞赛活动，实现个人金融资产日均新增11.55亿元，基金销售8.79亿元，保险销售3.04亿元，贵金属销售2.83亿元。支行在营业部、燕莎东支行上线个人出入境金融服务中心，在营业部成立贵金属中心，提升服务创新能力，带动业绩发展。

（马晓婧）

【住房金融业务】 年内，个贷发放13.14亿元。新签约万科橙、九晟商业广场等一手楼盘项目，红狮家园、同馨家园2个两限房项目公积金贷款业务；正式成为麦田公司二手房业务主办行，成为我爱我家二手房业务协办行，开展与二手房中介机构全面合作，启动二手房业务转型试点工作。

（马晓婧）

【公私联动业务】 年内，继续向中国医学科学院北京协和医院医护人员发售2期专享型理财产品，销售5.7亿元。实现中国传媒大学校园卡结算系统上线，并与学校签订代扣学费协议、代发工资协议。

（马晓婧）

中国农业银行北京朝阳支行

【概况】 中国农业银行北京朝阳支行下辖二级支行28家。年内，本外币大口径存款余额570余亿元，各项贷款余额250余亿元，主要投向基础设施建设、民生工程、环保工程及个人住房与助业需求。

地址：朝阳区朝外工体路东2号

电话：65522914

邮编：100020

（田　慧）

【公司金融业务】 年内，为北京市轨道交通基础设施建设投放贷款40亿元。为朝阳区城乡水利基础设施建设投放贷款9亿元。助力小微企业发展，创新服务模式，解决融资难题，向50余家小微企业提供授信支持。

（田　慧）

【个人金融业务】 年内，辖内营业网点实现软转型全覆盖、WIFI环境搭建全覆盖，全年未发生有效客户投诉。本外币个人存款余额210亿元，个人贷款余额35亿元。

（田　慧）

【电子银行业务】 年内，净增个人网上银行客户、个人电话银行客户、手机银行客户均超过7万户；净增企业网银客户近1500户；新增布放自助设备近30台，总量240台。

（田　慧）

【国际金融业务】 年内，国际结算对公客户超过240户，结算量超过23亿美元，其中跨境人民币结算10亿元。

（田　慧）

【志愿金融服务】 年内，按月开展进社区、进企业（机关）、进院校、进商场、进中介、进市场的“六进”活动，宣讲融资、理财、电信诈骗防范、假币识别等内容，并与朝外等街道建立志愿合作关系。

（田　慧）

中国农业银行北京朝阳东区支行

【概况】 中国农业银行股份有限公司北京朝阳东区支行内设5个部门，下设9个二级支行，在建网点4家。年内，本外币各项存款时点103亿元，日均余额102.6亿元，各项贷款余额150.7亿元，较上年底增加55亿元。全年实现考核利润3.56亿元；实现中间业务收入4691万元；经济增加值10570万元，人均经济增加值为56万元。

地址：建国门外大街8号国际财源中心B座

电话：85660996

邮编：100022

（顾晨颖）

【金融业务合作】 年内，继续保持与朝阳土储合作，先后投放贷款50亿元；借助金融产品创新深化与国有企业合作，与农行北京分行国际部共同开发“卖方融资买方付息费国内信用证”；与首创集团签订80亿元环境治理意向性合作协议；与宝马汽车金融、丰田汽车金融、三星电子、大众汽车在内的世界500强外资企业开展存贷款业务合作；跟踪及开拓房地产行业客户，包括万达集团、复地房地产开发有限公司等；开展与嘉实基金、盛京银行、国民银行等金融同业代理及资金业务合作，实现国际业务及同业存款飞跃式发展；开拓与机构类客户合作，主要包括中华慈善总会、安邦保险、中国妇女基金会，年内落地安邦集团160亿元内保外贷业务，创造北京分行单笔最大金额备用信用证，与中华慈善总会开展一张纸献爱心活动，联名发放慈善“爱心卡”；加深与区政府合作，营销对接北京大宗商品交易所现金管理系统及银商通系统，实现时点存款2亿元。

（顾晨颖）

【个人金融业务】 年内，个人核心存款时点余额38.26亿元，日均余额39.5亿元，较年初净增2.64亿元，个人贷款时点余额8.88亿元，年内净增2.6亿元。个人优质客户总量12338户，年内净增1235户；私人银行客户总量213户，年内净增44户；信用卡客户合计18566户，年内净增3505户；电子银行类客户总量514775户，年内净增113401户。

（顾晨颖）

【国际业务】 年内，国际业务实现中收492万元，完成国际结算量18.2亿美元，跨境人民币7.2亿元，同比增幅844%和2878%。年内实现转笔通知信用证、境外远期结售汇、理财押汇、TT押汇、离岸外币账户结算等业务“零”突破。

（顾晨颖）

【风险防控】 年内，主动退出小微企业潜在风险客户46户，压降贷款金额1.19亿元，支行风险水平评价总得分均达到A类行标准，全年无不良贷款。内控管理工作在年度内控评价达到一类行标准。辖内光华路支行被评为农行总行级“三化三达标”先进单位，全年未发生安全事故。

（顾晨颖）

【社会活动】 年内，农行朝阳东区支行定期组织辖内网点开展金融知识进万家及防范打击非法集资等活动，通过进社区、进企业、进市场、进商户、进校园、进乡村播放宣传片、发放宣传手册以及现场讲解示范，向社会公众普及金融知识，开展反假币、防范非法集资、金融诈骗及银行卡犯罪风险防范措施宣传等活动。

（顾晨颖）

北京国际信托有限公司

【概况】 北京国际信托有限公司（简称北京信托）是北京市国资控股、外资参股的大型金融企业，注册资本14亿元。公司内设机构22个，其中11个业务部门均采取大事业部制建制，业务支持部门5个，综合管理部门6个。年内，实现收入总额17.12亿元，实现净利润9.05亿元。固有资产总额51.56亿元，负债总额5.15亿元，不良资产率为零。受托管理信托资产总额1616.27亿元，累计向信托受益人分配投资收益103.62亿元。税收贡献6.66亿元，较上年增加1.63亿元。

地址：安立路30号院1、2号楼

电话：59680888
邮编：100012

（王连顺）

【公益慈善】 4月，在上年度向北京市慈善协会捐赠1万册《学生安全预防与自救》科普图书款基础上，再向北京市慈善基金会捐赠图书1万册、书款21.5万元。

（王连顺）

【中小企业金融服务】 年内，发行11只中小企业系列信托产品；为11个行业265家中小企业融资近27亿元，贷款规模同比增长72.6%。发行67个中小企业系列信托产品，为800余家中小企业融资76.24亿元。

（王连顺）

【土地流转信托业务模式创新】 年内，在密云水漳村土地信托项目中创新开展“双合作社+受托方授权经营+资金信托”新业务模式。在保障土地性质不变和维护农村农民利益基础上，通过专业化经营和管理并定向金融支持，丰富土地流转信托业务内涵。获第八届中国信托行业“诚信托”价值信托产品奖。

（王连顺）

【健康养老产业投资】 年内，与北京供销总社合作，搭建深圳前海基金平台，拓展医药医疗、医疗地产与社区以及大健康产业等领域的信托业务。以湛江等地养老项目为突破口，引入泰康、华泰、新华、平安和人保集团等多家保险资金，开展大型养老社区投资。

（王连顺）

【家族信托业务】 年内，与中国银行、北京银行等金融机构签署家族信托战略合作协议。成立19单家族信托产品，较上年新增家族信托规模近6亿元。

（王连顺）

保　　险

中国人寿保险股份有限公司北京市分公司

【概况】 中国人寿保险股份有限公司北京市分公司（简称中国人寿北京市分公司）是中国人寿保险股份有限公司在京分支机构。年内，公司实现总保费收入76亿元，同比增长4.9%。公司积极承担社会责任，为85万首都平安志愿者赠送团体意外伤害保险；与市民政局等部门联合开展老年人意外伤害保险，填补北京市场老年人保险空白；开展城镇低保人群小额保险，解决低保低收入个人和家庭在遭遇重大意外伤亡事故后风险补偿问题；在全市推广计划生育家庭保险，惠及约60万户计划生育家庭；成立马航MH370航班失联应急工作领导小组和工作小组，搜集并排查失联客户信息。联系国际SOS救援机构，推出紧急口讯传递和文件递送等服务。年内，与北京市保险行业协会共同举办“金保单”北京保险行业年度评选活动，获“最受消费者喜爱的保险公司”奖。

地址：朝外大街16号中国人寿大厦
电话：56909126
邮编：100020

（于介豪）

【客户服务节】 6月15日，以“大手拉小手，健康向前走”为主题，在颐和园举行2014中国人寿第八届客户服务节暨文惠卡·国寿联名卡开卡仪式。仪式设快闪游戏、歌舞表演、趣味游园、亲子寻宝、家庭才艺秀等活动。

（于介豪）

【“微信支付”购买保险功能开通】 7月4日，中国人寿北京市分公司召开“爱无疆，责任在行”宣传活动新闻发布会。宣布于7月8日正式开通“微信支付”购买保险功能。根据客户实际需求，选定“老来宝”“出行宝”和“吉祥宝”作为首批上线产品，分别为客户提供老年人意外保障、交通工具意外保障及普通意外医疗和住院保障。客户可通过微信支付平台，以更便捷操作，更低廉价格，享受更全面保险保障。

（于介豪）

【与昌平区政府签订战略合作协议】 12月9日，中国人寿北京市分公司与昌平区人民政府签署《全面战略合作协议》。合作内容涉及双方融资支持、产业支持、民生支持等7个方面，合作双方以长期合作、互惠共赢为原则，以促进保险业服务经济发展和社会民生为目标，建立全面战略合作关系。

（于介豪）

中国太平洋财产保险股份有限公司北京市朝阳支公司

【概况】 中国太平洋财产保险股份有限公司北京市朝阳支公司内设经理室、业务管理科、客户服务科、综合管理科、车险业务一至五科、非车险业务一至三科、农业保险业务科。业务范围为：承保人民币和外币的各种财产保险，包括机动车辆保险、财产损失保险、工程保险、责任保险、信用保险、短期人身意外伤害保险等保险业务；办理各种法定财产保险业务；与国内外保险机构建立代理关系和业务往来关系，代理国外保险机构办理对损失的鉴定和理赔业务及其委托的有关事宜；《保险法》所规定的资金运用业务；经批准参加国际保险活动；经中国保险监督管理委员会批准的其他业务。在北京市有百余家合作伙伴，包括专业保险代理公司、保险经纪公司、保险公估公司和兼业保险代理机构等。

地址：霄云路霄云里6号楼城宝饭店配楼
电话：84482495　95500（客服）
邮编：100026

（杨　静）

【保费收入】 年内，完成保费收入39128万元，其中车险完成保费收入26559元，同比下降2.64%，业务占比67.88%；非车险完成保费收入12569万元，同比增长率18.3%，业务占比32.12%。

（杨　静）

【经营管理】 年内，分析排查车险经营问题，通过加强前期控制核保条件、提高投保效益险种、后期加强数据分析，适度挑选业务，改善车险经营状况。配合分公司销售组织架构调整和业务整合，注重自身业务拓展和内勤科室后续支持力度，通过加强管控销售成本，调整业务发展平衡点，适时开展合规等综合管理跟进，以促进业务规范发展。加强与合作渠道合作，注重渠道挖潜和拓展，主动开展形式多样促销，寻求渠道对公司的业务支持及各渠道的新车资源，得到渠道支持。

（杨　静）

【创新管理】 年内，加强与分公司管理部合作，通过车险理赔部有效介入，分析各品牌车型出险率及案均赔款，提高管理科学性和目标性。加强对业务人员宣导，调整外派服务团队的管理考核分配办法，量化奖励标准，提高驻店人员的销售积极性，开展周末签单业务竞赛，有效拉动周末签单保费的大幅提升。

（杨 静）

【车险业务经营】 年内，梳理车商渠道，提出发掘渠道合作潜力、提升彼此合作深度、促进车商渠道业务增长目标。重视非车商渠道发展，发展团单业务。年内车上业务同比增长4.14%，团单业务同比增长24%，车险综合成本率从4季度开始逐步下降，经营效益逐步改善。

（杨 静）

【非车险业务经营】 年内，非车险存量业务因丢失和负增长等原因减少近2000万元，面对保源减少局面，充分挖潜原有业务，主动放弃赔付率较高的业务，确保非车险保费收入实现正增长。实际新增业务4000万余元。年初，独家中标国美业务，并签署4年合作协议，引入第三方对该业务品质进行评估，保证业务的健康发展。年内，该项目保费收入增长3000万余元。在经纪渠道上获2300万余元保费收入。

（杨 静）

城乡建设

城乡规划

【概况】 北京市规划委员会朝阳分局隶属于北京市规划委员会（原首都规划建设委员会办公室），为17个派出机构之一。内设办公室、法制科、综合业务科、规划科、建设用地管理科、建设工程管理科、市政交通工程管理科、朝阳区规划监察执法队和朝阳区规划设计服务中心。主要职责：在市规划委领导下，按照规定权限，负责组织实施本行政区域内规划编制、规划审批和规划监督工作。年内，受理建设项目1314件，与上年基本持平。其中建设工程294件，与上年同期基本持平；市政工程635件，同比增加12%；规划监督181件，同比减少35%；公共服务196件，同比减少25%；乡村工程8件，与上年同期基本持平。办结建设项目1303件，与上年同期基本持平。其中核发选址及条件类项目用地规模558.9公顷，同比下降42%；许可建设用地规模348公顷，与上年同期基本持平；许可建筑工程面积795.7万平方米，同比增长25%；许可市政工程建筑规模42.61万平方米，同比增长28%；许可各类管线总长度28.22万延长米，与上年同期基本持平。许可住宅面积319.86万平方米，同比增长72%；许可商业、科研及办公面积382.48万平方米，同比增长3.5%；许可配套公建37.52万平方米，同比增长11%；其他工程55.84万平方米，同比增长18%。被市规划委评为优秀分局、政务信息工作先进集体、政务微博工作先进集体、“第十届北京青年规划师建筑师工程师演讲比赛”优秀组织奖；获区目标管理双百考核综合先进单位、缓解交通拥堵工作先进单位。

地址：农展馆南路5号
电话：58670333
邮编：100125
网址：http://chy.bjghw.gov.cn

（张创国）

【规划实施评估】 年内，开展全区规划实施评估工作。评估主要内容包括功能定位、产业发展、人口与住房、城乡一体化、生态环境、城市运营与管理等6大专题13个专项研究，以及人口、用地、经济等8个方面基础数据组织编制及梳理汇报。主要目的是根据朝阳区功能定位和资源特色，综合分析全区发展建设现状情况、发展特征、主要问题、资源潜力、发展趋势等，针对发展目标定位、布局优化调整、实施保障措施等提出方案建议，奠定市总体规划修改基础。

（张创国）

【保障性住房和自住型商品房建设】 年内，完成东城区豆各庄安置房、西大望路24号公租房配建商品房等7个保障性住房项目方案审查，总建筑规模约24.2万平方米；完成翠城D南区安置房、孙河西甸村HIJ地块配建公租房等项目规划许可，总建筑面积约63.5万平方米。完成朝阳区首批5个自住型商品房项目方案审查，总建筑面积约129.2万平方米；完成金隅东坝单店、高井及豆各庄恒大3个自住型商品房项目规划审批。

（张创国）

【市政基础设施建设】 年内，完成东三乡金盏110kv变电站工程、孙河组团道路及配套管线工程、东坝南区剩余地块道路工程等重点基础设施项目，以及东北热电中心配套道路及市政管线、高安屯垃圾焚烧厂、蓝天供热中心锅炉煤改气等能源环境升级改造重点项目规划许可手续核发。研究红军营沟、青年路沟等五条河道防洪治理工程；推进萧太后河道水环境治理工程；配合开展4处郊野公园雨洪利用工程建设；推进朝阳区2013年防汛工程、城区雨水利用工程、2013年水毁工程、23条乡管沟防洪治理工程等建设工作。核发崔各庄乡定向安置房、外交部青年职工住宅、总参干部和平村住房、孙河乡康营定向安置房、东坝乡驹子房安置房等保障性住房周边道路、配套管线等市政配套设施规划手续。

（张创国）

【市政交通规划建设】 年内，完成《朝阳区综合交通规划》修编。配合市规划委完成地铁7号线、8号线、10号线、14号线、15号线等轨道交通线路建设，开展地铁12号线、3号线规划研究；继续开展2020年北京市轨道线网研究；完成京沈客专（朝阳段）全线铁路两侧30米拆迁范围和200米保护范围共15.7公里现状建筑、人口、土地权属的分析梳理工作；以星火站为中心，结合泛海项目和星火站一体化初步方案，分列梳理周边可利用土地资源、公共服务配套设施等，为建设综合交通枢纽提供条件。

（张创国）

【规划监督执法】 年内，办理建设工程规划验收122件，建筑规模约400万平方米，规模较2012年减少33%。其中含保障性住房项目39.6万平方米、中央单位及驻京部队项目6.7万平方米、科研项目15.7万平方米、教育项目6.8万平方米。全年发现并处理违法建设168处。对72处未完工工程下发《责令停止建设通知书》，配合城管部门书面认定进入城管执法程序的违法建设179处、18.9万平方米，配合区城管监督中心界定新增建筑1126处81万平方米。

（张创国）

建 设 工 程

【概况】 朝阳区住房和城乡建设委员会（简称区住建委）是负责朝阳区住房和城乡建设行政管理的区政府工作部门。主要职责：贯彻落实国家及北京市关于房地产开发管理的政策、法规和措施、办法；贯彻国家及北京市关于工程质量管理的政策、法规，研究制定朝阳区监督工程质量管理的措施；负责区域内房地产开发业务的行业管理；负责区属房地产开发企业的资质审核；负责朝阳区城市建设综合开发的监督管理等。机关内设机构9个。年内，完成全社会固定资产投资1235.4亿元，同比增长1.5%；完成基础设施投资373.7亿元，同比增长8.5%，占全社会固定资产投资30.25%；完成房地产开发投资706.3亿元，同比增长7.5%，其中住宅投资358.7亿元，同比增长58.2%。房地产业实现增加值408.3亿元，同比下降0.7%，占全区GDP的9.41%；建筑业实现增加值102.5亿元，同比增长3.7%，具有资质等级的总承包和专业承包建筑业企业完成总产值1066.7亿元，同比增长5.4%；房屋建筑施工面积2543.0万平方米，同比增长3.4%，其中政策性住房558.1万平方米；房屋竣工面积778.9万平方米，同比增长57.7%，其中政策性住房335.3万平方米；商品房销售面积285.2万平方米，同比下降23.3%，其中住宅销售面积205.9万平方米，同比下降11.9%；商品房销售额648.3亿元，同比下降24.3%，其中住宅销售额524.2亿元，同比下降9.6%。年内，被北京市住房和城乡建设委员会评为北京市房地产开发企业资质审批工作优秀单位；被北京市安全生产委员会评为 2014年度安全生产月优秀组织奖。

地址：呼家楼向军北里23号

电话：65001728

邮编：100020

网址：http://jianwei.bjchy.gov.cn

（高雅琪）

【党的群众路线教育实践活动】 2月至10月，开展党的群众路线教育实践活动。期间，制定《深入开展党的群众路线教育实践活动实施方案》，成立领导小组和工作机构；组织党课报告会，党组书记孙梅作“坚持群众路线，为民务实清廉”党课报告；领导班子组织集中学习并召开征求意见分析会，通报区委督导组关于领导班子作风建设情况，并“会诊”存在的问题；召开领导班子专题民主生活会；各党支部召开组织生活会并进行党员民主评议。10月，召开党的群众路线教育实践活动总结大会。全年，处级领导班子累计集中学习17次，全体党员干部专题学习和交流研讨8次；累计征集意见建议604条，明确领导班子需整改问题17个，落实整改措施74条，完善改进作风制度31个。

（高雅琪）

【行业教育培训】 4月，会同区建筑业联合会举办“朝阳区施工项目劳务及用工规范管理从业人员培训”。全区参建企业770名劳务管理人员参加并取得《朝阳区施工项目劳务及劳动用工规范管理培训登记证》；5月，举办建设工程安全生产全员培训班4期，全区在建工程建设、监理、施工单位主要负责人和各大专业及劳务分包项目负责人、专职安全员1557人参加培训，参训人员取得继续教育结业证书并被聘为教员；组织施工项目部全体管理人员、施工人员安全教育培训，42500人参加并取得上岗证书；6月，组织《建筑工程施工质量验收统一标准》培训2期，680人参加培训。12月，落实《北京市民用建筑节能管理办法》有关规定，组织在施工程建设、施工、监理等相关企业工程师、监理人员、资料员业务培训，818人参加培训。

（刘志伟　高雅琪）

【质量安全工作会】 5月22日，召开朝阳区建设系统质量安全工作大会，市住房城乡建设委、区相关委办局和各街（乡）办事处、各建筑集团总公司、在建工程建设单位领导或负责人等400余人参会。会议总结2013年建筑质量安全生产工作，部署2014年城市建设任务；印发《朝阳区2014年建设工程施工安全和绿色施工管理工作要点》《朝阳区2014年建设工程施工管理工作要点》和《朝阳区2014年建设工程质量管理工作要点》；表彰上年获奖单位。

（黄　岩　高雅琪）

【工程质量监管】 8月，制发《朝阳区保障房结构工程自检工作细则》。针对老旧小区综合整治改造工程，制定“七到位”工作方法（即组织建设到位、岗位职责到位、知识储备到位、监督告知服务到位、创新监督手段到位、施工过程监督执法到位和群众利益保障措施到位）。8月至9月，针对即将竣工的保障房项目进行装修质量大检查，涉及十八里店乡、东坝乡、王四营乡、黑庄户乡等，检查单体工程109个，对检查中发现的质量问题，约谈、整改、查处各参建单位。约谈参建方10次，责令整改20起，立案查处3起。9月，根据国家住建部、市住建委规定，制发《关于朝阳区建设工程质量专项治理两年行动工作方案》通知、《北京市朝阳区住宅工程质量常见问题专项治理工作方案》通知。继续推广优化分户验收工作，加强对工程质量检测的监管，消除安全隐患。全年监督房建工程1565项2401.5万平方米，市政工程526项22.5亿元。截至年底，在监房建工程1323项1810万平方米，在监市政工程512项21.4亿元；房建工程竣工229项637.42万平方米，市政工程竣工13项1.55亿元，在监工程未发现重大质量安全隐患。全年办理质量监督注册房建工程874项1104万平方米，质量监督注册市政工程18项1.5亿元。处罚质量违法行为167起，罚款101.2万元，执行质量动态管理记分3269分（涉及企业1269家2406分、项目负责人683分、企业负责人30分、总监理工程师76分、监理工程师74分）；对安全违法行为实施简易行政处罚146起，罚款14.6万元，执行安全生产动态管理记分146分。动态管理记分共3415分。

（刘　祎　林　湖　高雅琪）

【工程建设】 年内，开复工施工工程871项，同比减少24.6%，建筑面积3836.56万平方米，同比下降10.68%，道路管线长275.92千米。其中房建工程582项3193.93万平方米，拆除工程20项38.9万平方米，市政工程93项12.14万平方米、道路管线229.57千米，地铁工程37项90.83万平方米、施工线路46.35千米，老旧小区综合改造工程139项500.76万平方米。全年竣工工程347项1045.7万平方米，道路管线38千米。其中房建工程227项825.71万平方米，拆除工程6项3.7万平方米，市政工程17项0.16万平方米、道路管线36.25千米，地铁工程

3项4.7万平方米、施工线路1.75千米，老旧小区改造工程94项211.43万平方米。

（黄　岩　高雅琪）

【保障性住房建设】 年内，新开工建设保障性住房214.5万平方米，可提供房源21427套（其中公租房2000套、经济适用房3004套、限价商品房4300套、定向安置房12123套）；竣工各类保障性住房159.8万平方米（16423套）。

（李媛媛　高雅琪）

【危旧房屋改造】 年内，酒仙桥、方诚苑、垂杨柳、茶家坟、豆各庄二号院、甜水园二期等6个危旧房改造项目纳入朝阳区2014年棚户区改造项目。酒仙桥项目完成入户调查，最终确定三期总户数6420户，需拆除住宅面积约24.2万平方米；完成电子球场回迁楼建设工程地基挖槽及地基处理工作。方诚苑、垂杨柳、茶家坟、豆各庄二号院、甜水园二期等5个项目完善方案并办理前期手续。和平街“4·11燃气爆燃事故”楼复建工程主体结构完工。

（徐德俊　高雅琪）

【棚户区改造】 年内，将酒仙桥旧城区改建等43个项目（2013年结转19个，2014年新增24个）纳入棚户区改造和环境整治计划，占地面积约3521.45公顷，计划投资1452.24亿元，涉及居民37857户。其中危改遗留项目6个（酒仙桥、方诚苑、茶家坟、豆各庄二号院、甜水园二期、垂杨柳），城市环境整治项目15个（通惠河北路遗留边角地、南磨房乡东郊市场、六公主坟、化石营、永安里、磨房南里地区、南武圣庙、太阳宫东北角平房区、大黄庄小学西侧平房区、大郊亭3号院、中直安慧职工住宅工程、芳草地西街38号、大黄庄前街、光华里、小庄地块项目），城乡结合部环境整治项目22个（北湖渠村、六里屯村、十八里店乡饮马井、十八里店乡西直河及豆各庄京津高速南、管庄乡重兴寺、平房乡黄杉木店、黑庄户乡定东定西村、黑庄户乡郎辛庄、小红门乡国有单位宿舍、崔各庄乡奶西村、管庄乡小寺村、十八里店乡小武基村项目、崔各庄奶东村、高碑店北花园北区妇联代征地项目、高碑店京通高速南侧、金盏乡马各庄沙窝雷庄、将台东八间房村、崔各庄黑桥村、三间房乡金家村、南磨房乡广渠路、小红门乡肖村三角地、王四营乡小海子）。截至年底，完成征收（拆迁）6511户，其中居民963户（通惠河遗留边角地75户、磨房南里地区2户、来广营北湖区村461户、六公主坟旧城区改建87户、管庄乡重兴寺44户、管庄乡小寺村226户、太阳宫东北角平房区68户），住宅面积约10.54万平方米，商户5548户（六公主坟1058家、南磨房东郊市场4000家、十八里店西直河及豆各庄京津高速南200家、黑庄户郎辛庄160家、来广营北湖渠18家、黑庄户定东定西44家、管庄乡重兴寺40家、奶东村28家），建筑面积181.78万平方米。完成六公主坟、来广营北湖渠、通惠河遗留边角地和太阳宫东北角平房区4个项目征收（拆迁）工作。

（徐德俊　高雅琪）

【轨道交通建设拆迁】 年内，承担地铁6号线二期、7号线、10号线二期、14号线和15号线西段5条轨道交通建设拆迁工作。涉及车站42座、车辆基地4个，朝阳区段长65.82千米。截至年底，地铁6号线二期五里桥车辆段拆迁居民28户，拆除4651.44平方米，实现全线通车；地铁7号线拆迁居民173户，拆除5164平方米，实现通车。全年拆迁居民201户，拆除9815.44平方米。

（戴晓宽　高雅琪）

【房地产开发管理】 年内，启动市房地产开发项目监管平台和市新建商品住宅小区建设方案管理信息系统，实现对房地产项目开发全过程动态监管。全年审核新建居住小区24个，总建筑面积620.51万平方米（含住宅建筑面积338.75万平方米、配套面积34.34万平方米），并进行网上公示。全年审核房地产开发项目手册39项，现场实地检查项目39个；办理开发项目产权初始登记前配套落实工作60项。

（樊　玲　高雅琪）

【房地产开发配套设施收缴】 年内，开展房地产开发配套设施收缴工作。收缴各类配套设施73项，总面积约14.02万平方米。其中教育配套设施14项11.16万平方米，文化配套设施13项1.12万平方米，卫生配套设施6项0.66万平方米，养老设施5所0.3万平方米，社区办公配套设施17项0.32万平方米，综合服务配套设施7项0.17万平方米，派出所及报警点4项0.21万平方米，垃圾楼、公厕等设施7项0.08万平方米。全年与相关部门托管配套设施76项14.08万平方米（含教育配套设施14项11.16万平方米、社区行政配套设施56项2.26万平方米、卫生配套设施6项0.66万平方米）。

（郝一方　高雅琪）

【房地产开发企业资质管理】 年内，办理各项资质审批240件，其中新设立43件、暂定延期40件、变更60件、重新核定97件。年底，朝阳区有开发企业409家（含内资企业366家、外资企业43家），其中一级19家、二级30家、三级30家、四级219家、暂定111家。

（樊　玲　高雅琪）

【施工现场监管】 年内，继续实施夜间施工监管，维护正常施工秩序。朝阳区广华新城居住区615和621地块职工安置住宅项目4-1#、4-2#楼及地下车库等71项工程获“北京市文明安全工地”称号，其中市档案馆新馆等21项工程获“北京市文明安全样板工地”称号。

（黄　岩　高雅琪）

【区域劳务联动监管体系落实】 年内，会同区人力社保局、43个街道（地区）办事处、各省（直辖市）驻京建管处、各建筑集团总公司，落实区域劳务用工联动监管体系运行要求，奠定建筑业劳务用工规范化管理基础。全区有871个施工项目，其中绿色规范管理达标工程740项，占工程总量的85%；黄色轻微隐患工程122项，占工程总量的14%；红色重大隐患工程9项，占工程总量的1%。

（苏志成　高雅琪）

【劳务用工监管】 年内，会同区人力社保局、各街道（地区）办事处实现全区施工项目劳务及劳动用工规范管理情况动态联动监管。全年劳务执法检查工地563次、拉网式联合检查3次，召开项目级宣贯部署会153次，约谈告诫企业115次，对劳务违规企业实施资质动态监管记分2次，计4分；全年协调解决工程合同纠纷16起，涉及金额7500万元；配合人力社保部门协调解决农民工工资纠纷22起。

（苏志成　高雅琪）

【优质工程评选】 年内，申报“朝阳杯”工程项目62项360万平方米；检查工程51项300万平方米，11项工程跨转2015年度。获2014年度建筑结构“朝阳杯”工程47项，其中金奖33项、银奖14项；建筑竣工“朝阳杯”工程4项，均为银奖。区质量监督站监督工程获2014年度全市建筑结构“长城杯”工程51项，其中金奖17项、银奖34项；建筑竣工“长城杯”工程9项，其中金奖8项、银奖1项。

（刘志伟　刘　禕　高雅琪）

2014年度"朝阳杯"工程获奖名录表

建筑结构"朝阳杯"金奖工程（33项）

序号	工程名称	建设单位	施工单位	监理单位
1	小红门乡新村二期农民回迁房及配套设施项目1#4#	北京小红门房地产开发有限责任公司	北京市朝阳田华建筑集团公司第一分公司	北京精正兴工程建设监理有限公司
2	朝阳区1008-627地块商务办公楼	北京绿地景华置业有限公司	北京六建集团有限责任公司	北京银建、上海建科联合项目监理部
3	朝阳区平房乡新村三期工程A1A2楼及车库	北京聚鑫城房地产开发有限公司	北京市朝阳田华建筑集团公司第六分公司	北京福浩工程咨询有限公司
4	朝阳区平房乡新村三期工程A3A4楼及车库	北京聚鑫城房地产开发有限公司	北京市朝阳田华建筑集团公司第六分公司	北京福浩工程咨询有限公司
5	广华新成居住区617地块住宅建设项目3-1#3-2#3-5#楼	中央国家机关公务员住宅建设服务中心	北京住总第四开发建设有限公司	中咨工程建设监理公司
6	朝阳区防病保健中心二期（老年保健中心）	朝阳区卫生局 北京大正建设监理有限公司	河北省第四建筑工程有限公司	北京建扶工程建设监理有限责任公司
7	常营三期剩余地块公共租赁住房项目一标段5#6#7#住宅1#2#车库	北京市保障性住房建设投资中心	北京城乡建设集团有限责任公司	北京北咨工程管理有限公司
8	常营三期剩余地块公共租赁住房项目一标段15#16#17#18#商业、学校	北京市保障性住房建设投资中心	北京城乡建设集团有限责任公司	北京北咨工程管理有限公司
9	A座办公楼等14项 A座B座C座及车库	北京朝来世纪房地产有限公司	中国对外建设有限公司	北京兴电国际工程管理有限公司
10	A座办公楼等14项 D座E座F座H座J座	北京朝来世纪房地产有限公司	中国对外建设有限公司	北京兴电国际工程管理有限公司
11	B南区1#住宅楼等9项	北京东隆房地产开发有限公司	远洋国际建设有限公司	北京赛瑞斯国际工程咨询有限公司
12	广华新成居住区617地块住宅建设项目3-3#3-4#3-6#楼及车库	中央国家机关公务员住宅建设服务中心	北京住总集团建设有限公司第六分公司	中咨工程建设监理公司
13	定福庄西村幼儿园	朝阳区三间房乡政府， 三间房乡定西村合作社	北京京通天泰建筑工程有限责任公司	北京德轩工程管理有限公司
14	留学生综合楼	对外经济贸易大学	北京城建集团有限责任公司	北京华厦工程项目管理有限责任公司
15	3#商业办公楼等4项（达美中心）3#4#5#楼	北京柏豪置业有限公司	中建三局集团有限公司	北京双圆工程咨询监理有限公司
16	办公楼	北京嘉特世家投资管理有限公司	北京城建八建设发展有限责任公司	北京中景恒基工程管理有限公司
17	1号研发楼等9项（能源研发科技中心）	北京炼焦化学厂	北京城建集团有限责任公司	北京海鑫工程监理公司
18	朝阳区东坝单店地块二期定向安置房项目10楼	北京金隅嘉业房地产开发有限责任公司	中国四海控股有限公司	北京新森智业工程咨询有限公司
19	常营三期剩余地块公共租赁住房项目二标段1#4#住宅楼（剪力墙）	北京市保障性住房建设投资中心	北京城乡建设集团有限责任公司	北京北咨工程管理有限公司
20	常营三期剩余地块公共租赁住房项目二标段2#3#住宅楼（产业化）	北京市保障性住房建设投资中心	北京城乡建设集团有限责任公司	北京北咨工程管理有限公司
21	常营三期剩余地块公共租赁住房项目二标段12#托幼	北京市保障性住房建设投资中心	北京城乡建设集团有限责任公司	北京北咨工程管理有限公司
22	7#住宅楼等4项工程（东风家园五区项目）7#9#楼	北京星火房地产开发有限责任公司	北京城建建设工程有限公司	北京建院金厦工程管理有限公司

序号	工程名称	建设单位	施工单位	监理单位
23	7#住宅楼等4项工程（东风家园五区项目）8#楼	北京星火房地产开发有限责任公司	北京城建建设工程有限公司	北京建院金厦工程管理有限公司
24	广华新城居住区615和621地块职工安置住房项目1-3，1-4，1-5，1-6楼及地下车库	中国石化集团北京燕山石油化工有限责任公司	北京建工集团有限责任公司	北京燕山玉龙石化工程有限公司
25	华都中心项目 酒店	北京华都饭店有限责任公司	中国建筑第八工程局有限公司	北京双圆工程咨询监理有限公司
26	华都中心项目 东塔	北京华都饭店有限责任公司	中国建筑第八工程局有限公司	北京双圆工程咨询监理有限公司
27	华都中心项目 西塔	北京华都饭店有限责任公司	中国建筑第八工程局有限公司	北京双圆工程咨询监理有限公司
28	东城旧城保护安置房3-08#楼	北京市东城区住宅发展中心	北京城乡建设集团有限责任公司	北京磐石建设监理有限责任公司
29	东城旧城保护安置房3-07#楼及车库南段	北京市东城区住宅发展中心	北京城乡建设集团有限责任公司	北京磐石建设监理有限责任公司
30	广华新城居住区615地块1-2#楼及车库	中国石化集团北京燕山石油化工有限责任公司	中国建筑第二工程局有限公司	北京燕山玉龙石化工程有限公司
31	中国国学中心	国务院参事室	北京城建集团有限责任公司	北京双圆工程咨询监理有限公司
32	大郊亭建设工程2#5#楼	全国人大常委会办公厅机关事务管理局	北京住总集团有限责任公司	泛华监理集团有限公司
33	北京市档案馆新馆	北京市档案局	北京住总集团有限责任公司	北京双圆工程咨询监理有限公司

建筑结构“朝阳杯”银奖工程（14项）

序号	工程名称	建设单位	施工单位	监理单位
1	小红门乡新村二期农民回迁房及配套设施项目6#9#10#	北京小红门房地产开发有限责任公司	北京市朝阳田华建筑集团公司第一分公司	北京精正兴工程建设监理有限公司
2	小红门乡新村二期农民回迁房及配套设施项目11#12#车库	北京小红门房地产开发有限责任公司	北京市朝阳田华建筑集团公司第一分公司	北京精正兴工程建设监理有限公司
3	中国航空集团总部大厦	中国航空集团总部大厦建设指挥部	北京城建集团有限责任公司	北京光华建设监理有限公司
4	燕翔饭店改扩建项目2#楼	北京燕翔饭店有限责任公司	中铁十六局集团有限公司	北京双圆工程咨询监理有限公司
5	B北区1#住宅楼等9项	北京东隆房地产开发有限公司	远洋国际建设有限公司	北京赛瑞斯国际工程咨询有限公司
6	北京第二外国语学院教学楼	北京第二外国语学院	中天建设集团有限公司	北京鸿厦基建工程监理有限公司
7	朝阳区东坝单店地块二期定向安置房项目1#5#6#楼及配套	北京金隅嘉业房地产开发有限责任公司	北京城建亚泰建设集团有限公司	北京新森智业工程咨询有限公司
8	臻园一期施工总承包工程5#8#11#楼	北京广盈房地产开发有限公司	中建三局集团有限公司	北京太平洋建筑工程监理有限公司
9	臻园一期施工总承包工程6#7#9#楼	北京广盈房地产开发有限公司	中建三局集团有限公司	北京太平洋建筑工程监理有限公司
10	朝阳区东坝单店地块二期定向安置房项目2#楼	北京金隅嘉业房地产开发有限责任公司	中国四海控股有限公司	北京新森智业工程咨询有限公司
11	朝阳区东坝单店地块二期定向安置房项目7#楼	北京金隅嘉业房地产开发有限责任公司	中国四海控股有限公司	北京新森智业工程咨询有限公司
12	孙河康营组团定向安置房三期东区配套服务楼	北京孙河农工商联合公司	北京市朝阳田华建筑集团公司第十七分公司	北京华厦工程项目管理有限责任公司
13	2#科研办公楼等4项	北京叶氏企业集团有限公司	万兴集团	北京中轻国际工程项目管理有限公司
14	广华新城居住区6217块职工安置住房项目9#楼及3#车库	中国石化集团北京燕山石油化工有限责任公司	北京市第五建筑工程集团有限公司	中国石化集团中原石油勘探局工程建设监理中心

建筑竣工"朝阳杯"银奖工程（4项）

序号	工程名称	建设单位	施工单位	监理单位
1	北京世纪华侨城旅游主题社区A1-1# A1-2#楼	北京世纪华侨城	北京市朝阳田华建筑集团公司第四分公司	北京旭日明建设工程监理有限公司
2	十八里店周庄三期农民回迁房B1标段1#2#5#楼	北京大洋房地产开发有限公司	北京市朝阳田华建筑集团公司第十分公司	北京中景恒基工程管理有限公司
3	十八里店周庄三期农民回迁房B1标段3#6#楼	北京大洋房地产开发有限公司	北京市朝阳田华建筑集团公司第十分公司	北京中景恒基工程管理有限公司
4	十八里店周庄三期农民回迁房B1标段13#楼	北京大洋房地产开发有限公司	北京市朝阳田华建筑集团公司第十分公司	北京中景恒基工程管理有限公司

【施工安全监管】 年内，继续实行《朝阳区建设工程施工安全监督管理工作规定》；开展安全教育、安全生产月活动，1368家参建单位参加活动。各建设工程悬挂宣传横幅1852条，张贴各种宣传画6082张，发放宣传材料22795份，设置宣传专栏、板报686个。56507人次参加"农民工夜校"安全生产知识培训；制定施工方案839件、应急预案1073件，组织防汛、防火等各类应急演练500次，12349人次参加。配合市、区相关部门开展深基础、危险性较大分部分项工程、施工现场扬尘治理、建筑垃圾运输、预防煤气中毒、禁止燃放烟花爆竹等专项检查，加强重大节日、重点活动安全保障工作。全年办理建筑起重机械设备登记编号备案177台，其中塔式起重机87台、施工升降机79台、物料升降机11台；使用登记备案585台，其中塔式升降机345台、施工升降机178台、物料升降机62台；检查施工工地9237个次，责令停工整改342个次，限期整改7068个次，行政处罚1175起、罚款400.7万元，其中简易处罚795起、罚款79.5万元，立案处罚380起、罚款321.2万元；发生建筑施工安全生产亡人事故5起、死亡6人，未发生较大突发事件和施工安全生产事故。

（黄　岩　高雅琪）

【施工许可监管】 年内，核发建设项目施工许可证404项，建筑面积1070.85万平方米，同比增加42.88%。市政道路管线90.9千米，同比增加198.42%，投资227.69亿元，同比增加55.23%。其中新建项目98项，建筑面积507.13万平方米，合同金额173.07亿元；装饰装修283项，建筑面积557.82万平方米，合同金额48.51亿元；市政工程23项，道路管线90.9千米，合同金额6.11亿元。全年查处违法施工案件118起，处罚违规企业118家，罚款591.36万元。

（王　静　高雅琪）

【招投标与商品房预售资金监管】 年内，办理招标投标及直接发包工程509项，建筑面积1414.64万平方米，同比减少11.71%，市政道路管线176.87千米，投资合同金额229.61亿元，同比增加51.04%。其中施工工程381项1064.95万平方米，221.58亿元；监理工程87项337.9万平方米，1.76亿元；市政工程41项176.87千米，6.26亿元。全年完成42项274.47万平方米，180.8亿元的商品房预售资金监管任务。

（王　静　高雅琪）

【建筑节能与建材管理】 年内，继续实施建材备案工作。建材采购备案工程总数353项，完结95项，正在备案191项，未完结67项；治理并整合建筑节能、建材使用日常管理和预拌商品混凝土搅拌站。全年收缴93个建设项目新型墙体材料专项基金4681.78万元，散装水泥专项资金311.04万元，返退59个建设项目新型墙体材料专项基金2248.7万元，46个建设项目散装水泥专项资金107.3万元；办理建筑节能设计审查备案83项，建筑节能竣工验收备案122项。

（王战军　高雅琪）

【老旧小区综合整治】 年内，开展老旧小区综合整治工作。年初，拟定2014年老旧小区综合整治改造方案，明确改造计划308.13万平方米（市下达任务290万平方米）。其中既有非节能居住建筑供热计量及节能改造249.58万平方米，抗震节能综合改造58.55万平方米。5月，完成项目前期招投标手续；6月，施工单位进场；7月底前，完成APEC会议沿线老旧小区改造项目，朝阳区老旧小区综合整治工作全面展开。期间，制定《工程量完成情况排查工作实施方案》。截至12月底，老旧小区综合整治完成既有非节能居住建筑供热计量及节能改造243.79万平方米，452栋；抗震节能综合改造89.09万平方米，340栋。

（李路军　高雅琪）

【房屋私自拆改综合治理】 年内，配合小关、双井、六里屯、团结湖、呼家楼等街道办事处，整治北土城东路沿线和北四环东路104号楼、双花园南里8号楼、朝阳北路沿线住宅楼首层"居改商"，涉及住宅楼28栋，"居改商"房屋145套，商户185户。全年受理房屋私自拆改信访事项320起，调查处置320起，其中结案207起、整改过程中113起；调解拆改事项引发矛盾185项，其中群体性矛盾17项，未发生矛盾激化情况。

（段玉霞　高雅琪）

【信访与信息公开】 年内，接待处理群众信访事项2238件次，其中纸质书面投诉信383件（市住房城乡建设委转信152、区转信51件、直投信180件）；网上接收1855件（市长信箱124件、信访系统86件、政民互动1645件）。全年办复2231件，办复率99.69%，其余7件处于办理阶段。接待集体访21批次、227人，重复访35批次、197人，主要涉及危改拆迁补偿、房屋质量、施工扰民、工程款纠纷、老旧小区综合整治等问题。全年信访工作总体形势平稳，初信化解率92%，重信重访化解率95%，未发生越级访、大规模集体上访等突发性事件。全年信息公开253项，其中主动公开196项、依申请公开57项。

（刘茂武　高雅琪）

【行政诉讼和复议】 年内，办理行政诉讼案件2件，其中1件胜诉、1件撤诉；行政复议案件6件，其中向市住房城乡建设委申请4件、向区政府部门申请2件；维持答复3件，撤回申请1件，未结案2件。

（刘晓亭　高雅琪）

【建筑企业诚信评定和个人评优】 年内，按照市建设行业诚信企业评定实施方法，经企业自愿申报，市、区相关部门两级推荐和评审，朝阳区中机建筑工程有限公司、北京市朝阳水利工程公司、北京奥杰装饰装修有限公司、北京中航弱电系统工程有限公司、江苏省国立建设发展有限公司、北京鸿屹丰彩装饰工程有限公司、北京市朝阳区建筑工程公司、北京迪迈建筑装饰工程有限公司、北京中铁隧建筑有限公司、北京中建华威机电设备安装工程有限公司、北京金盛艺装饰工程有限公司、北京润安市政工程有限公司、北京市日盛达建筑企业集团有限公司、北京瑞祥天和建筑装饰工程有限公司、北京市朝阳田华建筑集团公司、北京鼎华建筑工程有限公司、北京天图设计工程有限公司、北京华阳市政建筑工程有限公司、北京英达利城建有限公司等企业被评为诚信企业。其中北京天图设计工程有限公司、北京华阳市政建筑工程有限公司、北京英达利城建有限公司被评为诚信AAA企业，北京市朝阳田华建筑集团公司秦树龙被评为全国优秀项目经理，北京市朝阳田华建筑集团公司王利民、汤胜文被评为北京市优秀建造师，北京市朝阳田华建筑集团公司刘有、北京市日盛达建筑企业集团有限公司王振强被评为市优秀项目经理。

（刘志伟　高雅琪）

【企业资质受理及人员管理】 年内，受理新设立建筑业企业资质申请52家、升级8家、增项16家、变更155家、转出4家、转入6家；年底，纳入区管理的建筑业企业783家，其中一级83家、二级164家、三级458家、其他78家，涵盖房屋建筑工程等48个施工专业（见表1）。完成二级建造师执业资格初始注册1116人、变更注册2069人、注销549人，延续注册160人、增项40人、遗失补办9人、重新注册211人，办理企业负责人、项目负责人和专职安全员《安全生产考核证书》续期1077人。

（王战军　高雅琪）

2014年朝阳区建筑业企业　（单位：家）

序列	专业类别	一级	二级	三级	不分	合计
施工总承包	房屋建筑工程	13	22	33		68
	公路工程	1				1
	市政公用工程	6	10	12		28
	机电安装工程	1	5	—		6
	矿山工程	2				2
	电力工程	1	1	3		5
	化工石油工程		1	—		1
	水利水电工程		1			1
小计	涵盖8个专业	24	40	48		112
专业承包	地基与基础工程	1	6			7
	土石方工程			6		6
	建筑装修装饰工程	28	41	149		218
	建筑幕墙工程	1	2	2		5
	预拌商品混凝土	—	21	10		31
	混凝土预制构件	—	3	2		5
	园林古建筑工程		1	1		2
	钢结构工程	1	4	11		16
	消防设施工程	6	7	9		22
	附着升降脚手架	1	—	—		1
	金属门窗工程	1	4	9		14
	建筑防水工程	—	3	10		13
	预应力工程	—	1	—		1
	机电设备安装工程	7	7	67		81
	爆破与拆除工程		9	12		21
	建筑智能化工程	6	—	30		36
	电子工程	1	1	6		8
	电信工程	1	1	2		4
	隧道工程		1	—		1
	防腐保温工程			5		5
	环保工程		2	20		22
	机场空管工程	2	2	—		4
	公路交通安全设施分项	—	—	—	3	3
	铁路电务工程	1				1

序列	专业类别	一级	二级	三级	不分	合计
专业承包	送变电工程			24		24
	石化管道设备安装工程			1		1
	城市及道路照明工程		6	29		35
	起重设备安装工程	1	—	2		3
	体育场地设施工程	1	2	3		6
	特种专业工程	—	—	—	44	44
小计	涵盖30个专业	59	124	410	47	640
劳务分包	混凝土作业分包	—	—	—	2	2
	水暖电安装作业分包	—	—	—	10	10
	焊接作业分包	—	—	—	2	2
	钢筋作业分包	—	—	—	4	4
	抹灰作业分包	—	—	—	2	2
	砌筑作业分包	—	—	—	2	2
	油漆作业分包	—	—	—	2	2
	木工作业分包	—	—	—	5	5
	石制作分包	—	—	—	1	1
	模板作业分包	—	—	—	1	1
小计	涵盖10个专业	—	—	—	31	31
合计	涵盖48个专业	83	164	458	78	783

2014年朝阳区建设工程竣工一览表

（一）定向安置房

单位：万平方米、万元

序号	工程名称	工程地址	建筑面积	工程投资	开工日期	竣工日期	建设单位	设计单位	施工单位	监理单位
1	东坝定向安置房6项工程	南红松园6号	6.94	12500	2011.3.12	2013.12.26	华纺房地产开发公司	北京奥思得建筑设计有限公司	河北天宏建筑工程有限公司、锦宸集团有限公司、四川省住业建设有限公司	北京京朋工程监理有限责任公司
2	北内农光里危改1项工程	农光里	0.71	1278	2012.4.1	2014.3.27	北京城市开发集团有限责任公司	北京中鸿建筑工程设计有限公司	中国对外建设有限公司	北京大正建设监理有限公司
3	城锦苑住宅小区9项工程	来广营乡红军营村	10.1	19326.46	2013.5.28	2014.9.28	北京城建集团有限责任公司	方州基业建筑设计有限公司	北京城建集团有限责任公司	北京旭日明建设工程监理有限公司
4	豆各庄经济适用房1项工程	豆各庄	0.25	534.37	2007.11.21	2014.10.8	北京市朝阳城市建设综合开发公司	北京中京惠建筑设计有限责任公司	北京鼎华建筑工程有限公司	北京百事百达工程建设监理有限责任公司
5	翠成馨园4项工程	垡头	11.18	13758.8	2010.10.10	2014.10.27	北京住总房地产开发有限责任公司	北京市住宅建筑设计研究院有限公司	北京住总第四开发建设有限公司	北京旭日明建设工程监理有限公司
6	北花园定向安置房10项工程	高碑店乡北花园村	28.24	79360.76	2011.6.7	2014.11.27	北京国隆置业有限公司	北京易兰城乡规划工程设计有限公司	北京建工路桥工程建设有限责任公司	北京国建工程监理公司

（二）限价商品房

单位：万平方米、万元

序号	工程名称	工程地址	建筑面积	工程投资	开工日期	竣工日期	建设单位	设计单位	施工单位	监理单位
1	东坝限价商品房54项工程	东坝乡南二街	34.92	77645.57	2012.7.31	2014.9.11	北京城建房地产开发有限公司	北京国科天创建筑设计院有限责任公司	北京城建八建设发展有限责任公司、北京城建道桥建设集团有限公司、北京城建四建设工程有限责任公司、北京城建一建设发展有限公司	北京鸿祥工程建设监理有限公司、北京旭日明建设工程监理有限公司

（三）商品住房

单位：万平方米、万元

序号	工程名称	工程地址	建筑面积	工程投资	开工日期	竣工日期	建设单位	设计单位	施工单位	监理单位
1	嘉润园C9区5号楼工程	将台乡大清寺	0.72	20515.14	2006.6.30	2014.1.22	北京星泰房地产开发有限公司	北京市建筑设计研究院	北京城建六建设工程有限公司	中咨工程建设监理公司
2	润景茗苑7项工程	来广营乡清河营村	12.39	33586.72	2010.12.1	2014.1.24	北京春光置地房地产开发有限公司	北京墨臣工程咨询有限公司	北京城建二建设工程有限公司	建通工程建设监理有限公司
3	柏阳景园13项工程	王四营乡道口村	1.61	7582.72	2012.2.8	2014.1.26	北京柏基置业有限公司、北京市朝阳区王四营农工商总公司	北京凯帝克建筑设计有限公司	中国中铁航空港建设集团有限公司	北京北辰工程建设监理有限公司
4	孙河乡E区1号住宅楼工程	孙河	0.19	763	2012.3.9	2014.3.10	北京东隆房地产开发有限公司	京维拓时代建筑设计有限公司	远洋国际建设有限公司	北京赛瑞斯国际工程咨询有限公司
5	北京新天地27号住宅楼工程	杨闸环岛东北侧	2.53	3163	2007.2.9	2014.3.14	北京硕和房地产开发有限公司	北京世纪安泰建筑工程设计有限公司	中国中铁航空港建设集团有限公司	北京中协成建设监理有限责任公司
6	远洋和苑13项工程	崔各庄乡大望京村	15.35	51031.94	2011.5.6	2014.5.20	京远豪置业有限公司	悉地（北京）国际建筑设计顾问有限公司	北京建工集团有限责任公司	北京中景恒基工程管理有限公司
7	中铁工程设计咨询集团5项工程	小红门	3	7968.03	2010.3.15	2014.7.1	中铁工程设计咨询集团有限公司	中铁工程设计咨询集团有限公司	北京城建远东建设投资集团有限公司	北京中铁诚业工程建设监理有限公司
8	胜古北路居住项目1项工程	胜古北路	3.17	8064.5	2010.6.1	2014.7.3	北京盛达兴业房地产开发有限公司	北京市建筑设计研究院	中国华冶科工集团有限公司	鑫诚建设监理咨询有限公司
9	朝来绿色家园7项工程	来广营乡来春园	11.45	16482	2007.3.1	2014.7.14	北京朝来绿色家园房地产开发有限公司	中外建工程设计与顾问有限公司	中铁建设集团有限公司	广州广保建设监理有限公司

序号	工程名称	工程地址	建筑面积	工程投资	开工日期	竣工日期	建设单位	设计单位	施工单位	监理单位
10	金蝉欢乐谷2项工程	南磨房乡小武基北路	5.51	7666.8	2010.6.1	2014.8.12	北京世纪华侨城实业有限公司	北京市建筑设计研究院有限公司	北京市朝阳田华建筑集团公司	北京五环国际工程管理有限公司
11	世华泊郡家园4项工程	来广营乡	8.45	13492.71	2010.10.20	2014.9.1	北京世纪鸿城置业有限公司	华通设计顾问工程有限公司	北京城建北方建设有限责任公司、北京城建一建设发展有限公司、北京城建道桥建设集团有限公司	北京东方华太建设监理有限责任公司、北京华城建设监理有限责任公司、北京新森智业工程咨询有限公司
12	孙河29项工程	孙河乡景达路1号院	6.77	32714.9	2013.4.15	2014.9.12	北京通瑞万华置业有限公司	北京天鸿圆方建筑设计有限责任公司	中国中铁航空港建设集团有限公司	北京中城建建设监理有限公司
13	小红门新村A1号住宅楼工程	小红门乡牌坊村	3.13	36776.42	2010.11.1	2014.9.28	北京江南投资集团有限公司	北京中外建筑设计有限公司	河北沧贸建筑安装工程有限公司	北京融源建筑设计有限公司
14	孙河乡9项工程	孙河乡景达路1号院	4.08	33303.7	2013.4.15	2014.9.29	北京通瑞万华置业有限公司	北京天鸿圆方建筑设计有限责任公司	中国中铁航空港建设集团有限公司	北京中城建建设监理有限公司
15	望京茂26项工程	望京	26.34	82510.5	2012.8.10	2014.10.8	北京方兴融创房地产开发有限公司	北京市建筑设计研究院有限公司	中建二局第三建筑工程有限公司、中国建筑第八工程局有限公司	中咨工程建设监理公司、北京兴电国际工程管理有限公司
16	水岸庄园64项工程	来广营乡	23.84	26653.66	2011.4.27	2014.11.3	北京润泽庄苑房地产开发有限公司	华通设计顾问工程有限公司	北京京华嘉典建筑工程有限公司、北京金通远建筑工程公司	广州广保建设监理有限公司、北京中联环建设工程管理有限公司
17	招商上苑3项工程	东八里庄	7.73	25903.27	2011.12.27	2014.12.8	招商局地产（北京）有限公司	北京市建筑设计研究院有限公司	中建三局集团有限公司	北京帕克国际工程咨询有限公司
18	常楹悦园5号住宅楼工程	管庄北二里	2.06	4359.13	2012.9.1	2014.12.10	北京信远置业有限公司	北京中天元工程设计有限责任公司	中国建筑一局（集团）有限公司	北京兴电国际工程管理有限公司
19	华贸城10项工程	来广营乡清河营村	8.39	20500.77	2012.9.1	2014.12.15	北京华贸奥苑房地产开发有限公司	北京市建筑设计研究院有限公司	青建集团股份公司	北京赛瑞斯国际工程咨询有限公司
20	来广营4项工程	来广营乡	3.78	14192.39	2013.6.20	2014.12.25	北京广盈房地产开发有限公司	中国水电顾问集团北京勘测设计研究院有限公司	中建三局集团有限公司	北京太平洋建筑工程监理有限公司

（四）办公用房

单位：万平方米、万元

序号	工程名称	工程地址	建筑面积	工程投资	开工日期	竣工日期	建设单位	设计单位	施工单位	监理单位
1	世华泊郡2项工程	来广营乡清河营村	6.45	17290.09	2011.10.12	2014.1.25	北京世纪鸿城置业有限公司	华通设计顾问工程有限公司	北京城建亚泰建设工程有限公司—北京城建八建设发展有限责任公司（联合体）	北京东方华太建设监理有限公司
2	金茂府17号办公楼工程	广渠路15号	1.83	8161.85	2011.4.20	2014.3.6	中化方兴置业（北京）有限公司	悉地（北京）国际建筑设计顾问有限公司	中国建筑第八工程局有限公司	中咨工程建设监理公司
3	远洋和苑2项公建工程	崔各庄乡大望京村	0.5	2254.26	2011.5.6	2014.5.20	北京远豪置业有限公司	悉地（北京）国际建筑设计顾问有限公司	北京建工集团有限责任公司	北京中景恒基工程管理有限公司
4	3项公建工程	常营乡	7.96	28767.72	2011.3.1	2014.6.16	北京北辰实业股份有限公司	中国电子工程设计院	北京六建集团有限责任公司	北京双圆工程咨询监理有限公司
5	望京新城4项公建工程	望京新城	9.36	27774.69	2011.7.15	2014.8.11	北京东环望京房地产有限公司	中国建筑设计研究院	中建二局第三建筑工程有限公司	北京远达国际工程管理咨询有限公司
6	清河营村13项工程	来广营乡清河营东路2号	28.51	42449.41	2010.3.15	2014.10.11	北京第六大洲房地产开发有限公司	北京市建筑设计研究院有限公司、华通设计顾问工程有限公司	中铁建设集团有限公司、中铁二十五局集团有限公司、北京城建亚泰建设工程有限公司	北京华城建设监理有限责任公司
7	崔各庄大望京村1项工程	崔各庄乡大望京村	5.46	31828.49	2012.10.1	2014.12.26	北京绿地京华置业有限公司	北京市建筑设计研究院有限公司	北京六建集团有限责任公司	北京银建建设工程管理有限公司、上海建科工程咨询有限公司
8	保利国际广场6项工程	崔各庄乡大望京村	16.8	64740.77	2012.5.23	2014.12.29	北京保利营房地产开发有限公司	北京市建筑设计研究院有限公司、筑博设计股份有限公司	广州富利建筑安装工程有限公司、中建三局集团有限公司	北京帕克国际工程咨询有限公司

（五）商用房屋

单位：万平方米、万元

序号	工程名称	工程地址	建筑面积	工程投资	开工日期	竣工日期	建设单位	设计单位	施工单位	监理单位
1	北苑北辰居住区1项工程	北苑路以东	0.15	1100	2005.6.21	2013.12.3	北京北辰实业股份有限公司	北京墨臣工程咨询有限公司	北京建工集团有限责任公司	建研凯勃建设工程咨询有限公司
2	豆各庄乡61项工程	豆各庄乡东马各庄村	7.26	16305.83	2011.3.15	2013.12.17	北京宇达房地产开发有限公司	北京维拓时代建筑设计有限公司	北京城建五建设工程有限公司	江苏鑫缘项目管理有限公司

序号	工程名称	工程地址	建筑面积	工程投资	开工日期	竣工日期	建设单位	设计单位	施工单位	监理单位
3	周庄新村二期1项工程	十八里店乡周庄	0.62	1115	2008.3.1	2013.12.17	北京大洋房地产开发有限公司	北京宝鸿建设项目管理有限公司	北京市朝阳田华建筑集团有限公司	北京金海城工程建设监理公司
4	全国农业展览馆3项工程	东三环北路16号	1.1	4490.78	2012.8.28	2014.1.3	全国农业展览馆	北京中宇瑞德建筑设计有限公司	华都国际建设集团有限公司	北京中诚信工程咨询有限公司
5	人民交通出版社2项工程	小营北路17号	0.31	2478.23	2011.3.20	2014.1.9	人民交通出版社	中交水运规划设计院有限公司	北京群成装饰工程有限公司	北京中景恒基工程管理有限公司
6	民政工业总公司1项工程	平房路	1.55	4007.19	2011.3.1	2014.1.23	北京市民政工业总公司	北京天地都市建筑设计有限公司	北京市民政建筑安装工程有限公司	中国国际经济咨询公司
7	宾馆工程	呼家楼街道东核桃园5号	0.26	1203.68	2012.5.30	2014.1.24	北京鑫周力润滑油有限公司	北方-汉沙杨建筑工程设计有限公司	北京建工博海建设有限公司	北京旭日明建设工程监理有限公司
8	金世纪大酒店二期工程	东三环南路1号	2.52	5038	2003.2.20	2014.2.12	北京金世纪大酒店有限公司	中国中元国际工程有限公司	中建一局华中建设有限公司	北京兴电国际工程管理公司
9	葛洲坝大厦6项工程	西大望路26号	11.27	60684.66	2011.9.8	2014.4.14	葛洲坝(北京)投资有限公司	中国建筑科学研究院	中国建筑第二工程局有限公司	北京双圆工程咨询监理有限公司
10	王四营乡C11号配套商业工程	王四营乡	2.03	4144	2012.4.3	2014.4.22	北京建工集团有限公司	北京市建筑工程设计有限责任公司	北京建工一建工程建设有限公司	北京双圆工程咨询监理有限公司
11	京棉新城6项工程	八里庄	8.8	41774.54	2012.1.12	2014.6.23	北京远翔置业有限公司	北京市建筑设计研究院有限公司	远洋国际建设有限公司	北京方圆工程监理有限公司
12	凤凰国际传媒中心项目工程	朝阳公园南路	7.25	50094.40	2010.7.12	2014.6.25	凤凰东方(北京)置业有限公司	北京市建筑设计研究院有限公司	北京天润建设工程有限公司	北京建工京精大房工程建设监理公司
13	望京搜候6项公建工程	望京	16.98	72661.27	2011.5.9	2014.8.18	北京望京搜候房地产有限公司	悉地(北京)国际建筑设计顾问有限公司	中建一局集团建设发展有限公司、中国建筑第八工程局有限公司、中建三局建设工程股份有限公司	北京双圆工程咨询监理有限公司、北京时创项目管理有限责任公司、北京兴电国际工程管理公司
14	保利中央公园1项工程	大望京村	0.18	362.96	2011.12.14	2014.8.26	北京保利营房地产开发有限公司	筑博设计股份有限公司	广州富利建筑安装工程有限公司	北京津京建设工程监理有限公司
15	保利东郡1项工程	东风乡高井村	0.16	263.21	2010.9.13	2014.9.1	北京保利营房地产开发有限公司	筑博设计股份有限公司	江苏南通二建集团有限公司、广州富利建筑安装工程有限公司	北京旭日明建设工程监理有限公司
16	望京1项配套工程	望京街	0.33	950.72	2012.5.15	2014.9.17	北京鑫隆源房地产开发有限公司	凯里森建筑设计(北京)有限公司	北京市第三建筑工程有限公司	建研凯勃建设工程咨询有限公司

序号	工程名称	工程地址	建筑面积	工程投资	开工日期	竣工日期	建设单位	设计单位	施工单位	监理单位
17	常营大型居住区20项工程	常营乡常营大型居住区三期A-001~005地块	39.15	92405.22	2011.9.8	2014.9.22	北京通瑞万华置业有限公司	中国建筑设计研究院	中建一局集团建设发展有限公司	北京帕克国际工程咨询有限公司
18	管庄新村一期B区1项工程	管庄乡八里桥果家店	0.81	1493	2007.5.10	2014.9.29	北京顺长房地产开发有限公司	北京蓝图工程设计有限公司	北京金通远建筑工程公司	中航工程监理（北京）有限公司
19	民源大厦2项工程	光华路9号	16.76	42457	2009.11.30	2014.10.29	北京野力房地产开发有限公司	中国建筑标准设计研究院有限公司	中建一局集团第五建筑有限公司	北京双圆工程咨询监理有限公司
20	北京燕莎望京购物中心工程	北四环东路9号	7.14	48127	2010.8.30	2014.11.15	北京家乐福商业有限公司	国内贸易工程设计研究院	大连中申建筑安装工程有限公司	中咨工程建设监理公司
21	北京电子城3项工程	酒仙桥北路甲10号院	4.15	9578.61	2012.12.18	2014.12.22	北京电子城有限责任公司	北京市工业设计研究院	河北建设集团有限公司、北京城建建设工程有限公司	北京京龙工程项目管理有限公司、中咨工程建设监理公司

（六）配套用房

单位：万平方米、万元

序号	工程名称	工程地址	建筑面积	工程投资	开工日期	竣工日期	建设单位	设计单位	施工单位	监理单位
1	公交首末站工程	来广营乡清河营村	0.04	87.94	2012.11.4	2013.11.17	北京世纪鸿城置业有限公司	北京建工建筑设计研究院	北京城建七建设工程有限公司	北京东方华太建设监理有限公司
2	酒仙桥2项工程	酒仙桥北路乙7号	1.73	5135.1	2011.5.15	2013.12.10	中国电子科技集团公司第三研究所	北京中瑞电子系统工程设计院	北京城建九建设工程有限公司	北京五环建设监理公司
3	电子城西区8项公建工程	来广营电子城西区B10地块内	13.26	19933.13	2009.5.6	2013.12.16	中国寰球工程公司	中国寰球工程公司	北京百键开发建设有限公司	寰球工程管理（北京）有限公司
4	百子湾家园2项工程	百子湾家园小区	1.39	1991.42	2009.12.1	2013.12.30	北京市朝阳区园林绿化局	北京坦程建筑设计有限公司	金坛建工集团有限公司	北京京盛工程建设监理有限公司
5	配套公建工程	东三环南路22号	0.1	167	2011.3.1	2014.1.22	力行中天投资有限公司	北京建工建筑设计研究院	北京筑邦建设有限责任公司	北京中联环建设工程管理有限公司
6	康静里小学加固工程	东坝乡	0.33	710.94	2013.7.11	2014.2.7	北京首开天成房地产开发有限公司	圣帝国际建筑工程设计有限公司	江苏广宇建设集团有限公司	北京北辰工程建设监理有限公司
7	金茂府2项配套公建工程	广渠路15号	0.37	1091.59	2011.7.13	2014.2.19	中化方兴置业（北京）有限公司	悉地（北京）国际建筑设计顾问有限公司	中国建筑第八工程局有限公司	中咨工程建设监理公司
8	北京工业大学2项工程	平乐园100号	7.96	33618.84	2011.9.30	2014.4.8	北京工业大学	中国建筑设计研究院	中铁建设集团有限公司、河北建设集团有限公司	北京光华建设监理有限公司

序号	工程名称	工程地址	建筑面积	工程投资	开工日期	竣工日期	建设单位	设计单位	施工单位	监理单位
9	平乐园小区地下停车库工程	南磨房乡	1.07	3308	2010.7.1	2014.4.9	北京鸿坤新业房地产开发有限公司	九源建筑设计有限公司	北京市朝阳田华建筑集团公司	北京精正兴工程建设监理有限公司
10	孙河乡公共服务设施工程	孙河乡	1.44	2793.82	2011.5.30	2014.4.11	北京东隆房地产开发有限公司	北京维拓时代建筑设计有限公司	远洋国际建设有限公司	北京赛瑞斯国际工程咨询有限公司
11	东镇欣园1项工程	将台乡驼房营	1.59	4597.42	2010.10.4	2014.4.23	北京将台房地产开发有限公司	山西省第二建筑设计院	永同昌建设集团有限公司	北京旭日明建设工程监理有限公司
12	科研办公楼工程	小关东14号	5.3	28197.02	2010.2.1	2014.5.15	航空工业信息中心	北京市建筑设计研究院有限公司	中国新兴建设开发总公司	中航勘察设计研究院
13	姚家园新村开闭站工程	姚家园东里4号院甲4号楼	0.06	150	2004.8.15	2014.5.30	和记黄埔地产（北京朝阳）有限公司	深圳市陈世民建筑设计事务所有限公司	北京城乡建设设备安装工程有限公司	北京方圆工程监理有限公司
14	太阳宫乡地区医院2项工程	太阳宫乡	1.82	3759.61	2010.5.30	2014.6.3	北京冠城新纪房地产开发有限公司	北京中京惠建筑设计有限责任公司	中建一局集团第五有限公司	北京海建工程建设监理公司
15	陈经纶中学望京分校教学楼工程	南湖东园223号	0.72	2508.04	2012.9.21	2014.6.10	北京市朝阳区教育国有资产管理中心	中国京冶工程技术有限公司	北京金通远建筑工程公司	北京思创建设监理有限责任公司
16	太阳宫新区2项工程	太阳宫乡	2.36	6059.13	2010.11.15	2014.6.12	北京冠城新纪房地产开发有限公司	北京中京惠建筑设计有限责任公司	中建一局集团第五有限公司	北京海建工程建设监理公司、北京华建项目管理有限公司
17	中国民航管理干部学院3项工程	花家地东路3号	4	14066	2010.8.31	2014.6.16	中国民航管理干部学院	北京市建筑设计研究院有限公司	中国建筑第二工程局有限公司	北京颐和工程监理有限责任公司
18	世纪华侨城1项工程	南磨房小武基北路	1.62	3553.7	2009.12.20	2014.6.26	北京世纪华侨城实业有限公司	北京市建筑设计研究院有限公司	中兴建设有限公司	京兴国际工程管理公司
19	科研办公楼工程	东三环北路	2.15	6070	2007.4.16	2014.6.29	北京汇佳科教发展有限公司	北京市建筑设计研究院	江苏江都建设集团有限公司	北京东方华太监理有限公司
20	北京朝阳医院4项工程	白家庄路8号	8.81	3418.33	2005.10.21	2014.6.30	首都医科大学附属北京朝阳医院	中元国际工程设计研究院	中建三局建设工程股份有限公司、北京建谊建筑工程有限公司	中咨工程建设监理公司、北京蔷薇工程监理有限责任公司、北京中外建工程管理有限公司
21	乐成国际学校幼儿园工程	南磨房小武基北路	2.01	7642.48	2013.4.5	2014.7.2	乐成教育管理有限公司	北京市建筑设计研究院有限公司	中建一局集团第五建筑有限公司	北京双圆工程咨询监理有限公司
22	综合实训楼工程	北四环东路99号	3.5	12725.5	2011.9.30	2014.7.16	北京联合大学旅游学院	清华大学设计研究院有限公司	中铁建设集团有限公司	北京京盛工程建设监理有限公司

序号	工程名称	工程地址	建筑面积	工程投资	开工日期	竣工日期	建设单位	设计单位	施工单位	监理单位
23	4项配套公建工程	苇沟301号东区	0.12	1735	2011.8.31	2014.7.18	中国民用航空通信导航设备修造厂	中国民航机场建设集团公司	北京建谊建筑工程有限公司	北京颐和工程监理有限责任公司
24	南辛庄加油站工程	小红门南辛庄	0.01	103.53	2013.10.19	2014.7.31	中国石油化工股份有限公司北京石油分公司	北京东方科旅建筑勘察设计有限公司	河北天雄建筑工程有限公司	北京希达建设监理有限责任公司
25	朝阳新城3项配套公建工程	东坝乡	2.3	4484.13	2011.12.1	2014.8.1	北京金隅嘉业房地产开发有限公司	凯里林建筑设计（北京）有限公司	华北建设集团有限公司	北京新森智业工程咨询有限公司
26	金茂府5项公建工程	广渠路15号	0.02	89.44	2011.4.20	2014.8.13	中化方兴置业（北京）有限公司	悉地（北京）国际建筑设计顾问有限公司	中国建筑第八工程局有限公司	中咨工程建设监理公司
27	北花园小区6项工程	高碑店乡北花园村	1.99	8643.46	2010.11.15	2014.8.21	北京国隆置业有限公司	北京易兰城乡规划工程设计有限公司	北京建工路桥工程建设有限责任公司	北京国建工程监理公司
28	来广营乡2项工程	来广营乡清河营东路6号	0.2	930.22	2009.4.1	2014.8.25	北京第六大洲房地产开发有限公司	华通设计顾问工程有限公司	北京城建亚泰建设工程有限公司	北京菲尔建设监理有限公司
29	立水桥公交站2项工程	中滩村南三路	0.08	280.03	2012.12.10	2014.9.15	北京公共交通控股（集团）有限公司	北京冠亚伟业民用建筑设计有限公司	北京市大兴区城建开发建筑工程二公司	北京光华建设监理有限公司
30	综合科研实验楼工程	祁家豁子	1.86	3264.01	2004.4.10	2014.9.26	中国科学院地质与地球物理研究所	中外建工程设计与顾问有限公司	北京建工集团有限责任公司	北京方正建设监理有限责任公司
31	北京化工大学2项工程	北三环东路15号	0.55	795.57	2013.1.18	2014.10.29	北京化工大学	北京建院约翰马丁国际建筑设计有限公司	中国新兴建设开发总公司	中咨工程建设监理公司
32	平房乡5项公建工程	平房乡平房村	4.06	4000	2008.10.20	2014.10.31	北京平房合兴商贸有限公司	深圳市国际印象建筑设计有限公司	河南省大成建设工程有限公司	北京中外建工程管理有限公司
33	奥运村科技园西区1项工程	甲11号、乙5号、科学园西路	0.04	280.54	2013.7.27	2014.12.5	中国科学院行政管理局	中科院建筑设计研究院有限公司	北京市日盛达建筑企业集团有限公司	北京中景恒基工程管理有限公司

（七）装饰装修工程

单位：万平方米、万元

序号	工程名称	工程地址	建筑面积	工程投资	开工日期	竣工日期	建设单位	设计单位	施工单位	监理单位
1	国家体育馆改造工程	天辰东路9号国家体育馆1~2层	0.2	307.59	2013.3.1	2013.11.6	北京演艺集团有限责任公司	北京龙安华诚建筑设计有限公司	中太建设集团股份有限公司	北京建院金厦工程管理有限公司
2	艾维克酒店装修工程	朝阳区东环南路2号	0.66	2087.1	2012.7.15	2013.11.15	北京瑞赛科技有限公司艾维克酒店	中信室内装修工程公司	北京侨信装饰工程有限公司	中航工程监理（北京）有限公司
3	艺海天成房屋装饰装修工程	新源西里111号	0.11	55	2012.10.17	2013.11.29	艺海天成（北京）投资有限公司	北京艺成园装修设计有限公司	北京艺成园装修设计有限公司	北京和平诚信工程建设监理有限公司

序号	工程名称	工程地址	建筑面积	工程投资	开工日期	竣工日期	建设单位	设计单位	施工单位	监理单位
4	国际珠宝交易中心装修工程	惠新东街2号	1.04	1498.39	2013.3.1	2013.12.9	北京国际珠宝交易中心有限责任公司	中国中建设计集团有限公司	中建八局第二建设有限公司	无监理
5	帝斯曼北京新办公室装修工程	东大桥路北京侨福芳草地大厦C座8层04～08单元	0.16	179.8	2013.8.10	2013.12.27	帝斯曼（中国）有限公司	北京市建筑装饰设计工程有限公司	北京格林贝斯装饰工程有限公司	无监理
6	三里屯1项外墙装修工程	三里屯路19号院S08～10	0.08	176.49	2013.3.28	2014.1.2	北京三里屯南区物业管理有限公司	北京天文弘装饰工程有限公司	北京天文弘装饰工程有限公司	无监理
7	雅宝路外企办公楼装修工程	朝阳门南大街14号	1.01	1153	2010.8.25	2014.1.2	北京外企人力资源服务有限公司	无设计	北京德垦装饰工程有限公司	北京鸿祥工程建设监理有限责任公司
8	朝阳区图书馆（新馆）装修工程	广渠路66号院3号楼	0.8	5001.17	2012.6.1	2014.1.3	北京市朝阳区文化委员会	北京宝鸿建设项目管理有限公司	中国建筑第二工程局有限公司	北京中景恒基工程管理有限公司
9	芍药居东区2项内装修工程	太阳宫二街	2.7	4244.57	2012.9.20	2014.1.7	北京懋源置业有限公司	中艺建筑装饰有限公司	北京东方达美建筑装饰工程有限公司	北京方恒基业工程咨询有限公司
10	苹果电子华贸店装修工程	建国路81号华贸中心1号写字楼	0.24	4501.44	2013.8.1	2014.1.9	苹果电子产品商贸（北京）有限公司	北京保利达工程设计有限责任公司	宝钢工程建设有限公司	北京高屋工程咨询监理有限公司
11	太古里1项外墙装修工程	三里屯南区S11	0.12	160	2013.7.20	2014.1.14	北京三里屯南区物业管理有限公司	四川华西建筑装饰工程有限公司	四川华西建筑装饰工程有限公司	北京新恒元工程监理咨询有限公司
12	中国银行常营支行内装修工程	常营丽景园6号楼1、2层	0.06	118.13	2013.4.30	2014.1.15	中国银行股份有限公司北京首都机场支行	北京中天正通设计有限公司	北京国建建筑装饰工程有限公司	无监理
13	泰康金融大厦1项装饰工程	东三环北路38号院1号楼泰康金融大厦2301–1单元、2301–8单元、2301–17单元	0.13	155	2013.10.31	2014.1.23	雷格斯商务咨询（北京）有限公司	深圳市中建装饰设计工程有限公司	北京驰际建筑工程有限公司	北京中建协工程咨询有限公司
14	海问律师事务所室内装修工程	东三环中路5号财富中心	0.17	187.9	2013.11.18	2014.1.29	北京市海问律师事务所	北京博晟装饰设计工程有限公司	北京一工建筑装饰工程有限公司	无监理
15	鲁迅文学院装修工程	八里庄南里27号	0.48	989.34	2013.3.27	2014.3.17	鲁迅文学院	北京艺豪建筑装饰设计工程有限公司	北京东华绿源建筑装饰工程技术有限公司	北京兴电国际工程管理有限公司
16	仁和立物业管理有限公司工程	红领巾公园南门	0.8	493.4	2014.1.21	2014.3.18	北京市仁和立物业管理有限公司	北京中景昊天工程设计有限公司	北京金丰环球建筑装饰有限公司	无监理
17	完美世界大厦局部装修工程	北苑路86号院306号楼	0.14	183	2013.11.22	2014.3.18	完美世界（北京）影视文化有限公司	北京义盛建筑设计所	北京大龙顺发建筑工程有限公司	无监理

序号	工程名称	工程地址	建筑面积	工程投资	开工日期	竣工日期	建设单位	设计单位	施工单位	监理单位
18	三里屯太古里1项装修工程	三里屯太古里北区11号院NLG–07～08商铺	0.04	58	2013.11.5	2014.3.18	北京三里屯北区物业管理有限公司	北京中建华腾装饰工程有限公司	北京中建华威机电设备安装工程有限公司	无监理
19	工艺艺嘉展示楼装修工程	三间房东路1号	1.76	3021.81	2012.7.1	2014.3.25	北京工艺艺嘉贸易有限责任公司	中铁工程设计院有限公司	深圳海外装饰工程有限公司	北京市驰跃翔工程监理有限责任公司
20	望京东园522号内装修工程	望京东园522号楼	0.16	190.21	2013.4.5	2014.3.27	北京东环望京房地产有限公司	互联盟建筑设计（北京）有限公司	北京怀建集团有限公司	无监理
21	元亨大厦2项装修工程	朝阳门北大街16号	1.7	3894.07	2013.1.11	2014.3.31	北京农村商业银行股份有限公司	北京中建建筑设计院有限公司	北京六建集团有限责任公司	北京京盛工程建设监理有限公司
22	元亨大厦内部装修工程	朝阳门北大街 16 号B4～2层	1.16	1552.34	2012.9.20	2014.3.31	北京农村商业银行股份有限公司	北京中建建筑设计院有限公司	北京爱地鑫装饰艺术有限责任公司	北京京盛工程建设监理有限公司
23	财富金融中心1项装修工程	东三环中路5号财富金融中心第26层	0.26	536.29	2013.12.23	2014.4.8	世服宏图商务服务（北京）有限公司	北京保利达工程设计有限责任公司	北京大信施装饰工程有限公司	北京北辰工程建设监理有限公司
24	马戏表演大厅装修工程	天辰东路9号国家体育馆1层	0.03	788.18	2013.9.1	2014.4.15	盛德资本有限公司	北京中翰国际建筑设计有限公司	厦门中联建设工程有限公司	北京兴电国际工程管理有限公司
25	星展银行北京分行装修工程	东三环中路5号楼	0.4	773.21	2013.12.31	2014.4.28	星展银行（中国）有限公司	北京云棣装饰工程有限公司	上海百然建筑装饰工程有限公司	北京希地环球建设工程顾问有限公司
26	盛德资本有限公司装修工程	东三环中路5号财富金融中心三期2104室	0.03	27.62	2013.12.20	2014.4.30	北京演艺集团有限责任公司	中国亚瑞建筑工程设计有限公司	北京原动力装饰工程有限公司	无监理
27	汇丰银行北京分行装修工程	东三环中路5号	0.77	2113.77	2013.12.15	2014.4.30	汇丰银行（中国）有限公司	北京博晟装饰设计工程有限公司	上海蓝天房屋装饰工程有限公司、上海秋元华林建筑装饰有限公司	北京中协成建设监理有限责任公司
28	麦当劳三里屯店装修工程	三里屯路19号院地下一层SLG20单元	0.03	142	2013.12.30	2014.5.5	北京麦当劳食品有限公司	北京中翰国际建筑设计有限公司	光远装饰（上海）有限公司	无监理
29	润景茗苑A11号楼装修工程	来广营乡清河营村A11号楼	2.59	549.97	2013.9.24	2014.5.9	北京市朝阳区公共租赁住房发展运营中心	北京中天建中工程设计有限责任公司	北京华厦恒建设集团有限公司	北京大正建设监理有限公司
30	华方经典颐养中心室内工程	立水桥8号	0.49	33	2013.10.1	2014.5.13	北京华方经典养老投资股份有限公司	中国京拓建筑装饰有限公司	北京京拓建筑装饰有限公司	无监理
31	远洋国际1项装修工程	东四环中路56号远洋国际A座28层	0.13	156.56	2014.2.20	2014.5.28	亚马逊信息服务（北京）有限公司	北京市建筑装饰设计工程有限公司	北京格林贝斯装饰工程有限公司	无监理

序号	工程名称	工程地址	建筑面积	工程投资	开工日期	竣工日期	建设单位	设计单位	施工单位	监理单位
32	江苏银行北京分行装修工程	光熙家园1号楼	1.05	3749.68	2013.7.24	2014.6.4	江苏银行股份有限公司北京分行	北京中建建筑设计院有限公司	北京爱地鑫装饰艺术有限责任公司	北京方正建设工程管理有限公司
33	三里屯太古里1项装修工程	三里屯路19号院三里屯太古里南区SLG-21a	0.05	155.98	2014.1.21	2014.6.6	北京三里屯南区物业管理有限公司	北京亚瑞建筑装饰工程设计有限公司	北京亚瑞建筑装饰工程设计有限公司	无监理
34	北辰汇园公寓E座装修工程	亚运村街道北辰东路8号	1.62	6864.82	2013.3.1	2014.6.9	北京北辰实业股份有限公司	北京国科天创建筑设计院、苏州金螳螂建筑装饰股份有限公司	北京建工路桥工程建设有限责任公司	北京海鑫工程监理公司
35	广达源仓储中心古玩城工程	华威南路弘善家园108号楼C座	1.87	1699.26	2013.7.29	2014.6.16	北京市广达源仓储中心	华诚博远（北京）建筑规划设计有限公司	北京雅林士博建筑工程有限公司	北京京航联工程建设监理有限责任公司
36	7天连锁酒店装修工程	康家沟145号院北楼	0.15	180	2013.11.25	2014.6.27	北京和弘利达投资咨询有限公司	北京中建装饰设计有限公司	北京中建装饰装潢设计有限公司	无监理
37	盈科中心1项装修工程	工体北路甲2号盈科中心B栋10层	0.08	146	2013.12.25	2014.6.27	柏诚工程技术（北京）有限公司	北京思意特装饰装潢有限公司	北京思意特装饰装潢有限公司	无监理
38	宜家北京四元桥店装修工程	阜通东大街59号	2.84	4405.42	2013.3.21	2014.7.9	北京宜家家居有限公司	悉地国际设计顾问（深圳）有限公司	北京弘高建筑装饰设计工程有限公司	中外天利（北京）工程管理咨询有限公司
39	财富金融中心1项装修工程	东三环中路五号楼财富金融中心27层02～04号单元	0.08	119	2014.4.1	2014.7.10	北京雪湖银杉投资咨询有限公司	北京保利达工程设计有限责任公司	北京筑博装饰工程有限公司	无监理
40	博房网北京分公司装修工程	建国门外大街2号楼银泰中心写字楼2202单元	0.06	126.55	2014.3.21	2014.7.11	博房网订管理咨询（上海）有限公司北京分公司	北京中翰国际建筑设计有限公司	北京云棣装饰工程有限公司	无监理
41	1项加固改造工程	潘家园畜牧厂20号	0.04	131.63	2012.5.28	2014.7.17	北京市房地产科学技术研究所	无设计	北京万兴建筑集团有限公司	北京同发建设工程监理有限公司
42	华贸商业街1项装修工程	建国路89号14号楼L17	0.07	158	2014.2.10	2014.7.18	秉臣科技（北京）有限公司	大连纬图建筑设计工程有限公司	北京天文弘装饰工程有限公司	无监理
43	完美世界大厦1项装修工程	北苑路86号院306号楼18层局部	0.07	168.58	2014.3.2	2014.7.18	完美世界（北京）软件有限公司	北京义盛建筑设计所	北京大龙顺发建筑工程有限公司	无监理
44	米兰站亚太零售有限公司工程	建国路89号华贸商业街6号楼L08单元	0.09	85.8	2013.11.28	2014.7.18	米兰站亚太零售（北京）有限公司	北京忠信博艺建筑装饰有限公司	北京忠信博艺建筑装饰有限公司	无监理
45	三星（中国）办公室内装修工程	东三环中路5号楼财富金融中心	1.83	1125	2014.4.10	2014.7.21	三星（中国）投资有限公司	北京市建筑装饰设计工程有限公司	北京格林贝斯装饰工程有限公司	北京新恒元监理咨询有限公司

序号	工程名称	工程地址	建筑面积	工程投资	开工日期	竣工日期	建设单位	设计单位	施工单位	监理单位
46	财富金融中心1项装修工程	东三环中路5号楼	0.53	1075.37	2013.12.25	2014.7.25	鼎晖股权投资管理（天津）有限公司	北京保利工程设计有限责任公司	北京筑博装饰工程有限公司	北京新恒元工程监理咨询有限公司
47	多喜佳伴纳店铺装修工程	新光天地地上二层M2002商铺	0.04	180	2014.1.1	2014.7.25	多喜佳伴纳服饰商业(上海)有限公司	北京中奥建工程设计有限公司	理程（北京）装饰有限公司	无监理
48	环球金融中心1项装修工程	东三环中路1号环球金融中心办公楼西楼	0.2	195	2014.4.5	2014.7.29	建投投资有限责任公司	北京东方科旅建筑勘察设计有限公司	鸿睿嘉讯（北京）建筑装饰工程有限公司	京兴国际工程管理有限公司
49	北京鼎鼎香餐饮有限公司工程	三里屯太古里南区	0.04	132	2013.12.10	2014.7.30	北京鼎鼎香餐饮有限公司	南通金典装饰工程有限公司	南通金典装饰工程有限公司施工	无监理
50	三里屯HOGAN店铺装修工程	三里屯路11号院4号楼	0.04	100	2012.6.10	2014.8.4	托德斯（上海）商贸有限公司	北京东方科旅建筑勘察设计有限公司	北京城五工程建设有限公司	北京中诚信工程咨询有限公司
51	华贸商业街1项装修工程	建国路89号院华贸商业街11号楼	0.08	180	2013.6.15	2014.8.12	北京金美仕贸易有限公司	中外建工程设计与顾问有限公司	北京璜冠圣达装饰工程有限责任公司	无监理
52	财富金融中心1项装修工程	东三环中路5号楼财富金融中心27层2707～08单元	0.04	58	2014.6.10	2014.8.14	国昌天宇集团有限公司	北京中奥建工程设计有限公司	北京中建科贝装饰工程有限公司	无监理
53	1项装修工程	建国门外大街乙12号双子座大厦东塔24层	0.11	146	2014.2.17	2014.8.14	瑞士再保险股份有限公司北京分公司	穆氏建筑设计（上海）有限公司	穆氏建筑设计（上海）有限公司	无监理
54	财富金融中心1项装修工程	东三环中路5号财富金融中心25层	0.08	58	2014.4.20	2014.8.14	北京华镇股权投资基金管理有限公司	北京清尚河图装饰设计有限公司	北京清尚河图装饰设计有限公司	无监理
55	三里屯太古里南区装修工程	三里屯路19号院	0.13	150	2013.12.9	2014.8.18	海恩斯莫里斯（上海）商业有限公司	北京东方科旅建筑勘察设计有限公司	北京驰际建筑工程有限公司	无监理
56	1项装修工程	劲松路1号	0.19	1094.99	2013.10.16	2014.8.18	中国燕山联合对外贸易有限公司	穆氏建筑设计（上海）有限公司	中国中元国际工程公司	泛华建设集团有限公司
57	三里屯太古里1项装修工程	三里屯路19号南区PIZZA商铺	0.03	195	2014.3.1	2014.8.18	意璞思（北京）餐饮管理有限公司	北京江记建筑装饰工程设计有限公司	北京创汇嘉盛装饰工程有限公司	无监理
58	北京国际中心装修工程	东三环北路38号院4号楼	3.23	2081.4	2012.7.1	2014.9.4	首创朝阳房地产发展有限公司	北京市建筑设计研究院有限公司	北京城建六建设集团有限公司	北京华兴建设监理咨询有限公司
59	安园甲8号楼装修改造工程	安慧北里安园甲8号	0.93	3243.51	2013.11.1	2014.9.9	北京建工置业有限责任公司	深圳深港建筑装饰工程有限公司	城建第五工程局有限公司	无监理
60	亚圣国际投资有限公司装修工程	东三环中路5号	0.17	97	2014.1.6	2014.9.16	亚圣国际投资有限公司	北京中奥建工程设计有限公司	北京新龙建筑装饰有限公司	无监理

序号	工程名称	工程地址	建筑面积	工程投资	开工日期	竣工日期	建设单位	设计单位	施工单位	监理单位
61	山东泰和集团局部内装修工程	东四环中路5号楼财富中心	0.08	1005.07	2014.3.1	2014.9.23	山东泰和集团有限公司	北京华巨建筑设计有限公司	北京格林贝斯装饰工程有限公司	北京新恒元工程监理咨询有限公司
62	北京新光天地1项装修工程	建国路87号新光天地3层	0.02	120	2014.7.25	2014.9.25	蔻驰贸易(上海)有限公司	北京东方科旅建筑勘察设计有限公司	北京港建装饰工程有限公司	北京中外建工程管理有限公司
63	嘉里中心装修工程	光华路1号嘉里中心	2.77	13901.76	2013.5.26	2014.10.16	北京嘉奥房地产开发有限公司	四川山鼎建筑工程设计股份有限公司	浙江银建装饰工程有限公司、新创机电工程有限公司	北京赛瑞斯国际工程咨询有限公司
64	双井第二社区1项工程	百子湾南二路94号	0.25	395	2014.8.4	2014.10.17	乐成老年事业投资有限公司	北京中奥建工程设计有限公司	北京乐庭营造装饰工程设计有限公司	无监理
65	海航实业大厦1项装修工程	建国路108号海航实业大厦13层	0.17	187.68	2014.7.20	2014.10.22	三星（中国）投资有限公司	北京中奥建工程设计有限公司	北京格林贝斯装饰工程有限公司	无监理
66	财富中心1项装修工程	东三环中路5号楼	0.06	59.8	2014.7.5	2014.10.22	三星（中国）投资有限公司	北京中奥建工程设计有限公司	北京格林贝斯装饰工程有限公司	无监理
67	呼家楼商务居住区装修工程	朝阳路139号院4号楼	0.1	95	2013.11.16	2014.10.23	首创朝阳房地产发展有限公司	北京市建筑设计研究院有限公司	北京中建乐孚装饰工程有限责任公司	无监理
68	大成律师事务所装修工程	东大桥路9号楼	1.32	970.59	2014.2.15	2014.10.24	北京大成律师事务所	艾迪尔森(北京)建筑工程有限公司	北京新恒元工程监理咨询有限公司	艾迪尔森(北京)建筑工程有限公司
69	诺斯曼办公楼装修工程	来广营红军营南路甲1号B座	0.1	30	2013.8.5	2014.11.5	诺斯曼能源科技（北京）有限公司	北京炎黄联合国际工程设计有限公司	北京沃德溢成装饰工程有限公司	无监理
70	如新办公室装修工程	东三环中路5号	0.04	199.54	2014.7.9	2014.11.18	如新（中国）日用保健品有限公司	北京建磊国际装饰工程股份有限公司	北京建磊国际装饰工程股份有限公司	无监理
71	华彬中心1项装修工程	建国门外大街永安东里8号	0.05	106	2014.8.22	2014.11.25	北京搜诺思科技有限公司	北京中奥建工程设计有限公司	北京格林贝斯装饰工程有限公司	无监理

（八）市政工程

单位：千米、万元

序号	工程名称	工程地址	施工长度	工程投资	开工日期	竣工日期	建设单位	设计单位	施工单位	监理单位
1	望京中二街管线工程	望京北路经望京中二街至望京东路	0.28	1120.03	2012.11.1	2014.2.17	北京望京搜侯房地产有限公司	北京华电兴成工程设计有限责任公司	北京润安市政工程有限公司	北京帷明力通工程监理有限公司
2	康泉新城南侧5项市政工程	定福庄集团东部	0.7	3823.31	2011.11.15	2014.3.18	北京市土地整理储备中心朝阳分中心	泛华建设集团有限公司	江西中恒建设集团有限公司	北京建工京精大房工程建设监理公司
3	电子城园区电力配套工程	酒仙桥	2.51	9888.91	2012.6.16	2014.4.8	北京电子城有限责任公司	北京三吉利电力工程设计有限责任公司	北京惠通盛电力工程有限责任公司	北京吉盛安电力工程咨询有限公司

序号	工程名称	工程地址	施工长度	工程投资	开工日期	竣工日期	建设单位	设计单位	施工单位	监理单位
4	望京SOHO热力外线工程	望京中环路经望京新干道至望京内环路	0.5	926.15	2013.7.1	2014.5.16	北京望京搜候房地产有限公司	北京特泽热力工程设计有限责任公司	北京泰德市政工程有限公司	北京百事百达工程管理有限公司
5	和平路北延2项工程	和平东路	0.23	254.93	2011.8.1	2014.6.20	北京宝嘉恒基础设施投资有限公司	北京市龙泰工程设计咨询有限公司	北京市市政六建设工程有限公司	无监理
6	商务中心区2号人行天桥工程	朝阳路东三环外200米	0.06	955.16	2013.4.18	2014.6.24	北京商务中心区管理委员会	北京市市政工程设计研究院	中铁十八局集团第五工程有限公司	北京中景恒基工程管理有限公司
7	望京中二街2项市政工程	阜安西路	0.29	240.52	2014.3.10	2014.8.28	北京望京搜候房地产有限公司	北京市龙泰工程设计咨询有限公司	北京易成市政工程有限责任公司	北京双圆工程咨询监理有限公司

北京宝嘉恒基础设施投资有限公司

【概况】 北京宝嘉恒基础设施投资有限公司隶属朝阳区国资委，企业性质为国有一人有限公司，注册资金119966万元。公司作为朝阳区基础设施建设核心企业，主要负责朝阳区主次干路的拆迁建设任务；利用企业道路建设优势和朝阳区加大功能区建设发展趋势，开发并建设道路两侧土地资源。年内，完成广渠路二期五环内辅路6户居民拆迁。完成东坝南二街东西延、高碑店平改立南北延、龙爪树路初步拆迁调查。完成东坝南二街中段北京金隅集团居民私搭乱建房屋拆迁工作。广顺北大街二期取得立项。广顺北大街北延、香江北路、东坝中路、单店南路取得规划手续。全年净利润2057万元，同比增长6.09%；上缴税金844万元。获首都劳动奖状、朝阳区安全生产管理先进单位及麦子店地区人口和计划生育工作先进集体。

地址：小亮马桥东方东路6号

电话：84551546

邮编：100027

网址：http://www.kanzhun.com

（郝　晶）

【续建次干路】 年内，完成三间房东路、辛庄路、和平东路北延、国典三条路、三丰胡同、秀水河胡同、大郊亭二街以及百子湾路一期、霞光里北一街新建路段9条道路建设工程并通车，续建道路全年完成通车里程10.13公里。东高路1–4号标、白鹿司路1、2号标因道路拆迁及杆线改移难度大，需跨年度实施。定福庄西路北段完成树木伐移。幺家店1、2、3、6号标正在办理林地手续。

（郝　晶）

【新建道路】 年内，麦子店西路五里沟一街部分路段完工。马各庄东路，高安屯六、七、八号路完成道路红线范围内地上物拆迁及道路工程施工、监理招标。广顺北大街续建地道桥及雨水泵站完成施工准备工作。完成双桥路、双桥东路一期设计方案调整，启动电力、电信拆改招标。

（郝　晶）

北京昆泰房地产开发集团有限公司

【概况】 北京昆泰房地产开发集团有限公司成立于1992年，是由区国资委监管的国有独资公司。集团现有全资及参股企业10余家，开发项目和所属物业超过20个，资产总额超过100亿元。截至年底，开发建成昆泰国际中心、昆泰大厦、昆泰商城、丰联广场、泛利大厦、联合大厦、昆泰望京项目、三亚昆泰酒店、青城山昆泰山庄、昆泰农业生态园等大型公建项目，拥有昆泰酒店、昆泰嘉华酒店和昆泰嘉禾酒店3家自营高端酒店，以及雅秀服装市场、静安庄综合市场、昆泰科技商厦等专业化市场和商业设施，为横跨房地产开发建设、酒店管理、商业运营管理等领域的综合性企业。

地址：朝外大街10号昆泰大厦

电话：65995801

邮编：100020

网址：http://www.bjkuntaigroup.com

（孙　洋）

【党的群众路线教育实践活动】 2月24日至10月20日，开展党的群众路线教育实践活动。期间，集团领导班子集中学习12天，举办党课报告会1次，组织中层管理人员专题培训4次。领导班子召开交流研讨会和专题民主生活会，查摆问题，制定领导班子整改方案，明确整改任务19项。制定并修订完善作风建设制度24项。各基层党支部召开专题组织生活会，开展批评与自我批评，民主评议党员。各支部分别联系附近社区党组织，开展“双报告、双服务、双评议”工作。

（孙　洋）

【承办会议】 2月28日至3月13日，北京昆泰酒店承接并完成全国政协十二届二次会议接待工作。

（孙　洋）

【工程项目建设】 9月17日，取得大望京2号地项目623地块地上部分建设工程规划许可证。11月26日，取得望京西部城市代征绿地及六公主坟村整体拆迁工程中标通知书。

（孙　洋）

北京华阳经济开发公司

【概况】 北京华阳经济开发公司是区政府投资的国有企业，职能为扶持朝阳区集体经济发展和新技术开发，会同其他省市兄弟公司开展经济联合等。有下属企业2家，分别是华阳安派能源科技（北京）有限公司和北京市朝阳华阳饭店服务公司；有参股企业2家，分别是北京京广中心有限公司、北京华阳房地产发展有限责任公司。
地址：呼家楼京广商务楼718室
电话：65978762
邮编：100020
邮箱：huayang8762@163.com

（杨　静）

【资质复审通过】 2月，北京华阳经济开发公司下属企业华阳安派能源科技（北京）有限公司获《高新技术企业证书》。5月，正式通过ISO9001《质量管理体系认证》、ISO14001《环境管理体系认证》、OHSAS18001《职业健康安全管理体系认证》复审和《AAA级信用等级证书》复审。

（徐　利）

【党的群众路线教育实践活动】 2月至12月，开展党的群众路线教育实践活动。严格落实“学习教育、听取意见”“查摆问题、开展批评”和“整改落实、建章立制”三个环节的各项工作。12月30日完成档案归档。期间，修订、制定制度5项，召开学习交流会3次，谈心谈话12人次，征求意见建议13条，党支部书记讲党课2次，参观党风廉政教育基地1个，观看《杨善洲》《“四风”警示录》等影片、录像10部。与活动之前相比，会议减少60%，文件减少80%，“三公”经费同比减少30%，解决立行立改问题2件、群众关心关注问题2件。

（杨　静）

【项目签订】 3月、4月，华阳安派公司分别与北京第二外国语学院附中和蓝岛大厦签订“北京第二外国语学院附属中学绿色生态建设项目”“蓝岛大厦综合节能改造工程项目”合同，并进入施工阶段。合同总金额约900万元。4月，蓝岛大厦项目通过监理公司竣工审计。11月，完成二外附中工程整体验收，所有账款收回，部分软件开发和调试工作进行中。

（徐　利）

【区领导调研】 8月20日，副区长张维刚到华阳公司下属企业华阳安派能源科技（北京）有限公司调研，并座谈节能示范项目开展、节能新技术应用、节能服务市场化、合同能源管理项目推广等情况。张维刚肯定公司节能示范项目成果，提出下一步节能服务产业发展指导意见。

（徐　利）

【变更法人代表】 8月，北京华阳经济开发公司下属企业北京市朝阳华阳饭店服务公司变更法定代表人。原法定代表人张舒宇变更为刘全友。

（杨　静）

朝阳城市建设综合开发公司

【概况】 北京市朝阳城市建设综合开发公司是区属国有房地产开发企业，内设10个职能部门及5个项目部。年内，资产总额69.3亿元，净资产5.2亿元，完成营业收入5.08亿元，实现利润总额2543万元，同比增长22.1%，上缴税金7600万元。有东坝基础设施开发建设有限公司、北京电控阳光房地产开发有限公司、北京迪阳房地产有限公司、北京绿岛白帆俱乐部有限责任公司、深圳北京酒店等权属或参股公司。年内，东坝驹子房项目部被北京市总工会授予“北京市工人先锋号”称号。
地址：东三环北路辛2号迪阳大厦15层
电话：84536699
传真：84537751
邮编：100027
邮箱：ckxinxi@126.com

（孙　研）

【党的群众路线教育实践活动】 2月至10月，开展党的群众路线教育实践活动。期间，组织领导班子专题学习18次，专项研讨5次，共计104学时。组织党员干部专题学习8次，完成90学时，184人次参加。征集意见和建议22条。明确29项整改任务。公司党总支边学边查边改，活动期间修订制度17项，制定管理规定16项，包括《朝开公司关于贯彻落实“三重一大”集体决策制度实施办法》和《朝开公司党员干部廉洁自律九条》等。

（孙　研）

【工程项目建设】 8月，酒仙桥项目正式开工。项目规划总用地面积41.8万平方米，总建筑控制规模约101万平方米，涉及居民约7000户。年内，完成电控阳光公司资质重新办理及项目立项重新核准批复，取得人防咨询意见书，初步完成项目整体规划。完成项目住宅及一期非住宅入户调查。启动电子球场地块回迁安置房建设，完成相关图纸设计、总包单位招标及样板间建设，并组织实施基坑支护、地基处理、降水等施工准备工作。豆各庄2600平方米消防站代建工程进入设备安装和室内装修环节。完成金盏园区土地一级开发部分建设用地电杆迁移及简易绿化工程，组织实施4号地和7号地交接并完成围墙圈砌任务。驹子房红线外大市政建设完成东坝南三街东段、坝河南路共700米的市政道路铺筑及单店西路上水及中水管线施工任务。

（孙　研）

【安全生产】 年内，组织安全隐患大检查6次，检查单位52家，发现各类安全隐患117处，整改率100%。完成38处有人居住地下人防工程（委托物业公司管理）使用情况摸底。在各项目部及相关单位执行安全生产“日查周报”制度，建立制度化、常态化督促检查落实机制。

（孙　研）

【经营管理】 年内，办理完成1287套房屋入住手续，包括三岔河第四使馆区拆迁对接用房、堡头东里地铁7号线轨道交通拆迁对接用房、东坝绿隔用房和将台乡JK地块土储对接用房。销售面积约8.8万平方米，回笼资金约8.3亿元。

（孙　研）

朝阳区建筑工程公司

【概况】 朝阳区建筑工程公司是朝阳区直属国有建筑企业，注册资金7000万元。公司具有房屋建筑工程施工总承包贰级、房地产开发肆级、装饰贰级、市政叁级资质。经营范围包括房地产开发、工业与民用建筑、机械施工、装修装饰、市政公用、物业管理。年内，企业资产总额5.39亿元，企业净资产-698万元。营业收入3.54亿元，其他业务收入190万元，累计亏损3729.10万元。实现纳税额1130万元，累计管理费用支出2336万元。建筑主业完成工程产值3.76亿元，完成年计划的75%。开复工面积年计划20万平方米，实际完成2.8万平方米，完成年计划的14%，竣工面积12624.85平方米，完成年计划的12%。龙湖花园小区1、2号住宅楼（怀柔区）维修改造工程在APEC会议期间（11月7日至12日）停工，怀柔区政府向朝建公司颁发亚太经合组织第二十二次领导人非正式会议突出贡献集体奖。
地址：金兴路6号楼
电话：64744601
邮编：100102
网址：http://www.bjcj.com.cn

（朱美英）

【职工服务】 元旦和春节期间，慰问207人次，金额6.7万元。3月8日，为60名女工发放慰问金及慰问品，使用金额1.1万元；为244人办理住院保险，使用金额1.4万元；为8名职工办理住院保险赔付，使用金额1.08万元。

（朱美英）

【领导调整】 2月18日，经区国资委党委研究，田洪顺任北京市朝阳区建筑工程公司党委书记、副经理（试用期1年）。

（朱美英）

【党的群众路线教育实践活动】 2月至10月，开展党的群众路线教育实践活动。2月20日，召开党的群众路线教育实践活动启动大会，公司领导班子、中层干部和部分职工代表参会。4月，公司党委组织30余名党员干部参观奥体公园廉政文化教育基地和孔庙国子监教育基地，举办“官德历史、传统文化和廉政教育”三结合学习教育活动一次。8月1日，区人大常委会主任佟克克、区国资委党委书记王文远、区第19督导组组长刘怡玲等参加公司党委专题民主生活会。公司班子成员结合“四风”问题作批评与自我批评。10月30日，召开教育实践活动总结会，党委书记田洪顺做总结报告，公司中层以上党员干部31人参加会议。12月8日，公司党委组织全体党员前往北京市反腐倡廉警示教育基地大兴团河监狱参观。12月10日，公司党委组织中层正职以上干部观看警示片《贪欲的代价——纪海义腐败案警示录》。

（朱美英）

【安全生产标准化认证】 2月28日，朝建公司通过国家安全生产标准化三级认证，成为“安全生产标准化三级企业”（建筑）。

（朱美英）

【五届九次职代会暨2014年工作会】 3月28日，召开五届九次职代会暨2014年工作会。审议通过2013年工作总结及2014年工作计划报告、业务招待费使用情况报告；聘任科职干部38名；公司经理、党委书记分别与基层单位签订安全生产责任书、社会治安综合治理责任书、党风廉政建设责任书等。

（朱美英）

【“三个体系”认证注册资格保持】 7月11日，经北京华夏认证中心有限公司技术委员会审议决定：保持朝建公司质量管理体系、环境管理体系、职业健康安全管理体系认证注册资格。

（朱美英）

【建设工程】 7月18日，分钟寺桥西北侧地区回迁安置房项目三区3#、4#住宅楼开工，建筑面积1.56万平方米，钢混剪力墙结构，工程造价2795元/平方米。

（朱美英）

【企业法人营业执照变更】 9月11日，朝建公司下属北京乾元房地产开发有限公司变更营业执照。法定代表人变更为庄海云，注册资本3000万元，

（朱美英）

【老旧小区节能改造】 年内，参加朝阳区2014年老旧小区节能改造项目投标，中标8个标段，承接59.4万平方米改造工程，合同总金额2.67亿元。

（朱美英）

【安全教育与专项检查】 年内，开展“安全生产月”竞赛。主要内容：面向新入场员工进行三级安全生产教育，1300余人次受训，培训率100%。对所有在施、待施、停工现场，进行定期和不定期安全检查，重点检查节能保温改造工程，发现隐患及时整改，隐患整改率90%以上。

（朱美英）

【经营核算】 年内，与相关建设公司签订建设工程施工合同115份，金额约3.93亿元。编制审核工程预决算36项。编制投标预算、报价及审核结算金额约4.1亿元。

（朱美英）

【业务培训】 年内，完成培训项目12项。培训内容为安全员继续教育、一级建造师继续教育建筑工程（必修课、选修课）、注册造价师继续教育、一级建造师培训、二级建造师培训、新员工入职培训、造价员新定额培训、劳动力管理员培训、安全员上岗培训、质检员培训、试验员培训及工长上岗取证等，125人次参加。

（朱美英）

【法律维权】 年内，经过法院处理各类法律纠纷案件8起，涉案金额2100万元，避免经济损失2000万元。审核各类经济合同25份，书写法律文书50余份。

（朱美英）

【房地产开发】 年内，开发公司企业资产总额9347万元，负债总额1.3亿元，所有者权益-3697万元。

（朱美英）

【物业管理】 年内，物业公司实现房屋租赁收入约190万元，完成年计划的83.5%，迎宾花园物业管理总收入12.5万元，宿舍区房租收入约2.5万元，水电费收支保持平衡。

（朱美英）

田华建筑集团公司

【概况】 田华建筑集团公司是国家一级资质建筑施工企业，履行对朝阳区农口建筑业管理及服务协调职能。年内，完成产值44.5亿元，实现开复工面积485万平方米，同比增长15%，签订施工合同174项，合同金额78亿元，上缴利税1.5亿元。年内，通过AAA资信等级复审和ISO9001国际质量管理体系标准认证、ISO14001国际环境管理体系标准认证以及OHSAS18001职业健康安全管理体系标准认证复审。获北京市“结构长城杯”奖20项，12项工程获“北京绿色安全工地”，5项QC成果获北京市工程建设质量管理小组优秀奖。被中国建筑业管理协会评为2014年全国工程建设优秀施工企业、全国建筑业AAA信用企业，被北京市建筑业联合会评为北京市优秀施工企业和北京市建设行业AAA信用企业。

地址：金台里乙25号楼

电话：85994451

邮编：100026

网址：http://www.bj-thjt.com

（吴　国）

【党的群众路线教育实践活动】 2月至10月，开展党的群众路线教育实践活动。期间，征求对处级领导干部的意见建议7条，对公司领导班子的意见建议24条。公司把整改贯穿于教育实践活动始终，坚持边学边改、边查边改和即知即改，制定整改方案，明确整改任务17项，内容涵盖领导班子在“四风”方面存在的主要问题，以及集团改革发展方面反映强烈的问题。修订完善《员工守则》《会议费管理办法》《固定资产管理制度》和《党员教育学习制度》。

（吴　国）

【劳务管理】 12月8日至16日，完成在施主要工地劳务联检工作。涉及6个分公司22个劳务分包单位，包括结构施工劳务分包队和专业分包单位。检查结果显示：受检单位劳务资料相对完整、齐全，个别分公司存在劳务管理体系不健全，劳务供方选用审核不严格，授权委托书内容不清，签订《劳动合同》农民工人数与实际人数不符等问题。

（吴　国）

【工程质量管理】 年内，开展质量安全测评，管控在施工程。各分公司建立健全质量安全测评平台，并与集团对接。组织质量、安全、工程、技术部门，按季度开展联合检查4次，范围覆盖所有在施工程。检查结果显示：多数分公司和项目部均认真执行安全质量测评要求，按时完成月度测评工作。年内，召开质量专题会议，传达《全国工程质量治理两年行动》和相关文件精神，开展“自查自纠、全面排查和重点检查”，督促项目负责人履职尽责，严管严查，排除隐患；开展创优工作，组织工程观摩，开展QC小组活动，推广先进经验。

（吴　国）

【安全管理】 年内，按照《集团安全管理工作要点》要求，推进“三级安全标准化”，开展“安全生产月”活动，组织应急演练，推广使用远程视频监控系统，提升安全监管智能化。中共十八届四中全会及APEC会议期间，完成重点监控扬尘污染、安全防火和冬季施工工程安全工作。

（吴　国）

【人才队伍建设】 年内，完成各类职称人员“取证、复审、变更、考试”等基础工作上千人次；举办专业技术培训12次。各分公司举办安全规范、施工试验、技术应用、学术报告、取证班等培训讲座5次，980人次参加。

（吴　国）

国　土　资　源

【概况】 北京市国土资源局朝阳分局（简称市国土局朝阳分局）是北京市国土资源局派出机构，负责组织实施朝阳区土地、矿产资源行政管理工作。下属事业单位为北京市土地整理储备中心朝阳分中心，北京市土地整理储备中心商务区分中心，国土资源管理所一、二、三所，北京市朝阳区土地权属登记事务中心和北京市朝阳区土地利用事务中心。年内，受理各类行政许可和服务事项8054件，月均受理量671件。北京市朝阳区土地权属登记事务中心主任刘玖辉被人力资源和社会保障部、国土资源部评为第二次全国土地调查先进工作者。

地址：奥林匹克森林公园北园

电话：88982879

邮编：100107

网址：http://cy.bjgtj.gov.cn

（郭文静）

【土地储备开发】 9月，孙河乡土地储备项目市政工程建设开工，引入了BT模式。年内，完成住宅腾退693户（25.82万平方米）、非住宅腾退218户（91.25万平方米）。完成和平一、二、三村土地一级开发项目拆迁工作。该项目自2004年12月正式开始，拆迁居民5204户。投入32亿元完成转居转工18000余人。偿还到期贷款297亿元，提前偿还2015年到期贷款19.79亿元。全年融资规模280亿元全部落实到位。土地储备商务区分中心正式纳入国土部核发的《土地储备机构名录（2014年版）》。

（郭文静）

【建设项目用地预审】 年内，完成建设项目用地预审100件，涉及用地1656.58公顷。

（郭文静）

【土地划拨审批】 年内，完成土地划拨批复14件，涉及土地119.51公顷。核发划拨决定书12件，涉及土地36.89公顷。朝阳区涉及划拨土地供应14宗，土地面积45.74公顷，其中市国土局供应2宗，土地面积8.85公顷，占年度供应总面积的19%；朝阳国土分局供应12宗，土地面积36.89公顷，占年度供应总面积的81%。年度朝阳区划拨土地用途分类中，公共管理与公共服务用地7宗，土地面积5.74公顷；交通运输用地3宗，土地面积3.41公顷；城镇住宅用地4宗，土地面积36.59公顷。

（郭文静）

【集体土地征收管理】 年内，受理11个项目集体土地征收（农转用）前期工作，申请用地253.35公顷；完成建设项目征地结案20件，用地437.96公顷。

（郭文静）

【耕地保护责任书签订】 年内，签订区、乡级耕地保护责任书14份，乡、村级责任书78份。

（郭文静）

【土地供应】 年内，公开供应一般经营性用地6宗，总供地体量约49公顷；供应保障房项目用地9宗，61.66公顷，完成朝阳区“十二五”期间保障性安居工程用地供应。完成北京市第一宗通过招拍挂方式供地的棚户区改造项目——六公主坟住宅及配套项目棚户区改造使用权出让招标。

（郭文静）

【地籍管理和土地登记】 年内，完成国有建设用地使用权登记、土地抵押登记7095宗。完成42个街乡4970宗地的登记卡梳理。

（郭文静）

【农村土地确权登记颁证】 年内，完成18个乡148个村地籍调查工作。实地调查宗地3286宗，调查率100%。对于符合确权登记发证条件宗地，100%确权登记发证。

（郭文静）

【国土资源执法】 年内，立案查处违法用地案件81件，涉及土地134.01公顷，没收建筑物326691平方米，罚款550.1万元。对违法用地，依法履职到位181宗，依法履职到位率100%；整改查处到位143宗，整改查处到位率79%（列全市第8位）；违法问责比例9.2%（全市第5），通过2014年卫片执法监督检查省级验收。立案查处北京德龙庄园生态农业有限公司违法占地建设高尔夫球场，拆除整改违法占地60余公顷，其中基本农田55.3公顷。整改观唐、西谛桃源、奥园高尔夫球场，责令其退出所占耕地。查处新增占用耕地违法案件2件，占用耕地57.17公顷；占用基本农田案件10件，占用基本农田56.89公顷。查处常营千亩银杏养生休闲中心等重大违法占用耕地和基本农田案。以查处非法开采砂石为重点，建立完善区、乡、村三级监察网络。调查处理非法采砂举报案件3件。规范国土所建设，3个国土所下沉到各自管辖区办公。

（郭文静）

【土地出让批后监督管理】 年内，完成市国土局“出让土地批后监管信息平台”中朝阳区新增15宗地的调查核实工作。开展26宗划拨用地的批后监管工作。巡查345宗次，里程15084公里。

（郭文静）

【地质矿产管理】 年内，完成建设项目用地地质灾害危险性评估备案14件，建设项目压覆重要矿产资源核查5件，现场检查8家在区注册的地勘单位。配合市国土局现场核查报废地热井3家，完成登记注销。

（郭文静）

【保障性安居工程土地计划供应】 2011年至2014年，朝阳区保障性安居工程土地计划供应量总计567公顷，实际供应573公顷，完成率101%。其中公租房计划供应土地97公顷，实际供应101公顷；经济适用住房计划供应土地72公顷，实际供应69公顷；限价房计划供应土地91公顷，实际供应95公顷；定向安置房计划供应土地307公顷，实际供应308公顷。

（郭文静）

房 屋 管 理

【概况】 朝阳区房屋管理局挂北京市朝阳区人民政府住房保障和改革办公室、北京市朝阳区人民政府征收办公室两块牌子，是负责全区房屋行政管理、住房保障和住房制度改革，以及房屋征收与补偿工作的部门管理机构。主要职责：贯彻执行国家及北京市有关房屋管理、住房保障、住房制度改革、房屋征收的法律法规和政策，负责全区房屋登记管理及市场管理，承担全区房地产经纪活动监督管理责任等。房管局内设14个行政科室，下属3个工资规范管理单位、10个全额拨款事业单位、9个差额拨款事业单位、4个自收自支事业单位和1个企业单位。11月1日，正式启用房屋权属登记专用章。全称：北京市住房和城乡建设委员会房屋权属登记专用章（朝阳）1100000157437。年内，完成六公主坟项目和太阳宫项目房屋征收，完成APEC会议沿线环境整治等重点工程；开展保障性住房配租配售；治理群租房并清退普通地下室人口。完成房屋登记177012件，其中初始登记832件、转移登记100299件、抵押登记34029件、抵押注销29236件、其他登记12616件。完成存量房网签4573笔，注销网签信息2640笔，购房资格核验5038笔。完成房屋安全鉴定227项，鉴定面积227万平方米。

地址：三里屯南56号

电话：64186161

邮编：100027

网址：http://fgj.bjchy.gov.cn

（周 盟）

【供暖抢险】 2013年11月7日至2014年3月15日，完成区市政市容委下达的供暖抢险任务5次，出动抢险人员32人次。年内，成立夏季防汛应急抢险队，6月1日至9月15日，抢险队备勤7次，出动紧急抢险2次。

（周 盟 郭 伟）

【房屋登记业务办理模式调整】 3月10日，调整房屋登记业务办理模式。由原来1人完成房屋登记受理、登簿、发证全部流程，改为分组分岗操作（即发号、受理、登簿、制证与发证环节分离）。

（周 盟 马虹旻）

【房屋供暖】 3月15日，完成2013—2014年采暖季供暖工作。采暖季于2013年11月7日点火，2014年3月15日停暖，历时128天。期间，冬供燃气消耗2791万立方米，燃气费7451万元，总耗水量8.88万吨，水费55.13万元，总耗电量1219万度，电费911.51万元，全冬总耗能（水电气）8418万元。各项指标同比上一供暖季有所降低，节省资金近600万元。4月1日至7月31日，开展2014年度夏季供暖设备更新和维修工程。维修、更新项目65个，投资789.12万元，受益面积50万余平方米。

（周 盟 郭 伟）

【房屋征收审核管理】 4月14日，对六公主坟绿化及安置房用地项目做出房屋征收决定；9月15日，对北三环太阳宫桥东北侧环境整治及绿化建设项目做出房屋征收决定；10月30日，对分钟寺桥西北侧地区回迁安置房项目做出房屋征收决定；12月25日，对北京地铁14号线工程做出房屋征收决定。4个项目涉及征收房屋建筑面积184546.57平方米，被征收人1177名，补偿资金约78.2亿元。朝阳区茶家坟房改带危改土地一级开发项目、酒仙桥旧城区改建项目、永安里旧城区改建项目、化石营旧城区改建项目完成确认纳入征收、发布暂停公告等程序。

（周 盟 倪 雯）

【超期使用公建排查】 4月至6月，排查公共建筑2045栋，建筑面积约4179.06万平方米。其中排查出超期使用公建347栋，建筑面积约107.47万平方米。

（周 盟 韩 娜）

【房产证加密】 6月1日，北京市开始推行房产证加密服务工作。房产证加密工作属自愿申请业务，推行首日，区房管局受理业务74笔。

（周 盟 马虹旻）

【城镇房屋防汛】 6月1日至9月15日，出动在岗人员1998人次，雨后检查平房2997间次、楼房1561幢次，发现房屋漏雨76幢，抢修补苫15处，抢修疏通排查3处3间，接到报修电话88个，应急抢险1次。

（周 盟 韩 娜）

【和平村拆迁完成】 6月，完成和平一、二、三村土地一级开发项目拆迁工作。项目自2004年12月正式开始，市土地整理储备中心朝阳分中心负责实施，拆迁居民5204户、企事业单位28家，拆迁总建筑面积约17万平方米。期间，受理拆迁裁决申请1103户，428户被拆迁人与拆迁人达成协议，占总谈话量40%。出具裁决书675份，申请强制执行179户。受理信息公开申请119条，应诉行政诉讼案件235件、行政复议案件140件。

（周 盟 纪 冰）

【物业服务企业等级评定】 7月18日至12月31日，开展2014年度物业服务企业等级评定工作。根据《北京市朝阳区物业服务企业监督管理办法（暂行）》规定，评定A级企业24家、B级企业26家、C级企业239家、D级企业159家。评价全区1379个物业项目，考评296个申报区级示范项目的物业管理项目。选出优秀企业34家、优秀物业管理项目178个、优秀物业管理项目负责人47名。

（周 盟 杨 桅）

【档案库房安全系统改造】 10月31日，档案中心第四档案库远程监控报警系统改造工程竣工。此次安装的远程监控报警系统包括在库房内启用门禁系统，在关键位置安装高清网络摄像机26个。该系统可随时通过互联网观测库房内及库房前后门实时动态影像，同时在非正常进入的情况下进行安全报警。

（周 盟 徐海燕）

【APEC会议物业管理专项检查】 11月7日至13日，APEC会议期间，专项检查全区APEC会场、酒店等周边179个物业管理项目，检查结果全部合格。

（周 盟 杨 桅）

【APEC会议沿途环境整治征收】 11月，APEC会议前夕，完成APEC会议交通沿线——六公主坟绿化及安置房用地项目、北三环太阳宫东北侧环境整治及绿化征收项目。区政府于4月14日发布六公主坟绿化及安置房用地项目征收决定，项目签约期为4月15日至5月14日，征收院落72个，户数87户。北三环太阳宫东北侧环境整治及绿化征收项目于9月15日发布征收决定，项目签约期限为9月15日至10月14日，征收住宅房屋68户。以上2个征收项目被征收人在签约期内均签约。

（周 盟 纪 冰）

【街乡房管工作会】 12月18日至19日，召开2015年度街乡房管工作部署动员暨业务培训会。总结2014年度街乡房管工作，部署《2015年度朝阳区城镇房屋安全检查工作实施方案》，并举办业务培训。培训包括普通地下室综合整治，物业小区成立业主大会及业主委员会职责等内容。

（周　盟　崔素梅）

【政府信息公开】 年内，政府信息主动公开109条，全文电子化率100%。依申请政府信息公开接待680人次，受理并答复604条。内容主要涉及房屋拆迁、征收信息，占总申请量的80%。其他依申请信息公开内容有物业管理、公房管理、行政执法处理、房屋产权登记等。答复区政府信息公开办公室第三方意见17次，均涉及房屋拆迁和征收问题。

（周　盟　徐　辉）

【信访维稳】 年内，接待群众来访1346批次1949人次，其中重访25批次36人次；办理各种渠道信件795件，信访人提出复查申请13件。初信初访处置成功率98.23%，为群众挽回经济损失近200万元。

（周　盟　李肖红）

【房地产经纪机构群租治理】 年内，开展朝阳区房地产经纪机构违规问题清理整治和监督管理。受理经纪机构投诉2654件，约谈告诫195家，移送违法群租房案件312件，公示违规机构147家，记入信用档案35家，取消网签资格37家，注销机构备案30家。摸排违法群租房6822户，全部治理并通过市里验收。

（周　盟　高　博）

【住宅专项维修资金审核】 年内，审核住宅专项维修资金使用项目953件，涉及总建筑面积973.3万平方米，审核金额约1.74亿元，同比增长超过70%，为8.7万户业主解决小区共用设施设备维修问题。

（周　盟　杨　桅）

【物业管理行业监管】 年内，对1300余个物业项目开展收支公示检查，检查结果全部合格；对1099个项目进行物业服务合同备案；完成物业服务企业新增资质审核9家，变更审核55家；开展物业服务区域核查93个；接待并处理信访投诉1495件；对泰华滨河苑小区、百环家园小区、时代国际小区、易购空间小区、欧陆经典小区等238个物业项目开展服务检查，对检查中发现的保安、保洁、维修方面等问题，要求物业服务企业履行合同义务。

（周　盟　杨　桅）

【信报箱更新补建】 年内，完成麦子店地区枣营北里社区17栋楼2062户信报箱更新补建；完成奥运村、亚运村街道4821户信报箱改造摸底。核实完毕3.8万户信报箱。

（周　盟　杨　桅）

【业主大会及业委会管理】 年内，成立业主大会7个、业主委员会7个。截至12月31日，朝阳区有业主大会211个、业主委员会211个。

（周　盟　杨　桅）

【城镇房屋安全检查】 年内，出动查房小组1218个3288名工作人员，对城镇房屋及设备进行安全检查。实查房屋12012.63万平方米，完好房占84.5%，基本完好房占14.3%，一般破损房占1%，严重破损房0.2%，无危险房屋。实查电梯18761部，完好占93.3%，一般占5.5%，较差占1.2%；实查二次供水设备10266台，完好占96.2%，一般占2.8%，较差占1%；实查避雷设备29850个，完好占98%，一般占1.7%，较差占0.3%；检查出城镇房屋严重积水区域319处。现场检查和平衡、三间房等办事处上报的7.82万平方米疑似危房，组织产权单位负责人召开专题会议，要求产权人落实安全责任，保证使用安全，确保房屋安全度汛。

（周　盟　韩　娜）

【普通地下室安全管理】 年内，检查普通地下室2109处，出动4258人次，组织联合执法5次，单独执法720次，立案92件，处罚77起，罚款61.5万元；办理普通地下室登记备案306件；开展普通地下室人口调控工作，清理普通地下室161处，清空房间3082间，清理面积52418.42平方米，清退6391人。

（周　盟　韩　娜）

【老楼危楼排查】 年内，排查老楼危楼2186栋，建筑面积3286.26万平方米。其中，除已列入抗震节能改造计划外，有鉴定报告未解除危险房屋66栋，建筑面积25.73万平方米；无鉴定报告疑似危险房屋54栋，建筑面积17.9万平方米；危改拆迁区域内房屋21栋，建筑面积4.54万平方米；一般问题房屋79栋，建筑面积99.65万平方米。下发房屋危险情况告知函18件。

（周　盟　韩　娜）

【非居住房屋租赁合同备案】 年内，办理非居住房屋租赁合同备案281件。

（周　盟　韩　娜）

【职工住房补贴统计】 年内，完成朝阳区机关事业单位职工住房补贴统计工作。需资金37233.5012万元，涉及职工33021人。

（周　盟　钱　前）

【专项维修资金审核】 年内，已售公房专项维修基金累计审核904万元，涉及33家单位；已售公房提取房改售房款累计审核716.65万元，涉及2家单位。

（周　盟　钱　前）

【房改售房】 年内，核准受理房改单位273家，办理房改售房3530套24.39万平方米。

（周　盟　钱　前）

【房屋修缮】 年内，投入大中修缮房屋资金约299.7万元，完成9幢0.63万平方米楼房防水，21间426.26平方米平房挑修，27幢967平方米楼房补漏，80处厨房、厕所及地下室渗漏维修；投入小修缮房屋资金约848.59万元，完成房屋、设备养护维修95796户次。

（周　盟　李　攀）

【抗震节能综合改造】 年内，完成111幢33.45万平方米直管公房抗震节能综合改造工程和11幢4.57万平方米直管楼房节能改造工程，7000余户居民受益。

（周　盟　李　攀）

【直管公房管理】 年内，直管公房租金收缴率98.53%。10月起，停止公房使用权转让办理业务。配合区市政市容委、区征收部门完成砖厂地区“城中村”改造项目、垂杨柳医院改扩建项目中涉及公房承租人变更及售房工作。

（周　盟　张　烨）

【房屋行政执法】 年内，完成各类房屋行政执法检查3537次，出动10101人次；下发责令改正通知书366份，立案157起，处罚135起，结案68起。执法检查量占同期全市建设、房管检查总量的四分之一以上；责令改正、行政处罚数占全市房管系统总量的70%以上。全年无行政复议、诉讼，在市住建委和区法制办案卷评查中获全优。

（周　盟　顾旭亮）

【房屋测绘】 年内，完成商品房实测项目37个307万平方米；完成商品房预测项目29个212万平方米；完成大产权实测项目21个127万平方米。

（周　盟　郑卫强）

【保障性住房配租配售】 年内，全区取得保障性住房备案资格家庭2945户，组织2批次经济适用住房摇号及配售，累计配售4607户。

（周　盟　宋　宁）

【住房保障课题研究】 年内，与北京市房地产法学会合作，撰写完成《保障性住房使用监督管理相关问题研究》调研报告。课题围绕建立健全保障性住房后期管理体系，结合使用监督管理中查处难、取证难、退出难等问题进行探索和研究。

（周　盟　宋　宁）

公 用 事 业

供 电

【概况】 国网北京市电力公司朝阳供电公司是国网北京市电力公司的直属供电企业，担负朝阳区工农业生产、政府部门、各大商户及居民生活供用电任务，供电区域470.8平方公里。负责辖区110千伏及以下电网建设、调度、运行、10千伏及以下电网检修维护、应急抢修和营销服务工作，担负北京市约占三分之二星级饭店、外交驻华使馆区、奥运中心区、中央商务区、大型商业区、工业、农业、涉外企业及居民生活等电力供应。公司设11个职能部门、3个业务支撑与实施机构，下设33个班组、6个供电营业所、4个农村供电所。年内，售电量156.59亿千瓦时。公司管辖110kV变电站41座，主变124台，容量6015.9MVA；35kV变电站3座，主变7台，容量126.3MVA。10kV开闭站234座，小区配电室1668座，箱式变电站636座，配电变压器4654台。10kV架空线路285路，线路总长度2280.56千米。10kV电缆3579路，总长4569.231千米。年内，获首都文明单位标兵，国家电网公司先进集体，国家电网公司运检、调度专业先进集体，国网北京市电力公司先进单位，国网北京市电力公司安全生产、优质服务先进单位等称号。职工王小宁被授予首都劳动奖章，张志强被评为国网北京市电力公司劳动模范。

地址：关东店24号
电话：63661136
邮编：100020
邮箱：bjcygdbgs@126.com

（欧阳昕倩）

【电网规划】 年内，黑庄户110千伏变电站进入规划选址阶段，同步启动220千伏变电站选址论证；CBD区域500千伏、220千伏和110千伏变电站规划取得突破性进展。推进“网格化”配网规划并获批复。创新开展配电网建设改造“七结合”工作，即结合配网规划与电网隐患整治、现状电网改造、重要用户可靠性提升、老旧小区改造、“临时代永久”小区改造、业扩报装工程等七大类配电网业务，统筹电网规划、运行管理、业扩报装、建设改造等信息，提升配电网建设改造科学性与针对性。“七结合”先期分析的47处结合点纳入公司2014年、2015年配电网建设改造项目。

（欧阳昕倩）

【电网建设】 年内，承接输变电工程前期工作12项、输变电工程建设任务13项，完成小红门110千伏扩建工程、望京至三元110千伏切改工程。完成北京市政府重点工程——小营电动公交充电站工程。完成亮马厂村、石各庄村、北双桥南里、金家坟西里和空军家属院1500户“煤改电”工程。

（欧阳昕倩）

【安全生产】 年内，变电、配电、线缆专业及各供电所查找各类隐患、缺陷1751处，按照计划全面整改。完成输电通道交接与周边安全隐患摸底，推动隐患录入区城市综合管理平台，纳入常态化管控流程。建立与区发改委、区安监局、区园林绿化局等部门联动机制，拆除咸宁侯村5000余平方米违法建筑。采用“消项”机制推进电网隐患整治，组织实施35项技改工程及15路架空线路综合检修，解决部分变电站与开闭站不满足N-1问题。

（欧阳昕倩）

【应急保障】 年内，加强预警与应急工作，建立电网风险预警管理工作机制，实现信息分析、定级、发布、反馈的闭环管理。强化应急实战能力，开展防汛、度夏、度冬演练36次；针对恶劣天气及特殊时段启动预警45次。开展各类安全考试与培训，740人次参加。完成政治保电任务32项，全年保电169天，参与保电67600人次。全年未发生八级及以上安全事件，实现3个百日安全生产长周期。截至12月31日，公司累计安全运行1568天。

（欧阳昕倩）

【政治供电保障】 年内，完成政治保电任务33项，保电天数169天，参与保电67600人次。其中特级保障任务2项、一级保障任务16项、二级保障任务3项、三级保障任务12项。全员参与APEC会议保障工作，连续保障12天275小时，最大投入保障人员1090人、车辆150辆；日均投入保障人员884人，车辆99辆；累计上岗11485人次，车辆1301车次。期间，朝阳电网电力供应充裕，电网运行方式安全可靠，保电设备零缺陷运行，未出现重点设备及线路重载、过载情况，应急抢修队伍和应急物资准备到位，未发生电网故障。特级保障中，全国“两会”（3月1日至15日）保电期间，投入运行保障人员4004人次，应急抢修人员1926人次，保障车辆1246车次，24小时值守并特巡重点变电站、线路等供电设施，实现供电保障“零闪动”目标；APEC会议（3月至11月）供电保障期间，针对保障涉及的17座110千瓦变电站，654座配电站室，270路电缆及架空线路，完成1218项检修工作，开展状态检测5856项，分2轮消除隐患缺陷837项。11月1日至10日重点保障期间，单日最大投入保障人员1090人、车辆150辆；累计上岗11485人次，车辆1301车次；奥运中心区内部及朝阳地区电网运行平稳。

（欧阳昕倩）

【运维检修】 年内，组织实施并完成35项重点工程，缓解黄厂变电站主变重载问题，解决富力城变电站2#变4#变重载、小红门变电站1#变3#变重载和国棉变电站1#变重载问题；解决财满街开闭站、绣菊园开闭站、安翔开闭站、郎家园开闭站、新新家园天创世缘一二路等不满足N-1问题；解决牌坊路、豆各庄路、双龙南路、来北路、勇士营路等线路重载问题，提升何家坟路和豆各庄路重载线路网架结构。开展15路架空线路综合检修，完成麦子店地区2座配电室分装箱变及纸箱厂等4座老旧配电室改造。变电专业，完成23台主变压器、40台110千瓦断路器、176台10千瓦断路器及相关设备检修试验，执行操作任务2068个、执行操作步骤26779步，制定反事故预案36个；执行巡视检查4845站次、红外测温3894站次、发现缺陷331个、处理缺陷319个、开展10千瓦开关柜超声波地电波状态监测96站次，结合隐患排查，查找变电类隐患70项。配电专业，完成各项日常及特殊巡视7980站次，设备测温测负荷2148站次，通过巡视及状态监测发现各类缺陷196处，危急及严重缺陷100%消除；完成43座开闭站86条母线设备检修清扫及585套配电站室保护装置校验，通过停电检修发现设备隐患19处，全部处理；完成2079座配电站室状态监测14572台次，结合隐患排查，发现相关配电室缺陷19项；进行开闭站直流设备专业巡检，排查处理直流缺陷及隐患16件，检修无功设备237台。电缆专业，安排10千瓦电缆OWTS状态监测试验385路，结合隐患排查发现电缆分界室缺陷109项；修理漏气环网柜气箱4组，处理电缆线路及设备一般缺陷65处；建立电力管道台账，排查管道574.6公里。架空专业，结合隐患排查发现并处理架空线路各类缺陷、隐患共计893项；完成涉及土地开发、违章建筑、道路施工等方面线路安全隐患整改109处，清除线路通道内树木659475处，清理鸟窝2957处。输电通道运维，于5月23日完成与检修分公司辖区输电通道交接，接收通道131条，总长385.1165公里。按巡视要求，每周巡视全部输电通道一次，累计巡视总长度10783.262公里，通过巡视发现新增环境隐患37条，均录入输电平台存档，下发安全隐患通知书58张，制止大型机械作业21处，治理环境隐患7处。

（欧阳昕倩）

【配电网建设改造】 年内，安排配电网建设改造项目136项，总投资8.75亿元，全部项目完成设计、施工和监理招标。

（欧阳昕倩）

【营销服务】 年内，新增报装115.55万千伏安，完成送电139.07万千伏安，涉及中央统战部、人民日报社、国家会议中心等重要用户，及市政府重点工程中轨道交通、保障房等项目42个，新增居民用户1.4万户。催缴电费，应收电费余额425.43万元，电费回收率99.99%。加强高压用户内部用电设施管理，开展客户安全等级评定，完成定福庄、黄厂、孙河东3个变电站所带15条线路262户高压客户现场检查工作。完成智能表换装49万具，台区表安装完成5280具。开展客户安全评估、隐患整改、预案编制与应急演练，完成21户重要客户及523户同母线客户隐患排查、实传、大负荷测试等工作。完成150.6万用户、9711个低压台区营配贯通任务，低压客户贯通率、台区采录率及贯通率均100%。

（欧阳昕倩）

【党建与精神文明建设】 年内，推进党的群众路线教育实践活动，本着“五到位”（即政府党政机关要征询到位，重要服务客户要征询到位，重点政治供电保障客户要征询到位，行风监督员要征询到位和社区群众要征询到位）原则，向区政府和群众征求意见建议88项。落实党支部书记“一岗双责”，保证基层党组织建设与重点生产经营任务有效结合。发挥党员先锋模范作用，成立APEC会议供电保障临时党支部、党员服务队临时支队。推进企业文化建设，开展“四个朝阳”（书香朝阳、安康朝阳、竞技朝阳、炫彩朝阳）群众性文化活动。

（欧阳昕倩）

【经营管理】 年内，公司班子成员到基层调研39人次，收集意见建议143项，彻底解决142项，正在落实中1项；完成全部18个单位“请上来”汇报工作。开展“自主命题”式基础提升工作，各部门、各单位围绕38项基础性业务开展“筑基”工作。加强会计基础管理，成为首批国家电网公司评估达标单位。

（欧阳昕倩）

【防汛】 年内，完成梳理防汛重点设施及单位电源基本情况工作。落实以行政领导负责制为主要内容的各项防汛责任制；针对近几年来局地雨量大天气特点，加强辖区51个防汛重点设施、71条防汛重点线路、3个防汛重点开闭站的巡视、检查与应急抢修布控工作；对易发生积水的来广营、北中轴及下凹式立交桥等交通主要干道泵站开展安全用电隐患排查；并为区内各防汛重点设施、单位及防汛重要客户提供安全可靠电力保障。

（欧阳昕倩）

【夏季用电管理】 年内，应对度夏期间大负荷挑战，动态开展10kV方式调整措施19项；运维检修部门开展特别巡视工作，消除设备缺陷、隐患，值守重点变电站，拉网式巡视检查架混线路、配电室等设备；营销部门全面开展用电安全服务。7月28日13时37分，朝阳电网最大负荷321.9万千瓦，较上年最大负荷346.4万千瓦降低约7.07%。

（欧阳昕倩）

【共产党员服务队】 年内，巩固党员服务队“三化”建设成果，深化“六进三送”（六进：进企业、进机关<使馆>、进校园、进农村<工地>、进社区、进医院<公益机构>，三送：送真情服务、送阳光服务、送增值服务）活动与“五心服务进万家”（五心：贴心、专心、安心、耐心、爱心）工程。创新“大手拉小手”系列活动形式，采用开学第一课及暑期夏令营等形式，在地区中小学生中开展电力课堂12次，组织入党积极分子开展“红色摇篮”入队体验活动，到武警部队开展学习与交流；完成国家会议中心传动试验、北京会议中心状态监测以及周边社区安全用电宣传等工作；为联建学校和联建社区开展安全用电宣传活动，将电动汽车开进学校和社区，倡导“低碳生活　绿色出行”，与40个社区挂牌联建，与156户孤残用户确立帮扶关系，为3所儿童福利院（儿童希望之家、新运弱智儿童养育院、天使妈妈儿童福利院）、12所农民工子弟小学（安民小学、同心希望小学等）、3所社会福利院（北京市第一社会福利院、东方博爱社会福利院、来广营乡老年乐园）3类公益客户提供用电服务，全年开展活动513次，1.8万人次受惠。党员服务队被北京市志愿者联合会授予“首都学雷锋志愿服务示范站”称号。

（欧阳昕倩）

邮　政　通　信

【概况】 北京市朝阳区邮电局（简称朝阳区局）于2014年4月1日设立，是北京市邮政公司（简称市公司）直属二级通信企业（其前身为北京市东区邮电局，2014年4月1日，根据北京市邮政公司有关“邮区与行政区相对应”要求，将原东区局调整为朝阳区邮电局、东城区邮电局和商务中心区邮电分局）。承担朝阳区普通邮政业务的经营、服务及网络规划、邮政金融、邮政速递物流代理业务。机关内设综合办公室、人力资源部、财务部、市场部、监督检查与安全保障部。下设商函局、邮票公司、发投分局、电商分销局和代理金融局等5个专业局（公司）。下辖11个邮政支局、93个营业网点（含45个金融网点）、21个投递网点（19个普邮投递部、2个商务投递中心）。全局有邮运机动车131辆，机动车邮路86条，投递电动车道段646条。经营和代办经营主要业务：国内、国际函件（信件、商函、印刷品等），国内、国际包裹，国内、国际特快专递，国内报刊订阅、零售，集邮业务及邮品制作，邮送广告及邮政商函制作和投递，邮件、报刊普遍服务及实物类投递，邮政物流，邮政电子商务，代理保险，邮政储蓄，邮政汇款及代销（基金、债券等）、代收（水、电、燃气费等）、代发（退休金、工资等）。年内，建立朝阳邮政企业文化体系。实施片区支局长负责制。制作中国农发行成立20周年纪念邮册8万册。加大一线职工收入分配倾斜力度，一线职工年收入同比增幅高于管理人员3.26个百分点。完成业务收入4.7亿元，完成市公司预算的103.3%，超序时进度3.3%。安贞邮政支行行长孟键获“全国邮政系统先进个人”称号。被北京市精神文明建设委员会办公室授予“首都文明单位标兵”称号。

地址：金台北街6号
电话：65006003
邮编：100026
邮箱：dq-post@163.com

（管　军）

【全国“两会”服务】 3月，全国“两会”期间，在会议现场设立临时邮局，提供邮品销售，制作个性化明信片及邮政寄递服务。为昆泰大厦、北京会议中心、河南大厦、广西大厦、北京亚洲大酒店等会议驻地提供服务。收寄邮件1.03万件，出售邮品12.97万册（枚）。

（管　军）

【商务中心区邮电分局成立】 4月1日，成立商务中心区邮电分局，为朝阳区局代管分局。邮电分局有3个邮政支局、30个营业网点（含4个金融网点）、3个投递网点，从业人员466人。机关内设综合办公室、市场部、监督检查与安全保障部，有管理人员13人（处级1人）。年内，完成业务收入6376万元，完成市公司预算的106.38%，超序时进度6.38%。

（管　军）

【安贞邮政支行通过验收】 4月22日，安贞邮政支行通过中国邮政集团公司转型验收。

（管　军）

【世界杯明信片推出】 6月13日至7月14日，在巴西世界杯足球赛期间推出世界杯明信片，整体形象为32强足球队服，并设计世界杯纪念邮戳。

（管　军）

【“集邮文化进校园”活动】 9月1日，与甘露园小学联合举办“集邮文化进校园”活动。包括集邮大换购、发放文明礼仪践行手册、做一天邮政工作者等内容。

（管　军）

【经营竞赛】 9月初，组织开展“百日大会战，冲刺四个亿”竞赛。各支局通过公开竞标，拉动经营指标超收1200万元。

（管　军）

【《中国梦——民族振兴》邮票首发式】 9月20日，在奥林匹克森林公园举办《中国梦——民族振兴》特种邮票首发仪式。邀请邮票设计者现场为市民免费签售邮票，并提供现场免费加盖纪念戳服务。

（管　军）

【“最美员工”评选】 10月1日，开展寻找和评选身边“最美员工”活动。评选标准为爱岗敬业、技能突出、业绩领先、乐于助人、奉献企业。经评选，100名员工获“最美员工”称号。

（管　军）

【“最美营业厅”评选】 10月1日，开展“最美营业厅”评选活动。安贞支行等76个营业厅被评为“最美营业厅”。

（管　军）

【俄罗斯邮政代表团访问】 10月30日，俄罗斯邮政改革委员会代表团一行6人到北京访问交流。参观安贞、工体和体育邮局，了解中国邮政发展现状，购买体育邮局文创产品、老北京主题明信片和其他产品，并题词：“感谢首都邮政盛情款待”。

（管　军）

【APEC会议服务】 11月7日至12日，APEC会议期间，承担国家会议中心暨APEC新闻中心邮政服务任务，为19个媒体要员驻地酒店提供投递服务。现场销售各类集邮品3万余件、明信片2万余枚。投递平信177袋、挂刷3件、挂号信292件、包裹46件，投送《人民日报》《北京晚报》700份。启动“从APEC会议现场寄出的祝福”主题营销活动，设计风景纪念戳，并筹备60余种特色产品投放市场。为4000余名中外媒体记者、1000余名安保服务志愿者以及2000余名后勤保障团队人员，提供服务共计2.6万余人次。

（管　军）

【“双11”国内小包投递】 11月11日，“双11”（每年11月11日，又被称为光棍节）期间，启动应急预案，投递各类国内小包60265件，同期增幅188%。

（管　军）

【全国首家体育文化主题邮局成立】 11月28日，中国邮政体育文化主题邮局成立。邮局位于工人体育场北门（北京市朝阳区工体北路3号）。体育邮局与中华环保基金会、国家体育总局、中国体育报业总社、华奥星空、国家老龄委、中国国旅集团公司、市体育局、市总工会、北京歌华集团等国家级、省级单位和团体开展合作，开发项目30余个，并确立十大营销项目。

（管　军）

【体育邮包捐赠活动】 11月28日，启动全民健身公益体育邮包捐赠活动。推出全民健身公益体育邮包、中国足球走向世界“足球专业邮包”、助老爱心包裹、敬老孝心包裹以及体育记忆等十大主题100款邮政传统产品。12月30日，为朝阳区安民学校和平街校区100名来京务工人员子弟赠送全民健身公益体育邮包，内有跳绳、篮球、毽子、排球、足球等体育用品。

（管　军）

【“助力冬奥”明信片发布】 12月27日，在中国邮政体育文化主题邮局发布“助力冬奥　寄出我的中国梦”明信片。

（管　军）

【网点建设】 年内，完成批复局所装修及场地改造项目21项，装修改造面积6920.62平方米。接收统建配套局所3处，其中玲珑山邮政所和万象新天邮政所接收协议洽谈中，太阳宫邮政所签订正式协议。补建空白乡镇网点暨新开业金融牌照网点3处，分别为小营北路、塔营和常营中路。

（管　军）

【服务安全规范落实】 年内，落实投递、营业和金融3个服务安全规范。组织各类检查2126次，各单位自查万余次，形成检查报告书12178份。开展“安全在我身边”主题演讲和“安全责任，重在落实”消防知识竞赛。获市公司“消防安全知识”竞赛第二名。

（管　军）

【营销体系建设】 年内，新增营销项目1520个，成单552个，赢单率36.31%，实现收入5300万余元。组织投递人员开展“走千家访万户”活动。走访商户1.3万户，发现意向客户183个，营销立项50个，投递人员实现收入300万余元。

（管　军）

【党报党刊征订】 年内，面向全区各基层党组织、老党员及长期未参加组织活动的党员征订党报党刊，共征订65201份，平均增幅8%。

（管　军）

【作风改进】 年内，会议数量同比下降68%，发文数量同比下降23%，业务招待费同比下降47%。出台“严明工作纪律改进工作作风八条禁令”。

（管　军）

【邮政服务进社区】 年内，组织员工进驻居民小区、超市、商厦，开展电卡销售、报刊订阅、理财普及、反假币宣传、集邮收藏等活动100余次，近500名员工参加。

（管　军）

【扩大集邮预订渠道】 年内，开通网上预订邮票业务，举办新邮品鉴定会和集邮知识讲座，扩大集邮预订渠道。实现线下预订6000套，线上预订50000套，同比增幅20%。

（管 军）

【“朝阳邮天下”系列邮品推出】 年内，自主研发并推出“朝阳邮天下”系列邮品。邮品集文化韵味与收藏、投资价值于一身，以前3轮生肖邮票为基础，以生肖邮票35年发行史为时间轴，嵌入单枚、四方连（4枚邮票）、小本票（10枚邮票）、小版票（6枚邮票）及大版票（20枚邮票）等生肖邮票。

（管 军）

【朝阳邮政企业文化体系建立】 年内，建立朝阳邮政企业文化体系。主要内容：确定七大发展战略、四大企业精神、四大核心文化和五大团队精神。七大发展战略：经营发展收入递增战略、财务管控内控精细战略、运营安全亮丽优化战略、人才资源人才兴企战略、创新转型项目引领战略、文化建设文化重塑战略、企业建设惠民乐业战略。四大企业精神：勤奋进取、不畏艰难、直面挑战、奋勇争先。四大核心文化：正气文化、执行文化、敢当文化、率先文化。五大团队精神：跑遍千山万水做服务、带领千军万马拓市场、吃尽千辛万苦创事业、说尽千言万语争项目、历尽千难万险谋发展。

（管 军）

【金融业务】 年内，金融业务实现收入1.79亿元，完成计划的103%。余额规模101.43亿元，个金年增4.34亿元，新增保费4.19亿元，理财销售20.8亿元，新增客户总资产12.03亿元，完成计划的110%。余额净增、保费销量、理财保有量和总资产新增均位列市公司第1名。

（管 军）

【业务收入】 年内，函件业务收入1.2亿元，完成计划的105.4%；集邮业务收入7862万元，完成计划的109%；报刊业务收入3753万元，完成计划的100%；电子商务业务收入1155万元，完成计划的104%。

（管 军）

【商务中心区邮政业务】 年内，商务中心区邮电分局完成经营收入4756.8万元，完成预算的111.9%，占总收入的74.6%，同比增长36.66%。

（管 军）

【CBD“4X7”重点开发目标】 年内，商务中心区邮电分局确定“4X7”重点开发目标，即围绕“四大市场”，做好“七大重点业务”开发。四大市场是总部市场、商贸市场、会展市场、文化市场，七大重点业务是国内国际小包、封片卡、数据库商函、定制型邮品、第三方订阅、代发代缴、代理速递物流业务。

（管 军）

【“大单贡献奖”评选】 年内，商务中心区邮电分局开展“大单贡献奖”评选活动。分局所属双井支局的宜信惠民投资管理（北京）有限公司账单邮资封项目、呼家楼支局的恒昌立通投资有限公司邮资封项目均获“大单贡献奖”。

（管 军）

城乡管理

市政管理

【概况】 朝阳区市政市容管理委员会是负责朝阳区城乡环境建设统筹协调、城市综合管理协调和交通基础设施、环卫基础设施、公用事业、市容环境卫生监督管理及统筹协调辖区交通秩序管理的区政府工作部门。业务关系受北京市市政市容管理委员会、首都城市环境建设办公室、北京市交通委、北京市爱国卫生运动委员会监督、指导。加挂朝阳区城乡环境建设委员会办公室、朝阳区交通委、朝阳区爱国卫生运动委员会办公室、朝阳区人民政府供暖办公室和朝阳区国防动员委员会交通战备办公室牌子。内设13个科室。下设6个事业单位，其中纳入工资规范管理事业单位2个（朝阳区市政基础设施协调中心、朝阳区垃圾粪便渣土消纳管理站）、全额拨款事业单位2个（朝阳区出租汽车管理站、朝阳区交通运行协调指挥中心）、差额拨款事业单位1个（朝阳区道路养护中心）、自收自支事业单位1个（朝阳区城市景观发展中心）。年内，完成APEC会议和国庆65周年游园环境保障任务；完成既有违法建设拆除321万平方米的年度任务指标；以农村地区回迁房周边配套道路建设为重点，完成交通排堵保畅第十一阶段任务，中心城路网交通指数控制在6.6以下。制定《朝阳区严厉打击违法用地违法建设考评办法》《朝阳区机动车停车管理暂行规定》和《朝阳区静态交通协管员管理规定（试行）》。区市政热线（67301616）受理案件15049件，办结14047件，办结率93.34%。其中以供暖相关（43.14%）、停车场管理（32.93%）、市政设施（3.73%）、环境卫生（1.70%）等问题为主。受理行政许可申请3128件，审批通过1902件；受理小客车摇号申请5435件；受理咨询63897件。被人力资源社会保障部、交通运输部评为全国交通运输系统先进集体；被首都城市环境建设委员会评为首都城市环境建设样板单位；被北京市人民政府评为首都环境保护先进集体。

地址：松榆东里甲38号

电话：67325578

邮编：100021

邮箱：gw302@163.com

（高英梅）

【广渠路二期四环至五环段通车】 1月1日，广渠路二期（朝阳段）四环至五环段建成通车。广渠路二期（朝阳段）西起东四环、东至通州区界，全长约12公里，规划为城市快速路。项目2009年启动道路拆迁，拆迁面积44.4万平方米，其中企业30.11万平方米、居民14.29万平方米，涉及双井街道、南磨房乡、王四营乡、高碑店乡、三间房乡、豆各庄乡、管庄乡、黑庄户乡等8个街乡。北京市公联公路联络线有限责任公司负责道路建设，北京宝嘉恒基础设施投资有限公司负责拆迁。

（高英梅）

【节前安全检查】 1月23日至29日，会同区交通委开展节前联合安全检查。检查主要内容为燃气安全检查和路侧停车检查。燃气安全检查涉及燃气供应企业12家、500平方米以下餐饮企业和供热锅炉房。路侧停车重点检查朝外街道、建外街道、呼家楼街道、麦子店街道、三里屯街道、潘家园街道、东湖街道、南磨房乡辖区路侧停车场和停车企业。检查路侧停车企业23家、临时占道停车场9个，发放整改通知书16份。

（高英梅）

【机动车停车管理暂行规定施行】 2月26日，《朝阳区机动车停车管理暂行规定》施行。《规定》分7章39条，包括总则、部门职责、停车场设置、停车场管理、停车收费管理、检查考核和附则。《规定》适用全区行政区域内停车场规划、设置、使用、管理和机动车停放管理等。

（高英梅）

【采暖季供暖】 3月15日，2013年至2014年度采暖季供暖服务保障工作结束。采暖季历时121天，涉及全区居民住宅约1.5亿平方米。11月15日，启动2014—2015采暖季供暖。全区锅炉房100%按时正常供暖，供暖居民住宅面积约1.5亿平方米。

（高英梅）

【全国“两会”安全保障】 3月，制定《朝阳区2014年“两会”期间气热应急保障工作方案》。会同燃气集团、供热企业、属地街乡成立联合检查组，检查验收河南大厦、广西大厦、北京会议中心、昆泰酒店燃气供应和供热保障设施设备，并在广西大厦、河南大厦组织燃气应急抢险演练。

（高英梅）

【塌陷事故处置】 4月4日，广渠路与西大望路交叉路口东200米道路北侧主辅路之间发生路面塌陷，形成直径约10米、深10余米的坑。造成路灯、自来水管线断裂。区市政市容委、区道路养护中心对事故现场进行安全防护，市公联公司、轨道建设公司给予协调保障。4月7日上午，塌陷道路修复完毕，恢复通行。6月19日，永安里中街卓明大厦门前道路发生塌陷，深约2.5米、面积约120平方米。经勘查，塌陷事故原因为污水管线泄漏。排水、燃气、电力等管线单位现场抢修。6月29日，管线修复完毕。区道路养护中心出动180人次，使用500吨无机回填料恢复道路，7月1日1时30分回填完毕。9月25日中午，黄杉木店路发生路面塌陷，面积约26平方米，深5米。区道路养护中心会同排水、燃气、电力等管线单位共同处置。15时塌陷得到控制，20时管线修复作业完毕，9月26日10时道路恢复正常通行。

（高英梅）

【缓解王四营桥交通拥堵】 4月14日，区交通委联合市交通研究中心、王四营乡政府，现场研究解决王四营桥交通拥堵问题。采取道路渠化、增加信号灯、增加交通隔离设施等措施，缓解王四营桥周边交通拥堵。

（祖　纲）

【大型立柱广告拆除】 4月30日，集中拆除北四环东路辅路边大型立柱广告3块（四元桥汽配城2块、北四环灯具城1块）。

（高英梅）

【静态交通协管员管理规定施行】 5月12日，《朝阳区静态交通协管员管理规定（试行）》颁布施行。《规定》分5章22条，包括总则、工作职责、人员条件与管理、考核与奖惩办法和附则。《规定》指出：静态交通协管员特指由区交通委统一分配、派驻到街乡、主要协助交通民警维护辖区停车秩序的交通协管员，静态交通协管员不具备行政执法资格。

（高英梅）

【僵尸车清除】 5月14日，区交通委联合朝阳交通支队、东风乡政府，现场联系、移除石佛营路僵尸车3辆。

（祖　纲）

【缓解安贞医院周边停车难问题】 5月22日，区交通委、区园林绿化局原则同意安贞医院建设停车场意见，建议安贞医院协调产权单位解决立体停车楼使用事宜，缓解医院周边停车难问题。

（祖　纲）

【第三届京交会环境保障】 5月28日至6月1日，制定《第三届京交会外围环境保障工作方案》。《方案》规定：加大环卫力量投入，提高环卫作业频次，每日增派20部作业车辆、100余名干路保洁人员加强环境保洁。

（高英梅）

【APEC第三次高官会议环境保障】 8月6日至21日，采取3项措施，做好APEC第三次高官会议环境保障工作。一是停止办理建筑垃圾消纳、准运手续和施工工地所有土石方施工、拆除作业；二是在二环路、三环路、朝外大街、建外大街、东大桥路、工体东路增加保洁作业人数和频次，人工作业时间延至6时至21时，机扫、洗地、降尘、冲刷等机械作业各增至2次；三是保证垃圾和粪便日产日清、无暴露垃圾、清运车辆无夹带垃圾和遗撒。

（高英梅）

【黄楼路通车】 8月，黄楼路建成并通车。该道路为机场南线辅路遗留项目，位于崔各庄乡和孙河乡境内，西起京承高速公路、东接温榆河大道，全长6.7公里，规划等级为城市主干路。道路建设于2013年底启动，建设主体为北京市首都公路发展集团有限公司，拆迁主体为北京宝嘉恒基础设施投资有限公司。

（高英梅）

【京哈铁路沿线环境整治】 8月，解决32个京哈铁路沿线市级挂账环境问题。完成管庄远洋三期代征绿地建设；拆迁腾退东郊市场，市场占地面积20万余平方米。

（高英梅）

【送煤气下乡】 8月，完成煤送气下乡任务。供应2.1万瓶液化气（15kg/瓶），涉及12个乡、81个村、19个社区，16991户农村住户。

（高英梅）

【垃圾楼密闭化改造完工】 8月，完成华威北里垃圾楼密闭化改造工程。改造工程包括：在原有垃圾楼基础上向北扩建1处长5米、宽11米的密闭空间，在西侧和北侧设立开关门，北侧门供垃圾转运车进出，西侧门供保洁车进出，保证垃圾倾倒作业密闭；配套安装等离子除臭及新风循环系统；优化升级垃圾站门前道路。改造后，门前道路宽约10米。

（高英梅）

【应对强降雨天气】 9月1日，采取3项措施应对强降雨天气：区道路养护中心停止全部生产任务；出动巡查人员24人次、巡查车12车次、抢险人员120人次、抢险车15车次、备勤人员80人次、抽水泵15台次、面包车5车次在来广营北路、东高路南延、大鲁店北路、青年路驻守备勤；应急处置，采取抽水作业排除7处险情。

（高英梅）

【望和公园建成】 9月，完成望和公园建设。公园占地面积约38.6公顷，系六公主坟地区拆迁腾退后绿化美化建设而成。拆迁腾退工作于5月18日完毕，历时134天，拆除面积14.8万平方米，腾退面积40公顷，拆除院落72个、住宅87户，以及四元汽配市场、灯具市场、广龙家具市场等非住宅13处，腾退商户1100余家。

（高英梅）

【砖厂胡同拆除完毕】 9月，完成通惠河北路遗留边角地砖厂胡同拆迁拆除工作。拆迁居民260余户，拆除房屋600余间，建筑面积近9000平方米，疏解安置人口500余人。

（高英梅）

【国庆65周年游园环境保障】 10月1日，完成国庆65周年游园环境保障工作。栽摆各类花卉近350万株，地栽花卉近8万平方米；设立立体花坛11处，分布在北辰东、北辰西、金地中心、农展馆、四元桥、外交部、东岳庙；在北辰东路、北辰西路、北土城路、农展南路、朝外大街等13条重点大街和43条示范大街悬挂灯笼1.2万余个；出动街面巡查人员1020人次、车辆38车次、保洁人员550人次，清理各类暴露垃圾、白色污染46吨，公厕保洁32座；配备应急人员600余人、应急车辆（设备）20台（套），处置甜水园路北口东北角井盖溢水、麦子店辖区个别散发小广告行为2起。

（高英梅）

【空气重污染应急预案启动】 10月9日，市启动空气重污染橙色预警，区随之启动空气重污染应急预案。区市政市容委出动环卫保洁人员3624人次，比日常增加358人次；道路清扫车40辆、88车次；道路降尘车40辆、80车次，比日常增加10辆、20车次；道路冲刷车50辆、150车次，比日常增加20辆、60车次；道路清洗车55辆、75车次，比日常增加20辆、40车次；机械化作业使用中水4426吨，喷洒面积770万平方米。

（高英梅）

【供热计量改造任务完成】 10月25日，完成2335万平方米既有节能居住建筑供热计量改造任务，占全市总任务量的30%。该工程被列入2014年市、区政府折子工程，涉及全区36个街乡、160个供暖单位、221个锅炉房、240余个居民小区、1496栋居民楼、8.9万余户居民。工程于6月26日完成招标，7月底进场施工，投入人力1800人次。

（高英梅）

【百子湾东路建成通行】 10月30日，百子湾东路建成并通行。该道路是2014年北京市交通缓堵工程，北起百子湾路、南至百子湾南路，全长约390米，红线宽30米，规划等级为城市支路。

（高英梅）

【重点道路地下空洞普查完成】 10月，完成区重点道路地下空洞普查工作。普查区属重点道路45条，确认存在病害异常74处，区道路养护中心和管线单位负责处置。

（高英梅）

【市级环境达标道路整治】 10月至12月，整治市级环境达标道路5条、区级环境达标道路11条；铺设路面10250平方米、步道8250平方米；清洗粉饰建筑物外立面66900平方米；拆除违规广告152平方米、规范牌匾标识1377平方米；实施绿化49959平方米、摆放花卉450盆；清洗粉饰公共服务设施53个、护栏800延长米；设置自行车停车区域9处，清理堆物堆料260吨，规范施工围挡1400延米。

（高英梅）

【景观照明工程建设】 11月9日，完成北辰东路景观照明工程建设，涉及沿线14栋建筑，总投资约390万元。

（高英梅）

【冬季扫雪铲冰物资储备】 11月，完成冬季扫雪铲冰物资储备工作。备有多功能除雪车52部、洒水车81部、装雪机2部、扫车96部、步道抛雪机200部。

（高英梅）

【辛庄路全线贯通】 12月20日，辛庄路全线贯通并通车。该路南起朝阳路、北至常营南路，全长980米，红线宽30米，规划等级为城市支路。

（高英梅）

【完善朝阳北路交通设施】 12月25日，区交通委联合朝阳交通支队、八里庄街道，调整朝阳北路红绿灯位置、打通罗马嘉园路，缓解大悦城周边交通拥堵。

（陈　放）

【打通星火西路】 12月30日，区交通委联合东风地区办事处完善星火西路道路标志、标线，星火西路泰华滨湖苑由单车道通行改为双向车道。

（陈　放）

【燃气综合执法检查】 12月30日，会同区安监局、区质监局、公安朝阳消防支队、区城管执法监察局成立联合检查组，对燃气供应企业、燃气锅炉房安全运营情况开展综合执法检查。检查燃气供应企业6家、燃气锅炉房3个；发现安全隐患3个（2家燃气企业安全教育未落实，1个锅炉房未组织应急演练）；下达执法文书3份，执法部门现场责令隐患单位整改。

（高英梅）

【交通运行指数】 年内，全区路网平均交通指数5.15，其中工作日高峰时段平均交通指数6.04，比上年增长0.36%；10月11日晚高峰为全年最堵晚高峰，平均交通指数9.39；12月工作日严重拥堵日最集中，出现17次，占全年严重拥堵日19%。轨道交通全年进出站总量约9.8亿人次，7月至8月进出站总数最高，占全年18%。首都机场全年进出港人数7685万人次，1月进出港人数最高，约860万人次，占全年的11%。

（高英梅）

【APEC会议环境保障】 年内，开展APEC会议环境保障工作。完成APEC会议沿线132万平方米拆迁腾退任务，涉及六公主坟、北三环太阳宫桥东北侧、北湖渠村等7片区域；粉饰三、四环沿线建筑物外立面240万平方米，改造老旧小区楼房24栋；拆除、规范牌匾标识和户外广告3.2万平方米、2743块，清理堆物堆料2.1万立方米，取缔奥林匹克森林公园中心区违法经营形态；绿化美化92.6万平方米，平原造林105万平方米，整修沟渠3.7万平方米；新建围墙1.9万平方米，硬化铺装路面6.7万平方米，整治邮政报刊亭、公共候车设施、公共电话亭等公共服务设施2000处，在奥林匹克森林公园周边4条道路262个灯杆安装道旗524面。11月3日至12日APEC峰会期间，出动执法、管控、作业人员55万余人次，清理小广告19.5万余张、清运垃圾4.23万吨；检查“门前三包”单位6419家，取缔违法经营形态256起；日均检查机动车200辆；巡查工地1178项次，390个建筑项目全部停工；处置北辰西路中间隔离带护网破损、北辰西路便道喷涂等9次突发事件。

（高英梅）

【环境整治重点任务完成】 年内，完成四惠公交枢纽周边、新开通地铁13个出站口周边环境整治和商务中心区、大屯亚奥区域、京哈线、京包线建设工程。完成30条街巷胡同、10个优美小区、10条优美大街、8所校园周边、56个老旧小区准物业环境改造项目和CBD西南区域、东湖北小河区域、朝外街道、孙河京密路以东环境提升工程。整治市级挂账乱点5000个、渣土无序堆放点180处。

（高英梅）

【违法建设拆除】 年内，拆除违法建设925处、355.2万平方米。其中街道地区319处13万平方米、农村地区606处342.2万平方米。

（高英梅）

【道路微循环系统建设完成】 年内，完成红军营西路、清河营南一街等17处道路微循环建设和朝外市场街、辛店路等16处疏堵渠化项目建设。完成黄木厂路、东柏街、百子湾路西段3处慢行系统改造项目。

（高英梅）

【道路养护】 年内，投资1.4亿元，完成养护维修区管道路170条48.1万平方米。

（高英梅）

【实施路平工程】 年内，区交通委对老旧社区无主路实施路平工程，维护道路面积4.8万平方米、步道面积1.7万平方米。

（张斌源）

【环卫基础设施建设】 年内，区生活垃圾综合处理厂焚烧中心项目完成17%工程量；完成将台大环生活垃圾中转站升级改造土建工程；治理非正规垃圾填埋场9处，改造旱厕52座，565辆环卫电动车投入运行。

（高英梅）

【垃圾分类管理】 年内，对735个垃圾分类小区实行分级动态管理。新创建20个垃圾分类达标小区，覆盖率70%。配发户用垃圾桶10288套、公用垃圾桶128组、电动三轮车17辆。

（高英梅）

【餐厨垃圾规范收运】 年内，在劲松等8个街道试点餐厨垃圾和废弃油脂规范收运，餐厨垃圾日处理量150余吨。

（高英梅）

【公用设施应急突发事件处置】 年内，处置城市公用设施应急突发事件203起。其中道路突发事件76起、杆线突发事件107起、供暖突发事件8起、燃气突发事件12起。

（高英梅）

【老旧供热管网改造】 年内，初步审核2014—2015年老旧供热管网改造申报项目。认定供热单位19家、符合改造条件锅炉房32座，涉及供热面积680.98万平方米、小区56个、居民72052户，改造管道长度约263012米。

（高英梅）

【停车管理】 年内，新增居住区停车位3057个、地下停车位7529个。在亚运村、潘家园、劲松新街道建立体停车设施3处。落实错时停车位1023个。在左家庄静安里、将台芳园里等8个社区试点居民停车自治管理。创建潘家园路、东大桥路、工体东路等8条停车示范路段。

（高英梅）

【停车秩序专项整治】 年内，开展综合执法6次，集中整治停车秩序104处、路侧停车收费挂账乱点40处。出动执法人员332人次、执法车辆31辆次，张贴违法停车处罚单607张，清理非法路侧停车场13个，规范路侧停车黑收费行为3处，查扣三轮车黑摩的17辆，收缴虚假票据12本。

（高英梅）

【团结湖交通管理示范区建设】 年内，完成团结湖交通管理示范区建设工作，团结湖区域机动车时速提升近10%。该区域西起东三环、东至水碓子东路、南起朝阳北路、北至农展馆南路，面积约1.23平方公里，干道系统与微循环系统实际比例1:0.69。完成示范区建设主要工作为：完善道路设施。在团结湖路、姚家园路现状步道行道树外侧，各增设一条约2米宽的自行车道，并增加约400个路侧临时占道停车位；优化交通组织。在小区周边、公交车站和人流密集区域增设11处步行标识诱导牌；调整区域内妇产医院交通组织方式，在医院大门西侧施划出租车临时停车位；根据不同区域特点，施行单停单行、单停双行、双向通车、分时通行等交通管制措施；弥补公交空白。调增区域公交内部接驳线路，弥补水碓子东路南段公交覆盖盲区；加强停车管理。重新施划车位1100个，在15个社区主要出入口安装电动挡车器，在团结湖路、姚家园路、农展南路开辟夜间免费停车场；规范停车秩序，主要道路违法停车控制在10辆/5公里以下。倡导绿色交通。在水碓子东路南段加装机非隔离护栏，在违章停车集中区域增设违章停车自动抓拍系统，增加6处自行车停车设施和4处公共自行车租赁点，在水碓子东路等主要道路路口增设步道桩。

（高英梅）

【公租自行车运营管理】 年内，区公租自行车运营单位在惠新西街、安贞门地铁站周边设置临时流动办卡点，累计办理“一卡通”51390张。全区173个点位5000辆公共自行车租赁系统运营正常，全年租还车总量975.3万次，7月至10月租还车量占全年42.8%。维护车辆21633辆次，调度车辆314799辆次。接听市民来电咨询276212次。

（高英梅）

【公交线路调整优化】 年内，新增微型公交18条，新开、增开专5、专36、专122等公交线路23条（含夜间公交16条）。调整优化57路、640路、491路等公交线路22条。开通三间房、大北窑桥等地区商务定制班车21条。

（朱星岩 郜长民）

【交运监测调度分中心建设】 年内，区交通运行监测调度分中心（TOCC）完成交通综合监测、停车信息管理、公共自行车运营监管、交通基础设施管理、交通应急指挥等8个子系统建设。

（朱星岩 张 凯）

【防汛】 年内，防汛备勤75次，出动抢险人员495人次、抢险车81车次、巡查车125车次、水泵65台次。6月1日至9月15日汛期期间，改造酒仙桥北路等积水点3处、维护区属桥梁14座、突击抢险11次。

（高英梅）

节 水

【概况】 朝阳区节约用水办公室（设在区水务局供水科）负责全区节约用水工作。另设朝阳区节约用水管理中心，为局属全民所有制事业单位。年内，相继举办节水大讲堂及节水宣传周活动，倡议“关小水龙头、减小水压力”，宣传节水用水。开展市级“节水双创建”及区级节水型单位创建活动，建设集雨樽100处。

地址：团结湖北路1号

电话：85978122

邮编：100026

网址：http://water.bjchy.gov.cn

（刘 洋）

【节水大讲堂】 4月21日、23日，区节约用水管理中心联合区教委举办“节水大讲堂”活动。相关专家作节水专题讲座及专业指导，表彰2013年度教育系统节水先进单位和个人。全区教育系统500余人参加活动。

（刘 洋）

【年度节水工作会】 4月23日，召开2014年度区节水工作会。全区29个街乡节水员、管水员及节水中心工作人员50余人参加会议。总结2013年节水工作，部署2014年节水工作。

（刘 洋）

【节水宣传周】 5月11日至17日，开展以“全面推进城市节水，点滴铸就生态文明”为主题的第23个“全国城市节约用水宣传周”宣传活动。期间，利用区政府门户网站、团区委网站和微博等宣传媒介，提出“关小水龙头、减小水压力”倡议。5月12日，区水务局在朝阳公园南门广场举办节水宣传。发放宣传材料8万余份、宣传纪念品2万余个，在酒仙桥、小关等街道安装节水宣传栏20处，在东湖街道办事处、太阳宫西坝河北路社区等地区开展节水宣讲，受众1万余人。

（刘 洋）

【水资源高效利用工程完工】 7月，都市农汇园区水资源高效利用工程（一期）全部完工并投入运行。该工程于4月开工建设，5月底主体工程完工，主要建设内容：雨水综合池1座（容积450立方米），配套雨水收集管沟1060米，水处理一体化设施1座（日处理微污染水150立方米）。

（刘 洋）

【集雨樽建设】 10月，在大屯、安贞等6个街道11个社区建设集雨樽100处，总容积125立方米。

（刘 洋）

【市级“节水双创建”验收】 12月10日，召开2014年度市级“节水双创建”工作第一小组验收会。朝阳区市级“节水双创建”单位、小区全部通过验收（市级节水型单位：北京中石化小营大厦、北京市标准件工业集团公司永安里物业站、北京国泰饭店有限公司、北京艾维克大厦、金瓯大厦、乐城大厦、丽都公园、北京金色慧谷物业管理有限公司、北京双业科兴物业管理中心、北京齐鲁人家餐饮有限公司；市级节水型小区：夏家园社区、安逸社区、安慧里第二社区、欢乐谷社区、安华里社区、永安里社区、建外建国里社区、光华里社区、利泽西园社区、梵古水郡社区、惠新苑社区）。

（刘 洋）

【区级节水型单位创建】 年内，完成呼家楼中心小学、垂杨柳中学等60个区级节水型单位创建任务。

（刘 洋）

【水资源与节水专项执法检查】 年内，开展水资源与节水专项执法检查。检（调）查现场制售饮水机、洗车、洗浴、高尔夫球场等特殊行业用水单位1869户次，立案处罚45起，同比增长45%。11月至12月，对现场制售水机、洗车、洗浴行业开展4次大规模联合执法行动，责令14家单位限期整改，立案处罚6家。

（刘 洋）

【节水器具换装完成】 年内，完成大屯街道慧忠北里等社区5120户居民家庭节水器具换装和建外街道光华里等社区3100个花洒、5100个节水喷嘴换装改造。安贞街道安华西里、朝外街道天福园等9个社区安装（改造）节水器具近1.09万套（件）。

（刘 洋）

防　　汛

【概况】 朝阳区人民政府防汛抗旱指挥部办公室为区防汛应急指挥部常设办事机构，设在区水务局防汛科，承担区防汛应急指挥部具体工作。负责组织、协调、指导、检查全区防汛突发事件应对；负责组织落实区防汛应急指挥部决定，协调和指导成员单位应对防汛突发事件相关工作；负责全区防汛突发事件风险评估控制、隐患排查整改；负责发布朝阳区预警响应信息；配合有关部门承担区防汛应急指挥部新闻发布；指导街乡及相关部门修订防汛应急预案；负责组织全区防汛突发事件宣传教育、培训和演练；负责全区防汛应急指挥部应急指挥技术系统建设与管理；承担本指挥部值守应急及区防汛应急指挥部日常工作。年内，全区累计平均降雨448.7毫米，比上年同期少一成。其中6月1日至9月15日，平均降雨量328.9毫米，比上年同期少两成。汛期降雨呈现以下特点：从时段分布来看，两边多、中间少。6月1日至7月20日平均降雨158.4毫米，接近汛期平均雨量一半；8月11日至9月15日平均降雨118.2毫米，为汛期平均降雨三分之一多；主汛期雨量偏少。从空间分布上来说，中南部多、北部少。汛期降雨前3位分别为高碑店（425.5毫米）、黑庄户（416毫米）、朝外（396.5毫米），后三位分别为羊坊（231毫米）、来广营（234.5毫米）、东湖（266.5毫米）。局地强降雨多。6月15日18时至23时，全区平均降水量14.4毫米，最大东坝46.5毫米，其中18时至19时，高碑店降雨43.5毫米；6月17日2时40分至7时，全区平均降水量39.5毫米，最大东南郊78.5毫米，其中3时至4时，东南郊、黑庄户均为46毫米；9月1日11时至9月2日8时，全区平均56.3毫米，最大孙河102毫米，其中19时至20时，孙河60.5毫米。年内，贯彻落实区委、区政府“消隐、预案、演练、应急”工作要求，开展汛前防汛检查，消除防汛隐患；开展防汛演习、防汛宣传及防汛培训等。获国家大禹水利科学技术奖。

地址：团结湖北路1号

电话：85975066

邮编：100026

网址：http://water.bjchy.gov.cn

（刘　洋）

【汛前准备部署会】 4月17日，召开汛前准备部署会。布置全区防汛安全大检查；部署预案编制、信息报送等工作。区防汛办副主任、区水务局副局长彭庆彬主持会议，区农委、区社会办、区市政市容委、区住建委、区教委、区房管局、区民防局、区园林绿化局、朝阳交通支队、朝阳供电公司等10个成员单位防汛主管领导参加会议。

（刘　洋）

【汛前防汛检查】 4月24日至25日、28日至29日，区防汛办、区农委、区社会办检查区43个街乡防汛准备工作。发现防汛隐患44处，全部按期整改。

（刘　洋）

【防汛抗旱工作会】 5月30日，召开区2014年防汛抗旱工作会。区委常委、副区长陈涛主持会议，防汛抗旱指挥部领导成员及全区43个街乡、区防汛抗旱指挥部成员单位主要领导参加会议。区水务局局长、区防汛办主任宗永军部署防汛工作。区长吴桂英讲话，提出“消隐、预案、演练、应急”工作主线，要求全区各级防汛部门履职尽责，从最不利的情况出发，做最充分的准备，做细做实防大汛、抗大洪各项准备工作，全力确保安全度汛。

（刘　洋）

【驻区部队防汛工作会】 6月10日，召开驻区部队防汛工作会。观看防汛警示片；介绍本年天气趋势；部署驻区部队防汛工作。区委常委、区防汛抗旱指挥部副指挥、武装部部长贾彦翎，区防汛办、区气象局、区水务局相关负责人及武警北京总队8支驻区部队代表参加会议。

（刘　洋）

【雨情处置】 6月17日2时40分前后，全区出现雷雨天气，王四营乡、工体、十八里店乡、三间房乡、八里庄街道等局地暴雨，至5时30分降雨基本结束。截至7时，全区平均降水量42.2毫米，最大降水量92毫米，出现在王四营地区。京通快速远通桥东向西方向辅路、姚家园路北京妇产医院门前，大郊亭桥桥区附近积水严重，均及时处理，全区未发生灾情、险情。9月1日20时至9月2日7时30分，全区普降大到暴雨，局地大暴雨，最大雨量点郎各庄85.2毫米，最小雨量点红领巾桥22.3毫米，全区平均雨量57毫米。接报道路积水2处，分别为三间房乡金家村铁路涵洞和东辛店铁路涵洞，均及时排除；另接报居民房屋漏水和平房院进水各1起，均及时解决。

（刘　洋）

【防汛动员】 年内，开展防汛演习61次，参加人员1.8万人；开展防汛宣传64次，参加人数2.6万人次；开展防汛培训53次，6200人参加培训。

（刘　洋）

【防汛工程建设】 年内，完成年度防汛工程18项。10月22日开工建设，12月底完工。工程分别位于崔各庄、金盏、十八里店、孙河、东坝、平房、管庄、黑庄户等8个乡，工程包括新建管道959米、方涵129米，道路拆除恢复3984平方米，河道清淤15.38公里，河道护砌3259延长米，方涵管涵清淤1050延长米，拆改建过路涵16座，新建跌水1座，U型槽581米，护网776米，泵站2座，闸门4座，防护墙330米，拆除过路涵、闸各1座。

（刘　洋）

【防汛应急工程建设】 年内，完成年度防汛应急工程11项。分别为：横街子沟鸿博家园段治理工程、团结湖中路积水治理工程、高碑店兴隆家园雨污水管线工程、豆各庄绿丰北路积水治理工程、温榆河支沟闸板及河道修复工程、高碑店北花园铁路涵洞泵站改造工程、坝河机场路下游水毁修复工程、青年路沟管庄医院北侧河道临时加固工程、小红门乡龙爪树村地铁成寿寺站北口积水治理工程、常营东路积水治理工程、郎辛庄路积水治理工程。

（刘　洋）

防　火

【概况】 朝阳区公安消防支队隶属于北京市公安消防总队，为现役部队副师职编制。支队机关设司令部、政治处、后勤处和防火监督处；有师级军官2人、团级军官33人。下辖红庙、酒仙桥、垡头、左家庄、亚运村、百子湾、楼梓庄、建国门、四惠、华威、搜救犬、奥运村、奥林匹克公园、望京、朝阳门、十八里店、光华路、黄港、青年路、呼家楼、望京东21个消防中队。年内，接警出动9142队次，其中火警5169队次，出动消防车13247车次，90865人次；抢险救援3973队次，出动消防车3886车次，27093人次。完成全国“两会”、国庆65周年、中共十八届四中全会、APEC会议等重大保卫以及各种节日、大型活动场所的消防安全保卫任务。全年执行勤务1214次、出动2708车次、18539人次。25个基层党（团）组织获市局和总队表彰。1个集体、1名个人获市公安局先进基层党组织和优秀共产党员称号，2个集体、9人获市公安消防总队先进基层党组织和优秀共产党员称号。

地址：北豆各庄甲1号

电话：58581516

邮编：100023

（陈　力）

【火灾扑救】 1月11日21时25分，人民大学附中朝阳国际分校（位于太阳宫乡）在建工地发生火灾，总队119指挥中心调集11个中队、47部消防车、229名官兵到场扑救，调集总队及朝阳支队全勤指挥部到场指挥。12日0时10分，大火彻底扑灭，保住起火建筑南侧、西侧2.54万平方米施工建筑。火灾过火面积1500平方米，未造成人员伤亡。

（陈　力）

【爆炸事故处置】 8月29日5时42分，左家庄北里12号楼1单元1层发生爆炸事故，该单元2层楼板坍塌，一层3家住户被坍塌坠落物大面积掩埋。总队119指挥中心接到报警后，调集总队、朝阳支队全勤指挥部，左家庄中队、亚运村中队、搜救犬中队、地坛中队共13部消防车、86名消防官兵赶赴现场处置。救出9名伤员，疏散被困群众30余人。

（陈　力）

【火灾事故处置】 8月25日6时49分，黑庄户乡双树南村库房280号发生火灾。总队119指挥中心调集百子湾中队、十八里店、垡头、梨园、狼垡、亦庄6个消防中队和战勤保障大队33部消防车、200余名官兵到场扑救；调集总队、朝阳支队两级全勤指挥部到场指挥。8时，火势得到基本控制，8时37分，扑灭大火。火灾过火面积约500平方米，无人员伤亡。确保北侧物资库房以及东侧和南侧5米外宅急送物流仓库安全。

（陈　力）

【专项安保】 10月至11月，完成国庆65周年、中共十八届四中全会、APEC会议专项安保工作。4月初启动专项安保，支队成立专项消防安保指挥部，组建并完善“一室七组两团队”（一室：消防安保办公室；七部：社会面防控分指挥部、重点保卫分指挥部、消防宣传分指挥部、应急处突分指挥部、队伍保障分指挥部、后勤保障分指挥部、警务合作分指挥部；两团队：国家游泳中心团队、国家会议中心团队）指挥体系，与市局同步启动每日会商机制，下达战时动员令，启动一级加强超常规防控等级。期间，调派59名防灭火干部24小时值守检查30余个会场及住地；24小时巡查会议区、舞台区、媒体区等22个重点区域；24小时看护幕布、纱幔、灯具、厨房操作间、配电柜等重点部位；每日3次湿化国家会议中心和国家游泳中心核心区164个垃圾桶及草地、树木。集中整治行车线路周边、沿线立交桥下、加油加气站，拆除违建、摊位200余个。建立地面、公交“车上车下一体化”勤务机制，出动执勤警力550名，对涉会19条公交线路开展上车执勤。在国家会议中心、国家游泳中心、烟火灯光控制区、30处住地和行车路线等重点涉会场所，开展专项“六熟悉”（即熟悉基本情况；熟悉辖区消防水源、道路情况；熟悉辖区消防重点单位分类、数量及分布情况；熟悉辖区化学危险品贮存分布情况、理化性质、处置对策；熟悉辖区消防力量分布情况；熟悉辖区联动单位电话）调研800余次，灭火巡查1200余次，建立基础档案35份，绘制执勤警力部署图123份，明确重点防控区域、部位123处；开展风险评估，制定“1.3.5.10”（1分钟为单位内部巡视力量处置、3分钟为单位内部驻守的消防执勤车辆处置、5分钟为单位属地消防中队到场处置、10分钟为增援的消防中队及支队全勤指挥部到场实施处置）灭火救援应急预案50余份，落实重点执勤点586个；按照每周至少3次，在国家会议中心、国家游泳中心及周边开展“一分钟”灭火、疏散、夜间拉动、突发事件处置、焰火燃放演练600余次；在国家游泳中心及包括所有住地在内的社会场所，逐一组织开展跨区域实战拉动演练；组织900余名官兵、180余部消防车参加4次全要素模拟推演；提请区政府挂牌督办重大火灾隐患55件，统筹开展出租房屋、地下空间、城乡结合部打非治违等综合整治行动，推动文物、建设、规划、城管、工商等部门联合排查文物古建筑80处，排查合用场所1.3万家。

（李　岩）

【消防队站建设】 年内，完成望京东消防站改造工程，于8月1日正式备防；完成东坝供水中队装修改造工程；天坛家具厂、太阳宫消防站规划取得市发改委立项批复；四惠等第二批7个老旧消防中队装修改造工程列入2014年朝阳区基本建设计划。

（杨　鹏）

【消防专项治理】 年内，开展“强基础、严整治、重实效”火灾防控和重大火灾隐患集中整治专项行动。逐个地区、逐个单位、逐个建筑排查火灾隐患。全年出动警力27435人次，检查单位11962家，发现隐患16756起，督促整改16653起，下发责令改正通知书8420份，罚款677.025万元，实施“三停”（停产停业、停止施工、停止使用）161家，临时查封96家，行政拘留146人。

（张　逍）

【城乡结合部重点地区整治】 年内，制定《朝阳区城乡结合部重点地区消防安全专项整治行动工作方案》和《朝阳区农村重点区域消防整治刚性标准》。选派防火监督员进驻直属派出所开展工作。集中警力整治小武基村、黑桥村、老君堂村3个市级重点地区消防安全隐患。

（张　逍）

【消防宣传培训】 年内，组织开展各类消防宣传、培训教育5520次，消防演练1240余场，发放宣传材料50万余份，张贴消防安全提示40万余张。启动“119消防联播网”工程。在全区175个楼盘安装755块室内电子屏，滚动播出消防公益片200万余次，受益人群5600万余人；在191个高层写字楼、公寓电梯等候间新增、更换消防宣传栏1200块。在重要节假日、消防保卫、火灾高发期，发动各街乡15万社会消防力量，开展“入户式”和“宣传式”检查，走进外来人口聚集区、鳏寡孤独家庭发放消防宣传材料20万余份。与《法制日报》社联合推出《法制日报消防通讯》，向2万余个手机用户（均为重点单位消防安全负责人、安保人员）发送消防彩信、消防安全提示短信210余条。

（贾　玉）

【行政审批】 年内，受理消防行政办事事项13346项；消防行政许可事项3701项，其中建设工程消防设计审核1675项，建设工程消防验收1514项，公众聚集场所投入使用、营业前消防安全检查512项；消防备案事项9645项，其中建设工程消防设计备案194项，建设工程竣工消防验收备案186项，建设工程施工现场消防安全备案3852项，300平方米（含）以下便民措施5413项。

（谢公民）

【廉政建设】 年内，组织全体党员干部学习《中国共产党领导干部廉洁从政若干准则》和《军队党员领导干部廉洁从政若干规定》，开展纪律作风教育整顿5次，组织参加廉政教育展览5次，观看警示教育片8次，开展法制教育20次，签订各类责任书6次，诫勉谈话34人次，警示谈话2人次，集体廉政谈话4次，开展各项专项活动13次。

（王　凯）

防　震

【概况】 朝阳区地震局是负责全区防震减灾工作的区政府职能部门，正处级参照公务员管理事业单位。业务受市地震局指导，与区民防局合署办公。年内，新建2处地震安全示范社区。区属44处地震观测台站运转正常，完成6台压磁地应力观测仪器数字化改造。组织开展平安中国防灾宣传、防灾减灾日等宣传活动。指导各街乡及学校开展地震应急疏散演练34次，6000余人参加演练。在15个街乡组建地震应急志愿者服务队，培训576人。开展地震安全示范学校深化建设。投资20万元维护维修应急避难场所应急设施。主动公开政府信息63条。获2014年度“全国地市级防震减灾工作综合考核先进单位”和“北京市区县防震减灾工作综合考核先进单位”。八里庄街道华贸中心社区、麦子店街道枣营北里社区被市地震局授予北京市地震安全社区称号。

地址：亮马桥路34号

电话：64617795

邮编：100125

邮箱：dzjbgs@bjchy.gov.cn

网址：http://www.bjchymfdz.gov.cn

（王　淼）

【震情会商与跟踪】 年初，完成北京地区、首都圈地区2014年年中及年度地震趋势会商报告。参加市地震局2014年年中及2015年度地震趋势会商会，综合分析和讨论华北、首都圈及北京地区的地震活动与前兆异常变化特点，分析判定2014年下半年及2015年震情趋势并形成会商意见。

（王　淼）

【地震观测台站建设管理】 年初，与北京工业大学机电学院合作，启动2014年压磁地应力观测台站仪器数字化传输改造。完成孙河乡、黑庄户小学、北苑六院、常营忠德学校、楼梓庄中学等5处地震观测站6台仪器的数字化传输改造。全年检查维护辖区44处微观、宏观及强震动观测点，确保监测系统运转正常。

（王　淼）

【应急志愿者队伍建设】 年初，制定2014年民防地震应急志愿者建设方案。4月至10月，以街道干部和社区工作者为人员基础，组建酒仙桥、将台、亚运村等15支街乡民防地震应急救援志愿者服务分队，并分15期进行培训，每期3个工作日。全年培训应急救援志愿者576名，均达到初级应急救援员标准。截至年底，全区有地震应急志愿者队伍40支，队员2331人。

（王　淼）

【地震安全示范社区建设】 年初，确定团结湖街道南北里社区、将台乡丽都社区建设地震安全示范社区，并列入区政府2014年为民办实事工程。在南北里社区显要位置安装指示牌（紧急避难路线图）4块、应急避难场所标识2块和地震知识宣传栏3块；在22栋居民楼安装“家庭地震策略牌”65块；发放家庭应急知识卡2100个。在丽都社区显要位置安装紧急避难疏散指示牌13个；在134栋居民楼单元门口安装地震知识宣传牌115套；发放家庭应急卡6000个。为2个社区定期更新宣传橱窗、展板内容，并为每户居民发放应急提示卡片，指导社区居民正确运用防灾避险方法。定期组织开展防震减灾知识讲座，利用“5·12”防灾减灾日和“7·28”唐山地震纪念日等时机，开展宣传教育活动。编制地震应急疏散预案，以及其他19项突发事件紧急处理方案、措施与流程图。组建由社区居民、物业保安、医疗站工作人员、社区基层政府组织等30余人为成员的地震应急救援志愿者队伍，参加地震应急救援知识培训，组织开展地震应急演练。利用绿地、广场、公园，划定社区避难场所，配备社区减灾公共设施和器材，在社区设置明显的安全应急标识和指示牌。建立约50平方米应急物资库，购置应急物资500余件。12月2日、15日，区地震局分别验收2处地震安全示范社区建设项目。检查组听取社区汇报、检查创建档案和实地考察基础设施建设。团结湖街道南北里社区、将台乡丽都社区通过地震安全社区建设项目验收。

（王　淼）

【防震减灾宣传】 4月，围绕中国第六个“5·12”防灾减灾日，在区30所学校42个校址，以及街、乡、社区，开展“城镇化与减灾”防震减灾宣传活动。期间，组织开展地震应急疏散演练44次，开展社会宣传教育活动4次，发放宣传品7000余份。4月12日，在北京师范大学减灾与应急管理研究院开展应急救援知识宣讲。4月28日，组织民防地震应急救援志愿者服务队参加团结湖街道“走进千家、服务百姓”群众路线教育实践服务日活动。5月4日，在团结湖街道南北里社区举办防灾减灾自救知识讲座，街道干部、辖区企事业单位安全负责人等近100人参加讲座。5月12日，联合区消防支队、小关街道、区公共安全馆在元大都公园举办“5·12”防灾减灾日宣传活动，接待社区居民500余人，发放宣传材料2000余份。联合区教委在朝阳师范学校附属小学太阳宫校区为全校师生举办防灾减灾知识讲座。在团结湖街道南北里社区举办“科学防震减灾，构建安全社区”主题宣传活动，300余人参加活动。5月26日，依据国家教育部《中小学幼儿园应急疏散演练指南》精神，在团结湖第一幼儿园开展地震安全防范教育课。7月28日，围绕“7·28”唐山地震纪念日分别在将台乡丽都社区、团结湖南北里社区举办“科学防震减灾，构建安全社区”宣传活动，放映主题影片《飞跃地心》，向居民发放防震减灾知识手册等宣传材料2000余份，500余名社区居民参与活动。全年开展群众性地震安全知识讲座、培训12次，1040人直接参与。年内，制作宣传无纺布袋、印有避震知识的拉杆笔若干。编印《创建全国地震安全示范社区材料汇编》作为经验范本，供其他社区学习使用。编制《防震减灾勤政佑民》宣传片。

（王 淼）

【地震应急演练】 5月9日，联合区民防局、将台乡政府在将台乡丽都社区开展综合性地震应急演练。演练内容涵盖居民疏散、检伤分类、伤员处置、搜索营救、地震次生灾害（火灾）处置、临时安置区搭建、灾民统计、赈灾物资发放等环节。5月12日，与区教委在东北师大附中朝阳学校联合开展防灾减灾疏散演练。区各寄宿学校校长、保卫干部到场观摩，800余名师生参演。联合区教委在十八里店小学开展地震应急疏散演练，十八里店学区各校校长、保卫干部到场观摩，1000余名师生参演。6月9日，在团结湖第一幼儿园组织开展防震应急疏散演练，380余名师生参加演练。全年在朝阳师范附小、双桥二小、十八里店小学、五十五中、东北师大附中朝阳学校、北师大附中朝阳学校等30所学校42个校址，以及团结湖街道南北里社区、将台乡丽都社区等单位及地区，开展地震安全应急疏散演练34次，6000余人参与。

（王 淼）

【“平安中国”防灾宣传】 6月至7月，根据中国地震局关于开展第三届“平安中国”防灾宣传系列公益活动相关要求，在辖区放映电影《飞跃地心》4场，发放《乐乐熊大冒险》系列动漫图书5套、电影《今天•明天》DVD光盘10张、防震减灾宣传品7000余份。获中国地震局第三届“平安中国”防灾宣导系列公益活动优秀组织奖。

（王 淼）

【应急避难场所维护管理】 年内，检查全区应急避难场所管理情况，理清避难场所现状。走访区园林绿化局和有关街道（地区），开展应急避难场所设施调查摸底工作。投资20万元维护维修太阳宫公园、兴隆公园、坝河绿化带应急避难场所设施，补充更新应急设施标志牌和应急疏散示意图。

（王 淼）

【地震应急预案修订】 年内，重新修订街乡和社区（行政村）地震应急预案并装订备案。启动区级地震应急预案修订、申请预案修订专项资金、联系防灾学院承办预案修订工作。协调区应急办和相关单位，组织召开地震应急预案修订工作协调会，协调相关单位提供多种应急基础数据。

（王 淼）

【应急物资库建设】 年内，完成建设应急物资库，规范管理应急物。补充购买部分应急物资，现有应急物资分类放置，建立应急物资管理台账，仓库钥匙专人管理，定期巡查，每日定时开、关除湿机。在应急物资库内设置应急物资、装备展室，制作宣传展板和区应急物资库分布图。

（王 淼）

【信息公开与工作交流】 年内，通过政府信息公开系统、民防地震局网站，公开工作信息63条，获“2014年度全市地震系统政务信息工作先进集体”。接待喀麦隆、马达加斯加等16个非洲国家“非洲法语国家公共突发事件应急管理研修班”学员、四川省成都市应急系统防震减灾工作调研组、内蒙古呼和浩特市地震局及下属区县地震局局长考察团、4个直辖市地震局局长联席会议代表和南京市应急考察团参观考察，接待湖北省十堰市地震局参观考察元大都城垣遗址公园、太阳宫公园应急避难场所和区公共安全馆。

（王 淼）

城管执法监察

【概况】 朝阳区城市管理综合行政执法监察局（简称区城管执法监察局）是负责朝阳区城市管理行政执法与监察的区政府执法机构。其前身为朝阳区城市管理监察大队，成立于1998年12月。2004年底，全区所有街乡均设置城管执法队，2008年奥运会后在奥林匹克公园设置4个城管执法队。区城管执法监察局内设党委办公室、行政办公室、督查科、人事科、法制科、宣传科、综合协调科、装备财务科、群团办等9个科室，编制指挥中心、督察一至六队、执法一至三队等10个直属队，每个街乡有1个执法队，奥林匹克公园有4个执法队。城管执法队行政关系隶属所在地街道办事处、乡政府（地区办事处）、奥林匹克公园管委会，对外以区城管执法监察局名义行使执法权。区城管执法监察局机关及直属队负责本系统城管执法工作的法制指导、指挥调度、统筹协调和督促检查，负责全区范围内重大案件、跨区域案件、专业性较强案件的执法工作。年内，围绕区委、区政府重点工作，深化落实综合执法、综合监管、综合协调3大职能，开展专项环境整治，推进“四公开一监督”（四公开：公开城市管理责任部门、公开责任部门的执法职责和查处标准、公开责任部门的城市管理网格化机制及责任人、公开责任部门“月检查、月曝光、月排名”的城市管理执法数据；一监督：指在市委、市政府的领导下，在市城管执法协调领导小组的指导下，在市监察局及相关部门的协同下，由市区两级城管执法协调领导小组办公室具体实施，成立由城管督察、公安人员组成的市区两级环境秩序联合督导组，以领导小组办公室名义对各区县政府、地区管委会，乡镇政府、街道办事处，以及各相关职能部门、执法部门在环境秩序管理方面进行监督）工作。建立违法建设、大型户外广告案件办理云盘数据库，实现案件数据化管理。年内，选拔科级非领导职务21人、科级领导职务18人。年度综合排名全市第二，单项排名连续5个月第一，督察二队被团市委评为“青年文明号”，区城管执法系统被北京市总工会授予2014年度“首都劳动奖状”称号，入选“首都环境保护奖先进集体”。

地址：西大望路36号
电话：87718506-301
邮编：100022
邮箱：lijinyu1966@126.com

网址：http://chy.bjcg.gov.cn

（李晋豫）

【群众诉求办理】 2月1日，启动每日催回复、每日热线，并通报应急值守情况。全年受理人大议案、政协提案件47件，全部按时办结；受理信访案件41件，办结40件；受理热线举报12.8万件，办结11.8万件，办结率92.19%，满意率84.83%。

（李晋豫）

【信息装备升级改造】 2月至4月，为44个基层执法队升级城管通移动平台软件。5月，公开招标采购100部3G回传型记录仪，全部配备执法一线。8月，完成区高清视频会议系统升级改造及市局视频会议系统迁移工作。

（李晋豫）

【党的群众路线教育实践活动】 2月至10月，开展群众路线教育实践活动。向局机关各科室队、各街乡执法队征求“四风”意见建议315条，归纳梳理领导班子成员8个方面26个问题；召开专题民主生活会，班子成员开展批评与自我批评，相互提出意见建议160余条；组织开展“回头看”，制定《领导班子整改方案》，明确15项整改任务，梳理64条需整改制度。在全区城管系统开展“三大一讲”活动（执法业务大比武、军事队列大会操、内务秩序大评比和“践行党的群众路线，树立城管新形象”演讲比赛）。期间，贯彻落实中央八项规定，改建局领导办公用房。改造后，增加办公用房6间，面积126平方米；召开8次常务例会，同比减少14次；因公出国出境支出64468元，同比减少32532元；公务接待费用支出为零。

（李晋豫）

【“2+1+1”联合督导组成立】 3月中旬，牵头成立4个城市管理环境秩序联合督导检查组。每组由2名城管队员、1名治安民警、1名交通警组成，以明查暗查、交叉检查等形式，按照现场检查—取证核录—跟踪督办—整改反馈—复查验收—考核评价流程，督导全区无照经营、机动车乱停乱放、施工工地、渣土运输、道路遗撒等9类问题。全年检查主要大街1500条次，下发《监管通知单》973件，口头告知271次，制发监察通报34期；办理市联合督导组下发的《监管通知单》659件，督促太阳宫文学馆路、南磨房百子湾路等10余个点位整改到位，督促大屯路沿线、双桥东路等20余个点位复查整改。

（李晋豫）

【热线举报办理三级预警机制】 3月，建立热线举报办理三级预警机制。约谈解决群众诉求不力执法队主管领导及常务队长。实施三级预警机制，全系统热线举报办结率同比上升4.5个百分点、案件回访满意度同比上升1.1个百分点、超时回复案件量同比下降29.6%，十八里店执法队超时回复案件量、八里庄执法队执法风纪案件量高位运行等问题得到缓解。

（李晋豫）

【空气清洁行动推进】 4月，制发《大气污染防治专项执法周行动工作方案》《2014年控制大气污染施工工地及垃圾渣土运输专项行动工作方案》《2014年露天烧烤、无照经营专项治理整治工作方案》等20余项空气清洁行动方案，并据此组织开展百日整治行动。

（李晋豫）

【热线办理系统升级改造】 4月，与时代凌宇科技股份有限公司组成研发团队，升级改造局指挥中心热线办理系统。9月，完成改造并投入试运行。

（李晋豫）

【执法业务大比武】 5月28日至9月28日，组织开展执法业务大比武。54个代表队、162名选手参加活动，经10轮角逐，建外执法队、区机关代表二队、来广营执法队分获前三名。

（李晋豫）

【六里屯住总违建拆除】 5月，以城管为主体，强制拆除六里屯街道住总家具市场及其北侧合计50307.84平方米违法建设，腾退1000余户商户。

（李晋豫）

【约谈制度推进】 5月，制发《区城管执法监察局约谈制度实施细则（试行）》。重点约谈岗位有变动、工作有问题、有违反纪律苗头、思想有波动以及高风险岗位等10类人员。局纪委全年约谈相关人员16次，涉及49人次。

（李晋豫）

【首创“小红门”拆违模式】 5月至6月，首创“小红门”拆违模式。模式以乡为主体，联合城管、公安、水务、工商相关执法部门参与，以集中整治周边环境、消除安全隐患为突破口，营造拆除违法建设高压态势，实现相对人自拆或帮拆目标。期间，用时14天，拆除小红门污水处理厂违法建设3711平方米。

（李晋豫）

【内务秩序大评比】 5月至9月，开展内务秩序大评比。期间，分别检查各街乡执法队、奥园执法队等44支执法队办公区环境秩序、宿舍环境卫生、公共区域秩序卫生、办公区队员及执法现场外勤队员着装、仪容仪表。经综合评比，劲松执法队、督察二队获一等奖，双井执法队、将台执法队、东风执法队和呼家楼执法队获二等奖，六里屯执法队、高碑店执法队、来广营执法队、机场执法队、建外执法队和督察十队获三等奖。

（李晋豫）

【军事队列训练大会操】 5月至10月，举办军事队列训练大会操。期间，分别于10月20日、24日举行初赛和决赛。局机关、直属队及52个执法队参加初赛，机关代表队等12支代表队参加决赛。机关代表队获一等奖，将台执法队和三里屯执法队获二等奖，呼家楼执法队、安贞执法队和小关执法队获三等奖，来广营执法队、金盏执法队、劲松执法队、大屯执法队、建外执法队和督察九队获优秀奖。

（李晋豫）

【高考环境保障】 6月5日至8日，完成高考环境秩序保障任务。期间，成立联合执法组28个，开展联合执法32次，考点周边设置服务站点17个、保障点位48个，查处考点周边违法行为11起，劝导规范52人，检查工地307个，规范工地73个，盯守工地59个。联合《新京报》、双闪志愿服务车队为考生提供应急交通服务。

（李晋豫）

【主题教育演讲比赛】 6月30日，开展“抓作风、强素质、树形象、争一流”主题教育演讲比赛，12名选手参赛，评选出一等奖1名，二等奖2名，三等奖3名，优秀奖6名。

（李晋豫）

【执法协调领导小组成立】 8月22日，成立城市管理综合行政执法协调领导小组。履行综合执法、综合监管、综合协调三大职能，提高立案处罚率、媒体曝光率、案件移送率。全年组织联合执法5000余次。

（李晋豫）

【APEC会议环境保障】 9月5日，临时组建奥园执法五队，加强奥林匹克中心区及其周边重点地区整治管控的组织领导，组织开展奥林匹克公园及其周边环境百日综合整治活动。APEC会议期间，出动执法人员4696人次、协管员4583人次、执法车辆1944车次，保障会场周边达到“六无”（无违法建设、无环境死角、无暴露垃圾、无堆物堆料、无违规经营、无乱设置户外广告设施和牌匾）标准。

（李晋豫）

【四类地区环境秩序保障】 10月，保障四类地区环境秩序可控（朝阳公园和欢乐谷等重点公园周边、APEC会议涉及地区、蓝色港湾和世贸天阶等繁华商业街区、四惠交通枢纽）。出动执法人员3296人次、执法车辆1093 车次。

（李晋豫）

【露天烧烤整治】 年内，取缔城区街道、胡同、广场、居住小区、公共绿地等公共场所露天烧烤等违法行为。重点整治三环内群众举报3次以上的露天烧烤点位。全年查处露天烧烤4814起，罚款137.60万元。

（李晋豫）

【街面环境秩序整治】 年内，围绕国庆65周年和APEC会议保障、文明城区复检等重点活动，以市区141个挂账点位为重点，采取多部门联勤联动方式，整治无照经营、门前三包不到位、“黑车”、非法小广告、违规指示牌等重点违法形态。组织并完成140余次环境保障工作。查处无照经营26605起，规范门前三包及店外经营15781起，查处“黑车”及“黑摩的”33起，查处非法小广告3701起，拆除大型户外广告6个，拆除违规广告和牌匾1521块。

（李晋豫）

【违法建设拆除】 年内，违法建设在办案件99件，制发督办单879个，拆除违法建设221.1万余平方米。其中以城管为主体拆除34.8万余平方米，配合街乡拆除186.3万余平方米。

（李晋豫）

【“三大类”活动环境秩序保障】 年内，完成重大活动、各类演出、工体球赛三大类重要活动环境秩序保障。保障全国“两会”、第三届京交会等重要会议25个、“2015新年倒计时”等大型活动及演出26个、工体各类活动27次。

（李晋豫）

【执法宣传】 年内，编写、出刊《朝阳报》城管专版和《朝阳城管报》15期，出刊《城管动态》47期、《城管信息》67期；被报纸、电视台、广播电台、网站刊登、播出、播报城管宣传报道614条。开展志愿服务活动。在庙会、公园、商业区等人流密集场所设置文明劝导队，组织开展清除小广告、宣传法律法规、劝导不文明行为、解答咨询等志愿活动36次。

（李晋豫）

【“三重一大”制度落实】 年内，召开局党委会、局长办公会56次，研究讨论并通过重点工作200余项。在重点项目、大额资金监管方面，坚持申报审批程序，3万至10万元开支实施会签制度，10万元以上由党委会集体研究决定。全年支付重大项目资金4项，665.67万元。

（李晋豫）

【法制教育培训】 年内，开展以“法律知识、法定程序、操作能力”为主要内容的法制教育培训。全年组织层级培训10期、集中培训2期，9180人次参加培训。41名队员参加市城管执法局组织的城管系统新录用人员培训，培训率为100%，其中5人获“优秀学员”。开展执法现场考核和法律业务知识竞赛。区局参加市局法制处现场执法文书制作考核，取得优秀等次。年内，行政诉讼和行政复议案件保持零败诉、零变更纪录。

（李晋豫）

【施工工地管理】 年内，组织、配合开展施工工地联动集中执法86次，出动执法人员5506人次、执法车辆1675台次，检查规范渣土车辆2796台次。检查规范施工工地2974个次，检查、下发谈话通知256份，下发督办单172份。

（李晋豫）

【查处违法行为】 年内，完成一般程序立案6327卷，全年查处各类违法行为22万起，罚款430万元，为上年的2.3倍，群众投诉量同比下降15%以上。

（李晋豫）

数字化城市管理

【概况】 朝阳区城市管理监督指挥中心是负责城市服务管理监督与评价工作的区政府正处级行政机构。内设10个科室，35个监督分队。2009年增设正科级事业单位北京市非紧急救助中心朝阳分中心。主要负责数字化社会服务管理和社会运行的监督与评价、81890为民系统中服务系统建设、数字化文明城区建设系统中各类主体履行法定责任的信用体系建设，整理、分析辖区各类城市服务管理数据。逐步健全和完善以政府为主导、社会为主体，以朝阳社会信用体系为支撑的常态化、精细化、高效化的全模式社会服务管理系统。年内，系统平台发现各类隐患问题3250143件，解决率78.52%，工作任务2409723件，完成率87.22%。81890为民服务系统受理各类诉求271286件，同比增长28.3%，其中咨询171451件、举报投诉99777件、服务58件。类别最多的是工商类咨询，占咨询类诉求67.5%；举报投诉100416件，办结率94.96%、满意率84%。

地址：日坛北街33号

电话：65094697

邮编：100020

邮箱：cyjdzx2012@126.com

（朱 婧）

【安全生产网格化培训】 2月22日，中心主任皮定均率机关干部到十八里店乡进行安全生产网格化培训。培训内容为目标、途径、组织机构、运行机制、基础保障和实现手段内容，并通过手机终端演示安全生产智能化工作流程，22人参加培训。

（朱 婧）

【国家级试点项目获批】 4月9日，区全模式社会服务综合标准化试点申报获国家标准化管理委员会办公室批准，成为第一批国家级社会管理和公共服务综合标准化试点项目。

（朱 婧）

【网络模块纳入全模式考核】 5月，网络社会建设模块系统平台经过2个月试运行，正式纳入全模式考核评价系统。平台包含城市管理、综治维稳、应急管理、安全生产、社会保障、社会建设、社会服务、党建工作、经济动态、法律司法等10个模块。

（朱 婧）

【防汛隐患普查】 6月，开展清理普查全区各类防汛隐患工作。清理普查包括：枯死树木、下水道堵塞、危房防范和加固、裸露电线、建筑工地围挡和民工住房合格情况等。经查，发现枯死树木7处、堵塞下水道口30处、雨水箅子38处、不合格工地围挡、工地临建13处等88处问题隐患，分别移交相关部门处理整治。

（朱 婧）

【区领导接听12345热线】 9月12日，区长吴桂英率相关委办局到市政府热线12345接听市民电话，受理市民反映朝阳区的问题。接听市民来电93个，涉及146件问题，包括街面秩序、市容环境、违法建设等23个类别。经过督办、协调解决，问题办结率100%、反馈率100%、满意率80%。

（朱 婧）

【决策支持系统研讨会】 9月19日，与中国人民大学召开市民、企业、政府决策支持系统研讨会。讨论违法建设监控与治理、流动商贩管理、政府房地产宏观调控等10个决策支持系统进展与下一步系统开发与应用等工作。

（朱 婧）

【创建文明城区问题普查】 10月15日至11月25日，针对中央文明办对市文明城市创建反馈的问题，普查全区文明城区创建工作中存在的问题。普查包括背街小巷、建筑工地、城中村、城乡结合部等13大项、110小项。查出问题8614个，其中城区6459个，农村2155个，分别告知相关街乡处理整治，监督中心在此基础上围绕重点问题进行点位化监督，实现监督精细化。

（朱 婧）

【全模式闭环系统建设】 11月，与区社会办合作，推进全模式街（乡）—社区（村）二级（三层）闭环系统建设，实现街乡、社区发现案件和处理案件的自我循环机制。系统以呼家楼、东湖、小关、建外、团结湖、双井、亚运村、奥运村、八里庄、崔各庄、高碑店、十八里店为试点街乡，探索建立街乡、社区（行政村）自我发现问题、解决问题运转机制。

（朱 婧）

【全模式十大模块标准修改完善】 12月，结合国家级社会管理和公共服务综合标准化试点工作要求，启动全模式十大模块现有标准完善修改工作（十大模块：城市管理、综治维稳、应急管理、安全生产、社会保障、社会建设、社会服务、党建工作、经济动态、法律司法）。区房管局、区综治办、公安朝阳分局等职能局，亚运村、安贞、常营等相关街乡及社区（行政村）参与标准完善工作。

（朱 婧）

【“门前三包”责任单位管理智能化试点】 年内，在22个社区推进“门前三包”责任单位管理智能化试点工作。结果显示：试点社区自查次数是监督员监督次数的4.27倍，问题99.64%由社区自行解决。区政府奖励试点社区共计68390元。

（朱 婧）

【环境秩序乱点减少】 年内，采取通报、短信提示以及区政府大屏公示等方式，公示街乡环境秩序问题解决率和环境秩序乱点情况，并定期向区领导短信告知。通过加强督办，全区环境秩序乱点由原来的291处减至62处，其中城区由157处减至25处，农村由134处减至37处。

（朱 婧）

【全模式标准结构梳理】 年内，梳理全模式结构3576细类标准，归纳为社会管理、社会建设、公共服务和决策支持4大类。

（朱 婧）

【流动人口抽查】 年内，加大重点地区流动人口抽查比重，建立常态化流动人口抽查机制。抽查户数19915户，与人口库数据比对准确率为74.67%。检查过程中，向上级部门报告违规用电、违规使用燃气、违规使用煤炉等人口安全隐患案件3381件。

（朱 婧）

【背街小巷普查及图层制作完成】 年内，按照首都城市环境建设委员会办公室《首都城市环境建设考核评价办法》要求，完成全区8369条背街小巷普查及图层制作。

（朱 婧）

园 林 绿 化

【概况】 朝阳区园林绿化局是对全区城乡绿化美化施行统一建设管理的职能部门，隶属朝阳区人民政府，职能业务归市园林绿化局和市公园管理中心领导及监督指导。机关内设正式科室11个，下设基层单位19个。年内，审查并报送公共绿地设计方案21个，收到市局批复项目15个，批复公共绿地面积103.63万平方米，建筑占地面积3.43万平方米。协调城管等部门联合执法，拆除黄杉木店沟北侧6000余平方米违法建设；清查非法占用林地问题6处，清理违法占用林地面积1.83万平方米。建立全区308块、1957万平方米代征绿地的图斑数据库，与12家社会单位签署《代征绿地移交协议》，涉及代征绿地面积46.6万平方米。全区新增、改造绿化面积280万平方米，平原造林绿化457.91万平方米，拆违建绿220万平方米，播草盖沙100万平方米。平原百万亩造林以景观生态林和通道景观防护林为主要建设类型，涉及11个乡、92个地块。完成APEC会议途经包括京承、京包、五环在内7条道路38.58万平方米的绿化工程；完成奥林匹克中心区改造亮点提升；新建完成望和公园、朝阳旺角代征绿地、绿城代征绿地等4处公园绿地，其中望和公园占地面积39.6万平方米。建设区级小公园（口袋公园）10处。完成松榆北路、科荟路、南磨房路等4条市级示范大街建设。开展环二环城市绿道（朝阳段）等重点项目绿化建设。实施屋顶绿化、垂直绿化。国庆期间栽摆各类花卉近350万株，地栽花卉近8万平方米，完成APEC会议重要联络线、12家代表驻地酒店及周边环境布置工作。组织5项大型春季义务植树活动；全年开展生态文明建设宣传活动8项。实施“市花月季进社区”项目，开展“花籽进阳台、进家庭、进社区”活动，设立百姓绿化课堂，创建花园式单位17个，花园式社区8个。大望京公园、北小河公园、庆丰公园、古塔公园、将府公园、兴隆公园创建“国家旅游景区AAA级”景区。继续推出9个公园精细化管理工作，精化、细化“一制度六台账”。建立网格直派平台，实现分级管理、责任到人；实现全部养护范围均衡管理，所有公共绿地无养护盲区管理。完成春节、全国“两会”、国庆、APEC会议环境保障等60余次重大节日及活动的环境保障工作。建立绿地等级管理制度，实现绿地等级规范化管理。高碑店村被评为“全国生态文化村”，朝阳区绿化委员会办公室被北京市人民政府、首都绿化委员会评为首都全民义务植树先进单位。

地址：道家园路甲16号

电话：85951136

邮编：100025

网址：http://www.chylhj.gov.cn

（康雅文）

【义务植树日活动开展】 4月5日，是首都第30个全民义务植树日。全区近25万人参加义务植树活动。当天植树4.6万株，挖坑4.7万个，动土3.1万立方米，养护各类树木110万余株，清扫绿地480万平方米，设宣传站201个，出动宣传车58辆，发放宣传材料10.6万份，绿色志愿者出动2.1万人，悬挂横幅、标语300余条。中国绿化基金会艺术家生态文化工作委员会80人到区广顺休闲公园种树100株。区绿化委员会办公室、区园林绿化局在红领巾公园举办“弘扬生态文明，共建绿色家园”大型义务植树宣传活动。全区43个街乡、8个区属公园通过设立宣传站（点）、林木绿地养护、结合花园式社区创建启动仪式等形式开展义务植树活动。

（冀晓娜）

【区绿委全体会议召开】 4月17日，在崔各庄地区办事处召开区绿化委员会2014年全体会议。区长、区绿化委员会主任吴桂英参加会议。区园林绿化局局长、区绿化委员会办公室主任荣学强宣读区绿化委员会成员调整建议名单。副区长、区绿化委员会副主任苑文新作《全民动员 共建共享 努力开创朝阳生态文明建设新局面》报告。吴桂英强调各部门、各单位把握服务保障APEC会议和国庆65周年活动重点，加强资源调配，加快生态文明制度建设，努力构建环境建设管理长效机制，并发出义务植树倡议。会后，区全体绿化委员会成员、驻区部队代表及武警战士、团员青年代表等300余人到崔各庄地区义务植树基地植树1000株。

（冀晓娜）

【“和美家园——绿色行动日”主题活动】 5月4日，在麦子店街道枣北社区举办“和美家园——绿色行动日”主题活动。绿化专家现场传授盆栽绿植技术及养护知识，有关区领导向社区居民免费发放120份盆栽绿植种子，并栽种玉兰、西府海棠等树木300余株、月季3000株、玉簪6200株、丹麦草1000平方米。

（白玉洁）

【绿地春季养护检查】 5月21日至22日、27日至29日，开展绿地春季养护工作检查。涉及24个街道办事处的48处自管绿地、物业和社会单位管理绿地；19个地区办事处的51处自管绿地、五河十路、重点绿色通道绿化、农民新村和居住区绿地。检查包括草坪管理、病虫害防治、绿地清理、修剪、伐除死树及干枝折杈等项目。结果显示，受检绿地干净整洁，树木长势良好。

（王 倩）

【绿化资源管理】 5月，验收辖区2013年采伐限额实际执行情况。抽查8个乡24件（地块），审批采伐1396株，立木蓄积888.05立方米，占总限额审批量件数的100%，实际采伐量888.05立方米，蓄积实采率100%。结果显示，全区实际采伐林木888.05立方米，没有超限额审批，发证合格率100%，伐区凭证采伐率100%，更新造林成活率100%，限额执行情况良好。全区审核、审批伐移树木149件，伐移总株数59351株；审核征占用林地17件，征占用林地面积41.81万平方米；完成建设工程附属绿地审核70件，总建设用地面积330.74万平方米。

（陈 超）

【望和公园建成】 5月至12月，完成望和公园建设工程。望和公园位于望京地区西侧，紧邻北四环望和桥，与西郊颐和园遥相呼应。公园栽植乔木9828株、灌木3.08万株，铺草坪13.3万平方米，栽植草花49.02万株。公园是APEC会议主要联络线——京承高速沿途景观节点，总占地面积39.6万平方米，与周边北小河公园、太阳宫公园、望湖公园、望承公园等公园绿地串联起来，形成“望京绿道公园环”。公园包括北园、南园2个部分。北园设计理念以“静”为主，主要结合周边北湖渠天仙圣母庙、东湖关帝庙、南湖渠兴隆寺等文化背景及景观，借鉴平安扣造型，在主体水面上设置环形堤坝，形成“堤环水绕，堤水相依”情境；南园设计思路以“动”为主，体现户外运动特色，增加公园的动感和活力。

（李 志）

【专业养护综合检查】 6月26日，组织13个基层养护单位主管主任进行6月份专业养护综合检查。检查不设检查路线，与以往检查点位不重复，随机抽查APEC会议重点地区作为检查重点，涉及13个单位31处道路或绿地。检查结果显示，各单位参检绿地干净整洁、植物生长健壮、绿篱色块整齐美观，整体养护效果良好。

（王 倩）

【花鸟鱼虫市场执法检查】 9月28日，按照北京市森林公安局《关于开展打击破坏野生动物资源违法犯罪专项行动的紧急通知》要求，根据区森林公安处排查情况，市森林公安局、市野保站、北京电视台、区森林公安处及各区县森林公安民警等一行30余人联合行动，突击检查十八里店乡小武基花鸟鱼虫市场和高碑店乡华声天桥花鸟鱼虫市场。查获6家店铺出售北京市保护的野生鸟类，收缴市级保护野生鸟类100余只。

（英 帧）

【国庆花卉布置】 9月，开展庆祝中华人民共和国成立65周年花卉布置工作。栽摆各类花卉近350万株，地栽花卉近8万平方米。设立立体花坛11处，分布在北辰东、北辰西、金地中心、农展馆、四元桥、外交部、东岳庙等地区。在奥体中心及其周边、长安街沿线、三四环路、农展南路、工体北路、老迎宾线、朝外大街、朝外市场街、朝阳路等布置地栽花卉、容器摆花、立体花坛等。花卉品种主要以三色堇、四季海棠、凤仙、千日红、万寿菊、金光菊、孔雀草、彩叶草等为主。

（白玉洁）

【《朝阳园林绿化年鉴（2013）》获奖】 10月16日，在北京市地方志编纂委员会办公室、北京地方志学会年鉴工作委员会联合主办的首届北京市年鉴综合质量评比中，《朝阳园林绿化年鉴（2013）》获专业年鉴二等奖。

（康雅文）

【绿地养护培训】 12月22日至23日，在蟹岛会议中心举办绿地养护管理培训班。邀请市园林科研所专家姚世才授课，局属各专业队、街乡主管绿化负责人及一线职工参加培训。

（王 倩）

【园林绿化资源普查】 年内，开展北京市第八次园林绿化资源普查工作。4月28日，绿化资源普查专业人员接受系统培训。5月14日起，以来广营乡、豆各庄乡作为森林资源普查（二类）试点，普查专职人员开始进行外业实地操作。5月15日，区园林绿化局召开2014年朝阳区园林绿化资源普查工作动员大会。此次普查包括森林资源规划设计调查和城市园林绿化普查。区园林绿化局副局长张东利主持会议，并作《关于开展朝阳区2014年园林绿化资源普查工作的意见》报告。此次动员大会标志着朝阳区园林绿化资源普查工作全面启动。

（陈 超 白玉洁）

【资源保护】 年内，区森林公安处接举报173起。其中行政立案20起，行政罚款12.75万元，补种树木982株；刑事案件2起，取保候审2人；协助市局办理刑事案件2起，均为贩卖野生动物及其制品类案件；立即出警率、各类案件法定时限立案率及办结率、发现火灾隐患限期消除率均为100%；组织开展“平原造林重点工程护航行动”、林地保护执法检查专项行动、打击破坏野生动物资源违法犯罪专项行动、“天网行动”等专项整治工作。出动人员500余人次、车辆300余台次，行驶里程6000余公里，发放宣传材料3000余份；开展“世界野生动植物日”及“爱鸟周”宣传活动。发放相关法规手册、粘贴画等宣传资料近万份。在十里河天娇文化城、潘家园市场、北京华声天桥民俗文化市场、雅园国际古玩城、小武基花鸟鱼虫市场等开展4次集中宣传，发放宣传材料1000余份；监测发现雁鸭类17万余只、小鸟类3.6万余只，未发现禽流感病例；救助野生动物70余只；落实防火责任制，新增宣传牌、禁放牌650块，重点火险区严格实行挂双牌管理，与22家认建认养及合作单位签订消防安全责任书、安全责任书、综合治理承诺书；清理林地可燃物1万余公顷，清除200余条农田林网中的杂草，重点防火期全区专职护林员、巡查队人员全部上岗，每周巡查不少于3天，巡逻期间制止野外用火150余起，制发隐患通知书30余份，制止燃放烟花爆竹20余起，清明节期间制止野外违章用火10余起。年度森林防火期内全区未发生森林火警、火灾。

（英　岏）

【公益性公园精品文化活动】 年内，开展各种公益性公园精品文化活动。开展日坛春分朝阳、庆丰清明踏青、红领巾科普游园会、元大都海棠花节、红领巾公园双胞胎文化节、团结湖公园“沐书香诗情　赏花中精灵”暨第九届北京公园节系列活动等。

（康雅文）

【制度建设】 年内，加强制度建设。梳理、健全面向全社会的《朝阳区绿化美化事业发展精细化管理手册》；面向内部管理的《朝阳区园林局精细化管理手册》，形成《局“三重一大”民主决策制度》和《局大额度资金使用工作流程》等内部管理制度、流程187项；形成《朝阳区园林绿化局具体行政行为法制审核制度》和《朝阳区绿化工程质量监督工作流程》等面向社会的外部管理制度、流程152项。首次出台《朝阳区园林绿化局专业养护单位养护管理工作规定》和《专业绿化养护管理标准及质量等级评定工作实施办法》；规范《绿地认建认养协议书》及《合作协议》；制发《关于加强认建认养绿地管理工作的通知》。

（康雅文）

朝园弘园林绿化有限责任公司

【概况】 朝园弘园林绿化有限责任公司隶属区园林绿化局，是全民所有制企业单位，国家城市园林绿化一级资质企业。通过ISO9001质量管理体系、ISO14001环境管理体系和OMS18000职业健康安全管理体系认证；2004–2014年度守信企业；2010–2014年资信等级AAA级；2008–2012年度全国城市园林绿化企业50强；北京市林业工程建设施工、林业勘查规划设计甲级资质。公司承揽园林绿化、园林机械、花卉苗木、环保技术开发等业务。年内，公司参与雁栖湖生态示范区绿化工程建设、京承高速沿线、机场南线、雁栖湖联络线绿化、宽沟联络线、奥林匹克中心区绿化改造提升及北京奥林匹克公园瞭望塔外围绿化恢复等相关工程项目建设。完成投标任务160项。大兴苗圃和金盏苗圃用于自建工地用苗1.91万株，苗木单价以工程审定价核算价值400万余元。完成奥林匹克中心区36条道路及该范围内的其他养护工作。区园林绿化局2013年重点道路绿化美化工程——华纺易城获市园林绿化企业协会2014年度优质工程奖。

地址：朝阳北路147号
电话：85841343
邮编：100025
网址：http://www.chaoyuanhong.com

（苗宏宇）

【雁栖湖示范区公园建设工程】 8月8日至12月31日，完成北京雁栖湖生态发展示范区公园建设工程（第四标段）。工程位于怀柔区生态发展示范区雁栖湖公园内，建设单位怀柔区园林绿化局，监理单位北京燕波工程管理有限公司，设计单位北京园林古建设计研究院有限公司，施工单位北京朝园弘园林绿化有限责任公司。雁栖湖公园属改造工程，与APEC会议中心岛隔湖相望。工程施工面积20万平方米，包括山体7万平方米，施工内容包括内部景观设施、土建、水系、园路铺装及园林绿化改造提升。栽植乔木996株，灌木1.62万株，水生植物7238株。

（苗宏宇）

【工程项目参与建设】 年内，完成投标任务160项。参与建设雁栖湖生态发展示范区工程第三标段绿化面积103.9万平方米、第四标段绿化面积20万平方米；雁栖湖生态示范区联络线新增造林及改造提升面积39.58万平方米；宽沟联络线，绿化种植整理绿化用地5.1621万平方米；绿化面积168.647万平方米。完成局属望和公园绿化工程一工区绿化面积32万余平方米、青龙湖森林公园绿化面积93.3万平方米。

（苗宏宇）

日坛公园

【概况】 日坛公园隶属区园林绿化局，是全民所有制差额拨款事业单位，位于朝阳门外使馆区。日坛是北京著名文物古迹五坛之一，是明清两代帝王朝拜太阳神的地方。园内现存九处明清皇家祭祀文物古建筑、一处马骏烈士爱国主义教育基地及“牡丹园”“清晖亭”“曲池胜春园”“祭日壁画”“西南山水”和“玉馨园”等江南特色景区景点。公园被北京市政府评为市级爱国主义教育基地、北京市园林局绿化局一级公园和北京市文物保护单位；获北京市精品公园称号，通过ISO9000 质量管理体系和ISO14000 环境管理体系双认证；2003年公园景点达到国家AAA级标准；2006年被国务院公布为国家级文物保护单位；2010年被列为历史名园及北京市重点公园。全园占地面积20.62万平方米，绿化面积17.11万平方米，水面面积4700平方米，绿化覆盖率83%。有树木1.136万株，月季950株，攀缘植物5000株，竹子2000株，绿篱6000延米，宿根花卉8000平方米，草坪7.45万平方米。年内，完成古建二期修缮工程项目具服殿、钟楼竣工验收和后期审计工作。园区春季绿化改造栽种榆叶梅、连翘、大叶黄杨、小叶黄杨4000余株，玉簪2000余株，苔草200平方米，播草籽500余平方米。牡丹园补植牡丹、芍药230株。钟楼周边绿化改造500平方米。南门广场西侧补植苔草200平方米。曲池胜春景区东南侧与宰牲亭北面播种草籽1000平方米。进行第三批次古树复壮，复壮古树16株。参办第八届春分朝阳民俗文化节和朝外街道第七届退休人员趣味运动会等文体活动。重阳节期间，利用30块橱窗宣传二十四孝、老年人权益保障法和爱老敬老道德模范先进事迹。全年接待游客270万人次。

地址：日坛北路6号
电话：85619984
邮编：100020
邮箱：ritan3249@163.com

（杨　辉）

【春分朝阳民俗文化节】 3月21日至23日，举办第八届“春分朝阳民俗文化节”。活动由朝外街道、区文化委及区园林绿化局主办。“春分朝阳”活动在延续往届民俗展卖、文艺汇演、趣味游戏等活动基础上，增设“跳蚤”市场、公益颁奖、公益展卖等环节和社会组织展位。5000人次游园。

（曹　伟）

【马骏烈士纪念馆祭扫活动】 4月6日，日坛公园爱国主义教育基地——马骏烈士纪念馆举办祭扫活动。芳草地小学民族校区、北京市第125中学、虎城中学、南中街民族学校、芳草地国际学校、府学小学、北京市虎城中学、北京工业大学、北京联合大学、北京市电气工程学院及东城区房管所等10余家单位近千人参加祭扫活动。

（张媛丽 孙 莹）

【花卉布置】 5月1日，在公园南门广场、北天门外、宰牲亭东北侧、钟楼、曲池胜春景观区摆放鲜花6种4万余盆。9月25日，在公园南门、北天门外摆花8种7万盆。11月3日，迎接APEC会议，在景区南门、北天门以及西天门布置花坛，更换花卉3万余盆。

（杨立强 李 颖）

【绿化工程】 5月1日，完成京承绿道改造工程。工程南起吉祥寺桥，北至黄岗桥，全长2000米，占地面积11.4万平方米. 回填土方1.67万立方米，栽植油松、桧柏常绿乔木236株，白蜡、金叶槐落叶乔木412株，碧桃、山桃落叶灌木248株；新增给水管道1200米、取水口30个、控制井4座，原有林地复垦、抚育面积11万平方米。10月24日，完成奥林匹克瞭望塔建设工程。绿化面积3.2万平方米，栽植花卉4万株。年内，完成顾家庄桥区改造工程。改造面积1.91万平方米，种植乔木210株、小乔木及灌木763株；完成呼家楼小区改造工程，改造面积1380平方米，种植小乔木92株；完成东湖2014重点区域环境整治项目工程，改造面积1.26万平方米，种植乔木165株、灌木785株。

（高 岩）

【古树复壮】 7月11日，通过公园古树复壮工程验收。工程自2013年12月2日施工，2014年7月11日竣工，复壮数量26株。9月，进行园区第三批次古树复壮，复壮数量16株。

（杨立强 李 颖）

【景区修缮工程通过验收】 7月23日，公园清辉亭、六角亭、北门门楼修缮工程通过验收。工程于6月23日开始施工。

（朱奇志）

【公祭仪式举行】 9月30日，是全国首个烈士纪念日，区委、区政府、市民政局在日坛公园革命烈士马骏墓前举行烈士纪念日公祭仪式。社会各界群众代表、马骏烈士家属、朝阳区部分烈属代表、相关学校师生代表、解放军和武警官兵代表，以及市燃气集团、市热力集团等社会单位2000余人参加公祭仪式。

（张媛丽 孙 莹）

团结湖公园

【概况】 团结湖公园隶属区园林绿化局，是全民所有制差额拨款事业单位。公园地处东三环北路，毗邻CBD中央商务区，占地面积12.3万平方米，其中绿地面积4.2万平方米、水面面积5.4万平方米、道路面积0.8万平方米、建筑占地面积0.4万平方米、铺装面积1.5万平方米，绿化覆盖率80%。有乔木2214株、灌木1.94万株、其他1456株。年内，按照《朝阳区园林绿化局专业公园检查评分细则》要求，开展园内绿化养护、病虫害防治、修剪、花卉布置以及园容卫生等日常工作；补种、补植草坪1.3万余平方米；地栽花卉9万余盆；改造中心岛草坪500平方米。更换碰碰车10台，更换船棚8个，更换电缆20米，改造码头30延米、新增安全标牌和安全操作规程标牌20块。新建游客中心35平方米，使用大理石铺装公园东门至南门园路700平方米及南门小广场地面400平方米，更换中岛垃圾箱28个，改造彩钢房屋120平方米、游船码头30延米、食堂库房30平方米，修复湖岸3600延米，630千伏箱式变压器由室内移至室外。细化《团结湖公园精细化管理细则》《团结湖公园精细化管理实施方案》，建立公园三级安全网络；强化专业技能、服务意识及消防、安全培训。承办公园管理处、区图书馆及团结湖街道办事处各类宣传活动10次。承接绿化工程面积7.3万平方米，绿化养护面积27.37万平方米。全年接待游客500万人次。

地址：团结湖南里16号
电话：85973603
邮编：100026
邮箱：tuanjiehugongyuan@163.com

（李洪静）

【绿化工程】 3月，承接中国人民解放军66194部队绿化工程改造项目。工程面积1.05万平方米，造价97.96万元，种植乔木240株、灌木230株、色带5500株、花卉7300株，铺设草坪3890平方米，4月竣工。3月底至5月，完成APEC会议重点绿化项目——孙河地区京平高速沿线环境整治绿化工程。施工面积3万平方米，造价480万元，种植乔木1326株、灌木2316株、竹子2500株、色带2.31万株，栽植花卉地被1.91万株，铺草坪9168平方米。10月1日至11月3日，完成来广营地区环境景观提升工程。工程位于北京会议中心东门，施工面积2.6万平方米，造价800万元，栽植乔木1059株、灌木2728株、绿篱色带1.78万株、花卉6.59万株、草坪地被2.48万平方米。

（韩晓楠）

【义务植树宣传】 4月5日，在公园西门广场开展义务植树宣传活动。发放植树宣传彩页、宣传品800余份，发放调查问卷220份以及小奖品（盆栽四季海棠）400盆。

（王雪莲）

【防灾减灾宣传】 6月12日，在公园东门广场开展“提高防灾减灾水平、构建平安和谐社会”安全月宣传活动。悬挂条幅1幅、摆放防灾减灾知识展板8块。园内并筹建防灾减灾应急物资储备室，专室储备应急物资。

（周国玉）

【北京公园节宣传活动】 8月18日，在公园西门广场开展第九届北京公园节宣传活动。发放小纪念品100余份，宣传单页100余份。

（王雪莲）

红领巾公园

【概况】 红领巾公园隶属区园林绿化局，是全民所有制差额拨款事业单位。公园位于东四环与朝阳北路交汇处东北角，面积42万平方米，其中水面面积16.09万平方米、绿化面积14.07万平方米、铺装面积6.86万平方米、建筑占地面积1.43万平方米、外单位占地面积3.55万平方米。实有树种105种，树木62259株，其中乔木5886株、灌木44473株、其他攀缘等11900株，绿化覆盖率94%。年内，新增健身广场、遮雨棚、路灯、便民服务柜等设施，自筹资金在绿地周边搭建竹篱笆，改造提升园内景观。举办第十四届红领巾科普游园会和第十一届北京双胞胎文化节，协助相关部门举办各类文化活动29项。完成APEC会议途经沿线五元桥至上清桥绿化改造工程、京承高速通道89号地绿化工程及北京会议中心东门绿地改造工程。全年接待游客510万人次。被首都精神文明建设委员会评为首都学雷锋志愿服务站；被首都绿化委员会评为首批“首都生态文明宣传教育示范基地”；被北京市公园绿地协会评为第二届服务民生创新管理品牌奖。

地址：后八里庄5号
电话：58539070
邮编：100025
网址：http://www.hljpark.com

（王 玲）

【绿化工程】 4月1日至15日，完成APEC会议途经沿线绿化美化工程——顾家庄桥区绿化改造工程。工程位于五环路五环桥至上清桥，投资40.99万元，施工面积8.21万平方米，清运渣土650立方米，栽植乔木148株、宿根花卉4.3万株、色带500平方米，铺草坪7500平方米。4月20日至30日，完成区平原地区造林工程——京承高速通道绿化朝阳段89号地工程。工程位于京承高速通道朝阳段，投资175.49万元，施工面积7万平方米，整理绿化用地7万平方米，堆地形土方4875立方米，抚育原有林地4万余株，栽植乔木405株、落叶灌木105株、宿根花卉3.74万株。5月25日，完成孙河乡康营组团定向安置房东区11条配套道路工程——香江北路绿化工程。工程位于孙河乡康营组团定向安置房东区，投资60万元，2012年9月18日开工，整理绿化用地7000平方米；2014年施工面积2032平方米，清运渣土2100立方米，回填种植土1450立方米，栽植乔木491株、落叶灌木678株、色带5824平方米，铺设透水砖226平方米。9月27日至10月25日，完成来广营乡环境景观提升工程。工程位于来广营乡北京会议中心东侧，投资估算900万元，属于APEC会议期间重点位置，施工面积2.77万平方米，整理绿化用地2.77万平方米，堆地形土方2.6万立方米，栽植乔木1277株、落叶灌木1185株、竹子4500株、宿根花卉5.06万株、一年生草花2.45万株、色块1923.8平方米，铺草坪1.85万平方米。11月16日至30日，完成APEC会议相关绿化环境提升项目——辛店路绿化改造工程。工程位于辛店路，投资144.15万元，施工面积1.3万平方米，栽植乔木263株、落叶灌木323株、常绿灌木29株、色带2079平方米、色块3468平方米，铺草坪1100平方米，铺设透水砖759平方米。

（李印超）

【义务植树宣传】 4月5日，举办“弘扬生态文明、共建绿色家园”义务植树宣传活动。活动由区园林绿化局主办。宣传屋顶绿化，湿地、野生动植物保护，森林法律法规等知识。现场发放宣传册近3000册，近千名游客参与活动。

（牟毅卉）

【第十四届红领巾科普游园会】 5月31日至6月1日，举办第十四届红领巾科普游园会暨2014年“六一”科普玩具欢乐汇活动。活动主题为“又学习、又玩耍”。期间，举办“我们一起过‘六一’暨校外学生社团庆‘六一’”文艺晚会。活动由区教委、区科协、区园林绿化局、六里屯街道办事处主办，区青少年活动中心、红领巾公园承办，中国绿化基金会艺术家生态文化工作委员会、北京北青教育传媒有限公司、北京少年报等单位支持。

（牟毅卉）

【“GO，让红领巾飘起来”活动】 8月24日，举办“朝青牵手‘GO，让红领巾飘起来’”活动。活动由团区委、六里屯街道团工委主办，六里屯街道社区青年汇、血友之家罕见病关爱中心、禁毒教育基地及华德眼科医院协办。活动包括普及禁毒防毒知识、宣传罕见病知识等内容，华德眼科医院专家现场为游客解答咨询并免费义诊，六里屯街道100余名居民及志愿者参与活动。

（牟毅卉）

【教师节庆祝活动】 9月6日至7日，举办师爱无尘——“我爱　爱我”2014年教师节庆祝活动。活动由北京市教育工作委员会、北京市教育工会主办，北京教育新闻中心、北京教育音像报刊总社、朝阳区教育委员会、腾讯网教育频道、红领巾公园承办。活动包括教师节30年名师风采展、名师咨询、现代教育大讲堂、教师健康咨询、环湖健步走、七彩乐园等项目。

（牟毅卉）

【双胞胎文化节】 9月20日，在公园举办“走出去·我们一起成长”——第十一届北京双胞胎文化节。开幕式后，59对双胞胎及家人到北京国际青年营密云营地，参与攀岩&速降、攻打金字塔、编织中国结、儿童CS体验和定向越野等活动。9月21日，在北京国际青年营密云营地开展“携手植树·双子成林·保护水源”特色活动，参会双胞胎种下百株油松，打造第十一届北京双胞胎文化节纪念林。活动由北京国际青年营、区园林绿化局、六里屯街道办事处主办，红领巾公园承办，北京教育音像报刊总社作为支持单位联合筹办。

（牟毅卉）

【“小手拉大手　当好东道主”主题活动】 9月25日，举办“小手拉大手 当好东道主”——朝阳红通社小记者在行动主题活动。活动由首都文明办主办，区教委承办，北京市红领巾通讯社、红领巾公园协办。北京市红领巾通讯社朝阳分社先锋小分队正式成立，小分队由150名小记者组成，来自朝阳区15所红通社校园记者站。

（牟毅卉）

【志愿服务岗启动仪式】 12月5日，举办“屯聚青春·我志愿”红领巾公园志愿服务岗启动仪式。活动由六里屯街道团委、红领巾公园、北京联合大学商务学院团委、中国矿业大学（北京）团委共同举办。中国矿业大学（北京）、北京联合大学商务学院200余名志愿者参加活动。

（牟毅卉）

元大都城垣遗址公园

【概况】 元大都城垣遗址公园朝阳段位于中轴路东西两侧及中华民族园南侧，隶属区园林绿化局，是全民所有制差额拨款事业单位。全年经济创收6296.94万元，固定资产1.58亿元。公园面积67.01万平方米，其中绿化面积43.65万平方米、水面积6.49万平方米、建筑面积6.03万平方米、铺装面积10.84万平方米。实有树木20.71万株，其中乔木1.43万株，灌木15.98万株，月季与攀援植物3.3万株。竹子1.07万株，绿篱色块35.65万株，宿根花卉14.53万株，草坪37.27万平方米。绿化覆盖率82%。年内，公园承接养护绿地69.59万平方米，其中华汇紫薇公园面积5.27万平方米，道路绿地64.32万平方米。特级绿地10处34.55万平方米，一级绿地13处19.86万平方米，三级绿地14处15.18万平方米。公园制定年养护方案及各阶段病虫害防治计划。春季在园内播撒二月兰、蜀葵、波斯菊、松果菊等花籽6000平方米。海棠花节期间，栽植海棠、凤仙、三色堇等1.5万株。9月，公园在重点景区栽植时令花卉2万株；在大都鼎盛广场选用绿萝、苏铁、串红等花材2万株布置“欢度国庆”主题花坛。加强美国白蛾等危险性有害生物防治，有效控制植株病虫害的发生与蔓延。组织各养护班组技术人员开展园林知识培训、参观学习、养护知识竞赛等活动。全年完成康营组团绿地工程，国庆立体花坛布置，APEC会议环境保障五环路改造、京藏高速改造工程，APEC会议奥林匹克中心区及周边区域环境整治（奥林西路改造）、北京会议中心北门东门改造工程；APEC峰会立体花坛布置等绿化改造工程。更换维修电力设施和公共服务设施阀门240余个，水管600米，喷头520余个，取水器130余个，栏杆1300延米；更新维修公园跨河桥3座；修缮及新修园路880平方米。年内，通过ISO9001质量管理体系和ISO14001环境管理体系复审。全年接待游客464万人次。

地址：惠新东街
电话：84648252
邮编：100029

邮箱：bgsydd001@163.com

（程桂清）

【绿化工程】 4月1日至6月29日，完成京藏高速公路两侧绿化改造工程。工程位于京藏高速西侧绿地，改造面积4.38万平方米，投资270万元，栽植乔木135株，灌木75株，色带1644平方米，宿根花卉2138平方米，丹麦草1.34万平方米，冷季型草坪4985平方米，铺装透水砖450平方米，铺装透水混凝土1928平方米，修复花池挡墙680米。完成五环路沿线改造工程。工程位于北五环路来广营桥两侧，改造面积4.6万平方米，投资413万元，栽植乔木1073株、灌木359株、色带410平方米、混播花籽3.11万平方米。工程包括来广营桥北侧增加秋色叶树种；来广营桥南侧调整原有地形，成片栽植彩色叶树种，形成大组团效果；北湖高尔夫外侧清理绿地，去除死树杂树，补植苗木。8月5日至9月15日，完成北京会议中心北路及东路改造工程。工程位于北京会议中心北侧和东侧，五环路南侧，自顾家庄桥以东至北湖渠路西侧，改造面积1.4万平方米，投资120万元，栽植常绿乔木132株，落叶乔木447株，落叶灌木107株，绿篱150株，色带523平方米，宿根花卉402平方米，草坪地被2850平方米。完成奥林西路改造工程。工程位于奥林匹克森林公园（南园）西侧，林萃路东侧，是科荟路与五环辅路的连接线，道路呈不规则曲线型，改造面积2.1万平方米，投资70万元，栽植常绿乔木41株，落叶乔木182株，落叶灌木107株，色带1963平方米，宿根花卉100平方米，草坪地被3534平方米。

（温晓峰）

【海棠花节】 4月2日至16日，举办第十七届“海棠笑春风 客来品花溪”海棠花节。公园和辅仁常青文化公司合作，举办海棠诗书画展览，倡导“节俭生活”“低碳北京”环保可持续发展理念，并在北美海棠品种种植区更换海棠文化科普长廊展板，宣传海棠知识。海棠花节由区园林绿化局和亚运村街道办事处共同主办，期间，接待游客30万人次。

（谭贺珍）

【国庆立体花坛布置】 9月6日至21日，投资80万元，完成国庆立体花坛布置。花坛位于民族大道南侧，北中轴路两侧，四海宾朋景区东侧和海棠花溪景区西侧城台。花坛布置为立体花墙，花墙正面高6米，上长18米，下长20米，呈梯形状，墙体部分主要运用浪花图案，东、西两侧花墙主题均为“乘风破浪”。花坛摆花使用海棠2.1万盆，彩叶草4300盆，金叶反曲景天1.3万盆。北京德轩工程管理有限公司监理。10月22日至30日，投资50万元，布置APEC峰会立体花坛。花坛位于民族大道南侧，北中轴路两侧，元大都城垣遗址公园四海宾朋景区东侧和海棠花溪景区西侧城台。花坛布置为立体花墙，花墙正面高6米，上长18米，下长20米，呈梯形状。花坛西侧以怀柔国际会议中心外形为图案，东侧以“鸟巢”“水立方”为图案，并在醒目位置放置APEC艺术字。花坛摆花使用三色堇3.45万盆，孔雀草5.52万盆。北京德轩工程管理有限公司监理。

（温晓峰）

四得公园

【概况】 四得公园位于将台地区，四环路四元桥东南角。东临机场路辅线，西靠机场高速路，南接坝河，北邻将台西路（原赵酒路）。隶属区园林绿化局，是差额拨款事业单位，占地面积16.13万平方米，其中绿地面积11.9万平方米、水面面积0.57万平方米、铺装面积1.77万平方米，其他面积1.89万平方米，绿化覆盖率73%。实有乔木3355株、灌木2.38万株、宿根花卉1019平方米、绿篱1500平方米、竹子250平方米、草坪10.5万平方米。年内，公园继续按照特级养护标准精心养护，对部分枝条交叉、过密的乔灌木进行土壤透气和移植复壮工作，移植红叶桃、连翘、珍珠梅70余株，补植红瑞木、月季、大叶黄杨、小叶黄杨、紫叶小檗650株及宿根花卉1800株、丹麦草500平方米，冷季型草1300平方米，利用大型机械修剪整形大树20余株。庆祝国庆65周年及APEC会议，设置2处大型花坛和4处花卉地栽，栽植各种花卉2.95万余株。加强美国白蛾等危险性有害生物防控，全年无大面积病虫害发生。完成平原造林京承高速88号地块工程，工程占地面积5万平方米；承接康营东区11条道路绿化工程。在公园2个大门安装环形门，添置临时储物柜和40把爱心伞，更新轮椅，制作存车牌，增加便民打气筒、针线包、天气提示板等服务。开展“弘扬生态文明，建设美丽北京”纪念第30个首都植树日宣传活动，举办“共谱居民和谐曲 再唱军民鱼水情”双拥共建等活动。全年接待游客180万人次。

地址：将台西路四得公园管理处

电话：64384057

邮编：100016

邮箱：sidepark@163.com

（关春明）

【绿化工程】 4月12日至30日，完成平原造林京承高速88号地块工程。工程位于京承高速路主收费站出京方向，为APEC会议环境布置重要节点，全长1.15千米，面积5万平方米，投资270万元，栽植大小乔木551株、花卉9000株，支架杆2204根，清理渣土1.08万立方米。4月16日至30日，完成康营东区11条道路绿化工程。工程位于孙河乡康营地区，投资110万余元，在住宅区道路两侧栽植树木550余株，清运渣土400立方米，回填种植土400立方米，支架杆2200余根。10月10日至20日，完成康营地区边角白地绿化工程。工程位于孙河乡康营地区，投资106万元，面积5000平方米，栽植植物9990株。

（关春明）

【北京公园节宣传活动】 8月18日，在公园五环主题广场举办“美丽公园 文明绽放——第九届北京公园节”宣传活动。现场悬挂黄色醒目横幅，发放市公园协会统一印制的《文明呼吁书》和《文明旅游十大提醒语》等宣传品，100余名游客参加活动。

（关春明）

【“星火工程进社区”演出】 8月26日，举办“星火工程进社区”文艺惠民演出。罗氏云鹏国际艺术团表演二人转、歌舞、魔术、器乐演奏等节目。“文艺演出星火工程”是北京市落实中央加强公共文化服务体系建设的指示精神，保证普通群众平等享有文化权益，而采用政府购买服务形式，面向农村地区开展的一项文化惠民工程。

（关春明）

北小河公园

【概况】 北小河公园隶属区园林绿化局，为全民所有制差额拨款事业单位。公园位于东湖地区，东至望京西路，西至京承高速路，南至北小河，北至利泽西街。占地面积24.8万平方米，其中陆地面积24.1万平方米，水面面积0.7万平方米。公园实有植物55种，乔木4012株，灌木1.15万株，竹子2005平方米，绿篱色块260平方米，宿根花卉7595平方米，草坪面积6.7万平方米。年内，维修保养基础设施，更换儿童区树池椅23个；购置垃圾桶40个，更换绿地大喷头550个，木蜡油粉刷木桥及木栈道450平方米；新增公园南门临夏广场300平方米，安装17米长整体条形座椅。新建游客中心、保安亭、商卖部、医务室和儿童游乐场各1处，改造原有游客服务中心、保安亭各1处。制作各类牌示33块、树牌300个、宣传展板8块、维修各类牌示34块、修缮安全隔离柱126个。在园内及管理处安装监控设施，安装球机10个、枪机41个、音箱25个、监控大屏幕1处。完成国家AAA级旅游景区的创建和质量环境管理体系认证审核。3月至6月，更换冷季型草坪1.3万平方米，丹麦草6000平方米，苔草3000平方米。年内，公园与各个部门签订安全责任书，安全工作检查12次，召开安全生产例会12次，与所有驻园单位签订安全生产责任书及消防安全协议书24份。春节前夕，与本单位职工签订春节期间安全管理协议书27份。全年召开安全会议3次；组织消防安全知识培训及应急预案演习2次。举办“北京·朝阳第四届国际体育文化节暨第三届‘东湖杯’国际业余围棋邀请赛”“百姓周末大舞台”和“东湖地区医疗联盟义诊”等活动。承担社会道路养护面积96.32公顷，含70条道路、边角地或绿地。完成15项绿化工程，绿化面积18.22公顷，工程投资2092万元。全年接待游客90万人次。

地址：师家坟村156号

电话：64708518

邮编：100102

网址：http://www.beixiaohegongyuan.com

（张　婷　赵　娜）

【绿化工程】 4月1日至6月29日，完成京顺路两侧绿化工程。工程位于京顺路进京方向沿线绿化用地，投资456.43万元，绿化面积6.71万平方米，栽植常绿乔木364株，落叶乔木123株，常绿灌木17株，落叶灌木358株，色带2443平方米，花卉4973平方米，草坪2.05万平方米；土建挡墙753米，路牙1036米，档杆1477米；喷灌管道152米，喷头10个，阀门2个。完成京承高速路绿化工程。工程位于京承高速沿线，投资244.71万元，绿化面积2.84万平方米，栽植常绿乔木111株，落叶乔木157株，落叶灌木624株，色带1797平方米，攀缘植物777米，花卉1401平方米，草坪2.15万平方米。6月20日至7月30日，完成京平高速沿线环境整治绿化工程。工程位于城铁15号线，投资59.59万元，绿化面积4000平方米，栽植常绿乔木55株，落叶乔木13株，落叶灌木82株，色带763平方米，花卉987平方米，草坪2000平方米。7月21日至30日，完成花卉常态化工程。工程位于京承高速（北四环至北五环）两侧，投资49.9万元，绿化面积2490平方米，栽植花卉12.45万株。11月25日至12月9日，完成来广营北湖渠村拆迁区域绿化工程。工程位于北湖渠村拆迁区域东侧，紧邻京承高速进京方向，投资432.48万元，绿化面积1.7万平方米，栽植常绿乔木158株，落叶乔木317株，常绿灌木47株，落叶灌木205株，色带1063平方米，花卉473平方米，草坪1.09万平方米；喷灌工程管道铺设2766延米、取水器24个、阀门井13座、泄水井1座、水表1块、喷头165个、阀门54个、快速抢修接头1个；土建工程路牙铺设485米、园路铺装872.62平方米。11月25日至12月4日，完成望和公园周边道路工程。工程位于望和公园周边京承辅路、望京西站、河荫西路、望京北路路段，投资984.58万元，绿化面积4.84万平方米，栽植常绿乔木37株，落叶乔木38株，常绿灌木5株，落叶灌木97株，色带205.5平方米，花卉1915.7平方米，草坪2.28万平方米；喷灌工程管道铺设9289延米、取水器145个、阀门井47座、泄水井10座、水泵1台、变频柜1套、电压力表1块、井管9米、电缆120米、雨水收集井18座、喷头931个、手动阀门171个；土建工程铁艺栏杆1158米、路牙铺设738.27米、园路铺装177.74平方米、升井18座。

（安　琪　田　菲）

【北京公园节宣传活动】 8月20日，开展“美丽公园　文明绽放——第九届北京公园节”宣传活动。东门广场设立“第九届北京公园节咨询处”，悬挂宣传条幅1幅，向游客发放文明旅游呼吁书、“文明旅游十大提醒语”填空题、“文明旅游十大提醒语”宣传折扇和环保手提袋各200余份。

（张　婷）

【游客满意率调查】 年内，组织游客满意率问卷调查4次。发放并收回以绿化养护、园容卫生、安全秩序等5项内容调查问卷1200份，游客满意率为95%，公园景观、服务质量、无障碍设施等管理项目满意率95%以上。

（张　婷）

庆丰公园

【概况】 庆丰公园隶属区园林绿化局，是全民所有制差额拨款事业单位。公园位于东三环中路，通惠河北路南侧。面积20.21万平方米，其中陆地面积20.01万平方米，水面面积0.2万平方米。园林绿地19.64万平方米，实有树木35.01万株，其中乔木3.23万株，灌木29.65万株，竹子2.13万株；花卉15.12万株，冷季型草坪11.38万平方米。截至年底，固定资产总值63万元，全年收入1174万元。同比降低14%。年内，完成绿化养护招投标，每月组织绿化养护检查评比，召开评比结果通报会，并组织参观特级养护绿地9处。完成和谐雅园小区、远洋一方休闲公园绿化改造工程；完成营盘沟首城国际东侧绿地、九龙街心花园绿地改造工程；提升东园叠水花溪景观效果，打造彩叶树和丁香特色树种观赏区，改造古槐树根系透气性，更换冷季型草坪，在园内重点景观栽摆节日花卉。举办“第二届北京二闸清明踏青节”活动。首次利用北京广播电台FM87.6进行宣传。北京电视台大型公益新闻行动在观景平台景区启动，北京电视台主持人志愿服务总队认养绿地1万平方米。双井街道办事处组织向阳花坊失独老人在公园叠水花溪景区举办“放飞心情 播种心愿”绿地认养活动。完成国家AAA级旅游景区创建并正式挂牌，提供影视剧组拍摄场地服务，开展游客满意度调查。安全生产管理完成保安服务招投标。通过三级安全生产达标评定，完成安全生产标准化建设。新建监控室，建成监控广播系统，监控保护范围基本覆盖整个园区。改造东园公厕供水系统，新建西园公厕1处。与区环卫中心第四清洁车辆场合作，开发闲置停车场用地。开展义务植树和第九届北京公园节宣传活动。完成北京市第八次园林绿化资源普查。全年接待游客35万人次。

地址：厂坡村甲2号

电话：67780738

邮编：100022

网址：http://www.qfpark.cn

（房桂娟）

【绿化工程】 3月22日至7月31日，完成和谐雅园小区绿化改造工程。工程位于双井街道和谐雅园小区，投资273万元，面积2.8万平方米，种植常绿乔木44株，落叶乔木278株，常绿灌木1500株，落叶灌木2484株，绿篱色带222平方米，宿根花卉2636株，月季3.5万株，冷季型草8200平方米，丹麦草1100平方米。11月20日至12月19日，完成远洋一方休闲公园绿化改造。工程位于管庄乡双桥东路远洋一方小区周边，投资275万元，面积3.3万平方米，铺装改造面积230平方米，种植常绿乔木73株，落叶乔木358株，常绿灌木2457株，落叶灌木9790株，绿篱色带210平方米，冷季型草1.28万平方米。

（于海强）

【节日花卉景观布置】 五一、十一和APEC会议期间，在东、西园正门口、重要景观区域栽摆花卉。主要有萱草、玉簪、非洲菊、八宝景天、矮牵牛、一串红和月季等14个品种6.8万株，工程造价17万元。

（白雪山）

【北京公园节宣传活动】 8月18日，举办第九届北京公园节宣传活动。发放“践行十大文明骑行语”“游园十要十不要”呼吁书及宣传纪念品500份。

（陈　希）

大望京公园

【概况】 大望京公园隶属区园林绿化局，是全民所有制差额拨款事业单位。公园位于崔各庄地区，北靠北小河，东南临京顺路，东北至五环路，西接望京外环路。占地面积33.04万平方米，其中绿地面积26.17万平方米，铺装面积4.53万平方米，水面面积2.34万平方米。绿化覆盖率87%。实有树木8.41万株，其中乔木0.99万株，灌木7.42万株；月季7458株，攀缘150株，竹子6.03万株，色带4070平方米，宿根花卉67.64万株，草坪面积22.7万平方米。年内，调整红叶碧桃、卫矛、紫叶矮樱、紫叶李、金枝国槐等色叶树种933株，铺种草坪5100余平方米。在重大节日及APEC会议期间，栽植花卉，牵牛、三色堇、串红、小菊、假龙头等花卉8.8万株，摆花1867盆。规范公园养护管理，组织职工参观国家AAA级景区爨底下风景区、国家AAAA级景区野鸭湖风景区、玉渊潭公园、北坞公园、世界花卉大观园等单位，学习借鉴先进绿化养护管理经验。完成国家AAA级旅游景区创建工作，成为国家AAA级旅游景区。举办携程国际旅游公司亲子嘉年华、小宝家亲子嘉年华、浦项植树、“美丽公园　文明绽放”宣传等活动。承揽园林绿化养护工程9项，面积16.72万平方米。其中新建京平高速万亩造林工程、望和公园绿化主体施工项目、远洋万和公馆613、615代征绿地园林景观工程3项，绿化面积5.1万平方米，铺装面积0.5万平方米，种植乔木2000株、灌木7500株、色带色块15.2万株、花卉0.7万平方米，工程造价942万元。改造京顺路两侧绿化（望京街至三元桥进京方向）、羊坊东路绿化改造工程、2014APEC会议环境保障相关绿化工程（一期）草场地与五元桥周边环境整治工程、大屯街道逸园小区绿化改造工程、APEC京承高速两侧绿地改造工程、远洋万和公馆绿化改造工程6项，改造面积11.62万平方米，种植乔木2050株、灌木945株、色带色块4.5万株、花卉2800平方米、草坪7.1万平方米，工程造价1270万元。完成绿化养护任务21项，面积42万平方米。参加区园林绿化局专业修剪比赛，2人获二等奖、3人获三等奖。在局公园系统全年养护评比中，大望京公园园内养护、园外养护均获第一名。全年进行安全检查16次，发现并纠正问题8次。全年接待游客18万人次。

地址：望京东路甲6号
电话：84762518
邮编：100102
网址：http://www.dwj-park.com

（傅良施）

【绿化工程】 4月1日至6月29日，京顺路两侧（望京街至三元桥进京方向）绿化工程完工。工程位于京顺路大山子路口至五元桥路北侧，改造面积2.5万平方米，新植油松、桧柏、白蜡、银杏等乔木473株，金银木、丁香、连翘等灌木419株，色带色块1293平方米，花卉889平方米，铺种草坪1.96万平方米。4月28日至9月27日，完成京平高速路万亩造林工程。工程位于京密路与京平高速孙河段之间，投资216万元，绿化面积3.3万平方米，栽植乔木1319株。5月31日至7月15日，完成望和公园绿化主体施工工程。工程位于原六公主坟村原址、四元桥西南侧，投资126万元，绿化面积6600平方米，栽植乔木389株、灌木125株、色带色块561平方米、铺种草坪6000平方米。12月2日至21日，完成大屯街道逸园小区绿化改造工程。工程位于大屯路南侧北苑路西侧，投资58.8万元，栽植乔木34株、灌木31株、花卉3.19万株、铺种草坪6154平方米。

（张宏涛）

【浦项公司义务植树】 4月4日，韩国浦项（中国）投资有限公司160余名志愿者在大望京公园开展义务植树活动。栽植榆叶梅、碧桃、立柳、紫叶李等树木277株。

（傅良施）

【义务植树宣传活动】 4 月5日，在清溪水道景区开展“大力弘扬植绿、护绿、爱绿生态文明新风尚”义务植树宣传活动。现场发放绿地认养宣传资料160份，义务植树宣传资料、环保袋及相关宣传资料等1200份。

（傅良施）

【小宝家亲子嘉年华举行】 5月31日，第二届小宝家儿童成长中心亲子嘉年华在公园特色玻璃敞厅举行。活动分为三个部分，第一部分亲子游戏；第二部分爱心义卖，小朋友将自己的画作拍卖，筹集到的款项通过“儿童希望救助基金会”捐助给“儿童希望之家”。第三部分家庭用餐。30余个国内外家庭参与活动。

（傅良施）

【北京公园节文明游园宣传活动】 8月18日，举办“美丽公园　文明绽放——第九届北京公园节”文明游园宣传活动。在如意湖广场设立咨询台，发放文明游园呼吁书108份，组织游客填写“文明旅游十大提醒语”相关问卷108份，发放公园文化宣传品50份及“游园十要十不要”小礼品110份。

（傅良施）

绿化一队

【概况】 区绿化一队隶属区园林绿化局，是全民所有制差额拨款事业单位。其主要职能是管理园林绿地、美化城市环境。年内，完成望和公园北园二工区景观工程、南磨房路绿化工程、松榆北路绿化工程、金桐西路绿化工程、金桐东路绿化工程、森林绿谷绿化工程、通惠河砖厂公园绿化工程、区政府院内绿化改造提升工程。绿化面积16.42万平方米，种植乔木2996株、灌木9595株、竹类2.1万株、绿篱色块12.23万株、花卉类20.97万株、草坪类5.57万平方米。全年养护检查12次。实施重点路段精细化管理。安排专人负责病虫害巡查管理，采取预防为主和综合防治相结合的方法开展病虫害防治工作。绿化养护面积386.73万平方米，其中特殊道路12.51万平方米；特级道路258.15平方米；一级道路70.78万平方米；二级道路38.60万平方米；三级道路6.69万平方米。实有树木59.54万株；竹子21.14万株、面积8854平方米，月季27万株、3万平方米，攀缘4.28万株、面积4519平方米，绿篱色块343.89万株、面积15.39万平方米，草坪98.61万平方米。养护范围西起东二环，东至温榆河，南起三环分钟寺桥，北至北五环。与各班组、施工队、租赁单位签订安全责任书。下发《绿化施工及养护道路作业安全注意事项》《绿化施工现场安全注意事项》和《务工人员安全管理责任须知》130份；开展安全教育培训2次；进行安全生产检查28次；全年无安全责任事故发生。

地址：团结湖路15号。
电话：85967276
邮编：100026
邮箱：lhydbgs@163.com

（张　静）

【绿化工程】 3月26日至4月26日，完成松榆北路绿化工程。绿化改造面积1.35万平方米，投资227.41万元，栽植各类耐阴灌木200余株，耐荫宿根花卉3万余株，萱草类开花植物2万余株，竹类2000余株，在有条件的绿地增加造型油松、银杏等大乔木20余株，增加品种月季2000盆。4月6日至5月8日，完成南磨房路绿化工程。绿化面积4400平方米，投资374.51万元，栽植耐荫灌木200余株，大叶黄杨3.5万株，竹类1.8万株，各类宿根花卉2万余株。4月24日至29日，完成金桐西路绿化工程。工程位于朝阳路与光华路之间，处于CBD商业中心位置，投资24.81万元，绿化面积1190平方米，栽植金叶女贞8525株、景天3486株、金娃娃萱草6426株、月季1248株。4月25日至29日，完成金桐东路绿化工程。工程投资35.37万元，绿化面积597平方米，种植乔木85株，灌木46株，花卉1.12万株。完成区政府绿化改造提升工程。工程位于朝阳区政府院内，投资46.24万元，绿化面积1500平方米，种植乔木22株（包括区政府周边道路），灌木5株，绿篱色块6000余株，竹类1000余株，月季类800株，宿根花卉6000余盆，草坪800平方米。4月30日，完成森林绿谷绿化工程。工程自2013年7月开工，位于来广营乡红军营南路与红军营路之间，投资1571.55万元，绿化面积6万平方米，包括节水工程、电气工程、土建工程、绿化工程，栽植常绿乔木394株、落叶乔木1091株、灌木8000余株、色带1250平方米、花卉9.05万株、草坪4.2万平方米。5月25日至8月25日，望和公园北园二工区景观工程完工。工程投资3227.55万元，绿化面积7.5万平方米，栽植乔木1200余株，灌木1000余株，色块类2万余株，花卉类2万余盆，草坪3万余平方米，栽植植物种类50种。11月28日至12月12日，完成通惠河砖厂大绿地建设工程。工程位于通惠河北路西段起点南侧，是通惠河北路沿路景观绿化带起点之一，投资238.47万元，绿化面积8000平方米，种植常绿乔木88株，落叶乔木96株，灌木149株，绿篱色带1.88万株，宿根花卉1.74万株，地被植物6240株，时令花卉1260株，草坪6870平方米。

（刘　跃）

【花卉景观布置】 4月20日，2014年花卉常态化项目开工，9月30日竣工。工程投资400万元，栽植时令花卉76.82万株，宿根花卉8.29万株，绿化面积7336平方米。花卉布置范围：光明桥、朝外大街、朝外市场街、东三环路、建国路、工体北路、农展南路、东大桥路、东四环路等主要路段。区园林绿化局建设，北京德轩工程管理有限公司监理，北京博信诺工程造价咨询有限责任公司审计。

（姚燕博）

绿化二队

【概况】 区绿化二队隶属区园林绿化局，为全民所有制差额拨款事业单位。主要职能是管理、规划、建设园林绿地，美化城市环境。截至年底，固定资产2195.62万元。全队养护道路242条/块，园林绿地402.11公顷，实有乔木17.3万株，灌木64.9万株，绿篱色块826.9万株，竹子22.5万株，垂直绿化10.3万株，月季6398万株，草坪138.3万平方米。养护绿地范围东至驼房营，西至八达岭高速路，南至四惠桥，北至昌平交界。年内，绿化养护管理采取责任划分办法，明确养护范围，建立"四级"检查制度，制定《2014年养护支出计划书》，调整各班组养护内容，将百分考核纳入常态化管理范畴。完成全区5年一次的绿化普查工作，配合局养护审计组完成本单位养护审计工作。加强网格管理，处理案件1.3万件，结案率100%。完成区园林绿化局2014年市级环境优美大街（一期）、APEC会议环境保障绿化工程（一期）、2014年花卉常态化建设工程、2014年国庆及APEC峰会期间花卉布置、APEC会议相关绿化环境提升项目（施工）、2014改善群众周边环境项目（施工）、望和公园园林附属工程（施工）、望和公园项目（施工）等绿化改造工程，绿化面积29.75万平方米，栽植常绿乔木2055株，常绿灌木718株，落叶乔木3805株，落叶灌木1.62万株，色带绿篱24.2万株，栽种时令花卉149.43万株，铺冷季型草坪11.43万平方米，栽种竹子2151株，铺草坪8159平方米，铺地被13.24万平方米，喷灌2.78万米，栏杆1560米，透水砖铺装723.3米，路牙509米，树阵广场612平方米，景墙76.62米，木栈道185平方米，观景平台123平方米。完成安全生产三级达标；与各部（组）、外包方和租赁单位签订《安全生产目标责任书》《社会治安综合治理责任书》《消防安全承诺书》《用电安全承诺书》和《高速公路安全施工、养护责任书》；完善抢险救灾应急预案，全年安全检查17次，安全培训7次，安全教育16次。全年绿化巡查正常办理用地手续 12 起，临时占地手续 15 起；联合巡查执法10次。出版内部刊物2期，展板4期，上报信息48条。通过北京兴源体系认证中心ISO9001国际质量体系、ISO14001环境体系及OMS职业健康安全体系认证外审。

地址：柳芳北里3号楼西侧
电话：84515379
邮编：100027
邮箱：lhedbgs@163.com

（刘晓兰）

【绿化工程】 3月28日至4月28日，完成科荟路市级环境优美大街绿化工程。工程投资44万元，面积2950平方米，栽植常绿乔木25株，落叶乔木5株，落叶灌木15株，色带绿篱2.21万株，花卉1.94万株。4月1日至6月29日，完成京承高速（五环内）两侧绿化、京顺路两侧绿化、五环路五元桥至上清桥、东北三环两侧绿化、东北四环两侧绿化工程。工程投资717万元，绿化面积4.05万平方米，栽植常绿乔木758株，常绿灌木171株，落叶乔木666株，落叶灌木1292株，色带绿篱11.19万株，花卉1.64万株，竹子2151株，草坪8159平方米，地被7441平方米。7月10日至23日，完成奥林匹克中心区及周边区域环境整治工程。工程投资340万元，绿化面积3.65万平方米，栽植常绿乔木133株，落叶乔木289株，落叶灌木3878株，常绿灌木18株，色带绿篱5.45万株，宿根花卉3.38万株，冷季型草坪2.43万平方米。7月21日至30日，完成安定路、安立路、北辰东路、北四环、民族大道、农展桥、新东路、樱花西街、中轴路等道路花卉常态化建设工程。工程投资424万元，绿化面积7766.78平方米，栽植花卉60.03万株，绿植382株。10月1日至20日，望和公园园林附属工程完工。工程包括南区（北至北京龙韵公园边界、西至京承高速、南至北四环路、东至北京华油服务总公司用地边界）及其向南现状道路沿线，投资2250万元，绿化面积8万平方米，渣土深埋3.50万立方米，回填土方11.95万立方米。10月20日至12月30日，完成望和公园项目（施工）工程。工程投资3973万元，绿化面积8万平方米，新植常绿乔木791株，落叶乔木2138株，落叶灌木9356株，色带绿篱10.68万株，宿根花卉17.13万株，攀缘植物2000株，地被12.44万平方米，时令花卉18.23万株，水生植物8.53万株，冷季型草坪6.75万平方米。11月20日至12月19日，完成绿影园、石林广场、太阳宫南街等小公园工程。工程投资844万元，绿化面积1.10万平方米，新植常绿乔木143株，常绿灌木24株，落叶乔木207株，落叶灌木886株，色带绿篱3.68万株，花卉1.07万株，地被550平方米，冷季型草坪8601平方米。11月25日至12月9日，完成奥林东路、北辰东路、北苑路、民族大道、太阳宫北京城建道桥吊运分公司拆迁区域绿化环境提升项目工程完工。工程投资517万元，绿化面积2.38万平方米，新植常绿乔木91株，落叶乔木354株，落叶灌木752株，色带绿篱5880株，花卉21.25万株，冷季型草坪1.01万平方米，喷灌2.78万平方米，栏杆1560米，透水砖铺装723.3平方米，路牙509米，树阵广场612平方米，景墙76.62米，木栈道185平方米，观景平台123平方米。12月2日至21日，完成2014改善群众周边环境提升工程。工程包括健安东路、惠新北街及北里小区、安华西里三区，投资165万元，绿化面积1.5万平方米，新植常绿乔木17株，常绿灌木47株，落叶乔木146株，落叶灌木60株，色带绿篱1.08万株，花卉9984株，冷季型草坪3775平方米。

（任　爽）

【节日花卉景观布置】 9月至10月，国庆前夕及APEC峰会期间，在安定路、安立路、北辰东路、北四环、民族大道、农展桥、新东路、樱花西街、中轴路等处布置花卉景观。其中北四环隔离带栽植时令花卉1.28万株，安定路栽植时令花卉7.73万株、宿根花卉4914株，安立路栽植时令花卉5.73万株、宿根花卉4926株，樱花西街栽植时令花卉1.03万株，新东路栽植时令花卉4525株，中轴路栽植时令花卉2.64万株、宿根花卉3200株，北辰东路栽植时令花卉12.42万株，民族大道栽植时令花卉7.56万株，农展桥栽植时令花卉7480株、常绿乔木97株、常绿灌木76株。

（任　爽）

绿化三队

【概况】 区绿化三队隶属区园林绿化局，是全民所有制全额拨款事业单位。位于东四环姚家园路口北侧。主要负责区域内农村道路绿化、路树养护，城市园林系统规划、绿地建设与养护工作。全年经济创收3484.64万元，同比降低14.98%。固定资产599.28万元。专业养护道路绿地121条183万平方米。其中特级道路绿地9条，一级道路绿地26条，二级道路绿地36条，三级道路绿地50条。年内，80%道路绿地养护实行招投标，加强民工养护、修剪等专业技术培训，开展养护道路绿地日常管理，全年养护检查10次。采用改善土壤技术措施，提升绿化美化效果，选用环保低毒药物，防治病虫害。加大执法防控力度，强化网格化管理，结案率100%。完成绿化资源普查。开展法制宣传教育和"安全生产月"学习活动，举办防火安全知识讲座，增强职工安全防范意识。完成黄楼路、京承路（崔各庄段）APEC会议保障工程，栽植乔木2312株，灌木122株，色带1.37万平方米，花卉563平方米，地被4343平方米；完成市级环境优美大街（一期）东风南路绿化改造工程，栽植乔木181株，灌木79株，色带295平方米，花卉640平方米，草坪640平方米；完成北苑东路奥运中心区周边环境整治工程，栽植乔木221株，灌木67株，色带583.5平方米，花卉458平方米，草坪2942平方米；完成崔各庄文化广场一期绿化工程，栽植乔木247株，灌木330株，色带193平方米，花卉381平方米；完成2处代办工程——朝阳区2014年平原造林工程5标段（东风乡段），栽植乔木7520株，灌木355株；姚家园小区C组团（在施），面积1.5万平方米。全年完成绿化面积31.01万平方米，工程造价2205.34万元。制定《绿化三队环境保障应急抢险工作预案》，与各班组负责人签订《交通安全及安全生产》责任书。全年报送区园林绿化局信息41条。

地址：东风乡将台洼甲1号
电话：84301230
邮编：100016
邮箱：Lhjsd3042@163.com

（彭桂英）

【绿化工程】 3月25日至11月30日，完成朝阳区2014年平原造林工程（5标段）。工程位于东风乡，投资562.50万元，绿化面积13.33万平方米，种植常绿乔木2691株、株落叶乔木4829株、亚乔木355株。3月28日至4月28日，东风南路绿化改造工程完工。工程位于东风南路，总价118.28万元，改造面积7500平方米，栽植常绿乔木71株，落叶乔木110株，常绿灌木3株，落叶灌木76株，色带295平方米，花卉640平方米，草坪6360平方米。7月10日至23日，完成北苑东路步道外绿化改造工程。工程位于北苑东路步道外，总价91.70万元，改造面积4300平方米，栽植常绿乔木41株，落叶乔木180株，常绿灌木13株，落叶灌木54株，色带583.5平方米，花卉1.78万株，草坪2942平方米。11月28日至12月12日，完成黄楼路绿化工程。工程位于京承高速至温榆河大道，造价575.22万元，全长6.5千米，种植常绿乔木4株、落叶乔木233株、落叶灌木77株、色带10.97万株、花卉1.8 6 万株、攀缘植物1.51万株、地被2.39万株。12月1日至15日，崔各庄乡文化体育公园绿化工程完工。工程位于崔各庄乡，造价63.87万元，绿化面积3845平方米，种植常绿乔木82株、落叶乔木172株、落叶灌木314株、色块（带）156株、花卉1.04万株、攀缘植物4400株、草坪1816株、地被981株。

（景　鑫）

大黄庄苗圃

【概况】 大黄庄苗圃隶属区园林绿化局，为全民所有制自收自支事业单位。位于东五环大黄庄桥东与平房路路口往北交汇处。主要负责道路养护管理，园林绿化设计及施工，绿化苗木、花卉生产与销售等。下设苗木基地2个。全年经济收入1.40亿元，固定资产总值3352.52万元。养护面积470.10万平方米，其中养护特级道路绿地8条、247.56万平方米；一级道路绿地16条、87.29万平方米；二级道路绿地21条、135.25万平方米。养护绿地实有乔木6.63万株，灌木12.62万株，沙地柏158.63万株，绿篱472.74万株，攀援植物59.2万株，竹子5.23万株，宿根花卉101.95万株，地被6.01万平方米，草坪61.21万平方米，绿化覆盖面积285.40万平方米。年内，围绕APEC会议开展环境保障工作，管理人员加强道路巡视力度，养护组及各班组长节假日停休，全天保持24小时通讯畅通，保洁人员责任到人，分片分区划定保洁范围。推进精细化管理，京通路、四环路部分路段更换草坪，八里桥大绿地局部改造等；京通路盛世龙源绿地、北苑公园、望京沟等地块安排养护组专人负责管理。全年各养护路段补植乔灌木650株，绿篱色带7.49万株，宿根花卉13.02万株，月季4200盆，沙地柏8600株，竹子1800株。继续实施道路养护招投标，通过竞争优胜劣汰，选出优秀养护队伍进行日常养护。植物保护工作，使用吡虫啉、阿维霉素等16种药剂，防治蚜虫、美国白蛾、锈病等病虫害，全年无大面积病虫害发生。完成四惠交通枢纽、雁栖湖生态发展示范公园二期、长楹天街龙湖项目代征绿地二期、青龙湖森林公园一期、望和公园景观工程南园四工区、青龙河造林、四环路植被恢复、朝阳北路植被恢复等8项绿化工程，绿化面积65.94万平方米。制定《大黄庄圃地管理办法》《花木基地管理办法》《花木基地临时工管理办法》和《圃地管理人员工作职责》，填写《苗木使用单》和《苗木接收单》等相关单据，准确掌握存圃苗木信息，避免重复采购。获北京市无检疫对象苗圃称号。年内，引进优良品种油松等各类常绿乔木1200株，银杏、白蜡等落叶乔木2300株，玉兰、紫叶李等小乔木及花灌木1700株；出圃油松、白皮松等常绿乔木1700株，银杏、国槐、白蜡等落叶乔木6000余株，碧桃、西府海棠等小乔木及花灌木9000余株；花卉生产坚持常规宿根花卉培育，采用种苗分根和自行播种方法生产玉簪、鸢尾、马蔺、八宝景天、金娃娃、萱草等宿根花卉20余个品种，截至年底，圃地入圃出圃金娃娃、马蔺等宿根花卉1.5万盆。

地址：大黄庄35号

电话：65711286

邮编：100024

（王爱华）

【绿化工程】 3月20日至4月30日，完成区园林绿化局2013年重点道路绿化美化项目——四惠交通枢纽绿化工程。工程位于四惠公交车站与长途车站前，投资491.38万元，面积1.48万平方米，种植常绿乔木151株，落叶乔木589株，落叶灌木329株，色块苗木13.3万株，宿根花卉3.79万盆，铺种草坪8473平方米。3月25日至12月30日，完成北京雁栖湖生态发展示范公园建设工程（第三标段一A地块）。工程投资2100万元，施工整地面积11.05万平方米，绿地起坡造型3.92万立方米，栽植常绿乔木395株，落叶乔木2424株，常绿灌木800株，落叶灌木1.15万株，宿根花卉7.72万盆，播种花籽11.83万平方米，配套庭院工程与喷灌工程先期完成。4月18日，完成青龙湖森林公园一期工程进场。工程位于房山区，面积21.22万平方米，施工整理绿化用地21.22万平方米，现场倒运土方2.30万立方米，清理碎石、杂木、废弃房屋基础1740立方米，清运渣土4.45万立方米，自5月9日开始栽植。种植常绿乔木2848株，落叶乔木5286株，亚乔木1474株。6月1日至7月25日，完成望和公园南园四工区景观工程。工程投资3633万元，包括绿化种植、庭院土建工程、雨水收集利用工程、喷灌工程、电气工程等项目，完成起坡堆筑地形12.78万立方米，整理绿化用地9.68万平方米，广场、园路、挡墙、集水池、小品等占地面积1.22万平方米，栽植常乔833株，落乔3710株，落叶灌木995株，绿篱色带苗木5.27万株，竹子6400株，宿根花卉18.69万株，一、二年生草花14.77万株，草坪8.67万平方米。9月20日，完成青龙河造林工程。工程位于来广营地区，投资1300万元，面积12.75万平方米，10月25日完成苗木栽植。其中青龙河百米绿化带种植工程面积3.26万平方米，种植常绿乔木498株，落叶乔木1017株，铺草坪996平方米；青龙河铁路边绿化种植工程面积8000平方米，种植常绿乔木39株，落叶乔木68株，落叶灌木430株，铺草坪2127平方米；青龙河造林绿化种植工程面积8.69万平方米，种植常绿乔木1045株，落叶乔木4267株。年内，四环路红寺桥至弘燕桥段外环绿地由于市政工程施工移植，造成局部植被缺失，该占地施工结束，场地移交大黄庄苗圃，恢复绿地面积6.24万平方米，工程栽植常绿乔木350株、落叶乔木1577株、落叶灌木335株，铺设草皮3000平方米。朝阳北路热力施工移交场地后，完成植被恢复工程面积2.35万平方米，栽植常绿乔木196株、落叶乔木626株、落叶灌木3611株、常绿灌木3株、宿根花卉2.87万株，铺草坪2.34万平方米。

（张　骁）

北花园苗圃

【概况】 北花园苗圃隶属区园林绿化局，是全民所有制自收自支事业单位。面积22.40万平方米。主要负责区域内街乡道路养护管理，园林绿化设计及承揽绿化工程，道路绿地巡查，绿化苗木及花卉培育。年内，养护道路绿地面积143.39万平方米，其中特级道路绿地11条60.26万平方米，一级道路绿地20条42.37万平方米，二级道路绿地18条21.17万平方米，三级道路绿地5条7.8万平方米，新增道路4条11.79万平方米。实有乔木4.4万株，灌木16.3万株，绿篱1.6万平方米，草坪、地被类植物15万平方米。新植、补植乔木110株，灌木372株，花卉6000平方米，草坪8000平方米，月季350株。落实苗圃《绿化养护管理制度》和《绿化养护月检查和抽查制度》。年内，办结、回复相关绿地举报案件500余件。完成专业绿化改造工程、新施工绿化工程7项，面积18.47万平方米，分别是APEC会议沿线至京包铁路绿化工程、APEC会议沿线至来广营桥东北角绿化工程、京承高速平原造林至来广营段绿化工程、朝丰家园小区1、2号地绿化工程、朝阳旺角运动休闲公园绿化改造工程、翠城公园绿化改造工程、垡头公园绿化改造工程。栽植常绿乔木721 株，落叶乔木 1336株，常绿灌木2.93万株，落叶灌木4.28万株，花卉 14.27万盆，地被5.39万平方米，花籽3.1万平方米，绿篱色带6.18万株，竹子1200株。年初，提高土地利用率，定向栽植、合并、移栽移除油松、云杉、雪松、白蜡、银杏、丛生元宝枫、玉兰、紫叶李、榆叶梅、碧桃等植物。其中常绿乔木773株、落叶乔木614株、落叶灌木1975株、竹子6600墩。采购低价、优质苗木，有常绿乔木598株、落叶乔木483株、落叶灌木1822株、竹子6600墩。全年进行安全检查12次、安全演习1次。全年无安全责任事故发生。

地址：高碑店乡北花园村南

电话：87739429

邮编：100024

邮箱：bhy@sina.com

（伏乃红）

【绿化工程】 4月1日至6月29日，完成APEK会议京包铁路沿线绿化工程。工程位于八里庄街道京包铁路沿线，属于APEC会议环境保障相关绿化工程，投资353万元，面积4.15万平方米，栽植常绿乔木94株、落叶乔木83株、落叶灌木2296株、常绿灌木4512株、花卉5.21万株、草坪3.3万平方米。5月15日至7月15日，完成新建绿地朝丰家园一二地块绿化工程。工程位于朝阳富力又一城小区周边停车场，投资314万元，面积1.15万平方米，栽植常绿乔木61株，落叶乔木176株，落叶灌木7521株，常绿灌木2.65万株，花卉5288株，草坪1800平方米。11月20日至12月19日，完成朝阳旺角绿化改造工程。工程位于双桥通惠河南朝阳旺角运动休闲公园，投资345万元，绿化面积1.35万平方米，栽植常绿乔木116株、落叶乔木510株、落叶灌木3300株、常绿灌木7900株、花卉2300株、草坪9850平方米。完成垡头公园绿化改造工程。工程位于垡头街道办事处金蝉西路东边，投资100万元，绿化面积3300平方米，栽植常绿乔木19株、落叶乔木33株、落叶灌木56株、常绿灌木1.14万株、花卉9990株、草坪750平方米。完成翠城公园绿化改造工程。工程位于垡头地区华侨城南翠城公园内，投资563万元，面积2.9万平方米，栽植常绿乔木122株、落叶乔木67株、落叶灌木1.94万株、常绿灌木2.48万株、花卉5.2万株、草坪1.25万平方米、竹子1200株。11月25日至12月9日，完成京承高速路周边来广营绿化工程。工程位于京承高速路来广营桥东北角，投资290万元，面积1.5万平方米，栽植常绿乔木201株，落叶乔木365株，落叶灌木182株，草坪9500平方米。完成京承高速路区平原地区造林绿化工程。工程位于来广营桥与京承高速路收费站之间，投资160万元，面积7.26万平方米，栽植常绿乔木114株、落叶乔木131株、落叶灌木3300株，播种花籽2.2万平方米。

（陈曦 乔梁）

林业工作站

【概况】 朝阳区林业工作站隶属区园林绿化局，是林业工作站和果树工作站合并的全额拨款事业单位。位于平房乡姚家园村，占地面积0.73公顷，固定资产总值263万元。主要负责区域内林木有害生物防治、预测预报、检疫；依法开展林木种苗生产、经营监督管理；拟定区域果树、林木种苗产业发展规划以及相关管理规范和技术标准并组织实施；负责组织指导果树、林木种苗新品种和新技术引进、试验、推广及技术培训；负责林果及蜂产品质量监督管理、跟踪检查标准实施与技术指导服务；开展林木种苗与食品安全方面法律法规、林业果树技术、林木有害生物防治与检疫技术培训，并指导街乡林业工作。负责全区枯死树鉴定。年内，全区以防治美国白蛾、春尺蠖、国槐尺蠖、蚜虫等林木有害生物为主，普遍防治6次，防治面积9333公顷。截至10月14日，开具产地检疫证书60批次，产地检疫苗木1.20万株，检疫面积333.33公顷，开具检物检疫证书2449批次，木材运输证2189批次。检疫调运苗木12.16万株，种子3150公斤，原木13.60万立方米，板材25.95万张，包装箱475件，家具门窗75件，木皮80万平方米。开具森林植物检疫要求书220份。加大对管庄、东坝木材市场300余家木材经销商管理，开展不定期检疫检查。专项检查30家种苗生产经营单位、10个平原造林重点乡，清理补种苗木。四率指标完成情况：成灾率零、无公害防治率100%、测报准确率98%、种苗产地检疫率100%。全区监测美国白蛾成虫3174头，其中越冬代成虫2820头，第一代成虫224头、第二代成虫130头；发生美国白蛾幼虫11处，涉及街乡5个，危害树木20株，与上年相比，美国白蛾越冬代成虫数量有明显增加，幼虫疫点数与危害树木株数有所下降，全年未发生美国白蛾灾害。果树面积321.86公顷，年总产量96.12万千克，产值1087万元。聘请专家定期到重点果园指导培训，全年培训6次，培训人数300人次。接待观光采摘游客1.5万人次，收入400万元。全区重点果园推广果实套袋25万个，推广有机肥266.67公顷，推广果树现代新技术种植26.67公顷，推广苹果、樱桃、桃等名优品种15个。对重点果园跟踪检查指导，推广标准化管理，使用生物农药，指导监督林果产品生产企业建立食用林果产品生产记录制度。全区抽检基地5个，样品200批次，合格率100%，未发现农药超标现象。结合全区绿化总体规划，开展种苗统计、生产管理、技术服务等工作。全区初步形成以国有苗圃为主体，社会育苗为补充的苗木生产体系。截至年底，全区苗圃31个，育苗面积579公顷，可育苗面积525.9公顷。育苗250.3万株。

地址：平房乡姚家园村84号

电话：51193981

邮编：100025

（刘传敏）

园林绿化综合服务中心

【概况】 朝阳区园林绿化综合服务中心成立于2006年，隶属区园林绿化局，是行政支持类差额拨款事业单位。位于东四环红领巾桥东北角。主要职责为协助有关科室开展伐移树木审批前后的相关服务；监督检查绿地控制线范围内建设情况；收缴绿化经费及统计。年内，中心与12家社会单位签署《代征绿地移交协议》，涉及代征绿地46.6公顷，生效4家、28.8公顷；实际接收亚奥绿城、东坝等2个项目的代征绿地19.8公顷；完成土地证办理资料审核，7宗80.4公顷进入土地证办理窗口，新取得土地证10个，涉及土地面积31.8公顷；协助局绿化管理科对接11个项目，申请42.2公顷代征绿地政府养护资金；配合局绿办完成绿地率审核48件。

地址：朝阳北路147号院1号楼

电话：85974268

邮编：100025

邮箱：jdk6@sohu.com

（王君）

【城市绿化监督执法】 年内，协同区局资源科勘察审批伐移树木现场118宗，接收树木砍伐批后监督144件（区园林绿化局审批118件、市园林局26件）。其中完成监督72件，执行监督46件；接收投诉70件，办理完成70件，办结率100%。出动监督执法人员520人次，车辆187台次。发现小红门污水处理厂、富力又一城、林萃西里项目3处代征绿地被非法侵占进行无手续建设，均予以制止。

（王君）

公共安全馆

【概况】 朝阳区公共安全馆隶属区园林绿化局，系公益性科普型事业单位。位于元大都城垣遗址公园5号景区。主要职能为传播公共安全知识，提升公民安全意识，最大限度降低和减少各种灾害和突发公共安全事件造成的损失，构建"平安和谐朝阳"。公共安全馆建筑面积2400平方米，其中地上展厅600平方米、地下展厅1800平方米。最大展区为消防展区，总面积330平方米，是全馆展项多、互动性强的主题馆。场馆设计遵循实用性与科学性、综合性与专题性、知识性与趣味性相结合原则，地上展厅从宏观角度综合介绍朝阳区公共安全的发展情况，地下展厅由与公共安全相关的消防安全、卫生健康、生产安全、交通安全、人民防空、治安反恐、自然灾害等7个主题展区组成。馆内设置电子沙盘查询、免费上网区域、4D影院等设施及项目。全年开展宣传活动6项，累计宣传9场。开展各类安全讲座4次。全年各类新闻媒体报道12次，其中电视采访3次。《现代职业安全》和《北京民防》杂志均给予专题报道，中国气象局"中国减灾"栏目组到馆拍摄专题片并在中国气象频道播放。

地址：元大都城垣遗址公园5号景区

电话：64197178

邮编：100029

网址：http://www.cyggaqg.com

（高明）

【活动开展】 年内，与区消防支队和区地震局联合开展"5·12防灾减灾"宣传活动；与市消防大队联合开展"中秋消防亲子游"活动；参加红领巾公园"六一科普游园会"和区科协"2014年科普宣传日"活动。与中国军事医学科学院博物馆联合开展"恐怖袭击与应急救援"巡展及"第二届暑期学生开放日"活动。

（高明）

【参观考察团接待】 年内，接待几内亚共和国等涉外参观3批次；接待天津、四川、上海等省市考察团6批次；接待中央财经大学、首发集团、北京现代、中国移动、天安国际旅行社以及朝阳区、东城区、海淀区、大兴区等参观团体3万余人。

（高明）

郊野公园管理中心

【概况】 朝阳区郊野公园管理中心成立于

2010年6月，2014年10月前隶属于区绿指办。2014年10月，区绿指办撤销，区郊野公园管理中心隶属区园林绿化局，机构规格相当正科级，是行政全额拨款事业单位。主要职责为负责组织落实郊野公园行业标准，制定管理办法和措施；指导公园景观保护、绿化养护等管理服务工作，并进行监督和考核；管理及使用公园专项补助资金。年内，检查考核全区郊野公园4次，培训管理人员及一线职工2次；陪同区人大代表检查将府公园发展建设情况。截至年底，朝阳区有郊野公园23家。

地址：道家园甲16号
电话：65041149
邮编：100025

（黄　珊）

【AAA级旅游景区创建】 年内，将府公园、古塔公园和兴隆公园作为试点，完成申报创建郊野公园第一批国家AAA级旅游景区工作。8月中旬，区旅游委组织专家组对创建国家AAA级旅游景区的3个郊野公园进行测评验收，9月28日，市旅游委网站公布将府公园、古塔公园和兴隆公园为国家AAA级旅游景区。

（黄　珊）

绿　指　办

【概况】 北京市朝阳区绿化隔离地区建设指挥部办公室（简称区绿指办），为正处级单位。下辖北京市朝阳区郊野公园管理中心（事业单位）。绿指办主要工作职能：贯彻执行上级关于绿隔地区的绿化政策，研究制定朝阳区相关政策和中长期发展规划，并负责督促落实；调研绿隔建设重大问题；调整、协调绿隔地区控制性详细规划、产业用地规划和新村用地；负责绿隔地区产业用地项目的规划建设、调整和初审，以及产业用地定向出让试点、保留企业改造升级和绿色产业项目规划建设；协调解决绿隔地区整建制转居、产权制度改革、新村建设、农民上楼及农民剩余自住房转商；协调推进绿隔地区农民新村市政基础设施建设和市政用地补征政策落实；推进绿隔地区绿化建设、郊野公园建设、绿地提升、养护和管理；协调绿隔地区中央、市属单位拆迁腾退等工作。年内，编制《朝阳区第一道绿化隔离地区城市化建设试点总体方案》；常营、来广营、南磨房、太阳宫、豆各庄和将台6个乡列为市级第一道绿隔城市化综合试点乡；完成年度平原万亩造林施工招标及平原造林养护接收工作。10月16日，区绿指办撤销（朝编〔2014〕59号）。

地址：南磨房乡金蝉西路欢乐谷社区西侧
电话：65094699
邮编：100023
电子邮箱：cylzb4699@163.com

（张　淼）

【平原造林工程专题会】 1月6日，召开区2014年平原造林工程专题会。区绿指办主任李杰民总结2013年工作、部署2014年工作。有关乡汇报2014年造林地块土地腾退、合同解除等准备工作；相关部门领导发言；区委常委、副区长、区万亩造林工程建设指挥部总指挥陈涛就2014年造林工作提要求。

（张　淼）

【万亩造林工程施工招标会】 3月19日，区万亩造林办公室组织召开“朝阳区2014年度平原地区万亩造林工程施工招标开标会”，完成年度朝阳区平原万亩造林施工招标。标志着朝阳区平原造林施工全面展开。

（张　淼）

【《森林资源养护管理办法》实施】 5月6日，制定《朝阳区农村地区森林资源养护管理办法》，经市平原地区造林工程建设总指挥部和区政府审核通过并正式实施。

（张　淼）

【政协提案集中办理答复会】 5月20日，召开关于郊野公园类政协提案集中办理答复会，相关人员答复3件提案办理情况。区政府办、政协、旅游委、市政市容委、园林绿化局等部门主管领导参加会议。会议决定启动郊野公园AAA级景区创建工作。

（张　淼）

【完成平原造林养护接收】 6月，完成2012年平原造林涉及的10个乡养护接收工作。分别是：来广营、孙河、崔各庄、金盏、东坝、将台、常营、王四营、豆各庄、黑庄户。

（张　淼）

奥林匹克森林公园

【概况】 奥林匹克森林公园位于北京城中轴线北端，南起科荟路，北临清河，东至安立路，西至林萃路。占地约680公顷，以五环为界，分为南、北两园。南园约380公顷，北园约300公顷，横跨北五环路的生态廊道将南北两园连为一体。公园水面面积67.7公顷，绿化面积478公顷。有乔灌木59万余株，植物品种278种，绿化覆盖率95.61%，是市区最大的城市公园，属北京世奥森林公园开发经营有限公司管理。2012年11月6日，被全国旅游景区质量等级评定委员会评定为国家AAAAA级旅游景区。北京世奥森林公园开发经营有限公司隶属区国资委，为国有独资企业。全年接待游客1224.6万余人次。

地址：北五环仰山桥西
电话：64529010
邮编：100107
网址：http://www.bjofp.com.cn

（王宏艳）

【职工代表大会召开】 2月18日，召开第二届四次职工代表、第二届五次工会会员代表大会。审议通过《2013年度公司工作总结及2014年工作报告（草案）》《2013年度公司工会工作总结及2014年工作报告（草案）》《2013年工会经费收支和审查情况的报告（草案）》和《公司2013年度业务招待费使用情况的报告（草案）》。企业方代表总经理田锦和与职工方代表、工会主席杨利民签订《2014年工资集体协商协议书》《森林公园2014年度重点工作任务书》和《2014年党风廉政责任书》。88名职工代表参会。

（王宏艳）

【北园气膜羽毛球馆完工】 2月26日，奥森公园北园综合气膜羽毛球馆工程完工。工程建筑面积5280平方米，由645平方米综合服务大厅和4635平方米气膜球馆组成，建筑高度15.5米。球馆长115米、宽45米、内设30片标准羽毛球场地。馆内反射式灯光照度达到国际标准，全天恒温，装有自动更换新风系统。综合服务大厅配有更衣室、淋浴室以及乒乓球室。工程于2013年3月开工，由北京世奥森林公园开发经营有限公司建设，北京迪塞尔建筑技术咨询有限责任公司设计，北京约顿气膜建筑技术有限公司、北京润安市政工程有限公司施工，北京蔷薇工程监理有限公司监理。

（王宏艳）

【党的群众路线教育实践活动】 2月至10月，开展党的群众路线教育活动，公司党委所属的7个党支部、157名党员参加活动。领导班子组织30次理论中心组学习；下基层和一线调研65次；与群众座谈近500人次；发放征求意见表157份，征求意见建议736条。其中“四风”方面35条。领导班子召开专题民主生活会，查摆“四风”问题 63个，提出批评意见23条，制定整改措施63项。梳理原有规章制度，新建制度6项，修订完善制度2项。基层党支部集中学习105次。

（王宏艳）

【法网青少年外卡赛】 3月27日至30日，在奥森公园国家网球中心气膜网球馆红土赛场举办“法网青少年外卡赛”。24名在国际网联注册且13周岁至18周岁的中国籍运动员（男、女各12位球员）参赛。郑伟强、郑妩双分获男、女冠军并获参加2014年法网青少年赛外卡。

（王宏艳）

【花卉观赏季】 3月28日至11月20日，举办第三届奥林匹克森林公园花卉观赏季。观赏季包括春花节、百亩葵花展、秋日花展、秋日彩叶展。春花节展为3月28日至5月4日，接待游客246万人次；百亩葵花展引进24个向日葵品种，展期为6月28日至7月27日，接待游客128万人次；秋日花展展期为9月28日至10月28日，接待游客120万人次；秋日彩叶展展期为10月23日至11月20日，接待游客84万人次。活动均免费开放。

（王宏艳）

【北京海外人才创业林认养】 4月26日，在奥森公园举办“2014北京海外人才创业林”认养暨海外学人奥林匹克森林公园长走活动。邀请入选中央“千人计划”和北京“海聚工程”的海外学人，对首都发展做出贡献的优秀海外学人以及海外学人分中心、留学人员创业园等从事海外学人相关工作的机构和个人等300余人参加。活动由北京海外学人中心和北京海外高层次人才协会共同主办。

（王宏艳）

【“关爱生命健康行”活动】 5月6日，区红十字会在奥森公园举办“朝阳区纪念‘5·8’世界红十字日‘关爱生命健康行’”活动。市红十字会、区相关委办局等领导和红十字会理事、常务理事以及43个街（乡）志愿者600余人参加活动。

（王宏艳）

【微软家庭日活动】 5月16日，在奥森公园雕塑园举办由微软（中国）有限公司主办的“微软家庭日活动”。1000余人参加活动。

（王宏艳）

【故宫博物院领导调研】 5月29日，故宫博物院院长单霁翔，党委书记、副院长纪天斌，常务副院长王亚民，副院长宋纪蓉、冯乃恩、娄玮等18人调研团到奥林匹克公园实地调研瞭望塔项目。

（王宏艳）

【园林绿化普查】 7月1日至8月30日，按照市园林绿化局统一部署，世奥公司对奥森公园进行全面园林绿化普查。普查按公园道路划分167个地块，分别清查每个独立地块内绿化资源种类和数量。经查，全园林木统计数量为乔木191710株，灌木399165株。

（王宏艳）

【第九届北京公园节启动仪式】 8月18日，在奥林匹克森林公园南门广场举办第九届北京公园节启动仪式。活动由中国公园协会、首都文明办、朝阳区人民政府、北京市公园管理中心共同主办，北京市公园绿地协会承办。中国公园协会会长郑坤生、北京市公园管理中心主任张勇、首都文明办副主任卜秀均、恭王府管理中心主任孙旭光、中国公园协会副会长林芳友、奥林匹克公园管理委员会常务副主任田巨清等领导出席启动仪式。

（王宏艳）

【多伦多红十字会考察团考察】 9月23日，加拿大多伦多红十字会一行7人到奥森公园游客服务中心红十字应急救护培训志愿者服务站，考察公园红十字志愿服务工作开展情况。

（王宏艳）

【千人羽毛球赛】 9月24日至29日，在奥森公园北园气膜羽毛球馆举办2014年北京市体育公益活动社区行、奥林匹克体育大赛——朝阳区体育局第二片区“千人羽毛球赛”主题活动暨首届奥林匹克森林公园市民羽毛球公开赛。羽毛球爱好者姚一帆获女子单打冠军，姜鹏飞获男子单打冠军，徐静、张宁获男子双打冠军，洪性峰（韩国）、christina（德国）获混双冠军。

（王宏艳）

【中国网球公开赛】 9月27日至10月5日，在奥森公园国家网球中心举办2014中国网球公开赛。期间，比赛292场，42个国家和地区的299名运动员参加比赛，入场观众22.2958万人次。

（王宏艳）

【中央巡回督导组考察瞭望塔】 9月28日，中央巡回督导组杨衍银、王庭大、李耀建、生秀红、洪振帅、许晓桃、吴帆、娄华峰、陈志谦等到奥森公园参观考察瞭望塔，区领导程连元、张革、刘军胜等陪同考察。

（王宏艳）

【2014北京马拉松赛段保障】 10月19日，完成2014北京马拉松赛奥森公园赛段保障服务工作。3万余名选手途经此赛段。

（王宏艳）

【APEC峰会指定用车交车仪式】 10月20日，上汽集团“2014年APEC工商领导人峰会官方指定用车”交车仪式在奥林匹克森林公园举行。作为APEC峰会的合作伙伴，上汽集团下属的两大品牌旗舰车型——上汽荣威950和上汽大通G10正式交付APEC峰会组委会，承担APEC峰会“国宾车”任务，为中外各国国家元首政要提供用车服务。

（王宏艳）

【救援直升机起航仪式】 10月28日，市红十字会“人道惠民生 共圆中国梦”——中国首架专业航空医疗救援直升机起航仪式在国家网球中心钻石球场举行。空客直升机中国副总裁Sylvain Goldberg向市红十字会紧急救援中心（999）颁发《中国首架专业航空医疗救援直升机证书》，布赫公司销售总监Rolf Kraus 向市红十字会紧急救援中心颁发《中国首架专业航空医疗救援直升机医疗器械证书》。副市长、市红十字会会长戴均良出席活动并讲话。中国红十字会副巡视员、秘书长刘燕君宣读《关于成立中国红十字航空医疗救援飞行队的决定》，中国红十字会副会长王海京向中国红十字航空医疗救援队授旗。

（王宏艳）

朝阳公园

【概况】 朝阳公园是以园林绿化为主的综合性、多功能的大型文化、休闲、体育、娱乐公园，是国家AAAA级旅游景区、北京市重点公园和精品公园，是北京市四环以内最大的城市公园。公园位于朝阳区中部，东至东四环路，南至朝阳公园南路，西至朝阳公园路，北至亮马桥路。规划总面积288.7公顷，其中水面面积68.2公顷，陆地面积220.5公顷，绿化覆盖率87%。建筑占地面积10.4公顷，道路广场铺装面积21公顷，绿化面积145公顷，其他占地面积44.1公顷。开发利用北京第29届奥运会沙滩排球比赛场地，于2009年建成沙滩主题乐园。有中央首长植树林、生命之源、艺术广场、卧龙叠水、春花园等30余个景点；有勇敢者天地游乐园、网球中心、羽毛球馆及索尼探梦、乐高小镇等体育文化娱乐项目。2006年7月，朝阳公园被朝阳区政府授予“朝阳公园国际文化展演聚集区”，形成“春节·朝阳国际风情节”“五一·朝阳流行音乐周”和“十一·朝阳国际旅游文化节”三大国际时尚文化品牌。朝阳公园开发经营公司隶属于区国资委。所属基层单位8个（分别为：北京朝阳公园开发经营公司安保中心、北京朝阳公园开发经营公司票务中心、北京朝阳公园开发经营公司文化商卖管理中心、北京朝阳公园开发经营公司物业管理中心、北京朝阳公园开发经营公司绿化保洁公司、北京朝阳公园开发经营公司水电管理中心、北京朝阳公园开发经营公司勇敢者游乐园、北京朝阳公园开发经营公司体育中心）。全年接待游客928.47万人次。公司获2014年北京市旅游行业第二届安全技能大赛团体总分第一名、北京市第20届企业管理现代化创新成果一等奖、北京市安全生产月优秀组织奖。

地址：朝阳公园南路1号

电话：65953490

邮编：100025

邮箱：major@sun-park.com

（孔　雁）

【主题活动】 1月31日至2月6日（农历大年初一至初七），举办春节游园、2022年冬奥会申办宣传展、中国移动4G服务宣传和“马到成功摄影宣传”等活动。期间，在公园布置民俗美食街、工艺品展卖区等特色展区，开放70余项大型游乐设施及滑雪场，以及乐高小镇、索尼探梦两项儿童体验项目。29.8万人次入园；综合收入460.53万元。

（孔　雁）

【第三届“春花节”】 4月1日至5月31日，举办朝阳公园第三届“春花节”。“春花节”景区位于公园北部“春花园”，占地14.26万平方米，主题为“踏青、赏花、回归自然”，数十个春花品种、上万株春花树木参展。期间，在公园南门开通电瓶车接送游客，参观人数1万余人次。

（孔　雁）

【“2014年北京书市”活动】 4月11日至20日，举办“2014年北京书市”，活动由北京市新闻出版广电局、北京出版发行业协会主办，北京发行集团承办，主题为“共享全民阅读　同绘中国梦想”。这是北京市首次以“北京书市”命名推出的全民阅读活动，书市设450个标准展位，展销30万余种中外文图书、音像制品、电子出版物。期间，入园46.7万人次。

（孔　雁）

【“绿色环保”活动】 4月26日，在公园喷泉广场举行“低碳·健康家生活”2014年家庭环保秀暨“最大手指绘画”吉尼斯世界纪录活动。活动由北京心系新生命文化传媒有限责任公司主办。最大手指绘画总面积28.92平方米，整个画面粘贴到一块90平方米的巨型环保袋上，寓意“绿色环保”。中国婚姻家庭研究会、全国总工会女职工部、相关企事业单位、幼儿园的家庭代表以及大学生志愿者近1000人参加活动。

（孔　雁）

【婚礼开放日活动】 4月27日，艾恩婚礼在“朝阳公园婚礼堂”举办婚礼开放日活动。活动设置婚礼仪式模拟体验、互动及咨询提问等环节，参与者由此体验京城首个一站式婚礼堂、户外婚礼、草坪婚礼全过程。

（孔　雁）

【2014国际马联（FEI）场地障碍世界杯中国联赛】 4月下旬至10月上旬，在公园马术场举办2014国际马联（FEI）场地障碍世界杯中国联赛。赛事分三站进行，时间分别为4月25日至28日、4月30日至5月3日、10月4日至7日。前两站为积分赛，第三站为中国赛区总决赛。最终决出1名拥有参加2014年国际马联（FEI）场地障碍世界杯总决赛资格冠军骑手。德国、法国、美国等9个国家10余名骑手，中国香港及中国内地40余名运动员参加比赛。10月4日至7日，举办中国赛区总决赛。总决赛分为希望之星赛、青少年及马主赛、年轻马赛和俱乐部赛等4项9个级别的比赛。10月7日，比赛落幕，荷兰骑手迈克·范·德弗伦丁获冠军，中国骑手边巴次仁和瑞士骑手珍·理查德分获亚军、季军。

（孔　雁）

【2014潮流音乐节】 5月1日至3日，举办2014潮流音乐节。音乐节包含劳动大声唱、新民音乐会、相约北京、加勒比（拉美）音乐节、爵士音乐会和拉美音乐集市6个板块，16个国家40支乐团参演。期间，接待游客23万人次，综合收入312万元。

（孔　雁）

【2014年北京外语游园会】 5月17日至18日，举办以“用世界语言 讲北京故事”为主题的“2014年北京外语游园会”主会场活动。活动由北京市民讲外语活动组委会、市政府外办、市委宣传部、首都精神文明办、市总工会、市妇联、市残联、朝阳区政府等联合主办。会场设中心舞台活动区、外语互动交流区、国际文化交流展示区、宣传展览区和咨询服务区5个区域。来自法国、巴西、泰国、韩国、埃塞俄比亚等9个国家的200余名留学生用汉语、英语、法语、阿拉伯语等语言讲述他们眼中的北京故事和北京印象。

（孔　雁）

【“2014环保公益嘉年华”活动】 5月31日至6月2日，举办“2014环保公益嘉年华SEE HAPPY GREEN DAYS”活动。活动由阿拉善SEE生态协会主办，北京观鸟会、自然之友、北京根与芽等50余家全国各地环保公益组织协办。现场设置自然教育体验区、动物朋友互动区、科普实验动手区、绿色创意交流区、环境影像展示区、有机市集、环保游戏区7个区域。

（孔　雁）

【北京夏季森林交响音乐会】 6月5日，是“世界环境日”。著名作曲家、指挥家谭盾，联袂中国国家交响乐团在公园沙滩排球场东广场，举办“聆听自然”，庆祝阿拉善SEE生态协会成立十周年“北京夏季森林交响音乐会”，籍此向“世界环境日”致敬。音乐会主题为“人与自然”。

（孔　雁）

【世界献血者日庆祝活动】 6月13日，在公园08广场举办“安全血液挽救母亲生命”世界献血者日庆祝活动暨“我学榜样做公益”志愿活动。活动由“2014北京榜样”大型主题活动组委会办公室和北京市红十字血液中心联合举办，北京电视台知名主持人春妮现场朗诵诗歌《赞美你，希望的守护者》。RH阴性（俗称“熊猫血”）献血者、市红十字血液中心稀有血型爱心之家成员韩冰与白血病患儿父亲到场，讲述他们之间因为献血而结缘的感人故事。“2013北京榜样”孙爱兵、“馒头与橙子”夫妇到场与志愿者交流。

（孔　雁）

【市总工会调研】 6月13日，市总工会党组副书记、副主席王玉英率市厂务公开协调小组一行8人到公园调研厂务公开工作。公司党委副书记、工会主席付义金带领检查组参观职工之家、职工书屋和职工活动室；党委书记刘林峰介绍公园基本情况并汇报工作；总经理田锦秈从全力支持工会工作，积极搭建沟通平台，主动征求职工意见建议3个方面做补充说明。检查组检查公司开展厂务公开民主管理工作的相关档案资料，与公司20名职工座谈，并进行问卷调查。

（孔　雁）

【市安监局“安全月宣传咨询日”活动】 6月16日，市安全生产监督管理局在公园南门举办“安全月宣传咨询日”活动。相关领域专家和志愿者现场解说并演示燃气泄漏、火灾爆发、交通事故等情形发生时的应急自救方案。

（孔　雁）

【游乐设施及消防安全检查】 6月17日，副市长戴均良带队到公园检查游乐设施、消防安全等工作。检查组观看游乐设施断电应急演练，查看相关资料并听取汇报。戴均良提出5点要求：高度重视安全工作；尽量避免安全事故对整个旅游行业的影响；加强对人民群众的生命安全保障；安全管理责任到位，常抓不懈；建立部门联动长效机制，降低危害程度及损失。

（孔　雁）

【植物带上二维码身份证】 6月20日，百度百科与公园合作的“植物二维码”正式挂牌，为园内60余种植物悬挂5000余个名牌。“植物二维码”名牌是将树木相关信息制成二维码，相当于植物的身份证。游人通过智能手机扫描二维码，即可查询到树木的名称、特性等相关信息。

（孔　雁）

【2014北京海洋沙滩狂欢节】 6月28日至8月31日，举办“城市里看海，公园中玩沙”2014北京海洋沙滩狂欢节。海沙节历时65天，接待游客22万人次。

（孔　雁）

【“慈善北京”新闻发布会】 8月9日，市民政局和首都公益慈善联合会联合举办“慈善北京”系列活动新闻发布会。发布会现场公布“慈善北京”标识。标识主体图形由图案与汉字组成。上方是北京标志性建筑天坛祈年殿；下半部分是汉字“善”字的艺术化表现。整个组合寓意“善”是北京的根基，承载着北京的历史进程。该标识作为“慈善北京”品牌形象和文化符号，在此后的慈善活动中推广使用。当天，公园并举办“慈善北京”公益图片展，展期1周，展出照片300余张。

（孔　雁）

【第九届北京公园节宣传】 8月18日，开展“美丽公园·文明绽放”第九届北京公园节宣传活动。在公园南门悬挂北京公园节宣传条幅，向游客发放《文明旅游呼吁书》《北京公园——第二届服务民生品牌活动专刊》等宣传材料，组织游客参与填写“文明旅游十大提醒语”，倡导游客与公园管理者、志愿者共同营造和谐、文明的游园氛围。

（孔　雁）

【2014北京希望马拉松义跑】 9月13日，由中国医学科学院肿瘤医院主办的2014年第十六届“北京希望马拉松——为癌症患者及癌症防治研究募捐义跑”活动在公园举行。北京市相关大中院校、企事业单位代表及医务工作者、癌症康复者等5000余人参加义跑。义跑累计募款2000万余元。除义跑外，活动还以科普探秘、健康讲堂、健康测试、游戏互动等形式宣传科普知识。

（孔　雁）

【公园绿地认养】 9月16日，首都绿化委员会、北京市绿化基金会、绿地集团京津事业部在公园南门举行“绿地·美丽北京”绿地认养发布会。公司党委书记刘林峰与到场嘉宾共同进行石碑揭幕。绿地集团认养绿地面积13400平方米，每年认养费用30万元，连续认养3年。此次认养活动是朝阳公园建园以来绿地认养金额最高的一次。

（孔　雁）

【“爱国主义”宣传活动】 9月20日，区武装部在公园南门广场举行“爱国主义”宣传活动。现场搭设长6米、高4米LED屏，滚动播放《甲午 甲午》爱国影片和爱国歌曲。现场向市民发放宣传材料。

（孔　雁）

【国庆假日旅游工作会议】 9月22日，市假日旅游工作领导小组在公园多功能厅召开2014年北京市国庆假日旅游工作会议。副市长程红出席并讲话。会议开始前，程红检查公园应急指挥中心，观摩市旅游委组织的游乐项目“高空飞翔”应急处置演练。程红要求：全力以赴，借助国庆65周年庆祝活动的“东风”，为来京游客提供良好的旅游条件和环境，实现“安全、秩序、质量、效益”四统一的假日旅游工作目标。突出重点，重点强调安全、服务、秩序三个关键词，依法严厉查处各类非法“一日游”行为，以及零负团费、欺客宰客、假冒伪劣、强迫和变相强迫游客消费等现象。

（孔　雁）

【台湾民俗文化灯会】 9月27日至10月7日，举办2014“两岸情——宝岛台湾民俗文化灯会”。活动设11个大型灯组，台湾中华巨龙、台北101、阿里山、日月潭、团团圆圆、千手观音、妈祖等大型花灯参展。知名艺人徐乃麟率台湾文艺团体表演歌舞及歌仔戏、布袋木偶戏等台湾民俗，台湾美食、少数民族手工艺品以及相关文创产品现场展卖。

（孔　雁）

【国庆游园】 10月1日，举办庆祝中华人民共和国成立65周年游园活动。在公园南大门草坪广场、08广场、沙排主场馆东广场及中心岛剧场分别举办歌舞、民间花会、集体交谊舞等表演，在公园6公里健身步道举行“千人健步行”等活动。4.5万余人游园。

（孔　雁）

【国际设计周】 10月1日至7日，举办“北京国际设计周设计猫主题公园”，30余个知名设计品牌展示各自作品，消费者可以现场购买作品并参观，活动向公众免费开放。

（孔　雁）

【“大爱无国界”国际义卖】 10月19日，举办第六届“大爱无国界”国际义卖。活动由外交部主办，主题为“大爱无国界——为贫困山区孩子送去‘心’希望”。74家驻华使馆和国际组织驻华机构代表参加。义卖筹善款141万元，用于资助贫困山区“先心”病孩子的治疗。该活动始于2009年，由国务委员杨洁篪题名，其宗旨是凝聚中外各界爱心，帮扶贫困地区人民和社会弱势群体改善生活。

（孔　雁）

【建园30周年植树活动】 10月22日，举办建园30周年植树活动。公司党委副书记付义金主持活动。公司领导班子成员、部分中层干部及职工约50人参加活动。公司退休职工、新入职职工和在职中层干部代表分别发言。公司党委书记刘林峰致辞，并与公司总经理田锦秈、3名职工代表共同为纪念林揭幕。

（孔　雁）

【墨西哥之旅探寻活动】 10月31日至11月12日，墨西哥大使馆在公园08广场举行探寻墨西哥之旅活动。墨西哥旅游局首席执行官Rodolfo Lopez Negrete先生、墨西哥驻华大使温立安出席发布会。活动现场，在一个古典风格白色穹顶展厅内，主创人员通过高科技手段，采用360度全息成像、互动展示、3D视频体验、虚拟试衣间等国际领先技术，向观众全方位介绍墨西哥古老文明和现代文化完美融合发展成果。

（孔　雁）

【建园30周年图片回顾展】 11月26日，是朝阳公园建园30周年纪念日。公司举办建园30周年图片回顾展暨职工园情教育以及免费开放日活动。图片回顾分为朝园掠影、公司沿革、国际交流、建设历程、领导关怀、体育赛事、往日浮光、文化活动、职工风采等9个板块。10时，公司领导到南门广场寄语征集台欢迎来园游客，邀请游客在寄语簿上签名留言，与游客合影，并现场发放奥运纪念沙、游乐项目赠券、公园故事书等纪念品。近200位游客写下寄语。

（孔　雁）

【城镇绿地等级评定】 年内，参加市园林绿化局“2014年城镇绿地等级评定”工作。公园申报的16.2万平方米特级绿地、132.8万平方米一级绿地通过评定。

（孔　雁）

中华民族园

【概况】 中华民族园（北京中华民族博物院）位于北四环与北辰路（中轴路）交汇西南角，东至北辰路西红线，南至北土城路北红线，西至北辰西路，北至北四环路南红线。占地面积28.2万平方米（其中绿地面积17.26万平方米；道路、广场面积2.96万平方米；水面面积4.3万平方米）；建筑面积3.68万平方米。1994年6月18日，中华民族园建成开放（当时只有北园建成，又称中华民族博物馆；2001年9月南园建成，更名为中华民族博物院），是博物馆与公园相结合的国家AAAA级旅游景区。6月18日为院庆日。行业管理隶属朝阳区园林绿化局、北京市文物局、朝阳区旅游委。属自收自支、独立核算、自负盈亏的民办事业单位。全年经营收入827.70万元，较上年增长13.97%，其中门票收入703.19万元，较上年增长15.23%。全年接待游客13.81万人次，较上年增长2.83%，其中购票11.93万人次、免票1.88万人次。

地址：民族园路1号

电话：62063791

邮编：100029

网址：http://www.emuseum.org.cn

（汪　昆）

【涉外接待】 3月11日，尼泊尔首相办公室代表和部长理事会代表一行5人参观游览中华民族博物院。

（汪　昆）

【活佛接待】 4月26日，政协第九届全国委员会常务委员、政协西藏自治区第八届委员会副主席、活佛朱康应中华民族博物院院长王平邀请，携家属参观游览中华民族博物院。

（汪　昆）

【节日花卉景观摆放】 五一期间，用花7000盆，在门区广场和园内主要景区摆放花坛3个。十一期间，用花7600盆，在门区广场和园内主要景区摆放花坛3个。

（汪　昆）

【“苗族四月八”节庆活动】 5月3日，在苗族分馆和北园主广场举行“苗族四月八”节庆活动。活动由中国苗族经济促进会筹委会主办，中华民族博物院与中央民族大学苗学研究所协办。贵州省松桃苗族艺术团、湖南省古丈县苗族代表、在京部分苗族人士，北京十二音少儿合唱团部分团员等150人参加演出。演出主要内容为苗族拦门酒迎宾、苗族四面鼓表演、苗族绝技“上刀山”、苗族民歌、苗族集体舞等。接待游客4000余人。

（汪　昆）

【青海省互助县县长慰问】 5月5日，青海省互助县县长潘海春带领就业局、旅游局局长一行到民族园土族分馆慰问土族队员并参观土族展馆和观看演出。

（汪　昆）

【民族团结教育社会实践活动】 5月29日，怀柔区长哨营满族乡中心小学到园开展系列校外课堂——北京市中小学生民族团结教育社会实践活动。活动主要内容有“二魁摔跤”“杨木杆舞”和“满族民族服饰展示”等满族文化体验活动。2014年，民族园与北京市民族教育学会签订合作协议，利用民族园资源优势，开展市中小学生民族团结教育系列校外课堂活动。年内，80所学校3.8万名学生参加活动。

（汪　昆）

【苗族端午节】 5月31日至6月2日，在苗族分馆举办苗族端午节活动。活动主要内容有苗族迎宾酒、插艾蒿、苗族四面鼓表演、上刀山绝技、打糍粑、包粽子等。接待游客3000余人次。

（汪　昆）

【建院20周年纪念活动】 6月18日，在北园主广场举行“中华民族博物院建院20周年庆典”。活动分为回顾院史、颁发纪念品、歌舞联欢及大合影留念四个环节。全体员工近400人参加活动。

（汪　昆）

【中秋节特别活动】 9月6日至8日，在土族、羌族分馆举行庆中秋节特别活动。主要内容有民族歌舞演出；羌族推杆游戏、土族抢“金豆”游戏；现场制作土族中秋传统美食“蒸花馍”、羌族传统美食“土豆粑粑”。接待游客2000余人次。

（汪　昆）

【美俄航天员家属接待】 9月11日，美国、俄罗斯航天员家属一行80人参观游览民族园，欣赏少数民族歌舞演出和民族服饰展演。

（汪　昆）

【老员工“回家”】 9月16日至18日，开展“中华民族博物院建院20周年庆典”系列活动之老员工“回家”活动。民族园邀请曾在园工作过的10名少数民族老员工“回家”，并举办新老员工见面会、座谈会、联欢会等。期间，请老员工回顾院史，园领导向老员工赠送纪念品和礼物，老员工与少数民族新员工同吃同住并参加园内演出。中华民族博物院与全国16个省市自治区政府合作，20年间累计培养40个民族2460名少数民族员工。

（汪　昆）

【老党员共植民族团结复兴树】 9月30日，来自全国各地各条战线上800余名老共产党员在民族园举行“撷取祖国四面八方沃土，共植民族团结复兴之树”活动。每位老党员携带一袋家乡土依次倒入树坑中，栽植一株青松并立碑留念。活动由中国党建新闻调查网、中国红色文化交流协会、中国改革与发展研究院联合主办。

（汪　昆）

【国庆65周年少数民族大联欢】 10月1日至7日，举行国庆65周年少数民族大联欢系列活动。活动主要内容有升国旗、迎宾仪式；每日2场民族歌舞大联欢；少数民族服装服饰展演；9支少数民族表演队展演民族文化。期间，接待游客1.5万人次。

（汪　昆）

【美国ABC电视台拍摄纪录片】 10月17日，美国ABC电视台一行9人到民族园拍摄“京味儿北京”纪录片。同时拍摄的景区有中华世纪坛、国家大剧院、国家话剧院、国家图书馆、钓鱼台国宾馆、北京黄芩仙谷景区、黄芩种植基地、中国美术馆、丽丝卡尔顿酒店、天下第一城、园博园、大运河遗址。纪录片计划于2015年在美国ABC电视台播出。

（汪　昆）

【亚运村地区青年联谊会】 10月25日，亚运村街道100余名青年男女在民族园表演场举办“真挚的情 热情的心——亚运村街道青年男女联谊会”。活动由亚运村街道工会、中华民族博物院联合主办，目的是为大龄单身男女青年搭建交友平台。

（汪　昆）

【社区运动会】 11月6日，“第一届健康伴我行民族运动会”在民族园南园三塔广场举行。运动会有板鞋竞走、滚铁环、托球跑、跳绳、踢毽子等项目，200余人参赛。活动由亚运村街道祁家豁子社区与中华民族博物院联合主办。

（汪　昆）

【亚运村街道新年联欢会】 12月26日，“亚运村街道2015年非公企业职工新年联欢会”在民族园举行。民族园参演藏族舞蹈和白族原生态歌曲两个节目。亚运村街道非公企业员工以及辖区居民300余人参加活动。活动由亚运村街道办事处、中华民族园联合主办。

（汪　昆）

【制作院庆纪念品】 年内，中华民族博物院设计制作系列纪念品，庆祝建院20周年。纪念品包括中国56个民族娃娃一套（院长王平手绘）、中华民族博物院20年建设历程8米长卷、《北京中华民族博物院20周年纪念邮册》、中国民族扑克牌和中国各民族示意图。

（汪　昆）

【病虫害防治】 年内，采取修剪虫枝和打药等方法，防治毛虫类病虫害。全园范围打药2次、30车（上半年14车下半年16车）。局部范围打药15次，根部灌药5次，涂抹刷药粉5次，复壮用药2次，全年未大规模爆发虫害。

（汪 昆）

【园林养护】 年内，移栽植物34株，其中乔木14株、灌木20株；伐除死树42株，其中乔木26株、灌木16株；挖除遗留树根24个。竹林养护：去除死竹、弱细竹，疏通过密竹丛；花后修剪：针对花灌木，花后1周至2周修剪开花枝、过密枝、徒长枝；日常养护修剪：平日及时修剪枯枝死杈、分蘖枝、徒长枝；冬季修剪：主要针对大乔木，对树木进行整形修剪以及老树复壮修剪。冬季主要对凤尾兰、葡萄、紫薇、石榴等植物实施防寒保护。为南园凤尾兰搭建防寒棚，改变以往稻草捆绑式的防寒方法，提升凤尾兰观赏效果。

（汪 昆）

【维修改造】 年内，投资81万元，维修园内民族建筑、服务设施。主要项目有布依族屋顶维修、台湾展区部分民居维修、朝鲜村木桥大修、壮族木拱桥重建、羌族河边木桥维修、水族侗族水车维修、羌寨员工通道大门维修、傣族泼水龙亭大修，并在泼水木龙上方搭建遮雨亭，改建28座铁皮消防箱为砖瓦结构消防箱。

（汪 昆）

【绿化数据统计】 年内，园内实有树木178759株，其中乔木16791株、灌木161968株；月季类930株；攀援类5926株；竹子183900株。培育芳香植物2302株、药用植物3500株、水生植物200盆、宿根花卉5000丛、草花6万株、温室绿植1000盆。

（汪 昆）

环 境 管 理

【概况】 朝阳区环境保护局是区政府环境保护专职机构，负责辖区环境管理工作。内设机关科室7个、基层机关1个、纳入机关工资规范管理单位1个、全额拨款事业单位1个、内设机构2个。年内，通过市环保局标准化建设验收，成为北京市首批通过标准化建设终验监测站之一，拥有9大类110个项目的检测能力。年内，区域环境质量进一步改善，PM2.5年均浓度下降3.3%，区域环境噪声值下降1.8分贝；全面落实清洁空气行动计划各项措施，超额完成主要污染物总量减排、老旧机动车淘汰等市政府下达的重点任务，完成18家单位292.5蒸吨燃煤锅炉清洁能源改造，酒仙桥地区燃煤锅炉改造取得突破，实现四环内无燃煤锅炉房的目标；做出行政许可1826件，处罚环境违法行为1885件，罚款1190万元。处理信访6885件，回复率100%；解决7起环境突发事件，应急处理空气重污染18次；完成APEC空气质量保障任务，会议期间空气质量优良率75%。向385家单位征收排污费951.86万元，入库金额为上年的13倍。做出环保审批1183件、验收643件。完成各类环境监测任务，取得监测数据9700余个，监测收费216万元。参加市环保局“2014年全市环境应急技术大比武”，获团体亚军。

地址：农展南路5号

电话：65085178

邮编：100125

邮箱：huanbao@bjchy.gov.cn

（常 颖）

【环境污染整治专项行动】 1月至9月，开展城乡结合部地区环境污染整治专项行动。重点部位是街乡交叉区域、“城中村”等流动人口聚居区域、环境复杂及安全隐患突出区域。重点对象为未经环保审批、验收、超标准排放污染物单位，存在环境违法行为的“五小企业”（小化工、小木器、小服装、小加工、小作坊）。重点工作为加大废旧塑料瓶加工小作坊整治力度；检查无证从事危险废物经营、医疗废物收储、城市生活垃圾经营性处置、危险化学品生产和经营、放射性同位素和射线装置生产、销售、使用等单位；协调、指导各街乡检查燃煤小锅炉；检查加油站和运输车辆、施工机械。

（常 颖）

【领导调研】 1月23日，怀柔区副区长张勇带队到朝阳区调研环境保护工作。3月25日，副区长苑文新等到区环保局调研环境保护工作。6月10日，区人大常委会副主任李国，城建环保委主任张永贵、副主任徐福寿等，到区环保局调研《北京市大气污染防治条例》和清洁空气行动计划实施情况。10月10日，市环保局副局长冯惠生带领市环保局、市水务局等部门组成的调研组到朝阳区调研。区环保局汇报水环境区域考核、断面补偿、水源保护区高尔夫球场退出、农村地区减煤换煤等工作。

（常 颖）

【《朝阳环境报》创刊】 1月27日，《朝阳环境报》创刊。该报由区环保局主办、朝阳传媒承办，采用月刊方式，每月下旬发刊。其宗旨为宣传环境保护，面向43个街乡、社区、委办局、重点污染源单位免费发行。版式为4开4版，主要栏目为：要文版、工作交流、特别关注、环保公益。

（常 颖）

【污染源申报登记】 2月10日，完成2014年度污染源申报登记工作。申报登记企业1934家，审核录入数据10万余个。

（常 颖）

【施工现场及渣土运输专项执法月】 3月15日至4月底，开展施工现场及渣土运输专项执法月活动。主要内容：落实建筑垃圾运输制度，减少扬尘污染，落实清洁空气行动计划。

（常 颖）

【“世界水日”宣传活动】 3月21日，在朝阳区爱琴海购物中心举办“2014清洁节水中国行 一家一年一万升”，纪念第22个“世界水日”宣传活动。活动由环境保护部宣传教育中心和花王（中国）投资有限公司主办，区环保局和太阳宫地区办事处承办。

（常 颖）

【“世界地球日”宣传活动】 4月19日，在朝阳公园举办“建设美丽中国·践行低碳生活”，纪念第45个“世界地球日”宣传活动。十届全国人大常委会副委员长、中华环保联合会名誉主席顾秀莲；全国妇联原副主席、中华环保联合会副主席洪天慧；著名表演艺术家、中华环保联合会常务理事田华及区环保局党组书记陈伟等参加活动。活动由中华环保联合会主办，区环保局和六里屯街道办事处协办。

（常 颖）

【声环境功能区划分调整】 4月22日，朝阳区发布通告，调整声环境功能区划分并正式实施。朝阳区区域面积470.8平方公里，包括1、2、3、4类声环境功能区。其中1类352.6平方公里，2类30.8平方公里，3类2.4平方公里，4类62.3平方公里，交通干线建设项目用地22.7平方公里。与之前功能区划相比，以居民住宅、医疗卫生、文化教育、科研设计、行政办公为主要功能的1类声环境功能区比例明显增加，从67.8%上升至74.9%。

（常　颖）

【餐饮行业专项整治行动】 4月至8月，开展餐饮行业专项整治行动。整治行动以大中型餐饮单位为重点对象，以水源防护区、国控子站周边以及群众反映强烈、投诉较多地区为重点区域。整治措施：加强对企业排污申报登记的监管，加大未办理环保审批验收手续、未安装油烟净化装置、装置未正常运行或闲置、超标排放等违法行为的处罚力度。期间，出动1200人次，检查单位503家，立案查处207家，更新3319家企业排污申报信息。

（常　颖）

【编制环境质量报告书】 5月19日，编制完成《朝阳区环境质量报告书（2013）》。报告书以2013年度朝阳区环境监测实测数据为主，辅以环境统计及其他相关因素综合分析，并分析朝阳区环境质量变化规律、变化趋势及原因，为环境管理和环境综合整治提供重要技术支持和科学依据。

（常　颖）

【“世界环境日”宣传活动】 6月5日，开展“世界环境日”系列环保主题宣传教育活动。活动内容：在安苑里社区、龙祥社区、京华社区、团结湖社区等开展“认知PM2.5减少雾霾”环保知识讲座；在朝阳公园主办“环保公益嘉年华”；指导各街乡组织宣传活动；在《朝阳环境报》出版专刊，宣传“世界环境日”。组织《北京市大气污染防治条例》知识竞赛。

（常　颖）

【汛期环境安全专项行动】 7月25日，开展汛期水环境安全专项系列行动。行动内容为检查水源防护区内的38家工业企业、22家加油站，要求所有单位增强环保意识、制订应急预案，污染物达标排放；开展涉氨、涉氯单位专项执法检查，要求各单位认真落实风险防范措施，消除安全隐患；巡查16条主要河流、重点湖泊水质外观，及时发现、及时处置水质异常情况；加强监管污水处理厂，要求其设备正常运行；加强应急值守，做好突发环境事件应急处置准备工作。

（常　颖）

【APEC会议保障】 11月3日至12日，开展APEC会议空气质量和环境安全保障工作。出动执法人员1010人次，检查企业1285家，查处违法企业61家，检查机动车46480辆，加油站280座次，监测油气回收装置29座。检查重点放射性同位素与射线装置单位41家，要求7家移动γ探伤单位在会议期间停止射源辐射活动。

（常　颖）

【老旧机动车淘汰】 年内，淘汰老旧机动车7.58万辆，检查机动车58.46万辆，处罚超标机动车1386辆。

（常　颖）

环　境　卫　生

【概况】 朝阳区环境卫生服务中心是朝阳区环境卫生专业作业服务队伍，区属全额拨款正处级事业单位。主要负责全区环境卫生服务性、技术性和事务性工作，担负全区主要干路的清扫保洁、喷雾降尘、垃圾清运、粪便抽运及无害化处理、公厕管理与保洁等环卫作业生产工作。下设环卫一、二、三、四队，第一、二、三、四清洁车辆场和环卫服务开发中心等9个基层单位。全年，清扫道路总面积3311万平方米，机械作业面积1927万平方米，人工作业面积1385万平方米，保洁过街天桥152座，地下通道54座，保洁清掏果皮箱7388个。管理密闭式清洁站240座，清运生活垃圾166.2万吨。管理公共卫生间924座，清运粪便42.5万吨。

地址：香河园中里
电话：64628653
邮编：100028
邮箱：hwzxbgs@bjchy.gov.cn

（宋　音）

【环境保障任务完成】 1月14日至22日，成立市“两会”保障工作领导小组，制定《2014年北京市“两会”期间环境卫生保障工作方案》，完成市“两会”环境保障任务。出动作业人员55000余人次，作业车辆11000余车次，清运垃圾41301.02吨，清掏抽运粪便11309吨。1月31日至2月6日（农历大年初一至初七），完成春节期间环境保障任务。出动保障人员35000余人次，车辆600余辆，10950车次，清理烟花爆竹残屑401.4吨，小广告90000余张，出动自查人员775人次，检查1650次。10月1日至7日，启动国庆节环境卫生保障方案和应急预案。期间，摆放移动公厕点位7个，包括2部车载公厕、35个移动单体公厕和4个车厢式公厕。组织应急队伍100人，车辆7部（含2部扫车、2部水车、2部压缩车和1部抽粪车）24小时备勤。出动作业职工38705人次，作业车辆8106车次，使用再生水18910吨，保洁公共卫生间920座，密闭式清洁站240座。11月7日至12日，完成APEC会议环境保障工作。期间，出动职工46200余人次，作业车辆7300余车次，清理非法张贴小广告、白色污染和树挂13.1万处，清运垃圾41400余吨。重点地区人员保洁11300余人次，检查人员2600余人次，快速处理突发事件10起，各类应急保障抢修120余次。11月10日闭幕式烟花燃放后，中心职工10分钟内全部到达指定清扫区域，30分钟清理完毕烟花爆竹残屑。11月3日至14日，6000余名环卫职工停休。

（宋　音）

【扫雪铲冰】 2月6日至7日，全市降雪，中心启动扫雪铲冰应急预案。对44个重点地区实施除雪作业。期间，出动职工3750人次；多功能除雪车30部、120车次；融雪车60部、240车次。

（宋　音）

【免费早餐工程启动】 7月初，环卫职工免费早餐工程开始试运行，于7月底全面启动。全区设立47个专属取餐点位，专业食品公司每日准时配送早餐，职工刷卡领餐。

（宋　音）

【应急演练】 10月24日，在奥林匹克公园景观大道开展APEC峰会应急保障及扫雪铲冰演练。市、区政府相关部门负责人及干部职工500人参加演练。

（宋　音）

【2014年技术创新项目评比会】 12月3日，举行2014年技术创新项目评比会。综合评比中心各单位2014年度34项技术创新项目。最终确定9项技术创新成果为2014年度技术创新评比获奖项目，分别是二清场的“亚微米酮基精华油节能减排”、四清场的“作业车辆管理联动体系”、一队的“小扫车托运架”、一清场的“改造蒸气喷雾冲刷机”、三清场的“粪便抽运规范”、二队的“电动车充电柜”、三队的“公厕温控节电系统”、环卫开发服务中心的“便携式（可折叠）果皮箱”以及四队的“电动三轮车、电动自行车纳入机动车管理”。其中二清场的“亚微米酮基精华油节能减排”和四清场的“作业车辆管理联动体系”创新成果获区环卫中心技术创新项目评比一等奖。

（宋　音）

朝阳循环经济产业园管理中心

【概况】 北京市朝阳循环经济产业园管理中心，为区政府直属全额拨款事业单位，机构规格相当正处级。业务归口区市政市容委。主要业务为承担朝阳区固体废弃物无害化处理和垃圾处理循环利用项目的规划、建设和管理。园区内建有高安屯卫生填埋场、生活垃圾焚烧发电厂、餐厨垃圾处理厂、医疗垃圾处理厂、电动汽车充换电站。年内，北京市朝阳生活垃圾综合处理厂焚烧中心项目建筑安装工程开工建设。园区垃圾年消纳97.56万吨，其中填埋场填埋残渣21.02万吨，高安屯生活垃圾焚烧发电厂年处理生活垃圾72.22万吨，北京朝阳餐厨废弃物处理厂年处理餐厨垃圾4.32万吨。高安屯卫生填埋场年处理渗沥液8.31万吨，填埋气收集处理245.41万立方米，填埋气发电总量217.97万度。高安屯生活垃圾焚烧发电厂年上网发电2.54亿度。在“影响中国”大型评选活动中，园区被香港文汇报评为“影响中国·杰出循环经济产业园奖”。北京市朝阳循环经济产业园管理中心被国家发改委、财政部、教育部、旅游局评为国家循环经济教育示范基地并授牌；被市政府、首都绿化委员会评为“首都绿化美化花园式单位”。

地址：金盏乡高安屯村
电话：65417429
邮编：100024
邮箱：ljcl7429@sina.com

（李佐娟）

【生物处理中心项目建设】 2月7日，北京市朝阳生活垃圾综合处理厂生物处理中心项目取得市发改委项目建议书批复。7月28日取得市规划委员会规划条件批复。项目位于金盏乡高安屯北京市朝阳循环经济产业园区内，项目设计日处理规模300吨（包括厨余垃圾200吨，可回收物100吨），总占地面积17916.4 平方米，项目建议书批复总额14841万元。

（李佐娟）

【党的群众路线教育实践活动】 2月至10月，开展党的群众路线教育实践活动。集中组织学习教育19次，深入基层与职工谈心谈话征求意见156条，制作宣传展板8块、编发路线教育选编100本。围绕“四风问题”，班子成员查摆问题、对照检查集体“会诊”。针对问题专项整治，细化整改方案13项，重新梳理15项。

（李佐娟）

【考察交流】 3月4日，肯尼亚Knowirinyaka郡议员一行18人员到园区参观垃圾处理工作。3月18日，浙江省绍兴市人民政府副秘书长邹欢昂率绍兴市政府考察团到园区考察交流环境卫生建设管理工作。6月20日，台湾省宜兰县壮围清洁队一行40余人到园区考察交流。10月20日，上海市委办公厅督查室主任裘怀忠、副主任张汝金一行5人到园区考察生活垃圾处理工作。11月17日至20日，德国科隆3名垃圾处理和管理专家到园区进行技术交流和业务咨询。12月10日，湖南省岳阳市市委常委、副市长陈四海一行12人到园区考察垃圾处理设施规划建设及管理情况。

（李佐娟）

【焚烧中心项目建设】 4月25日，北京市朝阳生活垃圾综合处理厂焚烧中心项目初步设计获市规划委和市发改委批复。7月25日，与中国能源建设集团东北电力第一工程公司签订北京市朝阳生活垃圾综合处理厂焚烧中心建筑安装工程合同。7月29日，北京市朝阳生活垃圾综合处理厂焚烧中心项目第一罐混凝土浇灌正式启动。11月18日，北京市朝阳生活垃圾综合处理厂焚烧中心项目锅炉第一榀钢架完成吊装。年内，总体超前完成2014年建设任务，设备招标完成年度任务的102%。

（李佐娟）

【对外接待】 年内，接待社会各界参观356批，12123人次，同比增长2.6%。其中政府部门参观96批次，2618人次，占接待人数21.6%；企业参观99批次，2868人次，占接待人数23.65%；居民参观65批次，3141人次，占接待人数25.9%；媒体参观9批次，103人次，占接待人数0.8%；外宾12批次，262人次，占接待人数2.2%；学生参观75批次，3131人次，占接待人数25.8%。

（李佐娟）

【科普展厅投入使用】 年内，园区科普展厅及导识系统建成并投入使用，共计投资300万元。其中展厅占地面积280平方米，分为园区介绍、垃圾处理科普宣传及互动环节。导识系统包括参观区域16块宣传版面、5块园区总平面图、11块交通指示标识、7组参观设施功能性简介及20个安全文明提示语等三级导识。

（李佐娟）

【异味防控与环境监测】 年内，将异味防控纳入设施目标管理任务。填埋场按照全密闭标准作业，坚持每日巡查覆盖膜和导气管路。焚烧厂加强垃圾车进厂道路冲洗和除臭，延伸冲洗区域。朝环公司组建异味防控及灭蝇灭鼠小组，制定年度异味防控及灭蝇灭鼠工作方案。餐厨厂进行技术更新，增加分选垃圾储料箱，防止垃圾暴露产生异味。园区管理中心加强监督检查，不定时抽查，及时分析问题提出整改意见。夏季异味高发期，成立异味巡查小组，每天2次夜查园区各设施、各环路、园区周边道路及临近居民社区重点区域，及时发现并处理异味。加强环境监测，统计分析、上网公示监测结果，保证设施全年达标排放。

（李佐娟）

【课题研究与应用】 年内，结合园区已建和在建项目存在的技术难题，完成对渗沥液浓缩液污泥无害化、焚烧炉渣及飞灰重金属资源化利用2项课题研究，并向区科委申报焚烧残渣利用、渗沥液处理技术2项课题。承办市城市管理与技术交流研讨会，加强产学研在行业层面的交流与合作。与乐山师范学院签订教学就业实践基地协议并挂牌。承办首次生活垃圾处理技术与设施运行高级研修班。参加第八届中国北京国际节能环保展览会，宣传循环经济发展理念和模式，展示朝阳区、北京市垃圾处理先进技术和成果。参加“2014中国循环经济论坛”，分享园区垃圾处理、循环利用、节能减排相关成效。

（李佐娟）

【安全生产】 年内，开展安全生产标准化培训会、应急救护创伤救护培训班，115人参加培训。5月，开展“强化红线意识、促进安全发展”安全生产月活动；6月，举办安康杯知识竞赛；8月至10月，开展“百日安全无事故”活动；11月至12月，开展安全生产“60天冲刺”等宣教活动。8月，组织园区防汛演练，全年未发生安全生产事故。

（李佐娟）

【工会建设】 年内，为职工配备图书室，藏书700册，订阅杂志9份；建立女职工妈咪屋，为备孕期、怀孕期和哺乳期女职工提供休息及哺乳场所；举办职工运动会，200名职工参与；组织体检1次，女职工妇科检查1次，举办健康知识讲座3次；制订《职工患病、受灾抚慰办法》。《办法》主要针对园区直属单位在职职工，包括中心在编职工和各公司聘用员工，在患重大疾病（原发性恶性肿瘤（类）、白血病、尿毒症、重要器官移植）、遭遇家庭火灾、意外伤亡时，由区总工会、中心工会和所在部门工会共同给予慰问。

（李佐娟）

科技 教育

科 技

【概况】 朝阳区科学技术委员会（简称：区科委）是区政府主管全区科技工作的综合职能部门。区知识产权局与区科委合署办公，负责全区知识产权保护组织协调和专利工作。行政编制16人，实有16人。内设办公室、综合科、计划管理科、高新产业科。下属朝阳区生产力促进中心和朝阳区知识产权服务中心两个事业单位，事业编制17人，实有14人。年内，技术合同成交额突破496.9亿元，同比增长16.6%。全区专利申请量23327件，比上年增加411件。区专利申请和授权量占全市的比重均为16.9%。全区高新技术企业保有量1039家，比上年的864家增长20%，其中电子城园区高新技术企业428家，园区外高新技术企业611家。占全市高新技术企业10404家的9.99%。年内，全区有20家科技型中小企业在全国股份转让系统（新三板）挂牌，占全市总数的7.5%，在全市区县排名第二。区知识产权保护服务分中心获市保护知识产权举报投诉服务中心颁发的优秀分中心称号。

地址：日坛北街33号

电话：65099678

邮编：100020

邮箱：kewei0001@yahoo.com.cn

（李小骏）

【文化科技融合示范基地国际座谈会】 1月10日，区国家级文化科技融合示范基地建设国际交流座谈会召开，介绍区文化科技融合、文创领域发展的基本情况。与会专家、学者围绕区文化科技融合实力，竞争优势，发展道路等座谈。会议邀请英国BOP Consulting公司创办人保罗·欧文斯、华山1914文创园区首任董事总经理陈甫彦、台湾行政院文化创意产业推动小组委员吴静吉、国立台北艺术大学艺术行政与管理研究所助理教授于国华等文化与科技产业专家、学者参加会议。北京生产力促进中心主任张泽工、区相关领导参加座谈。

（李小骏）

【领导调研】 1月15日，市知识产权局副局长潘新胜带领专利执法处相关人员到京客隆超市甜水园店检查指导商品流通领域知识产权保护工作。6月24日，国家知识产权局审查业务管理部业务协调处处长韩小非、自动化部信息服务处副调研员王晓明到区调研中国北京朝阳（设计服务业）知识产权快速维权中心运营开通准备情况。8月18日，市科委文化科技处处长曹岗、副处长李国光考察中国传媒大学东亿国际传媒产业园及其文化创意孵化器。

（李小骏）

【科普活动】 1月23日，区科委、市科委新材料中心与管庄乡共同举办2013年度区科普行活动——节能环保主题互动竞赛。相关领导及区创新型科普社区、科普体验厅的街乡和社区科普工作人员及管庄乡惠河西里社区居民代表60余人参加活动。4月2日，由市科委与北京电视台新闻频道共同启动的环保科普公益行动“牵手蓝天　低碳减排”社区科普行，走进来广营乡茉藜园社区，社区居民100余人参加活动。10月10日，由区科委和市科委新材料发展中心联合举办的2014年科普行活动走进小关街道小关北里小学。

（李小骏）

【科技下乡活动】 1月28日，到垡头地区文化中心，为百姓送科技图书、杂志、科普知识宣传单等各类宣传资料500余份。1月，在来广营绣菊园、茉藜园社区，管庄惠河西里社区开展健康、养生、节能环保等主题科普活动。

（李小骏）

【节能环保】 2月18日，组织召开2014年度科学研究与技术服务行业节能工作座谈会。区科委布置2014年节能重点工作及能耗分解指标，并组织16家行业内重点用能单位按照《朝阳区节能目标责任评价考核评分标准》开展2013年度节能目标责任评价考核自查。16家重点用能单位分别就2013年度节能工作开展情况、指标完成情况、节能措施及2014年度节能工作计划等进行座谈。区发改委、区统计局现场解答能耗统计、节能奖励措施及各单位节能工作存在的问题等。区科委、区发改委节能办、区统计局能源科相关负责人及中国建筑科学研究院等16家行业内重点用能单位节能工作责任人参加会议。

（李小骏）

【党的群众路线教育实践活动】 2月至12月，组织党员干部开展理论学习36次。采取网站设专栏征集、基层走访征集、问卷征集，召开座谈会，设置意见箱、热线电话等方式，收集到来自基层、老领导（老干部）、上级机关和有关单位的意见建议336条，从中梳理出“四风”方面、涉及群众利益方面、基层基础薄弱方面的15个问题，主要是到基层调查研究不够，科技惠民工作形式手段单一，项目评审专家的选拔管理工作有缺陷，企业申报项目门槛过高，科技创新体系不完善，科技对经济社会发展支撑引领作用发挥不好，科技支农惠农力度小，街乡科技工作薄弱等，对基层提出的问题逐一制定整改措施。领导班子查找出28个问题，制定整改落实方案、专项整治方案和制度建设计划等。落实“三不直接分管”工作制度，处理超标用车、用房问题，严格按规定组织公务接待活动。对群众的来访、来电及时热情回复，对群众提出的意见建议认真研究。坚持重要问题集体讨论决定，没有出现个人或少数人说了算的问题。

（李小骏）

【高校毕业生专场招聘会】 3月26日，由区人力社保局、区委宣传部、中国传媒大学、朝阳区—高校发展合作联盟共同主办的朝阳区2014年促进高校毕业生就业——暨文化创意企业中国传媒大学专场招聘会召开。航美传媒集团、蓝色光标、凤凰网等区域内100余家知名文化创意企业现场招聘人才。提供新闻传播、广告创意、电视电影、编辑出版等专业人才岗位1500余个。来自中国传媒大学、北京第二外国语学院等15所朝阳区—高校发展合作联盟成员高校4500余名应届毕业生参加招聘会。

（李小骏）

【知识产权宣传】 4月3日，区知识产权局与798管委会联合举办“798大讲堂——文化创意产业相关扶持政策培训”。4月24日，由区知识产权局、市12330主办，望京科技园和区法院知识产权法庭协办2014年区设计服务业知识产权沙龙。国家知识产权局外观设计审查部部长助理卞永军出席活动，区设计服务业企业、知识产权服务机构等60余人参加活动。9月17日，区科委（知识产权局）与北京家居行业协会共同举办“家具、家居企业外观设计专利申请与保护”培训会。皇家现代家具、东方百盛家具、猫王家具等30余家区内知名企业代表参加培训。10月14日至15日，在蟹岛度假村举办中国北京朝阳（设计服务业）知识产权快速维权中心业务培训会。区内50余家设计服务业企业和知识产权代理机构80余人参加培训。12月24日，区科委（知识产权局）与国家知识产权局外观审查部在蟹岛度假村共同举办企业专利管理人员及代理机构业务培训会。区内90余家企业和40余家知识产权代理机构150余人参加培训。

（李小骏）

【区校科技合作联席会第一次会议召开】 5月6日，“朝阳区—高校发展合作联盟”组织召开2014年度区校科技合作联席会议第一次会议。区委常委、组织部部长张革及联盟16家高校成员单位校级领导和科研（技）处长出席会议。北京信息职业技术学院和中国检验检疫科学研究院等7家联盟新增成员单位相关负责人及区相关部门主管领导、部分企业代表参加会议。总结“朝阳区—高校发展合作联盟”2013年主要工作，汇报2014年联盟工作重点。

（李小骏）

【科普统计】 5月至7月，组织区教委、区委组织部、区委宣传部、区农委、区文化委、街乡和科普基地等200余个单位及直属机构参加2013年度科普数据统计，完成数据的收集、汇总、录入。据统计数据显示，2014年全区有专、兼职科普人员3100人，科普经费筹集额9800万元，有各类科普场馆68个，出版科普图书、期刊13种，出版总数80万册，发放科普读物和资料300余万份，举办科普（技）讲座7000余次，受众超过60万人次。

（李小骏）

【首都科技条件平台建设】 6月13日，区科委联合北京工业大学、朝阳区科技金融领域中心在北京工业大学423会议室，共同举办首都科技条件平台“百家实验室进千家企业”朝阳工作站与北京工业大学研发实验服务基地对接交流会。7月18日，首都科技条件平台朝阳工作站与中国电子科技集团公司研发试验服务基地在中国电子科技集团公司第三研究所联合举办首都科技条件平台“百家实验室进千家企业”科技需求对接会。区科委副主任戚道铎、中国电子科技集团公司研发实验服务基地主任贾翠霞、中国电子科技集团第三研究所副所长李华、区生产力促进中心主任刘悦镔出席会议，电科院三所、十一所、十二所等10余家电科院研发实验服务基地成员单位30余位专家和朝阳工作站11家成员单位13位企业代表50余人参加会议。

（李小骏）

【知识产权快速维权中心业务启动】 7月30日，中国北京朝阳（设计服务业）知识产权快速维权中心业务启动。通过中心申请的首个外观设计专利在10个工作日获国家知识产权局授权，此申请是奇智软件（北京）有限公司提交的“带图形用户界面的手机”外观设计专利。是5月1日起，全国对包含图形用户界面（GUI）产品的外观设计给予专利保护后，首个通过快速申请获授权的专利。截至年底，受理外观设计专利申请442件，授权275件。通过快速申请预审服务，全区外观设计专利从申请至授权的时间从3至6个月缩短为10个工作日。

（李小骏）

【知识产权保护】 7月31日，区知识产权局联合区商务委、区食药局在朝阳宾馆多功能厅召开专利商品网上登记及执法检查工作会议。市知识产权局执法处调研员张大伟、区科委（知识产权局）党组书记林广吉出席会议，区内商场、超市、药店及家具家电卖场140余名负责人参加会议。8月22日，区知识产权局、北京12330共同举办面向专利代理机构从业人员的外观设计专利快速申请培训会。邀请国家知识产权局外观审查部审查员进行业务培训，20余家专利代理机构30余人参加培训。

（李小骏）

【技术市场政策培训会召开】 11月27日，区生产力促进中心组织召开“朝阳区技术市场政策培训暨孵化器联盟研讨会”。邀请市技术市场办王东良介绍北京市技术市场政策；区科委对区技术市场工作提出指导意见；华税律师事务所律师讲解高新政策，区科委介绍区孵化器发展现状；各孵化器机构分别介绍各自建设背景、特色和需求；生产力中心介绍《朝阳区孵化器联盟建设工作方案。区科委主任冯守华及相关部门负责人和全区17家孵化器机构、12家技术合同登记单位100余人参加会议。

（李小骏）

【项目验收】 12月18日，由北京市第一中西医结合医院（原朝阳区第二医院）、北京协和医院和清华大学信息技术研究院共同承担的2011年度朝阳区—摩托罗拉科技发展合作项目——“基于网络通信技术的社区医生培训与知识共享模式研究”项目通过专家验收。年内，市科委绿色通道课题——“朝阳区食品安全监管体系构建及关键技术研究与应用”课题通过市科委组织的专家验收。

（李小骏）

【市专利试点单位新增26家】 年内，北京布莱迪测控仪表有限公司等26家专利试点申报单位通过市知识产权局验收考核，成为市专利试点单位。全区市专利试点单位有168家。

（李小骏）

【市专利示范单位新增5家】 年内，经市知识产权局评审，北京奥科瑞丰新能源股份有限公司、北京北开电气股份有限公司等5家企业被认定为“北京市专利示范单位”。全区“北京市专利示范单位”有28家。

（李小骏）

【29个基地申报国际科技合作基地】 年内，区29个基地申报第三批北京市国际科技合作基地，涉及25家单位，包含企业、研究院所及大学。

（李小骏）

【获市科技进步奖】 年内，区有66个项目获市科技进步奖。其中一等奖7项、二等奖22项、三等奖37项。一等奖项目是“肿瘤新靶标CD146的发现及抗体靶向治疗”等项目。

（李小骏）

【获市发明专利奖】 年内，区知识产权局推荐的北京经纬恒润科技有限公司“车灯转向驱动装置”和奇智软件（北京）有限公司“一种实时防护文件的监控方法及装置”2项专利获市发明专利三等奖。

（李小骏）

【科普宣传】 年内，制发《朝阳区关于组织开展2014年科普电影巡映工作的通知》。为社区发放《科普影视集萃》套装光盘40余套，重点在辖区内13个创新型科普社区，及5个申报市级科普体验厅社区所在街乡50余个社区开展科普电影放映活动。播放影片170场次，观众打牌13000人次。打造5条具有朝阳特色科技旅游推介线路。在社区开展宣传，由街乡自行组织和区科委集中组织方式参观体验活动。集中组织区域内社区居民、街乡干部、学生、科普志愿者等约400人参观科技旅游线路。

（李小骏）

【科普基地建设】 年内，全区有41家单位被命名为北京市科普基地，约占全市的16.9%。区科委策划制作《朝阳区科技惠民手册》，基地向全区各街乡、社区居民，及中小学生免费发放。基地利用科普基地日、科技周、全国科普日开展活动。

（李小骏）

【科普体验厅建设】 年内，全区市级创新型科普社区有13家，占全市的10.5%。修改、调整机场街道等5个社区申报市科委社区科普体验厅方案，通过审核。组织社区签订任务书。5个社区体验厅进入施工阶段。

（李小骏）

【区级科技项目立项58个】 年内，区级科技项目立项58个。安排财政资金600万元组织实施17项社会发展类计划项目；安排财政资金1180万元支持41个高新技术产业发展计划和企业研发投入资助计划项目。

（李小骏）

【科技项目课题进展】 年内，2013年市科委区县专项“朝阳区运用生态技术改善水质的试验研究与示范”课题取得阶段性进展。“CBD地区高层商务楼宇的安全监管与事故应急救援系统开发”课题获300万元2014年度市科委绿色通道项目支持。2012年度市科委绿色通道项目“朝阳区食品安全监管体系构建及关键技术研究与应用”课题通过验收。推荐10余个项目申报市科委大气污染治理成熟技术产品、重大科技成果转化落地培育、绿色通道等项目，其中“CBD交通拥堵高空全景实时监测及信息发布系统”项目通过绿色通道项目专家评审。

（李小骏）

【科技人才建设】 年内，推荐4人申报市政府特殊津贴；15名个人、2家单位申报区优秀人才及人才工作先进单位评选；10人申报凤凰计划人才评选，7人申报国际高端商务人才认定。4家企业落实人才落户政策。推荐北京第二外国语学院申报的“北京朝阳区会展产业人才培养模式选择与体系构建”入围区委组织部人才工作项目。

（李小骏）

教　育

【概况】 朝阳区教育委员会(简称区教委)，是区政府主管教育工作的职能机构。区委教育工作委员会（简称区教工委）是区委负责全区教育系统党的建设、思想政治工作和干部教育管理工作的派出机构，与区教委合署办公。内设23个科室，有公务员119名、工勤人员4名。年内，教育经费总投入1192181万元，教育财政拨款766825万元，比上年增加99939万元，增长14.99%，高于财政经常性收入增长5.59%。生均教育事业费支出35366元，比上年增加4268元；生均公用经费20058元，比上年增加2631元。预算内教育经费支出（含城市附加）766825万元，占财政支出3807947万元的20.14%，比上年减少0.91%。改扩建学校设施及修缮投入182494万元，设备购置投入92330万元。固定资产总额1122505万元，校舍总占地面积4539430.36平方米，总建筑面积3185806平方米，学校图书馆藏书897.6654万册。中小学占地面积3938941.35平方米，建筑面积2663071平方米，图书馆(室)藏书844.8459万册，固定资产844622万元。小学122所（不含30所一贯制学校），其中教育部门办111所。班级数3565个。全区小学招生22438人，毕业生12934人。在校正式生51081人，借读生61610人。教职工7372人，其中专任教师6968人。小学入学率100%，巩固率100%，毕业率100%。民办中小学26所，班级数738个。完小招生3307人，毕业2375人，在校正式生1900人，借读生14823人。初高中班级数195个，正式生2067人，借读生2461人（初中招生1004人，毕业生542人）。打工子弟学校（未批自办校）14所，班级数225个，在校生9393人。特教学校、小学附设特教班7所，班级数35个，在校学生数235人，教职工64人，专任教师82人。残疾儿童入学率100%，巩固率100%。工读学校1所，班级数4个，学生数60人。教职工36人，专任教师24人。民族学校3所，在校正式生2280人，借读生1701人，正式生中少数民族学生数246人，少数民族学生占45.6%。教职工201人，其中少数民族教职工35人。中学88所，其中教育部门办73所（初中29所、完中13所、高中1所、一贯制学校30所）、民办15所。教育部门办学校毕业13562人（初中8956人、高中4606人），招生16904人（初中12894人、高中4010人），在校生50640人（初中37250人、高中13390人）。初中入学率100%，巩固率100%，中考及格率95.4%，应届毕业生高考本科上线率91.31%。教职工9146人，其中专任教师7812人。幼儿园207所，其中教育部门办33所、部门办61所、社会力量办113所。离园幼儿15113人，入园20992人，在园人数62329人，入园率97.7%。教职工11980人，其中专任教师6314人。年内，新建幼儿园12所，改扩建幼儿园6所，增加学位4810个。全区有北京市示范性幼儿园22所、北京市一级一类园86所、二级一类园0所、一级二类园20所、二级二类园18所。有北京市社区早教基地49个。校外教育单位1个，教职工118人，其中专任教师69人。区内有职业学校4所，占地面积337049.92平方米，产权建筑面积237695.67万平方米。图书馆藏书46.44万册。固定资产总值57601.5万元。全年教育经费投入48567万元。设有劲松职高劲松校区、求实职业学校望京校区和北京市电气工程学校将台路校区等22个校区，开设53个专业239个教学班。有教职工1121人（其中专任教师739人、教辅人员382人），聘请校外教师284人，有“双师型”教师219人。毕业生3769人，就业率98.8%，职业资格证书取证率97%。招生2524人，在校生10235人。

地址：石佛营西里2号

电话：85851085

邮编：100025

（陈　宇）

【朝阳区教育人才及先进单位表彰】 1月7日，在朝阳区2014年人才工作会议上，区委书记程连元、区长吴桂英向获得“朝阳教育家”称号的朝阳外国语学校校长郝又明颁发匾额及证书。北京市劲松职业高中教务副主任向军被认定为“朝阳区创新人才”，北京中学校长夏青峰被认定为“朝阳区社会建设与管理人才”，北京市芳草地国际学校校长助理张龙被认定为“朝阳区优秀青年人才”，北京市朝阳区青苗国际双语学校校长莫名翰（澳大利亚籍）被认定为“朝阳区国际人才”。区教育研究中心、北京第二外国语学院附属中学、朝阳区白家庄小学、安华里第二幼儿园4家单位被评为“朝阳区人才工作先进单位”。

（王志斌）

【获第十届全国“文明风采”大赛卓越组织奖】 1月9日，北京市求实职业学校在教育部、中央文明办、共青团中央、全国妇联、中国关工委、中华职教社联合组织的全国中等职业学校“文明风采”竞赛活动中获卓越组织奖,提交的参赛作品获2个二等奖、1个三等奖、3个优秀奖，副校长杨毅和主任何琳获优秀指导教师奖。

（占福林）

【表彰2013年年度教育先进人物】 1月16日，区教委表彰2013年度对朝阳教育事业发展做出突出贡献并产生较大影响的14名先进典型人物，分别是北京中学校长夏青峰、北京市第八十中学学生杨东麟、北京市陈经纶中学教师陈旭、北京市朝阳区安慧里中心小学教师滕桂玲、北京市朝阳区十八里店中心小学校长陈春红、北京市朝阳师范学校附属小学校长齐振军、北京市朝阳区安慧里中心小学学生常远、北京市朝阳区垂杨柳中心小学教师于松建、北京市望京实验学校校长董树莉、北京市朝阳区励步儿童英语培训学校校长吴颖、北京市和平街第一中学校长陈秀珍、北京市朝阳区呼家楼中心小学校长马骏、北京市望京实验学校教师张跃强、北京市朝阳区安贞街道办事处主任董会生。

（陈　璐）

【“3+2”中高职衔接改革】 1月21日，北京市电气工程学校城市轨道交通车辆运用与检修专业、北京市电气工程学校电子信息技术专业、北京市求实学校学前教育专业被市教委批准为中高职衔接办学改革试点专业，分别与北京交通运输职业学院、北京电子科技职业学院、北京汇佳职业学院开展“3+2”中高职衔接（“3+2”即学生在完成3年中职教育后再接受2年高职教育，毕业后取得相应中等和高等职业教育学历证书及相关职业等级资格证书）改革，试点一体化人才培养办学。

（李联启）

【微信公众平台订阅号开通】 1月30日，区教委微信公众平台“朝阳教育”上线，微信号为“educhaoyang”。

（陈　璐）

【获市“最优环境建设奖”】 1月，在市教委开展的2013年度北京市幼儿园环境创设评优活动中，水碓北里幼儿园以办园特色“艺术润养心灵，快乐自信成长”为指导，结合幼儿不同阶段对美的感知与表现特点，以艺术体验馆的方式，为幼儿提供一个可感知、可操作、可共同展示艺术作品的全新艺术空间，获2013年北京市幼儿园环境创设评优“最优环境建设奖”。

（吴　燕）

【骨干教师国际化素养提升培训】 1月至12月，北京教育学院朝阳分院对外交流培训中心组织区教育系统1186名骨干教师参加国际化素养提升专项培训。培训分引进课程培训和境内行前集训+境外培训两种方式。引进课程培训有来自英国爱丁堡学院、美国波士顿大学、澳大利亚皇家墨尔本理工大学等多国优秀大学师资力量，共举办培训12期，培训学员682人次（含中小幼职英语教师、教研员、双语教师，中小幼职外事干部、各学科（非英语）教师，中小职高校长等）。

（经　琪）

【学区化改革资源整合工作启动】 2月18日，召开2014年朝阳区义务教育学区化综合改革资源整合工作部署会，启动义务教育学区化综合改革资源整合工作。会议宣布朝阳区义务教育学区化综合改革资源整合总体方案和2014年部分地区中小学资源整合工作方案。

（黄阳艳）

【学生体质健康监测】 2月21日至12月25日，组织3组专业人员开展在校学生健康体检监督检测工作。完成全区182935名中小学学生健康体检，覆盖率100%。检测结果：沙眼0.03，蛔虫0.0，贫血1.75，营养不良3.11（中度）、3.95（轻度），视力不良58.53，肥胖13.46。

（车凤鸣）

【职高开展综合高中班试点】 2月25日，制定《朝阳区职业高中开展综合高中班试点工作方案》，在劲松职高商务英语、电子商务专业，求实职业学校文秘专业不电气工程学校法律事务专业，开展综合高中班试点，在秋季招生中录取160人。

（李联启）

【区第十届青少年诗书画摄影赛】 2月27日，以“热爱祖国、振兴中华、实现伟大中华梦”为主题的区第十届青少年诗书画摄影大赛评审工作结束。大赛由区委宣传部、区文明办、区委教工委、区教委联合举办，区青少年活动中心承办。活动收到全区中小学校作品1942件，涉及诗歌、绘画、书法、摄影和陶艺4个项目。大赛设一、二、三等奖，学校优秀组织奖，教师优秀辅导奖。赛后，组委会汇编出版优秀作品集。

（张　弛）

【区教科所启动教育科研管理平台】 3月6日，启动区教育科学研究规划课题管理系统。使用教育科研管理平台可实现区内教育规划课题申报、评审、诊断、结题、优秀成果推广网络化管理目标，形成动态科研数据中心和科研管理沟通平台，使科研课题管理和资源积累科学、规范、高效，为行政部门科研决策提供数据信息。

（杨　帆）

【首届中学生汉字听写比赛】 3月7日，区语委办在北京市第十七中学组织首届中学生汉字听写比赛。全区17所中学代表队参赛，北京市第八十中学代表队获团体一等奖，东北师大附中朝阳学校、陈经纶分校获团体二等奖。比赛结束，推荐优胜学校参加全国第二届“中国汉字听写大会”北京赛区选拔赛。

（韩志波）

【开展小记者看“两会”活动】 3月12日，劲松第三小学开展“中少部未来网”红领巾看“两会”，聊聊我们关心的事活动。学校两位红通社小记者作为团中央未来网特邀记者，采访全国人大代表——中国科技职业学院院长李海燕，围绕学生们关心的青少年职业教育问题提问。

（李　梅）

【小学民族团结教育现场会召开】 3月27日，在管庄学区、兴隆小学召开朝阳区小学民族团结教育现场会。管庄学区以"学区引领，因校制宜，融合资源，增强实效"为题，介绍民族团结教育经验；瑞祥民族小学从课堂、活动、环境三大途径介绍实施民族教育经验；北京市民族学校从"一班一族"研究性学习，探索民族文化；管庄学区所属校教师、学生、家长展示现场会主题歌、民族团结教育课、民族礼仪情景剧、民族团结故事朗诵、民族乐器表演。各学区、直属校、一贯制学校小学部德育干部，朝阳区小学民族团结教育示范校德育干部参加会议。

（王　茜）

【"双百一普及"工程启动】 3月31日，制发《朝阳区职业高中教师队伍建设"双百一普及"工程实施方案》，建设"双百一普及"工程（即培养100名骨干人才和专业领军人物，引进100名行业企业专家，全体专任教师普及"双师型"），培养适应朝阳区职业教育"高端、精品、国际化"发展需要的高素质教师队伍。

（李联启）

【研发自办学校协管员管理模块】 3月，社会力量办学管理所研发自办学校协管员管理模块系统，运用系统协管员在线提交各类表格和照片等资料，方便管理所对自办学校及家庭托幼场所基本信息、学生数据、安全隐患等进行保存数据、公布数据、数据预览等一系列操作。

（崔　蕊）

【获市"三八"红旗奖等奖项】 3月，区教育系统张朝晖、陈春红、张滨滨、何琳获市"三八"红旗奖章。朝阳区福怡苑幼儿园、朝阳区新源西里小学获市"三八"红旗集体称号。北京市朝阳外国语学校何欣获"北京市妇联系统先进个人"称号，朝阳区水碓北里幼儿园妇委会获"北京市妇联系统先进集体"称号。

（赵　光）

【语言文字规范化示范校创建评估】 3月至11月，区语委办组织全区语言文字示范学校的创建评估工作。年底，朝师附小、团结湖三中、二外附小等5所学校被市教委、市语委会认定为北京市第八批语言文字规范化示范校。

（韩志波）

【签署与中国传媒大学合作协议】 4月1日，区教委与中国传媒大学签署合作办学协议。将位于中国传媒大学校园内的"朝阳区定福庄第二小学"更名为"中国传媒大学附属小学"。中国传媒大学副校长高福安、副区长张立新和区教委相关领导出席签约仪式。

（王　静）

【部分中小学师生心理健康测评】 4月2日，关爱工程项目组对区中小学师生进行第二次心理健康测评，抽取测查30所小学、17所初中、8所普通高中和3所职业高中的12410名学生和1041名教师的心理健康状况。11月，项目组反馈测评结果显示，朝阳区学生心理健康状况好于全国常模，不同学段教师心理健康状况参差不齐，教师职业压力和情感倦怠问题凸显。

（经　琪）

【特级教师工作室建立】 4月22日，由北京教科院基础教育教学研究中心和区教研中心联合主办，朝阳区第二实验小学承办建立杨广馨特级教师工作室，走进朝阳系列活动在学校北辰福第校区开幕。市基教研中心书记李子恒，北京书协秘书长田伯平、副主席孟繁禧，市基教研中心艺术教研室主任杨广馨，区教委及市区相关领导、专家、各区县教研员等80人参加现场会。通过校长汇报、现场教学展示、书法名家笔会等活动，展现学校对办学理念的思考与实践。

（田凤燕）

【垂杨柳中心小学被评为市非遗示范校】 4月25日，垂杨柳中心小学被评为北京市非物质文化遗产示范校。

（田建平）

【参加全球教育领导者大会】 5月5日至9日，第十届全球教育领导者大会（GELP）在美国旧金山召开，来自12个国家及地区、2个基金会合作伙伴的80余人出席会议。朝阳区代表团一行5人出席会议，并在会上就北京中学艺术课程资源建设、"丰富"模式的实施途径等方面进行2场专题交流。

（韩　庆）

【参加北京科技周活动并获奖项】 5月17日，清华大学附属小学商务中心区实验小学创意乐队参加"5月北京全国青少年未来工程师博览与竞赛暨北京科技周"活动，获全国青少年未来工程师博览与竞赛创意乐队项目小学组第一名。

（康　琪）

【科技社团获全国一等奖】 5月19日，在全国科技周活动"全国青少年未来工程师博览与竞赛'创意工程'（机关王）比赛"中，北京青年政治学院附属中学曹月阳等4位同学搭建的机关作品"蝴蝶效应模拟中心"获中学组一等奖。设计作品不仅使用杠杆、滑轮、滚动、齿轮传动、动能势能的相互转换、碰撞、导电性等物理原理，还应用太阳能、水力、磁力、风能等绿色能源。

（黄春丽）

【参加2013至2014年度DI全球总决赛】 5月21日至30日，北京市第八十中学、北京中学、人大附中朝阳学校组成朝阳区代表队赴美国田纳西州立大学参加2013—2014年度DI全球总决赛。世界各地1413支队伍参加总决赛。朝阳区代表队首次参加DI国际级赛事。人大附中朝阳学校获挑战A全球第五名，北京第八十中学获挑战D全球第三名，打破了中国队7年参加挑战DI项目记录。

（张　弛）

【区职业高中首家工作室成立】 5月28日，电气工程学校班主任权福苗工作室成立，这是全区职业高中首家工作室（权福苗是电气工程学校的高级教师，全国"五一"劳动奖章获得者、市"紫禁杯"班主任特等奖、市优秀德育工作者）。

（王世兵）

【获"非物质文化遗产传承教育示范校"称号】 5月29日，求实职业学校、劲松职业高中、电气工程学校3所学校获北京市联合国教科文组织协会授予的"非物质文化遗产传承教育示范校"称号。3所学校于第三届中国（北京）国际服务贸易交易会期间通过专场文艺汇演、展板、学生作品等形式展示非遗教育特色和中华优秀传统文化教育成果。

（李联启）

【民族团结教育成果展示】 5月29日，民族学校举办以"加强民族团结教育，弘扬社会主义核心价值观"为主题的民族团结教育成果展示暨市级民族团结教育示范校揭牌仪式。揭牌仪式后，展示民族团结教育课堂教学（25节）。

（楚洪娟）

【流动人口入学劝返疏解工作】 5月，招生入学工作开始，通过手机短信、《致自办学校学生家长的一封信》和《家长告知书》、各社区（村）张贴宣传海报、教育协管员和社区（村）工作人员入户宣传等方式，劝返不符合条件自办学校学生按正规渠道建立学籍。据统计，未批自办学校10936人中有3559人在社会力量办学管理所办理返回原籍就读手续。

（孙婷婷）

【区中小学城乡发展共同体成果交流会】 5月，组织北京市第十七中学城乡共同体学校、白家庄小学、八里桥小学共同体学校举办“试行三一教学方式，追求高效课堂质量”“学段联动、提升教师教学能力、提高教学质量”专题研讨和展示活动。通过课堂教学展示、听评课，展示共同体学校“管理一体、研训一体、资源一体”的工作模式。

（张清军）

【获全国工人先锋号等奖项】 5月，北京市忠德学校英语教研组、朝阳区星河实验小学、北京市朝阳外国语学校数学教研组分别获“全国工人先锋号”“首都劳动奖状”和“北京市工人先锋号”称号。祖雪媛、张滨滨、方玉平、王玉卿4位教师获“首都劳动奖章”。

（赵　光）

【柏阳学校被评为金帆书画院朝阳分院基地校】 5月，柏阳学校被评为北京市金帆书画院朝阳分院基地校。

（王　雷）

【获FLL机器人公开赛金牌】 5月，北京第八十中学机器人社团在西班牙举行的2014年FLL机器人欧洲公开赛中获国际金牌。

（方　媛）

【区首届DI任务挑战赛举办】 6月8日，区第一届DI任务挑战赛在清华附中朝阳学校举办，任务是现场创意制作一座可以伸长桥梁，学生3人一组，在8分钟内完成。比赛评出10个一等奖、30个二等奖和52个三等奖。90所中小学400支队伍1200名学生参赛。

（张　弛）

【全国第一支小学生古生物少年科考队】 6月12日，中国科学院行管局及中国科学院古脊椎与古人类研究所命名呼家楼中心小学为全国第一支小学生古生物少年科考队，并授予队旗。7月，组织专场辽西古生物野外科考活动，古生物学与地层学专家、中国科学院古脊椎动物与古人类研究所研究员、巴西科学院外籍院士汪筱林全程随团指导，采集叶肢介、狼鳍鱼、三尾拟蜉蝣等化石标本数百件。

（秦翠华）

【组建区“1+9”小学英语教育联盟】 6月19日，在北京第二外国语学院举行中小学英语教学改革项目校际合作签约仪式。二外中小学英语教育中心与朝阳区传媒附小、二外附小、定福庄一小、定福庄四小、大黄庄小学、兴隆小学、半壁店小学、高碑店小学、双桥一小、双桥二小等10所小学携手，组建朝阳区“1+9”（以二外附小为中心辐射其他9所小学的）小学英语教育联盟。北京第二外国语学院中小学英语教育中心主任张喜华与10所小学分别签订“中小学英语教学改革合作项目”协议。

（王　静）

【优秀班主任工作室评选】 6月24日，评选出朝阳区第二批优秀班主任工作室52个。

（王　茜）

【区青少年涉台教育基地校授牌】 6月25日，在三里屯小学举行朝阳区青少年涉台教育基地校授牌仪式。北京市望京实验学校、呼家楼中心小学、白家庄小学、安慧里中心小学、三里屯小学、北京市第九十四中学、北京市和平街第一中学等7所学校被评为区级青少年涉台教育基地校。

（张艳荣）

【区域内5所高校合作办学协议签订】 6月27日，在中国农大附中礼堂召开由市教委组织的高等院校参与北京市中小学发展工作推进会。区教委与区域内5所高校（即北京工业大学、北京化工大学、中国传媒大学、对外经济贸易大学、北京第二外国语学院）合作签约，开展师资培训、课程建设、校本研修、选派外教等一系列项目。

（王　静）

【成立区教育系统督查考核办公室】 7月2日，区委教工委、区教委决定，成立督查考核办公室（简称督查室）。主要职能是负责督办区委区政府交办两委的实事工程、折子工程、双十工程等民生工作重大项目的落实情况，监督和考核教育系统内部重大项目的执行情况及部分单位，完成两委交办的其他重要事项。

（赵成丹）

【向宽城满族自治县捐赠文物】 7月4日，在河北省宽城博物馆举办爱新觉罗·毓岚向宽城满族自治县捐赠文物仪式。爱新觉罗·毓岚将200余件记录历史足迹的文物捐赠给宽城博物馆。爱新觉罗·毓岚为朝阳教育系统民主党派人士，曾任区政协委员。区教委相关领导与当地县政府、县人大以及相关委办局领导出席仪式。

（张艳荣）

【获首届基础教育国家级教学成果奖】 7月5日，在首届基础教育国家级教学成果评选中，星河实验小学申报的“马芯兰小学数学教学法”获一等奖；北京第八十中学申报的“创建生物情景教室　促进生物教学改革”获一等奖（该成果被联合国环境规划署称之为“献给世界的最好礼物”。该课题负责人、教师江建敏于9月9日在人民大会堂举办的庆祝第三十个教师节暨全国教育系统先进集体和先进个人表彰会上受到中共中央总书记、国家主席、中央军委主席习近平会见）；新源西里小学申报的“融合教育学校对随班就读学生支持服务方式的研究”获二等奖。

（杨　帆　方　媛）

【市级学科带头人研究室工作启动】 7月9日，在北京中学召开2014年学科带头人研究室工作启动会，正式成立市级学科研究室9个，学员61人。区教委“名师工程”市级学科带头人研究室工作项目小组，通过个人申报、单位推荐、教委审批等方式组建新一届研究室，涵盖中小幼职4个学段，通过分学科、分学段建立以学科主持人为主导的项目学科团队。

（唐玉霞）

【对外汉语推广】 7月，随市级单位选派15名“文化小使者”分别赴美、日等国进行文化传播和汉语推广，派遣对外汉语教师和助教4名赴美国、澳大利亚进行汉语推广教学。

（韩　庆）

【市教工委领导调研】 8月7日，市教工委书记苟仲文到十八里店地区调研来京务工人员随迁子女在京接受义务教育情况。苟仲文一行到星河双语实验学校查看学校办学情况，到新升小学查看学生教育环境。苟仲文强调，要妥善做好来京务工人员随迁子女在京接受义务教育工作，加大对接收北京市户籍和随迁子女就读学校软、硬件投入，加强科学、音乐、体育、美术、英语等学科教学创新，对社会培训机构优质师资和优质课程，可采取政府买单，按课时授课方式加以引进。区领导程连元、刘军胜、张立新等陪同调研。

（李　景）

【获亚洲机器人锦标赛奖项】 8月20日，酒仙桥中心小学VEX机器人社团到广东省东莞市参加第五届青少年机器人活动暨亚洲机器人锦标赛中国区选拔赛，获全国第一名、第二名。

（王万丽）

【组织高层次骨干教师赴芬兰研修】 8月31日，组织高层次骨干教师“课程改革前沿探索研修团”24人赴芬兰参加为期30天的境外培训研修。培训内容主要有芬兰的特色双语教育模式、不分年级制的高中特色及教学模式介绍和基础教育改革的成功经验，培训重点是课程改革等。

（韩　庆）

【获“全国优秀楹联教育基地”称号】 9月20日，平房小学获“全国优秀楹联教育基地”称号。学校在楹联文化教育中，每天组织学生开展学楹联活动，每周讲读一副楹联，每月开展主题征联活动，每学期开展楹联小状元晋级活动，每年开展楹联迎春文化节主题活动。

（赵晶华）

【国家领导人调研少先队工作】 10月11日，中共中央政治局委员、国家副主席李源潮到北京市调研少先队工作，与少先队工作者和少先队员代表座谈。李源潮到朝阳区呼家楼中心小学，与少先队小干部交谈，了解他们筹备下届少代会的情况。到陈经纶中学，观看“以花之名”“拾贝公司”、机器人社团等学生社团纳新活动，与参加团前教育的少先队员一起探讨入团意义。在座谈会上，李源潮指出，少先队要增强社会主义核心价值观教育的民族传承性、时代进步性、教育针对性、思想有效性，继承中华民族优良传统，弘扬时代进步精神，解决当前突出问题。要发挥少先队组织的独特优势，使社会主义核心价值观教育形象化、情感化、榜样化、行动化。

（张东江）

【贵阳教育合作“6+4”项目协议签订】 10月23日，在朝阳规划艺术馆召开朝阳·贵阳深化合作系列活动开幕式。区教委及教育“6+4”项目签约学校（6所基础教育学校和4所非基础教育学校）出席会议。10所学校校长分别与贵阳市区县政府领导及合作学校领导签署各分项合作办学协议。

（王 静）

【参加市第52届中学生田径运动会】 10月24日至26日，区代表队48名中学生参加在丰台体育中心举行的“阳光体育北京市第52届中学生田径运动会”，获城区组团体总分第二名、初中组团体总分第四名、高中组团体总分第三名，并获优秀组织奖。

（周 杰）

【中英校长论坛与英国教育体验日活动】 10月28日，在东北师大附中朝阳学校举办“中英校长论坛与英国教育体验日”活动。中方执行校长高祥旭致辞并介绍学校进行“翻转课堂”教学改革实验情况。3位英国校长分别介绍英国寄宿制学校基本情况及英国现阶段教育理念。区教工委负责人介绍朝阳区域教育国际化开展情况。

（花中欣）

【获全国健美操比赛特等奖】 10月，沙板庄小学健美操队参加由国家体育总局、市体育局联合举办的第二届全国万人健美操大赛，获大众锻炼标准四级规定操特等奖，大众锻炼标准三级规定操一等奖。教师金妍、司雨涵获国家级“优秀教练员”称号。

（金 妍）

【获市基础教育奖项】 10月，北京第二外国语学院附属小学在市基础教育课程教材改革实验工作中，被评为市基础教育学生综合素质评价工作先进单位。

（张国庆）

【获市体质健康抽测城区第一名】 10月至11月，落实《学生体质健康监测评价办法》，组织区内学校开展自评、自查，并汇总评估情况，编制《中小学校体育工作评估报告》。针对不同年级、不同群体，让学生掌握1至2项运动技能，朝阳区获北京市学生体质健康测试赛城区第一名。

（赵常付）

【区教育网络电视中心成立】 11月18日，区教育网络电视中心成立，与宣教中心合署办公，具体负责朝阳区教育网络电视节目播出平台建设、播出节目制作和中心日常运行管理。

（陈 洋）

【460条课程资源获奖】 11月27日，在首都特色原创优质课程辅助资源评选表彰大会上，朝阳区向北京市推荐的595条课程资源中，有460条获奖（其中一等奖129条、二等奖165条）。首都特色原创优质课程辅助资源评选活动由市教科院组织，区教研中心承担全区相关工作。此次评审涉及小学、初中国家课程和地方课程共16个学科，资源类型包括教学素材、教学课件、学习活动方案、教学案例、微课程、教学工具和教育游戏7大类。

（杨 帆）

【获全国语文学科教学大赛一等奖】 11月27日至29日，在重庆召开的“第四届儿童阅读与语文创意教学观摩研讨活动暨全国第二届群文阅读课堂教学大赛”中，朝阳区教师作为北京市唯一参赛选手执教“探索作家的写作意图”一课，获一等奖。

（王鸿雁）

【获日语国际辩论大会第一名】 11月28日，北京市求实职业学校高三年级日语班学生李亿成作为中国13名选手之一参加在日本冈山举行的第四届“加计学园杯”日语国际辩论大会，获第一名。辩论大会是日本政府为促进国际交流于2011年创办的。本届共有9个国家1600名大学、中专日语专业选手参赛。

（占福林）

【获“非物质文化遗产传承教育博物馆”称号】 11月28日，市联合国教科文组织协会主席兰宏生授予北京青年政治学院附属中学“非物质文化遗产传承教育博物馆”称号，这是市联合国教科文组织协会在全市的第五个非物质文化博物馆。博物馆非遗作品包括北京景泰蓝画、河北白洋淀芦苇画、广西壮族织锦、天津杨柳青年画、江西景德镇瓷板画、安徽芜湖铁画、山西平遥漆画、黑龙江赫哲族鱼皮画、陕西关中皮影、陕西马勺脸谱、四川成都蜀锦、云南大理白族扎染、山东潍坊风筝、陕西宝鸡剪纸等共14种320幅出自全国各地非物质文化遗产大师之手作品。

（余 江）

【“志愿服务文明同行”主题教育活动】 12月4日，在朝阳师范附属小学举行以“志愿服务文明同行”为主题教育展示活动。活动通过专业卫星设备实现4校实时连线，5000名学生在各分会场观看直播。活动回顾朝阳区志愿服务活动开展情况，表彰获市、区志愿服务各类奖项单位。其中陈经纶中学志愿服务站被评为“首都学雷锋志愿服务示范站”，朝阳师范附属小学助残报摊志愿服务岗被评为“首都学雷锋志愿服务示范岗”，劲松职业高中等9个单位分别获“首都学雷锋志愿服务岗”和“朝阳区学雷锋志愿服务岗”称号，2486名中小学生被评为朝阳区社区文明小使者称号。

（陈 璐）

【参加联合国气候大会】 12月5日，二外附中校长付晓洁参加在秘鲁首都利马举行的第20届联合国气候变化大会，在China Pavilion中国边角会场做《Experience on Ecological Civilization Education Promoting Beautiful China Construction in a Middle School》主题报告，并和国家气候办、中国绿色碳汇基金会主任李怒云一起将二外附中2014年与中国绿色碳汇基金会合编的有关生态教育中英文校本教材《Wetlands in China》《Wildlife Protection in China》《Editorial Committee of Series of Books》赠予与会的法国、南非、玻利维亚等国代表。

（欧新华）

【参加全国建筑模型总决赛】 12月5日至9日，由国家体育总局、教育部、中国科协、团中央、中国关工委联合举办的全国建筑模型总决赛在浙江省杭州市萧山区举行。全国35只省市代表队1300名运动员参加。朝阳区青少年活动中心组织建筑模型队员12人参赛，获一等奖3个、二等奖

7个、优胜奖2个，获金牌1枚。

（张 弛）

【首届朝阳区中小学生击剑锦标赛】 12月13日至14日，由区教委、区体育局主办，区青少年活动中心承办的2014年首届朝阳区中小学生击剑锦标赛在区体育局朝体天一击剑青少年培训中心举行。100所中小学500名运动员参赛，运动员按年龄分三个组别进行花剑、佩剑、重剑三个剑种个人及团体赛，产生金牌36枚。

（张 弛）

【构建未来理想学校第二届学术研讨会】 12月17日，北京中学“构建未来理想学校第二届学术研讨会”开幕。校长夏青峰做北京中学项目推进汇报，美国哈佛大学教授Richard Elmore做“面向未来的学习环境”演讲，美国俄勒冈大学教授赵勇做“创新能力培养的变革与趋势”发言，美国辛辛那提大学音乐学院院长做“将艺术融入学科教育”演讲，美国营地联盟董事会成员参加。

（邓 珩）

【全市中职学校厨艺新星电视大赛】 12月20日至21日，由区教委、北京市劲松职业高中承办的“2014北京市中职学校厨艺新星电视大赛”在劲松职高常营校区举行，来自全市7所职业学校的21名中餐烹饪专业学生参赛。劲松职高代表队获冷菜比赛和面点比赛第一名。

（李联启）

【第二届体育教师教学技能展示活动】 12月27日至28日，在东北师范大学附属中学朝阳学校举办第二届朝阳区中、小学体育教师教学技能展示活动。中学50支代表队300人、小学（学区）25支代表队300人参与活动。内容包括团体项目（广播操、武术操、队列、学校体育特色）及个人单项（双杠、技巧），新增学校体育特色展示环节。北京市第八十中学高中部获中学组团体总分第一名，清华大学附属小学商务中心区实验小学获小学组团体总分第一名。

（周 杰）

【获全国第五届教师技能大赛奖】 12月，在全国第五届教师技能大赛中，秀园幼儿园教师刘春燕的“松鼠奇妙园”获自制玩教具一等奖，教师张爽的“数学时空塔”、李乐的“捕鱼达人”、刘洋的“打地鼠”获自制玩教具二等奖。

（段 颖）

【成为全国啦啦操实验学校】 12月，东方德才学校啦啦操社团14名学生在第二届中国（南京）啦啦操公开赛中获第七名。年内，国家体育总局体操运动管理中心认定北京市东方德才学校为全国啦啦操实验学校。

（刘晨霞）

【获市教育工会“先进单位”】 年内，区教育工会以维护教职工合法权益为中心，以师德建设为重点，开展劳模进校园和师德巡讲等活动，获市教育工会2014年“先进单位”。

（赵 光）

【参加首届全市年鉴综合质量评比】 年内，《北京青年政治学院附属中学年鉴2013》获首届全市年鉴综合质量评比教育类一等奖，是全市4个一等奖获奖单位中唯一一所学校；《中国建筑材料科学研究院附属中学年鉴 2009》《北京第二外国语学院附属中学年鉴 2012》（原中国建筑材料科学研究院附属中学）和《虎城中学年鉴2011》均获教育类三等奖。

（赵 光）

【实施校际“手拉手”帮扶】 年内，依据《关于促进义务教育阶段民办学校办学水平的工作办法》，组织18所优秀公办小学与7校18址专门接收随迁子女民办学校开展手拉手活动。

（孙婷婷）

【完成民办学校行政许可、备案及投诉】 年内，完成行政许可事项68件、备案事项341件，下发责令限期整改通知书58件、责令停止办学通知书47件，妥善处理民办学校投诉201件、电话咨询等约6100件。

（孙婷婷）

【校园安全信息化平台试运行】 年内，完成校园安全信息化平台一期工程建设，基本实现校园安全信息化平台相关模块功能。平台分事件上报、风险隐患、通知公告、学习园地和安全评估5个模块，覆盖全区中小学和幼儿园的数据、内容、时间、责任人和责任体系、校内外信息。

（吴桂全）

【获市“紫禁杯”奖项】 年内，区中小学25名老师获市“学生喜爱班主任”称号，44名班主任获市“紫禁杯”优秀班主任一、二等奖，垡头中学老师朱艳玲获“紫禁杯”特等奖。

（王 茜）

【获市教育教学成果奖】 年内，119所实验校开展基础道德教育策略体系研究。提出基础道德教育4个学段12个层次4个维度的内容体系，从对事、对人、对己、对自然4个维度，构建“敬业、乐群、进取、环保”4个系列基础道德品质，并提出“依从、认同、信奉”3个阶段实施策略体系。该研究成果获市教育教学成果奖。

（王 茜）

【规范小学和初中入学流程】 年内，规范小学、初中入学流程。小学入学由全区统筹安排，将全区分为15个学区40个地区，将符合入学条件的适龄儿童对接学校服务片、学区服务片、地区服务片就近入学，实现各学区服务片无缝对接。开发并应用《开具就读证明联审程序》，初步研发《朝阳区适龄儿童信息管理系统》。初中入学按照单校划片和多校划片方式，统筹安排符合在朝阳区完成小学教育的毕业生入学，实现全区一组一次派位，取消共建、推优等入学方式，保留住宿学校招生和民办学校招生，开发并初步使用《朝阳区初中入学管理系统》，对于新入区非本市户籍毕业年级学生实行网上联审。清理、规范、更新全区现有电子学籍。每学期转学工作实行全区统筹管理和安排，非北京市户籍学生转学时，开具就读证明，实行各委办局联审机制，实现区县自主学籍管理与市级学籍管理云平台对接和统一。

（白志坚）

【完成特级教师导师团下校指导】 年内，享受国务院津贴的特级教师7人、高级讲师25人、特级教师127人参与进校园工作，导师团走进全区54所中学、8个学区、5所直属小学、6所幼儿园、1个直属单位进行指导。

（王秉超）

【完成全区教师资格认定工作】 年内，完成区教师资格认定工作，受理人数1130人（其中春季教师资格认定报名人数1021人、秋季教师资格认定报名人数109人）。

（张 旭）

【防控近视肥胖主题月宣传活动】 年内，在中小学生中开展防控近视肥胖主题月宣传活动。保健所和疾控中心联合制定活动主题印发至学校，指导学校每月开展主题教育引导活动。

（车凤鸣）

【完成“十二五”期间国际教育规划课题】 年内，完成区“十二五”规划课题中3项国际教育研究领域课题的结题工作。3个课题分别为《全球化北京下区域教育国际化发展行动研究》《构建中外合作英语教学模式，提升学生英语能力的实践研究》和《引进澳洲优质教育资源，提高区域中小学英语教师教学能力的研究》，课题研究成果《开放多元融合——北京市朝阳区教育国际化发展实践与探索》公开出版。

（韩　庆）

【实施“朝阳区外教课程派送”项目】 年内，区职业教育教产合作促进中心制定遴选、引进、培训、研发和外教人才管理流程，以及相配套的课程研发、评估和资金支持机制，提供多层次的外教课程派遣和管理服务。截至12月31日，教产中心完成签约外教63名。

（李　鹏）

【获市全国少年电子信息与智能控制大赛奖】 年内，中国传媒大学附属小学在全国少年电子信息与智能控制大赛中，10名学生获一等奖，32名学生获二、三等奖及优秀奖，学校获团体一等奖、优秀组织奖等；在全国青少年电子制作锦标赛中，学校获团体二等奖；在第29届全国青少年科技创新大赛中，教师杨琳获二等奖。

（陈希思）

【新建学校和幼儿园】 年内，全区新建独立设置中学10所，其中教育部门办学校4所，分别是陈经纶中学嘉铭分校、中国科学院附属实验学校、北京工业大学附属中学双合分校、九十四中朝阳新城分校；民办学校6所，分别是八十中学国际学校、陈经纶中学分校实验学校、朝阳区青苗双语国际学校、乐成国际学校、世青国际学校、人大附中朝阳分校。新建非独立设置中学1所，为八十中学管庄分校常青藤校区。新建教育部门办小学2所，其中独立设置小学1所，为中国人民大学附属中学朝阳实验学校；非独立设置小学1所，为朝阳区第二实验学校北辰福第校区。新建独立设置幼儿园10所，其中国办园1所，为北京市朝阳区三间房中心幼儿园；民办园9所，分别是北大公学幼儿园、将台可儿幼儿园、子乐幼儿园、思贝乐幼儿园、朝花又一城幼儿园、爱悦蓝天幼儿园、德爱双语幼儿园、青苗常青藤幼儿园和青苗大望路幼儿园。

（张　明）

【撤销合并学校】 年内，区2所教育部门办中学合并，分别是同仁中学并入日坛中学、安慧北里中学并入陈经纶中学嘉铭分校。黄杉木店小学撤销；12所小学合并，分别是下三条小学并入白家庄小学、新源里小学并入清华附中朝阳学校、南中街民族小学并入芳草地国际学校、西坝河三小并入朝阳师范学校附属小学、曙光里小学并入朝阳师范学校附属小学、松榆里小学并入垂杨柳中心小学、武圣庙小学并入垂杨柳中心小学、安慧北里小学并入陈经纶中学嘉铭分校、安慧北里二小并入陈经纶中学嘉铭分校、华严里小学并入中科院附属实验学校、科学园小学并入中科院附属实验学校、南沙滩小学并入中科院附属实验学校。

（张　明）

【学校和幼儿园更名】 年内，区2所民办学校更名，分别是金色摇篮小学更名为金色摇篮全程实验学校、中国红十字基金会北京拔萃双语学校更名为北京拔萃双语学校；定福庄二小（教育部门办）更名为中国传媒大学附属小学；3所民办幼儿园更名，分别是威斯顿润泽幼儿园更名为北京市朝阳区威斯顿幼儿园、依灵实验幼儿园更名为21世纪安德鲁斯幼儿园、双叶稚幼园更名为北京市朝阳区京师实验幼儿园。

（张　明）

教育督导

【概况】 朝阳区人民政府教育督导室有专职督学9人，兼职督学146人，督政兼职督学25人。主要负责对区内幼儿园、中小学、职业高中、成人教育等各类学校的办学方向、管理水平和教育质量进行监督、检查、评估和指导；对区有关委办局、街道办事处和乡政府落实教育法律法规职责和实施素质教育目标责任制落实情况进行监督检查；对区有关行政部门领导和管理教育工作情况实施督导；对教育工作中重大问题进行调查研究，提出意见和建议。年内，突出抓好队伍建设，注重督导工作机制建设，创新督导工作方法。完成北京市对朝阳区的新一轮素质教育综合督导评价工作，通过义务教育均衡发展区县国家级验收。落实国家督导条例，完成中小学督学责任区挂牌督导工作。完成全区国办幼儿园、中小学及职业高中家长对教育工作满意度调查。

地址：石佛营西里2号
电话：85851122
邮编：100025
邮箱：szjy506@126.com

（苏纪玲）

【公办幼儿园管理工作专项督导】 4月至5月，对全区一级二类及以下22所公办幼儿园进行管理工作专项督导检查。重点检查各幼儿园管理工作过程与效果，具体包括计划总结、制度建设、指导工作、工作氛围、办园效益和安全管理等6方面。检查采取学前教育督导兼职督学到各幼儿园，采取听取园长汇报、教师座谈、访谈、实地考查、查阅材料等方式进行。

（苏纪玲）

【督导随班就读资源教室建设与使用】 5月23日，组织特殊教育督学责任区小组成员到中国旅游学院附属中学调研随班就读资源教室使用情况。通过听取学校资源教室建设与使用管理情况汇报、听课、交流等形式进行督导。区部分中学、小学、幼儿园资源教室工作主管干部、资源教师参与学习交流。

（苏纪玲）

【推进诊断式督导】 5月30日，市教育督导室、市教育督导与教育质量评价研究中心和区教育督导室召开关于对朝阳区引进学校开展诊断式督导的专题研讨会。市教育督导室副主任关国珍、基础教育督导处处长张士佐，市教育督导与教育质量评价研究中心主任赵学勤参会。通过研讨形成共识，一是评价引进学校办学效益，形成评价报告；二是对引进学校的督导结果进行分析对比，找出各类校的优势；三是发现好的办学典型，推广成功经验。

（苏纪玲）

【督导职业高中学校国家级示范校建设】 5月至6月，职业高中督学责任区完成对电气工程学校、劲松职业高中、求实职业高中3所学校国家级示范校重点专业建设项目建设情况的专项督导调研。通过听取学校对重点专业人才培养方案介绍、查阅档案材料、课堂听课、交流研讨等形式进行督导。

（苏纪玲）

【国办幼儿园家长满意度问卷调查】 6月3日至13日，对全区33所国办幼儿园家长进行抽样问卷调查，调查人数比例约为各幼儿园总家长人数的10%。由兼职督学到各幼儿园随机抽取班级家长，现场发放问卷，并现场回收。

（苏纪玲）

【完成普通中学素质教育示范校验收】 10月15日至11月14日，验收11所申报普通中学第三批素质教育示范校学校，采取专家论证会和实地验收两种形式，11所学校全部通过验收。

（苏纪玲）

【召开责任督学秋季培训会】 10月16日至17日，组织召开2014年责任督学秋季培训会，全区21个督学责任区的130余位专兼职责任督学参会。会上，基础教育科对中小学责任督学对体育艺术科技专项督导和减轻学生过重课业负担督导监测两项工作进行专题培训。职成综合科研讨素质教育综合督导的调查问卷及座谈提纲等。会议邀请市教科院基教研中心中小学体育教研室主任、特级教师马凌做“规范办学行为，加强学校体育，促进学生健康”的专项培训。

（苏纪玲）

【启动职业高中实施素质教育督导评价工作】 10月30日，召开2014年区职业高中学校全面实施素质教育督导评价工作启动暨培训会，各职高学校主管校长、自评主管和相关干部教师、职成督学责任区兼职督学及区教委职成科相关人员参加。会议解读《职业高中学校综合督导评价工作方案》，明确综合督导的督导内容、工作程序、组织实施和学校自评工作要求等。

（苏纪玲）

【市教育督导室到安华学校督导调研】 10月30日，市教育督导室副主任刘莉到安华学校督导调研朝阳区特殊教育工作，调研领导和专家观摩安华学校大课间活动，参观感统训练室、多感官训练室、物理治疗室、个训室等专用教室，了解学校相关设施设备配置和使用情况及开展特殊教育教学情况，听取安华学校校长龙建友对学校办学理念和办学目标，以及学校在校园环境、队伍建设、课程建设、办学体系方面的特色介绍。

（苏纪玲）

【2014年责任督学工作总结会】 12月11日至12日，召开2014年责任督学工作总结会，重点总结朝阳区家长满意度调查、体育艺术科技和肥胖近视防控专项督导、北京市减负监测和责任督学挂牌督导四项工作。

（苏纪玲）

【实施责任督学挂牌督导】 年内，在全区所有中小学校实施责任督学挂牌督导工作，落实工作方案，完善考核办法，细化工作流程，组织督学业务培训。针对群众关心的入学、师德、安全等九类热点、难点问题，监督学校依法办学。以标牌形式向社会公布责任督学相关信息，建立教育部门与社会沟通的新形式。截至年底，收到家长各类咨询及投诉电话5000余个，基本实现电话有接听，咨询有解答，投诉有沟通，问题有处理的开局。

（苏纪玲）

社区学院

【概况】 北京市朝阳区职工大学（朝阳社区学院）是区属全额拨款正处级事业单位。属于国民教育系列，是地区性成人高校，有和平里、和平西街、双龙南里和首都机场4个教学区。学院占地面积3.47万平方米，其中产权建筑面积1.04万平方米、非产权建筑面积2.43万平方米。内设17个部门。有教职工121人，其中专任教师92人（其中副高级职称19人、中级职称46人）。图书馆建筑面积316平方米，藏书7.8万册。拥有计算机1284台。固定资产总值5397.9万元（其中教学、科研仪器设备总值67.5万元）。年内，教育经费投入6570.9万元。信息化经费投入228万元，多媒体教室座位2500个，信息化设备资产2266.4万元，网络信息点数630个，上网课程数3345门，数字资源量110GB，管理信息系统数据总量5.5GB。有4个教学系，开设36个专业。学历教育在籍生5095人（其中职大559人、电大4536人）。毕业生971人（其中职大341人、电大630人）。非学历教育培训19669人。获国家、市、区级以上集体荣誉15项，个人荣誉10项。

地址：和平里南口砖角楼5号（和平里校区）
电话：64211719
邮编：100013
网址：http://www.bjccc.com

（张宜寰）

【表彰建设学习型学院先进个人】 2月21日，学院召开年度建设学习型学院先进个人表彰会。表彰孙国华等16名先进个人。

（张宜寰）

【区公务员初任培训】 3月3日，由学院承办，区人力社保局主办的区公务员初任培训班开班。区审计局、区城管执法局、区卫生局及各街乡89名新录用公务员参训。培训为期20天。

（张宜寰）

【区老年志愿者培训基地建立】 3月5日，与区老龄委联合举行中国老龄事业发展基金会—北京市朝阳区敬老志愿服务分部暨朝阳区老年志愿者培训基地揭牌仪式。学院成为全市首家老年志愿者培训基地。中国老龄事业发展基金会副会长傅双喜、市老龄协会纪委书记张克红、区相关部门领导及老年志愿者代表200人参加仪式。

（张宜寰）

【区领导调研】 3月10日，区委副书记刘小宁到院调研。参观学院社区教育骨干培训成果展，看望落户学院的北京东方妇女老年大学人员和培训班学员，并与院领导座谈。

（张宜寰）

【第二届硕博论坛主论坛举办】 3月11日，举办以“提高学院核心竞争力”为主题的第二届硕博论坛主论坛。5位论坛成员代表围绕主题，分别从教学方式、教学环境、资源建设、教育管理、学院发展问题和对策等角度阐述如何提高社区学院竞争力。特邀专家分别点评，提出意见和建议。全体教职工参加论坛。

（张宜寰）

【“幸福养老大课堂”指导师培训】 3月14日，举办“幸福养老大课堂”教学基地管理人员隔代教育指导师培训班。北京东方妇女老年大学校长助理、中国成人教育协会网络中心主任、全国城乡社区数字化教育CCDT项目负责人吴民作《探索中国特色隔代教育的创新与发展之路》专题讲座。区妇联副主席贾冬云介绍“幸福养老大课堂”朝阳教学基地运作情况。来自朝阳、延庆、房山、顺义等区“幸福养老大课堂”教学基地管理人员近200人参加培训。

（张宜寰）

【党的群众路线教育实践活动示范班】 3月26日，承办区委组织部“流动党员”党的群众路线教育实践活动示范班。莆田地区、张家口地区驻区党组织负责人出席开班仪式，60名流动党员参加培训。开展“朝阳区群众路线教育实践活动征求意见”问卷调查；聘请专家作专题报告；观看朝阳发展数字沙盘、《朝阳最美24小时》和《历史的印迹——凤出东方》影片。

（张宜寰）

【承办市会计从业资格无纸化考试】 4月、11月，分别承办市2014年会计从业资格无纸化考试。5654人参考，历时6天。

（张宜寰）

【获国家标准试点单位】 4月9日，经市成人教育培训服务等三项国家标准试点领导小组批准，学院成为市成人教育培训服务术语、服务能力评价、组织服务通则三项国家标准首批试点单位。组织全体教职工完成网上收看视频讲座、网下研读三项国标、提交论文等学习环节并完成网上答题考试。

（张宜寰）

【中、高考志愿填报指导活动】 5月3日，举办“朝阳区2014年高考志愿填报指导”活动。来自北京市第十七中等学校近1000名高三考生家长在朝阳剧场聆听区招生考试中心高招办主任王建龙讲座。5月10日，举办区“2014年中考招生志愿填报指导”活动。来自全区近1000名初三学生家长在朝阳剧场聆听区招生考试中心中招办主任刘惠红解读 2014 年中考政策、录取工作流程。

（张宜寰）

【骨干教师经验交流会】 5月13日，召开骨干教师教学改革经验交流会。学院党委书记、院长马金东，副院长王黎明及全体专职教师参加会议。5 名教学骨干教师代表结合奥尔夫音乐、舞蹈、毛泽东思想与中国特色社会主义理论体系概论、Java 语言、企业网站建设等学科，从成人教育学生特点、教材内容分析、教师能力水平等视角，交流教学改革经验。

（张宜寰）

【与街道联合举办培训班】 5月22日，与麦子店街道联合举办“居民代表”“议事代表”素养能力提升培训班。霞光里、枣营北里、枣营南里、农展南里、朝阳公园 5 个社区 152 名“居民代表”“议事代表”参加培训。邀请马仲良、蔡霞、时立荣、李明伟等国内知名专家授课。

（张宜寰）

【2014 年校园招聘双选会】 5月25日，举办学院 2014 年就业双选会。教育、艺术文化传媒、营销、旅游、餐饮、中国联通、国家电网等行业 18 家企业和职大应届毕业生参会。招聘涉及幼儿艺术教育，学前教育、计算机、市场营销、会计、动漫、艺术设计等岗位。

（张宜寰）

【学生干部室外拓展训练活动】 6月8日，组织学历教育在校学员各班班长 48 人到国家中影数字制作基地开展室外拓展训练活动。

（张宜寰）

【区义务教育阶段招生服务标准研讨会】 6月16日，区义务教育阶段招生服务标准研讨会召开。区教育发展研究中心副主任刘凤芹介绍“朝阳区义务教育阶段招生服务标准”课题研究情况。中国标准化研究院、市标准化研究院、科标公司标准化专家和学院招生办负责人讨论区义务教育阶段招生服务标准制定的必要性和可行性。

（张宜寰）

【联合举办养老护理员培训】 6月16日，与区民政局联合举办养老护理员培训。全区 43 个街乡 193 名学员参加培训。

（张宜寰）

【领导班子专题民主生活会】 7月29日，学院领导班子召开党的群众路线教育实践活动专题民主生活会。提出涵盖加强领导班子思想建设、改进工作作风、加强学院队伍建设等 16 项整改措施。

（张宜寰）

【教师节大会暨科研年会召开】 9月9日，召开 2014 年教师节大会暨科研年会。展示 2013—2014 学年度科研成果；2 名教师作示范课题经验交流；副院长白新睿总结科研工作；表彰 2013—2014 学年度 102 项科研成果。全体教职工参加会议。

（张宜寰）

【教育发展报告编制培训研讨会】 10月11日，召开 2014 年区教育发展报告编制培训研讨会。启动 2014 年区教育发展报告编制工作。区教委各科室和直属单位等 30 余名报告编写和组稿人员参加会议。

（张宜寰）

【国际教育年会第二届教育论坛】 10月25日，举办以“老年教育与后职业发展”为主题的 2014 中国国际教育年会第二届国际老年教育论坛。第十届全国人大常务委员会副委员长、北京东方妇女老年大学校长顾秀莲，国际老年大学协会副主席、中国老年大学协会常务副会长袁新立等出席活动。北京东方妇女老年大学副校长黄敏主持。来自中国、意大利、法国、西班牙、泰国、巴基斯坦、吉尔吉斯斯坦、津巴布韦、牙买加、拉脱维亚等国家 40 余名专家和代表参加会议。学院党委书记、院长马金东等 7 位专家围绕论坛主题分别发言。

（张宜寰）

【承办学习型城市专职工作者培训】 11月14日，承办 2014 年建设学习型城市专职工作者队伍培训。全市（包括燕山教委）17 个区县专职工作者和专家组成员 80 人参加培训。市教科院副院长吴晓川解读《国务院关于加快发展现代职业教育的决定》，首都经贸大学副书记孙善学分析北京市学习型城市建设经验与展望。

（张宜寰）

【承办区教师资格认定考前辅导培训】 11月16日，承办由区教委主办的区教师资格认定教育学、教育心理学考前辅导培训班。培训为期 10 天。来自全区 124 所中小学的 383 名实习教师参加培训。

（张宜寰）

【承办法学专业研修班】 12月18日,由学院、中国政法大学法学院、区依法行政教育培训中心承办，中国政法大学、区政府主办的中国政法大学朝阳区人民政府法学专业研修班开班。中国政法大学副校长马怀德，区委常委、区依法行政教育培训中心主任张革，区法制办主任马龙出席开班仪式。区各委办局、街乡 90 名学员参加研修班。开班仪式后，马怀德作题为“法治政府新任务”讲座。该班为期 2 年。

（张宜寰）

【学院青年教师沙龙辩论赛】 12月23日，举行以“搭展示平台 促青年发展”为主题的学院青年教师沙龙辩论赛初赛。12月31日，举行沙龙辩论赛决赛，并表彰冠、亚军和最佳辩手。

（张宜寰）

【学院年度最具影响力事件表彰会】 12月31日，召开学院最具影响力事件评选表彰会。13 件事件入围，其中“学院招生工作迎难而上”“扎实开展党的群众路线教育实践活动　党建工作水平进一步提升”“广泛开展学生活动　学生管理迈上新台阶”“整合资源 社区教育教材开发不断推进”“提升品质　拓宽培训服务领域”被评为学院 2014 年度 5 个最具影响力事件。

（张宜寰）

【家庭教育社会支持体系建设】 年内，完成《0—18 岁儿童家长手册》及配套电子书组成的家庭教育内容体系建设。下发《家长手册》6 万册。完成家庭教育专题讲座 230 场。启动孕期（准父母）信息指导服务项目。试点“0—6 岁儿童社区早期教育服务与指导项目”在全国推广。录制、播出 4 期“对话成长”有线电视节目，家庭教育指导服务惠及数 10 万个家庭。

（张宜寰）

文化 体育 卫生

文 化

【概况】 朝阳区文化委员会（简称区文化委）是负责朝阳区文化、文物、新闻出版和广播电影电视工作的政府职能部门。内设办公室、文化科、文物管理科、出版发行管理科（审批管理科）、电视音像管理科（调研室）、组宣人事科、财务基建科及文化执法队。直属单位有文化馆、图书馆、北京民俗博物馆、朝阳剧场、紫光影城、香河园地区文化中心、劲松电影院、垡头地区文化中心、群众文化厅、朝阳京剧文化艺术中心、文物管理所、国声京剧文化艺术中心。年内，全区街乡级文化中心和社区（村）级文化活动室设置率均为100%，达标率分别为96%、95%。组织开展各类文化活动4000余场，受益人群200余万人次。群众文艺团队2391支，同比增长18%，团队总人数6.4万人。傅氏幻术、泥彩塑“兔儿爷”入选第四批国家级非遗名录，九嶷派古琴艺术等11个项目入选市级非遗名录，区国家级非遗项目增至7项，市级非遗项目增至27项。开展多项跨省和市内文化交流活动，全国公共文化服务体系示范区带动作用不断增强。区继续保持全国文化先进单位（文化先进县、市、区）称号。区文化委员会主任黄晓伟被文化部授予全国文化系统先进工作者称号。区文化委员会副主任、区文化馆馆长徐伟被评为2014中国文化馆年会榜样人物。区图书馆被评为市三八红旗集体并获首都劳动奖状。北京民俗博物馆被评为首都学雷锋志愿服务示范岗。区文化馆获北京第二届器乐大赛组织奖、第九届舞动北京——群众舞蹈大赛团体铜奖和组织奖、我爱唱歌2014年北京市百姓歌手大赛优秀组织奖。

地址：东三环北路36号
电话：65014855
邮编：100026
邮箱：cywhwyh@vip.sina.com

（何　晶）

【社会力量参与管理公共图书馆】 1月2日，“社会力量参与朝外地区图书馆运营”合作签约仪式在朝外街道朝外地区文化服务中心举行。区图书馆、朝外地区文化服务中心、悠贝亲子图书馆三方共同签署合作协议。市文化局局长陈冬、副局长王珠出席签约仪式。三方约定：在管理模式上，街道与区图书馆制定服务标准、考核办法，承担运维费用，民办图书馆负责日常管理及活动开展；在服务方式上，继续坚持市公共图书馆“一卡通”及通借通还服务，保证365天开馆，每日不低于8小时，开展阅读指导、专家讲座、文化沙龙等活动。

（李雪梅）

【打工春晚播出】 1月12日，区文化馆、北京工友之家及农林卫视在区文化馆TNT小剧场联合主办“2014打工春晚”。晚会由香港凤凰卫视杨锦麟、打工子弟同心实验学校校长沈金花及农林卫视主持人共同主持。晚会节目为反映留守与流动儿童生活现状的儿童音乐剧《我们的天空》；描写大学生与工人并肩工作的歌曲《生活就是一场战斗》；呼吁社会各界共同抵制儿童拐卖的歌曲《宝贝回家》；揭示当今社会新工人社会现实的小品《还谁自由》。举办“农民工讲习所”，讲解工地事故急救常识、“北京·背景”农民工1平方米肖像展等活动。

（李雪梅）

【“爱心邮局”启动】 1月26日，区图书馆启动“爱心邮局”。“爱心邮局”是区图书馆推出的特色服务项目，为读者提供新书阅读推荐、新书折扣代买、旧书交换、图书捐赠等服务。捐赠的图书用于支援敬老院、儿童福利院、打工子弟学校、残疾人等有需要社会机构和人群。启动仪式上，举行首次图书交换大集，近1个小时交换图书200余册，有15个家庭参加青少年阅读评级活动。

（李雪梅）

【文化交流】 1月29日至2月7日，区文化馆“漂亮的兵马俑灯笼”在英国爱丁堡大学展出。100个兵俑、4个战马灯笼汇集在巴洛克城池。每日参观人数达3000人至5000人。4月22日，海峡两岸联合举办“北京第一届两岸妈祖巡安庆典——纪念妈祖诞辰1054周年”文化活动在北京民俗博物馆举行。东岳书院执行院长、区政协原副主席关三多，北京民俗博物馆馆长曹彦生及来自台湾全球粥会世界总会名誉总会长、台湾地区知名将军教授书画院名誉院长丁之发，全球粥会世界总会会长、台湾海峡两岸和谐文化交流促进会会长、妈祖俗信文化研究中心名誉主任陆炳文，中华妈祖文化交流协会常务副会长林国良，北京妈祖粥会会长郑玉水参加。庆典结束后，举行妈祖巡安驻跸安座仪式、莆仙戏公演、妈祖巡安回銮等活动。4月26日，妈祖像返回东岳庙海神殿。5月28日，与区互为友好城区的美国纽约市布鲁克林区区长埃里克·亚当斯一行9人到北京民俗博物馆参观访问。6月10日，韩国青少年学生代表团90余人到北京民俗博物馆参观并体验中国传统民俗。代表团参观庙区、展厅并参与制作体验老北京传统民间手工艺品。6月22日，埃及外交学院院长一行10人到朝阳剧场观看杂技演出。

（李雪梅）

【“我们的节日”系列文化活动】 1月31日至2月5日，以“迎春贺岁祈福纳祥”为主题的“我们的节日·春节”系列文化活动之第十三届北京民俗文化节暨第十六届东岳庙春节文化庙会在北京东岳庙举行。庙会由非遗项目显魅力、祈福迎祥过大年、民俗展览显风情、民间童玩游乐汇、经典诵读、新年书春送祝福等6项活动组成。接待中外游客59339人次。4月2日，“我们的节日·清明”系列文化活动在北京民俗博物馆举行。区社区青少年活动基地启动，首师大附小朝阳校区150名学生参与体验民俗活动。4月4日，在庆丰公园举办“第二届北京二闸清明踏青节”活动，包括清明诗歌朗诵，秧歌、舞狮、高跷等花会展演，京剧、传统乐器、拉弓、民间手工艺品非遗展示，击鼓传柳、清明笔会绘诗画、清明品茶等习俗体验。5月30日，“我们的节日·端午”系列文化活动在北京民俗博物馆举办。包括端午传统节俗体验、民俗展览、诗歌演唱会、非遗项目展示等内容及品雄黄酒、画王老虎、系长命缕、制作布老虎、斗百草等传统节俗活动。举办《童年恩物——中国民间传统玩具展》《北京民间风筝艺术展》及“端午魂”爱国音乐诗歌演唱会。9月30日，以“人间百善孝为先，九九重阳享健康”为主题的“我们的节日·重阳”系列文化活动在北京民俗博物馆举办。包括太极拳、太极扇表演，老年人书法笔会，重阳赏菊九花塔，心灵手巧展才艺，重阳节习俗知识讲座与问答等六个板块。

（李雪梅）

【《朝阳文物志》出版】 3月，由区文化委组织编写的《朝阳文物志》出版。是区正式出版的第一部文物类志书。记录时间上限自事物发端，下限至2013年底。内容共11章，分别为概述、全国重点文物保护单位、古代墓葬、古代遗址、古代建筑、石刻、近现代遗迹、馆藏精粹、博物馆、文物市场、文物管理。

（李雪梅）

【“书香朝阳·全民阅读”活动】 4月23日，2014年朝阳区“书香朝阳”全民阅读活动在安民学校定福庄校区启动。区图书馆、北京工大附中与安民学校签订爱心图书捐赠协议，区图书馆、北京联合大学与安民学校签订爱心志愿活动协议。区图书馆、北京工大附中为安民学校每个班级捐赠爱心书架及图书。全民阅读活动以区图书馆为平台，采取政府购买、资源合作等方式，为百姓提供多样化服务。全年开展笔会、演讲、征文、摄影、课本剧、故事会、原创文学作品大赛等读书活动295次，直接参与人数78270人次。

（李雪梅）

【“2014潮流音乐节”】 5月1日至5月3日，以“音乐触电”为主题的“2014潮流音乐节”在朝阳公园举行。音乐节演出52场。5月2日，音乐节携手“相约北京”艺术节，推出“拉美及加勒比音乐之夜”专场演出，邀请特立尼达和多巴哥钢鼓乐队、美国波士顿流浪者乐队、弗拉门戈舞蹈团等来自不同国家的8支团队参加演出。哥斯达黎加、厄瓜多尔等12个国家大使现场观看。期间，朝阳公园入园人数15.3万人次。

（李雪梅）

【国际博物馆日活动】 5月18日，是国际博物馆日，也是第24个全国助残日。北京民俗博物馆推出“博物馆开放日——让游客走近博物馆”“关爱残疾人——特校师生走进博物馆”“花会表演小车会——展示非遗文化魅力”“民俗展览——用藏品架起沟通桥梁”“北京民间艺术荟萃”等5项活动。免费发放宣传材料、博物馆赠票、纪念品。区安华学校（原朝阳区培智中心学校）100余名师生、家长体验民间益智玩具，观看市级非物质文化遗产项目“幡鼓齐动十三档”中的小车会、《童年恩物——中国民间传统玩具展》《清明节风筝艺术展》。

（李雪梅）

【华香文化论坛】 6月7日，东岳书院文化研讨系列之华香文化论坛在北京民俗博物馆举办。来自北京大学、中国社会科学院、北京中医药大学、中国书画艺术研究院、中国佛学院的专家、学者、高僧等70余人参加论坛。知名学者、北京大学哲学系教授楼宇烈，中国社科院研究员马西沙，宁夏社会科学院研究员马平，中国社科院研究员嘉木扬·凯朝，北京中医药大学研究员李良松等分别从香与民间宗教、香与医药文化、香品在中国古代的用途、香道用品的考证、香文化与古琴、香与礼制、香与中华饮食等进行交流。北京民俗博物馆馆长曹彦生以《东岳庙的香会考证》为题探讨香与香会关系。隐香香道向与会专家、学者、媒体代表展示明朝香道礼仪。

（李雪梅）

【文化遗产日活动】 6月12日，由区文化委主办，区文物管理所、区非物质文化遗产保护中心承办，社会组织北京知音堂支持的“悠然生活——朝阳区文化遗产日”启动仪式在区文化馆小梨园剧场举行。琵琶演奏家方锦龙、失聪吕氏姐妹、青年朗诵家胡乐民、茶道大师银汉晴等文化遗产传承人通过古琴、太极、茶道、尺八、古筝、梵音合唱等形式，展现中华文化遗产魅力。全区街乡文化遗产普查员、非遗传承人、社会组织代表及社区百姓近100人参加活动。6月13日，北京民俗博物馆举办“幡鼓齐动十三档”花会表演，风筝、泥人、豆塑、毛猴等技艺展演及《童年恩物——中国民间传统玩具展》《清明节风筝艺术展》等活动。6月14日，由区非物质文化遗产保护中心主办的“琴颂诗经”琴歌艺术音乐会在区文化馆9剧场行动剧场举行。区非遗项目九嶷派古琴传承人杨青、青年文化学者曹雅欣、优秀青年艺术家张卓等演出。6月14日，“北京市联合国教科文组织协会非物质文化遗产传承教育示范基地授牌仪式暨2014·首届芳草非遗嘉年华”活动在芳草地国际学校教育辅助中心举办。活动由区校外教育集团主办，芳草地国际学校教辅中心承办，市联合国教科文组织协会指导，区非遗保护中心等协办。6月至9月，区举办25场文化遗产日活动。

（李雪梅）

【新民学校推出“行知公民课堂”】 6月20日，新民学校在垡头地区文化中心举办首次试听公开课——家庭农庄课堂。黑庄户、王四营、十八里店、南磨房、豆各庄等乡及垡头街道30位社区居民为首批学员。年内，开设家庭农庄课堂系列讲座、暑期父母公开课、《南京白局》曲艺表演公开课、纪录片《非遗朝阳》公开课、浅蓝深蓝儿童电影训练营活动、原生态《客家山歌》公开课、傀儡戏工坊《学演木偶戏》、手工首饰学堂等，服务群众2000余人次。重点推出“行知公民课堂”，课程遵循陶行知“生活及教育”理念，基于对民间认知问题的研究，协助百姓解决在思想观念、生活方式等方面问题。

（李雪梅）

【大学生戏剧节】 8月1日至17日，北京戏剧家协会、区文化馆在北京9剧场联合举办以“对话青春”为主题的“2014金刺猬大学生戏剧节”。画家、文艺评论家陈丹青，演员濮存昕，戏剧导演、教育家林荫宇及青年戏剧演员孙茜参加开幕式。期间，全国各大高校16部优秀戏剧在北京9剧场上演。经过评审，华南师范大学华师菁菁剧社的话剧《江城子·董生中举》获金刺猬大奖；北京语言大学的张志上和上海交通大学的吴东遥分别获优秀男女演员奖；北京语言大学同话剧社的《推演》获最佳道具奖；北京大学枫丹白璐工作室话剧《ROAR！ROAR！》、中国戏曲学院纽带戏剧工作室话剧《第十二夜》获创意奖；中国农业大学行知剧社话剧《带锁的水龙头》获最佳表演奖；中国传媒大学文艺青春剧社音乐剧《周末要毕业》获最佳演出奖。

（李雪梅）

【群众文化干部队伍建设】 6月至10月，举办合唱、戏曲、民乐、舞蹈（民族舞、交谊舞）等4项品牌团队认定比赛。认定一类团队（区级示范团队和区级品牌团队）29支、二类团队（区级优秀团队）33支、三类团队（区级特色团队）27支、四类团队（街乡优秀团队）105支、五类团队（普及型团队）2197支，团队总人数6.4万人。8月，完成对街乡文化中心新任职100名基层文化工作者200学时培训，培训历时1年.按照市文化局出台的基层文化干部“六会”标准，开设公共课、专业课、研修课。10月23日，公共文化继续教育社区工作者艺术普及培训班开班。100名社区工作者分类接受每周一次朗诵、舞蹈编导、合唱指挥等培训，为48次课192学时。12月8日到12日，在厦门大学举办“2014年北京朝阳区文化干部调训班暨公共文化建设高级研修班”。40个街乡（不含小红门乡、东坝乡和孙河乡）及区文化馆、区图书馆、区博物馆46名文化管理干部接受时事热点、公共文化、管理科学及心理学等综合培训。

（李雪梅）

【“传统文化雅集”活动】 9月29日、10月31日、12月3日、12月4日，区文化委联合区域文化类社会组织——北京知音堂，举办4场“传统文化雅集”活动。到朝外街道、安贞街道、区图书馆等地区和单位，以“再序兰亭”为主题，融合古建筑、古筝、吟诵、闻香、品茶、书法等形式，展示中国传统文化。达到观众近距离、多角度观赏，感受中国文化。

（李雪梅）

【国庆游园活动】 10月1日，在朝阳公园举办以“为祖国歌唱”为主题的“朝阳区新中国成立65周年庆祝游园活动”。活动包括开园仪式、“东方神韵”“花海漫游”“舞蹈联欢”“幡鼓齐动十三档”等五部分。设南门草坪、08广场、中心岛剧场、沙排主会场东广场等4个舞台，东方歌舞团、北京歌剧舞剧院、市属专业院团、贵阳等友好城市民族特色团队、朝阳艺术团、基层优秀品牌团队和非遗展演团队的4594名演职人员参演。同时，组织“北京国际设计周”“台湾风情市集”“千人健步走”等外围活动。

（李雪梅）

【文化设施建设】 年内，完成劲松地区文化中心改造工程，香河园地区文化中心完成施工和监理招投标工作，常营地区文化中心建设进入项目设计阶段，三里屯街道文化中心竣工，来广营地区文化中心进入工程验收阶段，大屯街道文化中心装修工程竣工。

（李雪梅）

【文化遗产保护及宣传】 年内，配合中国大运河申遗工作，修缮保护并推动永通桥和平津闸上闸项目升级为国保项目；完成东岳庙琉璃牌楼、肃王坟防雷等7项市级资金修缮项目；完成普门寺、流散石刻集中保护等4个区级资金修缮项目的设计招标；抢险修缮南磨房关王庙，全区文物修缮完好率95%。拍摄《非遗朝阳》系列专题片。开展非遗进校园、进社区、进科研院所等活动，推出21个非遗项目供青少年儿童学习体验。全年接待中外学生2万余人次。

（李雪梅）

【行政许可】 年内，办理行政许可事项427件，其中举办营业性演出许可170件、歌舞游艺娱乐场所设立及变更许可39件、出版物零售企业设立及变更许可153件、互联网上网服务营业场所设立及变更许可50件、共用天线设计安装设立许可3件、营业性电影放映单位设立及变更许可8件、文艺表演团体单位设立4件。办理备案项目57件。其中增加演出地备案43件、营业性演出场所备案3件、美术品经营单位备案8件、文艺表演团体变更备案3件。安排现场核查场所88家，176 人次。区文化委有许可项目9项：歌舞娱乐场所、游艺娱乐场所设立及变更（内资企业），互联网上网服务营业场所设立及变更，举办营业性演出（国内演员）等。有备案项目6项：演出场所经营单位备案，美术品经营单位备案，个体演员、个体演出经纪人备案等。设立内资文艺表演团体审批，设立内资娱乐场所审批，设立互联网上网服务营业场所经营单位审批，电影放映单位设立、变更业务范围或者兼并、合并、分立审批及从事出版物零售业务许可由前置许可改为后置许可。

（何　晶）

【图书馆业务】 年内，办理借书证18127个，图书外借总量704735册次，报刊外借总量14095册次，流通678371人次。新购文献253483册件、报刊1244种、电子视听文献1762件。交送图书277271册。举办各种活动372次，93608人参加，其中组织外语大课堂227场，朝阳文化讲堂组织讲座66场，其他活动79场。图书配送服务256次162690册。提供流动图书馆现场阅读服务4次，提供书刊4000余册，受众近400人。完成16处益民书屋建设及232处益民书屋补充建设，为益民书屋补充图书23200册、电子资源4640张、书架232个。

（何　晶）

【文化市场管理】 年内，区文化市场管理（扫黄打非）工作领导小组各成员单位及43个街乡检查各种文化经营单位或场所23859家次，出动人员14772人次，车辆8859台次。检查图书、报刊、电子出版物2643家次，印刷、复制企业136家次，音像制品经营单位991家次，歌厅娱乐场所1079家次，电子游戏场所131家次，卫星接收设施88次，互联网上网服务营业场所2978家次，798艺术园区11038家次。收缴非法出版物357本、音像制品497张。立案66起，罚没款项171760元，受理举报169件，回复169件，对辖区内各类文化经营场所检查覆盖率100%。

（何　晶）

文　联

【概况】 北京市朝阳区文学艺术界联合会（简称区文联）为区级群众团体机构，负责所属文艺家协会的联络、协调、服务和管理工作，组织开展地区文学艺术活动。有9个协会和1个艺术团，有会员、团员6700余名。直属单位有朝阳书画院。年内，以“文明、和谐、友善”为主题；开展“镜头中的朝阳”“旋舞朝阳”“翰墨朝阳”等特色品牌活动；开展“镜头中的朝阳”之春夏秋冬摄影比赛获奖作品展、区第七届民族舞比赛、区第七届交谊舞比赛、首届全国书法获奖作品展并出版“中国梦·翰墨朝阳”获奖作品集、首届“文明和谐友善”区名家书画笔会、“北京朝阳·济南历城书法作品联展”、区首届“文明和谐友善”油画展并出版《朝阳艺象》画集、“圆梦之舞·旋舞朝阳”区群众交谊舞推广普及展赛等系列活动。出版《芳草地》报等。组织专业文艺工作者辅导各街乡文艺爱好者，发现和培养文艺人才。完成 国庆65周年游园、慰问基层、“三下乡”“星火工程”、双拥慰问等系列宣传活动和重大演出任务。

地址：东大桥路8号尚都国际中心303房间
电话：58701210　58701235
邮编：100020
邮箱：chaoyangquwenlian@163.com

（刘向菲）

【双拥慰问演出活动】 1月18日、21日、24日，在武警北京指挥学院、总装备部司令部、武警北京总队第十三支队礼堂举行以“军民同欢庆、共圆中国梦”为主题的3场演出。节目为串烧歌曲《月亮代表我的心》《思念》《当那一天来临》，拉丁舞《青春相伴》，独唱《老百姓的好心情》《真情》，评书表演艺术家刘兰芳表演评书，相声《欢歌笑语》，唢呐独奏《华夏同心曲》，小品《出发之前》，川剧变脸，魔术表演，音乐表演《万泉河水》，舞蹈《我和我的祖国》等。刘兰芳、张华敏等30余位知名艺术家、3个专业艺术院团参加演出，2500余名官兵观看演出。

（刘向菲）

【春节“三下乡”活动】 1月，在平房地区参加市文联组织的为社区群众送祝福活动。邀请市书法家为百姓书写并赠送春联百余幅。区书法家协会、区民间文艺家协会6名艺术家参加活动。

（刘向菲）

【党的群众路线教育实践活动】 2月至12月，文联党组以处级领导干部为重点，带领文联4名党员干部，完成以“为民、务实、清廉”为主要内容的党的群众路线教育实践活动，完成“学习教育、听取意见”“查摆问题、开展批评”和“整改落实、建章立制”三个环节各项工作。组织机关干部集中学习20次、主题学习6次。召开各类座谈会12次，包括机关干部、文艺协会理事、群众代表在内的68人次参与座谈。收集关系群众切身利益问题、解决基层基础薄弱问题、加强作风建设等4个方面的意见建议6条。制定整改任务6项，其中立行立改任务3项、近期整改任务2项、中长期整改任务1项。

（刘向菲）

【获得荣誉】 3月，区油画家协会主席田凤银被授予市“三八红旗手”称号，被中国传媒大学文法学部聘为客座教授。9月，田凤银被区评为“朝阳榜样”，被中央文明委评为“中国好人”，在区图书馆成立“田凤银工作室”，并举办个人画展。11月，市文联组织第五届国标舞比赛中，区文联获第一名2个、第三名1个、第四名4个、第五名2个、第六名1个等10个奖项和组织工作奖。年内，区文联主席李光羲被评为区特别贡献人才奖，田凤银被中国长城协会聘为长城画家代表。向菲获2014年市文联系统宣传信息工作先进工作者称号。

（刘向菲）

【第五届“镜头中的朝阳”摄影展】 6月，在区图书馆举办文明、和谐、友善“镜头中的朝阳”之春夏秋冬摄影比赛获奖作品展，并出版《“镜头中的朝阳”之春夏秋冬四季摄影画册》。“镜头中的朝阳”摄影比赛连续举办五届，成为区文联和区摄影家协会品牌活动，摄影展展出前四次摄影比赛中219名摄影爱好者获奖作品600余幅（其中100幅获奖作品曾在美国旧金山和内蒙古鄂温克旗“镜头中的朝阳”大型摄影展中展出）。此次是区摄影家协会成立以来举办的第一场大型四季摄影展览。

（刘向菲）

【区第七届民族舞比赛】 6月，在垡头地区文化中心举办区第七届民族舞比赛。邀请潘志涛等5位舞蹈专家为赛事评委，各街乡、委办局等38家单位61支代表队1078名选手参赛。比赛评出金奖7名、银奖11名、铜奖19名、优秀奖25名、组织工作奖11名、创编奖10名和特别支持奖1名。金奖7名为亚运村《阿穆尔赛诺》、三里屯《国华京韵》、香河园《丰收鼓跃》、东风《心中的歌》、将台《春到羌寨》、来广营《扇舞欢歌》、区残疾人联合会《花语飞虹》。特别支持奖为垡头街道办事处。

（刘向菲）

【核心价值观名家书画笔会举办】 7月，举办首届“文明和谐友善”区名家书画笔会。区美术家协会和书法家协会45名艺术家参加活动，现场创作书画作品212幅。8月8日至22日，在区图书馆举办“文明和谐友善”区书画笔会优秀作品展，展出由笔会作品中精选的书画作品56幅。期间，大量社区群众、青少年学生、书画爱好者观展。

（刘向菲）

【首届全国书法获奖作品展举办】 7月，举办首届全国书法获奖作品展，出版“中国梦·翰墨朝阳”获奖作品集。

（刘向菲）

【服务基层活动】 8月8日，在区图书馆（新馆）举办“美丽朝阳摄影采风”汇报展。年内，开展文艺下基层活动。邀请和开展音乐、舞蹈、书法、摄影、文学、美术和民间文艺等方面艺术家深入街乡、社区，和文艺爱好者和基层文化工作者交流互动，面对面和手把手辅导，举办各类艺术讲座。邀请艺术家下街乡（社区）辅导50余次，受益群众2万余人次。组织区摄影家协会会员对政府购买的其他服务项目追踪拍摄20次。

（刘向菲）

【朝阳与济南历城书法作品联展】 9月3日，与山东省济南市历城区开展书法联展。展出两地书法家作品113件，有多幅作品曾多次在全国大展中入展、获奖。

（刘向菲）

【区第七届群众交谊舞普及推广展赛】 9月，以“中国梦”为主题，以践行社会主义核心价值观为目标的“圆梦之舞·旋舞朝阳——‘中复杯’”朝阳区第七届群众交谊舞普及推广展赛在朝阳体育馆举行。比赛以“中国标准交谊舞”教学光盘舞种为主，包括华尔兹、探戈、平四、伦巴、布鲁斯、快四、快三、恰恰恰、吉特巴等9种。比赛形式有规定舞种、自选编排、集体比赛、全体展演等4种形式。街乡、委办局、群团组织、驻区机关、企事业单位、驻京部队、社区居民等非专业团队50支队伍1146人参赛。获一等奖4名，分别为安贞街道的《启航——中国梦》、六里屯街道的《跃动悦心》、高碑店乡的《炫舞金秋》、十八里店乡的《舞动风韵》，二等奖7名，三等奖10名，旋舞风采奖为朝阳团区委的《月亮河里的小苹果》，特别支持奖5名，优秀组织工作奖21名，组织工作奖23名。

（刘向菲）

【国庆游园展演】 10月1日，来自43个街乡、委办局和社会团体的舞蹈队员4000余人参加国庆65周年游园活动展演。节目为常营少儿拉丁舞队《飞旋的梦》，高碑店地区交谊舞队《炫舞金秋》，广场群众共舞中三、探戈、伦巴、恰恰恰、吉特巴、平四，安贞街道交谊舞队《起航中国梦》，律师协会交谊舞队《摩登时代》等。

（刘向菲）

【首届“文明和谐友善”油画展】 11月，举办区首届“文明和谐友善”油画展，出版《朝阳艺象》画集册。油画展作者来自区油画界名家，展出中央美院、中国油画院、北京画院等40余名知名画家及中青年画家作品60幅。

（刘向菲）

【协会建设】 11月，成立区油画家协会（中国首个区级油画家协会）。举办协会成立画展，出版《朝阳艺象》作品集。12月，成立区曲艺家协会，68名实力派老中青年曲艺家为会员。其中刘兰芳、李金斗、李国盛、梁厚民、笑林等艺术家被聘为协会成员，设北京曲艺团、星夜相声会馆、周末相声俱乐部、天乐票房相声俱乐部、曹俊祥龙票房、快板刘文化大院等6家专业团体会员。

（刘向菲）

【百名文艺家人才库建成】 年内，组织完成9个文艺家协会的会员登记。从各文艺家协会选出有创作实力和有创作潜力的中青年文艺家140名，全部建立个人档案，建成百名文艺家人才库，在各种活动时优先推荐人才库里的文艺家参加演出。

（刘向菲）

【协会活动】 年内，区书法家协会、区美术家协会和民间文艺家协会艺术家到位于使馆区上海合作组织，开展现场展示中国的绘画和书法艺术，宣传传统文化。妇女节期间，组织艺术家到北京军区某部女兵连进行慰问活动。摄影家协会举办“中国梦”摄影讲座21场，摄影爱好者1000余人次参加讲座。区民间文艺家协会与北京民俗博物馆共同举办“清明节风筝艺术展”。在北京民俗博物馆展出20余件风筝作品。10位艺术家帮助六里屯街道秀水园社区策划，并举办“社区民间文化艺术展”。展出葫芦烫画、鱼拓、毛猴等15类艺术作品。端午节期间，配合市文联、市音乐家协会在北京民俗博物馆举办“端午魂”爱国音乐诗歌演唱会。1000余名观众观看演出。

（刘向菲）

【“三库”建设】 年内，朝阳艺术团“三库”（节目库、演员库、文化能人库）有节目数量581个、演员547人、文化能人106人。

（刘向菲）

新闻传播

【概况】 朝阳区广播电视新闻中心隶属于区委、区政府，是区委宣传部直接领导的事业单位。主要负责朝阳区新闻宣传、新闻应急工作和新闻宣传队伍建设，拥有《朝阳报》、朝阳有线电视和朝阳新闻网三个媒体平台。是实行全员聘用制的区级广播电视新闻机构。内设办公室（保密科）、总编室、人事科、财务科、资料室、新闻科、采访科、报纸编辑科、要闻内参科、有线电视技术科、有线电视社会新闻科、有线电视播音编辑科、有线电视专题科等13个部门。下属自收自支单位有朝阳传媒中心和朝阳传媒影视技术服务中心。年内，不断策划开辟新栏目，让宣传报道更接地气。《朝阳报》在原有《记者走一线》《新闻调查》等栏目基础上增设《记者体验日记》《访民意立行立改》《为民服务在岗位》等栏目。朝阳有线转换报道视角，以《身边2014》《记者走一线》等栏目用直观的群众视角反映全区在环境、民生、服务等方面的新做法，发挥媒体优势解决群众反映强烈的切身利益问题。5月29日，市国有文化资产监督管理办公室授予北京朝阳传媒影视技术服务中心“北京市文化创意产业人才培养基地”称号。

地址：六里屯西里3号
电话：65025172
邮编：100026
邮箱：gdzxBGS@bjchy.gov.cn

（李　卉）

【党的群众路线教育实践活动】 年内，在领导班子、5个党支部中开展党的群众路线教育实践活动，6名处级领导和66名党员参加。构建广电中心“一个领导小组统筹，三个工作组协调，党建业务双线推进”组织架构，坚持“规定动作”做到位，“自选动作”有特色。结合新闻宣传行业“走转改”，开展“三个思考”（我的采访“依靠谁”，我的报道“给谁看”，我的工作“能为群众做些啥”）大讨论。朝阳报、朝阳有线开设10多个专栏和栏目，其中《朝阳报》《记者体验日记》《民情日记》《身边2014》等栏目刊登和播出的内容是以记者蹲点的形式，记录各单位在教育实践活动中的好经验和好做法，记录广大基层党员干部服务群众的实际行动。朝阳有线开设《记者走一线》《问政2014》《平安朝阳》等栏目，反映全区教育实践活动给百姓身边带来的变化。征集广电中心党员关于立行立改等意见建议60余条，拟定立行立改措施11条。建立《朝阳区广播电视新闻中心督办工作制》，经过督办的“折子工程项目收集”“朝阳报栏目增设”“电视板块改版”“车辆停放”等16项工作办结率100%。

（李　卉）

【“双服务双报到双评议”工作】 年内，区广电中心与六里屯街道甜水园西里社区开展双报到、双服务、双评议活动。集中认领并完成为社区文化建设整合资源，牵线搭桥；为社区规划庆七一活动；在社区征集《孔子加油》系列微电影群众演员等3件实事。成立深度报道服务、技术支持服务、摄影知识服务等5类8个党员志愿服务组，为基层提供“订单式”服务，深入街乡挖掘新闻亮点，为街乡刊物提供后期排版工作指导，与街乡、社区、村干部共同策划新闻选题。成立蹲点报道组，选取6个民生工作的重点部门及工作有特色街乡、社区进行长期挖掘和跟踪报道。开设《记者体验日记》《为民服务在岗位》《民情日记》《访民意立行立改》等专栏，报道基层工作。

（李　卉）

【党风廉政建设】 年内，修改完善《朝阳区广播电视新闻中心廉政风险预警防范机制建设工作实施方案》《朝阳区广播电视新闻中心廉政风险防控管理工作实施方案》《朝阳区广播电视新闻中心“三重一大”实施细则》《关于贯彻落实中央“八项规定”、“六项禁令”的实施细则》及《朝阳区广播电视新闻中心加强作风建设“五项标准、七个不得”工作要求》等。层层签订党风廉政建设责任书78份。通过参与廉政DV大赛、征文比赛等，推动党风廉政建设。在5个支部增选纪检委员，完善支部建设。

（李　卉）

【对外新闻宣传】 年内，以新闻宣传“1+6”工作流程为抓手，组织策划系列新闻宣传146场次，正面宣传报道3万余篇（次），内容重点涉及群众路线教育实践活动、APEC会议保障、民生工程、经济工作、环境建设、公共文化建设等。加大在《人民日报》、中央电视台及北京日报、北京电视台等重点主流媒体的宣传。截至年底，中央电视台报道30次，其中《新闻联播》报道7次；《人民日报》报道36篇，其中头版报道2篇，分别为转变作风、党政群共商共治内容；《光明日报》报道22篇，其中头版2篇；北京电视台报道85次，其中《北京新闻》报道46次；《北京日报》报道275篇，其中头版报道17篇。新华社、中新社、中央人民广播电台和人民网等，直接报道朝阳区均超过50篇次。开设“北京朝阳群众路线教育”“朝阳微讯”微信公众服务平台。

（李　卉）

【突发性事件新闻处置】 年内，参与突发性事件新闻处置（包括应急维稳值守）65起。建立每日舆情监测机制，报送、处置媒体舆情1300余篇次。

（李　卉）

【对内新闻宣传】 年内，《朝阳报》的《记者体验日记》《民情日记》《身边2014》等栏目刊登和播出内容都是以记者蹲点的形式，记录各单位在教育实践活动中的好经验和好做法，记录广大基层党员干部服务群众的实际行动。朝阳有线开设《记者走一线》《问政2014》《平安朝阳》等栏目，反映区教育实践活动给百姓带来的变化。

（李　卉）

【《朝阳报》出刊145期】 年内，《朝阳报》出刊145期。其中专版专刊150期，发稿件约5800篇，约470万字，图片约930幅。

（李　卉）

【朝阳有线电视节目制作】 年内，朝阳有线自制电视节目15740分钟。其中《朝阳新闻》258期，时长7940分钟；《一周新闻综述》49期，时长735分钟；《问政2014》《平安朝阳》《幸福2+1》等6档栏目268期，时长6500分钟。受托拍摄《最美朝阳人》《垂杨柳医院拆迁问答》《群众满意的计生机构》等专题片10余部，时长近200分钟。《镜头对准死角》等内参片5部，时长65分钟。

（李 卉）

【合作办报】 年内，《朝阳报》与和平街街道、酒仙桥街道、团结湖街道、左家庄街道、三里屯街道、来广营地区、团区委、区教委、区慈善协会、区残联、区房地局、区环保局、区城管执法局、朝阳第二医院等14家单位合办报纸。根据各单位不同需求，持续改进版面内容和栏目设置。区残联《春雨》，增设《励志故事》《回音壁》《楠言心语》等栏目。与区环保局合办《朝阳环境报》，传播国家和市、区环境保护法律法规和政策方针，聚焦环境热点难点，普及环境保护知识，开设《政策解读》《环保小常识》《环保动态》《环保心声》等4个栏目。《朝阳二院报》开设《病房里的故事》《医患之间》等栏目。全年出合作报188期。

（李 卉）

【业务合作】 年内，北京朝阳传媒影视技术服务中心与CCTV-2、湖北卫视、吉林卫视等新老客户合作，录制节目121期。与央视及北京电视台节目制作中心合作，开展节目包装、宣传片制作等后期业务。

（李 卉）

【影视培训】 年内，北京朝阳传媒影视技术服务中心与中国传媒大学合作，开展各类影视专业培训26期，培训学员500余人。

（李 卉）

【朝阳新闻网】 年内，朝阳新闻网（http://www.chynews.cn）日均更新文字新闻2万余字、视频新闻70余分钟，年点击量700万次。

（李 卉）

潘家园国际民间文化发展有限公司

【概况】 潘家园国际民间文化发展有限公司是区国有资产监督管理委员会监管的区国有资本经营管理中心下属的国有独资企业。设董事会、监事会、经理层、党总支委员会、工会、妇女委员会和共青团等组织。内设办公室、党群工作部、财务审计部、规划发展部、人力资源部、安全生产部和项目开发部。经营范围为销售工艺品及收藏品、字画、家具、日用杂品、珠宝首饰，组织文化艺术交流活动（不含演出），承办展览展示活动，从事投资及投资管理等活动，并对经营管理的国有资产承担保值增值责任。子公司有北京潘家园旧货市场有限公司、北京潘家园古玩艺术品文化传媒有限公司。年内，公司资产总额56829万元，负债总额6650万元，所有者权益50179万元，利润总额6684万元，上缴税费2690万元。

地址：华威里18号

电话：67765739

邮编：100021

网址：http://www.panjiayuan.com

（蔡子翠）

【主题活动举办】 1月29日至2月6日，举办潘家园第六届春节交易会（庙会）；3月7日至15日，举办潘家园第七届精品字画展；4月3日至6日，举办潘家园第十六届连环画交易会；4月6日，举办连环画拍卖会；5月10日至25日，举办精品琥珀展；6月14日至22日，举办潘家园第五届雕刻艺术精品展；7月12日至8月3日，举办潘家园彩宝首饰精品展；8月14日至17日，举办潘家园第十七届连环画交易会；8月16日，举办连环画拍卖会；9月19日，举办首届全国红色收藏文化高层论坛；9月19日至21日，举办潘家园第十一届红色收藏展览交易会；9月26日至10月4日，举办潘家园第九届中国玉器精品展；11月13日至17日，潘家园展团参加国际珠宝展；11月22日至30日，举办潘家园第七届非物质文化遗产手工艺品展览交易会。

（蔡子翠）

【领导视察】 2月26日，市安全生产监督管理局副处长毛宇权、赵英然，主任王成刚等检查潘家园旧货市场全国“两会”前安全生产情况。3月20日，市外事办主任赵会民、礼宾处处长李金成到潘家园旧货市场检查指导。9月11日，市工商联党组成员、秘书长林为民和区工商联党组书记、常务副主席梅诗曙带领市工商联、区工商联及部分商会、企业一行17人到潘家园旧货市场参观调研。11月27日，区委书记程连元到潘家园旧货市场调研指导。

（蔡子翠）

【党的群众路线教育实践活动】 2月至10月，潘家园文化公司党的群众路线教育实践活动开展党支部书记讲党课1次，召开2次座谈会，开展3轮谈心活动，组织3次书面意见征询。组织38次理论中心组专题学习。收集意见建议85条，制定6个方面19项整改措施，其中立行立改2项、近期整改任务5项、中长期整改任务12项。领导班子梳理出“四风”方面存在17个突出问题，党员干部查摆出问题21个，立行立改问题9个。参观党风廉政教育基地1个，组织观看《贪欲的代价——纪海义腐败案警示录》警示教育片及《焦裕禄》等8部电影。

（蔡子翠）

【全国红色收藏展览交易会举办】 9月19日至21日，举办第十一届全国红色收藏展览交易会。期间，举行以“中华苏维埃共和国文物精品展”和“光辉历程——铭刻在毛泽东像章上的中国近现代史”为主题的专题展览及首届全国红色收藏文化高层论坛等系列活动。全国200余位红色收藏爱好者参加活动。

（蔡子翠）

【外事活动】 10月14日，韩国釜山市前市长许植南携夫人一行3人到潘家园旧货市场参观购物。12月18日，蒙古国后杭省省长东德布亚姆·巴特额尔登等到潘家园旧货市场参观游览。

（蔡子翠）

【组团参加中国国际珠宝展】 11月13日至17日，潘家园国际民间文化发展有限公司携18家经营商户组成“潘家园展团”参加在中国国际展览中心举办的“2014中国国际珠宝展”。潘家园展团设27个展位，总销售额2292360元，商户最高总销售额615000元，单日最高销售总额605000元。

（蔡子翠）

朝阳规划艺术馆

【概况】 朝阳规划艺术馆（简称区规划馆）是区委宣传部直属差额拨款事业单位，机构规格相当正科级。内设综合办公室、文化传媒部、文创中心、市场部、运营保障部。区规划馆致力于打造多元文化品牌，构建面向全社会开放的文化创意活动集聚的公益性分享平台，将规划馆建设成为区情、规划与成就的宣传教育展示窗口，国际文化艺术交流与招商引资的公共服务平台，富有朝阳特色的文化创意活动集聚地及以3D为主题的科技与文化融合的创新示范基地。年内，以创新作为发展动力，以“展示区情、服务发展”为办馆原则，将公益性规划展览接待与自主策划文创活动结合，有形资产带动无形资产联合协同交易为运营模式，统筹各方力量，发挥平台优势，盘活场馆资源，探索市场化运营模式，建设面向全社会开放的文化创意产业集聚的公共服务平台。全年接待参观2万余人，同比增长10%。接待团体125个，其中贵宾团体 87个、海外参观团体5次。北京朝阳海外学人中心、朝阳海外学人俱乐部授予区规划馆朝阳海外学人俱乐部活动基地称号，市科学技术委员会、市科学技术协会授予区规划馆“北京市科普教育基地”称号。

地址：朝阳公园南路1号

电话：65851500

邮编：100125

网址：www.t-space.com.cn

（尤菁茁）

【时尚活动举办】 1月7日，社会科学文献出版社、中国新闻出版研究院、百道网、出版商务周报社联合主办的2014中国学术出版年会在水云间举办。3月21日，中国民航常旅客计划“凤凰知音”20周年庆典活动在T空间举行。4月9日，OLAY新品发布会在T空间举行。6月5日，达索系统主办的2014大中华区3D体验高峰论坛欢迎晚宴活动在2号馆举办。7月2日，优酷土豆自制大剧《小时代》首播盛典在T空间举行。10月29日，新浪汽车频道主办的2014进口汽车风云榜颁奖典礼在T空间举行。11月4日，北美拍卖行主办的NAFA 裘皮发布会在2号馆举行。11月22日，时尚集团《座驾CAR》杂志主办的张驰春夏新品发布会在2号馆举行。

（尤菁茁）

【百姓大舞台群众文化活动】 1月11日，朝阳规划艺术馆、瑞逸内衣联合主办，北京英联邦协会、霸王国际（集团）控股有限公司共同协办的“百姓大舞台、放飞中国梦——2014北京国际中老年模特大赛”总决赛在T空间举办。12支首都队伍参加比赛，英联邦成员国模特队、河南省商丘市绚丽艺术团作为表演队伍参加比赛。北京英联邦协会主席林文堤、瑞逸内衣营销总监徐志捷、霸王国际（集团）控股有限公司华北区总经理马凌龙、北京英联邦协会副主席那媛、中央电视台《汉语桥》主持人捷盖（喀麦隆）及英联邦成员国驻华大使、参赞等嘉宾等100余人出席决赛开幕式。麦子店秋之韵模特队获特等奖；东城区阳光枫林时装艺术团、西城区月坛银帆艺术团获最佳魅力奖；朝阳区社区服务中心飘舞艺术团、顺义区绿叶艺术团中老年模特队、海淀区新丝羽模特队获最佳表演奖；通州区凤之翎模特队、东城区百老汇艺术团模特队、朝阳区望京侨之韵金秋模特队获最佳服饰奖；丰台区火美人艺术团、外交服务局秋韵模特队、石景山彩虹艺术团获最佳人气奖；北京英联邦协会、河南省商丘市绚丽艺术团分别获友谊风尚奖、优秀表演奖。

（尤菁茁）

【“凤凰计划”认定仪式】 1月14日，朝阳海外学人中心主办的2013朝阳区“凤凰计划”认定暨海外高层次人才座谈会在水云间举行。朝阳规划艺术馆被授予“朝阳海外学人俱乐部活动基地”。区领导吴桂英、陈涛、张革、刘军胜等出席座谈会。

（尤菁茁）

【领导及代表团参观接待】 2月21日，四川省广安市副市长庞世洪到馆参观。3月24日，贵州省贵阳市委统战部部长帅文带领贵阳市考察团一行13人到馆参观。4月8日，文化部副部长项兆伦到馆参观调研。4月11日，贵州省贵阳市规划代表团一行15人到馆参观。4月16日，江苏省委宣传部部长王燕文等一行30余人到馆参观调研。4月23日，北京电子科技职业学院艺术设计学院与奥地利布劳瑙高等职业技术学校师生一行60余人到馆参观。5月7日，广东省佛山市委统战部副部长张建辉带领佛港澳工商界青年精英访京代表团一行48人到馆参观。6月27日，国家新闻出版总署产业发展司副司长袁亚平到馆参观并座谈。9月17日，丰台区规划展览馆一行10人到馆参观并座谈。9月23日，中央电视台台长胡占凡、副台长张海鸽等一行25人到馆参观。10月24日，北京航空航天大学EMBA高级研修班师生一行50人到馆参观。10月27日，柬埔寨金边市七玛卡拉区代表团一行11人到馆参观。

（尤菁茁）

【教学培训基地接待学员参观】 2月28日，区2013年度军转干部培训班100余名学员到馆参观。3月14日，2014年第一期初任公务员96人到馆参观。团区委组织高校团委干部30余人到馆参观。3月17日，中央文化管理干部学院组织文化部机关服务局处级干部学习贯彻习近平总书记系列讲话精神培训班（第二期）学员24人到馆参观。3月26日，区委组织部组织流动党员培训班50余人到馆参观。4月25日，清华大学人文学院组织“湖北省团风县领导干部新型城镇化建设高级研修班”学员50余人到馆参观。5月16日，中国食品发酵工业研究院2014年发展中国家生物技术应用培训班一行20余人到馆参观。5月21日，由中央宣传部干部局全国宣传干部学院组织的第一期地市党委宣传部副部长培训班学员200余人到馆参观。8月28日，中央文化管理干部学院组织江西省各县市文广局局长、文化领域干部培训班20余人到馆参观。9月12日，区初任公务员80余人到馆参观。11月20日，清华大学公共管理学院高级研修班学员65人到馆参观。

（尤菁茁）

【文创项目研究】 3月，受北京汽车集团委托，承接北京齿轮总厂老厂房改造。完成北京汽车国际文化产业园立地规划设计、运营模式建议方案及投资风险分析建议等工作。4月，协助四川省广安市政府，编制《广安文化CBD建设概念策划方案》。为客户提供完整的项目总体定位、建筑设计概念方案、开发与实施方案、重点功能及业态配置方案，项目经济指标估算及用地后期开发等系列专业规划，并编制《广安市文化综合体运营建议报告》。10月，朝阳规划艺术馆组织对广安市前锋区大、小良城旅游及养老地产项目实地考察和专项研究，协助当地政府提出大、小良城地区保护开发历史遗迹与文化旅游，及养老地产协同发展未来规划方向。

（尤菁茁）

【艺术策展工作】 4月26日，朝阳规划艺术馆策划在T空间举办“创·意——北京中青年雕塑家作品展”。展期为1个月，展出吴为山、蔡志松等国内中青年雕塑家作品36件，蔡志松、刘若望等出席开幕式并参加座谈。11月30日至12月30日，朝阳规划艺术馆策划的任艳明雕塑艺术展在T空间举办，展出雕塑作品37件。中国雕塑院教授郅敏出席开幕式并主持研讨会。

（尤菁茁）

【世界广告大会北京日活动】 5月11日，由市政府主办，市工商局、区政府、北京广告协会承办的第43届世界广告大会“北京日活动”在区规划艺术馆举办。国际广告协会主席法里斯·阿布哈迈德、市政府副秘书长马林、区领导苑文新等出席活动。由朝阳规划艺术馆主办，中国教育电视台高校创意总部协办的大学生广告创意节在2号馆举办。10余所高校800余件广告作品参加活动征集，期间，公开展出优秀作品89件；朝阳规划艺术馆策划完成的创意影片《皇城北京》在数字沙盘展区首映，该片时长5分30秒，当日400余人观影。

（尤菁茁）

【青年交友联谊活动】 5月23日，团市委、市青联和世纪佳缘联合主办的“心动北京　全城热恋”大型交友联谊活动在水云间举办。

（尤菁茁）

【党的群众路线教育实践活动】 2月至12月，完成党的群众路线教育实践活动。完成新修订制定制度8项。召开学习交流会5次，谈心谈话12人次。开展党支部书记讲党课活动2次。参观党风廉政教育基地2个。观看《杨善洲》等影片、《“四风”警示录》等录像6部。制订不同层面的征求意见方案，征求到意见建议33条，分类合并为4大类10项。与活动前相比，会议减少50%，文件减少70%，解决群众关心关注的各类问题6件。

（尤菁茁）

【海外学人创新创业活动】 7月15日，区委组织部海外学人中心主办的2014海外学人中心创业大赛新闻发布会在T空间举行。8月2日，区委组织部海外学人中心主办的海外学人中心创业大赛文化创意和科技专场路演在3D剧场举行。8月7日，区委组织部海外学人中心主办的海外学人中心创业大赛金融和现代服务专场路演在3D剧场举行。8月11日至12日，动点科技主办的Tech Crunch国际创新峰会2014北京站活动在T空间举行。8月12日至16日，区委组织部海外学人中心主办的海外学人中心创业大会在T空间举行。真格基金创始人徐小平、零点研究咨询集团董事长袁岳、中国与全球化智库主任王辉耀、动点科技创始人卢刚等行业内投资公司和专家出席座谈会。

（尤菁茁）

【暑期3D亲子嘉年华活动】 7月19日至8月31日，朝阳规划艺术馆、北京欢乐童年木偶剧团联合主办暑期3D亲子嘉年华活动在规划艺术馆举行。期间，展演儿童剧《玩偶总动员》、4D电影《小海龟历险记》、3D电影《兔侠传奇》等。接待游客500余人。

（尤菁茁）

【城市3D体验中心院线联盟发展恳谈会】 7月25日，由朝阳规划艺术馆主持的城市3D体验中心院线联盟发展恳谈会暨理事会第一次会议在广东省东莞科技馆举行。江西省科技馆、贵州省科技馆、吉林省科技馆、山东临沂科技馆、东莞展览馆、滨州规划展览馆、松原规划展览馆、北京电影学院9家理事单位代表参加会议。会上，理事会讨论、修订、表决《院线联盟章程》，共同协商联盟发展方向、合作内容与分享模式，研讨特种院线众筹影片项目，探究影片题材、创意方向、合作模式、市场运营等问题。12月10日，城市3D体验中心院线联盟年会在水云间举行。中国科技馆、中国电影博物馆、北京奥运博物馆、厦门市同安区科学技术馆、东莞市科学技术博物馆、丰台城市规划展示馆、贵阳市城乡规划展示馆、北京中医药大学、水晶石教育、北京电影学院10家联盟成员单位出席会议。

（尤菁茁）

【2014北京CBD国际论坛】 9月16日，以“转型升级、高端引领、协调发展”为主题的2014北京CBD金融圆桌会在水云间举行。中国社会科学院学部委员、副院长、北京CBD国际金融研究院院长李扬主持会议。区领导程连元、吴桂英、甘靖中出席会议。国务院发展研究中心副主任、研究员张军扩，荷兰合作银行金融市场研究部全球总监杨·兰布雷特，中国中信集团有限公司党委委员、中国中信股份有限公司副总经理蒲坚，美银美林跨国公司部全球主管史蒂芬·维多利，中国长城资产管理公司副总裁周礼耀，西班牙桑坦德银行亚太区首席风险官何亦夫，社会科学院金融研究所副所长胡滨，中国社会科学院副院长蔡昉，中国商务区联盟主席龙永图，北京市城市规划设计研究院院长施卫良，区委常委、常务副区长甘靖中等嘉宾发表主题演讲。

（尤菁茁）

【朝阳·贵阳深化合作系列活动】 10月23日，朝阳·贵阳深化合作系列活动在规划艺术馆举行。活动内容包括开幕式、总部企业恳谈会、大数据产业发展推介会等。举行贵阳市与朝阳区两地深化教育合作“6+4”工程（6所基础教育学校和4所非基础教育学校到贵阳挂牌办分校或开展专业合作）签约仪式。贵阳市市长刘文新，副市长高卫东、毛有碧，区领导吴桂英、张维刚、汪洋等出席开幕式及会议。

（尤菁茁）

【华语青年影像论坛活动】 11月2日至5日，第九届华语青年影像论坛展映周活动在3D大剧场举办。期间，展映《紫香槐下》《一个人的课堂》《我不是王毛》等15部影片。观影人数达800余人。11月6日，第九届华语青年影像论坛闭幕式暨年度新锐影人推介颁奖盛典在3D大剧场举行。

（尤菁茁）

【“千人计划”专家朝阳行活动】 11月29日，区委组织部主办的京津冀一体化发展圆桌会暨“千人计划”专家朝阳行活动在水云间举行。京津冀有关省、市、区人才工作领导及人才专家，“千人计划”专家，京津冀有关产业园区负责人和企业代表出席活动。

（尤菁茁）

【中国3D技术与创意博览会】 12月9日，以“资本市场与3D产业经济”为主题的2014中国3D技术与创意博览会开幕式暨高峰论坛在水云间举行。市贸促会副主任刘洋、中国电子学会副秘书长刘明亮、中国电影家协会党组书记康健民等出席会议并致辞，国际3D与先端影像协会主席Jim Chabin、英国ONSIGHT公司首席技术官Richard Mills、北京电影学院影视技术系副主任朱梁、北京市文化创意产业促进中心副主任吴锡俊、中国人民大学文化创意产业研究所所长金元浦、中央财经大学文化经济研究院院长魏鹏举等出席会议并演讲。国内外3D影视技术专家、好莱坞3D影视制作公司、专业投资人、行业用户等300余人出席开幕式。在3D大剧场举行3D科技作品推介会。国内外12部3D短片及3D设备参与推介和交易，展映3D影片《沙漠之星》《大山的精灵·神农架金丝猴》《古韵惠州》《情系黄河·感悟永和》。

（尤菁茁）

【4D科普片《国医探秘·经络篇》签约】 12月12日，在第九届北京文博会对外文化贸易政策与企业推介会暨项目签约仪式上，城市3D体验中心院线联盟理事单位北京朝阳规划艺术馆与北京电影学院、北京中医药大学、北京水晶石技术培训有限公司签约，共同完成4D科普片《国医探秘·经络篇》制作。

（尤菁茁）

【国家文化产业创新实验区揭牌】 12月15日，文化部、市政府主办的国家文化产业创新实验区揭牌仪式在T空间举行。文化部部长蔡武、市长王安顺为实验区揭牌。市委常委、市委宣传部部长李伟主持揭牌仪式，区领导吴桂英、谢莹等出席。仪式后召开主题为“以国家文化产业创新实验区建设为契机，培育文化产业创新驱动发展的新引擎”实验区建设发展研讨会。文化部文化产业司司长吴江波等业界代表作主题发言。

（尤菁茁）

体　　育

【概况】 朝阳区体育局是区政府主管全区体育工作的正处级行政单位。下设11个事业单位，分别为体育运动学校、第一少儿业余体校、第二少儿业余体校、第三少儿业余体校、体育产业管理中心、郡王府体育中心、朝阳体育馆、体育健身休闲公园、社会体育管理中心、体育总会和体育科研所。年内，加强“大群体”格局建设，完成市运会，加强安全监管、体育惠民生“六个一”（鼓励驻区经营单位“面向一个特殊群体、举办一项亲民赛事、提供一天免费开放、确定一名社区指导、联系一所中小学、服务一个共建单位”）及国民体质监测等工作，巩固群众体育工作，完善全民健身公共服务体系，优化群众健身环境。排球项目首次进入区小学体育课课程，以安慧里小学为试点，辐射学区内6所小学。引进12名优秀教练员。在市第十四届运动会上，区体育代表团首次登上市运会金牌榜首席。获全国体育事业突出贡献奖。

地址：姚家园路10号
电话：85971365
邮编：100026
邮箱：tyj20062008@163.com

（谢雯雯）

【承办协办大型赛事】 5月24日，在通惠河畔承办“2014年北京市业余体校皮划艇、赛艇冠军赛暨第十四届运动会皮划艇、赛艇资格赛”。5月24日至25日，在国家奥林匹克体育中心体育馆举办国际剑联女子佩剑世界杯赛（北京站），比赛由国家体育总局自行车击剑运动管理中心、中国击剑协会、市体育局、区政府承办，市竞赛管理中心、区体育局协办。来自美国、俄罗斯、法国、英国、德国、匈牙利、意大利、波兰等23个国家近200名选手参加比赛。6月21日，在区体育局高碑店新址乒乓球馆承办2014年第二届北京—上海市民城际划船器对抗赛北京选拔赛（朝阳站）比赛。7月16日至8月14日，承办市第十四届运动会男子足球乙组比赛、射击比赛、击剑比赛和排球比赛。10月10日至14日，承办2014年环北京职业公路自行车赛朝阳区地界赛段比赛，赛程自天安门广场至国家体育馆，总长113.3千米。10月19日至23日，在朝阳体育中心承办“2014年中国橄榄球嘉年华”活动，来自12个国家近500名人员参加活动。

（谢雯雯）

【国民体质监测】 5月26日，启动全国第四次国民体质监测工作。新增2家健身俱乐部为测试点，采用“测试固定点+体科所三级站+健身俱乐部+流动测试队”模式。完成国家3000人样本量测试、区级10000人样本量测试。

（谢雯雯）

【全国排球高水平后备人才基地命名】 6月26日，区体育局下属事业单位——区体育运动学校被国家体育总局排球中心命名为“全国排球高水平后备人才基地”，是市唯一获命名单位。

（谢雯雯）

【参加第十四届市运会】 7月16日至8月19日，区体育代表团815 名运动员参加市第十四届运动会。完成26个大项的比赛，获182 枚金牌、152 枚银牌、99枚铜牌，首次登上市运会金牌榜首席。其中皮划赛艇比赛，得29枚金牌；射击比赛，得47枚金牌，有6项成绩打破市青少年记录；橄榄球比赛，包揽男子、女子全部金牌；游泳比赛，得17枚金牌、13枚银牌、16枚铜牌；体操比赛，得13枚金牌、10枚银牌、8枚铜牌，首次与东城、西城体操项目强区同列金牌榜首席。射击和皮划赛艇比赛，以金牌总数和团体总分双项第一成绩蝉联三届市运会。

（谢雯雯）

【中国游泳协会游泳学校朝阳分校成立】 12月14日，国家体育总局游泳运动管理中心为区体育局颁发“中国游泳协会游泳学校朝阳分校”牌匾。此为中国泳协第一次在区县建立中国游泳协会游泳分校。基于这一平台，区小运动员能够参加全国乃至国际级大赛。

（谢雯雯）

【区健身设施和队伍电子地图建设】 12月，区全民健身电子地图在区体育局官网（http://tyj.bjchy.gov.cn）上线。电子地图包括健身设施电子地图和健身队伍电子地图，涵盖43个街乡14081件健身设施和590支健身队伍（晨晚练辅导站）信息。该建设是结合“一刻钟健身圈”建设，为全区居民就近、就便开展健身活动提供的一项新服务。

（谢雯雯）

【青少年体育人才培养】 年内，成立篮球运动管理中心，排球运动管理中心和游泳、跳水运动管理中心。成立区校园足球联盟，搭建更加专业化的训练、比赛和培训平台。增加针织路小学为手球体育传统校、楼梓庄中心小学为足球体育传统校、星河实验小学为棒球体育传统校、团结湖小学为棒球体育传统校、东方德才小学为橄榄球体育传统校、同仁中学为皮划艇和手球体育传统校，增加润丰学校作为区游泳和篮球训练基地。

（谢雯雯）

【区全民健身公共服务体系调研】 年内，在全区开展群众健身需求、健身场地、健身队伍3项调研工作。开展“一街乡一品牌”活动、品牌队伍、品牌健身场地、体育生活化社区、健身人群全覆盖、社会体育指导员协会分会建设、社会体育指导员进驻晨晚练辅导站等7项试点工作。形成《朝阳区全民健身公共服务体系调研报告》。

（谢雯雯）

【群体体育活动】 年内，以“和谐杯”乒乓球比赛、国际体育文化节系列活动为切入点，组织区级品牌赛事活动20余项，活动人数100万人次。举办2014 区第三届“我与奥运选手打比赛”游泳挑战赛暨“中国游泳协会游泳学校朝阳分校”授牌仪式活动。国家游泳队宁泽涛、焦刘洋、叶诗文、林永庆、张雨涵和史婧琳等奥运会冠军、亚运会冠军与区小运动员同场竞技。

（谢雯雯）

【健身培训指导】 年内，与北京体育大学全国健身操教研室合作，创编和推广区原创系列健身操。组织全区43个街乡小教员，八大系统体协会员、总工会会员单位工作人员万余人，分批分次分项目开展培训。举办全区职工健身操大赛。81支队伍参赛。聘请10 余名国家级体育健身专家，到管庄、三间房、平房等地区开展“科学健身指导进乡村”活动20 余次，为群众提供“菜单式”健身培训。建立专业化社会体育指导员数据库。涵盖田径、羽毛球、乒乓球、武术等30 余个项目。包括80 名高校专家、教授、高级教练等国家一级裁判员和130名社会体育指导员。培训社体员、裁判员近1000人。

（谢雯雯）

【体育设施建设和管理】 年内，新建135套全民健身工程，创建体育生活化社区55个。已开放的85所学校向社区居民发放“社区居民健身卡”2.5万余张，入校健身人数达24万余人次。

（谢雯雯）

【体育惠民生“六个一”活动】 年内，全区76家体育经营场所参与惠民“六个一”活动，开展382项惠民活动。100余家体育经营场所与驻区学校、属地单位形成共建。65家体育经营场所面向特殊群体开展体育惠民活动。76家体育经营场所策划并组织面向社区居民的体育比赛。40余家体育经营场所在“全民健身日”免费组织属地群众开展主题健身活动。50余名体育经营场所专业教练员走进社区，担任社区晨晚练健身辅导员。

（谢雯雯）

【体育市场安全监管】 年内，执法检查体育经营场所353家，下达责令限期整改通知书15份，约谈14家存在安全隐患单位负责人，依法行政处罚2家存在违法事实的单位，处理紧急突发事件5起。

（谢雯雯）

医疗卫生

【概况】 朝阳区卫生和计划生育委员会于2014年12月23日成立，是区政府负责全区卫生事业和计划生育管理的职能部门。原朝阳区卫生局和朝阳区人口和计划生育委员会撤销。年内，辖区有医疗机构1317个，其中营利性738个、非营利性579个。卫生技术人员42388人，其中执业（助理）医师16571人、注册护士18188人、药剂人员2309人、检验人员1383人、影像人员935人、其他卫技人员3452人。实有床位19053张。每千常住人口平均拥有卫生技术人员10.92人、执业（助理）医师4.23人、注册护士4.64人、床位4.86张。全区出生22755人，其中男性11797人、女性10958人，出生率11.23‰；死亡13094人，其中男性7484人、女性5610人，死亡率6.46‰。人口自然增长率4.77‰。因病死亡12670人，占死亡总人数97.76%。死因前10位依次为恶性肿瘤，心脏病，脑血管病，呼吸系统疾病，内分泌、营养和代谢疾病，损伤和中毒，消化系统疾病，神经系统疾病，泌尿生殖系统疾病，传染病。居民期望寿命82.10岁，男性79.94岁，女性84.38岁。高碑店社区卫生服务中心被评为全国群众满意的社区卫生服务机构。区卫生监督所被评为全国“优秀卫生计生机构”。金盏乡皮村村委会计生专干李存珍、双井街道向阳花坊分别被评为全国“优秀卫生计生工作者”和“卫生计生群众满意机构”。卫生形象宣传片获市“杏林杯”电视片汇映公益宣传短片类一等奖。急救卫生应急队伍获市急救技能大赛一等奖。

地址：甜水园东里甲1号

电话：65856777

邮编：100026

网址：http://wsj.bjchy.gov.cn

（姚雯 韩静）

【卫生改革】 年内，垂杨柳医院获市卫生计生委批复为三级综合医院。经市中医管理局和区编办批复区二院更名为北京市第一中西医结合医院。启动北部（安贞医院）、南部（垂杨柳医院）医联体，实现区域医联体服务全覆盖。启动儿童（儿研所）医联体，儿研所专家进社区开展门诊带教。研究制定养老机构和养老照料中心医疗资源配置方案，鼓励医疗机构设置分支养老机构、养老机构内设医务室或社区卫生服务站。引导社区卫生服务中心与养老机构合作，由社区卫生服务中心对入住老年人群提供医疗、康复等服务。区紧急医疗救援中心增加医疗救护员编制，并纳入编制外用工专业技术岗位管理。通过公共卫生经费购买系统外社区卫生服务中心急救工作，增加2名社区卫生服务中心院前急救专业技术岗位人员编制。在职称评定、监督管理、人才评定等方面给予社会办医疗机构与公立医疗机构平等待遇。社会办医机构数量、床位数、诊疗人次和卫生技术人员分别占全区总量的62.78%、25.46%、13.72%、31.18%。14家社区卫生服务中心实现与朝阳医院、中日友好医院的PACS远程会诊，35家社区卫生服务中心实现与大医院心电远程会诊。在全区80个点位实现电子实时监控水质、空气质量。实现区级数字化流行病学调查系统与国家大疫情系统对接。

（姚雯 韩静）

【社区卫生】 年内，建成46个社区卫生服务中心，200个社区卫生服务站运行。新建和平街、麦子店、潘家园第二、双井第二社区卫生服务中心及崔各庄社区卫生服务中心分中心。在10家社区卫生服务中心开展诊疗服务流程再造工作。选派20名全科医师赴新加坡参加全科医师能力提升专项研修。投入公共卫生经费1.1亿元。在全部社区卫生服务中心推广预约就诊。高血压健康管理282672人，糖尿病健康管理98591人。培养家庭保健员1357名，其中321名中医家庭保健员。总诊疗942.94万人次，新建健康档案8.9万份，高血压规范管理28.27万人，糖尿病规范管理9.86万人。完成高杨树社区卫生服务站370平方米、北辰福地社区卫生服务站266平方米、麦子店社区卫生服务中心3295平方米、双合社区卫生服务站489平方米标准化装修改造。

（姚雯 韩静）

【农村卫生】 年内，运行1个村卫生室。11人享受乡村医生基本待遇，补助标准为每人每年19200元。建立2个乡医管理小组，对全区22名乡医进行片区化管理。新型农村合作医疗，参加合作医疗99255人，参合率99.8%，人均筹资标准1205元。筹集资金1.2亿。门诊报销75.51万人次，支付资金5578.48万元；住院报销8162人次，支付资金7417.89万元。恶性肿瘤、急性心梗等15类重大疾病报销比例75%，补偿2065人次2125.56万元。实施定额定次低自付血液透析治疗救助政策。大病统筹基金结余3103.34万元。

（姚雯 韩静）

【疾病控制】 年内，报告甲乙类传染病6109例、痢疾1456例、梅毒1436例、麻疹386例、流行性出血热2例、急性肠道感染1例，无野毒株引起的麻痹病例。属地肺结核网报1821例。结核病登记管理409例。上年全区新发涂阳肺结核173例，治愈161例。产房新生儿活产数60826人。新生儿卡介苗监测30人，接种成功29人。大学生PPD监测23189例，其中强阳性1037例，发现活动性肺结核1例。报告5种性病2450例，其中梅毒、淋病、尖锐湿疣、生殖道沙眼衣原体感染和生殖器疱疹分别为1480例、259例、439例、231例和41例。报告HIV/AIDS病例997例，比上年增长10.5%，新发病例以同性传播为主。报告人感染狂犬病病例12例。确诊人感染H7N9禽流感病例1例。报告手足口病8398例，比上年增长45.6%，死亡1例。调查埃博拉出血热留观病例38例，经实验室检测全部排除。开展全国慢性非传染性疾病综合防控示范区工作，完善疾控中心—街（乡）、社区卫生服务中心—居（村）委会、社区卫生服务站三级慢性病防控工作网络。开展慢病防控培训8期，培训300余人。33家单位获市全民健康生活方式行动示范称号，培养健康生活方式指导员698名。培养个性化减重技术骨干和师资38名。开展社区4231人次预防老年人跌倒干预。建立区慢性病及危险因素监测体系，监测7000余人。

（姚　雯　韩　静）

【精神卫生】 年内，重性精神疾病患者建档人数13759人，其中6类严重精神障碍患者9619人，在册管理率为83.72%，在册规范管理率为81.14%，在管规范管理率为97.67%，病情稳定率96.38%。为5107名重性精神疾病患者免费体检，为2470名患者报销药费115.71万元。为2341名贫困患者补助诊疗费130.19万元。区三院收住院病人407人次。143名社区医务人员取得国家心理咨询师职业资格证书。

（姚　雯　韩　静）

【学生发育评价分析】 年内，身高受检学生160016人，其中身高上等44940人、中等110576人、下等4500人。体重受检学生160016人，其中体重上等54991人、中等101295人、下等3730人。

（姚　雯　韩　静）

【学生营养评价分析】 年内，受检学生154731人，轻度营养不良26519人、中度营养不良3508人、重度营养不良122人、极重度营养不良21人、超重18292人、肥胖28626人。

（姚　雯　韩　静）

【学生疾病监测】 年内，视力受检160024人，视力不良93659人。贫血受检159374人，贫血2796人。沙眼受检159430人，检出沙眼40人。龋齿受检156851人，龋齿患者34179人，恒牙龋齿患病率占21.79%。

（姚　雯　韩　静）

【计划免疫】 年内，儿童常规免疫1244635针次，其中基础免疫828453针次，加强免疫416182针次，各疫苗报告接种率均在99%以上。四苗全程及时接种率95.24%，五苗全程合格接种率99.52%。接报AEFI 788例，其中一般反应571例、异常反应181例、偶合症35例、心因性反应1例，AEFI监测率为56.41/10万。开展应急接种836次，完成应急接种24296针次。完成137176名学龄前流动儿童强化查漏补种。对881所学校、托幼园所进行入托、入学儿童预防接种证查验和疫苗补种，查验86144人。外来务工人员接种麻疹疫苗57821人次，接种流脑疫苗接种55879人次。接种免费流感疫苗216648支，其中老人免费流感疫苗86246支，接种率39.6%。中小学接种免费流感疫苗129840支，接种率74.1%。APEC会议保障562人次，接种自费流感疫苗18229支。

（姚　雯　韩　静）

【职业卫生】 年内，辖区有职业病危害因素企业381家，职工总数55300人，接触职业病危害因素11625人。职业健康体检10360人。上报职业病病例42例，其中尘肺21例（疑似病例1例），非尘肺病职业病病例21例（疑似病例10例）。开展职业卫生健康教育培训3次，培训270人。

（姚　雯　韩　静）

【放射卫生】 年内，完成状态检测、验收检测及场所防护检测213台/次；完成个人剂量监测290家5090人次；完成建设项目评价报告75份；完成医用辐射防护检测网点工作，医用辐射危害控制现场调查工作，及天然本地放射物质采样监测。开展健康教育与健康促进理论知识培训6次，培训628人次。下发各种宣传品78种60.1万份。健康科普讲师团401人，完成健康教育知识讲座1264场，受众96570人次。出版《朝阳健促工作信息》6期。开展大型健康教育公众咨询活动196场。完成12家市健康社区中期评估督导及市级验收工作，通过健康社区、健康示范村98个。新创建健康促进学校39所，共有健康促进学校167所。开展"世界卫生日""世界无烟日"、科学就医、科学减重等活动。

（姚　雯　韩　静）

【妇幼保健】 年内，孕产妇18591人，系统管理率98.84%，住院分娩率100%，剖宫产率45.31%，孕产妇死亡率为4.39/10万。计划生育手术45475例，手术并发症4人，并发症发生率0.93/万。婚前医学检查2456人，婚检率为5.00%，检出疾病195人，疾病检出率7.94%。活产儿22755人，新生儿死亡率1.54‰，围产儿死亡率3.58‰，婴儿死亡率2.33‰，5岁以下儿童死亡率2.99‰。0～6月母乳喂养率91.98%，新生儿疾病筛查率98.48%，围产儿出生缺陷发生率21.96‰。0～6岁在册儿童134130人，保健管理128566人，保健覆盖率95.85%；系统管理122673人，系统管理率91.46%。访视新生儿5.96万人次。开展先天性髋关节脱位筛查30.35万人次。开展先天性心脏病筛查3.33万人次。分别为5.45万名和5.44万名新生儿进行听力筛查和新生儿疾病筛查。

（姚　雯　韩　静）

【卫生监督】 年内，完成行政许可4642件，其中公共场所2930件、生活饮用水1173件、放射诊疗539件。监督检查25020户次，合格率为98.14%，监督覆盖率98.91%。处罚622起，罚款931500元。有普通大、中、小学355所，监督3481户次，合格率为99.77%，监督覆盖率为100%。生活饮用水监督检查10353户次，合格率为99.84%，监督覆盖率为99.1%，处罚133起，罚款45.1万元。有职业卫生服务机构8家，监督检查16户次，合格率为100%。有放射工作单位363家，监督检查1351户次，合格率为97.56%，监督覆盖率为100%，处罚34起，罚款10.4万元。公共场所应量化单位5347家，已量化5249家，其中A级单位1542家、B级单位3505家、C级单位198家、不予评级4家。医疗机构卫生监督检查7195户次，合格率为94.98%，监督覆盖率为99.72%，处罚55起，罚款452127元，吊销医疗机构执业许可证1户次。涉及临床用血单位36家，监督检查89户次，合格率为100%，监督覆盖率为100%。传染病防治监督检查6598户次，合格率为99.46 %，监督覆盖率为100%，处罚31起，罚款101000元。消毒产品生产经营单位监督检查446户次，合格率为100%，监督覆盖率为100%。公共卫生投诉受理案件1539件，同比上升21.66%，处理及时率为100%，其中医疗卫生1018起、公共场所394起、生活饮用水124起、其他3起。

（姚　雯　韩　静）

【医疗工作建设】 年内，总诊疗38950563人次，急诊2228340人次，家庭卫生服务120260人次，出院525865人次，平均住院日10.13天。区级医疗机构门诊10297694人次，急诊388632人次，家庭卫生服务73141人次。急诊观察7674人次。住院41389人次，出院41257人次，平均住院日10.54天，区级医院病床使用率79.83%，病床周转21.89次，死亡率为1.96%。住院病人手术17747例。

（姚　雯　韩　静）

【医政工作建设】 年内，注销43家医疗机构。受理医疗机构拟设置93家，颁发医疗机构设置批准书84家，医疗机构备案11家。受理医疗机构执业登记注册70家，颁发医疗机构执业许可证68家，比上年增长36%。其中社会资本办医60家，注册资金10030万元。办理医师执业注册和变更3903人，其中新注册577人、变更注册3326人。办理执业医师多点执业558人，其中西医266人、中医276人、中西医结合16人。编印《朝阳区医疗机构行政许可办事指南》。受理医疗事故鉴定申请7例，其中1例被鉴定为3级丙等医疗事故、1例医疗损害。制定修订《基层医疗机构院感检查标准》等6项标准，出版《实用医院感染管理指南》。组织开展医院感染管理知识培训，培训1407人次。开展甲流、埃博拉出血热等督导检查6次，检查医疗机构351家。辖区内一级以上医院院内感染发生率为1.25%。制定区域病案管理标准，建立病案例会制度。继续举办护士长管理培训班、护理安全（不良）事件管理培训班及护理专业培训班等。录制14项基本护理技术操作示范光盘，并下发至辖区各级医疗机构。开展优质护理服务示范病区的二级医疗机构17家。对106家医疗机构376人开展麻醉药品处方权培训。新办麻醉药品、一类精神药品印签卡医疗机构5家、变更36家。

（姚 雯 韩 静）

【对口支援】 年内，增加河南省淅川县为新的对口支援地区。安排4名淅川县人民医院医护人员到垂杨柳医院和煤炭总医院进修。协调驻区医院向内蒙古自治区丰镇市中蒙医院派出5批15人专家医疗队开展临床诊疗、学术专题讲座、教学查房及重病例抢救等，接收37名丰镇进修医务人员。向丰镇市中蒙医院捐赠高清远程会诊设备1套。

（姚 雯 韩 静）

【中医药工作】 年内，获批为北京市中医药服务贸易试点区。为43个街乡0～6岁儿童家长开展中医儿童保健知识巡回讲座。继续开展第三批中医药专家下基层和学术经验继承工作，培养200名中医家庭保健员。开展基层临床全科医师中医药适宜技术规范培训。承办第三届“京交会”中医药服务贸易活动，组织区内8家涉外医疗服务的中医医疗机构参加贸易展览。

（姚 雯 韩 静）

【血液管理】 年内，自愿无偿献血53195单位，其中街头自愿无偿献血38677单位。单位团体自愿无偿献血14518单位，占27.3%。开展无偿献血宣传活动316次，招募无偿献血志愿者45397人。驻区41家医疗机构临床用血105807单位。成分输血105778单位，成分输血率为99.97%；自身输血40063单位，自身输血率为27.5%。

（姚 雯 韩 静）

【急救社区化建设】 年内，全面推进急救社区化建设。新增32家社区卫生服务中心急救站，运行65个急救车组，形成以区紧急医疗救援中心—分中心—社区急救站三级网络构架的朝阳区院前急救网络，全年救治转运患者44749人次。

（姚 雯 韩 静）

【科研与教学】 年内，新立项地方科技项目23项，经费277.23万元；其他科技项目13项，经费78.7万元。1个项目获市科学技术奖三等奖，发表论文58篇，其中SCI文章6篇，总影响因子18。出版专著2本。10人担任各团体主任委员及副主任委员。参加继续医学教育6566人，达标6562人，达标率为99.9%。参加住院医师规范化培训84人，二级医院参加区县级骨干培训16人，24名社区医师参加中医类全科医师转岗培训。完成4457名社区专业技术人员继续教育必修课培训，4203人次参加全科医师合理用药培训。22名乡村医生全部通过“2014年北京市乡村医生岗位培训技能操作”培训和考核。

（姚 雯 韩 静）

北京朝阳医院

【概况】 首都医科大学附属北京朝阳医院是三级甲等医院，由本部及京西院区组成。共有职工4065人，其中本部3104人、京西院区961人，编内2877人、编外1188人。有卫生技术人员3538人，其中正高级职称164人、副高级职称334人、中级职称970 人、初级师1384人、初级士686人。年内，援疆干部消化内科主任医师吴东方被评为第六届全国民族团结进步表彰模范先进个人。外科ICU主任李文雄入选第五届首都健康卫士。在第18届中国行业电视节目展评中，医院录制的《营救母爱》获专题片类一等奖，《永不放弃》《“男”丁格尔》分获广告片类二等奖、三等奖。在北京卫生系统第23届“杏林杯”电视片评比中，医院的《小燕的故事》获专题片三等奖。

地址：工体南路8号（本部）
电话：85231000
邮编：100020
地址：石景山区京原路5号（京西院区）
电话：51821114
邮编：100043
网址：http://www.bjcyh.com.cn

（赵宇晴 陈 勇 梁金凤）

【改革与管理】 年内，开展持续改进医疗质量、保障患者安全专项活动，涉及到全部临床医技科室及相关职能管理部门。医务处拟订《院外医师来我院短期行医管理办法（试行）》。成立朝阳医院西院医联体，惠及西部地区。

（赵宇晴 陈 勇 梁金凤）

【医疗工作】 年内，门诊3557162人次，急诊308956人次，急诊危重症抢救21479人次，抢救成功率98.38%。编制床位1880张，实有床位1871张。出院78679人次，床位周转42.05次，床位使用率95.33%，平均住院日8.22天，病房死亡率0.98%。住院手术41189例。剖宫产率51.03%，新生儿死亡率1.41‰，围产儿死亡率5.63‰。25个临床科室开展临床路径，入选100个病种，入径病例19879例，入径率68.15%，完成率98.92%。全院预约就诊率68.18%，复诊预约率63.76%，产科和口腔科复诊预约率100%。全院门诊患者抗菌药物使用率12.41%，住院抗菌药物使用率37.29%，I类切口预防使用抗菌药物比例22.03%，抗菌药物使用强度（DDD值）为36.52，急诊抗菌药物处方比例36.80%，医院感染发病率1.46%。

（赵宇晴 陈 勇 梁金凤）

【护理工作】 年内，有护士1756人，均为注册护士。合同护士297人，医护比例1：1.49。ICU床位96张。实行非惩罚性护理不良事件报告制度、护理危重症访视，全面推进护理信息系统建设和护士岗位管理。不良事件上报率、整改率均为100%。供应室、血液净化、静脉输液 3个专业获专科护士教学基地资格。本部接收外院护士进修152人。送出专科护士培养22人。有首医校长基金课题4项、第二课堂1项、首都护理学研究专项课题3项（重点课题2项、面上课题1项）。申报院内护理科研课题23项，经费支持8项。5月，参加石景山区护理论文评审，妇产科张瑞芝获一等奖，儿科杨静获二等奖，脑病中心李彩菊、儿科赵穆子获三等奖。在统计源期刊发表护理论文48篇。

（赵宇晴 陈 勇 梁金凤）

【医保工作】 年内，医保出院78517人次，总费用123100.2万元，次均费用15678.2元。

（赵宇晴 陈 勇 梁金凤）

【医疗支援】 年内，派出医师24人赴各地卫生援建、技术指导，其中内蒙古自治区满洲里5人、新疆维吾尔自治区4人、宁夏回族自治区1人、北京市房山区阎村镇卫生服务中心对口支援外派14人。参与新疆新疆维吾尔自治区暴恐事件和维稳患者医疗救治及云南地震医疗支援各1人次。参与市非典人员体检、APEC峰会医疗组、各类会议保障及组织南水北调调研活动共 12 次。

（赵宇晴　陈　勇　梁金凤）

【科研工作】 年内，获批科研项目国家级32项，经费2399万元；省部级48项，经费2137万元；局级38项，经费445万元。在研项目国家级74项、省部级90项、局级112项。结题项目国家级14项、省部级21项、局级53项。"腹外疝个体化治疗的临床研究"获华夏医学科技奖三等奖，"动脉灌注新辅助化疗及原位回肠新膀胱术治疗浸润性膀胱癌的研究"获中国人民解放军医疗成果奖三等奖。获中国知识产权局批准发明专利3项、实用新型专利2项。医院感染与临床微生物科主任曹彬获第十五届吴阶平—保罗·杨森医学药学奖及全国优秀科技工作者奖，并入选教育部长江学者激励计划。在中文核心期刊发表论文427篇，SCI收录论文209篇，最高影响因子11.04，平均影响因子2.47。主编、副主编专著和教材13部，主译著作1部。

（赵宇晴　陈　勇　梁金凤）

【医学教学】 年内，录取研究生198人，其中博士生80人、硕士生118人。脱产学习1人次。举办区级继续医学教育32项、市级25项、国家级33项。外出参加继续教育68人次，到首都医科大学宣武医院、北京协和医院、北京阜外医院等外院进修8人次，因私外出学习2人次，西学中3人次。

（赵宇晴　陈　勇　梁金凤）

【学术交流】 年内，接待国际代表团来访5次，邀请外国代表团和专家开展专业讲座、手术演示等14人次。医院通过国际临床医学专业认证。派出23名骨干赴英国、德国和美国医学院和医院研修。办理40个（50人次）因公出国团组，支持医院为学科建设派出骨干赴国外参加学术会议。5个科室与国外开展多项合作研究项目。

（赵宇晴　陈　勇　梁金凤）

北京安贞医院

【概况】 首都医科大学附属北京安贞医院与北京市心肺血管疾病研究所为一个医疗联合体，是三级甲等医院。有职工4354人，其中卫生技术人员3673人（其中正高职称191人、副高职称379人、中级职称877人、初级师1164人、初级士852人、未定职称210人）。2月，确定"老年病科"为2013—2014年度国家临床重点专科建设项目。医院编制床位由1062张变更为1500张。增设2项诊疗科目：临床细胞分子遗传学专业、疼痛科。新增3项技术：临床基因扩增检验技术、三级以上外周血管介入诊疗技术、神经介入诊疗技术。

地址：安贞路2号

电话：64456205

邮编：100029

（丁红雨　陈晶晶）

【改革与管理】 1月21日，启动运行朝阳区北部医联体。开展朝阳区北部医联体心肺复苏技能培训竞赛。完成PET/CT中心项目。4月14日，举办建院30周年庆典，开展院庆相关活动，院内义诊4318人次；选取32名先心病患儿并为其免费救治。修订完成医院11个专业45种手术同意书并在外科系统全面推行。制定《医务人员职业道德考评工作办法》，进行医德医风全员考核。制定《关于开展医患双方签署不收和不送"红包"协议书工作的通知》，与住院患者签署《医患双方不收和不送"红包"协议书》。全年办理医师多点执业16人次。

（丁红雨　陈晶晶）

【医疗工作】 年内，门诊2414667人次，急诊137461人次。医院实有床位1287张，出院60899人次，床位周转52次，床位使用率114.34%，平均住院日7.93天，死亡率0.61%。住院手术36977例，其中外科手术20025例、介入手术16886例，剖宫产率45.90%，孕产妇死亡率8/万，无新生儿死亡，围产儿死亡率4‰。医院感染发病率0.88%，感染例次率1%。预约就诊率69.56%，复诊预约率67.50%。

（丁红雨　陈晶晶）

【医保工作】 年内，住院次均费用37643元，门诊次均费用492.4元，全院药占比38.28%，实际医保基金总额9.08亿元。

（丁红雨　陈晶晶）

【护理工作】 年内，有护士1824人，注册护士1820人，合同护士807人，医护比1:1.48。病房优质护理覆盖率100%。建立机动护士库，护理人力资源实行弹性调配。建立护理安全（不良）事件报告制度，对护理安全（不良）事件案例进行根因分析，护理不良事件上报率为100%，整改率为100%。选派27名护士长出境学习，培养29名专科护士。接受护士进修人员141人，接收来自中华护理学会、北京护理学会全国护士211人次的专科培训，接收全国各地对口支援护理人员36人。发表论文67篇，心儿科荣敬和消化内科李井娜参加朝阳区医学会第十二届护理学术年会，论文分别获一等奖、三等奖。

（丁红雨　陈晶晶）

【医疗支援】 年内，支援内蒙古自治区等地区的县医院及心脑血管病专科医院，开展各类手术，确定重点学科建设，完成疑难病例会诊。组织4名医师支援内蒙古自治区临河医院及阿拉善盟中心医院。接收京蒙对口帮扶合作赴京培训人才，安排8名学员来院学习。派出医生86人次支援郊区县医院，包括怀柔第一医院、怀柔妇幼保健院、延庆中医院。

（丁红雨　陈晶晶）

【科研工作】 年内，中标课题60项，其中国家级29项、省部委级21项、局级基金10项，合计资助经费3959.88万元。在研课题158项，结题43项。授权专利6项（职务发明1项），申请专利11项。以第二完成单位获省部级奖励4项。发表专著8部、SCI收录文章168篇（最高影响因子14.72及平均影响因子2.67）、核心期刊601篇。获批国家自然科学基金28个项目，其中《干细胞与心血管疾病转化医学研究》首次获"优秀青年科学基金项目"，总资助经费100万元。

（丁红雨　陈晶晶）

【医学教育】 年内，承担首都医科大学、北京市心肺血管疾病研究所本科生及研究生的教育教学工作。新增首都医科大学博士培养点4个，新增博士生导师12人；新增硕士培养点6个，硕士生导师33人。招收首都医科大学研究生167人，其中统招博士23人、在职博士36人，统招硕士62人、在职硕士32人，七年制学生14人。北京市心肺血管疾病研究所作为独立招生单位，招生10人。在院本科生191人。住院医师院内轮转39 名，外送培训21名，外院送培住院医师14名。成功申报国家级继续医学教育项目28项、市级继续医学教育项目25项。完成首都医科大学一般访问学者培训工作，共接收2名学员（心内专业1人、心脏超声专业1人）。完成2013—2014年度北京市区县级医院骨干医师培训结业工作，共完成3名医师为期一年培训学习。完成检验专业社区骨干人员培训任务，共8名学员参加培训，为期3个月。迎接临床医学专业认证检查，组织院内培训68场。中法急救培训中心举办急救与灾难医学相关的培训28期，培训医生900余人次。公益心肺复苏培训20余场，培训500余人。脱产学习131人，到院外进修4人，出国进修20人。

（丁红雨　陈晶晶）

【国际交流与合作】 年内，派遣援助非洲几内亚医疗队19人次。接待来自美国、法国、意大利、英国等国的来访外宾192人次。与意大利圣多纳托医疗集团签署心血管疾病研究合作协议，续签北京中法急救医学培训中心合作协议，建立北京安贞医院与意大利使馆“绿色通道”。举办第八届北京五洲国际心血管病会议。第23批援助非洲几内亚医疗队完成援非医疗任务。

（丁红雨　陈晶晶）

中国医学科学院肿瘤医院

【概况】中国医学科学院肿瘤医院为三级甲等医院。有职工2049人（含合同制503人），其中卫生技术人员1510人，包括正高级职称123人、副高级职称128人、中级职称516人、初级职称739人。年内，成立总务处，撤销行政处和后勤管理处。李晔雄获 2014 年吴阶平—保罗杨森医学药学奖，张友会获中国免疫学会“终身成就奖”，魏文强获国务院“全国民族团结进步模范个人”称号、市总工会授予的“首都劳动奖章”，乔友林获中国流行病学“突出贡献奖”、市教育工会授予的“师德先进个人”，徐波获第十八届国际癌症护理大会“Past Presidents” Award，杨伟志获中华医学会放射肿瘤学分会放射生物贡献奖，吴晨获2014年度“求是杰出青年学者奖”。

地址：潘家园南里17号

电话：67781331

邮编：100021

网址：http://www.cicams.ac.cn

（高　菲　昌　盛　付凤环）

【改革与管理】年内，完成国家癌症中心规划及预算编制工作，完成癌症防控近3年行动计划。在全国16个省份建立集疾控中心或社区、肿瘤医院或综合性医院、研究所或高等院校于一体的癌症早诊早治项目工作网络，建立以高危人群评估软件、网络化癌症筛查数据库、卫生经济学现场调查网络版为主体的信息化平台。10月21日，与北京市平谷区人民政府签署建立肿瘤防治医联体的合作框架协议。与深圳市治商合作建立当地第一家肿瘤医院。

（高　菲　昌　盛　付凤环）

【医疗工作】年内，门诊量735596人次，急诊14109人次；急诊危重症抢救人次152；编制床位1598张，实有床位1446张，出院量53333人次；手术量17861台次；病床周转37.75次，病床使用率98.01%；平均住院日8.98天。12个临床科室开展临床路径，在线路径82个，入径率和完成率每月均在90%以上，实施路径管理的患者占出院患者人数的70%。预约挂号人次及占门诊比例37.05%。医院感染率0.70%。

（高　菲　昌　盛　付凤环）

【医保工作】年内，医保出院15947人次，住院总费用19265.57万元，次均费用12081元。

（高　菲　昌　盛　付凤环）

【医疗支援】年内，派出4名医师完成援疆援藏任务。

（高　菲　昌　盛　付凤环）

【护理工作】年内，护士710名，注册护士710名，合同护士310名，医护比例0.7：1。全院病房实施责任制整体护理，基础护理合格率99.6%，急救物品合格率99.9%，消毒隔离合格率99.5%。特、一级护理99437人次。静脉输液236516人次，静脉采血59457人次。住院患者综合满意度98%，无护理事故发生。“北京协和医学院协和青年科研基金”项目获批，共有9项院级在研课题。发表护理论文17篇。完成肿瘤专科护士临床教学任务。举办国家级、市级继续教育项目4项，区级继续教育项目12项，2000余人次参加。接待全国肿瘤专科护士培训实习125人。

（高　菲　昌　盛　付凤环）

【科研工作】年内，申报院外科研项目233项，新立项68项，在研项目284项，到位科研经费10411.15万元。院内科研课题立项38项，总经费217.47万元。匹配首都临床特色应用研究、首都医学发展基金共12项，经费110.63万元。发表论文524篇，SCI论文176篇，总影响因子620.982。专利授权8项。获联合申报国家奖1项、省部级奖励4项、高等学校科学研究优秀成果奖2项、中华医学科技奖2项、“求是杰出青年学者奖”一项。新增肿瘤登记处59个，登记处总数308个，登记覆盖人口3亿。出版《中国肿瘤随访登记工作报告2014》，撰写《2014中国肿瘤登记年报》。举办淮河流域癌症早诊早治技术培训班、全国肿瘤登记随访技术省级师资培训班等。

（高　菲　昌　盛　付凤环）

【医学教育】年内，招收144名研究生，其中硕士生77人、博士生67人，授予学位76人，在岗博导67人、硕导112人。研究生发表第一作者论文65篇，其中SCI论文31篇。接收进修生236人。完成31项国家级继续教育项目、1项北京市级继续教育项目和23项区县级医学继续教育项目。申报获得首批国家卫生计生委住院医师规范化培训基地。

（高　菲　昌　盛　付凤环）

【学术交流】年内，主办国际学术会议，包括第31届国际肺癌筛查大会、中韩癌症预防研讨会、中美癌症防控网络建设研讨会、与美国MDAnderson联合举办姊妹医院年会、与美国NCI和IACR共同举办“肿瘤登记方法培训班”等。参加美国ASCO年会、欧洲ESMO年会、亚洲ACOS年会、世界癌症大会、世界护理会议等。接待国际原子能机构副总干事、IAEA主任等高级别来访外宾及代表团9次。选拔6名临床医生赴美国MDAnderson进修。2项国际合作项目立项。主办第八届中国肿瘤内科大会暨第三届中国肿瘤医师大会、中国老年肿瘤学大会暨CGOS第八届年会、第二届乳腺癌个体化治疗大会、第四届中国肺癌个体化治疗大会、肿瘤分子诊断技术和靶向治疗培训班、GCP中心临床研究培训课程等。

（高　菲　昌　盛　付凤环）

首都儿科研究所

【概况】首都儿科研究所是一所以医学基础研究、儿科疾病发病机理研究、儿童保健为重点，有医疗、教学和预防任务的应用医学研究机构，其附属儿童医院是三级甲等医院。有职工1635人（在编职工1161人、合同制职工474人）。在编职工中有科研人员119人、卫生技术人员826人（正高级职称42人、副高级职称64人、中级职称260人、初级职称360人、未定级100人），其他技术人员29人，行政管理人员128人，工勤人员59人。年内，筹建临床检验中心。成立心脏外科、志愿者服务部、临床病理生理研究室。药学科更名为药学部，检验科更名为检验中心，营养膳食科更名为临床营养科。成立二级科室综合治理办公室、项目管理办公室、后勤服务中心、后勤维修中心、采购供应中心、资产管理中心。外科教授李龙获第十五届吴阶平—保罗杨森医学药学奖（吴杨奖）。

地址：雅宝路2号

电话：85695555

邮编：100020

网址：http://www.shouer.com.cn

（关京红　马慧娟　班雁萍）

【改革与管理】年内，完善和修订各项工作制度77项。成立朝阳区儿童（首都儿科研究所）医联体，启动与朝阳区等8个区县妇幼保健院技术合作项目。增加出诊专业及时间，延长门诊服务中心工作时间，增加门、急诊号别。完善预约挂号平台及流程。开展“守护天使”志愿服务活动。开通微信和微官网，开设“在线服务”，包括“找医生”“出诊信息”“做检查”“在线咨询”等。

（关京红　马慧娟　班雁萍）

【医疗工作】 年内，门急诊210.3万人次，日最高门诊量7890人次，急诊194700人次。医院编制床位400张，开放床位436张，出院25862人次，床位周转63.91次，床位使用率122.44%，平均住院日6.57天。住院手术7610人次。25个病种开展临床路径，入组2654例，完成2337例，入组率73%，完成率91%。预约就诊率48.64%。医院感染率1.57%。

（关京红　马慧娟　班雁萍）

【医保工作】 年内，医保出院5846人次，总费用5658.14万元，均次费用0.97元，医保基金支付4244.21万元，大病基金支付2689.25万。

（关京红　马慧娟　班雁萍）

【医疗支援】 年内，选派2名医师参加“人才京郊行”活动。医生米荣获和田地区优秀援疆干部称号。选派普外科医生侯文英赴堆龙德庆县医院支援。

（关京红　马慧娟　班雁萍）

【护理工作】 年内，有护士559人，注册护士555人，合同护士215人，医护比1:1.6。建立护理三级督导方式，成立3个护理管理小组。申报护理科研课题1项，完成结题护理科研1项，统计源发表文章2篇。参加院外护理管理培训班10人次、专科护士资格认证培训15人次、院外各种培训班17人次。参加各种护理学术交流会18人次，外出进修1人。

（关京红　马慧娟　班雁萍）

【科研工作】 年内，在研课题95项，研究经费7956.21万元。新立项课题40项，经费1525.4642万元，结题19项。有7项专利申请获得批复，其中发明专利2项、实用新型3项、外观设计2项。全所院在核心期刊发表文章155篇，SCI文章62篇，总影响因子188.219，影响因子大于5的论文数量8篇。

（关京红　马慧娟　班雁萍）

【医学教育】 年内，获第一批国家级住院医师规范化培训基地认定。在培住院医师238人（规范化培训170人、专科医师培训68人），在培率100%。9人通过并取得住院医师规范化培训合格证书并获晋升主治医师资格，通过率82%。承办15个国家级、3个市级继续医学项目。组织学术活动26次，共3198人次参加。全所（院）卫生技术人员继续教育学分达标率99.3%。在读研究生86人，其中硕士68人、博士18人。接收国内进修65人，选派8人国内脱产进修，4人赴国外进修。

（关京红　马慧娟　班雁萍）

【学术交流】 年内，公派出国21批36人次，其中赴国外进修4人，参加国际会议12批26人次，考察访问2批2人次，国际会议和考察访问3批4人次。外宾来所参观访问3批10人次。邀请外国专家来华1批1人次。

（关京红　马慧娟　班雁萍）

中日友好医院

【概况】 中日友好医院是国家卫计委直属三级甲等医院。有职工3478人，其中卫生技术人员2568人（其中正高级职称210人、副高级职称222人、中级职称938人、初级师964人、初级士45人、未定级189人）。获全国百姓放心示范医院称号，获首届中国青年志愿服务项目大赛金奖。急诊科主任、主任医师张国强获中央国家机关五一劳动奖章。获“2014年度首都十大疾病科技攻关重大科技成果”两项，其中院长王辰主持的“首次确定腺病毒55型是成人社区获得性肺炎的新病因（Chinascan研究）”成果获创新型重大科技成果，主任医师张凌主持的“不同甲状旁腺切除术式治疗难治性肾性继发甲状旁腺功能亢进症的随机对照临床研究”成果获惠民型重大科技成果。“免疫炎性疾病实验室”和“中医药防治过敏性疾病实验室”成为市科委重点实验室。

地址：樱花园东街2号

电话：84205566

邮编：100029

网址：http://www.zryhyy.com.cn

（朱文赫　郭丽萍）

【改革与管理】 年内，与北京航空航天大学围绕“医教协同”和“医教研产”一体化开展结构性合作。启动由临床研究样本库、临床研究中心、实验平台、动物室构成的临床医学研究平台建设，打造中日医院现代临床研究体系。开展分时段就诊，缩短患者等候时间。实现医生工作站（HIS）检查（CT等）预约。启用自助挂号系统、实行24小时自助挂号。开设微信预约挂号，及支付宝付费。全院推广门诊导诊系统等信息化便民措施。推动朝阳区东部医联体建设，与机场医院、安贞社区卫生服务中心等相继合作建设病房。上转病人601例，其中网络预约417例。下转病人72例，以住院病人为主。开展远程会诊疑难病例400余例。培训医护人员564人次，接收进修人员77人次。将远程会诊及远程教育常态化，开展公益远程培训196期，培训8000人次，疑难疾病会诊近2000人次，正式运行心电图远程会诊。

（朱文赫　郭丽萍）

【医疗工作】 年内，门诊2463749人次，急诊218118人次，急诊危重症抢救12687人次，抢救成功率98.02%。医院实有床位数1546个。年出院59308人次，床位周转次数38.63次，床位使用率96.99%，平均住院日9.1天，死亡率0.86%。住院手术例数35497个。剖宫产率34.8%，孕产妇死亡率5.7/万，新生儿死亡率1.71‰，围产儿死亡率4.55‰。临床路径试点病种扩大到34个科室123条路径。入组率79.54%，完成率85.49%。全院实际预约就诊率51%。产科复诊预约率100%，口腔科复诊预约率100%。院内感染187例，报告175例，漏报率6%。

（朱文赫　郭丽萍）

【医保工作】 年内，城镇职工医保出院总计24579人次，出院总费用45901.49万元，次均费用18675元；北京城镇居民医保出院总计1591人次，出院总费用2265.49万元，次均费用14239元。

（朱文赫　郭丽萍）

【医疗支援】 年内，开展援藏、援疆、援青、中组部博士服务团、陕西省吕梁山片区、京蒙省际、顺义区城乡、陕西神木—府谷、中组部西部之光人才培养、国家医疗队巡回医疗、友好协作帮扶等工作。派出对口支援人员159人次，接收受援单位长短期进修人员250人次。

（朱文赫　郭丽萍）

【护理工作】 年内，完善护理管理制度，修订日常质控的11项标准。启用新版手术患者转交接记录单。护理文件书写合格率99.16%，护理病历书写合格率99.30%，基础护理合格率97.42%，特级护理合格率100%，一级护理合格率99.48%，技术操作合格率97.75%，急救物品完好率79.39%。护理差错事故12例。成功立项中华护理学会课题1项，院级护理课题11项。在统计源期刊发表科研文章44篇，其中SCI文章2篇。继续承担中华护理学会、北京护理学会专科护实习培训任务，培养专科护士190名。派出护士长、护理骨干外出参加业务进修、培训、学术研讨会及高层论坛等44人次。

（朱文赫　郭丽萍）

【科研工作】 年内，启动2015年中日友好医院青年科研英才计划。有省部级以上课题牵头项目57项，参与国家科技支撑计划课题、863课题及国家科技传染病重大专项子课题各1项，科技部国际合作课题2项，资助经费总额为3907.25万元。主任贾立群等申报的“中医外治法治疗常见癌性疼痛的临床和基础研究及推广应用”项目获北京市科学技术奖三等奖。在核心期刊发表论文530篇，发表SCI收录论文102篇，总影响因子为201.53。

（朱文赫　郭丽萍）

【医学教育】 年内，成为全国首批全科医师培训示范基地，国家中医药管理局首批中医住院医师、全科医生规范化培训（培养）基地。派出进修学习58人。全院继续教育达标率100%。招收研究生90人（硕士69人、博士21人），毕业57人（博士19人、硕士38人）。

（朱文赫　郭丽萍）

【对外交流】 年内，举办各类国际学术研讨会45次；邀请国外著名专家、知名学者42人次来院讲学、交流、手术演示；聘请国外著名、知名专家学者为医院的名誉教授、客座教授共3人；派遣201人次赴国（境）外长、短期学习与参加国际学术会议（37人次赴境外中、长期学习3个月以上）。

（朱文赫　郭丽萍）

煤炭总医院

【概况】 煤炭总医院是三级综合性医院，隶属于国家安全生产监督管理总局，面向社会开放。有职工998人（在编665人、合同制333人），其中卫生技术人员760人（其中正高级职称58人、副高级职称112人、中级职称185人、初级师161人、初级士236人、未定级8人）。医疗设备总价值2.2亿元。年内，购置医疗设备总价值3586万元，其中10万元以上设备19套、100万元以上设备7套。

地址：西坝河南里29号

电话：64667755

邮编：100028

网址：http://www.mtzyy.com.cn

（李　鹏　张　帆）

【改革与管理】 年内，制定《创建三级甲等医院年度工作计划》，开展三级评审自查工作。编发《煤炭总医院医务人员紧急替代制度》《危险品管理制度》等文件。

（李　鹏　张　帆）

【医疗工作】 年内，门诊831824人次，急诊68256人次，急诊危重症抢救2132人次，抢救成功率97.86%。出院12562人次，床位周转31.26次，床位使用率84.62%，平均住院日12.41天，死亡率3.69%。住院手术4168例。无孕产妇、新生儿死亡，围产儿死亡率1.6‰。对临床路径、单病种实施信息系统管理，完成临床路径2080例，入径率67.2%，退径率8.68%。增设门诊自助发卡、挂号收费功能，新增核磁、B超室叫号系统，增加预约挂号方式。医院感染率1.25%。

（李　鹏　张　帆）

【护理工作】 年内，有注册护士380人、合同护士228人，医护比0.73，有ICU床位15张。成立品管圈小组，针对专项问题开展持续改进，对完成的项目进行评价及奖励，使护理工作形成闭环管理。召开护理质量管理委员会会议。组织22名护士长到香港东区医院学习交流。对护士工作情况进行内部满意度调查。加强专科护士培训，组织护理继续教育、技术操作培训和考试。开展护士文明礼仪服务文明周活动，举办文明礼仪讲座。举办“5·12”护士节庆祝活动，评选表彰先进护理单元。

（李　鹏　张　帆）

【医保工作】 年内，医保出院10256人次，总费用55000万元，次均费用53627元。

（李　鹏　张　帆）

【医疗支援】 年内，为全国“两会”、APEC峰会提供医疗保障，对口支援朝阳区常营社区、东风社区，组织各类义诊和健康宣教活动。

（李　鹏　张　帆）

【科研工作】 年内，申报院级科研立项47项、纵向课题26项，中标首都临床特色应用研究项目1项，审查GCP项目14项、科研项目65项、新技术新项目11项。审查院级科研立项32项，其中20项通过资助，资助经费60万元。评议卫生系列高级职称晋升31人。发表论文173篇，其中SCI论文12篇、中文核心期刊论文155篇，出版书籍8部。17项课题完成鉴定，申请专利11项，获得实用新型专利证书4项。申报2014年度中华医学科技奖5项、中国煤炭工业专利奖1项。获煤炭工业协会科技进步奖二、三等奖各3项。第三次修订《煤炭总医院临床科研奖励方案》，并召开年度科研奖励大会，奖励金额80万余元。

（李　鹏　张　帆）

【医学教学】 年内，组织各级各类继续教育项目109项546学时，授予学分158分，2万余人次接受培训。

（李　鹏　张　帆）

【信息化建设】 年内，全面升级HIS服务器，完善电子病历功能、医保信息系统，制作完成病案首页。增加抗菌药物、合理用药系统、智能药架系统。实施银医项目，提供门诊自助发卡、挂号收费功能。提供门诊免费WIFI上网服务，开发掌上医院手机信息平台。

（李　鹏　张　帆）

北京华信医院

【概况】 北京华信医院又称清华大学第一附属医院。有职工1485人（事业编制861人、合同制624人），其中卫生技术人员1226人，包括执业医师416人、注册护士639人、药剂53人、检验37人、放射影像18人、其他卫生技术人员63人，其他专业技术人员51人，管理、工勤人员208人。有正高级职称25人、副高级职称129人、中级职称392人、初级职称680人。年内，撤销核医学科，其业务并入放射影像科。增设疼痛科。

地址：酒仙桥一街坊6号

电话：64361322

邮编：100016

网址：http://www.tufh.com.cn

（蒋立红　刘晨曦　类延旭）

【改革与管理】 年内，建立院领导周巡视制度，班子成员定期巡查院内工作。完成9个临床科室院长行政查房。实现全院医用耗材无库存和网上申购。修订《医疗质量评价考核标准》，开展抗菌药物专项整治工作，规范门诊抗菌药物处方点评工作，对特殊级抗菌药物合理应用进行评价审批。制定门诊绩效考核项目和考核标准，加强门急诊质控管理。增设“疑难病会诊中心”，优化退费流程。

（蒋立红　刘晨曦　类延旭）

【医疗工作】 年内，门诊978664人次，急诊95644人次，急诊危重症抢救2368人次，抢救成功率94.81%。医院编制床760张，实有床位数770张。出院患者20506人次，床位周转26.63 次/床，床位使用率85.57%，平均住院日11.60天，死亡率2.18%。住院手术5555例。剖宫产率37.49%，孕产妇死亡率0，新生儿死亡率5‰，围产儿死亡率0.057‰。21种疾病开展临床路径管理，入径954例，入径率57.53%，完成率85.75%。医院感染率2.19%。

（蒋立红　刘晨曦　类延旭）

【医保工作】 年内，医保出院10948人次，总费用2.29亿元，次均费用20881.7元。

（蒋立红　刘晨曦　类延旭）

【医疗支援】 年内，免费接收38名医师来院进修学习，其中内蒙古科左后旗人民医院34名、河北省唐县望都中医院3名和河北省唐县康定医院1名。选派15名医务人员到平谷东高村镇和峪口镇社区卫生服务中心开展对口支援工作。与银川市第一人民医院、山东省莘县人民医院、贵州省玉屏侗族自治县人民医院、黑河市第二人民医院签署帮扶协议。

（蒋立红　刘晨曦　类延旭）

【护理工作】 年内，有护士594人，注册护士594人，合同护士347人，医护比为1：1.43。实施责任制护理，优质护理服务覆盖率100%。不良事件上报287例，上报率100%，整改率100%。发表护理论文7篇，其中在统计源期刊发表的护理论文3篇。接收实习生106人，进修生54人。完成1年资护士理论和操作考核406人次，2—5年资考核307人次，5年资以上考核410人次。考核新聘护士47人。

（蒋立红　刘晨曦　类延旭）

【科研工作】 年内，获省部级课题4项、校级资助课题1项、其他资助立项课题1项，资助金额共143万元。完成国家自然科学基金在研项目进展报告1项，组织完成首都医学发展科研专项基金的绩效考评和中期检查工作2项。发表科技论文99篇，其中中文核心期刊论文65篇。发表外文期刊论文9篇，其中SCI收录杂志9篇，最高影响因子为3.991，平均影响因子为1.572。

（蒋立红　刘晨曦　类延旭）

【医学教育】 年内，承担清华大学医学中心的临床医学专业的研究生教育工作，录取6名硕士研究生，院外进修3人。成立教学委员会，利用外国专家优势资源，规范住院医师培养。

（蒋立红　刘晨曦　类延旭）

【学术交流】 年内，外出参加短期培训16人次，接待美国、韩国专家学者15人次，参加国际会议15人次，1人作为访问学者赴香港大学李嘉诚医学院完成为期4周的临床观摩与管理培训。

（蒋立红　刘晨曦　类延旭）

民航总医院

【概况】 民航总医院与民航医学中心实行一个机构两块牌子，是具有航空医学特色的三级综合医院，也是全国民航唯一的三级医院。有职工1179人（在编701人、合同制478人），其中卫生技术人员1010人，包括正高级职称28人、副高级职称63人、中级职称267人、初级师383人、初级士269人。年内，新增医院运营管理办公室（改革办公室）。门诊病案划归病案科，数据管理室划归航空卫生办公室。

地址：高井甲一号

电话：85762244

邮编：100123

网址：http://www.mhzyy.cn

（马倩怡　马秀利）

【航空医学】 年内，民航局飞标司向医院体检鉴定所颁发三级体检鉴定机构资质证书，成为全国民航唯一的三级体检鉴定机构。体检19995人次，招飞4133人，飞行学员入校复查6302人，招乘1047人，军转民118人，外籍338人，延飞43人，共31976人次。对民航1118名40岁航线运输驾驶员开展脑核磁排查。完成8184名招收飞行学生心理健康测试，60周岁以上飞行员认知功能检测56人次，特许飞行员认知功能检测54人次。完成1176名40岁及以上飞行员22种常见降糖降压药物的检测，完成2564名40岁以下空勤人员9种常见毒品检测，对招收飞行学员体检中的28例毒品初筛阳性尿液进行确认检测。完成11架次飞机的座舱环境卫生检测，对维修车间空气污染职业危害因素检测鉴定2次。

（马倩怡　马秀利）

【医疗工作】 年内，门诊1181401人次，急诊207459人次，急诊危重症抢救5513人次，抢救成功率95%。编制床位500张，实有床位466张。出院15345人次，床位周转32.84次，床位使用率100.23%，平均住院日9.7天，死亡率2%。住院手术6740例。剖宫产率47%，无孕产妇、新生儿死亡，围产儿死亡率0.2‰。健康体检42231人次。临床路径接诊2787例，实施临床路径科室15个病种55个，入径率100%，完成率84.54%。预约挂号占门诊13.7%。医院感染率1.49%。

（马倩怡　马秀利）

【医保工作】 年内，医保出院6573人次，总费用113549492元，次均费用17275元。制定《单病种管理规定》。

（马倩怡　马秀利）

【医疗支援】 年内，派出5名医师、1名技师、1名主管药师赴民航西藏区局开展帮扶工作，接收西藏区局进修3人。完成对口支援内蒙古自治区土默特右旗医院第二阶段工作计划，接收进修5人。完成青海省玉树地区第三批10名进修医师的培训。

（马倩怡　马秀利）

【护理工作】 年内，有护士457人，注册护士423人，合同护士328人，医护比例为1:1.16。成立护理管理委员会，全面开展责任制整体护理。移动护理信息系统上线。实施新护士差异化培训，推行无汞化办公，普及电子血压计。发展专科护理小组，提升专科护理品质。护理不良事件上报率100%，整改率100%。申报院级护理科研课题8项。院级在研课题2项。发表护理论文6篇。选派8名护士参加专科护士资质认证培训班，外出进修4人次。组织院内外培训40项，514人次参加。

（马倩怡　马秀利）

【医学教育】 年内，承担北大医学部96名本科留学生的教学。住院医师规范化培训招录新学员13人，外送学员22人。一阶段考试报名9人，8人通过；二阶段考试13人报名，9人通过。

（马倩怡　马秀利）

【科研工作】 年内，获批民航科技创新引导资金（科技项目）重大专项“飞行疲劳相关生物标志物的研究”。“高原航线飞行员航卫保障研究”和“民航飞行员心理健康管理系统的开发”获民航安全基金支持。中标首都医学发展基金课题1项、首都特色课题3项，国家卫生计生委资助课题1项。在研课题59项，结题23项。获专利1项。发表论文102篇，SCI论文6篇，影响因子最高为3.372，平均影响因子2.525。出版著作3部。

（马倩怡　马秀利）

【对外交流】 年内，参加第85届美国航空航天医学会学术年会、国际民航组织的公共卫生事件防控与管理第七届亚太会议、第62届国际航空航天医学会、民用航空公共卫生事件预防合作项目（CAPSCA）全球第五次会议暨中东地区第四次会议等。法国民航局航卫处处长Germa医生应邀来医院参观访问。

（马倩怡　马秀利）

北京地坛医院

【概况】 首都医科大学附属北京地坛医院也是北京市病毒传染病防治研究中心、北京市艾滋病临床研究中心，是三级甲等医院。年内，有职工1203人（在编1006人、合同制197人），其中卫生技术人员1019人，包括正高级职称69人、副高级职称105人、中级职称303人、初级职称532人、未定级10人。临床科室由28个调整为30个，医技科室由9个调整为6个，行政职能管理部门由24个调整为30个，内设机构由4个调整为

5个。感染病科成为国家临床重点专科，皮肤科成为北京市中西医结合重点专科。
地址：京顺东街8号
电话：84322007
邮编：100015

（姜心言 张永利 王 蕾）

【改革与管理】 年内，开展总体发展规划（2015～2025年）工作。初步拟定"品牌专科、发展综合、稳健分院"的战略方针，初步确立建设"世界知名的传染病诊疗与研究中心，北京一流的三甲综合医院"的战略定位。1人外出进行医师多点执业，接受2人到院执业，制定聘用协议并细化了注册流程。

（姜心言 张永利 王 蕾）

【医疗工作】 门诊541510人次，急诊50285人次，抢救成功率72.7%。编制床位600张，实有床位658张。出院25171人次，床位周转42.09次，床位使用率118.02%，平均住院日10.29天，死亡率1.51%。住院手术8630例。剖宫产率47.38%，孕产妇死亡率0，新生儿死亡率2.3‰，围产儿死亡率2.2‰。开展16个病种临床路径，覆盖11个科室。年内，累计入径588人次，平均入组率75.38%，平均完成率99.65%。全院就诊预约率60.15%，复诊预约率65.19%。医院感染率2.52%。

（姜心言 张永利 王 蕾）

【医保工作】 全年医保250003人次，总费用27388.74万元；出院10791人次，次均费用13902.91元；门诊239212人次，次均费用517.79元。

（姜心言 张永利 王 蕾）

【医疗支援】 赴密云县石城镇卫生院义诊28次，派出医护人员60人次，门诊2300余人次，开展大型体检活动2次，251人次参与体检，参与疑难病例会诊15次，组织学术讲座、宣传资料、物资捐助、业务培训共10次。派出1名医生赴新疆维吾尔自治区和田地区传染病专科医院工作，为期一年。派出3名专家赴几内亚、塞拉利昂执行紧急援非任务。

（姜心言 张永利 王 蕾）

【护理工作】 护士500人，注册护士351人、合同护士149人。医护比例为1:1.51。落实责任制护士护理模式，并在6个护理单元进行岗位绩效考核垂直管理试点。发表护理论文20篇。完成实习护士带教46人，全国护士长进修14人，香港理工大学本科见习护士8人，护理研究生指导3人。

（姜心言 张永利 王蕾）

【科研工作】 申报课题143项，中标71项，获批科研经费1886.45万元。其中国家级4项，获批经费199万元；省部级11项，经费1287.95万元；局级19项，经费258.5万元；校级8项，经费36万元；院内基金29项，经费105万元。在研课题200项，结题4项。市级重点实验室1个。实验室的北京新发突发疾病临床数据与样本资源库通过国际生物样本库协会（ISBER）"生物样本库样本质量控制检测能力测试"（Biorepository Proficiency Testing for the Quality Control of Biospecimens）的认证。发表科技论文173篇，其中SCI收录43篇，最高影响因子9.775分，平均影响因子2.73分。出版著作8部，其中主编4部。

（姜心言 张永利 王 蕾）

【医学教育】 配合学校完成传染病学系活动和学生的传染病教学任务。本年度录取研究生26人，其中硕士生21人、博士生5人。院外进修4人。出国长期进修2人。

（姜心言 张永利 王 蕾）

【学术交流】 接待国外专家和政要来访交流6批次。出国访问10批次14人次，其中援非3批次3人次、参加国际会议5批次7人次、交流访问2批次4人次。开展国际合作项目8项，其中科研项目4项、人才培养项目2项、博士生培养1项、管理人才培养1项。国内交流19批次93人次，其中赴台2批次2人次、赴香港2批次6人次、与协作医院友好交流15批次85人次。

（姜心言 张永利 王 蕾）

北京中医药大学第三附属医院

【概况】 北京中医药大学第三附属医院是三级甲等中西医结合医院。有职工694人（含合同制226人），其中卫生技术人员589人（其中正高级职称32人、副高级职称69人、中级职称192人、初级师141人、初级士155人），其他人员105人。年内，内分泌科和特需老年病科被北京市中医管理局批准为"十二五"重点专科建设项目。新设立小汤山门诊部、社会工作部、纪委办公室、经济运行办公室，科教处分为教育处和科研处、保卫科变更为保卫处，计算机中心变更为信息中心。裴晓华获中华中医药学会"2014年度李时珍医药创新奖"，颜红荣获第三届北京市优秀护士。
地址：安外小关51号
电话：52075200
邮编：100029
网址：http://www.zydsy.com

（张进宏 刘子旺）

【改革与管理】 年内，完成医院领导班子换届工作，选拔处级管理干部12名。办理执业医师注册、变更40余人，为院内、外12名医师办理多点执业注册。组建"中医骨伤科""中医脑病"和"中医脾胃病"3个北京市中医药管理北京中医领军人才团队。

（张进宏 刘子旺）

【医疗工作】 年内，门诊671164人次，急诊16663人次，急诊危重症抢救149人次，抢救成功率100%。床位470张。入院6522人次，出院6480人次，床位周转13.79次，床位使用率72.92%，平均住院日19.12天，死亡率7.9%。住院手术1976例。20个科室21种病种开展中医临床路径管理。医院感染率为2.94%。

（张进宏 刘子旺）

【医保工作】 年内，医保出院4300人次，总费用9900万元，次均费用22414元。

（张进宏 刘子旺）

【医疗支援】 年内，继续支援渤海镇卫生院、怀柔雁栖医院、门头沟中医医院及内蒙古三家医院，派出医生285人次，诊治患者3560人次，手术49例，手术示教47次，学术讲座23次，业务培训203人次，义诊802人次。接收内蒙古对口支援单位3名进修人员。

（张进宏 刘子旺）

【护理工作】 年内，有护士221人，注册护士216人，合同护士144人，医护比例1.2:1。正式启用北京市卫生计生委信息管理平台上报护理安全（不良）事件。成立护理专科小组。护理文件书写合格率99.88%，基础护理合格率98.65%，特级护理合格率100%，一级护理合格率99.39%。对32名新入职护士进行岗前培训，选派护士参加"ICU专科护士资格认证培训班"1人次，选派护士参加相关专科讲座及培训10余人次，护士长参加相关管理培训班、学习班20余人次。2项护理科研课题中标北京中医药大学科研基金项目及自主选题项目。在核心期刊发表4篇护理论文。

（张进宏 刘子旺）

【科研工作】 年内，申报课题97项，其中国家级项目23项、省部级29项、校级自主课题45项。中标项目38项，到位经费193.14万元。发表科技核心期刊62篇、SCI论文2篇、EI论文1篇。

（张进宏 刘子旺）

【医学教育】 年内，招收研究生60人，其中硕士生50人、博士生10人。在院研究生158人，其中硕士生134人、博士生24人，2

人转博。承担市级中医药继续教育培训项目10项，完成区级继续教育项目17项、单位自管项目10项。

（张进宏　刘子旺）

【学术交流】 年内，派遣2名医生前往德国奎斯丁医院工作，派遣7名专家出国参加学术交流和访问。接待来自台湾、澳大利亚、西班牙等地区和国家交流团来院参观访问。

（张进宏　刘子旺）

北京妇产医院 北京妇幼保健院

【概况】 首都医科大学附属北京妇产医院北京妇幼保健院是三级甲等妇产专科医院。有职工1516人（在编1255人、派遣261人），其中卫生技术人员1203人，包括正高职称70人、副高职称95人、中级职称280人、初级师525人、初级士233人。年内，成立北京市中西医结合妇产科研究所、流行病学与循证医学研究室、围产医学部、纪检监察办公室和发展运行部。

地址：姚家园路251号（东院区）、东城区骑河楼街17号（西院区）

电话：52276666

邮编：100026

网址：http://www.bjogh.com.cn

（马　明　潘　迎　张兰月）

【改革与管理】 年内，妇科一体化手术室投入使用。开通市民主页（手机官网），利用手机这一新媒体方式为患者提供实时医院信息查询。推出产检套餐服务，为每位孕妇减少排队24次。建立“盆底功能障碍性疾病诊治中心”。

（马　明　潘　迎　张兰月）

【医疗工作】 年内，门诊1236511人次，急诊34973人次，急诊危重症抢救20人次，抢救成功率100%。编制床位660张，实有床位509张。出院41826人次，床位周转次数82.17，床位使用率105.67%，平均住院日4.64天，死亡率0.002%。住院手术32232例。剖宫产率34.74%，孕产妇死亡率0，新生儿死亡率0.06‰，围产儿死亡率5.14‰。开展临床路径，产科1个病种，入径1540例，入径率55%，完成率100%；妇科5个病种，入径449例，入径率79%，完成率100%。全院预约就诊率80.1%。医院感染率0.202%。

（马　明　潘　迎　张兰月）

【医保工作】 年内，医保患者出院12184人次，住院总费用6938.20万元（基金支4093.48万元），住院次均费用5704元。医保患者门诊510166人次，门诊总费用14441.87万元（基金支4831.38万元），门诊次均283元。

（马　明　潘　迎　张兰月）

【医疗支援】 年内，免费接收内蒙古自治区和宁夏回族自治区医院10名医务人员来院进修学习。对口支援城乡医院有平谷妇幼保健院、通州妇幼保健院、昌平妇幼保健院、顺义妇幼保健院、怀柔第一医院、房山妇幼保健院、顺义空港医院，共出诊384天，诊疗12080人次。接待受援单位人员免费进修4人，教学查房72次。派医务人员赴安贞社区卫生服务中心出诊，开展妇产科手术。

（马　明　潘　迎　张兰月）

【护理工作】 年内，有护士576人，注册护士576人，合同护士数173人，医护比例1:0.6945。儿科NICU床位32张。实施责任制整体护理模式，继续开展陪伴分娩、非药物镇痛、减少干预的助产模式，开设助产士咨询门诊，促进自然分娩。护理不良事件26例，上报率100%，整改率100%。获首都护理学院护理专项课题1项。在统计源期刊发表的护理论文37篇。编写《围产母婴护理一本通》科普书籍。年内，接收本、专科实习护士168名，进修护士69名。完成中华护理助产专科护士临床培训工作，接收54名护理人员来院实习。举办3次产科责任护士培训。完成助产士、手术室护士、急诊室护士、肿瘤专科护士、（NICU）PICC专科护士培训，11名护士通过培训取得合格证。

（马　明　潘　迎　张兰月）

【科研工作】 年内，获局级以上课题立项38项。其中国家级2项，资助经费146万元；省部级12项，资助经费670.545万元；局级17项，资助经费291.3917万元。在研课题96项，结题19项。发表统计源期刊261篇，SCI论文29篇（最高影响因子4.295，平均影响因子1.956）。出版专著1部，科普图书2部，参考书1部。

（马　明　潘　迎　张兰月）

【医学教育】 年内，录取研究生51名，其中统招博士4名、统招硕士18名、七年制8名、在职博士12名、在职硕士9名。有7人脱产赴国外进修学习。

（马　明　潘　迎　张兰月）

【国际合作与交流】 年内，接待来自德国、美国、加拿大和香港等国家和地区的来宾和专家83人次，开展临床、保健、科研等领域交流。引进国外专家40余人次，聘请客座教授4名，名誉科主任2名。举办第六届更年期及妇科内分泌相关问题国际研讨会，中美临床技术研讨会，（2014）第三届胎儿孕早期出生缺陷产前超声诊断及咨询高级课程等国际会议。派出20批25名专家分别赴美国、英国、德国、法国、澳大利亚等国家考察和学术交流。

（马　明　潘　迎　张兰月）

中国中医科学院望京医院

【概况】 中国中医科学院望京医院由原中国中医研究院骨伤科研究所、北京针灸骨伤学院附属医院和骨伤系合并组建，是一所以中医骨伤科为重点的三级甲等中医医院。有职工1185人，其中卫生技术人员911人（其中正高级职称57人、副高级职称97人、中级职称292人、初级师242人、初级士189人、见习34人）。4月1日，开设特色诊疗中心，主要开展以推拿、针灸、拔罐、理疗、电热砭石、熏蒸、足浴等多种中医疗法为特色的综合治疗，与“治未病中心”共同构成融体质辨识、健康指导、中医特色疗法为一体的“治未病”体系。年内，开放特需门诊，成立肛肠科和血管外科。

地址：花家地街望京医院

电话：84739047

邮编：100102

（姜福霞　侯小兵）

【改革与管理】 年内，调整门诊分区及布局，改善就诊环境与流程，完善服务功能。完成康复科门诊改造，挂号收费室搬迁改造。启动中医儿科诊疗中心日间病房改造。

（姜福霞　侯小兵）

【医疗工作】 年内，门诊1299638人次，急诊70664人次，日均门急诊5426人次，急诊抢救1137人次，抢救成功率94.5%。医院编制床位1100张，实际开放床位734张。出院16404人次，床位周转22.6次，床位使用率96.6%，平均住院日15.7天，死亡率2.2%，住院手术8009例。预约挂号人次占门诊比例为8.7%。医院感染率0.88%，感染例次率0.94%。

（姜福霞　侯小兵）

【医保工作】 年内，医保出院13131人次，总费用257373118元，次均费用19600元。

（姜福霞　侯小兵）

【护理工作】 年内，有护士443人，比上年增加12人。在编护士146人，合同护士297人，护理人员与实际开放床位数比为0.61:1。骨伤科护理被列入北京市中医管理局“十二五”中医护理重点专科。制定中医护理质量评价标准。2名护士获北京市中医管理局护理技能竞赛三等奖。发表论文41篇。选派护理人员进修3人，外出学习培训147人次，专科护士培养6人。完成继续教育学习13项。开展专题讲座6次。申报北京市骨科专科护士教学培训基地，完成1名骨科专科护士的带教培训。选送2名护士长参加骨科专科护士认证培训。

（姜韫霞　侯小兵）

【医疗支援】 年内，成立专家组赴云南省昭通市鲁甸县，诊治地震伤员200余人次，会诊重症伤员30余人次。与河北省中医院、沧州市中西医结合医院签署帮扶工作合作意向书。通过讲座、义诊、会诊等多种形式对孙河乡和王四营乡卫生服务中心、密云县中医院、四川雅安市中医院、宁夏固原市中医院等开展对口支援帮扶工作。

（姜韫霞　侯小兵）

【科研工作】 年内，获资助113项，资助经费1684.687万元。结题验收52项。获上年度中华中医药学会科学技术三等奖1项。获实用新型专利4项，主编出版学术著作6部。启动中医正骨技术重点实验室研究课题。完成院内课题招标立项57项。收到国家食品药品监督管理总局（CFDA）颁发的药物临床试验机构（GCP）证书及批件，正式启动医院GCP药物临床研究工作。

（姜韫霞　侯小兵）

【医学教育】 年内，完成第四批北京市级老中医药专家学术经验继承工作的督导、出师考核工作，8名继承人完成出师考核。派出12人外出进修，65人短期培训。派出2名医师赴韩国东国大学进行康复医学培训。接受进修、培训学员82人次。其中执业医师注册培训学员3人，培训河北省杏林工程学员10人，京蒙对口支援3人，宁夏回族自治区优才培养跟师带教共13人次。接收社区医师9名参加全科医师转岗培训。

（姜韫霞　侯小兵）

【学术交流】 年内，启动韩国东国大学医疗院的首期合作项目。与韩国济州岛韩医师协会签署合作意向书。邀请日本中医学会原会长、护理专家渡边真一等来院进行中医学、护理学讲学和交流。接待德国凯福精选管理有限公司、日本东方出版社中日友好之旅访问团、国家中医药管理局传统医药国际交流中心合作的俄罗斯诊所代表、日本中医学会代表、东京药科大学药学部等国外来访者来院交流访问，共49人。对俄罗斯、蒙古、新加坡、德国、智利等10余个国家的74名学员进行短期中医、中药、针灸培训教育。

（姜韫霞　侯小兵）

垂杨柳医院

【概况】 北京市垂杨柳医院（又名北京微创医院）为区卫生计生委直属三级综合性医院。2014年医院处于新院改扩建建设阶段，开放本院区、东院区及管庄院区。有职工1085人，其中专业技术人员917人（主任医师26人、副主任医师62人、主治医师183人、医师96人、护士398人、药剂人员49人、检验人员39人、影像人员24人、其他专计人员40人），行政及工勤人员168人。医院固定资产总值722453824.01元。年内，医院通过母婴保健计划生育机构验收、爱婴医院复审、北京市卫计委住院医师规范化培训基地复审、全国百姓放心示范医院复审、第四批综合医院示范中医科验收工作。完成三级医院收费标准切换、三院区网络改建工程、东院区设备间安装调试及工作站点搬迁。完成中医医嘱系统建设并投入使用。完成医保系统升级。完成数字化病案系统、重症监护系统招标采购，病案系统已投入使用，重症系统正在建设中。开展全员信息技术应用培训。获首都文明单位、北京市医疗器械不良事件日常监测工作先进单位、市临床用血先进单位、市医疗保险管理服务一等奖、区卫生系统基层党建创新项目优秀奖、区招募无偿献血志愿者先进单位、区基本医疗保险定点医疗机构医保服务医师管理先进单位等。有1人获市级荣誉1项，2人获区级荣誉1项。

地址：垂杨柳南街2号
电话：67718822
邮编：100022
网址：http://www.cylh.com
邮箱：cylhospital@163.com

（乌　兰）

【医疗工作】 年内，门急诊总量105.11万人次，同比增长1.13%；出院1.41万人次，同比增长9.93%；病房手术量4951人，同比增长7.51%；床位使用率为84.25%，同比增长6.24%；平均住院日9.52天，床位周转次数33.17次。年平均病案合格率为92.99%。收到病人锦旗114面、表扬信346封。开展抗菌药物使用、病案管理、预约挂号、不良事件上报等专项活动。门诊抗菌药物使用率为12.26%，同比下降29.98%；住院抗菌药物使用率为47.20%，同比下降0.42%；住院抗菌药物使用强度47.82%，同比下降0.66%；Ⅰ类切口手术预防使用抗菌药物比例11.54%；住院患者微生物送检率为61.38%。

（乌　兰）

【护理工作】 年内，有护理人员398人。修订《护理常规》，规范护理行为。修订完善1项制度、11项护理质量检查标准，新增2项制度、2项评估表。外请专家授课3次，主任护师讲座6次，副主任护师讲座5次，主管护师讲座17次，内容涉及区级项目26项、院级12项，参加培训人员4650人次。开展“百日六点”活动、“提高防范意识，倡导安全文化”护理安全月活动。组织开展护理突发事件应急预案演练，分层分类培训。组织院级“三基”理论考试4次703人次，合格率97.25%，同比提高0.88%。全年未发生护理安全事件。

（乌　兰）

【医保工作】 年内，门诊医保患者约59.7万人次、住院医保患者6207人次，城镇职工医保申报费用2.35亿。完成349名医保医师服务协议续签。

（乌　兰）

【科研教学】 年内，组织申报各类各级科研项目30余项，中标6项，在研项目33项，中期评估、结题项目45项。发表论文49篇，其中SCI2篇。15人参加北京市住院医师规范化培训。获批继续医学教育项目国家级2项、市级8项、区级30项。全院继续教育学习达标率为100%。完成各类继续教育课程101场次11780人。指导研究生2人，接收实习生19人、进修生39人，外出进修13人，外送住院医师14名。举办第六届Ilizarov技术（骨外固定）与骨关节修复重建学习班、第十届全国PLDD微创技术讲习班。

（乌　兰）

第一中西医结合医院

【概况】 北京市第一中西医结合医院为区卫生计生委直属的中西医结合医院，2014年8月29日，由朝阳区第二医院更名为北京市第一中西医结合医院，确立心内科和内分泌科为医院重点专科，建立内分泌重点专科研究室、心血管内科重点专科研究室，开放CBD和东坝院区。占地面积2万平方米，总建筑面积2.6万平方米。内设18个职能科室、32个临床医技科室，编制床位405张，实有床位402张。有职工977人，其中在编514人、外聘463人。有卫生专业技术人员855人、正高级职称人员26人、副高级职称人员71人、中级职称241人、初级职称517人。医疗设备总价值10105万元。年内，新购置医疗设备

1599万元，其中100万元以上设备2台。年内，成立北京市中西医结合心脏康复中心。投资43万元用于医院信息化建设。安装远程视频会议系统。制定医院信息化五年规划。由院长李瑞杰担任分中心项目负责人的“血脂异常防治技术在基层的推广应用”项目获中华医学科技奖三等奖。

地址：金台路13号内2号

电话：85992788

邮编：100026

网址：http://www.bjcy2y.com

邮箱：erbangongshi@126.com

（李玉娟）

【医院建设】 年内，按照三级中西医结合医院标准开展医院建设。对243名医师进行西学中培训，开展中医病例书写、中医适宜技术、中药应用等培训，开展中西医结合智慧医院项目等。医院可开展55项中医适宜技术。与中国中医科学院中医基础理论研究所开展院所合作。

（李玉娟）

【医疗工作】 年内，门诊694211人次，急诊81051人次，急诊危重症抢救1103人次，抢救成功率为98.10%。年出院9188人次，床位周转32.13次，床位使用率为77.09%，平均住院日8.77，死亡率为2.34%。住院手术2723例。剖宫产率为39.95%。开展西医临床路径病种12个，入径病例233例，入组率为70.82%，完成率为91.85%。开展中医临床路径病种9个。开设114电话及网络平台预约、电话预约、窗口预约（现场预约）、医生诊间预约等预约挂号方式，开放号源30%，预约挂号人次及占门诊比例13.12%。开展新技术8项，申报内镜操作技术12项。医院感染率为0.95%，住院患者抗生素使用率为51%，接受特殊抗菌药物治疗住院患者微生物检验样本送检率为100%。

（李玉娟）

【医保工作】 年内，因医院转型，医保级别由二级甲等变更为三级合格，医院类别由综合变更为对外中医。医保出院4656人次，医保总费用2.793亿元，门诊次均费用474元，住院次均费用13515元。

（李玉娟）

【护理工作】 年内，有护士359人、注册护士357、合同护士213，医护比例0.88:1。护理不良事件上报率为100%。组织护理继续教育讲课48次，组织中西医护理操作培训6次。安排护士长及护理骨干参加院外培训74人次，专科取证1人次。

（李玉娟）

【科研工作】 年内，申报科研课题43项，发表核心期刊论文12篇。申报北京市中医药科技发展资金项目8项，中标3项，资助经费15.29万元。申报区科委科研课题7项，中标1项，资助经费5万元。申报院级课题48项，中标40项，资助经费54.1万元。与儿研所、望京医院、北京中医药大学第三附属医院、朝阳区中医医院合作申报项目4项。

（李玉娟）

【医学教育】 年内，医院成为中国中医科学院中医基础理论研究所第一附属医院及长春中医药大学教学医院，承担该校第一批10名实习生临床实习任务。派出进修医师13人，接收对口支援单位进修人员5人。

（李玉娟）

【工程建设】 年内，完成回填医院人防工程建设。对西楼四层名医堂诊区、五层中医治疗区进行部分中医特色改造。完成东坝院区病房楼装修改造工程。

（李玉娟）

朝阳区第三医院

【概况】 朝阳区第三医院为区卫生计生委直属二级甲等专科医院。有职工272人（在编95人、合同制177人），其中卫生技术人员215人（正高职称3人、副高职称7人、中级职称34人、初级师73人、初级士77人、无职称21人）。年底，专用设备总价值为1324.85万元。5月1日，接管北京市社区药物维持治疗第六门诊部工作。年内，新购置医疗设备总值207.26万元（无价值100万元以上设备）。投资1500万元用于基础设施建设和医疗设备改造升级。投资232万元开展信息化一期建设，包括HIS、LIS、电子病历、合理用药。

地址：双桥南路甲8号

电话：52023406

邮编：100121

邮箱：cyqjsws@163.com

（马万欣 杨士贤）

【改革与管理】 年内，实施预算管理，新增和修订医院制度、岗位设置。开展医德医风、职工职业道德和素质教育。增加编外人员实行编内管理的名额，调整合同制员工的基础绩效，从原45%调至55%。3名医师办理多点执业。

（马万欣 杨士贤）

【医疗工作】 年内，门诊30793人次，同比增长8%。危重症抢救1人次，死亡1人。精神残疾评定179人次，智力残疾评定48人次。疑难病例讨论9人次，邀请院内外专家会诊或教学查房16人次，院外会诊10人次，社区联络会诊86人。医院编制床位260张，实有床位360张。出院396人次，床位周转次数1.1次，床位使用率为110.80%，平均住院日102天，死亡率为0.27%。精神科实施临床路径管理，实施病种7个。入径病例318例，入径率为89.58%，完成率为43.94%。年内，开展电话预约和复诊预约，开放号源60%，预约挂号60人次，占门诊比例0.19%。全年院内感染率为1.3%，无院感暴发流行事件发生。修定《医院抗菌药物临床应用专项整治活动实施方案》，严格执行抗菌药物分级管理制度，住院患者抗菌药物使用率为3.40%，接受抗菌药物治疗住院患者微生物检验样本送检率为零。

（马万欣 杨士贤）

【医保工作】 年内，医保出院242人次，医保患者总费用3515.12万元，门诊次均费用519元，住院次均费用9.9万元，住院日均费用232元。成立医院医保物价领导小组和突发事件应急小组，完成北京市医疗保险信息系统升级改造工程。

（马万欣 杨士贤）

【护理工作】 年内，有护理人员128名、注册护士123名、合同制护士83名，医护比1:2.6。选派4名护士长外出进修急诊及专科知识。申报并实施院内课题1项。

（马万欣 杨士贤）

【科研工作】 年内，申报并立项区科委课题2项、区精神疾病预防控制中心资助课题3项。发表核心期刊论文3篇。

（马万欣 杨士贤）

【医学教育】 年内，脱产学习10人，其中1人参加市基层医院骨干培训班，9人参加住院医师规范化培训。参加短期国家级培训20人次、市级医疗培训5人次、区级培训20人次。

（马万欣 杨士贤）

【学术交流】 年内，选派1人到香港参加个案管理培训班、3人参加中华医学会精神科分会年会、4人参加中国医师协会精神科分会年会。

（马万欣 杨士贤）

朝阳区中医医院

【概况】 朝阳区中医医院为区卫生计生委直属二级甲等中医医院。占地3557.58平方米，建筑面积12700平方米，开放病床200张。内设9个职能科室、5个临床医技科室。有员工317人，其中卫生技术人员265人（主任医师5人、副主任医师15人、主治医师42

人、医师42人、护士98人、药剂人员28人、检验人员10人、影像人员2人、其他卫技人员23人)、行政及工勤人员52人。固定资产总值7039.7万元。有大型医疗仪器设备1件，价值485万元；100万元以上设备8台；10万元以上设备75台。年内，门诊就诊患者330225人次，急诊就诊患者19230人次，住院3064人次，出院2998人次，病床使用率87.09%，死亡率5.14%。接诊离休干部2918人次。

地址：工体南路6号

电话：65534914

邮编：100020

网址：www.cyqzyyy.com

邮箱：cyqzyyy@163.com

（刘 媛）

【中医建设】 年内，制定《朝阳区中医医院优秀病历评比活动方案》。开展主治医师经典查房、病历书写系列讲座5次。召开医技临床科室互动交流会3次。举办第四届传承杯知识竞赛。

（刘 媛）

【社区卫生】 年内，朝外社区卫生服务增加尿微量白蛋白、糖化血红蛋白、干化学血脂检测，骨碱性磷酸酶检查，尿碘检查。新开展社区诊断、精神病患者免费体检、癌症患者随访、慢病管理、体质辨识等工作。

（刘 媛）

【科研师承】 年内，制定科研工作制度。申报2014年北京中医药科技项目4项，获批立项2项。建立医院图书室。开通CNKI账号、万方及超星图书等数据库账号。召开医院中青年临床骨干座谈会暨师承经验交流会，邀请国家级名老中医高益民讲授中医医案书写。

（刘 媛）

【疾病预防】 年内，在门诊医师工作站程序中添加填写“传染病报告卡”提示。调整健康教育管理人员。布置传染病症状监测以及35岁首诊患者测血压工作。在“全国疟疾日”“结核病日”“艾滋病防治宣传日”开展健康教育宣传活动。通过院内局域网、面授等多种形式培训埃博拉出血热防护知识。

（刘 媛）

【医保工作】 年内，开展全员医保知识培训及考核两次。印制医保知识问答宣传册，在社区卫生服务站和医院门诊咨询台发放。

（刘 媛）

【护理工作】 年内，修订护理会诊申请单、压疮观察记录表、不良事件持续改进记录单等。每季度开展一次中医护理业务查房。细化优质护理病房工作，优质护理病房占全院80%。

（刘 媛）

【药事工作】 年内，修订《高危药品制度》及目录，下发新制度和新标识。制定《病区备用药品管理和使用制度》，并监督检查病区备用药品，查西药处方117240张、中成药处方103470张、饮片处方73430张、配方颗粒处方28091张。

（刘 媛）

【病案管理】 年内，修订病历管理制度，制定病历复印授权书，公示《复印病历需提供的证明材料》等。制定《住院催款制度》。设立《病历返修登记本》。100份病历接受北京市病案首页检查。

（刘 媛）

朝阳区妇儿医院

【概况】 朝阳区妇儿医院为区卫生计生委直属二级甲等专科妇产医院。医院总面积11636.64平方米，其中租用及使用院外业务用房1414.7平方米。有职工479人，其中在编177人、合同制302人。卫生技术人员396人。其中正高职称10人、副高职称26人、中级职称61人、初级师职称128人。编制床位139张，实有床位110张。专用设备总价值约6323.31万元，年内新购专用设备总值542.08万元，其中100万元以上专用设备1件。年内，通过国家卫生和计划生育委员会、联合国儿童基金会、世界卫生组织的爱婴医院复审。投入102.88万元进行信息化建设。完成HIS、病历、护理文书、自助服务、医保监控、院长查询、LIS、体检、超声、病理、病案统计、手术麻醉、儿童早期综合发展、产房移动采集等建设。获全国妇幼健康技能竞赛特殊贡献奖、获北京市法制文化建设示范点及北京市市级交通安全先进单位。

地址：潘家园华威里甲25号

电话：67719999

邮编：100021

网址：http://www.beijingcych.com

邮箱：cyfybjy@126.com

（王 茜 路 盈）

【医疗工作】 年内，门诊321152人次、急诊3356人次，危重症抢救21人次，成功率为100%。出院7961人次，床位周转72.50次，床位使用率为106.90%，平均住院日4.74天，死亡率0。住院手术2853例。剖宫产率为33.63%，无孕产妇死亡、新生儿死亡及围产儿死亡。开展临床路径管理，子宫腺肌病、输卵管妊娠、卵巢良性肿瘤、宫颈癌、计划性剖宫产、乳腺癌等入径640例，完成率为100%。开通电话、网络、诊间、自动预约4种预约挂号形式，采取分时段预约，开放号源22%。预约挂号73898人次，占门诊比例24%。开展小儿先天性髋关节脱位的超声筛查及诊断，子宫病变弹性技术，超声引导下子宫切口瘢痕妊娠及盆腔包裹性积液的介入治疗，超声引导下肿物精确定位术，子宫动脉、胎儿大脑中动脉及脐动脉各项血流指标监测，超声引导下宫颈环扎术等6项新技术。健全医院感染委员会—院感科—科室的三级监控网络，未发生医疗废物遗撒、泄漏事件。医院感染率为0.75%。住院病人抗菌药使用率51.65%，同比下降3.28%；门诊抗生素使用率11.62%，同比下降4.58%；Ⅰ类手术切口抗菌素使用率13.90%，同比下降15.47%。

（王 茜 路 盈）

【医保工作】 年内，医保出院5097人次，总费用2238万元，次均费用4390元。医保门诊15.5万人次，总费用5458万元，次均费用351元。实施“医保监控系统”监测各科室医生的医保指标情况。完成医保总额指标97.58%。

（王 茜 路 盈）

【护理工作】 年内，有护士171人、注册护士168人、合同护士125人，医护比例1:0.8。护理不良事件上报率100%，整改率100%。安排护理人员外出学习103人次，投入资金32570.4元。选送5名人员，分别到北京大学妇儿医院、北京市妇产医院、美国加州太平洋医疗中心研修。专科护士培训2名。院内护理继续教育项目20项。对全体护士长以“质量改善与品管圈运用”为主题培训及“新医改下护理管理实践与创新”理论培训。完善护理岗位说明书，设定岗位风险系数，确定岗位职责。实施责任护士床位责任制，护理弹性排班。增加抽血窗口，缩短患者等候时间。制定专科疾病理论考核模板、护理记录单书写模板、应急抢救演练模板、病情掌握模板。

（王 茜 路 盈）

【科研工作】 年内，新申请科研项目2项，中标课题1项。在研课题有首发专项课题1项、区级科研课题3项。发表论文15篇。

（王 茜 路 盈）

【医学教育】 年内，录取硕士研究生8名。安排医务人员外出学习198人次，投入资金322583.32元。2人参加学科带头人培训。4

人参加3年住院医师规范化培训。4人赴美国太平洋医疗中心脱产培训1个月。

（王　茜　路　盈）

【学术交流】 年内，内蒙古乌海市妇幼保健院考察团一行9人到院参观考察。中国香港工会联合会、澳门工联总会一行12人到院观摩及经验交流。河南省郑州卫校校领导到院考察，交流助产专业实习生实习管理事宜。派出11名业务骨干分到上海第一妇婴保健院、广州市妇女儿童医疗中心、甘肃省妇幼保健院参观考察。

（王　茜　路　盈）

朝阳区双桥医院

【概况】 朝阳区双桥医院是区卫生计生委直属二级合格综合医院。有职工324人，其中在编107人、合同制217人。卫生技术人员286人，其中正高级职称4人、副高级职称10人、中级职称66人、初级师127人、初级士79人。开设21个临床科室、6个医技科室、4个辅助科室。医疗设备总价值1734万元。年内，新购置医疗设备总价值2106万元。1月，成立朝阳区新农合血液透析中心。6月6日，增加诊疗科目康复科。9月10日，碎石室开诊。年内，推进实施OA协同办公系统、血液透析管理系统、病案电子化系统、病理管理系统等，完成OA系统中工资、考勤、高值耗材等模块和血液透析系统及其移动工作站等项目。

地址：双桥东路

电话：85390910

邮编：100121

网址：http://www.bjsqyy.com.cn/

邮箱：sqyy222@sina.com

（张冬梅　张　程）

【改革与管理】 年内，确立医院“一体两翼”整体发展方向。运行全市首家新农合血液净化中心，完成6000余人次血液透析，其中新农合血液透析患者16人，覆盖周边6个乡。成为中国肢协“重塑未来”慈善公益活动爱心救助医院，救治31名肢残患者。加入区南部医联体，与黑庄户社区卫生服务中心组团式发展10年。探索医养结合，与黑庄户乡政府养老院和椿萱茂养老院合作，通过黑庄户社区卫生服务中心为老人提供先挂号、先治疗、先住院“三优先”服务及医联体绿色通道服务。

（张冬梅　张　程）

【医疗工作】 年内，修订病历管理制度，完善病案首页书写要求。总诊疗503310人次，其中门诊455806人次、急诊47504人次，急诊危重症抢救1176人次，抢救成功率为100%。医院编制床位236张，实有床位204张。出院5664人次，床位周转次数27.76，床位使用率为79.5%，平均住院日10.33天，低风险死亡率为0.27%。住院手术2238例。剖宫产率为32.71%，孕产妇死亡率零，新生儿死亡率零，围产儿死亡率零。有6个科室实施临床路径管理，病种数量31个。入径病例数1347例，入径率为97.04%，完成率为98.86%。开放现场预约、电话预约、114挂号平台等预约方式，预约挂号人次占门诊比例31.08%。新开展血液透析、TCT、冠脉CTA、肌电图、脑电图、眼震电图、骨密度等项目。健全医院感染管理制度，制定标准操作流程，培训院感规范，将院感考核结果纳入医院绩效考核，医院感染发生率为0.34%。成立抗菌药物使用及管理领导小组，制定抗菌药物专项整治方案，落实分级管理，细化指标到科室，纳入绩效考核，共使用抗菌药物27种33个品规，门诊抗菌药物使用率为12%，急诊抗菌药物使用率为40%，住院抗菌药物使用率为52%。

（张冬梅　张　程）

【公共卫生】 年内，对1212名60岁以上老人、113名老干部、135名城管管理人员开展健康管理。完成两癌筛查 129例，长效避孕体检550人，流动人口体检155人。完成4个乡计划生育的绝经期妇女取环等工作。

（张冬梅　张　程）

【医保工作】 年内，医保出院2452人次，总费用2915.26万元，次均费用11889.32元。

（张冬梅　张　程）

【护理工作】 年内，有护士129人、注册护士129人，其中合同护士98人，医护比例1:1.15。开展护理人员分级管理。规范不良事件管理，上报率为100%，整改率为100%。开展护理急救技能考核及演练。全院全部开展优质护理示范病房。

（张冬梅　张　程）

【科研工作】 年内，申报5个科研课题，中标1个。在研课题1个，结题2个。发表科技论文8篇。

（张冬梅　张　程）

【医学教育】 年内，新录取研究生3人，到外院进修6人，住院医师规范化培训2人，区县级骨干医师培训3人，出国短期学习1人。

（张冬梅　张　程）

【对口支援】 年内，选派31名医务人员及医院管理人员对怀柔区喇叭沟门乡卫生院对口支援55天，义诊526人次，协助其开展新项目1项。派出1名骨科医生援疆。派出2人次医务人员对内蒙古丰镇市中蒙医院对口支援，内蒙古丰镇市中蒙医院到院短期学习2批10人次。8名内蒙古民族大学附属医院人员到院学习5天。

（张冬梅　张　程）

食品药品监管

【概况】 朝阳区食品药品监督管理局（简称区食品药品监管局）实行双重管理体制。局领导实行双重管理，以市食药监局党组管理为主，区党委协助管理。主要负责实施食品行政许可和监督管理，药品零售经营许可、保健食品经营许可、医疗器械经营许可、药品经营质量管理规范认证，食品药品监督的稽查制度，查处违法行为，食品药品安全事故应急体系建设、应急处置和调查处理，食品药品检验检测体系、电子监管追溯体系、诚信体系建设等工作。局机关内设12个职能科室，编制51名。下设朝阳区食品药品稽查大队、2个事业单位以及43个街道（地区）食品药品监督管理所。全局实有干部职工244人、食品药品监察员149人。年内，按照“完善体系、实现共治，严格执法、确保安全，便捷准入、优化服务，营造环境、促进发展”总体思路，通过食药所片区联动执法、应急值守全局集中、大型活动保障专人盯守等管理模式，强化食品药品监管，查办“萨拉伯尔”等大案要案，辖区食品药品市场安全稳定，完成年度各项任务。区食品药品监管局被市食品药品监督管理局评为2014年度先进局，被市食品药品监督管理局授予“岗位大练兵，专业大比武”突发事件应急处置专业先进团体称号、执法办案专业先进团体称号、法律法规知识专业先进团体称号。
地址：管庄乡1号
电话：65776115
邮编：100024
邮箱：bjcysyj@163.com

（肖 洁）

【食品安全宣传周活动】 6月10日至22日，开展以“尚德守法 提升食品安全治理能力”为主题的食品安全宣传周活动。活动以食品安全宣传进社区、进学校、进工地、进农村为主要形式，宣传食品安全相关知识。区食品生产经营及从业者参加活动。

（肖 洁）

【警务工作室成立】 7月2日，市公安局朝阳分局驻朝阳区食品药品监督管理局警务工作室成立。警务工作室是非正式组织，是联合执法场所，没有固定编制，没有隶属关系。旨在以更好地落实行政执法与刑事司法衔接工作，提升对“四品一械”（食品、药品、化妆品、保健食品、医疗器械）违法犯罪打击力度，推动食药、公安部门联合打击食品药品违法犯罪工作的规范化、制度化。警务工作室主要职责为及时介入食品药品重大案件、敏感案件前期侦破工作，对重要人证、物证进行现场固定；及时做好食品药品涉刑案件移送工作；协助食品药品监管部门开展联合执法、重大专项整治、应急事件处置；协助解决食品药品日常执法遭遇妨碍公务有关事件等；协调食品药品有关部门快速完成公安机关提请开展的食品药品检验、鉴定、认定等工作；组织公安、食品药品监管部门基层执法人员进行案件查办等工作交流；收集、筛查、通报相关案件线索，拓宽信息渠道，实现资源共享。

（肖 洁）

【食物中毒应急演练】 9月16日，区食品药品监管局承办的食物中毒事故应急演练在21世纪剧场举办。演练以舞台剧形式反映食物中毒事件应急处置程序。国家食品药品监督管理总局应急管理司司长郭晓光，市食品药品安全委员会办公室副主任、市食品药品监管局副局长张风平，区食品药品安全委员会副主任苑文新等观摩演练。

（肖 洁）

【执法办案】 年内，查处位于燕莎的萨拉伯尔餐厅经营超保质期食品案。没收超过保质期牛肉近1700公斤，没收违法所得75万余元，罚款916万余元。全年立案2185件，结案2076件，罚没款1560.09万元，立案数、立案率、罚没款数均为全市第一。

（肖 洁）

【搭建三级应急指挥平台】 年内，由区食品药品稽查大队为应急办公室牵头单位，在全市食品药品监管系统搭建区局、应急办、应急组三级指挥平台，形成业务科把关，局领导、科室所队联动，全员大轮班应急网络。全年处置21起疑似食物中毒举报。

（肖 洁）

【投诉举报处理】 年内，完善投诉举报处理流程为受理、办理、反馈、回复四个环节工作。5月8日，对全局各科室和43个街道（地区）食品药品监督管理所进行投诉举报处理流程和时限培训。全年受理投诉举报9063件，占全市举报总量21.6%，全部按时限办结，办结数和办结率均为全市第一。

（肖 洁）

【食品安全监管体系项目开发完成】 年内，完成《朝阳区食品安全监管体系构建及关键技术研究与应用》项目开发，此项目旨在提高食品安全风险预警能力。

（肖 洁）

【APEC峰会保障】 年内，通过“一部、五组、六片区”（“一部”是一个指挥部，由局党组书记刘立新任总指挥；“五组”是行政应急值守体系组、综合协调组、核心区安全保障组、城市安全运行组、运行调度应急指挥组，分别由一名党组成员任组长，其中行政应急值守体系组和运行调度应急指挥组与市局行政指挥中心、应急指挥中心进行对接；“六片区”是将辖区43个食药所按区域分成6个片，建立食药所之间的联合执法体系）保障体系，保障APEC高官会、双部长会、水立方国宴食品安全。期间，核心保障点位43名人员日夜监守，保障用餐人数51479人次，外围保障点位片区联动，科所协作，完成APEC峰会期间食品药品安全保障任务。

（肖 洁）

【技术监督】 年内，完成食品抽检7914件，合格率98.3%；食品快检33056件，合格率99.91%；药品抽检899件，合格率99.67%；保健食品抽检30件，合格率93.33%；化妆品抽检45件，合格率100%；医疗器械抽检46件，合格率100%。

（肖 洁）

【致生产经营者的一封信制发】 年内，制发4万份《致朝阳区食品药品生产经营者的一封信》。按照食品生产加工企业、流通领域食品经营单位、流通领域市场主办单位、餐饮服务单位、药品经营单位分类提示生产经营行为规范。

（肖 洁）

【食品安全整治】 年内，开展食品安全整治47项。其中在食品流通领域开展农村地区专项整治、夏季食品安全专项整治、儿童食品及校园周边食品经营主体专项整治、朝阳区报刊亭整治等15项专项检查；在食品生产领域开展对复配添加剂获证生产企业，使用可可粉企业，白酒生产企业，饺子、烤鱼片生产企业等17项专项检查；在餐饮服务领域开展对学校食堂、打工子弟学校食堂、工地食堂、集体用餐配送单位、餐饮具清洗消毒服务单位等15项专项检查。

（肖 洁）

【药品零售企业分级分类推进】 年内，完成300家药品零售企业定级定类摸底工作。完成565家企业新版GSP认证检查。

（肖 洁）

【医疗器械“五整治”专项行动】 年内，组织医疗器械开展“五整治”（整治虚假注册申报行为、整治违规生产行为、整治非法经营行为、整治夸大宣传行为、整治使用无证产品行为）专项行动。完成810家医疗器械经营企业和339家医疗机构日常监督，注销102家医疗器械经营企业，完成7家无菌、植入医疗器械生产企业质量认证。

（肖 洁）

【药品生产企业风险监管】 年内，完成辖区9家药品生产企业GMP跟踪检查，首次完成8家药物临床试验机构54项临床专业GCP监督工作。制定《朝阳区突发/紧急药品不良事件处理工作规范》。完成生产环节药品抽验55批次，药包材抽验23批次，合格率100%。

（肖 洁）

【新版GSP认证】 年内，通过召开监管工作会，门户网站公示政策及短信平台和监管群发布消息等方式提醒企业按时申报新版GSP认证。受理认证及附录申请565家。

（肖 洁）

【许可受理】 年内，办理各类行政许可11721户。其中受理食品流通许可4922户，食品流通外网申请审核1200户次，餐饮服务许可3454户，药品经营许可1309件，医疗器械经营许可1792件，医疗器械生产经营许可57件，保健食品经营许可1054件，食品生产加工委托备案236户。

（肖 洁）

【编发《执法督导专刊》】 年内，编发《执法督导专刊》28期，从监管、许可、举报、文书4个方面，在规范行政执法行为、制定执法规则、把握执法行为方向、传递最新行政执法政策信息、提出规范性指导意见、解读规范性条规和文件、答疑解惑、分析趋势性和典型性执法点等方面，为执法队伍提供业务指导。

（肖　洁）

【食品药品安全监督员职能发挥】 年内，为全区43个街道（地区）758名食品药品安全监督员制作《食品药品安全监督员工作证》，并配发《食品药品安全监督员工作手册》；出台《朝阳区食品药品安全监督员管理办法》，为街道（地区）监督员工作搭建平台。

（肖　洁）

【食品安全公示栏发放】 年内，为各大商超、便利店、食杂店、市场内发放流通领域食品安全公示栏。公示栏选蓝色为主色调，内容包括标题、企业食品流通许可证、食品安全管理人员照片及证件、流通企业食品安全承诺书、每周下架信息、消费提示、市局及投诉举报电话。

（肖　洁）

【餐饮企业信息公示栏授发】 年内，对全区1万余家餐饮服务单位授发餐饮企业信息公示栏。内容主要包括区餐饮服务单位食品安全承诺书，食品餐、饮具消毒制度，“五病”（痢疾、伤寒、病毒性肝炎等消化道传染病，活动性结核、化脓性或者渗出性皮肤病等有碍食品安全的疾病）调离制度，举报电话，并留出专门空间以供张贴餐饮服务许可证、公示健康证及餐饮企业量化分级标识。

（肖　洁）

【食品生产企业信息公示栏发放】 年内，统一制作印有食品药品监管标识及监管人员姓名、监管服务电话的彩色标牌，发放至区93家食品生产企业，并要求企业粘贴在信息公示栏右上角。

（肖　洁）

【快检设备配发】 年内，为43个街道（地区）食品药品监管所各配备1台数字化食品安全快速检测系统、1台便携式食品安全干式分析仪、1台ATP荧光检测仪、3套药品快速筛查检测试剂箱及配套试剂，用于对食品、药品和保健食品进行快速筛查检测。

（肖　洁）

【基层食品检测室建成】 年内，15个街道（地区）食品药品监督管理所建立食品安全快速检测检测室。检测室通风良好，房间使用面积基本在15平方米以上，有上下水、空调、无线或有线网络、220V市电插座等基本硬件设施；配有长不小于1.5米、宽不小于0.6米的固定操作台面或操作桌，用于储存样品的货架及具有冷藏、冷冻功能的冰箱。

（肖　洁）

【食品生产加工小作坊监管】 年内，组织召开食品生产加工小作坊准许条件及程序规定相关问题研讨会。明确监管思路为对小作坊的监管必须顺应专业化食品安全监管大形势，实施严格准入制度；规范食品生产加工作坊准入审查工作；以百姓日常生活必需品为主要内容，突出保护传统特色食品，尤其是长期受到广大消费者赞誉的食品，严格制定首批食品生产加工作坊食品生产目录；严格依法行政，切实维护小作坊正常的食品生产加工秩序，保障食品质量安全。

（肖　洁）

【企业自检体系建设】 年内，收集整理辖区32家食品企业自检室日常运行中存在问题，经征询企业意见建议，并给予企业自检室业务指导。10月14日，组织相关部门、企业自检室负责人、自检人员50余人，研讨区自检体系建设有关问题。

（肖　洁）

【构建食品流通市场安全诚信体系】 年内，通过5项举措构建食品流通市场食品安全诚信体系，包括建立食品流通市场食品安全三级培训机制、签订食品安全责任书和进行食品安全行政提示、成立市场食品流通食品安全专业委员会、组建有形市场专职食品安全管理员队伍、召开市场食品流通安全约见会。

（肖　洁）

【无证处置常态机制建立】 年内，制定《2014年朝阳区食品药品监督管理局治理无证餐饮服务经营行为工作方案》。建立无证处置挂销账制度。完成《朝阳区无证餐饮单位经营状况分析》报告。

（肖　洁）

【大型活动保障】 年内，采用大型活动保障专人盯守管理模式，完成APEC、中网等大型活动食品药品安全保障任务28件。其中市食品药品监督管理局转办保障任务16次，区转办保障任务12次。

（肖　洁）

社会生活

民　　政

【概况】 朝阳区民政局是负责全区民政事业管理工作的区政府职能部门，主要负责养老服务、低保救助、社会组织、婚登收养、民生工作、双拥共建、优待抚恤、接收安置、救助管理、征地超转、社区服务、基层政权、行政区划、慈善捐赠、见义勇为、殡葬服务、孤残保障、福彩发行等民政事业发展的监督管理、服务保障和组织协调工作。内设行政科室13个，事业单位33个。年内，推进北京市养老服务社会化示范区、全国养老服务业综合改革试点区建设。在社会福利中心增挂“朝阳区儿童福利院”的牌子。办理结婚登记24949对，办理离婚登记9383对，补发婚姻登记5065对，收养登记14件，出具证明17431份，查阅档案6776份。

地址：磨房南里甲19号

电话：67315765

邮编：100021

（白　媛）

【农村基层政权建设调研】 1月6日至16日，在全区19个乡154个村开展以推进农村基层民主政治建设为目标的基层民主日活动，进行城乡基层政权建设情况调研活动，形成《农村基层政权建设调研报告》。

（白　媛）

【养老服务】 年内，新增养老机构5家，建成街乡养老照料中心22家、养老管理服务中心（站）8家，培育新增养老服务商近200家。全区有养老机构46家、床位1.62万张，养老管理服务中心70家，日间照料托老所485个（其中规范化102个），养老服务项目6大类110项，养老服务商1200家，基本实现社区（村）全覆盖。

（白　媛）

【温暖行动】 年内，在全区牵头组织开展2014年“两节”送温暖活动，慰问困难群体9.22万人，慰问资金总额3022.89万元。

（白　媛）

【城乡低保】 年内，成立“朝阳区居民经济状况核对中心”；出台《朝阳区城乡特困人员医疗救助制度实施办法》，提高报销比例，救助力度加大；开展社会救助专项整治，核查8534户15407人，撤销448户低保待遇。全年共发放低保救助金10982.31万元；审批医疗救助7149人次，发放医疗救助资金935.69万元；审批低保、低收入及边缘困难家庭临时救助3387户7153人次，发放救助金769.67万元；7637户13756人低保对象、251户低收入群体的基本生活得到全面保障。

（白　媛）

【慈善捐赠】 年内，通过开展主题捐助、灾害捐助、日常捐助等活动，接收社会捐款186万余元、捐物12.12万余件，捐赠款物去向、使用等情况均按规定向社会公示；救助困难群体27958人次。

（白　媛）

【救助管理】 年内，采取专项救助、集中救助和日常救助相结合的方式，加强流浪乞讨人员救助管理，开展集中救助37次，救助各类求助人员1239人，并对其中41名老弱病残和重症人员实施跨省护送返乡工作。

（白　媛）

【福利企业】 年内，发放扶持资金698.69万元，主要用于福利企业社会保险补贴、残疾人就业岗位补贴、超比例安置残疾人就业奖励、“残疾人职工之家”补贴等；对福利企业管理系统进行开发升级，为福利企业提供一个公平、公正、公开、透明的服务平台。截至年底，全区有福利企业31家，安排残疾职工就业528人。

（白　媛）

【福利彩票】 年内，销售福利彩票7.46亿元，其中电脑彩票6.17亿元、即开票1.29亿元。彩票销售收入全部纳入北京市福彩中心进行统一归集与分配。

（白　媛）

【地退超转】 年内，接收征地超转人员7113人，支出资金5.10亿元；征地超转人员全部纳入医疗保障体系，实现持卡就医。截至年底，区内共有地退人员1065人，核发地退人员退休工资5473.37万元。

（白　媛）

【孤儿保障】 年内，专题研究成立朝阳区儿童福利院的政策依据、人员编制、经费保障、设施建设等问题。经区政府同意，在社会福利中心增挂“朝阳区儿童福利院”的牌子，并启动装修改造工程。年底，全区在院孤儿87名、社会散居孤儿33名。

（白　媛）

【双拥共建】 年内，支持驻区部队基础设施建设、困难官兵帮扶，通过部门协同、社会参与等方式，安置随军家属70人，帮扶随军子女入学74名，扶助困难官兵3440人。朝阳区双拥共建牵头驻区部队现为武警北京总队，全区驻区团（含）以上部队37个。

（白　媛）

【优抚安置】 年内，推进优抚信息化建设，落实各类优抚资金7277.87万元；9月30日，在日坛公园马骏烈士墓举办第一次朝阳区烈士纪念日公祭活动；累计接收退役士兵和转业士官562人，其中复工、复学216人，选择自主就业的240人，政府安置106人（含进藏兵28人）；免费开展技能培训，投入资金47.96万元，参加培训238人次，实现有参加培训意愿的退役士兵参训率100%。

（白　媛）

【军休服务】 年内，成立军休干部北苑活动中心，并启动军休服务社会化试点工作，引进“帮为”养老服务机构，为军休干部提供“菜单式”社会化养老服务；完成全国军休干部服务管理工作现场会保障任务；完成15个党总支和66个党支部的换届选举工作；新增军休所1个，接收安置军休干部265人、无军籍职工247人。

（白　媛）

【社会组织】　年内，新增登记社会组织35家、全区有登记社会团体196个、民办非企业单位614个，城乡备案社区社会组织2392个，全区各类社会组织3202个；制定《朝阳区社会组织直接登记管理办法》《朝阳区社会组织直接登记监督管理办法》，修订社会组织评估指标体系；成立枢纽型社会组织——朝阳区社会组织联合会，设立专委会8个，发展单位会员136家、个人会员280个，覆盖登记社会组织的近40%。

（白　媛）

【社区服务】　年内，在24个街道试点升级“96156”社区服务热线业务功能，为居民提供更方便、更专业、更贴心的社区服务；在全区逐步推开志愿服务记录制度，推广机场街道南平里社区“蓝丝带”时间银行和八里庄街道“一刻钟志愿服务圈”的工作模式，打造示范社区公益服务品牌。全年通过“96156”服务热线接收处理各类事项20521个，其中服务需求类7751个，咨询类12770个。

（白　媛）

【行政区划】　年内，重点开发《朝阳区行政区划地域信息管理系统》，完成“朝阳概况”“区划管理”“地域信息”和“辅助决策”4大模块中的前2个模块。在完善区划信息功能基础上，构建辖区内的区、乡（街道）、居（村）三级电子信息服务体系，对优抚安置服务、社会福利服务、社会救助服务等民政设施信息进行整合共享，有效推进行政区划、民政信息精细化管理。

（白　媛）

【殡葬服务】　年内，发放丧葬补贴人数2245人，发放金额1122.5万元；清明节期间，接待扫墓群众 165378人，机动车26509辆，同比增加24963人，增长率17.8%。

（白　媛）

【婚姻收养】　年内，办理结婚登记24949对、同比增长9.14%，办理离婚登记9383对、同比增长3.1%，补发婚姻登记5065对，收养登记14件，出具证明17431份，查阅档案6776份。

（白　媛）

【见义勇为】　年内，修订《关于加强见义勇为奖励和权益保护工作力度意见》，加强见义勇为宣传，走访慰问见义勇为人员使用资金31.96万元；新增见义勇为人员6名，转出3人；全区现有见义勇为人员145名。

（白　媛）

社会建设管理

【概况】　中共北京市朝阳区委社会工作委员会、北京市朝阳区社会建设工作办公室是负责朝阳区社会建设管理及街道工作的主管部门，下设办公室（研究室）、组宣科、党建工作科、纪检监察科、社区建设科、社会组织工作科、城市管理科、社会工作队伍建设科、财务科。全区下设24个街道办事处，有233个社区。年内，完成加强社会领域党建、保障和改善民生、深化社会服务管理、创新社会治理、培育社会组织、强化社会动员、优化社会发展环境、深入推进党风廉政建设等工作。朝阳区被民政部确认为“全国社区治理和服务创新实验区”和“全国和谐社区建设示范城区”，被中国社会工作协会社区工作委员会评为“全国城乡一体化幸福社区建设示范单位”和“全国社区服务型党组织建设示范城区”；朝阳区委社会工委获得由中国社会工作协会举办的“第二届全国社区社会建设自主创新百花奖”金奖。

地址：日坛北街33号

电话：65099333

邮编：100020

（杨　旭）

【领导调研】　1月2日，中共中央政治局委员、国务院副总理刘延东到双井街道调研卫生与计划生育工作。2月20日上午，市人大常委会主任杜德印到亚运村街道华严北里西社区代表工作室调研人大代表联系群众工作。2月21日，市老龄产业协会领导翟鸿祥等一行到双井街道恭和苑调研老年服务情况，区委书记程连元，区长吴桂英，副区长张立新陪同。实地查看苑内老年人康复室、电影院、舞蹈室等生活、娱乐设施配备情况后，在双井街道办事处召开座谈会。4月15日，国家卫生计生委规划与信息司司长侯岩带领全国各省市卫生厅主管厅长及信息化主管处长，到六里屯街道社区卫生服务中心调研卫生系统信息化建设情况。4月15日，市长王安顺、区长吴桂英等市、区领导到呼家楼街道化石营平房区，调研“城中村”问题。4月17日，副市长戴均良带领市编办、市残联、市社会办等部门领导一行到望京街道调研管理体制、创新社会管理工作。4月18日，市委组织部部长姜志刚到奥运村街道考察“红立方”党员服务中心、文化服务中心、奥运村地区博物馆，调研并指导党的群众路线教育实践活动开展情况。4月15日，市长王安顺、副市长张延昆一行到团结湖街道调研智慧型社会治理、城市精细化管理、智慧居家养老等工作。4月23日，市委政法委副书记、市维稳办主任闫满成到双井和平村拆迁区调研，主持召开专题会议，研究加快推进和平村拆迁工作，市高院副院长吴在存、副区长王春及市高院、市三中院、总参谋部及区属相关部门领导参会。5月12日，全国政协副主席、台盟中央主席林文漪一行，到建外街道永安里东社区调研社会服务管理等情况。5月13日，中央第二巡视组组长徐光春带领中央巡视组一行，到建外街道永安里东社区调研察看社会服务管理等情况。5月15日，中国老年事业发展基金会志愿者联盟主任陈萍到团结湖街道中路北社区调研指导为老服务工作。6月12日，常务副市长李士祥等市领导到北京市乐成国际学校幼儿园调研，察看儿童室内活动室、图书馆等设施，了解国际教育体系“儿童与空间的关系”对儿童的影响，并在校园内开展植树活动。8月19日，全国政协人口资源环境委员会副主任齐让、国务院参事葛志荣等全国政协科协界委员一行，到奥运村街道开展主题为“提升公民科学素质服务创新驱动发展”的专题调研，为编制十三五规划研提建议。8月26日，中央第二巡回督导组副组长王庭大一行到奥运村街道龙祥社区调研第二批党的群众路线教育实践活动开展情况，参观社区党员服务中心、文化服务中心及奥运村博物馆。8月27日至28日，共青团中央走进亚运村开展“走进基层、转变作风、改进工作”大宣传大调研活动。调研组走访并听取社区团委、企业团支部及文化中心青年汇工作汇报，了解地区团建工作体系、团组织分布情况、非公企业团建工作、青年汇等社会组织运行情况，与中华民族园团支部、隆盛泰团支部、环球电广团总支、商务楼宇共青团工作站、亚运村第二幼儿园团支部等6家团组织建立“一对一”结大对子的帮扶关系。10月22日，市司法局局长于泓源及市司法局各处室负责人一行，到大屯街道调研司法行政系统服务保障中共十八届四中全会及“APEC”会议工作情况。11月26日，民政部基层政权和社区建设司司长蒋昆生，市民政局副局长谢延智，区委社工委书记张永新等到香河园街道西坝河西里社区，调研信息化建设及社区自治工作；民进北京市委专职副主委毛桂芬率民进北京市委机关干部一行7人，到团结湖街道调研，听取街道基本情况、统战及社会治理创新建设工作汇报，实地考察街道智慧社区建设成果展示。12月22日，中央政法委副秘书长、中央综治委副主任、中央综治办主任陈训秋，中央综治办一室主任陈小军、副巡视员徐龙刚到小关街道调研，听取街道辖区社会治安综合治理工作汇报并实地考察。

（杨　旭）

【党的群众路线教育实践活动】 年内，组织社会领域186个机关党组织、1710个社区党组织、501个非公经济和社会组织的党组织开展教育实践活动。街道系统征集意见建议1.2万余条，制定整改措施1721项，解决群众“最后一公里”难题3747个。对52918名党员进行民主评议，好评率84.4%。把窗口岗位作风建设作为重点整治对象，出台《关于进一步规范街道系统行政服务和执法监管窗口单位工作意见》，开展5次覆盖全系统窗口岗位的明察暗访，下发“问题会诊单”72份，通报问题63个、处理涉事工作人员26人，“态度生冷硬、作风慵懒散”现象明显改观，群众满意度明显提升，《光明日报》专题报道酒仙桥“值班主任制”、潘家园服务大厅延伸服务等经验做法。

（杨　旭）

【区域化党建】 年内，强化工委统筹、部门联动、社会广泛参与的区域化党建工作机制，建立“组织全覆盖、管理精细化、服务全方位”的区域化党建工作体系。制定《加强基层服务型党组织建设的实施意见》，在基层党组织中开展“服务我先行”主题实践活动。对365个优秀服务队伍进行项目支持，形成左家庄三源里社区“三助”工作法等1600余个服务品牌。全区新成立非公党组织97个，街乡新建商务楼宇服务站14个。

（杨　旭）

【干部队伍和党风廉政建设】 年内，开展社区自治、城市管理等9项专题培训，1500余人次参训。加强效能监察，区级实事、折子工程全部完成。加强廉政宣传教育，拨付166万元支持东湖等街道新建10处廉政文化阵地。加大信访举报案件办理、查办力度，街道系统开展提醒谈话1172人次。

（杨　旭）

【朝阳区成为“全国社区治理和服务创新实验区”】 年内，民政部将朝阳区确认为“全国社区治理和服务创新实验区”，试验时间从2014年1月至2016年12月。主要围绕“加强共商共治、构建协作式社区”的主题，试验探索老旧小区、商品房小区、保障房小区三类社区治理服务问题的解决方案，形成社区分类治理的制度机制。

（杨　旭）

【全国社区治理和服务创新实验区创建】 年内，实施“小区家园计划”，深化社区居委会、小区自治管委会、楼委会三级自治平台建设，增强自我服务管理能力，353个小区实现家园化管理。成立民非机构——北京惠民社区发展中心，指导老旧小区开展自我服务管理，新建准物业小区56个，城区累计151个，实现基本覆盖，惠及居民9.5万余户。启动“社区营造计划”，在16个街乡的16个社区开展试点，由专业社工机构协助社区引导居民自我提出、自助解决社区服务管理问题。探索建立社区自治体系，系统梳理社区党委、社区居委会和社区服务站承担事务，在朝外、呼家楼等街道的6个社区探索社区减负增效。团结湖街道智慧型社会治理模式获评“全国创新社会治理典型案例”。

（杨　旭）

【社区工作者队伍建设】 年内，建立优秀社区书记巡讲机制，提升社区负责人抓班子、带队伍、做群众工作和社区建设工作的综合素质与能力。开展初任、岗位、继续教育、进修四类培训，完成基本功训练营、社区带头人研修班、万人培训课程等各类培训22期4300余人次。开展爱岗敬业模范社工“金蜜蜂”颁奖暨社区工作者才艺展示活动，举办第二届社区工作者基本功大赛，开展社工职业资格认证，全区持证社工1357人，同比增加3.2%。

（杨　旭）

【区首届爱岗敬业模范社工评选活动】 年内，全区43个街乡400余个社区、历时8个月，评选出10名第一届爱岗敬业模范社工“金蜜蜂”奖获得者。推选出90名“银蜜蜂”奖、387名“小蜜蜂”奖。

（杨　旭）

【政府购买社会组织服务】 年内，统筹安排3633万元资金购买295个服务项目，购买服务项目和资金量连续3年全市第一，成为北京市首个获得中央财政资金支持的区县，并在区级资金配比上向农村系统倾斜。规范工作流程，建立审计部门、监察部门“双轨制”监督和对服务项目、服务组织的“双向”评估两项机制。8家社工事务所在垡头、常营、东坝等保障房地区开展“三社联动”，推动邻里互助、居家养老、社区融合等13类服务，双井街道“向阳花坊”心灵家园为地区失独家庭提供服务，将台地区开展的流动老人社区融入项目，以及困境儿童成长服务、保障房社区融合等集成项目受到普遍欢迎。

（杨　旭）

【社会组织服务管理体系】 年内，完善区级社会组织综合服务平台建设，以区域社会治理支撑和综合解决方案研发为核心，发挥组织培育、项目管理、资源对接、人才培养、三级联动等五个支撑功能，全年孵化社会组织12家，为458家社会组织近1000人次提供分类培训。加大基层社会组织服务平台建设力度，街乡建成24个社会组织服务基地、47处社区公益空间。完善区、街乡两级枢纽型社会组织体系建设，认定165个街乡级枢纽型社会组织，区总工会、区文联、区残联等枢纽型社会组织，发挥业务龙头和服务管理功能，开展大批公益行服务项目；团区委“阳光伙伴”行动有76家成员单位，建成“青年汇”90家，服务青少年9万余人次；区妇联联系全区400余家社会组织，开展农村老年妇女维权服务及流动妇女儿童社区（村）支持融入等项目；区司法局通过引入社会力量，在社区矫正和矛盾调处方面取得较好效果。

（杨　旭）

【社会动员工作体系建设】 年内，在8个街道和4个社区开展社会动员试点，建外街道发布公益征集令，引导企业参加慈善公益活动，八里庄街道探索建立志愿公益回馈机制，初步形成发动社会参与、发挥企业社会责任和推动居民自治等一体化动员新机制。全区注册社会志愿者35.23万人，在册社会爱心单位2605家，全年举办志愿服务活动13263场次，参与志愿者43.67万人次，服务居民56.75万人次。

（杨　旭）

【150个项目获市级社会建设专项购买】

年内，经过初审、专家评审、项目公示等阶段，全市有713个社会组织服务项目获得市级社会建设专项资金购买，朝阳区有150个项目获得购买，占全市21%，位列全市第一。150个服务项目共获得市级批复资金1358万元，覆盖朝阳区43个街乡，项目方向涉及社会公共服务、社会公益服务、社会便民服务、社会治理服务、社会建设决策咨询服务等五大类方向，涵盖扶老助残、志愿公益、特殊人群、人文关怀、社会建设等诸多方面，达到服务项目区域、群域基本覆盖。

（杨　旭）

【全模式社会服务管理体系建设】 年内，在9街3乡开展“自上而下”派遣案件和“自下而上”请办案件相结合运行模式试点，打通区—街乡、街乡—社区（村）案件循环渠道。奥运村、十八里店自我发现案件高于区级派发案件，初步形成街乡内案件循环流转机制。

（杨　旭）

【城市环境管理】 年内，围绕“APEC”环境建设和全国文明城区复检，开展春季卫生大扫除和夏季环境大整治专项行动。完成22个街道10大类“APEC”环境整治项目，粉饰楼体95.59万平方米，历时十年之久的和平一、二、三村及多年的环境秩序乱点六公主坟村拆迁完成，建成北辰东路、科学园南里东街等一批环境整治示范街。组织联合执法521次，更新、改移和粉饰报刊亭230个。完成154处8.3万平方米拆违挂账任务，拆除账外和新增违建165处4.7万平方米。为1007户居民替换1312吨优质燃煤，781户居民完成“煤改气”，清退城区低级次市场18个，创建74条“六无街巷”、432个“三无小区”和8个城市优美小区。

（杨　旭）

【社会安全稳定】 年内，开展群租房整治，治理群租3336户，劝退租住人员23850人。严格控制人口规模，城区调减流动人口74703人，超额完成26048人。全面深化基层平安建设，及时化解各类矛盾，群众安全感提升到历年最高点92.1%，社区可防性案件持续三年平均下降12.1%。

（杨　旭）

【政府购买社会组织服务项目征集】 3月31日，朝阳区2014年政府购买社会组织服务项目征集工作初步完成，共收到项目申请538项，其中街乡社区社会组织项目申请369项、社工机构及其他社会组织项目申请169项。

（杨　旭）

【政府购买社会组织服务项目招标评审】 4月8日，朝阳区举办2014年政府购买社会组织服务项目第三方评估机构招标评审会。此次评选工作是朝阳区首次通过公开招标的方式将社会组织服务项目的评估监测工作委托第三方评估机构，也是朝阳区创新区级社会组织服务项目评估监测管理的新模式。通过考察参评机构基本情况、现场方案展示情况以及专家打分等情况，最终以综合最优的方式选定北京恩派非营利组织发展中心和北京玖诚社会工作发展中心共同作为第三方评估机构开展服务项目评估监测工作。

（杨　旭）

【“城市精细化管理”专题培训班】 4月9日，区委社工委、区社会办、区委组织部和区委党校联合在区委党校举办2014年朝阳区街道系统城市精细化管理专题培训班，来自全区街道系统各城建城管主管主任、城建科长、社会办城管科主管主任及全体干部53人参加培训。

（杨　旭）

【第二届社区工作者基本功大赛】 4月11日，朝阳区举办第二届社区工作者基本功大赛决赛，来自全区各社区的8支代表队32名社区工作者参加。本届社工基本功大赛结合当前社区工作面临的热点难题，设置综合业务知识抢答、情景剧表演及辩论赛等环节；平房地区办事处代表队获得第一名。

（杨　旭）

【社区党组织书记培训班】 6月18日至26日，区委社会工委举办街道系统社区党组织书记培训班。针对新任社区党组织书记和老社区党组织书记的实际情况和不同需求，分别举办两期目标不同、培训内容不同、要求不同的培训班。为增加培训的针对性、应用性，培训采取专家讲座、座谈交流和专题研讨形式举办。社区党组织书记一致认为培训“很管用、很受用”。

（杨　旭）

【践行群众路线事迹报告会】 7月1日，区委社会工委在望京举办朝阳区社会领域基层党组织践行党的群众路线事迹报告会。市委社会工委委员、市社会办副主任陈建领，区委常委、宣传部部长、统战部部长谢莹以及社会领域党务工作者代表等300余人参加会议。会上，宣读对优秀服务项目进行资金支持的决定。区委社会工委对365个优秀服务品牌项目给予90万余元的资金支持。奥运村街道帮贫扶困志愿服务队、左家庄街道三源里社区北小里邻里服务社、劲松街道康辉共产党员车队等7支优秀服务品牌项目团队的代表做事迹报告。

（杨　旭）

【社区营造计划双选会】 9月10日，区社会办在朝阳区社会组织综合服务中心组织召开社区营造计划双选会。结合民政部社区治理和服务实验区工作，选择15个街乡的15个社区作为重点支持社区，采用政府购买社会组织服务方式，通过召开专业社工机构和街道（试点社区）双选会确定合作双方，由专业社工机构作为技术支撑帮助街乡推进社区营造计划落实。

（杨　旭）

【社区工作者初任培训开班】 9月22日，朝阳社区工作者初任培训班开班仪式在朝阳社区学院举行。2014年新招录的350名社区工作者，分2期在朝阳社区学院进行为期5天的初任培训，培训主要围绕朝阳区情、社会建设概况、公文写作、优秀案例宣讲等内容。

（杨　旭）

【党政群共商共治区级民主协商会】 9月29日，2014年党政群共商共治区级民主协商会议召开，区长吴桂英主持会议。会上，区委常委刘军胜介绍区级民主协商会议实事项目有关情况并宣布议事规则，8个区级层面实事项目经议事代表、社区代表、主责部门三方民主协商后，全部通过议事代表评价打分，区委书记程连元出席会议并讲话，市相关部门领导观摩会议。

（杨　旭）

【第三届社会志愿者风采巡礼活动】 12月30日，区委社会工委、区社会办举办“向志愿者致敬——朝阳区第三届社会志愿者风采巡礼”活动。区委宣传部、区文明办、团区委、街道代表、志愿者代表以及爱心单位代表600余人参加。截至年底，朝阳区注册社会志愿者人数35万余人，其中常态化活跃人数为8万余人，有15414名志愿者因累计服务时长超过100小时被授予星级。

（杨　旭）

【党政群共商共治工作指导意见出台】 年内，出台《朝阳区关于统筹推进党政群共商共治工作的指导意见（试行）》，完善区、街乡、社区（村）三级常态化的共商共治机制。全年召开议事协商会534次，18704名议事代表参与，协商议定实事1653项，其中社区层面1149项、街道层面459项、区级层面45项。项目完成率超过98%，受益群众逾百万人，群众满意率95%。通过区级部门联动，彻底解决了一批长期困扰百姓、基层无力解决的难题，如双井垂杨柳东里地区危电改造、望京四条断头路打通工程、和平街胜古南里2–12号楼雨污合流管道改造等项目。党政群共商共治被民政部评为“中国社区治理十大创新成果”,《人民日报》头版头条、中央电视台新闻联播等主流媒体进行重点宣传。

（杨 旭）

【社区服务体系建设】 年内，围绕城乡一体化社区服务体系建设，实施“一刻钟社区服务圈拓展计划”，深化75个星级服务圈、特色服务圈建设，香河园“爱循环”志愿服务回馈项目、机场“帮帮忙”服务社和平房“爱的N次方”等一批便民服务项目展开。提升社区服务信息化水平，24个街道社区服务管理平台全部上线运行，233个城市社区实现数据联通，基本实现社区公共服务一网查询、一线联通、一口受理和一站办理，累计服务群众9200余人次。建成大屯、高碑店等一批邻里之家，完成黑庄户乡等53个村级社区服务站建设。新建20个“市级社区规范化示范点”，创建53个“六型社区”和57个“智慧社区”。

（杨 旭）

【志愿服务】 年内，开展区级志愿服务7场，发动分中心开展街道级主题志愿服务活动1153场。其中发动党员志愿者参与的有150多场，参与志愿者人数5076人次，受益人数93573人次。

（杨 旭）

居 民 生 活

【概况】 年内，朝阳区统计局按照《住户收支与生活状况调查方案》，实行一体化住户调查制度，对以抽样方式选取的辖区城市住户和农村住户开展调查，调查主要内容包括家庭基本情况、家庭收入支出情况、生活能源消费等。落实住户收支与生活状况调查手持电子终端设备（PDA）配套管理办法，调查小区电子记账率100%。调查资料显示，辖区居民收入稳步增长，消费增长有所提升。

地址：日坛北街33号区政府北院南楼四层

电话：65094641

邮编：100020

网址：http://www.chystats.gov.cn

（李海林）

【居民收入】 年内，城镇居民人均可支配收入44646元，比上年增加3611元，同比增长8.8%；在居民家庭总收入（51532元）的四项构成中，人均工资性收入32160元，占人均家庭总收入的62.4%；人均经营净收入1612元，占人均家庭总收入的3.1%；人均财产性收入794元，占人均家庭总收入的1.6%；人均转移性收入16966元，占人均家庭总收入的32.9%。农村居民人均纯收入26808元，同比增长9.8%；在收入的四项构成中，人均工资性收入14780元，占人均纯收入的55.1%；人均家庭经营收入572元，占人均纯收入的2.2%；人均财产性收入6087元，占人均纯收入的22.7%；人均转移性收入5369元，占人均纯收入的20.0%。

（邢 颍）

【居民消费支出】 年内，城镇居民人均消费性支出30467元，比上年增加2152元，同比增长7.6%。其中食品类支出9316元，占人均消费性支出的30.6%；衣着类支出3170元，占10.4%；居住类支出1965元，占6.5%；家庭设备用品及服务支出2662元，占8.7%；医疗保健支出1768元，占5.8%；交通和通信支出4900元，占16.1%；教育文化娱乐服务支出4635元，占15.2%；其他商品和服务类支出2051元，占6.7%。农村居民人均生活消费支出20313元，比上年增加1720元，同比增长9.3%。其中食品支出6999元，占人均消费性支出的34.5%；衣着支出1667元，占8.2%；居住支出3503元，占17.2%；家庭设备用品支出1446元，占7.1%；医疗保健支出1599元，占6.8%；交通和通讯支出1902元，占9.4%；文化教育娱乐支出2458元，占12.1%；其他商品和服务支出739元，占3.6%。

（邢 颍）

【耐用消费品情况】 年内，每百户城镇居民家庭耐用消费品拥有量：摩托车2辆，助力车11辆，家用汽车45辆，洗衣机99台，电冰箱101台，彩色电视机138台，家用电脑110台，组合音响13套，摄像机31台，照相机90架，其他中高档乐器11件，微波炉92台，空调器174台，淋浴热水器93台，消毒碗柜8台，洗碗机2台，健身器材15套，固定电话93部，移动电话210部。每百户农村居民家庭耐用消费品拥有量：家用汽车50辆，洗衣机99台，电冰箱105台，抽油烟机77台，彩色电视机145台，家用电脑96台，照相机46架，微波炉69台，空调机159台，热水器94台，固定电话机97部，移动电话253部。

（邢 颍）

消 费 保 护

【概况】 朝阳区消费者协会（简称区消协）是依法保护消费者权益的社会团体。会长由工商朝阳分局副局长兼任，设常务副会长、秘书长、副秘书长各1人。下设15个基层分会和21个维护消费者合法权益监督站，指导和开展消费维权工作。

地址：霄云路霄云里1号

电话：51069009

邮编：100125

网址：http://www.hd315.gov.cn

（王 跃）

【水费、公交地铁调价听证会】 4月18日和10月28日，区消协选出代表参加市发改委召开的居民水价调价听证会和公交、地铁调价听证会。

（王 跃）

【人民调解委员会首例调解成功案例】 10月9日，区消费纠纷人民调解委员会成功调解了消费者马某的投诉。消费者马某与经营者签订房屋装修合同，付款3.7万元。入住半年后发现轻体砖墙面开裂与空洞，修复半年后虽未开裂，但仍显空洞。另阳台窗下部位墙面漆开裂、卷曲。经区人民调解委员会调解：经营者给予返工修复；对于阳台窗下部位墙下部位漆开裂、卷曲问题，因安窗工程是消费者委托另家公司负责所致，故经协商经营者同意一并给予修复，由人民调解委员会监督执行。此为成立调解委员会后首例调解成功的消费者投诉。

（王　跃）

【和解投诉】 年内，消协各成员单位和解自接消费者投诉15367件；和解工商部门通过网上工作平台转办投诉3023件，占工商部门接收投诉总量的18.78%，自行和解率98.36%。通过品牌规范化建设，成员单位自我消化消费纠纷能力和质量显著提升，消费维权效能进一步提升。

（王　跃）

人口和计划生育

【概况】 朝阳区人口和计划生育委员会（简称区人口计生委）是负责全区人口和计划生育工作的政府组成部门。内设科室5个、下设事业单位2个。主要职责是贯彻落实国家和北京市人口计生委的方针、政策和法律、法规、规章，完成北京市人口计生委下达的各项人口和计划生育工作指标，稳定低生育水平，制定朝阳区的人口发展规划，加强区域人口问题研究并提出意见、建议。至年末，全区常住人口392.2万人，比上年增加8.1万人，同比增长2.11%；全区户籍人口为204.2万人，比上年末增加3万人，同比增长1.49%，育龄妇女50.05万人；全年户籍人口出生23912人，符合政策生育率97.27%，出生率11.79‰，出生性别比为108.4，死亡人口10602人，死亡率5.23‰，人口自然增长13310人，自然增长率6.56‰。年内，双井向阳花坊被国家卫计委评为“2013—2014年度全国卫生计生群众满意机构”；金盏乡皮村计生专职干部李存珍被评为“2013-2014年度全国优秀卫生计生工作者”。

地址：日坛北街33号

电话：65094604

邮编：100020

邮箱：chaoyang@bgfc.gov.com

（马金玲）

【副总理慰问基层计划生育工作者】 1月2日，中共中央政治局委员、国务院副总理刘延东在国家卫计委、北京市和朝阳区领导的陪同下，到朝阳区计划生育生殖健康技术服务中心视察，看望慰问基层计划生育工作者并致以新年祝福。刘延东肯定40年来计划生育工作取得的成就，强调要认真贯彻落实党的十八届三中全会精神和全国人大常委会关于调整完善生育政策的决议，坚持计划生育基本国策，深入细致地做好生育政策调整各项工作。

（马金玲）

【“单独二孩”政策培训会】 2月25日，召开朝阳区“单独二孩”政策培训会。对北京新实施的“单独二孩”政策所覆盖的对象范围、程序要求和相关政策衔接等内容进行详细讲解，并要求各街乡加强服务接待和政策宣传，做好各项工作预案，及时应对政策实施过程中的突发事件。全区43个街乡计生办主任参加培训。

（马金玲）

【生育关怀】 中秋节前夕，区计生协联手区慈善协会开展“送月饼暖空巢”生育关怀活动。通过邮局速递的方式，慰问全区1094户计生空巢家庭，共投入资金13.57万元，同时精心设计祝福卡片放在每份月饼礼盒中，祝愿老人们身体健康，晚年幸福。

（马金玲）

【区卫计委成立】 12月23日，区卫生和计划生育委员会正式成立。区委常委、宣传部部长、统战部部长谢莹，区委常委、组织部部长张革出席成立大会和揭牌仪式。根据国务院和市政府的总体部署，自2013年3月开始，各级卫生行政部门和计生部门相继进行机构整合，根据北京市机构编制委员会《关于组建区县卫生和计划生育委员会的实施意见》（京编委〔2014〕44号）要求，经区委、区政府、区编委会研究同意，决定组建北京市朝阳区卫生和计划生育委员会。将区卫生局的职责、区人口计生委的计划生育管理和服务职责进行整合，组建北京市朝阳区卫生和计划生育委员会（简称区卫生计生委），为区政府工作部门，机构级别为正处级。不再保留区卫生局、区人口计生委。

（马金玲）

【人口调控】 年内，组织相关部门总结2013年度人口调控情况，在此基础上，与区流管办、区农委、区社会办、区房管局、区民防局等部门对接，分解2014年人口调控指标。经区政府常务会、区委常委会审议后，通过《朝阳区2014年人口调控工作方案》，将2014年人口调控任务指标纳入全区经济工作责任书，并分解到街乡。

（马金玲）

【单独家庭夫妇信息核实】 年内，开展“单独家庭夫妇信息核实”工作，全区街乡、社区（村）计生专干对户籍18周岁至49周岁51.38万人的婚姻、生育及是否独生子女信息进行核实。

（马金玲）

【机构调整】 年内，根据市编委《关于组建区县卫生和计划生育委员会的实施意见》（京编委〔2014〕44号）精神，经区机构编制委员会研究，同意将原区人口计生委承担的研究拟订人口发展规划，综合协调人口管理等工作职责划入区发展改革委员会，同时按照“人随事走，编随人转”的原则，计生委研究室的3名行政编制调整至区发展改革委员会，人员于11月正式调入发改委工作。

（马金玲）

【安康保险】 年内，安康保险投保额100.2万元，全区共有6620户低保和失独家庭、伤残特扶家庭符合政府出资条件，超额完成区政府下达的为民办实事项目中5000户家庭的任务。截至年底，朝阳区安康计划理赔服务工作站为14个，服务范围进一步拓展。

（马金玲）

【依法行政】 年内，办理《北京市生育服务证》20195个，《独生子女父母光荣证》7913个。全年发放独生子女父母一次性奖励、一次性经济帮助金等奖励、扶助金5588.87万元。惠及群众6万余人。全年行政诉讼2件，1件予以维持，1件正在审理中。

（马金玲）

【免费健康体检】 年内，为1023对待孕夫妇进行免费孕前优生健康体检，为5048名流动已婚育龄妇女进行免费生殖健康体检，为846名村居专干、流动人口协管员进行免费健康体检。完成“生育后期关爱行动”体检1616人、更年期取环322例；农村长效避孕措施免费体检8000人；实施免费计划生育手术2020例。

（马金玲）

【人口文化宣传】 年内，在将台、高碑店、八里庄新建人口文化园、宣传长廊4处。举办“朝阳区婚育新风进万家，走进郎辛庄村文艺晚会”，开展第二届“幸福家庭”主题DV作品大赛，创作人口计生题材话剧等。

（马金玲）

老龄工作

【概况】 朝阳区人民政府老龄工作办公室（简称老龄办），是朝阳区政府老龄工作职能部门，负责推动朝阳区老龄事业发展和老龄事务管理工作，同时承担朝阳区老龄工作委员会办公室职责。老龄办是区政府直属全民所有制事业单位，机构规格相当正处级，内设综合科、宣传调研科、养老服务科。年内，结合区委、区政府总体部署要求，落实《北京市朝阳区“十二五”时期老龄事业发展规划》，弘扬中华民族孝老文化，保障和改善老年民生，免费为235名95周岁及以上老年人办理城镇居民基本医疗保险、48名95周岁及以上老年人办理新型农村合作医疗保险；为6万人次 90—99岁老年人、764人次百岁及以上老年人发放高龄津贴；为46366名65周岁及以上老年人办理优待卡；为14125名60周岁及以上老年人办理优待证。

地址：日坛北街33号

电话：65094460

邮编：100020

邮箱：cyllb4470@126.com

（王海霞）

【领导调研】 1月21日，市老龄办常务副主任、市老龄协会会长李建国带队到朝阳区调研居家养老照料中心建设工作，副区长张立新、区民政局和区老龄办相关人员参加调研。2月21日，市老龄产业协会会长翟鸿祥带队到朝阳区调研养老服务工作，区委书记程连元、区长吴桂英、副区长张立新等陪同调研。

（王海霞）

【温暖行动在朝阳】 春节前夕，区老龄办开展“两节”走访慰问工作，依托街乡慰问全区百岁老人，集中开展第九届“温暖行动在朝阳”——“真情关爱老人”活动，对2100名70岁及以上低保边缘生活困难老人以每人(户)500元标准实施一次性救助，投入资金105万元。

（王海霞）

【区老年志愿者培训基地成立】 3月5日，在区社区学院举办中国老龄事业发展基金会——北京市朝阳区敬老志愿服务分部暨朝阳区老年志愿者培训基地揭牌仪式，中国老龄事业发展基金会副会长傅双喜、北京市老龄协会纪委书记张克红、区文明办等相关部门领导以及老年志愿者代表共200余人参加活动，全国优秀共产党员、北京市“老有所为”典型、香河园地区老年志愿者叶如陵现场为老年志愿者授课。

（王海霞）

【老龄工作会】 3月6日，区老龄办会同区民政局，在区政府南楼十层会议室组织召开民政、老龄工作电视电话会议，区委副书记陈宏志出席会议，副区长张立新主持会议。区民政局、区老龄办分别总结2013年度工作、部署2014年度重点工作任务，陈宏志就下步工作落实提出具体要求。各街乡主管领导、主管科长在各分会场参加会议。3月20日，在区政府南楼518会议室组织召开区民生工作领导小组工作例会暨区老龄工作委员会工作会，副区长、区老龄委主任张立新主持会议，区老龄工作委员会成员单位主管领导参加会议。会上，区老龄办主任蔺红通报区老龄事业发展规划落实情况，提出2014年度老龄工作重点任务及落实要求，区委副书记、政法委书记陈宏志围绕做好老龄工作重要意义、老龄委各成员单位合力推进工作、老龄委办公室加强协调督导等方面提出要求。

（王海霞）

【党的群众路线教育实践活动】 年内，按照区委统一部署，区老龄办集中组织开展党的群众路线教育实践活动。3月，组织开展党员参观北京廉洁奥运主题文化园、党员干部和老年志愿者代表参观毛主席纪念堂、“一把手”讲党课、领导干部深入麦子店街道征求意见等系列活动。4月至6月，集中组织开展党的群众路线教育实践活动第二环节工作，期间，对第一阶段教育活动情况进行回头看，继续开展教育学习，组织党员干部参观国子监、孔庙古代官德展，深入查摆和梳理突出问题，开展三轮谈心谈话活动，撰写对照检查材料，做好召开专题民主生活会准备。于7月25日组织召开领导班子专题民主生活会、8月26日召开党员专题组织生活会，在做好立行立改、建章立制工作基础上，制定领导班子整改方案和改进作风整改计划，并按要求撰写典型案例等有关材料。10月28日，召开党的群众路线教育实践活动总结大会。教育活动期间，把整改问题环节贯彻始终，在边整边改的同时，注重健全工作制度，先后完善党支部工作制度6项，在修订原有18项工作制度基础上，新建《区老龄办一把手“三不直接分管”制度》等5项制度。

（王海霞）

【业务培训】 5月15日，区老龄办在蓝调庄园会议中心召开2014年度老龄工作培训会，各街道、地区民政科（社会事务管理科）科长、老龄干部共100余人参会。7月8日，区老龄办联合区人力社保局在区医保中心会议室，开展朝阳区95周岁及以上老年人补助医疗工作培训会，各街乡社保所工作人员参加会议。

（王海霞）

【“孝星”评选活动】 5月至10月，按照《关于开展2014年度北京市万名“孝星”命名暨24孝亲敬老楷模评选活动的通知》精神，朝阳区启动评选活动，经过社会推荐、街道（地区）办事处初选、区级审核、市级审批、评选楷模五个阶段，全区1450人获得“孝星”荣誉、10人获得“孝亲敬老楷模提名奖”。

（王海霞）

【老年文化体育节】 6月至9月，举办第二届朝阳区老年文化体育节活动，整合老龄委成员单位、街乡活动15项，牵头开展“美丽朝阳·幸福生活”——朝阳区老龄摄影作品征集活动、“孝星”事迹宣讲、老年风采展示、老年才艺展示、第十届“九九俏夕阳”老年交谊舞比赛、老年门球赛等活动。

（王海霞）

【北京开放大学老龄产业学院朝阳分院成立】 9月23日，在八里庄地区爱晚桑榆养老照料中心举行北京开放大学老龄产业学院朝阳分院开课暨八里庄地区爱晚桑榆养老照料中心投入运营仪式，市老龄产业协会会长翟鸿祥、区委副书记陈宏志、副区长张立新等领导，市区相关部门人员和老年人代表等60余人参加活动。

（王海霞）

【敬老月活动】 重阳节前夕，区老龄办集中开展“敬老月”活动，期间开展走访慰问送温暖活动，先后举办以“重阳喜乐会·浓浓敬老情”“传承中华美德·弘扬敬老文化”为主题的道德讲堂、“我的家风故事会”等系列活动。

（王海霞）

【《老年法》宣传】 10月18日，区老龄办联合区司法局、奥运村街道，在南沙滩社区开展《中华人民共和国老年人权益保障法》宣传活动，现场设置老年法和区老年摄影大赛优秀作品宣传展板，开展律师法律咨询、惠老政策解答、医疗与理发等服务，社区老年人代表280余人参加活动。

（王海霞）

【志愿助老活动】 10月10日，区老龄办联合黑庄户地区老年协会在黑庄户地区郎各庄村刘家大院举办“关爱老人·共建和谐”活动，播放区《开展“邻里守望—志愿助老”服务活动》短片，对获得市级“孝星”代表命名。中国老龄事业发展基金会敬老志愿服务工作委员会副主任陈萍，市老龄办宣传教育处副处长巨全良，区老龄办、区文明办相关领导及老年人代表等100余人参加活动。12月3日，在和平街地区寸草春晖养老院举办“邻里守望—银龄助老”活动，组织文艺演出并赠送生活用品。区老龄办、区文明办、区社区学院、和平街街道及区老年志愿者培训基地等相关单位领导和老年志愿者代表参加活动。

（王海霞）

【交流研讨】 10月30日，区老龄办在华膳园会议中心召开养老（助残）餐桌建设工作交流研讨会。会议围绕餐桌发展现状、建设思路、管理经验及存在问题进行研讨。市老龄办副主任李辉，区老龄办、区餐饮协会和部分街乡老龄工作负责人及餐桌服务商代表参加会议。

（王海霞）

【规划编制工作部署会】 12月5日，区老龄办召开区“十三五”时期民政与社会福利事业发展规划（老龄事业部分）编制工作部署会，明确编制工作领导小组、推进时间和具体任务，区老龄委相关成员单位部门负责人参加会议。

（王海霞）

【实事工程】 年内，完成麦子店街道、八里庄街道、安贞街道、劲松街道和日坛公园等5个孝亲敬老园建设项目；为5000户高龄、特困以及70周岁以上的空巢老年人家庭安装“一按灵”。

（王海霞）

【老年优待】 年内，免费为235名95周岁及以上老年人办理城镇居民基本医疗保险、48名95周岁及以上老年人办理新型农村合作医疗保险，核报高龄补助医疗119万余元；为6万人次 90至99岁老年人、764人次百岁及以上老年人发放高龄津贴690.47万元；为46366名65周岁及以上老年人办理优待卡（京籍26814名、外埠19552名）；为14125名60周岁及以上老年人办理优待证（京籍10469名、外埠3656名）；为3000余名60周岁及以上享受城乡最低生活保障待遇人员、城镇“三无”人员、农村“五保”对象、享受定期抚恤补助对象及失独等老年人免费办理意外伤害保险。

（王海霞）

【养老（助残）餐桌示范餐桌建设】 年内，为全区老年餐桌统一制作多功能盒；开展示范餐桌评选工作，评出11家示范餐桌；组织2013年度北京市养老（助残）餐桌奖励工作，评选出市级优秀餐桌90家，其中一等奖11家（2家被推荐为市级特等奖），二等奖26家，三等奖53家。

（王海霞）

地 域

街 道

安贞街道

地址：安华西里一区13号楼
电话：64260018
邮编：100011
邮箱：azxzb@sohu.com

【概况】 安贞街道位于朝阳区西北部。东邻和平街街道，南与东城区和平里街道接壤，西与海淀区花园路街道、西城区德胜街道相交，北与亚运村街道、奥林匹克公园公共区南部相接。辖域面积约3.6平方公里。设有6个社区。辖区户籍人口18776户48303人；新出生457人，死亡269人；外来人口21770人。辖区有法人单位2120家。规模以上企业约280家；有科研院所9个，大学1所，中学4所，小学3所，幼儿园5所；有医院4家，社区卫生服务中心1 个、社区卫生服务站4个，社区服务中心1个。安贞街道属奥运功能区，是八十年代前后建成的老旧小区，60岁以上老年人占总人口的31.75%，老龄地区特征明显。地区有丰富的教育、医疗资源和悠久的历史文化，藏传佛教的最高学府——中国藏语系高级佛学院、以治疗心肺血管疾病为重点三甲综合性医院——安贞医院、中国目前唯一一座以木偶戏演出为主专业剧院——中国木偶剧院和元大都城垣遗址均坐落在安贞地区。年内，安贞街道紧紧围绕建设“文明、幸福、和谐”安贞的总目标，以深入开展党的群众路线教育实践活动为抓手，以服务保障APEC峰会和迎接文明城区复检为牵引，凝心聚力、主动作为、改进作风、创建特色、狠抓落实，保持经济社会持续健康发展的良好局面，完成年初确定的各项工作目标。年内，完成区级财政收入7.53亿元，同比增长11.73%。增收小房产税1040万元，同比增长15.93%。年内，安贞街道办事处获北京市红十字工作先进集体。

（郝 军）

【志愿者服务】 1月8日，全国首家以缩小老人数字生活鸿沟为目的的“i世界·社区数字生活馆”落户街道社区服务中心。作为跨界合作、科技助老的探索，“i世界·社区数字生活馆”由英特尔中国负责提供硬件设备和专业志愿者，街道提供场地支持和社区动员，立德社工事务所作为第三方负责场馆运行和效果评估。项目旨在帮助社区老人学习使用最新网络娱乐及生活服务功能，由企业志愿者和大学生志愿者参与，通过最新的触屏电脑技术，降低老人使用电脑难度、帮助老人跨越数字鸿沟，体验互联网丰富多彩的娱乐、社交、服务等功能，同时生活馆促进老人融入社区，结交新朋友，充实精神生活，增强幸福感。

（郝 军）

【社区创新项目培育中心启用】 1月24日，“微公益，V梦想”社区公益创新项目大赛结束。大赛收集社区公益项目17个，根据相关优秀项目评审指标，按照公益达人们提供的项目建议书进行项目评审。经过项目申报、项目公益经理人特训营和项目初赛两个阶段，12个项目进入决赛。标志着“安贞街道社区创新项目培育中心”正式启用。

（郝 军）

【党的群众路线教育实践活动】 2月25日，安贞街道召开党的群众路线教育实践活动动员大会。年内，做到“规定动作不走样，结合实际出实效，立行立改转作风，地区百姓得实惠”。街道机关、6个社区党委、77个党支部，共3187名党员参加教育实践活动。活动中，街道领导班子征集意见建议767条，6个社区党委征集意见建议 961条。截至年底，街道全局性会议精简10%，纸质文件减少45%，清理超标办公用房128平方米，杜绝了公车私用现象，会务、公务接待费用同比下降100%，办公经费下降4.7%，车辆运行维护费用下降14%。完成29项制度“废、改、立”工作。各级党组织根据查摆出的问题，制定整改措施，逐项落实。

（郝 军）

【党政群共商共治工程】 4月15日，召开党政群共商共治议事协商会。对社会建设、公共服务、日常生活、社会安全、环境秩序等5大类18件联署提案进行立项评审。最终按照“重要性、紧迫性、可行性”3项考核标准将提案进行量级排序。参加协商会议事代表由人大代表、政协委员、社会单位、物业公司、社区居干、居民等60名代表组成。

（郝 军）

【党员志愿者服务活动】 7月10日，安贞街道组织开展“您提需求我服务”党员志愿服务活动。47个党组织、社会团队141人提供志愿服务项目55个，6个社区党委带来社区公共服务、群众需求志愿服务岗位81类。实现街道服务型党组织与社区、居民志愿服务需求无缝对接。

（郝 军）

【安贞西里社区中标汇丰社区建设计划】 7月30日，举行由汇丰银行（中国）有限公司主办，恩派公益组织发展中心承办，国内首个在政府指导下，由企业发起、公益性社会组织参与合作系统支持社区建设的“汇丰中国社区建设计划”北京授标仪式。项目第一年总预算800万元人民币，在北京、上海、南京和苏州4个城市20个试点社区同时开展。此次安贞西里社区有7个项目中标，包括：“安美”——社区敬老志愿团队培育与支持；携手共建美好社区——安贞西里社区家园营造计划；关爱空巢老人——“亲如一家”行动计划；人宠共惠——社区文明养犬自我管理；童心诗苑；弘扬国粹，普及国学服务社区；太极拳的普及和健身气功新功法推广。获资金支持20万元。

（郝　军）

【老北京民俗运动会】 9月13日，在安华里一小举办安贞老北京民俗运动会。近1000名居民参加套圈、飞镖、滚铁环、拍洋画、抽陀螺等老北京传统民俗健身项目比赛。运动会是2014年市体育公益活动社区行、全民健身你我他的一个重要组成部分。

（郝　军）

【APEC峰会保障】 11月6日，街道联合执法检查组对辖区重点企业进行安全生产检查。检查涵盖大型餐饮、商（市）场等人员密集场所、人防工程、地下室、平房区等重点区域，发现安全隐患21处，下达行政执法文书10份并责令限期整改。

（郝　军）

【为老服务】 11月14日，与北京红枫盈社区服务有限公司在安贞西里社区公园共同举办“孝行天下 与爱同行”为老服务大集暨“红枫盈互助养老服务机构进安贞”大型活动。30多家服务商、市区两级社会组织、社区居委会、广大居民、志愿者参加活动。活动分为合作仪式、文艺表演和现场互动三大块。其中现场互动设四个展区，包括老年餐桌、老年旅游、养老院宣传，志愿者招募，养老服务私人订制，家政服务、维修等。

（郝　军）

【侨联工作】 12月4日，市侨办在安贞街道举办“侨界法律大讲堂”报告会。标志着2014年侨法宣传活动启动。向安贞街道等地区获国务院授予的“全国侨法宣传角”授牌，为“北京市为侨服务法律顾问团”成员颁发聘书，发布“侨界法律大讲堂”报告会等。市侨办主任刘春锋、副区长张维刚等市区相关领导及市为侨服务法律顾问团成员、区县侨务干部、归侨侨眷代表近200人参加报告会。

（郝　军）

【智慧社区建设】 年内，整合居民关心的生活和政务服务类信息，通过手机应用、网页、显示屏、微信、微博等信息化渠道发布相关信息；成立智慧社区建设项目工作组，重点推进“信息整合与畅通渠道项目”；完成智慧社区档案整理工作。

（郝　军）

【环境秩序整治】 年内，集中治理辖区脏乱点、卫生死角、背街小巷600余处。处理网格单、来电来访及政民互动热线96105、12345信访件500余起；处理市、区督办单，解决环境周拉练检查问题及APEC环境保障等问题100余起。

（郝　军）

【老旧小区综合改造】 年内，完成安贞地区节能改造任务。改造涉及辖区4个社区的21栋楼2637户居民，建筑面积17万平方米。按照区市政管委公共区域改造工作安排，安贞地区公共区域改造任务涉及裕民路1号院、3号院，4、5号楼，6号院4个独立院落，改造内容为架空线入地，道路铺装，绿地补植补种等工程。

（郝　军）

奥运村街道

【概况】 奥运村街道位于朝阳区西北部。东抵来广营乡，南与亚运村街道和大屯街道接壤，西接海淀区，北临昌平区。辖域面积19.6平方公里。有12个社区。户籍人口5.9万人，流动人口约2万人，居住总人口约13万人。辖区内有党政机关2个，事业单位55个，军事单位2个；规模以上企业263家；中学3所，小学7所；医院6家，社区卫生服务中心1个，社区卫生服务站2个。奥运村街道地处奥运功能区核心区域，有“鸟巢”“水立方”等7个奥运会竞赛场馆和奥林匹克森林公园；有中国科技馆、中科院感光所、天文台、国家动物博馆、中国环境科学院等中央、部属单位17家；有北顶娘娘庙、龙王庙、弥陀古寺等历史古迹。年内，街道围绕“五环”国际社区建设，深化党的群众路线教育实践活动。建章立制，立行立改，完成58项制度的“废、改、立”。落实窗口服务“首问负责制”。全面推广“走动式工作法”，强化“居民议事厅”建设，校园“安全岛”、交通“微循环”等街道和社区层面85个为民解忧项目全部完成。加强城市功能疏解，实现新增违建“零增长”，超额完成人口调控指标，完成群租房、地下空间、环境秩序乱点整治任务。完成7个老旧小区环境改造、5个小区准物业管理改造任务。加强政府购买服务；完善社会组织服务管理体系，推进“社区家园计划”“小区营造计划”“一刻钟服务圈拓展计划”建设。年内，完成区级财政收入4.8亿元。代征个人出租房屋税1364万元。年内，国奥村社区被民政部评为“全国和谐示范社区”。

地址：安立路28号院3号楼

电话：84945556

邮编：100107

邮箱：aycdas@bjchy.gov.cn

（张　雅）

【党政群共商共治工程】 1月15日，召开2013年度党政群共商共治工作年终评议会。表彰12个最佳社会单位和12名最佳社会顾问，评议出街道2013年度党政群共商共治最满意项目5个。年内，继续开展党政群共商共治工程。举办街道、社区层面问政问需会23次，了解群众诉求。

（李　莉）

【慰问困难家庭】 “两节”期间，街道开展慰问活动。为辖区困难家庭、残疾人、低保困难人员、独生子女伤残家庭、离退休老党员老干部等16类961名困难人员及家庭并送去区乡两级慰问金45.55万元。

（张　雅）

【非正规早餐亭清理整顿】 5月27日，开展非正规早餐亭清理整顿工作。清除北苑路易初莲花路口2处，北苑路、京藏高速东侧辅路7处非法早餐亭，并连夜在原地更换正规便民早餐车。

（刘　坤）

【企业公益联盟成立】 8月8日，召开企业公益联盟成立大会。33家联盟成员单位主要负责人及联络员、部分街道干部、社区领导近150人参加大会。推选北京有色金属与稀土应用研究所为会长单位，推选中国农业机械化科学研究院等6个企业为副会长单位。会议决定，企业联盟单位和街道每季度至少召开一次会议或组织一次活动，研究、解决促进地区和谐发展工作。联盟旨在整合区域资源，搭建企业与政府部门的沟通宣传推介平台，解读政府相关政策，引导会员企业参与公益事业与社区建设，承担社会责任，促进企业和政府联动，全面融入区域发展。

（李　兵）

【“最美奥运村人”宣讲活动】 9月19日，开展“最美奥运村人”宣讲及身边好人交流活动。12个社区的社区工作者及居民100余人参加活动。5名宣讲员分别讲述自己在爱岗、敬业、孝亲等方面亲历、亲见、亲闻的感人故事，传递正能量，弘扬社会主义核心价值观。

（李　莉）

【APEC峰会服务保障】 10月16日，在亚奥国际酒店召开APEC峰会应急桌面推演。街道领导和各科室负责人、辖区企业代表200余人观摩演练。APEC峰会期间，联合区相关部门开展4轮不间断“拉网式”全覆盖检查。排查整治隐患163处，隐患整改合格率100%。开幕式、燃放焰火等重要时间点和会议期间，在29个点位，179个制高点，12个重要路口，部署保安、社区志愿者、机关干部2.2万余人次，连续站岗10个小时，历时16天，完成APEC峰会服务保障。

（吴智杰）

【调处民工讨薪事件】 年内，处理11起民工聚集讨薪事件。涉及120余人，追缴欠款近43万元。其中包括被派往巴哈马承接装修工程，回国后未得到公司薪金（涉及金额11.9万元）的涉外事件。

（劳动科）

【老旧小区环境美化】 年内，开展老旧小区公共区域整治改造。工程涉及路面修整、硬化，安装路椅，楼道粉刷，安装自行停放设施，完善小区公共照明，无障碍设施建设，弱电架空线入地，补建信报箱等，总投资1000万余元。

（崔 春）

【非规范化居民用电改造】 年内，完成"2010年非规范居民用电改造工程（北沙滩8号院小区楼内线）"遗留问题。召开6次协调会，经协调居民、物业方及施工单位，完成5栋居民楼602户居民家中用电改造，并完成物业与施工单位间保修及移交手续。

（崔 春）

【安全检查】 年内，完成辖区现有总开复工、已竣工102个项目93万多平方米和在施项工46个项目64万余平方米安全检查387个次。查出安全隐患1297条，发出限期整改检查记录287份，全面停工整改12份，局部停工整改4份，现场处罚86个（次）单位，立案处理29个单位。

（崔 春）

【为申请保障性住房家庭服务】 年内，保障性住房服务大厅接待1386人次，接受电话咨询1530人次。为65户家庭办理保障性住房备案申请，82户申请家庭参加公租房摇号，143户申请家庭参加经适房摇号。

（崔 春）

【政府购买社会组织服务】 年内，街道完成政府购买社会组织服务 4个项目。分别为幸福养老大课堂、老旧小区创新治理服务项目、奥运村"1+3"（即 1是党委领导，3是社会顾问、机关助理和北京城市研究院的智力支持）党务居务助理进社区工程和奥运村街道社区大舞台文化品牌建设。

（李 莉）

【党的群众路线教育实践活动】 年内，开展党的群众路线教育实践活动。全年组织处级领导集中学习、参加联系点学习活动24次，机关党员干部集中学习12次，组织基层24个党支部2079人次，观看党课报告、历史教育影片10次，组织专家讲座、典型经验工作报告10次，参观廉政教育基地2次。组织基层企业和党组织学习6次，交流活动48次，辅导活动24次。在12个社区开展图片巡展130幅；组织民主评议党员1439人，其中1254人评价等次为"好"、185人次评价等次为"一般"。教育实践活动中累计征求239人次、建议315条。召开6次"会诊会"，确定16项整改任务，制定65条整改措施，包括环境整治、公益发展、树立典型榜样、干部监督管理、服务意识提升等。与活动前相比，会议减少25%。出台制度8项，废止制度9项，修订制度23项。解决立行立改问题3件，解决群众关心关注的各类问题12件。

（胡 杰）

【志愿者队伍建设】 年内，街道志愿者协会招募志愿者709人，全年开展志愿者"邻里守望"志愿服务时长4300小时。自2007年起，协会注册人数已达12988名，志愿者队伍36支。

（段 雯）

【群租房治理】 年内，召开专项整治工作会，治理群租房307户，完成率100%。

（崔 春）

【就业服务】 年内，开展劳动者技能培训62人，完成指标的124%；开展联合招聘会，11家用工企业提供岗位近500个，现场达成就业意向40余人次。

（马之律）

【企业工会领导活动日】 年内，街道工会组织辖区38家企业50名工会主席和安全主管经理开展企业工会领导活动日活动。其中9家企业参加区总工会举办的北部区域第二届大型招聘会。提供44个招聘工种，126个就业岗位，现场收简历20余份。

（王 伟）

【月末安全检查日活动】 年内，开展月末安全检查日活动13次，出动专兼职检查人员12156人次，检查生产经营单位10085家次，排查消防器材缺损、线路老化等隐患3512项，整改3465项。

（韩 菊）

【网格化管理】 年内，街道网格办推动街道二级闭环系统建设。全年处理案件27818件，结案率98%；建立双向循环体系，其中自上而下处理网格案件20169件，自下而上处理城市管理类网格案件7649件，结案率为98%。

（潘 倩）

【全国第三次经济普查】 年内，奥运村统计所完成第三次经济普查工作。经统计，辖区从事第二、三产业单位6510家。其中法人单位5861家，占总数的90.03%，法人单位资产总额1555.87亿元，法人从业人员68481人，主营业务收入486.91亿元。与第二次经济普查相比，法人单位增加4692家，增长4倍；法人单位资产总额增加1117.48亿元，增长2.5倍；从业人员增加42776人，增长166%，主营业务收入增加324.33亿元，增长2倍。

（张 雅）

八里庄街道

【概况】 八里庄街道位于朝阳区中西部，紧邻CBD核心区。东起青年路与平房乡接壤，南以京通快速路及电厂铁路线为界与高碑店乡相邻，西至大望路及金台路与建外、呼家楼街道相连，北临二道河与六里屯街道相望。辖域面积4.4平方公里。有14个社区。地区总人口124006人，其中户籍人口86694人、流动人口35709人、外籍人口1603人。驻地单位4079个，其中中央单位30个、市属单位56个、区属单位38个、私营及其他单位3955。有公立学校8所（中小学各4所）；民办幼儿园10所；公立医院8家，其中7家为社区卫生服务机构，1家为职工医院；民办医院1家，为北京建国医院，隶属北京市卫生局管理。养老机构1家。公共文化活动场所3处。区域交通便利，东四环路横跨南北，朝阳路贯穿东西。地铁1号线、6号线驶经辖域，53条公交线路途径地区。中国纺织科学院、中国国华电力股份有限公司北京热电分公司、华糖洋华堂商业有限公司、西单商场、北京京棉集团有限责任公司、朝阳区青少年活动中心、莱锦文化创意产业园等单位坐落在辖区。年内，完成区级税收15.7亿元，同比增长13%。八里庄街道被中国社会工作协会社区工作委员会评为"全国社区服务型党组织建设示范街道"。

地址：柴家湾12号

电话：65001062

邮编：100025

邮箱：blzjd@bjchy.gov.cn

（靳 睿）

【党的群众路线教育实践活动】 2月，根据区委统一安排开展党的群众路线教育实践活动。确立"1+5+N"的工作思路，即：一个指导方案、五个专项工作方案，若干个主题实践活动。教育实践活动中，除开展各项规定动作，还先后开展主题特色实践活动。如“转四风争五优”活动，即重点打造机关公务员、社区工作者、社区志愿者、非公职员、文明居民五类“五优”队伍，发挥党的力量在“五类”人群核心与引领作用，开展“五色卡帮扶”，即街道工委创新实施的一种党群结对帮扶载体。五种颜色的小卡片一式两份，正反面分别印有帮扶者和被帮扶者相关信息。黄色“鹤发卡”旨在照顾困难老人的生活，绿色“春蕾卡”旨在为困难学生学业提供帮助，红色“朝阳卡”旨在为失业青年提供就业指导，蓝色“港湾卡”旨在为失独老人带去家的温暖，白色“外来卡”旨在保障外来务工人员的合法权益。活动中，受教育党员5000余人次，街道将查摆出的234条问题归类并制定48条整改措施，党员干部认真落实整改措施，截至11月底，整改措施全部落实，作风得到明显转变。同期相比，会议减少17%，文件减少22%，“三公”经费减少55%。完成确定新修订、制定制度20项。解决立行立改问题26件，解决群众关心关注的各类问题48件。”

（新　睿）

【微信公众平台开通】 4月8日，开通群众路线微信公众平台“朝阳区八里庄群众路线”（微信号：balizhuangqzlx）。平台设置《本期头条》《工作动态》《我说群众路线》《我看群众路线》《“数”说群众路线》《社区和非公活动动态》《学习园地》7个栏目。发布街道教育实践活动信息29期，材料16.5万字，图片162张，视频8段，收集党员意见建议536件。11月21日，平台改版为“朝阳区八里庄党建平台”。

（新　睿）

【养老照料中心投入运营】 9月23日，北京开放大学老龄产业学院朝阳分院开课暨八里庄爱晚桑榆养老照料中心投入运营。中心既为院内老人提供服务，也为周边居民提供居家养老、日间照料及老年餐桌服务。年内，民政部、致公党中央、市人大、市老龄产业协会等领导先后到中心调研八里庄地区“幸福久久”特色养老工程计划和居家养老服务工作。市人大常委会主任杜德印到区调研《北京市居家养老服务条例》时，专题听取八里庄街道居家养老工作汇报。

（新　睿）

【致公党中央领导调研社区养老】 10月24日，致公党中央副主席闫小培一行到八里庄街道调研社区养老工作。闫小培一行视察朝阳无限社区、爱晚桑榆养老照料中心。街道工委书记刘海涛介绍街道社区养老服务体系建设等工作。闫小培对八里庄街道因地制宜推动社区养老服务与社区工作给予肯定并要求，社区养老要充分运用地区已有硬件设施，认真总结和系统梳理各地开展社区居家养老服务的有益经验，加快构建以居家养老为基础、社区服务为依托、机构养老为支撑的养老服务体系，进一步保障和改善民生。

（新　睿）

【党政群共商共治工程】 11月底，完成24个党政群共商共治工程项目，居民满意率100%。年初，根据整合出的326条居民需求建议，最终确定24条作为党政群共商共治工程项目。其中，针对十里堡社区文体活动场地纠纷，为社区修葺篮球场，解决活动场地不够的问题，作为区共商共治典型案例被中央电视台《新闻联播》采访报道。

（新　睿）

【党建工作“四合”模式】 年内，街道提出资源整合、力量集合、工作结合、活动融合的楼宇党建工作“四合”模式。“四合”模式被评为区党建服务方法创新项目。市委书记郭金龙及中组部、中宣部基层领导培训班学员先后到街道调研。印制街道工委编写的《“四合”模式开拓楼宇党建新局面——朝阳区八里庄街道楼宇党建探索与创新》经验材料1000余册。

（新　睿）

【服务型党组织建设】 年内，建立区级党员一级优秀志愿服务品牌项目“八里庄街道李高峰志愿服务队”1个；“八里庄街道会兰孝亲敬老服务”“八里庄街道红北社区金风合唱团”二级优秀项目2个；“八里庄街道朝阳无限社区北京睿识慧志愿（法律）公益服务站”等三级优秀项目16个。街道工委在调研地区党建品牌创新规律和要求基础上，指导完善123支服务品牌队伍服务功能。全年为群众提供各类服务2000余件次，解决地区群租房整治、都会华庭停车纠纷、文体场地矛盾等10余个难题。

（新　睿）

【人口调控】 年内，清理地下空间8处，涉及群租房461间，流动人口784人；清理普通小区群租房275户，涉及群租房1273间，减控流动人口1533人。街道创建的地区清理整治群租房“四七二二一”（即：派出所、居委会、业委会和物业公司联动，共商共治；七天时限，限期整改；限水、限电两种手段，逼出中介；约谈、承诺两种形式，迫使整改；一道门槛，杜绝反弹）工作法在全市违法群租房治理工作动员部署会上作典型介绍。

（新　睿）

【拆违控违和环境整治】 年内，实施“路平”“顺畅”“亮眼”“绿植”　“洁净”等5项为民解忧工程。开展每月“环境大扫除清洁日”活动，动员地区社会力量履行公共保洁承诺，清运无主垃圾近2000吨；拆除挂账任务7件、违法建设40处1300余平方米；对治安乱点地区组织联合执法15次，集中执法40次，规范取缔无照经营2800余起。26次整治无照游商、“黑摩的”、违法占道等乱点，没收肢解“黑摩的”90辆，治安拘留242人，清除停车乱收费点2处。

（新　睿）

【志愿者服务“反哺”机制推行】 年内，推行“反哺”志愿者机制。八里庄地区志愿者凭“志愿者服务卡”，可以在地区“一刻钟服务商”享受美食餐饮、家电维修、美容美发、保健理疗、法律咨询等惠民服务。地区公益“反哺”志愿商有90余家。

（新　睿）

【便民服务信息化】 年内，由街道工委主办的“相亲八里庄”网、八里庄招聘网、“家音”老伴服务热线相继开通。全年八里庄招聘网注册企业1527家，提供岗位信息6153条，有235人通过网站提供的信息实现就业；“相亲八里庄”网注册人数2800余人，私信交互量9523条，21对单身青年通过网站或线下联谊会牵手成功；“家音”老伴服务热线拨打电话3200余次，主动联系老人1800余人次，化解老人矛盾134次。

（新　睿）

【助残帮困】 年内，走访慰问困难人员1600余人，临时救助家庭67户，发放慰问金和救助款150余万元。走访慰问残疾人家庭2218户，发放慰问品、慰问金85万余元。

（新　睿）

【卫生计生服务】 年内，与37256名居民签订家庭医生式服务协议；249名志愿者参加无偿采血，年度地区总献血量为49800毫升。

（新　睿）

【文化建设与服务】 年内，为地区居民开展文化培训课程，全地区组织培训80余次，参与人数4000余人。培训内容包括京剧、舞蹈、声乐、安全、传统文化、道德讲堂和环保等。地区有社区文体活动室22个、益民书屋13个、共享工程点13个、数字化社区2个、健身场地（休闲公园）22个、健身器材389件。

（新　睿）

【就业服务】 年内，组织召开“就业援助月”“春风行动”“永不落幕”等专场招聘会，实现就业人数1024人；处理各类拖欠工资案15件，涉及人数530人，解决拖欠劳务费及工资2112.4万元。

（新 睿）

【老旧小区安全防范】 年内，以“平安示范小区”创建为契机，在红庙机二委小区安装监控探头20个；在41个楼门安装联动报警系统、设置警情提示牌；在两栋楼宇一、二层之间安装防爬电子围栏、防爬刺和红外对射报警系统。实现治安岗亭、放爬刺、门禁联动报警机制、监控探头及保安巡防等5道老旧小区“安全防线”。

（新 睿）

【矛盾调处】 年内，接待来访、来电78批875人次，群体访17批；处理、调解各种纠纷共309件，签订人民调解协议书263份，调处成功率98%以上，涉及金额562万元。

（新 睿）

【安全监察】 年内，检查生产经营单位312家，排查安全生产隐患602项，隐患整改率100%。全年立案21起，罚款金额11.6万元，并对相关单位或负责人给予行政处罚。

（新 睿）

【食品药品监督管理】 年内，食品药品监督管理所办理发放许可30份，完成食品流通现场核查148份，餐饮服务现场核查71份。查办食品经营行政处罚案件34起，罚没金额3万余元。

（新 睿）

朝外街道

【概况】 朝外街道位于朝阳区的西部。东起工体东路、东大桥路与呼家楼街道接壤，南至光华路与建外街道为界，西至朝阳门南北大街与东城区朝阳门街道、东四街道相连，北至吉市口八条、工体西路、工体南路与三里屯街道和东城区东直门街道相邻。辖区面积2.2平方公里，是朝阳区委、区政府所在地。有7个社区。截至年底，户籍人口21691户42849人，流动人口17245人。外交部、司法部、民建中央、中石化等国家机关及企业，英国、朝鲜等13个国家大使馆坐落于此。朝外街道是朝阳区的少数民族街道，有回、满、蒙、藏等21个民族、3300余人在此长期居住。域内商务楼宇众多，商业服务业发达，是北京重要的商业繁华街区和CBD休闲消费功能区，分布有昆泰、蓝岛等大型商业企业和驰名中外的雅宝路、老番街服装市场及优唐广场、音乐之声、淘宝步行街等众多消费娱乐场所。辖区内有首都儿科医学研究所、朝阳区中医医院，有芳草地国际学校、陈经纶中学。有日坛公园、华北最大道观——东岳庙、神路街琉璃牌楼和南下坡清真寺等历史文化资源。街道办事处获北京市无偿献血先进单位。年内，完成区级财政收入20.74亿元，同比增长40%。

地址：朝外大街芳草地北巷5号院
邮编：100020
电话：85629992
邮箱：cwjd@bjchy.gov.cn

（杨 东）

【团中央领导调研青年汇】 1月2日，共青团中央书记处书记罗梅一行到街道调研“潮”外青年汇区域化团建工作。团中央组织部部长万速成，团区委书记王洪涛，朝外街道工委书记田志刚等陪同调研。团中央领导一行观看青年汇工作模式和成果，对区域化团建工作给予肯定。

（杨 东）

【第八届春分文化节举办】 3月21日至23日，朝外街道第八届“春分·朝阳”民俗文化节在日坛公园举办。活动恢复明清两代在春分祭日的传统，为百姓呈现祭日表演，增设公益颁奖、社会组织展位、公益展卖等内容。上千名群众、社会各界知名人士参与活动。

（杨 东）

【社会组织服务基地党支部成立】 5月9日，举办社会组织服务基地党支部成立暨会员大会。朝外街道社会组织服务基地党支部为区首个社会组织党支部。进驻社会组织17家。

（杨 东）

【国庆诗歌朗诵会】 9月29日，天福园社区与文化部离退休服务中心共同举办庆祝中华人民共和国成立65周年诗歌朗诵演唱会。国家话剧院艺术家游本昌等13名演员登台演出，文化部离退休服务中心主任白永新和社区居民近150人观看演出。

（杨 东）

【烈士纪念日活动】 9月30日，在国家首个烈士纪念日，区四套班子领导到位于日坛公园内的马骏烈士墓举行公祭活动。街道组织辖区居民、芳草地小学师生和驻地武警官兵100余人参加公祭，缅怀革命烈士丰功伟绩。

（杨 东）

【第八届邻里节暨民族小吃节】 11月4日，三丰里社区举办第八届邻里节暨民族小吃节展示活动。外交部、司法部、市民委、中粮集团、悠唐大厦等20余家共建单位和社区600余名居民参加活动。

（杨 东）

【社区工作者队伍建设】 年内，组织社工参与社工技能大赛。社区评出“小蜜蜂奖”7名，街道评出“银蜜蜂奖”2名，推荐2名候选人参加区“金蜜蜂奖”评选。

（杨 东）

【党的群众路线教育实践活动】 年内，按照立足自身抓整改、整体联动抓整改、突出重点抓整改、建章立制促长效的要求，对征求的441条意见分类汇总，领导班子及个人确定整改任务95项，其中班子15项、领导干部个人80项。截至年底，整改到位74项，另外21项列入中长期整改任务；16项专项整治任务取得实效，各类会议同比减少30%，简报刊物数量精简比例达67%，公务接待费用、会议费用同比减少40%，办公用房和公务用车清理全部到位；建章立制任务29项，完成26项制度修订。推进社区工作准入制，初步形成社区减负增能的基础清单；成立“隐形人”暗访队伍，加大对执法、窗口单位和服务部门监督力度，推动作风改进的常态化。以改善民生为目标，为民解忧办实事，解决各类问题473件，其中为民办实事80件。围绕疏解非首都核心功能这一中心工作，在雅宝商城试行物业统一租赁小业主摊位，政府适当补贴整体转型的做法，实现二层1500余平方米市场的转型。围绕区委立行立改任务，在芳草地国际学校民族小区周边环境整治中，用21天时间清理商铺及打包站16家，拆违面积5100平方米。

（杨 东）

【社会领域党建】 年内，继续做实“厚德暖心”“老板沙龙”党建品牌，打造“潮”外青年汇等枢纽型社会组织品牌。全年动员130余家党组织和近40家企事业单位参加活动。

（杨 东）

【培育社会组织】 年内，17家专业社会组织落地朝外街道，有14个社区社会组织开展经常性的活动。街道通过空间场地支持、政府购买支持、专业机构支持和社区互动支持，推进社会组织的培育和发展。凤凰网公益论坛、BTV科教敬老之星等活动先后在朝外街道社会组织服务基地举行，接待中组部干部培训班、国家行政学院干部培训班、市委办公厅、市委党校、民革四川省委及孟加拉民政部部长和市长代表团等国内外政府团体参观交流43次。

（杨 东）

【区域化团建】 年内，街道把区域化团建

作为重点工作来抓，成为区8家区域化团建试点单位之一。通过加强辖区内各级各类团组织的组织化参与，整合资源优势互补，成立19人组成团工委，覆盖辖区各社会单位，带动青年成长成才，发挥团的桥梁纽带作用，为党组织培养优秀青年人才。“潮”外社区青年汇全年举办不同类型活动78次。接待包括团中央书记处书记、古巴共青盟第一书记在内的国内外共青团工作参观调研26次。在中期考核中，被评为朝阳旗舰店第1名。

（杨　东）

【志愿服务品牌建设】 年内，推进以“橙房子志愿服务站”为代表的朝外志愿服务品牌。对接2个社会组织和3所大学志愿服务团队，招募中华女子学院、对外经贸大学等近50名志愿者参与橙房子服务站和侨联英语班志愿服务活动；引入和众泽益发展中心等社会组织，形成企业、社区、社会组织的联动；探索公益时间储蓄与表彰激励相结合的志愿者激励机制，以保持志愿服务的常态化发展。街道志愿者储蓄中心被评为区公益储蓄中心优秀分中心。

（杨　东）

【“一刻钟社区服务圈”建设】 年内，重点打造2个特色服务圈。一是“一刻钟法律服务圈”，有36家律师事务所400余名律师，提供免费咨询服务，并义务参加人民调解工作，在朝外大街东西两端各建有法律服务站。二是“一刻钟社会组织专业服务圈”，突出社会公益服务专业化，发挥社会组织参与社会管理服务补充作用，引导其在服务内容、形式、方式等方面更加贴近居民实际需求。全年引进19家专业社会组织参与社区治理和社区服务事务，服务对象包括老年人、残疾人、儿童、青少年、外来人口等，服务内容涵盖社会治理、社区教育、安全、法律、文化等。其中，曙康的“新北京人”社会支持项目、凯米宝贝的幼儿早教、悠贝的阅读推广计划、爱思创新的社区家园计划拓展新的服务领域。

（杨　东）

【党政群共商共治工程】 年内，围绕党政群共商共治“问政季”“解忧季”“收获季”3个阶段，经过反复听证会商，街道层面议定为民解忧实事21项，社区层面确定41项。期间，为扩大社会问政面，街道向968家社会单位、企业和“六小门店”发放共商共治问卷调查，收集掌握地区动态需求，调整为民服务方向。调动718名经过ID实名认证的居民、“两委一代表”和非公企业党组织负责人，开展“两访一巡”（走访、回访和巡回督查）网络问政，办结29个网络问政提议案。

（杨　东）

【居民自治家园计划】 年内，实施家园计划，开展居民自治。推广“三分”（分层自治社区、分类治理小区、分级解决问题）社区治理经验。成立居民自管会12个，覆盖居民1.85万人，三级问题清单81项，居民自治解决具体问题52件；完善三项支持制度（社区行政事务准入制度，自治队伍的激励和评价机制，社区经费管理使用办法），实现“家园计划”可持续发展。

（杨　东）

【社会保障】 年内，构建“大民生工作体系”。为地区低保家庭182户294人发放低保金103万元。“两节”慰问地区2818人次，发放慰问金及慰问物品价值85万元。慰问地区1193户困难残疾人家庭，发放慰问金19.93万元。完成辖区8000余份老年人口核对工作。

（杨　东）

【就业服务】 年内，举办招聘会2次。开发就业岗位2880个，820人实现再就业。

（杨　东）

【人口调控】 年内，综合运用经济、法律、行政等多种手段，依法治理群租房和地下空间，加强流动人口的服务和管理。调减人口2232人，完成率为188%。

（杨　东）

【环境建设】 年内，实施路平工程2430平方米，绿化恢复工程2100余平方米，粉刷21栋楼面积3.95万平方米，老旧小区道路改造2700余平方米；完成35栋楼11万余平方米的居住建筑节能改造和抗震加固工作，惠及1812户居民；完成三丰里社区健身园建设等工程项目21个。取缔无照经营和擅自摆摊设点600余起。联合区房管局执法队检查、整治群租房14处，检查地下室面积13万余平方米，整改隐患37处。

（杨　东）

【安全生产检查】 年内，检查辖区89家消防重点单位126处次，下发整改通知书62份，完成部分地下人防工程被挪用侵占、人物混居和乱堆乱放杂物等问题。全年检查生产经营单位326家次，下达执法文书168份，检查出各类安全隐患286项，立案13件。

（杨　东）

【平安建设】 年内，开展平安街道建设工作。截至11月底，地区安全感满意度平均值为91.84%，同比提高1个百分点，地区发案数405起，同比下降22.1%，实现连续3年大幅下降。其中可防性案件下降58.6%，位居全区各街乡第1名。体东、吉祥里、芳草地、天福园4个社区实现零发案。建成朝外大街巡逻警务站，将警力固化到街头，社区警务站建设工作在区政法委系统推广。

（杨　东）

【拆违控违】 年内，贯彻早发现、早汇报、早控制、早拆除的“四早原则”，制定《朝外街道禁止和查处违法建设工作实施方案》。拆除8处600余平方米新增违法建设，拆除区级挂账任务6处1864平方米违建。全年完成拆违面积4728平方米，完成年度拆违、控违总目标。

（杨　东）

大屯街道

【概况】 大屯街道位于朝阳区西北部。东邻来广营乡、望京街道，南靠亚运村街道、小关街道、太阳宫乡，西北接奥运村街道。辖域面积10.013平方公里。有14个社区。年内，户籍人口27504户、97548人，流动人口99773人，外籍人口470人。辖区有法人单位5804家，个体工商户1442个，产业活动单位980家，餐饮及娱乐场所254家。企业以第三产业为主，商业、餐饮娱乐业发达。紫玉山庄、新新家园、富成花园、碧海方舟、鸿华高尔夫庄园等高档别墅坐落其中。辖区文化资源较为丰富，有北京联合大学本部、旅游学院、中华女子学院、中央民族乐团、武警指挥学院、武警军乐团、中国藏学研究中心等文化教育机构。有医疗机构1个、养老机构1处、居民公共文化活动场所情况19处。地区绿化覆盖率为46%。全年实现区级财政收入16.4亿元，同比增长15.2%。

地址：安慧北里雅园1号

邮编：100101

电话：64917665

邮箱：dtxzb@aliyun.com

（韩　涛）

【党的群众路线教育实践活动】 年内，开展党的群众路线教育实践活动。坚持“四结合四强化”，召开6次专题会、10次会诊会，分析梳理“四风”问题，制定21条整改措施，明确整改时限。制定实施了工作人员行为规范、工程项目管理等15项规章制度。建立“群众督导团”，指导107个基层党组织开展专题组织生活会。组织街道层面、指导社区共召开16次座谈会，通过发函访谈、走访面谈、发放征求意见表和设置征求意见箱等方式，征求意见320余条，对各类意见做到有落实、有回音，并立行立改。与活动前相比，会议减少25%，文件减少30%，“三公”经费减少28%，清理超标配备公车3台、清理办公室用房400余平方米。解决立行立改问题10件，解决群众关心关注的各类问题11件。

（韩 涛）

【党政群共商共治工程】 年内，继续推行征集意见动态化、议事协商规范化、参与主体多元化的“三化”工作机制。全年完成共商共治街道级项目18个、社区级67项。

（韩 涛）

【区域化党建】 年内，推广社区“几何工作法”党建试点经验，初步培育形成12个优质服务品牌和12支优质服务团队。以“双报到、双服务、双评议”活动为契机，推进区域化党建工作。55家单位3335名党员到社区报到，服务2668人次。

（韩 涛）

【APEC会议环境整治】 年内，按照市、区APEC会议环境整治的整体部署，以“全面整治，不留死角，突出重点，整体提升”为目标，完成环境整治工作。完成楼体粉饰36.46万平方米、铺装硬化1.56万平方米，整治广告牌匾2100余平方米，围墙围栏修补粉刷1.82万平方米，电线杆及变电箱防粘涂料粉刷3600余平方米。

（韩 涛）

【安全生产】 年内，街道作为区“一街一乡”试点单位，完成市安全普查试点工作。强化安全生产工作统筹，构建完善的安全生产监管体系，每季度召开形势分析会，每月开展有针对性安全生产检查。全年日常执法检查260次，联合执法8次，检查经营单位320家次，发现安全隐患567处，立案10起。

（韩 涛）

【人口调控】 年内，成立街道群租房治理工作领导小组，制定街道群租房清理整治工作实施方案。全年治理违法群租房1224户，其中拆除隔断972户1850间，拆除群租房252户，清理人防工程和普通地下室12处，清理小房间534间，清退流动人口5200人，超额完成区人口调控指标。

（韩 涛）

【拆除违法建设】 年内，拆除违法建设61处1.63万平方米；拆除老旧小区违法建设14处，新增违法建设47处。完成区挂账违法建设7处的销账任务。对存量违法建设，召开自拆动员会，组织联合执法，拆除慧忠里第一社区南门连片违建18处550平方米，拆除小营北路居然建材市场1万平方米。实现违法建设面积“零增长”的目标，并解决了历史遗留问题。

（韩 涛）

【街面综合整治】 年内，组织联合执法80余次，取缔无照经营违法行为1620余起；取缔露天烧烤、占道经营等违法行为168起、没收烧烤工具2600余件。对社会单位在“门前三包”责任区内私装地桩地锁现象，开展联合执法14次，拆除地桩地锁230个。全年开展小广告兑换日用品活动8次，收缴非法小广告1500万张。

（韩 涛）

【社区建设】 年内，安逸、嘉铭园2个社区完成市“六型社区”示范社区创建工作。推进14个社区的智慧社区建设，慧二、安慧东里、新新家园3个社区，由市智慧社区三星级升为四星级，其余11个社区通过三星级智慧社区评审。启动小区家园计划。编写《小区家园计划实施方案》，通过摸清底数、动员部署，确定试点14个。推进社区营造计划，确定紫薇天悦小区试点项目。建立“紫薇营造”微信公众号（公众号搜索“紫薇营造”）。召开议事会6次，社区营造提案大赛收到提案近200条。

（韩 涛）

【就业服务】 年内，举办3次招聘会，走访用工单位182家，开发就业岗位2000余个，实现城镇登记失业人员就业508人，实现就业困难人员就业326人。

（韩 涛）

【困难群体救助】 年内，走访慰问地区困难家庭和弱势群体3650人次。对3类人员（低保户、90岁以上老人、低保边缘中患重病造成家庭生活困难的人员）实施爱心帮助669人次。全年发放慰问金50余万元。

（韩 涛）

【公共文化服务】 年内，新建文化活动场所2处，分别为慧忠里第一社区活动中心300平方米和安园邻里中心800平方米。活动中心设有综合活动室、科普教室、舞蹈教室、书画教室、乐器排练室、乒乓球室等。依托“大屯文化汇”项目，全年举办文化活动3次，文艺演出4次，组织周末大舞台系列演出28场。

（韩 涛）

东湖街道筹备处

【概况】 东湖街道位于朝阳区东北部。2014年12月成立中共北京市朝阳区委东湖街道工作委员会、北京市朝阳区人民政府东湖街道办事处。辖区面积由4.3平方公里调整为5.388平方公里。东湖街道东至机场高速中心线，与崔各庄乡接壤；南至北小河北侧沿望京西路中心线至湖光北路、宏泰西街中心线及原崔各庄乡与望京街道界线至机场高速，与望京街道办事处接壤；西至地铁13号线西侧，与来广营乡接壤；北至五环路中心线，与来广营乡、崔各庄乡接壤。办事处筹备期间下辖7个社区。辖区户籍人口21361户、51600人，常住人口70120人，流动人口18416人，外籍人口4427人。辖区有法人及产业活动单位3235家。其中，有中国地质装备总公司、中国能源建设集团有限公司、中国造纸装备有限公司、中国国机重工集团有限公司、中国保密协会等中央单位15家，有北京市老年活动中心、华润双鹤药业股份有限公司等市属单位7家。有医院7家，其中社区卫生服务中心1个；中学5所，小学6所，幼儿园7所。有2000平方米地区文化中心、24处文化广场和3个24小时自助图书馆。途经辖区公交线路37条，有地铁13、14、15号线贯穿其中。辖区绿化率39%。年内，以党的群众路线教育实践活动为主线，在确保全国两会、APEC峰会、文创复检等重点工作稳步开展的前提下，着力提升执政高能力、群众高满意度、环境高水平、文明高标准、经济高发展，再塑东湖新形象。被首都文明办评为首都文明先进单位。东湖街道人民调解委员会被北京市人力社保局评为北京市先进人民调解委员会。年内，完成区级财政收入63415.37万元，同比增长5.23%，征收房产税2893.34万元，同比增长0.81%。

地址：宏昌路6号
电话：64716674
邮编：100102
邮箱：donghudzb@163.com

（刘晶晶）

【党的群众路线教育实践活动】 2月，按照区委统一安排开展党的群众路线教育实践活动。年内，开展教育实践活动知识竞赛，开通“东湖街道党的群众路线教育实践活动”微信群，非公党组织教育实践活动专题QQ群。征求各层面意见345条，合并归纳后明确19项整改任务，其中立行立改任务3项并已解决，近期整改任务6项，中长期整改任务10项。出台制度8项，废止制度9项，修订制度23项。与活动前相比，会议减少25%。

（佟佳丽）

【首都花园式社区和单位创建】 3月至9月，完成望湖社区首都绿化美化花园式社区创建工作。栽植景观月季5400平方米，绿化改造7000平方米，组织开展“家庭花卉养殖培训”“阳台小菜园”“义务植树”“挂树牌、认树种”等活动。完成陈经纶中学、果岭里小区国贸物业、望馨花园小区童凤物业、上京新航线瑞航物业、东湖湾一期二期、东湖湾三期长城物业6家单位首都绿化美化花园式单位创建工作。

（高　洁）

【“群租房”整治】 3月至10月，完成市级挂账52套、区级挂账47套、群众举报39套、二次摸排89套“群租房”整治工作。

（刘艳青）

【社区建设】 3月至11月，完成11个“三无”（无暴露垃圾、无堆物堆料、无乱涂乱贴）小区创建工作。包括慧谷金色家园一期，慧谷金色家园二期，南湖中园A区、C区、119楼，利泽西园一区、望京花园东区、西区，望兴园小区，南湖东园小区，望京西园明苑小区；完成望京西园一区“平安示范”小区创建工作；望京花园、利泽西园一区、南湖中园北、果岭里4个社区完成“三星级”智慧社区创建；望湖、望京西园、南湖东园北3个社区完成“四星级”智慧社区创建；建立“WEI东湖”社区服务平台PC端门户网站和手机端APP全模式服务平台。

（高　洁　刘艳青　胡　波）

【食品药品安全监管】 5月21日，成立东湖街道食品药品安全委员会。聘任社区监督员7名。建立东湖街道食品药品安全快速检测实验室，配备数字化食品安全质量监测系统、药品快筛监测箱、便携食品安全分析仪等设备。快检食品135件，监督抽检128件，行政处罚1家监督抽检不合格单位。开展进口食品无中文标识专项检查、集中式餐饮具消毒行业专项整治、餐饮环节调味品专项整治、学校食堂食品安全专项检查、餐厨垃圾废弃食用油脂专项整治、建筑工地食堂食品安全专项检查、含麻醉药品和曲马多口服复方制剂购销管专项整治等多项专项检查，查处涉案餐饮服务、食品流通、药品零售、医疗器械经营企业42家，警告33家，行政处罚8.3万元。完成广泽路食品药品安全示范街创建工作。

（刘　颖）

【警务工作站建设】 5月至8月，新建巡逻警务工作站1个，扩建南湖东园警务工作站，重新选址新建果岭里社区警务工作站。望京花园等4个警务工作站评为区先进警务工作站，望湖社区等3个警务工作站被评为区达标警务工作站。

（刘艳青）

【国际体育文化节】 5月至10月，举办地区第三届国际体育文化节。组织开展“东湖杯”业余围棋国际邀请赛、第八届“和谐东湖杯”乒乓球赛、“东湖杯”（2014）国际羽毛球精英邀请赛等文体活动，来自韩国、美国、法国等国际友人、留学生近5000人参加文化节。

（张　皓）

【社区公益空间设立】 6月9日，在南湖东园北社区设立社区公益空间。针对社区公益民生需求，为居民提供为老服务、助残服务、青少年服务、救助帮困服务等公益服务项目。

（佟佳丽）

【庆祝建党93周年系列活动】 6月28日，开展庆祝建党93周年系列活动。召开表彰大会，表彰9个先进党组织、6个服务型党组织、50名优秀共产党员；组织机关、社区、非公企业党组织共产党员捐款4.41万元。

（佟佳丽）

【第三次全国经济普查完成】 6月，完成地区第三次全国经济普查。地区现有企业单位4074家，其中法人单位2859个、产业活动单位 379家、个体工商户836家；规模以上单位545家，同比增长8.7%。

（张爱佚）

【调整社区服务中心机构编制】 8月29日，根据区机构编制委员会《关于调整各街道所属社区服务中心机构编制的通知》，社区服务中心经费形式由自收自支调整为财政补助（全额拨款）；核定社区服务中心全额拨款事业编制8名，科级领导职数为3名（1正2副）。

（佟佳丽）

【地区巡防队成立】 8月，自筹资金40万元组建12人地区专职巡防队。开展24小时不间断巡逻及重点地区蹲守工作。协助派出所出警264次。

（刘艳青）

【街道工委办事处成立】 12月12日，根据《北京市民政局关于调整朝阳区来广营和崔各庄地区行政区划的批复》和区委办、区政府办关于《东湖街道党政机构设置事项的通知》，撤销北京市朝阳区人民政府东湖街道办事处筹备处，成立北京市朝阳区人民政府东湖街道办事处，为区政府派出机关；撤销中共北京市朝阳区委东湖街道筹备处工作委员会，成立中共北京市朝阳区委东湖街道工作委员会，为区委派出机构。

（刘晶晶）

【地铁东湖渠站开通】 12月28日，地铁14号线东湖渠站开通。

（刘晶晶）

【社会领域党建】 年内，东湖街道北京宇创国际文化传播有限公司党支部成立，北京市小帮手服务中心党支部更名为北京市社区服务协会党支部。接转大地工程开发集团党委向云南鲁甸爱心捐款14.29万元。

（佟佳丽）

【依法行政】 年内，办事处与酒仙桥法庭签订法政共建协议。在多元调解、法制宣传、人民调解、依法行政等方面开展合作。与北斗鼎铭律师事务所开展“灯塔普法项目”律政共建活动。在司法部“基层法制宣传工作者和普法志愿者调研座谈会”上作为典型经验推广。

（苏　严）

【安全生产监管】 年内，结合城乡结合部专项整治，检查生产经营单位2332家次，排查安全隐患1590处，立案12起，行政处罚6.1万元。开通安监QQ群、微信平台、短信平台等安全生产公共交流平台。制发《安全东湖百事通》7000册。

（石冰洁）

【党政群共商共治工程】 年内，继续开展党政群共商共治工程。举办街道、社区层面问政问需会23次，了解群众诉求，做到事前议、事中议、事后评。确定并完成街道及社区层面小区畅亮工程、校园交通安全工程等42个项目，投入资金1426万元，其中自筹800万元。

（刘晶晶）

【“一刻钟社区服务圈”建设】 年内，接纳服务商200余家，在望京花园和南湖东园北社区增设2个“农社对接”便民菜站，引进祥民家居家电服务；望京西园社区星级服务圈、利泽西园一区社区“康都如家五分钟服务圈”通过区级验收。

（胡　波）

【顾问式服务】 年内，通过“首问接待、全程跟踪、专业服务、延伸联系”为居民提供个性化服务。组建“星光实践课堂”“育儿妈妈分享群”“你好新居民”“乐龄关爱俱乐部”“三关爱帮帮团”“老年沙龙”“红烛校外教师辅导团”“刮痧七姐妹”“养犬互动吧”等39个顾问式服务团队，举办活动和服务100余项，2000余人次受益。

（胡　波）

【居家养老服务】 年内，启动青松护老康复护理服务项目，为20名高龄老人提供免费服务480人次。

（冯歆宇）

【妇联系列活动开展】 年内，开展“巾帼建新功、共筑中国梦”主题系列活动，评选表彰18名巾帼风采典型人物；在众运大厦楼宇建立姐妹驿站；联合北京妇女儿童发展基金会开展慰问困难妇女活动。

（杨国徽）

【志愿服务】 年内，招募注册志愿者400余人。确定每月最后一个星期五为地区公益日。整合基金会3家、战略合作联盟4家、爱心社会单位20余家参加志愿服务。其中，六佰本彩秀理发店作为学雷锋志愿服务点为4000余人次提供免费理发服务。联合望京网、《和谐东湖》报开展“2014十大东湖榜样”评选活动，投票产生许秀强，潘玉进等10名东湖榜样。开展社区服务需求调查。试行公益储蓄和志愿服务回馈机制。

（杨国徽）

【就业服务】 年内，举办春秋两季招聘会，近千人参加招聘会。发布招聘信息专刊17期。开发就业岗位719个，建立用工档案127个。实现自主创业4人，带动就业27人。

（赵红曦）

【文化体育】 年内，举办地区合唱比赛、“激越东湖 唱响初夏”活动、“七彩中国梦浓浓东湖情”群众业余文艺团队汇报演出、图书馆漂流等文体活动104次，直接受益人群2万余人，间接受益人群5万人，占辖区总人口60%以上。组建东湖街道彩虹艺术团。成立街道合唱队、舞蹈队、交谊舞队、模特队、民乐队5支队伍。社区文体队伍增至62支，增长率60%。

（张 皓）

【环境综合整治】 年内，完成APEC会议“两线、两街、两校、一区域”（“两线”指北五环和京承高速周边，“两街”指湖光北街、背街小巷明苑区间道，“两校”指白家庄小学科技园校区、南湖东园小学，“一区域”指北小河沿线重点区域）等重点环境建设项目。粉刷建筑物、围墙栏杆3.9万平方米，修补铺装破损道路5700余平方米，补植斑秃绿地2800余平方米，清理无主垃圾260余吨。投入106万元用于垃圾分类桶站密闭性改造、垃圾桶更换、电瓶车维修等。处理网格案件11511件，取缔无照经营200余起，拆除违法建设及非法设施6570平方米。完成“六无”（无小广告、无开墙打洞、无无照经营、无露天烧烤、无门前三包、无停放乱放现象）大街创建工作。包括河荫西路、屏翠东路、屏翠西路3条大街。

（高 洁 张 烨）

【热计量改造】 年内，完成既有节能居住建筑供热计量改造工作。涉及地区253万平方米，23个物业公司，138栋楼，19306户，其中单管改造13349户、分户计量改造5957户。

（高 洁）

【劳动监察】 年内，采集更新地区企业信息270家；检查地区用人单位100家；劳动监察立案84件；清理已办理社保登记而未交费企业97家；调查重点企业薪酬20家；调研中小企业劳动关系30家；培训发生劳动争议或被举报投诉企业20家；为4名劳动者协调解决劳动单位拖欠劳动报酬11800元，为1名劳动者追回扣押的身份证。

（张金鹿）

【工会建设】 年内，通过市总工会服务站规范化建设验收工作。企业建会284家，其中独立工会144家，工会会员6282人。集体合同签订率86%，工资专项协议签订率85%。地区总工会被评为区2014年五星级工会。

（欧六六）

【纠纷调解】 年内，设立8个规范化调解委员会。制作调解协议书800余份，成功调处望京西园社区居民住宅漏水等矛盾纠纷900余件，调处成功率98%。

（苏 严）

【信访工作】 年内，开展“矛盾纠纷大排查”“信访工作研究”等重点工作。接待来访200余批次，受理市、区批转信访件16件，化解“公共篮球场扰民”“慧谷根园成立业委会”“民工集体讨薪”等重大社会矛盾。出版《东湖街道信访及矛盾调处工作案例汇编》。

（侯永利）

垡头街道

【概况】 垡头街道位于朝阳区东南部。东与豆各庄乡交界，南与十八里店乡为邻，西与南磨房乡接壤，北与王四营乡毗邻，属典型的城乡结合部。辖域面积5.32平方公里。有11个社区和2个社区筹备组。常住人口8万余人，流动人口1万余人。年内新出生人口331人，死亡人口207人。辖区有社会单位445家（含门店）。规模以上企事业单位19家，教育机构15家（含北京工业技师学院和北京联合大学生物化学工程学院），有区属一级医院1个、社区卫生服务站2个。途径辖区公交线路11条。有500平方米党员活动中心、2000平方米综合服务活动中心、5400平方米地区文化中心、6处文化广场和5处24小时自助图书馆。垡头街道司法所被评为北京市AAA级规范化司法所。年内，实现区级财政收入1662.15 万元，同比增长8.6%，房产税 110.81万元，同比增长225.9%。

地址：垡头金蝉北里20号

电话：67365451

邮编：100023

邮箱：ftjd2015@163.com

（张 会）

【第三次全国经济普查】 1月1日，第三次全国经济普查正式入户登记。经统计登记法人、产业活动单位及个体经营户1343个，其中法人单位455个、产业活动单位86个，登记率为105.9%，比第二次经济普查单位增加65%。登记个体经营户802个，登记率为154.8%，比第二次经济普查增加20%。按行业划分：工业25个、建筑业19个、住宿餐饮业31个、金融业2个、服务业271个、商业193个，与第二次经济普查相比，第二产业与第三产业分别增加52%和240%。

（欧阳红）

【社区治理和服务实验区创建】 1月，双合家园小区获市民政局颁发的“北京市社区治理和服务创新实验区”铜牌。11月，完成市民政局关于市社区治理服务创新实验区创建工作中期报告。代表区街道系统开展双合家园社区筹备组全国社区治理和服务创新实验区专项创建，构建以社区为平台、社会组织为支撑、专业社会工作者为骨干的“三社联动”运行管理机制，优化培育需求调查进楼门、社工机构进社区、社工服务进家庭“三进”工作模式。

（王晓琳）

【党政群共商共治工程】 年初，制定《垡头街道党政群共商共治议事协商会操作手册》。成立领导小组、工作小组、监督小组等专门机构。4月2日，召开党政群共商共治问政会，票决确定2014年度拟办项目。年内，投入资金3000万元，完成党政群共商共治项目6大类26项。12月16日，召开党政群共商共治总结评议会，经测评，完成情况满意度98%。

（张 会）

【两节送温暖活动】 两节期间，投入资金91.92万元，慰问地区低保家庭、低保边缘家庭、大病患者、残疾人等10类困难家庭2053户。

（王久全）

【党的群众路线教育实践活动】 2月，根据区委统一安排开展党的群众路线教育实践活动。明确“坚持四结合、突出四重点、强化四着力，力求四突破”工作思路，组织地区76个党组织、2671名党员参加教育实践活动。期间，通过召开民主生活会，提出改进工作、转变作风的意见和建议159条，明确14项整改任务。通过落实整改，解决五方面问题：思想站位与工作定位问题、班子合力与主动作为问题、区域化党建与服务型党组织建设问题、社会治理与长效机制建立问题、服务群众与创新突破问题。与活动前相比，全年精简合并会议10余次，会议活动经费开支减少45万元，节约纸张3万张。严控“三公”经费支出标准，严把“三公”经费支出审批程序。完善公务用车使用管理暂行办法，杜绝公车私用。完成新修订、制定制度24项。解决立行立改问题95件，解决群众关心关注的各类问题295件。

（李　斌）

【食品药品安全委员会成立】 3月10日，垡头街道成立食品药品安全委员会。年内，办理各类投诉举报案件112件，其中食品流通33件、餐饮服务76件、化妆品2件，药品1件。投诉举报办结率100%。

（吴　雪）

【“百名十佳”表彰】 3月26日，举办“微行大爱·梦展垡头”第十五届精神文明“百名十佳”先进表彰大会暨党的群众路线教育活动“感动垡头”人物事迹宣讲报告会。表彰为垡头地区精神文明建设做出贡献的先进单位和个人。200人参加活动。

（高　尚）

【流动人口和出租房屋管理】 4月，开展对“群租房”的依法治理工作。治理前，地区共有群租房63户，房屋中介机构12家。截至年底，清理违法群租房屋63户538人，群租房治理挂账任务全部完成。东里社区平房拆迁，清退出租房屋43户，清退172人；清退人防11处，清退1265人；清退地下室5处，清退120人；治理东里兆峰陶瓷厂区出租房屋严重安全隐患，清退面积2000平方米，清退房间175间，清退人员530人。年内，更新流动人口数据1960条，地区流动人口人数同比减少1593人，完成年度人口调控任务114%。

（张　钰）

【电力改造工程】 5月21日，召开“三区三号院电力改造工程宣讲会”，向居民代表介绍工程施工方案。电力改造工程涉及153户居民。7月20日工程正式启动，10月全部竣工。三区三号院被纳入区“煤改电”范围，享受电采暖设备购置补贴及峰谷电价，院内112户居民参与“煤改电”改造，其余居民户为集中供暖。

（刘长君）

【庆祝建党93周年活动】 6月26日，召开“凝聚党旗下、党群心贴心”——垡头街道庆祝中国共产党成立九十三周年大会。表彰北京联合大学生物化学工程学院等5个先进党建共建单位、垡头二区社区党委等3个“五个好”社区党委、翠城盛园社区党委第三党支部等24个先进基层党支部、吴炳晨等44名街道优秀党务工作者、王文通等236名街道优秀共产党员。

（李　斌）

【东里南院房屋腾退完成】 7月11日，东里南院房屋腾退工作启动。由区住建委牵头，街道、社区、拆迁公司、评估公司等单位参与，8月16日，有158户居民签订腾退协议，腾退率为91.3%。确保地铁7号线按时通车。

（刘长君）

【节能保温改造工程完成】 10月，完成对一区、三区、西里、北里社区39栋竣工于上世纪80至90年代的居民楼节能保温改造工程。

（刘长君）

【第八次园林绿化资源普查】 10月，完成内业录入工作并报区绿化局审核通过。成立垡头街道园林绿化资源普查工作领导小组，下设园林绿化资源普查工作办公室，负责普查各项工作实施。8月20日，完成内业图斑勾划工作，并报区园林绿化局审查合格；28日，组织培训辖区49个产权单位及绿化专业队外业人员，并启动外业调查。

（刘长君）

【社会领域党组织服务联盟成立】 11月19日，垡头地区社会领域党组织服务联盟成立。

（李　斌）

【阳光种植基地建成】 11月，投入60万元建设的残疾人阳光种植基地正式完成并投入使用。基地占地面积280平方米，划分为传统种植区、景观绿化区、果蔬种植区、立体种植区和休闲区等5个功能区。功能区道路联通、道路与种植区之间由无障碍通道连接。种有奶油生菜、香芹、西红柿、彩椒、草莓、豆苗等10余种果蔬及绿植，成为地区残疾人休闲活动及康复的又一平台。

（乔　愔）

【养老中心开放】 12月1日，街道养老中心正式对地区居民开放。中心建筑面积600平方米，开设日间照料和24小时托管服务，有日间照料床位5张，全托床位19张。设有老人托管房间、卫生室、餐厅、活动室、厨房、洗浴室等功能区。中心是朝阳区民政局养老指导中心街道分中心试点项目。中心采取公建民营运作模式，由爱依家政专业公司负责运营和管理。

（王久全）

【司法所通过AAA级验收】 12月25日，垡头司法所通过市司法局考核组对AAA级规范化司法所检查验收工作。

（梁　茜）

【劳动就业】 12月29日，街道劳动科、社保所搬迁至翠城102楼一层。年内，为13个社区安装宽带14条，实现社区劳动保障平台网络化办公；办理就业358人，就业率65.81%；开发就业岗位2100个。

（王　腾）

【科技创安】 年内，完成翠城馨园、趣园社区各主要路口、楼宇18处监控系统安装。

（张　钰）

【安全生产】 年内，开展安全生产执法工作。下达执法文书320份，立案6起。完成创建安全生产标准化二级企业2家、安全生产标准化三级企业42家、微型企业岗位达标111家。

（郭荣斌）

【食药所检测室建成】 年内，建成垡头地区第一个食品药品快速检测室。

（吴　雪）

【劳动监察】 年内，巡查检查企业389家，立案31件，新增单位农民工参加养老保险7户，开展对建筑业劳务公司工资支付情况及最低工资支付标准执行情况专项检查7次；使用童工情况专项检查5次；劳动合同签订情况专项检查6次。

（王　腾）

【人民调解】 年内，受理、调解矛盾纠纷624件，形成案卷624件，卷宗报送质量合格率为100%，调解成功率为100%。

（梁　茜）

【道路修缮】 年内，对垡头东路南段600延米的路面进行铺装硬化；对一、二、三区、北里、西里、东里社区6条破损道路进行维护和修缮（总长度1600延米）；增设小区公共照明设施110盏。

（刘长君）

【工会建设】 年内，新增联合工会会员单位8家；23家企业签订工资集体协商协议，其中独立建会企业5家、社区联合工会下属企业18家，涉及职工169人。

（王剑萍）

【共青团组织建设】 年内，新建“两新”团支部7个。信息工作在街道共青团系统位列第二名，《党建带团建的实践与思考》调研文章在全国发行的《社区党建》杂志发表。

（张 会）

【妇联建设】 年内，评选地区最美家庭13户，其中于连霞家庭获区最美家庭秀一等奖和市最美家庭提名奖；开展第十三届“五好文明家庭”评选活动，评“五好文明家庭”2800户。

（蔡红梅）

【社区建设】 年内，开展三区社区、翠城盛园社区“智慧社区”创建和翠城雅园社区升四星级“智慧社区”自查及申报材料提交工作。翠城趣园社区被评为市“六型社区”。

（王晓琳）

【拆除违法建筑】 年内，拆除新增违法建设4处1365.6平方米。在垡头西路环境综合治理中，拆除代征路区域内15间门脸房、4间棚子、露天大排档等违法建设面积390余平方米。

（李海洋）

【环境整治】 年内，开展各类整治27次，清理无照商贩270人次，规范门前三包2500个次，规范无照经营12000个次。打击“黑车”240辆次，规范、劝离“黑车”趴活6000辆次。

（李海洋）

和平街街道

【概况】 和平街街道位于朝阳区西北部。东以城铁13号线为界，南起北二环路，西至安外大街，北至元大都遗址公园。辖域面积4.54平方公里，有9个社区居委会。户籍人口25509户，95467人。年内，新出生人口808人，死亡人口535人。流动人口26451人。辖区内有中国计量科学研究院等14家科研院所，有中国交响乐团等10家文化艺术团体，有北京化工大学等3所大专院校，1所成人教育学院，1所中专，3所中学、3所小学，有9个200平方米以上的社区文化活动室和700平方米的社区文化活动中心。有中国特种设备检测中心等中央企业41个，有北京化工研究院等市属企业25个，规模以上企业有255个，有中日友好医院及27个各具特色的医疗机构和占地2500平方米的寸草春晖养老院。街道2014年总体工作思路为：认真学习贯彻党的十八大和十八届三中、四中全会精神，深入开展党的群众路线教育实践活动，围绕朝阳区服务首都发展定位，凝心聚力，求真务实，主动作为，争创一流工作业绩。全年完成区级财政收入4.86亿元，同比增长19.4%。完成房产税收入2166万元，同比增长8.8%。街道被评为“北京市禁毒工作示范单位”。
地址：和平西街和平西苑10号楼
电话：84280465
邮编：100013
邮箱：hpjoffce@bjchy.gov.cn

（王爱君）

【拆违控违与环境整治】 1月，街道执法队拆除胜古南里28号楼西侧违法建设16处202.7平方米。4月，市长王安顺到街道调研，对东土城路历史遗留违法建设做出指示。6月，拆除东土城路1号院内554平方米的违建房屋、东易日盛商业楼内325.7平方米无规划审批手续的楼顶加层和阳光平台。联合执法50余次，取缔无照经营555起、露天烧烤大排档23处，发现安全隐患并下发限期整改责任书56家。全年完成区挂账任务拆除违法建设51处3566.65平方米。

（王爱君）

【“4·11”燃气爆燃事故楼拆除】 2月28日，和平街12区3号楼2011年燃气爆燃事故楼拆除。副区长汪洋现场指挥楼体拆除工作，街道工委书记李连科、街道办事处主任秦涛带领机关全体干部及200余名安保人员维护现场秩序。

（孟 娟）

【党的群众路线教育实践活动】 2月，根据区委统一安排开展党的群众路线教育实践活动。年内，召开征求意见座谈会12次，向1146名各界代表征集意见建议297条。完成整治违反财经纪律、整顿软弱涣散基层党组织、整治文山会海等16项整治任务。制定完善反对“四风”、加强基层基础建设、为民服务、加强自身建设等4个方面27项规章制度。街道所属1个党总支、10个党委、73个支部、3545名党员参加教育实践活动，参与率100%。与活动前相比，会议减少46%，文件减少75%，“三公”经费减少40%，清理超标配备公车1台，清理办公用房185平方米。解决立行立改问题60件，解决群众关心关注的各类问题324建。

（宋全刚）

【领导调研】 3月，市民政局副局长李红兵，副区长张立新及20名街乡负责人到寸草春晖养老院调研养老照料中心建设。

（王爱君）

【消防安全隐患检查】 3月，组织3100余人次排查火灾隐患，检查复查社会单位1300余家，发现隐患870个，现场处罚16家，查封2家，停业1家。7月，复查1123个单位，发现火灾隐患392处，整改完成380处。

（孟 娟）

【经济普查】 3月，完成第三次全国经济普查登记和数据审核。最终登记3389 家法人单位和 1205家个体户。

（王爱君）

【食品药品安全委员会成立】 5月，街道成立食品药品安全委员会。年内，专项检查11所中小学校、幼儿园的食品安全工作。检查4个学生食堂、2个幼儿园食堂从原材料采购、食品加工、餐用具消毒、从业人员管理等环节安全情况；对7所配送营养餐的学校，进行经营资质、从业人员卫生、送餐工具卫生、送餐温度等环节进行全面监管。专项检查辖区内14家零售药店、32家医疗机构、53家医疗器械经营企业，建立完善各类监管台账。检查22个单位职工食堂，针对5家食堂管理不规范、制度不落实，发出《行政提示书》。

（李 伟）

【非公企业党委成立】 7月，经区委组织部批准成立中国共产党北京龙文环球教育科技有限公司委员会，设党委委员5名。该公司成立于2008年，有员工1800余人，有23个分校，140余个教学点。北京总部设在和平西桥首钢实业大厦一层，公司有党员95人。

（宋全刚）

【准物业管理通过验收】 9月，完成小黄庄四条、小黄庄前街、小黄庄西苑和樱花园老旧小区准物业改造工程。完善硬件设施，成立准物业管委会。4个小区准物业管理通过区社会办验收。

（朱 琳）

【志愿者队伍建设】 10月，完成125个社区社会组织备案登记，9066人社区志愿者注册登记工作。截至年底，有各类志愿者队伍98支，特色志愿者队伍11支。杨建被评选为2014年度首都“社区志愿者之星”，中医药大学第三附属医院被评选为2014年度首都“社区志愿服务组织之星”。

（朱 琳）

【老旧小区改造工程完成】 年内，完成砖角楼社区、樱花园社区、和平街家园社区部分区域实施环境改造工程。实施绿化改造2485平方米，硬化铺装道路1.2万余平方米，道路修补2795平方米，排雨水管线铺设600延米，新建四方亭1座。

（麻慧溶）

【城市管理“三员”下社区】 年内，街道制定《和平街街道城市管理“三员”下社区实施意见》，社区成立城市管理工作站，城管队员、环境监督员、保洁员下到社区，实现城市管理、考核工作下沉，定人、定责、定范围，双向管理、双向考核监督，加大地区环境管理、保洁力度，实现辖区环境秩序管理标准化，维护常态化。

（王　彤）

【食品快速检测】 年内，食药所完成辖区有形市场、超市、食品店随机食品抽检工作。完成快检样品110件，不合格样品1件，合格率99.09%。对辖区733户（餐饮服务239户、食品流通362户、医疗机构32户、医疗器械54户、保健食品21户、化妆品11户、零售药店14户）监管主体监督检查。建立监管台账，发出《责令改正通知书》21份。查处67件违法案件，一般程序37件，简易程序30件。结案37件，其中一般程序7件，罚没款91217.3元。

（李　伟）

【招商引资】 年内，街道引进中煤科工集团工程科技有限公司、汉廓策划咨询有限公司、北京多杰网络科技有限公司、北京恒金投资管理顾问有限公司、北京中交汇达信息科技有限公司和中色国捷科技有限公司等6家企业。中煤科工集团工程科技有限公司形成区级收入215.58万元。

（马　莹）

【社区建设】 年内，完成27项为民解忧办实事项目，街道层面9件，社区层面18件。十四区社区成为“北京市四星级智慧社区”，煤炭科技苑社区成为“北京市三星级智慧社区”。

（朱　琳）

【社区服务】 年内，“和平街街道康乐为老公益服务”和“煤炭科技苑社区杨建为民服务队为老服务”被确定为2014—2015年区市级购买社会组织服务项目。分别获8万元和3万元支持资金。96156 热线完成咨询单392人次、服务单71人次；街道公共服务信息网全年采集信息1242条，107条信息被街道、区和市级网站采纳。

（朱　琳）

【劳动监察】 年内，对辖区172家用人单位进行劳动用工情况监察。书面审查60家，涉及劳动者1978人，责令补签劳动合同29份，督促新办社会保险登记16家。受理群众举报投诉案件25件，受理劳资纠纷案件9起，涉及农民工86余人，处罚用人单位2家。为5名知青办理返京。

（左艳菊）

【安全生产检查】 年内，执法检查1820家次生产经营单位开展安全生产情况。下达437份责令限期整改指令书、询问通知单，督促整改各类安全隐患509处。立案8起。对辖区人防工程安全检查，消除安全隐患12处，关停3处人防工程，清退房屋120间。

（潘丽红）

【“温馨话吧”项目建设】 年内，投资5万多元完成空巢家庭开展“温馨话吧暖空巢・人道博爱暖民心”项目建设。为94户失独家庭发放暖情6卡（公园年票、老年饭桌就餐券、新华书店读书卡、影院观影卡、理发卡、便民医疗心理慰藉服务电话卡）。“温馨话吧”通过心理疏导体验、一对一家庭辅导、志愿者上门服务等慰藉失独老人。

（周　洁）

【“平安示范”小区创建】 年内，投资59万元完成胜古庄社区皇姑坟小区创建“平安示范”小区。对皇姑坟小区2个院、4栋楼、30个单元实施全封闭式管理，设立2个治安岗亭，小区重要部位设置20个监控探头，实现重点部位实时监控全覆盖。

（孟　娟）

【违法群租房专项治理】 年内，专项治理辖区89套违法群租房，拆除隔断341间，清退群居828人。对区级群租房重点小区进行重点治理，清退群租房24户，清退流动人口214人。

（孟　娟）

【就业服务】 年内，调查辖区113家单位进行用工需求情况，开发就业岗位3684个，对105家企业开展市劳动力市场信息系统建档工作，建立岗位信息共享机制，107人实现就业。6月，成立“金手链”创业者俱乐部，实现有创业愿望人员信息资源共享，2名以法人身份注册公司获小额担保贷款35万，直接带动23人就业。

（王爱君）

【医疗保险办理】 年内，受理辖区内无保障居民参加“城镇居民医疗保险”4000人。其中老年人800人、散居儿童3000人、无业人员90人、参加“城乡居民养老保险”无业人员110人。

（王爱君）

呼家楼街道

【概况】 呼家楼街道位于朝阳区中心地带。东起金台路，南至光华路，西起东大桥路，北至工人体育场南路。三环路贯穿南北，朝阳路、朝阳北路横穿东西。辖区面积2.8平方公里，大部分位于北京商务中心区范围。辖区设有10个社区。户籍人口21513户、64398人；新出生617人，死亡387人；外来人口20032人。地区法人单位3430家，其中中央单位64家、市属单位89家、区属单位73家，驻有中央电视台、人民日报社、世贸天阶、京广中心等单位；有医院4家，社区卫生服务中心1个、社区卫生服务站5个；社区服务中心1个；有科研院所4个，大学1所，中学1所，小学3所，幼儿园4所。2014年，街道工委、办事处深入学习贯彻党的十八大和十八届三中、四中全会精神，按照区委、区政府工作部署，结合开展党的群众路线教育实践活动，建设“四过硬”（思想过硬、作风过硬、能力过硬、廉洁过硬）的领导班子和“五有”（有思想、有素质、有担当、有纪律、有作为）的干部队伍，紧抓朝阳区创建全国社区治理和服务创新实验区契机，打牢基础，求真务实，锐意创新，不断提高地区居民的幸福指数。年内，完成区级财政收入19.57亿元，同比增长10.12%；小房产税征收8200万元，同比增长29%。街道办事处被中国社工协会社区工作委员会评为“全国社区服务型党组织建设示范街镇”、被北京市献血办公室评为“2014年北京市无偿献血工作先进集体”。

地址：呼家楼北街甲6号
电话：65012264
邮编：100026
邮箱：cyhjl@bjchy.gov.cn

（杨常有）

【市委书记慰问老党员】 1月28日，市委书记郭金龙等领导到呼家楼街道看望老劳模王在祥和老党员赵世良。并对两位老党员几年如一日参与社区志愿服务给予肯定。

（解天泉）

【安全检查】 1月至7月，开展安全生产条件普查工作和全面清理住宅内非法违法生产经营活动。发放《普查通告》100份、《致普查对象的一封信》300余份、《普查》材料5000余份、《未取得工商营业执照经营实体基础信息表》200余份。在安全生产隐患排查中，出动339人次，检查单位（企业）118家，发现隐患问题314处并现场告知、开具《执法文书》，要求限期整改。

（潘玉辉）

【第三届金台文化艺术节】 5月9日至10月28日，举办呼家楼地区第三届金台文化艺术节。期间，举办庆“六一”中外家庭草坪音乐会、迎“七一”群众才艺大赛、合唱比赛、第四届“端午文化节”、京剧票友大赛、书画展等活动。

（王 洁）

【环境整治】 5月，启动环境整治工作。粉刷东三环沿线关北街11—13号楼近1.7万平方米外立面；更新粉刷央视950平方米的破旧围挡；同时对辖区内涉及APEC会议辐射区道路、建（构）筑物、公共设施等进行摸排，清理堆物堆料15吨。

（王淑华）

【人口抽样调查】 5月至7月，对东大桥社区两个调查小区进行人口抽样调查。最终登记864户2345人。

（段春蕾）

【煤改气工程完成】 7月，完成呼南社区“煤改气”工程。经过意向问卷、摸底调查、壁挂炉登记选购、签订协议、入户安装五个环节，为232户居民安装壁挂炉，采用清洁能源供热。

（王淑华）

【首家社会建设综合服务中心成立】 8月，首家街道级社会建设综合服务中心成立。中心位于办事处社保所服务大厅北侧，有工作人员10人，主要业务是为呼家楼地区提供社区治理创新研究、公益理念普及、公益资源共享、社会工作人才实训、社会服务创投、社会组织培育等方面的支持性服务。制定“实施意见”“三年行动计划”“服务项目目录”等文件，规划地区社会建设和社区治理进行系统；全年开展12场专业小组活动，25场社区活动，受益2.35万人次；购买服务项目7项，市、区级批复资金89万元，街道配比104万元。

（王东平）

【慈善助学】 12月23日，举行“携手慈善·情暖呼家楼”慈善助学活动仪式。慈善家李春平为地区困难家庭学生捐款20万元；企业单位代表中复电讯、国安集团、北京田华集团、朝阳第二医院共捐款13万元。年内，对地区64户低保及边缘贫困家庭中大、中、小学生及幼儿园儿童开展助学百分百工程，发放学习用品及助学金7万余元。为地区10名困难家庭发放“衣恋圣秀慈善基金”助学款及学习用品。

（陈炳辰）

【老旧小区改造工程】 年内，完成新街大院开展优美小区创建工作。绿化改造1500平方米，道路修补1800平方米，铺装硬化2000平方米，外立面粉饰5000平方米，楼道内粉饰5000平方米。完成小庄社区翻修破损道路12处，改造下水管道2处。取缔非法停车场12处，全面翻修CBD停车场，为呼南、呼北社区增加车位306个。

（王淑华）

【“开墙打洞”整治】 年内，按照实事求是、分门别类、逐步推进原则，完成朝阳北路“开墙打洞”整治工作。涉及7栋住宅楼，51家门店。

（刘 畅）

【调处维稳】 年内，排查矛盾隐患161件次，受理群众信访355件958人次，接受群体信访7件183人次，初信初访化解率保持100%，预防越级访、集体访21次。妥善处置工体“12·26”事件善后工作、马航失联客机乘客家属服务保障工作等。

（王 丹）

【化石营旧城区改建】 年内，完成化石营旧城区改建项目749户居民意愿征询工作。最终项目以81.44%的同意率列入房屋征收。

（杨常有）

【工青妇建设】 年内，街道总工会新增建会企业112家。其中独立工会15家（百人以上企业5家），联合工会覆盖企业97家，发展会员2000余人。妇联开展“最美家庭”“五好文明家庭”“社区文明小使者”评选，呼北社区开展创建示范“妇女之家”活动。团委新成立非公团组织6家，依托社区青年汇，开展主题团日、青年座谈、团建答卷、征文、志愿服务等各类活动50余次。其中交友类活动“七夕鹊桥会”获区社区青年汇优秀项目三等奖。

（杨常有）

【党的群众路线教育实践活动】 年内，党的群众路线教育实践活动正式启动。街道工委按照区委要求和“为民务实清廉”的主题，对照群众反映的问题，制定班子整改方案，并对查找出的24项问题列出整改清单，完成21个整改项目。截至年底，会议、文件、“三公”经费分别同比减少75%、83%和 28%，清理超标配备公车2台。完成确定新修订、制定制度21项。解决立行立改问题21件，解决群众关心关注的各类问题936件。解决辖区保洁不到位、同乐超市露天烧烤、呼西里路面积水、人民日报社东门道路狭窄、居民买菜难买菜贵等问题。地区163个基层党组织，4742名党员参加教育活动。

（赵 堤）

【“四百”计划】 年内，开展“到群众中去——四百计划”（进百家门、知百家情、解百家忧、暖百家心）。班子成员每人带领一个工作组，定点跟进空巢、高龄、失独等10类家庭，把街道工委建设成“五民”服务型党组织（听民意、解民忧、促民和、暖民心、助民乐）。全年召开工作协调会4次，梳理统计各社区购买服务需求122项。

（赵 堤）

【非公组织党建】 年内，北京安妮餐厅有限公司等6家企业成立非公党支部；撤销合并6个非公党支部。

（赵 堤）

【党政群共商共治工程】 年内，通过多种形式开展各类问政活动200余次，收集意见建议数量800条次，完成区、街道、社区三个层面实事项目70项，受益人群80万人次。

（解天泉）

【第三次全国经济普查】 年内，完成第三次全国经济普查工作。地区登记法人单位和产业活动单位7049家，实际登记率104.3%。

（段春蕾）

【双拥共建】 年内，为3家共建的武警部队送慰问金7万元。同时赠送图书，添置投影仪、触摸屏电脑、摄像机等器材。定期请律师、医生到部队开展普法宣传、健康知识、青春期心理讲座等。

（陈炳辰）

【全模式社会服务管理工作】 年内，开展全模式社会服务管理工作。将市容环境绩效考核扩展到辖区内人、事、物、地、组织等11个模块、3537个细类并全部纳入网格化管理。街道二级平台接受网格案件36878件。区监督中心将呼家楼街道定为二级闭环试点街道。

（吕 晶）

【劳动就业】 年内，实现城镇登记失业人员620人，就业困难人员实现就业388人。开展“劳动用工规范一条街”“劳动用工书面审查工作”专项检查，借助“两网化管理”对辖区2300家企业单位信息实行动态管理，实现全覆盖；完成地区重点企业劳动用工监察200家，立案84件，处理劳资纠纷10余起。

（杨常有）

【人口计生服务】 年内，编制《呼家楼地区人口和计划生育工作手册》；推出全国首台以单独二孩政策为主题的婚育新风话剧《2014咱们生孩子》。

（车昱晓）

【榜样人物评选】 年内，开展“感动呼家楼十大榜样人物”评选活动。发动地区百姓和社会单位参与举荐身边好人，评选出10名呼家楼地区榜样人物：周良震为见义勇为榜样，殷金凤为敬业奉献榜样，安妮为诚实守信榜样，张秀艳、李健、李秀华为孝老爱亲榜样，赵世良为助人为乐榜样，高忠玉为勤劳节俭榜样，金燕为热心公益榜样，肖秀英为仁和友善榜样。

（王 洁）

【创编《社区人家》评剧】 年内，在开展党的群众路线教育实践活动期间，街道以呼北社区党委书记殷金凤为原型创编评剧《社区人家》。演出3场，成为街道年度文化亮点成果之一。

（王 洁）

【社区基础建设】 年内，完成小庄、关东店、金台里、新街、呼家楼北、呼家楼南6个社区办公和服务活动用房新建、改扩建工程1300平方米，投入资金300万元。

（王东平）

【社区服务体系建设】 年内，在呼家楼北社区开展社区治理试点工作，依托慧心社会工作事务所、智道行品牌管理顾问有限公司，开展政府购买服务项目，“一元多核社区治理模式的探索与实践”“让身边的人幸福起来”等项目通过审批。继续深化地区“一刻钟服务圈”建设，完成“一网一线一平台”上线工作，建立完善社区信息管理平台。

（王东平）

【“六型社区”创建】 年内，完成关北街社区“六型社区”创建工作。从社区环境、卫生、安全、硬件建设及档案整理方面入手，加大对堆物堆料、群租房、小广告等问题整改力度，修缮社区主干道。

（王东平）

【“智慧社区”创建】 年内，完成金台里智慧社区升级及东大桥、核桃园、小庄社区申报三星级创建工作。

（王东平）

【志愿服务】 年内，呼家楼公益储蓄分中心网站在册志愿者7637人，爱心会员单位15家。全年发布活动信息78项，服务时长156632小时；分中心开展特色及常态项目活动10余场次，1万余人受益。

（赵 冰）

建外街道

【概况】 建外街道位于朝阳区西南部。东与八里庄街道、高碑店乡相邻，南与双井街道隔河相望，西至建国门立交桥，北与呼家楼街道接壤。辖域面积4.4平方公里。有8个社区。辖区户籍人口4.2万人，常住人口2.1万户，流动人口1.5万人。有29个外国驻华使馆、2个代办处，2个外交公寓群。辖区内有国贸饭店、建国饭店、秀水市场等企事业单位；医疗机构6个；中、小学校6所，幼儿园5所。年内，实现区级财政收入63.9亿元，同比增长16.9%，完成全年指标任务的110%，完成个人出租房屋房产税代征税6500万元。与税务、工商联合，引进新纳税户720家。

地址：东三环中路39号建外SOHO西区18号楼
电话：58789617
邮编：100022
邮箱：cyjw_yxf@sina.com

（王京敏）

【社区公益空间成立】 年初，成立首家社区公益空间。以公开招投标和公开评选的方式，引入和众泽益志愿服务中心作为第三方承接公益空间的日常管理和运营，通过政府购买服务的方式，满足辖区各类群体需求。公益空间以需求为导向，通过引入专业机构、对接企业志愿服务等途径，全年为辖区中老年人、企业白领、青少年儿童、特殊人群开展各类服务活动85场，参与志愿者人数578人，志愿服务时间3010小时，1527人直接受益。

（朱砚君）

【区域化党建试点项目启动】 4月17日，中组部副部长陈向群到建外调研基层党建工作。标志着街道工委区域化党建、服务型党组织建设启动。以北郎东社区为试点，推进“四个三”工作体系，一是组建“三支队伍”，即基层书记队伍、党务专职工作人员队伍、党建指导员队伍。二是搭建“三个平台”，即街道党建工作中心站、社区党建工作分站、楼宇党建工作指导站。三是开展“三个服务”，即服务企业发展、服务民生和群众、服务广大党员。四是推进“三建工作”，即建支部、建队伍、建工作机制。全年新登记联系社会领域党员2000余人、党组织40余个，新成立商务楼宇党建指导站21个。

（任 莹）

【台盟中央领导调研】 5月12日，全国政协副主席、台盟中央主席林文漪带领台盟中央调研组到区调研城市精细化管理工作。到建外街道调研推进社会服务管理网格化体系建设。在永安里东社区SOHO商务楼宇服务站调研并观看党建工作宣传片，视察看红朝俱乐部和同心沙龙。林文漪对区城市精细化管理工作给予肯定。

（王京敏）

【区域化团建试点】 6月，建外街道作为特色街乡被团市委选为区域化团建试点单位。

（蔡佑华）

【绿化普查】 7月，参与区园林绿化局的园林绿化普查工作。对地区绿化单位图斑、调查图斑勾划，完成148个单位图斑（其中15个街旁绿地）、38条道路图斑（市属1条、区属24条、街道自管13条）、1条河岸绿地，773个绿地调查图斑的勾划；8月，按照社区分4批召开社会单位园林资源普查培训，开展外业工作；9月，实时审核社会单位报送的调查表，对存在问题的单位实地指导，并开展街道自管小区、道路普查；11月24日，完成绿化普查数据上报工作。

（曹晓惠）

【律师协会换届选举】 7月，参与完成区第二届律师协会换届选举工作。选举产生38名新一届律师协会代表。

（张前民）

【煤改气工程完成】 8月，启动实施煤改气改造工程。11月，完成永安里社区129户、光华里社区136户煤改气工程并通过验收。

（曹晓惠）

【市、区人大代表联动活动】 12月2日，区人大建外工委、八里庄工委联合开展市、区人大代表联动活动。活动围绕《北京市居家养老服务条例（草案）》，就居家养老、老人就餐、医疗、出行和活动场所等提出意见建议35条，并向市人大代表反映。

（王 晨）

【区人大代表补选】 12月26日，建外秀水社区补选区第十五届人民代表大会代表。秀水混合社区登记选民人数5071人，参加选举投票4868人，占登记选民人数的96%。按法定程序实施投票选举。补选苑文新为区人大代表。

（王 晨）

【纪检监察机制建立完善】 年内，研究制定《建外街道关于落实党风廉政建设主体责任重点工作的实施意见》，细化列出6类17项重点工作。制定《建外街道“三不直接”分管实施办法》《建外街道廉政风险防控管理工作领导小组及主要工作职责》《建外街道工程建设监督管理办法》《建外街道社区经费管理使用办法》《关于严格控制“三公经费”的实施意见》。完善建外街道廉政提醒谈话实施办法，提醒谈话14人次。

（蔡佑华）

【党的群众路线教育实践活动】 年内，根据区委统一安排开展党的群众路线教育实践活动。期间，通过电话、信箱、网站等方式搭建征求意见平台，开展与群众代表、特困人群、上访户、老大难问题代表、企业代表“五个见面”活动，邀请各层面代表近781位，走访辖区企业380家，收集整合6个方面15类64条意见，针对问题细化明确21项整改任务，建立台账、责任到人，实行挂牌销号，确保立行立改任务4项、近期整改任务3项、中长期整改任务14项全部完成。制定《关于进一步改进工作作风密切联系群众的实施办法》《关于严格控制"三公经费"的实施意见》《班子及机关"聚焦四风"立行立改意见》《整肃工作纪律"八严禁"》《建外街道领导班子"三重一大"决策制度实施细则》等25项制度规定。全年召开工委（扩大）会32次。研究制定领导班子和党员干部作风建设考核办法，建立定期分析领导班子和党员干部作风状况机制，开展党员干部下社区、进企业直接联系群众等作风建设专题活动。

（王 晨）

【文化长廊建设】 年内，为打造社会主义核心价值观主题街道，分别在清华附小、CBD公园、北京电视台和大望路小学建设核心价值观文化长廊1200余平方米。

（王 磊）

【"深耕"计划实施】 年内，实施社区治理"深耕"计划。计划以社区增能和社区提案2个子项目为载体，通过提案大赛、资金支持等方式疏松基层"土壤"，培育多元主体的参与意识，激发多元主体的参与活力，提高多元主体的参与能力，发挥多元主体在社区治理中的主体作用。向社会征集入围项目42个，最终，在社区提案决赛中评选出26个优秀项目并分层分类纳入到2015年街道、社区党政群共商共治工程，分别给予资金保障。实施"深耕"计划，建立社区自我发现问题、自我解决问题的资源配置机制，实现从"替老百姓花钱办事"向"给钱让百姓自己办事"理念转变。

（李 楠）

【"我的社工一日"征文活动】 年内，街道面向全体社工开展"我的社工一日"征文活动。评选出15篇获奖征文，其中社工王明冉的《青春因为有"你"才完美》获全国社工协会征文一等奖。

（李 楠）

【第三次全国经济普查】 年内，完成第三次全国经济普查工作。成立经济普查领导小组办公室，聘用132名普查指导员及普查员。《朝阳区第三次全国经济普查主要数据公报》公布：建外地区从事第二产业、第三产业的法人单位11722个，占全区比重8.3%；产业活动单位2735个，占全区比重12.4%；第二产业、第三产业法人单位从业人员306411人，占全区比重13.4%。

（李 淼）

【网格管理系统启用】 年内，委托专业机构研发"平安建外网格办理平台"软件。该软件的使用提高了网格办理时效，由原来处理1个案件平均花费2小时缩短至10分钟。

（赵媛媛）

【就业服务】 年内，开发岗位2946个，433人实现再就业；对1620名新增失业人员进行基础职业指导，组织300名失业人员参加免费技能培训，85人取得技能证书，为308名失业人员办理灵活就业保险补助审批手续；发放失业保险金106万元。

（王军进）

劲松街道

【概况】 劲松街道位于朝阳区西南部。东与南磨房乡相邻；南与潘家园街道、南磨房乡相邻；西与双井街道和东城区龙潭街道相邻；北与双井街道相邻。辖域面积5.2平方公里。设有12个社区居委会。年内，户籍人口29321户、74297人，其中汉族69593人；常住人口121319 人，流动人口46001人，外籍人口1022人；新出生920人，出生率12.4‰；死亡492人，死亡率6.6‰。有法人单位6032家，其中中央单位8家，市属单位80家，区属单位173家，其他单位5771家。有医疗机构23所，社区卫生服务中心1个，社区卫生服务站5个。有中学6所，小学6所，幼儿园9所。有养老机构1个。途经辖区公交线路47条，地铁10号线贯穿其中。辖区有2座电影院、2处文化广场、1处图书馆和12个社区图书阅览室。辖区绿化率为33.3%，有3处街心公园。年内，街道工委、办事处深入学习贯彻党的十八大和十八届三中、四中全会精神，扎实开展党的群众路线教育实践活动，探索社会治理体系创新模式，区域法治化建设、党政群共商共治、老旧小区停车秩序综合整治、群租房专项治理、平安示范小区创建等工作取得新进展。全年实现区级财政收入4.08亿元，同比增长10.57%。征收房产税1721.29万元，同比增长58.4%。获首都无偿献血宣传组织动员工作先进集体、北京市红十字会系统先进集体。

地址：华腾园甲6号
电话：87735209
邮编：100022
邮箱：jsdsj2012@126.com

（沈丽娟 徐文峰）

【"朝阳慈善情饺子宴"活动举办】 1月28日，举办"朝阳慈善情饺子宴"活动。区慈善协会、街道领导班子及地区"慈善医疗卡"持卡人、低保边缘人员等100余人参加活动。

（孙大力）

【市、区工会领导调研】 2月12日，市总工会女工部部长张秀萍、区总工会领导到沃尔玛大郊亭店调研全市首家"妈咪屋"（市总工会提法）建设情况。"妈咪屋"是街道总工会工作站在全市工会系统首创的"哺乳屋"概念，并在街道总工会下属建会单位沃尔玛大郊亭店设立实体。《劳动午报》为此刊发系列专访稿。市总工会以此为典型，在全市工会系统推广复制"妈咪屋"建设。年内地区有3家"妈咪屋"投入实体运营。

（王静媛）

【流管队伍交接】 2月14日，街道流管办与劲松派出所进行流管工作交接。

（张 晶）

【"世界野生动植物日"进社区活动】 2月20日，首届联合国"世界野生动植物日"进社区公益宣传活动在和谐雅园社区举办。中国野生动物保护协会副秘书长赵胜利、区科协主席杨绍磊分别发表讲演。街道社区居干、社区爱心人士50余人参加活动。

（王学如）

【党的群众路线教育实践活动】 2月24日，党的群众路线教育实践活动正式启动。街道共发放征求意见函99份、征求意见表2271份。征求意见建议697条，其中涉及"四风"方面253条、群众切身利益方面92条、基层薄弱方面52条、进一步加强作风建设方面300条。街道领导班子成员开展10次会诊，10轮整体修改，党政"一把手"进行15轮修改。截至8月25日，辖区137个基层党组织，4054名党员参加民主评议活动。在整改落实、建章立制环节，街道工委实行分类汇总、明确台账、归口处理、领导包案等方式，全面落实整改。截至年底，精简各类会议148次，同比下降43%；"三公"经费减少78.7万元，下降30%；清理办公用房149平方米。解决立行立改问题12件，解决群众关心关注的各类问题76件。重新制定完善各项管理规章制度52项。完成确定新修订、制定制度52项。

（李 军）

【社区办公用房改造】 3月20日，启动社区办公用房改造工程。截至年底，完成劲松北社区132号楼454平方米的办公用房装修改造工程，投资92万元；完成八棵杨北街首城国际小区15号楼北侧1300平方米的办公用房装修改造工程，改造后作为新成立的西大望路社区居委会办公用房和党员之家，工程投资186万元。

（陈伟光）

【党政群共商共治工程】 3月31日，召开党政群共商共治工程问政大会。区人大代表、区政协委员，社区党委书记、居委会主任，社区居民代表及社会单位代表，街道党政群共商共治工程领导小组成员70余人参加问政大会。年内，依托党政群共商共治平台，围绕百姓需求，确定包括日常生活、社会安全、环境秩序、公共服务、社区建设五个方面32项实事工程，其中街道层面20项、社区层面12项全部完成。

（沈丽娟）

【文物出土】 4月8日，在南磨房路北侧市档案馆新馆建设工地上，发现出土文物——《三和墓碑》。据考证，该碑制作于清乾隆38年（1773）12月1日。

（廖　欢）

【共青团建设】 4月30日，召开劲松西社区青年汇团支部成立大会。该团支部被评为“2013—2014年度社区青年汇优秀奖”。

（王静媛）

【优美小区建设】 5月4日至7月2日，投资330万元完成优美小区建设工程。修补劲松三区道路7853.7平方米、粉刷楼道小广告40708平方米，粉刷围墙5763.8平方米，整治小区内广告牌匾440平方米，粉刷小广告防护涂料10885平方米，安装减速带5.5平方米、电线杆反光标识70个，安装休闲座椅20套。

（陈伟光）

【慈善助学】 5月26至27日，街道人大代表、北京市萤火虫爱心公益基金会成员到宁夏开展捐资助学活动。为中卫市中宁县大战场中学13名贫困学生、中石油宽口井希望学校10名贫困学生，每人捐赠1800元；投资10余万元，捐赠图书12000余册，为宁夏回族自治区中卫市中宁县大战场镇宽口井中石油希望学校设立“萤火虫爱心公益图书馆”。9月1日，“萤火虫爱心公益图书馆”揭牌使用。

（王建军）

【承办区老年风采展示活动】 5月30日，在劲松五区街心公园承办第二届区老年文化体育节“美丽朝阳·幸福生活”——老年风采展示活动。

（孙大力）

【APEC峰会环境整治】 6月5日至30日，实施APEC峰会环境整治工程。投资118万余元粉饰辖区二、三环路沿线建筑物和围墙。粉饰建筑物2.68万平方米、围墙4419平方米。

（陈伟光）

【绿化美化】 7月8日至8月7日，实施农光里社区北院园林绿化改造工程。工程投资119.89万元，包括绿化种植、地面铺装、围挡墙建设等。年内，投资150万元，完成老旧小区8300余平方米绿化改造工作。

（陈伟光）

【校园周边环境整治】 8月25日，投资124万元对劲松四小开展为期1个月校园周边环境整治。绿化改造530平方米，铺装硬化3720平方米，粉刷围墙线杆1012平方米。

（陈伟光）

【首届金秋文化艺术节举办】 9月22日，举办首届金秋文化艺术节。艺术节历时8天，设静文化展览、动文化展示和文化艺术讲堂三个版块，将演、展、赛、讲、品、鉴有机结合，打造一届居民广泛参与、文化成果共享的艺术盛会。社区居民及社会各界人士上千人参加活动。

（廖　欢）

【“孝亲敬老公园”改造完成】 9月底，投资30万元完成改造劲松五区“孝亲敬老”公园。公园面积约7000平方米，绿化面积5420平方米。改造以“孝”为中心思想，设计以孝文化为主题主广场背景墙，在仿古围墙上采用彩色喷绘方式，绘制古二十四孝图，同时整修园内其他设施，丰富园内景色。

（孙大力）

【无偿献血活动】 10月30日，组织开展无偿献血活动。辖区近300名企事业单位干部、居民参加活动，251人通过血样检测献血5万余毫升。

（张艳平　刘　丽）

【科技创安】 10月，投入46.7万元完成老旧小区门禁系统维护，投入42万元更换门禁70套。实现地区科技创安整体覆盖率91%，监控探头和门禁系统完好率95%。城市综合管理指挥中心24小时运转，整合社会单位监控探头联入指挥中心比例达15%以上。

（陈广福）

【老旧小区准物业建设】 10月底至11月中旬，街道投资32万元，对劲松一区、二区的硬件设施进行总体提升改造。12月11日，通过区有关部门的准物业建设检查验收。

（陈伟光）

【妇联建设】 11月，劲松中社区被评为区级示范“妇女之家”；辖区内红星美凯龙“姐妹驿站”被评为区级示范“姐妹驿站”；和谐雅园社区“油画艺术沙龙”被评为优秀活动项目。

（王静媛）

【为民服务中心建成】 12月1日，投资560万元建成为民服务中心并对外办公。服务中心位于劲松街道首城国际广渠路36号院15号楼，总建筑面积1900余平方米，共3层，其中地上2层，地下1层。设有综合办事大厅，提供就业服务、档案管理、社会化退休管理、低保审批、保障房申请、计划生育等20余项为民服务业务。

（王丽丽　陈伟光）

【“一刻钟社区服务圈”通过验收】 12月24日，街道通过区“一刻钟社区服务圈”工作验收。劲松中社区七彩小屋为老服务项目、和谐雅园社区特色文化沙龙以及街道社区服务中心养老、农社对接项目，分别作为特色圈、示范圈和星级圈接受并通过检查验收。

（王学如）

【智慧社区创建】 年内，劲松中社区、北社区和西社区通过各类便民终端，包括社区网页、论坛、微信、微博和云盘，向社区居民推广北京社会服务之窗APP，并在社区服务站大厅安装社区频道直播机。

（王学如）

【工会建设】 年内，建会企业162家，超额完成区总工会下达的指标任务。工会会员总数由2013年底的6318人增至10280人。采集会员信息7396人，签订独立性集体合同75份，办理京卡率为88.03%。

（王静媛）

【调处维稳】 年内，受理群众信访21件次，查办案件1件，处分3人。加强监督检查，采取明察暗访方式，对“四风”突出问题、“庸懒散”现象、工作纪律涣散等问题进行督查检查。集中检查10次，制发通报6份。与街道、社区党员干部25人次开展廉政谈话。利用QQ群平台，每日发送廉政警示和工作动态信息。以组织廉政书画笔会、廉政文化沙龙、参观警示教育展览、观看警示教育片、旁听案件庭审等形式，加强廉政文化建设，打造地区廉政文化氛围。

（王爱青　马燕影）

【环境保护】 年内，制定地区大气污染防治工作方案。定期检查辖区在施工地，强化防尘降尘措施。完成地区锅炉房煤改气工程，实现辖区供暖锅炉燃料全部为天然气；落实平房区居民优质燃煤替代工作，为207户居民办理优质煤购买手续；与城管部门联合加强对非法小燃煤锅炉的检查取缔工作；农光里社区和风度柏林小区两处监测站运转正常。

（何海军）

【食药安全执法检查】 年内，食品药品安全委员会办公室与街道安监、综治、城管、工商、公安等部门建立协调机制，组织综合执法30余次。建立地区餐饮、食品流通、医疗器械和医疗机构等食药企业的分类台账，先后开展医疗器械、用品、食品、食堂、重大动物疫病防控、烧烤类餐饮、自动售货设备经营企业等专项检查，查处无证商户98户。对学校、幼儿园、工地食堂等食品安全重点单位，强化安全检查、宣传教育等措施。年内，辖区未发生食物中毒及重大药品质量事件。

（刘文利）

【排查调处】 年内，提供法律咨询服务200余人次，调解各类纠纷442件，联合接待调解纠纷964件，调解成功率为100%。处理各类来信来访1277件次。领导一线接访60余批次，约访和下访联系群众150余人次。

（冯红顺）

【平安示范小区创建】 年内，完成农光里社区一区“平安示范小区”创建工作。投资50余万元，装监控探头40个并建立社区中控室等，全部按标准完成各项建设工作。

（陈广福）

【就业服务】 年内，开发就业岗位4718个，失业人员再就业708人，登记失业人员就业率69.21%；对2758名失业人员给予职业指导，117人取得就业培训证书，10个社区被评为“北京市充分就业社区”。

（王丽丽）

【“炫彩劲松”系列文体活动】 年内，街道以“炫彩劲松”为主题，举办“体育公益活动社区行”健身潮特色项目展示、夏日文化广场消暑晚会、体育健步走、运动会等108场次系列文体活动。机关干部、社区居民、社会单位文体爱好者6000余人次参加活动。

（廖 欢）

【六型社区创建】 年内，劲松北社区、大郊亭社区被命名为市“六型社区”示范单位。

（王学如）

【老旧小区综合改造】 年内，完成抗震节能综合改造工程。涉及45栋居民楼20余万平方米。其中抗震加固26栋10.2万平方米、节能改造19栋10.1万平方米，周转居民393户，发放周转费660余万元。完成农光里一区公共部位改造工程。投资1000余万元，铺装道路8000余平方米，绿化改造7900平方米，架空线入地800余延长米，安装信报箱610户，雨污水管线改造800余延长米，安装照明灯具、护栏，改造自行车棚等。

（陈伟光）

【垂杨柳医院改扩建征收工作完成】 年内，协助垂杨柳医院完成改扩建征收工作。改扩建工程涉及劲松北社区7栋居民楼228户525 人搬迁工作（其中单位房产4户）。截至12月22日，有217户居民签订搬迁协议，11户未签约，签约率95.2%。

（陈伟光）

【拆违防控】 年内，制定《严厉打击违法用地违法建设实施方案》。建立违法建设工作台账，制止违法搭建百余处，约2000平方米；自行拆除违法建设12处4187平方米，拆除违法建设近7000平方米。

（姚大卫）

【综合执法整治】 年内，建立联合执法机制，城管、综治、公安、交通等部门协同配合，组织联合执法103次，查扣“黑摩的”及电动自行车577辆，暂扣无照经营三轮车197辆，拘留“黑摩的”驾驶人员、“黑机动车”驾驶人员、占路经营非法游商360人。查处无照经营328起，处罚201起；查处店外经营102起，露天烧烤大排档56起；查处早点摊96起，无照收废品16起，汽车售货32起；上报停机处理的散发张贴小广告270起。清理无主垃圾150余吨。办理网格件4300余件；各类督办件477件，监管单67件。

（姚大卫）

【安全生产监管】 年内，开展安全执法检查500余次，下达执法文书416份，其中立案14家。

（孙 军）

【警务站建设】 年内，购置电瓶式移动警务车2辆；投入50余万元在劲松桥东北广场设立60平方米巡逻警务站，作为街道、公安、交通、城管现场办公场所，搭建联合执法平台。

（陈广福）

【小区停车管理】 年内，辖区内12个社区拆除私装地锁3700余个，占私装地锁95%以上，基本实现“无地锁街道”工作目标。

（张 晶）

【群租房整治】 年内，组织联合执法34次，出动执法人员500余人次，完成市级挂账群租房152户整治任务并通过区级检查验收。

（张 晶）

【人口调控】 年内，通过拆除群租房、拆除违章建筑、整治非法经营、清理人防空间、清理普通地下室等方式实施人口调控，减少流动人口10030人，超额完成区年度人口调控任务。

（张 晶）

【网格管理】 年内，处理网格案件75122件，同比下降30%。案件内容涉及新增建筑、暴露垃圾、广告违规、店外经营、消防安全、食品安全、应急管理等14类。建立健全网格案件督查督办机制，即承办区监督中心的网上网格件，派发后由环卫绿化站人员按照管片进行督查，核实案件处理情况；对自我发现辖区内环境卫生、违法建设、安全生产等方面的案件，除核查处置情况外，发现不属实问题，下达督办单，以引起承办部门重视，保证案件即时办结率。

（杨 洁）

【养老服务】 年内，与31家服务企业签订养老服务协议，建立养老餐桌13处。

（邱春玲）

【两限房登记申报工作完成】 年内，完成两批经济适用房527户家庭的登记、审核工作。为162户经适房申购家庭、596户限价房申购家庭、155户廉租房申请家庭办理相关手续。

（孙大力）

【全国第三次经济普查】 年内，完成全国第三次经济普查工作。核查辖区法人单位及产业活动单位6966家，个体经营户1623家。

（张 强）

【劳动监察】 年内，劳动监察266家社会单位。立案85件，处罚案件8起。与各类企业签订劳动合同为100%，各类企业劳动合同续订率为100%。新工商注册单位办理社保登记151家，完成比例为302%。清理已办理社保登记而未申报缴费单位115家。新增单位农民工参加五项社会保险7家，完成比例为100%。建会企业集体合同覆盖面达80%的企业374家，完成比例109.48%。完成7家劳动和谐单位申报工作；对辖区内78家企事业单位进行书面审查，完成760家单位信息更改录入。

（周俊义）

酒仙桥街道

【概况】 酒仙桥街道位于朝阳区东北部。东至酒仙桥北路与崔各庄乡接壤，南至亮马河与东风乡毗连，西至酒仙桥路、将台路与将台乡相接，北到京顺路与东湖街道、望京街道相邻。辖域面积5.3平方公里。有大山子、高家园、怡思苑等9个社区。据第六次全国人口普查显示，地区常住人口

24496户62129人，常住流动人口7708人。截至年底，户籍人口24039户70173人，外籍人口685人。有区属单位2家；医院4家，社区卫生服务站1个；社区服务中心1个；科研院所3个，中、小学各4所，幼儿园8所，养老机构1个，文化活动场所3处。年内，以建设“绿色、平安、民生、文化、和谐”社区为目标，优化经济发展环境，持续改善民生，加强城市建设管理，提高社会服务管理创新，推动地区各项事业全面发展。全年实现区级财政收入11.4亿元，同比增长4.7%。街道获市2013年度“劳动用工规范一条街工程”工作先进单位。

地址：酒仙桥六街坊六号

电话：64309101

邮编：100016

邮箱：jxqxzb@163.com

（李满飞）

【社会领域党建总结座谈会】 1月16日，召开2013年度社会领域党建工作总结座谈会。各商务楼宇服务站站长汇报2013年非公企业党建工作开展情况，各非公企业党组织书记分别就组织建设、党员发展、学习活动、品牌建设等内容作交流发言。街道工委副书记、社会工作党委委员、各非公企业党组织书记及社区党委书记30余人参加会议。

（李满飞）

【双拥文艺汇演】 1月23日，举办“金戈铁马腾新春”双拥文艺演出活动。街道办事处领导、武警部队官兵和社区居民300余人观看演出。街道办事处领导向武警九支队五大队官兵赠送350套保暖内衣。

（李满飞）

【处置突发事件】 2月17日20点30分，大山子环岛北侧一处路面发生塌陷，酒仙桥城管执法队立即派人赶到事发地点，设立警戒线，与附近正在施工的地铁14号线施工方取得联系，并向市、区相关路政部门汇报。经勘查，路面塌陷面积约1.5平方米，深度约0.5米，塌陷原因为此处路面下方土质较松，雨水管道铺设较浅，地铁施工诱发路面塌陷。地铁施工方及时抢修路面，未造成人员伤亡和财产损失。

（李满飞）

【就业工作】 2月，7月，街道社保所分别开展辖区单位用人需求调查，开发就业岗位1155个。年内，就业困难人员实现就业340人，实现创业18人，城乡登记失业人员实现就业603人。

（李满飞）

【党的群众路线教育实践活动】 3月至11月，开展党的群众路线教育实践活动。街道机关支部、事业单位党支部、社区党组织、非公企业党组织等112个党支部3700名党员参加活动。期间，开展谈心交心700余次，开展党组织书记讲党课100余次。参观党风廉政教育基地2个500人次，征集意见500余份，查摆问题30大类，落实整改任务25项，修改及新建制度41项。通过开展“三联三送三提高”“党员示范岗”“党员干部下基层”“窗口单位与服务行业转作风”等主题活动，解决领导班子和党员领导干部在“四风”方面存在的重点问题，强化党员干部的理想信念和宗旨意识，提升地区党员群众满意度，提高机关和社区干部服务群众的能力。同期相比，召开各类会议减少24次，工委、办事处发文共减少25件。

（李满飞）

【人才工作获奖】 4月4日，酒仙桥街道被评为“朝阳区2014年度高技能人才队伍建设先进单位”；七星集团的付漪、李绍英被表彰享受区政府第三届首席技师一次性特殊津贴各1万元，七星集团的付长皆、李广员享受区政府第三届首席员工一次性特殊津贴各8000元。

（李满飞）

【拆违控违】 4月，城管执法队拆除位于驼房营南里21号楼北侧、电子城小区13号楼地下室、酒仙桥路西侧世一宾馆等地600余平方米的违法建设。9月，拆除三街坊13楼、16楼、18楼，十二所办公楼南墙外，大山子南里2号楼等地违法建设245平方米。

（李满飞）

【建党93周年表彰大会召开】 6月28日，召开纪念建党93周年表彰大会。表彰地区36个优秀基层服务型党组织、126个优秀党员志愿先锋岗、20个优秀党员服务示范岗、70名优秀党务工作者和9个优秀基层党建品牌。

（李满飞）

【“文明家庭”创建】 8月，街道妇联在地区开展“五好文明家庭”创建评选活动。6000户家庭被评为“五好文明家庭”。

（李满飞）

【平安小区创建】 9月，街道选定东路社区粮库小区开展平安示范居民小区创建工作。为小区安装探头20个，各出入口安排专职保安24小时值守，落实小区停车管理制度。全年，更换辖区130个损毁严重的单元门禁系统，维保1280余个单元门禁系统。

（李满飞）

【人大代表联席座谈会】 12月5日，区人大代表第十一代表团在街道机关会议室召开人大代表联席座谈会。市、区人大代表及群众代表近20人参加座谈，与会人员围绕《北京市居家养老服务条例（草案）》及市人大常委会、市政府和“两院”工作提出意见建议。

（李满飞）

六里屯街道

【概况】 六里屯街道位于朝阳区的东部。东至京包铁路，与东风乡、平房乡接壤；南以二道沟河为界，与八里庄、呼家楼街道和高碑店乡相望；西至朝阳体育馆，与团结湖街道相邻；北以农展南路为界，与麦子店街道相邻。辖域面积4.4平方公里。有11个社区，常住人口24560户62468人；流动人口12373人；外籍人口805人，港澳台人口141人。辖区有医疗卫生机构15个，其中医院9个、社区卫生服务中心1个、社区卫生服务站5个；有教育机构12所，其中大学1所、中学4所、小学3所、幼儿园6所。有法人单位1742个，有中央单位10家、市属单位22家、区属单位52家、事业单位49家，驻有北京画院、北京出入境检验检疫局、首都医科大学附属北京妇产医院妇幼保健院、中国音乐学院附中等单位。年内，围绕“一个目标、两条主线 、五个重点”（实现创一流争第一的目标，建设文化街区和健康社区两条主线，抓住社区建设、环境治理、安全生产、民生工程和党建创新五项重点）工作思路，完成年初确定的各项任务。年内办事处被评为北京市无偿献血先进单位。全年实现区级财政收入2.34亿元，同比增长4.73%。个人出租房屋房产税征收入库879.18万元，同比增长48%。

地址：甜水园北里17号楼

电话：65958641

邮编：100026

邮箱：liulitunjiedao@163.com

（王　薇）

【党的群众路线教育实践活动】 年内，街道工委带领辖区106个基层党组织4850名党员干部，开展党的群众路线教育实践活动。期间，召开学习交流会18次，谈心谈话234人次，开展党支部书记讲党课活动15次，参观党风廉政教育基地3个，观看《杨善洲》《“四风”警示录》等影片、录像6部。征求到意见建议141条，处级领导班子汇总批评意见159条，制定整改措施20项，重新修订完善工作制度16项。与活动前相比，会议减少6%，文件减少9%，“三公”

经费减少2%。解决立行立改问题30件，解决群众关心关注的各类问题120件。

（王 薇）

【服务型党组织建设】 年内，结合地区工作实际，继续加强对社区的政策支持、资金倾斜，规范党政群共商共治工作，解决100余个问题。通过与社区结对子，给群众送服务，在职党员到社区报到526人次，解决社区问题60余件。以十北社区和甜水西园社区为示范点，在11个社区普遍开展服务型党组织建设。市委书记郭金龙在十北社区调研时对服务型党组织建设给予肯定。

（王 薇）

【拆违治违】 年内，对辖区内新生违法建设实行“零容忍”政策，发现一处，拆除一处。全年查处、拆除违法建筑1.2万余平方米，其中拆除住总二期违法建设1.19万平方米，是年内街道系统拆除的最大违法建设。联合公安、工商等多个执法部门，对涉及违规行为的朝阳北路沿线一层居民楼73家商户进行联合整治，拆除违规牌匾及私接避风阁，修复道路两侧护栏1000余延长米。

（王 薇）

【平安小区建设】 年内，投入408万元用于平安建设。在主要大街增加电子监控探头18个，扩大监控覆盖面；引入专业门禁维保公司定期对损坏门禁维修保养，更换升级130个破损老旧门禁；投入安保经费158万元，用于地区巡防队伍建设，形成多层次、立体化社会治安应急防控体系；在红领巾公园建立六里屯街道安全文化广场。加强地下空间监管治理，对415处存放图书的地下室房间加装技防设施和巡更系统。

（王 薇）

【信访调处】 年内，处理群众信访诉求972件。其中办理群众来信864件，接待群众个访104批、集体访2批，处理劳务及工资纠纷案件6起。

（王 薇）

【社区建设】 年内，制定并完善“社区书记、主任例会会议制度”等一系列工作制度。完成甜水园社区、道家园社区服务站改造，拓宽居民活动空间。完成甜水西园六型社区和智慧型社区创建、道家园智慧社区升四星工作。对地区6个老旧小区开展准物业推进工作，落实小区家园计划。

（王 薇）

【党政群共商共治工程】 年内，坚持问政于民、问需于民、问计于民的工作理念，通过召开座谈会、走访入户调研、问卷调查、网络留言等形式，征求居民及社会单位意见建议，征集意见459件次，最终确认区级项目1件、街道级项目11件、社区级项目30件，纳入长期工作计划71件。年内，完成区级、街道级、社区级工作任务，在环境治理、停车管理、食药安全、文体活动、便民服务、社区建设、养老助残服务等多方面解决群众长期反映的难题。在71件需长期推动解决项目中，完成社区棋牌室、图书室等公共服务设施建设，社区内安装监控设备，规范废品回收及便民网点等31个项目。

（王 薇）

【便民医疗服务】 年内，街道卫生服务中心通过送“三甲”服务到居民身边、送便民体检进社区、送医疗服务进家庭，居民处处体验到便捷的医疗帮助。街道与辖区医疗单位签订责任书，为地区居民提供医疗服务。邀请北京市绿主妇农园科普服务中心等单位在辖区开展不同类型的健康主题活动。

（王 薇）

【就业服务】 年内，对失业人员和就业困难人员开展就业指导、培训，提供就业援助服务，实现就业744人。

（王 薇）

麦子店街道

【概况】 麦子店街道位于朝阳区中东部。东起东四环，西至东三环，南临朝阳公园南路、农展南路，北接机场高速。辖域面积6.5平方公里。有农展南里、枣营北里、枣营南里、朝阳公园及霞光里5个社区。辖区户籍人口20633人，常住人口8639户31741人，常住流动人口12619人，外籍居民7000人；汉族30837人，少数民族人口904人；出生人口116人，人口出生率为3.65‰，死亡人口92人，人口死亡率2.9‰。辖区内法人单位4404家，有美、法、日、韩等13处外国使馆的第三使馆区，有上合组织、中国·东盟中心为代表的国际组织等多处涉外机构，具有涉外主体多元化的典型区域特征。有3000平方米的枣园社区服务中心和1500平方米的国际社区服务中心。有中学、小学、公立幼儿园各1所，各类民办学校和教育机构14所；社区卫生服务站3个，霞光里养老助残中心1处。除地铁10号线途经麦子店街道外，还有公交站点41个。地区绿化覆盖率64%。年内，完成区级财政税收290834.36万元，同比减少17.28%。征收房地产税2181.76万元，同比增长40.47%。街道被民政部评为2014年全国和谐社区示范街道。

地址：朝阳公园西里南区6号楼
电话：58260700
邮编：100125
邮箱：mzdjd@sina.com

（曹荣贵）

【党的群众路线教育实践活动】 2月23日，召开党的群众路线教育实践活动动员部署大会。3月11日，市委组织部部长姜志刚、区委书记程连元等领导参加麦子店街道教育实践活动意见征求座谈会。活动期间，开展集中学习交流200余次；班子成员深入12个层面，面向369 名各界代表、社区居民征求意见建议337条；8次集中“会诊”，互查互找问题165条。班子明确27项整改任务，专项整改22个重点问题；新立制度32条，修订完善制度19条，废除制度8条；完成立行立改工作任务183项，上下联动整改问题8项，解决群众关心关注的各类问题34件。与活动前相比，会议减少50%，文件减少60%，“三公”经费减少25%，清理超标配备公车2台、清退办公室用房210平方米。

（赵建国 李寒力）

【问政2014推进民生工程落地】 3月19日，召开5个社区建议案协商会，勘察讨论包括养老、安全、环境、出行等26项建议案。4月3日，召开“问政2014”议事协商会，区委书记程连元等参加会议并实地考察麦子店国际社区服务中心。年内，征集居民需求3596件，将社会单位提出的3项需求转化为问政实事工程；设立社区常态化问政资金；增加区职能部门参与3项工程的组织实施，推进7大类16项问政民生工程开展，完成亮马河清理、社区路平、社区卫生服务中心建设等项目。5个社区使用常态问政资金60余万元，完成18个项目。

（魏 东）

【区委书记调研】 3月25日，区委书记程连元带领相关部门领导到街道调研需要区委、区政府协调解决的问题。着重就“亮马治理”问题现场调研，实地踏勘，研究解决方案。现场协调部署亮马河水质改善、河道周边加装防护网、绿化养护、修建过街天桥及周边区域垃圾回收、道路修复等10个问题，明确各部门责任主体、解决措施和解决时限。

（赵建国 李寒力）

【第三次全国经济普查完成】 5月，完成第三次全国经济普查工作。经过机构设置、人员选调、单位清查摸底、培训、纸介表数据收集、审核、PDA录入、平台核实等环节，完成清查6016家，实际参加普查单位5551家。其中法人4404家、产业单位1147家。

（尹建平）

【社会领域党建工作创新】 6月26日，集中表彰地区10个先进基层党组织、5个优秀服务品牌、47名优秀党员、23名优秀党务工作者。年内，构建“社区党组织+服务站专职+非公企业堡垒户+党建工作信息员”4级集约服务网，疏通社会领域党建沟通渠道；设立4个商务楼宇中心服务站，打造商务楼宇服务站前沿平台，统筹指导地区36座商务楼宇党建工作。发挥社区“大党委”和集约服务网作用，通过建立社会组织、支部手拉手、“一员带两员”（1名企业党员带动1名团员或者1名员工）、认领服务责任岗等形式，创新企业参与党建工作、党组织服务企业的载体。推动建立“党员服务岗、服务组、服务队、服务站和集中服务日”5要素集成服务平台。

（赵建国）

【中央综治办领导调研】 7月8日，中央综治办主任陈训秋一行到麦子店调研平安社区建设工作，并参观枣北社区服务中心安全体验教室。陈训秋对街道平安社区建设给予肯定。

（戴德生）

【国际文化交流活动】 10月17日，第四届麦子店国际社区文化季暨哈萨克斯坦国家主题文化周开幕，这是麦子店街道第一次以一个国家主题展形式开展国际文化交流活动。哈萨克斯坦驻中国大使馆文化参赞萨乌利·努尔加耶娃一行，与百名中外居民在活动现场共同体验中哈两民族的特色民俗文化。哈萨克斯坦的民族歌舞与中国传统国粹京剧同台献艺，开展中哈民俗工艺品展示、特色美食品尝等活动。

（叶　超）

【综合信息服务平台通过验收】 11月26日，民政部建设司司长蒋昆生、市民政局局长李万均率检查组到麦子店，检查验收街道综合信息服务平台项目建设。检查组一行通过体验窗口服务，拨打服务热线咨询政务、便民信息，以及实地查看平台整体运行情况等环节进行检查验收。经检查街道信息化平台项目建设通过验收。

（戴德生）

【城市综合治理】 年内，街道完善全模式千分制考核体系。成立治安巡视巡查小组，查处各类违法行为1612起，立案处罚155起；查扣各类非法运营车辆141辆，查处非法停车场6个，拆除违法建设5242.72平方米。

（曹继龙　金捍东）

【环境绿化美化】 年内，完成对4.88万余平方米自管绿地及行道树木养护管理和枣北21号楼南侧2500余平方米绿地补植补种工作。完成第八次园林绿化资源普查工作。

（董建英）

【安全生产】 年内，开展安全生产隐患大排查专项整治行动，消除安全隐患1900余处。完成164家微小企业安全生产岗位达标以及170家重点单位安全生产标准化创建工作；处理安全生产类网格案件1000余件，立案17起，对地区200家规模单位进行安全生产百分目标考核。

（金捍东）

【为老服务】 年内，开展“孝星”评选活动。树立家庭孝老、社会敬老、行业助老等方面典型，地区26个人获“北京市孝星”称号。在枣营北里社区和朝阳公园社区建立“孝亲敬老”主题公园。园内设有供居民休息的凉亭和长廊，并在水泥砌成的石台上加设坐垫，在社区增设孝文化知识宣传展板。

（马　冉）

【劳动就业】 年内，城乡劳动力实现单位就业14人，完成指标的58%；城乡劳动力实现就业人数174人，完成指标的105%；城镇登记失业人员就业率指标为68%，完成指标的78%；就业困难人员就业120人，完成指标的114%；

（余国柱）

【劳动保障监察】 年内，完成劳动保障指标任务。其中按照区人力社保局工作要求全年劳动监察检查单位指示不少于200家，完成236家；劳动监察立案案件全年工作指标数84家，完成86家；劳动监察处罚案件全年工作指标数8家，完成8家。

（李　晶）

【食品药品监管】 年内，对辖区1109户单位建立台账，开展专项整治。立案51件，办结一般程序案件12件、简易程序案件30件，受理街道网格办下发网格单970份。

（马学军）

【司法调解】 年内，完成摸底排查4次，处理重点隐患事件3件，接待来访15批次，办理市、区转办件10件；处理各类信件（含网上投诉）220件，化解农南社区停车管理、霞光里社区35号院拆迁纠纷等重大矛盾纠纷3次。

（杨　靖）

【智慧型社区建设】 年内，启动“麦信”智慧社区建设二期工程。街道设立微信公众服务账号（mzdjdsqfwrx），具有信息推送、活动报名、在线客服等功能，并在朝阳公园公寓楼设立“麦信窗口”发布微信群相关消息。社区居民通过微信，可以方便实现与社区工作者的“一对一”“一对多”“多对多”实时互动。

（郭爱华）

【国际社区服务中心建成】 年内，建成国际社区服务中心并投入运行。中心设立登记、咨询、文化、交流等服务功能。依托区域丰富的国际资源，延续“麦家My Home”主题，开展第四届国际社区文化季活动，形成多方文明交汇的新平台；开展中外美食交流、中外居民圣诞联欢、中外居民过大年等系列文化交流活动，中外文化深度融合。

（唐建铭　叶　超）

【人口调控】 年内，人口调控指标为1825人，实际流动人口减少6146人，完成人口调控任务。

（曹继龙）

【社会动员机制建立】 年内，街道结合市“社会动员体系建设”试点工作，建立街道社会动员机制。按照“两代表一委员”民情联络及社区单位联席会制度，日常工作检查与重点工作督查制度和“门前三包”评比制度，深化“麦动12345”（即：深化党政群共商共治工作平台；形成街道与社区社会化动员组织联动两个层级；以建立动员任务三级响应制度为基础；逐步完成社会动员的渠道、方式、载体、机制四方面重点建设任务，努力形成“党委领导、政府负责、社会协同、公众参与、法治保障”五位一体的党政群共商共治工作格局，进一步提升国际化社区建设水平）动员体系，成立麦子店街道社会建设共商共治协调委员会，建立街道与片区双层三级动员体系。

（郭爱华）

【为民办实事】 年内，农展南里和霞光里小区新增探头分别为10个和13个。完成33栋居民楼加装保温外层的节能改造，建筑面积19万平方米，惠及居民2896户。改造朝阳公园社区雷锋驿站，建设多功能一体化的孝亲敬老园。

（曹继龙　董建英）

潘家园街道

【概况】 潘家园街道位于朝阳区东南部。东与南磨房乡、十八里店乡相接，南与丰台区相邻，西与东城区隔河相望，北与劲松街道相连。辖域面积3.4平方公里。有12

个社区。年内，常住人口约13万，流动人口3万，人口出生率0.92%、死亡率0.60%。辖区有老年公寓1处、夕阳红驿站1处、温馨家园2处；社区教育中心、文化中心、图书馆、老年大学各1处，居民活动站12处、社区文化广场2处。地区绿化率24.18%。潘家园旧货市场、北京古玩城、天雅古玩城、北京眼镜城、河南大厦、陕西大厦、广西大厦坐落其间。辖区有中、小学校和幼儿园11所。有中国医学科学园肿瘤医院、肿瘤研究所、北京工业大学研究生院等不同隶属关系的企事业单位1400家。办事处被评为2014年首都城市建设样板单位和北京市妇联系统先进集体。年内，实现区级财政收入2亿元，完成任务指标的105.17%。

地址：松榆里43号楼

电话：87381916

邮编：100021

邮箱：pjybgs@bjchy.gov.cn

（薛瑞丰）

【领导调研】 2月21日，市老龄产业协会会长翟鸿祥到潘家园调研社会养老服务工作。区领导程连元、吴桂英、张立新陪同调研。

（吴杨洋）

【党的群众路线教育实践活动】 2月至11月，开展党的群众路线教育实践活动。截至11月底，召开学习交流会102次，谈心谈话389人次，征求到意见建议1135条，分类合并为3大类20项。开展党委书记讲党课活动26次。参观党风廉政教育基地3个；观看《杨善洲》《“四风”警示录》等影片、录像13部。与活动前相比，会议减少61%，文件减少92%，“三公”经费同比减少48%，清理办用房225平方米。完成新修订、制定制度57项。解决立行立改问题8件、群众关心关注的各类问题8件。

（付占鑫）

【市区挂账任务专项整治】 5月6日，完成市区挂账任务专项整治任务。召开街道综治委全会。会议部署对市区挂账环境乱点和违法群租房进行专项整治。截至10月底，取缔游商220个，规范经营行为133处，拆除群租房隔断284间，劝退流动人口968人，提前完成整治工作。

（程瑞明）

【社区建设】 年内，指导规范12个社区议事大厅和68个议事小厅的居民议事规则；在工作站设立AB服务岗，在窗口单位开展“微笑服务、真诚服务、耐心服务”活动。

（张红卫）

【志愿服务】 年内，街道公益储蓄中心网站注册志愿者15440名，开展各类志愿服务活动97次。

（骆 红）

【非公党建】 年内，在机关、社区、非公和楼宇多层面开展“服务我先行”主题实践活动。“19”党员奉献日、潘南“法老队”等17个项目被区评为优秀服务品牌项目。松西党员自治小组服务群众先进事迹在北京电视台《党建进行时》栏目专题播出；与中央财经大学政府管理学院合作的《潘家园街道社区服务类社会组织发展现状及对策建议》研究课题获民政部三等奖。

（付占鑫）

【党政群共商共治工程】 年内，街道按照“知忧、议忧、解忧”工作要求，确定为民办实事项目102件。其中市区层面6件、街道层面19件、社区层面77件。11月底，提前完成所有为民办实事任务。

（薛瑞丰）

【矛盾调处】 年内，开展矛盾纠纷排查13次，接待信访216人，化解矛盾事项307件，处理政民互动案件1004件。

（郗 杰）

【安全生产】 年内，开展安全生产大检查1900余次，检查生产经营场所6900余个，消除安全隐患3799个。开展消防安全培训30次，检查人员密集场所28家。

（程瑞明）

【劳动就业】 年内，开发就业岗位5500个，登记失业人员实现再就业883人，走访跟踪服务用人单位162家；检查、巡查劳动用工单位137家。

（薛瑞丰）

【平安社区建设】 年内，建立完善立体化社会治安案防控体系，推进“天网”工程建设。新装探头34个，更换维修门禁1500余套，规范机动车位160个。地区可防性案件和盗销自行车警情实现双下降。

（程瑞明）

【准物业管理】 年内，完善“1+1+X自治体系”（1个居民议事会、1个自治小组、多支志愿服务队）。在5个社区中7个老旧小区推广实施准物业管理工作。实施“35”（规范五个步骤、注重五个环节、实现五个自治）工作法，助推老旧小区准物业管理的良性发展。年底，全部通过市、区验收。

（张红卫）

【环境秩序专项整治】 年内，组织联合执法130次，查处无照经营行为760起，取缔游商950次，查扣营运“黑车”600辆，取缔露天烧烤82起，规范“门前三包”单位724家。

（薛瑞丰）

【特色文化活动】 年内，开展“艺·韵”百姓才艺大舞台、“华西诗社”等12个地区特色文化品牌，1100余人参加活动。老年大学精品课程教育和华西诗社“丝绫堆绣”获区2014社区教育特色课程，文体协会舞蹈分会《老来伴》舞蹈获华北五省市舞蹈大赛金奖。

（薛瑞丰）

【人口调控】 年内，坚持流动人口数据定期上报制度，强化数据动态监测及核销。全年调控流动人口25589人，完成任务指标的134.9%。

（回燕平）

【应急管理】 年内，完善应急工作方案、预案11个，处置各类应急突发事件26起，化解群体访和非正常访事件苗头6次，解救因经济纠纷攀爬建筑吊架人员1名。

（薛瑞丰）

【全模式管理服务体系建设】 年内，处理网格案件3万个，结案率达99%。截至11月，地区全模式11大模块（城市建设管理、应急管理、安全生产、综治维稳、社会服务、社会保障、党建工作、社会事业、法律司法、经济动态、网络社会）在全区街道系统排名第六，其中社会服务、社会事业、社会保障和应急管理4个单项模块先后10次位列第一。

（岳 东）

【拆违控违】 年内，建立完善“巡查、盯守、执法、整治”等长效机制，拆除新增违建12处300余平方米，拆除历史遗留违建1500余平方米。

（王天亮）

三里屯街道

【概况】 三里屯街道位于朝阳区中西部，地处CBD功能区，是朝阳区“时尚文化版块”的重要组成部分，也是朝阳区对外交往的重要窗口。东起东三环北路，南临工体南路，西至春秀路与东城区相接，北濒亮马河。分别与呼家楼、朝外、左家庄、麦子店街道和东城区的东直门街道接壤。辖域面积2.9平方公里。有7个社区。辖区人口5.8万，其中户籍人口3.8万，外来人口1.8万（含本市其他区县），境外人口2000人；新出生人口395人。辖区有北京联合大学机电学院1所大学，北京市八十中学、三里屯一中2所中学，白家庄小学等3所小学，2所幼儿园和北京法国国际学校、北京英国学校2所涉外学校；有武警北京总队医院、三里屯社区卫生服务中心。有养老中心和日间照料室10处。辖区内有街巷40条，其中主要有工体北路、工体东路、新东路、三里屯路、东三环北路等8条。辖区有社会单位5000余家，其中法人单位2900余家。年内，围绕建设“美丽、幸福、人文、魅力”三里屯工作目标，团结带领地区党员干部群众，扎实打基础、全力保稳定、创新谋发展，各项工作取得显著进展。全年实现区级财政收入14.33亿元，同比增长11.74%；小房产税收入1899.81万元。

地址：幸福村1号
电话：64165276
邮编：100027
邮箱：sltjd@bjchy.gov.cn

（陈　宁）

【经济普查】 1月1日至3月底，开展第三次全国经济普查登记工作。全地区登记法人及产业活动单位4272个，个体经营户1538家。

（陈　宁）

【党的群众路线教育实践活动】 2月24日，启动群众路线教育实践活动。辖区下属6个社区党委、1个社区党总支、45个居民党支部和24个非公经济党支部，共2521党员参加教育实践活动。期间，开展学习教育活动16次，谈心谈话86人次；参观反腐倡廉教育基地4个，观看《社会主义500年》《苏联亡党亡国20年祭》《四风警示录》《周恩来的四个昼夜》等专题教育片7次；开展党支部书记讲党课活动35次。通过发放征求意见建议问卷和公函，书面征求意见375份，整理汇总意见建议80条。内容涉及日常生活、环境秩序、公共服务、社会安全、社区建设和党群工作等6大类。截至年底，办事处“三公经费”支出同比减少23.6%。完成确定新修订、制定制度31项。解决群众关心关注的各类问题39件。通过教育实践活动，领导班子和党员干部从民主集中制执行情况、“一岗双责”、落实八项规定、“四风”等各个方面查找不足，剖析原因。完成办公用房、公务用车等整改并巩固成果。

（陈　宁）

【牌匾整治及违法户外广告拆除】 3月，拆除辖区永利广场非法设置墙体广告牌23块、独立广告牌的画面10块。整治三环路沿线设立户外广告牌匾11块，拆除日月同辉、隆发装饰等户外显示屏及广告。拆除首开幸福广场东、南、西侧和工体东路、北路广告牌匾15块。

（陈　宁）

【街面环境整治】 4月，专项整治白家庄路露天烧烤大排档，对存在店外经营、堆物堆料和露天烧烤的店铺发放告知书，限期自行整改，对逾期拒不整改单位按照相关法规予以处罚。取缔露天烧烤摊位30起。年内，重点整治白家庄路、机电院南门、东大桥斜街、工体北路、武警医院西门等区域。规范“门前三包”150余家、便民网点40家、报刊亭13家，查处店外经营110起、无照经营300余起，查处非法运营“黑摩的”400余辆，督促清除非法小广告1000余处，规范早餐点70处。

（陈　宁）

【养老中心试运行】 7月，街道养老中心试运行。中心设有老年人全托护理室、日间照料室、助浴室、文化娱乐厅、保健区、观影区等功能区域。设有中央空调及排风系统，全部采用地暖设施，确保老人入住冬暖夏凉、干湿适宜。各房间配有双马达电动护理床，与三甲医院相同的中心供氧、呼叫系统，电视，空调，冰箱，衣柜等设施。聘请专业养老团队运作，服务内容涉及全托、日间照料、临时入住、老年餐桌、助浴、理发、修脚、精神慰藉等。

（陈　宁）

【党政群共商共治工程】 年内，建立健全“宣传、巡查、监督、参与和评议”5个工作机制，完善社区和街道两个层面议事规则，调整充实120名议事代表，聘请咨询服务专家，对社区议事代表进行议事规则培训。扩大问需范围，将地区重点企业、物业管理单位、商务楼宇、“六小”门店等社会单位纳入问需对象，发放征集建议表1500余份，梳理形成建议案650份。安装社区报箱、扩建卫生服务站、楼道粉饰、门窗维修等立项39项实事工程全部完成。

（陈　宁）

【服务型党组织创建】 年内，在“3·3”商务楼宇服务模式框架下，继续开展“午间时刻”“关爱联盟”等品牌活动。新推出“海燕英语沙龙”“爱三里屯摄影大赛”等活动。开展“双服务、双报到”工作，引导单位党组织和在职党员参与社区治理，全年街道2080人次参与双向服务活动。

（陈　宁）

【综合环境整治】 年内，开展多次联合执法，查处取缔占道经营、无照经营近百起，规范门前三包70家，粉饰楼道12万平方米、道路铺装4000平方米。解决同里、东大桥斜街两个地区多年“脏乱差”环境问题。

（陈　宁）

【拆除违法建设】 年内，围绕“新违建零增长，历年违建负增长”目标，建立每日巡查机制，设立巡查台账，制定拆违工作职责说明书。完成拆除三里屯南39楼北侧等16处702平方米违法建设工作。

（陈　宁）

【安全生产】 年内，组织联合检查20余次、夜查10余次。检查各类生产经营单位1700余家次，下达各类执法文书和安全检查记录2000余份，处理举报投诉20余起，责令停止施工9起，累计发现并整改各类安全隐患1200余处。全年立案12起，约谈违法企业负责人40余人次。完成辖区安全生产标准化三级达标企业170家，实现小微企业标准化岗位达标114家。

（陈　宁）

【市级AAA司法所创建】 年内，开展市级AAA司法所创建工作。完成街道司法所办公场所扩建改造工程。办公面积近200平方米，设立办公室、安置帮教室、社区矫正室、法制宣传室、法律服务室、社区矫正宣告室、人民调解室等。加强科室档案管理、科室建设、制度上墙、办事程序等软件建设和规范化建设。

（陈　宁）

【低保对象集中复核】 年内，开展以“人情保”“错保”“漏保”为主题的专项整治工作。全面排查辖区内低保对象，对有预警信息低保对象住房、车辆、公积金、收入、工商、社会保险、死亡等情况全面复核。对96名低保人员各类疑似违规信息进行全部核实。经核实，停保29户，提交情况说明65户。确保“违规必退”，杜绝“错保”情况发生。

（陈　宁）

【保障性住房审批】 年内，通知经适房选房257户，限价房登记复核摇号78户，公租房补贴复核75户，受理登记申请133户。申请公租房摇号登记105户，申请保障房备案通过68户。

（陈　宁）

【创建“充分就业街道”】 年内，举办10场招聘会。提供就业岗位2813个，各类职业指导40余期。实现“三项服务”（知情服务、重点服务、就业服务）促就业。做到“三个一百”（即：100%推荐，100%匹配，岗位信息100%）真实有效。跟踪走访就业人员，巩固就业成果。年内，区人力资源和社会保障局批准为实现充分就业街道。

（陈　宁）

【社会组织服务】 年内，申报项目23个，获7项市级项目资金和3项区级项目资金27万元。在三里屯SOHO商务楼宇党建中心建成地区社会组织综合基地并投入使用。

（陈 宁）

【社区文化节】 年内，举办第十三届社区文化节暨第三届国际时尚文化节。内容涵盖百人柔力球表演、“百姓同乐会”“翻米粒—童乐汇”“地区小合唱比赛”等板块，5000余人直接参加和观看。

（陈 宁）

【志愿服务】 年内，发挥社会志愿者公益储蓄分中心功能。注册志愿者8572人，发布志愿服务项目324项，公益储蓄中心服务时长3.2万小时；固化志愿服务联席会议制，建立志愿活动“主题月发布”和“项目预发布”制，实现志愿服务“每月一主题、每周一活动”；建立“社区公益日”品牌，以项目化运作方式实施，开展活动167次，其中区级15次、街道级35次、社区级117次，7200人次志愿者参加活动。

（陈 宁）

首都机场街道

【概况】 首都机场街道位于朝阳区东北部。东邻顺义界内的T3航站楼，南到天竺镇楼台村，西接顺义区天竺镇，北至顺义界内的空港保税区。辖域面积12.23平方公里。有4个社区。年内，户籍人口7295户、24780人，常住人口41484人，流动人口14582人，外籍人口44人；有汉族23817人，满族503人，回族245人，蒙古族176人，其他少数民族39人；新出生284人，出生率1.15%，死亡70人，死亡率0.28%。辖区有法人单位302个，其中中央单位32家，有中国民航华北地区管理局和华北地区空中交通管理局、中国外运北京空运公司、北京航空货运公司等；市属单位10家，有首都机场出入境检验检疫局、首都机场海关等；区属单位10家，有朝阳区首都机场社区经济管理中心、北京竞飞工贸有限责任公司等；其他单位273家。有医院1所、社区卫生服务站1个、社区服务中心1个和1个日间照料室。有中学2所、幼儿园4所。途经辖区公交线路12条，有地铁机场快轨线贯穿其中。有260平方米为民服务大厅和2000平方米地区文化中心、2处文化广场。地区绿化率41.8%。年内，围绕“深入学习宣传贯彻党的十八大精神、加强社会服务管理创新”主线，加强基层社会管理和服务体系建设，以奥运标准做好APEC会议环境保障工作，扎实开展党的群众路线教育实践活动，把实施党政群共商共治工程作为坚持和贯彻党的群众路线的重要抓手，推动地区科学发展，提升民生幸福。全年完成税收8951.4万元，同比增长9%。实现区级财政收入5631万元，同比增长2.7%，征收房产税735.12万元，同比增长22.07%。年内，被世界卫生组织社区安全促进合作中心（WHO CCCSP）命名为“国际安全社区”。

地址：首都机场生活区西平街2号

电话：64566971

邮编：100621

邮箱：bjjcxzb@bjchy.gov.cn

（李雪飞）

【街道官方微博开通】 2月，创建“朝阳区首都机场街道”官方微博（微博号：sdjcjd@sina.com）。发布各类网络信息500余篇，外媒信息39篇。

（李雪飞）

【党的群众路线教育实践活动】 2月至11月，开展党的群众路线教育实践活动。期间，召开学习交流会1次，征求意见建议423条，分类合并为8大类24项。参观党风廉政教育基地1个；观看《杨善洲》《“四风”警示录》等影片、录像12部。解决立行立改问题7件，解决群众关心关注的各类问题21件。制定、完善《机场街道领导班子“三重一大”决策制度实施细则》《首都机场街道改进作风制度建设计划表》《关于进一步加强公务用车管理的暂行规定》等33项制度。与活动前相比，会议减少30%，文件减少40%，“三公”经费减少44.7%，改造超标办公用房160平方米。

（李雪飞）

【国际安全社区创建】 10月29日，被世界卫生组织社区安全促进合作中心（WHO CCCSP）命名为“国际安全社区”。同时，被亚洲安全社区组织吸纳为网络成员。

（李雪飞）

【党组织建设】 年内，构建“社区两委+若干居民自治组织”模式。南路东里社区“欢乐话吧”、西平街社区“小草护绿队”、南路西里社区“亲姐妹互助站”等居民自治组织不断发展。为41支党员志愿者服务队，14个党建品牌项目建档立册。其中金凤乘务组被中宣部、中央文明委联合授予“时代楷模”称号。新增3个社会单位6个党组织、69家一刻钟服务商、21个社会企业加入党建共建活动。

（李雪飞）

【青年联盟成立】 年内，成立地区“青年联盟”，30余个团组织600余名团员参加社区志愿者活动。

（李雪飞）

【文化活动开展】 年内，组织开展“共享国门文化，追梦幸福南楼”社区一家亲元宵联欢会、庆祝建党93周年京剧专场演出、“美丽中华，多彩国门”书画摄影展、庆祝建国65周年合唱音乐会等文化活动。街道戏曲队再获区品牌团队，南路东里合唱队及国航书画协会入选区优秀团队。

（李雪飞）

【“圆梦国门”宣讲团宣讲活动】 年内，联合机场海关、边检总站、国检局等单位，成立“圆梦国门”宣讲团。宣讲团讲述身边的好人好事，传播“爱岗敬业、无私奉献”精神。代表机场街道参加区和市宣讲活动，边检总站刘凯宁、机场海关李鼎超被区委宣传部评为“最佳宣讲员”，刘凯宁被评为市级“优秀宣讲员”。

（李雪飞）

【社区服务】 年内，西平街社区办公用房建成。至此机场地区的社区办公用房全部达标。整合社区闲置办公用房，建成南平里“微心苑服务社”。开展小区家园计划，在东平里和南平里2个小区进行首批试点。南路西里社区通过“六型社区”创建验收。街道获区社工大赛第三名，南路东里社区高军获最佳辩手奖。

（李雪飞）

【就业服务与劳动监察】 3月27日，组织“春风行动”招聘会。25家用人单位提供300余个岗位，当场达成就业意向80人。年内，检查用人单位156家，立案32件并结案；完成新工商注册单位办理社保登记16户，清理已办理社保登记而没有申报缴费单位5户，确保新增单位农民工参加5项社会保险7户。全年，完成城乡劳动力实现单位就业人数、城镇登记失业人员就业率、就业困难人员就业等11项重点指标。

（李雪飞）

【“幸福家庭”DV获奖】 年内，在区举办的“幸福家庭”DV大赛中，街道报送的《父爱如山》《幸福家庭之彩色照片》分别获一等奖和三等奖。

（李雪飞）

【环境整治】 年内，开展楼道粉刷、优美小区创建等11项城市环境工程建设。整治机场联络线周边环境，围墙粉饰4400平方米、绿化改造7700平方米。施划居民小区停车位2087个，增设更换减速带43处。规范“门前三包”单位2600家次，取缔无照经营178起，拆除区挂账违章3处。

（李雪飞）

【党政群共商共治工程】 年内，通过多渠道征集意见建议、初选协商以及问政会，自下而上收集汇总121条。最终确定22个实施项目，涉及街道层面15项，投入资金1581万元，社区层面7项，投入资金31.5万元。完成南路西里创建“平安示范”居民小区工作。在社区办公用房周边和零散自然院安装31个监控探头。硬化铺装和修缮步道9000余平方米，居民楼前道路3800余平方米。改造小天竺路，铺砖3800余平方米。绿化改造41610平方米，绿地栏杆3300延米，绿化喷灌铺设4680延米，楼道内粉饰8万平方米。创建南平里优美小区。开办“四点半课堂”，解决60名小学生的课后活动安全管理问题。

（李雪飞）

【安全稳定】 年内，完成天驿宾馆改扩建工程重大安全隐患维稳工作。成立京林大厦马航客机失联事件工作站，完成失联家属驻地现场总体服务、协调工作。调处各类矛盾纠纷51件，调解成功率100%。安装红外功能监控探头27个，在社区建立监控平台。

（李雪飞）

【人口调控】 年内，核减人口632人，超额完成全年调控指标。

（李雪飞）

双井街道

【概况】 双井街道位于朝阳区中西部，属于CBD商务生活服务功能区。东起东四环与南磨房乡相邻，南至劲松大街、广渠路与劲松街道为界，西至东二环与东城区相连，北至通惠河与建外街道相邻。辖域面积5.08平方公里。有12个社区。年内，有户籍人口73231人，外来人口25422人，外籍人口1561人，出生人口781人。登记法人产权单位6341家，学校（含托儿所）18所，医院1家，卫生服务中心1个，社区卫生服务站5个，养老机构1家；有2000平方米的地区文化活动中心，7处文化广场和3处24小时自助图书馆。年内，完成和平村5204户拆迁任务。完成区级财政收入6.82亿元，同比减少0.45%；完成房产税收2310万元，同比增长1.02%。获全国优秀卫生计生机构称号、全国和谐社区建设示范社区、全国社区服务型党组织建设示范社区、全国青少年集邮活动示范基地、北京市第三次全国经济普查先进集体。

地址：百子湾南二路88号

电话：67782507

邮编：100022

邮箱：sjgxlb@163.com

（张　斌　赵　曼）

【刘延东考察】 1月2日，国务院副总理刘延东到双井街道一站式为民服务大厅考察基层计划生育工作并看望一线计生工作者。街道工委书记董健汇报一站式服务大厅的服务功能，街道办事处副主任张小洁汇报地区人口情况、单独家庭情况及专为地区“失独”家庭打造的“向阳花坊”活动室运行情况。刘延东对双井街道人口计生工作取得的成效给予肯定。刘延东要求，实行单独两孩政策，是中央作出的重大决策。各地方要按照“总体稳定、城乡统筹、分类指导、协调发展”原则，在国家统一指导下，科学制定实施方案，稳妥有序推进工作。要加强监测，及时掌握出生人口动态，统筹规划发展卫生、教育等公共事业，切实把中央重大决策衔接好、落实好。她强调，必须坚持计划生育基本国策不动摇。要继续坚持党政一把手亲自抓、负总责，教育和引导群众自觉实行计划生育，依法查处违法行为。要抓紧整合地方卫生、人口计生机构，优化配置资源，稳固和提升基层工作网络和队伍的工作水平。要改革创新服务方式，深入开展创造幸福家庭活动和生育关怀行动，加强流动人口服务管理，妥善解决好计划生育特殊困难家庭生活照料、养老保障、医疗救助、精神慰藉等困难。国家卫生计生委主任李斌，市长王安顺等领导陪同考察。

（张　斌　赵　曼）

【社会动员中心成立】 年内，成立社会动员中心。以党建为统领，推进地区社会动员工作。中心位于百子园社区17号楼3层，建筑面积约680平方米，使用面积约550平方米。包括区域化党建指导中心、社会组织指导服务中心、家庭综合服务中心、社会单位服务中心和公益储蓄分中心以及13社区网，成为街道动员社会力量、引导社会参与服务中枢。

（张　斌　赵　曼）

【社区志愿服务】 年内，成立“美井”公益团，建立双井地区志愿服务回馈机制，开展系列服务活动。全年招募社会志愿者10069人，服务时长3.8万小时，开展志愿活动467次，服务人群1.6万人。

（张　斌　赵　曼）

【为民服务】 年内，“一刻钟服务圈”服务商新增11家，现有36家。与北京国声京剧团、劲松电影院签订合作协议，为地区居民提供文化服务。

（张　斌　赵　曼）

【食品药品监管】 年内，开展无证照经营餐饮专项整治活动。检查餐饮单位305户次，查处单位20户，取缔12户；针对商场超市和农贸市场20个单项食品进行安全快速检测；受理群众对涉及食品药品安全的举报、投诉300起，日处理网格办移转材料65张，回复率、处理率、满意率均为100%。

（张　斌　赵　曼）

【党的群众路线教育实践活动】 年内，组织地区119个基层党组织4738名党员参加党的群众路线教育实践活动。期间，召开学习交流会12次，谈心谈话550余人次；开展党支部书记讲党课活动2次；参观党风廉政教育基地1个；观看《杨善洲》《“四风”警示录》《周恩来的四个昼夜》等纪录片7部。累计征求意见梳理汇总为43条。开展“千名党员包楼门”活动，了解群众诉求，回应群众呼声，解决群众困难。制定和修改制度39项。在服务窗口开展“三比三看”活动。与活动前相比，会议减少55%，文件减少14%，“三公”经费减少22%，清理办公用房333平方米。规范公务用车管理。解决立行立改问题10件，解决群众关心关注的各类问题60件。

（张　斌　赵　曼）

【党政群共商共治工程】 年内，探索建立“三级议事制度”（街道、社区、楼门），动员群众参与民生事务。围绕问需、问计、问效、问责，实现党委、政府、群众共同协商、共同参与、共同治理。依托《今日双井》报、双井13社区、社区宣传栏等载体扩大问需面，发放建议案征集表1.4万份，征集居民需求7541件，梳理议事协商项目534件，确定A、B、C类项目共61项。街道投资3495万元，区级拨付2145万元，社会资金105万元。完成年度共商共治项目。

（张　斌　赵　曼）

【环境整治】 年内，修补路面7000余平方米，完成百子湾南路断头路改造和微循环系统建设；完成垂杨柳中里小区准物业改造和垂杨柳北里平房区整治工程；完成老旧居民楼“煤改气”工程、节能改造工程、17万余平方米供热计量改造计划；辖区200余家餐饮单位签署厨余垃圾收运合同，实现厨余垃圾的分类处理；整治京哈铁路沿线环境，清理垃圾渣土3000余立方米，粉饰外墙6000余平方米；绿化2000平方米；整治自由市场和垃圾回收站各1处；建立全市首个“爱心环卫驿站”。整治双花园南里8号楼底商违法行为；创建“三无小区”30个；拆除违法建设19处4450平方米；

取缔无照经营450余起，露天烧烤及大排档120起。

（张 斌 赵 曼）

【安全生产管理】 年内，与地区1923家生产经营单位签订安全生产责任书，检查单位430家，完成执法检查任务的138%，发现问题隐患875项，整改873项，整改率99%；下达文书298份，处罚立案34起，完成全年任务的225%。

（张 斌 赵 曼）

【矛盾调处】 年内，处理各类矛盾隐患1823件，突发事件19起，接待来人来电上访288批次，处理信件30件，处理中央巡视组、市委督导组转办信访件128件，办理网上政民互动1280件。

（张 斌 赵 曼）

【社区规范化建设】 年内，双花园南里一区成立光环社区居民自治管委会，垂杨柳中里小区成立自管会，实现准物业封闭式管理；完成大望、九龙南社区创建市级“六型社区”，双花园、富力社区创建三星级智慧社区，光环、大望社区升级为五星级智慧社区。

（张 斌 赵 曼）

【双井虚拟13社区建设】 年内，网站页面浏览量8.8万次，总注册用户4286个，其中个人1510个、商家2776个。开发双井13社区微信平台，实现13社区网站与手机端APP数据同步，完成社区服务管理平台建设，建立集网络端、手机端于一体，微博、微信、APP多载体的信息化服务平台，开展多频次、广覆盖的线上线下活动，提升活跃度和影响力。

（张 斌 赵 曼）

【全模式社会服务】 年内，优化系统运行平台管理。完成案件接收、派发、催办以及对区监督中心回复工作。接收案件32403件，其中环境类22203件，及时办结率100%，专题案件类12078件，公众举报1028件，加权结案率100%。完成全模式社会服务管理系统平台新增建筑、公众举报等专题案件回复，回复6000余件次。

（张 斌 赵 曼）

【社工工会成立】 年内，成立全区首家社工工会。开通全市首家职工心理咨询热线和职工网络心理体验系统。

（张 斌 赵 曼）

【新型团建模式】 年内，探索行业建团、网络建团等新型团建模式，全年建立两新团组织16家。

（张 斌 赵 曼）

【社会化退休管理】 年内，社会化退休人员6524人，代理代办城乡居民大病医疗保险5027人。办理退休人员集中参保、自采暖补贴、煤火费补贴、退休审批手续等事项。

（张 斌 赵 曼）

【创办《引领》季刊】 年内，创办面向残疾人的季刊《引领》。《引领》内容涵盖残疾人关心的相关政策、地区发展、教育就业、康复等内容，全年发放4000份。

（张 斌 赵 曼）

【第三次全国经济普查工作完成】 年内，完成第三次全国经济普查工作。收到底册法人产业单位8523家，经过电话核实和实地踏查，查找到单位6005家。其中新增底册外单位583家，核查率为70.46%；收到底册个体单位903家，查找到780家，查找率为86.38%。在经普后期登记阶段，收到底册法人产业单位6029家，完成登记6341家，其中新增底册外单位为1099家，登记率为105.17%，登记个体单位数1008家，登记率为111.63%。

（张 斌 赵 曼）

团结湖街道

【概况】 团结湖街道位于朝阳区西部。东起水碓子东里、水碓子东路、朝阳体育馆西侧，南至呼家楼北街和二道沟北侧，西至东三环北路，北至农展馆南路。辖域面积1.23平方公里。有6个社区。截至年底，有常住人口37674人，流动人口12448人，户籍人口出生率9.29‰，死亡率7.54‰。辖区驻有中轻国际工程有限公司、国家烟草局培训中心等央属单位，有北京青年报社等市属单位；有中专、中职、中学各1所，小学2所，幼儿园2所，托老所1处，医院4家；有1个为民服务大厅和26个居民公共文化活动场所；团结湖路东西两侧分布有银行、邮局、新华书店、京客隆超市等服务设施。被中国社会工作协会、社区工作委员会评为2014全国社区服务型党组织建设示范街道。全年完成区级财政收入2.19亿元，同比增长11%；房产税征收1579万元，同比增长32%。

地址：团结湖北头条9号楼

电话：85589999

邮编：100026

网址：http://tjhjd.bjchy.gov.cn

（金小琨）

【食品药品监管】 3月15日，团结湖街道食品药品安全委员会成立。完善食品药品安全管理三级监督网络，即街道食品药品安全委员会、食药安委会办公室（食药所）、社区食药安全监督员队伍。年内，组织联合执法30余次，查抄取缔无证照餐饮商户20家。调查处理食药网格案件、投诉举报案件300件，处理率为100%。行政处罚案件40件。

（金小琨）

【文化艺术节举办】 5月13日至9月24日，举办“最美团结湖文化艺术节”。艺术节包括“暮年童歌”朗诵赛、“翰逸神飞”书画展示赛、“天籁之音”歌唱赛、“妙手生花”手工作品创作赛、“国色生香”戏曲表演赛等。5000余名居民参加活动。

（金小琨）

【矛盾调处】 9月19日，开展信访宣传日活动。现场解决矛盾问题2个，接受信访咨询21件，发放《维护信访人的合法权益》《规范信访行为》《规范国家机关处理信访行为》等宣传材料。年内，接待来信、来访、来电531件次625人次。处理区政民互动信访交办件389件，办结率99%；接待集体访6批52人次；调解矛盾纠纷230件次；预防越级访、集体访2次。

（金小琨）

【矛盾纠纷排查】 年内，开展人民内部矛盾纠纷大排查工作。对辖区6个社区6个矛盾隐患区分责任、协调化解，其中早市占道经营及扰民问题列为重点问题。

（金小琨）

【区域化党建】 年内，发挥“智慧党建手机应用平台”在党务公开、接受群众意见建议和监督中作用。撤销1个非公企业党组织，3个支部实现转化。

（金小琨）

【党的群众路线教育实践活动】 年内，开展党的群众路线教育实践活动。期间，召开学习交流会11次，谈心谈话500人次；专题党课3次；参观党风廉政教育基地2个；观看《周恩来的四个昼夜》《焦裕禄》《苏联亡党亡国20年祭—俄罗斯人在诉说》等纪录片7部。街道面向各级党员干部群众，通过走访、座谈等形式，收集意见建议500余条，梳理汇总形成168条意见建议，确立18项重点整改项目，立行立改项目全部完成，中长期任务按计划落实整改。64个基层党组织的1300余名党员参加活动。与活动前相比，会议减少50%，文件减少11%，“三公”经费减少20%。完成确定新修订、制定制度33项。未出现违反中央规定问题，解决立行立改问题4件，解决群众关心关注的各类问题87件。

（金小琨）

【服务型党组织建设】 年内，开展在职党员“双报到、双服务、双评议”活动。落实街道机关党员联系服务基层“5163”工作机制；服务窗口单位开展“党员志愿服务岗”志愿服务等活动；三四条社区开展“助学筑梦”活动，社区老干部党支部被评为“2014年北京市离退休干部先进集体”。街道被评为“2014年全国社区服务型党组织建设示范街道”。

（金小琨）

【公共文化设施建设】 年内，新增2处自助图书馆；在三四条社区及区老干部局各新建1处数字化电子阅览室，并录入登记图书3万册。

（金小琨）

【工会建设】 年内，建会单位238家，会员4007人。开展会员活动30场次，覆盖会员2000人次。工会会费税务代收平均申报率为87.78%，平均缴款率为97.20%，平均零申报率为4.29%。集体合同签订率为94.96%，京卡办卡率为98.13%。街道总工会被区评为五星级工会服务站。

（金小琨）

【社区建设】 年内，完成水碓子社区“六型社区”创建工作。推动社区公益金项目化运作。6个社区申请公益金项目66个，投入资金52万元。

（金小琨）

【城市网格化管理】 年内，通过系统平台接收处理城市环境类网格案件29687件，结案率为98.78%；通过微博平台接收并回复网格案件2067次；通过热线平台接听量为2916单，其中居民咨询来电2039单，派遣居民服务单877单；通过监控平台发现并处理环境卫生问题288件。推进一二条网格事务协调委员会试点工作。

（金小琨）

【人口调控】 年内，清理违法群租房42套，调减流动人口2079人，完成全年任务的223.5%。

（金小琨）

【综合治理】 年内，开展扫黄打非“净网”专项行动。检查网吧26次、歌厅12次、图书报刊亭180次。加强物、技防建设。街道门禁维保公司巡查服务模式成为区提高老旧小区门禁使用率“三种模式”之一。北里平安示范小区更换对讲系统18个单元926户。

（金小琨）

【为老服务】 年内，开展以“我与智慧生活”“舌尖上的团结湖”“孝星孝行感动你我”为主题的微视频赛。为地区200户高龄空巢老人开展医疗仪器治疗服务。新增老年餐桌2家，新增服务商7家。

（金小琨）

【安全生产】 年内，检查生产经营单位361家次，发现问题或隐患302处，整改193处，行政处罚11起。推进安全生产标准化创建活动，完成三级达标企业25家，岗位达标100家。

（金小琨）

【矛盾调处】 年内，组织社区居委会，开展矛盾排查调处工作，排查53次，调处化解各类纠纷1598件，成功1576件，成功率为98.6%。达成书面协议19件（卷宗协议11件、简易纠纷协议8件）。

（金小琨）

【智慧社区建设】 年内，建立智慧团结湖手机平台；与中国老龄基金会合作，建成公建民营、社会组织运作的智慧养老助残居家服务中心；完成“大数据为民服务决策支持平台”“研究社区网格事务协调体制机制建设”“智慧型社会治理体制研究”项目申报；利用智慧信息机及掌上团结湖平台发布社区新闻500余条，图片1400多张，点击量19.8万次。5个社区获评五星级智慧社区，1个社区获评四星级智慧社区。

（金小琨）

【劳动监察】 年内，巡查劳动用工单位120家，专项执法检查3次，书面审查用人单位100家，查处用工违法行为立案84件，结案率为100%。查处拖欠工资事件8起，帮助来京务工人员讨回工资20余万元，办理农民工参加5项社会保险登记7家，新工商注册单位办理社会保险登记50户，清理已办理社保登记而没有缴费单位30户。

（金小琨）

【首都环境优美小区创建】 年内，经网络、纸质投票，专家实地验收，水碓子小区被评为首都环境优美小区。

（金小琨）

【拆违控违】 年内，拆除挂账任务2处130平方米，帐外新增避风阁4处50平方米。实现新增违法建设零增长。

（金小琨）

【老旧小区抗震节能综合改造】 年内，配合区房管局完成三四条社区、南北里社区、中路北社区和中路南社区共48栋15.7万平方米直管公房抗震节能改造工程。

（金小琨）

【执法整治】 年内，与派出所联合执法整治48次。全年取缔无照经营400余起，查处“黑摩的”45辆，拆除地锁196个，制作执法文书104卷。

（金小琨）

【APEC会议期间环境整治】 年内，开展APEC会议期间环境整治工程。对东北三环呼家楼桥至长虹桥东侧沿线进行综合环境整治。整治项目涉及建筑物粉饰，围墙、护栏粉刷，步道维修，牌匾整治等，工程量为6.6万平方米。

（金小琨）

【水碓子筒子楼改造完成】 年内，继续实施筒子楼靓丽工程改造。完成水碓子5号楼和17号楼实施筒子楼靓丽工程改造。用铁皮柜更换楼道中的木质储物柜，同时清理堆物堆料，消除消防隐患；粉刷公共厨房墙面，更新操作台，为居民提供洁净舒心的厨房环境，440户居民受益。

（金小琨）

【就业安置】 年内，采集空岗信息2463个；实现创业9人，带动就业35人；辖区城乡劳动力实现就业375人，就业率为80.3%，其中就业困难人员实现就业260人，单位就业57人；走访跟踪用人单位121家；创建充分就业社区6个，其中国家级充分就业社区1个。

（金小琨）

望京街道

【概况】 望京街道位于朝阳区东北部。东起机场高速路与酒仙桥街道、将台乡接壤；南起北四环路与太阳宫乡为界；西至京承高速路与来广营乡、大屯街道相望；北至湖光北街、宏泰西街与东湖街道、崔各庄乡相邻。辖域面积10.36平方公里。有22个社区。年内，有户籍人口34691户84200人，常住人口22.9万人，流动人口5万余人，外籍人口7972人；新出生988人，死亡229人。有法人单位6245个，其中中央美术学院、国际竹藤网络中心、中建一局集团建设发展有限公司、中国民航管理干部学院、国家机床质量监督检验中心等中央单位49家、市属单位38家、区属单位22家、其他单位6136家，有医院3家、社区卫生服务中心1个、社区卫生服务站8个，科研院所1个、大学5所、中学8所、小学7所、幼儿园（托儿所）23个，养老机构1个。途经辖区公交线路48条，地铁13、14、15号线贯穿其中。有554平方米的为民服务大厅，3200平方米地区文化中心，2处文化广场和7处24小时自助图书馆。绿化率为35%。年内，以“大事引领，党政协同、合力共赢”为工作思路，以APEC峰会服务保障、党政群共商共治工程为重点，深入开展党的群众路线教育实践活动，着力保障和改善民生，实现区级财政收入33.74亿元，同比增长53.4%，小房产税收入3000.15万元，同比增长100%。

地址：望京东园615楼
电话：64703102
邮编：100102
邮箱：wjjd_xzb@126.com

（项 悦）

【六公主坟打非控违办公室成立】 1月15日，区成立望京街道六公主坟打非控违办公室暨六公坟棚户区改造办公室。办公室由区管委、市政市容委、城管大队、社会办及街道办事处等部门抽调近百人组成，在望京中广宜景湾503号楼一层底商办公。为确保六公主坟绿化及保障性安居工程项目顺利启动，街道成立由街道办事处、社区、派出所、拆迁单位共同组成安全稳定工作小组，下设综合协调组、信访调解组、安全保障组、宣传信息组，并从行政办、综治办、城建科、城管队、司法所、信访办、宣传科、纪检监察科等部门中抽调20人，协助开展六公主坟棚户拆迁改造工作。5月18日，完成六公主坟棚户区拆迁工作。拆除四元汽配城、四元灯具城、广龙家居三大市场，完成六公主坊平房区72个院落、87户住宅和11处非住宅、1100余家商户的拆迁任务，拆除面积14.8万平方米，腾退面积40万平方米。比市政府要求的整体拆迁工作时限提前近两个半月。

（项 悦）

【副市长调研】 4月17日，副市长戴均良、市政府副秘书长戴卫等一行人到望京专题调研城市管理体制改造。调研组到望京园社区外籍人服务管理站，了解街道在创新社会服务管理方式，提升特定群体管理精细化、信息化、科学化等方面情况，到位于花家地南里温馨家园的新运弱智儿童康复中心和李楠工作室，了解街道开展多元化深层次助老、助残服务情况。

（项 悦）

【城市牛皮癣清理志愿服务队成立】 11月4日，由城管队员、志愿者、街道保洁队等组成的“美化家园城市管理牛皮癣清理行动志愿服务队”成立。服务队成员定期或不定期对辖区各重点部位、主要大街巡视，发现垃圾和小广告及时清理铲除。

（项 悦）

【侨务干部培训现场教学点成立】 11月28日，国务院侨办侨务干部学校授予望京街道为“侨务干部培训现场教学点”并举行揭牌仪式。国务院侨办干部学校副校长吕剑光，区统战部及街道领导参加活动。国务院侨办将定期或不定期在教学点举办全国侨务干部培训，交流工作经验，研究推进侨务工作。

（项 悦）

【党政群共商共治工程】 年内，按照问政季、解忧季、收获季的流程，采取入户走访、网络问政、问卷调查等多渠道公开问政，召开各类问需会52场次，征集意见、建议295条。经过民主协商确定党政群共商共治项目56项，其中街道层面21项、社区层面35项。及时将各种问政信息向社会新闻媒体发布，通过宣传橱窗、公示栏、网络等媒介向地区居民公示，接受群众监督。整合地区资源、发动各方力量参与落实实事项目，在争取区政府资金支持的同时，协调30家社会单位整合资金120.85万元，解决居民反应强烈的难点、热点问题。完成党政群共商共治项目56项。

（黄 敏）

【党的群众路线教育实践活动】 年内，以“三聚焦、三着力、三提高”为主线，坚持“规定动作不走样、不跑偏、不漏项，自选动作有特色、有需要、有质量”原则，街道140个基层党组织3788名党员参加活动。活动期间，共组织集中学习61次，处级领导封闭学习20天，机关全体干部集中学习19天；处级领导班子征求意见建议443条，基层党组织征求意见2878条；坚持问题导向，立行立改，即查即改，各级党组织整改落实各类问题463个，辞退为民服务态度较差人员3人，精减合并各类会议38个，减少文件17个，清理班子成员超标使用办公用房面积278平方米，封存超标车辆2辆，停止发放班子成员私车公用用油补贴，节约会务、办公、招待等费用320万余元，完成废、改、立制度28项；解决一批影响居民生活的身边事，特别是解决了大西洋违法建设的拆除、花家地小区环境整治等群众反映强烈的问题。

（康红军）

【“3+3+3”服务机构建立】 年内，建立“3+3+3”服务机构，即3个外籍服务中心（望京新城425楼、大西洋、望京园）、3个税源工作服务站（425楼、望京SOHO、竹藤大厦）、3个商务楼宇服务站（佳境天城、宝能中心、利星行），构建工作网络，开展特色服务。为企业提供优质服务的同时，从服务重点企业发展、为企业排忧解难方面入手，为望京SOHO解决注册难题，完成招商引资和维稳税源工作。

（张 鑫）

【党建品牌建设】 年内，在22个社区推行党建网格化管理，社区服务网络全覆盖，形成“社区党委——网格党支部——网格党小组”服务体系；深化望京西园三区社区“党员提案制”、花家地南里社区“党员突击队”、南湖东园社区“红心十姐妹”等党建工作品牌。

（康红军）

【就业服务】 年内，开发岗位3160个，实现就业602人，城镇登记失业率为73.64%。

（项 悦）

【食品药品监督管理】 年内，成立餐饮管理协会；在办事处网站开设食品药品网页，创办《望京食药》电子期刊。多部门联合执法22次，停业、取缔64户无照经营或食品非法制造点，行政处罚立案20件，罚款额30万元；完成食品抽检及快速检测462件次，合格率为99.5%。完成辖区内监管户的监督全覆盖，监管各类社会单位2800家。

（刘国栋）

【文化体育品牌团队建设】 年内，投入20万元，安装更新大西洋、花家地北里等15个社区的体育健身器材；完成辖区60余家体育场地普查工作；对22个社区推荐的品牌团队分类定级，认定一类社区品牌团队4支、二类社区优秀团队8支、三类社区特色团队10支，分别给予扶持奖励。

（高丽萍）

【社区建设】 年内，启动“社区营造计划”。搭建政府服务资源与居民需求对接平台；试点启动花家地南里、阜荣街社区“小区家园计划”；创建圣星和望京园2个“六型社区”，创建望京园、阜荣街2个四星级智慧社区。

（高丽萍）

【综合治理】 年内，重点针对无照经营、暴露垃圾、堆物堆料等环境问题开展专项整治活动。取缔游商摊贩1000余处，清理暴露垃圾2800余吨，清理堆物堆料145处。完成京顺路、北四环和京承高速路3条（全长8.4公里）APEC峰会沿线路线的环境整治和保障工作；围绕建立文明城区环境管理长效机制，在银领国际等20个小区开展“三无”达标小区创建工作；加大老旧小区综合整治，对花家地南里2号楼等10栋楼实施节能改造约5.9万平方米，惠及千余户居民；协助区住建委完成辖区200家3000平方米以上建筑能耗采集工作；拆除大西洋、商业中心院内、花家地、方舟苑、施工临建等30余处1.33万平方米违法建设。年内，处理消防安全案件14684件、食品安全案件9751件、无照经营游商6772件、暴露垃圾4569件。

（高丽萍）

【志愿者服务】 年内，志愿者协会各类志愿者注册18343人，通过协会管理平台促进服务与需求的有效对接。以项目化申报与运作方式，争取区志愿服务项目资金开展“爱聚望京”公益汇活动；汇集22个社区、6家社会组织和20余家企业，认领公益项目41个，对9个优秀项目给予资金支持。

（高丽萍）

【矛盾调处】 年内，接待群众来访421批次，735人次，收到来信60件，均作回复。调解各类纠纷249件，82个重点矛盾纠纷得到有效解决和稳控。创建望京路11号院为平安示范小区，加装探头70个。

（高丽萍）

【安全生产】 年内，检查生产经营单位381家次，发现隐患112处，立案12起。处理网格案件12200件，下发整改通知书10230份，督促整改2150家。

（高丽萍）

【人口调控】 年内，采集录入流动人口30863人，核销22925人。

（高丽萍）

香河园街道

【概况】 香河园街道位于朝阳区东北部。东与左家庄街道相邻；南与东城区接壤；西与和平街街道相望；北与太阳宫乡交界。辖域面积2.5平方公里。有9个社区。年内，常住人口34677人，流动人口16929人，出生人口372人，死亡人口186人。辖区企业单位147家，其中有中国国际展览中心集团公司等13家国有企业。建有社区服务中心和文化服务中心，有幼儿园8所、小学3所、中学3所，有煤炭总医院、太阳宫医院2个医疗机构、社区卫生中心1个、社区卫生站4个，有北控光熙国际康复老年公寓和光熙养护中心2个养老机构。地区标志性文物为“诰封碑”。地区绿化面积86.6万平方米，绿化覆盖率34.6%。年内，实现区级财政收入2.49亿元，同比增长10.9%；征缴房产税506万元，同比增长5.5%。迁转异地纳税企业2家，新建企业4家，全年无税源户流失。

地址：西坝河南里26号楼

电话：64677044

邮编：100028

邮箱：xhyxzb01@163.com

（王治宇）

【“两节”送温暖】 1月15日至29日，开展送救助、送慰问品、送文化、亲情陪伴过大年等20余项“两节”送温暖活动。投入资金65万元，活动涉及地区各类困难群体410多户3100余人。

（王治宇）

【党的群众路线教育实践活动】 2月25日，召开党的群众路线教育实践活动动员会。教育实践活动期间，召开学习交流会117次，谈心谈话30人次，开展党支部书记讲党课活动20次。参观党风廉政教育基地1个；观看《杨善洲》《“四风”警示录》等影片、录像8部。征求基层群众意见建议696条，归纳为10类问题。查摆出整改任务21项，其中立行立改3项、近期整改3项、中长期整改15项。与活动前相比，会议减少9.3%，文件减少10%，“三公”经费减少10.3%。完成确定新修订、制定制度69项。解决群众关心关注的各类问题66件。街道工委所属76个基层党组织，2930余名党员参加活动。

（王治宇）

【食品药品安全委员会成立】 5月22日，成立香河园食品药品安全委员会。建立食安委组织结构，建立各项制度，建立社区食品药品安全员和重点单位社会食品安全员工作模式。

（王治宇）

【七圣路餐饮协会成立】 6月10日，七圣路餐饮协会成立。

（王治宇）

【民政部领导调研】 11月27日，民政部基层政权和社区建设司司长蒋昆生和市民政局相关领导到西坝河西里社区调研社区服务与管理业务平台的应用情况。该平台包括社区服务站、居民议事厅、社区公益汇、文化活动室等多个功能室，是社区集中服务区。居民到社区可以办理人口计生、综治安全、综合事务、社区福利、环境卫生等服务，也可享受代办代理等便民服务。蒋昆生等领导对地区社会治理创新工作给予肯定。

（王治宇）

【APEC会议保障】 年内，为保障APEC会议，确定三环沿线10项重点建设任务。社区新建、维修铁艺栅栏约3500平方米，三环路沿线建筑物外立面粉饰15栋14万平方米，外立面保温层改造8栋4万平方米，道路铺装2400平方米，牌匾整治1120平方米，新建、修补及粉刷三环路过街天桥下自行车停放护栏3000平方米，粉刷配电箱、电线杆3000平方米，修补及粉刷挡车器1500平方米，整治阳台276户，清理堆物堆料6500立方米。

（王治宇）

【为民办实事】 年内，完成社区破损道路修缮、西坝河南路健身步道建设、西坝河中里祥和园广场改造等街道级为民解忧工程22项，投资780.3万元。

（王治宇）

【节能改造】 年内，完成西坝河中里、东里和光熙门北里南社区的41栋居民楼进行节能改造工程，改造面积20万平方米，完成率为100%。

（王治宇）

【保障性住房审核】 年内，街道取得各类保障性住房资格2000余户。新受理各类保障性住房审核800余户，接待政策咨询1000余人次。

（王治宇）

【就业服务】 年内，举办2次专题招聘会。“春风送岗位帮你早就业‘三八妇女节’专场招聘会”约420人参加，现场达成意向76人，签订协议35人；联手朝外街道社保所在朝外街道举办“手拉手”招聘会，100余名失业人员求职，28人当场达成就业意向，签订协议13人。

（王治宇）

【智慧社区建设】 年内，结合智慧社区建设计划，开发智慧社区平台和手机APP终端。智慧社区平台包含智慧便民、智慧文化、智慧健康、智慧互动、智慧公益5大板块，取智慧intelligence首字母，简称“5i香河园”，谐音“我爱香河园”。智慧社区平台突出预约服务、办事指南、网络议事厅、社区互动、公益银行等多项特色功能，为居民全面参与、享受服务提供便捷渠道。手机终端精选了部分功能与平台同步，成为居民的掌上智慧宝。

（王治宇）

小关街道

【概况】 小关街道位于朝阳区西北部。东起育慧南路，与太阳宫乡接壤；南至北土城公园，与和平街街道交界；西邻北苑路，与亚运村街道毗邻；北至北四环东路，与大屯街道隔路相望。辖域面积 2.58平方公里。有小关、小关东街、惠新里、惠新北里、高原街、惠新苑6个社区。截至年底，户籍人口14506户51141人，外籍人口658人，出生率0.73%，死亡率0.24%。辖区有社会单位2756家，其中中央单位152家、市属单位91家、区属单位123家。有大学2所，中学3所，小学2所；医疗机构14家；居民公共文化活动场所1处。地区绿化率30%。年内，小关街道深入学习贯彻党的十八届四中全会和区委十一届七次、八次会议精神，按照区委区政府的总体部署，坚持稳中求进，深入改进作风，积极探索社会治理创新，社会建设水平实现新提升。全年，实现区级财政收入4.54亿元，同比增长13.45%；代征个人出租房产税1001万元。同比增长23.22%。惠新北里社区获“全国优秀科普社区”称号，小关社区调委会获市司法“先进集体”称号。

地址：北四环东路108号院13号楼

电话：64975980

邮编：100029

邮箱：xgxzb@bjchy.gov.cn

（王 丰）

【惠新北里绿化升级改造】 5月20日，完成惠新北里小区整体绿化全覆盖升级改造工作。改造面积1万余平方米，种植银杏、玉兰、雪松、油松等42棵乔木，紫叶碧桃、樱花、紫叶李、火焰海棠、美人梅等65株花灌木，黄杨等绿篱色块9000株，月季2600株，绿色地被植物6000平方米，更换社区道路两侧树种81棵，种植藤本月季3800株。

（王 丰）

【安全生产】 6月，开展电气使用安全暨特种作业、特种设备作业人员“双打”专项执法行动，严厉打击使用假证和无证上岗等违法违规行为。年内，开展安全检查390家次，下达执法文书350份，查出安全隐患330个，整改315个，整改率为95.5%，立案处罚12起，完成区指标的139%。完成安全生产标准化创建达标单位178家，其中三级达标21家、岗位达标157家，完成区指标的119.5%。

（王 丰）

【“民生惠讯”公众微信建立】 7月，开通小关“民生惠讯”公众微信（微信号xiaoguanshebao）服务平台。平台以宣传惠民政策、展示工作动态、解读民生百问、典型案例分析及微知识为主要内容。地区居民只需添加关注，足不出户即可时时关注社会保障最新资讯。可实现政民联动，拓宽联系群众、服务群众的渠道，和地区居民“微”距离接触、“零”距离交流。

（王 丰）

【中央政法委领导调研】 12月24日，中央政法委副秘书长、中央综治委副主任、中央综治办主任陈训秋到街道调研。陈训秋听取街道主要领导对辖区拆违、控违、外来人口管理等方面工作汇报。在参观小关街道“智慧小关电子沙盘”项目时，详细了解沙盘应用范围，对此项工作给予肯定，并要求要继续加强此项工作，发挥更大作用。随后到高原街社区、西藏中学等地视察。

（王 丰）

【党组织建设】 年内，街道搭建“1+4”（“1”即一个支点—树立大窗口服务理念；“4”即四个着力点—机关党组织、社区党组织、窗口部门党支部、非公经济和社会组织党组织）服务型党组织建设平台。推行“六问工作法”（相关政策精神吃透了吗？宣讲政策说明白了吗？需要百姓携带的材料一次性告知了吗？答应百姓的事情落实了吗？各项办事流程最简化了吗？百姓对于我们的工作满意了吗？），提高政策宣讲、业务办理和依法行政能力。探索党员志愿服务平台+党员服务岗位+协会组织的“1+X+Y”服务模式，打造“乐龄七姐妹”等党员志愿服务品牌和千鹤家园等星级楼宇服务站。22家中央、市属、区属单位4710名党员与社区建立联系。

（王 丰）

【党政群共商共治工程】 年内，完成党政群共商共治项目68项。其中街道层面11项、社区层面57项。包括铺设无障碍坡道、安装楼门扶手、设立自行车棚等“居民暖心”工程，群众满意度达98%。

（王 丰）

【劳动监察】 年内，地区与企业劳动合同签订率为95%、劳动合同续订率为90%。清理地区新办社保登记未交费单位30家，劳动监察立案85件，协调解决各类工资及劳务纠纷18起，为农民工追讨欠薪20万余元。

（王 丰）

【就业服务】 年内，组织就业困难人员专场招聘会5次，开发就业岗位1670个。辖区登记失业人员实现就业350人，完成全年任务的103%；完成80余名困难人员再就业，超额完成年度指标。

（王 丰）

【文化服务】 年内，升级改造地区文化活动中心和3个社区文化活动室，建成益民书屋2个。以“关爱文化节”为主线，打造“汉藏一家亲”文化品牌。举办“幸福社区朝阳秀”文艺演出等系列文化活动。

（王 丰）

【“智慧小关电子沙盘”项目】 年内，开发“智慧小关电子沙盘”项目。项目实现地理信息和政务信息（包含建筑信息、单位信息、各部门专题信息）综合集成，达到实时监测城市动态，快速完成信息检索、预警分析、辅助决策的效果。

（王 丰）

【专项业务智能化管理】 年内，创建专项业务智能化管理模式。模式为各部门量身打造业务办公平台，建成高速在线共享服务体系。系统在门前三包工作以及APEC峰会期间的巡防布控方面发挥实效。

（王 丰）

【城市综合管理指挥中心运行】 年内，地区城市综合管理指挥中心正式运行。完成104个重点点位数字化视频监控摄像头安装调试工作，调整北四环辅路监控设施，新增监控探头6个，更换高清探头9个，小关东街8号院安装监控探头20个，并接入街道城市综合管理指挥中心，实现小关地区数字化视频监控全覆盖。街道按照“不交叉、不重叠、全覆盖”原则，坚持警情会商，专群结合、以专带群的防控机制，建立社会面立体防控体系。与430家社会单位签订社会治安责任书。

（王 丰）

【人口调控】 年内，清理有形市场1处，清退群租房屋133处，拆除人防工程内违规搭建的小房间60间。减少出租房屋505户，减少流动人口9474人。

（王 丰）

【城管执法】 年内，“严堵巧疏”无照摊贩，巡查覆盖率和及时整改率双项指标达100%。开展联合执法25次，查处非法运营车辆42起，无照经营案件2000余起，取缔无照经营乱点21个、非法露天消夏经营场所17个，没收各类违法经营物品7300余件。拆除违法建设3500平方米。完成2条主要道路“拆墙打洞”专项整治。整治涉及6幢楼45个商户，3个居民院落。责令停业非法经营场所45处，开具执法文书80余份，拆除违法建设6处50平方米。

（王 丰）

【矛盾调处】 年内，定期开展矛盾纠纷排查化解工作。采取人民调解、司法调解、行政调解相结合方式化解矛盾纠纷，调解民事纠纷539起，成功率为96%。

（王　丰）

【食品药品立案查处】 年内，食品药品立案处理14 起，处罚金额7.9万元。

（王　丰）

【社区服务】 年内，实施社区营造计划和小区家园计划。改善社区基础设施，健全服务机制，完善服务体系。完成3个社区办公服务用房改造1646平方米。新建8处邻里中心，截至年底建有20处邻里中心，实现地区全覆盖。装修改造文体中心，改造面积2356平方米。按照“两访四账”（两访：走访居民、走访社会单位；四账：居民管理台账、社会单位管理台账、社区社会组织管理台账和社区管理总台账）要求，规范社区工作制度。

（王　丰）

【一刻钟服务圈建设】 年内，按照公共、公益、便民、特色4个类别，签约服务商172家，涵盖文体、医疗、养老、菜站等12类33项便民服务项目。

（王　丰）

【党的群众路线教育实践活动】 年内，开展党的群众路线教育实践活动。班子成员走访社会单位20余家，召开座谈会30余次，征求群众意见300余条。针对共性问题、服务群众的倾向性问题、居民关注的热点问题，制定完善改进作风方面制度22项，明确17项整改任务，建立作风建设的长效机制。与活动前相比，文件减少21%，清理办公用房266平方米。查处违反中央规定问题1起，处理1人，解决立行立改问题37件，解决群众关心关注的各类问题68件。

（王　丰）

亚运村街道

【概况】 亚运村街道位于朝阳区西北部，地处奥运主场馆核心区域。东起北苑西路与小关街道相接，南至北土城公园与安贞街道、东城区、西城区相邻，西到京藏高速路与海淀区相邻，北到安翔北路、慧忠路、慧忠北街与奥运村、大屯街道相接。四面环绕国家奥林匹克体育中心，三面环绕国家体育场（鸟巢）和国家游泳中心（水立方），是奥运功能区的重点区域。辖域面积5.13平方公里。有10个社区。辖区户籍人口2.6万户7.3万人，流动人口2.3万人。辖区有3029家单位，其中中央单位113家、市属单位150家、区属单位92家、非公单位2674家。有大学2所、中学3所、小学4所、幼儿园6所、成人教育学院1所，医院2家。是一个集经济、文化、教育、体育、娱乐、商贸、会展、旅游、居住等多种功能于一体的综合性区域。辖区内有北京市第一福利院和第五福利院两家养老机构；有3000平方米的文体活动中心1个和10000平方米的全民健身园，10个社区分别设有文体活动室。年内，以党的群众路线教育实践活动为引领，紧抓创建全国社会治理和服务创新实验区契机，以社会服务管理创新为主线，以保障和改善民生为着力点，以强化城市管理、维护安全稳定为保障，凝心聚力，攻坚克难，社会建设取得新成绩。街道总工会被中华全国总工会评为全国工会职工书屋示范点。年内，完成区级收入10.18亿元，同比增长20.37%。其中商务楼宇实现区级收入3.21亿元，占总收入的比重从上年的18.64%升至31.58%。小房产税收入986.27万元，同比增长46.72%。成立地区党建、思政研究分会。

地址：亚运村安苑北里21号楼
电话：64960468
邮编：100029
邮箱：yycjdbsc@163.com

（雷　蕾）

【无偿献血】 1月3日，在地区文化服务中心开展无偿献血活动。209人献血4.18万毫升。

（雷　蕾）

【文艺品牌项目获奖】 1月10日，在区文化委举办的朝阳区群众文艺团队表彰展演会上，高娃舞蹈团再次获“朝阳区品牌团队”荣誉，亚奥女子合唱团和亚运村民乐团获“朝阳区优秀团队”荣誉。

（雷　蕾）

【台湾访问团成员参观交流】 2月18日，国民党荣誉主席连战率领台湾访问团成员蒋孝严、王明雄等到街道社区活动中心参观交流，了解地区公共文化服务、工会服务站建设等方面工作。

（雷　蕾）

【党政群共商共治工程】 3月25日，召开党政群共商共治项目问政会。辖区居民和社会单位议事代表、社区党委书记、街道议事协商领导小组成员、人大代表、政协委员等60余人参加会议，确定64个共商共治工程项目，截至年底全部完成，共投资800万元。

（雷　蕾）

【单身青年联谊】 10月25日，由亚运村街道总工会、团工委、妇联，北京中华民族博物院，中民婚姻网联合主办“快乐的心，真挚的情”第四届单身青年职工联谊会在中华民族园举行。辖区160名单身青年职工参加联谊会。

（雷　蕾）

【廉政文化园建成】 10月，建成亚运村廉政文化园。文化园由广场、长廊，由8组仿天然石景艺术创作、近30组警世名言、48幅勤廉盈联组成。以梅兰竹菊四君子和中华精华典本“镜屏联简”为题材，弘扬崇廉尚德的中华传统美德。

（雷　蕾）

【党的群众路线教育实践活动】 年内，街道所属134个党组织的2304名党员参加教育实践活动。街道领导班子多层面收集意见建议345条，制定整改措施171项，完成9项立行立改和近期整改任务，完成52项制度的修订。解决群众关心关注的各类问题85 件，21项实事工程全部完成。

（雷　蕾）

【创建2+4+N模式】 年内，创建区域化党建“2+4+N模式”。即：强化街道工委和社区党委两级领导核心作用，完善社区党建工作体系、社会领域党建工作联动体系、党建协调指导工作体系和共建工作体系4个体系，探索“N种渠道”建立党组织，相继成立流动党员党支部、在职党员党支部、聋人党支部、侨联党支部、文体团队党支部等121个党支部。实现党组织全覆盖。

（雷　蕾）

【商务楼宇“五化”工作法推出】 年内，推出商务楼宇服务站“五化工作法”。即楼宇建站区域化、楼宇议事平台化、楼宇运行制度化、楼宇服务信息化及工作保障标准化。开展服务活动140余次，6000余人次受益。

（雷　蕾）

【全畅通预约式为民服务】 年内，为解决联系服务居民最后一公里问题，推出安翔里社区全畅通预约式为民服务。在社区制作“全畅通预约式为民服务卡”“为民服务指南”“为民服务手册”。推出一般事务预约式服务和疑难事务会诊式预约服务。实行首问预约制，首问第一责任人负责预约登记、指引，跟踪到问题解决。为确保工作落实到位，制定问需制度等配套制度。

开创性地梳理社区事务性工作，使服务双方实现互动。

（雷 蕾）

【丝竹园“八零”工作法推出】 年内，为实现社区精细化服务管理，在丝竹园社区推出社情民意“零遗漏”、社区服务“零距离”、关爱帮扶“零缺少”、整合资源“零障碍”、民心安定“零上访”、政策法规“零盲区”、矛盾纠纷“零激化”、为民清廉“零贪腐”的“八零”工作法。

（雷 蕾）

【党政群共商共治工程】 年内，街道层面，完善街道议事协调领导小组机构设置，成立议事办公室，增设建议案审查工作机构和为民解忧专项工作机构，推选25名街道议事代表；社区层面，社区建立议事协商会和社区居民监督小组，共产生234名社区议事代表。统筹各方资源参与，实现问需形式多样化、问题解决层级化、资金来源多元化。完成华严北里社区健身围栏改造、黄楼大院探头安装等65项为民解忧实事工程。

（雷 蕾）

【地区环境建设】 年内，粉饰楼体54栋，面积达31.92万平方米，清洗围栏、围墙2.6万平方米，硬化铺装路面1235平方米。华严北里西社区被评为“首都绿化美化花园式社区”。

（雷 蕾）

【拆除违建】 年内，拆除原有违建1.76万平方米、新增违建4000余平方米，制止违法建设272平方米。完成6条主干路违规牌匾广告治理，更换牌匾4484平方米。

（雷 蕾）

【人口调控】 年内，成立专职工作队伍，通过广泛宣传、入户检查、定期约谈、重点攻坚的方式，清理群租房526间，腾退地下室427间、地下人防工程9处。全年地区流动人口减少2104人。

（雷 蕾）

【食品药品安全保障】 年内，街道联合食药、卫生、工商等职能部门检查地区378家“六小”门店、101家医疗器械经营企业和15家药品经营企业，消除安全隐患，保障食品药品安全。

（雷 蕾）

【社会治安建设】 年内，推进民警驻区制，在北辰集团牌楼南侧新建40平方米巡逻警务站；完成北辰东路社区平安示范小区创建；在华西和京民社区居民楼内设立30块电子显示屏，定期向群众宣传安全防范意识和技能；在安翔里社区开展“小桔灯”邻里互助项目试点，建设熟人社区，提升居民安全感。安慧里南、华严北里、京民3个社区实现零发案。

（雷 蕾）

【安全生产】 年内，开展“打非治违”等10余次专项行动。检查生产经营单位519家，发现并督促整改隐患118个。辖区158家企业通过安全生产标准化三级达标建设。为辖区1000户空巢老人等特殊家庭免费安装燃气报警阻断装置。

（雷 蕾）

【安全宣教中心建成】 年内，在安慧里一区2号楼建成安全宣教中心。中心包含展板区、多媒体互动区、安全社区创建展示区、居家安全体验展室、安全警示教育区等部分。面向社区居民、学生以及企事业单位开放。

（雷 蕾）

【矛盾调处】 年内，排查出各类矛盾纠纷隐患316件，化解310件，化解率为95%以上。

（雷 蕾）

【就业服务】 年内，开发就业岗位1541个，推荐失业人员就业315人。

（雷 蕾）

【社会服务组织】 年内，引进200家机构作为服务基地合作单位。有160余家次的机构借助“乐益汇”品牌为地区提供便民服务，受益居民1.6万余人次。争取市、区资金94万元购买8个服务项目。地区社会组织发展导航系统项目被评为区“十大品牌项目”，“乐益汇”和“小桔灯”项目被评为区优秀项目。

（雷 蕾）

左家庄街道

【概况】 左家庄街道位于朝阳区西部。东起东三环北路，临麦子店街道；南濒亮马河，临三里屯街道；西临香河园街道，与东城区接壤；北抵静安西街，临太阳宫乡。辖域面积4.17平方公里。设有9个社区。截至年底，辖区人口115548人，其中常住人口79278人，流动人口34757人，外籍人士1513人；出生人口671人，死亡人口365人。区域内规模以上企业360家，其中央属企业23家、市属企业20家、区属企业12家，包括中信信托、中冶集团、中石化北京分公司、中信金属、中检集团等；有朝阳区委党校、清华附中朝阳学校、5所公立幼儿园和1个养老机构。辖区绿化覆盖率28.42%。全年，实现财政收入30.82亿元，同比增长15.96%；小房产税收入1303.68万元，同比增长26.28%。

地址：新源里西11楼旁

电话：64643210

邮编：100027

邮箱：cyzjzjd313@sina.com

（刘文佳）

【志愿服务】 3月4日，朝阳区邻里守望志愿服务暨学雷锋活动在三源里社区夏园文化广场启动。中国志愿服务联合会副会长赵津芳，中央文明办志愿服务工作组副组长崔海教，首都文明办副主任韩龙彬，区领导谢莹及全国“邻里守望”志愿服务工作座谈会现场观摩团的领导参加启动仪式。3 月31日，街道在清华附中朝阳学校举行以“邻里守望、志愿朝阳”为主题的志愿者之星表彰暨志愿行动发布大会。开展志愿服务活动成为提升地区为民服务水平和文化文明程度的载体。3 月31日，在清华附中朝阳学校举行志愿者之星表彰暨志愿行动发布大会，授予陆康勤等9名志愿者“志愿者之星”称号。

（刘文佳）

【党政群共商共治工程】 4月2日，召开党政群共商共治工程议事协商会。征询为民解忧工程的意见建议。年内，完成党政群共商共治工程17项和为民办实事工程16项，涵盖居民日常生活、公共服务、社会安全、环境秩序、社区建设等方面。

（刘文佳）

【老党员捐款40余万元】 “七一”前，居住在三源街80多岁老党员王淑敏缴纳特殊党费1万元，这是王淑敏和老伴自1994年为灾区、希望工程和困难群体第50余次捐款。捐款总额已达40余万元。

（刘文佳）

【安全生产】 7月8日至18日，开展地区火患集中排查专项行动。行动旨在“摸清火灾隐患底数，推动隐患整改进程，净化消防安全环境”。年内，按照专业执法检查及安委会“双线、双责”兼顾原则，督促172家企业开展安全生产自纠自查工作，立案6起。对3家职业危害场所进行长期跟踪督查，组织6家企业开展应急演练，确保安全生产。组织食品流通企业、药店开展奶粉、酒精经营情况检查和整治，受理投诉124件。

（刘文佳）

【第五届社区文化节】 7月，举办第五届社区文化节。该届文化节以家庭文化、邻里文化和社区文化为主线，开展幸福社区、和谐邻里、祥和家庭、动感生活等4大板块12项活动。地区文体队伍在参加各类比赛活动中，分别获“首届北京市老年舞蹈大赛”银奖、区“社区一家亲书法大赛”一等奖、市“健身气功大赛”一等奖等。

（刘文佳）

【社区母亲进军营】 “八一”建军节前夕，顺源里“社区母亲进军营”服务队与武警部队举办“武警战士第二故乡认母亲”主题活动。10名社区母亲当场认领自己“兵儿子”。截至年底，社区母亲志愿服务队有队员20余人，队员们定期到部队开展送文化进军营、送温暖进军营、送服务到军营等活动30余次。

（刘文佳）

【“8·29”燃气爆炸事故】 8月29日，左北里12号楼1单元101室发生燃气爆炸事故。街道第一时间向市、区相关职能部门汇报有关情况并启动应急预案，成立指挥部。同时成立居民紧急疏散和安置救助、现场处置及财产恢复、伤员救助、对接百灵无线电厂事故处理、死者家属安抚和配合燃气公司开展安全隐患排查等6个工作组。事故造成2人死亡，9人受伤，事故原因经专家鉴定为燃气灶前软管被啮齿类动物啃咬变形破损，引发燃气泄漏，泄漏天然气在室内聚集达到爆炸浓度，遇点火源引发爆炸。10月9日，楼体加固方案获区长办公会批准。

（刘文佳）

【APEC峰会沿线环境美化】 10月，完成APEC峰会沿线老旧楼房外立面39408平方米的粉刷，拆除违章广告牌匾112个，搬迁报刊亭6个、拆除灯箱电子屏266个、假公交站牌36块，粉刷围墙8988平方米。坚持联合执法，重点对三元桥地铁站“黑摩的”、“黑车”非法运营及三元大厦、京顺路等地露天烧烤、无照游商进行全面整治，查处无证无照经营4900余起、拘留无照商贩88人次、暂扣“黑摩的”40余辆、清除早餐亭14个。

（刘文佳）

【“冬衣送暖”募捐活动】 11月1日至20日，开展“冬衣送暖”主题募捐活动，募集衣被1700余件。

（刘文佳）

【宪法日宣传活动】 12月4日，在首个宪法日，以街道为主会场、9个社区为分会场举办系列法制宣传专题活动。以配乐朗读、说唱、情景剧等形式进行法制宣讲。

（刘文佳）

【社会动员科成立】 12月30日，成立社会动员科，并在左南里社区建立500平方米社会动员活动中心。社会动员科由1名专职人员和3名协管员组成，作为街道内设科室无新增编制。主要职责为：建立完善地区社会服务、社会动员网络机制；协调做好社会领域党建、社会组织建设、公益储蓄、公益服务、志愿者活动、文化活动等工作；扶持发展和动员培育各类社会组织，提升项目运作能力，做好街道职能部门、社区社会单位和社会组织四类社会动员主体的培育；开展志愿服务，壮大志愿者队伍，使更多的居民和社会单位享受到志愿服务。年内，购买9个社会组织服务项目，其中3个为市级项目；培育社区文化公益活动组织、队伍81个，3960人参加活动。

（刘文佳）

【党的群众路线教育实践活动】 年内，开展党的群众路线教育实践活动。期间，召开学习交流会52次，谈心谈话260人次，征求意见建议177条，分类合并为3大类54项。处级领导讲党课27人次，社区书记讲党课18人次。参观党风廉政教育基地3个180人次；观看《杨善洲》《“四风”警示录》等影片、录像5部300人次。与活动前相比，会议减少52%，文件减少75%。完成确定新修订、制定制度21项。解决立行立改问题54件，解决群众关心关注的各类问题27件。

（刘文佳）

【矛盾调处】 年内，摸排矛盾线索 48 条，调处各类矛盾349起。

（刘文佳）

【地区党建品牌建设】 年内，重点推进大党委制、网格化管理、三助共享、党员共建“四大党建模式”。发挥“社会工作党委”和“席位制”委员作用，创建了“双五”“三助”“党员共建”等社区党建管理模式。街道“邻里服务社”“机关党员志愿服务”“李大夫工作室”等11个品牌受到区表彰。

（刘文佳）

【工会建设】 年内，地区新建企业工会89家。

（刘文佳）

【社区服务环境改善】 年内，投入资金53万元，改造曙光里和新源西里社区950平方米的为民服务用房，推进顺源里6号楼服务站改造项目，改善社区为民服务条件。

（刘文佳）

【居民自治创新】 年内，总结形成一套“居民自助、邻里互助、社会共助”的“三助法”推进居民自治工作。此工作法源于2012年在三源里北小区成立的“邻里服务社”试点，由居民党支部书记担任社长，支部委员、党小组长、党员担任服务队长和服务小组长，以党员楼门长为骨干、居民志愿者为成员，构建1个服务社、10个服务队、60个服务小组和若干名居民志愿者组成“1+10+60+N”四级立体服务网络，全方位带领居民开展自治服务。

（刘文佳）

【社区建设】 年内，左南里社区通过市“六型”社区验收。安排使用社区公益金25.7万元，完成6大类46个项目建设。

（刘文佳）

【平安社区建设】 年内，完成指挥中心网络升级，实现街道内部办公、安防、社区综合服务管理平台的“三网合一”。在左南里和左北里社区实施“防爬刺”工程，为地区1400户空巢老人安装燃气报警器。

（刘文佳）

【人口调控】 年内，通过强制拆除101户群租房、整治地下空间、整治“六小门店”、加强工地施工管理等措施。全年减少流动人口2138人，超额完成区政府下达的任务指标。

（刘文佳）

【拆除违建】 年内，拆除、制止违法建筑60处1.18万平方米，实现辖区违建“零增长”。

（刘文佳）

【环境整治】 年内，专项整治197栋60万平方米楼房，清理楼道堆物堆料、无主垃圾1000余处，粉刷楼道100余万平方米，完成22个“三无小区”创建工作；综合整治左家庄中街、静安东街、北三环东路等三条大街，落实门前“三包”责任单位1986家，治理无照游商747起，取缔大排档、露天烧烤51处，完成“六无示范街”创建任务。

（刘文佳）

【社区公益日活动】 年内，确立每月5日为“社区公益日”，组织开展各种公益活动。机关、社区干部，社区居民共同参与。公益活动包括义诊，免费剪发、心理咨询、观看电影、法律咨询，入户帮扶，捡拾垃圾等。同时注重拓展渠道，联络社会单位参与，吸纳志愿者，扩大社区公益日活动影响力。

（刘文佳）

地　区（乡）

常营地区（回族乡）

【概况】 常营地区（回族乡）位于朝阳区东部。东邻通州区邓家窑村，南邻管庄乡，西与平房乡黄渠村接壤，北与金盏乡和东坝乡为界。辖域面积9.3平方公里。有11个社区、10个行政村。年内，户籍人口13350户27088人，其中回族7105人。常住人口17.69万人，流动人口1475人，外籍人口408人。新出生658人，出生率2.43%，死亡274人，死亡率1.01%。有法人单位2337家，其中市属单位3家、区属单位2家、其他（民营）单位2332家。有大学1所、中学4所、小学4所、幼儿园6所。养老机构1所。有社区卫生服务中心1个、社区卫生服务站4个、社区服务中心1个。有400平方米为民服务大厅、1080平方米地区文化中心，绿化率为52.12%。途经辖区公交线路15条，有地铁6号线贯穿其中。地区妇联被市妇联评为北京市妇联系统先进集体。年内，实现区级财政收入1.91亿元，同比增长12.5%；征收房产税575万元，同比增长19.54%；人均劳动所得24245元，同比增长9%。

地址：幺家店路1号

电话：65481589

邮编：100024

邮箱：cybangongshi@bichy.gov.cn

（卢　娴）

【乡十六届六次人代会】 2月9日，召开常营回族乡第十六届人民代表大会第六次会议。会议通过2014年政府工作报告、乡人大主席团工作报告以及2013年财政预算执行情况和2014年财政预算草案的报告。

（卢　娴）

【乡第七届二次党代会】 3月22日，召开中共常营回族乡第七届代表大会第二次会议暨2014年党建工作会。区政协副主席张树安、乡领导班子成员及百余名党代表出席会议。乡党委副书记李冠男宣读区委组织部《关于刘大庆等同志任职的通知》和区委农工委《关于增补陈增义同志为常营乡党委席位制委员的批复》。乡党委书记刘大庆作工作报告。

（卢　娴）

【人大代表补选】 4月23日，启动区、乡两级人大代表补选工作。5月20日正式投票，正式候选人地区工委书记刘大庆当选为区第十五届人民代表大会代表、常营乡第十六届人民代表大会代表。

（卢　娴）

【乡十六届七次人代会】 5月9日至10日，召开常营回族乡第十六届人民代表大会第七次会议。会议通过《常营回族乡农民转居转工工作方案》《常营回族乡农民转居转工实施办法》。

（卢　娴）

【集体资产清产核资】 5月11日，召开乡集体资产清产核资工作动员部署会，正式启动集体资产清产核资及重要项目专项审计工作。成立乡集体资产清产核资与审计工作领导小组，由乡党委书记任组长；与会计师事务所签署关于对常营乡集体资产清产核资及重要项目专项审计工作的委托协议，由会计师事务所派驻10名工作人员，分为乡集体资产核查、村集体资产核查和专项资产核查3个工作组开展工作；确定清产核资范围为常营乡集体所有土地、8家乡集体经济组织及集体企业的整体资产、10个村级集体经济组织、常营一居（原常营八村）全部资产。

（卢　娴）

【转居转工工作完成】 5月，启动常营乡整建制转居转工工作。截至年底，完成主体工作，包括常营一至七村、十里堡、五里桥、草房10个村6737人户籍变更；1529名超转人员评审移交，上缴福利养老金、城乡养老保险等资金8.35亿元，所有超转人员都享受按月领取生活补助费及医保报销待遇；为4320名转非劳动力趸缴补缴社会保险5.2亿元，完成3257名转非劳动力的档案移交，安置劳动力就业180人，完成849名转非劳动力退休审批；4116名转非劳动力领取一次性就业补助费4.23亿元。

（卢　娴）

【穆斯林节日聚礼】 7月29日，常营地区及全国各地3000多名穆斯林群众到常营清真寺参加节日聚礼，欢度开斋节。区领导谢莹、张树安等在地区工委书记刘大庆陪同下到常营清真寺，与穆斯林群众共庆开斋节。10月5日，常营地区及附近1000余名穆斯林群众到常营清真寺欢度古尔邦节（宰牲节）。

（卢　娴）

【射击获市运会奖牌】 8月9日至10日，在市第十四届运动会上，常营16岁少年韩剑代表朝阳区参加射击比赛，获2枚团体金牌、1枚个人10米手枪银牌、1枚50米慢射手枪铜牌。

（卢　娴）

【乡十六届八次人代会】 8月17日，召开常营回族乡第十六届人民代表大会第八次会议。会议通过《常营回族乡转非劳动力安置及就业促进实施办法》。

（卢　娴）

【陀螺项目在市民运会获奖】 8月18日至19日，地区10名陀螺队队员代表朝阳区参加北京市第九届民族运动会，获男子团体、女子团体二等奖；在个人赛中，魏春梅、安春林、金淑良分别获二等奖、三等奖。

（卢　娴）

【获首都市民合唱周比赛金奖】 12月1日，地区合唱团在北京之声——2014年首都市民合唱周合唱比赛中，《香格里拉》获比赛金奖"月季花奖"。

（卢　娴）

【劳动就业】 年内，提供就业岗位742个，职业指导202人次，176人实现就业。劳动合同签订率98%以上，续订率99%以上；劳动监察日常巡查57家，立案35件，办结35件；解决讨薪事件17起，涉及人数247人，涉及金额564万元。

（卢　娴）

【综合治理】 年内，排查社会单位2245家，开具监督检查记录3124份，发现火灾隐患或违法行为253处；下发责令整改通知112份，督促整改火灾隐患253处，整改率为100%。清理区级挂账群租房6户，流动人口控制在27254人。

（卢　娴）

【拆违控违】 年内，查拆违章建筑12处，下达责令限期拆除违法建筑通知书500余份，组织大型拆违活动6次，拆除面积10万余平方米。

（卢　娴）

【基础设施建设】 年内，建成2.15万平方米的丽景园文化广场、3000平方米的连心园体育休闲活动场所。更新改造各级视频监控系统，监控探头由77个增加到131个。

投资67万元，对连心园、福第及荟万鸿3个社区居委会用电进行改造和增容。投资105万元为丽景园“邻里之家”配置桌椅及附属设施，为福第社区新建休闲文化长廊等便民设施。

（卢　婣）

崔各庄地区（乡）

【概况】 崔各庄地区（乡）位于朝阳区东北部。东依金盏乡，南邻将台乡，西靠来广营乡，北接孙河乡。辖域面积31.7平方公里。其中，集体土地19.1平方公里，约占总面积的60%，国有土地12.6平方公里，占总面积40%。有15个行政村、3个居委会。户籍人口12984户24454人。其中农业人口7147人。流动人口14.6万人。地区有养老机构3家；居民公共文化活动场所包括村（社区）级文化活动室12个、共5800平方米，文化广场10个；乡级图书馆1个。崔各庄乡位于温榆河产业带和第二道绿化隔离带范围内，被定位为旅游、休闲、高档居住及绿色产业区，是北京规划城区内离奥运场馆最近的可成片利用的绿色产业区。辖区有中国电影博物馆、中国铁道博物馆、北京航空航天模型博物馆、“一号地”艺术区等文化旅游点和创意产业聚集区；有圣露葡萄酒庄园、一号庄园有机蔬菜基地、美全美樱桃园、大环生态农业等农业项目；驻区商务企业有史泰博、赛特奥莱等。全年，实现经济总收入36.65亿元，同比增长10%；集体收入2.85亿元，同比增长38.8%；人均劳动所得29297元，同比增长8%；完成区级财政收入2.83亿元，同比增长46%。全乡三次产业结构比为1.2:16:82.8。

地址：南皋路南

电话：84307300

邮编：100015

邮箱：cuigezhuang@yahoo.cn

（李　丹）

【乡第三届四次党代会】 1月26日，召开乡第三届四次党代会。乡党委书记吴选辉作题为“解放思想，深化改革，攻坚克难，努力开创‘国际创意商务走廊’建设新局面”的工作报告。会议部署2014年工作重点。

（李　丹）

【十六届乡人大七次会议】 2月24日，召开崔各庄乡第十六届人民代表大会第七次会议。会议审议通过《乡政府工作报告》《乡人大工作报告》，讨论通过《崔各庄乡2013年财政预算执行情况和2014年财政预算草案的报告》；通报乡政府2013年折子工程完成情况。会议还通过胡振俭辞职报告；选举齐宝良为副乡长。

（李　丹）

【国务院发展研究中心领导调研】 4月15日，国务院发展研究中心副主任韩俊一行到乡调研农村集体产权制度改革和农民回迁安置房建设情况。韩俊考察京旺家园时，了解社区建设、居民服务工作开展情况，在考察东方养老院时，询问养老院内设医院现有床位、住院环境、卫生和饮食状况。调研组对地区发展建设情况进行交流。市农工委书记王孝东，副区长陈涛等参加调研。

（李　丹）

【义务植树活动】 4月17日，区长吴桂英到马泉营万亩造林绿化植树点，与驻区部队、武警战士和团员青年代表一起参与义务植树活动。种植油松、海棠等各类树木1000株。4月20日，第29届奥林匹克运动会组织委员会执行副主席蒋效愚及奥促会工作人员150人到乡植树200株。截至4月底，崔各庄乡接待植树4800余人次，种植树木6000余株。

（李　丹）

【纪念建党93周年大会召开】 6月30日，召开建党93周年纪念大会。乡党委书记吴选辉作《贯彻落实“三严三实”方针，推进国际创意商务走廊建设》专题报告，全体党员重温入党誓词。

（李　丹）

【国家行政学院师生调研】 7月8日，国家行政学院师生一行50人组成调研组到何各庄调研“何各庄模式”。“何各庄模式”即依托地理区位优势，发展村庄文化经济。2006年，按照区及崔各庄乡整体发展规划，利用被关停废旧厂房，打造“一号地”国际艺术区，吸引30余家从事文化创意产业企业及100余名知名艺术家入驻，带动一批文化会所、画廊艺术餐厅、酒吧茶社等具有文化创意元素的特色服务业，形成相对完整的文化产业链。同时，何各庄在村庄整体规划和村民住宅改造时，借鉴苏州周庄江南水乡、江西婺源徽派建筑、云南丽江纳西古镇的开发保护模式，打造以规模化四合院建筑群落为特色的北京传统民居文化。

（李　丹）

【第十一届世界葡萄大会开幕】 7月30日，第十一届世界葡萄大会分会在奶东村圣露国际酒庄开幕。世界葡萄大会第一次在中国举办，圣露作为中国酒庄代表向来自世界178个国家约500名外宾展示中国特色的葡萄酒庄文化。

（李　丹）

【第二届文化艺术节举办】 9月23日，地区第二届文化艺术节“俊逸丹青·映像国门”美术艺术跨界展系列活动在中国电影博物馆举办。活动包括“崔各庄发展变迁微记忆”影像展、“美丽朝阳”书画摄影作品乡村行、“映像崔各庄”——2014年崔各庄地区艺术跨界展、崔各庄地区当代美术摄影佳作展等系列展览。展出书画作品100余幅，摄影作品30余张。展出当天接待参观人数逾500人次。

（李　丹）

【国人文化书院挂牌成立】 9月23日，国人文化书院在中国电影博物馆挂牌成立。国人文化书院执行院长吴海龙参加揭牌仪式。国人文化书院由国门企业联合会支持，以专属的学术委员会为依托，由艺术批评家，艺术理论研究者及社会文化界的学者组成，为书院发展挖掘理论支撑，奠定文化底蕴；以“让文物说话，把历史智慧告诉人们”为己任，跨界整合地区优秀的传统文化资源，促进文化与科技融合；以多种方式促进中国优秀传统文化传承、传播，开辟传承中华优秀传统文化的有效途径。此为地区文化发展联盟文化惠民12大品牌的系列活动之一。

（李　丹）

【社科院民营经济研究中心崔各庄调研基地成立】 9月26日，中国社会科学院民营经济研究中心崔各庄调研基地揭牌成立。中国社科院研究生院院长刘迎秋，乡党委书记吴选辉，中国社科院及乡域内企业相关人员出席揭牌仪式。基地以深化民营经济现代企业制度改革，加快梳理整合，强化资产经营管理，增强企业投融资能力，创新体制机制、国门企业联合会佳联模式研究等为课题。崔各庄乡域内有民营企业1000余家，双方认为项目合作具有良好基础和广阔前景。

（李　丹）

【建乡30周年文化惠民巡礼演出】 10月18日，在京旺家园文化广场举办建乡30周年12大文化惠民工程巡礼汇报演出。近年来，崔各庄开创的12大文化品牌惠民工程包括：“运动嘉年华·全民健身汇”“翰海撷英——书画学会”“与影同行——影像俱乐部”“非遗在崔各庄”“缤纷四季——国门艺术团”“学悦文化志愿者”等。演出是这些文化成果的一次集中展示，也是京旺家园文化广场落成后首次举办的大型群众性文化活动。京旺小金星幼儿园的宝宝，来自中央音乐学院、北京电影学院等地区文化发展联盟共建单位的专业演员及地区居民参加演出。

（李 丹）

【京旺家园联合党委成立】 11月6日，京旺家园联合党委召开成立大会。宣读《中共北京市朝阳区崔各庄乡委员会关于成立京旺家园联合党委的决定》，任命联合党委书记及委员，明确联合党委的统辖范围及职责。

（李 丹）

【区首家慈善超市开业】 12月19日，区首家慈善超市在崔各庄乡京旺家园社区开业。同时，乡政府、北京慈善超市发展协会和慈善超市门店共同发起以"购商品、献爱心、闲置物品捐赠及多样公益服务"为主题的慈善大集。慈善超市从四个方面为居民提供福利：建立物资捐助平台，居民可以捐赠服装、书籍、文具等物品；设置系列便民服务功能，为居民提供物物置换服务，商品物品代购、代取、代送服务等；为持有爱心卡、低保证及老年优待券的服务对象提供打折等优惠服务；推出特价商品，售出价格的2%将进行附捐，由区捐赠中心统一调拨。

（李 丹）

【党的群众路线教育实践活动】 年内，开展党的群众路线教育实践活动。以"为民、务实、清廉"为目标，重点解决"四风"问题、基层基础薄弱问题和群众关心的切身利益问题。期间，召开座谈会13次，累计参加220余人次，开展集体提醒谈话3次累计170人次参加，个人提醒谈话14次；开展党支部书记讲党课活动2次，基层组织"书记讲党课" 30次；开展专题学习8次；参观党风廉政教育基地2个；观看《周恩来的四个昼夜》《焦裕禄》等影片、纪录片10部。发放调查问卷174份，入户425户，共征求意见建议1308余条，分类合并为5大类21项。新修订、制定制度16项。地区26个基层党组织召开专题组织生活会，1125名党员参加民主评议党员工作，占地区党员总数的90.1%，党员参评率90.1%；其中民主评议等级为"好"的党员961人，评议等级为"一般"的党员161人，评议等级为"差"的党员2人。地区领导班子整改方案明确10项任务、43条整改措施。

（李 丹）

【拆违控违】 年内，拆除违建128处81万平方米，超额完成全年销账任务。启动电子城征地和拆迁腾退后续工作。协调相关单位和各村完成电子城西区北扩国有土地置换和高压线改线等事项，完成东辛店村和大望京电子城四期11.7万平方米腾退任务。完成电子城4号和6号地后续腾退任务。

（李 丹）

东坝地区（乡）

【概况】 东坝地区（乡）位于朝阳区东部。东邻金盏乡，南与平房乡、常营乡接壤，西接将台乡，北临崔各庄乡。辖域总面积24.6平方公里，是北京市十大边缘集团之一。有9个行政村、11个社区。户籍人口40213人，农业人口5523人，非农业人口34690人，总户数18307户，农业户3026户，非农业户15281户。有集体企业4个，工业，建筑业，商饮业和服务业各1个；私营企业925个，其中工业61个，建筑业31个，批发和零售业381个、住宿餐饮业33个、运输业32个，服务业387个。辖区有高职院校1所、职业教育学校1所、中学3所、公立小学2所、公办幼儿园2所，医院1家、卫生服务站7个。辖区文化设施有3100平方米的文化中心1处、500平方米以上文化广场10处和14个文化活动室，1个图书馆。年内，农村经济总收入（含补贴收入）115611.6万元，同比下降12.1%；上缴税金3223.8万元，同比下降15.9%；农民人均劳动所得18381元，同比增长2%，完成区级财政收入1.17亿元。东坝地区被评为北京市第三次全国经济普查先进集体。

地址：红松园16号
电话：65491768
邮编：100018
邮箱：cydb@bjchy.gov.cn

（杨秋羽）

【乡第十二届三次党代会】 1月21日，召开中共北京市朝阳区东坝乡第十二届代表大会第三次会议。乡党委书记安永存作题为《求真务实、锐意进取——努力开创东坝城乡一体化建设新局面》报告；会议审议通过乡党委工作报告决议草案和乡纪委工作报告决议草案。安永存、乡纪委书记谢庸分别作述职述德述廉报告。党员代表对乡党委班子及班子成员进行民主测评。安永存就如何抓好党建工作，发挥党代表作用讲话。

（杨秋羽）

【十六届乡人大五次会议】 1月24日，召开东坝乡第十六届人民代表大会第五次会议。乡长黄宏春、乡人大副主席徐文华分别代表乡政府和乡人大向大会作《政府工作报告》《人大工作报告》。讨论并审议通过《政府工作报告》《财政工作报告》和《人大工作报告》。

（杨秋羽）

【市委书记考察坝河千亩湖雨洪工程】 5月22日，市委书记郭金龙到乡考察坝河千亩湖雨洪工程。坝河千亩湖雨洪利用工程通过在坝河、亮马河两条河道汇流区新建蓄滞洪湿地95600平方米，削减坝河、亮马河洪峰，缓解下游温榆河、北运河排水压力，实现蓄洪与水资源利用的双重功能，同时通过人工湿地深度净化酒仙桥污水处理厂退水，提高坝河水质。工程于2013年10月动工，2014年3月底完工。工程实施后，增加雨洪蓄滞能力20万立方米，削减亮马河20年一遇洪峰流量16.7%，深度净化污水处理厂退水550万立方米/年的情况。郭金龙对区利用郊野公园和绿隔地区实施雨洪工程模式给予肯定，并指出，既能实现雨洪蓄滞和利用，解决防汛问题，又能改善生态环境，提升郊野公园品质，形成"水系—绿地—安全—生态"协调发展雨洪利用格局，对全市水利与绿化资源统筹建设和生态文明建设起到示范作用。

（杨秋羽）

【市领导调研】 6月4日，市委副秘书长徐波到乡调研第四使馆区工作，了解三岔河村腾退拆迁进展情况。

（杨秋羽）

【十六届乡人大六次会议】 8月15日，召开东坝乡第十六届人民代表大会第六次会议。大会讨论并审议通过乡长黄宏春代表乡政府所作的《2014年上半年政府工作报告》，乡人大副主席徐文华宣读并解读《东坝乡关于解决绿隔被腾退人住房困难落实<定向安置房认购协议>的实施细则（草案）》。

（杨秋羽）

【党的群众路线教育实践活动】 年内，开展党的群众落线教育实践活动。55个支部1483名党员参加教育实践活动。活动期间，召开学习交流会305次，谈心谈话900人次，开展党支部书记讲党课活动55次。参观党风廉政教育基地2个；观看《杨善洲》《"四风"警示录》等影片、录像186场次。征求意见建议1613条，分类合并为3大类75项。通过边学边改、立行立改、集中整治等方式转变作风。与活动前相比，会议减少35%，文件减少20%，"三公"经费减少28%，对群众反映窗口行业的突出问题集中整治，探索建立"四心、三问、一答"的"431"服务模式（即：热心问需求、细心问情况、虚心问意见、耐心做解答），提高窗口服务的整体水平和群众满意度。解决立行立改问题96件、群众关心关注的各类问题8件。在景和园、常青藤、东坝家园3个社区建立“蔬菜直通车”，解决社区群众买菜难问题；针对群众反映东风村污水管线损坏漏水问题，投入专项资金改造损坏污水管线。对《东坝乡工作制度手册》中30项管理制度和工作机制开展专项整治，废止《东坝乡政府招待费用管理办法》，修改完善《东坝乡党委干部管理规定》等7项制度，新制定《东坝乡村级“两委一社”主要领导管理办法》《东坝乡机关事业单位编制外用工管理暂行办法》《东坝乡党员教育管理制度》。

（杨秋羽）

【产业发展】 年内，完成东坝中路东4.31万平方米产业用地认购，启动东五环市场腾退工作。利锦荣、铭泽园项目工程主体结构封顶；坝上春秋项目正在办理规划建设工程许可证；长者友善养老产业项目进入立项审批阶段，其中护理院项目竣工。

（杨秋羽）

【农村集体“三资”管理】 年内，完成9个村集体资产清产核资专项审计评估工作。清退七棵树商业街、驹子房汽配市场和东坝南市场等低级次产业，腾空集体土地4.4万平方米；审核集体经济合同45份，调增土地面积3.62万平方米，增加租金收入436.99万元。

（杨秋羽）

【土地储备腾退】 年内，完成三岔河村土地腾退拆迁365户住宅任务，腾退面积15.41万平方米，安置回迁上楼群众1631人；拆除非宅企业58家，腾退面积13.96万平方米，完成非宅企业腾退拆迁总量的70%。继续推进坝河南区土储剩余户腾退工作，签订腾退拆迁协议17户，其中住宅10户，腾退面积1591.47平方米；非住宅7户，腾退面积16361.51平方米。

（杨秋羽）

【社区特色项目建设】 年内，投资1065.34万元，完成12个社区30项社区服务项目建设。其中投资159.78万元，完成朝阳新城“邻里之家”，奥林匹克花园、景和园2个社区“三社一体化”（以社区为平台、社会组织为载体，专业社工为支撑，群众需求为导向的工作模式）以及大街、高杨树、康静里、东坝家园、丽富嘉园5个社区星级服务站等项目建设；投资201.6万元，完成康静里等7个社区10个为民办实事项目；投资11.93万元，完成东坝家园、景和园2个涉农社区农民市民化教育项目。投资350余万元，建成社区“多合一服务中心”，实现社区管理与服务进一步整合。

（杨秋羽）

【转居转工完成】 年内，完成单店、焦庄、七棵树、东晓景、驹子房、三岔河、东风7个村7375人户籍变更工作；评审移交2097名超转人员，上缴福利养老金、城乡养老保险等资金14.2亿元；为4246名劳动力趸缴补缴社会保险资金5.64亿元，为3646名自谋职业人员发放一次性就业补助费4.04亿元，安置劳动力乡属企业就业600人，支付集体企业一次性就业补助费0.7亿元。

（杨秋羽）

【城市重点工程建设】 年内，完成坝河千亩湖湿地雨洪利用工程建设。实现汛期雨水收集和回灌地下水，促进地区水资源涵养。协调完成东北热电中心热力、中水管线配套工程用地腾空工作。

（杨秋羽）

【人口调控】 年内，抽样登记人口1584户5593人。采取人口调控与控违拆违、低级次产业淘汰、出租大院和群租房整治相结合的方式，对流动人口调减。拆除违法建设20.9万平方米，拆除出租大院4个2.3万平方米，清退有形市场和无照市场4家4.6万平方米，拆除废品回收场站73处，清理群租房73户，消减流动人口17693人，流动人口总量减少23%。

（杨秋羽）

【大气污染治理】 年内，完成73.15公顷平原造林工程建设任务。推动农村减煤换煤及新型炉灶购置工作，东风、后街、西北门3个未拆迁村购置新型燃煤885.5吨，新型炉具90余台。强化渣土运输、建筑施工扬尘问题综合整治，加大对违规行为处罚力度。

（杨秋羽）

【城市交通环境改善】 年内，投资400万元，完成2650米大环道路修复工程。推进南二街道路建设，拆除单店建材厂宿舍49处违法建设和首开代征地28户住宅。

（杨秋羽）

【社会治安防范】 年内，加大对人防、技防、物防的投入力度，推进第四批村庄社区化建设。发挥民警驻区制作用，对高发案社区、村开展专项压发案整治。地区可防性案件同比下降32%。

（杨秋羽）

【城乡结合部综合整治】 年内，检查生产经营单位、场所、住户2.1万家次，发现并消除火灾、生产安全等各类隐患1.2万个，关停取缔存在严重安全隐患或不具备安全生产条件单位119家，其中关停未审批自办家庭托幼场所13家；取缔“五小企业”“六小门店”经营场所35家、无照经营餐饮服务单位13家。

（杨秋羽）

【绿隔房源紧张问题解决】 年内，协调相关部门和开发商解决绿隔一居室房源相关问题。重新梳理拆迁户家庭情况和人口信息，制定《东坝乡关于解决绿隔被腾退人住房困难落实<定向安置房认购协议>的实施细则》。完成751户绿隔住房困难家庭选房认购上楼工作，缓解绿隔拆迁群众住房困难问题。

（杨秋羽）

【劳动就业】 年内，登记失业人员728人，开发就业岗位1310个；开展就业指导525人次，帮助667名失业人员实现再就业；为615名农村劳动力发放转移就业补贴264万元；为373名农村劳动力上缴社会保险补贴208万元。

（杨秋羽）

【高杨树卫生服务站建成】 年内，投资195.47万元，完成高杨树社区卫生服务站标准化工程建设和医疗设施设备采购工作。解决了高杨树社区及其周边群众就近问诊需求。

（杨秋羽）

【社会保障和救助】 年内，为1.8万人次发放各类保障救助性资金3200余万元。加强劳动保障监察，完成辖区109家用人单位的巡查信息采集工作，受理农民工上访事件23起。

（杨秋羽）

东风地区（乡）

【概况】 东风地区（乡）位于朝阳区中部。东与平房乡、东坝乡接壤，南与八里庄街道、六里屯街道相接，西与六里屯街道、麦子店街道相接，北接将台乡和酒仙桥街道。辖域面积7.38平方公里，其中，集体土地0.41平方公里，约占总面积的5.56%，国有土地6.97平方公里，占总面积94.44%。有4个行政村、8个社区、2个村居。户籍人口14513户31726人，其中农业人口177户226人，非农业人口14336户31500人。流动人口34311人。辖区有中国冶金地质总局、乐视集团、北京振远护卫中心、和睦家医院、区教育委员会、区房屋权属登记中心等企事业单位。有1处郊野公园，3处居民公共文化活动场所。全年实现经济总收入29.2亿元，同比增长10%；利润总额8863

万元，同比增长10%；上缴税金9915万元，同比增长10%；人均劳动所得32019元，同比增长9%。

地址：星火西路9号

电话：85810712

邮编：100016

邮箱：chy_df@163.com

（杨洪玲）

【乡第十二届二次党代会】 2月25日，召开乡第十二届二次党代会。听取并审议通过乡党委、纪检委工作报告。会议形成提案5件，分别为在拆迁地区建立拆迁党员“一册两卡”；加强党员活动阵地建设；建立泛海国际商街联合党支部；加大社区文化建设投入；建议纪检部门关口前移、加强党风廉政教育。

（杨洪玲）

【党的群众路线教育实践活动】 2月至10月，地区工委以“为民务实清廉”为主题，组织开展党的群众路线教育实践活动。辖区内19个基层党组织，近2000名党员参加教育实践活动。本次教育实践活动，召开学习交流会6次，谈心谈话14人次，征求意见建议465条，分类合并为6大类87项。开展党支部书记讲党课活动2次，参观党风廉政教育基地1个，观看《杨善洲》《“四风”警示录》等影片、录像19部。与活动前相比，会议减少86%，文件减少90%，“三公”经费减少30%，清理办公用房260平方米。新修订、制定制度13项。解决立行立改问题12件，解决群众关心关注的各类问题23件。做到“规定动作做到位，自选动作有特色”。重点解决了“四风”突出问题，用心打通了服务群众的“最后一公里”，使践行党的群众路线成为广大党员干部的自觉行为。

（杨洪玲）

【集体资产处置】 3月，启动原鬼王菴村集体资产处置工作。面对历史跨度长、档案资料不全等困难，按照“尊重历史、面对现实、严格程序”的原则，核准鬼王菴村社员1486人，农龄142016个月，集体资产691.5万元，完成集体资产处置工作任务，解决了长达42年之久的历史遗留问题。

（杨洪玲）

【泛海国际南社区建设】 6月25日，泛海国际南社区商街联合党支部成立。支部有党员101名，设委员5名，涵盖星火西路商业街内42家企事业单位。8月，泛海国际南社区商业街消防自律协会成立，29家商户自愿成为会员。年内，泛海国际南社区获批为北京低碳社区试点单位，是全区唯一试点单位。

（杨洪玲）

【基层党代表工作室揭牌】 6月25日，紫萝园基层党代表工作室启动揭牌。

（杨洪玲）

【换届选举】 6月至9月，泛海国际南社区完成第八届居委会换届工作。新居委会成员5人，全部为党员，平均年龄37.6岁。

（杨洪玲）

【无偿献血】 7月8日，开展无偿献血活动。乡机关干部，辖区村、社区（居）、社会单位参加活动。完成无偿献血201个单位的任务。地区办事处、辛庄村、豆各庄村、将台洼村、六里屯村、商业公司、石佛营西里社区等7个单位获“2014年北京市无偿献血先进单位”。

（杨洪玲）

【社工工会成立】 11月21日，召开社区工作者工会大会，社工工会成立。选举产生工会委员会、经费审查委员会和女工委员会。

（杨洪玲）

【缓解交通拥堵】 12月29日，在星火西路泰华滨河苑门前路段召开现场会。针对该路段交通拥堵严重的问题，朝阳交通委、朝阳交通支队、东风地区综治办及道路建设开发商共同制定工作方案及施划细则。对违章停车发放告知单1000余份，出动200余人次，实现该路段双侧道路通车，道路交通拥堵问题得到缓解。

（杨洪玲）

【重点项目建设】 年内，完成回迁房地块147个院落的全部腾退任务，23万平方米农民回迁楼建设工程启动；完成市重点工程团结湖变电站及配套工程红线内住宅及地上物拆改移工作。

（杨洪玲）

【集体三资管理】 年内，完成村级正常运转补助和村级公益事业专项补助资金管理和使用专项审计。建立经济合同联预审机制，抽调专业财会人员组成会计核算中心，实行乡级集中记账、统一管理。完成4个村、9个集体企业的财务收支审计工作。

（杨洪玲）

【安全生产检查】 年内，开展安全生产月大检查、禁限放等专项检查。检查生产经营单位1450家，下达执法文书870份，查处、整改安全隐患1283条。全年立案25起，实行工地全封闭式管理，检查工地240余次，查处安全隐患960余条，发放限期整改940余次，停工整改20次。

（杨洪玲）

【老旧小区改造】 年内，完成80栋楼6069户老旧信报箱改造工程；为6栋老旧楼房加做外保温层、屋面防水和更换塑钢门窗，面积近4.8万平方米。

（杨洪玲）

【“六型社区”创建】 年内，东润枫景社区、紫萝园社区申报创建市“六型社区”并通过验收。

（杨洪玲）

【星级服务站创建】 年内，泛海国际南社区、紫萝园社区创建朝阳区星级服务站并通过验收。

（杨洪玲）

【城市管理综合执法】 年内，东风执法队出动执法车辆5600余台次，执法队员16400余人次，主要对石佛营地区、高庙美廉美超市周边、朝阳公园桥周边、四环辅路东风段等重点区域和沿线环境进行重点监控。查处各类无照游商760余起，规范门前三包和店外经营3980余起，发现并拆除各类违法建设98处近1.3万平方米，完成行政执法案卷156宗。

（杨洪玲）

【北京翱翔实践园落户东风公园】 年内，全市首个青少年素质教育主题公园——北京市翱翔实践园在东风公园建成。北京市翱翔实践园由区学生活动管理中心、青少年活动中心策划组织实施，其教育活动项目设定将推行“五L”教育，即：让青少年在大自然的环境中“学会求知，学会做事，学会共处，学会生存，学会改变”。实践园主要活动项目包括素质拓展、攀岩、速降、攀石、跑酷、红色革命体验、定向越野、航空模型、防震减灾教育、交通安全教育、安全防火实训、成人礼、天文观测等20余项。在实践园协助区教委完成2项竞赛活动。其中中小学生定向竞赛，参加竞赛学生900人；中小学生航空模型竞赛，参加人数1500余人。

（杨洪玲）

【豆各庄村文化广场建成】 年内，投资270万元，建成5575平方米豆各庄村文化广场。广场建有演出舞台、文化宣传橱窗、体育健身器材、休闲座椅等。满足周边居民文体、休闲、娱乐需求。

（杨洪玲）

【社会募捐】 年内，开展“送温暖、献爱心”活动。募集捐款6.5万余元，“共产党员献爱心”活动募集捐款6.24万元，“冬日送暖”活动募集衣被3600余件。完成红十字捐款5万元任务。

（杨洪玲）

【节能减排】 年内，以“减煤换煤、清洁空气”为目标，组织豆各庄村购买节能炉具和优质燃煤，购置优质燃煤244.5吨；完成牛奶公司小区、石佛营东里105号院、石佛营教师楼3个小区的节能改造工程；为1990年以前建成的6栋老旧楼房增加外保温层、做屋面防水、更换塑钢门窗，建筑面积4.7万余平方米，涉及居民668户，使老楼达到节能指标；完成5个小区40万平方米3401户供热计量改造工程，居民用上了经济实惠的热水。

（杨洪玲）

【矛盾调处】 年内，接待群众来访110批次，548人次，同比大幅下降，信件办结率为100%，初信初访化解率为95%以上，未发生越级访和群体访事件。

（杨洪玲）

【拆迁腾退】 年内，完成绿隔腾退165个院落。截至年底，完成绿隔腾退农民院920个、国有企业职工宿舍87户，占总任务比例的64%，安置1500户3200余人。

（杨洪玲）

【人口调控】 年内，完成人口规模调控任务，减少流动人口4900余人。

（杨洪玲）

【群租房整治】 年内，成立群租房治理工作领导小组和整治执法小组，集中治理辖区内群租房。完成区级挂账违法群租房屋28户，区级挂账社区违法群租房7户，群众举报违法群租房屋5件，治理完成率为100%。

（杨洪玲）

【科技创安】 年内，投入资金31万元，在东润枫景社区加装高清监控探头6处，在泛海商业步行街加装标清监控探头3处、高清监控探头3处，在石佛营西里社区东西出入口处加装监控探头2处，实现区域全覆盖。

（杨洪玲）

豆各庄地区（乡）

【概况】 豆各庄地区（乡）位于朝阳区东南部。东邻黑庄户乡，南邻通州区台湖镇，西靠王四营乡和十八里店乡，北接三间房乡。辖区面积14.16平方公里。设有12个行政村、6个居委会、2个社区筹备组。截至年底，户籍人口7101户13241人，非京籍人口11905人。辖区内有中学2所、小学4所、公立幼儿园2所、私立幼儿园4所；有社区卫生服务中心1个、社区卫生服务站3个。年内，实现经济总收入15亿元，区级财政收入5400万元，人均收入2.37万元。

地址：豆各庄乡西马各庄村
电话：65479002
邮编：100121
邮箱：dgzxck2013@126.com

（任孟媛）

【十六届乡人大三次会议】 2月20日至21日，召开豆各庄乡第十六届人民代表大会第三次会议。会议听取和审议通过乡政府工作报告、乡人大工作报告、乡2013年财政预算执行情况和2014年财政预算草案报告。依法补选赵清志为豆各庄乡人民政府副乡长。代表们提出加强绿丰小区相关设施维护等4条建议。

（任孟媛）

【党的群众路线教育实践活动】 2月至10月，组织开展党的群众路线教育实践活动。地区高度重视，抓住三个环节、七项重点，分类组织推进落实。通过开展学习、查摆问题、征求意见，共归纳意见建议97条，落实整改任务30项。

（任孟媛）

【第三次全国经济普查完成】 3月，完成第三次经济普查工作。普查历时8个多月，经普查地区有1867个经济体，其中个体经营户1062个、法人单位和产业活动单位805个；建筑物PDA定位84处；正式参与登记的经济体有1803个。

（任孟媛）

【社区教育中心成立】 7月27日，豆各庄社区教育中心在朝丰家园4号楼挂牌成立。社区居民素质提升项目“金豆子乐园”与“幸福加油站”同时启动。2个项目分别是针对青少年和中老年人开展活动。年内，“金豆子乐园”举办外教教幼儿读书等活动，“幸福加油站”开设插花、烹饪等课程。

（任孟媛）

【十六届乡人大四次会议】 8月13日，豆各庄乡第十六届人民代表大会第四次会议召开。代表们听取乡政府上半年工作完成情况和下半年重点任务的汇报，并对三次会议代表提出涉及交通出行、医疗卫生等建议完成情况进行说明。

（任孟媛）

【朝丰家园卫生服务站开诊】 8月13日，经过为期两年建设和测试的豆各庄朝丰家园社区卫生服务站正式开诊运营。服务站位于朝丰家园社区内，为辖区居民提供基本医疗与公共卫生服务，是区卫生局直属的社区卫生服务机构和医保定点单位。服务站设中医科等5个科室，有医护人员15名。

（任孟媛）

【志愿者招募活动】 8月，地区文明办开展地区志愿者招募活动。通过向居民发放宣传册、在社区广场等人员密集场所现场招募等形式，招募来自8个社区的志愿者265名。志愿者参加地区环境保护、爱心公益、文化、应急救援类志愿服务活动。

（任孟媛）

【学校食品安全检查】 9月2日，豆各庄食药监所会同综治办、安监科、城管队组成联合执法检查组，对全乡5所幼儿园、中小学校食堂进行秋季开学期间食品安全检查。重点检查学校食堂办理换证情况、食品卫生管理员制度执行情况、库房食品贮存情况等。

（任孟媛）

【地区第五届全民运动会】 9月12日至26日，举办“活力豆各庄·幸福在朝阳——豆各庄地区第五届全民运动会”。运动会设置比赛项目10个，分为团体赛和个人赛两种形式，1200余名居民参加运动会。

（任孟媛）

【老年大学成立】 9月18日，豆各庄老年大学在地区社区服务中心正式运营。课程包括书法、绘画、古文等。

（任孟媛）

【就业服务】 9月26日，地区社保所在朝丰家园健身广场举办送岗进社区招聘会。30余家企业提供会计、保安、前台等70个工种约400个岗位。当日，约70人达成初步就业意向。年内，再就业人数787人，自主创业5人，带动就业20人。

（任孟媛）

【奥兴国际仓储物流公司拆除】 10月24日，乡协调朝阳区城管，出动500余人、执法车辆30余辆、拆除设备12台，依法拆除乡域内一处违法建设——奥兴国际仓储物流公司。经过5个小时，拆除违法建设框体6万平方米。

（任孟媛）

【转非安置】 11月17日，乡整建制转非安置补办手续启动。乡领导班子多次召开会议，针对在收户口本过程中村民提出的问题，召开各村书记会分析讨论。同时，通过发放宣传材料、进村了解情况、解答转非政策、接待来访村民等形式进行政策宣传。在上年完成转居3419人基础上，年内转居1097人，两年转居4516人，完成总量的98.13%。

（任孟媛）

【区人大代表述职】 11月25日，开展区人大代表向选民述职及征求意见活动。区人大代表、乡人大主席杨荣福就近两年人大工作开展情况和在新形势下做好地区人大工作做了介绍；区人大代表金明秀、姜洪涛向选民述职，选民们提出关于小区内私搭乱建等问题，代表们向区有关部门进行反馈。

（任孟媛）

【党建项目化管理】 年内，修订党建项目实施预算，结合年初申报的乡党代表工作室等6个党建项目，围绕目标任务、工作标准和工作时限等方面内容，制定乡党建项目工作意见。截至年底，完成乡党代表工作室、富力又一城社区党员服务中心、文化健身人才实训基地等3个项目硬件建设工作，具备开展相应活动基本条件。

（任孟媛）

【食品安全监管】 年内，受理食品流通许可证业务26起，联合执法8次，检查食品药品企业单位273家，对有证餐饮、流通企业发放“食品安全公示栏”。对辖区内163家无证餐饮、流通企业发放《告知书》和《监督意见书》。抽检工作开展15次，其中快检109种商品，配合检测机构抽检96种商品。

（任孟媛）

【安全生产检查】 年内，走访检查各类建筑施工工地（新建、装修装饰、保温改造）、加油站、商市场、餐饮、楼宇物业、生产加工企业等生产经营单位532家。对存在较大安全隐患、管理问题的67家开具安全生产执法文书。全年排查出各类安全隐患1200余处，整改率为96%。

（任孟媛）

【乡志编写】 截至年底，完成乡志28章初稿撰写和统稿、表格制作、7篇口述资料撰写，概述、大事记、序、凡例、后记等5部分内容初稿撰写。3月至12月，在《豆各庄时讯》分10期刊登20章志书文稿征求意见。《豆各庄乡志》上限追溯到宋辽代，下限为2013年12月，全书约50万字。乡志编写工作于2013年7月启动，经过前期准备、资料收集、文稿编写、评审修改、统稿审定等5个阶段，完成组建编写班子、制定工作方案、培训执笔人员、设计确定纲目、征集资料、组织试写和编写、开展评审征求意见、修改完善文稿等工作步骤。

（张凤仙）

高碑店地区（乡）

【概况】 高碑店地区（乡）位于朝阳区东部，东邻中国传媒大学，南接王四营乡，西邻北京商务中心区，北靠平房乡。辖域面积15.08平方公里，其中集体土地5.83平方公里，约占总面积的38.6%，国有土地9.25平方公里，占总面积的61.4%。总人口18.5万人，其中常住人口12.1万人，流动人口6.4万人。有5个村级单位和26个社区，辖区内有金隅泰和养老照料中心，46处居民公共文化活动场所。年内，以发展为第一要务，以转型为核心，以改革为动力，以安全为目标，以民生为根本，积极探索，扎实工作。大力发展“传统、传媒、旅游”三大文化产业，完成全年工作任务。全年实现经济总收入201.25亿元，同比增长7%；利润总额7.73亿元，同比增长12%；上缴税金6.51亿元，同比增长11%；完成区级财政收入4.05亿元，同比增长12.97%。在全区农口19个乡中经济指标综合排名第一。

地址：高碑店北路甲1号

电话：85778502

邮编：100123

邮箱：gbddqbsc@163.com

（王瑞琴）

【十六届乡人大四次会议】 3月28日，召开高碑店乡第十六届人民代表大会第四次会议。42名人大代表出席会议。会议听取并审议通过乡政府和乡人大主席团工作报告；审查和批准乡2013年财政预算执行情况和2014年财政预算草案报告，选举产生乡长、副乡长各1人。代表们提出关于“加快新农村宅基地使用证办理”等建议21条，建议涉及产业发展、医疗卫生、交通出行、校园周边环境整治等方面内容。

（王瑞琴）

【社区工作者职业技能小品大赛】 9月23日，地区举办“练过硬本领展社工风采暨社工职业技能小品大赛”。24个社区120余人参赛。大赛内容选题为发生在社区工作者身边与居民息息相关的案例，题库设有50个案例，参赛社区随机抽取1例编纂台词并以小品的形式表演。

（王瑞琴）

【党的群众路线教育实践活动】 年内，开展党的群众路线教育实践活动。期间，召开学习交流会7次，谈心谈话3450人次，征求意见建议1138条，分类合并为5大类579项。开展党支部书记讲党课活动30次。参观党风廉政教育基地5个；观看《杨善洲》《“四风”警示录》等影片、录像20余部。与活动前相比，全年会议、“三公”经费、发文同比分别下降50%、10%和30%。修订完善18项制度。确立乡级惠民实事“六大工程”（产业提升工程、文体科技惠民工程、环境美化工程、食品安全工程、再就业、爱心帮扶工程）22个项目，村级143项为民办实事内容全部完成。

（王瑞琴）

【产业结构转型升级】 年内，发展“传统、传媒、旅游”三大文化产业。把握CBD东扩区功能定位和消费需求，通惠河畔产业园二期启动招商工作，通惠河畔旅游文化走廊初具规模。三大文化产业的聚集效应和影响力带动收入、利润、税金和人均劳动所得稳步增长。

（王瑞琴）

【三资管理】 年内，清理、调整、规范各类经济合同。村级调整各类经济合同3份，调整后增加租金410.7万元；执行预联审经济合同8份，涉及土地面积9.78公顷，年租赁收入1412万元。制定《高碑店乡关于进一步完善大额资金、重大工程项目资金联审的规定》《高碑店地区集体资产处置流程》《高碑店地区集体资产管理流程》《高碑店地区村级经济合同预联审工作流程》等制度，从机制上建立起一套“权有所限，钱有人管，事有人监”的管理模式。

（王瑞琴）

【重点项目建设】 年内，修建水南庄道口等8处穿越铁路平改立工程；完成高碑店中心路建设，乡南北主动脉实现24小时全线畅通。改善老旧小区和平房区域道路通行环境，拓宽硬化路面，改造通惠家园匝道调头引路。配合完成广渠路二期、高碑店路、水南庄路、定福庄西路、幺家店路改造工程，初步实现畅通高碑店目标。

（王瑞琴）

【拆除违法建设】 年内，拆除违法建设5处6.6万余平方米。

（王瑞琴）

【环境整治】 年内，开展整治建筑工地施工扬尘、道路遗撒、噪音扰民、露天烧烤、无照游商、黑车揽客等工作。对四惠公交枢纽周边、京哈、京包铁路沿线环境进行整治，完成朝阳路景观建设工程。完成兴隆公园创建国家旅游AAA级景区工作。

（王瑞琴）

【社区规范化管理】 年内，探索“三社一体化”（即社工、社区、社会组织结合）管理服务新模式。落实“五化”（人员全能化、办公智能化、管理精细化、服务个性化、自治组织化）举措，提升社区建设水平。编撰《高碑店社区建设工作手册》。申报“农民市民化”“互助型居民自治组织”等4类17个项目。方家园社区、半壁店社区被定为全区农村人才队伍建设项目试点社区。高西、兴隆、通惠、花北东4个社区被选为

“三社一体化”试点社区。

（王瑞琴）

【人口调控】 年内，从拆违控违、清理群租房、企业转型升级、关停打工子弟学校等方面入手，区域内流动人口核减8994人，超额完成调减任务。

（王瑞琴）

【矛盾调处】 年内，协调有关部门解决妇联小区征而未拆问题；完成半壁店小郊亭征而未拆历史遗留问题的解决；协调有关部门解决高碑店污水处理厂污泥堆积，影响村民日常生活的问题。全年未发生集体访和群体访，来访人数和批次分别同比下降33%和 3%。开展以“城市建设管理”“建设法治中国”为主题的法治宣传活动。

（王瑞琴）

【为民服务】 年内，完成乡村产业提升、文体科技惠民、环境美化、综合安全、再就业和爱心帮扶六大为民办实事工程22个项目。在大黄庄等社区开展“送气下乡”活动，288户居民实现炊事气化的供应并享受政府平价气补贴；完成南太平庄北里小区居民用电改造，涉及5 栋居民楼600多户居民；建立“社区议事厅”，推进居民自治；完善24个社区的网站建设，开通社区微博微信，宣传各项政策，传送社区动态；社区设立全能服务窗口，为居民提供便捷周到的服务。

（王瑞琴）

【社会保障】 年内，开展多元化救助，确保社会保障工作全覆盖。打造社区互助、养老服务、爱心超市品牌，地区实现社会保障和社会救助互补的大民政氛围。全年，区乡两级投入2868万元社会保障资金，落实低保、超转、优抚、重病特困等特殊群体的社会保障政策；调整“一刻钟服务圈”区域划分，建成近2000平方米地区养老照料中心；解决拖欠农民工工资案68件，追回拖欠工资860万元。

（王瑞琴）

【就业服务】 年内，开展公益性岗位的宣传和招聘，组织招聘会3次，开发就业岗位4483个，120人实现就业。

（王瑞琴）

【党建品牌培育】 年内，围绕“一村一品牌、一社区一特色”目标，加大新品牌项目挖掘培育的力度。通过立项论证、过程指导、筛查择优、效果评估等环节，筛选出非公党建、尚8项目等6个区级项目，“党员阳光驿站”便民服务、北花园楼宇党员中心户、兴隆“心相牵”爱心联盟等26个乡级项目。评选出一类党建项目6个、二类党建项目9个、三类党建项目11个。

（王瑞琴）

管庄地区（乡）

【概况】 管庄地区（乡）位于朝阳区东部。东邻通州区城关镇，南与豆各庄乡、黑庄户乡毗邻，西接三间房乡，北与常营乡接壤。属CBD定福庄国际传媒走廊的一部分。辖域面积10.15平方公里。有12个行政村、10个社区。年内，户籍人口30977户59212人，常住人口61870人，流动人口39701人，外籍人口220人，以汉族和回族为主，回族约3000人；新出生781人。有法人单位2735家，其中中央单位27家，有中国建筑材料科学研究总院、中交一公局第五工程有限公司，市属单位14家，区属单位40家。有中国音乐学院（管庄）校区、北京科技大学（管庄）校区、北京市电气工程学校（管庄）校区、中学3所、小学5所、幼儿园10所，社区卫生服务中心1个、社区卫生服务站5个、一级医院2个、门诊部以下医疗卫生机构1个。京通快速路、朝阳路、朝阳北路、地铁八通线、京秦铁路、通惠河贯穿全地区。途经辖区的公交线路12条。有200平方米的为民服务大厅、1700平方米的地区文化中心、13000平方米文化广场。地区绿化面积91.73公顷。管庄乡被首都文明建设委员会评为首都文明乡。年内，实现区级财政收入3.22亿元，同比减少6.44%，征收房产税241.79万元，同比增长28.18%。

地址：管庄乡1号
电话：65762117
邮编：100024
邮箱：cygzbgs@126.com

（冯　妍）

【居家养老】 1月27日，地区慈善分会在德丰轩餐厅举办第八届“朝阳慈善情——百姓新春大联欢”活动。100余名慈善救助对象参加活动。年内，持续开展“温情敬老”服务项目，居家养老服务商为地区1924位老人提供餐饮、家政等服务。

（冯　妍）

【“两节”送温暖】 1月，开展“两节”送温暖活动。走访慰问低保、优抚人员434名，残疾贫困家庭300余户，救助困难家庭600人次。

（冯　妍）

【环境整治】 1月，整治杨闸铁艺一条街。拆除侵街占道、私搭乱建7000余平方米。年内，集中清理北京市八十中分校门前游商、通双里市场游商，取缔新天地及一号路非法集市，并实施24小时巡查监控。完成馨岛苑、瑞祥里小区环境治理和绿化美化。完成京哈铁路沿线管庄段、双桥中路及司辛庄周边环境整治任务。

（冯　妍）

【班子调整】 2月18日，地区领导班子调整，于军任管庄地区工委（乡党委）副书记、办事处主任。

（冯　妍）

【党的群众路线教育实践活动】 2月24日，启动党的群众路线教育实践活动。地区工委和61个基层党组织（含社区下辖25个党支部）2999名党员参加。截至10月底，扎实完成三个环节的各项工作，召开学习交流会15次，谈心谈话160人次，征集意见建议23条，分类合并为4大类10项。开展讲党课活动22次；参观党风廉政教育基地2个；观看《杨善洲》《“四风”警示录》等影片、录像12部；完成新修订、制定制度21项。与活动前相比，全年文件减少15.4%、三公经费减少35.65%，腾退办公用房总面积230平方米。

（冯　妍）

【十六届乡人大五次会议】 3月24日，召开管庄乡第十六届人民代表大会第五次会议。会议审议通过《管庄乡政府工作报告》《管庄乡2013年财政预算执行情况和2014年财政预算草案报告》《管庄乡人大主席团工作报告》。补选高永荣为管庄乡第十六届人民代表大会主席、于军为管庄乡人民政府乡长。

（冯　妍）

【惠合嘉华公司成立】 3月，成立北京惠合嘉华资产管理有限公司，创建乡级资产运营管理新模式。年内，梳理、规范、调整农村经济合同，调整集体土地补偿标准，解决乡村集体利益分配及企业用地历史遗留问题。

（冯　妍）

【功能疏解】 3月，清理杨闸集贸市场，清退商户100余家，拆除违章建筑3000余平方米。12月，拆除重兴寺村19家低级次产业；完成郭家场兴业农贸综合市场所有商户及人员疏解工作。

（冯　妍）

【拆迁腾退】 4月，完成重兴寺村期房转现房工作，提供安置房屋177套。完成重启东会村、西会村和重兴寺村拆迁腾退。6月，启动小寺村棚户区改造拆迁腾退。年内，腾退院落202个，1037位村民搬迁上楼。

（冯　妍）

【新天地社区成立】 5月14日，新天地社区筹备组成立。11月21日，完成社区选举工作，选举产生居委会主任1人、委员4人。

（冯 妍）

【食品药品安全委员会成立】 6月3日，成立管庄地区食品药品安全委员会。办事处主任于军任委员会主任，办公室设在食品药品监督管理所。

（冯 妍）

【拆违控违】 6月13日，拆除郭家场村宅基地内多层违法建设3677平方米。8月28日，拆除咸宁侯京客隆待征地内违法建设2074平方米。年内，拆除违法建设2.6万平方米，消除规划挂账任务14处1.8万平方米。清理人防工程、地下空间、群租房150间7000余平方米。拆除建东苑、公路局、东苇路等5处国有土地违法建设150平方米，各类棚架简易违建760平方米。

（冯 妍）

【第八届惠河文化节】 6月27日，地区第八届惠河文化节开幕。期间，举办惠河文化节系列演出及书画摄影展等群众活动。10月17日文化节闭幕。

（冯 妍）

【瑞祥里社区选举】 11月21日，完成瑞祥里社区居委会选举工作，选举产生居委会主任1人、委员4人。

（冯 妍）

【机关青年干部先锋队成立】 12月16日，成立“管庄地区机关青年干部先锋队”，队员44人。

（冯 妍）

【新天地社区科普体验厅建成】 12月，建成北京市科技专项项目——新天地社区科普体验厅。体验厅400平方米，以“我的科技梦——绿色智能生活”为主题，免费对居民开放。

（冯 妍）

【重点工程建设】 年内，完成新村D区近20万平方米住宅及瑞祥里小区配套项目建设任务；田华集团办公楼项目完工；完成管庄西里、建东苑小区6栋老旧住宅楼的抗震加固和节能改造工程。

（冯 妍）

【人口调控】 年内，实际调减流动人口6062人，超额完成调减任务。

（冯 妍）

【村庄社区化项目通过验收】 年内，东会村、司辛庄村、管庄村第四批村庄社区化项目通过验收。

（冯 妍）

【就业服务】 年内，开展城镇失业人员和农村劳动力的就业培训与指导工作。指导培训2461人，712人实现就业。2768人参保新农合，参保率为99.48%。

（冯 妍）

【社区管理】 年内，完成京通苑、管庄西里、惠河东里、惠河西里创建“六型社区”和建东苑等4个社区创建星级服务站工作。

（冯 妍）

【安全生产专项整治】 年内，开展消防安全隐患集中排查、燃气安全隐患排查治理等专项整治活动。完成1071处隐患整改任务。对属地生产经营单位执法检查371家次，下达执法文书382份，立案处罚7件。

（冯 妍）

黑庄户地区（乡）

【概况】 黑庄户地区（乡）位于朝阳区东南部。东与通州区台湖镇工业园区接壤，南与光机电产业基地相邻，西靠垡头边缘集团与豆各庄乡相邻，北靠定福庄边缘集团与管庄乡相邻。辖区面积24.1平方公里。有16个行政村，5个社区。有中学1所、小学4所，医院2家；有3个3000平方米以上村级文化广场。有双鹤药业、602所等各类型企业620余家和5个地区直属企业。常住人口6.1万人（其中户藉人口1.9万人），流动人口6万余人。全年经济总收入28.3亿元，利润1.19亿元，同比增长分别为10.4%和10.7%。完成区级财政收入1.08亿元。收缴个人出租房屋代征税款504万元，同比增长52.7%。

地址：黑庄户乡工商大街甲1号

电话：85383651

邮编：100121

邮箱：hzhxzxk@bjchy.gov.cn

（范东京）

【走访慰问】 两节期间，走访慰问低保户、困难群体、“三无”人员、敬老院等各类人员近300人，投入资金13.48万元。举办“朝阳慈善情·百姓新春大联欢”饺子宴活动。100名低保、低收入家庭代表、空巢老人、困难职工代表参加活动。

（范东京）

【中心幼儿园开园】 9月1日，黑庄户乡中心幼儿园开园。入园幼儿323人。年内，加强对自办幼儿园的规范管理，关闭无证幼儿园7所。

（范东京）

【乡十六届人大六次会议】 12月19日，召开乡第十六届人民代表大会第六次会议。会议听取并审议通过乡政府工作报告，部署下一年地区工作重点。

（范东京）

【三资管理】 年内，规范农村集体收支预决算和大额资金专储账户管理。通过“一票一密”管理模式，全年拨付预算管理资金3.5亿元；坚持集体资产投资和项目资金预结算第三方评审机制，节省成本540余万元。通过凭证电子备案管理，审核扫描票据40余万张。加强经济合同清理和规范，对原有租赁土地从事二、三产业合同清理、整改，新签合同实现100%合同联预审。

（范东京）

【人口调控】 年内，通过以定福庄再生水厂建设为契机拆除低级次产业，腾退集体土地；拆除黑庄户村、郎辛庄村等出租大院；郎各庄村出租房屋准入制和免费中介平台试点等工作调减流动人口1.25万人。完成区调减指标任务的159%。

（范东京）

【安全生产】 年内，开展消防、安全生产大检查等专项工作。整改隐患1.15万余个，查抄取缔非法食品药品经营单位32家次，集中清理一批“三合一”“多合一”场所。全年未发生火灾人亡和安全生产责任事故。

（范东京）

【就业服务】 年内，举办大型招聘会1次、小型招聘会4次，登记招聘企业40家，搜集空岗信息700余个，开展用工单位调查70家。结合地区产业需要，对劳动力考证优质定点式培训。培训农村劳动力电子商务员、公交车驾驶员110人次，城乡劳动力再就业288人。

（范东京）

【环境整治】 年内，完成历史积存的政府街、双桥西路等10余处脏乱点清理整治工作。新增绿化45.67公顷，完成年度万亩造林绿化任务。

（范东京）

【文体活动】 年内，完成郎辛庄和万子营西村2个3000平方米以上村级文化广场建设。举办第五届全民运动会、残疾人趣味运动会、首届地区书画摄影大赛。

（范东京）

【产权制度改革】 年内，召开第二次社员代表大会。审议通过“三个方案一个报告”；推进乡级资源股份联社筹备工作；村级劳动年限登记基本结束，启动村级清产核资和资产评估工作。

（范东京）

【为民服务】 年内，完成历史遗留多年的京津二高速、京津城际铁路转居转工工作，实现转非169人；完善新型农村合作医疗政策，提高5%报销比例；实施“送气下乡”工程，15个村1421户村民享受到优惠和便利；完成全乡“减煤换煤”工作，更换优质燃煤4600吨，更换节能炉具285台；完成六号井4栋楼老旧小区楼宇节能改造工程；完成道路维修及照明改造、自来水管道改造等9项社区为民办实事工程，每个社区配比8万元公益金，落实公益项目15个。

（范东京）

【信访接待】 年内，接待群众来访273批次，1458人次；办理群众来信76件，办理区转件10件，督办件1件。乡域内集体访38批次，1108人次，同比分别增加60%和143%。区级以上个访19批次，同比减少33%，区级以上集体访8批次，198人次，同比分别减少33.3%和46.7%。

（范东京）

【养老服务】 年内，召开地区养老服务商工作会。与15家服务商签订协议书。

（范东京）

【党的群众路线教育实践活动】 年内，地区领导班子与机关党员干部共集中学习34次，开展4次专题讨论会，30个基层党组织累计集中学习248次，1600多名党员参加。征求意见225条，归纳梳理为37条，其中四风方面8条、关系群众切身利益问题10条、解决基层基础薄弱问题7条、作风建设5条、深入开展教育实践活动的建议7条。围绕理论学习、作风建设、服务改革等内容，制定整改落实方案、专项整治方案和制度建设计划等“两方案一计划”，明确整改任务24项，其中立行立改任务5项、近期整改任务3项、中长期整改任务16项。在教育实践活动中，地区工委坚持边学边改、边查边改，清理超标办公用房120平方米，对精简会议文件刊物、规范公车管理、学校周边街面秩序管理、基层年轻干部培养以及简化办事程序等建议事项，做到立行立改。

（范东京）

将台地区（乡）

【概况】 将台地区（乡）位于朝阳区中北部。东与东坝乡相邻，南与东风乡、麦子店街道相接，西与望京街道、太阳宫乡相连，北与崔各庄乡接壤，地处朝阳区丽都、燕莎商圈中，处于电子城科技园腹地。辖域面积11.45平方公里。有3个行政村、6个社区。常住人口74384人，其中流动人口47705人，户籍人口26679人。地区有居民活动中心10处、文化广场11处。有地区级养老机构1个（将台养老管理服务中心）、社区级养老机构2个（水岸家园养老服务站和驼房营养老服务站，私立养老机构1个（将府庄园敬老院）。将台乡属于第一道绿化隔离地区，年内被列为北京市一道绿隔试点乡，3至5年完成全乡搬迁上楼和产业发展、绿化建设、转居转工、产权改革等工作。按照自主投资、自主建设、自主管理的产业升级改造工作思路，将台乡立足区位优势，整合资源、挖掘潜力，重点发展高端商贸、文化创意等重点产业。新建亮马收藏古玩市场、将台商务中心（颐堤港）、将台新港商城、燕都一号商务楼；正在建设大众高端品牌中国旗舰店、4D影院、信宝集团北区结算中心和宝马5S店等项目。将台地区获北京市2014年度安全生产工作先进街道（乡镇）。年内，经济总收入57亿元，同比增长9%；实现利润6.12亿元，同比增长9%；完成税金2.08亿元，同比增长8%；人均劳动所得30558元，同比增长8%。

地址：酒仙桥村甲1号
电话：64371688
邮编：100016
邮箱：jtbgs _ 001@163.com

（魏　萌）

【人大代表视察】 1月3日，开展人大代表会前视察活动。44名市、区、乡人大代表先后到安家楼林长富出租大院、地铁十四号线商务楼工程、驼房营汽配一条街和文体活动中心、滨河一号景观工程、东八间房幼儿园等地视察，听取相关情况汇报。

（魏　萌）

【乡第十二届二次党代会】 1月6日，召开中共将台乡第十二届代表大会第二次会议。96名党代表参加会议。会议审议并通过《乡党委工作报告》《乡纪委工作报告》；观看《凝心聚力谋发展·攻坚克难续新篇》乡2013年工作总结片；乡党委班子成员向大会述职、述廉并接受与会代表的民主评议；会议增补李滨为乡党委委员。

（魏　萌）

【未成年人社会保护试点】 1月9日，区民政局在地区召开未成年人社会保护试点单位协调会。确定东八间房村成为区首家未成年人社会保护试点单位，在村设立工作室。试点项目依托地区七彩昀儿童友善保护中心，辐射覆盖全区范围，围绕困境儿童建立社会预防、发现、响应、报告和救助保护机制，一线社工重点对6至16岁处于困境状态的儿童和青少年，提供“学业辅导、潜能发现、认知改变、心理减压、危机介入、历奇拓展”等成长教育支持和救助保护服务，特别是对危机状态下困境未成年人进行必要的家庭监护干预，引导他们重新回归到正常的家庭、学校、社会生活状态。

（魏　萌）

【十六届乡人大四次会议】 1月13日，召开乡第十六届人民代表大会第四次会议。乡长于瀛作《将台乡政府工作报告》；会议审议通过《将台乡集体资源资产管理规定》《关于提高将台乡乡管老人及退休人员福利的办法》。

（魏　萌）

【党的群众路线教育实践活动】 2月21日，召开将台乡党的群众路线教育实践活动动员部署会。7月24日至25日，召开领导班子专题民主生活会。10月27日，召开党的群众路线教育实践活动体会交流会和总结大会。活动开展期间，召开学习交流会71次，征求到意见建议422条，分类合并为3大类9项。开展党支部书记讲党课活动39次。参观党风廉政教育基地24个；观看《杨善洲》《“四风”警示录》等影片、录像近30次。清理办公用房113平方米。新修订、制定制度27项。解决立行立改问题38件，解决群众关心关注的各类问题28件。

（魏　萌）

【马航失联乘客家属安抚工作完成】 3月11日，地区启动应急预案，在丽都酒店和珀丽酒店分别设立马航失联客机乘客家属工作服务站，开展乘客家属安抚工作。2名副处级领导任站长，1名副处级领导任总协调，6名科长及多名机关、社区干部承担服务站工作任务。5月3日，完成马航失联乘客家属安抚工作，撤销在丽都酒店和珀丽酒店设立的马航失联乘客家属工作服务站。期间，入户30余次，接待来访失联家属300余人次，反映家属拆求200余条，与医疗队入户巡诊600余人次，接待各省市及地区工作人员100余人次，处理突发事件2次。

（魏　萌）

【三社联动】 4月9日，市民政局、区农委领导到梵谷水郡社区居民活动楼调研指导“三社联动”（社区、社工、社会组织）项目展示情况。6个社区社会组织和将台青年社工协会分别展示青少年服务、残疾人服务等项目，150余人参加活动。5月29日，民政部领导到梵谷水郡社区参观“三社联动”联席会议办公室并观摩社区社会组织7个服务项目的展示活动。9月24日，召开全国“三社联动”专题推介会，民政部基层政权和社区建设司副司长汤晋苏、政策研究中心主任王杰秀、市民政局副局长谢延智以及中国社工协会相关负责人出席会议。《人民日报》以"'三社联动'创新社会服务方式"为主题进行报道。

（魏 萌）

【拆违控违】 4月至6月，拆除北京佳美通货物运输公司、都市绿洲公司、驼房营村便民市场、北岗子环内出租大院、北岗子市场、将台市场东门外等21处违法建设14.12万平方米。7月至9月，拆除大环将府庄园敬老院东侧、将台乡大环内、驼房营村JK地块等11处违法建设3万平方米，其中拆除挂账违法建设3处2.9万平方米、账外违法建设8处0.1万平方米。

（魏 萌）

【环境整治】 5月，开展包括治理厂南路周边环境、上东星辰路设计施工、五环路沿线围挡等环境整治工作。截至9月，APEC会议途经将台地区沿线周边环境整治工程面积1万余平方米，完成渣土清运与好土回填2.2万立方米，完成铺装2200平方米。栽植乔木338株、灌木3639株、花卉色带2500平方米，铺设草坪9000平方米。

（魏 萌）

【市委书记调研】 6月20日，市委书记郭金龙到将台乡调研腾退低级次产业和出租大院、疏解流动人口、环境整治等工作。在已完成腾退、拆除的北岗子市场和废品收购站现场，郭金龙听取乡党委书记连文胜的情况汇报。郭金龙要求，要进一步深化改革，做好在集体建设用地上实现产业升级、环境改善、农民增收这篇大文章，并要求以习近平总书记在京考察时的讲话精神为统领，围绕首都城市战略定位，坚决控制人口规模，深入调整产业结构，全力抓好环境建设，全面提高城市建设管理水平，为地区的可持续发展多担当、多尽责、做示范。

（魏 萌）

【廉政文化书法展举办】 6月27日，举办"扬清激浊"主题廉政文化书法展。地区办事处、基层各单位负责人，纪检干部，党员代表和书法爱好者200余人参加开幕式。

（魏 萌）

【食品药品安全委员会成立】 6月，召开将台地区食品药品安全委员会成立大会。食品药品安全委员会由主任1人、副主任1人、成员20人组成。将台食药所、派出所，酒仙桥工商所、卫生监督站及9个社区、村委会相关人员参加会议。

（魏 萌）

【老旧小区自治管理】 7月4日，召开芳园里小区自治管理封闭运行动员会，7月7日正式运行。年内，完成芳园里老旧小区公共区域环境整治工作。补建小区绿化6400平方米，完善小区道路近1.6万平方米，配建配套公厕30平方米，补建信报箱1860个，完成弱电架空线入地管道管井施工等项目。

（魏 萌）

【一道绿隔试点】 7月19日至31日，按照市政府通过的包括乡在内的区6个试点乡第一道绿化隔离城市化建设规划实施总体方案要求，乡要在3至5年内完成人员安置、回迁房建设等工作，开展第一道绿隔试点乡入户调查测量工作。丈量东八间房村和驼房营村宅基地院落1055个。

（魏 萌）

【拆迁腾退】 9月10日，完成区上市地块JK地块宅基地拆迁腾退工作。9月至12月，完成"IT园西侧"4公顷产业用地（含酒仙桥建材市场）土地腾退。腾退集体企业建筑面积约3.3万平方米，清退摊位1021个，疏解流动人口2100人。

（魏 萌）

【将府公园景区等级评定】 9月28日，将府公园被评定为国家AAA级旅游景区。

（魏 萌）

【社区工作者工会成立】 12月26日，召开社区工作者工会第一次全体会员大会。92名工会会员参加会议。选举产生第一届委员会委员3名，经费审查委员1名，女职工委员1名；选举张振安为工会主席。

（魏 萌）

金盏地区（乡）

【概况】 金盏地区（乡）位于朝阳区东部。地处温榆河畔，北部、东部与顺义区、通州区隔河相望，南接常营乡，西邻东坝乡、崔各庄乡，北接孙河乡。有13个行政村、4个社区。辖域面积50.1平方公里。总人口84260人，户籍人口29067人，其中农业人口17460人，流动人口55193人。辖区内有中学3所、小学3所、村办幼儿园2所，社区卫生服务中心2个、社区卫生服务站9个。年内，实现经济总收入50.78亿元，同比增长10%；实现利润1.38亿元，同比增长10.1%；实现税金1.42亿元，同比增长10.1%；人均劳动所得2.45万元，同比增长9.2%。

地址：金盏大街2号

电话：84333130

邮编：100018

邮箱：jzxzf@126.com

（郝立志）

【十六届乡人大五次会议】 2月24日，召开金盏乡第十六届人民代表大会第五次会议。乡人大代表50人出席会议。会议审议通过《乡政府工作报告》《乡人大工作报告》《2013年金盏乡财政预算执行情况和2014年财政预算草案》。

（郝立志）

【党的群众路线教育实践活动】 2月25日，召开地区党的群众路线教育实践活动部署会。乡党委书记于志刚从提高思想认识、把握关键环节、严格任务落实三个方面对做好党的群众路线教育实践活动做出具体部署。教育活动期间，落实学习124课时，大课堂学习14次，参观活动5次，专题研讨交流5次，召开座谈会14次，专题调研23次，发放征求意见书5884份，征求意见302条。聚焦"四风"问题，查摆班子存在的突出问题26项。解决一批突出四风问题，整治推诿扯皮、办事拖沓现象。治理环境交通秩序、民生保障、私搭乱建等40余件涉及群众切身利益的问题。

（郝立志）

【区领导检查】 4月17日，副区长陈涛带领区农委、区绿指办等部门主要负责人到地区检查平原造林工程地块。年内，完成万亩造林任务45.33公顷，拨付绿化工程资金1800万元。

（郝立志）

【十六届乡人大六次会议】 7月25日，召开金盏乡第十六届人民代表大会第六次会议。会议表决通过乡人大主席、副乡长辞呈，补选于志刚为乡人大主席、明宝军为乡人大副主席，听取2014年上半年政府工作报告。

（郝立志）

【绿道骑行健身活动】 10月30日，举办"全民健身、低碳出行、绿色环保、共享蓝天"健康绿道骑行活动，200余名骑行爱好者参加活动。

（郝立志）

【重点项目建设】 年内，完成金融园区13号地北区地块项目规划方案，定位电子商务一体化产业园区；推进奥特莱斯二期工程建设，招商工作完成80%。完成乡集体企业玉雪公司转制。完成金盏大街集贸市场和小店村金阳汇通市场关停、马各庄村和小店村10个出租大院清退拆除、北马房村2家废品回收场站清退工作，疏解总面积14.4万平方米，疏解外来人口2000余人。完成金盏110千伏变电站建设；完成长店北路施工建设，修建三座过街天桥并全部投入使用。

（郝立志）

【经济管理】 年内，完成13个村，10个直属公司、站、企业2013度收益分配审计工作．配合第三方审计机构完成村级集体经济组织专项审计工作。审核合同20份，审核金额4182万元；调整规范合同117份，增加收入827万元。

（郝立志）

【文体建设】 年内，完善东窑村、金泽家园C区文化广场等5000余平方米建设项目。乡域内一卡通图书馆、电子阅览室、公共文化信息资源共享工程实行全年免费对外开放。

（郝立志）

【环境整治】 年内，开展综合环境整治联合执法行动。规范店外经营350余起，查处无照经营600余起。整治机场二高速及两侧辅路、焦沙路、皮村路重点道路；开展专项集中夜查渣土遗撒乱卸、施工扬尘等违法行为70余次；开展减煤换煤和“送气下村”惠民工程，9个村2000余农村住户享受“平价气”。拆除违法建设23处、20万余平方米。

（郝立志）

【综治维稳】 年内，调减流动人口14660人。检查出租房屋4988户，排查隐患11处。检查单位546家次，下达执法文书443份，行政处罚立案12起。查抄非法行医“黑”诊所15次，取缔36家。信访排查重点矛盾3件，接待群体访15批次，办结各类网件813件。

（郝立志）

来广营地区（乡）

【概况】 来广营地区（乡）位于朝阳区西北部。东邻孙河乡、崔各庄乡，南与望京街道、大屯街道相连，西与奥运村街道、大屯街道接壤，北与昌平区东小口镇、北七家镇毗邻。辖域面积20.93平方公里。有5个行政村、18个社区、3个社区筹备处。年内，户籍人口24648户50590人，常住人口123665人，流动人口127382人，外籍人口691人。有中央单位11家、市属单位9家、区属单位11家、乡属企业7家。有医院1家、社区卫生服务中心1个、社区卫生服务站6个。有科研院所1个、中学5所、小学6所、幼儿园13所。有养老机构3个。有3处文化广场和5处24小时自助图书馆。获国务院第三次全国经济普查领导小组授予的“第三次全国经济普查先进集体”称号。年内，实现经济总收入144亿元，同比增长10%；利润7.65亿元，同比增长10.2%；税金6.55亿元，同比增长10.8%；人均劳动所得32493元，同比增长10.5%。区级财政收入7.83亿元，同比增长13%；辖区税金22亿元，同比增长10%，征收房产税1889万元，同比增长51.1%。

地址：红军营南路甲1号
电话：84953336
邮编：100012
邮箱：cylgydzb@163.com

（吕琼琼）

【乡党代会代表补选】 1月3日，召开来广营乡党总支大会。补选左景全、王刚为乡十三届党代会党代表。

（吕琼琼）

【农民退休人员生活补助提高】 1月24日，来广营乡制定并施行《来广营乡关于提高农民退休人员生活补助费标准的意见》，农民退休人员生活补助标准由2011年的每月825元增长至每月1300元，增长58%。

（吕琼琼）

【地铁立水桥站秩序整治】 1月，地区办事处投入26万元，在地铁立水桥站进出口机动车道与非机动车道以及空闲区域之间安装600余米护栏；在地铁站进出口人行道及非机动车进出口安装180根地桩。

（吕琼琼）

【乡第十三届二次党代会】 2月14日，召开来广营乡第十三届二次党代会。115名代表参加会议。乡党委书记左景全作题为“坚持务实创新，推动科学发展，建设幸福美丽来广营”报告。

（吕琼琼）

【十六届乡人大七次会议】 2月18日至21日，召开来广营乡第十六届人民代表大会第七次会议。会议通过高永荣、王洪月辞去乡长、副乡长职务请求，审议通过乡政府、乡人大和乡财政工作报告，选举王刚、马海生为来广营乡人民政府乡长、副乡长。

（吕琼琼）

【党的群众路线教育实践活动】 2月24日，召开来广营乡党的群众路线教育实践活动动员会。10月22日，召开总结大会。乡领导班子，机关全体党员干部，各村、社区、直属企事业单位主要负责人和部分群众代表参加。期间，处级领导干部开展学习交流5次，召开座谈会29次、个别访谈60人，收集汇总意见建议293条，经过梳理分为7个方面116条。制定《来广营乡改进作风制度建设计划》，修订完善制度21项，新定制度10项。解决基层党建工作中10多个重点难点问题。立城苑北路、北纬40度小区断头路、市政规划道路羊坊东路断头道路打通；北苑中街、北苑小街、红军营东路南延段等路段，宽30米、总长4484米的“两横两纵”道路建成通车；紫绶园社区东侧破损道路修建完成。

（吕琼琼）

【十六届乡人大八次会议】 4月25日，召开来广营乡第十六届人民代表大会第八次会议。审议并通过《来广营乡北湖渠村环境整治项目住宅房屋腾退补偿安置办法》和《来广营乡北湖渠村环境整治项目住宅房屋腾退补偿安置实施细则》。

（吕琼琼）

【北湖渠村环境整治】 4月25日，召开北湖渠村环境整治项目住宅房屋腾退安置工作动员会，标志着北湖渠村环境整治项目腾退工作启动。8月26日，召开北湖渠村村民代表大会，全票通过对北湖渠村腾退拆迁剩余院落予以帮助腾退意见。乡机关6个安置工作组、村委会、派出所、城管大队、拆迁公司等相关单位依据村民代表大会的表决意见，以村委会为主体实施帮拆，对23个滞留院落4次帮助腾退。9月9日，完成北湖渠村158个滞留院落的腾退拆迁工作。腾退土地46.67公顷，拆除房屋面积9.3万平方米。正式购房135个院落产权人购买372套安置房；拆除违法建筑225处13万平方米，低级次产业8家。

（吕琼琼）

【非洲英语国家政府官员考察】 5月27日，2014年非洲英语国家政府官员实用汉语研修班学员一行14人到绣菊园社区卫生服务站、社区图书馆、科普活动中心、青春港湾和老年餐桌等参观考察。

（吕琼琼）

【顺白路环境清理整治】 6月16日，《北京日报》以“顺白路生活垃圾又堆得像小山”为题报道乡1条村级自建道路生活垃圾问题，乡政府看到报道后立即组织力量将生活垃圾全部清理，并将东侧道路铺设砂石，清理排水沟。

（吕琼琼）

【庆七一表彰大会】 6月30日，地区举行纪念中国共产党成立93周年暨表彰大会。表彰新生村党总支、茉藜园社区党委等13个先进基层党组织，张彬、乔振江等107名优秀共产党员，孟宪东、张启增等13名优秀党务工作者。

（吕琼琼）

【洗车街整治】 7月10日至30日，拆除2.3万平方米小清河北岸“洗车一条街”17家私人洗车店、非法运营商户和1家国有单位违章建筑物。腾退土地2.6公顷，2900人搬离。

（吕琼琼）

【“新三起来”典型发言】 8月5日，在市推进“新三起来”（即：土地流转起来、资产经营起来、农民组织起来）现场会暨市新农村建设领导小组扩大会议上，乡党委书记左景全就乡“资产经营起来”工作情况，以“统筹利用集体产业用地，探索乡域均衡发展之路”为题作典型发言。

（吕琼琼）

【十六届乡人大九次会议】 8月8日，召开来广营乡第十六届人民代表大会第九次会议。乡长王刚作政府工作报告，乡武装部部长韩永红汇报北湖渠村环境整治项目进展情况。人大代表视察朝来高科技产业园区、立水桥清河北岸环境整治、羊坊东路断头路修建等工作。

（吕琼琼）

【京承高速来广营段环境整治】 8月15日至9月5日，京承高速东侧来广营段环境整治工作腾退土地14.2公顷，拆除青龙河废品回收市场等企业5家7.9万平方米。

（吕琼琼）

【市委领导调研】 8月29日，市委常委、统战部部长牛有成到乡调研红星美凯龙二期工程。了解企业租赁模式和经营情况以及乡探索乡村统筹发展形成“三三四”模式（即：朝来购物中心项目由来广营乡乡村集体股份合作方式投资，乡实业总公司作为立项主体，代表乡集体出资占30%股份，红军营村出资占30%股份，来广营、新生、北湖渠、清河营4个村合计占股份的40%）在该项目上运用情况。乡党委书记左景全汇报相关工作。区委常委、副区长陈涛以及区委农工委领导陪同调研。

（吕琼琼）

【教育惠民】 9月4日，乡召开庆祝教师节暨“百名优秀教师”表彰大会。表彰工作在教育一线的优秀教师和优秀校（园）长；根据《来广营乡农业户籍学生助学奖励办法》，为7名考入全日制本科大学的乡农业户籍学生每人发放5000元助学奖励金。具备一级一类办园资质的北方之星艺术幼儿园落户来北家园。清理整顿无证办学机构，依法取缔英才实验学校并分流学生500人。解决辖区60余名适龄儿童不能正常入学问题。

（吕琼琼）

【地区第十四届全民运动会】 9月14日，地区第十四届全民运动会开幕式在和平街一中高中部北苑校区举行。市农民体协秘书长王树华参加开幕式。运动会设乒乓球、象棋、趣味运动等20余个比赛项目，36支队伍近3000人参加比赛。

（吕琼琼）

【北京会议中心东门环境整治】 9月14日至20日，开展北京会议中心东门环境整治工作。腾退土地6.6公顷，拆除企业3家面积6.5万平方米。

（吕琼琼）

【区域化党建】 9月26日，中共北京朝来高科技产业园工作委员会和管理委员会举行挂牌仪式。成立朝来高科技产业园党工委，将发挥社会工作党委作用，通过找需求、抓服务，建组织、搞教育、促管理，发挥朝来高科技产业园区党建统筹协调、深化园区党建、服务企业发展、维护职工权益和促进合作共赢作用。

（吕琼琼）

【市委领导调研北湖渠】 10月10日，市委书记郭金龙、市长王安顺到来广营乡北湖渠村调研第一道绿化隔离地区建设情况。来广营乡党委书记左景全、乡长王刚就建设情况做汇报。

（吕琼琼）

【社会科学普及进社区】 10月14日，市社会科学联合会与地区办事处共同举办“2014年社会科学普及走进来广营茉藜园社区——弘扬社会主义核心价值观”巡展活动，市社科联书记韩凯出席活动。

（吕琼琼）

【补选乡人大代表】 10月30日，来广营乡第二十选区召开补选乡第十六届人大代表会议。依法补选韩蓉蓉为乡第十六届人大代表。

（吕琼琼）

【第一届道德模范评选】 11月，完成地区第一届“我身边的道德模范”评选工作。李增江、魏志联、何素利、贾国良、范淑娟、孙淑庭、郑启鉴、刘玉秀、于满君9人获“我身边的道德模范”称号。

（吕琼琼）

【人口调控】 年内，通过加大环境治理力度、清理整治群租房等措施，调控地区流动人口9158人，完成区下达的任务指标。

（吕琼琼）

【群租房整治】 年内，完成区级挂账及群众举报的违法群租房集中清理整治工作。拆除违法群租房666套。

（吕琼琼）

【环境顽疾治理】 年内，以广达路社区为试点，落实一体化“门前三包”责任制，规范“门前三包”126家次。坚持部门联动，清理垃圾3015万立方米，移除“僵尸车”26辆，拆除广告牌匾1400余块，大力整治夜间施工、道路遗撒、大面积扬尘和夜施扰民等问题，辖区重点区域和道路沿线环境明显改善。

（吕琼琼）

【劳动再就业】 年内，333名失业人员实现再就业。

（吕琼琼）

【重点产业项目建设】 年内，朝来科技园B09地块三期项目正式运营，B01地块项目正在装修，B05地块中国城建大厦项目进入手续报批阶段。

（吕琼琼）

【产业转型升级】 年内，申报奥迪培训中心、朝来科技园等重点产业项目5个，成功回购朝来绿色家园来春园综合楼12780平方米建筑，完成中农大7500平方米升级改造项目的集体收购，完成星火公司升级改造项目，乡集体获5000平方米写字楼权益。

（吕琼琼）

【集体经济管理】 年内，清理规范存量合同，梳理和调整合同54份。乡集体资产监督管理委员会议定合同签订、项目建设、大额资金支出等事项103件；委托中介机构评审结算工程9个，预算金额710万元，审减130万元；推行财务预算管理。

（吕琼琼）

【乡属企业改革】 年内，完成广业劳务派遣公司改革重组试点工作。与5家乡属企业实现1654名农转工人员分流安置、工资、社保、档案对接工作。

（吕琼琼）

【村级产权制度改革】 年内，完成来广营、新生、北湖渠、清河营4个村集体经济组织的清产核资和劳动年龄统计工作，登记集体经济组织成员11780人。

（吕琼琼）

【公共文化服务体系建设】 年内，建成北部文化服务中心，面积2793平方米；完成地区体育休闲广场设施改造提升工程并对外开放。

（吕琼琼）

【社区建设】 年内，立清路、广达路、三号院、新街坊、红军营5个社区建成“六型”社区；18个社区整体加入“互联社区”网；朝来绿色家园社区“牵手蓝天，绿色生活”科普体验厅建成并通过市级验收；清苑路第一社区“健康心起点”科普体验场馆建设完成；清友园社区办公用房面积增至400平方米，北卫家园、北卫新办公用房落实到位。

（吕琼琼）

南磨房地区（乡）

【概况】 南磨房地区（乡）位于朝阳区南部。东与高碑店乡、王四营乡、垡头街道相邻，南与十八里店乡交界，西临东三环与双井、劲松、潘家园三街道相接，北至通惠河，辖域面积9.43平方公里。常住人口15万余人，流动人口3万余人，通过历年转居转工还剩农籍人口2164人与上年相同。设有2个行政村、10个社区。辖区内有7家集体所有制集团公司和1家合作公司；有中学3所、小学5所、幼儿园10所；地区卫生服务中心2家，卫生服务站6个，敬老院1家；有居民公共文化活动场所4个。年内，集体经济收入130.6亿元，利润总额5.6亿元，分别较上年增长10%；辖区税收34.8亿元，区级财政收入10.8亿元，分别较上年增长1倍多，农民人均纯收入4.78万元，较上年增长10%。

地址：西大望路甲29号

电话：67322223

邮编：100124

邮箱：nmfdjb@163.com

（王佳鑫）

【“春风行动”招聘会】 2月26日，在平乐园小区健身广场举办“春风行动”招聘会。18家用人单位参加招聘会，招聘岗位包括行政文员、司机、收银员、车辆管理、保洁员等近20个工种300余个岗位。400余名失业人员参加招聘会，现场初步达成就业意向58人。

（王佳鑫）

【第七届人口文化节】 5月15日，地区第七届人口文化节暨文体队伍展演优秀节目汇演活动拉开序幕。期间，开展《美丽的故乡南磨房》歌曲音乐会、文艺演出进基层、爱国主义电影展播月等系列惠及百姓的文体活动。地区10个社区95支文体队伍2000余人参加表演。活动以“践行群众路线，推进文化惠民”为出发点和落脚点，巩固2013年创建国家公共文化服务体系示范区成果。

（王佳鑫）

【为志愿者举办个人创作歌曲音乐会】 5月23日，地区在心连心文化广场，专门为义务投身社区音乐创作辅导20余年的82岁志愿者赵家琪举办个人创作歌曲音乐会，实现了赵家琪老人多年的梦想。参与演出的演员全部为社区居民，他们用朴实的音乐讲述原汁原味的幸福生活，用歌曲表达对社区家园的浓情。

（王佳鑫）

【群租房治理】 5月，以市级挂账社区治理为契机，推进群租房治理，坚持“群众举报必拆、媒体曝光必拆、隐患突出必拆”的“三必拆”原则，组织执法部门强力推进联合帮拆，同时开展法律法规宣讲，动员出租人自觉拆除隔断间、倡导承租人共同抵制群租房。后期巩固阶段，发挥物业、社区、楼门长及社会力量，完善群租房群防群治体系，建立举报有途径、摸排有专人、告知有步骤、拆除有力度的工作流程。截至10月底，依法治理群租房1129户，清理隔断7543间，完成市区挂账任务的3倍多。

（王佳鑫）

【第八届健身体育节】 6月19日至20日，在奥克莱羽毛球馆举办第八届全民健身体育节羽毛球比赛。比赛分为职工组、居民组。来自社区村、乡属企业的198人参加比赛。

（王佳鑫）

【纪念建党93周年表彰活动】 6月30日，举办纪念建党93周年表彰活动。表彰60余名优秀党员，并邀请老、中、青三代党员讲述先进事迹。

（王佳鑫）

【副市长调研】 7月14日，副市长程红、市妇联主席马兰霞等领导到地区调研妇女组织建设和妇女儿童发展工作。区委副书记陈宏志等陪同调研。程红一行先后到百子湾东社区“妇女之家”和红心汇“两新组织姐妹驿站”听取汇报并对地区工作给予肯定。

（王佳鑫）

【百子湾路沿线环境整治】 10月15日，启动百子湾路沿线环境综合整治工作。综合整治沿线临街商铺，重点是无照经营、私搭乱建、食品安全、消防隐患等。截至11月24日，拆除违章建筑48处500余平方米，取缔无照经营行为45起，拆除并修复破损围墙350米，新建围墙50延长米；新建垃圾房3个，可承载垃圾量20余吨；协调区园林绿化局修复路侧绿化带480延长米约1500平方米。

（王佳鑫）

【中国北京出版创意产业基地先导区开园】 12月9日，中国北京出版创意产业基地先导区举行开园仪式。全国政协常委、科教文体卫委员会副主任胡振民，国家新闻出版广电总局、国家版权局副局长阎晓宏，中国文联书记处书记郭运德，副市长程红，区领导陈涛等领导出席开园仪式。北京出版创意产业基地先导区作为第九届北京文博会的分会场，在文博会期间举行多场主题活动及展览展示。基地建设区域为东至垡头西路、西至东四环窑洼湖桥、南至世纪东方城、北至王四营乡。项目总占地22.31公顷，总建筑规模约35万平方米（含周边整合建筑），计划2016年底建成竣工。其中先导区作为整个项目的运营试验区，已完成基础建设。北京出版创意产业基地是中国北京出版创意产业园区（德胜园区）功能拓展区，将打造集原创出版产品制作、数字出版孵化、版权交易发行、出版文化展示等功能于一体的完整产业链。

（王佳鑫）

【党的群众路线教育实践活动】 年内，开展党的群众路线教育实践活动。期间，召开学习交流会23次，谈心谈话148人次，开展“深入基层单位听意见，解难题；深入百姓家中听问题，解民忧”活动，累计走访单位96家，入户302家，征求意见建议225条，分类合并为5大类47项。开展党支部书记讲党课活动28次。参观党风廉政教育基地3个；观看《杨善洲》《“四风”警示录》等影片、录像20部。截至年底，制定完善制度35项。与活动前相比，会议减少26%，文件减少31%，“三公”经费减少12.4%。解决立行立改任务12项，解决群众关心关注的各类问题30件。实现了改进干部作风、推动科学发展、维护地区稳定的目标。

（王佳鑫）

【拆迁腾退】 年内，结合推进东郊环境整治项目，完成辖域内田华搅拌站、百子湾商贸街、金盏乡名贵木材拆迁任务。完成豆各庄乡工业企业、建筑企业和保洁企业拆迁任务。全年，完成15.33公顷土地腾退及19万余平方米地上物拆迁。

（王佳鑫）

【“两新”组织党建】 年内，成立北京万景旅游控股集团有限公司和北京大梁投资担保有限公司党支部2个。发挥“红心汇”辐射带动作用，对流动党员实施异地三向共抓管理机制。开通“红心党建网”，通过网上党员管理、教育、服务、互动及“红心榜”公益活动竞赛等栏目，实行党建工作规范管理；推进党群共建，开展寻找“最美家庭”、温暖衣冬、先锋示范岗、青年联谊会等特色活动。

（王佳鑫）

平房地区（乡）

【概况】 平房地区（乡）位于朝阳区中部。

东与常营乡接壤，南接高碑店乡、三间房乡和八里庄街道，西与东风乡、六里屯和八里庄街道相毗邻，北靠东坝乡、东风乡。有4个行政村、12个社区。辖区面积15.18平方公里。年内，有户籍人口35013人，常住人口62274人，流动人口123383人，外籍人口763人，少数民族人口1814人（满族、回族、蒙古族、朝鲜族、土家族等36个）；新出生580人，死亡100人。规模以上法人单位94个。有中学4所、小学6所、幼儿园5所，一级医院1家、社区卫生服务中心1个、社区卫生服务站6个，体育中心1个，郊野公园2个、村级公园3个。全年，经济收入78.7亿元，同比增长10%；利润3.35亿元，同比增长2.8%；税金3.36亿元，同比增长2.8%；人均劳动所得28990元，同比增长9.7%。平房乡被中央文明办评为第四届全国文明村镇。

地址：黄杉木店路8号
电话：85573164
邮编：100123
邮箱：pingfangdiqu@126.com

（刘小瑜）

【无偿献血活动】 1月7日至8日，村、社区干部，卫生专干，地区居民，安保人员及企事业单位职工300余人献血59400毫升。

（刘小瑜）

【长久雷诺公司捐款】 1月17日，举行“平房慈善情——长久雷诺4S店爱心捐助”活动。地区工委和公司领导参加活动，长久雷诺公司出资4万元捐助地区20名因病致困家庭。

（刘小瑜）

【乡第十一届二次党代会】 3月6日，召开平房乡第十一届党代会第二次会议，98名党代表出席会议。会议审议通过乡党委和乡纪检委2013年度工作报告。

（刘小瑜）

【十六届乡人大五次会议】 3月20日，召开平房乡第十六届人民代表大会第五次会议。46名乡人大代表出席会议。会议审议通过《平房乡政府工作报告》《平房乡人大工作报告》《平房乡2013年财政预算执行情况和2014年财政预算报告》。选举张文龙为平房乡人大主席，朱广新、张国海为平房乡人民政府副乡长。会议期间，收到代表意见建议11条，经大会议案审查委员会审议，归纳为5条。

（刘小瑜）

【“图书漂流”成语接龙活动】 4月10日至17日，举办“2014年平房地区‘图书漂流’成语接龙比赛暨第十九个世界读书日活动”。20支代表队参赛，北京拔萃双语学校和天鹅湾社区代表队获一等奖，地区总工会获二等奖。

（刘小瑜）

【“波士瑞达杯”乒乓球联赛闭幕】 4月26日，“波士瑞达杯”乒乓球联赛闭幕。华纺易城社区、平房村、国美家园社区代表队分别获冠、亚、季军。

（刘小瑜）

【社区党委成立】 5月29日，召开天鹅湾、青年路、姚家园东、逸翠园4个社区党委成立大会。地区办事处主任寇晔主持会议，地区工委书记马国勇为4个社区党委授牌。

（刘小瑜）

【“十佳道德模范”评选】 6月10日，举办“平房榜样——十佳道德模范”评选活动。9名地区工委领导和100余名群众作为评委，21名“十佳道德模范”候选人参加评选活动，梁亮等10人被评为地区“十佳道德模范”。

（刘小瑜）

【“群众心目中好党员”评选】 6月12日，举办“平房榜样——群众心目中的好党员”评选活动。9名地区工委领导和100余名群众作为评委，39名候选人参加评选活动，韩秀娟等10人被评为地区“群众心目中的好党员”。

（刘小瑜）

【市委书记视察公租房项目建设】 6月20日，市委书记郭金龙视察平房乡平房村集体土地租赁住房项目进展情况。乡党委书记马国勇汇报。郭金龙指出，通过建设公租房项目，对农村城镇化进程起到推动作用，对项目周边整体发展起带动作用，同时对于农村经济产业改革及城乡土地同权同价等多方面问题进行有益尝试。副区长陈涛陪同视察。

（刘小瑜）

【庆祝建党93周年表彰活动】 6月25日，召开庆祝建党93周年表彰会。乡机关干部、基层党员代表、受表彰人员近500人参加会议。表彰地区“群众心目中的好党员”“十佳道德模范”称号获得者，地区工委书记马国勇带领地区党员集体重温入党誓词。

（刘小瑜）

【社区工作者基本功大赛】 12月2日，举办“平房地区‘社区有我’第三届社区工作者基本功大赛”。地区社区工作者120人参加比赛。定福家园社区获一等奖，国美家园社区、平房社区获二等奖。

（刘小瑜）

【社区工作者演讲比赛】 12月5日，举办“平房地区‘我的社工梦’社区工作者演讲比赛”。社区工作者120人参加比赛。平房社区田海平获一等奖，雅成里社区宋亚宁和华纺易城社区毛春颖获二等奖。

（刘小瑜）

【党的群众路线教育实践活动】 年内，开展党的群众路线教育实践活动。期间，乡党委坚持减负增效、去奢从俭、建章立制，坚持“一线工作法”，政府班子成员下基层征求意见，建立台账，限时办结。共召开学习交流会19次，谈心谈话90人次，征求意见建议481条，分类合并为6大类19项。开展党支部书记讲党课活动13次。参观党风廉政教育基地2个；观看《杨善洲》《“四风”警示录》等影片、录像29部。完成确定新修订、制定制度21项。查处违反中央规定问题1起，处理1人。与活动前相比，会议减少42%，“三公”经费减少3.4%。解决立行立改问题33件，解决群众关心关注的各类问题113件。

（刘小瑜）

【就业服务】 年内，举办专场招聘会6场，挖掘就业岗位1802个，安置就业117人。

（刘小瑜）

【社会捐助】 年内，捐赠衣物10798件；“春风送暖”活动募集资金49160元；“共产党员献爱心”活动募集资金65599元。

（刘小瑜）

【拆违控违】 年内，通过自拆、帮拆、强拆，拆除违建面积6.48万平方米。

（刘小瑜）

【安全生产】 年内，开展安全生产隐患大排查。出动人员7542人次，检查车辆1312车次，检查单位、商户等3381家次，发现安全隐患4418条，隐患现场消除率96%。

（刘小瑜）

【便民服务“大篷车”进社区】 年内，便民服务“大篷车”进入7个社区，服务居民8000余人次，发挥了“一刻钟社区服务圈”作用，服务项目涉及义务理发、缝补衣物、法律咨询等内容。

（刘小瑜）

【群租房治理】 年内，清理群租房2264间532户3366人，整治违规地下室、人防工程2000多间，整治面积1.8万余平方米。

（刘小瑜）

【“减煤换煤”清洁空气活动】 年内，开展“减煤换煤”清洁空气活动。补贴资金400万余元，为平房村、黄渠村、姚家园村和黄杉木店400户居民更换优质煤；完成石各庄村和亮马厂1152户居民“煤改电”工作。

（刘小瑜）

【社区建设】 年内，完成逸翠园等4个新建社区居委会选举工作。新建社区登记选民4892人，划分50个居民小组，推选出居民代表小组长50人、居民代表126人。经过选举，产生第一届居委会成员22名，平均年龄34岁，年龄最大为46岁，最小为25岁；党员占64%；女性占73%；大专以上学历100%，新一届居委会整体年轻化、高学历化。年内，探索社区“参与式协商”居民自治模式，打造社区特色活动品牌。推进3个星级服务站建设，改建居民活动室。

（刘小瑜）

三间房地区（乡）

【概况】 三间房地区（乡）位于朝阳区东部。东起管庄乡，南接豆各庄乡，西至高碑店乡，北临平房乡、常营乡。辖区面积8.75平方公里。设有11个行政村，15个社区。年内，有户籍人口23521户，常住人口71151人，流动人口33398人，新出生687人，死亡289人。有法人单位2998家，其中中央单位28家，有中国传媒大学、中国水利水电建设工程咨询北京有限公司、中国能源建设集团北京电力建设公司等；市属单位16家，有北京第二外国语学院、北京工艺懋隆贸易有限公司、北京卫仁中药饮片厂等；区属单位11家。大学2所，中学1所，职业技术学校1所，小学3所，幼儿园7所。有医院1家，社区卫生服务中心1个、社区卫生服务站7个。辖区建有600平方米为民服务大厅、3000平方米地区文化中心和4处文化广场、4处24小时自助图书馆，绿化率为22.06%。年内，实现区级财政收入3.36亿元，同比增长104.92%，征收房产税2294.12万元，同比增长34.65%。地区获北京市“2014年度积极参加首都无偿献血宣传组织动员工作”先进集体，三间房动漫社区宣讲团被评为“北京市优秀百姓宣讲团”。

地址：建国路22号

电话：65420020

邮编：100024

邮箱：sjfdqbsc@sina.com

（褚 云）

【经济工作专题会】 1月23日，召开乡经济工作会议。总结上年工作，部署优化产业布局、加强“三资”管理、推进产权制度改革等重点工作。

（褚 云）

【乡第七届三次党代会】 2月25日，召开乡第七届党代会第三次会议。会议听取审议并通过乡党委工作报告。

（褚 云）

【党的群众路线教育实践活动】 2月至10月，处级领导班子和101个基层党组织开展了以“为民、务实、清廉”为主题的党的群众路线教育实践活动，3000多名党员参加。期间，召开学习交流会100余次，谈心谈话150人次，开展党支部书记讲党课活动108次，参观党风廉政教育基地2个；观看《杨善洲》《“四风”警示录》等影片、录像12部。先后聘请10余名专家为地区4000余人次作专题辅导。处级领导班子收到意见196条、各基层党组织累计征求意见570多条，分类合并为3大类22项。与活动前相比，会议减少23%，文件减少16%，清理办公用房27平方米。新修订、制定制度55项。解决立行立改问题3件，解决群众关心关注的各类问题20件。

（褚 云）

【社区组织建设】 3月1日，成立泰福苑社区、聚福苑社区筹备组，负责白家楼村等北部6个土储村农民新村社区建设工作筹备。12月25日，成立社区居委会，完成居委会选举工作，选出居委会成员23名，其中主任2名、副主任4名、委员17名。新一届社区居委会班子成员平均年龄42岁，大专以上文化程度19人，占83%；中共党员11人，占48%；女委员12人，占52%。

（褚 云）

【十六届乡人大五次会议】 3月6日，召开乡第十六届人大第五次会议。听取审议通过《乡政府工作报告》；书面审议通过《乡人大工作报告》《乡政府2013年财政预算执行情况和2014年财政预算情况报告》《乡政府办理十六届人大四次会议议案、建议情况报告》；会议通过终止顾洪涛乡人大代表资格，免去乡人大副主席职务决议。

（褚 云）

【非京籍适龄儿童就读证明办理】 4月25日至5月25日，制发《关于2014年为外省市户籍适龄儿童少年开具借读证明的方案》《外省市户籍适龄儿童少年在朝阳区接受义务教育证明证件材料审核实施细则》。服务大厅开设专项便民窗口，为229名非京籍适龄儿童办理就读证明。

（褚 云）

【土储村农转非工作完成】 5月7日，启动乡北部6个土储村“农转非”工作。地区成立农转非工作领导小组，下设办公室、户籍变更组、人员核实组、劳动力社会保险办理组、超转办理组、劳动力安置组等11个工作组。村成立以村党支部书记为第一责任人的农转非工作领导小组。依据《三间房乡征地农转非工作实施方案》，北部6个土储村涉及“农转非”人员2334人，其中劳动力1431人、超转人员594人。12月31日“农转非”工作结束。

（褚 云）

【榜样人物评选】 5月，地区成立评委会，负责统筹协调榜样人物推选活动相关工作。评委会由地区工委宣传科、工会、团委、妇联相关科室负责人及群众代表组成，主要负责地区“道德模范”“身边好人”“北京榜样”人物评选推荐工作。按照评选标准，发动群众推荐、遴选候选人，上报候选人材料，张榜公布等评选程序，选出李宝利、张文元等10人为区农村系统“十佳道德模范”候选人，詹殿萍、毛景鸾等4人为“朝阳身边好人”候选人；5月至12月，向区推荐范玉兰、陆锡纯等15人为“北京榜样”候选人，推荐曹丽敏为“宣讲家杯”候选人。

（褚 云）

【纪念建党93周年大会】 6月26日，召开纪念建党93周年暨“七一”表彰大会。地区700余人参加会议，表彰优秀党员200人。邀请国防大学战略研究所原所长、海军少将杨毅作题为“破解国家安全挑战，维护战略机遇”的讲座。

（褚 云）

【征地农转非自谋职业公示】 7月10日至11日，对征地农转非村上缴户口本的劳动力、病残、超转、未成年人及16岁以上在校生和其他各类人员进行公示。北京正阳公证处对征地农转非选择自谋职业人员现场公证。应公证825人，因事外出12人，完成813人。

（褚 云）

【十六届乡人大六次会议】 8月18日，召开乡第十六届人大第六次会议。审议通过《乡政府半年工作报告》；书面审议通过《乡人大半年工作报告》《乡政府办理议案、建议情况报告决议（草案）》。

（褚 云）

【城市管理】 9月至11月，地区完成指挥中心升级改造工程。传媒大学北门、三间房十字路口等50个重点部位安装探头92个，实现重点部位联网全覆盖。年内，地区开展综合治理工作，努力实现“一升一降”（即：群众回访满意率提升和举报量下降）。组织集中执法52次，发放告知书32946人次。规范露天烧烤380余起；拆除违规广告、山寨指路牌640余块，拆除违法建筑46处1.66万平方米；清理无照游商1.08万次，清理张贴小广告40万张，清理无主乱倒、渣土2000多吨。

（褚　云）

【环境整治】　10月25日，定东村A8区周边环境改造项目竣工。投资399万元，改造面积1.1万平方米。市政路面铺装硬化8386平方米，渣土清运2077立方米，新建垃圾站1个；改建绿化停车场面积2492平方米。12月29日，投资160万元，完成通惠河北路辖区约2公里长路段80盏路灯的安装。

（褚　云）

【群众性体育活动】　10月，地区文化服务中心举办2014年三间房地区运动会。赛场分别在铁路社区、美然动力社区、欧尚、动漫舞广场展开，比赛项目包括乒乓球、象棋、国际象棋、羽毛球、健身操，参赛人员及观众1600余人。11月28日，地区由20人组成的代表队参加区健身气功展示大赛，易筋经项目获第一名。

（褚　云）

【文化创意产业发展】　截至11月，动漫大厦项目先后引进北京金诺佳音文化传播有限公司、北京枫尚嘉艺文化传媒有限公司、北京奥尔华花艺教育科技有限公司、北京艾克回响科技有限公司、北京青果灵动科技有限公司、北京热源网络文化传媒有限公司、北京嬉游网络科技有限公司等7家企业，租赁总面积7239平方米，招商率为72%，年租金总收入912.1万元。动漫大厦项目是三间房乡域内重点项目，位于玲珑山小区东北角，2011年11月开工建设，2013年10月竣工，主要用于发展动漫类等文化创意产业，项目总建筑面积12965平方米，其中地上可租赁经营面积10400平方米、地下配套车库2565平方米。项目共9层，其中地上一层、二层为沿街商业，三层至九层为文创企业办公。

（褚　云）

【乡人大代表视察】　12月10日，召开乡人大代表座谈会。代表们围绕乡政府在产业发展、环境整治、安全管理和民生保障等方面重点工作，视察乡综治维稳中心升级改造工作、A8区道路整修及周边环境整治工程、金家村三站两室运行情况和乡中华本草园产业项目。49名乡人大代表和乡领导参加视察。

（褚　云）

【社区工作者技能大赛】　12月23日，地区举办第三届社区工作者技能大赛。13个社区代表队，以展风采、比技能、竞演讲、写案例等方式参赛。邀请北京大学社会学系3位讲师作为第三方评委，评出综合一等奖1名、二等奖2名、三等奖3名。

（褚　云）

【无偿献血】　12月24日，开展无偿献血活动，献血量为5.82万毫升。

（褚　云）

【国家宪法日普法宣传】　12月，在首个“国家宪法日”之际，地区联合北京第二外国语学院法政学院在泰福苑社区开展以“弘扬宪法精神，建设法治中国”为主题的宪法集中宣传和现场咨询活动。发放《宪法宣传手册》4000份，《大气污染防治条例宣传册》3000册、《人民调解》杂志50本、《生活与法》《六五普法法律规范》书籍1200册。

（褚　云）

【社区建设】　年内，投资150万元推进星级服务站、互助型居民自治组织、农民市民化、三社一体化等15个项目建设。申请项目资金324万元，完成艺水芳园办公用房改扩建项目、福怡苑社区排水设施、定北里社区健身园修整等12个社区办实事项目。

（褚　云）

【“煤改电”工程】　年内，金家坟西里和北双桥南里201户居民完成“煤改电”工作。安装节能环保电采暖设备199套，更换峰谷电表215块，减免居民支出72.4万元。完成6个村、7个社区758户和1815灌液化气的置换，减免居民支出9万元。更新节能环保燃煤炉具90台，更换优质型燃煤563吨，减免居民支出40.8万元。

（褚　云）

【土储拆迁腾退】　年内，完成38个院落，175人腾退工作。

（褚　云）

【安全生产专项治理】　年内，按照城乡结合部安全生产专项整治工作方案。完成以“六打六治”（工业、危险化学品、油气管道、交通运输、建筑施工、消防）为重点的打非治违专项行动。检查生产经营单位873家次，发现安全隐患1532条，整改安全隐患1487处，整改率97%。有50家企业实现安全生产标准化三级达标，174家小微企业实现安全生产标准化岗位达标。

（褚　云）

十八里店地区（乡）

【概况】　十八里店地区（乡）位于朝阳区东南部。辖域面积25.23平方公里。有8个行政村、4个社区、5个居委会。年内，有户籍人口40730人，其中农民21099人；流动人口139141人。出租房屋总量14617户。年内，实现经济总收入144.6亿元，同比下降2.9%；利润总额5.9亿元，同比下降18%；税金总额3.2亿元，同比下降5.9%；人均所得3.3万元，同比增长3%。

地址：十八里店村18号
电话：67473279
邮编：100122
邮箱：sbldxzxk@sina.com

（李　晓）

【十六届乡人大四次会议】　1月3日，召开十八里店乡第十六届人民代表大会第四次会议。大会选举高云汉为副乡长。

（李　晓）

【拆除违法建设】　1月17日，拆除乡属企业大洋福运物流有限公司第一停车场内占地面积2.3万平方米、建筑面积7000平方米出租房屋。4月4日，拆除西直河村五环外地块占地面积2.5万平方米全顺物流出租库房。5月10日，拆除弘善小区私搭乱建违法建设350平方米。5月22日，拆除饮马井地铁桥下违章建筑500平方米。6月13日至7月13日，全面推进西直河村五环外地块环境整治。分别对奥林匹亚、新纪元和大洋福运三期库内市场商户进行帮拆，拆除3家商户总占地面积2.3万平方米，建筑面积1.6万平方米。11月至12月，完成小武基村武基祥和市场的清理和拆除工作。市场内所有固定商户及流动商户全部撤离，市场全面关停。

（李　晓）

【春节慰问】　春节前夕，十八里店乡及各村领导，深入群众家中，开展系列走访慰问送温暖活动。走访慰问困难党员、优抚对象、低保家庭、困难残疾人，发放慰问品和慰问金总价值70 万余元。

（李　晓）

【党的群众路线教育实践活动】　2月25日，召开地区党的群众路线教育实践活动动员大会。4月8日至11日，开展征求意见工作。坚持“四六十”的方针（明确征求意见的4个对象：乡处级班子、处级领导干部、基层领导班子、基层领导干部，拓宽征求意见的6个渠道：意见箱、网上邮箱、个别访谈、专题调研、座谈会、发放征求意见表，丰富征求意见的10个来源：老领导、上级部门、驻地单位、处级单位、机关干部、“两代表一委员”、基层干部、普通党员和群众代表、窗口服务单位），采取“多精细分”的推动方式征求意见。10月24日，召开党的群众路线教育实践活动总结会。通过教育实践活动，全乡各级党组织和党员干部在思想上形成共识，即在贯彻群众路线、加强作风建设、坚持从严治党、推动地区发展中把握5个原则：一是坚持党的领导，坚定政治立场；二是坚持问题导向，强化责任意识；三是坚持群众观点，强化宗旨意识；四是严格党内生活，深入改进作风；五是加强基层基础，夯实执政之基。

（李　晓）

【区领导调研】 3月3日，区委书记程连元，区委副书记、政法委书记陈宏志等领导到十八里店乡弘善家园社区调研全国“两会”期间社会面安保工作。

（李　晓）

【战略合作签约】 4月17日，举办与保定市易县及金京冀投资有限公司战略合作框架协议签约仪式。保定市政协副主席、市对接北京协调联络前方指挥部指挥长岳文民，易县县委书记杨义宝、县长刘杰，金京冀投资有限公司董事长李明莉，乡党委书记张克斌、地区办事处常务副主任陈杰等参加签约仪式。

（李　晓）

【食品药品安全委员会成立】 4月24日，十八里店乡食品药品安全委员会成立。

（李　晓）

【地区第十九届全民健身运动会】 4月25日，以“因为有你更精彩”为主题的十八里店地区第十九届全民健身运动会在和谐广场开幕。地区20支代表队1000余人参加比赛。

（李　晓）

【表彰“最美家庭”】 7月8日，召开寻找“最美家庭”表彰暨先进事迹报告会。表彰18个全乡“最美家庭”并颁发荣誉证书。获奖代表做事迹报告。

（李　晓）

【第二届群众文化节文艺汇演】 9月26日，“因为有你更精彩”第二届群众文化节文艺汇演在武警十八支队礼堂举办。区委宣传部、区文化委、区农委、区教委等相关领导，武警十八支队领导，乡领导班子成员及驻地武警官兵、中小学及村民代表1500人观看演出。217人参加演出，表演节目19个。

（李　晓）

孙河地区（乡）

【概况】 孙河地区（乡）位于朝阳区东北部的温榆河畔，属北京市第二道绿化隔离带、土地储备和温榆河绿色生态走廊规划控制地区。东靠顺义天竺镇，距首都国际机场3公里，南与金盏乡和崔各庄乡接壤，西与昌平区隔河相望，北临顺义天竺空港工业区。辖域面积34.54平方公里。有14个行政村、5个社区。总人口64919人；户籍人口22028人，其中农业人口4949人；外来人口46437人；外籍人士1658人。有社区卫生服务中心1个、社区卫生服务站4个，中学1所、小学4所，北京银行支行1家。年内，实现经济总收入24.2亿元，同比增长10.5%；区级财政收入2.8亿元，同比增长18.9%。乡“民间花会”获“中国民间文化艺术之乡”称号。

地址：顺白路6号
电话：84595710
邮编：100103
邮箱：shdqbsc@sina.com

（科腾琦）

【党的群众路线教育实践活动】 2月22日，召开党的群众路线教育实践活动动员部署会。处级以上领导干部、机关全体党员，各村和社区主要负责人，各基层党支部书记和部分群众代表106人参加。年内，班子成员集中学习33次132课时，举办专题辅导33场，开展培训315人次，走访入户2406户，召开座谈会14次，约谈交心355人，征求意见572条，查找“四风”问题119条，解决群众反映强烈问题1650件，同期相比，会议、文件、“三公经费”减少50%。

（科腾琦）

【十六届乡人大五次会议】 3月22日，召开孙河乡第十六届人民代表大会第五次会议。审议通过《政府工作报告》《人大主席团工作报告》《2013年财政预算执行情况和2014年财政预算草案报告》。选举乡党委书记张树宝为乡人大主席团主席、李欣为乡长、张伟为副乡长。

（科腾琦）

【控违拆违办公室成立】 3月，成立控违拆违办公室。年内，制止新增违建57起，拆除违建62处23.7万平方米。

（科腾琦）

【授予市模范职工之家】 5月28日，地区工会服务站被授予“北京市模范职工之家”。

（科腾琦）

【农商行康营分理处开业】 6月6日，北京市农村商业银行朝阳支行康营分理处开业。

（科腾琦）

【区党建研究会孙河分会成立】 7月8日，区党的建设研究会孙河地区分会揭牌成立。

（科腾琦）

【社区党委成立】 7月12日，康营家园一、二、三、四社区通过选举成立社区党委。

（科腾琦）

【危险化学品事故应急救援演练】 7月25日，开展危险化学品事故应急救援演练。副区长汪洋担任总指挥，区安监局、区应急办领导到现场指导，市安监局相关领导全程观看演练。

（科腾琦）

【乡安全管理委员会成立】 8月4日，孙河乡安全管理委员会成立。年内，组织专项行动30次，集中检查575次，排查各类企业3085家，消除隐患4760处，安全标准化达标企业21家，发生火情76起，同比下降30.2%。

（科腾琦）

【十六届乡人大六次会议召开】 8月16日，召开孙河乡第十六届人民代表大会第六次会议。乡长李欣报告上半年政府工作，布置下半年工作计划。

（科腾琦）

【环境整治】 8月，统筹资金4155万元，拆除破旧房屋1.7万余平方米，清理垃圾6110吨，修建黄楼路、沙黄路、沙子营南路8800米；整治无照游商321户、黑作坊和非法行医57处；规范“门前三包”和店外经营4415家次，处理网格案件27909起，结案率92%。

（科腾琦）

【砂石料场专项行动组成立】 9月16日，成立砂石料场集中整治专项行动领导小组。年内，取缔垃圾渣土转运站11处、砂石料场24家。

（科腾琦）

【慈善中国书画院和中国书画艺术研究院挂牌】 11月15日上午，慈善中国书画院和中国书画艺术研究院在孙河乡上辛堡村召开深入学习贯彻习近平总书记文艺座谈会重要讲话精神研讨会，并举行慈善中国书画院、中国书画艺术研究院挂牌仪式及两院顾问、副院长、院士颁证典礼，下午举行书画笔会，展出书画作品100余幅。

（科腾琦）

【村庄社区化管理】 11月29日，召开村庄社区化管理培训会。会议对试行村庄社区化管理的目的和意义、组织架构和具体措施作解读。年内，投入2200万元，完成6个“三站两室”（即流动人口服务管理站、巡防站、警务工作站、民调室和监控室）建设，新装监控探头280个，新增出入管理系统38套，围墙围栏6900延长米，辖区可防性案件下降33.3%，总体发案率下降23.7%。

（科腾琦）

【人口调控】 年内，核查出租房屋4.4万余间4545户，采集流动人口信息2.7万人，清理流动人口9654人，完成人口调控指标1.6倍。

（科腾琦）

【便民服务】 年内，申请市、区项目34个，项目资金887万元。安装便民信报箱1.2万个；新增3条公交线路；2所幼儿园招收适龄儿童283人；送煤气入户3174家。完成二期发电工程改造和自备井、小区水质监测。完成1个活动中心、3个社区、2个村文化广场2.5万平方米改扩建工程和1600平方米室内文体活动场所建设。

（科腾琦）

太阳宫地区（乡）

【概况】 太阳宫地区（乡）位于朝阳区中西部。东北与望京街道、将台乡接壤；东南与麦子店街道接壤，与第三使馆区、燕莎商业区毗邻；南面与左家庄街道接壤，西南与和平街街道、香河园街道相邻，与国展商业区相依托，西北与小关街道、大屯街道接壤。辖区面积5.9平方公里。有3个行政村、10个社区。常住人口10.24万人。辖区内社会单位1307家；有大学1所，中学2所，小学3所，幼儿园5所；医院1所，医疗卫生服务中心1个，社区卫生服务站3个；文化中心1处，文化广场3处，图书馆1个，文化活动室10个。全年实现经济总收入26.29亿元，同比增长10.16%；实现利润4698.8万元，同比增长10.82%。收缴个人出租房屋税727.3万元，同比增长33%。

地址：太阳宫南街7号院7号楼

电话：84158000

邮编：100028

邮箱：tygbgsh@aliyun.com

（杨 望）

【乡第十二届三次党代会】 1月27日，太阳宫乡第十二届党代表大会第三次会议召开。107名党代表参加会议。大会审议并通过乡党委书记张宏明作的工作报告、乡纪委书记李军作的纪委工作报告。会议形成3项议案。

（杨 望）

【善客基金启动】 3月2日，在圣馨家园中心广场举办第一届社区慈善文化节暨善客基金启动仪式。北京星凯爱琴海购物中心、中国外文局等社会单位现场为善客基金捐赠款物价值10万余元。善客基金是社区创建全国首个城市慈善社区内容之一，区智耘弘善社会工作事务所与太阳宫社区共同研究制定创建慈善社区行动计划。地区相关领导、社区社工、智耘弘善事务所的社工及志愿者、社区居民400余人参加启动仪式。

（杨 望）

【庆“三八”文艺演出】 3月7日，在北京电子科技职业学院举办地区纪念“三八”国际劳动妇女节104周年大会暨文艺汇演。地区领导、妇联干部、妇女群众代表、优秀女性服务标兵、金玫瑰志愿者、巾帼标兵等700余人观看演出。

（杨 望）

【十六届乡人大五次会议】 3月8日，乡第十六届人民代表大会第五次会议召开。44名人大代表参加会议，80人列席和旁听会议。会议审议通过乡政府工作报告、乡人大主席团工作报告及关于加强乡级集体经济统筹管理工作意见，补选李保民为乡人大主席、徐宏桢为副乡长。

（杨 望）

【转居安置】 3月，十字口村、太阳宫村、牛王庙村农转非1316人。

（杨 望）

【社会捐助】 4月，开展“送温暖、献爱心”捐助活动。47个单位参加活动，募集捐款2.7万元、衣物1600余件；5月，开展“春风送暖”捐助活动，募集捐物1600余件，集中运往内蒙古自治区贫困地区；10月，开展“冬衣送暖”募捐月活动，筹集资金1.6万元，募捐棉衣、棉被3280余件。

（杨 望）

【食品药品安全委员会成立】 5月5日，地区食品药品安全委员会成立。编制3人，协管员3人。主要职责：负责地区食品、药品、医疗器械等监督管理工作。年内，开展联合执法30余次，出动执法人员115人次，取缔无证无照经营10余户，处理各种投诉、来信来访、政民互动200余件，辖区未发生重大食品药品安全事故和隐患，未发生食物中毒事件。

（杨 望）

【第五届文化节举办】 5月9日，在北京电子科技职业学院礼堂举办“展示文化魅力，展现地区风采”第五届文化节开幕式。期间，开展快乐文化社区行、全民阅读、公益培训、惠民电影展映、关爱弱势群体阳光工程等系列文化活动。地区干部群众5万余人次参加活动。

（杨 望）

【庆祝建党93周年文艺演出】 6月27日，在北京电子科技职业学院举办“颂歌献给党，发展促辉煌”太阳宫地区庆祝建党93周年文艺演出。乡机关干部、社区村及直属企事业单位干部群众700余人观看演出。

（杨 望）

【一道绿隔试点乡建设】 12月，完成产业用地的规划调整，获主管部门原则性通过。年内，完成《太阳宫乡推进城市化实施方案》编制、上报，获市政府批准通过。

（杨 望）

【党的群众路线教育实践活动】 年内，开展党的群众路线教育实践活动。期间，地区党员参与学习5800人次，书记讲党课2次，参观党风廉政教育基地2个，观看《周恩来的四个昼夜》《焦裕禄》《苏联亡党亡国20年祭—俄罗斯人在诉说》等纪录片7部。征集意见建议1000余条，梳理汇总后393条，确定重点整改项目9项，地区领导班子完成立行立改工作84项，各基层党组织完成立行立改工作293项，中长期任务按计划落实整改。新修订、制定改进作风制度46项。与活动前相比，会议减少40%，文件减少14%，“三公”经费减少17%，未出现违反中央八项规定以及市、区相关规定的问题。解决群众关心关注的各类问题100余件。

（杨 望）

【群租房专项整治】 年内，成立地区群租房清理整治专项工作领导小组；制定《太阳宫地区群租房清理整治拆除工作方案》《太阳宫地区群租房清理整治专项工作措施》；成立由乡综治办、派出所、流管办、工商、地税等部门组成的联合执法队开展群租房联合执法。治理违法群租房968户（自行拆除494户，帮助拆除25户，强制拆除449户），其中拆除市级挂账重点社区太阳宫社区254户，拆除隔断1125间，劝退租住人员897人，检查中介公司6家。

（杨 望）

【税源建设】 年内，挖掘地区经济增长潜力，规范管理异地纳税企业，有7家小型企业将税务关系转入辖区，增设太阳宫公园南门代征点。

（杨 望）

【APEC会议环境保障】 年内，结合APEC会议召开，完成环境保障工作。粉饰三、四环路、京承高速、京密路沿线32栋25.76万平方米楼房外墙；粉饰1.34万平方米小区围墙和平房墙面；新建围墙830延长米；新建排水渠360延长米；更换铁艺围墙7800平方米；拆除广告牌匾2000平方米。

（杨 望）

【慈善社区党建工作法实行】 年内，在太阳宫社区实行慈善社区党建工作法。社区与智耘弘善社会事务所党支部合作，通过“党委引领扬善、党员带头行善、居民主动积善、社会参与助善、搭建平台传善、人心凝聚向善”6项措施，推动社区慈善事业的发展。善客传习坊、慈善日等开展活动20余次并形成品牌，服务5000余人。“善客传习坊”是智耘弘善社工事务所向市社办申报创建的全国首个“慈善社区”活动项目，主要是通过慈善活动亲身经历，用真实感人的慈善故事向大众介绍、宣传慈善理念和活动经验，鼓励人们从自身做起、从小事做起，主动参与慈善活动。“慈善日”是全国首个城市慈善社区创建试点项目系列活动之一，它将太阳宫社区原有的“党员献爱心日”“小棉袄暖心行动日”和“慈善日”三日合一，集中在每月21日开展各类公益慈善活动，使日常化、大众化公益服务进入寻常百姓家。

（杨　望）

【环境建设】 年内，完成西坝河路环境优美大街建设和太阳宫中路路面恢复工程；建成4000平方米太阳宫南街绿化广场；开展芍药居5号院老旧小区综合环境整治，重新铺装破损道路1.3万余平方米，升级改造3000余平方米绿地，安装路灯94盏。查处各类城市环境违法行为1800起，拆除辖区各类违法建设1.2万平方米，协调清除无主垃圾渣土157吨。

（杨　望）

【“邻里之家”试点】 年内，在太阳宫社区开展“邻里之家”试点、按照“环境温馨、设施完善、活动丰富、特色鲜明”标准，投资100万元完成太阳宫社区装修装饰工程及办公家具等设施购置。开展社区民主议事、文化体育、居民互助、社区公益等各类活动，是具有居民性、开放性、共享性、互助性等特点的邻里互动平台。

（杨　望）

【社区议事厅建设】 年内，在太阳宫社区和夏家园社区建设“社区议事厅”。制定社区议事厅实施细则和运行机制，完善居民民意表达和议事协商办理机制。社区议事厅作为社区成员协商讨论社区事务和召开居民会议相对固定的空间场所，将居民反映的急、难、热问题，以议题形式提交议事厅讨论协商，是“参与式协商”居民自治模式之一。

（杨　望）

【劳动就业】 年内，举办春风送暖、“金秋送岗位，就业伴您行”、爱琴海专场等招聘会就业援助专项行动。全年开发就业岗位1640个，实现失业人员再就业942人，困难人员再就业454人。

（杨　望）

【安全生产检查】 年内，检查生产经营单位720家次，下发执法文书591份，责令督促整改事故隐患64处，立案处罚12起；开展安全生产应急演练，辖区内涉及危险化学品、人员密集场所、建筑工地等60余家重点单位参加演练。

（杨　望）

【新纪家园小区供热改造】 年内，完成新纪家园小区接入市政供热管网工程。完成小区供热改造项目前期测绘、咨询方案制定、设计单位招标、设计图纸报审、热力集团审批。截至年底，完成采取暗挖施工方式的一次线300余米隧道，2号—5号4座竖井等热力一次线土建钢筋混凝土结构施工；完成采取明挖施工方式的667.1米热力二次线工程，完成沟槽开挖、管道敷设560米。完成工程总量的84%，2015年冬季投入使用。

（杨　望）

【居民楼节能改造】 年内，完成地区7栋楼的节能改造工程。包括芍药居10号、11号楼，芍药居14号院1号楼，芍药居15号楼，芍药居甲2号院4号、6号、7号楼和西坝河北里15号楼，改造面积8万余平方米，改造内容包括楼房屋面防水、增加外墙保温、更换外窗等。

（杨　望）

王四营地区（乡）

【概况】 王四营地区（乡）位于朝阳区东南部。东靠豆各庄乡，南接十八里店乡，西邻南磨房乡，北与高碑店乡接壤。辖域面积15.58平方公里，有6个行政村，2个社区，实行村居合一的管理模式。有户籍人口 19714人（其中农业人口9086人），常住人口84394人，流动人口65820人。辖区内有法人单位3149家，其中市属企业2家；小学3所，幼儿园3所。有社区卫生服务中心1个、社区卫生服务站5个；有4000平方米的地区文化服务中心和6个居民公共文化活动站，地区图书馆1个，24小时自助图书馆2处；养老服务机构2家。年内，实现经济总收入84.45亿元，同比增长12.4%；利润总额3.46亿元，同比增长8%；上缴税金1.77亿元，同比增长12.2%；农民人均劳动纯收入30424元，同比增长11%。

地址：王四营乡王四营村1号
电话：67366621
邮编：100023
邮箱：wsyxxgk@126.com

（王　谦）

【十六届乡人大五次会议】 1月21日，召开王四营乡第十六届人民代表大会第五次会议。会议审议通过《乡政府工作报告》《乡人大工作报告》和《乡财政工作报告》；补选高玉利为王四营乡人大主席。

（王　谦）

【党的群众路线教育实践活动】 2月24日，党的群众路线教育实践活动启动。期间，地区776名党员参加民主评议活动，观看《苏联亡党亡国20年祭》《周恩来的四个昼夜》《焦裕禄》等教育影片，组织党员实地参观2次。班子成员与分管部门负责人及基层干部群众150余人谈心。通过各种渠道收集意见建议177条，汇总梳理为5个方面24条建议。截至年底，通过采取分类指导、梯次开展、压茬推进的方式，领导干部和全体党员听取意见，查摆问题、开展批评，整改落实、建章立制，教育实践活动重点突出、特色鲜明、成效明显。

（王　谦）

【全民健身日活动】 8月6日，区体育局在南花园村文化中心举办全民健身日第八片区体育健身项目交流展示活动。十八里店、小红门、王四营、豆各庄、南磨房、黑庄户6个乡150余名选手参加展示活动。

（王　谦）

【十六届乡人大六次会议】 8月15日，召开王四营乡第十六届人民代表大会第六次会议。审议通过《关于调整农民退休金的补充意见》；补选张京、寇伟为副乡长。

（王　谦）

【农民回迁房入住】 11月19日，官庄重点村整治、村民回迁安置房建设竣工。启动回迁入住工作。回迁安置房2228套894户3409人。

（王　谦）

【基础设施建设】 年内，完成观音堂居民区排水及道路改造、王四营村西路和古塔公园内道路改造工程以及道口村柏阳景园A区10栋楼外立面修缮工程。基本完成大柳树排水沟整治。完成王四营桥南侧道路改造工程；通过设置交通减速带和分行护栏等，优化地区交通环境。

（王　谦）

【减煤换煤工作】 年内，完成空军家属宿舍煤改电工作。实现送气下乡2005户，减煤换煤3000吨。

（王　谦）

【环境整治】 年内，清理整顿露天烧烤和露天大排档，规范“门前三包”5500余家；推进环境建设惠民工程项目、老旧平房区（广渠路南侧）环境整治项目和创建优美大街（观音堂文化大道）环境整治项目；完成2公顷平原造林任务。

（王　谦）

【城市功能区疏解】 年内，结合拆迁腾退，整治低级次产业和清理出租大院、地下空间，拆除违法建设48处1.78万平方米，完成11456名流动人口年度调减任务。

（王　谦）

【安全维稳】 年内，强化基础工作，建立完善安全管理综合台账；对辖区建筑工地、“三合一”“多合一”场所、“七黑六小”等重点场所开展安全生产大检查。检查单位376家，发现隐患312处，隐患整改率为92%。排查540家单位安全消防工作。升级改造指挥中心，实现辖区主要路段、关键点位24小时监控。民警驻区制效果明显，地区发案率同比下降16%。排查调处矛盾纠纷361件，调解成功率为97%。优化提升全模式应用，实现网格化社会服务管理全覆盖，录入信息全区19乡年总排名第二。

（王　谦）

【古塔公园AAA级景区评定】 年内，经区旅游景区质量等级评定委员会评定，古塔公园达到国家AAA级旅游景区标准，批准为国家AAA级旅游景区。3月份开始创建，公园新建350米观音大道，500平方米的休闲广场，新增80个太阳能路灯、290个石座椅，停车场扩建后面积为2000平方米。同时，在西门新建游客中心，中心配备救生衣、灭火器、担架等应急救援设施以及轮椅等便民设施。向游客免费发放景点介绍，在主要景点配备讲解员为游客提供专业讲解。现阶段古塔公园年均接待游客90万余人。

（王　谦）

【就业服务】 年内，促进转移就业，有针对性地开发就业岗位1087个。加强劳动监察，保障用工规范，解决劳动纠纷20起，发放拖欠工资48万元。

（王　谦）

【社区服务管理】 年内，获批7个为民办实事项目，项目经费207.4万元；申报28个16万元农民市民化项目。建立南花园村农村社区服务站，为村民提供一站式便利服务。

（王　谦）

小红门地区（乡）

【概况】 小红门地区（乡）位于朝阳区南部，东靠京津塘高速公路，南邻北京经济技术开发区，西与丰台区、大兴区接壤，北距南三环约1公里。辖区面积12.41平方公里，下辖4个行政村、3个社区、3个居委会。年内，有户籍人口29567人，常住人口61475人，流动人口29882人，外籍人口8人。有法人单位2456家。中学1所，小学3所，幼儿园2所。有社区卫生服务中心1个，社区卫生服务站3个。辖区建有1个150平方米的为民服务大厅、500平方米的地区文化服务中心和1处文化广场、1个“地秧歌”文化大院、2处24小时自助图书馆。绿化率为41.12%。全年乡村两级实现经济总收入73.8亿元，同比增长10%；上缴税金1.7亿元，同比增长10%；人均劳动所得24995元，同比增长9%。地区获北京市“2014年度积极参加首都无偿献血宣传组织动员工作”先进集体和北京市红十字会系统先进集体。

地址：博大路鸿博家园六区5号楼底商

电话：87694869

邮编：100176

邮箱：xiaohongmenxiang@126.com

（李媛博）

【乡第十二届二次党代会】 1月18日，小红门乡第十二届二次党代会召开。106名党代表参加会议。会议听取并审议通过乡党委工作报告。

（李媛博）

【十六届乡人大六次会议】 1月18日，小红门乡第十六届人民代表大会第六次会议召开。48名代表参加会议。会议听取并审议通过《乡政府工作报告（草案）》《乡人大主席团工作报告（草案）》《小红门乡2013年财政预算执行情况和2014年财政预算草案报告（草案）》。

（李媛博）

【集体资源资产管理】 3月，制定《小红门乡集体资源资产管理工作意见》。明确集体资源资产管理方式，确保地区资产保值增值、资源合理利用，经营效益不断增强。

（李媛博）

【党的群众路线教育实践活动】 年内，开展党的群众路线教育实践活动。期间，地区处级班子成员集中学习24天，交流研讨7天，撰写学习心得42篇；各基层党组织班子成员集中学习10天，普通党员集中学习6天。各级党组织书记讲党课12次；参观党风廉政教育基地2个；观看《苏联亡党亡国20年祭》《四风警示录》《周恩来的四个昼夜》《焦裕禄》等教育影片11部；制作学习光盘，分发到机关、村、社区、企业党组织党员手中。地区面向各级党员和干部群众，通过走访、座谈、发放调查问卷等形式，收集意见建议441条，确立16项重点整改项目，32个具体问题，84项措施。立行立改项目全部完成，中长期任务按计划落实整改。废止制度1项，修订完善制度12项，新建制度9项，予以保留5项。

（李媛博）

【拆迁腾退】 年内，完成回迁安置房二期D、F地块，龙爪树上市地块，大市政道路范围内及国际风尚中心项目部分地块的拆迁扫尾工作。

（李媛博）

【回迁安置】 年内，完成重点村回迁安置房一期A区，二期B、C区建设任务，竣工面积68万平方米。完成全区单体量最大回迁安置任务，涉及回迁居民2888户10579人。与回迁房同步建设的小红门二号路等5条道路完成工程量过半。新村二期F西区正在建设，新村二期D区、F东区进场施工。

（李媛博）

【拆除违建】 年内，坚持对新生违建“零容忍”，按照“四早”（早发现、早制止、早汇报、早拆除）机制，拆除地区内私自搭建二层建筑90余处1万余平方米；清理全国最高法立案申诉大厅周边堆物堆料8处，拆除私搭乱建10余处。

（李媛博）

【群租房治理】 年内，以中海城社区、鸿博社区为重点，开展打击群租房行动。拆除隔断137处；开展龙爪树地区环境综合整治专项行动，出动上千人次，完成“一乡一市场”治理任务。

（李媛博）

【全模式监督指挥中心成立】 年内，成立小红门地区全模式监督指挥中心。开通延伸至各职能部门的二级工作平台，建立延伸到社区、村3级平台，配备与派出所联网的实时监控系统，为及时发现、妥善处理各类环境问题奠定基础。

（李媛博）

【人口调控】 年内，开展群租房、出租大院集中清理整治行动，加快低级次产业升级改造，坚持“以房管人、以证管人、以业管人”相结合。调减流动人口3300余人，超额完成全年调减任务。

（李媛博）

【就业服务】 年内，提供就业岗位1300余个，实现城镇登记失业人员就业率为71%，就业困难人员实现就业585人。

（李媛博）

【十佳道德模范评选】 年内，确定15名道德模范候选人，经过民主评议与测评，选出4人为地区“十佳道德模范”，1人获区农村系统第二届“十佳道德模范”称号。

（李媛博）

【“温暖衣冬”活动】 年内，开展2014西部温暖计划以及温暖衣冬捐赠活动2次。社区居民、社会单位、非公企业等募捐衣物5200余件。

（李媛博）

【市场专项治理】 年内，对辖区内7个市场的安全隐患问题进行拉网式排查。重点检查各类市场安全管理制度建设，电、气、易燃易爆物品等。下达行政执法文书7份，发现并完成隐患整改26个。

（李媛博）

【新农合参保】 年内，全乡参保新型农村合作医疗8578人，参保率为99.33%。

（李媛博）

【普法宣传】 年内，继续开展法律“进机关、进社区、进乡村、进学校、进企业、进单位”六进活动。开展主题法制宣传11场，发放《宪法》、法制宣传连环画册、宣传折页等法制宣传材料1万余份。

（李媛博）

人 物

领 导 干 部

中国共产党北京市朝阳区第十一届委员会

书　记　程连元
副书记　吴桂英　陈宏志　刘小宁(8月免)
常　委　程连元　吴桂英　陈宏志　刘小宁(8月免)　陈　涛　谢　莹　陶　晶(1月免)　张　革　宋铁健　甘靖中　贾彦翎(10月免)　刘军胜　高　岩(1月任)　史连雪(10月任)
委　员　(按姓氏笔画排列)
王　立(1月免)　王　春　王洪涛　支　芬　甘靖中　史连雪(10月任)　吉广平　曲　君　吕明杰　刘　野　刘小宁(8月免)　刘北阳　刘军胜　孙其军　苏　民　李　洁　李瑞翔　杨树旗　吴凤岐(2月免)　吴金龙　吴桂英　佟克克　邹立嵩　辛燕琴　汪　洋　宋铁健　张　岩　张　革　张立新　张永新　张维刚　陈　涛　陈宏志　苑文新　范少飞　贾彦翎(10月免)　高　岩(1月任)　陶　晶(1月免)　黄晓伟　常树奇　康志华　程连元　谢　莹
候补委员　田　峡　田锦和　刘　勇　刘伯韬　李云飞　张克斌　张树宝　赵年生　赵红伟

中共朝阳区委工作机构负责人

办公室主任　刘军胜(兼)
组织部部长　张　革(兼)
组织部常务副部长　唐行安
宣传部部长　谢　莹(兼)
宣传部常务副部长　高春利
精神文明建设委员会办公室主任　吕　岚(2月免)　毕重伟(2月任)
统一战线工作部部长　谢　莹(兼)
统一战线工作部常务副部长　胡杰华
台湾工作办公室(区政府台湾事务办公室)主任　李　靓
侨务办公室主任　石延刚
直属机关工作委员会书记　刘军胜(兼)
直属机关工作委员会常务副书记　范少飞(2月免)　刘　勇(2月任)
社会工作委员会书记　张永新
农村工作委员会书记　胡良森
政法委员会书记　陈宏志(兼)
政法委员会常务副书记　杨树旗(兼)
社会治安综合治理委员会办公室主任　战玉贵(2月免)　倪东新(2月任)
防范和处理邪教问题领导小组办公室(区政府防范和处理邪教问题办公室)主任　唐涌涛
流动人口和出租房屋管委会办公室主任　王春增
教育工作委员会书记　周　炜
非公经济工作委员会书记　王素荣
老干部局局长　郑　晶
党史工作办公室主任　张　前
党校校长　张　革(兼)
党校党委书记、常务副校长　董　伟
保密委员会办公室(区国家保密局)主任　金宏图

朝阳区政府、人民团体党政分设工作机构党委(组)书记

科学技术委员会(知识产权局)党组书记　林广吉
环境保护局党组书记　陈　伟
住房和城乡建设委员会党组书记　孙　梅
水务局党委书记　闻惠友(2月免)　王慧峰(2月任)
文化委员会党委书记　李　洋
卫生和计划生育委员会党委书记　苏　民
国有资产监督管理委员会党委书记　王文远
安全生产监督管理局党组书记　赵新跃
文学艺术界联合会党组书记　黄晓伟
体育局党委书记　李守民
统计局党组书记　刘方坡(8月免)　施咸超(8月任)
园林绿化局党委书记　王　健
金融服务办公室党组书记　赵　捷
商务委员会党组书记　张仲凯

信息化工作办公室党支部书记　云建明(2月免)
苏建华(2月任)
信访办公室党组书记　胡铁阆
工商业联合会党组书记　梅诗曙

中国共产党北京市朝阳区第十一届纪律检查委员会

书　　记　宋铁健
常务副书记　刘丽平
副 书 记　高大中　于良佐
常　　委　关进国　李奕华(2月免)　张颖辉
王东胜(12月免)　姜仁忠　汪冬梅(2月任)
王建华(12月任)

朝阳区十五届人民代表大会常务委员会

主　任　佟克克
副主任　李　国　张富生　朱春霞　曾原纪
委　员　(按姓氏笔画排列)
丁清光　王姮隽　叶　青　田树林　任敬东　刘子华
刘显威　孙　立　李振玲　李　琪　杨立亭　杨　丽
杨爱军　何深思　张永贵　张克成　张建顺　陈　方
陈春玖　郎武淳　罗凤基　侯湘君　高　峰　黄　轶
曹信红　董万立　韩　峰　阚宝奎

朝阳区人大工作机构负责人

办公室主任　李振玲
内务司法工作委员会主任　侯湘君
财政经济工作委员会主任　任敬东
城建环保工作委员会主任　张永贵
教科文卫工作委员会主任　张克成
代表联络室主任　孙　立
农村工作委员会主任　(空缺)
研究室主任　杨立亭
信访接待室主任　刘长利

北京市朝阳区人民政府

区　　长　吴桂英
常务副区长　甘靖中
副 区 长　陈　涛　王　春(12月免)　王志勉(12月任)
张立新　苑文新(12月免)　汪　洋(12月免)
张维刚　杨树旗(12月任)

朝阳区人民政府工作机构负责人

办公室主任　杨建海
发展和改革委员会主任　常树奇(12月免)
教育委员会主任　孙其军
教育督导室主任　王世元
科学技术委员会主任　冯守华
监察局局长　刘丽平
民政局局长　张　岩
司法局局长　王远捷
财政局局长　欧晓勋
人力资源和社会保障局局长　吕明杰(12月免)
牟燕东(12月任)
机构编制委员会办公室主任　牟燕东
环境保护局局长　关　伟
住房和城乡建设委员会主任　吴凤岐(2月免)
闫　宾(2月任)
房屋管理局局长　刘来祥(2月免)
吴熙盛(2月任)
市政市容管理委员会主任　康志华
农村工作委员会主任　赵红伟
水务局局长　宗永军
商务委员会主任　朱　晟
文化委员会主任　黄晓伟
卫生和计划生育委员会主任　师　伟
审计局局长　刘　野
社会建设工作办公室主任　赵年生
国有资产监督管理委员会主任　王春平
安全生产监督管理局局长　刘炳起
体育局局长　马海鹰
统计局局长　邵建云
园林绿化局局长　荣学强
旅游发展委员会主任　兰学军
民防局局长　闫　宾(2月免)
王　军(2月任)
金融服务办公室主任　(空缺)
民族宗教办公室主任　王爱录
外事办公室主任　谭林坤
法制办公室主任　马　龙
信息化工作办公室主任　王　臻
信访办公室主任　宋少伟

中国人民政治协商会议北京市朝阳区第十二届委员会

主　　席　辛燕琴
副 主 席　郑　煌　张树安　陈合庄　邢念增　高向宇
连玉明
秘 书 长　王玉华
常务委员　(以姓氏笔画为序)
于　欣　马丽颖　王　健　王小毛　王文军
王文远　王幼君　王永滨　王全辉　王爱录
王鲁宁　毛大庆　卢清国　叶茂西　田巨清
田新民　朴　哲　师　伟　吕立秋　刘　伟
刘　江　刘　军　刘宁花　刘来祥　李　瑶

李 蘅 李玉立 李吉安 李国红 李树东
李秋玲 李晓峰 李海作 杨清英 吴 杰
张 耘 张 维 张兴凯 张其成 张国利
张明森 张继明 陈 平 茅为中 林大伦
林安杰 金晓萍 周道珍 赵大峰 胡杰华
战春燕 姚国峰 贺贝奇 袁志鸿 贾冬云
徐 伟 徐宝强 徐艳梅 高吉喜 郭秀芬
黄 亮 黄 鹰 盛国辉 董 伟 韩 潮
鲁建玲 富剑萍 赫 捷 阚存一 樊碧发
滕国清

朝阳区政协工作机构负责人

办公室主任	李冬军
研究室主任	李海作
专委会工作一室主任	郭秀芬
专委会工作二室主任	徐宝强
专委会工作三室主任	李晓峰
专委会工作四室主任	李树东
专委会工作五室主任	盛国辉

朝阳区政协专门委员会负责人

提案委员会主任	郭秀芬
学习委员会主任	盛国辉
文史委员会主任	陈巴黎
经济科技委员会主任	李晓峰
教文卫体委员会主任	徐宝强
城建环保委员会主任	李树东
社会法制与民族宗教委员会主任	富剑萍
港澳台侨委员会主任	黄 亮

朝阳区政法、军事机构负责人

人民检察院党组书记、检察长	王 立(1月免)
	王向明(1月任)
人民法院党组书记、院长	李瑞翔
人民武装部部长	贾彦翎(10月免)
人民武装部政委	史连雪
交通支队队长	张克军

朝阳区各民主党派负责人

民革朝阳区委主委	张兴凯
民盟朝阳区委主委	曾原纪
民建朝阳区委主委	徐艳梅
民进朝阳区委主委	张 耘
农工党朝阳区委主委	邢念增
致公党朝阳区委主委	高向宇
九三学社朝阳区委主委	张明森
台盟朝阳区工委主委	高 峰

朝阳区各团体负责人

总工会主席	尹秀峰(2月免)
	陈合庄(兼)(3月任，12月免)
	王文军(12月任)
共青团朝阳区委书记	王洪涛
妇女联合会主席	李 洁
科学技术协会主席	杨绍磊
残疾人联合会理事长	赵 玲
归国华侨联合会主席	曾 旭
工商业联合会主席	叶 青
红十字会会长	张立新(兼)
红十字会常务副会长	赵宁江
文学艺术界联合会秘书长	金 童
慈善协会会长	屈亚凤

朝阳区其他单位负责人

北京商务中心区管理委员会工委书记、主任	甘靖中(兼)
北京商务中心区管理委员会常务副书记	胡建三
北京商务中心区管理委员会常务副主任	李国红
北京奥林匹克公园管理委员会党委书记、主任	王 春
北京奥林匹克公园管理委员会常务副主任	田巨清
中关村科技园区电子城科技园管理委员会工委书记、常务副主任	王文军(兼)
中关村科技园区电子城科技园管理委员会主任	汪 洋(兼)
金盏金融服务园区管理委员会主任	张树宝(兼)
温榆河生态走廊建设管理委员会主任	杨 永
城市管理综合行政执法监察局党委书记	良 彪
城市管理综合行政执法监察局局长	吴熙盛(2月免)
	邢平芳(2月任)
城市管理监督指挥中心党组书记	刘晓玲
城市管理监督指挥中心主任	皮定均
重点政府工程协调领导小组办公室主任	高永红
东坝国际商贸中心区管理委员会办公室主任	赵建国
绿化隔离地区建设指挥部办公室主任	李杰民
垡头科技商务区管理委员会办公室主任	齐建宗
定福庄传媒文化产业区管理委员会办公室主任	桑小为
北京市公安局朝阳分局党委书记、局长	陶 晶(1月免)
	高 岩(1月任)
北京市规划委员会朝阳分局党组书记、局长	王雪梅
北京市国土资源管理局朝阳分局局长	赵北亭
北京市国土资源管理局朝阳分局党组书记、副局长	李 燕
北京市朝阳区经济社会调查队队长	张建萍
北京市国家安全局朝阳分局党组书记、局长	李炳宽
北京市工商行政管理局朝阳分局党组书记、局长	方世成
朝阳区国家税务局党组书记、局长	明建华
朝阳区地方税务局党组书记、局长	郭文武
朝阳区质量技术监督局党组书记、局长	吴 平

朝阳区食品药品监督管理局党组书记、局长　刘立新
农村集体经济办公室(农村合作经济经营管理站)
党组书记　周卫东(2月任)
农村集体经济办公室(农村合作经济经营管理站)
主任(站长)　秦　涛(2月免)
何志立(2月任)
老龄工作办公室主任　蔺　红
档案局局长　王海军
地方志编纂委员会办公室主任　邓献云
种植业养殖业服务中心党委书记　冯庆国(2月免)
辛　莉(2月任)
种植业养殖业服务中心主任　马文虎
广播电视新闻中心党委书记　孙　帅
广播电视新闻中心主任　潘　竞
投资促进局党组书记　杨春雁
投资促进局局长　马英晖(9月免)
循环经济产业园管理中心党总支书记　郭团会
循环经济产业园管理中心主任　皮　猛
环境卫生管理服务中心党委书记、主任　陈万明
职工大学党委书记、校长　马金东
农业综合执法大队党委书记　孟秀琴
农业综合执法大队队长　张思忠
北京望京新兴产业区综合开发有限公司党委书记　任国强
北京望京新兴产业区综合开发有限公司董事长、总经理　张　维
北京宝嘉恒基础设施投资有限公司党总支书记、董事长　张　维
北京宝嘉恒基础设施投资有限公司总经理　绳志明
北京朝阳公园开发经营公司党委书记　刘林峰
北京朝阳公园开发经营公司经理　田锦秈
北京京客隆商业集团股份有限公司党委书记、董事长　李建文
北京京客隆商业集团股份有限公司总经理　李　伟
北京昆泰房地产开发集团有限公司党委书记　王　忠
北京昆泰房地产开发集团有限公司董事长　何志强
北京昆泰房地产开发集团有限公司总经理　韦　平
北京京广中心有限公司党委书记　孙明明
北京世奥森林公园开发经营有限公司党委书记　穆德林
北京世奥森林公园开发经营有限公司董事长、总经理　田锦秈
北京国际商务中心区开发建设有限公司党支部书记　苑志强
北京国际商务中心区开发建设有限公司总经理　周　建
朝阳区机关后勤服务中心党委书记　荣春丽
朝阳区机关后勤服务中心主任　李　杰
北京金朝阳商贸国有资本运营公司党总支书记　黄　武
北京金朝阳商贸国有资本运营公司经理　李　默
北京弘朝伟业国有资产经营有限责任公司党委书记、董事长　杨士山
北京弘朝伟业国有资产经营有限责任公司总经理　崔　虹
北京潘家园国际民间文化发展有限公司董事长　崔新未
北京潘家园国际民间文化发展有限公司总经理　汤　彤
北京蓝岛大厦有限责任公司党委书记　王东海
北京蓝岛大厦有限责任公司董事长　黄　豪
北京蓝岛大厦有限责任公司总经理　冯亦娜
北京市朝阳城市建设综合开发公司党总支书记　郭　艺
北京市朝阳城市建设综合开发公司经理　刘福利
朝阳副食品总公司党委书记　赵燕川
朝阳副食品总公司经理　王伟林
朝阳区建筑工程公司党委书记、经理　张　瑞
北京朝阳宾馆党总支书记　曹京伟
北京朝阳宾馆经理　马德山
北京郡王府管理中心党支部书记　李桂芳
北京郡王府管理中心主任　王　彬
北京华阳经济开发公司经理　孙明明

朝阳区街道工委、办事处负责人

八里庄街道
工委书记　刘海涛
办事处主任　张福来
左家庄街道
工委书记　郑金路
办事处主任　苏　静
和平街街道
工委书记　李连科
办事处主任　毕重伟(2月免)　秦　涛(2月任)
双井街道
工委书记　董　健
办事处主任　时春岗
酒仙桥街道
工委书记　王春庆
办事处主任　崔少飞
呼家楼街道
工委书记　邢平芳(2月免)　王春清(2月任)
办事处主任　王春清(2月免)　洪广欣(2月任)
朝外街道
工委书记　田志刚
办事处主任　聂宏伟(2月免)
劲松街道
工委书记　殷　宁
办事处主任　王　健
安贞街道
工委书记　王　军(2月免)　董会生(2月任)
办事处主任　董会生(2月免)
三里屯街道
工委书记　常敬武
办事处主任　田　华
建外街道
工委书记　邵水平
办事处主任　许嘉宁
团结湖街道
工委书记　张志国
办事处主任　战春燕
潘家园街道
工委书记　王　毅
办事处主任　姬文革
香河园街道
工委书记　葛　强
办事处主任　董云增(2月任)

六里屯街道
工委书记 傅义军
办事处主任 谭国忠
亚运村街道
工委书记 田 峡
办事处主任 麻晓晖
小关街道
工委书记 吴 冰
办事处主任 李 钧
垡头街道
工委书记 高智勇
办事处主任 张 爽
麦子店街道
工委书记 刘 勇(2月免) 聂宏伟(2月任)
办事处主任 李燕梅
机场街道
工委书记 苏向东
办事处主任 陈伟航
望京街道
工委书记 刘伯韬
办事处主任 杨洪福
大屯街道
工委书记 宝月凤
办事处主任 吉旭初
奥运村街道
工委书记 张永红
办事处主任 徐桂士
东湖街道筹备处
工委书记 李 辉
办事处主任 商建英

朝阳区地区(乡)工委(党委)、办事处(乡)负责人

南磨房地区(乡)
工委(党委)书记 郑 勇
办事处主任(乡长) 张启顺
高碑店地区(乡)
工委(党委)书记 李云飞
办事处主任(乡长) 郭光辉
将台地区(乡)
工委(党委)书记 连文胜
办事处主任(乡长) 于 瀛
太阳宫地区(乡)
工委(党委)书记 张宏明
办事处主任(乡长) 贾恩松
十八里店地区(乡)
工委(党委)书记 米振华(2月免) 张克斌(2月任)
办事处主任(乡长) 郭 亮(2月免)
小红门地区(乡)
工委(党委)书记 李贺清
办事处主任(乡长) 刘大庆(2月免)
王四营地区(乡)
工委(党委)书记 李世喆
办事处主任(乡长) 张 奎
平房地区(乡)
工委(党委)书记 马国勇
办事处主任(乡长) 寇 晔
东坝地区(乡)
工委(党委)书记 安永存
办事处主任(乡长) 黄宏春
金盏地区(乡)
工委(党委)书记 于志刚
办事处主任(乡长) 孙玉辉
来广营地区(乡)
工委(党委)书记 左景全
办事处主任(乡长) 王 刚
东风地区(乡)
工委(党委)书记 张士华
办事处主任(乡长) 龙连柏
孙河地区(乡)
工委(党委)书记 张树宝
办事处主任(乡长) 吴晓军(2月免) 李 欣(2月任)
崔各庄地区(乡)
工委(党委)书记 吴选辉
办事处主任(乡长) 李 华
三间房地区(乡)
工委(党委)书记 张小锋
办事处主任(乡长) 张军茹
常营地区(乡)
工委(党委)书记 吉广平(2月免) 刘大庆(2月任)
办事处主任(乡长) 王 刚(2月免)
豆各庄地区(乡)
工委(党委)书记 陈 杰
办事处主任(乡长) 蒋东燕
黑庄户地区(乡)
工委(党委)书记 路 军
办事处主任(乡长) 李 欣(2月免) 秦 涛(2月任)
管庄地区(乡)
工委(党委)书记 高永荣
办事处主任(乡长) 周卫东(2月免) 于 军(2月任)

全国(含系统)先进集体、先进个人

先进集体

全国五一劳动奖状
北京国际城市发展研究院

全国巾帼文明岗
朝阳区地税局酒仙桥税务所
全国工人先锋号
三环肿瘤医院肺癌中心病区
北京市康辉出租汽车有限责任公司
北京市忠德学校英语教研组
全国和谐社区建设示范城区
朝阳区
全国和谐社区示范街道
麦子店街道
全国和谐示范社区
国奥村社区
全国民主法治示范村
半壁店村
第四届全国文明村镇
平房乡
全国社区治理和服务创建实验区
朝阳区
全国社区服务性党组织建设示范城区
朝阳区
全国城乡一体化幸福社区建设示范单位
朝阳区
全国敬老模范单位
区老龄办
关爱工程暖侨敬老行动先进单位
团结湖街道一二条社区
全国工会贯彻落实工资集体协商三年规划先进集体
区总工会
全国工会落实建会三年规划先进集体
区总工会
全国工会职工书屋示范点
亚运村街道总工会
全国税务系统先进集体
区地税局第六税务所
全国审计机关先进集体
区审计局
全国优秀卫生计生机构
双井街道计生办
全国交通运输系统先进集体
区交通委
国家电网公司先进集体
朝阳供电公司
民盟中央先进基层组织
民盟农业部委员会
国家循环经济教育示范基地
朝阳循环经济产业园管理中心
全国少先队活动课示范区
区少工委

先 进 个 人

全国五一劳动奖章
刘　黎　陈海斌　胡国庆
全国模范教师
向　军
全国优秀教师
张　龙　　王　苹
全国模范法官
刘　黎
第二次全国土地调查先进工作者
刘玖辉
全国邮政系统先进个人
孟　键
全国工会落实建会三年规划先进个人
吴京京
国家电网公司安全生产先进个人
邱建军　任立新
致公中央优秀党员
高吉喜
全国优秀卫生计生工作者
李存珍

北京市先进集体、先进个人

先 进 集 体

首都劳动奖状
区城市管理综合行政执法监察局
北京宝嘉恒基础设施投资有限公司
星河实验小学
朝阳区图书馆
北京维拓时代建筑设计有限公司
北京爱慕内衣有限公司
北京市工人先锋号
区地税局第三税务所
区人力社保局职介中心
北京市朝阳城市建设综合开发公司驹子房项目部
北京朝阳外国语学校数学教研组
北京五洲妇儿医院有限责任公司产科
区委政法委维稳办
区法院南磨房法庭
平房乡文化服务中心
东坝乡“长青藤”志愿服务队
朝外街道吉祥里社区居民委员会
中科宇图天下科技有限公司集成创新部
北京握奇数据系统有限公司物业班组
北京市三八红旗集体
朝阳区劳动人事争议仲裁院
区环境卫生服务中心第四清洁车辆场七分队

北京蓝岛大厦有限责任公司
福怡苑幼儿园
新源西里小学
管庄地区管庄东里社区居民委员会
高碑店地区兴隆家园社区
市公安局朝阳分局呼家楼派出所综合警区
区社会团体管理办公室
垡头街道翠城雅园社区
麦子店街道枣营北里社区
双桥医院
区图书馆
丹顿（北京）会计师事务所有限公司
北京朝来红太阳餐饮有限公司

北京市五四红旗团委

朝外街道团工委
南磨房地区团委

北京市五四红旗团支部

北京妇产医院妇科团支部
高碑店地区高井村团总支
北京奥林匹克公园团委机关一支部

北京市青年文明号

区人民检察院未成年人案件检察处
北京中华民族博物院
市公安局朝阳分局刑侦支队重案四队
阳光矫正管理培训中心
区疾病预防控制中心流行病地方病控制科
阳光海天停车管理有限公司
北京中视东升文化传媒有限公司

北京市敬老爱老为老服务先进单位

麦子店街道办事处
区社会保险基金管理中心

北京市妇联系统先进集体

太阳宫地区办事处
潘家园街道办事处
常营地区办事处
亚运村街道办事处
南磨房地区办事处
水碓北里幼儿园

首都绿化美化先进单位

崔各庄地区办事处
团结湖街道办事处

首都全民义务植树先进单位

区审计局
区发展和改革委员会
区教育委员会
区委宣传部
区园林绿化局
区总工会

首都环境保护先进集体

区市政市容委
区应急办

首都绿化美化先进单位

太阳宫地区办事处

劳动用工规范一条街工程工作先进单位

劲松街道办事处
麦子店街道办事处

北京市司法行政系统2012—2014年度先进集体

区司法局
和平街街道办事处
左家庄街道办事处

北京市人民调解工作先进集体

区司法局

北京市统计系统先进集体

区统计局

北京市第三次全国经济普查先进集体

区统计局

北京市审计机关先进集体

区审计局

北京市军队转业干部安置工作先进单位

区民政局

北京市离退休干部先进集体

潘家园街道办事处
六里屯街道办事处
团结湖街道三四条社区

北京市侨联工作先进集体

区侨联

北京市社区侨务工作示范单位

街道楼宇侨务工作站

北京市公务员管理先进集体

区地方税务局

北京市红十字会系统先进集体

劲松街道红十字会
小红门地区办事处

北京市文物安全工作先进集体

管庄乡（地区）文化服务中心

先 进 个 人

首都劳动奖章

祖雪媛 张滨滨 靳维民 王玉卿 方玉平 杨福声
朱俊东 王 辉 罗凤基 郑伟鸿 邱洁颖 宋 红
孙敬忠 张 森 杨国良 龚士良 安 萍 李 泓
王淑芳 曹洪瑞 费建文 何 鑫 李丽芳 王业飞
王卫华

北京市三八红旗奖章

刘 黎 邢 伟 欧晓勋 高敬茹 李雪玉 付秀莲
郭俊玲 李香菊 张朝晖 张滨滨 陈春红 何 琳
吴玉茹 曹丽敏 庄 莉 马荣霞 褚连清 辛 莉
刘 毅 袁连华 李 青 岳安荣 邓 澄 于 平
葛善英 程建丽 黎 明 郭 睿 杨 颖 郝惠珍

北京市侨联工作先进个人

蔡克瑾 周用和 郑瑞美 张 璐 杨桂香 高增轩

张顺祎　赵丹梅　赵九生　曾　旭　胡杰华

北京市归侨侨眷先进个人

白　涛　董　华　刘玉安　王　南　陈昌敏　王　辉

李　晶　林春光　来　杰

北京青年五四奖章

涂　艳　郭晓东

北京市优秀团干部

马　原　彭　飞　赵　娜

北京市优秀共青团员

刘思明

北京市青年岗位能手

苗林清　董万雄　熊　磊　李容珍　李华志　刘国赛

首都绿化美化先进个人

梁　霞　张银国　吴桂连　曹有祥

北京市军转干部安置先进工作者

张　晖

北京市校外教育先进个人

于亚军

北京市审计机关先进个人

韩淑文

北京市司法行政系统先进个人

韩　腾　安立超

北京市第三次全国经济普查先进个人

邹　明

北京市人民调解工作先进个人

王新忠

北京市模范军队转业干部

邵光良

首都精神文明建设奖

杨　楠

首都环境保护奖

徐志浩

统 计 资 料

地区生产总值（2014 年）

表 1　　单位：万元

项　　目	2014 年	构成（%）
地区生产总值	**43373344**	**100.00**
按产业分		
第一产业	14098	0.03
第二产业	3465861	7.99
第三产业	39893385	91.98
按国民经济行业分		
农、林、牧、渔业	14908	0.03
工业	3059903	7.05
建筑业	1025488	2.36
批发和零售业	10007789	23.07
交通运输、仓储和邮政业	1951568	4.50
住宿和餐饮业	1032916	2.38
信息传输、软件和信息技术服务业	2352180	5.42
金融业	4771911	11.00
房地产业	4083038	9.41
租赁与商务服务业	7587515	17.49
科学研究和技术服务业	3341378	7.70
水利、环境和公共设施管理业	273757	0.63
居民服务、修理和其他服务业	396062	0.91
教育	1262187	2.91
卫生和社会工作	867286	2.00
文化、体育和娱乐业	603743	1.39
公共管理、社会保障和社会组织	741715	1.71

注：产业划分依据国家统计局 2012 年制定的《三次产业划分规定》，行业划分依据《国民经济行业分类》（GB/T4754-2011）。

一般公共预算收支（2014 年）

表 2　　单位：万元

项　　目	决算数	项　　目	决算数
一般公共预算收入	**4118281**	**一般公共预算支出**	**3807947**
房产税	357510	一般公共服务支出	187481
车船税	45329	国防支出	9173
印花税	123517	公共安全支出	455665
耕地占用税	6462	教育支出	766825
增值税	722539	科学技术支出	80248
营业税	1010582	文化体育与传媒支出	94925
城镇土地使用税	19217	社会保障和就业支出	779555
土地增值税	366782	医疗卫生与计划生育支出	345303
教育费附加收入	93160	节能环保支出	156181
城市维护建设税	358617	城乡社区支出	475289
企业所得税	979584	农林水支出	319185
国有资源（资产）有偿使用收入	15491	资源勘探信息等支出	34023
其他收入	192	商业服务业等支出	27678
罚没收入	7271	金融支出	33423
行政性事业性收费	9764	国土海洋气象等支出	1231
排污费收入	907	粮油物资储备支出	2668
水资源费收入	1357	其他支出	39094

注：2015 年新修订《预算法》正式实施，2014 年决算数据按新修订《预算法》要求实行全口径预算管理。

数据来源：北京市朝阳区财政局。

户籍户数及人口数（按街、乡分）（2014 年）

表 3　　　　单位：人

项　　目	年末总户数（户）	年　末总人口	男	女	非农业人口	农业人口	出生人数	死亡人数
合　计	**795621**	**2045270**	**1024630**	**1020640**	**1940814**	**104456**	**27946**	**10597**
街道小计	**484064**	**1348292**	**678159**	**670133**	**1348215**	**77**	**16082**	**7054**
建　　外	13009	42007	21707	20300	42007		306	231
朝　　外	12169	42883	22600	20283	42883		567	206
呼 家 楼	21517	64505	31890	32615	64505		687	397
三 里 屯	13736	38518	18716	19802	38518		358	241
左 家 庄	25247	66112	33414	32698	66112		673	365
香 河 园	14111	34740	17429	17311	34740		425	186
和 平 街	25509	95467	47954	47513	95467		808	535
安　　贞	18776	48303	23948	24355	48303		544	269
亚 运 村	17322	49383	25060	24323	49383		624	283
小　　关	14473	50001	23776	26225	50001		526	161
酒 仙 桥	24045	70177	36211	33966	70177		747	624
麦 子 店	8632	21909	11070	10839	21907	2	275	81
团 结 湖	14044	36713	18526	18187	36713		411	318
六 里 屯	24542	62636	31477	31159	62634	2	734	284
八 里 庄	30393	86710	42833	43877	86710		1010	382
双　　井	27113	73253	36775	36478	73231	22	944	443
劲　　松	29768	74182	37379	36803	74145	37	920	492
潘 家 园	32109	81433	40888	40545	81432	1	902	490
垡　　头	12756	33453	17549	15904	33453		401	207
大　　屯	28039	73713	35958	37755	73713		1147	203
望　　京	32419	85714	43075	42639	85714		1373	254
奥 运 村	23679	59564	30096	29468	59551	13	913	242
首都机场	7295	24780	13711	11069	24780		291	73
东　　湖	13361	32136	16117	16019	32136		496	87
乡小计	**311557**	**696978**	**346471**	**350507**	**592599**	**104379**	**11864**	**3543**
南 磨 房	24776	59685	30519	29166	57776	1909	851	259
高 碑 店	23386	49381	24577	24804	47426	1955	794	308
将　　台	12992	26671	13201	13470	25070	1601	378	147
太 阳 宫	20551	48622	24699	23923	48520	102	913	193
小 红 门	13732	29541	14098	15443	15653	13888	482	169
十八里店	17491	39644	18742	20902	18578	21066	663	210
平　　房	16409	35019	17188	17831	26916	8103	627	156
东　　风	14513	31738	15742	15996	31512	226	491	135
来 广 营	24722	50805	25807	24998	47569	3236	1359	133
常　　营	13350	27092	13777	13315	26940	152	662	272
三 间 房	23493	71607	33828	37779	69978	1629	898	288
管　　庄	23358	59212	31746	27466	54391	4821	1083	219
金　　盏	13083	28622	13816	14806	17471	11151	432	168
孙　　河	11504	22039	10629	11410	17104	4935	279	172
崔 各 庄	13040	24542	11875	12667	17438	7104	297	196
东　　坝	18306	40238	20511	19727	34712	5526	929	193
黑 庄 户	9079	19627	9664	9963	11882	7745	260	137
豆 各 庄	7082	13171	6571	6600	13025	146	213	54
王 四 营	10690	19722	9481	10241	10638	9084	253	134

数据来源：北京市公安局朝阳分局。

城镇固定资产投资完成情况（项目在地）（2014 年）

表 4

项　　目	单位个数（个）	项目个数（个）	自年初累计完成投资（万元）	#基础设施投资	本年新增固定资产（万元）	房屋建筑施工面积（平方米）	#住宅	房屋建筑竣工面积（平方米）	#住宅
合　计	**123**	**244**	**4923061**	**3736878**	**2924376**	**6646344**	**945415**	**932524**	
按登记注册类型划分									
内资	110	222	3770848	2681303	1680634	6413654	945415	802247	
国有	68	115	1435878	713575	1103451	3708873	558076	477484	
集体	3	5	37432	690	95039	404466		208930	
股份合作									
国有联营									
集体联营									
国有与集体联营									
其他联营									
国有独资公司	9	55	1785264	1762178	103300	326031	97339	4294	
其他有限责任公司	17	31	414190	202734	336522	857942		59010	
股份有限公司	6	9	60584		21277	301760		32404	
私营独资									
私营合伙									
私营有限责任公司	5	5	26859	2126	21045	707707	290000	20125	
私营股份有限公司									
其他	2	2	10641			106875			
港澳台商投资	9	18	1060851	1019955	1233515	128467		66624	
与港澳台商合资经营	5	6	41571	675	78690	128467		66624	
与港澳台商合作经营									
港澳台商独资	2	5	13774	13774	40844				
港澳台商投资股份有限公司	2	7	1005506	1005506	1113981				
其他港澳台商投资									
外商投资	4	4	91362	35620	10227	104223		63653	
中外合资经营	3	3	36302	35620	6112	41418		848	
中外合作经营									
外资企业	1	1	55060		4115	62805		62805	
外商投资股份有限公司									
其他外商投资									
个体经营									
个体户									
个人合伙									
按隶属关系划分									
中央单位	34	48	1663914	1252083	1310822	2793374	345733	219010	
市属单位	45	133	2313291	2071879	1013223	1311426	339682	310695	
区属单位	15	29	578084	336558	401653	420076		65366	
其他单位	29	34	367772	76358	198678	2121468	290000	337453	
按项目所在地域分									
街道小计		**148**	**3164392**	**2335735**	**1866279**	**4052214**	**639673**	**310487**	
建　外		5	85478	416	5294	288036		62805	
朝　外		2	2370	1903		69563			
呼家楼		20	563864	309032	227320	828003		30755	
三里屯		1	435						

续表

项　目	单位个数（个）	项目个数（个）	自年初累计完成投资（万元）	#基础设施投资	本年新增固定资产（万元）	房屋建筑施工面积（平方米）	#住宅	房屋建筑竣工面积（平方米）	#住宅
左家庄		4	43989	5459		233506			
香河园		4	3874	3808	5651	4981		4981	
和平街		3	11092	2298	21045	22472		20125	
安　贞		4	8561	8495	17012	15910			
亚运村		12	41900	28560	7769	102028			
小　关		4	14110	67	12381	69866		17165	
酒仙桥		11	29441	5203	5592	89070			
麦子店		4	97854	32608	87828	746065		107866	
团结湖		1	1949			5929			
六里屯		6	21215	4818	23403				
八里庄		5	133739	1796		399163	276288		
双　井		9	606949	590688	69583	20881			
劲　松									
潘家园		7	56198	51526	62901	59410			
垡　头		1	27429			148052			
奥运村		15	266832	155538	25510	766435	290000	29425	
大　屯		8	24853	23557	10272	90901	73385	16000	
望　京		9	15232	10709	55266	71641		21365	
首都机场		10	1014665	1014665	1124182				
东　湖		3	92363	84589	105270	20302			
乡小计		**96**	**1758669**	**1401143**	**1058097**	**2594130**	**335742**	**622037**	
南磨房		11	36319	13003	111435	350181	69445	248176	
高碑店		9	124114	101216	190535	336267		208930	
将　台		7	131481	38073	70165	301642		63474	
太阳宫		1	1478	1478					
小红门		2	33184	33184					
十八里店									
平　房		6	10312	7189	89651	24288			
东　风		5	45252	45170	47551	4294		4294	
来广营		17	325421	189786	49622	624592	101035		
常　营		5	89865	67427	33362	351707	165262		
三间房		9	33319	5991	10624	139567			
管　庄		3	20308	19	10920	150580		30780	
金　盏		7	540227	539644	358430	222655		66383	
孙　河		2	22140	21458	760				
崔各庄		1	2138		2381				
东　坝		6	72229	72229	24684				
黑庄户		1	238474	238474		11640			
豆各庄		1	74						
王四营		3	32334	26802	57977	76717			

房地产开发完成情况（2014 年）

表 5

项　目	单位个数（个）	自年初累计完成投资（万元）	#基础设施投资	#住宅	房屋施工面积（平方米）	#住宅	房屋竣工面积（平方米）	#住宅	本年新增固定资产（万元）	商品房销售面积（平方米）	商品房销售额（万元）	待售面积（平方米）	#住宅	#一年以上住宅
合　计	330	7063461	108301	3586636	25430058	10883718	7789196	4647899	3226562	2852376	6842916	7081528	2321168	1343401
按登记注册类型划分														
内资	247	6387670	107220	3362427	21920673	9798880	7221611	4486805	2792986	2719682	6263858	5636362	2031330	1224885
国有	4	12000		373	80708	80708	69396	69396	46633	221333	202889	617112	279384	143433
集体	1	24454			316778							324	324	
股份合作														
国有联营														
集体联营														
国有与集体联营														
其他联营														
国有独资公司	8	161358	69609		422114		340738		64706	118153	194373	355262	123024	121651
其他有限责任公司	205	5723141	37611	3192648	20197017	9156140	6403349	4139591	2579748	2140574	5683176	4202530	1401278	818242
股份有限公司	8	247905		125646	184206	61339	79600		28767	56960	102245	242879	88460	88124
私营独资														
私营合伙														
私营有限责任公司	20	198552		28665	211321	86294				20231	29038	120985	68248	53435
私营股份有限公司	1	20260		15095	508529	414399	328528	277818	73132	162431	52137	97270	70612	
其他														
港澳台商投资	52	523333	1081	211448	2429343	931054	474027	161094	343429	111804	549862	1041709	232714	87044
与港澳台商合资经营	13	177275	790	24375	495374	104079	236728		270564	20066	93295	458770	18142	18142
与港澳台商合作经营	25	157007	176	82743	782232	216048	120632	44427	16264	34124	224537	271775	108402	55079
港澳台商独资	14	189051	115	104330	1151737	610927	116667	116667	56601	57614	232030	311164	106170	13823
港澳台商投资股份有限公司														
其他港澳台投资														
外商投资	31	152458		12761	1080042	153784	93558		90147	20890	29196	403457	57124	31472
中外合资经营	8	42815		7387	480632	95411				583	1704	153596	21627	20896
中外合作经营	14	56763		5374	268608	58373	93558		90147	18606	22220	189732	28434	4002
外资企业	9	52880			330802					1701	5272	60129	7063	6574
外商投资股份有限公司														
其他外商投资														
按隶属关系划分														
中央	12	445796	120	109240	1115164	402596	410212	335361	155047	147674	399985	105791	33443	11232
市属	35	1846994	1013	1192401	3784680	2009578	1096299	630147	591828	993947	1926226	665162	239010	221111
区及区以下	283	4770671	107168	2284995	20530214	8471544	6282685	3682391	2479687	1710755	4516705	6310575	2048715	1111058
按资质等级划分														
一级	35	1524699	15594	1105338	3722762	2701980	1738752	1279706	682230	1111901	1958236	1787183	688765	362807
二级	36	556888	1413	109974	2548004	464709	528928	70444	185556	702639	1091076	1030674	255810	241366
三级	41	268031	10710	135815	2345625	1147935	846603	592157	211239	139517	487787	1342446	439531	157765
四级	134	2059570	2565	817736	9480117	3868342	3595635	2029505	1622542	354868	1422795	2170347	741393	423851
暂定	46	2390267	69903	1304970	4438347	1486756	427791	196310	250034	472606	1648537	448250	115578	102569
其他	38	264006	8116	112803	2895203	1213996	651487	479777	274961	70845	234485	302628	80091	55043
按项目所在地域分														
街道小计	**223**	**2409965**	**8916**	**687303**	**8163524**	**1086030**	**1396802**	**347473**	**825613**	**621724**	**1254870**	**3811673**	**748040**	**512659**
建　外	29	723608	7555	105860	2455581	59970	167608		86913	15632	47643	156812	29971	29971
朝　外	11	55902		16625	164632	95411				2441	2984	336937	21163	19056
呼 家 楼	15	41504	176		489239	23053				6665	26189	276633	37129	31964
三 里 屯	10	20605		3872	122670					20021	70601	89717	51205	25389

续表

项目	单位个数（个）	自年初累计完成投资（万元）	#基础设施投资	#住宅	房屋施工面积（平方米）	#住宅	房屋竣工面积（平方米）	#住宅	本年新增固定资产（万元）	商品房销售面积（平方米）	商品房销售额（万元）	待售面积（平方米）	#住宅	#一年以上住宅
左家庄	6									1320	6651	136282	8662	8662
香河园	1	3800										115	115	
和平街	3											1371	1371	1371
安贞														
亚运村	7	204229		21230	696635	73846				1830	7623	215706	113432	103667
小关	2											28592	11918	
酒仙桥	6	8441			58327		41581		9579	191082	204258	56922	20453	331
麦子店	20	809748		464226	334342	88674	72478		103041	9935	49513	185653	30207	14015
团结湖														
六里屯	3	32888		3117	223009	20782				13496	130241	12533	6389	6389
八里庄	18	77485	395	55927	781210	519374	493873	347473	180318	181831	102509	205487	79712	8764
双井	12	34352		10032	437132	199858				34654	162444	190383	22087	13300
劲松	10	1			11788					7326	10935	84598	10995	7610
潘家园														
堡头	1											2765		
大屯	29	58082		6414	910968	5062				29934	78149	766416	101533	69243
望京	18	174268	790		716842		532321		406830	73034	262600	587412	95494	91050
首都机场	1									786	758	953	953	953
东湖	7	57989			345474		88941		38932	4855	6883	59504	3000	1627
奥运村	14	107063			415675					26882	84889	416882	102251	79297
乡小计	**187**	**4653496**	**99385**	**2899333**	**17266534**	**9797688**	**6392394**	**4300426**	**2400949**	**2230652**	**5588046**	**3269855**	**1573128**	**830742**
南磨房	14	190396		92854	377853	157773	63530	51765	24688	109869	329927	199311	71871	40959
高碑店	8	370523	14512	260615	837138	577079	219189	190529	189620	150362	330502	9679	7514	68
将台	5	47219		30138	335316	144985	104414	42566	12708	11676	49793	234725	68671	18864
太阳宫	15	128689		88111	717486	373356	158481	116667	66420	73517	270575	408844	318713	49993
小红门	3	80230		52387	1142477	755829	687425	558942	237849	5923	21323	1029	950	950
十八里店	12	210066		126077	1471267	992047	1054752	705639	396770	119755	284857	581980	188629	52062
平房	15	265570	4662	104689	928231	425178	170016	140518	54487	27123	69636	65107	11657	8706
东风	8	133870		103467	383699	272272	1501		405	17603	65933	10379	5447	5447
来广营	18	502407	25958	217412	2259301	1077002	1242434	637022	283662	344120	1290434	653021	209901	108164
常营	15	173724	29036	47748	1034772	297228	100320	18679	33126	124560	216319	168684	93374	93374
三间房	8	1905			448218	353211	448218	353211	132953	24371	15747	27960	1264	297
管庄	8	975		305	249928	162196	128285	72508	17949	123176	125107	61745	32961	32961
金盏	4	28670	24736	825	661735	490025	651487	479777	274961			1578	1578	1578
孙河	10	415312		311508	680848	533035	16218	1861	3556	146688	733385	73207	73207	73207
崔各庄	9	602254	400	374503	2129275	877758	567099	442361	323157	40919	233149	210932	112172	
东坝	19	884189	81	719493	1876134	1357413	607256	472285	303260	666606	1101389	268373	157202	147660
黑庄户	5	20999		20974	224836	124865				7882	9302	26511	24017	19151
豆各庄	7	510155		266688	585431	260452	134906		33180	214336	421992	124180	85343	84843
王四营	4	86343		81539	922589	565984	36863	16096	12198	22166	18676	142610	108657	92458

房地产开发企业主要财务指标（2014 年）

表 6　　单位：千元

	单位个数（个）	固定资产合计	累计折旧	本年折旧	资产总计	负债合计	营业收入	#主营业务收入	主营业务成本	主营业务税金及附加	营业利润	利润总额	应交所得税	应付职工
合　计	**631**	**38965865**	**13671696**	**2289924**	**1107132614**	**867352422**	**102968792**	**101010468**	**55225830**	**12979804**	**18314289**	**18021858**	**5106132**	**4578205**
按登记注册类型划分														
内资	513	21544690	7360740	1252547	816432376	654631108	81990169	80495734	46193758	10040218	12965832	12773638	3788405	3274857
国有	9	400434	215348	18317	8219202	7273877	341126	297421	214139	16062	72674	71021	4021	41528
集体	1	725965	424805	44299	4807862	4433699	245512	245512	60723	9453	151624	222974	49618	9426
股份合作														
国有联营														
集体联营														
国有与集体联营														
其他联营														
国有独资公司	8	579677	142154	34555	31356015	19142402	7047197	7004503	4115570	924491	1644796	1755472	449177	128164
其他有限责任公司	403	18147018	6002216	1056217	686143038	554883887	70577911	69253488	39365557	8859403	10936896	10579010	3299313	2795464
股份有限公司	10	443384	45530	3948	49539561	37055027	60012	26805	-23071	231	277517	278536	-19119	161629
私营独资														
私营合伙														
私营有限责任公司	77	1114433	433312	81956	34438667	30634508	3370505	3337062	2195309	211361	-137392	-151878	5395	125840
私营股份有限公司	5	133779	97375	13255	1928031	1207708	347906	330943	265531	19217	19717	18503		12806
其他														
港澳台商投资	71	14979099	4542865	863681	201731969	152462684	15045923	14635684	6697986	2011142	3453460	3386216	741147	961034
与港澳台商合资经营	18	3720775	1377436	191234	26156988	12470968	6605219	6524462	2689179	1135331	2006424	2004854	504075	192539
与港澳台商合作经营	31	5141203	868102	251464	45120966	35045406	2081943	1778007	710566	286581	-21527	-3878	117107	284745
港澳台商独资	22	6117121	2297327	420983	130454015	104946310	6358761	6333215	3298241	589230	1468563	1385240	119965	483750
港澳台商投资股份有限公司														
外商投资	47	2442076	1768091	173696	88968269	60258630	5932700	5879050	2334086	928444	1894997	1862004	576580	342314
中外合资经营	15	431619	445466	29334	33151253	21040406	787663	757248	125797	77378	825178	794069	239992	67942
中外合作经营	21	1221612	477394	77459	21709800	13632689	3555365	3549919	1290482	738470	947882	942776	312941	171421
外资企业	11	788845	845231	66903	34107216	25585535	1589672	1571883	917807	112596	121937	125159	23647	102951
外商投资股份有限公司														
其他外商投资														
按隶属关系划分														
中央	14	273564	89960	24228	64838869	49338641	11113249	11110411	5463037	1760874	4028296	4035968	897493	258259
市属	50	2563427	447701	85451	111124064	85614923	16855990	16592372	9346643	2160055	2712528	2841562	899074	529749
区及区以下	567	36128874	13134035	2180245	931169681	732398858	74999553	73307685	40416150	9058875	11573465	11144328	3309565	3790197
按资质等级划分														
一级	26	2998131	1245167	188374	254554629	208329017	10444268	9840426	5436962	809883	3384996	3405356	380020	716442
二级	49	8197689	2308467	433435	132173408	104032553	24838345	24242628	12283824	3753108	5003308	4856129	1415655	582398
三级	64	2808760	1107949	129165	158759995	125816537	11465721	11152079	6743119	1380840	-468270	-140134	409184	533802
四级	234	14435741	4668398	831605	327348990	263007040	31023096	30647635	17017199	3902983	6137197	5913123	1965883	1441470
暂定	118	4992004	1498754	330976	150185175	108222066	22238861	22186374	12622957	2963203	4283317	4273411	832809	759655
其他	140	5533540	2842961	376369	84110417	57945209	2958501	2941326	1121769	169787	-26259	-286027	102581	544438

社会消费品零售总额（按行业结构分）

表7

单位：万元

项　　目	2014年	2013年	增长速度（%）
合　计	23776331	22434287	6.0
#限额以上	20906588	21983794	-4.9
#批发和零售业	18995585	19993250	-5.0
#汽车及配件销售	7756297	8178705	-5.2
综合零售	4161020	4399276	-5.4
石油及制品销售	1308551	1440938	-9.2
家用电器及电子产品销售	1461863	1467524	-0.4
医药及医疗器材销售	1094778	996216	9.9
互联网零售	788154	1055636	-25.3
五金、建材、家装销售	537672	555731	-3.2
服装、鞋帽、纺织品销售	688825	707317	-2.6
日用品销售	412431	527955	-21.9
文化、体育用品销售	472892	439429	7.6

注：1、本表数据口径为“产业经营地”口径；

2、2013年、2014年数据按第三次经济普查数据进行了初步修订。

农副产品市场情况

表8

项　　目	单　位	2014年	2013年	增长速度（%）
农副产品市场经营管理单位个数	个	**88**	**106**	**-17.0**
农副产品市场成交量				
#粮食类	吨	97145	96983	0.2
油脂油料类	吨	16100	15955	0.9
肉食禽蛋类	吨	126410	126205	0.2
水产品类	吨	26553	26345	0.8
蔬菜类	吨	511799	507055	0.9
干鲜果类	吨	140951	139877	0.8
农副产品市场成交额	**万元**	**697223**	**635012**	**9.8**
#粮食类	万元	46563	40881	13.9
油脂油料类	万元	31722	28702	10.5
肉食禽蛋类	万元	257780	243657	5.8
水产品类	万元	35215	32380	8.8
蔬菜类	万元	164014	152534	7.5
干鲜果类	万元	90467	66362	36.3

数据来源：北京市工商行政管理局朝阳分局。

城乡个体工商业基本情况（2014 年）

表 9

项目	户数（户）	#城镇	从业人员（人）	#城镇	注册资金（万元）	#城镇
合　计	**84620**	**59553**	**137609**	**98720**	**266993**	**173532**
农、林、牧、渔业	203	47	316	67	1796	350
采矿业	3	3	4	4	35	35
制造业	560	271	1336	573	2017	838
建筑业	201	121	387	225	567	390
批发和零售业	71770	50758	108067	77503	223362	144592
交通运输、仓储和邮政业	585	240	829	369	3526	1535
住宿和餐饮业	2104	1669	9637	7744	11488	9317
信息传输、软件和信息技术服务业	93	69	146	108	255	207
房地产业	16	11	24	18	57	38
租赁和商务服务业	2938	2225	3990	2993	5892	3916
科学研究和技术服务业	1113	685	1829	1210	3111	1937
水利、环境和公共设施管理业	18	5	46	12	61	10
居民服务、修理和其他服务业	4103	2836	9169	6598	11294	7764
教育	120	71	215	128	383	198
卫生和社会工作	35	29	68	57	571	532
文化、体育和娱乐业	758	513	1546	1111	2578	1873

数据来源：北京市工商行政管理局朝阳分局。

对外经济基本情况（2014 年）

表 10　　单位：亿美元

项　　目	2014 年	增长速度（%）
新批三资企业（个）	555	-3.3
合同外资金额	267.5	569.6
实际利用外资额	39.0	14.0
外贸出口额	168.1	12.7

数据来源：北京市朝阳区商务委。

外商投资企业新设立情况

表 11　　单位：个

项　目	企业数	
	2014 年	2013 年
合　计	555	574
按登记注册类型分		
合资经营	51	63
合作经营	1	4
独资经营	503	505
其　他		2
按三次产业分		
第一产业	1	2
第二产业	5	1
第三产业	549	571
按客商国别（地区）分		
日　本	10	38
美　国	37	34
中国香港	246	221
澳大利亚	8	6
法　国	3	11
新加坡	21	19
加拿大	10	9
德　国	22	22
西班牙	3	6
中国台湾	22	23
瑞　典	1	2
泰　国	2	1
比利时	2	3
丹　麦	3	4
韩　国	55	58
俄罗斯	6	8
其　他	104	109

数据来源：北京市朝阳区商务委。

中资银行人民币月末存款余额（2014 年）

表 12

单位：万元

月 份	各项存款	#单位存款	#个人存款	
				#储蓄存款
1 月	128597178	72593134	49160887	46144625
2 月	131044999	75456625	49266094	46328923
3 月	138506147	79977224	51588188	48295810
4 月	133503492	76769117	49778351	46765326
5 月	134933639	78474514	49789288	46723006
6 月	144506747	84041299	53574665	49611548
7 月	138654108	80663635	51488648	47766428
8 月	135521241	78437742	50878700	47474568
9 月	139080444	80382741	52149039	48676144
10 月	135882731	78167284	51153399	47827340
11 月	135814107	78368660	50778753	47611401
12 月	141852165	81865864	52084456	48828099

数据来源：中国人民银行营业管理部。

中资银行人民币月末贷款余额（2014 年）

表 13

单位：万元

月 份	各项贷款		
		#境内短期贷款	#境内中长期贷款
1 月	58731735	18161240	40205649
2 月	60327542	19429555	40585073
3 月	61375242	19992045	41114742
4 月	62173932	20017311	41903197
5 月	63129088	20412290	42325181
6 月	65032196	21259807	43333603
7 月	64926666	21269274	43095414
8 月	64052488	20212187	43279984
9 月	65905137	21650365	43626131
10 月	65025693	21290903	43301039
11 月	64741756	20782752	43523060
12 月	64715769	20664098	43414874

数据来源：中国人民银行营业管理部。

主要统计指标解释

一、地区生产总值

是按市场价格计算的地区生产总值的简称。它是一个地区所有常住单位在一定时期内生产活动的最终成果。地区生产总值有三种表现形式，即价值形态、收入形态和产品形态。在实际核算中，地区生产总值的三种表现形态表现为三种计算方法，即生产法、收入法和支出法。三种方法分别从不同的方面反映地区生产总值及其构成。

二、固定资产投资

自年初累计完成投资：指从本年1月1日起至本年最后一天止完成的全部用于房屋建设工程和土地开发工程的投资额以及公益性建筑和土地购置费等的投资。

基础设施投资：是指能够为企业提供作为中间投入用于生产的基本需求；能够为消费者提供所需的基本消费服务；能够为社区提供用于改善不利的外部环境的服务等建设的投资，包括固定资产投资中用于市政工程、电信工程、公共设施和水利环保等建设的投资。具体包括：电力、燃气和水的生产和供应业；交通运输业；邮政业；信息传输业；水利、环境和公共设施管理业等（该指标是指规划红线以外的市政道路及地下管线煤、水、电、气、热的施工）。

本年新增固定资产：是指已经完成建造和购置过程，并已交付生产或使用单位的固定资产的价值，包括已经建成投入生产或交付使用的工程投资和达到固定资产标准的设备、工具、器具的投资及有关应摊入的费用。

三、房地产开发

房屋施工面积：指报告期内施工的全部房屋建筑面积。包括本期新开工的面积和上年开工跨入本期继续施工房屋面积，以及上期已停建在本期恢复施工的房屋面积。本期竣工和本期施工后又停建、缓建的房屋面积仍包括在施工面积中，多层建筑应填各层建筑面积之和也就是整栋楼的面积（该指标数据取自施工许可证或规划许可证中的面积数）。

房屋竣工面积 指报告期内房屋建筑按照设计要求已全部完工，达到住人和使用条件，经验收鉴定合格，可正式移交使用的各栋房屋建筑面积的总和（该指标数据取自该项目的甲方、乙方、监理、设计四方竣工验收记录单或竣工验收备案表）。

商品房销售面积：指在报告期内出售商品房屋的合同总面积（即双方签署的正式买卖合同中所确定的建筑面积）。由现房销售建筑面积和期房销售建筑面积两部分组成。

商品房销售额：指报告期内出售商品房屋的合同总价款（即双方签署的正式买卖合同中所确定的合同总价）。该指标与商品房销售面积同口径，由现房销售额和期房销售额两部分组成。

待售面积：指报告期末已竣工的可供销售或出租的商品房屋建筑面积中，尚未销售或出租的商品房屋建筑面积，包括以前年度竣工和本期竣工的房屋面积，但不包括报告期已竣工的拆迁还建，统建代建，公共配套建筑、房地产公司自用及周转房等不可销售或出租的房屋面积。

四、社会消费品零售总额

指企业（单位、个体户）通过交易直接售给个人、社会集团非生产、非经营用的实物商品金额，以及提供餐饮服务所取得的收入金额。个人包括城乡居民和入境人员，社会集团包括机关、社会团体、部队、学校、企事业单位、居委会或村委会等。

五、市场成交额

指市场所有摊位的全年商品交易额之合计，包括成交后兑现的金额和签约合同成交的全部金额。

六、实际利用外资额

指批准的合同外资金额的实际执行数，外国投资者根据批准外商投资企业的合同（章程）的规定实际缴付的出资额和企业投资总额内外国投资者以自己的境外自有资金实际直接向企业提供的贷款。

七、存款、贷款

存款：企业、机关、团体或居民根据可以收回的原则，把货币资金存入银行或其他信用机构保管并取得一定利息的一种信用活动形式。根据存款对象或性质的不同可划分为单位存款、个人存款、财政存款、临时性存款、委托存款、其他存款等科目。它是银行信贷资金的主要来源。

贷款：银行或其他信用机构根据必须归还的原则，按一定利率，为企业、个人等提供资金的一种信用活动形式。我国银行贷款分为短期贷款、中长期贷款、融资租赁、票据融资、各项垫款、境外贷款等。

附　录

朝阳区委、区政府文件

中共北京市朝阳区委文件

京朝发〔2014〕1号：关于在全区深入开展党的群众路线教育实践活动的实施意见
京朝发〔2014〕2号：关于表彰2013年度朝阳区经济贡献突出企业和优秀企业的决定
京朝发〔2014〕3号：关于进一步加强人才工作的意见
京朝发〔2014〕4号：关于印发《关于开展朝阳区区属单位党组织和在职党员到社区（村）“双报到、双服务、双评议”工作的实施办法（试行）》的通知
京朝发〔2014〕5号：关于统筹推进党政群共商共治工作的指导意见（试行）
京朝发〔2014〕6号：关于完善长效机制进一步深化文明城区建设的指导意见
京朝发〔2014〕7号：关于进一步加强干部教育培训工作的实施意见
京朝发〔2014〕8号：关于成立区委全面深化改革领导小组的通知
京朝发〔2014〕9号：关于印发《中共北京市朝阳区第十一届委员会常务委员会关于加强自身建设的意见》的通知
京朝发〔2014〕10号：关于印发《中共北京市朝阳区第十一届委员会常务委员会工作规则》的通知
京朝发〔2014〕11号：关于创新群众工作方法进一步加强信访排查调处工作的意见
京朝发〔2014〕12号：关于废止和宣布失效一批规范性文件的决定
京朝发〔2014〕13号：关于印发《朝阳区“十三五”规划研究编制工作方案》的通知
京朝发〔2014〕14号：关于落实党风廉政建设党委主体责任纪委监督责任的意见（试行）
京朝发〔2014〕15号：关于印发《关于推进全区纪检监察组织转职能转方式转作风工作的意见（试行）》的通知
京朝发〔2014〕16号：关于印发《朝阳区建立健全惩治和预防腐败体系2013—2017年实施意见》的通知
京朝发〔2014〕17号：关于印发《中共北京市朝阳区委常委会落实“三重一大”决策制度实施办法》的通知
京朝发〔2014〕18号：关于印发《关于建立发现问题与解决问题统筹联动工作机制暂行办法》的通知
京朝发〔2014〕19号：关于北京商务中心区建设国际高端商务人才发展区的实施意见

中共北京市朝阳区委办公室文件

京朝办发〔2014〕1号：关于印发《区委2014年工作重点任务书》的通知
京朝办发〔2014〕2号：关于落实“四风”突出问题专项整治工作的通知
京朝办发〔2014〕3号：关于成立朝阳区楼堂馆所清查和办公用房清理工作领导小组的通知
京朝办发〔2014〕4号：关于印发《区委常委会深入开展党的群众路线教育实践活动工作方案》的通知
京朝办发〔2014〕5号：关于进一步精简会议、文件和简报资料的通知
京朝办发〔2014〕6号：关于进一步严肃会议纪律的通知
京朝办发〔2014〕7号：关于在全国“两会”期间开展全区党政领导干部“接访月”活动的通知
京朝办发〔2014〕8号：关于印发《区委常委会2014年议题计划》的通知
京朝办发〔2014〕9号：关于印发《区委在区政协同区各民主党派和各界代表人士政治协商2014年度议题计划》的通知
京朝办发〔2014〕10号：关于印发《朝阳区“双十工程”2014年度实施工作方案》的通知
京朝办发〔2014〕11号：关于转发《中共北京市朝阳区委党的建设工作领导小组2014年工作要点》的通知
京朝办发〔2014〕12号：关于组织征订《中国共产党党内法规选编（2007—2012）》的通知
京朝办发〔2014〕13号：关于印发《朝阳区2014年随军家属安置指标分配表》的通知
京朝办发〔2014〕14号：关于印发《朝阳区开展党内规范性文件清理工作实施方案》的通知
京朝办发〔2014〕15号：关于印发《朝阳区中央文件、市委文件管理人员工作规范》的通知
京朝办发〔2014〕16号：关于开展“文山会海”“调研流于形式”“检查考核评比等过多过滥”等问题专项整治工作的通知
京朝办发〔2014〕17号：关于印发《朝阳区2014年人口调控工作方案》的通知
京朝办发〔2014〕18号：关于印发《关于国庆节和亚太经合组织领导人非正式会议及全国文明城区测评期间开展社会面防

控专项行动工作方案》的通知

京朝办发〔2014〕19 号：关于印发《朝阳区党政机关国内公务接待和国内公务外出管理办法（试行）》的通知

京朝办发〔2014〕20 号：关于印发《建国 65 周年群众游园活动朝阳区指挥部总体工作方案》的通知

京朝办发〔2014〕21 号：关于印发《2014 年亚太经合组织会议朝阳区服务保障总指挥部工作方案》的通知

京朝办发〔2014〕22 号：关于在 2014 年亚太经济合作组织会议期间调休放假的通知

京朝办发〔2014〕23 号：关于做好 2015 年度《人民日报》《求是》杂志和《北京日报》《前线》杂志征订工作的通知

京朝办发〔2014〕24 号：关于印发《关于加强新形势下发展党员和党员管理服务工作的实施意见》的通知

京朝办发〔2014〕25 号：关于东湖街道党政机构设置事项的通知

京朝办发〔2014〕26 号：关于印发《关于加强和改进党委信息工作的意见》的通知

京朝办发〔2014〕27 号：关于印发《朝阳区党政机关公文处理工作细则》的通知

京朝办发〔2014〕28 号：关于印发《朝阳区党政机关视频会议系统管理细则》的通知

京朝办发〔2014〕29 号：关于印发《关于进一步改进会议和领导活动报道的意见》的通知

京朝办发〔2014〕30 号：关于务实节俭文明廉洁过节的通知

北京市朝阳区人民政府文件

朝政发〔2014〕1 号：关于印发《政府工作报告》的通知

朝政发〔2014〕3 号：关于调整朝阳区声环境功能区划的通告

朝政发〔2014〕4 号：关于印发朝阳区安全生产“一岗双责”实施办法的通知

朝政发〔2014〕11 号：关于印发《国际高端商务人才服务支持工作暂行办法》等文件的通知

北京市朝阳区人民政府办公室文件

朝政办发〔2014〕3 号：转发区征收办《关于朝阳区旧城区改建项目房屋征收工作实施意见（试行）》的通知

朝政办发〔2014〕8 号：关于区政府领导同志工作分工的通知

朝政办发〔2014〕10 号：关于印发《朝阳区 2014 年办好重要民生实事分工方案》的通知

朝政办发〔2014〕21 号：转发区气象局《关于推进气象事业发展率先实现气象现代化实施方案》的通知

朝政办发〔2014〕22 号：关于开展人口抽样调查工作的通知

朝政办发〔2014〕24 号：关于印发《朝阳区促进中小企业发展指导意见》的通知

朝政办发〔2014〕25 号：关于组建北京市朝阳区卫生和计划生育委员会的通知

朝政办发〔2014〕26 号：关于印发《朝阳区促进电子商务发展若干意见》的通知

朝政办发〔2014〕28 号：转发市政府办公厅《关于北京市新增产业禁止和限制目录（2014 年版）》有关文件的通知

朝政办发〔2014〕29 号：转发区民政局等部门《关于加强见义勇为奖励和权益保护工作力度意见》的通知

教育机构

区教委直属单位（14 家）

名　称	地　址	电　话
社区学院	和平里南口砖角楼北里 5 号	64210193
朝阳分院	甜水园 1 号	65088899－85201
教研中心	柳芳南里 14 号	64647060
信息中心	水碓子北里 14 号	85979246－3072
国资管理中心	西坝河东里 103 号	64667476
招生考试中心	团结湖南路 1 号	85967037
教学设备中心	安华里二区 5 号楼	64257125
青少年活动中心	红庙延静西里 19 号	65060549
保健所	团结湖路 23 号	85967496
老干部管理服务中心	水碓子东路 5 号楼（水碓子本部） 新源西里中街甲 5 号（新源里分址）	85968533
教育人才交流分中心	西坝河中里 11 号	64618369
社会力量办学管理所	胜古北里甲 9 号	65017723
项目资金管理中心	石佛营西里 28 号楼	85816103
教产中心	建华南路 6 号地杰长安驿 B 座 5 层	65666234－8501

教辅中心（6家）

名　称	地　址	电　话
芳草地国际学校教辅中心	育慧里二区15号院	84622955－8012
香河园少年之家	左家庄后街4号	64669301
垂杨柳教辅中心	松榆东里南新园小区14号	87312818－8006
酒仙桥少年宫之家	酒仙桥红霞中路10号	64356698
望京教辅中心	花家地西里113号楼	64737104
黑庄户教辅中心	垡头西里1号	67385725

中学及一贯制学校（72所）

名　　称	地　　址	电　话
陈经纶中学	朝外大街38号（高中部）	65094797
	东大桥路15号（本校初中部）	65094792－8101
	广渠路28号院307楼（帝景分校）	58633592－217
	常营中路一号院（保利分校）	57922538
	北苑路86号3区7号（嘉铭分校东校区）	84857601　84859088
	安慧北里安园5号（嘉铭分校西校区）	64953931
陈经纶中学分校	利泽西街4号院（东湖湾校区）	64707538
	望京南湖东园二期223号（南湖东园校区）	
芳草地国际学校富力分校	大鲁店北路30号	59645296
一一九中学	建外永安西里10号（高中部）	65679323
	建外三道街24号（初中部）	
三里屯一中	北三里屯5号（本校）	64162264
	幸福村路41号（幸福村校区）	
	百子湾路后现代城百子园20号（百子园校区）	
十七中学	百子湾家园404号（本校）	87210264
	陶家湾甲80号（陶家湾校区）	85766920
	百子湾东里105号（沿海赛洛城校区）	67716577
	高碑店村西店村甲1号（高碑店校区）	87210154
华侨城黄冈中学	东四环金蝉欢乐园1号院甲1号(高中部)	67383678
	垡头翠城新园317号楼(初中部)	
人大附中朝阳学校	太阳宫南街8号（初中部）	84158318
	芍药居北里303号（高中部、小学低部）	
	芍药居北里212号（小学高部）	
垂杨柳中学	十八店乡弘善家园201楼	67345732
工大附中	大路圆零号（富力城校区）	58768322
	营盘沟路8号楼（首城国际校区）	67397641－3311
	垂杨柳中街1号（垂杨柳校区）	67781820－8053
工大附中双合分校	垡头办事处双合家园8号院（双合校区）	67362907
工大附中双桥分校	双桥中路	85369763－215
北京工业大学实验学校	潘家园华威西里48号	67770358
	劲松四区406楼	67781482
北京中学	西坝河东里1号	50981098
和平街一中	和平街八区16楼（本校）	64293036
	北苑家园莲葩园1号（北苑校区）	84957677
	北苑家园清友园15号楼（小学部）	84967660

名　　称	地　　址	电　　话
中医学院附中	和平街 15 区	64215242
化大附中	惠新里 38 号（高中部）	64936574
	来广营绿色家园 E 区 1 号（朝来校区）	
	安苑北里小区 7 号楼（安北校区）	
呼家楼中学	呼家楼西里南街 2 号	65081105
青年政治学院附中	大山子西里 10 号	64372718
八十中学	望京北路甲 16 号（高中部）	58047009
	白家庄西里 2 号（初中部）	59039016
八十中学实验学校温榆河分校	崔各庄乡崔各庄村北（崔各庄校区）	64365698
八十中学管庄分校	管庄西里（管庄校区）	65792376
	单店西路 12 号（常青藤校区）	85371261
八十中学体育运动学校	平房乡平房村 1861 号	85573746
日坛中学	建外光华西里 4 号（本校）	65072260
	南十里居 38 号（东润分校）	
	东四环北路 3 号（阳光上东小学）	
	通惠家园惠泽园 3 号（四惠校区）	
	甘露园南里 1 区 10 号楼（甘露园分校）	
东方德才学校	小庄东里 38 号（红庙校区，高中部）	65910199－8202
	水碓子北里 9 号楼（初中部）	
	道家园甲 7 号（小学部）	
	延静西里 9 号院（小学部）	
二外附中	管庄东里（高中部）	65756119
	管庄地区办事处西侧（初中部）	
九十四中学	南湖中园 315 楼（高中部）	64790087
	花家地北里 18、19 楼（初中部）	64734825
	朝新嘉园东里六区 10 号院（朝阳新城分校）	85094263
信工附中	德外南沙滩 6 号	64877905
教科院附中	望京西园四区 428 楼	64702845
首师大附属实验学校	望京花园 133 号（本校）	64745839
	花家地西里 105 号（分校）	
体育场路中学	工体南路 1 号	65520877
朝阳外国语学校	慧忠里 232 号（初中部）	64989610 64931696
	来广营清河营中街东口（高中部）	
	慧忠里 216 号（小学低部）	
	风林绿洲 23 号（小学中高部）	
	慧忠里 217 号（住宿部）	
朝阳外国语学校分校	来广营清河营中街 148－1 号	64133842
虎城中学	磨坊北里 230 号	87373401
劲松一中	劲松一区 125 楼(西校区)	67764061
	农光东里 100 号（东校区）	
五路居一中	安贞西里一区 13 号楼	64448507
樱花园实验学校	樱花园小区 16 号楼（初中部）	64442478
	樱花园小区 18 号楼（小学部）	
团结湖三中	水碓子东路 14 号（初中部）	85981827
	团结湖中路 8 号（高中部）	
中旅附中	八里庄西里 10 号（西校区）	65565615
	八里庄东里 10 号（东校区）	
	十里堡北里晨光家园 220 号（晨光校区）	

名　　称	地　　址	电　　话
八里庄三中	八里庄北里 203 楼	85847923
北京教育学院朝阳分院附属学校	朝外慈云里甲 1 号	85952080　65083919
教育研究中心附属学校	酒仙桥南路甲 7 号（本部）	64372045
	酒仙桥十街坊三号（分部）	
九十四中机场分校	首都机场燕翔西里 19 号（初中部）	64576845
	首都机场燕翔东里 11 号（小学部）	
垡头中学	垡头西里三区二号	67379613
枣营中学	枣营南里 1 号	65917920
大望路中学	西大望路下甸甲 1 号	67715011－214
望京实验学校	望京西园三区 313 楼	64759570
	望京东园 113 楼（宝星分校）	84780942
草场地中学	崔各庄乡草场地 77 号	84569558
奶子房中学	崔各庄乡奶西村 626 号	84700273－804
民族学校	常营民族家园 12 号	65481700
十八里店中学	十八里店周庄甲一号	67477674
七十一中学	小红门龙爪树 834 号	67643226
楼梓庄中学	金盏乡楼梓庄村北后街 2 号	84319147
十六中学	东坝红松园甲 3 号	51883248
金盏学校	金盏大街 1 号	84333187
北苑中学	安外北苑村临 2 号	84922680－8824
豆各庄中学	南豆各庄乡豆各庄村	67364392－810
九十七中学	黄杉木店 206 号	85521102
黑庄户中学	黑庄户乡政府东侧	85382710
中国传媒大学附属中学	大黄庄西里 1 号（大黄庄桥东）	65793775
北师大朝阳附属中学	林萃西里 8 号	82720310
润丰学校	青年路西里 6 号院	85519898
东北师范大学附属中学朝阳学校	楼梓庄乡北后街临 6 号	52060100
清华大学附属中学朝阳学校	新源街 31 号（本校）	84482386
	新源西里中街 8 号（新源里校区）	64654392
	新源里 12 号（小学部）	84551176
	柳芳南楼 20 号（柳芳校区）	84541015
	建安里甲 30 号（三元桥校区）	64665032
华中师大一附中朝阳学校	华章路 6 号院 1 号楼 2 号（泛海国际小区内）	85854173
北京师范大学三帆中学朝阳学校	南湖南路 12 号	84294863
新教育实验学校	常营住欣园小区南门 102 号	57914036
中科院附属实验学校	南沙滩 33 号（南沙滩校区）	64871575
	科学园南里 703 楼（科学园校区）	
	华严北里 21 号楼（华严里小学部）	
	华严北里 68 号（华严里初中部）	
高家园中学	高家园小区 210 号	64345274
民族学校	常营民族家园 12 号	65481700
北京二中朝阳分校	未开学	
朝阳工读学校	广渠门外广和里八巷 2 号	87776056

职业学校（4 所）

名　称	地　址	电　话
求实职业学校	望京北路 20 号（望京校区）	64391623
	团结湖北三条 10 号（团结湖分校）	
	安贞里三区 11 楼（安贞里分校）	
	安华西里 11 号（安华里分校）	
	首都机场南路东里 21 号（机场分校）	
	安慧里三区 21 号楼（亚运村分校）	
劲松职高	劲松八区 811 楼（本校）	67710311
	双龙小区 135 号（双龙校区）	
	三源里街 14 号楼（新源里校区）	
	住欣家园 102 号院（常营校区）	
电气工程学校	将台路四号（本部将台校区）	64384407
	大山子社区（大山子校区）	64314923
	望京中环南路 2 号 （花家地校区）	64725250
	八里桥塔营东甲 1 号（管庄校区）	52114011
	甘露园南里 60 号（甘露园校区）	85752003
	双桥东柳西里乙 1 号（双桥校区）	85762743
朝阳区职业技术学校	广渠门外广和里八巷 2 号	87776056

教育部门办小学

直属小学（19 所）

名　称	地　址	电　话
芳草地国际学校	日坛北路 1 号（本校）	85613856
	北四环东路 71 号（万和城分校）	84622010
	双花园南里二区 15 号院 1 号楼（双花园分校）	87511985
	朝阳门外雅宝里 1 号（民族校区）	85622389
芳草地国际学校世纪小学	育慧里 3 号	84645142
芳草地国际学校远洋小学	八里庄西里 78 号	85865636
白家庄小学	三里屯南路 40 号（本校）	65060121
	核桃园北里甲 2 号（本部南部）	
	望京西园四区 408 楼（望京新城校区）	
	望京西园一区 117 楼（科技园）	
	朝阳门外大街杨家胡同 3 号（朝外）	
朝阳实验小学	幸福一村 4 巷 36 号（本部）	64154564
	水岸庄园 1107 号（润泽校区）	84999852
朝阳实验小学罗马嘉园分校	朝阳北路罗马嘉园（罗马嘉园校区）	58627468
朝师附小	和平街 11 区 17 楼（和平街本部）	64206809
	太阳星城夏家园 8 号楼旁（太阳宫校区）	52018676
	望京利泽西园 116 号楼（望京校区）	84716480
	曙光里社区（西坝河高部） 西坝河东里 19 号（西坝河低部）	64656547
星河实验学校	朝阳北路四季星河路 1 号院 1-2 号楼（星河湾校区）	85560416
	雅城二里号楼（天鹅湾校区）	
北师大奥林匹克花园实验小学	东坝京奥家园 288 楼	51079338
北师大朝阳附属小学	林萃路倚林佳园 26 号楼	82723187－8034

名　　称	地　　址	电　　话
花家地实验小学	望京中环南路花家地小区 18 号楼（本校）	64737775－827
	朝来绿色家园蕴实园 6 号（朝来校区）	84951297
	北四环东路甲 9 号方舟苑小区（方舟校区）	58233436－814
清华附小商务中心实验小学	建国门外大街 4 号	58693387
府学胡同小学朝阳学校	六里屯苇子坑路 101 号东侧	59283005
北京第二实验小学朝阳学校	广渠路 15 号（朝阳区茂兴东路 11 号）	87152717
朝阳区第二实验小学	管庄东里 55 号（本部）	65761083－811
	建东苑 19 号（建东苑分校）	
	常营中路 7 号（北辰福第分校）	
	新悦小区东侧（远洋一方校区）	
首都师范大学附属朝阳实验小学	垡头翠成馨园 219 号楼（高部）	67202809
	垡头翠城馨园 E 区（低部）	87523733－8016
八十中学实验学校康营分校（小学）	康营家园 14 区西侧 108 楼	84354807
中国人民大学附属中学朝阳实验学校小学部	太阳宫新区 D 区	84296255
安华学校（特殊教育学校）	安华西里二区 12 号	64264399

幸福村学区（8 所）

名　　称	地　　址	电　　话
三里屯小学	三里屯东街 4 号	64131482
	柳芳北里 18 号楼（柳芳里分部）	
新源里四小	三源里北小街 5 号（本部）	84542821
	三源里街 13 号（分部）	
新源西里小学	新源西里中街 17 号	84482838
左家庄二小	左家庄前街 2 号	84481468
黄胄艺术实验小学	西坝河中里 37 号楼（本部）	64652729
	西坝河西里 15 号楼（分部）	
和平街中心小学	和平街 12 区（本部）	64211240
	和平街 13 区（分部）	
惠新里小学	惠新里甲 243 号	64810772－828
小关北里小学	小关北里 205 楼	64919763

垂杨柳学区（12 所）

名　　称	地　　址	电　　话
垂杨柳中心小学	百子湾西里 112 号（金都校区）	67320289
	垂杨柳南里 3 号楼南（杨柳低部）	
	垂杨柳中里（杨柳高部）	
	松榆西里 3 号楼（本部高部）	
	松榆西里 40 号楼（本部低部）	
垂杨柳四小	百子湾西里 430 号	67717582
劲松一小	劲松 1 区 124 楼	87778212
劲松二小	劲松 417 楼	67757767
劲松三小	广渠门外东架松 24 号	67739783
劲松四小	劲松七区甲 713 楼（本部）	67710396
	劲松七区 706 楼（南校）	
	垂杨柳南街 13、14 号（北校）	
沙板庄小学	农光里 1 号	67305681
垡头小学	垡头西里 8 号楼	67370080

名 称	地 址	电 话
垡头二小	垡头西里三区 9 号	67378548
南磨房中心小学	松榆东里社区 3 号楼（低部）	87384787
	双龙小区 226 号（高部）	
田华小学	紫南家园社区田华小学	87352920
平乐园小学	平乐园小区 103 号楼	67325166

安贞里学区（6 所）

名 称	地 址	电 话
安华里一小	安华西里三区 3 号楼	84242039－8003
安贞里一小	安贞里二区 17 楼	64411951
安贞里二小	安贞西里二区 28 号楼	64420331
安慧里中心小学	安慧里 4 区 12 号楼（低部）	64923741
	安慧里 1 区 10 号楼（高部）	
	仰山路 9 号（北辰绿色家园）	
安苑北里小学	安苑北里 6 号楼	64920590
慧忠北里二小	慧忠北里 409 楼	64868375

呼学楼学区（9 所）

名 称	地 址	电 话
呼家楼中心小学	呼家楼西里七巷 12 号（本校）	65954160
	南豆各庄万科青青家园 5 号院（青青家园分部）	85301174
光华路小学	砖厂胡同甲 33 号	65954680
日坛小学	通惠家园惠生园 20 号（四惠校区）	65584121
	十里堡甲 3 号院 13 号楼（东恒学区）	
团结湖小学	团结湖北头条 10 号楼（团结湖校区）	65918907
	六里屯 13 号（丽水嘉园校区）	
团结湖二小	团结湖中路南二条 1 号楼	85989512
针织路小学	金台西路 2 号院	65033577
永安里小学	永安里中街甲 4 号	65683293
枣营小学	枣营北里 12 号楼	65929491
大望路小学	西大望路 5 号	65815058

八里庄学区（11 所）

名 称	地 址	电 话
八里庄中心小学	慈云寺北里 117 号	65579486
甘露园小学	甘露园南里一区 18 号	85748163
康乐园小学	康家园小区 14 楼	85768945
石佛营小学	石佛营东里 125 号（总校）	85821705 85826203
	石佛营西里 28 号楼（分校）	
将台洼小学	东风乡将台洼	84301535
国美家园小学	青年路西里 1 号院 1 号楼	52069578
育人学校	八里庄北里 114 楼	85845849
北马各庄小学	金盏乡北马各庄村	65418935
楼梓庄小学	金盏乡楼梓庄村	84313160
东坝中心小学	东坝娘娘庙街 72 号（本校）	84311549 84315845
	东坝西北门 84 号（低部）	
	东坝白衣庵街（分校）	
平房小学	平房南街 96 号	85573217－2031

酒仙桥学区（15 所）

名　称	地　址	电　话
酒仙桥中心小学	酒仙桥路乙 28 号（本部）	64373914　64373915
	驼房营南里 2 号院 22 楼（梵谷水郡校区分校）	
酒仙桥二小	酒仙桥红霞路 9 号	64372893
大山子第二小学	酒仙桥路甲 1 号	64363271－8005
将台路小学	芳园里小区将台路小学	64373753
高家园小学	高家园小区 112 号	84565875
望花路小学	望花路东里 7 号	64715871
南湖东园小学	望京南湖东园 109 号楼（本校）	64748066
	红军营南路 108 号（青年城分校）	84954606
南湖中园小学	望京南湖中园 239 楼（本校）	64706416
	望京南湖中园 309 楼（知语城分校）	
驼房营小学	驼房营 210 号	64372379
望欣园小学	望京利泽西园 210 号	64785583
北 苑 小 学	来广营乡北苑村临 3 号	84709218
北皋中心小学	崔各庄马南里小区	64316977
苇 沟 小 学	孙河乡苇沟村	84311933－8004
奶子房小学	崔各庄乡奶子房西村	84709118
上辛堡小学	孙河乡上辛堡村	84791067

管庄学区（11 所）

名　称	地　址	电　话
兴隆小学	兴隆家园 31 号	85756182－805
定福庄一小	三间房西村	65761188
中国传媒大学附属小学	定福庄南里 2 号	65791268
定福庄四小	定福庄北街	65741910
八里桥小学	八里桥北	85701938－8009
二外附小	京通苑 39 号	65707902
瑞祥民族小学	瑞祥里小区 17 号	85709067
双桥一小	双桥路 4 号（本部）	85709067
	管庄乡小寺村（分校）	
高碑店中心小学	十七中高碑店高中部教学楼	85778063
大黄庄小学	大黄庄村 1 号	65761108
半壁店小学	高碑店乡半壁店村	87740177

黑庄户学区（10 所）

名　称	地　址	电　话
黑庄户中心小学	黑庄户乡黑庄户村黑庄户中心小学	85386776
万子营民族小学	万子营东村	85383370
双桥第二小学	双桥中路	85396215
定辛庄小学	定辛庄村	85375874
豆各庄中心小学	豆各庄村南豆各庄中心小学	87392886
于家围小学	石槽村	85367186
王四营中心小学	王四营观音景园 201 楼（本部）	51351017
	王四营乡官庄村（分校）	67292785
官庄小学	王四营乡官庄村	52093220
孛罗营小学	王四营乡孛罗营村 194 号	87393180
柏阳学校	王四营乡柏阳景园白鹿司中街 3 号	67207027－829

十八里店学区（10 所）

名 称	地 址	电 话
十八里店中心小学	十八里店乡十八里店村 885 号	67474111
老君堂小学	十八里店乡老君堂村	67388965
祁庄小学	十八里店乡吕家营村 75 号	87694976
小武基小学	十八里店乡小武基村 46 号	67364288
西直河小学	十八里店乡西直河村	67383841 – 8002
新升小学	周庄嘉园东里甲 28 号	67330546 – 8002
张家店小学	十八里店乡横街子村 19 号	87303606 – 802
小红门中心小学	小红门乡小红门村 130 号	87605731
牌坊小学	小红门乡牌坊中街 1 号院 1 号楼	87612739 – 8008
肖村小学	小红门乡肖村后街 15 号	51312420

民办中小学（27 所）

名 称	地 址	电 话
中国红十字基金会北京拔萃双语学校	平房北街 137 号	65497035
乐成国际学校	百子湾南二路 77 号	87717171 – 0
爱迪外国语学校	楼梓庄路 8 号	84390808
青苗国际双语学校	南十里居 38 号	51307951 – 0
忠德学校	东苇路 9 号	51397602
力迈外国语学校	仰山路 2 号	84922018
世青国际学校	花家地北里 18 号	64617779
新亚中学	十八里店乡 886 号	67473875
北方中学	百子湾路水南庄 1 号	87703618 – 9
国际艺术与科学学校	麦子店正街 53 号	59082601
金色河畔高尔夫学校	孙河北甸甲 1 号	80466066
朝阳外语小学	北三环东路胜古家园后	64442623 – 8003
金色摇篮全程实验学校	慧忠北里 119 号楼	64849403 – 101
精诚实验小学	和平街十三区	64277109
	华严里 34 号	52091027
启明星双语学校	崔各庄乡奶东村顺白路 2 号	64337366 – 8002
实验外国语学校	朝阳路 3 号	57922545
星河双语学校	十八里店乡十里河村	67312204
	金盏乡东村	
博雅小学	驹子房村	65494007
明圆学校	小红门乡龙爪树南里 30 号	87698993
安民学校	和平东街 14 区 9 号楼东	64226170
	东坝乡七棵树（原西坝小学）	
	崔各庄乡马泉营村（原马泉营小学）	
	东风乡（原辛庄小学）	
	东坝乡（原单店小学）	
	平房乡姚家园村（原姚家园小学）	
	蒋台乡（原东八间房小学）	
	石佛营路晨光家园（中旅附中校内）	
	三间房乡定福庄	
	金盏乡黎各庄村	13910682330

名　　称	地　　址	电　　话
博文学校	十八里店乡十八里店村 46 号	67476889
金地老君堂实验学校	十八里店乡老君堂村	87308176
百年实验学校	崔各庄乡何各庄村	64319970－803
人大附中朝阳分校	太阳宫新区 D 区	84296395
世纪东方学校	林萃路 2 号国家网球中心	
北京市陈经纶分校实验学校	望京南湖东园二期 223 号（南湖东园校区）	64707533
北京市八十中国际学校	望京北路甲 16 号国际教育大楼	58047118

教育部门办幼儿园（33 所）

名　　称	地　　址	电　　话
三里屯幼儿园	朝外大街吉庆里 3 号楼	65528426
团结湖一幼	团结湖北头条 11 号楼	65821102
水碓子北里幼儿园	水碓北里 10 号楼	85978817
枣营幼儿园	枣营北里 26 楼	65866890
新源里幼儿园	新源里 12 号（本部）	64674716－803
	新源西里中街 17 号（分部）	
光华路幼儿园	通惠家园惠生园 16 号	65587435
新源里二幼	新源里北小街 7 号	64662142
劲 松 一 幼	劲松一区 126 号楼	67797762
	青年路 29 号院 28 楼（华纺易城分园）	58779237
劲 松 二 幼	劲松七区 711 楼	67746630
	华威西里 43 号（华威部）	
松榆里幼儿园	松榆里 21 号	67338530
垡头幼儿园	垡头二区 12 号（本部）	87338056
	王四营乡白鹿司中街 5 号（分部）	
京通幼儿园	京通苑 38 楼	65700457
西坝河三幼	西坝河中里 20 号（本部）	64673136
	望京丽泽西区 115 楼（分部）	
西坝河一幼	望京南湖中园 237 号楼（望京部）	84718062
	西坝河东里 71 楼（西坝河部）	64618805
群星幼儿园	西坝河西里 12 号	64275351
和平街幼儿园	和平街八区 6 号楼（南园）	84250901
	胜古北路南里 3 号楼（北园）	64427330
惠新里幼儿园	惠新里 230 号楼（惠新部）	64941905
	北苑路紫绶园 11 号楼（北苑部）	
秀园幼儿园	安慧北里秀园 19 楼	64932540
安华里幼儿园	安华里二区 12 楼（安华部）	64234828－805
	安贞西里一区 18 号楼（安贞部）	64411019
安华里二幼	安华西里一区 23 号楼（本部）	64251691－19
	安贞西里四区 19 号楼（安贞部）	
花家地幼儿园	花家地小区 11 号楼	64730729
清友实验幼儿园	北苑家园清友园小区 13 楼	84964917
福怡园幼儿园	定福庄北街福怡苑小区 6 号楼	65406821
望京新城幼儿园	望京新城西园四区 409 楼	64705478

名 称	地 址	电 话
华洋紫竹幼儿园	管庄双柳北街1号院9号楼	65438647
康泉新城幼儿园	双桥东路12号院5号楼	65463381
奥园幼儿园	东坝中路京奥家园611号楼	52508662
翠成幼儿园	翠城馨园211楼	67369559
北辰福第幼儿园	常营北小街2号院	57923972
定福家园幼儿园	朝阳北路定福家园南里一号院7号楼	58791617
中国人民大学朝阳幼儿园	芍药居北里217号（本部）	84158387
	太阳宫一街2号院（一部）	
泛海幼儿园	华章东路5号院1号楼2号	85855777－8023
丽景幼儿园	常营乡五里桥一街4号	57845301

部门办幼儿园名单（61所）

中国科学院第四幼儿园	朝阳区香河园街道中心幼儿园	朝阳区三间房乡中心幼儿园
农业部机关幼儿园	朝阳区香河园街道办事处西坝河东里第一托幼园所	中建一局建设发展公司幼儿园
外交部幼儿园	朝阳区团结湖街道中心幼儿园	北京电子城幼儿园
朝阳区人民政府机关幼儿园	朝阳区呼家楼街道中心幼儿园	普天首信通信设备厂（集团）幼儿园
北京佳华安琪幼儿园	北京九龙幼儿园	北京首都机场物业管理有限公司幼教管理中心第一幼儿园
中华女子学院附属实验幼儿园	朝阳区雨禾艺术幼儿园	北京首都机场物业管理有限公司幼教管理中心第三幼儿园
中国农业机械化科学研究院幼儿园	朝阳区双井中心幼儿园	北京首都机场物业管理有限公司幼教管理中心第二幼儿园
中国聋儿康复研究中心启聪幼儿园	朝阳区南磨房乡幼儿园	北京飞机维修工程有限公司幼儿园
中国传媒大学幼儿园	朝阳区培新幼儿园	北京市朝阳区建筑工程公司幼儿园
北京航空制造工程研究所银梦幼儿园	朝阳区王四营乡幼儿园	北京市建材制品总厂幼儿园
中国建筑材料科学研究院幼儿园	朝阳区十八里店乡西直河村东明幼儿园	北京市朝阳区双桥幼儿园
北京工业大学后勤服务集团幼儿教育中心	朝阳区十八里店乡吕家营村幼儿园	北京市朝阳区环宇幼儿园
北京市工商业联合会安贞东里幼儿园	朝阳区十八里店乡横街子村向阳幼儿园	北京蓝岛大厦幼儿园
北京师范大学实验幼儿园	朝阳区十八里店兴华幼儿园	北京市蓓蕾幼儿园
朝阳区十八里店乡周庄嘉园幼儿园	朝阳区童欣幼儿园	中国人民解放军总装备部后勤部幼儿园
朝阳区安贞街道中心幼儿园	北京星海艺术幼儿园	中国人民解放军总装备部直属机关幼儿园
朝阳区亚运村第二幼儿园	朝阳区松榆东里幼儿园	中国人民解放军61599部队幼儿园
朝阳区亚运村第一幼儿园	朝阳区黑庄户乡人民政府中心幼儿园	中国人民解放军63918部队幼儿园
朝阳区亚运村中心幼儿园	朝阳区六里屯街道中心幼儿园	中国人民解放军63961部队幼儿园
朝阳区左家庄幼儿园	朝阳区十八里店乡幼儿园	中国人民解放军北京军区空军育翔幼儿园北纬40度分园
朝阳区左家庄街道中心幼儿园		

民办幼儿园（113所）

序号	名 称	序号	名 称
1	北京市朝阳区艾毅多元智能幼儿园	3	北京市朝阳区爱迪幼儿园
2	北京市朝阳区艾毅双语幼儿园	4	北京市朝阳区爱丽尔幼儿园
	北京市朝阳区艾毅双语幼儿园（2址）	5	北京市朝阳区爱绿艺术幼儿园

序号	名　　称
6	北京市朝阳区拔萃蓝天双语幼儿园
7	北京市朝阳区百年嘉华幼儿园
8	北京市朝阳区百年实验艺术幼儿园
9	北京市朝阳区北方之星民族幼儿园
10	北京市朝阳区倍康宝贝水育小规模幼儿园
11	北京市朝阳区博凯智能全纳幼儿园
	北京市朝阳区博凯智能全纳幼儿园（2址）
12	北京市朝阳区春宇幼儿园
13	北京市朝阳区聪明娃娃幼儿园
14	北京市朝阳区德福双语幼儿园
15	北京市朝阳区东方子樾双语幼儿园
16	北京市朝阳区二十一世纪实验幼儿园
	北京市朝阳区二十一世纪实验幼儿园（国美园）
	北京市朝阳区二十一世纪实验幼儿园（UHN园）
	北京市朝阳区二十一世纪实验幼儿园（望京融科园）
	北京市朝阳区二十一世纪实验幼儿园（十里堡园）
17	北京市朝阳区甘露艺术幼儿园
18	北京市朝阳区格顿双语幼儿园
19	北京市朝阳区根姆赞蒂双语幼儿园
20	北京市朝阳区管庄建东苑幼儿园
21	北京市朝阳区海嘉实验幼儿园
22	北京市朝阳区合生罗马幼儿园
23	北京市朝阳区红黄蓝东坝幼儿园
24	北京市朝阳区红黄蓝和平里幼儿园
25	北京市朝阳区红黄蓝新天地幼儿园
26	北京市朝阳区红黄蓝幼儿园
27	北京市朝阳区红黄蓝中灿苑幼儿园
28	北京市朝阳区劲松红黄蓝幼儿园
29	北京市朝阳区花家地婴幼儿培育中心
30	北京市朝阳区华溢艺术实验幼儿园
31	北京市朝阳区家育苑幼托中心
32	北京市朝阳区嘉德蒙台梭利双语幼儿园
33	北京市朝阳区金色摇篮潜能开发婴幼园
	北京市朝阳区金色摇篮潜能开发婴幼园（华腾）
	北京市朝阳区金色摇篮潜能开发婴幼园（芍药居园）
	北京市朝阳区金色摇篮潜能开发婴幼园（小关园）
	北京市朝阳区金色摇篮潜能开发婴幼园（东区国际）
	北京市朝阳区金色摇篮潜能开发婴幼园（鹿港园）
34	北京市朝阳区金雁幼儿园
35	北京市朝阳区精诚实验幼儿园
	北京市朝阳区精诚实验幼儿园（育慧里）
36	北京市朝阳区凯尔宝宝婴幼园
	北京市朝阳区凯尔宝宝婴幼园（十里堡）
37	北京市朝阳区可儿苹果幼儿园
38	北京市朝阳区可儿幼儿园
	北京市朝阳区可儿幼儿园（阳光上东）
39	北京市朝阳区乐儿幼儿园

序号	名　　称
40	北京市朝阳区立城苑小金星幼儿园
41	北京市朝阳区满天星幼儿园
42	北京市朝阳区美格双语幼儿园
	北京市朝阳区美格双语幼儿园（国典园）
43	北京市朝阳区美真幼儿园
44	北京市朝阳区名山幼儿园
45	北京市朝阳区培华实验幼儿园
	北京市朝阳区培华实验幼儿园（小营）
46	北京市朝阳区培基双语幼儿园
	北京市朝阳区培基双语幼儿园（无限园）
	北京市朝阳区培基双语幼儿园（太阳星城园）
	北京市朝阳区培基双语幼儿园（欧陆园）
47	北京市朝阳区吉美瑞幼儿园
48	北京市朝阳区启航双语幼儿园
49	北京市朝阳区启明东润双语幼儿园
	北京市朝阳区启明东润双语幼儿园（玫瑰东方园）
	北京市朝阳区启明东润双语幼儿园（珠江帝景园）
50	北京市朝阳区启明国风双语幼儿园
51	北京市朝阳区青苗幼儿园
52	北京市朝阳区三为园托幼中心
53	北京市朝阳区石佛营幼儿园
54	北京市朝阳区世纪阳光幼儿园
55	北京市朝阳区手牵手幼儿园
56	北京市朝阳区双龙幼儿园
57	北京市朝阳区京师实验幼儿园
58	北京市朝阳区孙瑞雪至尊宝宝幼儿园
	北京市朝阳区孙瑞雪至尊宝宝幼儿园（国展园）
59	北京市朝阳区唐纳朝来幼儿园
60	北京市朝阳区陶乐园托幼中心
61	北京市朝阳区威斯顿润泽幼儿园
62	北京市朝阳区威斯顿幼儿园
63	北京市朝阳区为明实验幼儿园
64	北京市朝阳区卧龙幼儿园
65	北京市朝阳区先策幼儿园
66	北京市朝阳区向日葵艺术幼儿园
	北京市朝阳区向日葵艺术幼儿园（兴隆园）
	北京市朝阳区向日葵艺术幼儿园（赛洛城）
67	北京市朝阳区小金星幼儿园
68	北京市朝阳区小牛津双语才艺幼儿园
	北京市朝阳区小牛津双语才艺幼儿园（慧忠里）
	北京市朝阳区小牛津双语才艺幼儿园（南新园）
	北京市朝阳区小牛津双语才艺幼儿园（现代城）
69	北京市朝阳区小橡树三元桥幼儿园
70	北京市朝阳区新世纪幼儿园
71	北京市朝阳区新世界幼儿园
72	北京市朝阳区新园双语幼儿园
73	北京市朝阳区星河湾德福双语幼儿园

序号	名 称	序号	名 称
74	北京市朝阳区幸福泉北苑幼儿园	96	北京市朝阳区格顿双语东湖湾幼儿园
75	北京市朝阳区幸福泉世茂幼儿园	97	北京市朝阳区凯尔宝宝望京幼儿园
76	北京市朝阳区幸福天使幼儿园	98	北京市朝阳区春宇凤凰苑幼儿园
77	北京市朝阳区亚奥幼儿园	99	北京市朝阳区朝花幼儿园
78	北京市朝阳区阳光幼儿园		北京市朝阳区朝花来广营幼儿园
79	北京市朝阳区伊顿慧智双语幼儿园		北京市朝阳区朝花小红门幼儿园
80	北京市朝阳区伊顿双语幼儿园		北京市朝阳区朝花东坝幼儿园
	北京市朝阳区伊顿双语幼儿园（新城国际）		北京市朝阳区朝花垡头幼儿园
81	北京市朝阳区二十一世纪安德鲁斯幼儿园		北京市朝阳区朝花世泊郡幼儿园
82	北京市朝阳区宜宝双语幼儿园		北京市朝阳区朝花高杨树幼儿园
83	北京市朝阳区中育万科青青幼儿园		北京市朝阳区朝花康营家园 15 区幼儿园
84	北京市汇佳幼儿园		北京市朝阳区朝花双合家园幼儿园
	北京市汇佳幼儿园（远洋）		北京市朝阳区朝花双合家园幼儿园
	北京市汇佳幼儿园（国展）	100	北京市朝阳区王子岛双语幼儿园
85	北京市刘诗昆音乐艺术幼儿园	101	北京市朝阳区为明多元智能幼儿园
	北京市刘诗昆音乐艺术幼儿园（望京花园）	102	北京市朝阳区远洋星空幼儿园
	北京市刘诗昆音乐艺术幼儿园（珠江绿洲园）	103	北京市朝阳区伊禾木双语幼儿园
86	北京市忠德双语幼儿园	104	北京市朝阳区春风化雨双语幼儿园
87	北京市朝阳区巧智博仁双语幼儿园	105	北京市朝阳区北大公学幼儿园
88	北京市朝阳区彩虹路幼儿园	106	北京市朝阳区将台可儿幼儿园
89	北京市朝阳区金蓓蕾幼儿园	107	北京市朝阳区子乐幼儿园
90	北京市朝阳区伊顿慧智华侨城双语幼儿园	108	北京市朝阳区思贝乐幼儿园
91	北京市朝阳区慧美双语幼儿园（万和城小区内）	109	北京市朝阳区又一城幼儿园
92	北京市朝阳区欧华双语幼儿园	110	北京市朝阳区爱悦蓝天幼儿园
93	北京市朝阳区卓悦童双语艺术幼儿园	111	北京市朝阳区德爱双语幼儿园
94	北京市朝阳区世纪东方国际幼儿园	112	北京市朝阳区青苗常青藤幼儿园
95	北京市朝阳区金雁飞鸣幼儿园	113	北京市朝阳区青苗大望路幼儿园

高等院校（22 所）

中央部属院校（9 所）		北京市属院校（12 所）、部队院校（1 所）	
序号	名 称	序号	名 称
1	对外经济贸易大学	1	北京工业大学
2	中国传媒大学	2	北京第二外国语学院
3	北京化工大学	3	北京服装学院
4	北京中医药大学	4	北京信息科技大学
5	中央美术学院	5	北京联合大学
6	中央音乐学院	6	北京青年政治学院
7	中华女子学院	7	首都经贸大学(红庙校区)
8	中国社会科学研究生院	8	北京信息职业技术学院
9	中国藏语言高级佛学院	9	北京电子科技职业学院
		10	北京政法职业学院
		11	北京经济管理职业学院
		12	北京劳动保障职业学院
		13	武警北京指挥学院

医疗卫生机构

三级医院（16家）

名　称	地　址	电　话
北京华信医院	酒仙桥一街坊6号	64369999
煤炭总医院	西坝河南里29号	64667755
首都医科大学附属北京安贞医院	安贞路2号	64412431
卫生部中日友好医院	和平里樱花园东街2号	84205566
航空总医院	安外北苑3号院	59520088
民航总医院	朝外高井甲1号	85762244
北京市垂杨柳医院	垂杨柳南街2号、三间房西村甲479号	67718822
首都医科大学附属北京朝阳医院	工体南路8号	85231000
中国中医科学院望京医院	望京中环南路6号	84739000
北京中医药大学第三附属医院	安定门外小关街51号	52075555
中国医学科学院肿瘤医院肿瘤研究所	潘家园南里17号	67781331
首都儿科研究所附属儿童医院	雅宝路2号	85695555
北京地坛医院	京顺路东街8号	84322200
武警北京市总队医院	东三里屯1号院	67570329
解放军306医院	德外安翔北里9号	66356729
北京妇产医院	姚家园路251号	85976699

二级医院（29家）

名　称	地　址	电　话
朝阳区双桥医院	双桥东路	85390910
首都机场医院	首都机场南路东里17 号楼	64591120
朝阳区中医医院	工体南路6号	65531155
北京市第一中西医结合医院	金台路13号内2号、东坝乡东风大队二条	85993431
中国藏学研究中心北京藏医院	小关北里218号	64972929
朝阳区第三医院	双桥南路甲8号、延静西里12号楼、金盏乡金盏大街2号	52023406
北京市老年病医院	华严北里小关西街甲2号	62027018
朝阳区妇幼保健院	潘家园华威里25号	67719999
北京市红十字会急诊抢救中心	德外清河南镇	62922345
北京五方桥中医肾病医院	王四营乡王四营村339号	18911771937
朝阳区三环肿瘤医院	十里河352号	67475557-126
北京美迪中医皮肤病医院	高碑店乡半壁店村惠河南街1092号	67289555-8006
北京朝阳急诊抢救中心	周庄嘉园东里27号	87156869
北京东苑中医医院	朝来绿色家园广华居18号、19号底商	52320333
北京瑞程医院管理有限公司瑞泰口腔医院	天居园1号楼	84828880
北京市朝阳区桓兴肿瘤医院	十八里店吕家营南里甲1号	87697396
北京玛丽妇婴医院	和平里北街5号	64216666
北京五洲妇儿医院	西大望路24号	87769899
北京俪婴妇产医院	雅成一里16号楼	85511888
北京新世纪妇儿医院	望京北路51号院2号楼、5号楼	51783366-6010
北京安慧宜和妇儿医院	安慧北里逸园5号楼	52346899

北京嫣然天使儿童医院	望京东园 519 号楼	84781877
北京麦瑞骨科医院	北苑路 1 号	64479900
北京美中宜和妇儿医院	芳园西路 9 号、四得公园将台西路 9–9 号	64342388 64342399
北京和美妇儿医院	安外小关北里甲 2 号	64990499
北京凤凰妇科医院	将台西路 18 号	84308631
北京华府妇儿医院	百子湾南二路 18 号	50951111
北京精诚博爱康复医院	崔各庄乡南皋路 188 号	53220500
北京和睦家医院	将台路 2 号	59277000

一级医院（109 家）

名 称	地 址	电 话
北内集团总公司北京双井医院	广渠路 31 号	67786459
北京市朝阳区大屯医院	慧忠里小区 301 楼	64951760
北京二十一世纪医院	亮马桥路 40 号二十一世纪大厦	84446158
北京广仁医院	农光里 112 号楼南综合楼	51399888
北京化工实验厂华仁医院	垂杨柳中街甲 1 号	67755088
对外经济贸易大学医院	惠新东街 12 号	64492478
北京全胜医院	黄厂南里 3 号院 1 号楼	52022396
北京贵美汇医院	团结湖南里甲 12 号	85961888
北京天伦医院	朝阳门南大街 12 号	85617849
北京七星华电科技集团有限责任公司医院	大山子北里 29 楼	64388395
北京华泰医院	平房西口	85573683
中国舰船研究院北京舰船医院	德外双泉堡甲 2 号	64831728
北京西直河仁安医院	十八里店乡西直河村村委会南院	67367115
北京建国医院	西大望路 2 号	65850611
路桥集团第一公路工程局周井医院	管庄周井大院	65761831
北京金凤凰医院	成寿寺路 136 号院 2 号楼 101–102 商铺	67611215
北京朝阳凌和望京医院	宏昌路望京西园一区 120 楼	84710221
北京黎明医院	世纪东方嘉园 212 楼 3 号	87354450
北京十里河医院	十八里店乡周庄村周家庄 136 号	87777999
中国水利水电第二工程局有限公司定福庄医院	定福庄西街 21 号楼	65766175
北京国门医院	北皋村 1 号	84336045
北京城建安贞西里医院	大黄庄南里 16 号楼	65434975
中国建筑材料科学研究总院管庄东里医院	管庄东里 1 号	51167329
北京市第五建筑工程公司职工医院	红庙柴家湾 5 号	65060104
北京恒生沙医生医院	东直门外大街 12 号	68528448
北京市朝阳区双龙医院	双龙南里 101 楼	87321894–802
北京凯尔医院	望京湖光中街 8 号 1 号楼西段第二、四层	84729642
北京惠兰医院	望京北路 18 号 401 室	64390833
慈铭健康体检管理集团股份有限公司北京亮马桥医院	亮马桥路 39 号“第一上海中心”	84535177
北京维特奥医院	东三环南路乙 52 楼 9–1	67727789
北京北亚医院	安定门外安苑里 1 号院 1 号楼	64758523
北京易货通科技发展有限公司京润医院	霄云路 18 号京润水上花园别墅公寓 CC 座	64681355
北京东方博大医院	华威西里 55 号	87789575
北京工业大学医院	朝阳区平乐园 100 号	67391547
北京普祥医院	大山子南里甲 2 号	84573888
北京海文医院	华威北里甲 10 号	67754353
北京第三棉纺织厂职工医院	八里庄西里 614 楼旁小楼	65574585
北京炼焦化学厂医院	化工路东口	67364382

北京高新医院	左安门外饮马井45号	87677266
北京长虹医院	东三环北路甲17号	65069996
北京善尔医院	望京西园四区412楼	64750525
北京圣马克医院	东四环南路53号院5号楼	50967626
北京世纪晨光医院	王四营乡观音惠园1号汇泰大厦	67639929
北京宜健三业医院	新源里111号	53202666
北京中山医院	南新园中路112号楼。	87321392
北京卢安医院	孙河乡康营东路康营家园回迁安置房小区E06楼、E07楼	57627333
北京基恩医院	南湖东园122楼2层S-05、S-08、S-09、3层T-3号	84711123
北京明德医院	酒仙桥北路9号（厂区）2、3、4号楼	59850200
慈铭健康体检管理集团股份有限公司北京奥亚医院	北苑路91号	59658600
北京月犁中医医院	将台乡铁路大环内将府庄园内	84561766
北京同春堂中医医院	管庄杨闸环岛西北角P3商业楼	87367190
北京广慈中医药研究院广济中医医院	安华西里一区12号楼	64256931
北京济民中医医院	八里庄西里61号楼1-2层B区	85863120
北京玉林中医医院	八里庄北里305楼	85822318
北京黄枢微创骨伤中医医院	金台路25号楼北侧	52012866
北京华大中医医院	劲松四区405楼	67749242
北京朝阳罗有明中医骨伤科医院	高碑店北路甲8号	85776217
北京颐康中医医院	北苑路172号万兴苑15. 16号楼裙房	64950197
北京京师中医医院	团结湖北三条甲4号	85984751
北京中海中医医院	松榆北路5号楼	59910899
北京闫三毛骨病中医院	黄寺大街3号	64234016
北京世华针刀中医医院	十八里店乡十里河路391号	67306211
北京中京苑医学科学研究院恒安中医院	西大望路甲27号	67331993
北京弘医堂中医医院	团结湖北路2号	65827961
北京方舟医院管理有限公司方舟中医医院	广渠东路38号	87711888
北京中研万康中医医院	西坝河南路4号	84497156
北京奥北中医医院	大屯路36号	64887911-806
北京朝阳国医之家中医医院	酒仙桥路26号院1号楼1至2层A08、A09	52027955　52027956
北京芸众本草中医医院	望京北路39号10号楼	84770188
北京医圣堂中医医院	芍药居北里305号1层24-29室	84641810
北京国宗济世中医医院	望京西园二区京电商综合楼	64709355
北京龙脊中医骨伤医院	广顺北大街17号4层B03/B03a号	84711267
北京年轮中医骨科医院	八里庄北里87-89号	59101069
北京永寿中医医院	十八里店乡横街子村18号	51091957　13501232930
北京伟达中医肿瘤医院	王四营乡官庄村100号	67366120
北京朝阳中西医结合医院	芍药居北里315楼26-32号	64030283
北京通策京朝口腔医院	八里庄西里100号住邦2000商务楼	85868399
北京东区口腔医院	广渠路33号石韵浩庭B座101、102	87767117
北京南区口腔医院	华威北里24号楼	67784820
北京维尔口腔医院	朝阳北路八里庄南里32号楼	85822858
北京华德眼科医院	金台路甜水园东街10号	65865928
北京同仁福康眼科医院	安立路66号安立花园c座7-9层	64907894
北京爱尔英智眼科医院	潘家园南里12号潘家园大厦	67715558
北京民众眼科医院	林萃西里22号楼	82726600
北京东方美华医院投资管理有限公司东方美华妇儿医院	安外小关北里边218号1号楼	64968888
北京国奥心理医院	安外大街安定路1号国家奥林匹克体育中心院内	64936766
北京垡头大柳树医院	王四营路大柳树153号	67200300

北京京城皮肤病医院	得胜门外双泉堡甲 4 号	64870888
北京英智康复医院	八里庄南里 5 号楼	85813399
北京天轩脑病康复医院	西坝河东里 16 号	84486879
北京和谐康复医院	孙河乡顺黄路 158 号	84914946
北京和睦家康复医院	东风乡将台洼村甲 168 号	85581800
北京美联臣医疗美容医院	东三环南路乙 52 楼 3、5–8 号	87728888–8201
北京史三八医疗美容医院	广渠门外大街富力城 A9–6	58764769
北京伊美尔医疗美容医院	水碓子北里 11 号	85963388
北京新时代伊美尔幸福医学美容专科医院	东三环北路 3 号	64654266
北京美雅枫医疗美容医院	望京西园三区 315 楼	64729926 64729920
北京基础美医疗美容医院	广渠路大街 28 号珠江帝景家园商铺甲 209 号	58631555
北京华韩医疗美容医院	劲松东口农光里 109 号	67308002
北京叶子整形美容医院	高碑店北路 5–3 号	85778199
北京丽都医疗美容医院	慧忠里 103 楼 D 座	58396888 58366889
北京艺星医疗美容医院	东三环中路（东环南路 22 号北侧 3 号楼）	87762998
北京奥东中康医院	安外北苑 3 号院	51372036
北京朝阳糖尿病医院	甜水园东街 1 号	65074638
北京天使望京妇儿医院	望京西园一区 117 楼	84710866
北京万和颈椎病医院	立水桥北 8 号	84844800
北京东大肛肠医院	东大桥路 5 号	85631169
中国老龄事业发展基金会北京松堂关怀医院	管庄 166 号	65756051
北京华盛医院	成寿寺路威仪路 5 号	87673558

卫生服务中心（46 个）

名 称	地 址	电 话
呼家楼社区卫生服务中心	金台路 13 号内 2 号西楼 5 层	85991801
豆各庄社区卫生服务中心	豆各庄乡豆各庄村	67367160
双井社区卫生服务中心	广渠门外大街 31 号	67788835
和平街社区卫生服务中心	和平街 13 区 1 号院 1 号楼 4–5 层，2 号楼 1 层东侧，7 号楼 1–5 层	64202514
小红门社区卫生服务中心	鸿博家园五区临 2 号	87602034
呼家楼第二社区卫生服务中心	呼家楼南里 1 号楼	65064725
潘家园第二社区卫生服务中心	松榆里 22 号	67349041
孙河社区卫生服务中心	孙河乡西甸村	84595672
太阳宫社区卫生服务中心	光熙门北里 34–1 号	64294423
左家庄社区卫生服务中心	顺源街 01 楼	64672412
金盏第二社区卫生服务中心	金盏大街 2 号	84334240
东坝社区卫生服务中心	东坝乡东风大队二条	84314994
高碑店社区卫生服务中心	高碑店乡高碑店村 250 号	85757762
南磨房社区卫生服务中心	西大望路 29 号	67326640
常营社区卫生服务中心	常营乡政府西侧	65435904
劲松社区卫生服务中心	劲松五区 501 楼	67782554
平房社区卫生服务中心	姚家园西里 1 号院 1 号楼	85575492
三里屯社区卫生服务中心	北三里屯南 45 号	64155582
管庄第二社区卫生服务中心	管庄地区瑞祥里小区 15 号楼	85706208
金盏社区卫生服务中心	金盏乡楼梓庄中心街 104 号	84317826
三间房社区卫生服务中心	双桥中路火车站南	85365532
八里庄第二社区卫生服务中心	十里堡东里 119 楼	65573889
八里庄社区卫生服务中心	延静西里 11 号楼	65005221
潘家园社区卫生服务中心	潘家园华威里 25 号	67719999
来广营社区卫生服务中心	朝来绿色家园赢秋苑小区北综合服务楼	84952910

黑庄户社区卫生服务中心	黑庄户乡乡政府大街	85386211
望京社区卫生服务中心	望花路西里 14 号	64731559
垡头社区卫生服务中心	垡头金蝉北里 19 号	67204382
亚运村社区卫生服务中心	安慧里一区 17 号	64916748
大屯社区卫生服务中心	安慧北里逸园甲 10 号	64959100
东湖社区卫生服务中心	望京花园东区 204 号楼	84727228
三间房第二社区卫生服务中心	三间房乡西村甲 479 号	65768486
朝外社区卫生服务中心	工体南路 6 号	65535620
香河园社区卫生服务中心	柳芳南里 15 号楼	84514425
奥运村社区卫生服务中心	奥运村天居园 10 号楼	64852823
酒仙桥社区卫生服务中心	酒仙桥十一街坊 6 号	64321278
将台社区卫生服务中心	酒仙桥路 49 号	64372046
团结湖社区卫生服务中心	团结湖北三条 7 号楼	85977775
王四营社区卫生服务中心	王四营乡王四营村	67203407
六里屯社区卫生服务中心	水碓子东路 15 号	85964238
东风社区卫生服务中心	南十里居 40 号	85813669
安贞社区卫生服务中心	安华西里 2 区 11 楼	64234017
崔各庄社区卫生服务中心	东直门外京顺路北皋北	84701525
十八里店社区卫生服务中心	十八里店乡周庄六队	67477980
双井第二社区卫生服务中心	百子湾南二路 94 号	87159988
麦子店社区卫生服务中心	朝阳公园甲 11 号	64155582

公 证 处

名 称	地 址	电 话
北京市正阳公证处	水碓子东路 23 号	85961236

律师事务所（部分）

名 称	地 址	电 话
北京大成律师事务所	东大桥路 9 号侨福芳草地大厦 7 层	58137799
北京市金杜律师事务所	东三环中路 7 号北京财富中心写字楼 A 座 40 层	58785588
北京市中伦律师事务所	建外大街甲 6 号 SK 大厦 36、37 层	59572288
北京金诚同达律师事务所	建外大街 1 号国贸大厦 10 层	57068585
北京市万商天勤律师事务所	东四环中路 39 号华业国际中心 A 座 3 层	82255588
北京市广盛律师事务所	东三环北路甲 19 号嘉盛中心 601	59670111
北京市中伦文德律师事务所	西坝河南路 1 号金泰大厦 19 层	64402232
北京市中银律师事务所	东三环中路 39 号建外 SOHO 东区 A 座 31 层	58698899
北京市长安律师事务所	甜水园街 6 号北京出入境检验检疫大厦 14 层	58619715/16/17/18
北京市兰台律师事务所	曙光西里甲 1 号 B-2903	52287799
北京市北斗鼎铭律师事务所	望京西园 221 号博泰大厦 10 层	64789988

北京市京都律师事务所	景华南街5号远洋光华国际大厦C座23层	57096000
国浩律师（北京）事务所	东三环北路38号泰康金融大厦9层	65890699
北京市环中律师事务所	安立路68号阳光广场B2座29层2901	64896300
北京市浩天信和律师事务所	东三环中路5号财富金融中心12层	65028888
北京市高朋律师事务所	东三环北路2号南银大厦2801室	59241188
北京市潮阳律师事务所	团结湖东里12号A座3A	85972612
北京市三信律师事务所	东大桥路八号尚都国际中心A座908	58700716
北京市亿达律师事务所	东大桥路甲8号华远尚都国际中心15层	51286368
北京天达共和律师事务所	麦子店街37号盛福大厦1930室	65906639
北京市中创律师事务所	朝外大街吉庆里小区蓝筹名座A座二区16层	65528815
北京市中淇律师事务所	朝外小庄6号中国第一商城A座1208	85765563
北京市华舟律师事务所	鑫兆家园综合楼15号楼752室	65006510
北京市安理律师事务所	东三环北路38号北京国际中心3号楼9层	85879199
北京市岳成律师事务所	东三环北路丙2号天元港中心A座7层	84417799
北京市金栋律师事务所	六里屯西里甲7号楼	65007027
北京庞标律师事务所	关东店南街2号旺座商务中心32层17号	65020417
北京市律理律师事务所	亚运村天创世缘B2–805	64803822
北京市奕明律师事务所	望京西路48号金隅国际C座1105室	64787188
北京市盈科律师事务所	东四环中路76号大成国际中心C座6层	59626699
北京高文律师事务所	亮马桥路32号高斓大厦1901	84512800
北京乾成律师事务所	麦子店西街鹏润大厦A座1105	51088166
北京市铭泰律师事务所	京广商务楼512	65978188 65974688
北京市康达律师事务所	幸福二村40号楼40–3 4–5层	50867666
北京市隆安律师事务所	建外大街21号北京国际俱乐部188室	65325588
北京市集佳律师事务所	建国门外大街22号赛特广场7层	85115588
北京道信律师事务所	东三环北路甲2号京信大厦1502	84492866
北京市嘉润道和律师事务所	建外大街22号赛特大厦601室	65142061
北京德和衡律师事务所	永安东里16号CBD国际大厦16层08A单元	85219222

法律服务所

名称	地址	电话
左家庄街道法律服务所	东直门外新源里左家庄街道办事处院内	64648385
八里庄街道法律服务所	八里庄西里73号楼1层108室	85867591
双井街道法律服务所	广渠门外广和路3号楼	13001280993
酒仙桥街道法律服务所	酒仙桥街道社区服务中心	64321938
劲松街道法律服务所	劲松一区115楼317号	87735231
小关街道法律服务所	北四环东路108号院13号楼	84856678
大屯街道法律服务所	慧忠里108楼328室	64974871
孙河乡法律服务所	孙河乡政府院内	84839015 84839016

公安朝阳分局派出所

名称	地址	电话
朝外大街派出所	三丰里甲 11 号	85612407
建外派出所	光华里甲 2 号	65912227
三里屯派出所	三里屯南 41 楼	64166786
呼家楼派出所	呼家楼北街	65021574
安贞派出所	安贞西里三区 7 楼	64419129
香河园派出所	西坝河南里 26 号楼	64619262
和平街派出所	樱花园东街 3 号	64422553
新源里派出所	新源里 17 号	64674086
小关派出所	小关东街 5 号	64917134
太阳宫派出所	西坝河北里 8 号楼	64212857
麦子店派出所	枣营北里 1 楼	65857190
团结湖派出所	团结湖路 19 楼	85989405
六里屯派出所	十里堡北区 2 号院	85817657
双井派出所	垂杨柳中街 2 号	67716244
劲松派出所	广渠路 66 号院 6 号楼	67727306
潘家园派出所	华威西里 29 楼	67785877
亚运村户籍派出所	安苑北里甲 8 号	64912193
大屯派出所	大屯 220 号 6 号楼	64949248
奥运村派出所	扶林路甲 9 号	84913594
来广营派出所	来广营乡朝来农艺园院内	84912451
花家地派出所	花家地北里 8 号楼	84716376
将台派出所	将台乡将府家园北侧	64362030
首都机场派出所	首都机场燕翔东里 12 号	64561626
孙河派出所	孙河乡康营村	64384625
东湖派出所	望京花园 130 楼	64713294
南皋派出所	崔各庄乡南皋路	84566382
八里庄派出所	十里堡西里 218 号	65561089
高碑店派出所	高碑店乡高碑店村	85754153
平房派出所	黄杉木店 180 号	85574138
东风派出所	东风乡辛庄村甲 28 号	85849101
酒仙桥派出所	酒仙桥路 30 号	64371415
东坝派出所	红松园北里甲 8 号	65495368
金盏派出所	金盏大街(金盏乡政府后)	84333271
楼梓庄派出所	金盏乡曹各庄 249 号	84312825
南磨房派出所	平乐园小区 105 楼	67312979
王四营派出所	王四营村 3 号	67364358
垡头派出所	垡头北里 12 楼	67381152
十八里店派出所	十八里店乡十八里店村 20 号	67471965
小红门派出所	小红门龙爪树南里	87690144
豆各庄派出所	西马各庄村	85308831
黑庄户派出所	黑庄户乡商业大街甲 1 号	85382586
管庄派出所	管庄乡双会桥西甲 5 号	65761888

常营派出所	幺家店路甲 1 号	65481123
三间房派出所	建国路甲 6 号	65420101
黄港派出所	孙河乡上辛堡村	84791728
崔各庄派出所	崔各庄乡马泉营村	64320110
南湖派出所	南湖中园 238 楼	64703003
小武基派出所	十八里店乡西直河村王村路甲 1 号	87335927
奥林匹克公园派出所	安慧北里雅园 1 楼	64910162

工商朝阳分局工商所

名　称	地　址	电　话
六里屯工商所	甜水园北里 1 号楼	65076946
团结湖工商所	团结湖北头条 9 号楼	85589300
双井工商所	松榆东里 37 号楼	67316857-1
酒仙桥工商所	驼房营路 3 号（将台派出所南）	64329430
左家庄工商所	西坝河西里 28 号英特公寓 4 层	64292464
奥运村工商所	安惠里 1 区 11 号	64915551
高碑店工商所	康家园 25 号	85782132
北京商务中心区工商所	建国路 93 号万达广场 3 号楼 1 层	58205533-525
双桥工商所	管庄乡杨闸环岛东 200 米路南	85708720
华威工商所	双龙南里 212 楼	87312145
大屯工商所	朝阳区惠新东街 8 号设计大厦 E 层	84644537
望京工商所	望京西园 103 楼	64707739
安贞工商所	西坝河西里 28 号英特公寓 3 层	64433315
十八里店工商所	双龙南里 129 楼	87310453
崔各庄工商所	崔各庄乡政府东侧	64321040

国税局税务所

名　称	地　址	电　话
朝阳区国家税务局	左家庄东里甲 3 号	64653418
第一税务所	左家庄东里甲 3 号	84516036
第二税务所	小八里庄 37 号	67343755
第三税务所	姚家园路 101 号新七彩商业中心西楼 4 层	85569628
第四税务所	姚家园路 101 号新七彩商业中心西楼 4 层	85569622
第五税务所	潘家园华威北里甲 26 号	87716176
第六税务所	左家庄东里甲 3 号	84551699
第七税务所	管庄乡燕京医药公司东侧	65765705
第八税务所	姚家园路 101 号新七彩商业中心西楼 4 层	85569632
第九税务所	小八里庄 37 号	87373718
第十税务所	驼房营南里	64369392
第十一税务所	朝外大街乙 6 号（朝外 SOHO）C 座 3 层	58697940

第十二税务所	小关东街 24 号	64968597
第十三税务所	潘家园华威北里甲 26 号	67793301
车购税管理分局	姚家园路甲 1 号东办公楼 3 层“一站式”服务大厅	51193150

地税局税务所

名　称	地　址	电　话
朝阳区地方税务局	安苑东里 3 区 1 号	64933333
第一税务所	霄云路霄云里 1 号	84681185
第二税务所	广渠东路 40 号	65933740
第三税务所	来广营红军营南路甲 3 号（来广营乡政府南侧）	84950400
第四税务所	来广营红军营南路甲 3 号（来广营乡政府南侧）	84950448
第五税务所	广渠东路 40 号	67799245
第六税务所	姚家园路 101 号新七彩商业中心西楼	65939941
第七税务所	广渠东路 40 号	67344506
第八税务所	太阳宫中路甲 6 号临 1 号（太阳宫公园南门西侧）	85967915
第九税务所	定福庄路 9 号（朝阳路二外丁字路口向北 500 米路西）	65711572
十里堡税务所	定福庄路 9 号（朝阳路二外丁字路口向北 500 米路西）	85094667
酒仙桥税务所	来广营红军营南路甲 3 号（来广营乡政府南侧）	64382829
呼家楼税务所	太阳宫中路甲 6 号临 1 号（太阳宫公园南门西侧）	85967917
双井税务所	广渠东路 40 号	67320305
小关税务所	来广营红军营南路甲 3 号（来广营乡政府南侧）	64915005
商务中心区税务所	东大桥路 8 号 SOHO 尚都北塔 A 座 3 层	64938346

文物保护单位

全国重点文物保护单位

名　称	地　址	电　话
北京东岳庙	朝外大街 141 号	65510151
日坛	日坛北路 6 号（日坛公园内）	85614261
清净化城塔	黄寺大街 11 号	62018968
元大都城墙遗址（朝阳段）	健安东路、健安西路北侧，东起土角楼西侧北京服装学院以东 673 米处，西至京藏高速路	84648252
大运河（通惠河朝阳段）永通桥、平津闸	管庄乡八里桥村东南、高碑店乡高碑店村西北	85709886　85770796
四九一电台旧址	豆各庄乡双桥街 9 号院	85363264

北京市文物保护单位

名　称	地　址	电　话
十方诸佛宝塔	王四营乡古塔公园内	67376310
北顶娘娘庙	奥林匹克中心区国家游泳馆南侧	65510151
顺承郡王府	朝阳公园南路 19 号	65940948

朝阳区文物保护单位

名　称	地　址	电　话
海阳义园（山东会馆）	呼家楼南里2号	85976279
马骏烈士墓	日坛北路6号日坛公园内	85614261
张翼祠堂	豆各庄乡豆各庄村西	65479035
常营清真寺	常营乡民族家园东路西南侧	65484914
肃慎亲王敬敏墓	王四营乡道口村西北（现柏阳景园小区西侧）	67376310
显谨亲王衍璜墓	潘家园东里	87381835
南下坡清真寺	朝外二条129号	85626316
那桐墓	三间房乡双桥路西里6号	65420049

大型体育场馆

名　称	地　址	电　话
朝阳体育中心	姚家园路77号	85574961
朝阳体育馆	姚家园路10号	85971016
北京郡王府体育中心	朝阳公园南路21号	65940432　65940438-828
北京工人体育场	工体北路	65016655
银橄榄体育世界	亮马桥路40号（21世纪饭店内）	64683311-转
国家游泳中心（水立方）	天辰东路11号	84370112　84370116
国家体育场（鸟巢）	安定路甲3号（北京奥林匹克公园内）	84373008
国家网球中心	林萃路2号	4007076666
国家奥林匹克体育中心（奥体中心）	安定路1号	64912233

公　园

名　称	地　址	电　话
日坛公园	日坛北路6号	85619984
团结湖公园	团结湖南里16号	85973603
红领巾公园	后八里庄5号	85839070
元大都城垣遗址公园	惠新东街	84648252
北小河公园	望京东湖路1号	64708518
四得公园	将台西路	64384057
庆丰公园	厂坡村甲2号	67780738
大望京公园	望京东路甲6号	84762917
奥林匹克森林公园	奥运村地区北五环仰山桥西	64529010
朝阳公园	朝阳公园南路1号	65915258
中华民族园	民族路1号	62063618
丽都公园	芳园西路6号	64378548
北京金盏郁金香花园	金盏西大街路北	84337800

北京朝来农艺园	来广营新生大队西侧	84913534
太阳宫公园	太阳宫公园	64323577
北焦公园	化工路口 1 号	67383866-2558
南湖公园	阜通西大街	64733376
东一处公园	双桥东路一时区	65730048
望湖公园	望京北路 51 号	64785880
八里桥公园	管庄乡八里桥村	65716210
立水桥公园	安立路	84848602
兴隆公园	高啤店兴隆庄甲 8 号	85759918
镇海寺郊野公园	小红门乡红坊路北	87604036
鸿博郊野公园	小红门乡博大路与红坊路交叉口附近	87604036
老君堂郊野公园	十八里店乡老君堂村	67474556
海棠郊野公园	十八里店乡老君堂村	67474556
古塔郊野公园	王四营乡	87390858
白鹿郊野公园	王四营乡道口村	87390858
将府公园	将台乡东八间房	64356756
东坝郊野公园	东坝地区东五环外	65491802
常营公园	常营乡	65481631
东风公园	东风乡将台洼	84301669
太阳宫体育休闲公园	太阳宫西路 1 号	64323577
朝来森林公园	来广营新生村	84913598
京城槐园	平房乡石各庄村旁	85574375
京城梨园	平房乡姚家园路与东五环路交汇处东南角	85574375
杜仲郊野公园	三间房乡金卫路	85367196
金田郊野公园	豆各庄乡于家围北村 478 号	85367983
京城体育场休闲公园	朝阳体育中心东西两侧	85574375
京城森林公园	黄杉木店路东西两侧	85574375
百花公园	高碑店乡北花园村	65765898
黄草湾郊野公园	辛店路	64922882
勇士营郊野公园	来广营乡朝来绿色家园东（北苑东路东侧）	84911106
清河营郊野公园	来广营乡清河营润泽庄园东侧	84911106

社区居委会、村委会

安贞街道

安贞里社区居委会	安贞里二区 20 号楼	64428863
安贞西里社区居委会	安贞西里三区 5 号楼东侧 2 层小楼	64453619
安华里社区居委会	安华里二区 11 号楼	84241354
安华西里社区居委会	安华西里一区 21 号楼前平房	64268241
黄寺社区居委会	黄寺大街甲 28 号院 1 号楼	82070950
裕民路社区居委会	裕中东里 1 号院	82027289

奥运村街道

总装社区居委会	安翔北里 10 号院	66355671
南沙滩社区居委会	南沙滩 66 号院 3 号楼 1 单元	52071973

科学园社区居委会	科学园南里东街2号楼2层	64841885
风林绿洲社区居委会	科学园南里风林绿洲F12楼4单元	64874476
绿色家园社区居委会	天居园5号楼1层	84916766
大羊坊社区居委会	双营路11号院1号楼东北角	64528614
龙祥社区居委会	清林路1号院世茂奥临7号楼	849402095
万科星园社区居委会	万科星园北门	84924006
北沙滩社区居委会	北海滩8号院5号楼	64830145
双泉社区居委会	域清街2号院5号楼	62925020
林萃社区居委会	林萃路9号（京师园5号楼18号）	58213290
国奥村社区居委会	林萃东路2号院西门	84370050

八里庄街道

红庙北里社区居委会	红庙北里53号楼南平房	65014186
红庙社区居委会	慈云寺4号楼东侧平房	65046519
八里庄西里社区居委会	慈云寺北里207楼26号	65570478
八里庄东里社区居委会	八里庄东里12楼后平房	65569064
十里堡社区居委会	十里堡东里27楼、28楼之间平房	65577555
延静里社区居委会	延静里西里22楼东侧平房	65014362
甘露园社区居委会	甘露园南里18号楼后	85781756
朝阳无限社区居委会	甘露园芳菁苑小区甘露园4号楼	85739508
城市华庭社区居委会	十里堡甲3号城市广场2号楼1层	85789902
十里堡南里社区居委会	甘露园中里2号院12号楼南侧	65577308
罗马嘉园社区居委会	朝阳北路107号院19号楼	58627490
华贸中心社区居委会	建国路89号华贸中心15号楼	52036920
远洋天地家园社区居委会	八里庄西里59号楼南侧配楼	85866626
甘露园中里社区居委会	甘露园中里1号楼后	85740338

朝外街道

芳草地社区居委会	东大桥路23号楼院内	85619525
吉庆里社区居委会	工体西里4号楼南侧院内	65538102
吉祥里社区居委会	朝外大街北侧吉祥里112楼旁	65514388
三丰里社区居委会	三丰里14号楼南侧小楼	85612610
体东社区居委会	工体南路甲1号（平房院内）	65522988
天福园社区居委会	天福园8号楼东侧平房	85611495
雅宝里社区居委会	朝南大街甲14号楼北侧	85628668

大屯街道

慧忠里第一社区居委会	慧忠里甲316楼北侧	64980308
慧忠里第二社区居委会	慧忠里B区109楼东南侧	64966868-8918
慧忠北里第一社区居委会	慧忠北里411楼	85584734
慧忠北里第二社区居委会	慧忠北里202楼	85584007
安慧北里秀雅社区居委会	安慧北里雅园4号楼	64921361
安慧北里安逸社区居委会	安慧北里逸园18号楼	64973028
大屯里社区居委会	大屯里115楼	84805104
安慧东里社区居委会	北苑路178号院光大名筑8号楼	64826118
欧陆经典社区居委会	欧陆经典172号院16号楼底商	84853151
育慧西里社区居委会	育慧西里小区	64915900
嘉铭园社区居委会	嘉铭园A区5号楼2单元	84859022

育慧里社区居委会	成慧路二号院 1 号楼 1 单元	84636040
世纪村社区居委会	世纪村西区 8 号楼北侧	84633764
亚运新新家园社区居委会	辛店路亚运新新家园物业	51737063

东湖街道筹备处

望京花园社区居委会	望京花园 130 楼	64700550
利泽西园一区社区居委会	利泽西园一区 104 楼	64758250
望湖社区居委会	利泽西园二区 206 楼 2 单元	64721670
望京西园社区居委会	望京西园一区 116 楼东南侧	64794570
南湖东园北社区居委会	南湖东园一区中心花园旁	64791990
南湖中园社区居委会	南湖中园 117 楼 3 门	64728432
果岭里社区居委会	果岭里社区东门外	84727412

垡头街道

垡头一区社区居委会	垡头一区 6 号楼北侧	67382011	67200537
垡头二区社区居委会	金蝉里 19 号楼 1 层	67367009	67364478
垡头三区社区居委会	金蝉里 16 号楼北侧	67365471	67375893
垡头东里社区居委会	东里东院 11 排南	67365570	67202696
垡头西里社区居委会	垡头西里 24 号楼北侧	67360853	67383926
垡头北里社区居委会	垡头 17 号楼西侧	67374703	67362951
翠城馨园社区居委会	翠城馨园 340 楼南侧	67383900	67383200
翠城雅园社区居委会	翠城馨园 237 号楼北侧	67202700	67366200
翠城趣园社区居委会	翠城馨园 340 号楼南侧	67363500	67360300
翠城盛园社区居委会	翠城馨园 143 号楼底商	67376900	67378200
翠城熙园社区居委会	翠城馨园 420 楼	67371136	67671366
翠城福园社区（筹备组）	翠城馨园 501 楼外侧底商（D19–1）	87156463	67381277
双合家园社区（筹备组）	双合中路 3 号院 C14 楼	67858925	67858926

和平街街道

和平家园社区居委会	和平街 11 区甲 12 号	84291139
砖角楼社区居委会	砖角楼北里 5 号楼院内平房	64219740
十四区社区居委会	和平街 14 区 14 楼北侧平房	84258576
和平东街社区居委会	和平街 15 区西门外南侧平房	64294800
樱花园社区居委会	樱花园社区 24 楼 7 单元	64443929
胜古庄社区居委会	胜古中路皇姑坟小区南侧平房	64452943
小黄庄社区居委会	和平街西苑 15 号楼西侧平房	84270383
胜古庄北社区居委会	安定路 12 号院 2 号楼	64437323
煤炭科技苑社区居委会	和平街 13 区 34 楼	84264316

呼家楼街道

小庄社区居委会	金台里甲 2 号楼东侧平房	85996939
新街社区居委会	光华路 15 号院泰达时代中心 4 号楼	85885071
关东店社区居委会	向军南里 5 号楼北侧	65021910
关东店北街社区居委会	圣世一品 28 号院内	65861972
东大桥社区居委会	东大桥路 8 号 SOHO 尚都南塔 1 层	59003781
金台里社区居委会	金台北街甲 1 号	85996291
核桃园社区居委会	中纺街 28 号院核桃园北里 11 号楼	65061163

呼家楼北里社区居委会	呼家楼北里平房甲 1 号	65950122
呼家楼南里社区居委会	呼家楼南里 20 号楼旁平房	65022156、
金台社区居委会（原人民日报社区）	金台西路 2 号院 12 楼	65369875

建外街道

建国里社区居委会	建国里三道街 1 号楼南平房	58783536
永安里社区居委会	灵通观煤炭宿舍院内	58783636
永安里东社区居委会	东三环中路 39 号建外 SOHO15 号楼	58783615
秀水社区居委会	东大桥路 57 号楼院内平房	59006763
光华里社区居委会	光华西里一号温莎大道 A 座	65005301
北郎社区居委会	郎家园 15 号万达广场西侧	65831573
北郎东社区居委会	蓝堡国际公寓 D 座 S215	85999344
南郎社区居委会	东三环中路南郎家园小区(大北写字楼)	58783660

劲松街道

劲松北社区居委会	劲松二区 218 楼	67790796
劲松东社区居委会	劲松三区 321 楼	67756254
劲松中社区居委会	劲松五区 507 楼	67794210
劲松西社区居委会	劲松八区甲 813 楼	87714607
农光里社区居委会	农光里小区 102 楼南侧	67354935
农光里中社区居委会	农光里 212 号楼	67354936
农光东里社区居委会	农光东里临甲 9 号	67356577
磨房北里社区居委会	磨北邻甲 120 楼	67313633
八棵杨社区居委会	东三环南路 54 号乙七裙楼	87735585
大郊亭社区居委会	广渠路 28 号院珠江帝景 208 楼北 A156	58634292
和谐雅园社区居委会	武圣北路 6 号院 1 号楼	67775535
百环社区居委会	广渠路 66 号院百环家园 10 号楼	87728617

酒仙桥街道

高家园社区居委会	高家园小区 118 号	64309142
大山子社区居委会	大山子北里小五楼	64309134
电子球场路社区居委会	三街坊 2 楼旁平房	64309151
红霞路社区居委会	六街坊 11 楼 6 单元	64909146
中北路社区居委会	酒仙桥路 11 号院后平房	64309139
酒仙桥东路社区居委会	驼房营南里兆维小区综合楼	64309168
酒仙桥南路社区居委会	十街坊 17 楼旁平房	64309156
怡思苑社区居委会	南十里居 15 号院 8 号楼	64309129
驼房营西里社区居委会	酒仙桥驼房营西里临甲 8 号文体中心	84707693

六里屯街道

秀水园社区居委会	水碓子北里 4 号楼西平房	85961850
碧水园社区居委会	甜水园北里 6 号楼 7 单元	65033285
甜水园社区居委会	甜水园东里纺织小区	65007498
道家园社区居委会	道家园 7 号楼 9 单元	65920781
八里庄南里社区居委会	八里庄南里 24 号楼北侧平房	85831049
八里庄北里社区居委会	八里庄北里公园 1872 小区 215 号楼底商	85918862
晨光社区居委会	晨光家园 212 号楼东 107 号	85843811

十里堡北里社区居委会	十里堡北里 29 号楼北侧平房	85832145
六里屯北里社区居委会	丽水家园 1 号楼	65862417
炫特家园社区居委会	炫特家园 3 号楼东侧	85856772
甜水西园社区居委会	甜水西园甲 12 号楼	85972199

麦子店街道

霞光里社区居委会	霞光里 30 号院 5 号楼	51302817
枣营北里社区居委会	枣营北里 30 号楼	65928551
枣营南里社区居委会	枣营南里 21 楼前平房	65089525
朝阳公园社区居委会	朝阳公园西路 9 号北小楼	65383824
农展南里社区居委会	农展南里 3 号楼	65915230

潘家园街道

潘家园社区居委会	潘家园 27 号楼 1 单元	87701306
潘家园南里社区居委会	潘家园南里 11 楼北侧平房	87715076
潘家园东里社区居委会	潘家园东里 1 号楼北侧平房	87711589
华威西里社区居委会	华威西里 42 号乙	67780406
华威北里社区居委会	华威北里甲 32 号	67790170
松榆西里社区居委会	松榆西里 61 号楼西侧	67321248
松榆里社区居委会	松榆里 26 号楼	67337813
松榆东里社区居委会	松榆东里 15 号楼	67358840
武圣农光社区居委会	松榆北路 7 号院 9 楼	87379079
武圣东里社区居委会	武圣庙 6 号	67320695
磨房南里社区居委会	武圣庙 6 号	67356846
华威里社区居委会	华威南路 2 号楼	87731033

三里屯街道

幸福一村社区居委会	太平庄南里甲 3 号	64169217
幸福二村社区居委会	幸福二村 5 号楼北侧	64166399
北三里社区居委会	北三里屯南楼西甲 1 号	64177960
中三里社区居委会	东三里屯中 3 楼院平房	66787026
东三里社区居委会	东三里中 11 楼南侧平房	64176151
中纺里社区居委会	中纺里 9 楼北侧平房	65929071
白西社区居委会	三里屯南路 4 号楼	65912776

首都机场街道

南路西里社区居委会	区燕翔西里 2 号楼北侧办公楼	64571565
南路东里社区居委会	东平里 5 号楼北侧办公楼	64571579
西平街社区居委会	西平街甲 9 号东侧办公楼	64579204
南平里社区居委会	南平里 32 号楼西侧办公楼	64573848

双井街道

广和里社区居委会	广和南里二条 14 号楼旁平房	67747556
垂东社区居委会	垂杨柳北区 14 楼西门	67754505
垂西社区居委会	垂杨柳西里 6 号楼西侧平房	87772862
广外南社区居委会	广渠门外大街 22 楼后平房	67751339

广泉社区居委会	广渠门外大街甲28号院15楼	87753405
双花园社区居委会	双花园西里甲8楼	67398192
光环社区居委会	双花园南里2区6号楼5单元	87721692
富力社区居委会	富力城天力街3号楼	58621739
九龙社区居委会	百子湾路32院南区5楼B座	58263287
九龙南社区居委会	百子湾南2路76号院乐成国际5号楼	87724721
大望社区居委会	西大望路19号金港国际5楼7单元	87755016
百子园社区居委会	百子园后现代城4号楼	87732860

团结湖街道

一二条社区居委会	团结湖北头条4号楼东侧	65824358
三四条社区居委会	团结湖北三条16号楼	85971899
中路北社区居委会	团结湖街道中路北一条8号楼	85982265
中路南社区居委会	团结湖路南一条5号楼西侧	85989270
水碓子社区居委会	团结湖水碓子24号楼	85986788
南北里社区居委会	团结湖路21号楼1单元	85989524

望京街道

望京西园四区社区居委会	望京西园四区414楼107室、108室	64706915 64728177
望京西园三区社区居委会	西园三区304楼2层	64716249 84726031
望花路东里社区居委会	望京中环南路11号院5号楼后	64735021
望花路西里社区居委会	望花路西里9号楼2单元	84715085
花家地社区居委会	花家地9号楼附属楼	84712151
花家地北里社区居委会	花家地北里	64730512 64738824
花家地南里社区居委会	花家地南里2号楼1单元	64733093 64725778
花家地西里社区居委会	花家地西里109号楼、115号楼	64716251 64716250
花家地西里三区社区居委会	花西三居委会平房院	64719483
南湖东园社区居委会	南湖东园210楼1单元	64706917
南湖中园社区居委会	南湖中园215楼4单元	64706923
南湖西园社区居委会	银领国际122楼	64704359
南湖西里社区居委会	南湖西里5号楼东侧	64709018
方舟苑社区居委会	方舟苑5号楼	64780673
大西洋新城社区居委会	大西洋529楼	64720193
爽秋路社区居委会	广顺南大街21号蓝色家园小区西门外	64773107-801
圣星社区居委会	圣馨大地C座101	64729766
望京园社区居委会	望京园三区华鼎世家304楼	84727640
南湖西园二区社区居委会	季景5号底商	52039158
望京东园五区社区居委会	望京东园503楼	84781519
阜荣街社区居委会	嘉美风尚小区1号楼2单元旁	84763124
望京西路社区居委会	望京西路50号院7号楼	84784239

香河园街道

柳芳南里社区居委会	柳芳南里6号楼前平房	64607112 64605008
柳芳北里社区居委会	柳芳北里甲14号楼	84514269 64680342
西坝河南里社区居委会	西坝河南里20号楼前平房	64651709 64621516
西坝河中里社区居委会	西坝河中里2号楼前平房	64676023 64663784
西坝河西里社区居委会	西坝河西里4号楼	64296921 64225032
西坝河东里社区居委会	西坝河东里107楼东侧	64669324 64660151
光熙门北里北社区居委会	光熙门北里甲6号平房	64272821 64270342

光熙门北里南社区居委会	光熙门北里19号楼前（甲20号）	64286009
光熙家园社区居委会（筹备组）	光熙家园9号楼	59033942

小关街道

惠新苑社区居委会	惠新西街9院1号楼	64810094
惠新北里社区居委会	惠新北里8号楼	64810092
高原街社区居委会	高原街4号院	84626490
小关社区居委会	小关北里204楼	64914908
惠新里社区居委会	惠新西街18号院南	64810091
小关东街社区居委会	小关东街3号楼旁	64304889 64304909

亚运村街道

安慧里社区居委会	安慧里一区甲7号楼	64980228
安慧里南社区居委会	安慧里三区13号楼	64932951
北辰东路社区居委会	安慧北里1号楼	64978765
安苑里社区居委会	安苑北里9号楼	64962829
祁家豁子社区居委会	华严里16号楼前平房	62007530
京民社区居委会	华严北里2号院	82070581
华严北里社区居委会	华严北里45号楼	82841857
华严北里西社区居委会	华严北里22号楼	82846462
丝竹园社区居委会	丝竹园社区7号楼11门	64863772
安翔里社区居委会	安翔里1号	64886323

左家庄街道

新源里社区居委会	新源街15号楼旁	84552609
顺源里社区居委会	顺源里04号楼前	64637571
三源里社区居委会	三源里10号楼临1号	84541980
新源西里社区居委会	新源西里东街甲11号	84551479
左北里社区居委会	左北里甲38楼	64683979
静安里社区居委会	静安里甲6号楼	84542961
左南里社区居委会	香中里9号楼北侧	64656209
曙光里社区居委会	曙光里39号楼旁	84515170
左东里社区居委会	左东里14号楼	64656754

常营地区（回族乡）

常营民族家园社区居委会	常营民族家园小区59号楼底商	65738991
连心园社区居委会	连心园小区底商	58240346
苹果派社区居委会	苹果派小区13号楼	65466171
荟万鸿社区居委会	荟康苑小区3号楼8单元	65728145
鑫兆佳园社区居委会	三间房东路甲9号	65431083
万象新天社区居委会	万象新天社区115号楼	65436228
畅心阳光社区居委会	五里桥一街3号院首开畅心园1号楼	59396206
常营保利社区居委会	常营中路保利嘉园3号院19-19底商	57921994
常营福第社区居委会	朝阳北路15号楼	57923868
丽景园社区居委会	丽景园小区1号楼2单元	57845099
住欣家园社区居委会	住欣家园社区215号楼	57914007

崔各庄地区（乡）

何各庄村村委会	何各庄村	64310510
马泉营村村委会	马泉营村	64387484
费家村村委会	费家村	84701282
奶东村村委会	北奶东村	84569998
奶西村村委会	奶西村	84709206
南皋村村委会	南皋村	64368319
黑桥村村委会	黑桥村	64336747
草场地村村委会	草场地村	64329193
东辛店村村委会	东辛店村	64340686
崔各庄村村委会	京旺家园四区崔各庄村	64313676
善各庄村村委会	京旺家园四区善各庄村	84560307
索家村村委会	京旺家园四区索家村	64340206
望京村村委会	京旺家园一区北门东侧	64364634
东营村村委会	京旺家园一区 13 号楼底商	84160336
北皋村村委会	京旺家园一区 13 号楼底商	84160377
马南里社区居委会	马南里社区	84702160
京旺家园一社区居委会	京旺家园	84306567
京旺家园二社区居委会	京旺家园 6 区 3 号楼	84702160

东坝地区（乡）

七棵树村村委会	坝鑫家园物业公司办公楼	84396988
单店村村委会	东坝家园阳光双语幼儿园 4 层	65498870
西北门村村委会	西北门村	52056006
后街村村委会	后街村	84312840
东风村村委会	东风村	84318341
驹子房村村委会	驹子房村	52070581
三岔河村村委会	三岔河村	84313874
焦庄村村委会	焦庄村	65780827
东晓景村村委会	东晓景村	65780863-8001
红松园社区居委会	红松园社区	65494922
东坝家园社区居委会	东坝家园 206 楼 1 单元	65415175
康静里社区居委会	康静里社区 13 号楼 5 门	65734994
高杨树社区居委会	高杨树中街 15 号院富北嘉园 4 号楼	65479710
朝阳新城社区居委会	朝阳新城三区 1 号楼东侧	65456084
奥林匹克花园社区居委会	奥林匹克花园社区三期 723 楼底商	65494272
中铁十六局社区居委会	红松园北里 2 号楼	65435259
大街社区居委会	东风村村委会楼上	84327090
常青藤社区居委会	单店路 15 号院 1 号楼底商	85379765
景和园社区居委会	朝新嘉园东里六区 6 号楼东侧	65479712
丽富嘉园社区居委会	东坝中路 30 号院丽富嘉园 6 号楼 1 单元	65479660

东风地区（乡）

六里屯村村委会	六里屯村	65862164
辛庄村村委会	辛庄甲 1 号	85846037
豆各庄村村委会	豆各庄高庙村东北门	85811977
将台洼村村委会	将台洼村	84315469
石佛营东里社区居委会	石佛营 113 楼东侧	85820154

石佛营西里社区居委会	石佛营西里 9 号楼 3 门	85811324
石佛营南里社区居委会	八里庄北里 128 号楼玫瑰郡底商	85835729
紫萝园社区居委会	石佛营东里 136 号院 B 座 108	85846204
东润枫景社区居委会	南十里居 28 号院 6 号楼 2 单元	64312604
观湖国际社区居委会	东四环 88 号院 7 号楼 1 单元	59283405
公园大道社区居委会	朝阳公园南路 6 号院 4 号楼会所东 1 层	65306652
泛海国际南社区居委会	星火西路 17 号	85844893
泛海国际北社区居委会	东风地区辛庄居委会	85814847
将台洼社区居委会	七棵树西街 158 号	84312621

豆各庄地区（乡）

豆各庄村村委会	朝丰家园社区天达路 8 号院 6 号楼	67206225
孟家屯村村委会	朝丰家园社区天达路 8 号院 6 号楼	87391357
黄厂村村委会	朝丰家园社区天达路 8 号院 6 号楼	67206288
孙家坡村村委会	朝丰家园社区天达路 8 号院 6 号楼	67206232
水牛坊村村委会	朝丰家园社区天达路 8 号院 6 号楼	67373802
马家湾村村委会	朝丰家园社区天达路 8 号院 6 号楼	67206230
南何家村村委会	绿丰西路绿丰家园社区居委会院内	85308299
于家围北村村委会	绿丰西路绿丰家园社区居委会院内	85366353
于家围南村村委会	绿丰西路绿丰家园社区居委会院内	85307431
东马各庄村村委会	绿丰西路绿丰家园社区居委会院内	85307047
西马各庄村村委会	朝丰家园社区天达路 8 号院 6 号楼	67206181
石槽村村委会	朝丰家园社区天达路 8 号院 6 号楼	67206233
青青家园社区居委会	豆各庄 5 号院 青青家园 131 号楼 1 单元	85300961
京城雅居社区居委会	南豆各庄 6 号院	87391785
绿丰家园社区居委会	豆各庄西马各庄路绿丰家园社区	85309162
文化传播社区居委会	双桥街 9 号院	85366817
阳光家园社区居委会	豆各庄 1 号院阳光家园社区	87392814
朝丰家园社区居委会	天达路朝丰家园 8 号院 6 号楼	67287807
富力又一城第一社区居委会(筹备组）	豆各庄广祥街 3 号（富力又一城 A 区北侧）	59644824
富力又一城第二社区居委会(筹备组）	豆各庄马家湾村萧太后河边	67287591

高碑店地区（乡）

高碑店村村委会	高碑店村 1358 号	87741569
高井村村委会	朝外高井甲 6 号	85760437
半壁店村村委会	半壁店村	87743221
北花园村村委会	北花园村	65475898
高碑店东社区居委会	高碑店村 5 区 1 楼 1 号	85763010
高碑店西社区居委会	高碑店西区一区 32 号楼	85755601
高井社区居委会	朝外高井甲 8 号高井村委会	85772433
西店社区居委会	西店村 527 号（老年公寓东侧 300 米）	67043885
方家园社区居委会	方家园社区	85768651
半壁店社区居委会	半壁店村 280 号	87741051
北花园社区居委会	北花园村委会	65475881
八里庄社区居委会	康家沟甲 30 号	65586729
甘露园南里一区社区居委会	康家园 23 号楼	85752957
甘露园南里二区社区居委会	甘露园南里二区 19 号楼东侧	85773316
丽景馨居社区居委会	甘露园南里三区丽景馨宾馆 2 层	85758506
花北东社区居委会	花园闸北里 13 号楼	65745746

花北西社区居委会	大黄庄南里 25 号楼	65791272
太平庄南社区居委会	朝阳路 69 号院临甲 9 号	51386093
太平庄北社区居委会	南太平庄北巷 8 号	85501889
康家园东社区居委会	高碑店北路甲 6 号院白领家园小区 5 号楼 3 单元	51316821
康家园西社区居委会	康家园小区 1 号楼北 西侧院内	52029080
兴隆家园社区居委会	建国路 29 号兴隆家园 23 号楼	85768044
通惠家园社区居委会	通惠家园惠润园 4 号楼 3 单元	59679522
大黄庄社区居委会	大黄庄 152 号	85762616
文化园社区居委会	高碑店村民俗文化街 1712 号	87739893
力源里社区居委会	力源里北街金地名京 6 号楼 M 层	85723201
小郊亭社区居委会	小郊亭村 268 号	87741211
花园闸社区居委会	北花园村委会对面	65400766
水南庄社区居委会	西店村 1131 号	87703699

管庄地区（乡）

郭家场村村委会	郭家场村	85391679
八里桥村村委会	瑞祥里小区 26 号楼	85708767
重兴寺村村委会	重兴寺村	65730972
杨闸村村委会	杨闸村	85708652
司辛庄村村委会	司辛庄村	65739289
小寺村村委会	小寺村	65703627
果家店村村委会	瑞祥里小区 4 号楼 4 单元	85708429
管庄村村委会	管庄村 268 号	65761536
东会村村委会	东会村	52037551
西会村村委会	瑞祥里小区 4 号楼 1 单元	85709631
咸宁侯村村委会	咸宁侯村 414 号	85365773
塔营村村委会	瑞祥里小区 29 号楼 1 单元	85709455
八里桥社区居委会	东军庄 8 号楼 5 单元	85701262
京通苑社区居委会	京通苑社区 10 号楼东 2 层	65709460
管庄东里社区居委会	管庄东里 35 号楼东侧平房	51167315
管庄西里社区居委会	管庄西里 3 楼南侧平房	65740261
建东苑社区居委会	建东苑小区 1 号楼东侧	65752017
惠河东里社区居委会	双桥东路 12 号院 15 号楼	65485807
惠河西里社区居委会	双柳北街一号院 14 号楼	65438728
瑞祥里社区居委会	瑞祥里小区 4 号楼 3 单元	85709409
丽景苑社区居委会	管庄西里 78 号楼（尚东阁小区）东侧平房	65777481
新天地社区居委会	朝阳路 5 号院 12 号楼北门	59121092

黑庄户地区（乡）

大鲁店一村村委会	大鲁店一村	85386242
双树南村村委会	双树南村	85373302
大鲁店二村村委会	大鲁店二村	85385253
双树北村村委会	双树北村	85371154
大鲁店三村村委会	大鲁店三村	85383595
定辛庄东村村委会	定辛庄东村	85371426
小鲁店村村委会	小鲁店村	85386256
定辛庄西村村委会	定辛庄西村	85372393
郎各庄村村委会	郎各庄村	85387385
苏坟村村委会	苏坟村	85372287

郎辛庄村村委会	郎辛庄村	85382273
幺铺村村委会	幺铺村	85370621
黑庄户村村委会	黑庄户村	51235285
四合庄村村委会	四合庄村	85381261
万子营东村村委会	万子营东村	85381836
万子营西村村委会	万子营西村	85384093
旭园社区居委会	黑果宿舍旭园居委会	85384802
双桥第一社区居委会	双桥农场五号井小区	85391807
双桥第二社区居委会	双桥农场六号井小区	85393238
康城社区居委会	双桥东路 9 号院康城花园物业楼	85375049
怡景城社区居委会	郎辛庄北路 58 号院物业楼	85380351

将台地区（乡）

东八间房村村委会	东八间房村	52053188
驼房营村村委会	驼房营村	84561035
安家楼管委会	安家楼村东林场	64372167
丽都社区居委会	东四环北路 6 号阳光上东 C 区 1 号楼	51303352
梵谷水郡社区居委会	驼房营南路 2 号院 14 号楼	84706491
芳园里社区居委会	将台路芳园里 18 号楼对面	64383088
水岸家园社区居委会	酒仙桥路甲 1 号水岸家园	64332726
将府社区居委会	将府家园北里 103 号楼 2 单元	51373060
瞰都家园社区居委会	东四环北路 10 号院 2 号楼底商	84797838

金盏地区（乡）

沙窝村村委会	沙窝村	84317838
金盏东村村委会	金盏东村	84343674
金盏西村村委会	金盏西村	84333599
皮村村委会	皮村	84331517
雷庄村村委会	雷庄村	84340179
长店村村委会	长店村	84339965
楼梓庄村村委会	楼梓庄村	84393471
黎各庄村村委会	黎各庄村	84317601
东窑村村委会	东窑村	84316859
曹各庄村村委会	曹各庄村	84391615
小店村村委会	小店村	84349120
北马房村村委会	北马房村	84311013
马各庄村村委会	马各庄村	65418506
金泽家园社区居委会	康各庄路金泽家园 A 区 27 号楼	56521023
金泽家园北社区居委会	康各庄路金泽家园 B 区 318 号楼 2 单元	暂无
金盏嘉园第一社区居委会	金盏嘉园 C 区 1 号楼南侧	暂无
金盏嘉园第二社区居委会	金盏嘉园 D 区 1 号楼南侧	暂无

来广营地区（乡）

来广营村村委会	来广营村	84903775
红军营村村委会	来广营乡北苑中街 8 号	84923441
清河营村村委会	北苑东路清河营郊野公园内	84945392
新生村村委会	新生村	84913775

北湖渠村村委会	来北家园东门 C 座 3 层	53015145
北苑一号院社区居委会	安外北苑 1 号院 10 号楼 2 单元	66749494
北苑二号院社区居委会	北苑 2 号院	84936317
北苑三号院社区居委会	北卫新园小区 6 号楼西侧小楼	84918952
朝来绿色家园社区居委会	红军营东路蕴实园小区北门东侧	84950419
黄金苑社区居委会	旭辉奥都 5 号楼	84931521
立城苑社区居委会	立水桥甲 3 号立城苑小区 5 号楼	84813176
立清路第一社区居委会	立清路明天第一城 5 号院 5 号楼 7 单元	84673960
莲葩园社区居委会	北苑家园莲葩园小区西门	84925448
茉藜园社区居委会	北苑家园茉黎园小区 19 号楼	84926067
青年城社区居委会	红军营东路 8 号院甲 2 号楼	84954599
清友园社区居委会	筑华年小区 Q4 号楼	64116601　84967852
时代庄园社区居委会	红军营东路 18 号时代庄园会所 3 层	84967984　64188390
新街坊社区居委会	北苑 5 号院 6 区佳兴园小区 605 号楼 A 单元	84945426
绣菊园社区居委会	北苑家园绣菊园 5 号楼北侧	84966936
紫绶园社区居委会	北苑家园紫绶园 8 号（来广营城管大院）	84955849
广达路社区居委会	广达路社区 2 号院 5 号楼 1 单元	84364537
清苑路第一社区居委会	水岸庄园 2 区 1010 商业楼 4 层	84912960
红军营社区居委会	来北家园 4 号楼 4 单元	53015222

南磨房地区（乡）

楼梓庄村村委会	紫南家园小区 207 楼	87351374
大郊亭村村委会	窑洼村 68 号	67348539
紫南家园社区居委会	紫南家园小区 207 楼	87351374
平乐园社区居委会	窑洼村 68 号	67303600
双龙南里社区居委会	双龙南里	87320042
南新园社区居委会	南新园小区 26 号楼	87322075
东郊社区居委会	深沟甲 168 号（东四环东侧）	87705761
百子湾西社区居委会	东石门村 6 号	87715691
百子湾东社区居委会	百子湾家园 109 号楼	87956922
欢乐谷社区居委会	金蝉西路南	67377070
山水文园社区居委会	山水文园东园 4 号楼底商 A-25 号	87367539
赛洛城社区居委会	百子湾东里 113 号楼	67713718-815

平房地区（乡）

平房村村委会	平房村	85575115
姚家园村村委会	姚家园村	85577136
石各庄村村委会	石各庄村	65488678
黄渠村村委会	黄渠村	65741178
平房社区居委会	平房村 1780 号	85573866
姚家园西社区居委会	姚家园西里 1 号院 1 号综合楼	85523855
雅成里社区居委会	青年路小区 14 号综合服务楼	85512305
富华家园社区居委会	黄杉木店路 186 号院	85762215
华纺易城社区居委会	青年路 29 号院华纺易城社区 1 号楼 4 单元	5929483
国美家园社区居委会	青年路西里国美第一城小区 2 号院 6 号楼底商	52067042
定福家园南社区居委会	定福家园 3 号院 5 号楼 3 单元	58791561
星河湾社区居委会	四季星河路 2 号院 1 号楼 2 单元	85561850
姚家园东社区居委会	姚家园 8 号院 5 号楼 3 单元	85798698
青年路东社区居委会	青年路西里 5 号院润枫水尚 5 号楼底商	59125385

天鹅湾社区居委会	雅成二里 20 号楼底商	59075209
逸翠园社区居委会	姚家园西里 5 号院 9 号楼 4 单元	85798550

三间房地区（乡）

三间房东村村委会	三间房东村	65471869
三间房西村村委会	三间房西村	65774855
定福庄东村村委会	定福庄东村	65767150
定福庄西村村委会	定福庄西村	65765938
褡裢坡村村委会	褡裢坡村	65763296
白家楼村村委会	白家楼村	65752268
东柳村村委会	东柳村	65420301
西柳村村委会	西柳村	65400756
北双桥村村委会	北双桥村甲 1 号	65400913
金家村村委会	金卫路	85362188
新房村村委会	新房村	65758174
福怡苑社区居委会	定福庄北街福怡苑小区一区北门东侧	65406809
美然动力社区居委会	朝阳北路 50 号院东侧	65769868
双惠苑社区居委会	水郡长安家园 1 号院 3 号楼	65427426
艺水芳园社区居委会	北花园街 8 号院外西侧	65400351
绿洲家园社区居委会	建国路 18 号院 1 号楼	65403552
三南里社区居委会	三间房南里 4 号院	65756922
定西南里社区居委会	定福庄西街定福园小区 20 号楼南侧	65769657
定西北里社区居委会	定福庄西里 1 号院电建北院平房	65715419
定南里社区居委会	定福庄定北里 1 号院	65737663
定北里社区居委会	定福庄北街 23 号院东领鉴筑 4 号楼	65407714
双桥路社区居委会	双桥街西大院 12 号	85366803
双桥铁路社区居委会	双桥街东柳西里北一区 14 号楼北侧	65758180
双柳社区居委会	双桥路双柳巷 16 号楼北侧	65702611
泰福苑社区居委会	泰福苑小区一区底商	65407599
聚福苑社区居委会	朝阳路 59 号聚福苑小区 1 号楼底商	85301055

十八里店地区（乡）

十八里店村村委会	十八里店村	67474039
十里河村村委会	十里河村	67322734
吕家营村村委会	吕家营村	87691746
周庄村村委会	周庄村	67330480
小武基村村委会	小武基村	67473450
横街子村村委会	横街子村	87305279
老君堂村村委会	老君堂村	87309866
西直河村村委会	西直河村	67388090
老君堂社区居委会	君堂好园 6 号楼	87309990
弘善家园第一社区居委会	弘善家园 409 号楼底商	67049499
弘善家园第二社区居委会	弘善家园 315 号楼东侧底商	67049109
弘善家园第三社区居委会	弘善家园 205 号楼西侧底商	87688292
前祁庄社区居委会	吕家营村 832 号	87625053
后祁庄社区居委会	吕家营村 829 号	87691516
六道口社区居委会	吕家营村	87696579
白墙子社区居委会	白墙子社区	67471547

弘善寺社区居委会	弘善家园 315 号楼东侧底商	67049168

孙河地区（乡）

孙河村村委会	康营家园 D 区	84354679
上辛堡村村委会	上辛堡村	84590898
前苇沟村村委会	前苇沟村	84329653
下辛堡村村委会	下辛堡村	84794868
后苇沟村村委会	康营家园 D 区	64331704
黄港村村委会	黄港村	84791949
康营村村委会	康营家园 D 区	84300237
雷桥村村委会	康营家园 24 区 3 号楼	84911357
北甸东村村委会	康营 A 区	84591200
沙子营村村委会	沙子营村	84912178
北甸西村村委会	康营家园 A 区	84590227
李县坟村村委会	康营家园 14 区 3 号楼	84910132
西甸村村委会	康营家园 D 区	57627215
沈家坟村村委会	康营家园 14 区 3 号楼	84915939
康营家园一社区居委会	康营家园 D 区	84564543
康营家园二社区居委会	康营家园 A 区	64382639
康营家园三社区居委会	康营家园 24 区 3 号楼	84354635
康营家园四社区居委会	康营家园 14 区 3 号楼	84354330
下辛堡社区居委会	下辛堡村	84794868

太阳宫地区（乡）

十字口村村委会	十字口村	64616916
牛王庙村村委会	牛王庙村	64365908
太阳宫村村委会	太阳宫路临时 519 号	65734994
芍药居社区一社区居委会	芍药居北里 219 号楼	84627464
芍药居社区二社区居委会	芍药居北里 203 号楼	84628185
芍药居社区三社区居委会	芍药居 10 号楼旁平房	84615524
芍药居社区四社区居委会	芍药居 2 号院	84612696
太阳宫社区居委会	太阳宫南街 7 号院 6 号楼西侧	64220891
十字口社区居委会	太阳宫火星园 8 号楼	65479710
牛王庙社区居委会	太阳宫五里沟甲 20 号	84327090
夏家园社区居委会	夏家园 20 号楼	52036309
尚家楼社区居委会	尚家楼社区 48 号院	52087718
惠忠庵社区居委会	太阳公元 1 街 1 号院 10 号楼底商	64205711

王四营地区（乡）

官庄村村委会	官庄村	67366137
观音堂村村委会	观音堂村	51352902
王四营村村委会	王四营村	67389215
南花园村村委会	南花园村	67366973
道口村村委会	道口村	87399671
孛罗营村村委会	孛罗营村	87390092
观音堂社区居委会	观音堂村	51352902
白鹿社区居委会	道口村	87399671

小红门地区（乡）

小红门村村委会	小红门村	87602942
肖村村委会	肖村	67627444
龙爪树村村委会	龙爪树村	87695071
牌坊村村委会	牌坊村	87600245
恋日绿岛社区居委会	鸿博家园1区9号楼底商	52054488
鸿博社区居委会	鸿博家园1区9号楼1单元底商	87554601
中海城社区居委会	少角中街8号院5号楼	87656764
三台山社区居委会	三台山甲1号	87601375
四道口社区居委会	四道口社区	67609221
玉器厂社区居委会	龙爪树街734号	87693193

索 引

说 明

本索引为主题索引，又称内容分析索引，主题词（标目）以《北京朝阳年鉴》（2015）正文中出现的专业名词、名词词组、机构名称为主。

本索引共三部分。第一部分为汉语拼音索引，以音序排列，音序相同时，以第二字排序，以此类推；第二、第三部分为数字索引和英文字母索引。

本索引的文字部分为主题词，主题词之后的阿拉伯数字表示所在正文中的页码（地址项），数字之后的小写英文字母（a、b、c）分别表示该页的左、中、右栏。主题词后有多个页码的，表示该主题词均在这些位置出现。

特载、专文、大事记、人物、统计资料、附录、勘误及正文中的表格、图片等内容不在索引范围内。

汉语拼音索引

A

B

C

D

H

J

K

L

M

N

P

Q

R

S

T

W

Y

Z

数字索引

英文字母索引

勘　误

《北京朝阳年鉴》(2014 年卷)发现 29 处错漏，特此更正，并向读者致歉。

1. 第 38 页右栏倒数第 4 行中的“签定”应为“签订”。
2. 第 45 页右栏倒数第 10 行中的“接牌”应为“揭牌”。
3. 第 126 页右栏“司法行政”下方【概况】中的作者“张静”应为“朱蕴芳”。
4. 第 127 页左栏第 7 行至第 9 行：“推广‘公益律师法律服务村居行’、香河园街道政府购买调解服务”等做法删除。
5. 第 127 页左栏第 17 行中的：“五进”(进机关、进社区村、进学校、进企业、进单位)活动，应为“六进”(进机关、进社区、进乡村、进学校、进企业、进单位)活动。
6. 第 127 页中栏第 3 段【公证】第 2 行中的第 8–9 字“控违”删除。
7. 第 165 页右栏第 20 行中的 3 个“、”应为“，”。
8. 第 302 页右栏第 4 行中的“84716674”应为“64716674”。
9. 第 302 页右栏第 20 行中的“高洁”应为“张莹”。
10. 第 303 页中栏第 13 行中的“、”删除。
11. 第 303 页中栏第 16 行中的“张莹”应为“高洁”。
12. 第 304 页左栏倒数第 2 个条目【信访工作制度建设】中的“制度建设”和第 2 行中的“制度建设”均删除。
13. 第 304 页中栏第 15 行中的“定时”删除。
14. 第 317 页中栏第 1 行中的“15 日”后加“，”。
15. 第 338 页左栏倒数第 8 行中的“文化经、”应为“文化、经济、”。
16. 第 338 页中栏第 4 行中的“万”后加“元”。
17. 第 344 页左栏【概况】中的“地址：朝阳区南皋路 1 号”应为“地址：朝阳区南皋路南”。
18. 第 352 页右栏【概况】第 2 行中的“东北部”应为“西北部”。
19. 第 364 页右栏第 7 行第 7 字前移，应为“书记”。
20. 第 364 页右栏倒数第 4 行中的“体育局党委书记”另起一行，前面的人名“黄晓伟”后移与上行对齐。
21. 第 365 页左栏倒数第 16 行中的人名“李振玲”后移与上行对齐；右栏倒数第 14 行倒数第 3 字前移，应为“局长”。
22. 第 366 页右栏第 18 行中的“红十字会常务副会长”另起一行，前面的人名“张立新（兼）”合移与上行对齐。
23. 第 367 页左栏第 11 行中的“档案局局长”另起一行，前面的人名“蔺红”后移与上行对齐；左栏第 13 行中的“任”前移，应为“主任”，左栏第 14 行中的“云”前移，应为“邓献云”；左栏倒数第 16 行中的“公司”后加“总经理”。
24. 第 368 页左栏第 2 行中的人名“邵水平”后移与下行对齐；左栏第 5 行中的人名“张志国”后移与下行对齐。
25. 第 369 页左栏倒数第 27 行中的“全国五一劳动奖状”应另起一行与倒数第 28 行对齐。
26. 第 370 页左栏第 5 行“先进集体”应居中排列。
27. 第 371 页右栏第 15 行中的“北京市优秀教师”字体应为黑体；第 21–22 行的字体应为宋体。
28. 第 421 页中栏倒数第 7 行中的“北奶东村”应为“奶东村”。
29. 第 422 页中栏第 7 行中的“京旺家园”应为“京旺家园六区”。

感谢以下人员为本刊提供图片

（按姓氏笔画排列）

丁国乐　丁昆鹏　丁　莉　丁　鑫　于　飞　于介豪　于　水　于　圩
于　松　于洪伟　于晓敏　马卫国　马云程　马克江　马忠于　马　威
马　恒　马　原　马晓婧　马　葳　马　楠　孔　珅　尹晓丹　牛雨辰
牛　荣　王之康　王云龙　王天天　王　戈　王冬蕾　王帅才　王　伟
王　欢　王秀程　王连顺　王佳鑫　王　建　王建军　王玮琦　王祎楠
王金凤　王保社　王　峥　王　栋　王　洋　王　玲　王　倩　王振军
王晓琳　王晓蕾　王　朕　王海霞　王　涛　王爱青　王素琪　王艳娟
王铁梅　王　焘　王　菊　王　铮　王　婷　王普娜　王淼晶　王　然
王　谦　王　超　王　辉　王　新　王瑞琴　王雷雷　王　磊　王耀华
邓治远　邓洪涛　丛军刚　付剑梅　冯　岳　冯　瑞　史超齐　叶　涛
叶　博　玉　红　田　欢　田雪芹　田　慧　申志强　申　林　白玉洁
白　雪　白　媛　乔万万　乔少蕾　乔　愔　任　爽　伊　托　关　昕
关　鹏　刘　飞　刘冬妮　刘立萍　刘伟凡　刘　军　刘伯垚　刘克滨
刘学渊　刘明翰　刘　畅　刘　洋　刘偌馨　刘悦镔　刘梓昂　刘景岚
刘鲁雪　刘　瑞　刘福森　刘　鹏　刘　静　刘德祥　刘　蕊　吕　刚
吕　游　孙　北　孙宏娟　孙希光　孙志永　孙贤婷　孙冠杰　孙　洋
孙　研　孙　绮　孙　超　庄凤阁　朱玉茹　朱秀文　朱美英　江维建
祁春娜　衣　雪　闫超越　齐　文　齐　宏　何　珊　吴名涛　吴　国
吴　莹　吴清溶　吴　雪　吴燕辰　宋　扬　宋　达　宋　良　宋超江
宋瑞敏　宋　颖　张　凡　张子曰　张云霞　张文星　张　宁　张永明
张　伟　张创国　张　旭　张　严　张　纯　张　岩　张　明　张　欣
张　剑　张　彦　张　炼　张　盈　张胜男　张　宸　张　晔　张海江
张素芳　张景惠　张腾飞　张　颖　张　睿　张　静　张慧洁　张馨语
张　鑫　时　斌　李　力　李长福　李　卉　李永庆　李　由　李成龙
李　扬　李　旭　李佐娟　李　志　李志艳　李　佳　李奇峰　李孟阳
李　岩　李昊雪　李明慧　李俊毅　李　洋　李洪静　李济萍　李秋雅

李　娟　李晋豫　李　晓　李　晔　李　洽　李　浩　李　艳　李　莹
李　萌　李　铮　李雪梅　李媛博　李　强　李　斌　李　超　李雅娟
李　想　李新朝　李　震　李穆明　李默菡　杜　俊　杜晓丽　杨文博
杨　东　杨　伟　杨全有　杨　扬　杨　旭　杨　卓　杨国虹　杨晓峰
杨　晨　杨　雪　杨雪巍　杨婷婷　杨　琪　杨　漾　杨　翠　杨　静
杨　鑫　汪　昆　肖　烨　肖　瑾　苏一喆　邹　月　陆晓强　陈　辽
陈　轩　陈迎双　陈宝祥　陈俊高　陈泰敏　陈　浩　陈　睿　陈德生
陈　澳　周玉龙　周　音　周　振　周　强　周　盟　孟　兵　孟祥飞
孟媛媛　岳晨晨　庞艳辉　庞　毅　林元楷　林　倩　林　斌　林　鹏
果冰蕊　欧阳文　武卫华　罗文德　罗建华　罗　蕾　范东京　范海建
郎春颖　郑川旭　郑茂典　郑洁芹　郑　菲　郑　璐　金兆丰　侯亚昕
侯明霞　俞丽娟　姚大卫　姚绍军　姚树强　姚新宇　姚　雷　姚德文
宫　勋　封　雷　段万兴　胡志珍　胡波涛　胡清旻　胡媛媛　荀佰艳
赵一帆　赵匀暄　赵　华　赵　早　赵　阳　赵　晔　赵　培　赵　辉
赵　雷　轩　建　骆启昕　唐　佳　夏春玲　徐文喆　徐军翔　徐华东
徐志浩　徐国林　徐　菲　徐隆祥　徐　辉　晁桢梓　栾晓光　秦大唐
秦少芳　秦　阳　秦　磊　莫小雷　莫宝林　袁　林　贾盛萍　贾鲲腾
郭子杰　郭亦衡　郭　伟　郭建设　郭　杰　郭荣斌　钱素君　高　尚
高砚军　高　峰　高海英　高博洋　堵书山　屠宏祥　崔建堂　崔海涛
常　成　康文涛　康雅文　康　楠　曹延伟　曹凯娟　曹家欣　曹　晨
梁晓鹏　梅晓东　麻慧溶　黄业中　黄克难　黄斯蕊　龚立卓　龚　宇
龚　荔　傅良旎　温晓峰　程　度　程桂清　葛　岩　董林梁　董振江
董　铮　谢　波　谢　宾　谢雯雯　韩运旗　韩娅维　韩　涛　鲁建玲
褚　云　褚俊杰　靳　为　熊　旭　管文东　翟冰菲　蔚炳建　蔡广培
蔡兆冬　蔡　昕　蔡逢春　蔡　萌　谭小昆　樊　桦　潘晓龙　黎　佳
冀晓娜　穆　昕　衡朝霞　霍宗达　霍　星　戴高菊　魏　平　魏全武
魏新华　魏　巍